"十四五"时期国家重点出版物出版专项规划项目

国家出版基金项目
NATIONAL PUBLICATION FOUNDATION

中国电力工业史

〈〈 ·电网与输变电卷· 〉〉

中国电力企业联合会　编

HISTORY OF CHINA'S ELECTRIC POWER INDUSTRY

中国电力出版社
CHINA ELECTRIC POWER PRESS

图书在版编目（CIP）数据

中国电力工业史. 电网与输变电卷 / 中国电力企业联合会编. —北京：中国电力出版社，2022.12（2023.11 重
ISBN 978-7-5198-6538-2

Ⅰ. ①中… Ⅱ. ①中… Ⅲ. ①电网–电力工业–经济史–中国 ②输配电–电力工业–经济史–中国
Ⅳ. ①F426.61

中国版本图书馆 CIP 数据核字（2022）第 035952 号

出版发行：中国电力出版社
地　　址：北京市东城区北京站西街 19 号（邮政编码 100005）
网　　址：http://www.cepp.sgcc.com.cn
印　　刷：北京盛通印刷股份有限公司
版　　次：2022 年 12 月第一版
印　　次：2023 年 11 月北京第二次印刷
开　　本：787 毫米×1092 毫米　16 开本
印　　张：42.5　　插页　24
字　　数：992 千字
印　　数：1501—2500 册
定　　价：348.00 元

中国电力工业的初步发展

1882—1949 年

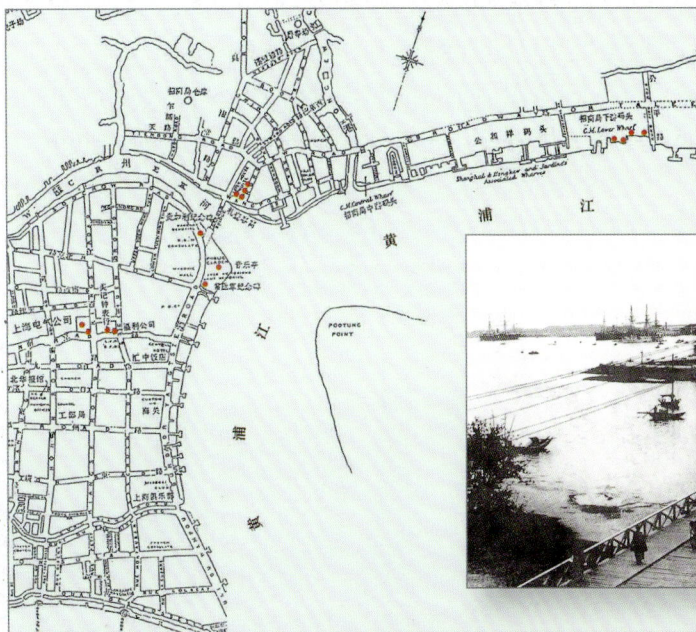

1887 年矗立在
上海外白渡桥
上的电弧灯。

（引自《新中国电力五十年》）

1882 年 7 月 26 日晚，上海 15 盏电弧灯点
亮，标志着中国电力工业诞生（图上红点
标注处为电弧灯的位置）。

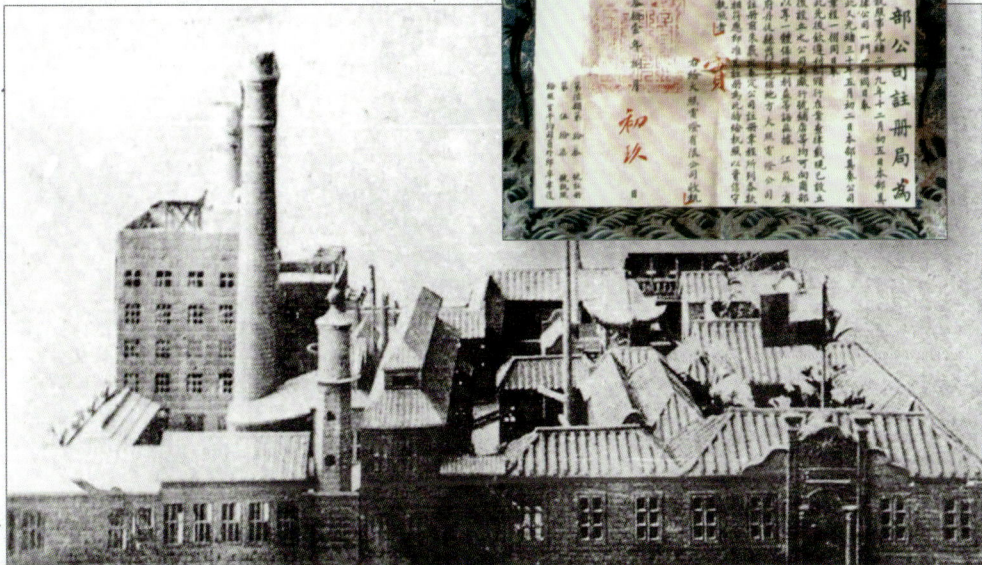

1905 年，镇江府丹徒县大照电灯有限公司全景及其执照。

（国网江苏省电力有限公司 提供）

▌ 1908 年投产发电的汉口既济水电公司大王庙电厂全景。

▌ 1909 年，大连开通运营有轨电车，图为大连市常盘桥电车站。

▌ 1912 年的京师华商电灯公司前门发电总厂。

1912 年 5 月，23 千伏石龙坝—昆明输电线路建成，这既是中国第一条远距离输电线路，也是当时中国电压等级最高的一条输电线路。

1914 年，上海工部局电气处敷设 6.6 千伏地下电力电缆。

（引自《新中国电力五十年》）

1921 年，上海第一座 22 千伏变电所——东京变电所建成投运。

（引自《新中国电力五十年》）

▌1928 年，吴兴城厢电灯股份有限公司在湖州青铜门外试行"电犁"耕田。

（国网湖州供电公司 提供）

▌1933 年夏，杭州电气公司敷设 13.2 千伏钱塘江水底电缆。

（徐长松 提供）

▌1933 年，杭州电气公司敷设 14 千伏钱塘江水底电缆。

（引自《新中国电力五十年》）

▌1943 年，四川宜宾—自贡自流井 33 千伏输电线路建成，长 86.8 千米。

（引自《新中国电力五十年》）

1944年，220千伏丰满—抚顺输电线路建成，全长350千米。

（国网四川省电力公司 提供）

1948年，由晋察冀边区军民建设的平山县沕沕水水电站投产发电，对支援解放战争作出贡献。

（引自《新中国电力五十年》）

新中国成立到改革开放前期的
中国电力工业

1949－1978 年

1950 年，毛泽东主席写信给燃料工业部部长陈郁。

1952 年 9 月 25 日，毛泽东给阜新发电厂发嘉勉电。

1950 年 10 月，出席全国工农兵劳模代表大会的电业劳动模范合影。

1954年1月，220千伏吉林丰满—沈阳东陵—抚顺李石寨输电线路（即松东李输电线路）。

1955年12月北京地区新建的第一条110千伏输电线路——官厅水电站—北京东北郊变电站投运。

1956年6月，220千伏沈阳虎石台变电所建成投运，这是中国自行设计与施工的第一座220千伏变电所。

1957年12月，望亭发电厂至上海西郊变电站的上海第一条110千伏输电线路投运。

1956年12月，长寿狮子滩—盘溪的110千伏输电线路。

1960 年 2 月竣工的 220 千伏长江沌口大跨越工程。

1961 年 12 月竣工的吴泾—浦东线路跨越黄浦江大铁塔。

1963 年，水利电力部技术改进局（现为中国电力科学研究所）建成的 1 千伏、5 安直流输电模拟试验装置。

1967 年 5 月，中国第一条自主设计、研制的 110 千伏充油过江电缆线路热燕线敷设场景。

（国网江苏省电力有限公司 提供）

1968 年 7 月，中国第一组 110 千伏简化结线串联电容器补偿装置在上虞变电所投产。

（国网绍兴供电公司 提供）

1969 年 7 月投产的第一座 220 千伏汉川马口变电站。

（引自《新中国电力五十年》）

1969年，云南以礼河—昆明220千伏输电线路建设，在全国首创单扒杆整体组立铁塔。

1970年3月，西津水电站至来宾输电线路升压，来宾变电站（12万千伏·安）开始以220千伏投入运行。

（引自《新中国电力五十年》）

▍1971 年 11 月，中国首座带负荷融冰站——110 千伏秦岭带负荷融冰变电站建成投运。

（国网宝鸡供电公司 提供）

▍1972 年 6 月 16 日，投运的青海日月山上的刘天关 330 千伏超高压线路。

1972 年 6 月建成投运的中国第一座 330 千伏枢纽变电站——甘肃秦安变电站。

（国网甘肃省电力公司天水供电公司 提供）

改革开放到新世纪初期的中国电力工业

1979—2002 年

1979 年广东与香港联网的深圳 110 千伏水贝变电站。

（南方电网公司 提供）

1981 年 12 月，中国第一个电压等级为 500 千伏的超高压输变电工程——550 千伏平顶山—武昌输变电工程投入运行。

（引自《中华人民共和国电力工业史 湖北卷》）

220 千伏米泉变电所是新疆第一座 220 千伏变电所，1984 年 2 月降压 110 千伏运行，1986 年 220 千伏并网投产。

（引自《中华人民共和国电力工业史 西北卷》）

1984 年广东与澳门联网的 110 千伏输电线路。

（南方电网公司 提供）

华北电网第一条 500 千伏超高压输电线路——500 千伏大房线于 1985 年 9 月全线竣工。

（引自《新中国电力五十年》）

1985 年建成投入运行的 500 千伏元宝山—锦州—辽阳—海城输变电工程，为中国首个安装全套国产设备的 500 千伏主干线路。

（引自《新中国电力五十年》）

▌1986 年，吉林省第一座 500 千伏东丰变电所建成投运。

（引自《中华人民共和国电力工业史 吉林卷》）

▌李鹏总理关于电力体制改革"二十字方针"的论述。

（引自《新中国电力五十年》）

1991 年 9 月，500 千伏沙岭子—昌平输电线路以 500 千伏电压等级运行。

（引自《新中国电力五十年》）

1992 年 12 月，联结黑吉辽三省的 500 千伏东长哈输电线路竣工投产。

（引自《中华人民共和国电力工业史 吉林卷》）

1993 年 5 月 28 日，电力部成立大会在北京市全国政协礼堂隆重举行。

（引自《新中国电力五十年》）

1993 年 7 月，国内第一座城市中心地下变电站上海人民广场地下变电站建成。左图为 220 千伏组合电器，右图为安装在地下 18 米层的主变压器。

[引自《中华人民共和国电力工业史 上海卷》（左图），《新中国电力五十年》（右图）]

1993 年 8 月，500 千伏天生桥—广东输变电工程投运，该工程和天生桥—贵阳、天生桥—平果和鲁布格—天生桥，联通了粤、桂、滇、黔四省区，南方四省区联合电网初步形成。

（引自《中华人民共和国电力工业史 广西卷》）

▌1995 年 3 月，内蒙古向华北电网送电的第一条 500 千伏丰镇—沙岭子输电线路竣工投运。

（引自《新中国电力五十年》）

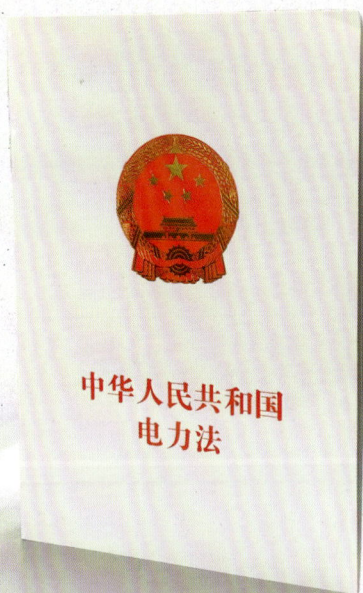

▌自 1996 年 4 月 1 日起，《中华人民共和国电力法》施行。

（引自《新中国电力五十年》）

■ 三峡工程鸟瞰示意图,三峡水电站装机 26×70 万千瓦。

(引自《新中国电力五十年》)

国务院文件

国发〔1996〕48 号

国务院关于组建国家电力公司的通知

各省、自治区、直辖市人民政府,国务院各部委、各直属机构:

根据建立社会主义市场经济体制和《中华人民共和国国民经济和社会发展"九五"计划和2010年远景目标纲要》的要求,为有利于转变政府职能、实行政企职责分开、深化电力工业体制改革,国务院决定组建国家电力公司。

国家电力公司按照有关法律法规和政企分开等原则组建。该公司由国务院出资设立,采取国有独资的形式,是国务院界定的国有资产的出资者和国务院授权的投资主体及资产经营主体,是经营跨区送电的经济实体和统一管理国家电网的企业法人,按企业集团模式经营管理。

— 1 —

1996 年 12 月,根据《国务院关于组建国家电力公司的通知》(国发〔1996〕48 号),国家电力公司成立。

(引自《新中国电力五十年》)

0003046

国务院办公厅文件

国办发〔1998〕146 号

国务院办公厅转发国家经贸委关于深化电力工业体制改革有关问题意见的通知

各省、自治区、直辖市人民政府,国务院各部委、各直属机构,国家电力公司:

国家经贸委会同财政部、水利部、国家电力公司提出的《关于深化电力工业体制改革有关问题的意见》已经国务院同意,现转发给你们,请认真贯彻执行。

一九九八年十二月二十四日

— 1 —

1998 年 12 月,《国务院办公厅转发国家经贸委关于深化电力工业体质改革有关问题意见的通知》(国办发〔1998〕146 号)发布。

(引自《新中国电力五十年》)

进入新世纪的中国电力工业

2 0 0 2 — 2 0 1 9 年

2003年6月30日，亚洲第一座500千伏可控串联补偿站——500千伏平果可控串联补偿站工程投入运行。

（南方电网公司 提供）

2004年3月25日，东北电网成功进行了大扰动试验，这是中国电网乃至世界电网史上前所未有的大规模试验，对于研究大区联网动态特性，特别是东北与华北联网的安全稳定运行，具有重要而深远的意义。

（东北电网有限公司 提供）

2004年4月，中国第一条35千伏高温超导电缆在昆明供电局普吉变电站成功并网投入产业运营。

2005 年 9 月 26 日，我国首个最高电压等级的输变电工程——官亭—兰州东 750 千伏输变电示范工程建成投运。

（汪晓刚 摄）

750 千伏输变电示范工程投产（2005 年 9 月 26 日）2 周年纪念邮票。

2005 年投运的灵宝背靠背直流联网一期工程的灵宝换流站鸟瞰图。

（引自《中国电力百科全书（第三版） 输电与变电卷》）

2007 年 5 月，首批试验设施建成投运的北京特高压直流试验基地的特高压直流试验段。

（引自《中国电力百科全书（第三版） 输电与配电卷》）

2007 年 10 月投运的 500 千伏伊冯可控串联补偿工程。

2007 年 12 月 22 日，中国第一个直流输电自主化依托项目——±500 千伏贵广Ⅱ回直流输电工程投运。图为该工程兴仁换流站。

（南方电网公司 提供）

2008 年 7 月 6 日，全国第一座 500 千伏海上高塔——云莆Ⅰ、Ⅱ路 19 号塔远景。

2008 年 9 月 5 日，中国第一座采用综合自动化系统的 500 千伏变电站——双龙变电所投运。

（王平摄）

2008年10月，首批试验设施建成投运的西藏高海拔试验基地的户外试验场操作冲击放电试验。

（引自《中国电力百科全书（第三版）输电与配电卷》）

2008年12月，1000千伏晋东南—南阳—荆门特高压交流试验示范工程投入试运行，图为该工程的黄河大跨越部分。

（周留才 提供）

2008年12月，建成投运的武汉特高压交流试验基地鸟瞰图。

（引自《中国电力百科全书（第三版）输电与变电卷》）

2009年3月，首批试验设施建成投运的霸州特高压杆塔试验基地。

（引自《中国电力百科全书（第三版）输电与配电卷》）

2009年5月26日，首个数字化变电站——220千伏陈甫变电站在天津成功投运。

2009 年 6 月 30 日，中国第一个超高压、长距离、较大容量的跨海联网工程——500 千伏海南联网 I 回工程建成投产。

（南方电网公司 提供）

2010 年 3 月，全国首座 500 千伏地下变电站——静安变电站投运。

2010 年 6 月 18 日，实现双极投产的世界上首条 ±800 千伏特高压直流输电工程——云南—广东 ±800 千伏特高压直流输电工程。

（叶琳 摄）

2010 年 6 月 25 日，向家坝—上海 ±800 千伏直流输电工程双极建成投运，图为该工程的奉贤换流站。

2011年3月11日，建成投运的世界电压等级最高的智能变电站——750千伏延安洛川变电站。

（陕西送变电工程公司 提供）

2011年12月9日，青藏电力联网工程中柴达木—拉萨 ±400 千伏直流输电工程投运，图为该工程的 ±400 千伏拉萨换流站。

（国网西藏超高压分公司 提供）

2011 年 12 月 9 日，青藏电力联网工程中柴达木—拉萨 ±400 千伏直流输电工程投运，图示为该工程的柴达木换流站。

2011 年 12 月 25 日投运的张北国家风光储输示范工程。

2012 年 5 月 14 日，全国首座海缆监控一体化平台建成投运。

（唐越 摄）

2012 年 11 月 28 日，国内首座高度集成的智能化变电站——朝阳 220 千伏何家智能变电站一次投运成功。

2013 年 3 月 19 日，国内容量最大变压器在 1000 千伏安吉变电站吊装。

（王锦阳 摄）

2013 年 5 月 14 日，中新生态城智能电网综合示范工程。

2013 年 6 月，国内首个加装的 STATCOM 工程在东莞 500 千伏水乡变电站顺利接入系统。

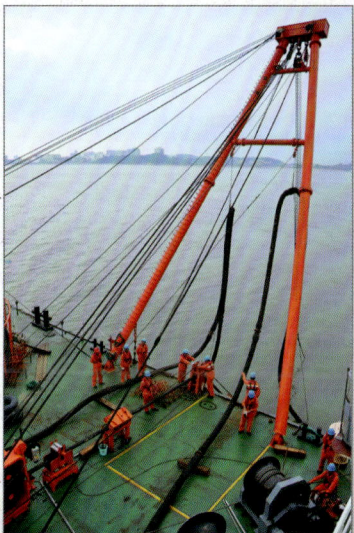

2013 年 9 月 13 日，世界首个多端柔性直流输电示范工程——广东南澳多端柔性直流工程进行海缆敷设。

2014 年 1 月 27 日，哈密南—郑州 ±800 千伏特高压直流输电工程投运。

2014 年 4 月 28 日，世界首个五端柔性直流输电示范工程——舟山 ±200 千伏柔性直流输电科技示范工程海缆敷设。

（张帆 摄）

2014 年 6 月 25 日，溪洛渡水电站送电广东同塔双回 ±500 千伏直流工程投产。

（李品 摄）

2014 年 11 月 7 日，国内首个水下电力机器人海域试验成功。

（敬强 摄）

2014 年 11 月 20 日投运的川藏电力联网工程。

（国网西藏电力有限公司 提供）

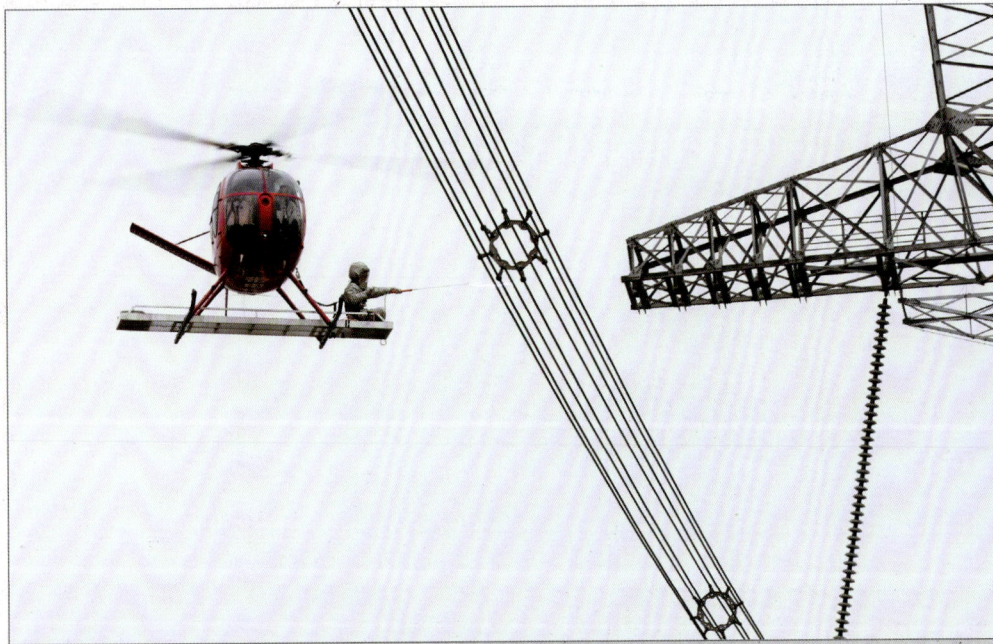

2014 年 12 月 9 日，带电作业等电位人员成功进入 1000 千伏等电位作业，手中的引流棒与导线间拉出了一道 40 多厘米长的耀眼电弧。

（马力 黎金勇 摄）

▎2015 年 6 月 20 日，我国首个建于滩涂的 500 千伏东海岛输变电工程顺利投产送电。

▎2016 年 5 月 24 日，1000 千伏特高压南阳开关站全景。

（罗浩 提供）

■ 2016 年 8 月 24 日，灵州—绍兴 ±800 千伏特高压直流输电工程投运。

（引自《国家大气污染防治行动计划 特高压交直流输电工程》）

■ 2016 年 8 月 29 日，世界首个在 500 千伏主网架中应用高压大容量柔性直流输电技术的云南电网与南网主网鲁西背靠背直流异步联网工程投运。

（陆军 摄）

2016 年 11 月，蒙西—天津南 1000 千伏特高压交流输变电工程建成投运。

2017 年 10 月 23 日，巴西美丽山一期 ±800 千伏直流输电线路工程顺利竣工。

2017 年 12 月 19 日，世界上电压等级最高、容量最大的苏州南部电网 500 千伏统一潮流控制器（UPFC）示范工程正式投运。

（国网江苏省电力有限公司 提供）

2017 年 12 月 20 日，世界首台机械式直流断路器——汕头南澳柔性直流项目成功投运。

▌ 2018 年 4 月 16 日，昌吉—古泉 ±1100 千伏特高压线路工程长江大跨越全景。

▌ 2018 年 11 月 14 日，国内首制的新型海底电缆施工船"启帆 9 号"下水试航。

（张帆 摄）

2018 年 12 月 6 日，全球首个静止同步串联补偿器（SSSC）在天津正式投运。

2019 年 1 月 15 日，舟山 500 千伏联网工程投运送电。

（张帆 摄）

▌2019 年 5 月 19 日，国网舟山供电公司开展断路器试验。

（张帆 摄）

▌2019 年 9 月 15 日，目前世界上电压等级最高、输送容量最大、技术水平最高的超长距离 GIL 创新工程，华东特高压交流环网合环运行的关键性工程——苏通 GIL 综合管廊工程在苏州常熟投运。

（国网江苏省电力有限公司 提供）

2019 年 9 月 26 日投运的 ±1100 千伏特高压吉泉线带电消缺。

（罗浩 提供）

2020 年 5 月 19 日，目前全国电压等级最高的智慧变电站——220 千伏滆湖变电站在常州建成。

（国网江苏省电力有限公司 提供）

2020 年 6 月 11 日，世界首个 ±500 千伏三端直流工程——云贵互联工程通道工程顺利竣工。

(南方电网公司 提供)

2020 年 6 月 28 日，国内电压等级最高、变电容量最大的交流特高压变电站——1000 千伏特高压苏州东吴变电站主变压器扩建工程正式投产。

(国网江苏省电力有限公司 提供)

2020 年 12 月 27 日，目前世界上首个电压等级最高、输送容量最大的多端混合特高压柔性直流工程——±800 千伏乌东德电站送电广东、广西特高压多端柔性直流示范工程全面投运。图为柳北换流站。

（南方电网公司 提供）

《中国电力工业史》
编 纂 委 员 会

《中国电力工业史　电网与输变电卷》
编 纂 委 员 会

前　言

电力工业是国民经济的重要基础工业，是资金密集型、技术密集型的基础产业，是社会公用事业的重要组成部分。

1882 年 7 月 26 日，中国电力工业诞生。从此，被马克思称为"电气火花"的"无比的革命力量"，降临到具有五千年悠久文明史的中国大地，开启了曲折漫长而又波澜壮阔的电气化进程。随着中国社会历史的变迁，经过数代中国电力工作者的不断努力奋斗，中国电力工业从小到大、从弱到强，历经 140 年的发展壮大，已经跃居世界电力工业先进行列。

中国电力工业的历史是一部国家兴衰史。中国电力工业在其发展的前 60 多年里，发展极其缓慢，技术和装备十分落后。旧中国的电力工业史是一部被列强掠夺、饱受战争创伤的辛酸史。新中国的成立，是中国电力工业迅速崛起的里程碑。从此，中国电力工业走向了欣欣向荣的康庄大道。

新中国电力工业的历史是一部艰苦奋斗史。新中国电力工业是从战争的废墟中起步的，中国电力工作者在一穷二白的基础上，发扬愚公移山的精神，依靠自己的力量和聪明才智，独立自主、自力更生、顽强拼搏、不懈努力，创造了一个又一个辉煌。没有艰苦奋斗，就没有发展壮大的中国电力工业。

新中国电力工业的历史是一部改革发展史。中国电力工业跨越式发展得益于改革开放。改革开放破除了体制机制的障碍和藩篱，调动了电力市场主体的积极性和创造性，极大地解放了生产力；改革开放使中国电力工业从引进资金、设备和技术到走向国际市场、赶超世界先进水平。没有改革开放，就没有走向世界的中国电力工业。

新中国电力工业的历史是一部科技进步史。电力工业是技术密集型产业，技术进步是高质量发展的动力。中国电力工业坚持自力更生与引进、消化、吸收、创新相结合，短短几十年突破了众多重大技术、重大工程、重大装备的难关,在发电、输变电、大电网自动控制等多个领域进入世界先进行列。没有科技进步,就没有高质量发展的中国电力工业。

新中国电力工业的历史是在中国共产党领导下创造的历史。新中国成立之初即明确电力工业是国民经济"先行官"的地位。在中国共产党的领导下,中国电力工业开辟了一条中国特色社会主义的发展之路。"人民电业为人民""能源建设以电力为中心""四个革命、一个合作"能源安全新战略,引导中国电力工业持续健康和高质量发展。电力工业所取得的辉煌成就,是中国共产党领导中国人民从胜利走向胜利在电力行业的光辉写照。

党的十九大提出,2035 年要基本实现社会主义现代化,2050 年要建成富强民主文明和谐美丽的社会主义现代化强国。电力作为社会发展的生产资料,又是生活资料,也是物质文明和精神文明的基础,将伴随社会经济的发展、人民生活水平的提高而不断发展。"十四五"时期,中国已转向高质量发展阶段,将由全面建成小康社会转向全面建设社会主义现代化国家,处于转变发展方式、优化经济结构、转换增长动力的攻坚期。中国电力工业从总量来看已成为世界第一,技术水平和管理水平都已进入世界先进行列,但中国人均占有电量只有发达国家的 60%左右,人均生活用电仅为发达国家的 35%左右。据初步预测,到 2050 年中国达到现代发达国家水平,从电力需求来说,今后 30 年内需再新增发电容量 30 亿千瓦以上;从技术发展来说,在提高电力智能化、自动化水平上,在煤的清洁高效利用与可再生能源的高效转换上,在电能供应质量和可靠性上,在节能环保和综合能源管理上,都需要科技创新和技术升级。这是所有电力工作者的重要职责和伟大使命。电力工业将始终坚持"创新、协调、绿色、开放、共享"的新发展理念,坚持创新驱动战略,加强核心技术攻关,推动服务模式创新,促进中国电力工业高质量发展,为经济社会健康发展提供坚强支撑。

习近平总书记指出,历史是最好的教科书,要在对历史的深入思考中做好现实工作、更好走向未来。要高度重视修史修志，把历史智慧告诉人们，激发我们的民族自豪感和自信心，坚定全体人民振兴中华、实现中国梦的信心和决心。

在庆祝中国共产党成立 100 周年之际，中国电力企业联合会组织电力行业各单位，编纂了《中国电力工业史》。《中国电力工业史》共分《综合卷》《火力发电卷》《水力发电卷》《核能发电卷》《可再生能源发电卷》《电网与输变电卷》《配电卷》与《用电卷》八卷，以生产力为主线，采用编年体的方式，梳理和阐述了中国电力工业萌芽、成长、壮大的发展历程，记录了中国电力工作者依靠自己的勤劳智慧，克服各种艰难困苦，从胜利走向新的胜利，不断攀登世界电力工业高峰，走出一条具有中国特色的电力工业发展之路；讴歌中国电力工业在党的领导下艰苦奋斗、锐意改革、创新发展的历程，赞美中国电力工业取得的辉煌成就，总结经验教训，探讨电力工业发展的自身规律，传承电力文化，弘扬电力精神，提升民族自信。2021 年，党中央决定在全党开展党史学习教育，学史明理、学史增信、学史崇德、学史力行。结合党史的学习，回顾中国电力工业在党的领导下取得的辉煌成就，将激励电力工作者以更加昂扬的姿态，在全面建设社会主义现代化国家的新征程中取得更加优异的成绩。

2017 年年底，《中国电力工业史》的编纂工作全面启动。中国电力企业联合会党委十分重视《中国电力工业史》的编纂工作，建立了完备的组织协调机制和质量审查保障机制。组建了理事长任主任，各副理事长任副主任的《中国电力工业史》编委会，成立了由中电联专职副理事长兼秘书长负责具体协调，理事会工作部、英大传媒投资集团及各电力集团公司相关人员、电力系统老领导、专家组成的编辑部和编审工作机构，成立了以电网企业、发电企业为供稿单位的分编辑部，形成众人修史的良好氛围。编纂工作以史为据，真实记述，准确评述，坚持唯物史观，以习近平新时代中国特色社会主义思想为指导，贯彻落实《关于建国以来党的若干历史问题的决议》、习近平总书记在庆祝改革开放 40 周年大会上的讲话等文件精神，参考《中国共产党的九十年》等重要文献，确保重大问题与中央精神保持一致。经过三年多的时间，《中国电力工业史》陆续与读者见面，期望为读者展现一部波澜壮阔的中国电力工业史诗。

本卷为《电网与输变电卷》，2019 年 7 月启动编纂工作，后续成立了编纂工作组，并组建了由相关领域资深专家构成的专家组，负责审核电网与输变电领域的历史事件，并对书稿的编写质量进行把关与指导。

电力工业是将化石能源、水能、核能、风能、太阳能等一次能源经发电设施转换成电能，再通过输电、变电与配电系统将电能供给用户的基础产业。电网作为电力工业的重要组成部分，将电能从发电厂输送到用户。中国电网伴随着电力工业的出现而兴起，并随着工业化的进程不断壮大，尤其是改革开放以后大型水电、火电厂的建设高速发展，联网规模逐渐扩大，电压等级不断提高，送电距离不断增加，中国电网从小到大、从弱到强，走出一条具有中国特色的电网发展之路，如今已经成为世界上规模最大的互联互通电网。《中国电力工业史　电网与输变电卷》单独成册，着重记录电网与输变电专业领域的发展历史，主要涉及电网规划、电网建设、电网调度运行、电网设备运维四个领域专业。电网与输变电是中国电力工业中不可或缺的重要组成部分。新中国成立以来，中国电网与输变电领域从小到大、从大到强，走过了不平凡的发展历程，现有的成就是几代从业者不懈奋斗的结果。回顾其发展历程，有辉煌也有低谷，以史为镜照亮未来，相信在"碳达峰、碳中和"目标指引下，在新型能源体系、新型电力系统规划建设的大背景下，电网与输变电领域将迎来新的更大发展。

谨向所有关心、支持和参与《中国电力工业史》编纂的领导、专家和工作人员，以及编辑出版人员表示衷心的感谢！由于史料搜集、研究、编纂和校核的工作量巨大，书中难免存在不妥和疏漏之处，希望广大读者批评指正。

凡　例

　　一、《中国电力工业史》记述了从 1882 年中国电力工业发端至 2019 年中国电力工业建设和发展的历史过程及经验教训。为了更全面地反映中国电力工业的发展脉络，本书共设八卷，分别是《综合卷》《火力发电卷》《水力发电卷》《核能发电卷》《可再生能源发电卷》《电网与输变电卷》《配电卷》与《用电卷》。

　　二、各卷均包括前言、凡例、绪论、正文、大事年表、附录、索引。本卷的四编对应四个阶段：第一阶段为中华人民共和国成立之前中国电力工业的发展情况，即 1882—1949 年，反映了中国电力工业的初步发展；第二阶段从中华人民共和国成立到改革开放之前，即 1949—1978 年，重点反映中华人民共和国成立后电力工业艰苦奋斗的历程；第三阶段从改革开放到 21 世纪之初，即 1978—2002 年，这是电力工业进行体制改革促进发展的关键时期；第四阶段是进入 21 世纪后，即 2002—2019 年，是电力工业走向市场化改革并取得突破性成就的重要时期。

　　三、在内容的叙述上，为保证各卷的相对独立，部分卷的内容之间有交叉，但从各卷的特点出发各有侧重。

四、本书采用编年体方式记述。各卷的编纂结构大体一致，但不尽相同。一般采用编、章、节、目的形式，并设有附录。

五、正文内容使用规范的现代汉语书面语言。所用汉字除必须用繁体字的以外，一律使用国务院2013年6月公布的《通用规范汉字表》所列的汉字。

六、各卷数字的使用，均执行《出版物上数字用法》（GB/T 15835—2011）的规定。

七、书中计量单位，除引用历史上所用的某些单位外，均执行《中华人民共和国法定计量单位》的规定。在表达量值时采用单位的中文符号。

八、书中的机构名称、名词术语等，均以当时的规定为准，对当时确实存在的不统一、不规范的情况，在相应的文中以注释的方式加以说明。

九、书中所列统计数据，一般未包含台湾、香港和澳门地区的数据，相关内容在《综合卷》第十九章中体现。

十、书中注释采用脚注方式，当页编码，不编通码。

第二编 中华人民共和国成立到改革开放前期中国电网与输变电技术不断发展（1949—1978）

7

11

第四编　新世纪中国电网的高速发展与输变电技术的重大突破（2002—2019）

绪　论

电力工业是将化石能源、水能、核能、风能、太阳能等一次能源经发电设施转换成电能，再通过输电、变电与配电系统将电能供给用户的基础产业。电网作为电力工业的重要组成部分，将电能从发电厂输送到用户。中国电网伴随着电力工业的出现而兴起，并在中华人民共和国成立后随着工业化的进程不断壮大，尤其是改革开放以后大型水、火电厂的建设高速发展，联网规模逐渐扩大，电压等级不断提高，送电距离不断增加，中国电网从小到大、从弱到强，走出一条具有中国特色的电网发展之路，如今已经成为世界上规模最大的互联互通电网。本卷全面总结中国电网与输变电领域近 140 年的发展历史，系统反映中国电网与输变电的发展历程，对于引导社会各界和后人关心关注中国电力工业和电网与输变电的发展，激励电网人再创新的辉煌具有十分重要的意义。

1882 年，英国人立德尔（R.W.Little）在上海创办上海电气公司，建成中国第一家发电厂，装机容量仅 12 千瓦，同时沿外滩到虹口招商局码头架设了 6.4 千米的供电线路，串接了 15 盏弧光灯。当年 7 月 26 日，电厂开始供电，街头一片光亮。至此，中国大地上诞生了第一条输电线路。中国最早形成的电网，建成于 1907 年的上海，从斐纶路（今九龙路）新中央电站通向市中心，共有 5 条输电线路，设有 12 个配电站，输电线路主要分布在现在的虹口区和黄浦区一带，最高电压为 2.5 千伏。

中华人民共和国成立前，中国处于半殖民地半封建社会，由于外强侵略、长期战争、社会动乱、外国资本控制和制约，电力工业发展道路坎坷，步履蹒跚。至中华人民共和国成立之初，输电电压等级繁多且没有按统一标准执行。一部分大城市采用 22 千伏和 33 千伏电压，东北地区多采用 44 千伏和 66 千伏电压。大城市之间，如北京—天津—唐山输电线路采用 77 千伏，东北地区抚顺—鞍山—浑河输电线路采用 154 千伏，220 千伏丰满—抚顺输电工程是当时中国电压等级最高的输电工程。全国 35 千伏及以上输电线路 6475 千米，变电容量 346 万千伏·安。

中华人民共和国成立后，电网与输变电工程才有了真正的发展。从以城市为中心的电网到省级电网，到跨省的区域电网，再到除台湾地区之外的全国联网，实现大范围的互联互通、资源优化配置；从 110 千伏到 220/330 千伏高压电网传输，到 500/750 千伏超高压电网，再到 1000 千伏交流和 ±800 千伏直流特高压，中国电网与输变电技术实现了从跟随到领先，从交流联网发展到交直流混联电网，电网形态不断发生变化，电网输送能力不断增强，输变电技术水平不断提升。截至 2019 年年底，全国 220 千伏及以上输电线路回路长度达到 75.5 万千米[1]，220 千伏及以上变电设备容量达到 42.7 亿千伏·安，发电装机

---

❶ 中国电力企业联合会编著：《中国电力行业年度发展报告 2020》，中国建材工业出版社，2020 年，第 114 页。

容量、发电量和电网规模均居世界第一。以智能电网、特高压、清洁能源为主要特征的中国电网，成为全球电网发展的领先者。

一、中国电力工业艰难发展和输变电雏形

从 1882 年中国电力工业发端开始，到 1949 年中华人民共和国成立近 70 年的电力工业发展历程，是中国电力工业从无到有、由小渐大，电网缓慢形成和输变电发展的萌芽时期。19 世纪末叶，电由帝国主义列强带到中国，在被迫开放的上海、天津、广州、台北、大连等通商口岸开办电灯厂，经营电力事业。一些民族资本工商业者，也在交通方便、商业繁荣的城市开办了小型电灯厂。政府和民众逐渐接受和重视电力工业，电力需求和供电半径越来越大，上海、杭州等地低电压等级的配电网络开始形成。辛亥革命后，电力工业管理雏形产生。南京国民党政府执政后，秉承孙中山《实业计划》思想，其提出的《建设大纲草案》将电力工业列为重点领域，陆续颁布《电气事业条例》等电业法规，统一了电压和频率等技术标准，电力工业的国家垄断开始形成。1931 年"九一八"事变后，中国进入了战争状态，从抗日战争到解放战争，中国电力工业在侵略者的占据和掠夺中艰难发展，国民党政府的孱弱造成电力工业缺乏发展动力。战争结束后，全国输电线路仅有零星的几条，中国电力工业基础薄弱。

（一）自 1882 年中国电力工业诞生至 1911 年辛亥革命前

这是中国电力工业的初创时期，电能应用以照明为主。帝国主义列强通过一系列不平等条约控制了中国重要的通商口岸，攫取工厂、采矿的经济特权，英、法、德、俄、日、比等国商人，在上海、北京、天津、广州、台北、大连、青岛、旅顺、香港、澳门等城市商埠开办电灯厂，经营电力事业。同时，为争取利益，一些民族资本工商业者，也在交通方便、商业繁荣的城市开办了小型电灯厂。政府和民众逐渐接受和重视电力工业，电能应用也逐步扩展到城市轨道交通、工农业生产中，电力需求和供电半径越来越大，上海、杭州等城市低电压等级的配电网络开始形成。

（二）自 1912 年中华民国临时政府成立到 1937 年日本发动全面侵华战争

这是早期中国电力工业难得的相对发展较快的时期。辛亥革命后，北洋政府沿袭了南京中华民国临时政府发展民族工业的实业政策和措施，出台了一系列经济政策，虽然政局动荡，军阀混战，但是中国民族工业包括电力工业仍有所发展，电力工业管理的雏形在此期间产生。随着国外资本强势扩张，民族资本也较快发展，局部地区电网开始形成。国民党政府执政后，依然看重电力工业发展的前景和重要作用，秉承孙中山《实业计划》思想，提出《建设大纲草案》将电力工业列为重点领域，《电气事业条例》等电业法规陆续颁布，电压和频率等技术标准得到统一，电力工业的国家垄断开始形成。1931 年"九一八"事变后，日本侵略者占领东北，为了达到长期占据和掠夺资源的目的，完全控制并潜心经营东北电力工业。政府包括侵略者对控制电力工业重要性的认识，使得这一时期的电力生产规模不断扩大，中国重要的城市和地区，开始架设长距离输电线路、跨江输电线路、高压输电线路和搭建城市环网。1922 年，北京石景山至前门 33 千伏输电线路建成；1922 年，抚顺至奉天（今沈阳）44 千伏输电线路建成；1934 年，辽宁建成天之川至甘井子 66 千伏输电线路；1935 年东北建成抚顺至鞍山 154 千伏输电线路；1941 年，水丰至鞍山 220 千伏输电线路建成；1941 年，天津至塘沽 77 千伏输电线路建成；1942 年，镜泊湖至牡丹江及石岘 110 千伏输电线路建成。电力供应逐渐由最初的一厂一线孤立运行、一厂多线的树枝状运行，开始相互延伸、联合，逐渐发展为小区域电网，催生形成独立的电力调度机构。其间一批顽强的民族电器设备制造企业经过不屈不挠的努力，孕育了中国输变电设备制造业的萌芽。

（三）自全面抗日战争至中华人民共和国成立前的时期

这是中国电力工业损失最为惨重的时期。全面抗日战争爆发后，国民党政府从南京迁至重庆，中国的国民经济被迫进入战时轨道。在国民党统治区，实施战时经济体制的重点是工矿企业建设，工商业经济重心也由沿海转移到西南地区，促使该地区的电力工业相应发展起来。国民党政府设立资源委员会，将电力工业发展作为建设重点，开始发展电力工业，但在战争的阴影之下，建设工作推进步履艰难。在沦陷区，日本侵略者按其"以战养战"方针，强占和控制电力工业，并为满足其侵略战争和掠夺财富需要，进行电厂和输变电工程建设。1946 年 6 月，蒋介石发动全面内战，使刚刚开始恢复的电力工业再一次遭受战争的重大创伤，电力工业发展不仅停滞而且破坏严重。特别是解放战争后期，国民党政府对电厂和输变电设施轰炸破坏，虽经中国共产党领导并组织工人保厂护线，仍有大量电力设施损毁。战争结束后，全国输电线路除东北有一条 220 千伏和几条 154 千伏输电线路，平津唐地区有 77 千伏、上海和江苏有 33 千伏电压等级输电线路外，其余均为发电厂的直配线，中国电力工业处于极其落后的状况。

中华人民共和国成立前近 70 年，中国电力工业步履蹒跚，艰难前行。这说明电力工业的发展与国家命运息息相关，与经济发展密不可分。

虽然中国电力工业起步不晚，几乎与世界主要发达国家同步，但是由于中国处于半殖民地半封建社会、外国资本主义侵入、国内封建买办势力统治，近代工业遭受多方面的压迫和阻挠，发展极其艰难坎坷。随着帝国主义侵略战争、国内战争，社会动荡、经济萧条，电力工业萎靡不振、逐渐衰败。国家军阀割据、一盘散沙，外国资本强权特权，没有国家独立、民族解放，没有统一坚强的领导和和平发展的环境，就不可能有电力工业的进步。

二、计划经济体制下的电网与输变电曲折发展

1949—1978 年，是中国电力工业艰苦奋斗的创业期。中华人民共和国成立后，中国电力工业开启新的历史篇章。从三年恢复时期到"一五"时期，电力工业管理体制仿照苏联架构建立，通过配套苏联援建的 156 项重点工程，给了中华人民共和国电网建设学习、消化、吸收的极好机会。"二五"计划的建设重点仍是继续进行以重工业为中心的工业建设，电网继续得到完善和壮大，但后期被"大跃进"打乱了进程，电网投入不足。后续经过三年整顿时期，电网发展重回正常发展道路。之后的"文化大革命"严重干扰了电网的发展，尽管在"三线"建设中支撑了中西部电网，但整体发展缓慢，为后续电力短缺埋下了伏笔。

（一）三年恢复时期

从中华人民共和国成立到第一个五年计划开始前的1952年年底是中国国民经济的恢复时期。该时期电力工业的重点任务是恢复并建设2~3年内工业生产所需要的电源设备。电网与输变电工作围绕这一时期的重点任务，主要是配合电源设备的修复恢复和电厂的新建，恢复修复配套的供用电设施，架设新的输电线路，建设新的变电站，尽最大努力维护设备安全正常运行，满足工农业生产恢复需要。

经过三年的艰苦奋斗，中国完成了电力管理机构的设置，各大区电业管理（总）局相继成立，一系列规章制度陆续颁布，统一管理模式确立，为中国电力工业走计划经济发展的道路提供了基本保障。通过学习借鉴苏联经验，开始了正规的、有计划的电网基本建设工作，制订了一套适用于计划经济的基建管理模式。全国多地区组建了专业的送变电专业检修和基建队伍。通过引进、仿制苏联电工产品，输变电设备的设计、制造技术也有了初步提升。

（二）"一五""二五"计划时期和三年调整时期

1953—1965年是国民经济"一五"计划时期、"二五"计划时期和三年调整时期，以"一五"计划的实施为起点，中国步入了有计划、大规模经济建设和工业化发展的道路，也是中国电网真正大规模建设的开端。这一时期，按照中央政府的统一部署，从中央、大区到全国各省电业管理机构陆续设立，并实现集中统一管理，电力工业"中央与地方双重管理、以中央管理为主"的管理体制就此基本定型。

这一时期，电网与输变电建设为适应"一五"时期工业发展特别是新工业地区建设的需要，配套电源建设扩充发展电网。通过配套苏联援建的156项重点工程，电网发展吸收苏联先进经验，在从工程设计、施工，到投产后的生产、运行管理方面有了一个很好的开端。"一五"计划提前超额完成任务。跨省联网和省级主干网架进一步发展。全国电力系统联网容量在10万千瓦以上的电网达到21个。中国首个自行设计、自行施工的220千伏松（丰满电厂）东（沈阳东陵）李（抚顺李石寨）输变电工程投产，属世界先进水平之列。随着电网的扩大延伸，为保证电网安全、稳定、经济运行提供支撑的规划设计、基建施工、运维检修机构队伍逐步建立，各项专业工作规程规范陆续颁布，步入初步发展的轨道。输变电设施设备的研发仍处于学习和仿制阶段，但自主研发、设备国产化的趋势已经十分明显。这一时期，电网统一调度被明确要求。随着《电力系统调度管理暂行条例》的颁布，省级和区域调度机构相继成立，为电网联网做好了运行管理准备。

"二五"计划的建设重点仍是继续进行以重工业为中心的工业建设，在满足重工业发展的基础上，电网继续得到完善和壮大。"二五"计划前期执行比较顺利，后期被"大跃进"打乱了进程。这一时期，电力工业布局改变了原来偏集于一些地区的不平衡状态，基本上适应了整个工业布局的需要。同时，受主客观因素的制约，电力工业内部发展不够平衡，电网投入不足，缺乏网架规划，电网发展滞后于电源的发展。

三年整顿时期，电力工业贯彻落实中共中央部署，按照"调整、巩固、充实、提高"八字方针，以及《国营企业工作条例（草案）》，开展了中华人民共和国成立后的第一次企业整顿。一年多的整顿成效明显，电力工业和电网发展重又走上正常发展道路。

截至 1965 年年底，中国电网 35 千伏及以上输电线路长度达 64 585 千米，是 1949 年的 9.97 倍；35 千伏及以上变电设备容量达 2858 万千伏·安，是 1949 年的 8.26 倍。

（三）"文化大革命"时期

"文化大革命"时期，正值"三五"和"四五"计划时期，长达十年的内乱，是党、国家和人民在中华人民共和国成立以来遭到的最大挫折，打乱了电力工业的发展进程。尤其是电力管理权限的下放，造成电网管理严重分散，加之生产、基建正常秩序被打乱，电力生产事故不断，加剧了电力供应紧张的局面。1970 年开始，全国出现缺电局面，而且缺电日益加剧，至 1975 年年底，全国缺电达 500 万千瓦，全国至少有 20% 的工业生产能力发挥不出来。1975 年，针对缺电问题和电网管理混乱的状况，国务院发布《国务院关于加快发展电力工业的通知》（国发〔1975〕114 号），为理顺电网管理体制、加强电网统一管理、促进电网发展创造了条件。

经过全国电力职工的艰苦努力，电力建设虽受到"文化大革命"的严重干扰，但装机容量仍有所增长，电网建设进入更高电压等级发展的阶段，电力工业在困境中艰难前行。1972 年，中国第一个自行设计、自行建设的 330 千伏刘家峡—天水—关中输变电工程（简称刘天关工程）建成投产，跨省联网步伐加快，输变电技术有了新的发展。"文化大革命"时期，中共中央作出"三线"建设的重大决策部署，按照备战要求进行经济建设、安排生产布局是"文化大革命"时期经济建设的又一基本指导方针。从电网的发展来看，在"三线"建设中发展起来的中西部电网，支持了"三线"地区国防建设和其他基础建设，提高了当地能源资源的开发利用水平。大部分"三线"建设都在环境恶劣的地方展开，电网工程设计、建设人员在艰苦条件下，付出很大代价。

截至 1976 年年底，全国 35 千伏及以上输电线路长度达 201 904 千米，是 1965 年的 3.13 倍。全国 35 千伏及以上变电设备容量达 10 040 万千伏·安，是 1965 年的 3.51 倍。

（四）转折时期的电网建设

从 1976 年 10 月"四人帮"粉碎到 1978 年党的十一届三中全会召开的这段时间，是国民经济的转折时期。从 1977 年起，中共中央在计划管理体制上对国家与企业之间的关系进行了一些局部的调整，促使工业生产秩序得以恢复。党和国家最高领导层高度重视缺电对国民经济发展的影响，提出了"突出抓电"的方针，在此背景下，电力工业成为国民经济规划和发展计划的倾斜重点领域，出现了电力建设的一个短暂高峰。

1978 年，中共中央、国务院在北京隆重召开全国科学大会，电力科研机构相继恢复与设立，一批电网与输变电科研成果获得全国科技大会表彰，极大地激发了广大科研工作者和一线技术人员的研发热情，对电力工业的恢复、调整、建设和发展起到了重要的技术支撑作用。

转折时期，虽然时间很短，但通过拨乱反正和"实践是检验真理的唯一标准"大讨论，总结了中华人民共和国成立后近 30 年的经验和教训，澄清了一些电网发展的错误观念和做法，为中国电网进入改革开放新的时期做好了准备，打下了基础。

截至 1978 年年底，全国 35 千伏及以上输电线路长度达 230 512 千米，是 1965 年的 3.57 倍，是 1976 年的 1.14 倍。全国 35 千伏及以上变电设备容量达 12 555 万千伏·安，是 1965 年的 4.39 倍，是 1976 年的 1.25 倍。

三、改革开放中的电网与输变电快速发展

1978—2002 年，是中国电力工业从改革开放到实现跨越式发展的关键时期。改革开放以前，中国电力发展"重发轻供"问题明显，电力安全保障存在明显不足。其实早在 20 世纪 50 年代，伴随大型水电、火电和核电的建设，欧美发达国家及苏联已经开始向以大机组、超高压和大互联电网为特征的第二代电网过渡。1956 年，苏联首次使用 500 千伏输电；1969 年，美国实现 765 千伏超高压输电；1985 年，苏联建成 1150 千伏特高压输电线路。在党的十一届三中全会后，中国加快电力工业投资建设，恢复和实行国民经济发展中"电力要先行"这一重要战略原则。这个时期电力工业以改革为引领，以解决电源送出为驱动，全面加快电网与输变电工程建设，实现电网省内、区域内、跨区域的联接，以及电力供需的初步平衡。

（一）改革开放助力电网建设迈出坚定步伐

党的十一届三中全会后，中国实行改革开放政策。1979 年至 1982 年是改革开放最初的四年。1979 年 2 月，经全国人大常委会批准，国务院撤销水利电力部（简称水电部），分别成立水利部和电力工业部（简称电力部），这是国务院第二次设立单独管理电力工业的组成部门，1979 年 5 月，电力部召开全国电力工作会议，提出了贯彻执行"调整、改革、整顿、提高"方针的初步方案。1980 年，电力部颁布了《关于加强跨省电网集中统一管理的若干规定》，就跨省电网的计划管理、生产调度管理、电力分配、燃料和物资管理、财务管理、劳动工资管理等方面的工作，做出了具体明确的规定。为加强电网统一集中管理，经国务院批示，成立华北电业管理局、西北电业管理局、华中电业管理局、西南电业管理局，到 1981 年底，连同原先已存在的华东电业管理局和东北电业管理局，形成了六个大区电业管理局，实现了全国主要电网、主要省（自治区、直辖市）电业的统一管理。

改革开放初期，电网建设速度加快，除新疆、西藏、青海、内蒙古等面积大、人口分布分散的省（自治区）外，全国各省（自治区、直辖市）都基本上形成了以 220 千伏为主网架，110、35 千伏电压等级为主要线路的省内统一大电网。以 220 千伏电压等级为主网架结构的区域电网逐步发展。1981 年 12 月，中国首个 500 千伏超高压输变电工程——平顶山—武汉输变电工程建成投运，带动中国电网进入 500 千伏超高压时代；1985 年，首个安装全套国产设备的 500 千伏元宝山—锦州—辽阳—海城输变电工程（简称 500 千伏元锦辽海输变电工程）建成投运，体现了中国智慧。

华北地区初步形成了覆盖京津冀晋四省市的华北电网；山东省电网实现了全省联网；东北电网覆盖区域逐步扩大，蒙东电网并入东北主网；华东电网 220 千伏网架结构更加完

善，覆盖范围不断向苏北、浙南、安徽扩展；福建省形成 220 千伏电压等级的全省联网；华中地区初步形成了 220 千伏电网为主网架的华中电网；华南地区形成了 220 千伏电压等级的广东省电网，覆盖除海南岛外的全省主要地区，通过 132/110 千伏电压等级实现了广东省与香港、广东省与澳门、深圳蛇口与香港的联网；广西壮族自治区形成了 220 千伏电压等级的省级电网主网架；四川和云南省分别实现了以 220 千伏电压等级为主网架、110 千伏为主要联接线的全省联网；新疆电网以乌鲁木齐电网为基础的 110 千伏网架结构逐步扩大。

（二）超高压区域电网加快建设

区域电网蓬勃发展，超高压输变电工程相继投运。在葛洲坝、龙羊峡、沙角电厂、山西中北部等大型水电、火电基地相继建成投产的带动下，电网规模进一步扩大。220 千伏电压等级成为省网主网架和跨省电网重要联络线，华中、东北、华东、华北相继建成或开始建设 500 千伏电压等级的输变电工程。省级电网规模和网架结构逐步完善，形成了东北、华北、华东、华中、西北、西南六大电网格局，粤港澳地区实现联网。中央对电网集中统一管理的体制逐渐完善，电网基础管理不断加强。截至 1987 年年底，全国 35 千伏及以上输电线路达 394 810 千米，比 1981 年年底的 288 242 千米增加了 106 568 千米，增长 36.97%；全国 35 千伏及以上变电容量 29 078 万千伏·安，比 1981 年年底的 17 315 万千伏·安增加 11 763 万千伏·安，增长 47.2%。

伴随着电力工业的发展，电网管理机构也进行了不断的改革和调整，水电部二次成立，组建水利水电建设总公司（总局）和水利水电规划设计院。华南电网办公室成立，为日后发展南方电网和大规模"西电东送"奠定了基础。葛洲坝、乌江渡、广西大化等大型水电站建设促进了跨省、跨区电网的发展；同时，随着火电电源的建设，其配套送出输变电工程建成投运也促进了跨省、跨区电网的发展，并且带动了西北 330 千伏电网发展和全国 500 千伏电网网架起步。

这一时期，电力工业体制改革重点推进了政企分开改革和投融资体制改革。政企分开方面，能源部成立，省级政府在电力建设、发展中的责任加大，鼓励地方集资办电。在区域电管局、省电力局的基础上成立电力联合公司和省级电力公司，进一步实施政企分开。在投融资体制改革方面，国家开征电力基本建设基金和电力建设专项基金，配套出台税收优惠政策，形成了财政、贷款、外资、地方集资等多渠道办电的投资体系。随着政企分开和集资办电的推进，电力企业大力推进经营承包责任制及其配套改革，在推进改革和提高效益的同时，通过"安全、文明双达标"活动，强化生产企业的管理，技术经济指标进一步改善，管理水平有所提高。

在多渠道集资办电的推动下，电网建设规模显著提升。1988—1992 年，送变电工程完成投资 241.08 亿元，电网建设规模空前。在葛洲坝、龙羊峡、两淮及徐州煤炭基地、晋北及蒙西煤炭基地等大型水电、火电基地建设的带动下，500 千伏电压等级输电线路建设发展迅速，逐步成为跨省大电网、区域大电网的主要联络线。

华东、东北、华北、华中四大电网逐步形成了 500 千伏电压等级的主网架，并快速发展。华中电网以葛洲坝为核心，形成了湖北向河南、湖南送电的放射型 500 千伏网架，形成了大水电与火电互济的格局。华北 500 千伏主网架快速发展，华北西部山西、内蒙古的大型坑口火电大规模向京津地区输送电力，有效缓解了京津唐地区缺电的状况。华东电网形成"U"形 500 千伏主网架，两淮、徐州火电基地的电能向上海等长江三角洲负荷集中地区输送。东北形成以 500 千伏线路为骨干网架，跨越东北三省和内蒙古东部的区域电网。龙羊峡水电站 330 千伏送出工程的投运带动了西北 330 千伏超高压网架的进一步扩展。中国首个±500 千伏超高压直流输电工程——葛洲坝—上海±500 千伏直流输电工程（简称葛沪工程）建成投产，华东、华中两大电网联网，为全国联网迈出坚实的第一步。云南、贵州、蒙西、海南等独立省网也快速发展。按照引进、吸收、消化的路线，开展了输变电技术引进与国产化，投运一批典型工程，取得了一系列研究成果。随着跨区直流输电工程的出现，国调中心进入实时调度，中国电网形成国、网、省、地、县五级调度体系，调度自动化水平显著提升，电网稳定状况不断改善。

截至 1992 年年底，全国 35 千伏及以上输电线路 507 319 千米，35 千伏及以上变电容量 46 924 万千伏·安。

（三）三峡输变电工程与全国联网起步

三峡工程的设想始于 1918 年，孙中山先生在《建国方略》提出了开发三峡的设想。到 20 世纪 50 年代后期由长江流域规划办公室组织，有关高校和电力设计科研部门参加，对三峡工程蓄水位 200 米、装机 2500 万千瓦方案开展首次大规模论证，1980 年年初对三峡工程蓄水位 150 米、装机容量 1300 万千瓦低水位建设方案开展论证，分别对三峡供电范围和三峡电力系统论证，进行了不同深度的计算研究。

1992 年 4 月 3 日，七届全国人大五次会议通过《关于兴建长江三峡工程的决议》，决定将兴建三峡工程列入国民经济和社会发展十年规划。三峡工程采取"一次开发、一次建成、分期蓄水、连续移民"的建设方式，于 1994 年 12 月 14 日正式开工。

为配合三峡电力的开发和外送，1996 年开始建设相关配套电网工程，1998 年建成投运了第一条 500 千伏交流输电线路（长寿—万县），直到 2007 年 9 月以 500 千伏三峡—荆州双回输电线路的建成投运为标志，国家批复的 15 回输电工程全部建设完成。经过 11 年的建设，三峡输变电工程累计建成直流输电工程 4 项、交流输变电工程 88 项，新增变电容量 2275 万千伏·安、输电线路 6519 千米。其中，以 500 千伏交流线路向华中送电，设计送电能力为 1200 万千伏·安；以直流 500 千伏线路向华东送电，设计送电能力为 720 万千瓦；以直流 500 千伏线路向广东送电，送电能力为 300 万千瓦；并用 500 千伏交流线路把二滩水电站电力通过三峡送往华中，再经电力置换送电广东，其设计送电能力为 200 万千瓦。

三峡输变电工程的如期建成，成功地把三峡枢纽电站发出的巨大电能源源不断、安全可靠地送到华中、华东、川渝及南方电网，为国民经济建设及社会发展提供了强有力的能源支持，不仅有效实现了三峡枢纽工程巨大的经济效益、社会效益和环境效益，还奠定了全国电网互联的基本格局，促进了更大范围的能源资源优化配置，全面提高了中国输变电工程规划设计和建设施工技术管理水平,确立了中国电网在世界输变电工程建设中的领先地位。

四、以特高压为标志,中国电网与输变电实现跨越式发展

进入 21 世纪,中国电网迈进以特高压为标志的跨区联网发展新阶段。特高压关键技术和设备应用实现"中国创造"和"中国引领",中国电网成为全球接入新能源规模最大、发展最快的电网。电网实现从薄弱到坚强、从传统到智能的转变,电力供需实现基本平衡,为中国如期全面建成小康社会目标提供了有力的支撑。这个时期主要是"十五"到"十二五"时期。

（一）电力体制改革十年电网发展突飞猛进

2002 年 2 月 10 日,国务院发布《国务院关于印发电力体制改革方案的通知》（国发〔2002〕5 号）,印发电力体制改革方案,电力市场化改革拉开序幕。随着电力体制改革的实施,中国电力工业实现了厂网分开,引入了竞争机制。这是中国电力体制改革的重要成果,是中国电力工业发展的新里程碑。它标志着中国电力工业在建立社会主义市场经济体制、加快社会主义现代化建设的宏伟事业中,进入一个新的发展时期。

根据电力体制改革方案,将国家电力公司管理的资产按照发电和电网两类业务划分,分别设立国家电网公司、南方电网公司。随后,以三峡输变电工程为引领,全国"西电东送"战略不断落实。

2002—2012 年,中国电网在建设规模、速度、质量和技术水平等多方面持续发力。紧凑型线路、同塔多回、大容量变压器、串联补偿及可控串联补偿、大截面导线等新技术、新设备得以推广应用,电网结构不断加强与调整,电网安全可靠性及在更大范围多种资源配置能力和灵活性提高,电网技术水平和管理水平等取得了长足的进步和巨大的成绩。电网技术实现了从引进到输出、从追赶到引领的重大转变,逐步改变我国电网建设相对电源建设滞后、电网结构薄弱损耗大的局面,形成"西电东送、南北互供、全国联网"的局面。

这期间,电网大范围优化配置资源能力大幅提升。2005 年,建成华北—山东互联工程,结束了山东电网作为独立省网的历史。2005 年 6 月,建成灵宝背靠背直流输电工程（简称灵宝背靠背工程）,实现了西北电网与华中电网互联。2009 年,建成海南与南方电网联网工程,结束了长期以来海南"电力孤岛"的历史。2010 年 11 月 3 日,建成新疆与西北 750 千伏电力联网工程,促进新疆能源开发,实现"疆电外送"。2011 年 12 月 9 日,建成青藏电力联网工程,实现全国除台湾以外的电网互联,创造了世界高海拔地区电力工程建设的新纪录,从根本上解决了西藏缺电问题。发挥全国统一电力市场的作用,推动大区、远距离电能交易。

这期间,电网接纳新能源能力大幅提升。并网风电规模跃居世界第一,2002—2012 年风电累计并网容量 5636 万千瓦。2011 年 12 月 25 日,世界上规模最大,集风电、光伏发电、储能、智能输电于一体的新能源综合利用平台——国家风光储输示范工程在河北省张北县建成投产;2011 年 12 月 31 日,世界上首个百万千瓦级光伏电站群——柴达木盆

地 100.3 万千瓦光伏电站群成功接入青海电网，为中国大型新能源发电基地的集约化开发、多种新能源综合开发利用积累经验并奠定技术基础。

这期间，中国电网抵御重大安全风险能力大幅增强。电网和设备事故大幅减少，一般电网和设备事故（可比口径）分别降低 97.1% 和 95.5%。充分发挥输配一体化、电网调度一体化的体制优势，最大限度保障了电力系统安全稳定运行，在国外大面积停电事故频发的情况下，成为唯一没有发生大面积停电事故的特大型交直流混合电网。

这期间，中国电网供电质量和可靠性进一步提升。城市、农村用户年均停电时间分别减少 7、53.8 小时，城市和农网供电可靠率分别提高 0.08、0.615 个百分点，线损率降低 0.24 个百分点。

这期间，中国电网安全预警机制和应急体系不断完善。构建风险预控应急管理和危机处置"三位一体"的应急工作模式，形成较为完善的应急预案框架体系，灾害处置和应急救援能力提升，电网经受了严重雨雪冰冻、特大地震、泥石流等重大自然灾害考验。

中国电网的输电能力和安全稳定水平都发生了质的飞跃，使大区域电网之间功率互补、电力交换、事故支援的能力进一步增强，对实现全国范围内的资源优化配置具有重要政治意义和经济效益。中国电网以规模最大、运行电压等级最高、安全可靠运行时间最长而跻身世界电网前列。

（二）技术创新推动中国电网步入特高压时代

中国能源资源与负荷中心呈逆向分布。煤炭、风能、太阳能等能源资源大部分分布在西北部，80% 的水能资源分布在西南部，但电力负荷中心集中在东中部地区，能源富集地区距离东中部电力需求中心 1000 千米到 4000 千米。转变原有依靠大规模、长距离输煤为输电，采取特高压输电技术成为解决能源供需不匹配的全新思路。而西北地区 750 千伏超高压输变电技术的成熟应用为特高压技术的研发奠定了坚实的基础。

2004 年，国家电网公司在前期技术研究和论证的基础上，启动了特高压输电工程关键技术研究和可行性研究，认为采用 1000 千伏交流和 ±800 千伏及以上直流的特高压技术输电，具有满足大规模、远距离、高效率电力输送要求，保护生态环境，提高电网运行安全性和社会综合效益，提高能源输送保障能力等优势。

2005 年 3 月 21 日，国务院主持会议，会议明确同意发展特高压电网。2005 年 9 月下旬，1000 千伏晋东南—南阳—荆门特高压交流试验示范工程可行性报告顺利通过国家审批。2006 年以来，国家电网公司陆续建设了特高压交流试验基地和直流试验基地，并积极开始相关试验研究工作，为特高压输电工程应用奠定基础。2006 年 8 月，1000 千伏晋东南—南阳—荆门特高压交流试验示范工程获得国家发展改革委核准。2009 年 1 月 6 日，工程投入商业运行。自此中国交流电网进入 1000 千伏特高压时代。

与此同时，为满足西南水电向东南部负荷中心输送的需求，2006 年年底至 2007 年年初，国家发展改革委相继核准云南—广东 ±800 千伏特高压直流输电工程（简称云广工程）以及向家坝—上海 ±800 千伏特高压直流输电示范工程（简称向上工程），分别由南方电网公司和国家电网公司承担建设任务，两项工程均于 2010 年投入运行。自此，中国直流输电进入±800千伏特高压时代。

2012年以来，国家在特高压交直流输电技术示范应用的基础上，为配合国家大气污染治理，又先后建设了多条特高压交直流输电通道，电网跨区域能源配置能力显著增强。在实现长距离、大跨越、高效率能源输送，为国家蓝天工程助力的过程中，电网企业不断总结施工建设经验，积极开展自主创新，攻克了装备制造、机械应力、温升散热、大件运输、施工工艺等关键技术，解决了大温差、大风沙、强辐射等严酷环境下输电可靠性难题，设备国产化率持续提升，在"无标准、无经验、无设备"的情况下成功实现从"白手起家"到"大国重器"，使中国特高压输变电系统技术和装备在研制、开发、设计、运行等多方面居于世界领先地位。

中国输变电装备制造技术水平和成套能力不断提高，特别是特高压输电技术的突破和智能电网的建设，促使中国电网建设的创新能力、技术水平、工程质量、造价控制等进一步提升。随着一批跨国跨区输电联网工程相继建成投运，电网跨区域输电和资源优化配置能力继续提高。截至2012年年底，国家电网跨区输电工程输电能力超过5100万千瓦，其中交直流联网工程跨区输电能力超过4250万千瓦，跨区点对网输电能力超过850万千瓦。南方电网形成"八交五直"的"西电东送"主网架，输电能力超过2300万千瓦。中国首个跨国直流联网工程——中俄±500千伏直流联网黑河背靠背换流站工程建成投运，中国与俄罗斯、越南、缅甸等周边国家及中国香港和澳门地区电力交换能力超过200万千瓦，电网境内外优化配置资源的功能逐步显现。

五、能源互联网建设，助推电网与输变电高质量发展

2014年6月，习近平总书记提出"四个革命、一个合作"能源安全新战略，并就推动能源生产和消费革命提出五点要求：推动能源消费革命，抑制不合理能源消费；推动能源供给革命，建立多元供应体系；推动能源技术革命，带动产业升级；推动能源体制革命，打通能源发展快车道；全方位加强国际合作，实现开放条件下能源安全。这为能源电力的发展改革指明了方向，就是要高质量、可持续发展，构建清洁低碳、安全高效的能源体系。

（一）输配电价改革持续深入

随着电力市场化改革的深入，迫切需要建立健全科学合理的输配电价形成机制。2015年3月15日，中共中央正式印发《中共中央　国务院关于进一步深化电力体制改革的若干意见》（中发〔2015〕9号），提出了新一轮电力体制改革目标和重点任务，将有序推进电价改革、理顺电价形成机制确定为新一轮电力体制改革的目标之一。2015年11月30日，国家发展改革委、国家能源局公布了电力体制改革6个配套文件。其中《关于推进输配电价改革的实施意见》（简称《实施意见》）格外引人注目。该《实施意见》对输配电价改革的方向目标、办法路径等规定得更加清晰明确。《实施意见》明确指出，输配电价改革的总体目标是：建立规则明晰、水平合理、监管有力、科学透明的独立输配电价体系，形成保障电网安全运行、满足电力市场需要的输配电价形成机制。

2016年12月22日，国家发展改革委发出通知，正式印发《省级电网输配电价定价

办法（试行）》。2017 年 12 月 29 日，正式印发《区域电网输电价格定价办法（试行）》《跨省跨区专项工程输电价格定价办法（试行）》《关于制定地方电网和增量配电网配电价格的指导意见》。通过 2015—2017 年三年来深入推进电力体制改革，中国初步构建了科学的独立输配电价制度体系，电价改革实现新突破。

2019 年，国家发展改革委、国家能源局开展了输配电价改革以来的第二轮成本监审和核价工作，并对 2015 年制定的《输配电定价成本监审办法（试行）》进行了修订，正式印发了《输配电定价成本监审办法》。本次修订有三个主要特点：一是强化成本监审约束和激励作用。对电网企业部分输配电成本项目实行费用上限控制；明确对电网企业未实际投入使用、未达到规划目标、重复建设等输配电资产及成本费用不列入输配电成本，引导企业合理有效投资，减少盲目投资；对企业重大内部关联方交易费用开展延伸审核，提高垄断环节成本的社会公允性。二是细化成本监审审核方法。明确不得计入输配电成本的项目，细化输配电定价成本分类、界限及审核方法，增加分电压等级核定有关规定等，进一步提升成本监审操作性。三是规范成本监审程序要求。进一步明确经营者配合责任及义务，增加对信息报送要求、程序，以及失信惩戒等规定，提高报送信息质量和效率。

在国家输配电价改革不断推进的同时，2018 年和 2019 年国家两次推进一般工商业平均电价降低 10%，通过降低企业输配电价成本来降低实体经济用能成本。

（二）能源互联网建设推进电网与输变电技术高质量发展

"十三五"期间，电网企业以习近平新时代中国特色社会主义思想为指引，遵循"四个革命、一个合作"的能源安全新战略，能源供给侧结构性改革加速推进。2016 年 7 月 26 日，国家能源局发布了《国家能源局关于组织实施"互联网+"智慧能源（能源互联网）示范项目的通知》，能源互联网示范工程在中国全面建设，"互联网+"战略顺应了世界工业发展的趋势。"互联网+"战略上升至国家层面，对中国各行各业，尤其是工业、能源等行业的发展产生极大的推动作用。

电网企业始终全面履行政治责任、经济责任、社会责任，坚持以人民为中心，把政治责任和社会责任摆在重要位置，致力于实现企业综合价值最大化，坚持走符合国情的电网转型发展和电力体制改革道路。2018 年以来，国家电网公司、南方电网公司和各发电集团公司均提出了相应的能源互联网战略，彰显了电力企业主动为党分忧、为党担责的责任意识和强烈的进取精神。

由此，在能源互联网战略的推动下，中国电网加强特高压工程建设，推动西部水电、煤电、风电、太阳能的集约化开发，实现电力资源在全国范围内优化配置，推动中国能源生产和利用方式变革。截至 2019 年年底，全国已建成投运"九交十四直"23 个特高压工程，跨区输电能力达到 1.6 亿千瓦左右。各级电网协调发展，区域主网架不断完善，华北、华东特高压主网架基本形成，华中特高压主网架加快推进，东北、西北主网架不断优化，西南川渝藏形成同步电网，南方区域"西电东送"主网架形成交直流并联运行的大电网格局。通过多条特高压工程的建设和一系列重大自主创新成果的实现，中国在特高压核心关键技术领域取得全面突破，登上世界输变电技术的制高点。设备研制实现国产化，显著提升了电力装备制造的自主创新和国际竞争能力。特高压实验研究能力也同步领先世界，在实践中建立的特高压标准体系为特高压技术的规模化应用创造了条件。

与特高压输电技术同步发展起来的智能电网技术，全面整合了城市电源、电网与负荷端的友好互动和协调运行。为保证供电可靠性和稳定性，电网在功能形态上向智慧的现代能源服务体系不断演进，灵活应对新能源占比越来越高，新能源消纳中时空不定、瞬时峰谷波动等各种情况。

随着智能电网建设的积极推进，中国电网企业在物联网技术应用方面实现了相当的技术积累，电网信息化水平不断提升。智能电能表以及各类保护、采集、控制设备达到数亿台。射频识别技术、传感器技术、故障诊断与定位技术、图像获取技术等，使运行管理、变电站监控、抢修定位与调度、巡检定位、故障识别等业务实现了灵活、高效、可靠的应用。

"十三五"是中国全面建成小康社会的决胜期，全面深化改革的攻坚期。中国电网与输变电发展水平全面提升，为全面建成小康社会提供了强有力的支撑。

六、中国电网与输变电技术发展成就

中华人民共和国成立以后，中国共产党领导中国人民站起来了。中国电力工业掀开了历史新篇章，从中华人民共和国成立到改革开放，从支离破碎的电网到全国联网。伴随着中国经济的突飞猛进，电力工业秉承"人民电业为人民""电力先行"的发展理念，电网作为将电能输送到各行各业、千家万户的媒介，从小到大，从弱到强，从跟随到引领，实现了跨越式发展，支撑了国民经济高速发展、实现了能源跨区配置、引领了清洁能源转型、保障了14亿人口安全可靠供电，创造了举世瞩目的辉煌成绩。

（一）中国已建成世界上增长速度最快的电网，支撑了国民经济的高速发展

中华人民共和国成立初期，全国最高电压等级220千伏输电线路回路长度仅658.2千米，变电容量仅33万千伏·安。中华人民共和国成立后，中国共产党和政府把电力工业作为国民经济的先行工业，使电力工业得到迅速发展。改革开放以后，中国坚持以经济建设为中心，扩大开放，经济发展速度保持高位。电力投资持续受到重视，发展总体较快。2019年年底，220千伏及以上输电线路回路长度、变电容量分别达到75.5万千米和42.7亿千伏·安，分别比1949年增长约1000倍和10000倍，电网取得跨越式发展，有力支撑了中国经济的高速增长。2019年，中国国内生产总值超过90万亿元，经济总量已连续多年稳居世界第二位，并持续成为世界经济增长的最大贡献者。

（二）中国已建成世界上联网规模最大的电网，保障了能源跨区域优化配置

中华人民共和国成立初期，中国电网主要由一些分散的电厂及其送出工程组成，大多没有联系。最大的电网为东北电网，由4条220千伏和16条154千伏线路构成。中华人民共和国成立之后，中国从发展城市孤立电网开始，在各省市延伸建设110、220千伏电网。由于电网互联可实现各电网之间相互支援、互通有无，减少备用容量，提高系统抵御事故的能力，基于资源禀赋不同，20世纪80年代，中国确定了"西电东送"和电力联网

的发展道路。此后，中国电网以 500 千伏省级和跨省电网建设为重点。到 20 世纪 90 年代，建成东北、华北、华中、华东、西北、川渝、南方跨省区电网和山东、福建等省级 500 千伏电网。1989 年 9 月，葛沪工程投产，拉开了跨区联网的序幕。

1994 年，长江三峡电站开始建设，围绕三峡电力的送出，逐步形成以北、中、南送电通道为主体、南北电网间多点互联的"西电东送、南北互供"的全国互联电网格局。2011 年 11 月，随着青藏±400 千伏联网工程的投运，除台湾外，全国联网格局基本形成。截至 2019 年年底，中国已形成华北—华中、华东、东北、西北、西南、南方、云南 7 个区域或省级交流同步电网。各区域或省级交流同步电网之间通过直流线路或直流背靠背方式联网，实现了电力在各电网之间的支援和互济，为大范围能源资源优化配置构筑了坚实的根基。

2005 年 9 月，中国首个示范工程 750 千伏青海官亭—甘肃兰州东输变电示范工程建成。2006—2014 年，甘肃、青海、陕西三省建成了 750 千伏输电骨干网架。2009 年 1 月 6 日，1000 千伏晋东南—南阳—荆门特高压交流试验示范工程投入商业运行，开启了中国特高压输变电工程建设的序章。截至 2020 年年底，中国跨区输电能力达到 1.48 亿千瓦，220 千伏及以上输电线路长度达 79.4 万千米，变电（换流）容量达到 45.3 亿千伏·安（千瓦），中国电网是世界上联网规模最大、输电能力最强的特大型电网。

（三）中国已建成世界上技术水平最先进的电网，促进了清洁能源转型发展

从中华人民共和国成立以来，中国电网与输变电技术长期落后于发达国家，中国电力工业自强不息，持续开展技术引进和科技攻关，电网和输变电技术水平不断提升。20 世纪 80 年代，为了满足全国范围的超高压输变电工程的大规模建设需求，本着"安全可靠、先进成熟、经济合理"的原则，在部分重点工程中开展了输变电技术与装备的引进。同时按照引进、消化、吸收和自主研发两种思路，积极开展电网与输变电技术和装备研发，推动了技术和装备的国产化进程，取得了一系列成果。1985 年建成投入运行的 500 千伏元宝山—锦州—辽阳—海城输变电工程，为中国首个安装全套国产设备的 500 千伏主干线路，在中国输变电设备制造史上具有重要的突破意义。

2002 年年底，国家电力公司组织召开了电网建设专家委员会第四次全体会议，讨论确定了西北电网在 330 千伏等级之上采用交流 750 千伏超高压电网；并组织专家研究 750 千伏架空线路和变电站技术特性，明确设计阶段的关键技术问题。组织开展了西藏羊八井高海拔试验基地建设，获得了大量的高海拔试验研究成果，攻克了高海拔地区超/特高压交直流输变电工程间隙外绝缘配置的难题。这都为远距离、跨区域特高压输变电技术的研究和开发奠定了基础。

2005 年 2 月 16 日，国家发展改革委下发《关于开展百万伏级交流、±80 万伏级直流输电技术前期研究工作的通知》（发改办能源〔2005〕282 号）。3 月 21 日，国务院主持会议，这次会议纪要（国阅〔2005〕21 号）明确同意发展特高压电网，并将特高压纳入国家重大装备规划。国家电网公司等电网企业同步启动了特高压输电工程关键技术研究和可行性研究，组织相关科研机构和设备制造厂家科研攻关，根据制定的特高压交流输电关键

14

技术研究框架，完成了共 46 项特高压交流输电技术课题的研究。同时，国家电网公司频繁与国际组织和科研机构及设备制造厂家进行技术交流，多次组织国际技术交流会议，进行技术交流和研讨。为实施好特高压输电建设，电网企业认真规划，示范先导。国家电网公司先后建设了特高压试验基地和特高压交、直流示范工程。同时，电网企业积极开发新型电网技术，加大适应新型电网技术的装备研制，结合电网结构的加强和完善，以提高供电可靠性为目的，总结推广电网状态检修。

截至 2021 年年底，中国在运特高压工程达到"十五交十八直"，中国全面掌握了特高压交、直流核心技术并实现了工程应用，1000 千伏交流、±800 千伏及以上直流的特高压输电技术，成为世界上最先进的输电技术。同时，电网企业不断开展相关行业标准的国际化工作，积极与世界经济论坛（World Economic Forum，WEF）、全球可持续电力合作组织（Global Sustainable Electricity Partnership，GSEP）、国际特大电网运营商组织（GO15）、世界可持续发展工商理事会（World Business Council for Sustainable Development，WBCSD）、亚太经济合作组织（Asia-Pacific Economic Cooperation，APEC）、国际电工委员会（International Electrotechnical Commission，IEC）、电气与电子工程师学会（Institute of Electrical and Electronics Engineers，IEEE）和国际大电网委员会（International Council on Large Electric Systems，CIGRE）等重要国际组织开展务实合作，在能源战略、输配电网技术、智能电网、可再生能源发展等领域加强沟通与合作，积极主导和参与国际标准制定，截至 2020 年年底，国家电网有限公司累计主导编制国际标准 80 项，其中 IEC 标准 54 项、ISO 标准 1 项、IEEE 标准 25 项，为世界电力工业的发展贡献了中国智慧和力量。

（四）中国已建成世界上安全水平最高的电网，促进了社会稳定和长治久安

中华人民共和国成立初期，中国电网设施薄弱，接入发电设备装机容量仅有 184.6 万千瓦，仅供一些大工业用电，电不够用、停电现象普遍。经过 70 多年的发展，中国已建成世界上安全水平最高的电网。截至 2019 年年底，中国发电装机容量达 20.1 亿千瓦，是 1949 年的 1089 倍。中国电网是近 20 年世界上唯一没有发生大面积停电事故的特大型电网，这得益于中国始终坚持统一规划、统一调度和统一管理的体制机制和坚强的"三道防线"建设。在统一规划方面，中国已建立了全国电力规划和省级电力规划两级规划体系，保证在能源发展总体规划框架下，统筹衔接发电和输配电网发展，保障了网源侧协调发展，推动了能源与社会发展相协调。在统一调度方面，中国已经建立了完备的五级调度体系，分别为国家级、区域电网级、省级、地市级和县级，各级调度机构对各自调度管辖范围内的电网进行调度，不同层级电网调度之间高效协调，实现发电资源的优化利用，保证电网安全稳定经济运行。在统一管理方面，中国电网发展由能源主管部门统一管理，通过实施多轮次城乡电网改造、农网升级改造、助力脱贫攻坚，提高了电网的整体可靠性和供电质量。建立了电网安全稳定运行的"三道防线"，继电保护、过载切机切负荷温控装置，以及低频低压失步解列装置协调配合，能确保电力系统在遇到各种事故时安全稳定运行。面对电网规模持续加大、自然灾害多发频发、新能源大规模接入等挑战，始终保持全国电力安全形势总体稳定，没有发生大面积停电事故，为经济社会发展提供了坚强保障。

（五）中国已建成世界上服务人口最多的电网，满足了电力普遍服务的需要

电力普遍服务是保障国家居民基本生活、维护经济社会平稳运行的重要基础。中华人民共和国成立初期，中国电力基础设施薄弱，大部分地区都不通电，1949 年全国年人均用电量只有 9 千瓦·时。中华人民共和国成立后，政府高度重视电力工业，加强电源和电网建设，尤其是注重提升广大农村、牧区和边远山区，以及缺能无电地区的用电问题。截至 1999 年年底，全国乡、村和农户通电率达 98.31%、97.77% 和 97.43%。

20 世纪 90 年代以来，中国开展了多轮次农村电网改造升级，把加快电网发展、保障电力供应、推行普遍服务作为首要责任，把户户通电、解决无电人口通电问题作为重中之重。通过多轮次农网升级改造、"户户通电"等工程，"十二五"时期彻底解决了无电人口用电问题，"十三五"时期解决了"低电压""卡脖子"等问题，供电质量大为改善。

通过多方面努力，推进技术创新、结构优化，各级电网运行安全稳定，输电能力、供电能力、供电质量和装备水平大幅提升，供电可靠率、电压合格率整体得到很大改善，逐步实现从"用上电"上升至"用好电"。2020 年，全国城市地区平均供电可靠率 99.945%，农村地区平均供电可靠率 99.835%，❶电网发展取得显著成效。

七、中国电网与输变电技术发展经验

总结中国电网的发展历程，可以看出，伴随着电力工业的发展和不断强大，中国电网走出了一条独特的发展之路。电网的发展不仅要适应电力工业的总体布局，还必须遵循源网荷协调发展的客观规律。

一是电网应当适度超前发展，在经济发展中发挥先行者和引领者作用。1958 年，毛泽东主席在最高国务会议上提出：两个"先行官"，一个是铁路，一个是电力。1995 年，八届全国人大常委会第十七次会议通过的《中华人民共和国电力法》第三条规定，电力事业应当"适当超前发展"。在中华人民共和国成立至 20 世纪 90 年代很长一段时间，电网的建设与发展滞后于电源的建设。在 20 世纪 90 年代电力工业公司化改革之前，电源建设滞后于经济发展需求，导致缺电一度成为中国工业发展的关键问题。国家推动集资办电政策，促进电力工业迅速发展，电力部门一家办电、直接管理和经营的格局发生了巨大的变化，企业主体多元化，建设资金多元化。电力工业开启公司化改革之后，激发了各类资本办电的积极性。到 20 世纪末期，全国大范围缺电的状况有所缓解。2002 年电力体制改革，尤其是国家电网公司和南方电网公司成立之后，电网建设速度和规模加快发展。2009 年，国家电网公司提出了建设特高压电网建设规划，提出建设坚强智能电网的目标，特高压交直流工程依次投运。截至 2021 年年底，中国已建成"十五交十八直"特高压输电通道，实现了能源的跨区域调配。各省超高压网架不断完善，通过联网实现了区域能源互济，促进国民经济发展的"大动脉"日趋完善，为中国经济高质量发展提供源源不断的动能。

二是电网发展应当坚持中国特色社会主义的发展方向，做到"人民电业为人民"。中

---

❶ 国家能源局电力可靠性管理和工程质量监督中心：《2020 年全国性年度报告》，第 130 页。

国特色社会主义制度是党和人民在长期实践探索中形成的一套系统完备、科学规范、运行有效的制度体系。中华人民共和国成立70多年来的发展经验表明，这套制度体系的优越性在于能够最大限度地促进中国社会生产力的发展，使广大人民群众充分享受到发展成果。电网作为支撑经济社会发展的重要基础设施，首要作用是满足工业生产和人民生活对优质可靠供电的需求，保障经济社会持续稳定健康发展。此外，基于基础设施的正外部性特点，电网基础设施的覆盖程度，带动电网输变电技术的进步都将间接提升整体劳动生产率，进而提升全社会的现代化水平。从此意义上来讲，电网发展成果对社会的影响具有普惠特性。中国电网企业长期坚持"人民电业为人民"的企业宗旨和行业价值观，体现了以人民为中心的发展思想，发挥了电网企业作为"大国重器""顶梁柱"的责任担当。

三是电网发展应当与社会生产力发展相适应，创新是驱动电网不断进步的不竭动力。电网作为重要的生产资料和生活资料，经历了从小到大、从弱到强的发展过程。中华人民共和国成立初期，中国电网仅覆盖东北、京津唐等孤立区域，生产力水平低下。一辈又一辈电力人艰苦奋斗，不畏艰险，改造电力基础设施，统一电压等级序列，通过不断提升电网等级满足电网输电规模扩大的需求，依次发展110、220、500千伏电网，再到国际领先的交流1000千伏、直流±800千伏及以上特高压输电网。从中国电网发展历程看，电网发展取得的成绩离不开创新驱动。科学技术是第一生产力，通过不断加强科技创新能力建设、对关键技术的攻关和重点装备的研发，实施科技创新示范工程，中国电网科技得到了高速发展，逐渐从设备进口和技术引进过渡到自主研发、自主设计、自主建造、具有自主知识产权的国际先进技术，科技水平迈入世界电力强国行列。电力企业进一步完善现代企业制度，加强管理创新，为推动行业创新发展奠定了坚实基础。经济发展靠科技，科技进步靠人才，电网的发展关键在于人才。重视各类电力科技人才、技能人才、管理人才和建设人才的培养，特别是加强青年人才的培养，建设一流的人才队伍，永葆电力事业的青春活力。

四是电网发展过程中形成了不怕困难、艰苦奋斗、不断超越、追求卓越的行业文化，是电网发展的精神支柱。电网发展是历代电力工作者不懈努力的结果，当中华人民共和国成立的曙光到来的时候，电力工人就曾不惜牺牲生命护厂护线。面对遭到破坏的电力设施，涌现出一大批英雄模范的电力工人，克服材料部件奇缺、图纸资料被毁的困难，夜以继日地修复设备。三年恢复期，广大电力工人以饱满的热情投入到电网恢复建设中，他们吃住在工地，人拉肩扛拼命工作，优先恢复电网，为国家全面恢复经济做出贡献。面对西方国家全面封锁的形势，老一辈电网建设者们自力更生，从引进、仿制到自主研发设备，不断填补技术和设备方面的空白，为电网建设积累经验。2008年年初，面对百年罕见的冰灾，勇敢的电力工作者，爬冰卧雪，抗灾除险，恢复电网，其情其景感人至深。四川"5·12"汶川大地震，电网员工强忍家人、同事遇难的悲痛，积极投入灾后电网恢复建设，受灾群众安置区快速通电。不畏艰险的电力员工，勇闯生命禁区，架通电力天路。"非典""新冠"猖獗之时，电力工人克服疫情带来的风险，第一时间把线路架设到医院建设工地。每每在国家重大活动保电的关键时期，电力员工从来不计得失，以大局为重，充分展现出电力先锋队的铁军形象。正是这种不怕困难、艰苦奋斗、不断超越、追求卓越的行业文化，经过一代代电力人的传承，引领着新时代的电力工作者，勇攀科技高峰，积极科研攻关，建成世界领先的坚强电网。

五是电网发展促进了电力与生态环境协调发展，能源优化配置水平不断提升。中国能源资源禀赋特点是西多东少、北多南少，能源资源与负荷中心分布不均衡的特征明显。随着中国特高压交直流输电技术的提出和逐步应用，实现了能源资源的跨区域优化配置。通过采用特高压直流输电技术，西南地区的水电跨区送至华东负荷中心，西北地区的煤电、风电和太阳能送至华中地区，内蒙古和东北地区的煤电跨区送至华北和华东地区。2021年3月15日，中央财经委员会第九次会议明确提出，中国要构建清洁低碳安全高效的能源体系，构建以新能源为主体的新型电力系统。新型电力系统，是适应新能源高比例接入、新型用能设备广泛应用，集成先进输电、大规模储能、新能源友好并网、源网荷储互动、智能控制等先进技术，具有广泛互联、智能互动、灵活柔性、安全可控、开放共享特征的电力系统。随着能源清洁低碳转型的深入推进，可再生能源大规模开发利用，分布式能源、储能、电动汽车等交互式能源设施快速发展，各种新型用能形式不断涌现，电网作为能源转型的枢纽和平台作用将更加突出。风电、太阳能发电、分布式电源、电动汽车充放电等具有随机性、波动性，需要不断加强电网智能化水平，建设数字电网和能源互联网，大力推动多能协同互补，实现发电与用户需求双向响应，促进清洁能源余缺调剂和更大范围的优化配置。未来电网在能源系统中的枢纽作用更加突出，从微观上看，新能源、分布式电源、储能等技术与智能电网相互融合，实现公共电网与终端微电网、局域电网相互支持；从宏观上看，输电规模越来越大，输送距离越来越远，跨国跨洲联网将从目前小功率交换、余缺互济为主，向大容量输电、大型能源基地向负荷中心直送直供转变，在促进清洁发展、保障电力供应等方面发挥更为重要的作用。

200多年来，人类社会已经先后经历了蒸汽机和电力的发明与广泛应用，推动了现代工业的建立和大发展。21世纪随着新能源技术、智能技术、信息技术和网络技术的快速发展及互相融合，未来中国电网的发展面临新的机遇和挑战，并将继续为经济社会发展和人民美好生活提供可靠的电力支撑。

第一编

中华人民共和国成立前的
电网与输变电发展雏形

（1882—1949）

　　1840 年鸦片战争，帝国主义列强侵入中国，打开了清政府闭关自守的门户。中国人民为争取民族独立和解放，同帝国主义列强和封建腐朽势力，进行了艰苦卓绝的斗争。中国大地上晚清政府无能、帝国列强当道、国内军阀割据，经济萧条、战祸不断、民不聊生，中国的电力工业就是在这样的背景下，艰难地发展起来的。

　　中国大地点亮的第一盏电灯，是在 1879 年 5 月 28 日。英国电气工程师毕晓浦（J.D.Bishop）在上海虹口的一座仓库里，用 7.46 千瓦的蒸汽机带动自励式直流发电机生产电能，并点亮了一盏碳极弧光灯。同年 9 月 9 日，清朝官办机构福建马尾船政局，购得一套经"欧罗巴"号轮船运抵的电灯设备，当晚便在钦差大臣衙门后院的寺庙前成功进行了首次试用电。但这都是发电机和电灯在同一处的发电展示。直到 1882 年，英国人立德尔（R.W.Little）在上海南京路创办装机容量 12 千瓦的中国第一家发电厂——上海电气公司，并沿外滩到虹口招商局码头架设 6.4 千米供电线路。同年 7 月 26 日，通过供电上海外滩 15 盏弧光灯点亮，标志着中国电力工业的发端。

　　1883 年 5 月，上海电气公司迁址新厂并在南京路、百老汇路（今大名路附近）立杆架线装设电灯，扩大供电范围。英商上海电气公司极强的示范性，使得帝国主义列强认为办电有利可图，便陆续在各大通商口岸城市兴建发电厂，架线装灯，英商在香港、广州、汉口，法商、比商在天津，俄商在内蒙古等地先后建设了一些电厂。而中国人也逐渐接受电能使用，特别是 1888 年 4 月，紫禁城点亮电灯后，一些思想先进的民族商人、清朝官员开始积极募资开办电厂。1890 年，华侨商人黄秉常"禀准"两广总督张之洞开办广州电厂，之后在宁波、汉口、重庆、北京、上海、福州、杭州等通商口岸城市，民族资本相继建厂架线使用电能，民族资本经营的电力工业开始有了发展，电能应用从照明逐渐扩展到织布、电车等工业、交通领域，这些遍布各地的发电厂，为中国电网的形成奠定了电源"点"的基础。

　　从 1882 年到 1911 年辛亥革命爆发，中国电力工业经历了 30 年的创始时期。这一时期，帝国主义进一步利用不平等条约攫取在华利益，增加在中国的电力工业投资。清政府在甲午战争失败后，认识到西方列强先进科技带来的军事实力，为解决内忧外患，标榜办洋务，采取了兴办军工的政策。在这些政策推动下，兴办了一些工厂，也有意识地兴学培育人才，民族资本也有所发展。中国第一批发电厂（电灯公司）就是在这样的形势下创办起来的。虽然这期间中外资本经营的发电能力已经达到约 2.7 万千瓦，但是由于帝国主义者开办电厂和架设供电线路的目的是掠取在华利益，经常利用筑路架线照明供电方式，扩充租界范围，侵犯民族资产利益，因此建设的电厂布局分散、供电线路敷设随意、电力参数标准不一。总体看，这一时期的供电基本处于一厂一线直供方式，仅有上海等少数经济较好的地区出现低电压等级电网端倪，而中国的输变电技术和设备制造技术则是一片空白。

　　辛亥革命后到 1937 年全面抗日战争前夕，中国先后经历了中华民国临时政府、北洋政府和国民党政府时期，中国东北则随着"九一八"事变而彻底被日本帝国主义占据。中华民国临时政府虽存在短短 3 个月，但其振兴实业的思想和制定的一系列有利于民族资本主义发展的计划和措施，对后两任政府产生了积极的影响，并促进后来民族工业的兴起和发展。北洋政府时期，虽政局动荡、军阀混战，但政府依然出台了一系列经济政策，中国的民族电力工业有所发展，政府开启了电业管理先河。南京国民党政府执政后，依然看重电力工业发展的前景和重要作用，其提出的《建设大纲草案》将电力工业发展列为重点领域，先后成立建设委员会与全国电气事业管理指导委员会，陆续颁布电业法律法规，统一电力工业技术标准，逐步加强对电力工业发展的管理，促使电力工业向国家垄断方向发展。在中国东北，日本侵略者大肆掠夺电力资源，彻底控制了东北电力工业。

从1911年到1937年，无论是中华民国临时政府，还是北洋政府和南京国民党政府，甚至日本侵略者，都认为发展和控制电力工业是十分重要的。由于几任政府对发展电力工业的认识趋同且政策相对连续，使得这一时期电力生产规模不断扩大，从上海、沿海省份、铁路沿线、长江口岸等地，拓展到除青海、新疆、内蒙古外的全国各地。官办、商办、官商合办的电力企业在各地广泛建立，工业、交通和照明用电需求不断增加。中国各地区尤其是重要的城市和地区，开始架设长距离输电线路、跨江输电线路、高压输电线路和搭建城市环网。输电"线"开始相互延伸、联合，供应方式逐渐由原来的一厂一线、一厂多线的树枝状运行方式向小区域电网发展。随着供电网络的日趋复杂，逐步显现出电力调度的重要性，并最终催生形成独立的电力调度机构。至1936年，除日本占据的台湾地区和东北外，各地的电力工业（含外资经营）共有发电厂461个，装机容量共63.12万千瓦，年发电量17.24亿千瓦·时。

在中国东北，日本出于长期占领和掠夺资源的目的，以"水主火从"方针精心构筑电网，重点在矿区兴建发电厂，建设长距离、高压输电网。1935年建成当时中国电压等级最高的抚顺—鞍山154千伏输电线路，初步形成了跨省、跨区的较大电网，统一了电压、频率和输电线路杆塔设计标准，成立了专门的电力调度机构。至1945年，110千伏及以上的高压输电线路已达2500多千米，其中220千伏输电线路903千米，33～66千伏输电路超过3800千米，形成了以水丰发电所为中心的东北南部电网，以丰满发电厂为中心的东北中部电网和以镜泊湖发电厂为中心的东北东部电网，东北中部、南部电网在抚顺相联，实现了水丰、丰满两大水电站与抚顺、阜新两大火电站以及其他电站的并列联网运行。

这一时期，中国电力工业的输变电技术仍然控制在外国人手中，除了日本在东北建设和使用高压架空输电线路外，帝国主义列强严控技术外输，把中国作为其原料供应地和商品倾销地，凡是技术含量高的设备和部件，或者不在中国生产，或者不准中国人接触，帝国主义列强持续打压中国民族制造业发展，也是中国电器制造业起步晚的主要原因。但是一批顽强的民族电器设备制造企业仍然在不屈不挠地努力，催生了中国输变电设备制造的萌芽。

1937年"七七事变"，全面抗日战争爆发，中国的国民经济被迫纳入战时轨道。国民党政府实施战时经济体制的重点是工矿企业建设，为应对长期抗日战争的需要，在极其恶劣的战争条件下，依然在大后方创办了一批厂矿工业和电力企业，进行了较大规模的电网建设，在一定程度上改善了大后方工业落后的格局。同时，为适应战争的特殊环境和条件，国民党政府对战争时期电力工业在业务行政和技术管理方面进行了改革，并出台了法规，这也为后期的电力工业发展和电力工业管理积累了不少成功经验。

在沦陷区，日本侵略者按照"以战养战"方针，根据其已经制定的全面侵略掠夺方案，以委托代为军管或成立名义上由日伪各出一半投资而组成电业公司的方式，先后独占和垄断了东北、华北、华中等地区电力工业，并为满足其侵略战争和长期侵占目的，大肆进行电厂和输变电工程建设。

在解放区，中国共产党军民自力更生，克服重重困难，建设了一些小型发电站，这些电站在当时虽然容量都非常小，但为赢得战争胜利发挥了重要的作用。

抗日战争胜利后，中国人民开始对沦陷区敌伪经营的电业进行了接管，接管工作以国民党政府为主。面对被战争严重破坏的电力设施，国民党政府意欲修复，制定了《收复区电气事业处理办法》，制定计划并发布中国历史上第一部关于电业的经济立法——《电业法》。但战后经济萧条、民不聊生，电力工业恢复进展缓慢。然而在华北、东北一些城市，中国共产党在日本投降后，便迅速派人接管了电业，同时组织广大电力工人夜以继日开展抢修，短时间内恢复供电。

三年全国解放战争的破坏和社会动荡，使刚刚开始恢复的中国电力工业再一次遭受战争的重大创伤，电力工业不仅发展停滞而且破坏严重。特别是解放战争后期，国民党军队见大势已去，企图将仅有的电厂和输变电设施全部毁坏。在中国共产党的领导下，中国电业工人英勇保护电力设施，与国民党政府进行了顽强机智的斗争，及时粉碎破坏阴谋，奋力保护、抢修被损毁的电厂和输变电设施，为支援解放战争和解放战争后电力工业的迅速恢复做出了巨大的贡献。

纵观中华人民共和国成立前的电力工业和电网发展的进程，中国电力工业的起步并不晚，比俄国早1年，比日本早5年，与欧美一些国家相比几乎是同步的。但是，由于中国处于半殖民地半封建社会，电力工业从一开始就受到外国资本垄断和操纵，加之清政府闭关自守，部分极端保守的清政府官僚统治者不能接受资本主义的技术文明，并且当时社会动荡、战争不断，使得中国电力工业进展十分缓慢。但是，电力工业仍然以其先进性和在国计民生中的基础性、重要性，被广泛接受和重视，特别是对电能应用高效性的认同，对电能应用可靠性需求的迫切，推动着中国电力工业和电网建设倔强地向前发展，电网逐渐形成，规模缓慢扩大，输变电技术和设备有了进步。

至1949年中华人民共和国成立前夕，全国发电装机容量184.86万千瓦，年发电量43亿千瓦·时，人均用电量9千瓦·时，发电装机容量和年发电量分别居世界第21位和25位。东北地区形成了中国最大的154、220千伏高压电网，网内发电设备容量64.6万千瓦；京津唐地区形成了77千伏电网，网内发电设备容量25.9万千瓦；华东地区实现了上海、杭州的城市内联网，上海拥有号称远东第一大电厂的江边电站（后称杨树浦发电厂），网内发电设备容量只有25.96万千瓦，电压仅33千伏。四川、重庆地区实现了单独水电厂输出电网，网内容量1.79万千瓦。其他地区还只是以城市供电为中心的发电厂直配电网，发电设备容量超过1万千瓦的电网有河北石家庄电网（1.05万千瓦），东北镜（镜泊湖牡（牡丹江）延（延吉）电网（9.19 万千瓦）、佳木斯电网（3.03 万千瓦），山东济南电网（2.14 万千瓦）、青岛电网（3.95 万千瓦）、淄博电网（2.64 万千瓦），江苏南京电网（3.6 万千瓦）、常州电网（2.31 万千瓦）、苏州电网（1.34 万千瓦），湖北武汉电网（3.54 万千瓦），湖南长沙电网（1.2 万千瓦），广东广州电网（4.9 万千瓦）等，绝大多数中小城市和广大农村没有电。全国 35 千伏及以上输电线路（含 20 千伏）6475 千米、变电容量 346 万千伏·安，其中 110 千伏送电线路 340 千米、变电容量 7 万千伏·安，154 千伏送电线路 832 千米、变电容量 50 万千伏·安，220 千伏送电线路 765 千米、33 万千伏·安。

输变电技术方面，基本规定了电压等级，最高输电电压达到 220 千伏；统一了电能频率为 50 赫；设立了独立于发电厂的电力调度机构，采用电话方式实施调度。但整体输电电压不统一。

输变电设备制造方面，仅能制造 33 千伏高压油开关、最大容量 500 千伏·安变压器以及低压绝缘子、套管、避雷器等产品，且制造水平很低。

这就是中华人民共和国电网与输变电事业发展的起点。1949 年，中华人民共和国成立，在中国共产党的领导下，电网与输变电事业开始步入新的发展时期。

第一章

晚清时期电力工业与电网的雏形（1882—1911）

在 19 世纪后期，以电能应用为标志的第二次工业革命在欧美展开，资本主义的劳动资料生产由机器大工业生产逐步进入以电能为动力的高效率大工业生产的时代。

19 世纪后期至 20 世纪初，外国商品和资本不断输入，帝国主义列强开始"根据不平等条约，控制了中国一切重要的通商口岸，并把许多通商口岸划出一部分土地作为他们直接管理的租界"❶，开设工厂、经营公司，进行直接的经济掠夺，电能的生产与应用即是在这种历史背景下输入中国的。

中国开始使用电能的年代并不晚，与欧美一些国家相比几乎是同步的。但是由于中国处于半殖民地半封建社会，电能生产和应用从一开始就受到外国资本垄断和操纵，加上清朝政府闭关自守，部分极端保守的清政府官僚统治者不接受资本主义的技术文明，使得中国电力工业进展坎坷。帝国主义者为了自己的生活享受，同时看中发供电是有利可图的生意，便在"租界"发展所谓公用事业，以适应工业扩张所需的动力。于是从上海开始陆续发展到其他重要通商口岸，开办电厂实施供电，并逐步向内地扩展。与此同时，由于外国资本主义的刺激和封建经济结构的某些破坏，中国有一部分商人、地主和官僚投资于新式工业，官办、官督商办、商办的电厂逐步崭露头角，并与外国资本在华的电厂竞争抗衡。

由于帝国主义者是以掠取在华利益为目的而开办电厂和架设供电线路，因此建设的电厂布局分散、供电线路敷设随意、电力参数标准不一。尽管如此，电能还是很快被人们所接受，用电需求增加，办电供电规模不断扩大，低电压等级的城市配电网在部分通商口岸城市相继出现，也催生了早期的电力调度，当时沟通时效性最强的电话成为电力调度最初的技术手段。

这一阶段中国的电力工业仅仅处于起始时期，电网与输变电建设尚无从谈起，但是，正是这些逐步兴建的、遍布全国各地的、大大小小的发电厂，形成了中国电网最初始的电源"点"，为后续的输电线路连线"织网"奠定了基础。

---

❶ 毛泽东：《毛泽东选集》第二卷，横排本第 591 页。

第一节　中国大地有电伊始

鸦片战争后至 19 世纪后期，帝国主义列强在中国的资本不断积累，为了满足经济利益扩张和殖民的需要，开始向中国输入技术和装备，电能的生产和应用也随之进入中国。1882 年 4 月，英商创办上海电气公司，安装发电机并架设输电线路为电灯供电。这是中国土地上正式开办的第一个电厂，在世界电力工业发展史上也是比较早的，比全球率先使用弧光灯的法国巴黎北火车站电厂晚建 7 年，比英国伦敦霍尔蓬高架路电厂晚建 6 个月，比俄国彼得堡电厂早建 1 年，比日本桥茅场町发电所早建 5 年。上海电气公司开启了中国用电先河，此后，全国部分城市相继办电用电。

一、15 盏弧光灯照亮上海外滩

电能技术被西方国家掌握后，较早传入中国。1882 年（清光绪八年）4 月，英国人立德尔等招股筹银 5 万两，成立上海电气公司，从美国购得发电设备，在上海南京路江西路西北角（今南京东路 180 号）创办上海第一家，也是中国第一家发电厂，安装美国制造的 85 磅/英寸^2（586 千帕）蒸汽压力的卧管式锅炉，16 马力（11.93 千瓦）单缸蒸汽机和转速 800 转/分、电压 100 伏的直流发电机。同时，在电厂转角围墙内竖起第一根电杆，并沿外滩到虹口招商局码头架设长达 6.4 千米的电线，沿线串接 15 盏弧光灯。

1882 年（清光绪八年）7 月 26 日下午 7 时，电厂开始供电，弧光灯一齐放光，炫人眼目，吸引成百上千怀着惊喜而又新奇心情的围观者。第二天，上海的中外报纸都报道了电灯放光的消息，产生广泛影响。同年 9 月 25 日，坐落在黄浦江外滩的上海俱乐部（今中山东一路 2 号）等装接电灯，成为第一批电灯用户。

当时，对用电流点燃弧光灯发光，有两种截然不同的反应：有识之士对之赞赏，称之为"奇异的自来月"，咏诗加以称颂；清政府上海道台为代表的极端保守者却认为"电灯有患"，如有不测，将焚屋伤人无法可救，下令禁止使用电灯，并照会英国领事馆停用。然而，电灯的效用是油灯、煤气灯等其他照明用具无法比拟的，它的优越性被越来越多的人所认识和接受，不但禁不住，反而竞相装接。

1882 年（清光绪八年）7 月 26 日，上海电气公司发电点亮路灯，标志着上海用电的开始，也是中国电力工业的发端。其在公共租界连接上海外滩到招商局码头所架设的 6.4 千米架空线路，成为中国的第一条输电线路。

二、紫禁城里亮起第一盏电灯

上海开始用电的 6 年后，1888 年（清光绪十四年），清朝工部为了慈禧太后退居休养，大兴土木修葺西苑（今中南海）。北洋大臣李鸿章，经奏准委派军机处神机营制作局总办恩佐承办，从丹麦祁罗弗洋行定购容量 20 马力（约 15 千瓦）的发电机器及电灯材料。同年 4 月，由海军衙门先付定银 4000 两，发电机组及电灯材料于当年运到北京，由清朝廷奏事官英年择定了安装地址及动土时间，清朝廷指派知州承霖负责，安装在仪銮殿（今中南海怀仁堂）西墙外盝头作胡同，1888 年（清光绪十四年）12 月 14 日安装完毕发电亮灯。至此，北京城内第一盏电灯在清宫廷慈禧寝宫点亮，同时成立隶属于清宫奉宸苑管辖的西苑电灯公所负责管理。

1900 年（清光绪二十六年），帝国主义列强组成"八国联军"侵略北京，西苑电灯公所发电机器及电灯设施被毁坏。1903 年（清光绪二十九年）10 月 20 日，奉宸苑为重修西苑电灯公所，又从德商处购进容量为 20 千瓦发电机设备 1 套，并于次年 1 月 17 日竣工恢复发电，供清宫廷电灯照明用电。

西苑电灯公所重建发电后，清宫廷拨派清兵巡逻看守，奉宸苑工程处负责苑内外电灯工程、事务管理。西苑电灯公所是清宫廷第一个电灯公所，它的出现标志着电灯正式被清政府接纳，这也是北京有电的标志，从此北京的电力工业进入缓慢而持续的发展时期。

三、宝岛台湾亮起第一盏电灯

1874 年（清同治末年）和 1884 年（清光绪十年），日本和法国先后发动了大规模侵台战争，使清政府逐渐认识到台湾是"南洋之枢纽"和"七省之藩篱"，加强建设、巩固海防已属刻不容缓。1885 年（清光绪十一年），清政府决定台湾正式建省，改任福建巡抚为台湾巡抚，任命抗法有功的福建巡抚刘铭传为第一任台湾巡抚。刘铭传是清末洋务运动中比较具有时代眼光、革新思想和实干精神的杰出代表人物，在他任职台湾巡抚的 6 年（1885—1890 年）中，对台湾的国防、生产、交通等进行了广泛而大胆的革新，并于 1888 年（清光绪十四年）在台北创立兴市公司，装置小型蒸汽燃煤发电机，以低压供应照明为主，在现在台北市的东城门上点亮了台湾岛上的第一盏路灯，虽民间供电不普遍，但重要衙门及西门街、新起街、北门街与艋舺祖师庙处，均有路灯设置。兴市公司虽为时仅月余，但就中国电力工业史而言，意义重大，有"国人自办电业发祥地"之誉，同时它既是台湾电力工业起步的标志，也是台湾电力公司的前身，为台湾后续的电力工业发展奠定了重要基础。

四、黄秉常在广州开创中国民办电业

中国民办、侨办电力工业始于广州。1888 年 7 月 23 日，广州两广总督衙门架设 100 盏白炽灯，开创了广东电力先河。1889 年（清光绪十五年），美国旧金山华侨商人黄秉常，向清政府驻旧金山总领事提出回国创办电灯公司的想法，并得到了支持。清政府驻美公使张荫桓对此大力支持，并积极协助黄秉常联系国内。在张之洞、李瀚章等官员的首肯和支持下，1889 年（清光绪十五年），黄秉常在旧金山募集资金 40 万元，派遣李荣邦勘察地形选择厂址，随后黄秉常携带采购的电气设备等回到广州创办广州电灯公司。广州电灯公司使用美国西屋电气公司制造的 2 台 100 马力（73.6 千瓦）柴油机和 2 台 1000 千瓦交流发电机，聘请美国人威司任总工程师，并雇用 100 名工人。

1890 年（清光绪十六年）9 月，中国首个民办、侨办电灯公司——广州电灯公司正式

营业，最初的地点位于广州城西的源昌街（今广州市荔湾区文化公园、南方大厦附近），架设输电线路供广州西关、十三行及仓库附近商铺和居民照明用电，其发电量约供 1500 盏电灯，照明用电的灯泡分 16 烛光和 10 烛光两种。1892 年（清光绪十八年）4 月，广州十三行一带已有 2 千米长的街道装起电灯，在商铺内安装电灯的也越来越多，随后广州城共有 40 条街道上的店铺和公共场所使用约 700 盏电灯。同年，这家由中国人创办的电灯公司开始向广州沙面租界供电，这在当时还是较为罕见的。

但由于公司的资金准备和后期筹措资本不足、经营不善，加上从美国购进的是旧机器，经常发生故障导致停电，严重影响了公司信誉。该公司于 1899 年（清光绪二十五年）被迫关闭结束经营，发电厂改为锯木厂。

华侨商人黄秉常等开办广州电灯公司，带动了整个广东电力工业的发展。在 1890 年（清光绪十六年）广州电灯公司成立之后，汕头、中山、佛山、顺德、江门、肇庆、潮州等地也开始发展电力工业。

五、英商在中国大肆办电

英商在香港创办香港电灯有限公司：1889 年（清光绪十五年），亚美尼亚裔香港绅商保罗·遮打（Sir Catchick Paul Chater）创立香港首家电力企业——香港电灯有限公司（The Hong Kong Electric Co. Ltd.，简称港灯），这是香港电力工业的起步。港灯开办的首家电厂为湾仔发电厂，初期发电装机容量 100 千瓦。1890 年（清光绪十六年）12 月 1 日，港灯开始为香港岛部分地区供电，包括中环商业区日月星街及附近政府、商业区和居民用电，以及路灯。1898 年，港灯尝试使用地下电缆代替架空线路输送电力，经过实践和改进，自 1905 年起，全部输配电线路改用地下电缆。1906 年，港岛中区新填海区建成一批新大厦，港灯为配合中区的发展，在雪厂街设立小型发电站，为中区附近的商户、酒店、住宅、路灯供电。1910 年（清宣统二年），港岛西环及外国人聚居的太平山顶开始有电力供应。为应对需求的增长，港灯在北角炮台山兴建的第二家发电厂为北角发电厂，于 1919 年启用，初期发电装机容量 3000 千瓦，电气道及大强街因此发电厂而得名。1922 年起，港灯开始供应港岛北部的电车运行用电。港灯的供电地区包括香港岛、鸭脷洲及南丫岛。北角发电厂在第二次世界大战期间曾受破坏，战后经过维修继续使用至 20 世纪 70 年代末，其后拆卸并建成住宅城市花园。

英商在香港创办九龙中华电力公司：1901 年，旗昌洋行的大股东罗伯特·西温（Robert Shewan）联合遮打等人发起，成立中华电力有限公司（China Light & Power Co. Ltd.，简称中电）。中电成立后，随即在九龙红磡漆咸道于 1903 年建成红磡电厂，向周围供电。随着九龙仓码头建成、广九铁路开通，九龙快速发展，中电的供电范围进一步扩大。1918 年，鉴于城市发展的需要，港英政府向中电征用其红磡发电厂所在地段，用鹤园新填海地作为交换。1919 年，中电获得了九龙城区公共照明系统的电力供应权垄断九龙路灯电力供应。1920 年，易地鹤园建设新厂，安装美国西屋公司 1000 千瓦汽轮发电机 2 台，拔柏葛公司水管式锅炉 2 座。同时将老厂 2 台旧发电机组，移装新厂，以方便管理。1927 年，中电将 22 千伏 60 周波之制，渐改为 6.6 千伏 50 周波，用户电压由 110～200 伏改为 200～350 伏。1931 年，中电获得港英政府许可，在将原有地下 2.2 千伏电缆全部改为 6.6 千伏电缆的基础上，兴建新界输电系统：自油麻地变压所出线，以 6.6 千伏地下电缆，穿过广九铁道之第一隧道后，在隧道之北端建造户外变压所，将 6.6 千伏升压为 22 千伏，由架空线经沙田至大埔圩，再沿铁道送至粉岭。另有两条支线：一条至木坑，一条至荃湾，以供各地村落之用。

英商在广州创办广东省城电灯公司：1900 年（清光绪二十六年），英国旗昌洋行在广州长堤路五仙门外一带开设广东省城电灯公司，又称粤垣电灯公司、五仙门电厂。1905 年，五仙门电厂建成发电，供给城厢及周边部分地区用电。五仙门电厂首期安装英国造的蒸汽发电机组 4 台，容量共 546 千瓦，频率为 60 赫。五仙门电厂系广东和华南（粤桂琼港澳）地区首个近代化电厂，也是华南地区规模最大的火力发电厂。广州沙面租界，1892 年开始使用广州电灯公司的电力供应，1898 年，沙面租界英国工部局决定建设一座小型发电厂，并扩大沙面租界的电力线路和规模，增加电力使用量。1904 年（清光绪三十年），沙面租界英国工部局决定用电灯取代沙面岛道路上的油灯照明系统。五仙门电厂建成后，沙面的小型发电厂由五仙门电厂接管。

英商在河南建设自备电厂。河南蕴藏了丰富的煤炭和水力资源，同时具有便利的铁路和公路运输条件，奠定了发展电力工业的基础。随着英国商人在中国各地创办电厂，对煤炭发电燃料的需求大增，加之河南焦作交通运输较为发达，英国人便开始在焦作攫取煤矿资源，并就地开办电厂。1905 年（清光绪三十一年），英国商人在焦作开办煤矿，成立福公司，建自备电厂 1 座，安装 3 台 40 千瓦直流发电机组、3 台 125 千瓦交流发电机组，供生产和生活用电。生活用电主要供英国商人住宅区使用，为了炫耀文明生活，在照明通电之日，上海《大公报》英文版还做了专题报道。这是河南省第一家独资开设的外资电厂。

英商在湖北创办汉口电灯公司。早期在武汉办电的有英国、德国、日本 3 家外商企业，使用的都是小型发电设备。其中，英商汉口电灯公司是最早开展租界供电业务的外商公司。汉口电灯公司开办于 1906 年，初期安装蒸汽引擎直流发电机 3 台，容量共 125 千瓦，电压 440～220 伏。于 1906 年 11 月 26 日开始向英、法、俄 3 国租界供电。1911 年到 1924 年，该公司陆续添置发电机 4 台，继续扩大发电能力。到 1924 年，总装机容量达 2825 千瓦，成为全国最大的直流发电厂。经过十多年的扩大生产，到 1935 年，总装机容量达 5750 千瓦。

六、张之洞首倡湖北办电

湖北地处华中腹地，物产丰富，其中心城市武汉扼九省（河南、湖北、湖南、江西、广东、广西、云南、贵州、四川）之要冲，商业繁盛，具有兴办电力工业的优越条件，是全国创办电业较早的地区之一。1889 年（清光绪十五年），张之洞从广东调武昌任湖广总督，便致电中国驻美国大使张荫桓，邀请原申请在广州试设电灯厂的华商黄秉常到汉口、武昌试办电厂。1893 年（清光绪十九年）1 月 7 日，清政府在武昌文昌门外铁牛场创办的湖北织布局投产。织布局占地面积约 154 亩（1 亩＝666.7 米²），装有发动机两架，铭牌出力 1 千马力（735 千瓦），可开足至 2 千马力（1470 千瓦）。该局照明皆用电灯，共安装电灯 1140 盏。此后，相继投产的湖北纺纱局、缫丝局、汉阳兵工厂、扬子机器厂及俄商茶厂、英商平和打包厂等十余家中外厂矿企业，均置有火力发电设备，自发自用。这是湖北省使用电力之始，也是湖北省电力工业的发端。

旅居汉口的浙江籍商人宋炜臣具有十分敏锐的经营眼光，他察觉到时任湖广总督的张之洞有拒绝外资办水电业之意，遂联合浙江、湖北、江西商人 11 人，集资 300 万元，于 1906 年（清光绪三十二年）申请创办汉口既济水电公司，公司下设自来水厂和电厂。湖广总督张之洞批准创办，并拨官股 30 万元以示倡导。公司设在汉口一码头太平路（今汉口江汉路 33 号）。同年 8 月，水厂、电厂同时兴建。水厂设在汉口韩家墩宗关（现解放大道 998 号）。电厂建在汉口大王庙襄河岸（今汉口利济南路 2 号），安装直流发电机 3 台，总容量 1500 千瓦，于 1908 年（清光绪三十四年）8 月投产发电，其装机容量约占当年全国民营电厂总容量 4449 千瓦的三分之一，点亮了 18 000 盏电灯，居全国民营电业之冠。

七、李鸿章造船厂办电

自 1840 年的鸦片战争以后，为了加强海防，直隶总督兼北洋大臣李鸿章筹办北洋海军，并向国外购买炮船修建船坞，成立海军衙门。1881 年（清光绪七年），李鸿章在旅顺创办旅顺船坞工程建设，同时创办了旅顺大石船坞电灯厂等 9 座附属工厂，在船坞与各厂库码头等处安装电灯，便于夜间推进工程建设进度。1887 年年初（清光绪十三年），工程全面开工，1890 年（清光绪十六年）11 月 9 日，船坞工程正式竣工，其中电灯 49 盏，供修船照明用。旅顺大石船坞电灯厂是中国东北地区第一座火力发电厂，是中国用自己的经费建造并拥有全部产权的电厂，也是中国电力工人自己掌握运行技术的电厂。

1894 年，李鸿章又耗资 28 500 两银圆，在天津北洋水师大沽船坞，装设了 2 台共 47.5 千瓦的直流发电机，供本厂照明用。这是天津地区第一座自备发电厂，至 1931 年，发电量达到 4.5 万千瓦·时。

八、陈宝箴支持在湖南办电

甲午战争失败以后，湖南维新运动十分活跃。受国势日危和洋务维新思想的影响，一些有识之士开始创办近代工矿企业。1896 年（清光绪二十二年），在湖南巡抚陈宝箴的支持下，宝善成机器制造公司在长沙成立。初为官商合办，后完全由巡抚衙门接收（官办）。宝善成机器制造公司下辖织辫机制造厂和灯泡厂。陈宝箴委派裕庆任该公司总经理，并要求公司开设电厂。1897 年（清光绪二十三年），宝善成机器制造公司从上海购回小型发电设备一套，在抚署附近设厂安装设备，开机试用，接着架线装灯，并扩展到附近的学堂、报馆和沿街商店，使长沙第一次有了电灯。这也是湖南电力工业的发端。

起初，一些市民视电灯为"鬼火"，不敢使用，甚至掷石击灯，加上抚署辕门发生了一起漏电失火事故，更加深了市民的疑虑和抵触情绪。为此，谭嗣同在《湘报》第 29 期上发表了《论电灯之益》一文，论述电是一门现代科学，热情颂扬了电灯的方便和宝善成机器制造公司开设电厂给省城带来光明的善举，并指出辕门失火是配电线路绝缘不良所致。文章发表后，市民对电有了新的认识，疑虑逐渐消释，用电户迅速增加，开灯 400多盏，机组满载。随后又在长沙南门口增设南厂（原厂称北厂），供应照明灯 400 多盏，南北两厂共开灯 800 多盏，到厂挂号定灯者已不下 1600 余盏，出现了供不应求的现象。同年，巡抚陈宝箴将平江黄金洞金矿收为官办，投资白银 35 万两，任命沈世平为道办，聘请日本人为技师，购进锅炉、发电机等设备，准备安装发电。但因当地无煤，又购进汽油发电机组，发电供采矿作为动力。由此，湖南电力工业逐步推进。

九、江苏镇江大照电灯公司开始供电

镇江为江苏南北交通要道，商业发达，第二次鸦片战争后被开辟为通商口岸之一，英租界洋行林立，有发展电气事业的需求。丹徒县候补知县郭礼征听说"镇江租界工部局附设电气处之议"，与他的老师民族实业家张謇商量在镇江筹建电灯公司。张謇称，这是"江南要事之一"，他参与投资并担任总董。1903 年（清光绪二十九年）9 月，江苏抚院对镇江创办电灯公司批准立案。1904 年（清光绪三十年）年底，厂房建成。1905 年，公司从国外订购的 2 台 75 千瓦直流发电机及配套蒸汽引擎、锅炉等设备陆续到货，并进行安装。当时绅商居民迷信风水，在该公司沿街立杆架线时多方阻挠。经丹徒县署出告示，郭礼征率领工人逐户登门协商，花了 7 个月的时间才完成。同年 10 月，该公司开始发电，以 220伏电压向外供电。镇江民营大照电灯公司开始向社会供电，标志着江苏省最早的公用电气事业产生，同时也是全国最早的民营电厂之一。

1908 年（清光绪三十四年），该公司增装 2 台 190 千瓦交流发电机组，这是江苏最早使用的交流发电机。同时，增设升压变压器，以 3000 伏电压向外供电，并开始供工业用电，直流发电机退出运行。至 1911 年（清宣统三年）年底，除停役机组外，该公司有发电设备容量 380 千瓦，年发电量 130 万千瓦·时。

1919 年，该公司新装 1 台 240 千瓦汽轮发电机组竣工发电。1923 年，公司多次增资，并更名为大照电气公司。1937 年 12 月 8 日，日军侵占镇江，日军特务部派人进驻大照电气公司监督发电。1940 年 10 月，日伪华中水电公司以垄断供煤为手段，迫使大照电气公司交出全部资产，"委托"华中水电公司经营，与该公司接管的镇江自来水公司合并为华中水电公司镇江办事处（后改为营业所），仍用大照公司 750、1700、3500 千瓦机组发电。1945 年 11 月，国民党江苏省政府和经济部苏浙皖敌伪产业处理局联合派员组成接收华中水电公司镇江营业所委员会。

十、新疆伊犁商人购置发电机组

清朝光绪年间，维吾尔族富商木沙巴也夫在宁远县城（今伊宁市）开设制革作坊，因加工粗糙、成本高，售价居高不下，销路不畅。其长子玉赛音·木沙巴也夫赴俄国、埃及、德国、土耳其等国考察皮革加工的企业，决心引进外国先进技术和机器设备。1905 年（清光绪三十一年）6 月，长庚再度出任新疆北部最高军事、行政长官——伊犁将军，大力倡导西方先进技术，给玉山巴依皮革厂投资 25 万两白银，合资创办机器制革厂。同年，玉赛音·木沙巴也夫派其弟巴吾东·木沙巴也夫与德国商人杜尔拉赫签订成套制革设备的购买合同。除制革专用设备外，附属蒸汽发电机组 1 套。蒸汽机出力为 120 马力（88.32 千瓦），主汽压 0.98 兆帕，发电机容量 75 千瓦。1907 年（清光绪三十三年），新建制革厂工程开工。主厂房和 25 米高的发电用烟囱，由俄国建筑工程师阿肉甫·依不拉音等人指导修建，主要建筑材料从俄国进口。1909 年（清宣统元年），制革厂建成投产，发电机组启动运行。发电机组白天供生产用电，晚间供木沙巴也夫家中照明用电。制革厂发电机组的使用为新疆有电之始，亦为新疆地区火力发电的开端，拉开了新疆电力事业发展的帷幕。

十一、外商在天津办电

天津电力起步于租界和外商势力。1888 年（清光绪十四年）夏季，天津德商世昌洋行在其绒毛加工厂内安装了一台小型发电机，除供本厂照明外还通过输电线路向邻近的荷兰使馆提供 1000 烛光照明用电，这是天津最早的电能使用。

1901 年（清光绪二十七年），清朝直隶总督兼北洋大臣袁世凯，因进口军火，与德商世昌洋行军火商海礼交往甚密。海礼深得袁世凯的关照，在 1902 年（清光绪二十八年）获得了在天津开办电车电灯公司的特许权。但世昌洋行因自身财力有限，后将其获得的特许权转让给比利时通用银行财团，成立比商天津电车电灯股份有限公司。1904 年（清光绪三十年）4 月 26 日，中、比双方正式签订合同。合同规定供电范围是以鼓楼为中心，半径 6 华里（3 千米）范围以内，并在天津开办电车路线 6 条，共 21.68 千米。1906 年（清光绪三十二年），在天津望海楼后金家窑设发电厂（又称比国电灯房），在东浮桥东口沿河马路设总办事处。电厂建设之初配有 2 台 1500 千瓦汽轮交流发电机组，这是天津首次安装汽轮交流发电机组，同时还安装了 2 台 900 千瓦回转变流机为随后修建的有轨电车提供直流电源，发电容量在当时的华北地区首屈一指。

十二、沙俄在哈尔滨建设电厂

随着中东铁路干线和南满支线全部完工，沙俄即将独占整个满洲的殖民利益。为进一步扩张利益，沙俄于 1903 年（清光绪二十九年）在哈尔滨修建东清铁路发电厂，1905 年（清光绪三十一年）铁路总工厂发电厂投产并发电。发电厂配有俄国产三相交流发电机 4 台，每台容量 275 千瓦，总容量 1100 千瓦，年发电量 30 万千瓦·时。电厂发电供给铁路总工厂安装的 16 台动力机械、23 台搬运机械用电，用来制造各种铁路线路和车辆使用的零配件。这是黑龙江的第一座发电厂，标志着黑龙江电力工业开始起步发展。

当时，哈尔滨市民使用的电灯是小圆形白色透明钨丝的白炽灯，电线是黑色橡胶皮的铜芯电线，用电的电压等级为110伏。普通老百姓只用一盏15瓦或25瓦的电灯，有钱的人家用40、60瓦和100瓦的电灯。

1928年以后，铁路中心发电厂又安装了1台德国制造的80千瓦交流发电机，发电厂装机总容量达到1180千瓦。到1931年，年发电量已达338万千瓦·时，供电范围扩展到埠头区（道里区）经纬街、霁虹街一带。

十三、奉天电灯厂竣工

1906年（清光绪三十二年），清朝廷以"各省铜圆铸数大滥，有碍圆法，归并各省铜币局"，东三省制造银圆总局于1908年4月27日奉命停铸铜圆。这样一来，东三省制造银圆总局的业务必然受到影响，但是，该局却独辟蹊径，创办了电灯厂，找到了新的盈利空间。在东三省总督徐世昌的支持下，1909年银圆总局总办舒鸿贻用铜圆的盈利垫付沈平银12万两，向上海慎昌洋行订购2台发电机组（美国奇异160千瓦和德国西门子300千瓦各1台），以及电线（杆）等设备。值得指出的是，当年6月21日，日本南满洲铁道株式会社将沙俄在旅顺使用的120千瓦发电机移至沈阳西塔大街，成立奉天电灯营业所。1909年10月5日，银圆总局电灯厂开始供电。12月7日，城内马路旁设置的路灯开始照明，引来各方赞誉。起初，电灯厂的发电机组就安装在大东边门里银圆总局内锅炉房南面的空地上，而电灯厂所用锅炉、办公室等，则借用银圆总局的原有设备，完全是"车间"的概念。1910年8月20日，厂名改为奉天省电灯厂，划归省署直接管辖。银圆总局电灯厂的开办，不仅解决了停铸铜圆后工人空闲的问题，给奉天城带来了光明，还打击了日本人企图垄断奉天电灯的不良图谋，是民族企业的良好开端。电灯厂在迅猛发展的同时，感到电力人才的奇缺，于是又开办了附属电工学校，为中国电力事业的发展培育了早期人才。可以说，奉天省电灯厂的开办，是银圆总局为沈阳所做的重要贡献之一。

电灯厂开办之初，即显示出强劲的发展势头。一时间，奉天省城以电灯为时髦，达官贵人、商贾人家，莫不以用电为荣耀。所以，电灯厂发展迅猛，迅速实现盈利。经数次扩张，电灯厂渐成规模，至1919年，资本总额达到52万大洋，发电量1000千瓦·时，安装电灯5万盏，营业区域达40千米^2。1926年，电灯厂又上升了一个新的台阶，经省署批准，在小北边门外增设新厂，新购5000千瓦发电机一部，但因局势动荡，连年征战，东北民生日蹙，电灯新厂直到1929年5月才开始发电。

十四、重庆兴办电灯公司

1908年（清光绪三十四年），重庆商会为了发展社会公益，振兴工商业，繁荣市场，正式招股集资，刘沛膏、刘秉衡、曾光耀、熊嘉翼、曾光栅、熊佐周等人发起，筹建民营烛川电灯公司，同年报经北京清政府农工商部立案，批准专利权30年。

烛川电灯公司开办时资本为31万元，装机实费42万元，建成后增资为60万元，由发起人向商帮招募足额，成为重庆正式兴建的民办电力企业。发电设备是向上海订购的2台德制200千瓦蒸汽直流发电机，2台兰开夏锅炉。工程由上海瑞记洋行代雇德国人李特勤承包，发电厂建在 1906 年刘沛膏等人试办电厂太平门仁和湾普安堂巷集义公会地界。

　　1909 年 9 月 4 日，2 台 200 千瓦蒸汽直流发电机组建成发电开始营业。起初，烛川电灯公司为吸引更多用户，主动架设供电线路，架设线路 5 条，总长约 5 千米，供上半城、下半城、都邮街、陕西街的一部分地区，用电照明 500～600 盏，每晚 6 时半至 12 时半为发供电时间，电费每盏 16 烛光单位的电灯 1 元/月，32 烛光单位的电灯 2 元/月，表灯收费 0.4 元/（千瓦·时）。烛川电灯公司营业之初，市民扶老携幼，成群结队，齐聚灯下观看"燃灯"，欢呼雀跃，蔚为奇观。随着电灯照明的发展，出现了夜市经营业。市民还互邀到灯下打牌娱乐，有时甚至玩到深夜。烛川电灯公司的建立，对促进商业、繁荣夜市和方便市民生活有着良好影响和作用。但在封建统治和民国初期军阀混战年代里，烛川电灯公司不但得不到政府保护，还要受到官僚敲诈、军阀剥削，而且还有地痞流氓拒交电费，给正常的生产经营带来巨大困难，造成经费短缺。其 400 千瓦的发电设备始终不能随发展而更新或增添，由于用电量增加，电灯光度微弱问题日渐突显，引起人们的不满，民间流传："好座重庆城，山高路不平，夜间电灯来，好像红头蝇。"面对这一窘境，各个股东纷纷要求退股，公司几乎将要倒闭，只好交由军阀经营。

第二节　城市配电网的出现与调度的雏形

　　从 1882 年到 1911 年辛亥革命，随着外国资本和民族资本的持续投入，中国电力工业从无到有，经历了创始时期，电力工业规模在逐步扩大，仅民族资本经营的电厂（电灯厂或电灯公司）就已经达到 32 家之多，虽然后期经过关、停、并、转的过程，但仍然留下京师华商电灯公司等 18 家较大的电力企业，总装机容量 12 275 千瓦，而外国资本投资经营的电厂总装机容量超过 15 000 千瓦。一些重要的通商口岸城市的发电厂增多，装机容量不断增加，供电范围不断扩大，电能输送距离不断加大，并且电力技术不断进步，变压器的应用使得输电线路电压等级不断提高，有效供电范围更广，促进形成了城市配电网的初级形态，也催生了电能调度管理的雏形。

一、上海公共租界交流电网渐成

　　自上海电气公司于 1882 年（清光绪八年）7 月在公共租界架设 6.4 千米架空线路之后，1890 年该公司以 100 伏、100 赫交流电供白炽灯照明，并以单相 2 千伏输电线和杆架配电变压器向远处供照明用电。此后，法租界、南市和闸北地区也先后建起供路灯照明用电的直流供电系统。

　　1897 年（清光绪二十三年）3 月，公共租界工部局电气处敷设 1 条 100 伏以硫化天然橡胶为绝缘、铅包作护套的地下电力电缆，长 2.27 千米，向直流照明用户供电。这是上海使用地下电力电缆的起源，也是全国首条直流电缆。由此，地下电力电缆因其不占用地上通道的优点，而逐步在市区发展。

1911 年，新中央电站以三相 6.6 千伏配电，敷设了第一条 6.6 千伏地下电缆，供英商增裕面粉厂用电，当年共敷设 6.6 千伏电缆线路 7.12 千米。法商电车电灯公司在卢家湾兴建新电厂后，以该厂为中心至各配电所敷设了大量 5.2 千伏地下电缆，并建成可靠的环形配电网。后于 1913 年 12 月将负荷全部改为 5.2 千伏配电。此后，华商、闸北、浦东电气公司也纷纷效仿，对部分负荷采用 5.5~6.6 千伏地下电力电缆供电。

二、杭州配电网初显

20 世纪初至第一次世界大战期间，给了中国民族工业喘息之机。继杭州电灯公司建成 220 伏低压配电网后，1908 年（清光绪三十四年），浙江官、商合办浙江省大有电灯公司。1910 年（清宣统二年），大有电灯公司募集股金英洋●20 万元，改组为大有利电灯股份有限公司，1911 年，该公司建成板儿巷电厂向杭县城区供电，为浙江公用电力事业初步积累发展经验。

板儿巷电厂于 1911 年建成投运，安装 3 台德国西门子公司生产的蒸汽动力发电机，装机总容量为 480 千瓦，发电机电压为 5.25 千伏，以发电机电压直配供电。随着板儿巷电厂的投产，杭州城区开始出现 5 千伏高压配电网。电网由城区清河坊、保佑坊向四周扩展，清河坊一带大井巷的聚丰园京菜馆、高银巷口的亨达利钟表行等商业中心的首批用户，使用电灯营业，生意颇为兴隆。随后，大有利电灯公司架设的 5 千伏线路直通城区中心，拉开了杭城公共用电的序幕。起初，板儿巷电厂发出的电能全部用于照明。1912 年，随着杭城碾米、丝织业生产开始用电力驱动，杭州的用电范围从照明用电扩大至动力用电。

浙江省大有利电灯股份有限公司及其板儿巷电厂，能在晚清即将灭亡的前一年脱颖而出，开创一条发展民族电力工业的生路，表明浙江电业已成为地方近代工业的先锋而崭露头角。为以后浙江兴办更多、更大的电厂，提供了现实的示范。

三、北京地区电网的雏形

北京东交民巷原长 1552 米，原是明清"五府六部"所在地。清乾隆、嘉庆时期曾有"迎宾馆"供外国使臣临时居住。鸦片战争后，这里设立了英、俄、德、法等使馆。八国联军侵华后，将东交民巷改为由各个使馆自行管理的特区。1899 年（清光绪二十五年），天津德商瑞记洋行经理包尔在北京东华门外大纱帽胡同 5 号开办电气灯车公司，向东交民巷各国驻华使馆、中外银行、外商洋行和外国人住宅供电。其后，又立杆架设线路，逐渐将供电范围扩大到东长安街北京饭店、平安电影院、大都会电影院、崇内大街德、法商面包房、祥泰义商店、汇文中学、美国教堂和东单头、二、三条地区，形成北京第一个配电网，并开始建永定门至马家堡一段有轨电车，扩大灯车运营业务。但其后，因战争、政治

● 即鹰洋，旧时来自墨西哥的一种银圆。

等原因，该公司逐渐走向衰落，营业范围也被局限在东交民巷使馆租界内。

外商办电后，一些思想先进的民族商人、清朝官员开始积极募资开办电厂。1902 年，记名御史、刑部员外郎史履晋（康侯）❶，御史蒋式瑆（性甫）❷，候补同知冯恕（公度）❸ 3 人开始筹备创办电灯公司。在筹集股金白银 8 万两并奏请光绪皇帝批准后，成立京师华商电灯股份有限公司。该公司是实行股份制经营的公用电气事业公司，是北京地区公用发供电企业的前身。其后，史履晋等人选择前门西城根为发电厂厂址，开始向外国订购发电机组设备，进行发电厂建设。1906 年 11 月 25 日，前门西城根发电厂建成发电，装有 200 马力（149.2 千瓦）蒸汽引擎 2 台、150 千瓦交流发电机 2 台，开始供电营业。最初对外营业时，用户仅数十户，有电灯约 8000 盏，供电范围很小。其后京师华商电灯公司又向德国西门子公司和英国意士敦厂购进数台发电机，提升了电厂的发电能力，并在城区主要繁华路段架设了高压 5.2 千伏、低压 400 伏的供电线路和配电设施开始供电。

四、广州城厢及近郊供电网络的形成

1903 年，广东地方政府与英商旗昌洋行签订合约，五仙门电厂获得了广州城厢中心（广东布政使司衙门）周围 4 英里（约 6.4 千米）范围内的广州、河南（珠江南岸地区）及沙面等处的 30 年电力专营权，形成了以五仙门电厂为电源、放射状低压线路供电的配电网络。该合约的签订，一方面规定了五仙门电厂的营业范围，同时标志着广州的办电权被英国资本攫取，是甲午、庚子之后，国家经济主权沦丧在电力行业中的具体体现。

1909 年（清宣统元年），两广总督张人骏从维护国家经济主权的角度考虑，决定收回广州电灯的专营权。经广东布政司胡湘林、两广盐运使丁乃扬、广东劝业道陈望曾、补用道李哲濬与十三行之一同文行的老板潘宝珩、源丰润票号经理李锡恩等人策划和筹款，按照官商合股形式，由广东地方衙门与商人集资广东毫银 150 万元，用以办电。广东地方政府与英商旗昌洋行经过艰苦谈判，于 1909 年 7 月签约，赎回新旗昌洋行在广州的办电权、五仙门电厂在广州的一切资产、权益。广东省城办电权及电灯公司收回后，改组为官督商办的广东电力股份有限公司，由地方官员任督办并代表官股，商人股东中选举产生总理、协理并负责经营。后经护理两广总督胡湘林、署理两广总督袁树勋等呈请清廷批准，广东电力股份有限公司获得了广州城厢中心周围 15 千米的电力专营权，供电范围东至大石头、长洲、珠村、高塘石等市镇，北至茶山、夏良、园下、江村、高塘墟等乡市，西至大元阁、上沙、西乡、大范涌、表大镇、叠滘等市镇，南至仙涌、韦涌、新墩、市头等市乡，范围涵盖了广州城厢、南海、番禺两个附郭县的部分地区及沙面租界地区。广州市形成了以五仙门电厂为中心，五仙门、沙面两个电源点的覆盖广州城厢及近郊的供电电网。

---

❶ 史履晋：字康侯，新寨大港人，光绪十六年（1890 年）庚寅科进士，改刑部主事，刑部山西司员外郎，掌辽沈、陕西各道监察御史。

❷ 蒋式瑆（1866—1932）：字性甫，河北玉田县鸦鸿桥河东村人，光绪十八年（1892 年）壬辰科进士，改翰林院庶吉士，后官居京都南城御史。

❸ 冯恕（1867—1948）：字公度，浙江慈溪人，清光绪进士。晚清翰林出身，曾任大清海军部军枢司司长、海军协都统。

五、大连市区形成小范围低压配电网

1897 年（清光绪二十三年）12 月 15 日，俄国赶走日本人占据旅顺后，因日军在撤出前炸毁船坞电灯厂，为了供应在大连湾南岸的大连市政建设和船渠工厂用电，1902 年建成大连发电所并架设低压配电网向市区供电。大连发电所安装 42 赫三相交流发电机 4 台，其中 250 千瓦 3 台、150 千瓦 1 台（1905 年拆往旅顺发电所），共 900 千瓦。1909 年，增装 25 赫、1000 千瓦三相交流发电机 1 台，同时将 3 台 250 千瓦机组拆往抚顺、烟台和长春。1910 年增装 25 赫、1000 千瓦三相交流发电机 1 台。1911 年增装 25 赫、1000 千瓦三相交流发电机 1 台，总装机容量达 3000 千瓦。这是一座公用性发电所，除向船渠、铁道工厂供电外，还向附近官衙、商民供电。

六、电力初级调度的形成

发电厂在发电过程中，发电厂工人操作发电设备、启停发电机、调整发电机功率以及处理发电设备故障，都需要多人参与并且影响到商户用电。为了保证发电特别是故障处理的顺利，需要进行专门的协调和指挥，电力调度工作应运而生。而指挥发电厂工人操作设备，改换发电运行方式或进行事故处理，是早期电力调度的基本内容。

尽管全国各地纷纷建成电厂发电，但基本是一厂一线或后来的一厂多线的供电方式，此时电力调度职责一般由发电厂发电车间的值班长或值班技术员承担，由其直接指挥发电厂工人执行相关操作。后来，随着少部分地区建成低电压等级的配电网，但也由于电网规模小、结构简单，尚未显示出电力调度的重要和复杂，电力调度便由设备较为集中的发电厂值班长或值班技术员进行，属于电力调度的"初级"状态。此时，调度手段依赖于早在 1882 年即传入中国的、当时沟通时效性较强的电话。

第二章

北洋政府和国民党政府前期的电力工业与电网建设（1912—1937）

　　辛亥革命前后，电力在工业、城市交通等方面得到了应用，中国电力工业有了一定程度的发展。电不但被人民所接受，电力工业的发展也得到中国当权阶级的重视，中国的一些有识之士也开始储备电力方面人才。辛亥革命后，南京临时政府作为中国历史上第一个资产阶级性质的政权，制定了一系列有利于民族资本主义发展的实业计划和措施，虽然存在时间较短，但是，对后来民族工业的兴起和发展产生了积极的影响。北洋政府时期，政局动荡，军阀混战，并且由于帝国主义列强忙于第一次世界大战，无暇东顾，暂时放松了对中国的掠夺，北洋政府沿袭了南京临时政府发展民族工业的实业政策和措施，出台了一系列经济政策，中国民族工业发展获得了难得的契机，电力工业有所发展，其管理雏形则在此期间产生。南京国民党政府执政后，看到电力工业发展的前景和重要作用，其提出的《建设大纲草案》将电力工业发展列为重点领域，先后成立建设委员会与全国电气事业管理指导委员会，陆续颁布电业条例法规，统一电力工业技术标准，逐步加强对电力工业发展的统制与管理，促使电力工业向国家垄断方向发展，推动中国电力工业进入了一个相对较快的发展时期。

　　无论是南京临时政府，还是北洋政府和南京国民党政府，对发展电力工业的认识是一致的，并且政策相对连续，随着工业、交通和照明用电需求不断增加，促使这一时期的电力生产规模不断扩大。为满足需求，中国各地区尤其是重要的城市和地区，开始架设长距离输电线路、跨江输电线路、高压输电线路和搭建城市供电环网。电力供应逐渐由原来的一厂一线孤立运行、一厂多线树枝状运行，开始相互延伸、联合，逐渐发展为小区域电网，随着供电网络的日趋复杂，逐步显现出电力调度的重要性，并最终催生形成独立的电力调度机构。

　　中国电力工业特别是民族电力工业经过短暂而相对平稳的发展时期，形成了中国电力工业的雏形。但随着第一次世界大战结束，帝国主义列强再度把精力和目光转到中国，投资不断扩张，很快压制了中国民族电力工业。不仅如此，1931年"九一八"事变后，日本侵略者占领整个东北，大肆侵吞电力资产并完全控制东北电力工业。为了达到长期占据和掠夺资源的目的，提高财富掠夺效率，日本帝国主义潜心经营东北电力工业，进而催化其全面侵华。

尽管中国电力工业在不断发展，但是电力工业应用的设备和技术仍受制于外国。帝国主义列强严控技术外输，把中国作为其原料供应地和商品倾销地，凡是技术含量高的设备和部件，或者不在中国生产，或者不准中国人接触。帝国主义列强持续打压中国民族制造业发展也是中国电器制造业起步晚的主要原因。但是一批顽强的民族电器设备制造企业仍然在不屈不挠地努力，孕育了中国输变电设备制造业的萌芽。

第一节　电力工业管理的雏形

真正意义上由政府对电力工业实施管理，北洋政府首开先河。辛亥革命后，随着中国电力工业的发展，北洋政府沿袭了南京临时政府的实业政策和措施，推动民营资本电业较快发展。孙中山意识到电力工业对中国发展的重要性，体现在他撰写的《实业计划》中，对中国电力发展起到了积极的推动作用。其后，国民党政府执政时期，继续出台管制措施，进一步引导电力工业逐步向垄断化、专业化方向发展。

一、中国首次颁布电业管理条例

辛亥革命后，南京临时政府制订了一系列有利于民族资本主义发展的实业计划和措施，但尚未实施，政府便宣告解散。随后，北洋政府在政局动荡，军阀混战的情况下，仍认识到发展和管理电气事业的重要性，于是在交通部内设电政司，负责监督管理全国电气事业。1918年，北洋政府颁布了《电气事业取缔条例》和《电气事业执照规则》。同时，为保障电力企业的基本利润，北洋政府还制定了《电价管理办法》，规定电价可以随着煤炭价格进行浮动，由电力企业报经当地政府批准后实行。电力工业成为当时最容易获利的行业，于是官商各界、中外商贾竞相办电。

《电气事业取缔条例》中第一条规定，该条例所称电气事业系指经营电气事业及使用电气为铁路之动力者而言，但官办电气通信事业、发电供自用其线路不在通衢及他人所有地者、电力在10千瓦以下者不在此限；第二条规定，凡经营电气事业者非呈准交通部立案后不得开办及使用电气工作物，其关于地方事业及营业计划属于其他主管官署者应同时呈明该管地方官署及主管官署核准；第三条规定，凡欲经营电气事业者于呈请立案时应开具企业意见书、工程计划书、经费概算书。《电气事业取缔条例》明确规定了在政府批准的营业区域内，批准的营业时期内，不允许有别的公司同时经营同一种业务。其中包括买卖电机、架设电线以及委托安装电动机、电灯等，确立了电力企业享有垄断经营权与自主经营权。《电气事业取缔条例》是中国首次颁布并在全国范围内实行的电气事业管理条例，也是政府对电气事业进行管理的开始。

二、国民党政府电力工业统制政策

国民党政府成立后，为了应对危机和国内不利局面，不得不发展国防经济。在其逐步制定的"四年计划""三年计划"和"五年计划"中，经济统制和国家资本扩张都被置于经济工作的首位。其制定和实施经济政策的核心在于，建立和扩大国家垄断资本，通过垄断资本对电力工业实行统制。

1928年2月1日，国民党中央政治委员会第127次会议通过孙科等11名委员提议，设立中华民国建设委员会，由国民党政府直接管理。建设委员会秉持孙中山在《实业计划》中提到发展电力工业的理念，在接管全国电力工业之后，迅速成立了电气处与全国电气事业管理指导委员会，开始对全国电气事业进行管理，并注意从政府政策层面向电力工业方面倾斜。同年，由国民党中央政治会议通过《建设大纲草案》，将电力工业发展列为重点发展领域。

1929年，建设委员会公布《民营公用事业监督条例》。1930年，立法院公布《电气事业条例》（于1934年修正）。《民营公用事业监督条例》和《电气事业条例》都经过了立法程序，成为电气事业法规中的母法。两项条例都规定，非经中央政府核准不得加入外股或抵借外债，体现了建设委员会维护国家主权的思想。

1930年6月，国民党政府颁布《电气事业注册规则》（于1933年进行首次修订），对呈请注册时的具呈人、注册时应填表的种类及填表注册方法、呈送注册表资料的呈送程序、重新申请注册换照的手续、应缴的注册费用等进行了规定。《电气事业注册规则》明确了经营电气事业如不遵章注册规定，政府可随时停止其营业，注册领取执照后，则可享受电气事业人的一切权利，并受政府的法令保护。

1931年6月，国民党政府根据《电气事业条例》第四条的规定，颁布了《电气事业取缔规则》，共十二章七十三条，对电气事业等级、电气事业人呈报程序、电气工程标准及安全事项、技术人员资格、业务与收费限制、供电时间及停电限制等进行了规定。《电气事业取缔规则》明确了经营电气事业者对于工程业务设施和各级监督机关的权限责任以及电气事业人与用户间的权利等。

相对于北洋政府，国民党政府更加强化了对电力工业进行管理的政府职能，虽然在一定程度上顺应了电力发展的客观要求，有助于国内电力工业的发育成长和克服国内电力技术落后、效率低下等弊端，有一定的历史进步性。

1935年4月1日，军事委员会直属的资源委员会成立，大部分电气事业改由资源委员会管理。资源委员会基于电力工业对于国防和民生的重要性，加强了对电力工业的建设与管理。

三、电力工业管理技术法规颁布

国民党政府建设委员会不仅制定了电力工业的统制政策，还公布了一系列工程技术法规，尤其是输变电技术方面的规则。先后于1930年颁布《电气事业电压周率标准规则》《室内电灯线装置规则》，1931年颁布《室外供电线路装置规则》，1933年颁布《电力装置规则》，1935年颁布《电气事业控制设备装置规则》，1936年颁布《电气事业汽压汽温选订规则》《电线经过铁路装置规则》，1937年颁布《架空电信及供电线路平行交叉并置规划》《电气事业电度表检验规则》。

其中《电力装置规则》共二十章一百零九条，第一条提出"本规则之宗旨，为规定电力装置之安全方法，使一切危险减至最低限度"；第二条提出"本规则适用于普通使用之电力设备，如电动机、变压器、工业电炉、蓄电池、升降机、起重机等之装置"。《电力装置规则》对接地法、导线、接户装置、屋内线路、开工及保险丝、过载保护、控制设备及电阻器、开关屏板、电动机、变压器、工业电热器、蓄电池、避雷器、起重机电气装置、升降机电气装置、汽油储藏间电气装置、戏院电气装置、危险场所电气装置、高压装置等做了明确规定，都具有较强的可操作性，对于规范当时的电气事业发展具有较大的促进作用❶。

1930—1937 年颁布的这些电力技术法规，是中国最早的规范输变电工程技术的规则，对当时的电力工业发展，特别是对电网和输变电建设与管理起到了一定的促进作用。

四、统一电压、频率等技术标准

帝国主义列强在各自租界内开办电厂，均是以能否快速掠取利润为原则，添置设备、架设线路均各自规划与建设。民族资本自筹资金建设电厂，统治者没有进行统一规划，造成即使在同一城市中，供电电压和频率也各不相同，给电力用户用电以及电力设备的制造、使用和管理带来了诸多问题，甚至是财产损失。

1928 年 7 月 16 日，位于上海的中国第一家民族资本电灯泡制造厂——亚浦耳公司向上海社会局公用局呈文，呈请上海特别市政府转呈中央主管机关，建议规定 200 伏和 50 赫作为中国的标准电压和标准频率。1928 年 9 月 4 日，上海特别市政府将此建议转呈国民党政府交通部，并附上海市各电厂频率及电压调查表一份。调查结果显示：上海市共有 8 家电厂，其中 7 家是 50 赫，1 家是 60 赫。

1929 年，国民党政府建设委员会在全国范围内也进行了电厂频率及电压调查。结果显示，"中国电压 220 伏特者有 92 厂，200 伏特者有 39 厂，110 伏特者有 9 厂，230 伏特者有 5 厂。中国以电压 220 伏特者占大多数。世界各国使用之周波（频率）大致有四种：60、50、25、16 周波，其中以 50 周波者最普通。中国用 50 周波者 105 家，60 周波者 73 家。外资电厂 35 家中，除南满铁路（与日本同用 60 周波）外，几乎都用 50 周波。以发电容量计用 50 周波者占 62%，60 周波者占 38%"❷。

通过以上调查，建设委员会认识到电压、频率没有一个统一的标准，不利于电气事业的发展。在参考各国标准，并综合考虑经济效益后，建设委员会制定了中国第一个电压、频率标准，并在 1930 年 9 月出台的《电气事业电压周率标准规则》中予以颁布。规则明确要求电气事业所用电压和频率，均应按照该规则所规定的标准执行。直流电电压，以线路满载时的终点电压为标准，定为 220 伏和 440 伏两种；交流电频率，定为 50 赫，相数

❶ 中国电业史志编辑室、湖北省电力志编辑室：《中国电业史料选编（下）》，1987 年 5 月，第 609～669 页。
❷ 王静雅：《建设委员会电业政策研究（1928—1937）——以长江中下游地区为例》，华中师范大学，2011 年，第 33 页。

定为单相及三相两种；交流电电压，以输电线或配电线满载时的终点电压为标准，并对各级电压伏数也做出了具体规定。同时还要求发电机、变压器、电动机、电灯、电具等的电压按照该规则附表的规定执行。由此诞生了中国第一个电压、频率标准。

中华人民共和国成立后，中央人民政府电业主管机关在制定全国供用电的规定、法规或标准时，也都顺延将供用电频率规定为 50 赫。中华人民共和国最早规定 50 赫为供用电标准频率的文件，是 1953 年 6 月由燃料工业部（简称燃料部）颁布的《电力系统调度管理暂行条例》，即"电力系统的周波应连续不断地保持在五十周波的水平上，其差别不得大于 ±0.5（50.5～49.5）周波"。

第二节　输变电线路与城市电缆环网供电的出现

辛亥革命后，人们对电能应用的接受程度提高。在北洋政府和国民党政府的各项政策推动下，中国的电力工业进入了一个相对快速的发展时期。随着国内各地电厂规模的不断扩大，电力供应逐渐从一厂一网的孤立运行状态，开始不断向更远、更可靠的方向发展。

在这一时期，全国较多的有电地区，主要是以 110 伏、220 伏、380 伏直配方式送电，但在大城市、工矿厂区周边和经济较为发达的地区，逐步形成了一批大跨度、长距离的输电线路和较为稳定的城市供电环网。

一、云南昆明 23 千伏电网的形成

1910 年，云南省商会集股开办昆明耀龙电灯公司，在昆明西郊电池出口螳螂川上建设中国大陆首个水电站——云南石龙坝水电站，安装两台 240 千瓦水轮发电机组，1912 年 5 月 28 日，石龙坝水电站建成投产。石龙坝水电站配套建设了向昆明送电的 23 千伏输电线路，初步形成了以石龙坝为主要电源点的 23 千伏昆明电网。石昆线西起石龙坝水电站，经安宁妥、碧鸡关，到昆明西郊的马街子，最后到达昆明城厢的小西门水塘子内的降压变电站，全长 34 千米。水塘子降压站将 23 千伏电压降为 3.3 千伏后，分送至城厢各配电站，再降压为 110 伏/190 伏，供用户使用。1911 年 2 月，石昆线动工建设，立柏木电杆 910 根，杆距 30～50 米，初期全线采用英规 1/8 号铜导线（1935 年改造为 7/12 号铜导线）与针式绝缘子，并在线路所经过的妥乐村安置了一套避雷设备。石昆线是中国第一条远距离输电线路，也是当时中国电压等级最高的输电线路。民国初年，西南新老滇系军阀在昆明相继建起以电为动力的兵工厂、造币厂、自来水厂等，昆明用电需求大增，供不应求。电力短缺造成电压不足，最严重时 110 伏用电电压只有 40～50 伏。1924 年 8 月初，耀龙公司扩建石龙坝水电站第二车间，安装 2 台 276 千瓦水轮发电机组，新增设一回 23 千伏石龙坝至昆明的输电线路，1926 年 3 月、6 月两台机组相继投产，并形成了石龙坝向昆明的两回路输电线路。昆明全城共有电灯 1.5 万余盏，电能表 1030 个，各工厂电力负荷月平均约为 400 千瓦。1935 年，又增设了石龙坝至中滩的 13 千伏线路，供给中滩抽水

站和附近厂矿用电。1936 年，昆明的云南纺织厂玉皇阁发电厂建成投产，在昆明又形成了一个独立的小电网。

二、石景山至前门输电线路创北京 33 千伏电网之始

第一次世界大战期间，帝国主义列强无暇东顾，北京地区民族工业获得了"喘息之机"。京师华商电灯公司为应对用户数量急剧增加的情况，决定扩充发电设备、增加供电能力。1909 年至 1912 年间，前门电厂多次加装发电机，总装机容量达到了 3035 千瓦，供电能力增强后，京师华商电灯公司供电范围也不断扩大。

1919 年，京师华商电灯公司前门电厂已无发展余地，于是增加投资，另辟新厂。1921 年 10 月，竣工投产了总装机容量达 2000 千瓦的石景山分电厂。次年 2 月，又建成石景山分电厂至前门变电所的 2 条 33 千伏输电线路，开始向北京市区及南郊送电。该输电线路全长 26 千米，采用南北双回路送电，均使用架空裸铜线为导线，共计使用 250 基木杆（后于 1935 年将木杆换成水泥电杆）。这是中国第一条 33 千伏输电线路，也是北京地区建设 33 千伏供电电网的开始，同时也是华北地区首次出现 33 千伏输电线路和电网。

三、天津形成电缆供电环网

采用电缆供电，始于天津电业创办初期。早在 1906 年，比商电车电灯公司以直流发电机向市内有轨电车供电时，使用的就是直流电缆，包括过河电缆（该电缆一直运行到 20 世纪 60 年代末才被拆除）。

1913 年，比商电车电灯公司敷设了天津市第一条 5 千伏高压电缆（今天津市河北区建国路一段）。时至 1928 年，该公司已经在经营区域内建成了 5 千伏电缆供电网络，敷设电缆总长度达 52 千米，是当时天津已有架空线路的近 3 倍。1930 年，该公司敷设电缆总长度增加到 60.28 千米，几乎覆盖了整个市区，并形成环网。比商电车电灯公司所使用的大多是截面积为 3×95 毫米² 和 3×25 毫米² 两种电缆，规格较为统一。

天津其他区域供电公司也相继效仿比商电车电灯公司，逐步实行电缆供电。截至 1935 年，日租界供电区域（今天津市南京路变电站一带）共敷设 5 千伏电缆 12.66 千米；法商电厂供电区域（今天津市滨江道一带）共敷设 5 千伏电缆 21 千米。但以上两者与比商电车电灯公司供电区域相比，使用的电缆规格较杂、品种繁多。

四、安徽建成配电环网并架设过江电缆

安徽电力源于原安徽省省会安庆。为提高制造厂劳动生产效率，督办安徽制造厂的沈曾植氏于 1907 年 8 月兴办安庆电灯厂。1927 年 7 月，因时局不宁，安庆市政府接管了安庆电灯厂，采用改良灯光、整理线路、更换线杆、降低线损等方法对电灯厂进行了全面的整改。经整改后，安庆电灯厂经营情况有了明显的改善。时至 1934 年，该厂总装机容量达 1040 千瓦，拥有 3 条 3.3 千伏、总长约 8 千米的高压配电线路，并建成总长达 20 千米以上的低压配电线路。

　　继安庆之后办电的是芜湖。1908 年，由一些民族资本家集资兴办的明远电灯股份有限公司正式投产发电。其总装机容量达 250 千瓦，并以 2.3 千伏电压供应芜湖市区大马路（今芜湖市中山路）和长街一带照明。1929 年，该公司改名为"明远电气股份有限公司"后，规模继续扩大；1930 年，总装机容量提升至 2410 千瓦，并兴建了拥有 2 台 1000 伏·安升压变压器的升压站，将芜湖市区配电线路升压至 6.6 千伏。1932 年，该公司将配电线路改造完工并投入运行后，芜湖形成了高压线围绕城外、电缆敷设城内的城市供电环网，任何一站因线路故障停电时，都可改由另一条线路供电，这在当时被称为最完备的供电方式。

　　安庆、芜湖办电成功后，安徽铜陵、蚌埠等地纷纷效仿。1919 年，铜陵振通电灯公司建成安徽最早的 2.2 千伏过江电缆，从和悦洲通往大通镇，供 700 余户照明用电。

五、上海建成全国最早和电缆最多的城市供电环网

　　由于上海市城区内房屋较为密集，电力用户的不断增加导致架空输电线路架设困难，因此，上海地区便开始更多地采用相对容易敷设的电缆作为输电线路。

　　1912 年，新中央电站至山西、北京等配电所，江边电站至福宁、广德等配电所，以及 1914 年的山西配电所至工部局、上海总会、中国银行、海关等用户配电所和北京配电所，都敷设了 6.6 千伏电缆。

　　1915 年 6 月敷设的小沙渡配电所（今西康路）低压 5 号（长 77.90 米）和低压 8 号（长 66.20 米）电缆，是上海市迄今仍在运行且最早的 350 伏（380 伏）电缆。这两条电缆为统包钢带型，截面积为 160 毫米^2，额定电压 660 伏，投运电压为 350 伏（380 伏）。

　　1916 年江边电站扩建后，至新中央电站敷设了上海第一批 4 条 22 千伏电缆，每条长 8.64 千米，是当时国内电压等级最高、输送距离最长的电缆。这批电缆为分芯统包型，截面积为 95 毫米^2，初始运行因 22 千伏变电站设备尚未建成，故降压至 6.6 千伏运行，直到 1919 年两端设备建成后，才升压至 22 千伏运行。1924 年，在新落成的东京（今昌化）、劳勃生（今长寿）、白利南（今长宁）、斐伦（今九龙）、扬州等 22 千伏变电所间，又敷设了 21 条 22 千伏分芯统包型输电、联络电缆。

　　1924—1933 年，斐伦变电所至山西、广西、武昌配电所，扬州变电所至福宁、汇山、许昌等配电所，以及武昌配电所至新亚饭店、河滨大楼、光陆大楼、邮政总局等用户配电所之间又敷设大量 6.6 千伏电缆，使每座配电所有 2～3 个电源，形成了安全可靠的 6.6 千伏电缆环形供电网。

　　1928 年，上海开始使用 22 千伏分铅型电缆，第一条就敷设于江边电站至长寿变电所之间。该电缆为分芯统包型，截面积 130 毫米^2。1929 年，上海大量使用 130 毫米^2 分芯式、实芯式电缆，主要用于东京、康定变电所。1931 年，上海开始使用日本制造的 130 毫米^2 实芯分铅型电缆，主要用于江边电站、扬州、朝阳及新黄河变电所。自扬州变电所通过 22 千伏电缆将日商上海株式会社第五厂、怡和纱厂、中华制铁厂联接，次年形成了由扬州变电所供电的 22 千伏环形电网。

　　1931 年，浦东电气公司为了向华商电气公司购电和供给和兴钢铁厂（今上海第三钢

铁厂）用电，在江南造船厂北侧江边码头至浦东煤业公栈，敷设了上海第一条 5.5 千伏穿越黄浦江的水底电力电缆。该电缆全长 850 米，使用截面积为 95 毫米^{2}的铜芯电线。同年 10 月，浦东电气公司又在江南造船厂南侧海军学校至浦东中华码头敷设 1 条 5.5 千伏过江电缆，使用截面积为 95 毫米^{2}的铜芯电线。这两条过江电缆，在抗日战争前因过往船只抛锚而发生多次故障；抗日战争胜利后，又因发生抛锚故障，且已不需要使用，遂予以报废。1933 年，浦东电气公司为向闸北水电公司购电，敷设了从浦东陶家宅至浦西虹江码头的 6.6 千伏过江电缆，截面积 130 毫米^2。抗日战争胜利后，发现该线 14 只接头中有数只损坏，经修复后，又在 1948 年被炮火损坏，遂拆除。2 年后，另敷设新线。1935 年，浦东电气公司又敷设一条自浦东火药局至浦西虹江码头北首 6.6 千伏过江电缆，截面积 130 毫米^2。

1935 年，上海开始采用 260 毫米^{2}实芯屏蔽型 22 千伏电缆，敷设了康定变电所—长寿变电所 22 千伏电缆，共长 2.10 千米。22 千伏电缆大都敷设在沪东、沪西市区，美商上海电力公司以江边电站为起点，用 22 千伏电缆输电，连通市中心区的 6.6 千伏电缆配电网。

至此，上海构成了一个供电可靠，且全部由地下电缆组成的输配电网。上海也成为当时全国电缆供电最早和最多的城市。

六、湖北配电线路建设形成

1914 年 12 月，湖北武昌电灯公司购置了 1 台 240 千瓦发电机，并于 1915 年 3 月 5 日以 2.3 千伏向武昌城区供电。随着用电需求持续增加，1920 年，该公司又新增 1 台 240 千瓦发电机，次年又新建装设 2 台 400 千瓦发电机的瓦砖巷电厂。1921 年还兴建了瓦砖巷电厂经江边至豹头堤、经中山路至望门山、经蛇山前至宾阳门、经县华林至抚院街的 4 条供电线路，向武昌城内外供电。至 1925 年，武昌电灯公司已经基本建成了 6.6 千伏配电网。

1922 年，湖北汉口既济水电公司开始建设 6.6 千伏配电网。至 1925 年，先后建成 6.6 千伏电厂—水塔、电厂—玉皇阁（现武汉中山大道利济路口）地下电缆各 2 条，玉皇阁—水厂架空线路 2 条，以及配电变压器容量分别为 6600、6000、1500 千伏·安的电厂、水塔、玉皇阁 3 处配电房。加上原有的 2.3 千伏配电线路和配电变压器，汉口配电网至此初具规模。

1930 年后，汉口、武昌两个主要城市配电网继续发展。时至 1937 年，既济水电公司供电区域上至宗关，下达刘家庙，拥有 1.85 万千伏·安容量的主变压器、3 处配电房，2.3 千伏以上配电线路 27 条，总长达 87.9 千米，几乎覆盖当时整个汉口市区。

同一时期，武昌水电厂兴建投产了 4 条高压配电线路，分别以 2.3 千伏和 5.25 千伏放射式向武昌城区供电，2.3 千伏送电粮道街、黄土坡一带，5.25 千伏送至中正路及以西各街，后将供电范围向北扩展至徐家棚。其中，将一、二回共杆输电至大成路线路分成干线和支线，三、四回共杆输电至蛇山后再分成干线和支线。至 1937 年，武昌电网有各型电杆 1853 根（其中铁杆 10 根），变压器 178 台，总容量 2190 千伏·安，熔断器 5 具。至此，汉口和武昌两个城市的配电网达到了中华人民共和国成立前的最高水平。

七、河北 30 千伏联网线路建成

河北电网的建设，主要围绕当时重要的战略物资——煤的开采用电为中心建设。1878年，开平矿务局（后于 1912 年与滦州矿务股份有限公司合并为开滦矿务总局）创建后，先后开办唐山、林西、赵各庄等矿区。1906 年，开平矿务局建成总装机容量达 3120 千瓦的唐山煤矿发电厂；1907 年，建成总装机容量达 2080 千瓦的林西煤矿发电厂；1910 年，建成总装机容量达 1000 千瓦的马家沟煤矿发电厂。为方便各矿区之间电能相互供应，1912年 11 月，架设了林西矿区至赵各庄矿区的 30 千伏输电线路。至 1916 年 11 月，林西、赵各庄、唐山、马家沟 4 处煤矿变电站相继建成，并在 4 座变电站之间架设了 7 条共计 68.2千米的 30 千伏输电线路。至此，林西—赵各庄—马家沟—唐山矿正式开始以 25 赫、30千伏线路联网运行。

同一时期，河北省电力工业从工矿企业自备电厂逐步过渡到城市的民营电厂，开始为城市市民和工矿企业及商号供电，并出现了第一家专司供电业务的企业——华记唐山电力厂，以趸售开滦矿务总局下属自备电厂富余电力为主，兼营电料和安装电灯服务。

八、江苏戚墅堰电厂输电线路创江苏之最

江苏镇江大照电气公司发供电后，至 1914 年，江苏的无锡、南京、苏州、扬州、常州也陆续建起由当地发电厂直接向城镇供电的配电网络，电压最低为直流 110 伏，最高为2.3 千伏。

1921 年，中德商人合办了常州震华制造电气机械厂并兼营电力，成为中国自制电机工业的先行者。但其后因资金不足、军阀混战、政局动荡等原因，被迫改为专营电力，简称震华电厂（即戚墅堰电厂的前身），在震华电厂营业期间，还利用富余电力，协同地方在定西乡等五地创办农村电力灌溉，抗旱灌田近万亩，开创国内农田灌溉之先河。

1923 年 12 月，震华电厂建成常州东门变电所，安装 1500 千伏·安和 1000 千伏·安、33/2.3 千伏变压器各 1 台，这是江苏第一座 33 千伏变电所。其后震华电厂为扩大营业范围，于 1924 年 2 月在无锡西门建成 33 千伏外吊桥变电所，安装 1500 千伏·安和 1000 千伏·安、33/2.3 千伏变压器各 1 台。同年，戚墅堰—常州（简称戚常 1 号线）和戚墅堰—无锡（简称戚锡 2 号线）33 千伏输电线路先后建成，并与东门、外吊桥变电所一同投产，向常州、无锡两地送电。东门、外吊桥变电所将接收到的 33 千伏电压降为2.3 千伏后输往城内，又在城内用杆上变压器降压至 380/220 伏供给用户。此外，以上两条线路还以树枝状向沿线附近供电，线路沿途接入三四个小配电所，降压至 380/220 伏供乡镇用户，而在震华电厂附近的用户，直接以 6.6 千伏高压作为高压配电之用，或将 33千伏降压至 380/220 伏供给用户。

戚常 1 号线全长 9.47 千米，全线采用 10.28 米高钢杆、9.8 米高水泥杆，档距 75.5 米，导线用英规 7 根 14 号铜线，绝缘子用西门子公司的直脚针式绝缘子，是江苏最早出现的33 千伏线路。戚锡 2 号线全长 29.36 千米，杆高 10 米，为无锡地区第一条 33 千伏等级的

高压输电线，也是当时江苏地区线路最长、电压等级最高的输电线。1930 年，戚墅堰—无锡第二条 33 千伏输电线路竣工，全长 30.5 千米，导线用美规 00 号钢芯铝绞线，杆塔用铁塔 26 座、钢筋混凝土杆 336 根。

九、浙江杭州建成两级电网

1929 年，浙江省政府发行建设公债 1000 万银圆，指定 200 万银圆用于发展电气事业，筹建 6 万千瓦发电厂。1932 年 10 月 5 日，闸口发电厂建成投产，其总装机容量达 1.5 万千瓦，效率为当时全国之冠。

1932 年 10 月，为适应闸口电厂发电机电压，杭州市配套建成了艮山门变电所和鼓楼变电所，为城区 5 千伏电网提供电源。两座变电所南北遥峙，各设 13.2/5 千伏主变压器 2 台，单台容量为 2500 千伏·安。闸口电厂、艮山门变电所和鼓楼变电所之间，各架设了一条 13.2 千伏输电线路，线路中少量大转角及翻越玉皇山的杆塔，采用铁塔装置，而电缆则作为发电厂和变电所进出线区段穿越多障碍地区的联络线路，由此组成互相连通的 13.2 千伏电网。至此，杭州市建成了以 5 千伏为城内供电、13.2 千伏为外环送电的两级电网。

1933 年夏，杭州电气公司以闸口发电厂为始端，至钱塘江南岸萧山县西兴，敷设 13.2 千伏单相铜芯、充油钢甲铠装型过江水底电缆，截面积为 39 毫米 ^{2}，线路全长 2.33 千米。次年 5 月通电。

十、福建福州至长乐县莲柄港建成 33 千伏输电线路

1920 年以后，随着工商业的逐步发展，福州、厦门、漳州、泉州等城市的电厂不断扩建增容、更新设备，规模和供电能力大为提高，福州电气有限公司最具代表性。该公司从 1924 年至 1931 年处于鼎盛发展时期，发电能力从 300 千瓦增至 3000 千瓦，发电装机容量一度达到 5500 千瓦，供电范围从照明到动力，从闽江万寿桥两岸向仓山、南台、城里地区扩大，并向农村延伸。为此，创建福州电气股份有限公司的刘家被人们称之为"电光刘"。其后，该公司为了扩大供电范围，创办了农村电气化部，1935 年，在省建设厅贷款支持下，架通了 22.6 千米长的福州至长乐莲柄港的全省第一条 33 千伏（1952 年升为 35 千伏）输电线路，供 5 万亩农田灌溉用电。该线路穿越乌龙江上空，全长 22.6 千米，跨距 730 米，塔高 54.9 米，在当时国内输电线路架设中均位列前茅。

福州电气股份有限公司虽一度辉煌，但由于八年全面抗战和三年内战，社会动荡，经济崩溃，窃电欠费之风越演越烈，加之官僚资本的渗入吞食，使其经营惨淡。1939 年，该公司遭受日军飞机轰炸 8 次，发电设备机房被炸，一度被迫停产。1941 年、1944 年，福州两次沦陷，福州至长乐莲炳港输电线路、电杆被毁被盗严重，公司营业亏损达 1000 多万元，发电量跌至低谷，最终不得不与资源委员会、台湾电力公司合营，将公司经营决策权拱手让给官僚资本。

十一、广东广州 13.2 千伏城市电网的形成

随着广东省广州市用电量渐次增长，广州五仙门电厂几经扩建，初步形成了覆盖广州城厢、西关、河南、东郊的低压供电网络。1929 年 2 月，珠江南岸的河南发电厂建成投产，以低压馈线供给珠江南岸的工厂、商铺、路灯及居民用电。1937 年 12 月，广州西村电厂建成投产，广州形成了一个供电范围覆盖城区及近郊的 13.2 千伏输电网络。1935 年 1 月，广东省第一个 13.2 千伏输变电工程——广州西关配电所及五仙门电厂至该所的 13.2 千伏电缆建成投运。其中，西关配电所位于广州市西关商业区的宝华路和多宝路交叉口东侧，系收购民房拆建。西关配电所为室内变电站，外墙为西式钢筋混凝土建筑，安装 2 台美国奇异公司制造的 2500 千伏·安、13.2/2.3 千伏油浸式自冷变压器，主变压器用双熔丝作进出线保护，没有继电保护装置。五仙门电厂至西关变电站的 13.2 千伏电缆采用英国 BCC（毕克）公司生产的 3×150 毫米 ^{2} 屏蔽型三相纸绝缘铜芯电缆，全长 3.369 千米。1937 年 12 月，广州西村发电厂建成投产，频率 50 赫。广州西村发电厂至西关配电所、水厂、士敏土厂 13.2 千伏电缆工程建成投运。1937 年后，又相继建成西村发电厂至西关、水厂、士敏土厂 13.2 千伏电缆工程，将西关发电厂、士敏土厂自备电厂等机组联网运行。随后又逐次建成了 13.2 千伏五仙门发电厂至河南岭南大学输电线路、五仙门发电厂至西关发电厂输电线路、西村发电厂至城北变电站输变电工程；13.2 千伏西关配电所至河南配电所输变电工程。形成了以西村发电厂、五仙门发电厂、河南发电厂为电源点，覆盖广州城厢、东郊、河南、花地湾及番禺县、南海县、佛山镇的 13.2 千伏电网。但是，五仙门发电厂部分机组为 60 赫，部分机组和西村发电厂为 50 赫，因此广州的 13.2 千伏电网是由不同频的两个电网构成的。

十二、四川成都启明电灯公司架设供电线路

因早期的四川成都启明电灯公司供电能力极为有限，不能向社会提供新增电量，军政界及一些官商大贾纷纷乘机筹建发电厂以谋其利。1930 年前后，除启明电灯公司外，一些小电厂相继出现。1929 年，军阀邓锡侯部的师旅长马德斋、谢德勘等人在新东门猛追湾创办装机容量 100 千瓦的兴业水电厂，在新东门、桂王桥、忠烈祠等地架设输电线路，安装电灯。1931 年，军阀彭植先、刘骏逸等人在科甲巷兴建装机容量 76 千瓦的光明电灯公司，供给春熙路、城守街、东御街等地照明。同一时期，还另外出现了多家小电厂，电力用户也纷纷安装小型发电机，形成了"多家办电"的局面，启明电灯公司业务逐年下降。该公司为了保住既得利益，采取了"重新争取供电专利权""整顿内部以健全组织""增加股本以购买新机扩建发电机组"等措施，于 1933 年新装一台 1000 千瓦发电机组。新机组投运后，电力充足，兴业、光明等电厂都无法与之竞争，相继被启明电灯公司吞并。至 1937 年，该公司发电机组总装机容量达 3000 千瓦，拥有变压器 98 台，变电容量 2649 千伏·安，共架设 3.3 千伏高压线路 47.1 千米、220 伏线路 87.65 千米，再次形成了独家经营的局面。

十三、重庆 13.8 千伏跨江送电线路建成

在重庆工商业不断发展的情况下，原有的烛川电灯公司由于设备陈旧、管理不善，且装机容量小，已经不能满足重庆用电的需要。1933 年 8 月 15 日，重庆市政府接管烛川电灯公司，成立重庆电力股份有限公司，同时组建重庆电力厂筹备处。1934 年 7 月，建成投产了总装机容量 3000 千瓦的大溪沟电厂，这是当时西南地区最大的发电厂。

1935 年 2 月，因为用户猛增，大溪沟电厂由发供电 16 小时改为昼夜 24 小时。1936 年，为扩大供电范围，重庆电力股份有限公司建成笮子背至铜圆局跨江输电线路，供电至南岸。1937 年，国民党政府迁都重庆后，在大溪沟电厂内添设了 2 台 4500、2500 千伏·安的 5.25/13.8 千伏升压变压器，并配合兴建了玛瑙溪、沙坪坝、龙门浩、铜圆局 4 个分电站。同年，还兴建了长约 13 千米的大溪沟—沙坪坝 13.8 千伏输电线路，添建石庙子长江铁塔 13.8 千伏跨江输电线路，并将对南岸供电的电压等级提升至 13.8 千伏。其后，重庆市区供电线路向西延伸到了沙坪坝，江北、南岸供电线路继续向南北延伸。

第三节 日本操纵东北电力工业

日俄战争后，日本逐渐取代俄国在中国东北地区的权益，1907 年成立了经营南满铁路的"南满洲铁道株式会社"，兼营南满的电力事业并积极扩张。1926 年 6 月成立"南满洲电气株式会社"，专门经营南满洲的大部分电力事业。"九一八"事变前夕，东北地区大约有 67 个电厂，日本经营的约占 71.4%，中国人经营的占 21.3%，其他国家和合资机构经营的占 7.3%。"九一八"事变后，日本帝国主义凭借其政治、军事力量，强占和吞并奉天电灯厂等电力工业，组成"满洲电业株式会社"。到 1937 年，加上少数日本企业自备电厂，东北的电力工业全部被日本管制。在攫取管制电力工业的同时，为达到长期占领殖民东北、掠夺财富资源的目的，开始了发电厂和输变电工程建设，并采用了一些先进的技术，以提高供电的可靠性和经济性。

一、日俄战争后日本在南满铁路沿线的电力侵吞

俄国战败后，日、俄在东北重新划分势力范围，日本在南满，俄国在北满，各自发展势力。1907 年日本侵略者成立"南满洲铁道株式会社"（简称"满铁"）后，势力范围扩大至辽宁、吉林两省，在南满铁路沿线建设电厂，排斥中国人办电。"满铁"在辽宁省范围内大肆扩张，于奉天（今沈阳）西塔建成奉天临时发电所，安装 1 台 120 千瓦发电机组。其后又在抚顺大山坑（今抚顺胜利矿址）建成抚顺煤矿发电所，安装 2 台 500 千瓦发电机组，并于 1910 年增装 2 台 1000 千瓦发电机组。同年"满铁"又收买了日本商人集资于安东（今丹东）建成的安东电业株式会社发电所，并改名为安东第一发电所，之后又建成了第二、第三发电所。除辽宁省外，"满铁"还在吉林省长春市建成长春发电所，所内安装

3 台 200 千瓦发电机组，1 台向"满铁"附属地供电，2 台向宽城子（帝俄附属地）供电。日本关东都督府在旅顺建成旅顺发电所，安装 2 台 250 千瓦发电机组。在安东建成安东电业株式会社发电所，安装 1 台 100 千瓦发电机组。1911 年 9 月，中日合营的铁岭电灯局发电所建成，安装 2 台 100 千瓦发电机组。至 1926 年 6 月，日本侵略者已经攫取控制了南满的大部分电力工业，并成立了南满洲电气株式会社（简称"南满电"），与"满铁"分开，专门经营电力。

俄国、日本资本入侵东北三省，开办电厂，掠夺资源，激起了中国人民极大的愤慨，为维护国家主权和民族利益，中国官办资本和民族资本也纷纷在各城市兴办电厂，与日本人办的电厂相抗衡。1907 年以后，先后在安东、奉天、抚顺、营口、本溪、铁岭、辽阳、鞍山、海城、义县、锦州等地兴办了一批发电厂。特别是 1912 年至 1931 年间，东北官商各界，竞相办电。据不完全统计，截至 1931 年，东北全区共有火力发电厂（所）110 座，装机总容量 23.52 万千瓦。

二、辽宁大连形成小区域联网

1917 年，在东北地区竞相办电的热潮中，辽宁、吉林、黑龙江三省大中城市相继建成发电厂。其中，辽宁大连发电所装机容量达 7050 千瓦，并在发电所内修建了变电所，安装 3 台 350 千伏·安、2.3/6.6 千伏单相变压器。大连沙河口区为使用大连发电所的电力，在同年修建了沙河口变电所，配合安装了 3 台相同规格的单相变压器，并架设了大连发电所—沙河口变电所 6.6 千伏输电线路。这是东北地区第一条 6.6 千伏输电线路。

1922 年 7 月，天之川发电所建成投产，当年还相应兴建了 4 座 11 千伏变电所，即敷岛广场、神社里、大房身、周水子变电所。架设了 11 千伏天之川发电所至神社里变电所的天之川输电线路，敷岛广场变电所至神社里变电所的大连送电线信号灯输电线，以及信号灯输电线至周水子变电所的周水子分支线。还架设了大连发电所—敷岛广场变电所 2.3 千伏联络线，使大连发电所与天之川发电所实现联网运行。这是东北地区两个发电厂并列运行的开端。一个以天之川和大连发电所为电源点，以神社里变电所为枢纽变电所的 11 千伏电网网架在大连地区基本形成。

三、辽宁第一条 22 千伏线路与第一条 44 千伏线路

辽宁地区首先在抚顺、奉天、辽阳、铁岭、本溪地区开始建设发电厂并联网送电。1917 年，本溪湖发电所扩建投产，总装机容量达到 3000 千瓦。该电厂本是供给煤矿自身生产用电的电厂，除供采掘铁矿所需电力外，尚有多余电力，遂于同年架设了本溪湖—铁山 22 千伏输电线路，将电力送至庙儿沟铁山。这是辽宁乃至东北地区第一条 22 千伏电压输电线路。同年又兴建了桥头、南芬、庙儿沟变电所，分别以 22 千伏向当地供电。

1919 年，日本驻奉天总领事馆正式致函中国奉天省当局，要求"抚电送奉"，即将南满洲电气株式会社所属的抚顺炭矿发电所的电力，通过 44 千伏输电线路向奉天供电。奉天省当局对此十分慎重，双方谈判了两年，最后在日本人的威迫利诱下达成协议。1922

年，奉天变电所建成投产，所内安装 4 台 1000 千伏·安、44/3.3 千伏单相变压器。同时投产的还有抚顺—奉天 44 千伏输电线路，这是辽宁乃至东北第一条 44 千伏输电线路，也是两地跨区联网的第一条线路。抚奉线建成后，日方肆意加大成本支出，宣称年年亏损，使中方无利可得。1924 至 1934 年间，东北地区先后建成 44 千伏浑河、辽阳、烟台（今灯塔）、铁岭、开原、本溪变电所和 44 千伏抚浑、奉辽、浑烟、奉铁、铁开、浑本输电线路，实现了联网供电。

四、"九一八"事变后东北民族电力工业遭受日本侵略者的鲸吞和洗劫

1931 年"九一八"事变后，日本帝国主义侵占整个东北，1932 年 3 月 1 日建立"满洲国"政权。为了强化军事占领，加强政治统治和经济掠夺，日本侵略者作了周密部署，制定了一整套掠夺计划，尤其把电力工业的统治作为刻不容缓的首要任务。

1934 年，日本侵略者将中国人所创办的奉天电灯厂、长春电灯厂、吉林电灯厂、安东电灯厂、黑龙江电灯厂和哈尔滨电业局与日本自己所经营的南满、北满、营口三个电气株式会社强制合并，组成了"满洲电业株式会社"（简称"满电"）。"满电"成立后，继续强制收买兼并其他各孤立电厂，到 1937 年，"满电"收买和吞并的电厂已达 68 处。除少数日本企业的自备电厂外，东北的电力事业全归"满电"统治。"满电"统一东北电力工业的管理后，继续加速对剩余中国民族电力工业的侵占。凡一个城市有两个电厂的，能合并就合并，不能合并就停办，厂内机器有余或者不适用的，则移装他处。在掠夺的同时，还实行"水主火从"的方针，大力发展水电厂，鸭绿江流域的水丰发电所、松花江流域的丰满发电厂和牡丹江流域镜泊湖发电厂即是这一时期筹备建设的，同时还扩建新建了许多火电厂，如阜新、北票、本溪湖等电厂。到 1945 年，日本侵略者几乎控制了东北地区所有的电力工业，发电规模已经达到 195.27 万千瓦，其中火电 109.67 万千瓦、水电 85.6 万千瓦。同时，为战争和掠夺资源的需要，日本加强了电网建设。

五、延吉—朝阳川 22 千伏输电线路建成

吉林东部的延吉、图们地区地理上距离日本海很近，是当时日本侵略者将东北资源外运出海口的重要通道，因此，也成为日本电网建设的优先地区。

1933 年，"南满电气株式会社"成立了延吉电业股份有限公司，建成了延吉发电所。所内安装了 1 台 300 千瓦发电机组，向延吉街区供电。同年，日本侵略者为解决与牡丹江地区联网的朝阳川铁路枢纽信号用电，在延吉和朝阳川之间架设了一条 22 千伏线路，在朝阳川建设了一座变电塔，形成了延边地区小型电力网。延朝线是延边第一条 22 千伏线路。此后，延吉电业股份有限公司为就近使用朝鲜电源，从而更方便地掠夺木材等资源，还在图们和开山屯两地设立了营业网点。

六、延边—老头沟 66 千伏输电线路建成

1936—1937 年，延吉电业股份有限公司相继收购了大兴、聚盛涌、旭春等几家地

方电灯公司，并在龙井、珲春设立支店，在头道沟设出线所。其后，该公司由原来的日满合资变成了日本人独霸经营，于1938年4月25日将公司名称改为"延吉电力株式会社"。

1937—1938年，延吉电力株式会社兴建了龙井发电所、珲春变电所。为了就近使用朝鲜电源，于1937年4月建成图们—延吉66千伏输电线路；1938年11月，建成延吉—老头沟66千伏输电线路；1938年12月，建成朝鲜训戎—中国珲春66千伏输电线路。这三条输电线路，把延边地区连成一片，形成了初具规模的66千伏延边电力网，为日本侵略者掠夺长白山地区木材等资源提供了能源保障。

七、东北地区出现154千伏高压联网

为进一步巩固对电力的控制和提高供电的互补性、可靠性，根据东北地区资源分布上北部木材煤矿和南部钢铁煤矿的特点，以及辽宁地区重要的战略位置，日本侵略者在经过局部电网建设后，决定加大电力建设力度。从1935年开始，"满电"就着手在抚顺、沈阳、鞍山、阜新、锦西、安东、大连、营口等地区修建高压电网。

1935年5月，日本侵略者建设了抚顺发电厂联络变电所、鞍山一次变电所及浑河一次变电所，同一时期，也建成投产了东北地区第一条154千伏抚鞍（抚顺至鞍山）输电线路，全长130.2千米。随着抚顺大官屯发电厂（现为中国电力投资集团所属的抚顺发电有限责任公司）的不断扩建，154千伏抚浑南、北输电线路和浑鞍东、西输电线路建成，由抚顺发电所向沈阳、鞍山地区供电。至此，辽宁省中部浑河、抚顺及南部鞍山等地区之间形成了一个154千伏环形输电网络。

第四节　独立电网调度机构的产生

电力工业发展初期，因大电厂都是发供合一的企业，实行一厂一网孤立运行，各自形成孤立的树枝型电网，故电力调度一般由发电车间的值班长或值班技术员负责。随着电力工业规模的不断扩大，特别是出现高压电网或一个企业由两个以上电厂送电时，加之各电厂之间输出的电力电压和频率不一致，电力调度的重要性显得尤为突出，此时，由专人负责电力调度的专门机构便应运而生。

一、上海设立中国第一个独立于发电厂的电网调度机构

1912年后，随着民族工业的较快发展，中国的一些经济相对发达地区纷纷兴办电灯公司，少数厂矿企业也相继安装自备发电机组。上海法商电车电灯公司和闸北、南市、浦东地区各电力公司均采用不同电压发展各自电力网。因为各电力网系统简单，所以电力调度工作均由设备最为集中的发电厂值班人员负责。1913年，上海工部局电气处江边电站投运后，开始有三相交流电网，该电站值班长负责美商上海电力公司的调度工作。1920

年后，随着上海城市和经济的发展、用电的逐渐普及，以及各电力公司兴建的 13.2、22、33 千伏输变电工程陆续投入使用，不同电网间联络线相继建成，各家公司之间开始了相互馈电。1929 年，美商上海电力公司在斐伦路变电所设立调度室，取代了江边电站统一指挥电力系统的操作，后迁移至康定路 387 号，属馈电处运行科领导。其任务是管理 22、6.6 千伏和 380 伏电网的调度操作及事故处理工作。值班调度员初期是外国人，1942 年后，逐步由中国工程师担任。22 千伏变电所均设有值班人员，6.6 千伏变电所和 380 伏配电所一般无人值班。电力系统的操作由运行工区工程师去现场执行，调度组下设承询室及急修班，负责电网设备发生故障或异常情况时的抢修工作。发电厂则由值班工程师负责编制发电出力曲线，安排机炉开停，电厂内部的电力系统操作则按照调度组的调度命令执行。美商上海电力公司馈电处运行科是中国第一个独立于发电厂并具有一定规模、设备配置较完善的调度机构。

二、东北地区电网调度机构设立

东北地区自 1890 年起就开始发展电力工业。起初电厂直配供电的调度工作也是由发电厂的电气值班人员及值班长负责。1907 年 4 月 1 日，日本侵略者在大连成立南满洲铁道株式会社接管电气事业，并设置电气系。1909 年，"满铁电气系"易名"满铁电气作业所"，作为专营电气事业的管理机构。满铁电气作业所先后在大连、奉天（今沈阳）、新京（今长春）、安东（今丹东）等地区设 6 个分支机构，其中包含 2 个发电所和 4 个电灯营业所。1926 年 6 月 1 日，日本南满洲铁道株式会社将所辖各地电气事业从"满铁"中分离出来，于大连成立独立经营电气事业的管理机构，即"南满电气株式会社"，并分别在大连、奉天、新京、安东、鞍山等地设立 7 个分支机构。其中包含 4 个支店、2 个发电所、1 个试验所。各地区的调度管理工作，多由该地区的电业支店负责。1934 年 11 月 1 日，伪满政府于新京正式成立"满洲电业股份有限公司"，下设安东、鞍山、营口、吉林、齐齐哈尔 5 个地区支店和哈尔滨、长春、沈阳、大连 4 个电业局，并于电业局内营业课下设调度系，负责地区联网的调度指挥工作，这是东北地区最早的调度机构。虽然调度机构的人员构成无从考据，但是可以确定的是，机构内所有重要职位几乎全由日本人担任，中国人很难学到技术。

第五节　民族输变电装备技术的萌芽

中国电力工业起步之初使用的发输变电设备都是从国外购买的。帝国主义列强以技术垄断把持着中国电力工业发展的主动权并不断扩张，这种严控中国人了解和掌握技术的行为，使得中国民族电器制造业难以起步，但聪明的中国人还是想办法开办了属于自己的电器制造厂。1914 年，上海德商瑞记洋行修理班领班钱镛森，以其学到的高超技艺和丰富电器修理经验，开设电器铺并逐步发展成钱镛记电业机械厂，仿制生产电器，开启了民族电器制造之门。经过多年努力，中国电器制造工业有了进一步的发展。到 1927 年，国家资本电器制造业开始起步，生产的产品从灯泡、电动机，逐步扩充到配电变压器、电扇、低压开关、电线、绝缘子、套管、避雷器等输变电设备，尽管是些小型的、工艺相对简单的设备，但这却是中国输变电装备制造技术的萌芽。

一、上海华生电器厂建成

1914 年，第一次世界大战爆发，帝国主义忙于战争，无暇东顾，进口商品相应减少。从 1914 年至 1924 年这 10 年间，上海民族机器工业获得了难能可贵的发展机会，机器工厂从 91 家骤增为 284 家，电机电器制造业已初露端倪。

1916 年 2 月，杨济川、叶友才和袁宗耀三人合伙在虹口横浜桥创办华生电器厂（现上海革新电机厂和华生电器总厂前身），开始制造自动开关、电流限制表、变压器等产品。1917 年，华生电器厂制成了中国第一台 15 千瓦电力变压器、8 千瓦直流发电机、60 安电镀用直流发电机等产品，并于 1922 年 6 月在上海总商会陈列所第一次展览会上获得优等奖和金质奖章。1926 年华生电器厂又制成中国第一台 150 千瓦交流同步三相发电机。

1938 年 8 月，淞沪会战爆发，日军对上海狂轰滥炸，电工企业损失惨重。日本侵略者占领上海后，电工企业或者被日军强行征用，或者被迫迁往内地。华生电器厂在遭受轰炸破坏后，劫后余生的部分人员与设备，先是迁往武汉，后来迁往重庆，成为抗日战争期间后方最大的私营资本企业。

二、华通电业机器厂建成

1919 年 1 月，江边电站变压器厂总领班姚德甫等人集资白银 6250 两，利用与英籍大班的关系，承揽电力公司外装业务，创办华通电业机器厂，开始制造熔断器和从事电器修理业务，并于同年开发了中国第一台高压油断路器。华通电业机器厂于 1934 年生产华通摇头电风扇后，声誉鹊起。至 1937 年"八一三"淞沪会战前，该厂产品已经扩及油断路器、变压器、互感器等。但其后因战争原因，工厂被迫停工，直到 1941 年，华通电业机器厂在小沙渡路（今西康路 596 号）重新建厂，并改名为华通电业机器厂股份有限公司。该公司于建厂当年就试制成功六角车床。

中华人民共和国成立后，华通电业机器厂股份有限公司发展迅速，开始生产铁路电器，为发展铁路运输事业和减少中国对国外电器产品的依赖起了一定的作用。1950 年元旦，经上海市政府批准，实行公私合营，华通电业机器厂股份有限公司改名为上海华通电业机器厂，成为上海市第一家公私合营的电工企业，1953 年又改名为上海华通开关厂。

其后，华通开关厂在断路器研发与制造方面做出了突出贡献。20 世纪 50 年代，试制成功塑壳式低压空气开关、220 千伏超高压多油断路器、110 千伏高压少油断路器和电子自动化装置等设备；60 年代，试制成功国产第一台 220 千伏少油断路器、An-25

（024-25TH）塑壳自动空气断路器等设备，并首创环氧浇注成套玻璃钢新工艺，为发展高精尖电器产品创造了条件；70年代，试制成功 27.5/35 千伏六氟化硫断路器、200 安电子开关、220 千伏高压少油开关等设备；80年代，试制成功 6 千伏/600 安和 10 千伏/600 安等多种真空接触器和断路器，并试制成功 110 千伏和 220 千伏高压全封闭及敞开式六氟化硫组合电器等设备。

三、益中福记机器瓷电公司建成

1922 年 1 月，杨景时等 4 人集资在上海浦东凌家桥 34 号（现民生路 40 号）创办益中福记机器瓷电股份有限公司（现上海先锋电机厂和上海绝缘材料厂）。该公司于 1924 年 1 月成功制造中国第一台交流感应电动机（即交流异步电动机），功率为 5 马力（约 3.6 千瓦），电压为 380/220 伏，转速为 1430 转/分，安装在永安纱厂。同年自主设计并制造了当时中国最大的一台 50 千伏·安三相 3.3/6.6 千伏、380/220 伏电力变压器，安装在宜兴耀宜电灯公司。1936 年，制成 2 台容量达 750 千伏·安的电力变压器，安装在松江电气公司。

1922 年至 1936 年的 14 年间，益中福记机器瓷电公司共生产 2000 多台变压器，总容量达 78 256 千伏·安。抗日战争胜利后，又于 1947 年试制成功国内第一根变压器用纸柏管。

四、军事委员会无线电机械制造厂成立

辛亥革命后，北洋政府成立了中国第一家国家资本电工企业——交通部电池厂。在此后相当长的一段时间内，外资电工企业、中外合资电工企业、私营资本电工企业一一问世，唯独国家资本电工企业偃旗息鼓，毫无进展。

直到 1927 年 3 月，国民革命军进驻上海，国民党政府指派国民革命军总司令部交通处长李范一接管交通部第一交通大学（即上海交通大学）。为了军事通信联络的需要，李范一在交通大学内设立军事委员会无线电机械制造厂，起初只能生产无线电收发打报机，1929 年更名为"国民党政府建设委员会电机制造厂"后，产品有所扩充，有电动机、变压器、收发报机、收音机、干电池等，成为继北洋政府交通部电池厂后第二个国家资本电工企业。交通部电池厂和电机制造厂这两家国家资本电工企业规模小、水平低、能力弱，产品影响力极为有限。军事委员会无线电机械制造厂所生产的电动机最大功率仅为 20 马力（14.7 千瓦），最终于 1938 年被归并到正在筹建中的中央电工器材厂。

五、中央电工器材厂建成

抗日战争前夕，大批有识之士，觉察到日本侵华意图，深感国家形势严峻，纷纷向国民党政府谏言，大声疾呼发展民族工业，增强国力，以备不时之需。在此形势下，国民党政府于 1932 年 11 月秘密成立了国防设计委员会，后于 1934 年 4 月改组为中央资源委员会，隶属军事委员会领导，主管重工业。1936 年 3 月，中央资源委员会根据全国采

矿业和重工业情况的调研资料，制定了"重工业三年计划"，其中提到"为树立国营电工业之基础，以谋发展电力，振兴工矿计，乃将电工器材厂列为重工业三年计划中十大厂矿之一"。

1936 年，中央资源委员会在南京筹建中央电工器材厂，拟下设四个厂，一厂为电线厂，生产电线电缆；二厂为灯泡厂，生产电子管和白炽灯泡；三厂为电话厂，生产电话机及配件；四厂为电机厂（原国民党政府建设委员会电机制造厂），生产发电机、电动机、变压器、开关、电池等。1937 年 3 月，中央电工器材厂正式动工兴建，设厂于湖南下摄司，并分别在上海、南京、天津、沈阳、武汉、长沙、重庆等地设区域营业所。1938 年 6 月，日本侵略者逼近武汉，正在建设中的四座中央电工器材厂的分厂奉命内迁到昆明、桂林、安宁。经过一年多的分地建设，各地工厂先后竣工投产。抗日战争胜利后，中央电工器材厂于 1948 年 7 月改组为中央电工器材有限公司。改组后形成了 9 家直属电工企业，生产规模达到一定水平，产品制造范围有所拓展，从发电到输电、变电、配电、用电各领域，涵盖了电工行业的基本种类，其中电线电缆、电信器材、电力机械、电子管等产品，占领了国内绝大部分市场。由于战时电工器材的供不应求，该厂的产品大部分用于政府部门和军事部门建设，在一定程度上缓解了当时中国电工器材紧缺的状况。中央电工器材厂是中央资源委员会各个电器制造企业中规模最大、供应范围最广的电工器材厂。

六、中央电瓷制造厂建成

1936 年 9 月，国民党中央资源委员会、交通部和建设委员会三方共同决定在湖南长沙建立中央电瓷制造厂。1937 年 12 月 6 日，中央电瓷制造厂建成投产。其主要产品有低压通信绝缘子、瓷夹板、瓷插座和针式、茶托形绝缘子等，年生产能力约 300 吨。1938 年 7 月，因抗日战争失利，武汉危急，中央电瓷制造厂决定在湖南湘西沅陵筹建分厂，同年 10 月武汉沦陷，长沙告急，长沙厂被迫迁往沅陵，与沅陵分厂合并。其后因战争、失火等原因，中央电瓷制造厂被迫迁往湖南衡阳，再迁往贵州贵阳。1939 年 10 月，因国内电瓷器具供不应求，中央电瓷制造厂决定在四川宜宾再建分厂，并在重庆设置中央电瓷制造厂总管理处，主要技术和管理人员陆续调往重庆。在宜宾建立分厂时期，产品除前述品种外，又增加悬式、拉紧绝缘子、瓷套管、保险丝具和无线电用高频瓷等，年生产能力500 吨，电压等级最高 33 千伏。中央电瓷制造厂是资源委员会建成的第一座工厂，也是国内第一座高压电瓷制造厂。

1945 年 8 月，抗日战争胜利。10 月，中央电瓷制造厂改由中央资源委员会独家经营，并做出结束衡阳厂、紧缩宜宾分厂、建设南京厂的决定。1948 年 4 月，南京新厂建成，8 月投产，但生产规模较小，设备简陋，共生产电瓷 6 窑次，电瓷产量仅有 50 吨。

中央电瓷制造厂在 1946 年后曾多次改名，此间过程不再赘述。1949 年 5 月 1 日，中国人民解放军南京军事管制委员会派军代表将其接管后，进行组织机构改组，同年 12 月1 日，定名为"南京电瓷厂"，该厂也是现南京电气（集团）有限责任公司的前身。

七、第一批国产电缆生产

抗日战争前存在的电线、电缆制造厂大都是私营作坊式的电工器材厂，规模极为有限。1936 年 7 月，国民党中央资源委员会在南京筹建中央电工器材厂。建厂之初，在张承祜[❶]等人的努力下，购置了英、德、法、美等国较先进的电线电缆生产设备。1937 年抗日战争爆发后，中央电工器材第一厂（电线厂）迁往昆明。1939 年，该厂开发了中国第一批国产绝缘电线、钢芯铜绞线、铅包橡皮绝缘电缆（品牌被命名为"昆电工"），并拉制出中国第一根长 1000 米、直径 25 微米的玻璃纤维。从 1939 年至 1945 年，中央电工器材第一厂共生产各类电线电缆 4330 吨，为抗日战争做出了重大贡献。中华人民共和国成立后，"昆电工"牌电线进一步走向全国各地，这个电线商标一直沿用至今（今昆明电缆集团股份有限公司）。

中央电工器材第一厂开创了中国独立生产电线电缆的历史，被誉为"中国电线电缆的摇篮"。

[❶] 1936 年（民国 25 年）7 月，国民党中央资源委员会筹建中央电工器材厂，在南京成立筹备委员会，恽震为主任委员，朱其清、张承祜、黄修青、冯家铮、周维干等为委员。计划建立四个厂，一厂（电线厂）、二厂（管泡厂）、三厂（电话厂）、四厂（电机、电瓷厂），创业预算为国币 1400 万元，当即派员出国到美、德、英等国考察和选购机器设备（江苏省地方志编纂委员会：《江苏省志　电子工业志》大事记，古籍出版社，1999 年）。

第三章

全面抗日战争和解放战争时期的电力工业
（1937—1949）

　　日本帝国主义的侵华战争，把中国人民推入灾难的深渊，更彻底破坏了中国刚刚有所恢复的民族工业和经济建设，中国电力工业来之不易的由民族资本推动缓慢发展的进程受到严重阻滞。从全面抗日战争开始到全国解放战争结束，中国土地上战争不断、硝烟弥漫。因为战争，有序发展电力工业的计划（如国民党政府建设委员会提出的全国电气网计划）难以实施；也因为战争，需要电力支撑，部分地区急速上马电厂和输变电工程项目；更因为战争，使得已形成的电力设施反复遭到破坏。从1937年到1949年的十多年，是中国人民争取民族独立和解放而艰苦斗争的时期，是中国电力工业处于大幅度、不均衡的消长时期。

　　全面抗日战争爆发后，中国的国民经济被迫纳入战时轨道，国民党政府实施战时经济体制的重点是工矿企业建设，为应对长期抗战的需要，在极其恶劣的战争条件下，依然在大后方创办了一批厂矿工业和电力企业，开展了较大规模的电力建设，一定程度上缓解了国民党统治区的电力恐慌，改善了大后方工业落后的格局。同时，为适应战争的特殊环境和条件，对战争时期电力工业在业务行政和技术管理方面进行了调整，并出台了法规，这也为后期的电力工业发展和电力工业管理积累了不少成功经验。

　　在沦陷区，日本侵略者为加快实现其从经济上搜刮与掠夺中国的物质资源的目的，按照其"以战养战"方针，根据已经制定的全面侵略、掠夺方案，派兵派员强占和控制电力工业资源和设施。以委托代为军管或成立名义上由日伪各出一半投资而组成电业公司的方式，先后垄断了东北、华北、华中等地区电力工业。同时，为满足其侵略战争和掠夺财富需要，达到长期侵占目的，大肆进行电厂和输变电工程建设。

　　抗日战争胜利后，中国人民开始对沦陷区敌伪经营的电业进行接管，接管工作以国民党政府为主。面对被战争严重破坏的电力设施，国民党政府意欲修复，并制定了《收复区电气事业处理办法》，制订计划，发布了中国历史上第一部关于电力工业的经济立法《电业法》，但战后经济萧条、民不聊生，电力工业恢复进展缓慢。在华北、东北一些城市，中国共产党在日本投降后，便迅速派人接管了电业，同时，组织广大电力工人夜以继日开展抢修，短时间内恢复供电。

　　1946年6月，蒋介石发动全面内战，全国解放战争打响，战争破坏和社会动荡，使刚刚开始恢复的电力工业再一次遭受战争的重大创伤,电力工业发展不仅停滞而且破坏严重。特别是解放战争后期,国民党军队见大势已去,穷凶极恶,企图将仅有的电厂和输变电设施全部毁坏。在中国共产党的领导下,中国电业工人英勇保护电力设施,与国民党政府进行了顽强机智的斗争,及时粉碎破坏阴谋,奋力保护、抢修被损毁的电力设施,拥护中国共产党的电力职工队伍得到教育培养,为支援解放战争和解放战争后电力工业的迅速恢复做出了巨大的贡献。

第一节　国民党政府战时对电力工业的管理

1937 年 7 月 7 日,日本发动了全面侵华战争,中国沿海、沿江各省市相继沦陷,国民党政府在中国共产党和抗日进步人士以及广大人民群众的推动下,被迫抗战,同时,为战时需要,大批工矿企业迁址后方,国民党政府在电力工业业务行政和技术管理方面也进行了调整,出台了相适应的法规,规范电能参数标准,意欲促进电力工业发展,以满足战争期间工业和经济对电力的需求。

一、成立经济部制定电力发展规划

1938 年,为适应战争的特殊环境和条件,国民党政府又将建设委员会、经济委员会、实业部合并为经济部。经济部下设资源委员会,资源委员会的势力迅速扩展到大后方的所有重工业部门,成为国民党政府国有企业的主管机构。

国民党政府资源委员会针对战时国有企业现状,提出国有企业三个基本原则：① 创办和管理经营基本工业；② 开发和管理经营重要矿业；③ 创办和管理经营电力事业。将军事委员会直属资源委员会管理的国营电气事业,改为由经济部直属的资源委员会管理。经济部直属的资源委员会作为抗日战争时期国民党政府的最高经济领导部门,将电力工业发展作为建设重点,开始大力发展电力工业。

经济部直属资源委员会（以下称资源委员会均为经济部直属资源委员会）管理国营电气事业,担负补救电力不足的责任,但初期由于对当时电力工业的情况掌握不足,并没有整体规划,一时难以全面开展工作,接收和新建电厂均规模很小。日本发动全面侵华战争后,资源委员会在原有电厂基础上,进行了新建和扩建工作,以满足抗战后方军事及工业用电需要。但在战争的阴影之下,建设工作推进极其艰难,资源委员会在后方建设的发电厂加上原有国营电厂,容量也仅有 2.8 万余千瓦,电力缺口依然较大。

从 1943 年开始,资源委员会对电力等重工业进行了长期规划。1945 年,与中央设计局拟定了重工业五年发展计划。计划于抗日战争后,五年内火力发电容量达到 312 万千瓦,水力发电容量达到 153 万千瓦；五年内产量达到汽轮发电机 35 万千瓦、水轮发电机 30 万千瓦、电动机 130 万马力（95.6 万千瓦）、变压器 190 万千伏·安。计划要点为：全国工业复原重建发展计划所拟定增加的发电容量,参照 1945 年中央设计局拟定的《物资建设五年计划草案》分年实施，着重考虑中心发电所及电力网的建设，预计三年完成后，在全国可增加发电设备容量为70万千瓦。分别对后方电厂、收复区敌伪电厂、光复区敌办电厂制定了调整计划；制定设立水文站计划；提出拟筹建电网互送电能、统一售购，计划先重点完成京沪线（利用已有的丹阳至无锡输电线路）、沪杭线、武冶线（武昌至大冶）、成宜线（利用已有的自流井至宜宾输电线路）等输电线路。但随着国民党发动全面内战，国民党政府对电力工业发展计划终未能实现。

从1937年开始到1948年年底，先后由国库投资于资源委员会电气工业的资金，折合成1936年币值共计882万元，占资源委员会总投资的12.3%。截至1947年4月，资源委员会已经拥有轻重工业10个部门的111个单位，其中电力工业占到全国电力工业的50%以上，可谓举足轻重。至1949年，资源委员会也是唯一成建制归到中华人民共和国政府的原国民党政府机构。

二、《电业法》的颁布

1947年10月29日，国民党政府立法院第340次会议通过了《电业法》；同年12月11日，国民党政府正式颁布《电业法》。这是中国历史上第一部关于电力工业的经济立法，也是对近70年中国电力工业运营管理实践法律法制的全面总结。

国民党政府在《电业法》颁布之前，已先后出台了20多项电业相关法规，包括条例、规则、办法等，大致分为工程技术标准及行政业务管理两类，如《电力装置规则》（建设委员会1933年7月颁布）、《电气事业控制设备装置规则》（建设委员会1935年6月颁布）、《电气事业电度表校验规则》（建设委员会1937年7月颁布）等，但在实际运用中，这些法规因缺乏统筹性而相互掣肘，加之当时执行的法规大多制定在十年以上，与实际电力发展不相适应，急需修正。当时执行电业法规的母法是《电气事业条例》和《民营公用事业监督条例》，其他均为规则或办法，条例虽经过立法程序，但其效力远不及法律有力度，急需改"条例"为"法"以增强其效力。

《电业法》明确了电力工业公用事业的性质，如对供配电施工期、每日供电时间、紧急供电、停电停业进行了规定；明确了电业管理权；明确了工程安全各项规定，如电业设备力求标准化、设置电表仪器记载电量、装置保安设备、应有适当备用供电量，规定电压和频率标准及其公差；明确了对窃电者的停电处罚，如对窃盗或毁坏电杆电线变压器或其他供电设备者，依刑法的规定从重处断等。

《电业法》共九章一百一十七条。九章分别是通则、电业权、工程、营业、监督、小型电业、自用发电设备、罚款和附则。依次规定了电业主管机关、经营种类、经营方式、营业区域、经营年限、工程标准、电价、电费、电器承装、电匠作业等内容。

《电业法》是一部比较全面、完整的法律，进一步完善了电业法规，对促进电力工业的发展、电能的供应与使用包括电网建设和输变电技术设备应用等，都具有重要的意义。

三、电磁兼容标准的发布和电压频率的确定

中国有线电报的应用和成熟度均早于电能应用。1879 年，北洋大臣李鸿章在天津、塘沽试设电报，"号令各营，顷刻响应"，这是中国大陆第一条有线电报线路。1880 年，清政府批准架设津沪（南北洋）电报，1881 年建成，线路总长 1536 千米，贯穿直、鲁、苏三省。1880 年清政府在天津设电报总局，1885 年中国代办朝鲜陆路电报，1887 年中国台湾—大陆间第一条水线（海底电缆）建成。实际上，中国的电报事业还可以上溯到 1871 年，那时丹麦大北公司未经清政府许可，已将电报水线由俄国海参崴经日本长崎至中国上海登陆，并延长到中国香港，当时从中国上海可由南（经新加坡）北（经海参崴）两线通报欧美。从 1880 年设立电报总局起，经营十余年至 1894 年止，中国陆路有线电报已布满各省，对政治、经济、军事尤其是在 1884 年中法、1894 年中日战争中发挥了重要作用。1902 年起清政府陆续将电报收归国有，1906 年设邮传部，至 1911 年辛亥革命止，中国有线电报线路总长 5 万余千米，电报局 600 多所。中国市内电话始于 1882 年丹麦大北公司在上海租界安装。自办电话始于 1900 年南京电报局，1903 年京、津、穗等地陆续兴办。截至 1911 年，中国有电话局近 20 所，容量近四万号。长途电话始于 1900 年，由丹麦大北公司在上海架设。1905 年我国自办长途，至 1919 年总线路近 4000 千米。

随着输电线的架设，电力线和电话线难免互相交叉和平行接近，但因初期电力线电压低、电流小，一般相安无事。随着电力工业的发展，电力线和电话线产生干扰影响，出现电磁兼容问题。1947 年 5 月，中国建设委员会和交通委员会联合发布《电话线及电力线交叉平行设置规则》18 条，这便是中国最早的一部电磁兼容标准。

电压标准的统一，最早是在 1930 年国民党政府出台的《电气事业电压周率标准规则》中做了规定。由于战争等原因，实际未能达到规定要求。但在东北，日本为满足军事侵略和经济掠夺的需要，从 1933 年开始逐步统一了东北地区的电压及频率，电压等级统一划分为特高压、超高压、高压、低压等几种。对发电机、电动机、变压器等的电压标准，也做了规定。1938 年侵华日军设立"华北电气委员会"，开始统一华北地区的电压及频率标准，并在 1940 年以统一电压、统一周波（频率）、统一电价、统一经营为借口，开始着手统一华北地区的电业管理。

到 1949 年，东北和华北及华中地区还是大多采用日本的电压和频率标准，其他地区多为欧美等国标准。其中东北地区主要为 154、220 千伏，平津唐地区为 77 千伏，其他地区的输电线路多为 33、23 千伏。

第二节 国民党统治区的输变电建设

国民党政府时期，电力工业包括输变电设施经过数十年的发展已经具有了一定规模，但由于国民党政府对抗日战争准备不足等原因，不仅在战局上"节节抵抗，节节撤退"，

还使得一些工厂包括电力企业和设施因来不及内迁而完整地落入敌手，虽然仍有约 2.57 万千瓦发电设备曾经内迁，但由于无统一部署，使得拆迁的电厂设备七零八落，到 1938 年，国民党统治区的发电能力锐减了 94%，仅为 3.55 万千瓦。国民党政府西迁重庆后，为了满足前线物资供应的需求，在大后方进行了大规模的工业建设，电力需求进一步扩大。在抗日战争的后 5 年中，国民党统治的大后方共筹建了 19 个单位 27 个发电厂，总装机容量为 2.84 万千瓦。由于战争时期，制约了火力发电机组和燃料运输以及燃料价格增长，遂计划并开发水力发电，同时以电厂为点向外建设输电线路，促进重庆、安徽、云南、四川等地区电网的形成，一定程度上缓解了电力恐慌，为长期抗战提供了动力保障。

一、重庆地区的电网建设

1937 年抗日战争爆发后，国民党政府被迫迁都于重庆。随着重庆成为中国战时首都，大后方工业迅速发展，大批工厂企业，特别是军火生产厂家搬迁至重庆，因而用电量激增，电力供应十分紧张。于是，国民党政府兴建了一批自备电厂及以电厂为中心的几个重要厂网，开始大力发展重庆地区的电网设施。

以大溪沟电厂扩建为中心的电网建设：大溪沟电厂初始装机容量为 3000 千瓦，早在 1935 年，已经开始电网规划和建设。到 1938 年，供电线路扩充到鹅公岩、新开寺、磁器口、歌乐山、郭家沱、李家沱、青草坝、汪山、黄山等地，形成供电范围达 40 千米^2 的电网。从 1939 年 1 月起，为了防止日军轰炸，国民党政府对大溪沟电厂的发电设备几次搬迁建厂，直到 1949 年装机容量仍为 1.1 万千瓦，而高压输电线路为 74.7 千米，低压线路 150 千米。

以龙溪河水电工程建设为中心的输变电建设：资源委员会主持创办的龙溪河水电工程由桃花溪电站和下硐电站组成，这两个电站统称为资源委员会长寿电厂。桃花溪电站 1938 年 11 月开工，1941 年 8 月建成投产发电，装机容量共 876 千瓦。下硐电站于 1939 年 10 月开始设计施工，因其订购的进口发电设备滞留海防，故使用了由民生机器厂制造国产水轮发电机组，实践证明设计制造优良。1948 年 3 月，资源委员会又在下硐加装水轮机及发电机，使其装机容量达 2990 千瓦。至 1949 年，龙溪河水电工程装机容量共 3866 千瓦，建成输电线路 43.37 千米、低压配电线路 16.29 千米。

以万县水电开发为中心的电网建设：1938 年 6 月万县电厂成立，在意识到柴油发电不经济后，确定以开发水力为上策，并委派龙溪河水力发电厂工程处勘测水力资源，最终决定先开发仙女洞和鲸鱼口两处。1944 年 6 月底，建成输配电线路共 58 千米，其中自瀼渡河水力发电厂至万县 33 千伏输电线路，共计长 25 千米；7 月仙女洞水利工程全部安装竣工，正式发电；8 月鲸鱼口水利工程全部安装竣工，正式发电。

以巴县工业区建设为中心的电网建设：1942 年，国民党政府经济部工矿调整处在巴县李家沱开辟建设工业区，联合多家企业组建巴县发电厂，并于 1944 年 4 月 4 日正式建成并投产发电。因工业区用电需求量大，成立巴县工业区特种股份有限公司。该公司拥有同杆架设供电线路 2 条，一路为 13.2 千伏，经 1000 千伏·安、6.6/13.2 千伏变压器升压送李家沱；另一路为 6.6 千伏供本厂及中国汽车公司用电。有干线 7.06 千米、支线 4.29 千米，全长共 11.33 千米，巴县发电厂器材因陋就简，不合标准。

北碚集资建设电网：因北碚迁建区照明与其他民用事业供电需求，抗日战争时期卢作孚❶、薛笃弼❷、何北衡❸发起成立富源水力发电公司，于 1943 年 7 月建设高坑岩电厂；1946 年 3 月又开工建小坑岩电站，将水头流量与高坑岩衔接，发电后与高坑岩并网运行。1947 年富源水力发电公司供电设备共有 6.9 千伏，高压输电线路 12 千米，杉木杆223 根；配电变压器 9 台，容量共 555 千伏·安。

以兵工厂自备电厂建设为中心的自备电厂建设：国民党政府迁都重庆后，兵工企业相应迁来，为保证安全可靠，其中包括第二十四兵工厂等五个兵工企业建设自备电厂。

二、云南昆明及其周边电网的迅速扩大

全面抗战爆发后，云南成为抗日大后方，大量工厂、军工、学校和人员内迁，电力需求激增，为了做好抗日后方的经济建设，国民党政府加大了对云南能源、矿产资源的勘探、规划和开发，将中东部抗战区的部分发供电设备拆解运往云南建设火电厂，大力开发云南的水电资源。这一时期，云南地区发电能力迅速提升，带动电网的规模、电压等级较快增长，在昆明周边地区、开远等地建成了一批水、火电厂，并形成了数个独立的电网。

1938 年 5 月，国民党政府经济部资源委员会与西南联大工学院合作组成云南省水力发电勘测队，同年 12 月完成了对昆明周边地区河流的草测，从而为在昆明周边地区进一步开发水电资源提供了重要的依据。1939 年起，云南的输变电工程开始由中国工程技术人员进行设计。1939 年 6 月，国民党政府经济部资源委员会利用内地拆借的发电机组，在昆明马街子建设的昆湖电厂建成发电，昆湖电厂向内迁云南的资源委员会电工厂、炼铜厂、化工厂以及中央广播电台等单位供电。1940 年，日寇侵占越南河内，日寇飞机多次对昆明周边的发电厂进行轰炸，为了增强抗敌打击能力，国民党政府决定将原计划用于扩建昆湖电厂的机组搬迁至昆明东北方向的崇明县喷水洞，利用山洞建设水煤相济的喷水洞电厂。抗战期间，昆明及其周边地区 22 千伏输电线路、变电站渐次建成。1941 年 1 月，22 千伏马街子至木希村的输电线路建成；1942 年 11 月，22 千伏木希村至喷水洞的输电线路建成；同年，22 千伏马街子至安宁的输电线路建成，安宁县纳入电网供电范围。1946年 7 月，又建成 22 千伏木希村至小坡脚 13.4 千米输电线路，将宜良县纳入电网范围内。

---

❶ 卢作孚（1893—1952）：原名卢魁先，别名卢思，重庆市合川人，近代著名爱国实业家、教育家、社会活动家；民生公司创始人、中国航运业先驱，被誉为"中国船王""北碚之父"。

❷ 薛笃弼（1890—1973）：字子良，山西运城人，曾任国民党政府民政部、内政部、卫生部部长，水利委员会委员长、水利部部长。曾当选为国民党中央第三、四届候补执行委员和第六届执行委员。中华人民共和国成立后，任上海市政协常委、民革中央委员。

❸ 何北衡（1896—1972）：名恩枢，四川罗江（今德阳）人，曾任四川巴县县长、川军刘湘部科长。1938 年后任四川省建设厅厅长、川康水利局局长。1949 年赴香港，1951 年 3 月应邀回北京任水利部参事、全国政协委员。

变电站方面，相继拥有了 23（22）千伏的水塘子、万钟街、高峣、小坝、木希村、小坡脚、西站、东庄等变电站，以及炼钢厂、安宁钢铁厂等自备电厂变电站。通过这些输变电设施，昆明周边形成了以石龙坝、玉皇阁、马街子、喷水洞四个电源点单机分片送电的电网，这些电网的机组、线路、变电站通过联络线相联，但并未并机运行，其倒闸操作较为复杂。

在滇南地区，形成 33 千伏的开（远）个（旧）电网。1943 年 7 月，云南开远矿业公司下属开远南桥水电站投产，安装 2 台德国制造的 896 千瓦水轮发电机组，向开远县城、个旧锡矿等地送电。输电线路方面，1944 年 8 月，33 千伏开元南桥至蒙自古屯的铁塔输电线路建成，长度 33.5 千米，这是云南首条 33 千伏输电线路。1944 年 11 月，续建古屯至个旧松树脚 33 千伏铁塔输电线路（初期降压 6.3 千伏运行，1947 年 5 月升压 33 千伏运行），相继建成古山、松树脚、马拉格、老厂、个旧（红炮台）等 33 千伏变电站。33 千伏的开个电网是中华人民共和国成立前云南电压等级最高的电网。

为满足昆明马街、海口和茨坝工业区用电需求，在昆明市马街子建立昆湖电厂，随后又于崇明县建成喷水洞电厂。由于喷水洞电厂远离昆明用电负荷中心，线路电压原拟采用 66 千伏，受器材设备所限，采用 22 千伏作为与昆湖电厂之间的联络线，即昆明马街子电厂至喷水洞电厂输电线路为 22 千伏，长 68 千米。线路建设分段进行，1939—1941 年，完成马街子至木希村 44 千米输电线路；1942 年，完成木希村至喷水洞 24 千米输电线路。为了供安宁县用电，1942 年，建成马街子—安宁 22 千伏线路，长 19.2 千米。为了供宜良县用电，1946 年，从木希村架设 22 千伏线路到小坡脚，线路长 13.4 千米。两厂以 22 千伏单机分区送电，输配电变压器容量共 19 195 千伏·安，22 千伏输电线路和 6.6 千伏配电线路共 240 千米。其中两厂之间为 68 千米的高压长距离输电线路，是当时中国最长距离的高压输电线路之一。

1944 年 8 月，云南矿业公司开远电厂建成了开远南桥—蒙自大屯 33 千伏输电线路，长 33.5 千米，是云南省第一条 33 千伏级输电线路。同年 11 月续建大屯—个旧松树脚铁塔 33 千伏输电线路 6.7 千米。这两条线路总长 40.2 千米，最初均采用 6.3 千伏供电。直到 1947 年 5 月 6 日，开远南桥电厂装设了 6.3/35 千伏升压变压器，开远南桥—蒙自大屯输电线路全线升压为 33 千伏供电。1955 年 8 月采用增加悬垂绝缘子的办法，再次升压至 35 千伏。

1949 年以前，昆明地区（包括宜良、安宁）有 22（23）千伏输电线路 152.6 千米，开（远）个（旧）地区有 33 千伏输电线路 40.2 千米，总共 192.8 千米。

三、安徽田家庵—大通—九龙岗 22 千伏输电线路建设

1941 年，日军在淮河南岸下窑选址建厂（今田家庵发电厂），1942 年日军从朝鲜松岛煤矿拆来美国制 2000 千瓦汽轮发电机和日本制 2 台 8 吨/小时锅炉一套进行安装，于 1943 年 4 月 12 日竣工投产发电，定名为下窑发电所，后称第一发电所或第一发电厂。同时兴建的九龙岗、大通变电所，也于 1943 年 4 月相继投入运行。1943 年 10 月，田家庵—大

通—九龙岗 22 千伏输电线路投入运行。这是安徽省第一条 22 千伏输电线路。

四、四川自贡—宜宾 33 千伏输电线路建成

1941 年后，因为战争等原因，从沿海一带迁居到自贡的人口逐步增多，照明等用电需求也相继增加。川中缺煤，当时电厂用煤运输困难，价格昂贵。为满足用电需求，国民党政府资源委员会计划并筹建由自贡自流井电厂至宜宾的 33 千伏高压输电线路，即井宜线。

井宜线于 1942 年动工，1943 年年底竣工，1944 年 4 月正式通电。安装了一台三相 500 千伏·安变压器，输电功率 500 千瓦，线路全长 86.8 千米，井宜线是由中国自行设计的、西南地区第一条距离最长、电压等级最高的长距离高压木杆输电线路。

1945 年，因雷击影响，电厂在井宜线装设了角隙避雷棒及避雷针，线路被雷击断电的情况显著好转。1947 年，因 500 千伏·安变压器超载，更换为三个单相 833 千伏·安变压器，运行 6 个月后又更换为 1000 千伏·安三相变压器。

五、立煌电力厂及其配套线路建成

国民党安徽省政府所在地安庆沦陷后，省政府转移到六安后驻扎在立煌县城金家寨镇（现金寨县）。1942 年，省政府建设厅为满足省政府照明等用电，筹建立煌电力厂，安装德国西门子生产的 36 千瓦三相交流发电机 1 台，于 1942 年 12 月投产发电，成为国民党政府统治区最大容量的发电厂。

发电厂主要采用直供方式进行供电。1943 年，为了扩大供电范围，立煌电力厂从安庆石牌镇及东流县购买 50 千伏·安和 20 千伏·安变压器 2 台，架设 3.3 千伏高压线路 1 条约 5 千米，供应立煌县城关镇部分商铺照明用电。

第三节　日本对沦陷区电力工业的控制

日本为了实现吞并中国、独霸东亚的野心，持续在电力工业这条经济命脉上向中国进行渗透并最终掌控。"七七"事变发生前后，日本即利用在东北侵略和攫取控制电力工业的经验，先后吞并了天津、唐山、北平、张家口等华北各地的电力企业，采取委托代为军管或成立日伪"合办公司"等方式，逐步垄断控制各地区的发、输、配电事业，并为满足其军事需求及资源掠夺需要，大兴电网建设，同时，根据电网结构和规模的变化，开展电网统一调度管理，实行军事化和专业化管理。

一、天津琼州道变电站

1937 年，日本为进一步侵略扩张需要，拟定了平（北平）、津、唐（山）秦（皇岛）供电联网计划。在建设其"统治将来各事业者的中心势力"——特三区发电所的同时，开

始配套建设琼州道 35 千伏变电站，并于 1938 年投入运行。该变电站全部设备，均为日本日立株式会社的产品，有单相 1500 千伏·安主变压器 4 台（有 1 台备用），5 千伏配电出线有 7 条。变电站建成后，将特三区发电所的电力供给社区。在此之前，各租界内独立经营的供电系统是通过转电处，即由中压配电转为低压配电，直接供给用户使用。琼州道变电站的出现改变了这种直供情况，成为天津市区内最早的公用变电站。

二、日寇攫取破坏广东电业及广佛 13.2 千伏输电线路

1938 年，日寇侵犯华南，飞机狂轰滥炸，对广东广州、汕头、佛山、阳江、博罗等地发供电设施造成毁灭性打击。6 月，日寇相继轰炸广州、佛山汕头等城市，炸毁当地电厂和供电线路。10 月，广州沦陷前，国民党广东军政当局消极抵抗，烧毁西村发电厂 2 号 1.5 万千瓦发电机，并将 1 号发电机调速电动机及部件仪表拆下转移至四川宜宾电厂。至 1940 年，日寇相继侵占珠三角、潮汕、东江及五邑地区（江门、新会、新宁、开平、恩平、鹤山等地）后，大肆拆毁仅存的发供电设施，以资侵略军使用。同时，日寇实施以战养战政策，通过指派台湾电力公司、扶持汉奸等手段，非法攫取广州、潮汕、中山等地的电力企业，成立"台湾电力株式会社广东支店广州市电力厂""台湾电力厂汕头株式会社"等伪电业机构，强占工矿企业自备发供电设备，维持发输供电等业务。佛山沦陷后，佛山光华电气公司先后被迫变卖 5 台发电机组，剩下 1 台被日军炸毁，电厂停业。1941 年，伪广州电业管理机构修复西村发电厂 1 号发电机组，用木材为燃料，出力降至 5000 千瓦。同年，广东佛山光华公司向广州西村发电厂购电，在广州至佛山之间架设 13.2 千伏输电线（简称广佛线），由广州西村向佛山供电（1949 年线路拆除）。日寇侵占华南期间，广州、汕头、佛山、五邑地区等地输变电设施遭受破坏后，再遭拆毁，长期无法得到恢复，供电电压和能力显著下降。

三、日本敷设汉江和长江水底电缆

1940 年 10 月，日本华中水电株式会社以军事需要为由，着手恢复武昌、汉阳的电力供应，由大王庙电厂分别架设汉阳、武昌两条输电线路。

至汉阳的电力线路用架空线过河，于电厂襄河岸边与汉阳龟山顶上各建高约 35 米过河铁塔一座，其线路过江一段长约 240 米，高出水面约 46 米，输电电压为 6.6 千伏，输电容量为 1700 千伏·安，线路总长约 600 米。

至武昌的电力线路也由汉阳经过，其两端过河、过江部分采用电缆。从大王庙电厂过河到达汉阳铁厂码头这一段用电缆敷设，然后改用架空线跨越龟山，到达汉阳江边至朝宗码头附近，再用电缆，穿过长江到达武昌江边麻布局配电所，线路全长 4 千米，将武汉三镇用 6.6 千伏高压线接通。其过江部分，长约 1600 米，过襄河部分，长约 400 米，架空部分长约 3 千米。

过江电缆是具有三根芯线的三芯盒装纸绝缘电缆，其内附有电话线两对。芯线截断面积为 60 厘米^2，规定使用电压为 33 千伏，如用规定电压送电，其输电能力为 8500 千伏·安，

但华中水电株式会社因无合适的变压器，仍旧用 6.6 千伏送电至武昌麻布局配电所。

武昌麻布局配电所内设有由汉口既济水电公司移来的 2000 千伏·安、6.6/2.3 千伏三相变压器 1 台，250 千伏·安、6.6/2.3 千伏单相变压器 3 台，有 150 马力（110 千瓦）三相 2.3 千伏、50 赫柴油发电机 1 部，作为备用电源。麻布局配电所将汉口既济水电公司电厂送来的电力，由 6.6 千伏降低至 2.3 千伏，供给武昌 2.3 千伏架空线路。

四、东北 154 千伏输电线路和一次变电所建成

日军为加快对水电资源的掠夺，加快了东北电网建设。1937 年，从东北各地抓来劳工，开工兴建丰满水电站，计划装机容量 56.3 万千伏·安。1942 年 2 月，丰满水电站开始安装设备，1943 年 3—5 月，丰满发电所 1 号和 4 号水轮发电机组相继投产发电，共计 13 万千瓦。通过 154 千伏松（丰满发电所）京（新京❶）、松滨（哈尔滨）输电线路，分别向长春、哈尔滨方面送电。

1943 年 4 月 1 日，松（丰满发电所）京 154 千伏、全长 115 千米输电线路和新京 154/44 千伏、3×1 万千伏·安一次变电所建成。新京统辖支店也随之改为中满统辖支店。1943 年 10 月 21 日，新京一次变电所增设 154/66 千伏、4×2.5 万千伏·安变压器 1 组，以 66 千伏向长通路、安达街、南岭 3 个变电所送电。

1944 年 6—12 月，丰满又有 2 台单机 6.5 万千瓦机组（2 号和 7 号）相继投产运行。同时吉林省第一条 220 千伏输电线路松（丰满发电所）抚（抚顺）线建成，全长 350.7 千米。12 月 25 日，220 千伏松抚线以 154 千伏向抚顺送电。至 1945 年 4 月 9 日，抚顺变电所 220 千伏主变压器安装完成后，方以 220 千伏电压等级供电。

五、辽宁省中西部及西南部地区 154 千伏高压联络网络形成

日本侵略者于 1935 年在辽宁省中部初步建成 154 千伏供电网络后，又于 1938 年建成投运了营口一次变电所及 154 千伏鞍（鞍山一次变电所）营（营口一次变电所）线，使 154 千伏网络向南扩充到营口地区。

1939 年，随着阜新发电所装机容量的扩大，154 千伏阜（阜新发电所）青（青堆子开闭所）线、阜（阜新发电所）营（营口一次变电所）线、青锦线也建成投产，这使 154 千伏网络扩大到阜新和锦州地区。

1940 年，154 千伏浑本线（浑河至本溪）及本溪一次变电所竣工运行，使 154 千伏网络扩大到沈阳、抚顺、本溪、鞍山、营口五大城市。辽宁中部、西部及西南部形成了一个联系较为紧密的环状 154 千伏高压网络。

六、天津塘沽 77 千伏变电站建成

1940 年，日伪华北电业股份有限公司成立，加快实施联网计划，着手统治垄断全华

---

❶ "九一八"事变后，东北沦陷，建立伪满洲国。1932 年，长春被定为伪满洲国首都并更名为"新京"。

北地区电业管理。1941 年 5 月，日伪华北电业股份有限公司在统一平（京）、津、唐电费的同时，天津塘沽 77 千伏变电站开始动工建设，安装了 3 台日本生产的单相 5500 千伏·安变压器（变压器铭牌是昭和十六年七月七日验制）。

1941 年 12 月，塘沽 77 千伏变电站和津塘 77 千伏线路建成，联通了天津第一发电所（特三区发电所改称）与塘沽地区。77 千伏塘沽变电站配出了新港线、东沽线和铁路线等线路供电，使供电区域逐渐扩大到新华路一带。这是华北首次出现的 77 千伏输变电设施，同时也为后期首个辐射型供电网络——平津唐电网形成打下了基础。

七、日寇窃建海南岛 66 千伏电网

1939 年 2 月起，日寇侵犯海南岛，海南岛除白沙县城外，一年内基本全部沦陷。海口、文昌、安定等地的电力、电灯企业、设备和物资遭日寇严重破坏、疯狂掠夺。日寇采用海口启明电灯公司受损发电机组，专供日寇军事用电。1940 年，又将该公司改名为日本电业株式会社海口发电所，并将其迁至美舍河畔（今海口市文明东路海南电力设备厂），安装日本制 50 马力柴油发电机 1 台，530 马力柴油发电机 2 台，发电供应海口中山路、得胜沙路市区的照明。日寇侵占海南后，推行"以战养战"政策，疯狂掠夺海南岛自然资源。为了攫取海南岛石碌铁矿资源，围绕铁矿开采，日寇配套开展铁路、港口、电力等"工业建设"。1939 年 2 月底，经日寇批准，日本室素会社进入海南，从事电力"开发"工作，同年夏在琼岛多地勘察调研。经勘查，海南可开发水力资源 23.4 万千瓦，并提出建设计划。1942 年 12 月，在日寇海军和日本兴业银行的资金支持下，日本室素会社集中力量建设昌化江上的东方县广坝村段的昌江第三水力发电所。其中，水力发电部分，水库大坝为高 6 米、长 537 米的混凝土溢流坝，最大水头 41.7 米，有效库容 190 万米^3。水电站布置为右岸引水式，明渠长约 1600 米，压力钢管直径 2 米左右。主机厂房内安装 5600 瓦，竖轴单轮独流式涡轮水轮机 1 台，带动竖轴密闭通风型三相交流同步发电机 1 台，容量 7000 千瓦，频率 60 赫，电压 1100 伏。同时，日本室素会社还架设了一条东方水电站至抱板至石碌和八所的 66 千伏输电线路，全长约 80 千米，并兴建了 66 千伏石碌、八所两个变电所，形成了海南岛首个局部电网。1943 年 11 月 3 日，昌江第三水力发电所建成投产，开始向八所送电。次年 2 月 24 日，昌江第三水力发电所开始向石碌送电。因工程质量问题，导致发电机组实际最大出力只有铭牌容量的七成，但仍然为日寇攫取掠夺海南岛资源提供了动力源。1945 年，日本投降，海南光复，日本室素会社在海南岛的配送变电建设也宣告停止，相关变电、线路设施被遗弃、损坏。

八、东北第一条 220 千伏高压输电线路建成以及弱联系电网形成

1941 年 6 月，鸭绿江流域的水丰发电所竣工发电，由水丰发电所至鞍山一次变电所建设的 220 千伏水鞍送电线路及鞍山变电所投入运行，这是东北地区第一条 220 千伏高压输电线路，也是中国第一条 220 千伏输电线路。

随后，在 1941～1942 年间，建成了与水丰发电所相配套的水东（安东一次变电所）、

东连（大连一次变电所）输电线路，由水丰发电所向鞍山、安东、大连地区送电。至此，辽宁省就形成高压 220 千伏电网及 154 千伏电网在鞍山一次变电所联接的弱联系电网。

九、牡丹江和吉林省延吉地区形成跨省输电线路

日本侵略军为满足掠夺东北木材等资源的电力需求，大力发展吉林省延边地区电网。在 1934 年先后又建成投产了明月沟发电所、石岘造纸厂发电所、开山屯造纸厂发电所，1937 年建成图们—石岘、石岘—珲春、石岘—延吉 3 条 66 千伏线路，1940 年龙井发电厂投产，1941 年珲春发电所投产，其中龙井和珲春两个发电厂（所）实行并列运行，再以 66 千伏输电线路联接形成延边地区独立电网。1942 年 9 月 26 日，镜泊湖发电厂全部建成发电后，以镜泊湖—牡丹江—延吉 110 千伏输电线路将黑龙江的镜泊湖、牡丹江地区与吉林的延吉地区相联接，建成了 110 千伏跨省电网，这在当时是第一次出现较大的跨省电网，至 1942 年网内已有 8 个电厂、8 台机组，总装机容量 2.34 万千瓦，输电线路 36 条，总长 847 千米，变电所 36 座，主变压器 135 台，总容量 10.6 万千伏·安，形成了初具规模的电网，即中国东北地区东部独立电网，后在此基础上发展成为黑龙江省东部电网。

十、黑龙江、吉林、辽宁三省联接电网形成

1941 年至 1942 年，以水丰发电所为电源中心，通过 220 千伏水（水丰）鞍（鞍山）、水（水丰）东（安东，今辽宁丹东）、东连（大连）共 3 条输电线路向鞍山、安东（今辽宁丹东）和大连地区供电。1943 年 4 月至 1944 年 12 月，以丰满发电所为电源中心，通过 154 千伏松（丰满）滨（哈尔滨）、松（丰满）京（新京）、松（丰满）抚（抚顺）共 3 条输电线路向哈尔滨、新京、抚顺及沈阳地区供电。其中全长 350.7 千米的松（丰满）抚（抚顺）输电线路以 220 千伏标准建设，先以 154 千伏电压等级供电，至 1945 年 4 月 9 日抚顺变电所 220 千伏主变压器安装完成后，方以 220 千伏电压等级供电；以抚顺、阜新发电所为中心，通过 154 千伏输电线路分别向沈阳、鞍山、营口、锦西等地区供电，构成联接黑龙江、吉林、辽宁三省主要负荷中心的 154 千伏电网。

两个不同电压等级的电力系统在鞍山一次变电所通过 220/44 千伏和 154/44 千伏两组变压器构成电磁联网运行，实现以水丰、丰满两大水力发电所与抚顺、阜新两大火力发电所并列运行，从而构成了全国第一个跨省高压电网——北迄哈尔滨，南至大连，东连安东，西达锦西的东北电力主网。

东北电力主网拥有 1 个总局，8 个支社，22 个支店，14 个事务所，统辖着 36 个水、火力发电所及 82 个营业所，供电范围覆盖全境各大城镇的电业管理机构，成为日本帝国主义侵略、掠夺中国东北的重要工具。1945 年 8 月东北全区火力发电量统计情况见表 3-1。

表 3-1　　　　　　　　　　　1945 年 8 月东北全区火力发电量统计情况

地区	发电厂座数	装机台数	装机容量（万千瓦）
全区合计	94	/	116.38
辽宁省	23	58	80.24
吉林省	21	39	20.60
黑龙江省	50	/	15.54

十一、首个辐射型供电网络在平津唐地区形成

侵华日军为完成平津唐地区联网，于 1941 年 6 月，开始建设 77 千伏南苑变电所，安装 77 千伏 5000 千伏·安主变压器 4 台（内有 1 台备用）。33 千伏侧装有从 33 千伏临时南苑变电所移入的 33 千伏 1000 千伏·安主变压器 2 台。

同时建设由北平（北京）南苑变电所至天津第一发电所（特三区发电所改称）77 千伏南津线，线路全长 114.4 千米。1942 年 1 月 17 日，华北电业公司主持召开天津分公司、北平分公司分段巡视 77 千伏线路会议决定：以 226 号杆划分（廊坊地区），以南由天津公司管辖，以西由北平分公司管辖，线路长 72.3 千米。北平、天津两公司分别建立巡线制度，定期交流情况。

1941 年 12 月，天津第一条由第一发电所至塘沽变电站的津塘 77 千伏输电线路建成，并向塘沽地区送电。1942 年 2 月，天津第一发电所至南苑变电所的津京 77 千伏线路建成，于 1942 年 3 月 1 日投入运行。天津第一发电所开始与北平电网并列运行，由天津向北平送电，由于平津唐地区 77 千伏电力网尚未全部完工，暂降压 33 千伏运行。1943 年 4 月，塘沽至唐山的塘唐 77 千伏线路建成，暂时亦以 33 千伏运行。

1944 年 11 月，3 条线路升压为 77 千伏，同时南苑变电站建成并升压至 77 千伏运行，77 千伏南苑变电站成为平、津、唐电网的枢纽站。至此，华北地区平津唐 77 千伏电力网建成。这是华北最早建成的跨省、市辐射型供电网络，也是现在京津唐电网的雏形。

十二、东北电力局及各地相继成立送电事务所负责电网调度工作

1935—1938 年，辽宁省形成 154 千伏输电网络后，为满足电网调度管理工作的需求，1938 年，伪满洲电业股份有限公司在鞍山成立了南满送电事务所。同年 3 月 21 日，伪满洲电业股份有限公司易名为"满洲电业株式会社"（简称"满电"）。1942 年 3 月 18 日，"满电"改组机构，实行统辖支店制，按地区分设新京、大连、奉天、哈尔滨、齐齐哈尔、牡丹江 6 大统辖支店，各统辖支店分别管辖所在地区的各支店。同年于牡丹江成立了东满送电事务所，负责东部电网的 110 千伏电网的调度管理工作。1943 年"满电"在新京成立了中满送电事务所，负责新京、哈尔滨及中部电网的调度管理工作。1944 年"满电"在奉天（今沈阳）成立了南满总局。

1944 年 12 月，松京线、松滨线、松抚线相继建成并投入运行。至此，辽宁、吉林、

黑龙江三省电网相联接，形成了全国第一个跨省超高压电网——东北主网。与此同时，"满电"在新京成立了中国第一个跨省电网调度管理机构——中央调度所（或称中央给电司令部）。

中央调度所以及之前成立的南满送电事务所、东满送电事务所、中满送电事务所，使电网的调度管理工作逐步完善，中央调度所负责跨省联络线的年、季互供电力、电量的协商及确定工作，电网的操作指挥由各送电事务所进行，电网调度也开始了分区控制的模式。

日本投降后，1945 年 10 月，中国共产党领导的八路军挺进东北，于齐齐哈尔成立了邮电与电力合一的西满邮电管理局。同年，民主政府在哈尔滨成立哈尔滨电业局，在鸡西成立了东安专署电业总局（1946 年改为鸡西电业局），在牡丹江成立了牡丹江电业总局，在延吉成立了吉林省电业总局（1948 年改为延边电业局）。

1946 年 10 月，国民党政府资源委员会接收满洲电业株式会社并成立东北电力局，由于当时东北区域南部地区电网与北部地区电网没有联接，同时设立了北部电网调度事务所和南部送电所。

1947 年，中国共产党领导的东北民主政府在佳木斯成立合江省电业局。同年，东北民主联军先后接收了原国民党政府资源委员会东北电力局所属的安东、西安❶、鞍山、四平、营口电力支局及丰满、北票、阜新发电厂。在安东成立了安东省电业总局（1949 年改为辽东电业分总局），在辽源成立了西安矿电公司，在白城子成立了辽北省电业管理局（简称辽北省电业局，1948 年迁入四平市）。

1948 年，相继成立了鞍山邮电局和营口邮电局。同年 8 月，电业与邮电分开，成立电业局。1948 年 7 月，在哈尔滨成立了东北电业管理总局，并于 1948 年 11 月 2 日迁至沈阳。同月，东北电业管理总局内设送电管理处，负责电网调度工作。东北电网的调度管理工作随着东北解放战争的节节胜利和东北全境解放而逐步建立与发展。

十三、平津唐电网调度机构设立

日本侵占华北后，全面控制了华北的电力工业并实施统一管理。1941 年 12 月，完成天津第一发电所（特三区发电所改称）至塘沽变电站的津塘 77 千伏输电线路。1942 年 2 月，又建成第一发电所至北平南苑变电所的平津 77 千伏线路（当时降压至 33 千伏运行），实现天津第一发电所与北平电网并列运行，为了协调平津间送电工作，在当时条件较好的北平南苑变电所内设置中央给电所，这是华北地区最早的电网调度机构。

1943 年 4 月，塘沽至唐山的 77 千伏线路建成投产（当时降压至 33 千伏运行），实现了平津唐地区联网运行。1944 年 11 月，3 条线路升压为 77 千伏。至此，环渤海湾经济区的 77 千伏平津唐电网正式形成，中央给电所便担任起平津唐地区电网的统一调度指挥。

跨省市联接电网的出现使原来分散的发电、供电区域大部分联成一体，标志着电力发展进入新的阶段，也为确保当时日本侵略者控制区域可靠供电和工业用电，发挥了重要作用。

---

❶ 即辽源。

1946 年 1 月，抗日战争胜利后，国民党政府组建的冀北电力公司接收平津唐电业后，在其所属的电网科内设中央调度所，由 7 名调度人员昼夜轮换值班，负责电网操作、频率监督和事故处理，初步建立了运行记录和操作制度。调度所除调度员外，还有统计人员和技术人员。1949 年 3 月 7 日，冀北电力公司举行会议，对平津唐的电力实行统一调度达成了一致意见，决定由中央调度所负责平津唐电网调度指挥工作。

十四、调度准军事化管理的建立

日军对沦陷区各地电力工业的掌控方式主要有两种：一是在影响较大的城市成立名义上日伪各投资一半的地区电业公司，但实际控制权力都操控在日本人手中的方式；二是对较小城市电力企业直接派人接管，实行更加直接的"军管理"方式。

日本在华北地区先后设立了 7 个"合办公司"，对 15 个电厂实行了"军管理"，并开始逐步统一网内的频率和电压标准，扩大电网的统一管理。

日本在东北的掠夺靠把中国官办和民营的电气公司全部吞并到满洲电业株式会社，逐步统一了频率和输配电标准，为统一电网创造了条件。1941 年，以丰满水电站为中心建设了全国第一个跨省电网的同时，日本便在满洲电业运转部内成立了"中央给电司令部"（即调度所），负责东北电网的统一调度，也是军事化管理的方式。

这一时期的电网调度机构称为中央给电司令部。调度手段为电力载波和在输电线路导线下面同杆架设电话线路。中国只有东北电网和平津唐电网实行了统一调度，其余大都是生产调度性质的一级调度。

十五、北平、天津两市间的联网调度运行管理技术与调度通信网的形成

1942 年，在北平南苑变电所设置的中央给电所，在对平津唐地区电网进行统一运行指挥的同时，也在逐步完善调度运行管理技术。

1944 年，中央给电所迁入北平城区华北电业股份有限公司本部。1946 年 3 月 1 日，正式成立冀北有限电力公司天津分公司，供电业务由该公司供电课主管。当电力不足时，由总公司（设在北平）调度所指挥第一发电所停电拉路。

1946 年第四季度，因电力供应不足的情况日渐严重，电厂负责拉路限电已无法应付，天津市供电管理部门设立调度机构，由供电课责成配电股组建了调度组。调度组成立初期，与设在北平的总公司调度所没有较便利的通信手段，也没有明确业务领导关系，只在负荷管理上要求调度组报日负荷预计和当电力不足时要求调度组限电拉路。与北平总公司调度所的信息都是经第一发电所通过 77 千伏电力载波传达。1947 年，天津增加了 1 部无线电话（美国海军用的 284 中短波调幅电台），用于北平总公司调度所联系，同时调度值班员与紧急修理班的联系，改善了调度指挥手段，为后来电力通信网的形成提供借鉴。

平津唐电网电力通信网的形成大致分为两个阶段。中华人民共和国成立前，通信设备少且落后，并且故障频繁；中华人民共和国成立后，通信技术人员从自制、仿制、改制、

修复旧机器等入手，同时购置少量的捷克电力载波机和小容量的调度、行政交换机分期投入电网运行。随着电网日益扩大，输电线路和变电站数量增多，为适应生产需要，通信网络也逐步发展起来。

第四节　抗日战争胜利后对沦陷区电力设施的接管

1945 年，日本侵略者在战败前夕，疯狂破坏电力设施，使中国电力设备遭受严重损毁，加之苏联军队从东北撤出前，拆走大量电力设备，使抗日战争胜利后中国人民接管的电力设备装机容量仅为 115.859 9 万千瓦，日本侵华战争对中国电力工业的摧残是致命的。面对亟待修复和恢复的电力设备，国民党政府、共产党领导的军队各自对沦陷区敌伪经营的电业进行了接管，并组织开展电力设施的抢修、恢复工作。

一、东北地区电力设施的损失和接管

中国东北地区电力工业是日本侵略者深耕多年的地区，到 1945 年 8 月 15 日日本帝国主义投降时，东北地区约有输电线路 12 395 余千米，变电总容量 392.09 万千伏·安。已建成鞍山、大连、安东、抚顺等 220 千伏变电所，建成沈阳、长春、哈尔滨、营口、锦西等 154 千伏变电所。

1945 年东北光复时，东北地区工业设施遭到了严重破坏，日军将生产设备破坏殆尽，房屋及生活设施被焚烧成一片瓦砾，未被破坏的大量工厂设备被苏联军队强行拆卸运走，使东北工业包括电力工业遭受了重大损失，给抗日战争胜利后电力工业恢复造成很大困难，也对国民经济的恢复和发展产生了极大的影响。

1945 年 8 月 20 日，苏联军队进驻丰满水电站。不久，苏联即从国内派来专业技术人员，拆运丰满水电站的设备。他们不顾发电厂员工的劝阻，首先拆下在建中的 3、8 号机组，相继又拆下运行中的 2、7 号机组，连同仓库中待装的完整的 6 号机组、不完整的 5 号发电机和置于现场的 5 号水轮机以及主变压器、高压开关、筑坝设备、水工设备等全部装车运往苏联。丰满水电站原设计安装主机 8 台，总容量 52.5 万千瓦，苏联军队拆运走发电机 5.5 台，水轮机 5 台，主机只剩下 6.5 万千瓦 1、4 号机组。拆运走设备后，苏联军队于 1945 年 11 月 8 日撤出丰满水电站。与此同时，白城发电厂待装的 1500 千瓦汽轮发电机组及有关设备、吉林人造石油和吉林大同洋灰两厂的 1.8 万千瓦和 2×3500 千瓦汽轮发电机组、敦化造纸厂 2×1000 千瓦发电机组也被苏联军队以战利品名义强行运走。

1945 年 8 月 28 日，中国共产党中央派冀边区政府组成的 4 支干部大队先期挺进东北，于 10 月 27 日抵达沈阳，接管了满洲电业株式会社、南满总局和沈阳电业支社，组织电业职工经过 14 天努力，将沈阳市 6 座 44 千伏变电所全部恢复供电，并恢复了向本溪、安东地区送电。

1945 年 12 月 26 日，根据中共中央的指示，解放军实行战略性转移，撤出辽宁省和吉林省的大部分地区，到黑龙江省、吉林省东西部，辽宁省南部广大城市和乡村去发动群众，建立巩固的东北根据地，开辟东北解放区，建立民主政府。各地民主政府相继成立电业管理机构，发动和组织广大电业职工抢修发供电设备。

从1946年到1947年年底，修复哈尔滨、镜泊湖、牡丹江、佳木斯、鸡西发电厂等发电设备，总容量达19.08万千瓦；44千伏以上送电线路1.75万千米；变电容量39.2万千伏·安，为支援全东北解放和全国的解放战争，做出了重要贡献。

二、华北地区电力设施的接管

中国华北地区的电力工业也是日本侵略者主要掌控的地区，日本战败后，这一地区电力工业设施的接管较为复杂，特别是解放战争开始时期，这一地区是共产党军队和国民党军队交战、争夺的地区。

山东地区在1945年8月日本投降前，共有电厂36座，其中500千瓦及以上电厂20个，装机51台，总容量为14.19万千瓦。日本投降后，由国民党政府派员接管了山东各地电力事业，但山东是解放战争中战争双方激烈交战的地区，许多电厂再度遭到严重破坏。1946年至1948年间，华丰、楼德、枣庄、烟台等电厂先后被国民党驻军在战争中破坏。这一时期，潍坊电厂是唯一扩充发电容量的电厂，1948年4月潍坊解放后，洪山电厂调迁1台1500千瓦旧机组，装机容量增加到4500千瓦。至1949年年底，山东共有500千瓦及以上电厂17个（全为燃煤电厂），装机41台，总容量为12.84万千瓦。

河北电力企业在1945年8月后，则是分别由国民党政府经济部和共产党军队接收。

国民党政府接收的秦皇岛、唐山、保定、石门等地电力工业，先由当地伪省、市政府接收，之后国民党河北政府建设厅先后接管了秦皇岛营业所及发电所、开滦矿务局秦皇岛电厂、唐山支店及发电所，保定营业所及发电所，1945年年底，由国民党政府经济部接管，1946年3月开始，资源委员会合并接管北平、天津、秦皇岛、唐山电业公司，在北平成立冀北电力股份有限公司（简称冀北电力公司）。

国民党政府冀北电力公司唐山分公司对伪华北电业公司❶唐山分公司遗留下的设备只是做了一些维护和改进，设备量并无明显变化。截至1947年年底，唐山分公司所辖配电线路417.658千米，配电变压器814台、10 345.5千伏·安，电杆6755根。1948年11月，国民党第53军仓皇登船逃跑时，实施炸毁开滦矿务局秦皇岛电厂未遂。

由共产党接收的有承德、张家口、邢台和邯郸地区的电力单位。

在张家口，1945年8月，晋察冀军区部队收复了"蒙疆首府"张家口，晋察冀边区工矿管理局派员接管了蒙疆电业股份有限公司及宣化支店、张家口营业所、张家口发电所、下花园发电所四个发电所，成立了晋察冀边区工矿管理局民生电业公司（简称民生电业公司）。1946年10月，由于国民党军队经过晋察冀解放区，八路军奉命转移时忍痛炸毁了接管的第一个电厂——下花园电厂的大部分机组，此后随八路军转移的电厂干部及职工，

---

❶ 即1940年日伪时期成立的华北电业股份有限公司。

先后在蔚县大同沟、曲阳葫芦汪等电厂完成安装发电任务，为中国革命事业和电力事业做出了贡献。

在承德，1945 年 8 月，冀热辽边区政府接管了满洲电业株式会社承德支店；9 月，双塔山发电所划归承德市建设局电业管理部管理，继续发电。1946 年 2 月，冀热辽边区政府在承德成立热河省电业局，双塔发电所归热河省电业局管辖。1946 年，苏蒙联军撤出承德时，将双塔山发电所 3 台发电机组的主要部件拆运到苏联。当月，国民党军队占领承德，热河省电业局随军战略转移，解放军撤出承德时，忍痛将双塔发电所 3 台机组毁掉。1948 年 11 月，承德二次解放。1949 年 1 月，热河省承德市电业局成立，双塔山发电所修复并归承德电业局管辖。

在邢台，1945 年 9 月，晋冀鲁豫军区太行军区六分区派人接管顺德发电所，成立了太行实业公司邢台利民电灯公司。1946 年 5 月，邢台利民电灯公司易名为邢台光华电灯股份有限公司。

在邯郸，1945 年 9 月位于漳河之滨和峰峰矿区相连的磁县发电所（峰峰发电厂前身）解放，由边区政府利民煤业公司接管。10 月，邯郸解放，邯郸人民政府接管了邯郸营业所，成立了邯郸镇电灯公司。1946 年 5 月，国民党进攻邯郸，邯郸镇电灯公司被迫关闭，为避免电力设备被破坏，在共产党领导下邢台和峰峰的职工将发电厂设备转移到山区。1948 年下半年陆续运回，恢复发电。

1945 年 10 月 16 日，天津地区输变电工程由国民党天津市政府公用局筹备组电厂临时管理处接管；1946 年 1 月 1 日，又改由经济部接管。12 月 9 日，国民党政府经济部接收人员来津；16 日，接收 3 个发电所和材料仓库，即日特一区发电所、比商发电所、英商发电所和分公司材料仓库。1946 年 3 月，天津电力分公司正式由国民党政府资源委员会的冀北电力有限公司管理。天津公司经营范围为市区、塘沽、杨柳青镇。下辖 3 个发电所（法商电灯房除外），平（京）、津、唐 77 千伏输电线路（天津段）140 千米，9 条 22 千伏线路和 24 座一次配电站，5 座变电站。

国民党政府接管天津电业后，电力设备状况更加恶化。1946 年 9 月 15 日，第一发电所 1 号发电机转子烧损，到 1947 年 3 月 25 日才修复发电。1947 年 2 月 28 日，2 号发电机转子绑线损坏，到 1947 年 6 月 11 日方修复发电，在 1947 年 2 月 28 日到 3 月 25 日，第一发电所全停，全市限电三分之二。全市城乡经常大面积停电，市民十分不满，称电力公司为黑暗公司。在 1946—1948 年的三年中，供电网络变化不大，发展缓慢，只建设了南开变电站（未投运），小站变电站及郊区 2 座用户站（因遭破坏停运）。供电范围东到张贵庄、军粮城，西到杨柳青，南到灰堆，北到席厂村一带。各发电厂装机容量除第一发电所较大外，其余均较小，且设备落后，电压等级混乱，供电运行的安全可靠性差，曾几次发生重大设备和人身伤亡事故。

三、华东地区电力设施的接管

1945 年 9 月，华东地区各主要电业单位在抗日战争胜利后由国民党政府经济部派员接管，翌年，将上海、江苏等5个省（直辖市）的电力工业陆续发还各原业主经营。

在上海，1945年9月17日，曾被日军占据的各电力公司由国民党政府经济部接收并发还原业主经营。美商上海电力公司在发还原主经营后，即着手修复工作，到1946年，美商上海电力公司的年售电量已由1945年的1.74亿千瓦·时上升到6.36亿千瓦·时。第二年4月，首台在日军侵占时无法投运的高压机组，在美商的调试下启动成功，增加出力1.5万千瓦。闸北、华商和浦东3家电气公司的大部分发电设备被日军拆走，留下的部分设备也因屡遭轰炸而严重损坏。闸北水电公司积极制订修复计划，1946年8月，3、4号机恢复发电，但仍不能满足用户需要，于是便开始向其他自备电厂购电。华商电气公司和浦东电气公司曾多方呼吁，要求日本政府赔偿被拆设备，均因占领日本的美军司令部阻挠而毫无结果，华商电气公司于1947年1月靠租用1台1440千瓦旧机组进行发电；浦东电气公司于当年10月19日，与浦东杨家渡鸿丰纺织公司、杨思桥恒大新记纺织厂联合筹款购买1台2500千瓦快装式发电机组，安装在张家浜发电所内，于1948年7月1日恢复发电，然而电力仍供不应求。浦东电气公司之后又采取租赁、联办等措施来增加发电量。在此期间，上海的电力工业一度有所回升。

在江苏，江苏扬子电气公司为官僚资本企业，所属两座发电厂于1945年9月由国民党政府经济部接管，翌年发还该公司经营。为解决当时南京用电急需，国民党政府1948年为南京首都电厂增加安装3台2000千瓦机组，全厂装机容量增为3.6万千瓦。1947年10月为戚墅堰电厂安装一套英制2500千瓦流动型列车发电设备，此为当时国内第一套列车电站，全厂发电设备容量增为1.96万千瓦。江苏省内仅此两厂装机容量与发电量均超过抗日战争前水平。江苏省内最大的民营电厂苏州电气公司两台主力机组长期带病运行，发电量只有战前的63%，但国民党政府军警、机关等用电乱拉私接，不交电费普遍，公司经营陷入困境。镇江大照电气公司日伪统治时即隐患严重，1947年10月，汽轮机叶片断裂，主轴弯曲，无法修复，仅存2台容量2450千瓦机组运行，经济效益远不如战前。苏北地区振扬电气公司因设备损坏严重，战后维修后经营大致与战前持平。天生港电厂曾计划扩建，因内战未能实现，发电略低于战前。华中水电公司徐州分店由国民党政府第十战区接收，并改名为徐州电厂，1948年5月被国民党政府资源委员会接管。海州电厂由国民党政府第八行政专员公署接管，1946年1月改名为海州电灯厂，同年8月因煤源中断、资金短缺而停产，1948年解放时电厂已失去发电能力。

在福建，抗战胜利后，沿海不少电厂开始逐步修复损坏的电力设施，部分内迁机组陆续搬回原地安装。福建省建设厅开始筹划建设古田溪水力发电工程，并进行部分前期工程。这时官僚资本已逐步渗入并垄断省内电力工业，加上国民党不久又发动全面内战，社会动荡，经济崩溃，刚呈复苏的福建电力工业又陷入困境。福州电气有限公司因亏损严重，卖掉1台500千瓦机组仍无法渡过难关，至1948年，不得不与资源委员会、台湾电力公司合营，改称福州电力股份有限公司，把公司经营决策权拱手让给官僚资本，即使这样，公司营业仍未好转。到福州解放前夕，该公司日发电仅数小时，且虽发电负荷不足一半，线路损失率却高达52.24%，企业濒临瘫痪。厦门电灯电力有限公司受到官僚资本的控制，被大肆搜刮。厦门临解放时，该公司的物资、现金、股票等动产已被掠夺殆尽。1949 年 10 月 17 日，厦门解放的凌晨，全公司 3 台发电机组被国民党军队在溃逃时炸毁。福建其他电厂也处于风雨飘摇之中，有 11 家相继倒闭，勉强支撑下来的电厂也奄奄一息。古田溪水电站，前期准备工程早因经费无着落而停工。至 1949 年年底，福建全省只剩发电企业 37 家（其中火电厂 26 家、水电站 11 家），总装机容量降至 8656.6 千瓦（其中火电 8043.7 千瓦，水电 612.9 千瓦），年发电量仅 860 万千瓦·时，全省电业职工减少到 675 人。

在浙江，国民党浙江省政府于 1945 年 9 月 2 日迁回杭州，9 月 22 日，便会同国民党政府经济部接收华中水电公司杭州支店，其中电力企业部分，复归杭州电气股份有限公司。10 月 9 日，国民党政府经济部派官员接收嘉兴电厂，复名嘉兴永明电气股份有限公司，1946 年，由总工程师洪传炯主持闸口发电厂机组的修复工程，先行抢修 1 号发电机组，同时外购被毁机组的配件，加紧抢修 2 号发电机组，至 1947 年 5 月，终于将已损毁 10 年之久的 2 台 7500 千瓦发电机组修复，发电超过战前水平，同时进行扩建，装机总容量 714 千瓦。在浙江省政府无力收拾为日军所毁掠的浙江电业残局的两年中，振兴民族电业的有志之士和广大电力职工，以万难不辞、坚韧不拔的精神，修复一台台发电机组，一座座电厂也恢复了电力生产。至 1946 年年底，浙江已复役 20 家电厂（均为民营），发电容量回升至 2.34 万千瓦，浙江电力工业一度复苏。唯一由浙江省政府和经济部资源委员会联办的浙东电力厂遭日军损毁后已名存实亡，1946 年 4 月宣布撤销，残留的龙泉分厂移交地方接办。全面内战后社会混乱，经济崩溃，一度复苏的浙江电力工业又陷入困境。1949 年 7 月 9 日，浙江省全面解放，浙江电力工业获得新生，以较快的速度进行恢复和重建。至 1949 年年底，全省共有火电厂 47 座、水电站 2 座，装机总容量 3.31 万千瓦，年发电量 5937 万千瓦·时。浙江解放不到半年时间，经两次战争破坏的浙江电力工业，即恢复到总发电量略高于抗日战争前的水平。

在安徽，国民党安徽省政府收复的发电厂 18 个。同时，国民党政府经济部苏、浙、皖区特派员办公处正式接收华中矿业股份有限公司马鞍山矿业所，并着手恢复向山硫铁矿的开采。1947 年，马鞍山矿业公司将马鞍山至南山 22 千伏线路、变压器和配电设备修复，降压为 3.3 千伏运行，作为向山矿的备用电源。同年 8 月，资源委员会设立皖南电厂筹备处，计划架设南京—马鞍山全长 45 千米、66 千伏输电线路，以满足马鞍山地区各厂矿及附近区域的居民和商铺用电，同时也解决南京、芜湖两地的严重电荒。1948 年 3 月，南京—马鞍山 66 千伏输电线路勘测完成，并架设部分电杆和导线，因经费不足、货币贬值、部分材料未能运到现场而停止施工。芜湖、安庆电厂被国民党政府派员接管后发还业主，两厂开始恢复生产。1945 年 9 月，安徽省建设厅派员接收蚌埠耀淮电灯公司，并收归省管企业。10 月 1 日，耀淮电灯公司改名为蚌埠电力厂。1946 年，蚌埠电力厂在淮河铁路桥旁建立蚌埠电力厂第二发电所，并于 1947 年 4 月 25 日投产发电。1949 年 1 月，国民党军队撤离蚌埠前夕，炸毁淮河铁路大桥，第二发电所发电机被震坏。1946 年，安徽省政府制订建设计划，拟建安庆等 5 个电厂，并计划在宣城等城镇修复或新建电灯厂。同时计划扩充矿山自备电厂，但终因财力不足、内战爆发，建设计划搁置。1946 年 7 月，淮南矿路公司设计安装组建的下窑第三发电所，安装了 2000 千瓦美制汽轮发电机组 1 台，1947 年 5 月投产发电，这是安徽最早的中压机组。9 月 1 日，淮南下窑发电所更名为"淮南电厂"，隶属淮南矿路公司，辖第一、第二、第三发电所和大通发电所。1948 年 2 月，淮南矿路公司决定在下窑第三发电所安装美制 1000 千瓦汽轮发电机和 6 吨/小时锅炉 1 台，正值机座建成厂房过半时，淮海战役迫近淮南，建筑工程暂停。到 1949 年 5 月安徽省解放，全省有小型公用电厂 8 个、自备电厂 15 个，设备总容量 1.43 万千瓦，年发电量 0.24 亿千瓦·时，有 22 千伏送电线路 43 千米。

四、中南地区电力设施的接管

华中地区公营或公私合营电厂在 1945 年日本投降后，由国民党政府派员接管。由于国民党政府全力打内战，政局动荡，资金缺乏，湖南、河南、湖北等地的电力设施在接管后虽然进行了修复恢复，但总体来看华中地区电力工业恢复的速度十分缓慢。

抗日战争胜利后，湖南的电力工业逐渐开始复苏。这一时期恢复、发展较快的是湖南电气公司所属的三个电厂，即长沙电厂、衡阳电厂和湘潭下摄司电厂。同时还出现了一批临时电厂，至 1947 年 5 月临时电厂共有 22 家。临时电厂对缓解长沙市照明之急起到了一定作用。

1946 年 1 月，国民党政府资源委员会从物资供应局及联合国善后救济总署调给长沙电厂 1000、2500 千瓦汽轮发电机组各 1 套。分别于 1947 年 8 月、1948 年 10 月竣工，并投入运行。1949 年，湖南电气公司在长沙架设的 1 千伏及以下线路已达到 78.33 千米，3～6.6 千伏线路 30.83 千米，变压器共 56 台，总容量 4960 千伏·安。1946 年 11 月，资源委员会开始修复衡阳电厂。至 1949 年 3 月，衡阳电厂发电装机容量达到 2000 千瓦。到 1948 年，衡阳全市配电线路达 22.77 千米，1949 年增至 28.1 千米。长沙、衡阳两电厂恢复发电后，资源委员会决定在湘潭建电厂，成立下摄司发电所。1947 年 12 月，机组投运。1948 年 11 月，与发电厂配套的下摄司至谭家山 6 千伏输电线路竣工；同年 12 月，下摄司到株洲线路竣工。1949 年 2 月起，下摄司发电厂向株洲铁路机车厂、十一兵工厂和谭家山中湘煤矿等处送电。当时下摄司发电厂最高月发电量达到 17.2 万千瓦·时。内战爆发后，电力工业受到影响，大部分民营及企业自备电厂关闭，官营或官商合营电厂亏损严重，到 1949 年年底，湖南全省装机容量达 1.53 万千瓦，年发电量 0.23 亿千瓦·时，湖南电力工业仍未达到抗日战争初期水平。

在河南，1945 年 8 月日军投降时，由国民党政府接收开封、安阳、洛阳等地电厂，继续发电。9 月由解放区人民政府接管焦作电厂。10 月，国民党政府接管新乡营业所，改为官办企业，因美制 1000 千瓦发电机损坏，扩建的 1360 千瓦机组未投运，停止发电。11 月，国民党政府接管郑州豫中打包厂发电所，继续发电。11 月，明远电灯公司租用国民党第七粮秣厂 125 千瓦发电机组恢复供电。1946 年，内战爆发，国民党政府把大量资金用于攻打解放区，经济停滞，局势动荡，电厂大量发电设备被迁走、损坏或变卖，电力工业生产和发展步履维艰。到 1949 年，全省有公用电厂 14 座，总装机容量 9506 千瓦，年发电量 610 万千瓦·时，全省 3.3 千伏线路不足 50 千米，主要用于城镇照明及少部分工业生产。

在湖北，1945 年 9 月，国民党政府经济部资源委员会分别接管了汉口既济水电公司和日伪华中水电公司武昌营业所，复交既济水电公司和武昌水电厂经营。既济水电公司复业和代管英商电灯公司（改名合作路电厂）后，修复大王庙电厂停用的 1500 千瓦机组，恢复供电，同时在水厂发电所新装 1 台 2000 千瓦和 1 台 2500 千瓦机组，到 1947 年，发电设备容量达到 2.075 万千瓦，但实际出力只有 1.6 万千瓦。武昌水电厂首先利用长江、汉江原有的 33 千伏水底电缆（6.6 千伏运行），向既济水电公司趸购，恢复武昌供电后，对下新河新建发电所，先后恢复并扩建。鄂南电力公司在大冶组建成立大冶电厂筹备处，借用华钢发电所原有 2×4200 千瓦机组恢复供电，同时筹建黄石狮子山发电所（安装 2×5000 千瓦机组）和利用原华钢发电所至大冶铁矿的 66 千伏输电线路，架设延伸到武昌的武冶线路工程。1947—1949 年，由于国民党忙于内战，电业经营也十分困难。至 1949 年，湖北省共有发电设备装机容量 4.15 万千瓦，其中，500 千瓦及以上电厂 3.84 万千瓦，年发电量 8508 万千瓦·时。

到 1949 年，华中地区全区发电设备容量 7.56 万千瓦，年发电量 1.25 亿千瓦·时，尚未达到抗日战争胜利前（1936 年年底）7.76 万千瓦的水平。发电厂最大单机容量为 4200 千瓦（出力仅为 1600 千瓦），输电线路最高电压等级为 66 千伏（长度仅 22 千米）。

华南地区的广东（含海南）、广西两省的电业接管，国民党军事机构和经济部即指派其下属粤桂闽区特派员办公处负责办理。这一时期，一些被日寇、台湾人、汉奸攫取霸占的电厂及其送电线路、变电设备得以追回，部分民营权属得以返还原业主继续经营，国民党资源委员会依托大城市和大型工矿企业，逐步建立起了官办、官营电力企业。在恢复中，发电能力、输变电和电网恢复有限。1946 年 9 月，由国民党政府军事委员会广州先遣军总司令部任命汉奸董锡光为广州电力管理处经理，负责维持广州电力生产经营。随后，国民党广州市政府委派军统特务郑星槎任广州电力管理处经理，接收广州市发供电及输变电业务。日伪在广州建立的部分电力器材厂由军方交由地方政府电力部门管理。在汕头、韶关等地，国民党军政机关没收日伪强占的民营电力企业之发输变配电资产，交还战前的经营方，继续经营。1946 年年初，广州市政府与国民党政府行政院资源委员会研究合办广州电厂，经营广州市的发输变配用电业务；同年 7 月，资源委员会、广州市政府广州电厂成立，广州市电力业务改为官办。抗战胜利后，广东省内缺发电燃料、缺机组线路等设备，供电能力大幅下降，电力企业经营困难。在海南，1946 年 3 月，国民党政府资源委员会海口电厂成立，接管了日寇的海南电华株式会社。同年 6 月，资源委员会接管了海南岛昌江第三水力发电所，以该发电所为主的 66 千伏电网遭到毁坏，至中华人民共和国成立前都未恢复。抗战后期，广西桂林、柳州、南宁等地相继沦陷，全省电业受到重大打击。抗战胜利后，资源委员会、广西省政府相继接管、接办一部分电力企业，但由于内战，桂系军阀主政的广西电业发展再度陷入停滞状态。

第五节　解放战争时期中国共产党
对电力设施的保护与修复

1948 年后，中国人民解放军开始大规模反攻，东北解放后，国民党政府形势急转直下。1949 年年初，北平、天津解放，5 月上海解放。从此，中国的电业企业先后回到人民的怀抱。国民党中的反动派见大势已去，便疯狂地对电力设施进行破坏，组织"特种破坏队"，炸毁桃花溪、下硐水电站，派军队、飞机轰炸电厂，拆走输电线路，使多灾多难的中国电力工业再次遭受打击。中华人民共和国成立前夕，电业工人为了迎接解放，在中国共产党的领导下，开展英勇机智的护厂护线斗争，奋力保护、抢修损坏的电力设备，积极恢复电力生产，为支援解放战争和中华人民共和国建设做出了巨大贡献。

一、国民党败退前对电力设施的破坏

在中国东北，随着中国人民解放军在战场上的节节胜利，国民党经营的电力工业范围越来越小，由于战局失利，国民党开始疏散人员，运走电力管理资料，准备逃跑，同时对电力设施进行破坏。1948 年 3 月 8 日晚，驻守吉林市的国民党军队逃跑前，派士兵到丰满发电厂进行破坏。当时在中央控制室的值长机智勇敢应对，破坏只因厂用机停电造成水泵室被淹，整个电站和机组得以幸存，保住了当时中国最大的水电站。1948 年 10 月 15 日，锦州市解放时，地区电网陷于瘫痪状态，阜新、北票发电厂和地方自备小电厂均遭到破坏，154 千伏青锦线 20 基铁塔被拆往江南，锦州地区 154 千伏及 66 千伏系统全部停运。在中共锦州市委的领导下，发电厂和电业局的广大职工经过一年时间的紧张抢修，使阜新、北票发电厂、锦州合成燃料厂自备电厂先后恢复发电。154 千伏青锦线，66 千伏义锦、义北和锦西线，22 千伏锦杨、锦兴线和爽山线恢复送电，锦州、义县、杨家杖子、夹山、锦西、兴城和高桥等 7 座二次变电所恢复供电。直到 1952 年，青锦线方恢复到 154 千伏运行。1948 年 11 月 2 日，沈阳市解放，电业职工在沈阳特别军事委员会的领导下，经过半个多月奋战，修复了 154 千伏松抚送电线路，使沈阳市重新获得丰满发电厂的电力。接着又修复了长吉线、松抚线，向抚顺及沈阳地区送电。1948 年 11 月 3 日，国民党军队将锦西炼油厂发电所的 1.5 万千瓦汽轮发电机大轴炸弯，励磁机炸毁。于是中国共产党组织工人和技术人员，经过修复于 1952 年 9 月恢复发电。

在中国西南，中国共产党领导中国人民解放军乘胜挺进，直逼重庆。蒋介石从台湾发出"固守重庆"的指令："即使重庆失守，也要全城爆破，给共军留下一个烂摊子。" 1949 年 11 月 21 日，国民党政府成立重庆"破坏办事处"，随后大批国民党政府武装特务分子，带炸药于 29 日下午开始对发电厂的设备进行破坏。当时的重庆电力股份有限公司大溪沟电厂在中国共产党地下组织的领导下，成立工人武装护厂队，提出"人在厂在，人亡厂亡"

的口号。11 月 29 日下午，一支国民党政府军警武装特务分子到大溪沟企图炸厂，护厂工人巧妙应对，这时人民解放军已攻到重庆市区附近，企图炸厂的国民党政府武装特务分子仓皇逃命，大溪沟电厂得以完好保存。鹅公岩发电厂的工人在"保电厂就是保饭碗"的口号下，全力对抗国民党政府军警特务分子的破坏行动。11 月 29 日午夜，一支全副武装且携带轻重机枪的国民党政府军警特务分子将电厂包围，派出一个小队持炸药闯进厂房，工人机智误导敌人用 6 箱炸药将锅炉炸毁，使汽轮机和发电机得以保存。1949 年 11 月 29 日晚，国民党政府 300 余名军警特务分子包围了长寿电厂，并强行冲进电厂俘虏厂长，将长寿电厂下硐电站 2990 千瓦水轮发电机组和厂房全部炸毁，随后又将桃花溪电站 2、3 号水轮发电机组严重炸坏。1949 年，国民党政府在重庆败退溃逃时，对兵工厂自备发电厂也进行了疯狂破坏，5 个兵工厂的自备发电厂装机容量共计 1.275 万千瓦发电机组全部被炸毁，这是国民党政府对重庆电力工业最后、也是最为严重的破坏。

到 1949 年 11 月 30 日重庆解放时，重庆总计社会公用电力企业被炸坏的发电机组容量总计 8366 千瓦，占总装机容量 1.628 6 万千瓦的 51.73%；5 个兵工厂自备电厂，装机总容量为 1.275 万千瓦全部被炸毁，总计炸毁机组 2.101 6 万千瓦，占全市装机容量的 49.2%。全市社会公用电厂发电装机容量仅剩 7920 千瓦，厂矿企业自备电厂 12 245 千瓦，地方小水、火电 1521 千瓦，共 21 686 千瓦。

二、中国共产党组织的护厂护线斗争

1948 年以后，随着人民解放军的节节胜利，国民党军队在败退的同时对原管辖区域内的电力设备进行了大规模的破坏，全国各地电力工人在共产党的带领下，积极开展了一场"护厂护线"反破坏斗争。

在北平，1948 年 12 月 14 日，中国人民解放军先头部队到达北平西郊石景山地区。北平发电所（后改为石景山发电厂）在中国共产党领导下组织护厂委员会，打退了妄图占领发电厂的国民党军队。12 月 17 日，电业职工冒着严寒抢修线路，启动机组发电，当天就向门头沟矿区、石景山广宁村和北辛安等处送电。从 12 月 27 日起，按军代表的指示，电厂给被围困的北平城内路灯和自来水厂送电。1949 年 2 月 3 日晚，中国人民解放军举行入城式，北平全市灯火辉煌。

在湖北，中华人民共和国成立前，全省发电设备装机总容量 4.15 万千瓦（含工厂自备厂），由于大量设备长期失修，实际出力不及一半，这样微弱的电力工业，还面临国民党军队溃逃前的破坏，强迫拆迁机器设备，拆迁不及就炸毁电厂和泵船等设施。武汉解放前夕，中共武汉市委武昌分委组织领导武昌地区的各项斗争。经过中共地下党艰苦而有效工作，湖北既济水电公司和鄂南电力公司所属电厂职工的护厂斗争最终取得了胜利。大冶、汉口、武昌、宜昌等地解放时，电厂都完整地回到人民手中。1949 年年底，湖北全省发电设备装机容量和年发电量分别为 4.15 万千瓦和 0.85 亿千瓦·时，其中 500 千瓦以上机组容量 3.84 万千瓦，相当于 1936 年的 90% 和 71%，年平均设备利用小时 2230 小时（同比略高于全国平均 2208 小时的水平）。

在湖南，1949 年 7 月国民党军队撤离前企图炸掉湖南电气公司，中国共产党领导工人进行坚决的护厂斗争。1949 年 8 月 5 日，长沙和平解放，湖南电气公司的 2 台机组，共 3500 千瓦和财产完整无损地保存了下来。1949 年 10 月，衡阳电厂 2 台 1000 千瓦机组也得以保存。

1948 年 11 月，在中共地下党的支持下，国民党资源委员会孙越崎❶、吴兆洪❷等人组织起义，按照中共地下党的指示，孙越崎、陈中熙❸等人指挥南方地区各大电厂管理层利用各种方法，尽力维持生产和供电，坚决抵制了国民党反动派的拆厂撤台，有力配合了南方各城市地下党组织领导的工人护厂护线斗争，为保障各大城市正常供电、迎接解放作出了贡献。

在广东，国民党政府撤退广州前，制订了彻底破坏广州市的重要交通、水电及军事设施的大破坏计划，并经蒋介石批准。1949 年 9 月，国民党军队在广州大肆劫掠，实行恐怖统治，伪国防部保密局技术（爆破技术）大队到广州实施破坏计划。1949 年 10 月 11 日，中共中央华南分局发布《告广东同胞书》，号召广大工人展开了一场破坏与反破坏的斗争。在地下党的帮助下，资源委员会下属工矿企业抵制国民党的撤台、毁厂行动，护厂保厂，迎接解放。10 月 14 日下午，国民党军队炸毁海珠桥，五仙门发电厂因距桥过近，受震极烈，造成厂房、机组严重受损，电厂职工加紧抢修，使机组很快恢复送电。在地下党的领导下，西村发电厂的工人组织了自卫队加强防范、抢运转移重要物资。通过地下党控制的警察、工人护厂队、起义警察的共同努力，挫败了国民党反动派炸毁发电厂的阴谋，广州市内的两座重要电厂和全市供电、配电设施得以保全。

在广西，1949 年 11 月在解放军进军广西过程中，国民党企图把电厂、水厂等重要设施破坏掉，因灵活多样的护厂斗争，使他们的阴谋未能得逞，桂林、柳州、南宁、梧州等地电力工业正常发供电，最终广西电力工业得以完好保存。

三、各地电力设施的恢复生产

尽管有电力工人英勇的护厂斗争，但是国民党军队的大肆破坏，仍然给电力设施带来巨大损失。为了迎接中华人民共和国的到来，广大电力工人在中国共产党的领导下，积极

---

❶ 孙越崎（1893—1995）：原名毓麒，浙江绍兴平水铜坑（今平江镇同康村）人。1916 年入北洋大学矿冶科，因组织天津学生参与五四运动被开除，经蔡元培帮助，转入北京大学矿冶系学习。1929 年至 1933 年，在美国斯坦福大学和哥伦比亚大学研究生院深造，并到英、法、德、苏联等国考察油矿、煤矿。著名爱国主义者、实业家和社会活动家，是中国现代能源工业的创办人和奠基人之一，被尊称为"工矿泰斗"。

❷ 吴兆洪（1911—1979）：江苏江阴人，毕业于国立中央大学外文系。解放战争时期，参加资源委员会起义，拒绝拆厂撤台、炸厂毁机。

❸ 陈中熙：江苏昆山人，1924 年毕业于交通大学电力系，1926 年赴美实习，1929 年回国。中国电力工业早期发展的组织者和电力实验研究事业的开创者之一。主持制定中国电压等级、频率标准和电气计量标准，主持过洛阳、西安发电厂及其供电线路的设计、建设。

开展生产自救，全国各地陆续投入到电力设施的抢修中。

在吉林，1946 年 7 月 18 日，国民党军队切断了松滨线对哈尔滨的供电，对解放区实行经济封锁。供电设备有的被破坏，完好的设备也时停时运，没有任何发展。受中国共产党东北行政委员会命令，吉林电业局组织抢修队奋战几个月，抢修了东北电网的大动脉松抚送电线路，并随解放军进入长春抢修送配电设备，提出"解放军所到之处，电灯必须放光"的说法。1948 年 3 月 10 日，东北人民政府派工作组赶赴丰满发电厂，组织职工日夜奋战抢修设备，于 18 日恢复发电。1948 年 11 月，他们又修好了 220 千伏（以 154 千伏运行）松抚线，使丰满发电厂恢复了向抚顺供电，有力地支援了解放战争，保障了人民生产、生活用电。

吉林省的输变配电设备，在国民党发动内战中也遭到了严重破坏。吉林省各地区解放后，当地电业部门广大职工积极抢修，保证了尽快恢复供电。1947 年通化地区解放后，电业部门积极修复了二道江、铁厂子、石人、临江、通化等一批变电所，很快恢复了地区供电。四平市北门变电所在战争中被击中着火，变压器烧毁。1948 年 3 月，四平市解放后，电业职工苦干 20 天，修复了 4 台 3000 千伏·安变压器，恢复了向市区供电。

长春 154 千伏一次变电所在战争中遭受破坏，变压器烧毁。1948 年 10 月，长春市解放后，电业部门立即开始着手抢修，历时 3 个月解决了绝缘处理和热风干燥等技术难题，修好了主变压器，保证了丰满向长春供电，也为四平、辽源市的电力供应提供了保证。电业部门仅用 3 天时间，就使长春市内机关、部队、企业用上了电，不到 10 天，就使全市有电，经过 3 个月，就恢复了长春地区电网的正常运行。

在陕西，1949 年 5 月 20 日 9 时，国民党军队包围西安西京电厂引爆炸药，1、2、3 号机组设备厂房遭到破坏，解放军赶到电厂迅速拆除未引爆炸药。5 月 20 日西安解放，西京电厂职工立即召开紧急会议，检查机组破坏情况，布置抢修机组任务，在中国共产党和解放军支持领导下，加快修复西安西京电厂、市内供电线路及街灯。5 月 22 日 2 号机组恢复发电，8 月 10 日 3 号机组恢复发电，1950 年年底 1 号机组和汉中分厂机组恢复发电及供电。

在河北，1945 年 8 月抗日战争胜利后，在国民党统治区域的河北电力工业，凋零破败，残旧失修，发电机容量和供电量均呈负增长。国民党军队还出动飞机对解放区的发电厂进行轰炸，石家庄北道岔发电站在 1947 年 11 月 15 日和翌年 9 月 16 日两次遭到轰炸，损失惨重，均抢修月余才恢复发电。中国共产党领导的人民政府新建设了两座电厂。一座是晋察冀边区军民建设的沕沕水水电站（紧邻西柏坡），1947 年 7 月动工兴建，1948 年 1 月投产，容量 194 千伏·安（155 千瓦）。送电线路的电杆采用木杆，导线利用旧有的铜线、铝线、钢线等，共架设了 46 千米，建设 8 个配电站、128 千米线路。沕沕水水电站是中国共产党、中国人民解放军建设的第一座水力发电厂，建成后解决了党中央毛主席在西柏坡的办公、生活用电，为党中央毛主席在西柏坡指挥三大战役解放全中国做出了巨大贡献。另一座是葫芦汪电厂，在保定地区曲阳县葫芦汪村附近，由华北人民政府负责建设。

历时 5 个月，于 1948 年 5 月正式投产，装机容量 650 千瓦。这些电厂均对支援解放战争做出了贡献。

在江苏，1949 年 7、10 月，国民党当局先后出动多批多架次飞机对戚墅堰发电厂进行轰炸，开炮击断 22 千伏输电线路，50%的生产设施和生活用房被毁，使无锡、常州、丹阳等市县许多工厂停电停产。被炸后，在各界人民的支持下，全厂职工夜以继日，于 11 月 3 日，3 号发电机组首先修复，恢复向无锡、常州地区送电。仅用了不到半个月的时间，全厂发电能力基本恢复正常，对保证苏南地区的工业生产社会安定发挥了重要作用。1949 年 4、8 月，南京电厂下关发电所（1950 年 6 月 24 日改称下关发电厂）遭国民党飞机多次轰炸，厂房、设备多处严重损坏。在敌机空袭频繁的情况下，电厂职工发扬了革命英雄主义精神，奋不顾身，在短期内修复了设备向全市供电，保证了生产和人民生活用电，也为南京市第一届人民代表大会如期召开提供了电力保障。

在北平，1949 年 1 月 31 日，解放军和平入城；2 月 4 日，北平市军事管制委员会派员分别接管冀北电力有限公司和北平分公司，同时接管了宛平、大兴、良乡、昌平、通县 5 个县。中华人民共和国成立前夕，在战争环境下供电设施破坏严重，虽几经努力抢修输电线路，并恢复城区供电，但城外还有 10 条输配电线路急需抢修。1949 年 3 月 25 日，为尽快恢复全面供电，职工夜以继日地突击抢修，使原计划 1 个月的任务提前 14 天就完成。共计新架杆线 536 条、63.44 千米，安装变压器 91 台，恢复接户线 519 户。

由于正确贯彻执行了中国共产党的方针、政策，依靠地下党组织和职工群众，全国各地广大电力工人，积极投入到电力设施的抢修、恢复建设中。电力工业的迅速恢复，为国民经济的恢复、人民生活的安定和迎接中华人民共和国的成立做出了突出的贡献。

第二编

中华人民共和国成立到改革开放前期中国电网与输变电技术不断发展

（1949—1978）

中华人民共和国的成立，开启了电力工业发展新篇章。1949—1978 年，是中国电力工业艰苦奋斗的创业期。中华人民共和国成立时的电力工业是建立在半殖民地半封建社会极为落后的基础上的，电网与输变电产业弱小，不成体系。中华人民共和国成立后不久开始的朝鲜战争，使中国的国民经济在受到封锁和禁运的极为困难的条件下，再次承受了战争消耗。在这种极为不利的条件下，电力工业和电网的恢复发展完成了既定任务，有力地支持了国民经济的恢复发展，为大规模建设增添了信心。

电力工业管理体制按照计划经济体制要求开始建构，并适时调整、改进，先后设立燃料部，成立电力部，重组水电部，到"一五"计划后期，基本形成了以国家主管部门为主导、以省为建制组建各省电业局的管理体制。此后，受到政治运动的影响，这种体制经历了上收下放的几次变动，但其基本特征仍保留下来。中华人民共和国成立之初，电力主管部门认识到统一调度能发挥电网的最大电力供应能力、保障生产生活用电需要，高度重视统一调度工作，1952 年就提出了电网统一调度的原则，1953 年颁布《电力系统调度管理暂行条例》，再次明确要实行统一调度。随着《电力系统调度管理暂行条例》的颁布，省级调度和区域调度机构陆续成立，从一级、二级调度发展到统一调度、分级管理，形成跨省调度、省级调度、地级调度三级调度体制，构筑了保证电网安全、经济、稳定运行的基础平台。

电力工业按照国民经济的计划要求和重点任务，确立了以电源建设为主、兼顾其他发展的建设方针，电网建设始终围绕这一方针加快推进。从"一五"计划开始，输变电工程从配套苏联援建的 156 项重点工程开始大规模建设，并始终围绕电源送出、重要用户供电以及电网结构加强等进行建设和布局，促成了 35、110 千伏地区电网向 220、330 千伏省级电网、跨省电网发展。输变电设计和施工技术很快走向自主设计和自主建设，220 千伏松东李工程、330 千伏刘天关工程先后建成投运。1971 年，500 千伏输电技术已开始研究并开展前期工作。至 1978 年，电网取得长足发展，全国已建成远较 1949 年规模更大的 220 千伏东北电网，形成 220 千伏华北、华东区域电网，其发电装机容量都在 1000 万千瓦左右，而 1949 年中华人民共和国成立前夕，全国发电装机总容量只有184.86 万千瓦。

在把握客观规律和中国国情的基础上，国家明确了电力工业发展的一系列重要指导思想、指导方针和基本思路，电力工业被确立为国民经济"先行官"，基建项目、投资安排都得到倾斜，为电力工业发展提供了有力的保障。党中央及时纠正了"大跃进"的做法，总结了"文化大革命"造成的严重后果，为困境中的电力工业指明了前进方向。1975 年，国务院 114 号文《国务院关于加快发展电力工业的通知》和 159 号文"关于批准《跨省电网管理办法》的通知"相继出台，为加快电力工业发展、加强电网的统一管理提出明确指示，确立了电力工业和电网发展中的重大原则问题，这些载入电力工业发展史册的重要思想和管理精髓，至今仍在发挥影响。

电力工业走上了独立自主、自力更生的发展道路，形成了基本完整的技术研发、设计施工、生产运行和成套设备供应的体制机制。在发展宗旨上，明确了"人民电业为人民"

的宗旨，这一宗旨贯穿了中华人民共和国电力发展的过程。在发展布局上，改变了中华人民共和国成立初期在地区分布上偏集于东北及沿海各大城市的不平衡状态，基本适应了整个工业布局的需要。"三线"建设时期，尽管有教训，但就电网的布局而言，在一定程度上延伸了大电网的供电范围，改变了一些落后地区的发展面貌。在队伍建设上，培养了一支顾全大局、当好先行、能打硬仗、忘我工作的产业工人队伍。至 1978 年，全国电力职工已有 110 余万人，其中，生产系统 65 万人，基建系统 40 万人。

从 1949—1978 年的电网发展来看，电网建设主要有以下特征：

一是高一级电压往往是与大型电源基地同时出现的。比如，华东地区，1957 年望亭电厂投产，同时出现上海—望亭 110 千伏线路；同一路线上，于 1958 年出现了 220 千伏线路。西北地区，1956 年户县电厂投产，同时出现户县—西安—铜川 110 千伏线路；1957 年西固电厂投产，同时出现西固—兰州 110 千伏线路；1970 年刘家峡大型水电厂投产，同时出现刘家峡—兰州 220 千伏线路，接着又出现刘家峡—兰州—关中 330 千伏线路。中南地区，1957 年青山电厂投产，同时出现青山—武钢 110 千伏线路；1969 年丹江口大型水电厂投产，同时出现丹江口—武汉 220 千伏线路；1962 年柘溪水电厂投产，同时出现柘溪—长沙 220 千伏线路。西南地区，1956 年长寿水电厂投产，同时出现长寿—重庆 110 千伏线路；1958 年以礼河电厂和宣威火电厂相继投产，出现以礼河—宣威 110 千伏线路，1966 年出现宣威—昆明 220 千伏线路。

二是两级电压出现的时间相隔很短，几乎同时出现，给生产准备和掌握运行规律、积累经验造成一定困难。例如，上海—望亭线路，110 千伏与 220 千伏两级电压出现的时间相隔不到 1 年；刘家峡—兰州—关中线路，220 千伏与 330 千伏两级电压几乎是同时出现的。

三是自"大跃进"以后，很多区域性电网都没有整体规划和设计，致使电网布点不合理，网络结构混乱。"一五"时期，东北电网做了"389"电网规划设计以后，京津唐电网、华东地区的一些电网曾进行过电力系统设计。但"大跃进"之后，很多新建的电网都只有电厂的联入系统设计，而没有整个电网的规划与设计。尤其是"文化大革命"期间，由于林彪、"四人帮"的干扰破坏，把电网发展作为"条条专政"的产物加以错误地批判。强调电力就地平衡，要以"块块"为主，走一步，看一步，对电网的发展工作没有整体规划。不少电网的发展是由缺电到建电源到供电自然形成的，忽视了能源的合理开发和利用，对发展电网采取了错误的政策，教训深刻。

中国电网这一阶段的发展实践再次证明，发展跨省跨区域大电网，为合理开发利用能源资源，加快电力建设速度，发展大型骨干电厂，提高电厂建设和运行的经济性，发挥各地区之间电能互相调剂、互为备用的作用，提高电网供电的可靠性和运行的经济性创造了条件。发展跨省跨区域大电网是中国电网发展的必然方向。

尽管这一阶段的电网建设和发展面临很多的困难，甚至走过了一些弯路，但中国的电网建设仍然取得很大发展，尤其是对大电网的建设、管理积累了一定的实践经验。至 1978 年，中国电网 35 千伏及以上输电线路长度达到 230 512 千米，是 1949 年的 35.60 倍；35

千伏及以上变电设备容量达到 12 555 万千伏·安，是 1949 年的 36.29 倍。中国电网彻底改变了中华人民共和国成立初期极其落后的发展局面，电网的建设规模和建设水平从远远落后于世界发达国家的水平，到逐步缩小差距，在某些方面开始追赶世界先进水平，为改革开放后电网的加速发展奠定了坚实基础。

这一阶段的电网建设在摸索中前进，有比较顺利的时候，也有非常困难的时期，正、反两方面的经验和教训，给中国电网发展提供了非常宝贵和难得的历史借鉴。发展中出现的电源与电网发展不平衡的问题，以及电网与输变电管理和技术上存在的问题，还有困扰电网的严重缺电问题等，随着国家进入改革开放新的历史时期而逐步得到解决或改善。

第四章

电力工业的恢复与发展（1949—1952）

从 1949 年 10 月 1 日中华人民共和国成立，到第一个五年计划开始前的 1952 年年底是中国国民经济的恢复时期。此前的中国是一个半封建半殖民地社会，经济落后，生产力水平低，受到日本侵略和全面内战的破坏，电力供应基础薄弱，技术落后。中华人民共和国成立之前，除日本在东北、平津唐（中华人民共和国成立后改为京津唐）、台湾地区建立了区域高压电网以外，在全国大部分地区，都只在省会城市及一些中心城市形成了以发电厂为中心，以树枝形向外辐射的孤立电网。

随着中华人民共和国的成立，国家经济管理机构陆续建立。1949 年 10 月，中央人民政府政务院建立，先期设立的中央财政经济委员会（简称中财委）转为政务院的重要一级领导机构。11 月，中财委计划局对管理工业生产的重工业部、燃料部、纺织工业部、轻工业部和食品工业部 5 个单位确定了工作性质："凡从事开采、制造、加工等工业方面的企业，除国营工业应由各部直接经营管理外，其他公私合营、地方经营、私人资本经营以及手工业等工业，亦均分别属于各部管理。"❶由以上工作性质的规定可以看到，各种经济成分的工业生产都属于各部管理的范围。同时，重工业部、燃料部的职责范围被明确：凡从事生产资料的工业，以及国防工业除煤矿石油电力外，均划归重工业部；凡从事发生动力的工业均划归燃料部。在这样的大背景下，各大区电业管理（总）局相继成立，确立了电力工业统一管理模式，并从强调电网的统一调度入手，开始加强电网的统一管理，电力工业和国民经济其他行业一样走上计划经济发展的道路。

中华人民共和国成立后，随着国民经济恢复时期电源建设的加快，以及电力负荷的快速增长，要求电厂与电厂之间加快互联，调剂电力余缺，最大限度满足用户需要；同时为满足一些重要工农业用户的用电需要，电力供应还打破行政区划界线，形成早期的跨省电网，孤立电网逐步向互联电网发展。三年恢复时期，电力工业的重点任务是恢复并建设 2～3 年内工业生产所需要的发电设备。电网和输变电工作围绕这一时期的重点任务，主要是配合发电设备的修复恢复和电厂的新建，修复恢复配套的供用电设施，架设新的输电线路，建设新的变电站，努力维护设备安全正常运行，满足工农业生产恢复需要。1952 年较 1949 年，全国发电装机容量增长 6.16%，发电量增长 68.84%，35 千伏及以上输电线路增长 29.59%。经过三年的艰苦奋斗，电网建设完成了恢复时期的既定任务，支

---

❶ 董辅礽主编：《中华人民共和国经济史》，经济科学出版社，1999 年，第 233 页。

持了国民经济的恢复。

国民经济恢复时期，通过学习借鉴苏联经验，开始了较为规范的、有计划的电网基本建设工作，制定了一套适用于计划经济的基建管理模式。全国多地区组建了专业的送变电专业检修和基建队伍。输变电设备的设计制造技术也通过引进、仿制苏联电工产品而有了初步提升。

第一节　电力工业统一管理模式确立

中华人民共和国成立后，全国各地电力企业有从官僚资本直接接收接管的，有从民族资本改造为公司合营或地方国营的，整体呈现分散管理的状况，不利于集中发电资源，尽快恢复电力生产。所以，恢复时期，从中央人民政府政务院燃料部到各大行政区军政委员会（或人民政府）都开始着手电力工业的统一管理工作，电力工业的管理从分散接管、分散管理逐步过渡到统一管理。到三年恢复时期结束，燃料部电业管理总局在全国按大区设立了6个电管局，它们作为电业管理总局的派出机构，负责领导和管理各大区电力的生产和工程建设。

燃料部在进行工作机构创建的同时，也确立了以高度集中统一管理为特征的电力工业计划体制、运行机制，在计划管理、用电管理、财务管理、劳动管理和物资管理等方面都有一系列明确的要求。

恢复工作完成后，大规模的经济建设即将开始。保证多发多供，在当时的条件下，还必须通过挖掘发电企业的生产潜力、发挥电网的联网优势、改进电网的运行模式来实现。为此，全国供用电会议确定了统一调度制度，为提高电力供应能力创造了条件。

一、燃料部及电业管理总局设立

1949年10月1日，中华人民共和国成立。中央人民政府政务院下设34个部、委、署，其中，燃料部统一领导和管理全国煤炭、电力和石油3种能源工业。11月1日，政务院所属各部、委、署全部开始办公。

当时，华北、东北、西北、华东、中南、西南6大区除华北由中央人民政府华北事务部管理外，其他5大区都设有大区一级行政机构，东北称人民政府，西北、华东、中南、西南称军政委员会。这些大区一级行政机构都下设有电业管理机构，例如，东北人民政府工业部下设东北电业管理局（简称东北电管局），西北、华东、中南、西南4大区军政委员会工业部（或重工业部）下设电业管理（总）局。

1950年5月，燃料部决定成立煤炭管理总局、电业管理总局、石油管理总局和水力发电建设总局4个总局，相对独立开展各自行业的统一领导和管理工作。其中，电业管理总局在华北电业管理总局基础上改建，更名为燃料部电业管理总局，同时将华东地区的青岛、鲁中、徐州、淮南、南京、苏南等地电力工业划归总局领导，管辖范围由原来的华北地区扩大到华东地区。

1950—1952 年间，东北等几个大区电管局相继成立或调整隶属关系。东北电管局成立，隶属东北人民政府工业部领导。西北电力建设公司改为西北电业管理总局，由西北军政委员会工业部领导。中南军政委员会工业部燃料管理总局成立，按照《中南电业临时管理办法》，有步骤地统一全区电业领导工作。西南军政委员会工业部电业管理局成立。1952 年 4 月 1 日，华东电业管理局（简称华东电管局）在上海成立，隶属华东军政委员会工业部，同时将青岛电业局、鲁中电业局、徐州电业局、苏南电业局、南京电业局划归华东电管局管理❶。

1951 年 11 月，燃料部电业管理总局管辖范围进一步扩大到西南地区，接管了西南军政委员会工业部电业管理局，改称燃料部电业管理总局西南电业管理局（简称西南电管局）。1952 年 7 月，接管西北军政委员会所属的西北电业管理局，改名为燃料部电业管理总局西北电业管理局（简称西北电管局）。

1952 年 12 月，为了即将到来的第一个五年计划的经济建设，燃料部根据中财委决定，对电业管理总局进行改组，管辖范围由原管辖华北、华东地区扩大为管理全国电业，并先后成立华北、华东电管局，管理华北、华东全区电业基建和生产工作。华北电业管理局下辖北京、唐山、天津、张家口、石家庄、太原等电业局及峰峰、大同等电厂。当月，燃料部先后接管了中南工业部燃料工业管理局管辖的电力工业和东北人民政府工业部管辖的东北电管局，分别改称燃料工业部电业管理总局中南电业管理局（简称中南电管局）和燃料工业部电业管理总局东北电业管理局。

燃料部组建初期，直接领导的仅有部分地区的电力工业，大部分地区的电力工业由于中华人民共和国成立初期的特定历史条件，均由各地军事管理委员会领导和管理。到 1952 年，全国的电力企业才被基本集中到燃料部管理，形成了垂直管理、政企合一的电力工业管理体系。这一时期，燃料部作为中央管理电力工业的政府最高行政机关，确立了电力工业实行中央和地方双重管理，以中央管理为主的管理体制。

二、电业计划经济体制的形成

国家管理电力的机构——燃料部代表中央行使管理职权，"政企合一、国有国营"是这个时期的主要特征。电力工业资金密集、技术密集，实行统一的计划能够充分发挥社会主义集中力量办大事的优越性，有效解决电力工业对资金和技术的需求，促进电力生产力的迅速发展。

"政企合一"体制下，企业的组织结构"复制"了国家政权或者政党的组织结构。因此，国有企业不但要承担生产经营职能，还要承担政党职能与政府职能。这样，它一方面

---

❶ 华东电力工业史编辑室：《中华人民共和国电力工业史·华东卷》，中国电力出版社，2001 年，第 22 页。

是经济组织，另一方面还是政治组织和政府❶。"政企合一"的电力管理模式，即通过政府的各级电业管理部门，统一下达电力基建计划，统一安排国家电力建设项目资金计划；统一下达电力生产和电力供应计划，统一安排计划配给发电燃料用煤、油；实行用电分配计划，实行统一的用电电价目录，定期对用户按规定电价收缴电费，并实行统一电费核算制度。电力企业的各项年度计划，通过各级电业管理部门下达到电力企业、电力用户等，并组织执行落实。

"政企合一"电力管理模式下的工作特点，体现在计划管理、用电管理、财务管理、劳动管理和物资管理等方面。

计划管理。电力企业计划管理工作主要包括电力发展规划、基建计划、生产计划等，以中长期和年度为周期按照编制、上报、下达和执行的程序进行。20世纪50年代初，基建计划和生产计划工作按照"一上二下"的程序进行编报与下达，即先由上级部门下达控制计划指标，企业根据上级的方针政策、控制指标，研究编制和上报计划草案，经上级电力主管部门审批和下达，企业组织执行，并负责定期的统计和分析工作。

用电管理。从1952年开始，各省（市、区）电业管理部门设置政府性质的用电监察机构，配备专职用电监察人员。用电管理是对用电指标（包括电力、电量两项指标）实行统一的计划分配，对不同企业实行电耗定额（产品单耗），在电力短缺时实行限电拉闸计划。重点加强节约用电和安全用电的宣传工作，鼓励采用科学的用电技术措施，推广电耗定额计算方法和考核、测定方法。至20世纪70年代，在供电部门设立"三电"办公室（计划用电、节约用电、群众办电）。

财务管理。从20世纪50年代开始，国营企业基建资金、流动资金、各项专用资金均由国家预算计划统一安排，由国家财政按计划指标拨款。1950—1952年，国家对电力工业基建工程项目投资拨款2.63亿元。国家对不同电力企业的成本实行定额管理，企业成本项目按国家统一规定，列支成本项目和相应支出资金。1951年，燃料部颁布《暂行统一会计制度》，规定企业以财务收支计划为总纲，组织企业的收入、成本、利润、流动资金、更新改造资金及专用基金的运转，编制财务总预算，并要求必须按国家计划组织生产、建设，鼓励企业超额完成生产计划任务。1952年，燃料部电业管理总局颁发《电能成本计算规程（草案）》，确定了成本核算原则、方法、管理制度及财务体系。电力企业建立分级财务核算体系，实行统一的财会制度。1952年，国家进行第一次清产核资工作，为摸清企业家底、加强资金管理、实行统一核算奠定基础。

劳动管理。从20世纪50年代开始，中国学习苏联做法，对发电厂劳动组织建立"小分场"（车间）制，对供电企业设立线路管理所、高低压工区，施工企业设工程队，下设班组。企业人员按照电力主管部门相应企业类型定员标准的规定，实行统一的定员管理。工资管理经历了从分散到集中的过程。1954年，大行政区撤销后，国企工资管理就集中到中央政府劳动部。1956年，进行了全国工资改革，建立了全国统一的国营企业工资制

---

❶ 李亚雄：《国有企业制度变迁:从政企合一到分离》，华中师范大学出版社，2005年，第25页。

度。主要内容：一是取消工资分制度，代之以货币，规定工资标准；二是工人实行八级工资制，干部和职员实行职务或职称的等级工资制[1]；三是工资总额实行计划管理。

物资管理。1950 年开始，中财委对煤炭、钢材、木材、水泥等 8 种关系国计民生的物资在各大区之间实行统一计划调拨制度。1952 年，中财委成立物资分配局，负责物资的分配工作。处于恢复时期的各个电力公司主要负责国家调拨分配物资的管理，当时的冀北电力公司在企业内设立材料库和采购委员会。1951 年，燃料部成立经理司，分管电力工业及煤炭、石油的物资工作。三年恢复时期，由于物资的匮乏和供应不足，实行统一计划管理，发挥了电力建设和生产保障供给的特殊作用。

国民经济三年恢复时期和"一五"时期，以政府为主导的计划管理发挥了资源配置和基建生产指挥协调的突出作用，电力建设和生产计划的超额完成，增强了以统一计划管理为特征的"政企合一"管理模式继续执行的信心。

三、全国供用电会议与统一调度的推行

1952 年 11 月 27 日—12 月 2 日，燃料部召开第一次全国供用电工作会议。由于国家大规模经济建设即将开始，电力需求将大幅增加，除集中力量投资进行电力基本建设外，这次会议的任务主要是要全面发挥潜在能力，并提出了 6 条具体要求。对电网和输变电工作来说，比较重要的是前 3 条要求。

（1）推行电力统一调度制度，使同一城市或地区全部发供电设备在统一指挥下，发挥最大的供应能力。

（2）推行定期检修和统一检修制度，以恢复全国的电力设备出力，缩短检修时间，保证发供电的安全，并使同一城市或地区全部发供电设备及部分大用户的用电设备在统一计划下进行检修，以减少设备容量，提高供应能力，保证生产用电。

（3）调整电力负荷（移峰填谷），将集中电力系统高峰负荷时间的用电负荷，移到电力系统低负荷时间去使用。

此次会议提出的推行电力统一调度制度，对促进电网的发展意义深远。随着电网的形成和发展，需要同步设立电网调度机构，开展统一调度工作。统一调度是从电网整体利益出发，将同一地区的发供电设备，在统一调度指挥下，供应地区的电力需要。其目的：一是减少地区备用容量，减少国家投资，保证安全，保证质量；二是按最经济的方式生产，降低电力生产的成本。

三年恢复时期，许多地区都已进行了不同程度的统一调度工作。东北、华北地区和上海市已初步建立了一些制度，并开始向经济调度推进。如东北电网实行统一调度发掘了 6.8 万千瓦的潜在能力，并基本上保证了水丰水电站检修期间重要工业生产用电的供应。京津唐电网从自备电厂调度出 1 万千瓦电力，保证了首都电厂主要设备检修期间的安全供电。上海电网实行统一调度，解决了 1950 年上海"二六"轰炸后电荒问题。一些利用

---

[1] 李亚雄：《国有企业制度变迁：从政企合一到分离》，华中师范大学出版社，2005 年，第 25 页。

余热发电的自备电厂，在统一调度后把原来放到空气中去的热能收回来，变为电能送入电网，实现充分利用，仅华北琉璃河水泥厂一个厂，在1952年一年中收回的电能即达到170万千瓦·时。

电网推行统一调度工作后，调整了负荷曲线，改善了负荷率，例如，京津唐地区自实行统一调度后，不但解决了平时安全运转和紧急时期保安电力问题，同时为发供电设备进行大检修工作争取了时机。东北地区电网在"水主火辅"的原则下，进行经济调度工作，改善了负荷曲线。统一调度开启了动力系统经济调度工作，通过按煤耗等微增率分配负荷从而实现经济运行，这对于降低煤耗率和成本有着重要意义。

第二节 完成恢复任务并为大规模建设做准备

三年恢复时期，中国电力工业的主要任务是保证安全发供电，并准备有重点地建设两三年内工业生产所需要的电源设备。这个时期，大力改进技术，完善管理制度，并进一步开展民主改革工作，努力消灭事故，贯彻定额管理，达到质好、量多、效率高与成本低的目标，以帮助其他工业的生产与发展。电力职工按照上述任务目标，千方百计开展修复和恢复发供电设备的工作，尤其是东北地区，发供电设备占比较大，修复恢复任务较重，但都用短短3年时间，完成了电力工业的恢复任务。例如，东北地区，1944年输变电设备规模达到中华人民共和国成立前最高水平，但由于战争的破坏以及列强的掠夺，到东北解放时，发供电设施遭到很大破坏。经过广大电力职工的艰苦工作，1949年发电装机容量恢复到1944年的57.95%，1952年恢复到1944年的67.18%；1949年变电设备容量恢复到1944年的43.55%，1952年恢复到1944年48.46%。华东地区，1952年较1949年，发电装机容量增长20.03%，发电量增长42.61%，输电线路长度增长52.29%，变压器台数增长8.49%，变电设备容量增长8.93%。西南地区，从1950年开始改造供电线路、新建35千伏变电站，至1952年基本形成重庆、成都两个地区电网。这期间，全国各地涌现了很多为抢修恢复发供电设备忘我工作、甘于奉献的感人事迹。

燃料部成立后，立即着手建立和完善发供电设备运行管理规范，针对当时安全事故频发，严重影响电力生产和供应的现状，多次召开会议、印发文件，反复要求改进技术和管理，强调把安全发供电作为首要任务。从这些会议和文件要求不难看出，这一时期在安全管理上主要形成了四点共识：一是要汲取安全事故血的教训，对危害供电安全的各种因素加强预防并及时改进，消除违反安全作业规定的行动，遵守工作守则和制度；二是要加强安全管理的组织工作，建立确保安全生产的独立体系，把以安全为中心的工作计划作为组织建立的基础；三是要建立常态化安全工作机制，达到预防事故、迅速消灭人身事故、保证供电系统安全的目的；四是要从技术上加强安全管理工作，重点解决发供电设备缺陷问题，避免由设备缺陷引发的安全问题。随着各级管理机构对安全工作的重视，基层工会组织也适时引导广大一线工人，动脑筋、想办法，从实践中总结完善各种安全生产的先进做法，"科学安全运行法""科学巡回检查法"等安全运行方法应运而生，并在全国电力行业得到推广。严格遵守从血的教训中总结提炼的电业安全生产规程制度，成为广大电业职工的基本职业操守，这为保证电力工业的健康发展、保证人民用电安全起到重要作用。

在输变电设备的运行管理方面，变电站运行值班制度、"两票三制"、设备检修规程等逐步建立和规范，为保证电力工业的健康发展打下了基础。

一、发供电设施的修复恢复

经过三年恢复改建，全国大部分发电设备基本上都恢复了铭牌出力，输变电设施也有一定程度的修复和恢复，支持了国民经济各行业的恢复。1952 年全国发供电设备恢复情况对比见表 4-1。

表 4-1　　　　　　　　　1952 年全国发供电设备恢复情况对比一览表

年份	发电设备装机容量（万千瓦）	发电量（亿千瓦·时）	35 千伏及以上输电线路长度（千米）	220 千伏输电线路长度（千米）	154 千伏输电线路长度（千米）
1949	185	43	6475	765	832
1952	196.4	72.60	8391	903	1245

东北地区，早在中华人民共和国成立前，东北电网已初具规模，1944 年，东北地区供电设施规模达到中华人民共和国成立前的最高水平。但由于战争的破坏以及列强的掠夺，东北地区发供电设施遭到很大破坏。中华人民共和国成立后，根据中共中央对东北地区确定的以"经济建设、恢复和发展工农业生产，支援解放战争"作为中心任务的指示，以及中共中央东北局《关于东北解放后形势与任务决议》精神，东北电网立即着手医治战争创伤和国民经济恢复建设。输变电设施的恢复工作加紧进行，处于东北电网重要枢纽地位的抚顺李石寨、鞍山、沈阳浑河变电所陆续恢复。经过三年的恢复和建设，至 1952 年年底，东北电网全区发电装机容量达到 88.88 万千瓦，恢复线路 1237.75 千米，占该地区输电线路总长度的 12.8%。线损率由 1949 年的 23.6%下降到 1952 年的 14.44%。地区损失大幅度下降，由 1949 年的 18.68%下降到 1952 年的 9.26%，下降了 9.42 个百分点，相当于减少线路损失 43.82%。生产经营管理明显改善，全面完成了恢复时期的任务，保证了东北地区国民经济恢复和人民生活的需要，为抗美援朝取得胜利提供了保障，为加快东北电力工业的发展创造了条件。1952 年东北电网恢复供电设施情况对比见表 4-2。

表 4-2　　　　　　　　　1952 年东北电网恢复供电设施情况对比一览表

年份	输电线路长度（千米）	变电设备容量（万千伏·安）	备注
1944	14 395	392.09	
1949	8432.18	170.74	41.42%的线路不能运行
1952	9669.93	189.99	

经过三年修复，1952 年华东地区发供电设施修复情况对比见表 4-3。

表 4-3　　　　　　　1952 年华东地区发供电设施修复情况对比一览表

年份	发电装机容量 （万千瓦）	发电量 （亿千瓦·时）	输电线路长度 （千米）	变压器台数 （台）	变电设备容量 （万千伏·安）
1949	40.17	13.12	721	106	34.93
1952	48.22	18.71	1098	115	38.05

西南地区从 1950 年开始改造供电线路。重庆更换了腐朽的电杆、横担、破碎的绝缘子以及因发热烧软的导线，调整安装不当的变压器，增设大溪沟电厂馈电线路，新建南岸大佛寺及江北茅溪两处过江铁塔，联通猫儿石、盘溪两地及李家沱与城区电网。8 月，完成大溪沟、弹子石、铜圆局、水泥厂、李家沱 5 个 33 千伏变电站建设，为全城 3 条线路联网打下了基础。1952 年，大溪沟、弹子石、鹅公岩 3 个电厂的高压输电线路统一改造升压至 35 千伏，将 3 个发电厂独立的电网联成一个整体，建成四川省第一个有多个发电厂并列运行的地区电网，初步完成了重庆供电系统的改造。成都地区通过改造供用电设备，统一输电线路电压等级，将都江发电厂和启明公司椒子街发电厂、麻柳湾发电厂并网运行，形成成都地区电网的雏形，提高了安全经济运行水平。

到 1952 年，各地大部分发供电设备修复恢复后，仍有一些残旧发供电设备需要继续恢复修复，以解决当时电力供应不足的问题。1954 年 6 月，燃料部电业管理总局在《关于加强对拆迁工程和残旧设备修复工程领导的指示》中指出，全国尚不能独立生产大量的发电设备，国外发电设备来源又有一定限度，设备的供应尚赶不上电力工业发展的需要，因此修复现有残旧设备仍然是电业建设中的主要工作。根据 1954 年基本建设计划，残旧设备修复工程投入运转的容量相当于当年新增发电容量的 35%。这些修复工程，技术上困难很多，许多发电设备要改周波（即频率），引起一系列的主设备本身的改造和附属设备的改进。不少设备在战争中曾受到严重破坏，需要重新设计制造，大部分设备没有技术资料和运行记录。为了克服在拆迁工程和残旧设备修复工程中存在的困难，加强组织上和技术上的领导，以完成国家计划，电业管理总局做出如下决定：在组织上确定专责组织和专责人员先做好设备检查鉴定工作；对于已完工的拆迁工程和修复工程做一次重点检查；对于尚未列入 1954 年计划的残旧设备进行一次全面调查，以提出修复办法，并确定与第一机械工业部（简称一机部）在修复工作上的分工，共同修复完成 5 年需要恢复的残旧设备。

二、防止电网人身设备事故

1950 年 2 月下旬，燃料部召开第一次全国电业会议，提出了 1950 年和恢复时期电力工业的主要任务，强调要保证安全发供电，要努力消灭事故。

中华人民共和国成立初期，各地接管接收的发供电设备大多比较残旧，运行状况很不稳定，事故比较多；同时，随着国民经济和各行各业的恢复，要求发供电设备能正常运行，保证供电不间断。这就迫切要求电力工作者增强安全意识，维护好设备，减少设备事故。1950 年 4 月 29 日，燃料部制定《关于所有电力系统一切设备的事故处理暂行规程》，令华北电管局 5 月 1 日起开始执行，并致函东北、华东、中南、西南和西北五大行政区工业部，转知所属单位执行。

为进一步加强安全发供电，1950 年 8 月 23 日，燃料部电业管理总局指示所属企业进行一次以安全为中心的全面检查，并附发安全检查的各项要求、技术标准、参考资料等，以此为依据开展检查。这次检查，从 3 份附件资料来看，非常严谨、细致，安全检查工作的严肃性、规范性开始形成。自此，对发供电设备的安全大检查逐步成为一种常态化工作。

1951 年 1 月，燃料部电业管理总局发出《关于颁发"冬季运转注意事项"的通知》，要求各电业局根据实际情况，拟订适用的、在冬季运行中操作需注意的事项，教育职工切实执行。这份通知关注了发供电设备因季节变化而出现的运行问题，要求各企业制订针对性措施，避免发生设备事故。

1951 年 3 月，燃料部召开第二次全国电业会议，强调要将生产水平提高一步，保证国民经济部门得到充分和连续不断的电力供应，基本消灭事故。针对当时供电系统事故和人身伤亡事故都比较严重的状况，电业管理总局为了抓好安全供电工作，先后采取了一系列措施：4 月，发出《关于为保证供电安全加强季节性预防事故工作的指示》，要求电力部门进行每年一次的季节性突击安全检查；4 月下旬，召开全国安全供电会议，会上提出了《关于安全供电和技术保安工作的几个问题》的总结报告；7 月，发出《关于加强防止人身故事的通报》《关于制订全面安全工作计划的指示》；10 月 24 日，发出《关于加强冬季预防事故工作的指示》。

随着安全工作的开展，电业主管部门的要求从安全工作的计划性、预防性，向安全工作的技术性方面加强。1951 年 11 月 10 日，燃料部发布《对今后电业技术安全工作的指示》，指出今后工作必须掌握三个中心环节，来积极进行反事故斗争。三个环节包括迅速充实技术安全检查机构，并明确其组织领导、职权及分工，以便系统地、有计划地进行消灭事故的工作；严格规程制度的执行；有重点地解决发供电设备缺陷问题，电力系统方面要重点解决保护、稳定及过电压，主变压器烧毁、断线、绝缘子漏电等问题。从技术角度加强安全工作，更加触及了安全工作的本质。

1952 年 11 月 27 日—12 月 2 日，燃料部召开的第一次全国供用电工作会议再次重申要保证发供电安全。

恢复时期，从组织措施、规程制度到技术保证，电业主管部门高度重视安全发供电工作，坚决要求运行单位防止和减少人身和设备事故，安全发供电逐步成为电业工人的基本职业操守，为电力工业和电网的发展提供了基本保障。

三、电业工会推行"科学安全运行法"

中华人民共和国成立初期，电力基层工会组织就积极领导群众恢复生产，为保证安全发供电昼夜奋战。由于大部分设备残旧，必须加强维护管理，不断地巡回检查，才能保证供电不间断。搞好巡回检查难免增加了劳动强度，因而有些先进生产者动脑筋、找窍门，缩短巡回路线，改进检查方法。当时的东北电业管理局首先总结形成了一种"安全运行法"，后来全国电业工会在燃料部电业管理总局、东北电业管理局帮助下，进一步总结了东北、华东各地电业单位经验，固定为一种先进的工作方法。1952年9月2—7日，电业工会召开总结推广安全先进经验会议，把这个先进的工作法定名为"科学安全运行法"，并发出《为贯彻和丰富电业系统中的"科学安全运行法"而奋斗》的文件，要求在政治、组织及技术方面已经有基础的单位立即研究并掌握"科学安全运行法"的精神，在发、供、变、配（电）各方面，加以贯彻执行，获取经验。条件还不具备的单位应抓住其中的一个主要部分大力推行"科学巡回检查法"。这个工作法，在当时和其后相当长一个时期内，在全国发供电设备自动化水平很低，缺少必要的遥测、遥信和起码的遥控手段时，依靠广大群众科学运行、多跑勤看，是非常必要的。而且经过这一批电业工人勤学苦练基本功，安全发供电的思想深入人心。后来，尽管电业主管部门对基本功的内容及训练方法不断更新，但安全发供电思想从整个50年代直到60年代中期持续保持。

四、变电值班制及"两票三制"的实行

从恢复时期开始，变电所运行人员一般是24小时值班，每日分3班8小时轮流值班。中、小型变电所多采用在家值班制或夫妻在家值班制。有些地区加强了遥测、遥信、遥控措施后，开始实行无人值班制，由中心变电所定期或按时派人检查和操作。无人值班制在"文化大革命"中曾因受到批判而被取消，"文化大革命"后又陆续恢复。大型或枢纽变电所都设24小时有人值班。

变电所值班实行"两票"（操作票、工作票）、"三制"（交接班制、设备巡回检查制、设备定期试验轮换制），实行操作模拟演习、监护、唱票等一系列防止误操作的组织措施和技术措施。变电所的规程较多，一般是根据部颁典型规程结合本地电力系统情况，由网局或省局制订统一的变电运行规程，例如，《电业安全工作规程》《电业生产事故调查规程》《变压器运行规程》《继电保护及安全自动装置规程》等。变电所的技术档案较多，主要有各种图纸图表和记录簿，例如，一次系统接线图、变电所用电系统图、直流系统图、操作记录簿、运行工作记录簿、设备缺陷记录簿等。

五、《电业检修规程》及配套规程颁布

发供电设备是电力生产的基础，这些设备只有随时都处于良好的技术状况，才能保证生产的安全性、稳定性和经济性。中华人民共和国成立前，没有严格意义上的设备管理，只要不出故障，设备就一直运行，什么时候实在撑不住了，才停下来修理，而且缺少必需的备品配件，因设备都是国外制造的，国内没有制造能力，即使修理，也多半是凑合、对付使用，因而故障不断，经常停电。

中华人民共和国成立后，各地区派出技术人员参加燃料部举办的机、炉、电各类讲习班，学习苏联经验，由苏联专家和国内专家讲课，并组织到全国各地修复国民党撤走时破

坏的发供电设备。从 1951 年起，燃料部陆续颁发《电业检修规程》，以及相应配套的《检修质量验收规程》《电气预防试验规程》《架空送电线路检修工艺规程》《变电设备检修规程》《线路检修规程》《事故抢修制度》等。1954 年，燃料部颁发《电力工业技术管理暂行规定》，进一步明确了预防性计划检修设备的要求。

根据上述规程，各地区电管局、省电力局结合本地、本省实际情况也相继制订了各种检修规程和检修制度，使送电、变电、配电设备的检修做到有章可循。一般送电线路每年进行 1 次绝缘子清扫，每 5 年 1 次线路大修，主要是更换导线、横担、绝缘子，校紧杆塔螺丝及刷油等。有时结合技术改造项目，同时进行变电设备春季、秋季一年两次定期检修和预防性绝缘试验；主变压器每 5~10 年大修 1 次；主断路器每 2~5 年大修 1 次；其他调相机、互感器、电抗器等设备都按规定大小修检修周期进行。

第三节 工矿企业复工扩产促成 35 千伏电网形成

三年恢复期的电网建设，除东北地区外，其他地区主要从 35 千伏❶这一电压等级起步进行输变电设施的修复与新建。围绕大城市周边，河北、河南、安徽、上海、陕西、重庆、湖南等省市开始建设或改造 35 千伏及以上电网。为了满足一些重要工农业用户的用电需要，电力供应打破行政区划界线，形成早期的跨省电网，例如邯峰安 35 千伏跨省电网，充分发挥了河北峰峰电厂发电能力，为河北南部和河南北部的工矿企业恢复发展提供了有力支持。上海作为全国工商业最为发达的城市，中华人民共和国成立初期面临全市电力供应不平衡、各个独立的配电网之间缺乏联络、供电能力发挥不充分等问题，为解决这一问题，上海开始构建 35 千伏环形电网，这也是中华人民共和国成立后全国建设最早的城市单环网。从孤立电网向互联电网发展带来的好处是显而易见的，主要表现在：一是能充分发挥网内电源的互相调剂、互为备用的作用；二是有利于统一调度的开展，提高电网的供电可靠性和运行经济性；三是有利于加强供电安全。随着国民经济各行业的恢复，对电力的需求快速增长，各地经过时间不长的 35 千伏输变电工程建设，开始迅速向 110、220 千伏电网发展。

1949 年，全国共有 35 千伏及以上线路长度 6475 千米，大部分分布在东北地区、京津唐地区和上海及周边一带沿海城市。经过三年恢复期，大部分设备和线路得到修复。至 1952 年，全国共有 35 千伏及以上线路长度 8391 千米，其中，220 千伏线路长度 903 千米，154 千伏线路长度 804 千米，110 千伏线路长度 319 千米。

---

❶ 由于各电厂建设是分散且无统一计划的，所采用的电压等级来自多个国家的不同标准，共有 22、33、44、66、77、110、154 千伏和 220 千伏。在 35 千伏这一级采用了 22、33 千伏和 44 千伏三种电压。这样多的电压等级使运行工作复杂起来，给电器制造工业部门供应设备也造成了许多不必要的困难。—摘自李代耕编著：《新中国电力工业发展史略》，企业管理出版社，1984 年，第 9–10 页。

一、邯峰安35千伏跨省电网形成

河北峰峰电厂位于邯郸市峰峰矿区。中华人民共和国成立后，峰峰电厂1951—1956年间曾4次扩建，装机容量达3.67万千瓦。峰峰电厂原为发供合一、生产与经营合一的电厂，先后向邯郸市区各县和河南安阳市送售电。1951年12月建成35千伏河北峰峰电厂至邯郸线路，线路全长34.4千米，由峰峰电厂向邯郸市区供电。

当时，临近河北的河南安阳市恒大铁工厂、普润面粉厂、豫北纱厂等一批工厂相继复工，豫北纱厂扩建25 000纱锭，安阳市原有的368千瓦发电机组和纱厂自备的240千瓦发电机组已满足不了当地用电需求，经当时的平原省工业厅批准，决定从河北峰峰电厂引进电源。1951年8月，峰峰电厂至安阳豫北纱厂变电站的35千伏输变电工程开工建设，线路全长39.38千米（其中，河南境内17.1千米），安阳豫北变电站主变压器容量1000千伏·安，1952年7月1日投产。这是河南省最早的35千伏输变电工程，结束了安阳市小电厂自发自用的历史。峰安线是邯峰安电网第一条全水泥杆线路，并在跨越漳河处安装了第一座酒杯型铁塔。峰邯线、峰安线的建成，初步形成邯峰安35千伏跨省电网。随后，以河北峰峰电厂为电源中心的35千伏电网建设得到加强，至1957年，在冀南和豫北地区建成河北峰峰电厂[1]、安阳豫北变电站、鹤壁孙圣沟变电站、峰峰北大裕变电站之间的35千伏环形供电网，以确保鹤壁煤矿的安全供电。

二、上海市区形成35（33）千伏环形电网

1949年5月上海解放时，市内6家中外电力公司均自成网络，分区域独立经营，并选用不同的电压标准。为加强原来处于分割状态的全市各个独立配电网之间的联络，使各电力公司配电系统的供电能力得到充分发挥，在上海市人民政府公用局电力处统一协调下，从1950年起，着手建设环绕全市的33千伏环形电网。当时，浦西地区已建有从闸北水电公司电厂经淞沪变电所到中山变电所，再连通华商电气公司经营区域的漕溪变电所直至南市变电所，以及闸北水电公司电厂与美商上海电力公司江边电站之间的33千伏输电线路，此时浦东地区还没有33千伏输配电设施。

1950年年初，上海市人民政府公用局开始筹建上（电）南（市）33千伏过江输电工程，这是中华人民共和国成立后，上海首次投资建设的一项规模较大的输配电工程。整个工程于1950年9月1日开工，上海市市长陈毅曾亲临施工现场，极大地激发了上海电业职工参加输电工程施工的积极性。

整个工程自美商上海电力公司江边电站起，采用地下电力电缆至黄浦江边，连接过江水底电力电缆至浦东，由地下电力电缆至浦东大道转角处，经33千伏架空线进入居家桥

---

❶ 河南安阳与河北峰峰电厂供用电关系密切。1962年，安阳电厂划归邯峰安电业局管辖。1963年1月，安阳供电所从安阳电厂分离出来，成立邯峰安电业局安阳供电所。1965年，河南与邯峰安系统联网运行，这是河南电力系统首次与省外联网。当时河南电力系统发电装机容量为26.09万千瓦，邯峰安电力系统发电装机容量为15万千瓦。1969年，安阳供电所归属河南省电力公司。此时，河南与冀南（邯峰电网）电力系统仍保持联网运行。1972年，两系统解列。

变电所，再延伸至浦东电气公司张家浜变电所，然后经上钢变电所，通过地下电力电缆至黄浦江边，再次连接过江水底电力电缆穿越黄浦江至浦西，沿半淞园路与华商电气公司辖区内的南市变电所接通，全线长度为 13.33 千米。该工程的江边电站至居家桥变电所的一段 33 千伏电缆与架空线混合输电线路，于 1950 年 10 月 3 日建成通电，形成环绕全市的 33 千伏环形电网。

33 千伏环形电网的建成，使各电力公司由原来分散经营的输配电网联成一个整体，尤其是使电力生产能力较弱的浦东地区的供电能力明显增强，也便于各电厂间电力调度工作的开展。

1953 年，燃料部明确规定 35、10 千伏和 380/220 伏为配电网络的标准电压，为此，新成立的上海电业管理局将 33 千伏线路升压到 35 千伏运行。

三、安徽省 35 千伏皖中、皖南电网建设

1951 年 7 月 1 日，安徽省自建的第一条 35 千伏田家庵至合肥输电线路动工，9 月 21 日以 22 千伏送电，次年 11 月，建成田家庵至蚌埠 35 千伏输变电工程，以 22 千伏运行。1954 年，田合线、田蚌线和淮南矿区输电线路均由 22 千伏升压为 35 千伏供电，形成淮南、合肥、蚌埠之间的 35 千伏皖中电网。

1952 年 8 月，皖南地区建成马鞍山至芜湖 35 千伏输变电工程，与芜湖明远电厂联网，向芜湖市供电。20 世纪 50 年代后期，国家开发淮北煤田，建成以濉溪、蔡桥等电厂为电源，5 条总长 125.36 千米的输电线路和 4 个总容量 3.07 万千伏·安的变电所的 35 千伏淮北电网，向淮北各煤矿和濉溪县、宿县等工农业用户供电，后又延伸到固镇、灵璧、泗县。沿江和沿淮等河流建设一些大中型电力排灌站，35 千伏变电所随之兴建，送电线路也随之延伸。

四、江南电力网的恢复发展

国民党政府时期筹建的南京至马鞍山 66 千伏输电线路（宁马线），在中华人民共和国成立后恢复施工，于 1950 年 5 月 10 日建成，线路全长 45.44 千米，其中安徽段 32 千米，由马鞍山至南京中华门变电所，为当时常州—南京—马鞍山 66 千伏江南电力网的组成部分，是中华人民共和国成立后华东地区电压等级最高、投产最早的一条输电线路，也是安徽省首个跨省联网工程。因马鞍山矿业生产负荷只有 500 千瓦，宁马线先以 33 千伏供电。1953 年 2 月南京萨家湾变电所扩建，升压至 66 千伏，宁马线改接萨家湾变电所，升压为 66 千伏运行。同时，马鞍山发电厂复装机组投产，通过宁马线与下关发电厂并网运行，南京地区与皖南地区开始联网。

五、陕西省首个 35 千伏电网形成

三年恢复时期，随着纺织厂、面粉厂、车辆厂、制药厂、印染厂、米厂等生产设施的相继投产，西安地区生产用电需求增长迅速，三桥、咸阳两地兴建的大型纺织厂基建安装

也亟待用电。1950 年，西安人民电厂 3 号机未修复前，西安地区最高用电负荷已达 2503 千瓦，接近发电机满载运行水平。由于当时用电负荷功率因数偏低，实际上发电机已经超铭牌运行。为缓解电力负荷急剧增长的形势，满足咸阳、三桥地区新增用电需求，1951 年 4 月，建成西安经三桥至咸阳的 35 千伏、27 千米输电线路，同时建成西安、三桥、咸阳 3 座简易型 35 千伏变电站。西安—三桥—咸阳工程的建成，构建了陕西省第一个 35 千伏电网，该工程也是当时西北地区最高电压等级的电网工程。同年，又架设西安经三桥至咸阳Ⅱ回 29.55 千米的 35 千伏输电线路，并同时在咸阳建设 1 座比较正规的 35 千伏变电站。该站初期投运 1 台 35 千伏主变压器，容量 5600 千伏·安，与西咸Ⅰ回线接通。

除供西安市用电外，还通过 2 回 35 千伏输电线路将电力送到咸阳，实现了跨地区供电。在 35 千伏西咸线建成以前，为满足咸阳市区电力负荷应急之需，燃料部列车电业局在咸阳装设 1 台 2000 千瓦汽轮发电机组的列车发电站，但尚未与西安人民电厂并网运行。为提高供电可靠性，1952 年，装机 2000 千瓦的成丰面粉厂自备电厂与西安人民电厂联网。

1952 年，跨地区供电的西安电网已有 6 千伏、35 千伏和 380/220 伏 3 个电压等级，有 2 座装机总容量 8595 千瓦的电厂。当年供电量 2840.98 万千瓦·时，电力用户数 8273 户，最高负荷 6550 千瓦，售电量 2612.54 万千瓦·时，全网线损率 8.04%，各电压等级变压器总容量 25 300 千伏·安，为 1949 年的 4.5 倍，高低压电力线路长度共 126.45 千米。

六、河南省建成 35 千伏环形电网

1952 年，新乡电厂经过扩建，总装机容量已达到 3050 千瓦。当时新乡、汲县两地的工业生产都以纺织工业为主，产值居第二位的汲县华新纱厂以自备电源进行生产，受到很大限制。为支援华新纱厂和汲县其他行业的用电，1952 年 8 月，新乡电厂至汲县的 35 千伏输变电工程开工建设，线路全长 23.2 千米，汲县变电站主变压器容量 1250 千伏·安，于 1953 年 1 月正式投运。

郑州市在国民经济恢复时期定位为以纺织工业为主的工业发展城市，新工业区规划在老市区的西北部，沿京广、陇海两大铁路走向发展。当时郑州二马路电厂经过扩建，发电装机容量已增至 4000 千瓦，但仍不能满足全市工业发展用电的需要。因此，又新建郑州火电厂，安装 2 台 0.6 万千瓦机组，1953 年 10 月正式发电。为保障新电厂外送能力，1953 年开始架设由郑州火电厂升压站至西沙口变电站的 35 千伏输电线路，并建设西沙口 35 千伏变电站（通过 6.3 千伏线路与二马路电厂联接）。1954 年，又在新市区的纺织工业中心建设牛砦 35 千伏变电站，同时架设郑州火电厂至牛砦变电站及牛砦变电站至西沙口变电站的 35 千伏输电线路，形成郑州火电厂、西沙口变电站、牛砦变电站三角形的 35 千伏环形供电网络，对保障郑州新老市区的安全供电起到重要作用。

七、湖南省内分区建设 35 千伏电网

湖南省电网建设从长沙、湘潭和株洲地区起步。由于湖南省装机 3500 千瓦的长沙电厂不能满足用电需要，而湘潭下摄司电厂却有多余电力，在 1950 年 1 月，建成湖南省第

一个 35 千伏长沙至湘潭下摄司输变电工程。同年，建设株洲白石港变电站，将下摄司至白石港的线路由 6 千伏改建为 35 千伏，初步形成长沙—湘潭—株洲电网。1951 年，建成衡阳电厂至水口山 35 千伏输变电工程。1953—1957 年，衡阳地区建成第二个 35 千伏衡阳电厂至茅坪输变电工程，形成 35 千伏衡阳电网雏形。郴州地区鲤鱼江电厂、资兴煤矿三都电厂和湘水煤矿电厂实现 35 千伏并列运行，形成 35 千伏鲤鱼江电网。湖南省 35 千伏电网的建设，满足了长沙、湘潭、株洲、衡阳、郴州地区在三年恢复时期和"一五"计划期间工业、矿山生产对电力的需求。

八、重庆地区 35 千伏电网的改造与规范统一

至 1949 年，重庆地区已形成 5 个独立的电网，分别为重庆电力股份有限公司、国民党政府资源委员会长寿发电厂、巴县电力公司、万县电厂和北碚富源水力发电公司的电网，共有 5.25、6.6、13.2 千伏和 13.8 千伏电压等级输电线路 136.76 千米，低压配电线路 209.27 千米，配电变压器 169 台，容量 20 309 千伏·安。1950 年 4 月 30 日，西南军政委员会接管重庆电网，西南和重庆地区电力部门为提高电网运行的安全性和经济性，决定对原有电网进行规范电压等级改造。

1952 年将大溪沟、弹子石、鹅公岩电厂的升压站由 13.8 千伏改造升压为 35 千伏。大溪沟电厂以 35 千伏和 10 千伏向外送电，主要供市中区、遗爱祠和江北城区用电，并从遗爱祠架设 35 千伏线路跨越长江与南岸弹子石电厂联网。另一条 35 千伏线路从遗爱祠接到鹅公岩电厂，使 3 个孤立运行的电厂实现联网。另有一条 35 千伏线路从铜圆局变电站至李家沱变电站，将原巴县电力公司 13.2 千伏和 6.6 千伏电压等级，改造升压为 35 千伏和 10 千伏，从而基本形成了重庆地区统一电压等级的供电网络。同年，南岸大佛寺至江北 35 千伏过江线开建，随着第一座 35 千伏、变压器容量 1500 千伏·安的南岸弹子石变电站和大溪沟至弹子石线路的建成，西南地区新建的第一个 35 千伏电网诞生。

1953 年，重庆新建大溪沟—矛溪—弹子石、李子坝—小龙坎、鹅公岩—大渡口等 9 条 35 千伏输电线路，共 79.2 千米。

第五章

大规模电网建设起步（1953—1965）

　　1953—1965 年，正值国民经济"一五"计划、"二五"计划和三年调整时期，以"一五"计划的实施为起点，中国开启了有计划、大规模经济建设和工业化发展的道路，这也是中国电网开始真正大规模建设的开端。

　　这一时期，按照中央政府的统一部署，从中央、大区到全国各省电业管理机构陆续设立，并实现集中统一管理。各省陆续建立一级二级统一调度机构，为电网联网运行做好了准备。

　　这一时期，电网和输变电建设适应"一五"时期工业发展特别是新工业地区建设的需要，配套电源建设扩充发展电网。通过配套苏联援建的 156 项重点工程，中国电网建设获得了学习、消化、吸收的极好机会，从工程的设计、施工，到投产后的生产、运行管理，都受益匪浅，电网与输变电发展有了一个很好的开端。"一五"计划提前超额完成任务，"无论在生产或基本建设方面都取得了辉煌的成就"[1]。"一五"计划的超额完成，极大激发了广大电力职工的工作热情。"二五"计划的建设重点仍是继续进行以重工业为中心的工业建设，在满足重工业发展的基础上，电网继续得到完善和壮大。"二五"计划前期执行比较顺利，后期进程被"大跃进"打乱。这一时期，电力工业布局改变了原来偏集于一些地区的不平衡状态，基本上适应了整个工业布局的需要。同时，受主客观因素的制约，电力工业内部发展不够平衡，电网投入不足，缺乏网架规划，电网发展滞后于电源的发展。

　　这一时期，随着电网的扩大延伸，为电网安全、稳定、经济运行提供支撑的科研、设计和施工队伍逐步建立，各项工作步入初步发展的轨道。输变电装备的研发仍处于学习和仿制阶段，但自主研发、设备国产化的趋势已经十分明显。

　　三年调整时期，电力工业贯彻落实中共中央部署，按照"调整、巩固、充实、提高"八字方针，以及《国营企业工作条例（草案）》，开展了中华人民共和国成立后的第一次企业整顿。一年多的整顿成效明显，电力工业和电网发展重新走上正常发展道路。

　　至 1965 年，中国电网 35 千伏及以上输电线路长度达到 64 585 千米，是 1949 年的 9.97 倍；35 千伏及以上变电设备容量达到 2858 万千伏·安，是 1949 年的 8.26 倍。

---

[1] 李代耕主编：《新中国电力工业发展史略》，企业管理出版社，1984 年，第 54 页。

第一节　电力工业管理体制基本形成和第一次企业整顿

"一五"时期是中国电力工业管理体制基本形成的关键时期。从中央到大区电管局再到各省电力局，基本形成了适应电网建设和运行的一整套管理体制，即以国家主管部门为主导、以省为建制组建各省电业局的计划管理体制。"大跃进"期间，权力层层下放造成电网管理分割，削弱以致破坏了电网的统一性，给生产带来了损失和困难。党中央及时纠正了错误，电力企业管理权限在调整时期重新收回。同时，电力行业通过建立健全与电网特点相适应的调度机构，运用电网技术手段开展经济调度，为保证电网安全创造了条件。随着电网建设的大规模开展，设立部属科研机构，成立省级中心试验所，围绕电网安全、稳定、经济运行开展相关研究。

1961 年开始，电力工业贯彻"调整、巩固、充实、提高"八字方针，并按照中共中央颁布的《国营企业工作条例（草案）》，各电力企业针对规章制度松弛、事故增多、不讲经济效益等问题，开展企业整顿。一年多的整顿，逐步改变了企业的混乱状况，基本恢复了电力企业正常的生产管理秩序，各项经济技术指标向好。

一、电力部的设立及水利部、电力部的合并

"一五"时期，随着能源工业的快速增长，燃料部所属电力、煤炭、石油行业各自发展迅速，燃料部的管理模式已不能很好地适应各方面的发展要求。

1955 年 7 月，第一届全国人民代表大会第二次会议决定撤销燃料部，成立煤炭工业部、石油工业部、电力工业部，燃料部所属电业管理总局建制同时被撤销。

1958 年 1 月，中共中央在南宁召开工作会议（简称南宁会议）。南宁会议与中国电力工业有着重大关系，会上提出了"水主火辅"的电力工业长远发展方针。为了贯彻落实"水主火辅"的发展方针，此次会议还建议从组织上把水利部、电力部两部合并起来。这样，在安排水电项目方面，有不同意见可以在部内讨论、部内解决，可以统一领导、统一思想、统一计划、统一使用力量，加快把水电搞上去。

1958 年 2 月，第一届全国人民代表大会第五次会议通过决定，将电力部与水利部合并，成立水电部。同年 3 月，水电部正式成立，原水利部部长傅作义为水电部部长。两部合并后，地方上的水利、电力机构也都做了相应变动。一直持续至 1979 年 2 月，水电部再度分设为电力部和水利部。

二、大区电业管理局的调整

1954 年 6—12 月，根据《中央人民政府关于撤销大区一级行政机构和合并若干省、市建制的决定》，东北、华北、华东、中南、西北、西南 6 个大区军政委员会或人民政府相继被撤销，燃料部陆续调整了电业管理总局所属机构。1955 年电力部成立后，继续调

整各大区电业管理局机构。

经过 1954 年下半年至 1957 年上半年的调整，电力部下属各大区电业管理局设置情况为：设立北京电业管理局，行使华北地区各省、市电业管理职能；设立沈阳电业管理局，行使东北地区各省、市电业管理职能；设立上海电业管理局，行使华东地区各省、市电业管理职能；设立武汉电业管理局，行使中南地区各省、市电业管理职能；设立西安电业管理局，行使西北地区各省、市电业管理职能；设立成都电业管理局，行使西南地区各省、市电业管理职能。

1957 年下半年，中央国家机关开展反官僚主义运动，批判了机关和各级管理机构庞大臃肿、层次过多、分工过细、集中过多以及配合协作不够等缺点，要求改革体制，权力下放和精简机关。

1957 年 12 月 19 日，电力部根据国务院《关于改进工业管理体制的决定》精神，制定了电力管理体制的改革方案，经国务院批准，从 1958 年 1 月起施行。这个方案确定按省建制和电网系统组建电业局，由电力部直接领导。主要内容是：撤销 6 个大行政区的地区（区域）电业管理局，将 25 个电业局分别改组为省电力局或供电局，将部分电力企业下放给地方政府，实行中央和地方双重领导的体制。

按这一原则，从 1957 年年底至 1958 年年初相继撤销了西安、沈阳、北京、上海、武汉、成都等电业管理局。

通过这样的调整，解决了两个方面的问题。一是撤销了大区电管局，精简了一层中间管理机构，使电力部更接近于生产单位，对于深入群众、改进领导、克服官僚主义和主观主义有好处。二是使企业的组织设置更适应于行政建制，便于加强地方党和政府对企业的监督和领导，从组织上保证更好地实现中央关于双重领导的规定。这次改革也解决了集中和分散的统一问题，适当地扩大了基层企业的管理权限。

三、部属省电业局的成立及下放

从 1957 年年底至 1958 年年初，在撤销 6 个大区电业管理局的同时，先后成立电力部直属的山东省电业局、辽宁省电业局（管辖辽吉两省电力工业）、黑龙江省电业局（属电力部与黑龙江省双重领导）、北京市电业局、河北省电业局、山西省电业局、上海市电业局、湖北省电业局、云南省电业局、四川省电业局、贵州省电业局、湖南省电业局、陕西省电业局、甘肃省电业局、邯峰安电业局 15 个电业局和 1 个列车电业局。同时，将南京电业局、徐州电业局下放到江苏省政府领导，将广州电业局下放到广东省政府领导。全国其他省、市、区都设立了管理电业的专业机构——电业局。

正如电力工业管理体制改革方案确定的原则，部属 15 个省电业局是按省建制和电网系统特点组建的。例如，根据跨省、市电网系统特点，保留或组建了管理东北电网的辽宁电业局，管理京津唐电网的北京电业局和管理邯峰安跨省电网的邯峰安电业局。而其他省电业局的设立，也考虑了各省、市构建形成的电网系统特点，并结合各地电力管理体制形成的实际，适当进行了归并、划转。以湖北省电业局的设立为例。1951 年，武昌—大冶

66 千伏输变电工程建成，形成了以黄石电厂为主要电源的武汉冶 66 千伏电网网架，武汉冶电业局应运而生，主要管理武汉冶电网内的电力企业，隶属于中南电业管理局。此后，中南电业管理局改组为武汉电业管理局，仍为大区电业管理局，武汉冶电业局划归武汉电业管理局管理。1957 年 9 月，110 千伏青山—铁山输变电工程投运，湖北电网开始了以青山热电厂为中心的武汉冶 110 千伏电网建设，武汉冶电网进一步加强。1958 年年初，武汉电业管理局被撤销，主要以武汉冶电业局为基础设立湖北省电业局，初期的管辖单位包括武汉、黄石的 6 个发电厂、4 个线路工区和 1 个营业所。其后，随着电网的扩大，划入省电业局管辖的发电、供电、用电单位逐渐增加。

按这次电力工业管理体制改革方案，特别设立了一个列车电业局。1956 年 5 月，电力部列车电业局在保定市前屯建列车电站基地。9 月，列车电业局机关自北京搬迁到保定基地办公。1957 年，发展为 7 台列车电站。1958 年 10 月，进行机构调整，直属单位有动力学院（后改为保定电力学校）、保定装配厂、保定锅炉制造厂、保定电机制造厂、保定汽机制造厂、保定炼铁厂、列车电业局武汉装配厂、北京办事处、列车电业局 1～29 列车电站及"跃进号"船舶电站。1959 年 6 月，在保定成立列车电业局中心试验所。1960 年 6 月，列车电站增加到 34 部，分布在全国 22 个省、市、区。1962 年 8 月，列车电业局机关由保定市搬回北京。

为了依靠地方实现"超英赶美"，1958 年经济体制改革的中心就是把中央各部所属企业下放到地方管理，扩大地方管理工业的权限。1958 年 4 月，中共中央和国务院发出《关于工业企业下放的几项规定》，要求除特别规定的企业外，"其余企业，原则上一律下放，归地方管理"。6 月 2 日，中共中央发布《关于企业、事业单位和技术力量下放的规定》，把体制下放问题进一步具体化。

在此背景下，水电部将 1958 年年初刚刚上收的部属电力企业又重新下放给各省（市、区）领导。水电部下放企业工作从 1958 年 5 月开始。水电部提出了下放企业的原则意见，即只管少数大型工程；成立辽吉电业管理局及北京电业管理局，分别领导与管理跨省的东北电网和京津唐电网；其他部属各省电业局，火电、送变电施工队伍，部分电力设计院等均下放到各省、市、区政府领导与管理。一些电力企业下放后，有的省又搞层层下放，有的把电力企业甚至下放给人民公社管理。

这次中央企业下放的初衷是为了调动地方的积极性，进而依靠地方实现"大跃进"。但从实际情况来看，有些下放做过了头，没能收到预期效果。1960 年冬，国民经济进入调整时期，水电部按照中央提出的"调整、巩固、充实、提高"八字方针，对电力工业管理体制做了调整，把前三年下放过多的企业和管理权限重新收回。从 1961 年开始，原来被下放到省、市、区的电管局、电业局又重新划归部属。东北、西北、华东、西南各大区电管局相继恢复或成立。

1961 年到 1965 年的这次改革，由于强调双重领导，使原有的地方电业和已交出的企业都必须在专业上接受电力工业的垂直领导；同时，密切了和地方党委政府的关系，可以更好地依靠地方党委政府的领导，下放企业中的许多重大问题，能够及时请示汇报，及时得到解决。

但这次改革也留下一些后遗症，其中比较突出的是，撤销大区电业管理局以后，也相继不同程度地分割了电网。东北电网在中华人民共和国成立前已具雏形，下放后，黑龙江成立省电力局，从东北电网分出去，东北电网只留了一个辽吉电管局。华东电网本来就是弱联系，下放后基本上是苏、浙、皖三省和上海市各自平衡，只在高峰时少量地调剂余缺。最后只剩京津唐电网，因靠近中央才勉强保留下来。没有联网的地区，在规划计划上只能以区块为主进行平衡。这些都削弱了从战略布局、系统规划上合理充分地利用资源的能力。

四、电力部技术改进局等科研院所陆续成立

1949 年以前，电力工业没有专门的科研机构，仅在当时有电网的东北、平津唐地区和上海市，设有电工（气）试验所（室）。日本侵占的东北，在满洲电业株式会社下，设有长春、沈阳、大连和哈尔滨 4 个电工试验所。

中华人民共和国成立以后，随着电力工业发展的需要，电力科研机构和科研队伍才逐步建立和健全起来，1951 年组建燃料部电业管理总局中心试验所（简称电总中试所，1955 年改组为电力部技术改进局），1956 年在北京良乡成立电力建设研究所，1958 年在北京成立水利水电科学研究院，1966 年在西安成立西安热工研究所。这些科研机构的成立和发展，为电网和输变电事业走上独立自主、自力更生之路，缩小与发达国家之间的差距做出了重要贡献。

20 世纪 50 年代初期，在燃料部电业管理总局领导下，一方面加强各电网和电厂原有的试验机构；另一方面，开始组建面向全国的中心试验所，电总中试所正是在这个时候发展起来的。1951 年 7 月，电总中试所以原冀北电力公司工程处试验室为基础组建，最初设有电气、热机、仪表和化学等专业室，约有 110 人，主要担负华北地区发电厂、变电所的一般生产性电力试验工作。该所原址在北京顺城街，因业务发展，不久后向南扩展到西交民巷。1952 年前后，电总中试所力量迅速壮大，专业范围扩大，分工细化，试验内容开始面向全国，几乎包括电力工业的全部生产过程。随着大规模电力建设的展开，电总中试所分工负责运行方面的试验研究，把刚建立的土工试验室划给基建单位，当时一度曾将良乡修造厂与电总中试所合并统一领导，但因业务不同，不久便分开了。1953 年，电总中试所在北郊清河动工兴建北京清河电力科学试验基地，1954 年竣工搬迁。电总中试所迁清河时，其中一部分人员在原址建立华北电管局中心试验所。1955 年 9 月，电总中试所扩充后成立电力部技术改进局，承担全国电网、发电厂的技术改进和试验工作，并开始进行一些关键性课题的研究，还承担运行经验总结、事故统计分析、重大事故调查以及技术规程、规范的制订和修编、专业技术培训等技术管理工作。1964 年，水利电力部技术改进局改组，扩大为电力科学研究院。电力科学研究院是电力部门最大的电气科研机构，主要从事电力方面的应用科学技术研究，同时进行必要的科学技术理论研究。在提高电网安全运行、调度自动化水平，改善电能质量，节约能源和提高经济效益等方面，围绕电力生产和建设开展科学研究工作，为电力发展规划提供决策依据。

五、东北电业管理总局中心试验所及各地电力试验所设立

1949 年 10 月 15 日，东北电业管理总局于沈阳成立国内第一个电力试验研究单位——东北电业管理总局中心试验所（简称东北中心试验所，后改称技术改进局、东北电力试验研究院）。同年 12 月，"中苏友好条约"签订后，苏联专家维尔斯克夫等组成顾问小组抵达东北，帮助东北电业管理总局恢复和发展东北电力工业。这个顾问小组对东北中心试验所建立初期的工作给予了很大的支持。该所成立初期，设有高压、继电保护、仪表、化验等专业组。1950 年，该所承担鞍山一次变电站两台调相机修复工程，实现调相机启动的自动化。同年，东北中心试验所在国内首次试制了带电绝缘子测定器，并在当年进行了12 个发电厂、8 个一次变电所和 92 个二次变电所的保安试验和仪表整定工作。1951 年，该所高压科利用残旧电力电容器组装成第一台 100 千伏冲击电压发生器，还先后试制成功变压器温度检查器、介质损失角试验器等，供东北地区电气试验使用。1952 年，试制成功两套自动重合闸装置，1953—1955 年制造自动重合闸装置 200 余套。1953 年 9 月，受燃料部电业管理总局委托，东北中心试验所举办全国继电保护与自动装置训练班。同年，该所制造比较型压接管试验器 25 台，供 220 千伏高压输电线路松东李工程工地使用。1953 年开始，东北中心试验所开始有计划地对东北地区各发电厂和二次系统继电保护进行大规模的技术改造。1955 年，该所制定《东北地区设备绝缘预防性试验规程》。1955—1956 年，参加苏联援助的东北超高压电网继电保护及自动装置总体改建工程，承担了工程设计审核及组织实施工作，领导了所有继电保护装置的安装、调试和投运等工作。同年，东北中心试验所高压室成功地设计和安装了一台 1000 千伏户外大电流冲击电压发生装置和一台 1400 千伏室内小电流高压冲击装置。1958 年，东北中心试验所在苏联专家的帮助下，成功设计制造了内部过电压模拟装置。高压试验室安装 500 千伏高压工频试验变压器，容量为 500 千伏·安，这台变压器与另两台 250 千伏工频试验变压器串级使用，工频电压可达 1000 千伏。自 1958 年开始，苏联专家组陆续离开，东北中心试验所独立自主开展电力技术进步攻关、试验和电力生产技术服务等工作，为电网运行和发展做出了重要贡献。东北中心试验所先后划归东北电业管理总局、电力部技术改进局、辽吉电业管理局、东北电管局领导。

与东北中心试验所的设立类似，20 世纪 50 年代中期前后，各大区电管局和省电力局开始陆续改建、组建中心试验所。当时中心试验所的任务是解决电力生产和建设中的问题。具体任务可归纳为：电力设备的性能试验和调整试验；事故分析，提出反事故技术措施，消除设备缺陷；执行运行技术监督，包括绝缘监督、电气和热工仪表监督、化学监督以及金属监督；总结运行试验；举办培训班，推广新技术等。各地中心试验所承担了大量电网和输变电专业的试验研究工作，为保证大电网的安全稳定运行作出了重要贡献。

六、"大跃进"对输变电工程建设和电网运行造成的危害

1958年5月党的八大二次会议后，全国掀起了"大跃进"的高潮，电力工业也不例外，按照"在15年后，同钢铁和其他重要工业产品的产量一样，使全国的发电量也要赶上或者超过英国"的跃进号召，"大跃进"在电力行业各个单位展开。

"大跃进"期间，电力工业要当"先行官"，必须千方百计快装机、多发电，才能满足需要，因而被迫采取了一些错误做法，对电力工业的生产、建设造成严重影响。对输变电工程建设及电网运行造成的危害主要有如下四个方面❶：

（1）在确定基本建设项目时，缺乏综合平衡和科学根据，提出了一些力所不能及的任务。

（2）在工程建设上采取了一些不恰当的节约措施和不成熟的技术革新项目，造成某些工程质量不合格，工伤事故多，停缓建项目多。

（3）不按科学规律办事，打破了许多不应打破的规程制度，例如，提出快速检修，延长检修间隔，不按规程实施带电作业等。对这些规程制度的破坏，严重影响了输变电工程建设质量和电网的安全经济运行。

（4）权力层层下放造成电网分割。实行电网的集中统一管理，不仅是一个经济问题，也是一个政治问题。由于对这个特点认识不足，在体制改革、权力下放的过程中，将某些电网的管理也错误地按行政区划分别下放，分割了统一的电网，削弱乃至破坏了电网的统一性，给生产带来了不少不应有的损失和困难。

七、贯彻"工业七十条"和第一次企业整顿

1961年1月党的八届九中全会召开，会议决定从1961年起，对整个国民经济实行"调整、巩固、充实、提高"的方针（简称八字方针）。1961年9月以前，贯彻八字方针，还没有对工业生产、基建指标坚决削减。由于调整不够，生产继续大幅度下降，许多企业由于动力供应不足而不得不停产。鉴于形势严峻，1961年8月中共中央在庐山召开工作会议，讨论并颁布了《关于当前工业问题的指示》，决定在以后相当长一个时期内，所有工业部门都必须毫不动摇地切实贯彻执行八字方针。为将八字方针落到实处，扭转工业企业管理混乱状态，1961年9月，中共中央颁发了《国营工业企业工作条例（草案）》（简称"工业七十条"）。

"工业七十条"颁布后，电力工业即按照要求，结合国民经济调整八字方针，针对"大跃进"以来出现的规章制度松弛、事故增多、不讲经济效益等问题，开展了以企业整顿为中心的试行"工业七十条"活动。1962年3月8日，水电部召开部务会议，对1962年工作作出部署。其中，要求当年"七一"以前所有企业全部试行"工业七十条"。水电部成立了企业整顿办公室，并提出缩短基建战线、加强计划检修、整顿企业管理、开展"三基"

---

❶ 张彬等主编：《当代中国的电力工业》，当代中国出版社，1994年，第43页。

建设等要求。

电力工业在贯彻八字方针和"工业七十条"中，做了一系列艰苦细致的工作。整顿了队伍，提高了质量，降低了成本，缩减了基建规模，基建投资由 1961 年的 123.3 亿元，减少到 1962 年的 67.6 亿元。1963 年 2 月，水电部召开全国电力工业会议，对这次企业整顿工作进行了总结，主要成效如下：

第一，缩减基建规模，进行填平补齐，加强质量管理。根据国家要求，坚决停掉 58个工程项目，并适当压缩了保留项目的规模，集中力量进行填平补齐工作。

第二，加强计划检修，提高设备健康水平。在调整时期，各行各业的用电量有所下降，电力工业利用这一时机，停止了超铭牌运行，并抓紧对设备进行恢复性大修和更新改造，扭转了"随坏随修，不坏不修"的局面，同时解决不少"老、大、难"问题和一部分国内外新设备制造上的重大质量问题，发供电设备的健康状况有了较大的改善。西北电管局出台《电力工业设备评级暂行办法》，按发供电设备的完好程度，将设备分作三级进行评定。

第三，整顿企业管理，建立生产秩序。不少企业从整顿责任制开始，建立和健全党委领导下的厂长负责制和各级责任制，基本上遏制了无人负责状况，正常的生产秩序初步建立，恢复和健全了部分技术规程和管理制度，强调了贯彻执行的严肃性；结合培训，加强了"基本功"训练。湖南省水利电力厅 1962 年 8 月颁发《贯彻〈电力安全工作规程〉四项验收标准》，狠抓安全生产的检查验收。上海电业局总结安全运行经验教训，印发《加强运行技术管理的 25 条意见》。经过这些工作，1962 年发供电事故为 2719 次，比 1960年的 5426 次下降 50%。

第四，调整机构，精减职工，进行定员工作。两年内收回一些主要的电网、电厂和基建单位，并对一些重点企业的领导干部进行了适当的调整。各企业充实薄弱环节人员，加强生产一线职能科室，劳动生产率开始回升。

第五，整顿企业的经营管理，扭转亏损。在水电部直属的 253 个企业中，1961 年有11 个亏损企业，亏损额 1590 万元（主要是基建企业），整顿后全部转亏为盈。

1961—1965 年，经过 5 年的企业整顿，各级电力企业的工作都呈现出蒸蒸日上的局面，很多技术经济指标达到了历史最好水平，并评选出一大批"五好企业"及先进集体和先进个人。1966 年召开的全国电力工业会议认为，1965 年全国电力工业生产建设获得了重大成就。

第二节　电力工业技术管理法规
颁布和统一电压改造

电力工业是资金密集型、技术密集型行业，电能的生产和传输是一个复杂、庞大的系统。中华人民共和国成立后，随着国民经济各行业用电需求的快速增长，电能的生产和传输规模也随之迅速扩大，迫切需要出台全国统一的技术管理法规，指导从生产到输电、配电、用电的全过程。1954 年，燃料部颁布《电力工业技术管理暂行法规》，这是电力工业技术管理的第一部法规，是保证电业安全生产的基本法规。随后，电业主管部门对这部法规进行了多次修订。电网与输变电领域的多项规程的编制都以此法规为基准。

中华人民共和国成立前，全国各地的电气设备多来源于不同的制造厂商，尤其是有不少来源于国外的设备供应商。这些供应商提供的电气设备电压等级各不相同，造成全国各地输变电设备电压等级复杂，标准不统一。中华人民共和国成立后，陆续颁布了标准电压的规程规定，发供电设备电压有了标准依据。1953 年前后，全国开始了升压和简化电压等级工作。20 世纪 50—60 年代初期十几年的改造，改善了电压质量，提高了供电能力，降低了线路损耗，提高了运行的灵活性，减少了维护的备品备件，挖掘了设备潜力，扩大了供电范围。全国输变电电压等级标准的逐步统一，为电网的统一管理创造了条件。

一、《电力工业技术管理暂行法规》的颁布

1954 年 9 月，燃料部颁布《电力工业技术管理暂行法规》（简称《法规》）。《法规》设 6 篇 46 章 1278 条。6 篇分别为发电场地、房屋及建筑物，热力的生产及分配，发配电，发电厂水力工程建筑物及水务管理，水力发电厂水力发电设备，发电厂与电力网的组织。

《法规》是保证电业生产安全和经济的基本法规，是电业技术管理的基础标准。《法规》规定，电力系统的周率（即频率），应经常保持在 50 周波（即赫兹），当无记录周率表时，其差别不得超过±0.5 周波（即 50.5～49.5 周波）；当有记录周率表时，差别不得超过±0.2 周波（即 50.2～49.8 周波）；电力系统的电压应处于正常水平，其变动范围不得超过±5%，如电压的变动超过上述容许范围时，值班调度员应立即设法使电压恢复至正常水平。

1959 年 9 月，水电部发布修订后的《电力工业技术管理法规》，设 5 篇 43 章 743 条。5 篇分别为总的任务、土建部分、热机部分、电气部分、水力部分。确定了电力工业技术管理的任务主要是四个方面：一是从技术管理方面保证完成和超额完成国家规定的基建和生产计划；二是保证设备的运行安全和供电（供热）可靠；三是保证所供电能（热能）合乎质量标准——电能的电压和周率（蒸汽和热水的压力和温度）；四是从技术管理方面不断地降低成本和提高劳动生产率。

此后，电网与输变电各项规程的编制都以此为基准来展开和细化。

二、统一电压改造

中华人民共和国成立前，全国各地使用的输变电电压等级不完全统计就有 20、33、44、66、77、110、154、220 千伏等，电压等级的复杂、不统一，给输变电设备运行管理、维护检修带来极大困难。

中华人民共和国成立后，1954 年 9 月颁布的《电力工业技术管理暂行法规》中，把 6、10、35、110、120 千伏电压定为标准电压，为统一输变电设备规格、简化电压等级奠定了基础。

全国各地按照新的标准电压等级建设输电线路的同时，开展了升压改造、简化电压等级的工作，逐渐取消 22、33、44、77 千伏电压等级的输电线路，限制和改造 66 千伏和 154 千伏线路。统一电压标准工作，主要是将京津唐电网 77 千伏和东北电网 154 千伏的消弧线圈接地系统，分别改造为 110 千伏和 220 千伏直接接地系统。

京津唐电网 77 千伏线路升压至 110 千伏改造工作从 1952 年开始。唐山地区，1952 年将韩城（属唐山市）至塘沽 77 千伏输电线路升压为 110 千伏线路。北京地区，1956 年对南苑变电站进行升压改造，将 77 千伏升压为 110 千伏。天津地区，1957 年 4 月将降压 77 千伏运行的北京南苑变电站至天津白庙变电站输电线路升压至 110 千伏运行。1959 年 11 月，塘沽 77 千伏线路升压至 110 千伏，天津 77 千伏线路全部改造为 110 千伏线路。

东北地区辽宁电网 154 千伏线路升压为 220 千伏改造工作从 1953 年开始。首先改造升压的线路是原设计裕度较大、升压技术改造难度相对较小的抚（抚顺电厂）浑（浑河变电所）南线及浑（浑河变电所）鞍（鞍山变电所）东线，升压改造后统称李鞍线。随后升压改造的是技术难度较大的日伪时期建设的线路，铁塔塔口空气间隙较小，在塔头未改造前采用 V 形串绝缘子来悬挂中线。经改造，取消了 V 形串绝缘子悬挂中线方式，增大线路空气间隙，保证了升压线路的安全运行。这次升压改造，简化了电压等级，增加了线路输送容量，降低了线损，节省了建设资金。据统计，仅用新建线路投资费用的 1/5 升压改造线路，每条线路的输送能力即可提高 50%。同时，通过升压改造，初步形成了辽宁 220 千伏电网主网架，为辽宁电网向更高一级电压发展奠定了坚实基础。

与此同时，其他电压等级的简化和升级改造工作也在一些地区展开。天津 22 千伏升压改造从 1958 年年初开始，至 1960 年 10 月，22 千伏线路全部升压为 35 千伏运行。

220、110 千伏两级输电电压的统一，也为推行 110、35、10 千伏配电电压系列创造了有利条件。至 20 世纪 70 年代末，全国大部分城市的标准电压已采用 220、110、35、10 千伏和 0.38/0.22 千伏 5 级；东北地区基本上统一为 220、66、10、0.38/0.22 千伏 4 级。至 1990 年年底，154 千伏线路已从 1949 年的 1369.66 千米减少到 179 千米。

第三节　以新兴城市为中心的 110 千伏地区电网快速发展

"一五"计划开始，全国围绕苏联援助的 156 项重点工程展开大规模电网建设，经过十几年的建设，中国电力工业迈出了踏实的一步，这是中国电网大规模发展的起步阶段。期间，东北、京津唐电网等原有电网继续发展扩大，以鸡西、齐齐哈尔、太原、大同、包头、济南、兰州、武汉等新兴工业城市为中心的新电网如雨后春笋发展起来，为统一省级电网的发展打下了基础。1960 年，全国 1 万千瓦以上电网由中华人民共和国成立初期的

15 个增加到 66 个。其中，10 万千瓦以上的电网达到 23 个，超过百万千瓦的电网 2 个。110 千伏及以上送电线路增至 15 158 千米，其中主要是 110 千伏线路，达到 11 082 千米，约为中华人民共和国成立前的 33 倍。220 千伏线路增至 2845 千米，仅占 18.8%。

这一时期，各地主要从三方面开始构筑 110 千伏地区电网。

一是随着苏联援助的 156 项重点工程启动，石油、煤炭、铜等生产资料的开采在资源富集地区展开。这些国家重点工程远离城市用电负荷中心，为满足其电力需要，一批 110 千伏输变电工程开始建设。如为满足矿山开采用电需要建设的云南开远至个旧 110 千伏输变电工程，为解决宁夏石炭井煤矿生产用电需要建设的大武口至石炭井 110 千伏输变电工程，为保证安徽铜官山铜矿用电需要建设的马鞍山电厂至铜陵 110 千伏输变电工程，为保证大庆油田生产需要建设的 110 千伏齐齐哈尔至安达输变电工程。

二是电源工程大量开工。“一五”计划提出“以建设火电站为主，同时利用已有资源进行水电站建设”的电力建设方针，13 年发电装机容量年均增长率为 17.77%。火电机组从单机 6000 千瓦、2.5 万千瓦的中压机组开始向 5 万千瓦、10 万千瓦的高压机组发展；新建了新安江、三门峡、新丰江等一批大中型水电站，与这些电源配套的 110 千伏输变电工程陆续建成投产。如江苏望亭电厂投产，配套建成了上海西郊变电所至望亭的 110 千伏输变电工程；为满足黄石电厂送电需求，建成 66 千伏武昌至大冶输变电工程，形成武汉冶 66 千伏电网网架；配合狮子滩水电站电力送出，建成长寿至重庆 110 千伏输变电工程。

三是重要负荷中心对供电可靠性的要求促成电网结构加强，建成投产了一些 110、220 千伏输变电工程，形成了北京、上海等重要城市的环形电网结构。山东第一条 110 千伏神头至济南输电线路建成投产，该线路为鲁中电网的形成奠定了基础。

随着电网的快速延伸，跨越长江、黄河的输电工程不断增多，施工水平逐步提高。1958 年 10 月，跨越万里长江的第一条 110 千伏输电线是从裕溪口经长江中的曹姑洲，到芜湖四褐山的临时过江线，是皖中和皖南电网联网的最早通道。1958—1960 年建设的 220 千伏武汉沌口长江大跨越工程，其设计电压和跨江长度在当时创下了两项“亚洲第一”的纪录，该跨越工程档距 1722 米，钢筋混凝土塔高 146.5 米。1966 年 4 月，山东省第一条横跨黄河的 110 千伏博兴—北镇输电线路建成送电。两基跨河铁塔高 76 米，跨距 608.2 米。

至 1965 年，全国 35 千伏及以上输电线路长度达到 64 585 千米，是 1952 年的 7.7 倍。其中，220 千伏输电线路有 3410 千米，154 千伏输电线路有 971 千米，110 千伏输电线路有 15 994 千米，分别是 1952 年的 3.78 倍、1.21 倍和 48.32 倍。全国 35 千伏及以上变电设备容量达到 2858 万千伏·安，是 1952 年的 7.31 倍。其中，220 千伏变电容量 263 万千伏·安，154 千伏变电容量 107 万千伏·安，110 千伏变电容量 725 万千伏·安，分别是 1952 年的 7.97 倍、1.70 倍和 80.56 倍。可见，110 千伏线路长度和变电设备容量增长都是最快的。

一、110千伏齐安输变电工程建设促使黑龙江省西部电网迅速发展

20世纪五六十年代，黑龙江省110千伏供电网络开始发展。最早建成的110千伏线路是1955年建成的佳木斯至双鸭山的佳双乙线，建成后降压至66千伏运行。1956年建成鸡西至牡丹江110千伏输电线路。随后又陆续建成齐齐哈尔至富拉尔基、鸡西至密山、佳木斯至鹤岗等110千伏线路。1960年，全省110千伏线路已发展到8条，长度达499.2千米；66千伏线路发展到21条，长度达536.7千米。154千伏和110千伏变压器分别有4台10万千伏·安和16台29.96万千伏·安。进入20世纪60年代，随着大庆油田的开发，黑龙江省西部电网迅速发展。1961年，为了保证大庆油田稳产、高产，黑龙江省电力局组织齐齐哈尔—安达（齐安）输变电工程会战，新建110千伏线路120千米，新建容量为4万千伏·安的变电所一座。1962年7月，齐安输变电工程正式投产，开始了国有电网保障大庆油田用电的新阶段。齐安输变电工程的建设，使齐齐哈尔电网延伸至大庆，大庆地区电网也随之发展起来。当时保证工农业用电最重要的是千方百计保证大庆油田的用电需求，而一般企业却经常处于"停三开四"的状态，西部电网中的齐齐哈尔市及附近各县作出了很大牺牲。电网建设方面，也是优先考虑大庆油田所在的西部电网，即使是"文化大革命"期间，也未停止发展西部电网。期间，西部电网年用电量由6.99亿千瓦·时，增加到了25.71亿千瓦·时，增长了2.68倍；大庆油田的年用电量由2.36亿千瓦·时，增加到了14.46亿千瓦·时，增长了5.13倍。大庆油田的年用电量约占全省总用电量的56.24%，导致齐齐哈尔市及附近各县供电缺口高达30%以上。截至1975年，大庆油田年产原油5030万吨，西部电网发电装机规模近50万千瓦。

二、以110千伏京津唐电网为中心构建华北电网雏形

1954年9月，北京南苑至天津宜兴埠110千伏输变电工程投产，构成京津唐电网的主干线路。1955年12月，官厅水电站建成投产，其后，陆续建成了官厅水电站至北京东北郊变电站和官厅水电站至下花园发电厂的2条110千伏输电线路，使河北省张家口地区与京津唐电网相联。1956年10月，建成北京通州至河北大厂的35千伏输电线路，京津唐电网开始向廊坊地区供电。1957年2月，唐山至寿王坟110千伏输变电工程投产，京津唐电网开始向承德地区供电。至此，河北省北部唐山、张家口、廊坊、承德4个地区全部由京津唐电网供电（当时秦皇岛市属唐山地区）。河北省北部部分地区与京津唐电网的联网运行，实现了电网统一调度，电力供应余缺互补，既保证了首都重大政治活动和天津市国民经济发展的用电，同时也兼顾了河北省北部4个地区的工农业生产和基本建设用电。

1957年4月，天津白庙—汉沽—塘沽—韩城（唐山市）3条110千伏输电线路投入运行，进一步加强京津唐110千伏电网结构。随后，110千伏太原、石邯、蒙西等地区电网相继投入运行。至此，华北地区形成以首都为中心向四周辐射的电网格局，华北电网雏形初现。

三、北京市形成 110 千伏单环网

1949 年，北京地区发电最高负荷为 3.54 万千瓦，到 1957 年增至 10.9 万千瓦。北京地区负荷发展很快，而整个地区电源不能自给自足，需利用官厅水电站及唐山发电厂的电力来补充。1955 年，下花园电厂扩建完成，官厅水电站第一台机组建成，需将这两个电厂的电力送至北京。在此背景下，北京开始筹备建设 110 千伏供电网络。

1957 年，北京动力系统设计方案编制完成，方案提出：110 千伏电力网络应经过大厂、北郊、东北郊、东郊热电站、南苑、石景山各点，组成环形网络。在这个设计方案的指导下，建设工作有序展开。北京 110 千伏单环网建设的内容包括以下工程：

组建东南部半环网。到 1961 年，原东南线，改建成为东北郊—东北郊热电厂—老君堂—211 电厂—南苑共 4 段线路，组建成 110 千伏北京供电网络的东部和东南部的半环网。

组建西北部半环网。原石东线断开为 4 条线路，即石古线 6.06 千米、古八线 11 千米、八清线 20.2 千米、清郊线 18.2 千米。重新组建成石景山—古城—八里庄—清河—东北郊的 110 千伏北京供电网络的西北部和北部环网。

增加西郊供电能力。衙门口变电站于 1960 年建成，先是从新石南线 T 接引入站内，建设 1.7 千米支线；1961 年又建成 14.4 千米石衙线，提高了从石景山发电厂直接送电的能力。该站投运后，为在西郊地区建设重型机械制造工业用电，增加了供电能力。

改建热白供电线路。1956 年将原 77 千伏南津线升压为 110 千伏，为南白二线；1961 年，新建东郊热电厂至南苑的热南双回线，各 26.9 千米。1962 年，将热南双回线和南白双回线，改为热白一线和热白二线，其中热白一线北京境内长 78.1 千米；热白二线北京境内长 75.4 千米，从东北郊热电厂经南苑，与天津、唐山电网联网运行。

新建、改建其他供电线路和变电站。1958 年 10 月，建成 110 千伏良乡变电站和 24.7 千米的原良输电线路，从南苑向良乡送电。1960 年，太子务变电站建成，改建东太线 62.15 千米，从东北郊向太子务送电。考虑到中国铁道科学研究院环形铁道试验基地（简称北京环形铁路，现名中国国家铁道试验中心东郊分院）在东北郊设址，1959 年建设 110 千伏环铁供电线路，从东北郊供电。1959 年建设良保供电线路，与河北省保定地区的电网联网运行。

至 1962 年 5 月，北京建成石景山发电厂—南苑—老君堂—北京热电厂—东北郊—清河—八里庄—古城—石景山发电厂的 110 千伏单回环形电网，构成围绕城区外围的骨干网架，成为当时北京地区供电的主电网。

北京 110 千伏单环网受电于石景山发电厂、东郊热电厂、高井电厂、507 电厂、下马岭水电站和密云水电站电源，经 110 千伏热白线、下官京线、良保线与天津、唐山、张家口、保定等地区电网联网运行。

北京 110 千伏供电电网虽是单回环网，因受电于多家发电厂电源，提高了北京地区供电安全可靠性和供电能力。

到 1965 年，北京地区有 110 千伏输电线路 28 条，长度 845.74 千米。与 1957 年相比，线路增加 24 条，线路长度增加 622.44 千米。1965 年，有 110 千伏变电站 12 座，主变压器总容量 46.56 万千伏·安，比 1957 年增加 10 座，主变压器容量增加 35.76 万千伏·安。由此可见，这一时期北京 110 千伏输变电工程建设取得了较大发展。

四、江苏省和安徽省形成 110 千伏苏南跨省电网

苏南跨省电网建设始于 20 世纪 50 年代初期，1953—1954 年，南京地区与马鞍山、芜湖、常州地区先后以 66 千伏联网运行，形成苏南电网的雏形。1956 年以后，苏南电网不断扩大，至 1959 年年底形成 110 千伏苏南跨省电网。构成苏南电网的主要工程包括以下各建设项目。

66 千伏宁常（常州）线、马铜（铜陵）线和苏南电网建设。20 世纪 50 年代初期，无锡常州地区用电负荷增长很快，南京地区发电出力有余，为调剂余缺，两地着手建设地区联网工程。1950 年先后建成 66 千伏宁（南京）马（马鞍山）线和宁（南京）栖（栖霞山）线，1952 年建成 66 千伏马（马鞍山）芜（芜湖）线，均降压为 33 千伏运行。1953 年 2 月，33 千伏南京萨家湾变电所升压扩建为 66 千伏变电所，同时 66 千伏中眉村开关站建成，宁栖线、江南水泥厂变电所和栖龙（龙潭）线、中国水泥厂变电所均升压至 66 千伏，分别经中眉村开关站专线供电，33 千伏宁马线由中华门改接到萨家湾变电所，也升压至 66 千伏运行。同时，马鞍山发电厂复装机组投产，通过宁马线与下关发电厂并网运行，南京地区与马鞍山、芜湖地区电网开始联网。5 月，为实现宁常锡联网计划，长 70 千米的 110 千伏栖丹（丹阳）线建成，先以 66 千伏运行，又将以 33 千伏运行的武（武进）丹（丹阳）线升压为 66 千伏。宁常线全线以 66 千伏投运，戚墅堰发电厂以 33 千伏经常州东门变电所联网。1954 年 5 月，南京地区与常州地区以 66 千伏联通，为缓解无锡常州地区的电力紧缺发挥了重要作用。1955 年 3 月 13 日，全长 128.67 千米的马鞍山发电厂至铜陵（铜官山铜矿）的 110 千伏马铜线建成，以 66 千伏送电。同年，镇江电厂以 35 千伏线路经小花山变电所联入 66 千伏苏南电网。

苏南电网与上海电网首次联通。1956 年开始扩建下关发电厂，新建望亭发电厂，并配套建设 110 千伏输变电工程。1957 年，上海西郊变电所至望亭的 110 千伏望郊线建成，为解决无锡地区电源不足和望亭发电厂急需基建用电问题，在望亭建 110/35 千伏临时变电所，并架设 35 千伏线路送电至无锡保安寺和新安两个变电所（称望保线和望新线），同年 7 月投运，使苏南电网与上海电网首次联通。

苏州地区联入苏南电网，南京地区与皖南地区联网。1958 年，望亭发电厂一期工程投产，35 千伏望保线和望新线改由望亭发电厂直接出线，向无锡供电，并经惠工桥变电所以 35 千伏与戚墅堰发电厂并网运行。同时，新建望亭—苏州的 35 千伏望苏线与苏州电气公司发电所并网，使苏州地区联入苏南电网。同年，下关发电厂一期扩建机组及 110 千伏升压站建成投产，下关发电厂至南京城南变电所的 110 千伏宁南线和城南变电所至马鞍山发电厂的 110 千伏南马线也先后投运，66 千伏马铜线同时升压为 110 千伏，成为南

京地区与皖南地区联网的主要输电线路。

苏南电网向南部地区延伸。1959 年，下关发电厂二期扩建和望亭发电厂二期扩建工程以及配套的输变电工程相继建成投产。同年 4 月，110 千伏望郊线支接苏州胥门变电所，胥门变电所扩建升压为 110 千伏，并建成胥门至平望变电所的 110 千伏苏平线，向吴江县供电。7 月，110 千伏常州变电所和望亭—常州的 110 千伏望常线建成投运，无锡通德桥变电所升压为 110 千伏，接入望常线。常州—宜兴圮亭桥变电所的 110 千伏常圮线也同时建成，先以 35 千伏线路向宜兴、溧阳供电，苏南电网开始向南部地区延伸。

110 千伏苏南跨省电网形成。1959 年 12 月，常州变电所至丹阳变电所的 110 千伏常丹线和下关发电厂至栖霞山变电所的 110 千伏下栖线建成，栖霞山至丹阳的栖丹线也由 66 千伏升压为 110 千伏，宁常线以 110 千伏全线投运，至此，形成了东以常州变电所通过望亭发电厂与上海 110 千伏电网联接，西经下关发电厂与安徽 110 千伏皖南电网相通的 110 千伏苏南跨省电网。

五、安徽省初步形成 110 千伏主干电网

为保证安徽铜官山铜矿用电需要，110 千伏马鞍山电厂—铜陵输电线路建成。安徽铜陵铜官山铜矿是"一五"时期 156 个重点建设项目之一，马鞍山电厂至铜陵的 110 千伏输电线路是铜官山铜矿的配套工程。该工程由南京电业局建设，燃料部电业管理总局华东设计分局设计，电业管理总局基建工程管理局送变电第一工程公司施工，总投资 427 万元。1954 年 9 月开工，1955 年 2 月建成。线路全长 128.6 千米，杆塔 742 基。直线杆和一般转角杆均采用国内初创的圆形空心钢筋混凝土杆（这种拔梢双杆在京津地区及马铜线率先使用，每基杆塔约耗钢材 1.2 吨）。特殊跨越与特殊转角处，采用铁塔 40 基，导线为 150 毫米² 钢芯铝绞线。1955 年 3 月，马铜线以 66 千伏降压运行。110 千伏马铜线是华东地区第一条 110 千伏输电线，从建成到 20 世纪 70 年代中期，一直是皖南地区的主要电力动脉。1958 年 5 月，110 千伏马铜线全压运行，并与 110 千伏南京—马鞍山线联网，统称宁铜线，总长 182.1 千米。

皖北、皖南电网首次实现 110 千伏联网。1958 年 10 月 1 日，裕溪口临时过江线开工建设。裕溪口临时过江线，从裕溪口经长江中的曹姑洲，到芜湖四褐山的临时过江线，是跨越万里长江的第一条 110 千伏输电线，是为满足当时芜湖地区大办钢铁急需用电突击架设的。工程由安徽省送变电工程队设计并施工，线路杆塔由 3 基木塔组成。跨西江裕溪口侧木塔高 72 米，曹姑洲侧木塔高 62 米，跨距 1327 米；跨东江曹姑洲侧木塔高 62 米，四褐山侧借助山势立普通木杆 1 基，跨距 850 米。曹姑洲上另架木杆 8 基，连接东西两侧木塔。这次施工中，用 1 基高 72 米、2 基高 62 米的"门"形木塔两次跨越长江，成为万里长江上的第一座"电力大桥"。跨江段导线为截面积 70 毫米² 镀锌钢绞线，其他连接线段均为截面积 150 毫米² 钢芯铝绞线，最大输送功率 1.01 万千伏·安，跨江段的绝缘水平按 110 千伏设计，未架避雷线，1958 年 11 月 2 日建成，先以 35 千伏投入运行，首次实现皖北、皖南电网互联。1959 年 10 月，线路两端分别改接至杨柳圩变电所和芜湖发电厂，升

压为 110 千伏送电。至此，安徽省 110 千伏主干电网初步形成。

六、湖北省形成 110 千伏武汉冶电网

1951 年，武昌—大冶 66 千伏输变电工程建成，形成了以黄石电厂为主要电源点的武汉冶 66 千伏电网网架。1957 年 8 月，青山热电厂首台 2.5 万千瓦机组投产，经过 3 期扩建，1966 年装机容量达 21.2 万千瓦。期间，黄石电厂也进行了扩建，1962 年装机容量达 12 万千瓦。这两个电厂是武汉冶 110 千伏电网在 1957—1969 年的主要电源。根据武汉冶电网的供用电情况，规划部门提出建设 110 千伏青山—（黄石）铁山输变电工程。1956 年 3 月，武汉冶 110 千伏电网建设正式启动。

武汉冶 110 千伏电网的主要电源集中在负荷中心，全网主力电源既有火电，又有水电，总计装机容量 51.1 万千瓦。电网的核心是黄石电厂—铁山、下陆—青山—珞珈山—锅顶山等双回 110 千伏结构，联接了武汉、黄石最重要的工业和市政供电网络，并向东、南、北延伸。经过十多年的建设，至 1968 年年底，网内拥有 110 千伏变电容量 101.94 万千伏·安，输电线路 743.78 千米，供电范围由武汉、黄石扩展到鄂东和鄂南地区的 16 个县。至此，湖北电网的主体部分已初具规模。

110 千伏武汉冶电网建设主要内容包括 110 千伏双回武汉—黄石联络线的建设，联接武汉三镇的 110 千伏电网建设，以及向武汉、黄石周边地区延伸的电网建设。1957 年 9 月 17 日，110 千伏青山—铁山（主变压器容量 3.15 万千伏·安）输变电工程投运，全长 81.5 千米，由青山热电厂向黄石送电。至此，以青山热电厂为中心的武汉冶 110 千伏电网建设拉开序幕，为武汉冶电网向鄂东、鄂南延伸奠定了基础。1960 年 3 月，黄石与武汉间第二条 110 千伏联络线青山—下陆线投运，加上原 110 千伏铁山—下陆线，构成青山—下陆—铁山—青山这一武汉、黄石两地区之间的 110 千伏双回联络线结构。武汉、黄石间联系及输电能力显著加强。1958 年 6 月、1964 年 8 月，分别建成全长 31 千米、输送功率 12 万千瓦的青山—珞珈山 I、II 回线路，电力主送武昌。1960、1966 年又先后完成长江大跨越的珞珈山—锅顶山 110 千伏双回线，输送功率 12 万千瓦，武汉冶电网形成铁山—青山—珞珈山—锅顶山的 110 千伏主网框架，锅顶山变电站成为武汉长江北岸的供电枢纽，是汉口、汉阳城区的主供电源。经锅顶山变电站往北向孝感地区延伸电网，1964 年由锅顶山变电站向应城长江埠 110 千伏变电站供电，以长江埠变电站为枢纽，以 35 千伏电压向周边 5 县供电，并向天门皂市镇供电。随后，武汉冶电网一方面继续向南延伸，另一方面，通过黄石下陆变电站的枢纽作用，继续扩大武汉冶电网的覆盖面。

武汉冶电网系统发电装机总容量占全省发电装机总容量的 90% 左右，历年发电量保持在全省发电量的 93%～99%。110 千伏武汉冶电网是湖北电网的主体和进一步发展的基础。其规模在当时仅次于东北电网、江南电网和京津唐电网，系统容量除满足地区负荷需要外尚有富余，形成了电力建设超前的局面。武汉冶电网在保证供电、取得巨大社会效益的同时，经济效益也迅速提高。与 1950 年相比，1959 年发电单位成本下降了 63%，售电单位成本下降了 77%。1959 年售电平均单价比 1952 年下降了 28%，各项增收节支活动成

效显著，1959 年上缴利润比 1952 年增加 13 倍。

1957—1969 年建设的 110 千伏武汉冶电网，保证了以武汉市、黄石市为中心的鄂东经济高速发展和人民生活的用电需要，武汉市售电量以年均 34%的高速增长，1966 年已达 12.32 亿千瓦·时，最大负荷达 23.26 万千瓦。

七、广东 110 千伏珠江、韶关电网和 66 千伏海南电网的形成

国民经济恢复时期，以 35 千伏网架为基础的电网逐步从城区向郊县扩展，形成了覆盖城乡的 35 千伏广州电网。"一五"计划开始后，广东省开始建设茂名热电厂（156 工程——茂名石化配套项目）、韶关电厂、广州电厂扩建工程等骨干火电厂，流溪河、新丰江等中型水电厂。这些骨干电厂配套的送出线路、变电站形成了 110 千伏的地区电网。

珠江电网形成。1958 年，广东省首个中型水电厂流溪河水电厂投产，配套建设的广东省首条 110 千伏线路——流溪河水电厂—广州线路一并投运，次年广州员村 110 千伏变电站建成投运。至 1962 年，广州市区有员村、南箕、芳村 3 座 110 千伏变电站，与西村电厂、棠下变电站（暂以 110 千伏运行）形成 110 千伏环形网架，电源来自西村、流溪河、新丰江等电厂。

1960 年，广东省决定实施珠三角大电网一期工程，建设以 110 千伏广州电网为核心，35 千伏为主要网络的，联结珠三角广州、佛山、惠阳等地区各县的珠三角电网。1962 年，110 千伏芳村—佛山—江门线、佛山—永安线及佛山、江门、永安变电站建成投产，并配套建设 35 千伏网络，广州电网的供电范围扩展到佛山、江门、肇庆、惠阳等珠江三角洲的 23 个市县，广州电网发展成为珠江电网。1962 年，增城县 35 千伏沙头变电站和"T"接文冲—东莞线路建成，珠江电网向增城县送电；110 千伏永安变电站以 35 千伏线路向肇庆市岗头、高要县金利和四会县送电；江门 110 千伏北街变电站以 35 千伏线路向中山县墩陶、台山县板潭、新会县会城和高鹤县沙坪、牙岗变电站送电，并通过台山县台城—长沙线路送电到开平县。1963 年，新丰江—广州线和棠下变电站升压至 220 千伏运行；35 千伏花县松仔岭—清远县石角—七星岗输变电工程建成，10 千伏中山县古鹤变电站—珠海县翠微线路建成，珠江电网向清远、珠海县送电。1964 年，河源—惠阳 110 千伏输变电工程建成，同时配套建设 35 千伏电网。1965 年，35 千伏惠阳—塘厦、惠阳—博罗、惠阳—马安—平山、塘厦—乌石岩、新丰江—临江—古竹、从化县温泉—冈县黄花河、台山县白沙—恩平县平富岗等输变电工程先后建成投运，珠江电网向周边市、县送电。1966 年，珠江电网供电范围达 30 个市、县。

韶关电网形成。国民经济恢复时期和"一五"时期，在粤北地区，韶关、连县、阳山、坪石等城市、工矿相继建设了一批小规模的火电厂，逐步形成了以韶关、连阳、坪石等地为中心的 35、10 千伏小电网。随着粤北、湘南、赣南的煤、有色金属矿的建设，逐步形成了以韶关为中心，地跨粤湘赣交界地区的韶关电网及连阳、坪石等小电网。1959 年，韶关市东河电厂扩建机组投产，全厂装机容量共 3190 千瓦。同年，东河—河西 35 千伏输变电工程建成投产，增加对市内供电；从河西架设 35 千伏线路至乳源县，供南水水电

站施工用电。同年，乐昌县坪石电厂1500千瓦机组投产，坪石—罗家渡35千伏输变电工程建成，向煤矿区送电；110千伏始兴县罗坝变电站建成，赣南电力供石人嶂钨矿区和始兴县。1960年，韶关电厂1号1.2万千瓦机组投产，通过110千伏线路送电至十里亭变电站，再联接河西变电站，开始形成韶关电网。同年，连阳电厂1500千瓦机组投产，以35千伏线路送电至马安变电站。1963—1964年，韶关地区陆续建成一批35千伏输变电工程，韶关电网供电范围不断扩大。1965年2月，韶关电厂2号1.2万千瓦机组投产，配套投运110千伏十里亭—罗坝线路，始兴、南雄县联入韶关电网，广东韶关电网与江西赣南电网联接，供赣南工矿用电。至1966年，韶关电网供电范围为韶关、乳源、英德、曲江、始兴、南雄等6个市、县。

八、宁夏回族自治区形成110千伏石银青电网

石银青电网分两步形成。首先是石银电网形成，然后是银川、青铜峡电网联网，形成石银青电网。石银电网北起石嘴山发电厂，南至银川市，建设2条110千伏输电线路和银川、大武口两座110千伏变电站。另外，为解决石炭井煤矿生产用电需要，建设从大武口至石炭井110千伏线路，由石炭井矿务局自建110千伏石炭井变电站一座。1960年11月，石银全线及银川变电站投入运行，石嘴山发电厂与银川电厂并网成功，石银电网初步形成，此时接入电网的发电装机容量为1.96万千瓦。1963年4月，大武口110千伏变电站建成投产，110千伏石银主网全面建成。石银电网有3条110千伏线路，长度152.8千米，其中，石大线长度51.6千米，有杆塔220基；大银线长度71.6千米，有杆塔287基；大炭线长度29.6千米，有杆塔105基。这3条线路是宁夏最早自行设计的110千伏线路。由于杆型选择失误，后被迫进行改造。网内有3座110千伏变电站，主变压器4台，容量3.25万千伏·安。至1966年年底，接入石银电网的电厂有4座，装机容量为4.28万千瓦，比1960年年底增长1.2倍；1967年网内发电量为1.91亿千瓦·时，比1960年增长2.8倍。石银主网的这一基本格局一直维持到青铜峡水电厂1967年第一台机组并网发电。在青铜峡水电厂第一台机组即将投产之时，建设银川—青铜峡输电线路，1966年2月开工，7月竣工，全长77千米。至此，石嘴山—银川—青铜峡实现联网，形成石银青110千伏电网。

九、新疆维吾尔自治区110千伏输变电工程建设

1960年8月，110千伏钢北—昌吉输电线路建成。1964年，建设乌鲁木齐—呼图壁输变电工程，包括新建三宫、呼图壁2座110千伏变电所和三宫—昌吉、昌吉—呼图壁2段110千伏输电线路，1964年12月建成投运，这是新疆建成投运最早的110千伏输变电工程。

三昌呼输变电工程是为呼图壁国际电台工程（又称6307工程）配套的工程。工程由新疆电力设计院设计，1964年年初开始选线并进行初步设计。三宫—昌吉线长24千米，昌吉—呼图壁线长41.5千米，线路分段施工。工程由新疆重工业厅6307输变电工程筹建

处筹建，1964 年 5 月开工，由西北电力建设局兰州送变电工程处和乌鲁木齐供电公司送变电工程队施工。工程建设中，由于缺乏施工技术、经验和机具，重工业厅借调煤炭、钢铁系统部分人员参加施工，并购置 4 吨吊车 6 辆，东方红 54 型拖拉机、推土机各 2 辆等机具用于施工，重工业厅车队还调拨 4 辆苏制 8 吨 157 型越野汽车支援施工。现场建立了三级质量检查制度。技术上，采用倒落式抱杆整体组立法立杆，拖拉机牵引放线、紧线等。供电公司机关干部参加挖坑和放线、紧线劳动，工地开展劳动竞赛，送变电工程队两名维吾尔族工人创造了日挖土方量 21 米³ 和 22.5 米³ 的记录，确保了工程施工质量和进度。该工程是新疆电网线路建设中质量最好的工程之一。三宫变电所位于乌鲁木齐市西北部，是乌鲁木齐电网第一座 110 千伏区域变电所，1959 年土建开工。1961 年国家调整基建规模，工程缓建，1964 年恢复建设。工程按最终容量 2×3.15 万千伏·安设计，35 千伏出线第一期工程为 6 回，最终出线为 8 回；110 千伏出线第一期工程为 1 回，最终为 6 回。

十、四川省 110 千伏电网建设

1953 年，为配合狮子滩水电站电力送出，并结合重庆地区工业发展需要，西南电业管理局决定建设长寿—重庆 110 千伏输电线路。

狮子滩水电站位于四川省长寿县长寿湖镇，是"一五"计划时期水电站建设中最大的工程项目，于 1954 年 8 月动工兴建。长寿至重庆 110 千伏输电线路（简称狮盘线），是重庆电厂和狮子滩水电站的配套工程，全长 89.2 千米，也是"一五"期间电力工业基本建设重点工程之一。该线路是中国的工程技术人员在苏联专家的指导下，按照苏联的标准进行设计的。1954 年 7 月完成线路勘测设计；1955 年 6 月完成通信线路架设，7 月线路架设工程动工，由武汉送变电第三工程处负责施工；1956 年 12 月线路架设竣工，结束了长寿电网孤立运行的历史。同时，110 千伏盘溪变电站也加紧施工，1956 年 12 月建成投运，主变压器 1 台，容量为 3.15 万千伏·安。

重庆第一条 110 千伏输电线路和 110 千伏盘溪变电站投入运行后，实现了火电、水电联网运行，水电站、火电厂统一调度的开展，使得水电、火电得到相互调剂。重庆地区至此基本形成高压输电网络，供电范围由原来的市区扩展到巴县、江北县等部分区域，使重庆、长寿、北碚、南桐（现万盛）等地的钢铁、煤炭、轻化工业得到进一步发展。

狮盘 110 千伏输电线路上还建立了西南地区第一条电力载波通信电路，采用国外全套设备，载波电路于 1957 年 12 月开通运行，长寿地区的狮子滩、上硐、回龙寨、下硐各梯级电站的调度通信得到了基本保证，通信效果良好。

110 千伏狮盘线投产时，110 千伏电网为大电流中性点直接接地系统，因地处山区，110 千伏线路极易因雷击而跳闸造成水电、火电解列。为了改善运行不安全局面，1962 年经水电部及四川省电力局批准将重庆 110 千伏电网中性点接地方式，由大电流直接接地改为消弧线圈间接接地，并正式列为国家科研项目，使重庆电网成为国内第一个 110 千伏小电流接地网。

十一、云南 110 千伏滇南电网的形成和 35 千伏昆明、滇东电网的发展

1957 年，云南建成开远一个旧 110 千伏输电线路，开始了滇南 110 千伏电网的建设。

1956 年 1 月 27 日，电力部批准开远一个旧 110 千伏输变电工程设计，2 月 6 日，云南基本建设局下达工程建设任务，工程管理单位、设计单位、施工单位分别是昆明电业局开个线工程处、武汉电力设计分院、电力工业部西安送变电工程处。110 千伏开远一个旧输电线路送电容量按 3.5 万千瓦设计，线路全长 40.2 千米，采用木杆架设，杆塔 178 基，1957 年 7 月建设完成，是云南省第一条 110 千伏输电线路。1957 年 7 月 17 日，线路工程投产后，因 110 千伏个旧变电站与 110 千伏开远一个旧输电线路建设不同步，为满足新矿厂试车用电，个旧变电站临时装设 1×5600 千伏·安变压器，110 千伏开远一个旧输电线路降压为 35 千伏运行。

配套建设的 110 千伏个旧老阳山变电站，是云南电网第一个 110 千伏变电站，变电站有 110 千伏出线 1 回，10 千伏出线 9 回，在电气布置中预留了 35 千伏出线 4 回路及其配电装置的位置。110 千伏主变压器容量为 1.5 万千伏·安。变电站 1957 年 1 月动工，1958 年 2 月建设投产，开远一个旧 110 千伏输电线路正式以 110 千伏电压运行。

开远一个旧 110 千伏输变电工程的建成，让滇南电网率先在云南省内跨上了 110 千伏电压等级台阶。

十二、贵州 110 千伏贵阳电网的形成和发展

1958 年 11 月，贵州省第一条 110 千伏贵阳赤马殿至鸡场临时变电站的赤鸡 I 回线开始建设。1959 年 4 月建成，1960 年 4 月投入运行，全长 20.2 千米。由于当时贵阳发电厂 110 千伏升压站未建成，线路暂按 35 千伏降压运行。贵州省实际投入运行的第一条 110 千伏线路，是 1960 年 2 月建成的红枫一级电站至鸡场临时变电站的红鸡线，于当年 5 月同期投入运行，长 32 千米。1960 年 11 月，贵阳发电厂至鸡场临时变电站的赤鸡 II 回线建成，全长 22 千米。1961 年 7 月，白云变电站至鸡场临时变电站云鸡线建成，全长 5.7 千米。

在"大跃进"时期，贵州省的电力建设重点主要在发电工程建设上，输变电工程的建设稍有滞后。在新建贵阳发电厂第一期工程投运后，猫跳河一级红枫水电站临近投产的情况下，为了应急，决定建立鸡场临时变电站。该站安装 1 万千伏·安主变压器 1 台，于 1959 年 11 月开工，12 月竣工，1960 年 5 月投运。1961 年 6 月，白云变电站一期工程投运，装有 1.5 万千伏·安变压器 1 台，是贵州第一座正式的 110 千伏变电站。鸡场临时变电站于 1962 年 9 月拆除。

贵州省 110 千伏线路的设计与施工，除"大三线"建设时，有少量是由西南电力设计院与云南送变电工程处设计与施工外，其余都是由贵州省自己组建的设计与施工队伍承担的。

第四节　220 千伏输变电工程建设起步

各地在发展 110 千伏电网的同时，因地制宜继续发展 35 千伏电网。同时，220 千伏输变电工程开始发展。东北地区建设了全国首条 220 千伏输变电工程——松东李 220 千伏输变电工程，其自行设计、自行施工的经验为各地发展 220 千伏电网提供了借鉴。220 千伏松东李输变电工程几乎和全国各地的 110 千伏输变电工程同步开始建设，从规划设计、设备制造到工程施工，都没有现成经验。设计、制造和施工人员坚持从实践中来到实践中去的工作作风，试点先行、及时总结、形成规范。这项工程的成功建设为全国大规模开展 220 千伏电压等级的输变电工程建设提供了可以借鉴的经验，培养锻炼了一批建设骨干力量。

华东地区、华南地区的一些城市随着大型水电厂、火电厂投产，开始建设 220 千伏输变电工程，如江苏望亭电厂至上海、浙江新安江水电站至杭州、广东新丰江水电站至广州等均建设了 220 千伏输变电工程。1960 年 9 月 26 日，220 千伏新安江—杭州—上海输变电工程建成投产，浙江嘉兴、湖州、绍兴地区电网联入华东电网。上海在 20 世纪 50 年代形成 35 千伏单环网的基础上，开始规划建设 220 千伏单环网。这项建设并不容易，前后历时 10 年，主要进行了 6 项工程。其中，有华东地区第一条 220 千伏输电线路——220 千伏望亭—西郊输电线路建设，有 60 年代全国规模最大的 220 千伏西郊变电站建设，有过江线路、过江电缆的架设敷设，还有很多施工工艺的应用，等等。这些工程中的很多技术都是开创性的，在 20 世纪 50 年代后期至 60 年代的政治、经济环境下，有如此成就实属不易。

上述地区 220 千伏输变电工程的建成，为其后全国多地建设 220 千伏电网提供了经验。220 千伏输变电工程的建设，促使中国电网跨上了一个新的台阶，主要体现在三个方面：一是 220 千伏输变电工程实现了远距离、大容量输电，可以充分利用边远地区的水力、煤炭资源，解决用电负荷集中地区的供用电矛盾，电网从满足就地平衡向资源合理配置方向发展；二是 220 千伏输变电工程进一步增强了地区电网网架结构，提高供电可靠性；三是 220 千伏输变电工程可以减少输电电量损耗，选择 220 千伏及以上的高一级电压，可以提高大型骨干电厂的出线电压，减少出线回路，提高电力系统运行经济性。

一、中华人民共和国首条 220 千伏输变电工程——220 千伏松东李输变电工程

纵贯吉林、辽宁的 220 千伏松（吉林丰满）东（沈阳东陵）李（抚顺李石寨）输变电工程（时称 506 工程），是中华人民共和国成立后自行设计施工的第一条跨省、长距离输电工程，是"一五"计划期间苏联援助的 156 项重点工程之一。线路自吉林省丰满发电厂起，经沈阳东陵，至辽宁抚顺李石寨一次变电所，全长 369.25 千米。工程实际投资 3769 万元。

220 千伏松东李输变电工程线路经过辽宁、吉林两个省的 3 个市 6 个县，通过的地区

崇山峻岭占 31%、丘陵占 37%、平地及低洼地占 32%，地形复杂。跨越铁路 6 处、公路 25 处、通信线 32 处、110 千伏以上电力线 16 处、河流 12 处，增加了施工的复杂性。

该工程是在非常艰苦、极度困难的条件下动工兴建的。首先是工期紧迫。当时，丰满发电厂的 7、8 号机组已经安装完成，而鞍山、沈阳、抚顺、本溪等地区的许多大型厂矿，如鞍钢的无缝钢管厂、轧钢厂、7 号高炉等急需电力供应，因此要求工程在最短时间内建成，计划工期定为 8 个半月。其次是技术力量薄弱，施工经验缺乏。设计单位没有设计过高压线路，施工单位也只干过电压低、线路短的木杆线路或原有线路的修复工作，铁塔加工厂也是为满足该工程的急需而临时成立的。工程所需器材大部分是国内生产厂家第一次试制。没有完整的技术规范、质量标准、操作规程等可以指导设计和施工，只能在实践中摸索。在每一道施工工序开始前，都要组织试点，吸取经验，完善质量标准和操作规程，确定劳动组织，然后再开展施工。工程建设历时 6 个月，比国家计划工期提前 67 天完成任务，于 1954 年 1 月 26 日正式投运，为急需电力的辽宁省重点工业基地用电提供了保障。

1956 年 6 月，虎石台一次变电所建成投运时，松东李输电线路改称松（丰满发电厂）虎（虎石台一次变电所）输电线路。虎石台变电所是国内自行设计与施工的第一座 220 千伏大型变电所，该变电所由电业管理总局设计管理局北京设计分局设计，电业管理总局基建工程管理局送变电第三工程公司施工。安装苏联生产的 220/154/46 千伏，4 万千伏·安单相三绕组变压器 4 台，其中备用 1 台，运行总容量为 12 万千伏·安。154 千伏和 220 千伏断路器均采用民主德国制造的 APF－2507 型空气断路器，44 千伏断路器均采用民主德国制造的 SF－1000 型空气断路器。

1983 年 11 月，梅河口一次变电所建成投运后，松虎线又改称梅（梅河口一次变电所）虎（虎石台一次变电所）输电线路。

二、借助华东电力资源促成上海市形成 220 千伏单环网

上海市一直是华东地区最集中、最重要的负荷中心。1958 年，中央决定将原属江苏省的上海、嘉定、宝山、金山、青浦、松江、川沙、南汇、奉贤、崇明 10 个县划归上海市后，上海市电力负荷更是大幅增长，加上新建的吴泾热电厂、闵行发电厂发电装机容量逐步增加，35 千伏电网已无法适应全市发、供、用电变化的新形势。20 世纪 60 年代初期，上海虽已建有 110 千伏电网，但仅形成以西郊变电站为中心的辐射形电网，加之只有 5 座 110 千伏变电站和少量的 110 千伏输电线路，供电范围和供电能力明显不足，上海加快建设 220 千伏电网已迫在眉睫。

上海 220 千伏单环网的建设始于 1957 年，历经 10 年建设，主要由以下工程构成。

配合望亭发电厂送电到上海，开始建设望亭—西郊线和西郊变电站。1957 年 4 月 5 日，西郊变电站土建动工，电气设备于 7 月 22 日开始安装，12 月 16 日竣工投运，建有 110 千伏开关室、35 千伏开关室以及相应 110 千伏、35 千伏出线。望亭—西郊第一条 110

千伏输电线同时投运。1958 年 3 月 8 日，望亭—西郊线动工建设，该线是华东地区第一条 220 千伏输电线路。工程由上海电力设计分院设计，武汉送变电工程局第一工程处承担施工，线路全长 103.3 千米，工程投资 641.80 万元。全线共有 236 基铁塔，塔型为全国首次采用的带拉线克里姆型铁塔，高跨越处则用不带拉线的克里姆型铁塔，施工采用整体立塔方法。同年 7 月 15 日，工程全线竣工，7 月 24 日，线路投运。由于当时西郊变电站尚未安装 220 千伏电气设备，只得降压至 110 千伏运行。直到 1959 年，西郊变电站扩建 220 千伏设备，望亭—西郊线也从 110 千伏升压至 220 千伏运行。自此，上海才真正有了第一座 220 千伏变电站和第一条 220 千伏输电线路。

1959 年，为配合新安江水电站送出电力的杭州—西郊线开始建设。设计时，该线称上海—杭州线（简称上杭线），于 1959 年 9 月 3 日动工挖坑、浇筑基础，1960 年年初开始立塔架线，全线长 219 千米。工程由上海电力设计分院设计，上海供电局组建的上杭线工程队负责施工，并先后得到湖南、辽吉、陕西、河南、安徽、浙江、江苏、广西、内蒙古等 9 个送变电工程公司的支援。沿线 12 个县也有大批民工参加建设，上海地区的解放军官兵也到工地参加施工，充分体现了团结协作精神。施工中，在铁锚山丘陵风化岩地区采用爆破挖坑、宽基础铁塔和钢筋混凝土单杆实行整体组立的方法，河网地带采用船装卷扬机进行摊线、紧线的工艺。1960 年 9 月 28 日，上杭线正式投运，是当时华东地区最长的 220 千伏输电线路。

扩建西郊变电站。由于沪西工业区负荷日益增长，加上望亭—西郊线、杭州—西郊线相继建成后，望亭发电厂和新安江水电站的大量电力输送至上海，使位于上海西大门联接这两条线路的西郊变电站不得不于 1959 年进行扩建。扩建工程安装 1 台 1 万千伏·安的 220 千伏 6 号临时主变压器，由上海电力设计分院设计，上海送变电公司等单位负责电气设备安装，当年 12 月 7 日建成投运。1960 年年初，3 组 9 台单相 3 万千伏·安主变压器相继投运，原临时变压器拆除。同时，西郊—蕴藻浜 2206 线也建成投运，220 千伏西郊变电站分别与江苏、浙江电网联网，成为华东电网的枢纽变电站。当时，该站变电总容量达 35.05 万千伏·安，是 20 世纪 60 年代全国规模最大的变电站，后几经扩建，至 1990 年年底，变电容量达 72 万千伏·安。

兴建蕴藻浜变电站，形成上海浦西地区 220 千伏半环网。1958 年，为满足新建的上海第一、第五钢铁厂及上海电石厂等用户用电急需，兴建位于上海北部的蕴藻浜变电站。工程由上海供电公司设计室设计，上海市第一建筑工程公司负责土建施工，上海工程队负责电气设备安装。当年 12 月 5 日动工，先建造 35 千伏设备，1959 年 8 月 15 日建成投运。1960 年年初，110 千伏设备安装完成，9 月 220 千伏设备竣工投运，装有 3 台 3 万千伏·安的单相变压器，通过闸北发电厂—蕴藻浜线与闸北发电厂相联，经西郊—蕴藻浜线与 220 千伏西郊变电站相通。1961 年 12 月，吴泾热电厂至西郊变电站 220 千伏线路投运，形成上海浦西地区 220 千伏半环网。蕴藻浜变电站经几次扩建，220 千伏进出线增至 7 回，成为上海 220 千伏南北电网之间的重要枢纽变电站，担负着向上海北郊地区重要工业用户供电的重任。

兴建浦东变电站，建设吴泾—浦东线。1959年，为满足浦东地区供电和建设上海220千伏环网的需要，上海电业管理局决定投资兴建浦东变电站。工程由上海供电公司设计室设计，上海工程队负责土建及电气安装，总投资1095.37万元。安装2台9万千伏·安主变压器，220千伏进线2回，35千伏线路12回。1960年工程动工，1961年建成投运，有2回35千伏线路分别与杨树浦发电厂、南市发电厂相联，并作为浦东变电站35千伏的电源线。1962年6月，又安装220千伏3台单相3万千伏·安容量的主变压器，建设浦东第一条220千伏线路，即吴泾—浦东线，与吴泾热电厂相联，这是浦东第一座220千伏变电站。为使吴泾热电厂与浦东变电站相联，吴泾—浦东线需跨越黄浦江。上海供电局经与城市规划、航空、航运等单位商定，采用建造高大铁塔、架空线跨越过江的方案。跨越江面的档距为760米，在黄浦江东西两岸各建一座高91.20米、重158吨的铁塔。此项工程于1961年年初动工，当年12月完工，至1962年6月12日，吴泾—浦东线全线建成投运，上海220千伏环网建设又向前推进一步。

扩建浦东变电站，建设闸北发电厂—浦东线。1967年4月，为建成上海220千伏的单环网，增加电源的可靠性，浦东变电站进行第一期扩建，增加来自闸北发电厂220千伏电源的闸北发电厂—浦东线一回。由于闸北发电厂临近江湾机场，过江架空线高度不得超过28米，所以决定采用电缆过江方案。经先后6个过江地点的勘察比较，过江地点最后选定浦东陶家宅与浦西共青苗圃之内，两岸跨距672米。由于国内当时尚不能生产220千伏电缆，所以决定采用从意大利进口的4根各长746.30米、截面积为350毫米²的单芯电缆。1966年10月，由上海航道局开始江底挖泥开槽，从11月起，由上海供电局电缆工区敷设电缆，将4根单芯电缆并列深埋在河床下4.5米处，即吴淞水位以下13.5米，并在离电缆上下游各40米处装设拦河链。1966年12月，整个敷设工程竣工，上海市第一条220千伏过江电缆宣告铺设成功。1967年4月30日，总长27.09千米的220千伏闸北发电厂—浦东线路全线架通，竣工投运。至此，上海市220千伏单环网宣告建成。

上海市通过新建的220千伏高压输电线路，实现与江苏、浙江两省电网相联，将望亭发电厂和新安江水电站的电力引入上海，上海电力工业得以较快发展，缓解了上海市供用电矛盾。同时，随着上海220千伏单环网建设，上海220千伏输变电工程建设也从此进入快速发展时期。

第五节　三级调度体系的形成和调度技术的初步发展

电网实行统一调度，是电力工业发展的规律。中华人民共和国成立后不久，电业主管部门就开始研究电力系统的统一调度问题。1953年，燃料部颁布《电力系统调度管理暂行条例》，对全国电力系统调度管理提出了统一要求。随着该条例的颁布，省（市、区）和区域调度机构相继成立。调度机构的设立主要与电网规模的大小和行政区划的设置密切相关。一般来说，电网规模小，一级调度机构就可以胜任。例如，早期的东北电网、京津唐电网都只设有一级调度机构。随着各地电网规模的扩大，逐步开始按照省级行政区划设置调度机构，此时有联网关系的跨省电网就出现网、省二级调度机构。例如东北电网1956年就出现总调和吉林省调、黑龙江省调两级调度机构。随着省级电网的进一步加强，省内地市电网规模也有所发展，于是网、省、地三级调度体系应运而生。至1965年，全国各省、市、区陆续建立调度机构，东北、京津唐、华东地区形成总调、中调、地调三级调度体系，其他地区有一级或二级调度机构。调度的电压范围从35千伏开始，逐渐扩展到110、220千伏。各地省级调度机构成立后，进一步健全统一调度管理体制，充实配备人员和技术装备，开展了确保电网安全、经济运行的相关工作，例如，推行等微增率调度等，电网运行水平有较大提高。这一时期，电网调度在继电保护、调度自动化和通信等方面都取得初步发展，继电保护和安全自动装置方面，注重提高保护的快速性和选相动作特性；调度自动化方面，朝着提高遥测、遥信、遥控、遥调功能，容量及可靠性方向努力；调度通信方面，通信范围不断扩大，通信装备向自动化转变，通信功能更加多元，从有线通信、载波通信向无线通信发展。

一、《电力系统调度管理暂行条例》的颁布

1953年6月，燃料部颁布《电力系统调度管理暂行条例》（简称《条例》），明确了电力系统应实行统一调度管理，对电力系统调度管理机构（简称调度机构）的任务、设置形式等重大问题都有明确规定。《条例》为后续各种电网调度典型规程的颁布奠定了基础，明确了全国统一调度的要求，以及统一事故处理、调度设备编号和发布调度命令的原则，使系统内各级调度人员在同一准则下分工负责、协同工作，各单位在电网调度运行指挥中必须严格遵守和认真贯彻执行各种规章制度。同时，随着《条例》的颁布，省（市、区）和区域调度机构也相继成立。省调多数是由省会城市调度机构演变而来的，和以往调度机构随电网自然产生不同，带有行政区划的色彩，在客观上为全省联网运行做好了管理准备。

1962年，水电部对上述条例进行了修订，颁布了《动力系统调度管理规程》（简称《规程》）。

《规程》规定了调度管理的任务及调度管理机构的设置，如设几级调度机构，各调度机构的内部组织及设置地点的确定等。根据电力系统规模大小的不同，调度机构分为一级制（独立小电力系统的调度所）、两级制（一般为省辖地电力系统的中心调度所和省内各地区的地区调度所）和三级制（跨省的大区电力系统的总调度所、省级的中心调度所和省内各地区调度所），调度机构的设置是随着电力系统的发展而变更的。

《规程》规定了各级调度机构的职责和调度范围。一个统一调度的电力系统内，最高一级的调度机构负责全系统的发电出力、负荷平衡、安全稳定、电能质量和经济运行，负责调度大型发电厂、枢纽变电所、最高电压等级的输电线路和系统内的主干环状网络线路；规定频率调整、电压调整等的具体方法；规定各种调度管理制度，如新设备投产、设备检修、水库调度、继电保护与安全自动装置运行、调度通信运行等管理制度。《规程》对上述内容作了详细明确的规定，并要求各电力系统依此修订各自的调度规程。

1963 年，水电部召开全国电力工业会议，会上在总结 1958 年以来的经验中指出，实行电网高度集中统一管理，是电力生产和建设的客观要求。

二、跨省调度和省级调度机构形成

中国调度机构的形成有两种方式。一种是调度机构随电网自然产生，例如中华人民共和国成立前，已有东北电网、平津唐电网调度机构，是分别随着东北 154 千伏高压跨省电网和平津唐 77 千伏跨省电网形成而设立的。另一种调度机构是按照行政区划设立的，如 1953 年 6 月，燃料部颁布《电力系统调度管理暂行条例》后，全国各地省级调度（简称省调）机构相继设立。省调多数是由省会城市调度机构演变而来的。

这一阶段，东北、京津唐的跨省调度机构得到了充实和完善，华东跨省电网调度机构随省间电网互联而产生。华中、西北和西南尚未形成区域电网，地区内各省调度机构得到不同程度的发展。

（一）东北电网形成三级调度指挥系统

1950 年 3 月 15 日，东北电业管理总局改称东北电管局，4 月，局内成立调度处（简称总调），承继原总局送电管理处调度职能，下设调度室、技术科、计划科、通信科，承担东北主网的电网调度运行管理工作。调度室负责电网调度运行指挥，技术科负责电网调度运行的安全经济技术管理，计划科负责电网调度计划及日常调度运行管理，通信科负责电网调度通信和行政通信。各地区电业局也相继成立调度科，负责所辖地区电网的调度运行管理工作。

1953 年 5 月，东北电管局调度处改称调度局，并分别成立南部电网调度所（简称南调）和北部电网调度所（简称北调）。南调在鞍山电业局内成立，负责管理和指挥丹东、大连、阜新、锦州地区调度及水丰等电厂的调度运行工作；北调在丰满发电厂内成立，负责指挥丰满发电厂运行操作及事故处理，154 千伏松吉线、松长线、松滨线的调度运行，并通过吉林、长春调度管理指挥吉林省主网部分地区的电网调度运行工作，通过哈尔滨调度管理指挥哈尔滨地区调度运行工作，这两个电网调度所业务工作均由东北电管局调度处负责。

1956 年 2 月、11 月南调和北调 2 个调度所先后撤销。东北电网变为两级调度管理，总调兼辽宁省调度所工作[1]。总调通过长春电业局调度科和哈尔滨电业局调度科，管理吉林省和黑龙江省与主网联网部分的电网调度工作。

1958 年以前，东北总调直接调度长春地调。1958 年，随着吉林省电业管理局的组建，在原长春调度的基础上组建了吉林省中心调度所（简称吉林中调），在吉林中调内成立调度室负责吉林省二次电网调度指挥工作。此时东北电网已形成三级电网调度指挥系统。

1958 年，黑龙江省成立省电业管理局，但实际上只有哈尔滨地区联入东北主网，归东北总调指挥，省内还有黑龙江东部电网和西部电网两个较大的孤立电网。在黑龙江省省

---

[1]　中华人民共和国成立后，当时，没有单独成立辽宁省调度机构。

调未成立之前，1972 年和 1973 年分别组建了黑龙江东部电网调度局和黑龙江省西部电网调度局，作为省局派出机构，负责对黑龙江省东、西部电网进行统一调度。1975 年，黑龙江省电力局设立调度处，筹备全省联网的调度工作。1981 年，随着黑龙江西部电网联入东北主网，省调开始执行调度指挥任务，西部电网调度局撤销。此时，东北总调开始直接指挥黑龙江省中调，哈尔滨电网归黑龙江省中调直调。东北电网网、省、地三级调度指挥范围进一步扩大。

1970 年 7 月，赤峰地区电网经 110 千伏线路联入东北主网。1979 年 6 月，哲里木盟地区电网经 220 千伏线路连入东北主网，东北总调指挥范围扩大到了内蒙古东部地区。

1976 年 10 月，东北电管局分为东北电管局和辽宁省电力工业局，这期间成立过一次辽宁省电力工业局中心调度所。1977 年 5 月，辽宁省电力工业局撤销，其调度所同时撤销，仍恢复原总调兼辽宁省调的设置。

东北电网调度指挥系统特殊之处在于鸭绿江上建有四座水电厂，中朝两侧各有两座水电厂，朝方电网频率是 60 赫，中朝两国电网不能联网，每个界河电厂 50 赫、60 赫频率机组各半，分别归中朝两国调度指挥，为此，东北总调必须配备会讲朝鲜话的调度员。

（二）华北地区调度机构的演变

中华人民共和国成立前，华北地区在北平、天津、唐山地区之间已形成区域性电网——平津唐电网，电网规模较小。山西省、河北省南部、内蒙古自治区是以发电厂为中心独立运行的供电片。除平津唐电网设有一级调度机构（中央调度所）外，其他省（区）均无调度机构。

1949 年 12 月，华北电业管理总局成立，中央调度所归总局运行处调度科管理。随着区域内电厂相继增加，地区性电网逐渐形成，为了理顺关系，加强调度指挥系统建设，华北各省（市、区）电力部门从 20 世纪 50 年代起开始组建地（区）调机构。1951 年起，先后成立了北京、天津、唐山、张家口、秦皇岛、承德、保定、廊坊地调，实现京津唐电网两级调度指挥系统。

1956 年 4 月 1 日，北京、天津、唐山三个电业局合并，成立了北京电业局，各单位负责京津唐电网调度的调度科、通信科、继电保护科划归北京电业局。1958 年 7 月 21 日，北京电业局改称北京电业管理局，同时成立调度处，中央调度所更名为中心调度所。调度处和中心调度所为一套机构两块牌子。1976 年，中心调度所改为北京电力中心调度所（又称京津唐电网中心调度所），为北京电业管理局所辖的半独立二级单位。

河北电网于 1951 年 12 月在石家庄电业局内成立调度所，直到 1976 年 2 月，冀南的石衡和邯邢联网，成立河北省电力中心调度所，它既是生产单位，又是省局的职能部门。1977 年 10 月，河北南网实现了统一调度。至 1983 年，河北南网陆续组建了石家庄、衡水、沧州、邢台、邯郸、保定（由京津唐电网 1983 年划归冀南电网管辖）6 个地区调度机构。

山西电网于 1949 年 5 月由太原电力公司在其第一发电厂配备调度员 4 人。1951 年 8 月，太原电业局（原太原电力公司）成立调度台，对太原地区各发电厂实行统一调度，同年四季度将调度台改名为调度所，1955 年年底，又改名为中心调度所，设调度和运行方式两个组，有职工 12 人。1958 年 1 月，太原电业局中心调度所改称为山西省电业局中心调度所，同时增设继电保护、载波自动化和线路 3 个班，共 5 个班（组），有职工 30 余人。1974 年 1 月，中心调度所实行独立核算，1975 年，各班（组）升格为科（室）。山西电网从 20 世纪 50—70 年代，陆续组建了太原、大同、忻州、晋中、阳泉、长治、临汾、朔州、晋城、吕梁和运城 11 个地区调度所。

1956 年 7 月，经北京电业管理局批准，内蒙古电网在包头电业局成立调度所和通信组，负责包头地区的调度工作，这是内蒙古最早的地区电力调度机构。1957 年，改称包头电力调度所。1958 年，随着呼包电业局的成立，包头电力调度所改称呼包电网调度所。1960 年 1 月，又改称内蒙古电力中心调度所，有职工 32 人，设调度运行、继电保护、通信等专业。1960 年年底，中心调度所由包头迁至呼和浩特，为内蒙古电力主管厅局的直属单位。内蒙古蒙西电网从 20 世纪 50 年代到 80 年代，共组建包头、呼和浩特、乌兰察布盟、巴彦淖尔盟、伊克昭盟、海勃湾、薛家湾矿区、锡林郭勒盟 8 个电力调度所。1987 年，内蒙古西部电网与华北电网联网后，调度管理体制由两级调度变为三级调度。

（三）华东电网总调成立

中华人民共和国成立时，上海 6 家电力企业按各自的供电区域进行业务活动，没有一个集中统一的管电机构，只在上海市人民政府公用局下面设置电力处，行使政府对电力的行政管理职能。1952 年上海市公用局电力处成立调度组，对上海 33 千伏环网实施调度。1954 年 4 月，上海电业管理局成立中心调度所，承担公用局电力管理处调度组的调度职能。全市电力实行统一调度，形成两级调度体制。中心调度所设 2 个组，第一组对所有发电厂（杨树浦、闸北、南市发电厂、卢家湾发电所和几家自备电厂）及 35 千伏电网统一调度与操作管理，第二组对原上海电力公司的 22、6.6 千伏与 380 伏电网进行操作管理。

1952 年 7 月，南京电业局和苏南电业局先后成立调度室，分别调度所属电网。苏南和南京两电业局所辖电网联网后，1952 年 12 月成立江南电力网中心调度所，两局合并后该所又改称为南京电业局中心调度所。在江苏省电业局成立后，1959 年 12 月，南京电业局中心调度所改称为江苏省电业局电网调度所。

1953 年 8 月，安徽成立淮南电业局，同年 9 月设立调度所。皖中电网形成后，1959 年 2 月，成立安徽省水电厅电业局中心调度所。

1960 年 9 月，浙江省水利电力厅电管局成立调度科。1961 年，该科与杭州电气公司调度组合并成立中心调度所。1962 年 7 月，由浙江省水利电力厅电业管理局调度室与杭州市水利电力局供电所调度室合并，成立浙江省电业管理局中心调度所，下设调度、运行方式、继电保护、通信 4 个组。

到 1960 年年底，华东地区的三省一市均形成了由中心调度所领导省市内各地区调度所的二级调度管理体制。

1960 年，华东跨省电网基本形成，年底，水电部明确上海电业管理局中心调度所代为管理跨省电网调度业务。1962 年 4 月，华东电管局成立，在上海市中心调度所的基础上建立了华东电管局总调度所，对华东电网实施统一调度。

1963 年 8 月，成立上海市供电局中心调度所，管辖 220 千伏终端线路、变压器及 110 千伏以下电网，上海市 220 千伏主网及全部发电厂仍由华东总调直接调度管辖。新成立的上海供电局中心调度所，就其性质来说仍隶属于上海电网地区调度所，下设沪东、沪西、沪南、沪北、浦东和宝山等地区调度。

"文化大革命"期间，华东电管局划归上海市领导。1972 年 7 月，上海供电局中心调度所撤销，部分人员及调度管理职责并入华东电管局总调度所，又回到上海市的二级调度管理体制。

1978 年 12 月，为加强电网管理，华东电管局职能进行了调整，再次成立上海供电局中心调度所，其职能恢复到 1972 年 7 月以前的三级调度管理体制的定位。

（四）华中、西北和西南地区省级调度机构设立

省、市、区的调度所，基本都是从省会所在地的市电业局调度所基础上发展起来的。和以往调度机构随电网自然形成不同，省（市）调度机构设立带有行政区划的色彩，一般是由一级调度、二级调度发展到三级调度，调度的电压范围由 35 千伏开始，逐渐扩展到 110、220 千伏。

例如，湖北武汉冶电业局调度机构是湖北省调的雏形。1951 年 10 月，武汉冶电业局筹备委员会成立，筹备委员会设有 12 个科室，其中，在运行科下设调度所，调度所设在武昌电厂（原下新河发电所），这是湖北最早的电力调度机构。为了加强电网的统一管理，运行科调度所代表武汉冶电业局行使武汉冶电网运行调度指挥职能。调度所的调度范围为武汉三镇和黄石大冶地区的发电所、变电站、供电所和线路工区。调度的主要工作是负荷预计与发电出力安排，运行方式和检修安排，电网频率、电压调整，掌握与控制联络线的输送功率，定时收录各厂站的时报与事故处理等。发电厂按调度制定的"电压曲线""负荷曲线"和运行方式安排生产。同时，在局属线路管理所设调度股，地点设在汉口水塔配电所，履行武汉地区调度机构的职能，负责地区配电线路的调度。1958 年 1 月，湖北省电业局中心调度所在武汉冶电业局运行科调度所基础上设立，下设调度、通信、运行方式、继电保护 4 个专业组。自设立专门的调度机构以后，电网的负荷管理、运行管理、操作管理及事故处理，一直是调度机构的基本职责。

部分省调的演变历程如下：

1950 年，广州市电业管理处供电科调度股设立，负责西村、五仙门电厂和 13.2 千伏及以下线路变电站的调度。1958 年，广东省电业局调度科成立，负责所属发电厂和 35～110 千伏线路、变电站的调度。1961 年，广东省电业局调度室内设调度、运行方式、继电保护、通信等专业组。

1953 年，西安电业处调度科设立，调度范围包括西安第一发电厂机炉主设备及 6～35 千伏线路和西安、三桥、咸阳 35 千伏变电站。1958 年，陕西省电业局调度所设立，下设调度组、继电保护组、通信组和运行组。

1958 年，河南省电力工业局中心调度所设立，下设运行方式组、调度室、通信组和继电保护组。

1958 年，青海省水电厅电业管理局中心调度所成立。

1960 年，宁夏水利水电局电业处调度室设立，内设调度及运行方式、继电保护、通信 3 个专业，统一调度石嘴山发电厂、银川电厂和石嘴山—大武口—银川、石嘴山—石炭井 110 千伏线路及变电站，调度银川地区 10 千伏配电网。1964 年，更名为宁夏电业局中心调度所。1975 年后出现两级调度指挥系统。

三、等微增率经济调度的推行

中华人民共和国成立初期，燃料部就提出电力系统要实行统一调度管理，同时也开始推行电网经济调度。经济调度是电网调度的重要任务，其目的是通过经济调度达到有效节约能源，而等微增率调度是电网经济调度的一个重要环节。从 20 世纪 50 年代初开始，等微增率调度逐步在全国各火电厂推开，其中华北、东北等地先后开展了这一活动。

1951 年，根据苏联专家建议，京津唐电网各主要发电厂在机炉热效率试验的基础上，开展了发电厂运行机组间的等微增率经济负荷分配，降低了煤耗率。石景山发电厂发电煤耗率 1951 年 2 月为 751 克/（千瓦·时），到 6 月降至 685 克/（千瓦·时），1952 年推行烧低质煤，发电成本有所降低，但煤耗率大幅度上升，机炉热效率多变难测，1951 年经试验测得的热效率曲线全部失效，使等微增率经济调度停顿。1953 年 5 月，石景山发电厂重新进行机炉热力试验，绘制每台机炉的热力特性曲线，按等微增率曲线分配机组间的负荷，经过对比试验证明，按等微增率曲线分配负荷，每发电 1000 千瓦·时可节约原煤 32 千克。1954—1957 年间，京津唐电网全网坚持了等微增率经济调度，三大主力发电厂的煤耗率均逐年下降。石景山发电厂煤耗率由 627 克/（千瓦·时）下降至 575 克/（千瓦·时），天津第一发电厂由 519 克/（千瓦·时）下降至 498 克/（千瓦·时），唐山发电厂由 574 克/（千瓦·时）下降至 533 克/（千瓦·时），1958 年以后，电网用电负荷增长很快，发电出力严重不足，机组超额定出力运行，经济调度无法继续进行。

1956 年，东北电管局调度处组织人员到抚顺、阜新、北票、大连、长春、辽源发电厂，搜集资料并和现场人员共同计算编制出了各电厂在不同运行方式下的微增率出力特性和对应机炉耗量—出力特性资料。1957 年东北主网正式开始实行经济调度，在各火电厂间按等微增率分配负荷。1958 年，东北电管局颁发了《经济调度规程（草案）》，抚顺、阜新发电厂等单位据此编制了本厂各种运行机组组合下的机炉耗量—出力特性和微增率—出力特性资料。东北电管局调度处和技术改进局深入各发电厂调查了解，在各发电厂的协助下，基本弄清了高、中压，母管式和单元式，凝汽式和供热式等不同类型火电厂的经济技术特性及其微增率、耗量、出力变化范围，编制了东北主网的等微增率调电方案。

50 年代起，陕西电网调度部门与有关发供电单位配合，结合陕西省省煤节电工作开展电网微增经济调度工作。1957 年，调度所与灞桥热电厂合作，根据灞桥热电厂各机炉实际效率试验，按等微增率方法，编制出厂内机组间负荷分配方案，由电厂组织各值试行，按值公布结果，开展小指标竞赛，定期组织经济分析。1958 年煤耗率下降 106 克/（千瓦·时），在此基础上，调度所于 1959 年又编制出电网等微增率经济调度方案，并计入线损影响。当时参加负荷分配的主要是灞桥、户县两个热电厂，坚持按分配方案执行。1962 年供电煤耗率下降 45 克/（千瓦·时）。4 年内供电煤耗率下降 99 克/（千瓦·时），平均每年下降 24.75 克/（千瓦·时），1958—1966 年的 9 年间，陕西电网供电煤耗率下降 221 克/（千瓦·时），平均每年下降 24.5 克/（千瓦·时），经济调度工作起了主要作用。

1966 年，等微增率经济调度工作因"文化大革命"的开始而基本中断，20 世纪 70 年代以后陆续恢复。

四、继电保护及安全自动装置的发展

电网的继电保护和安全自动装置是保证电网安全稳定运行的必要条件。在任何情况下，电网一次设备都不允许在无保护的状态下运行，因此继电保护装置与电网一次设备从一开始就是不可分离的。随着电网规模及技术的不断发展，继电保护装置的原理、功能、制造工艺也在不断更新发展，20 世纪五六十年代，从最早使用的定时限和反时限过电流保护到距离保护、高频保护及零序保护，保护的快速性和选相动作特性不断提高，在装置工艺方面是电磁型、整流型有触点式的保护装置。

自 1953 年开始，东北地区实施"389"总体改造工程❶，其内容主要包括东北地区的电力负荷预测、电源布局、网络结构、继电保护、自动化及通信等，其中，继电保护改造工程于 1957 年全面竣工。此后，东北 220 千伏主网成为中性点直接接地系统，154 千伏及 66 千伏为经消弧线圈接地系统，而电网内 220 千伏及 154 千伏输电线路保护装置绝大多数装设了苏联产品或仿苏产品——高频保护和距离保护。220 千伏线路上配置三段式距离保护（苏联 ПЗ－157 型或仿苏 GH－11 型）和高频相位差动保护（苏联 ПВЗ－K 单频制收发信机配 ДФЗ－2 型或仿苏 GCH－1 型）。其中，松（丰满发电厂）虎（虎石台一次变电所）线路全长 369.25 千米，松李（石寨）线路全长 350 千米，都超过了 300 千米，因此装设了双频制 ДФК－1 型高频相位差动保护作为主保护，以三段式零序电流保护作为接地短路故障的后备保护，以三相式电流速断保护作为辅助保护。除 220 千伏水东线装设单相重合闸和东连线装设三相重合闸外，其余 20 千伏输电线路都装设快速三相重合闸。在 154 千伏电网内，各线路装设了三段式距离保护（苏联 ПЗ－153 型或仿苏 GH－02 型）和电流速断保护，两点接地短路零序电流保护及非同期重合闸装置。其中，抚顺发电厂—抚顺 301 铝厂变电所、阜新发电厂—青堆子开闭所双回平行线路加装了横联差动方向保护。鞍山、浑河一次变电所等 154 千伏母线加装了差动保护，母联断路器上配置了与线路相同的全套保护和自动重合闸装置。"389"总体改造工程的完成，使东北电网主网继电保

---

❶ 1952 年委托苏联进行的东北电力系统继电保护配置设计，代号 389。

护与安全自动装置都换成苏联 20 世纪 50 年代的最新电磁型、感应型产品或仿苏产品，改善了主网继电保护装置的技术特性，在五六十年代全国电网中居于先进水平。

1956 年以前，华中地区的武汉冶、湘中、郑州、南昌等电网采用的主要保护装置为电流、电压保护和简单的三相重合闸装置。1957 年以后，华中四省相继出现 110 千伏电网，继电保护装置已由简单的电流、电压保护更新为距离保护和同期重合闸装置。

西北电网未形成前，陕、甘、青、宁四省（区）电网主网都是从 35 千伏电网发展到 110 千伏电网的。相应的保护装置是从最初的定时限电磁型电流、电压保护发展到整流型距离保护，大电流接地系统中采用了阶段式零序方向保护，双回线采用了电流平衡保护及电流方向横差保护，线路上使用了重合闸装置，有的线路上还采用了电子管型高频相差保护，在变电站采用了光线式故障录波装置。

1955 年，黑龙江省阿城继电器厂开始批量生产电磁型和感应型仿苏继电器系列产品。华北各电网的继电保护装置全部采用该厂产品，淘汰了反时限过电流继电器，提高了电网继电保护装置的可靠性。1956—1959 年，随着华北 110 千伏输电线路的运行和 5 万、10 万千瓦发电机的投产，从苏联引进了输电线路距离保护、三相重合闸装置、发电机复式励磁及电压校正器。

1953 年，66 千伏宁（南京）马（鞍山）线采用了德意志民主共和国制造的 RD7 型距离保护器，这是江苏省第一套距离保护装置。1959 年，苏南 110 千伏电网建成后，开始广泛采用距离保护和专为保护接地故障的多阶段零序电流保护。110 千伏电网投运初期，除南京下关电厂结合发电机组引进工程，采用捷克斯洛伐克 D–201、D–202 型距离保护外，大多数采用国内制造的（仿苏）GH–11 型距离保护屏。1966 年 8 月，国产第一套由上海继电器厂研制的 LH–11 型整流距离保护和 LL–11 型整流型三阶段零序电流保护在 110 千伏南京燕子矶变电所投运，标志着继电保护装置从机电型向整流型过渡。

1957 年开始，杭州、嘉兴、绍兴等地区开始形成 35 千伏电网，35 千伏线路采用电磁式保护装置，主变压器采用速断、过电流、定时限保护，10 千伏线路采用仿苏 HT 型感应反时限保护。此后，电磁型保护逐步得到普及。1960 年，新安江水电厂发电，220 千伏网架初步形成，继电保护装置由国外早期的陈旧产品及部分国内的反时限、定时限保护，逐步向仿苏产品过渡。浙江省第一条 220 千伏新（安江）杭（州）线开始使用苏联的 ДСZ–2 型相差高频 ПЗ–157 型距离保护装置和单相重合闸装置，发电机、变压器使用 FB–1、BCH–1、BC–2 型差动保护。

五、电网调度自动化的起步

20 世纪 50 年代，随着大型发电机组的建设，中国开始引进苏联电磁式近作用遥测装置，对发电机组的有功功率、无功功率、母线电压进行遥测显示。典型的遥测装置有感应式、脉冲式、整流式等。遥信装置则是由继电器组合成的有接点式的仿苏型产品及电钟型产品。之后随着技术的进步，广泛采用了无触点远动装置和晶体管化的综合数字型的远动装置，进一步提高了遥测、遥信、遥控、遥调的功能、容量及可靠性。

1956 年，东北电管局中心试验所远动室成立远方机械组，开始仿制苏联 ВЛТ－53 型有触点远动装置，1957 年安装于旅大电业局甘井子变电所，1958 年又有四套投入运行，情况较好。1955—1958 年西安灞桥热电厂、西固热电厂先后投运了苏联基洛夫工厂生产的近作用式 ВАПИ 型整流型遥测装置。

1958 年"大跃进"期间大搞电钟遥控装置，在北京有 27 座变电站投入运行，该装置设计简单，缺少保护环节，小同步电动机在负荷较大时不能完全保持同步，运行不可靠，曾发生过多次误动、拒动情况，后陆续退出运行。同期使用电钟遥控装置的还有天津、东北的鞍山、上海、浙江、安徽、湖北、河南、云南、重庆等地。

1958—1962 年由燃料工业部电业管理总局技术改进局（现中国电力科学研究院）牵头，组织了上海电器所、上海继电器厂、上海电表厂和南京有线电厂分别研制 SF－58、YC－61 等远动系列产品，首先在京津唐、华东、东北三大网和西北地区推广应用。接着在 1958—1967 年运行 SF－58 产品的有河北、内蒙古、河南、山东、江西、湖南、湖北、广东、重庆等地。该产品运行状况较好。

1960—1961 年，中国研制标准频率信号和磁放大器，并制作了电子管音频调制解调器，利用沈阳至虎石台变电所的有线通道把控制信号传到虎石台，再通过虎石台安装的苏联产的 ЭЛ02K 电力载波机上音频复用传输到丰满发电厂，丰满发电厂利用南京水工仪表厂生产的功率调节器控制机组的功率。经过多次联调实验，到 1963 年投入运行。投入运行后，丰满发电厂虽然只有两台机组参加调频，但是电网频率的调整是比较理想的，一般最大偏差在±0.05 赫以内，甚至更小。电钟日积累误差小于 1 秒。该系统一直运行到"文化大革命"前，"文化大革命"后由于电力供应紧张，自动调频装置被迫停止运行。华东地区在 20 世纪 60 年代开始进行发电厂自动调频试验。

1965 年华北电网自动调频装置安装在北京中心调度所和北京地区的官厅水电厂、下马岭水电厂、高井发电厂、石景山发电厂、北京热电厂和天津一厂，通过这套装置，根据电网频率偏差和偏差累积量可遥控上述各电厂的发电出力，还可以通过值班调度员手扳旋钮实现该功能，这是自动发电控制（automatic generation control，AGC）的早期技术，"文化大革命"开始后该装置停用。

六、电力调度通信技术的初步发展

电力调度通信是一种专业通信技术，它随着电力网的形成和扩大发展起来，开始是在发电厂、变电所与调度所之间使用，之后扩大成为省、市、区域电网调度电话的通信网，跨越省、市、区大电网内的通信网。通信技术装备也由开始的手摇"强力"电话，发展成可长途、本地组网、电路交换、数据交换和带有智能调度台的程序交换机。通信功能也由单一通话功能发展成可以为继电保护、调度自动化、计算机通信、业务传真提供多种信息通道。通信电路也由在电力线路电杆上加装专用架空通信线路、租用市内电话局线路、架设专用架空线路和敷设专用电话电缆发展成电力线载波、微波、光纤电路、通信卫星设施等。通信的汇接交换也不再是原始的人工汇接，而是发展成为高度自动化的程控交换网。

中华人民共和国成立后，各地的电网调度通信都随着电网的发展有了很大改观，首先是架空的专用有线电话线普遍增加了，音频电缆、邮电线载波、电力线载波等通信装置也遍及各地电力企业。同时调度电话、远动、高频继电保护对通信通道的需求日益增加，造成电网内电力线载波频道拥挤，相互干扰。各地调度部门开始对载波频率和机型进行改造，采用了混合标准频谱，频率分配采取电网分区、频谱分组、重复使用等措施，增加了通道数量。

（一）从有线通信网起步到载波通信的广泛应用

中国电业最早建设的电力调度通信线路是 1912 年云南省昆明到石龙坝水电厂之间架设的架空有线电话线，全长 34 千米。1931 年，上海敷设了中国电力工业最早的电话电缆线路。1941 年，东北电网建成中国最早的调度用电力线载波电话。1944 年，平津唐电网之间 77 千伏送电线路上使用了日本产双边带电力线载波机。

到中华人民共和国成立初期，全国电网中仅有双边带电力线载波机 30 余台。

电力线载波通信是利用高压输电线路作为传输通道，通过电力线载波机和各种辅助设备传送信息的一种通信方式。与架空明线或电缆比较，具有投资省、见效快、可靠性高的优点，是电力行业特有的一种通信方式。20 世纪 50 年代，中国电力通信主要采用苏联、捷克斯洛伐克等国制造的电力线载波机以及一些架空明线，仅限于为电力调度使用。50 年代中期，中国开始制造单边带电力线载波机及其相关设备。60 年代，国产电力线载波机得到广泛应用，在电力通信中占主导地位，除开通调度电话外，还开始传送远动信息。例如，1961 年，华北地区各调度机构开始采用遥信和遥测等远动信息。1961 年 9 月，220 千伏新安江—杭州—上海电力载波线路投运。

在国内电力载波通信规程规范体系的建设方面，东北电网做出了较大贡献。20 世纪 50 年代中期，东北电网根据设备运行情况，陆续编制《电力线载波通道安装规程》《ЭПО 型电力线载波机维护运行暂行规程》《ЭПО 型电力线载波机调整试验规程》和《通信线路新建及大修验收规程》，推动了国内电力载波通信规程规范体系的建设。

（二）无线通信从无到有

20 世纪 50 年代末期，随着电网的发展，省调与地区之间曾利用短波电台作为调度通信和线路检修通信的一种手段，采取定期、约时会晤的方式进行通信联络，同时作为重要通信线路的备用手段。如京津唐电网在输电线路检修时，在北京供电局、天津电力局、唐山供电局三处设 80 瓦或 120 瓦自制固定台，在线路上抢修的工作人员使用美国 284 型车载台与变电站等单位进行联系。四川电网在成都—德阳—江油 110 千伏输电线路段，曾用短波电台作为架空明线通信的重要后备手段。由于其他通信方式发展很快，短波无线电通信方式发展基本停止。

至 1960 年前后，东北电网总调对所属部分电业局、发电厂建立了短波无线台，作为防汛电话，在每年汛期开机备用。1961～1964 年，东北电网开始建设四路特高频电路和接力微波电路。这些无线电路的建成，使东北电力通信网进一步完善，总调至相关管理、运行单位间有了有线和无线两种通信手段，调度安全程度大为提高。据不完全统计，至

1964 年东北主网共有各型无线电设备（包括短波电台、特高频和接力微波设备）154 台，其中运行 108 台。

自 1960 年起，西北地区陕、甘、宁、青各省电网，先后采用杭州邮电器材厂生产的 WR004A 型四路特高频通信设备。1960 年，宁夏石嘴山电厂投产时选用该设备，构成载波终端站与调度所之间的音频通道。1964 年，甘肃电网购置 1 套同类设备。1965 年，陕西电网先后购置 6 套该设备，分别安装于西安调度所、兴平变电站、户县热电厂和阎良变电站等地。1967 年，青海电网安装 1 套该设备，用于调度所至大堡子变电站。

第六节　设计和施工队伍的创建

电力设计和基建施工队伍建设，是从国民经济恢复时期开始的，特别是"一五"时期大规模的经济建设开始，为适应建设任务的需要，从无到有地在完成任务中逐步建立和扩大了基本建设队伍，培养了一批在一定程度上掌握现代技术的勘测、设计、施工的技术人员和工人，学会应用若干先进的设计施工技术和管理方法，如冬季施工，混凝土真空作业，组合安装，施工组织设计等，逐步缩短了工程工期，提高了质量，降低了造价。

随着电力工业的恢复和有计划地建设，各大区的电力设计院相继建立起来。按照分工，电力设计院承担火力发电厂、送变电工程、电力系统规划等的勘测设计工作。20 世纪 50 年代初东北和华北电管局相继成立设计处，东北设计处的工作是从配合苏联专家收集电厂、变电所和电网结构等方面的设计资料开始的，并配合苏联专家编制了东北电力系统设计文件。与此同时，还从苏联引进全套设计手册等资料（代号 AKT）供设计人员学习与参考。

"一五"时期，电力设计人员从学习苏联设计方法到独立进行设计。"一五"初期，电力设计单位主要进行工程设计，基本上没有进行科学研究工作。1956 年，中央制定《1956—1967 年科学技术发展远景规划纲要》，提出要解决的重大科技课题。电力工业按照要求，提出重点开展建立电网大系统、发展大容量发电机组、综合开发长江和黄河水利资源等科研课题。电力设计单位从此开始注重电网大系统的研究。从 1958 年开始，为了提高设计水平，在送变电工程设计方面，对送电杆塔、配电装置等开始组织力量进行研究，并陆续取得了一些成果，提高了设计水平。1960 年苏联撤走在中国的专家，加速了中国独立进行设计的进程。到 1965 年，中国已经建立了专业基本配套，能全面进行电力系统和发、输、变电工程勘测设计，有一定技术水平的电力设计队伍。

一、勘测设计机构的设立

中华人民共和国成立后，中央和各大区为加强电力设计力量，陆续成立了电力设计部门。

1949 年，在燃料部电业管理总局内成立工程处，既做设计，又负责指导施工。1952

年年初，设计与施工职能分开，正式成立设计处。

1953 年年初，燃料部决定，将其直属的电业设计局筹备处设立为设计局，划归燃料部电业管理总局领导。1954 年 3 月 22 日，燃料部电业管理总局决定将电业管理总局所属的设计局更名为设计管理局，原设计局改称北京设计分局，并将东北、华东、北京 3 个设计分局划归设计管理局领导。设计管理局行使全国电力设计管理职责，中南、西南电管局设计处在未合并正式成立中南设计分局前，其设计业务归该局领导，华北、西北电管局设计处有关设计业务，也由该局领导。同年，电力规划设计总院（简称电规总院）成立。

1955 年，撤销电业管理总局设计管理局，在北京成立部直属电力设计院，并将东北、北京、华东、武汉电力设计分局改称长春、北京、上海、武汉电力设计分院。同年，电力部建立西安电力设计分院，次年从上海电力设计分院抽调 687 人来西安充实西安电力设计分院。1957 年，撤销部直属电力设计院，并陆续将各"分院"改称为"院"。11 月 5 日，电力部发出《关于加强设计工作领导的决定》，将火电设计院合并至基建总局。逐步制订或充实各项设计规程和标准，改善设计文件编制的方法和程序。一般的设计项目委托基建总局或管理局代电力部审批。

20 世纪 60 年代初，水电部陆续将长春、北京、上海、武汉、西安电力设计院改称东北、华北、华东、中南、西北电力设计院。1961 年，在四川成都成立西南电力设计院。至此，六大区域都有了部直属的电力设计院，各院基本上承担本区域内的电力设计任务。

在部直属电力设计院成立的同时，为了进行小型火力发电和输变电工程的设计，在"一五"时期，有的省就成立了电力设计单位。1958 年，中央提出权力下放后，各直属设计院下放了 2011 人给 20 多个省、市、区，协助建立省电力设计院。省电力设计院的成立，是对直属电力设计院必要的补充，省电力设计院作用的充分发挥，是加快电力建设的重要保证。例如，1961 年 12 月，北京电力设计院研制的第一代具有国内先进水平的真空管 161型计算机问世并投入到电力工程的设计应用中，这项成果在 1964 年全国科技发展成果展览会上获二等奖。

1952—1978 年部分年份火电（含送变电）勘测设计人员的构成与人数发展情况见表 5–1。

表 5–1 　　　　　　　 1952—1978 年部分年份火电（含送变电）勘测设计

人员的构成与人数发展情况一览表

年份	电力勘测设计人员构成				
	职工总人数（人）	技术人员人数（人）	技术人员占职工总数的比例（%）	部属设计院人数（人）	省设计院人数（人）
1952	1523	256	17	1523	—
1957	6343	2409	38	6115	258
1965	8837	3999	45	6619	2218
1978	13 954	5783	41	7115	6839

由表 5-1 可见，从 1957 年开始，电力设计队伍得到迅速发展，充实了较多的技术人员。

中华人民共和国成立后，1952 年委托苏联编制的《东北电力系统继电保护配置设计》（代号 389）中，有 1957 年东北电网接线图以及有关的系统规划设计，这是可供参考与学习的第一个电力系统设计资料。1954 年 4—5 月，燃料部举办了为培养中国的系统设计人员的学习班，由 3 位苏联专家讲解电力系统设计、电力系统继电保护设计和高压输电知识。各设计单位随之成立系统室，开始了电力系统设计工作。之后，各大区设计分局进行了一些小地区的系统设计，以指导该地区的发、输、变电工程设计。1955 年，电力部成立电力设计院，负责全国的主网架系统规划设计，各设计院则负责各地区的系统设计。1957 年，部属电力设计院撤销，全国主网架系统规划设计工作由电力建设总局系统处（后称系统设计院）负责，各地区的系统设计，由各地区部直属电力设计院负责，电力系统规划设计初具规模。

到 1957 年年底，建筑安装方面，输变电每年可以完成 110 千伏以上线路超过 2000 千米，完成各式变电所容量 40 万～50 万千伏·安；设计方面，从最初只能配合国外设计进行所需资料的搜集工作，完成国内迁建电厂及各级线路及变电站的设计，到能完成 220 千伏线路及变电站的设计。输变电方面，具备进行 100 个左右大中型工程的年设计能力。

二、第一次全国电业基本建设会议召开

燃料部成立后，到电力部、水电部时期，设计、施工从分散走向集中。由部委统一领导设计和施工力量，有利于迅速提高技术水平，发挥潜力。

1952 年 12 月 9—12 日，燃料部召开第一次全国电业基本建设会议，这是电业基本建设规范化管理的开端。由于大规模经济建设即将开始，为了保障国民经济各行业大发展所需的电力供应，会议提出做好准备工作，即建立组织、充实干部、加强专责、明确分工，贯彻基本建设工作程序，做好施工准备工作，加强设备管理，推广先进经验，建立几个重要制度，做好工地政治思想工作。这次会议，从基本建设体制、基本建设管理等方面全面规范了电业基本建设工作。

1953 年 6 月，为落实第一次全国电业基本建设会议精神，从建立重要制度入手加强基本建设管理，电业管理总局发出《关于建立和健全施工管理责任制的指示》，提出各施工单位必须建立"行政责任制""技术责任制""施工责任制""技术保安责任制"等制度。9 月 15 日，电业管理总局发出《关于基本建设增产节约的重点指示》，提出保证质量，提前完成任务；加强财务管理，杜绝浪费，降低成本等要求。

1954 年 3 月，电业管理总局为理顺基建管理组织体系，决定成立基建工程管理局，将所属各大区管理局领导的火电工程公司、送变电工程公司、土建公司、修建工程局、电业工程公司等施工单位，正式归属于基建工程管理局领导。

1954 年 7 月 12 日，电业管理总局和电业工会联合发出《关于开展技术革新运动的指示》，指出：在基本建设施工单位中，应以贯彻质量标准、提高现有设备的利用率、改进

工具和操作方法、将手工操作逐步改进为机械化施工为主要内容，并相应地加强计划管理、技术管理，改善劳动组织，以达到"又好又省又快又安全"地全面完成国家建设计划的目标。

1956年1月22日，电力部召开全国电业第一届建筑安装技术会议，会上提出要掌握新技术必须做好的几项工作，主要内容包括：电站建设项目要在三至五年前确定；采取标准设计，缩短设计周期；缩短建筑安装工期；加强科学研究与试验工作；以工厂化、机械化施工方法为开展方向，广泛采用装配式结构，扩大组合率，大力推广土建安装和交叉平行作业；加强干部培训；及时提出设备订货。2月17日，电力部召开全国电业建筑会议，会上所作的《关于加速电力工业建设的报告》，要求改善设计工作，推行先进的施工方法。

"一五"时期，在设计、施工的经营管理方面，颁布了包工条例、交接验收制度及工程管理方法；要求坚持"百年大计、质量第一"原则，强调技术交底，学习图纸及质量标准，严肃甲乙方验收制度；严格要求编制设计预算，厉行节约，反对浪费；加强施工准备，发现薄弱环节及时解决。

从国民经济恢复时期到"一五"时期，燃料部电业管理总局对基建设计施工工作加强统一领导，从组织、技术、管理等方面提出了明确、具体的要求，逐步形成了规范、统一的基建工作管理模式。

三、基本建设程序和队伍的建立

中华人民共和国成立初期，全国主要行政大区都建立了火电（初期包含输变电）专业检修和基建队伍。在东北，1950年成立东北电业管理局基本建设局，1952年分别组建辽宁省修建工程局和吉林省修建工程局。其他地区成立的基建施工队伍包括1951年成立华北电业管理总局修建工程局、1952年成立西北电业管理局火电工程公司和西南电力工程公司、1953年成立华东电业管理局修建工程局和中南电业工程公司。这些专业基建机构的设立，为大规模、有计划地进行电力基本建设做好了组织准备。但由于此时全国乃至各省还没有健全统管电力基本建设的专门机构，通常是一个建设工程，由建设单位自行配备施工机构，自行采购材料和设备，自行组织施工力量，建设工程各自为政，没有形成一套规范的基建程序。"一五"计划时期，在苏联专家的帮助下，电力基建企业开始编制符合中国国情的组织管理制度，建立电力建设的基本工作程序。

1952年12月，在第一次全国电业基本建设会议上对电业基本建设程序做出规定，其主要程序包括：在调查研究（包括初勘）与轮廓规划的基础上，提出计划任务书—选定厂址（包括勘测）—初步设计—技术设计—施工详图—施工计划—施工建筑安装—竣工验收—剩余器材处理—决算及总结报告。这套基本架构为基建程序日后的完善、修改奠定了基础。

"大跃进""文化大革命"时期，基建程序受到冲击，建设了不少违背基建程序的"三边"（边勘测、边设计、边施工）工程，严重影响了施工质量。

中国的电力设计工作是在全面学习苏联经验基础上起步的。在苏联援助中国建设的156 项重点工程中，其中 24 项是电力工程项目。电力设计人员最初是通过这批工程中的苏联设计资料学习设计技术，从而提高了设计水平。而比较系统地学习苏联设计技术，是从石家庄热电厂工程开始的。通过该工程的设计学习，中国设计人员比较系统地掌握了电力工程设计程序，尤为重要的是提高了系统设计意识，在建设设计中开始考虑运行和施工的需要，并且关注电厂今后的发展和扩建。设计人员不仅学习设计的技术内容，而且学习设计必须体现的政治、经济、技术相结合的原则。随着设计水平的提高，电厂的技术状况和机械化程度不断改善。1957 年，中国决定把原拟委托苏联设计的阜新、富拉尔基、西固等电厂中扩建的高温高压机组，改由国内设计。这是一个重大的决策，从此中国进入了自行设计高温高压机组的新阶段。

输变电工程的大规模设计、施工开始于东北的松东李工程，这是中国第一条自主设计、自主施工的 220 千伏输变电工程。工程自 1953 年 7 月 25 日开工，至 1954 年 1 月 23 日竣工，1 月 27 日开始输电，线路全长 369.25 千米。整个工程的设计和施工，由于没有经验，只有采取设计和施工相结合的办法，在工程建设中边干边学。

松东李工程由东北电业管理局设计局设计，设计工作从 1952 年 7 月开始，1953 年 1 月提出初步设计，同年 6 月提出技术设计，经批准后 7 月提出施工图。工程全线有铁塔 919 基，标准塔型 11 种，全部为螺丝结构，共耗用钢材 7700 吨、螺丝 600 吨。铁塔采用混凝土基础，全部混凝土量为 9300 米^3。三相导线为 ACY–400 铜芯铝绞线，两根架空地线为 7/3.5～7/4.0 镀锌钢线，共重 2600 吨。工程用材料及工器具共 1100 余种，除释放线夹、压接管、防振锤及部分导线外，均为国内第一次试制，甚至铁塔加工厂也是为本工程而临时建立的。

该工程所处地形复杂，有大量交叉跨越，增加了施工的困难。建设单位成立工程指挥部，掌握工程进度，统一组织，协调施工力量，调度物资和材料。在施工组织上，全线分设 4 个工程队 12 个工地，施工高峰时期，现场工人达 6500 人。为解决劳动力不足的问题，工程中已经开始大量借助沿线农民的力量。同时，工程施工还动员了沿线供用电部门的力量，从而加快了线路建设的速度。正因为输变电工程施工中有充分利用各方面力量的传统，因而尽管"一五"计划开始，输电线路和变电容量较中华人民共和国成立前有了几十倍的增长，而输变电专业基建队伍总人数相对来讲增加的并不算多，这是施工队伍建设方面的宝贵经验。1952—1975 年全国输变电施工队伍固定职工人数见表 5–2。

表 5–2　　　　　　1952—1975 年全国输变电施工队伍固定职工人数[1]

年份	1952	1957	1962	1970	1975
人数	981	4071	8243	13 120	19 526

---

[1] 张彬等主编：《当代中国的电力工业》，当代中国出版社，1994 年，第 299 页。

松东李工程建设时，技术力量薄弱，施工经验缺乏。施工中每一工序开始前，都组织试点，取得经验，充实质量标准和操作规程，确定劳动组织，然后再开展全面施工。

该工程的建成，解决了东北电网南部地区的用电急需，增强了东北电网供电的可靠性和稳定性，并且极大地鼓舞了全国电力职工。该工程的实践，提高了输变电施工的技术和业务水平，建立了必要的技术记录，形成了一套基本的操作规程，建立了初步的质量、安全等制度，为此后输变电工程的施工打下了基础。1954 年，东北电管局抽调松东李工程中的 400 多名骨干，输送到全国各省、市、区电力部门参加输变电建设工作。该工程培养的这批骨干力量为全国输变电工程建设发挥了重要作用。

松东李工程建成以后，中国大量建设 110、220 千伏线路。至 1978 年，中国 110、154 千伏和 220 千伏输电线路长度达到 80 933 千米，是 1949 年的 41.78 倍。

由于经验不足，也出现过设计事故的情况。例如，1960 年 12 月，新建的呼和浩特北郊变电站冻土膨胀，地面隆起，主体建筑变形裂缝，被迫全部拆除，造成重大设计事故。

四、基建新工艺新装备的应用

（一）钢筋混凝土电杆的应用

20 世纪 50 年代，在输电线路中，杆塔主要采用木杆、金属杆和钢筋混凝土杆 3 种。据统计，1952 年采用木杆的线路有 807.3 千米，使用金属杆的线路有 4500 千米，使用钢筋混凝土杆的线路有 1017 千米。50 年代初期，送电线路采用苏联木结构设计较多，一个 35 千伏的转角杆就要用 1 米^{3}木材。面对中国木材资源不足的实际情况，华北电力设计院做出了 110 千伏线路钢筋混凝土电杆标准设计。设计中把全国分成几个气象区，采用不同配筋，以节约钢材；杆体分段，利于运输，从而使钢筋混凝土杆可扩大应用于山区。钢筋混凝土杆的广泛使用，节约了大量木材，且延长了使用年限，此项设计成果获得 1956 年全国先进生产者会议的奖励。

由于钢筋混凝土电杆节约木材、钢材，而且维护比较简便，中国的输电线路广泛采用钢筋混凝土电杆成为一大特色。从 1949 年到 20 世纪 80 年代中期，从整根到分段组装，从普通混凝土到预应力钢筋混凝土，从应用于 6～10 千伏到 220、330 千伏线路，技术水平不断提高，以适应不同条件的工程需要，经济效益显著。例如，20 世纪 50 年代，在华北、华东制造的 110 千伏拔梢直线双杆，每基耗钢量约 1000 千克，用以代替铁塔，节省钢材 50%，运行 30 余年后，仍大部分完好。60 年代初，220 千伏线路钢筋混凝土电杆在河南首先试验成功。220 千伏直线杆，每基耗钢 2000 千克，比铁塔节省 50%钢材。云峰到首山的 220 千伏线路工程，应用华北电力设计院自行研制的计算程序进行设计，直线塔每基的耗钢量仅 4 吨多，接近当时的世界先进水平，使每千米线路的耗钢量由 20 世纪 50 年代东北 220 千伏松东李工程的 23 吨下降到 15 吨。70 年代初，330 千伏刘天关线全线 1219 基杆塔中，采用了预应力钢筋混凝土直线杆 358 基，单基耗钢量比铁塔少 5%，全线共节约钢材 10 吨。80 年代，在东北的 500 千伏元锦辽海超高压输变电工程和湖南的葛常株两条 500 千伏输电线路建设中，分别试用了两种不同型式的预应力钢筋混凝土杆。中国逐渐形成了一整套有关钢筋混凝土电杆的计算理论、设计方法以及制造、运输、安装的工艺，在世界上处于领先地位。❶

（二）线路大跨越工程的发展

中国输电线路大跨越工程始于 1958—1960 年的 220 千伏武汉沌口长江大跨越工程。该跨越工程档距 1722 米，钢筋混凝土塔高 146.5 米，其设计电压和跨江长度在当时创下了两项"亚洲第一"纪录。该工程于 1958 年 7 月 1 日动工，1960 年 2 月竣工。跨越塔塔身上口直径 4.5 米，底口直径分别为 14 米（沌口塔）和 15 米（西湾塔），单塔重 5000 吨。6 根跨江输电线，每根长 2800 米（无接头），净重 10 吨；2 根跨江架空地线，每根长 2900米（接头），净重 6.8 吨。工程采用三挡架高跨越方式，导地线上均为高强度复绕全钢绞线，输电线路按双回路 220 千伏设计（可升压到 330 千伏，初期按 110 千伏运行），跨越塔由钢筋混凝土塔代替一般铁塔，横担系角桁架结构，导线每回按正立三角形排列，水平线距 15 米，垂直线距 12.5 米，两地线间距 24 米，这在当时设计中实为罕见。跨越塔采取基础创新，北岸塔采用直径 25 米的圆形大块钢筋混凝土基础，南岸采用直径 3.6 米管柱承台基础，按等距离排列。该工程建成后，成为联通武汉长江南北两岸电网的主要干线之一。

武汉沌口长江大跨越工程建成后，全国又相继建成了数十个档距大于 1000 米、塔高超过 100 米的跨越江、河、湖的线路大跨越工程，设计、施工技术不断进步。

早期工程限于制造水平，在 220 千伏武汉沌口长江大跨越工程采用大截面镀锌钢绞线，载流量小，又由于防振措施不当，导线、地线均出现疲劳断股，更换线型的情况。20世纪 60 年代，中国研制成功国产铝包钢线和铝合金线等高强度又耐腐蚀的良导体线型，用于大跨越工程效果良好。钢筋混凝土高塔是中国独创的科研成果，具有备料容易、工艺成熟、维护简单、安全耐用的优点。塔内安装电梯，人员器材上下方便，不仅在许多 220千伏工程中推广，而且在 80 年代建成的 500 千伏长江金口—大斗山和狄港工程以及汉江中山口工程中也都被采用（塔高分别为 135.5、165、120.5 米）。此外，又根据各工程的不同条件，分别设计了组合型钢塔、钢管自立塔和拉线塔等多种跨越塔塔型。钢管塔风荷载小、省钢材，基础工程量也相应减少。拉线钢管塔设计、备料、加工和安装都比较简便，省工、省料、工期短、造价低，经济效益也好。南京长江跨越的 220 千伏线路采用高 193.5米钢管，广东北江跨越和珠江黄埔 220 千伏线路工程分别采用 164 米和 190 米拉线钢管塔，运行 10 年以上，取得了成功经验。

（三）超高压线路设计

中国为了进行 330、500 千伏两级超高压输电工程的建设，组织了大规模的调查研究工作，获得了大量试验和统计数据，基本掌握了超高压线路的设计方法，同时也带动了整个输电线路设计水平的提高。

---

❶ 张彬等主编：《当代中国的电力工业》，当代中国出版社，1994 年，第 156 页。

中国第一条 330 千伏刘天关线路，设计中首次采用双分裂导线、扩径空芯导线、10～16 吨级绝缘子、线间间隔棒、预绞丝线夹和地线绝缘等多项科研成果和新研制的产品，每千米工程造价 9.5 万元，每千米耗钢 18.4 吨，指标先进。运行初期，由于 16 吨级绝缘子质量等问题，连续发生事故。更换全部不良绝缘子后，未再出现击穿事故，年老化率低于万分之一。

500 千伏线路的设计采用 4 分裂导线，研制了上杆式防电晕悬垂金具，取消均压环，缩短了绝缘子串长度。线路建成投入运行后，对无线电干扰都低于 50 分贝的允许值。早期工程采用单绞线间隔棒，后又研制成功各种形式阻尼间隔棒，防松和消振性能良好。500 千伏线路的设计风荷载比以往其他线路的取值都有所提高。铁塔设计还考虑了风振系数，提高了结构的安全性。避雷线有的采用良导体（以 LBGJ－120 铝包钢线代替钢绞线），实现了集防雷保护、载波通信和大屏蔽三种功能于一线，既节约了投资，又便于路径选择。

第七节 输变电设备的运行检修管理和自主研制

随着电网规模的扩大，输变电设备越来越多，而设备运行状态、检修质量直接影响电网的安全稳定运行。这一时期，电网设备检修的组织形式、机械化检修、执行检修规程等受到重视，电力部召开专题会议研究相关问题。输电设备防雷、防污闪等工作也提上议事日程。

检修方面，带电作业取得长足发展，有力支撑了大电网的发展和壮大。1954 年 5 月，鞍山电业局成立带电作业研究小组，国内带电作业从此起步。1958 年，鞍山电业局在多年带电作业实践基础上，编写完成带电作业的两个规程，给全国同行提供了规范的操作文本。同年，辽吉电管局沈阳中心试验所成功实现国内首次人体直接接触 220 千伏带电导体的等电位试验。至 1959 年，东北电力系统的带电作业技术已发展为涵盖从 3.3 千伏到 220 千伏电压等级，包括送电、变电、配电的综合性不停电检修技术。带电作业也由使用绝缘工具间接作业法发展到等电位直接作业法，吸引了全国各地供电企业纷纷学习和采用。1960 年，辽吉电管局编纂的《高压架空线路不停电检修安全工作规程》由水电部向全国电力系统推广执行，这一指导性规程对全国带电作业走向正轨起到了重要作用。从 20 世纪 50 年代开始，带电作业在全国电力部门广泛开展，带电检修的电压等级越来越高，项目越来越多，工具越来越轻巧，作业时间越来越短。至 80 年代中期，中国的带电作业与国外相比，带电作业工具更灵巧、更轻便，而国外的带电作业工具机械化程度较高。中国的带电作业工作，用 30 年时间，脚踏实地，一步一步赶上甚至在某些方面超越国外带电作业检修水平。

中华人民共和国成立前，除东北地区建设的高压输变电工程装备技术水平较高以外，其他地区的技术装备水平，与当时的国际水平相比，是十分落后的，输变电工程所需设备大多依赖进口。中华人民共和国成立后，随着生产和建设的发展，输变电工程的技术装备水平不断提高。"一五"期间，从学习苏联技术入手，输变电设备主要处于仿制阶段。以高压断路器为例，主要仿制多油和少油断路器。"二五"时期，输变电设备从仿制向自主研发、自主制造转变，仍以高压断路器为例，主要发展国产 SN 和 SW 两种少油型系列产品，其中，户内安装的最大额定电压为 220 千伏、额定电流为 1500 安；户外安装的最大额定电压为 220 千伏、额定电流为 21 000 安。东北电工设备制造基地、西安输变电设备制造基地的相继建成，在很大程度上提高了国产输变电设备的研发、制造水平。

一、输变电设备检修组织和检修方法的改进

为了提高设备检修工作水平，1956 年 2 月 21 日—3 月 1 日，电力部专门召开全国电业检修会议，会议讨论了建立集中检修组织、提高检修机械化程度、贯彻执行电业检修规程等问题。这次会议的召开，提出了发供电设备检修的新的理念和方法，对改进电网设备检修组织、提高检修水平起到积极作用。

防雷害、防污闪等破坏电网安全运行的工作也提上议事日程。1958 年 4 月，广州石榴岗建立中国第一座雷电观测站，开始加强输变电设备的防雷工作。7 月 2 日，水电部要求积极地、有计划地进行雷电观察，掌握雷电活动的规律和参数。1960—1961 年，山东电管局中试所配合南定热电厂，在变电站绝缘子上涂 880 有机硅防污闪获得成功，1963 年 12 月，"880 有机硅涂料防污闪"成果获国务院颁发的科技发明证书，1965 年获全国科技发明奖。

各种输变电设备的运行标准、规程陆续出台。1962 年 11 月 6 日，水电部颁发《高压架空电力线和变电所金具专业标准（试行本）》。1963 年 7 月 18 日，水电部颁发《电力电缆运行规程》。

二、带电作业从无到有并迅速推广

带电作业是在运行的电气设备上不停电进行检修等作业的技术，是一种既可提高电网供电可靠性，又可减少停电损失的作业方法。

带电作业最早出现在 1913 年的美国俄亥俄州电业部门，当时简单的带电作业工具称断开棒，用它来操作带电的隔离开关。中国的带电作业最早于 1954 年由鞍山电业局开创，首次在配电线路上进行不停电检修。

1954 年 5 月 12 日，鞍山电业局成立带电作业研究小组，以不停电更换 3.3 千伏配电直线电杆绝缘子和横担为主，进行工具研制和作业试验。研究小组成员郑代雨发明了带电清扫送电线路绝缘子技术，获得国家技术革新奖，其本人还被授予全国先进工作者。带电清扫技术获得成功后，鞍山电业局又进一步对更高级电压和作业难度较大的供电设备进行带电作业研究。

1956 年 4 月，鞍山电业局成功带电更换 3.3 千伏双回路和三回路的直线杆。6 月，完

成带电更换 44～66 千伏木质直线杆及横担、绝缘子等作业，并成立全国第一个不停电作业检修组。12 月，辽吉电业管理局成立带电作业研究组（后设在沈阳中心试验所）负责研制 154～220 千伏线路带电检修工具，鞍山电业局同时也继续充实和改进 3.3～66 千伏线路带电作业工具。到 1957 年 10 月，154～220 千伏高压送电线路带电更换绝缘子的全套工具研制成功，3.3～66 千伏木杆和铁塔线路带电作业的全套工具也得到了改进和完善，为在各级电压线路上进行带电作业奠定了物质和技术基础。1958 年 3 月，研制成功的工具开始在东北电力系统推广应用。

1958 年，鞍山电业局先后编制《3.3～66 千伏送电线路带电检修暂行安全工作规程（木杆、水泥杆、铁塔）》和《3.3～66 千伏送配电线路带电检修现场操作规程》。1958 年 4 月 12 日，《人民日报》发表题为《电力工业的重大技术革新——不停电检修电力线路》的文章。同月，水电部在东北召开带电作业现场会议，向全国电力系统发出《关于推广不停电检修电力线路的通知》。随后，在鞍山举办不停电检修培训班，全国各地 46 名代表参加培训。8 月，在天津市工业技术革命展览会上，毛泽东主席观看了带电作业工具，询问了带电作业相关情况。自此，带电作业在全国轰轰烈烈地开展起来，各地之间带电作业工作交流也频繁起来。

1958 年 7 月 15 日，辽吉电管局沈阳中心试验所在试验室以人体直接接触 220 千伏导线，成功实现国内首次人体直接接触 220 千伏带电导体的等电位试验。18 日，辽吉电管局组织第一次在 220 千伏松虎线、李鞍线上进行等电位更换线夹和修补导线工作。1959 年，鞍山电业局在 3.3～220 千伏户内、户外配电装置上创制了一套带电检修变电设备的工具。至此，东北电力系统的带电作业技术已发展成为从 3.3 千伏到 220 千伏，包括输电、变电、配电的综合性不停电检修技术，带电作业也由使用绝缘工具间接作业法发展到等电位直接作业法。两种作业法相辅相成，并不断发展和完善。全国各地供电企业也纷纷学习使用这两种不停电检修作业法，并有新的创造和改进。带电作业在全国各地电力系统广泛开展。

带电作业是一项危险性大、技术性很强的操作，稍有不慎即可能发生安全事故。1960 年，辽吉电管局编纂《高压架空线路不停电检修安全工作规程》，对带电操作的人员素质、技术操作程序、工具的保护与检测等都做了具体规定。该规程由水电部审定后向全国电力系统发行，成为全国第一部带电作业的指导性规程，对全国带电作业工作走向正轨起到了重要作用。

20 世纪 60 年代前期，随着尼龙绳、环氧树脂玻璃等新型绝缘材料的出现与发展，带电作业的工具也实现了轻便化。鞍山电业局、东北技改局和北京供电局共同完成了带电作业轻便化工具和方法的试验和研制，于 1965 年 10 月获得国家科学技术委员会（简称国家科委）颁发的电力设备带电作业轻便化工具和方法发明证书。

1966 年 5 月，水电部在鞍山召开第二次全国带电作业现场观摩表演大会。全国各地 18 个供电单位、795 人参加会议，表演了 74 个输电、变电、配电作业项目，带电作业技术已在全国得到了普遍应用与发展。至 1966 年，全国带电作业项目已发展到 170 多项，其中输电 106 项，变电 35 项，配电 29 项。

从 1954 年开始，带电作业在全国供电部门广泛开展，电压等级越来越高，项目越来越多，工具越来越轻巧，作业时间越来越短。至 1985 年前后，中国供电部门不仅在配电线上不需要停电为新用户进行接入电源、更换开关等操作，而且高压和超高压线路和变电所的大量检修与测试项目都可以带电作业，带电作业已成为国内电气设备检修的重要方法。中国开展带电作业技术，已有间接作业、等电位作业、沿绝缘子串进入强电场作业、分相作业和全绝缘作业等多种方法。带电作业的范围，在高压线路方面包括 35、110 千伏和 220 千伏的线路杆塔、导线、地线、横担、绝缘子等检修、改造任务以及施工中跨越运行电力线等的特殊作业；在高压变电方面包括 35、110 千伏和 220 千伏设备清扫、喷涂地蜡涂料和硅油，更换各种绝缘子以及设备短接等。已在 330 千伏超高压输电线开展一些带电作业项目，包括零值绝缘子检测、绝缘子串的清扫和更换、短接隔离开关、利用飞车处理导线断股和检查间隔棒以及杆塔基础高差处理等。

至 80 年代中期，中国的带电作业与国外相比，有其先进的一面，主要是中国的带电作业工具灵巧、轻便。而国外的带电作业工具机械化程度较高，如美国、日本、加拿大已采用高空作业车、直升机、机器人等。

三、线损率、电压合格率等指标管理工作的初步开展

1. 降低线路损耗

随着电网规模的扩大，提高电网运行质量逐渐为电网运行、管理机构所认识，而线损是其中一个主要指标。中华人民共和国成立初期，对线损指标的管理主要从东北电网和京津唐电网起步。1949 年，东北电网因各种技术和管理原因，电网损失电量很大，当年线损率达 23.6%。1950 年，东北电网学习苏联线损管理经验，把线损指标作为国家计划下达给各电业局，年底统计完成情况。至此，考核线损指标逐步成为衡量电网运行质量的重要指标之一。

20 世纪 50 年代，东北电网、京津唐电网已有一定规模，运行时间也相对较长，为降低线路损耗，采取了一些措施。例如，合理安排无功补偿装置的运行方式，在保证电压质量的前提下，使系统电压靠近上限运行；最佳分布潮流，在发电厂间经济分配负荷时，既要考虑节约一次能源消耗，又要考虑电网有功及无功潮流的合理分布；合理选择电网的接线方式，在保证系统稳定的前提下，尽量避免出现近电远送和迂回送电的情况，加强网损管理。还通过实施网损率、线损率考核，引导电网运行部门重视线损问题，改进管理。1953 年前后，开展了统一电压改造工作，简化电压等级、升级改造输电线路电压，也起到降低线路损耗的作用。例如，东北电网线损率从 1957 年 9.84% 下降到 1960 年 7.17%。

1961 年，东北地区开展了一次电力系统"七线线损分析"工作。在分析了 220 千伏松李、松虎、东连、水鞍等 7 条高压输电线路线损后得知，7 条线路线损的变化与东北主网一次系统线损的变化有同相性。而东北主网远距离送电、电网结构薄弱等特点是其线损

居高不下的主要原因。随后，东北电网总调又做了典型日电网一次系统线损的理论计算：1 天分为 3 个不同负荷水平时点，即 2 时（电网负荷最低）、10 时（电网无功负荷最大）、19 时（电网有功负荷最大）3 个时点，以"线损等价"的小时数推算全天 24 小时的电网一次系统线损理论值，得出电网在这 3 个时点的一次系统线损率，并分别给出变压器部分和线路部分有功损耗值。线损的理论计算结果为电网运行分析提供了参考。

"文化大革命"期间，线损管理受到严重干扰，线损管理制度被当作"管、卡、压"而遭废弃，线损管理专业人员被撤离，造成管理放松，线损率回升，1968 年线损率上升到 9.02%，比 1965 年增长 1.75 个百分点。

2. 提高电压合格率

中华人民共和国成立后，电压合格率指标逐步得到重视。对电压过低的用户和地区，或升压改造输电、变电、配电设施，或安装调相机与电容器，解决低电压问题。在电价制度上，实行"依功率因数调整电费"的办法，促使用户安装电容器。总体来看，从中华人民共和国成立到"文化大革命"中期，电压质量问题不是太突出。进入 20 世纪 70 年代，尤其是从 1975 年开始，全国性缺电矛盾突出，不少电网长期低频率、低电压运行，掩盖了电压质量问题。

3. 反事故和安全无事故纪录工作的开展

中华人民共和国成立以后，电力工业始终坚持"安全第一"的工作方针，特别是对人身安全事故和重大设备损坏事故、大面积停电事故、火灾事故等非常重视。1953 年 4 月 8 日，电业管理总局发出《关于执行"中央燃料工业部关于避免重伤事故的命令"的指示》。重申要执行安全规程，特别是贯彻关于避免触电、倒杆及高空摔跤三种事故[1]。对执行不力者，直接负责干部及其上一级领导干部按情节严厉处分。1954 年 3 月 6 日，全国电业生产会议召开，会议报告讲了五个问题，其中第二个问题是坚持安全发供电方针，力争安全情况好转。要求发电厂和供电系统基本消灭 14 种责任事故。1955 年 10 月 24 日，电力部发出《关于重点推广全国电业安全运行经验的决定》。在重点推广的安全运行经验中，包括哈尔滨一次变电所及湘中电业局下摄司线路工段等电网运行单位的运行经验。1956 年 10 月 25 日，电力部颁发《反事故措施计划的编制、执行与监督暂行办法》，要求各单位有计划地进行反事故工作。

电业部门除有严格的安全规程和事故统计与检查制度外，还有局、厂、所、工区（队）值班（组）各部门以及个人的安全无事故纪录，并按无事故纪录的累计日期发放不同档次的奖金。这项安全无事故纪录奖金制度一直延续到 1958 年"大跃进"后才陆续被取消。1963 年后又陆续恢复，但个人无事故纪录奖未恢复。1967 年"文化大革命"中无事故纪录又被取消。1975 年，在整顿企业中又逐渐恢复无事故纪录制度，但无相应奖金，只作为单位业绩的考核指标。

---

[1]《当代中国的电力工业》编辑室：中国电力工业大事记（摘编）（一九四九年～一九八五年），第 11 页。

四、东北电工设备制造基地创建

第一次全国电机工业会议决定筹建沈阳重型电机厂，后因朝鲜战争爆发，中共中央要求东北人民政府，立即疏散沈阳的工业。为此，东北电工局决定，重型电机厂北迁至哈尔滨建设，并由沈阳的东北电工五厂和六厂抽调部分职工，北上建设新厂，后改名为哈尔滨电机厂。

当时留在沈阳的还有7个电工企业：东北电工三厂，即沈阳灯泡厂；东北电工五厂，该厂北调部分职工到哈尔滨后，又将高压电器制造能力分出，成立东北电工十五厂，生产高压开关，后改名为沈阳高压开关厂；东北电工五厂留下的生产能力，经改建后成为沈阳变压器厂；东北电工七厂留在沈阳的生产能力，后来成为苏联援助的156项重点工程之一的沈阳电缆厂的建厂基础；东北电工八厂，经改建后成为沈阳蓄电池厂；东北电工九厂，后改建为沈阳电工专用设备厂；东北电工十三厂，后改建为沈阳低压开关厂。

这次北迁建设的哈尔滨电机厂和批准建设的哈尔滨锅炉厂、哈尔滨汽轮机厂，初步形成了以哈尔滨和沈阳为中心的东北电工设备制造基地的布局，哈尔滨成为发电设备制造基地，沈阳成为输变电设备制造基地。

为适应东北电工设备制造基地大规模建设的需要，东北电工局于1950年成立新厂设计处，这是中华人民共和国电机工业第一个工厂设计机构。1952年，新厂设计处充实技术力量后，改名为东北电工局工厂设计处，负责迁建、改建、新建电工工厂的规划和设计工作。其中，哈尔滨电机厂、哈尔滨绝缘材料厂、哈尔滨电线厂、沈阳变压器厂、沈阳低压开关厂、沈阳高压开关厂和佳木斯电机厂的全新设计，都是由这个设计处的工程技术人员完成的。该设计处后来发展成为一机部第四设计分局，后又分为一机部第七、第八设计院，负责全国电工工厂的设计工作。东北电工局内还成立了技术处，设有电机和水轮机两个专业，主要负责产品设计和工艺研究工作。

东北电工设备制造基地建设，起点比较高。火力发电设备设计制造能力，是在引进苏联技术的基础上形成的，其他电机工业的设计制造能力，是在全面学习苏联技术的基础上，逐步发展起来的。国家在东北电工设备制造基地建设中投入了巨额资金，仅"一五"建设时期，哈尔滨电机厂、哈尔滨锅炉厂、哈尔滨汽轮机厂、哈尔滨电表厂、哈尔滨电碳厂、沈阳电缆厂、沈阳变压器厂和沈阳低压开关厂等8个骨干工厂的11个工程项目，就投入了近4.75亿元。

经过建设者们的日夜奋战，这些计划内的重点建设项目都如期建成投产，并形成生产能力。1958年，东北电工设备制造基地生产了第一台（套）仿苏联2.5万千瓦和第一台（套）5万千瓦火电机组。5万千瓦火电机组成为哈尔滨基地最早批量生产的主导产品，为中华人民共和国电机工业的发展做出了重要贡献。

五、西安输变电设备制造基地的新建

1953年5月，中国政府与苏联政府签订协议，确定由苏联电气工业部、化学工业部和建设工业部，为中国设计并派专家帮助建设高压开关、汞弧整流器、高压电磁、避雷器、

149

电力电容器、绝缘材料等工业建设项目。中国政府决定，将高压开关与汞弧整流器两个项目合并建设西安开关整流器厂；高压电瓷厂原布点在湖南湘潭，为与开关整流器厂和电力电容器厂配套，改在西安建厂；绝缘材料厂原定在上海，也是为了就地协作配套的需要，改在西安建厂；电力电容器厂，一开始就定点在西安，独立建厂。这样，这4个苏联援助的156项重点工程中的项目安排在西安输变电设备制造基地。

1955年年初，西安基地4个项目陆续动工建设。1958年6月，西安电力电容器厂（现为西安西电电力电容器有限责任公司，简称西电西容）首先建成投产，完成投资1289万元；到1960年12月，西安开关整流器厂（包括西安高压电器研究所）、西安高压电瓷厂和西安绝缘材料厂也相继建成投产，分别完成投资9750万元、3540万元和2455万元。还有1958年以后建设的西安变压器电炉厂，于1959年7月一起组建了西安电力机械制造公司。至此，西安输变电设备制造基地逐步形成。

西安输变电设备制造基地的建设，对改善中国电机工业布局，发展西部电力事业，具有十分重要的意义。

六、由仿苏设备到国产设备研发

1. 国产首台仿苏 TM-5600/66 型三相变压器研制成功

1951年12月，中国从苏联取得第一批变压器产品资料，一些工厂开始制造仿苏产品。1952年，沈阳变压器厂[1]（简称沈变）试制成功中国第一台仿苏 TM-5600/66 型三相变压器。1953年开始全面学习苏联技术后，沈变又先后派出五批技术人员和工人，到苏联莫斯科变压器厂等企业，学习产品设计、制造工艺和产品试验等方面的技术，并带回了苏联的变压器国家标准和相关的技术资料，当年即试制成功仿苏 ОДГ-13500/110 型单相风冷变压器。随后，有关变压器厂组成联合设计组，依据苏联 ГОСТ 401—41《电力变压器》国家标准，在变压器专家、西电西变总工程师方福林的主持下，统一设计了中国第一套压器系列产品。该系列产品刚设计完，又收到了苏联成熟的10～5600千伏·安、35千伏及以下的 TM 系列产品图样，沈变又一马当先，立即成立"苏式化"小组，全套翻译苏联 TM 系列产品图样，并投入生产，后将其改称为中国的 SJ 系列产品。1958年又对该系列产品进行了改型设计，称为 SJ1 系列。

1957年，试制成功仿苏 ОДГ 型2万～6万千伏·安，220千伏级变压器，并进行了批量生产。1958年，试制成功仿苏 ZSJK-12800/10 型整流变压器。上海电机厂变压器车间，也于1955年试制成功仿苏550千伏·安整流变压器，1956年又完成7500千伏·安整流变压器的研制。这些都为制造直流输电用换流变压器积累了宝贵经验。

2. DW3-110 型多油断路器试制成功

鉴于高压开关原有的技术水平基础非常薄弱，为迅速提高高压开关产品的技术水平，东北电工局于1952年成立了开关设计组，调集技术骨干，参考西屋公司图样，设计了

---

[1] 沈阳变压器厂是当时中国最大的变压器厂，始建于1938年，2004年被特变电工收购。

15kV F 型和 10kV F 型油断路器，成为中华人民共和国第一批断路器产品。1953 年后，参考苏联的新技术资料，组织了第一次全国高压开关统一设计工作。在此基础上，沈阳高压开关厂（简称沈高）于 1956 年试制成功 DW3－110 型多油断路器，1957 年试制成功 KW1－110 型空气断路器，1958 年试制成功 DW3－220 型多油断路器。

3. 仿苏 CY0.6－20－1 型串联电容器研制成功

在 1960 年，西电西容制造出 CY0.6－20－1 型仿苏的串联电容器产品，介质材料是矿物油浸渍的电容器纸，比特性是 2.5 千克/千乏。到 1965 年，在国外已普遍采用氯化联苯浸渍剂的背景下，西电西容与西安交通大学、西安化工厂合作研制出国产的氯化联苯浸渍剂，并且成功制造出电容器新产品。由于新浸渍剂具有介电常数高、吸气性能好、难燃、化学稳定性好等优点，使电容器的容量有了大幅度提高，西电西容实现了"一厂变三厂半"的跨越。1966 年，西电西容为刘天关线 330 千伏串联补偿装置研制出采用氯化联苯新浸渍剂的 CL1－45－1 型串联电容器单元，比特性达到 1.29 千克/千乏，比老产品有了成倍的技术进步。

中国串联电容器装置首先在浙江获得应用，1966 年在新安江—杭州—上海 220 千伏输电线路杭州变电站安装了首套串联补偿装置，容量为 12.05 兆乏；1968 年又在杭州—绍兴—上虞的 110 千伏线路上安装了两套串联补偿装置，总容量为 24.1 兆乏。采用的都是 CL1－45－1 型电容器单元。新型串联电容器单元的研制及其在 110、220 千伏工程上的应用，为 330 千伏串联电容器及其成套装置的工程应用打下了良好的基础。

4. 220 千伏空气断路器研制成功

西开电气（现为西安西电开关电气有限公司）从 1963 年起开始研究常充气的 KW4 系列空气断路器，于 1964 年研制成功 220 千伏、1500 安、8000 兆伏·安空气断路器。从 1965 年起，在 220 千伏的基础上研制 330 千伏的空气断路器。

西开电气在产品设计之前，组织人员对国内有关电力部门和运行单位进行了广泛调研，与建设部门和运行单位共同商定技术条件和结构方案，总结了国产空气断路器生产运行经验，吸收了 KW1 与 KW2 型空气断路器的经验，结合国外空气断路器的发展，做出了电流模型、电压模型、灭弧模型和机械操动模型，完成了模型试验研究。经过模型研究阶段，使样机设计有了可靠的技术保证，确定了导电回路、高压绝缘结构、灭弧结构和机械结构的尺寸和布局。1968 年样机设计和试制完成。样机完成了 3000 次操作试验、500 次开断和关合能力试验，取得了上千个高压绝缘试验数据之后，才最终确定了断路器的主体结构和主要尺寸。

1968 年产品顺利通过型式试验，1969 年通过水电部和机械部的鉴定。1971 年向中国第一条高海拔 330 千伏超高压输电线路刘天关线路提供系列高压开关设备，包括 KW4－330 型空气断路器、GW7－330 隔离开关、ZH1－220 敞开式组合电器等。其中，刘家峡水电站、秦安变电站、汤峪变电站安装了 KW4－330 型空气断路器 15 台，安装了 GW7－330 隔离开关 20 组，1972 年投入运行。

第六章

统一省网及跨省电网在困难中发展
（1966—1976）

在"文化大革命"前几年，针对"大跃进"造成的国民经济比例严重失调的情况，1961—1965年，全国贯彻执行"调整、巩固、充实、提高"的方针，对国民经济进行了五年的调整，迎来了国民经济全面好转的局面。经过调整，电力工业很多技术经济指标达到了历史最好水平。1966年召开的全国电力工业会议认为，1965年的全国电力工业生产建设获得了重大成就，是"历史上最好的一年"。1966年上半年，电力工业发展持续向好，与上年同期相比，全国发电量增长20.3%，电力工业和其他行业一样呈现出欣欣向荣、蓬勃发展的景象。

然而，"文化大革命"打乱了电力工业的发展进程，使电网和输变电事业发展受到严重干扰，最突出的表现有四个方面：一是违背电网发展客观规律，盲目下放电网管理权限，统一调度遭到破坏，经济调度难以为继，电能质量水平严重下降，电网安全稳定破坏事故频发。二是缺电持续时间长，一方面导致电网运行环境恶劣，另一方面抑制了工业生产能力的正常发挥，严重损害国民经济发展。1970年开始，全国出现缺电，至1975年年底，全国缺电达500万千瓦，至少有20%的工业生产能力没有充分利用。三是科研单位解散，科技人员下放，科研工作停滞，造成电网和输变电科研工作青黄不接，元气大伤。更为遗憾的是，当时正值世界各国科技事业突飞猛进的时期，也是世界电力建设史上大电厂、新机组次第出现的技术交替阶段，使得本应缩小的与发达国家电力科技水平的差距，反而越来越大。四是保证电网安全稳定运行的规程制度受到冲击，中华人民共和国成立后建立和形成的电网运行规程体系被严重破坏，导致电网运行受到干扰，人身事故、设备事故频发。

"文化大革命"十年，正值国民经济"三五"和"四五"计划时期，经过从中央到地方的艰苦努力，电网建设和输变电事业虽受到严重干扰，但仍在困难中有所发展，主要取得了以下几方面的成就：

第一，针对缺电问题和电网管理混乱的状况，1975年国务院出台114号文《关于加快发展电力工业的通知》，为理顺电网管理体制、加强电网统一管理、促进电网发展创造了条件。这次电网管理体制的调整和理顺，对中国电网的发展产生了深远影响。

第二，电网建设从以110千伏为主时期进入220、330千伏电压等级发展阶段，全国多地开始建设以220千伏为主的省级电网。到1970年，全国装机容量在10万千瓦以上的电网增加到 36 个。220 千伏地区电网的发展，也促使跨省联网步伐加快。东北电网、京津唐电网覆盖范围继续扩大，华东电网基本形成，西北陕甘青电网形成，华中电网雏形初现。

第三，中国第一条自行设计、自行建设的刘天关工程建成投产，标志着中国电网的设计、施工、设备制造技术从高压时代进入超高压时代，该工程的建成是这一时期中国输变电建设的最高成就。该工程促成陕甘青电网实现联网，电网线损和电压合格率指标都提高到新的水平。

第四，从电网发展来看，在"三线"建设中发展起来的中西部电网，支持了"三线"地区国防建设和其他基础设施建设，提高了当地能源资源的开发利用水平，在一定程度上促进了"三线"地区经济社会的发展。

这一时期，电网规模越来越大，保障大电网安全成为电力工业的首要任务。伴随 220 千伏及以上电网的发展，电网结构问题日益突出，加之"文化大革命"的干扰，导致全国各主要电网都陆续出现稳定性问题，稳定性破坏事故频发，发生了"七二七"湖北电网瓦解事故，这也是中国电网发展史上最严重的事故之一，损失惨重，教训深刻。同时，严重自然灾害也一直对电网安全运行构成威胁，1976 年的唐山大地震对京津唐电网造成毁灭性破坏。各级电网管理和运行单位，不断总结经验教训，为确保电网安全进行了不懈的努力。

第一节 电网统一管理从削弱到加强

"文化大革命"开始后，电力工业受到极左思潮的严重影响，一度推行超铭牌出力，解散科研设计队伍，下放电力管理权限等，造成的严重后果甚至超过 1958 年"大跃进"时期。1970 年，又提出新厂快马加鞭，能力翻一番，全国县县都有电，到 1975 年发电能力达到 7000 万千瓦以上（1969 年年底发电设备总装机容量仅为 2100 万千瓦），超过英国、联邦德国。盲目的高指标和瞎指挥，使电力设备运行遭受巨大破坏，事故频发。

这一时期，由于电力工业发展和国民经济发展出现严重的比例失调，加之对大电网管理不适应，更因为"文化大革命"中违背生产规律的错误做法，从 1970 年开始，全国出现严重缺电局面，且缺电矛盾越来越严重。

除了缺电外，"文化大革命"对电网管理的伤害最为严重。在电力工业领域批判"贪大求洋""条条专政""搞大电网是要扼杀小电网，是要扼杀地方办电的积极性，是为电力系统的条条专政服务"等大环境下，各省电网管理权限几乎全部下放。由于电网管理权限的下放，统一规划的电网被强行肢解，混乱的管理导致中国各大电网低压低频运行长达八九年之久。到"文化大革命"后期，电网管理已经到了必须整顿的地步，1975 年国务院先后发出了《国务院关于加快发展电力工业的通知》和《关于批准跨省电网管理办法的通知》，重申跨省电网的统一管理体制，这是中华人民共和国成立以来第二次下放和第三次上收电力管理权。自此，中国电力工业管理体制走上了中央管理为主、大区电业管理局分片管理的体制，初步建成独立的、较为完整的电业管理体系。

一、电力管理权限下放

1967 年 7 月，中共中央、国务院、中央军委、中央文化革命小组决定，对水电部实行军事管制。随后，成立水电部军管委员会（简称军管会），军管会全面接管了水电部。

军管会接管后，从管理上主要做了两件事情。一是组成生产组，管理全国电力工业生产和建设；二是按照国务院要求，下放企业，这是中华人民共和国成立后的第二次下放电力企业管理权限。军管会把所属的电管局、省（自治区）电力局相继下放给地方，各省的电力厅（局）在斗、批、改的过程中，大部分与水利厅（局）合并为水电厅（局），这些厅（局）绝大部分也实行军管，所有军管单位和部机关一样，取消了专业处、科（室），并以组为单位，即办事组、政工组、生产组、后勤组。后来由于专业工作的开展，在大组下又分小组，如生产组下又分为发电组、供电组，政工组下分组织组、宣传组，即所谓"大组套小组，上下一般粗"。在这样的管理单位，原来的一个省电力局，也不过留下 10~30人。1968—1970 年水电部下放或调整企业管理权限情况见表 6-1。

表 6-1　　　　　　1968—1970 年水电部下放或调整企业管理权限情况一览表

时间	下放（调整）企业	重组内容
1968 年 6 月	北京电力公司	停止"托拉斯"管理试点，恢复北京电业管理局建制
1968 年 12 月	中原电业管理局	下放到河南省政府管理，改称河南省革委会电业局
1969 年 10 月	水电部在京单位	北京水利水电学院、北京电力学院、北京水力发电学校、北京勘测设计院、华北电力设计院、海河勘测设计院、电力科学研究院、水利水电科学研究院等被迫大部分或全部迁出北京
1969 年 11 月	东北电管局与东北电力建设局合并	改称东北电力工业局，隶属水电部
1970 年 1 月	山东电业管理局革委会与山东省电力建设局革委会合并	改称山东省电力工业局革委会，隶属水电部
1970 年 1 月	东北电网	由沈阳军区领导
1970 年 2 月	徐州电网、华东电网	由江苏省革委会、上海革委会领导

电力管理权限下放造成跨省电网、省级电网管理混乱，破坏电网经济调度，威胁电网安全稳定运行。

这次下放管理权限，影响最大的是跨省电网。跨省电网管理权限下放后，实行中央和地方双重领导，以省市领导为主的体制。此时，跨省电网成为松散的联合电网，统一调度变成协商调度。如东北电网主网与黑龙江省网，原来只有一条松滨线，下放后，这条输电线路降为联络线。这样的下放，在 1958 年"大跃进"时曾经实行过，使辽宁和吉林两省的电网受到影响。这两个省的电网，至"文化大革命"前，形成了 6 条 220 千伏高压输电线路互联的较为坚强的整体，由于电网管理权限下放，两省互联的电网遭到强行肢解。由于辽宁、吉林两省电力局分属两省革委会管辖，电网的统一调度难以实现，负荷紧张时各不相让，地方上主管生产的负责人，有时坐在调度室内直接干预电力调度，还经常与电力调度人员发生争执。此时的电网运行，经济调度已无从谈起，安全稳定运行也受到严重威胁。华北地区，经多方争取、协调，京津唐电网管理体制最终得以保留，但石家庄、邯郸电网和山西电网与华北主网的联网工程被耽搁，使华北电网的形成推迟到了 80 年代以后。更为荒唐的是，20 世纪 60 年代，曾选定由太原附近的西山煤定点供应的娘子关电厂，准备发电后经过石家庄送入华北主网，自体制下放后也被搁置，致使娘子关电厂发的电倒送到榆次和太原，形成长期的煤、电倒流。

跨省电网难管，各地电网的管理水平更差。此时，省级电网正处于 220 千伏电网的形成和发展时期，对大电网的规律认识不足，电网的建设、管理、运行水平都不高，不少省级电网网架脆弱、运行管理薄弱，加之"文化大革命"的干扰，全国性缺电问题严重，使电网经常处于低频率、低电压运行的状态。期间，就电网运行频率究竟是 50 赫好还是 48 赫好，还出现过所谓"吃干饭""吃稀饭"的争论，可见当时电网管理的艰难。电网统一管理权限的下放，造成电网管理的削弱和混乱，使原本就问题重重的各地电网频发稳定破坏事故，引发多起大面积停电事故，危及国民经济发展和人民生命财产安全。1972 年 7 月 27 日湖北电网发生了严重的电网瓦解事故（史称"七二七"湖北电网瓦解事故），事故造成湖北电网被解列为鄂东、鄂西两部分，鄂东电网停电 37 个小时，武汉、黄石等大中城市和农村全部停电，停电造成的经济损失达 3500 万元。

"七二七"事故为混乱的电网管理敲响了警钟，国家经济委员会（简称国家经委）专门组织调查，分析事故原因，总结事故教训。其后，印发《加强电网管理的通知》，提出应恢复电网的统一调度，并要求调度骨干人员归队，收回下放的权限，重新恢复成立省电力局。同年 8 月，水电部召开企业管理座谈会，制订了加强企业管理的 8 条规定，强调要加强电网管理和把质量放在首位，保证频率和电压质量，恢复行之有效的规章制度，加强专业职能管理，改变"大组套小组"的管理职能机构，恢复科室设置。《加强电网管理的通知》的下发，虽然在当时起到了一定的作用，但在极左思潮泛滥的形势下，落实的效果大打折扣，期间，不少电力职工冒着风险，明着批判规章制度，暗地里仍在执行规程，艰难地维持电力生产的安全运行。

二、调度统一管理再遭破坏

电网管理权的军管和下放，造成电网调度机构合并和人员下放，冲击了电网正常的调度运行，导致调度纪律松弛，生产秩序混乱，电网统一管理模式遭到破坏。这期间电网事故多发，电网安全运行水平直线下降，各地调度员为维护电网的安全运行，曾发生因拉闸限电导致保定地区调度员被抓和唐山地区调度员以及沈阳地区调度员险些被抓的事件。

1976 年 8 月 26 日，丰满水库枯水，不能多发电，220 千伏李虎线负荷达 30 万千瓦而引起线路过载。调度员按照安排的方案，将虎石台 220 千伏母联断开，李虎线改为单带沈阳地区 12 万千瓦负荷，但其余 18 万千瓦负荷转移后，造成了 220 千伏鞍首线与末首线过载。由于当时调度运行管理工作被削弱，运行方式人员所剩无几，不能有效地做好运行方式计算分析，调度员为保证鞍钢重要负荷的供电安全，在没有预先措施安排的情况下，对系统稳定估计不足，凭经验估算线路负荷的变化情况，解开 220 千伏浑安线，负荷的再次转移使丰满水电厂与东北南网的联络线松李线（当时由南网向丰满侧送电）负荷增大，引起负荷摆动，继而失去稳定，发生电网稳定破坏事故。事故造成哈尔滨地区低频解列单独运行，经过系统低频减负荷装置动作及一次拉闸共切除 26 万千瓦负荷后，系统振荡才逐渐减弱，恢复同步运行。这起事故反映出电网统一调度工作遭到严重削弱的情况下，既做不到经济调度，又难以保证电网安全。

"文化大革命"期间，各电网发用电平衡处于非常紧张状态，火电厂出力不能满足用电要求，盲目超铭牌运行，带来更严重的后果。由于燃料供应紧张，不能满足供应，寅吃卯粮，于是出现火电不足水电补，造成水电被迫超计划发电，大小水库长期低水位运行。东北地区丰满等四大水库、华东地区新安江水库、湖北丹江口水库均长期在死水位下运行。广东新丰江水库也是断断续续在死水位以下运行。水库失去了调节作用，对机组本身运行也带来了很大危害，如汽蚀、振动等。在这样恶劣环境下正常的电网运行都不能维持，即使有足够的专业人员，经济调度工作也是无法开展的。

然而，在开展工作十分困难的情况下，各级调度机构仍然顶着巨大的压力，坚守生产岗位，尽最大努力开展着专业管理工作，千方百计维持电网安全稳定运行。京津唐电网在"文化大革命"期间的多次电网事故时，调度人员都做到了正确的处理，保证了首都北京用电。华东电网 1967—1976 年间共发生稳定破坏事故 23 次，调度员都做到了正确处理。作为"文化大革命"全国"武斗"重灾区之一的重庆市，1967 年，重庆电业局调度所所在地区成为该市的一个"武斗"据点，所在大楼成为"武斗"场所之一。调度值班人员在枪炮威胁的环境中上下班，始终坚持按时交接班，电力调度值班工作从未中断。有的调度机构因"武斗"被迫易地，仍然坚持电网调度工作正常进行。云南电管局昆明地区调度所（云南省调前身），因处于"武斗"场所，大批职工被迫外逃，电网调度一度处于瘫痪状态，为保持电网安全稳定运行，在军代表的支持下，原所领导带领部分职工，在省电管局托儿所设置了临时简易调度室，坚持开展电网调度工作，为保证电网稳定运行坚守阵地。

三、科研院所战备疏散与科技队伍的下放

"文化大革命"期间，中国各项事业遭受巨大损失，科技战线的损失更为严重。科研单位解散，科技人员下放。"文化大革命"开始后，电力系统几乎所有科研单位工作停滞，科技人员下放，部分单位解散，技术档案被销毁，试验装置被砸毁。电网和输变电科研工作几乎中断长达 10 年之久。以电力科学研究院和水利水电科学研究院（简称水科院）为例，两院原各有职工近千名，1969 年年底根据林彪"一号命令"，大部分人员被下放，只留 70 人的科研连队归工厂领导。在人员下放的同时，大量试验装置被强行拆毁，水科院损失尤为惨重，其中国内一流水平、占地 1800 米^2 的水工试验厅，从地面的高强度钢化玻璃水槽到埋在地下的水管道全部被炸烂。除上述两院之外，1969 年 9—12 月，按照战备

疏散的要求，水利、电力部门在京的设计、科研和教育单位全部或部分迁出北京。1969年10月，北京水利水电学院全部学生及教职员工迁到河南林县；北京电力学院将全部学生及部分教工分散到邯郸地区的涉县、马头等电厂的基建工地；北京水力发电学校教职员工与应届毕业生迁往贵州乌江渡工程局；北京勘测设计院职工分别下放到甘肃刘家峡水电工程局、四川渔子溪工程局、河南三门峡工程局和北京永定河工程局以及山西汾河工地；华北电力设计院在京的近2000人疏散到河北省的文安"五七"干校，1970年从事自动化工作的一部分技术干部被转给南京仪表厂，其余人员编成5个连队（即北京连、天津连、山西连、河北连、内蒙古连）分别下放给这些省区，留下的编为一个"军工连"，专门负责军工供电及援外工程。上海的电力科研和设计队伍也同样被疏散和下放。1969年9月后，华东电管局设计室、上海供电局设计室相继被宣布撤销、解散，设计人员下放到基层。水电部上海勘测设计院被撤销，近2000人被下放到浙江、福建、江西、安徽、江苏等5省，直到1978年才在杭州恢复成立了华东勘测设计院。中南电力设计院、长沙水电勘测设计院、西北水电勘测设计院等单位人员也分散下放到了一些省电力局或水电工程局，各地的中心试验所以及科技人员密集的设计院和高等院校也都遭到了很大的冲击。

这次科研院所的疏散与科技队伍的下放，使科研力量被分散，很多科研人员作用难以发挥，科技人才得不到及时补充和培养，电力科研与电力教育事业均受到严重影响，电力科技事业青黄不接，可谓元气大伤。更为遗憾的是，当时正值世界各国科技事业突飞猛进的时期，也是世界电力建设中大电厂、新型机组次第出现的技术交替阶段，本应拉近的与发达国家科技水平的差距，反而越来越大。但从另一个角度来看，这次疏散，把集中在北京、上海等大城市的大批科研力量充实到基层，尤其是充实到二、三线地区，在很大程度上加强了中西部地区和基层电力科研机构的力量，对于加快中西部地区电力事业的发展，推动地方电力技术的进步，有着积极的意义。广大科研人员在"三线"地区艰苦创业，拼搏奋斗，贡献了聪明才智，做出的极其重要的历史性贡献。

四、规程制度受到冲击

1969年4月中国共产党第九次全国代表大会以后，水电部军管会于8月下旬至9月上旬在北京召开全国电力工业"抓革命、促生产、促工作、促战备"座谈会。这是"文化大革命"期间在水电部系统以军管会名义领导运动和生产的第一次会议。此次会议继续批判所谓反革命修正主义路线。会后印发的会议纪要要求：建设要"两条腿走路""大中小并举""土洋并举"；革命委员会要实行"一元化领导""要大搞群众运动"；大搞技术革新、技术革命，改革不合理的规章制度，破除迷信，解放思想。

1970年5月，水电部军管会召开全国电力工业增产节约会议。此次会议上，推广了石家庄热电厂"一厂变一厂半"、鞍山电业局改造变压器"一台顶两台"、东北"四合一环形供电"、浙江嵊县35千伏和10千伏农电线路"二线一地""一线一地"等不符合科学甚至荒谬的"经验"。会议对规程制度予以诋毁，称"上百万字的规程制度，数不清的清规戒律，扼杀了地方和广大群众办电的积极性，严重阻碍了我国电力工业的发展。"这次会议，对电网规程制度的有效执行产生了严重的不良后果。不少企业原有的规章制度受到批判，认为有资本主义、修正主义毒素，是对工人群众的"管、卡、压"而遭到抛弃，当时甚至有人拿着规程制度，敲锣打鼓到总工程师办公室门口烧掉。原有的规章制度，有的被大肆删减、内容疏漏不全，责任不清，操作性很差，在实际生产中无法执行；有的名义上被保存，实际上不执行，名存实亡。规章制度被破坏，企业管理受到严重干扰，导致电网生产管理遭到严重破坏，电网安全生产秩序混乱，"两票"（操作票、工作票），"三制"（交接班制度，巡回检查制度，设备定期试验与轮换制度）和安全、检修、运行、调度规程不能严格执行，人身、设备事故频繁发生。加上无政府主义和本位主义思潮泛滥，劳动纪律松弛，企业中出现"上班与不上班一样、干活与不干活一样、干好与干坏一样"的怪现象。

全国电力工业增产节约会议以后，"左"的错误在电力行业泛滥，有不少提法和做法，同"大跃进"时期很相像，只是其严重后果大大超过 1958 年，电网安全稳定运行受到严重威胁。

五、严重缺电导致电网长期低频低压运行

"文化大革命"期间是中华人民共和国成立以来电能质量破坏最严重的阶段，由于当时发电能力不足，加之各地争用电指标，常出现超分问题，即使拉闸限电也难以解决发电缺口问题，迫使很多电网都长期处于低频低压运行状态。当时，缺电已经在全国蔓延。据1975 年年底的初步统计，全国装机容量 10 万千瓦以上的 39 个电网中，有 24 个存在着不同程度的供电不足，特别是老工业基地（如东北、京津唐、华东三大电网）的电力供需缺口更大，严重影响工农业生产能力的发挥。这三大电网发电量占全国的 45%，而供电地区的工业总产值却占全国的 53%，由于发电能力长期不足，经常拉闸限电。据保守估计，1975 年全国约缺电 15%，其中，东北电网缺电 100 多万千瓦，京津唐电网和华东电网共缺电 100 多万千瓦，其他电网缺电 200 多万千瓦，全国共缺电 500 万千瓦左右。还有企业用电设备已经装好，需要等待有电才能生产的，有约 100 万千瓦。

电网的低频率、低电压运行的状况，导致了发、供电设备不能适时检修，设备完好率下降，电网的安全可靠运行受到严重影响。这一时期，东北电网的频率经常是 48 赫，最低到 45.6 赫，220 千伏电压降到 160 千伏；京津唐电网的 110 千伏电压降到 60 千伏，华东电网 220 千伏电压降到 142 千伏，最严重的末端一次电压低于标准电压达 30%，北京电网电压低 10%，同时大部分电网只用不养，事故随时都可能发生。

而且在这样的组织形式和管理体制下，工农业生产稍有恢复，用电量稍有增加，电力供应就感到不能适应，跨省电网尤感困难。由于电网管理混乱，设备完好水平降低，事故增多，加重了负荷紧张，使应该检修的设备不能检修，电力的安全生产得不到保证，形成恶性循环。电网的低频率已成为司空见惯的现象。

东北电网、京津唐电网和华东电网情况就可窥一斑。

东北电网缺电严重，期间发生两次电网事故。辽宁省 1970 年装机缺少 160 万～200万千瓦，缺电量 80 亿～100 亿千瓦·时。同时各地区各自为政，用电失控，电网调度纪

律受到严重破坏，致使电网在 1970—1978 年间低频率运行长达 8 年之久，1978 年 1 月 21 日最低频率曾低至 44.78 赫。在此期间，虽然每天频繁拉闸限电，但电网的运行频率还是逐步下降，致使保障电网安全的低频减负荷装置无法使用，如遇电源事故就极易造成电网的瓦解。为此，采取了降低低频减负荷装置动作频率定值的特殊办法，由原来的频率定值的 48、47.5、47、46.5、46 赫五级，改频率定值为 45、44.5 赫两级。少数火电厂被迫采用一台机组解列运行确保发电厂的厂用电负荷。1974 年 3 月 30 日和 4 月 28 日分别因线路和变压器跳闸的两次电网事故，前者是阜新发电厂突然失去 17 万千瓦电源，后者是辽宁发电厂突然失去 48 万千瓦的电源，这两次事故，在当时电网低频率的条件下，由于调度处置得当事故没有扩大。为扭转东北电网低频率的危险局面，1978 年，主管部门组成领导小组，强化了计划用电与统一调度工作，水电部帮助指导东北电网恢复频率工作。1978 年 7 月开始，电网频率已恢复到 50±0.2 赫的正常水平。

京津唐电网低频率运行，严重威胁电网安全。京津唐电网从 1974 年起，由于用电负荷增长，发电出力严重不足，同时又缺少调峰手段，电网处于高峰负荷时期频率低、低谷负荷时期频率高的状态下运行。1974—1977 年，电网频率合格率仅达 40%～50%，最低频率达 47.3 赫。1976 年，京津唐电网有 2458 套次自动低频减负荷装置动作，共切除线路 7363 条次。1976 年 3 月，由于电网低频运行，全网共有 13 台汽轮机掉叶片。1974—1978 年，北京热电厂 35 千伏母线电压平均为 31 千伏，最低为 30 千伏；110 千伏母线电压年平均为 91 千伏，低于额定电压 12%。1975 年 5 月 13 日，北京 19 号电台停止播音，导航台不能工作，民航飞机不能起飞。1974—1977 年，京津唐电网年平均频率合格率仅为 40%～50%，电压合格率仅为 67.5%。为解决低频率运行问题，1977 年 2 月，北京电业管理局成立领导小组，采取多项措施，京津唐电网频率开始逐步好转，1978 年频率合格率上升至 91.7%。1979—1980 年频率合格率达到 98% 的标准。

华东电网调度权威下降，电网被迫长期低频率运行。20 世纪 60 年代末—70 年代中期，电力基建跟不上用电增长，华东电力供应趋紧，浙江、江苏、安徽、上海三省一市的用电开始按比例统一分配，但超指标用电情况严重，电力调度权威下降，华东电网被迫长期低频率运行，1974 年出现最低频率为 46.95 赫。电网严重缺电，导致华东电网长期处在低频率、低电压状态下运行，后来发展到拉闸限电已经司空见惯，严重影响了经济发展和人民的正常生活。部分地区电压质量下降早在 1966 年就出现过，严重的如浙江省嘉兴地区 110 千伏电压降至 87 千伏，安徽省合肥地区 110 千伏电压降至 97 千伏。从 1969 年开始，华东电网长期低频率运行，一般为 47～48 赫。1972 年 6 月 26 日，频率曾跌到 47.44 赫。1974 年和 1976 年，电网的最低频率分别下跌至 46.95 赫和 44.84 赫，主网 220 千伏电压降至 160 千伏，甚至到 140 千伏。低频率和低电压，导致生产事故时有发生。1972 年 5 月，上海西郊变电所因为调相机误操作，35 千伏电压瞬间降到 28 千伏，造成燎原化工厂氯气车间液压泵电机跳闸，氯气外泄。1970 年华东电管局划归上海市革命委员会领导，三省电力工业局也相应划归所在省革命委员会领导。华东电管局作为负责华东电网业务的管理部门，实际上已无权过问三省电力工业局的工作，电网统一调度难以实现。局部地区的电压崩溃和稳定破坏事故经常发生。1967—1976 年的 10 年间，共发生各类稳定破坏事故 23 次，其中，1973 年全年发生稳定破坏事故达 8 次之多。

电力工业在三年恢复时期和"一五"计划期间，与国民经济发展比较协调，基本上满足了用电的需要。但从 1958 年"大跃进"起，全国开始大量缺电，1962 年以后的三年整顿时期，经济大滑坡，供电状况稍有缓和。到了 1965 年在几个大城市中又开始出现因用电超过当时电厂与电网的承受能力而临时拉闸限电或有计划地轮流停电。

因缺电造成电厂、电网超负荷运行，电力设备健康状况受到严重损害，电能质量、用电可靠性长期不能达到规定标准。缺电持续时间长，严重损害国民经济发展，是中国电力工业发展中一个突出问题。

按照电力工业设备的特点，积极加速扩大发电设备容量以提高年发电量才能解决长期缺电现象。这就需要多增加建设投资，多装机来提高发电设备容量。但由于国家财力、物力困难，缺电问题未能得到解决。电力工业主管部门和一些单位受"左"倾思潮的影响，曾两次提出超铭牌出力的办法，即提高现有发电、供电设备的额定出力来缓解与解决缺电的状况。第一次是在 1958 年"大跃进"的口号下对某些规程中允许在一定程度上短期过负荷超铭牌出力地运行，错误地当作可以无限制长期挖掘，同时把三年困难时期暂时出现的缺电缓解的现象认为是电力"有富裕"，在计划中不顾电力工业发展落后于正常用电需要的客观现实，主观地压低电力建设投资。至 1962 年，电力工业基本建设规模，从"二五"计划前期年投产达百万千瓦的水平，下降到年投产 18 万千瓦，1963 年也只投产 29 万千瓦，这两年装机增长率分别下降到 1.4% 和 2.2%。第二次是在"文化大革命"中期，全国生产秩序稍有恢复，缺电现象立即严重起来，迫使电力行业一些单位违背科学大搞"技术改造办法"，在主要设备上"动手术"改变铭牌出力运行。

缺电现象表明，电力供需之间的矛盾日趋尖锐，但从这一时期看来，电力工业发电量的生产计划和新增发电设备的基建计划却是年年都超额完成国家计划。显然，造成缺电的原因是计划比例失调所致。1952—1984 年国家对电力工业的基建投资占全国基建投资总额的 8.06%。电力工业基建投资占全社会固定资产投资总额的比重始终只有 6.5%~7.5% 左右，这与世界上大多数国家 10% 左右的比重相比，差距很大。

六、国务院 114 号文、159 号文的出台

进入 20 世纪 70 年代后，随着各种问题不断暴露出来，许多治理整顿的措施陆续得到贯彻落实。根据周恩来总理的指示，发供电企业的安全操作规程和生产管理制度规范，有很大一部分陆续得到恢复。1974 年 3 月，国务院决定沈阳军区不再领导东北电网，交给水电部革委会领导，东北电力工业局改为东北电管局，同时将黑龙江省电业管理局改称为黑龙江省电力工业局。同年 3 月，江苏省电力工业局划归水电部管理，负责管理省内电力工业。1975 年 1 月，国务院撤销了水电部革命委员会，水电部恢复了正常的部门建制，任命了新的部长、副部长，恢复了部内的司、局等部门管理体制。

经过多年动荡，人心思定。1975 年 1 月，第四届全国人民代表大会后，周恩来总理

病重，邓小平同志复出主持工作，期间，开始纠正既往错误。先后召开了军委扩大会议以及解决工业、农业、交通、科技、电力等方面问题的一系列重要会议，从实际出发，采取了一些坚决果断的措施，治国安邦，对各方面的工作进行了大刀阔斧的整顿，只用了八九个月的时间，就使一个动荡的中国逐渐显现出安定团结的局面。

1975 年 2 月 10 日，中央印发关于 1975 年国民经济计划的重要文件，提出要贯彻"还是安定团结为好"的要求，反对资产阶级派性，加强团结，把国民经济搞上去。这其中，主要是抓生产。1975 年 3 月 5 日，党中央印发《关于加强铁路工作的决定》（中发〔1975〕第 9 号），3 月 25 日，在邓小平主持国务院全体会议中，邓小平指出，铁路一通，就暴露出冶金、电力等各行各业的问题。各部都要自己打算，怎样工作，怎样解决老大难问题。会议强调 9 号文件的精神不仅适用于铁路工作，也适用于一切工业部门。

1975 年，军管会撤销，恢复水电部建制。此时，全面整顿推动了工农业迅速恢复和发展，电力供应不足的矛盾更显突出。水电部在组织全系统贯彻落实中央 9 号文件，落实毛泽东主席的"三项指示"以及邓小平等中央领导关于全面整顿的一系列讲话精神过程中，不仅得到了国务院领导的大力支持，也得到了基层干部群众的坚决拥护。东北电网生产一线的干部员工，有感于东北电网被割裂后产生的种种矛盾和问题，为了推进恢复电网的统一管理，曾先后多次向国务院领导同志写信反映情况。在此情况下，水电部在请求国务院解决电力供应严重不足的矛盾时，代国务院起草了《关于加快发展电力工业的通知（建议稿）》，报国务院领导审阅、批示。

（一）国务院 114 号文件的发布

1975 年 7 月 25 日，《国务院关于加快发展电力工业的通知》（国发〔1975〕114 号）发布，史称 114 号文。这份简明扼要的文件，紧紧抓住了当时中国电力系统和电力企业中最为突出、最为关键的问题，并针对性地提出了解决的措施和工作要求，体现了邓小平全面整顿的思想在电力系统的具体要求，对当时乃至后来的行业管理、企业整顿发挥了重要的作用。114 号文是在 1975 年全面整顿中，国务院专门针对电力工业发出的最重要的文件。

114 号文明确说明了当时电力供应的严峻形势："当前电力供应不足的矛盾十分突出。6 月份全国日平均发电量超过 5 亿 5 千万千瓦·时，超过当年国家计划高限的日平均水平，但许多地区缺电仍很严重。特别是东北、京津唐、华东、中原等电网，负荷超过发电能力，经常处于低周波、低电压运行，被迫无计划拉闸限电，严重影响生产的正常进行。这一方面反映出国民经济各部门的生产都在迅速上升，用电量越来越多，同时也反映出电力工业同整个国民经济的发展不相适应。由于前几年林彪修正主义路线的干扰破坏，加上这两年电力建设速度没有跟上去，全国大约缺少装机 500 万千瓦，这是造成电力不足的主要原因。使用中有浪费，电力工业管理上存在分散主义，也加剧了电力的紧张。"可以说，114 号文出台的直接原因就是缺电及电网管理混乱。

为此，《国务院关于加快发展电力工业的通知》提出了六条针对性措施：

一是 1975 年完成发电装机 400 万千瓦，1976 年完成发电装机 500 万千瓦的任务。要求水电部和国家有关部委从发电设备制造、进口，电站和输变电工程所需的投资、材料、设备、施工力量以及燃料供应等方面，逐一落实，并对"四五"和"五五"时期的电力建设提出了速度更快、质量更高的要求，集中力量打歼灭战，做到建一个成一个，使电力工业与国民经济发展相适应，并留有一定余地，切实做到电力先行。同时还要着手更大机组和更高电压等级的输电设备及原子能电站的研究试制。

二是贯彻水火并举和大中小并举的方针。提出要建设坑口电站（包括油田、气井附近），发展大容量、高效率、低消耗的机组，就地利用资源，向外输送电力。力争提高水电比重，调整燃料结构。兴办中小型水电站，满足各地分散用电需要。

三是严格执行计划用电。提出电力分配要从全局出发，保证重点，兼顾一般。各地新增基建项目，要考虑电力平衡和电力增长的可能，顾全大局，执行好计划用电。电力部门要在各级党委领导下，把发电、供电、用电三者同时抓起来。

四是厉行节约用电，坚决克服用电浪费。迅速改变多数行业的耗电定额和发电厂自用电比例高于历史水平的情况，发动群众订用电指标和节电指标，并严格执行。

五是确保电网安全，提高供电质量。必须坚决扭转电网低频率的不安全状况，做到按照 50 赫运行。电力职工要继续发扬高度的政治责任感，自觉遵守规章制度，精心维修，确保安全发供电。

六是加强电网的统一管理。跨省电网必须实行以水电部领导为主的管理体制。电网管理局作为水电部的派出机构，统一管理网内电力工业。有关省、市、区的电力局，受网局及所在省、市、区双重领导，有关电网的各项业务以网局领导为主。不跨省、区的电网，要在省、区党委一元化领导下，由省、区电力局统一管理，不能层层下放。电网各级调度命令，必须严格执行。不经上一级电力部门同意，不得变动。水电部应相应充实加强网局的机构，网局所属的省、市、区电力局主要领导干部的任免和调动，由水电部和有关省、市、区协商后负责办理。跨省电网的具体管理办法，由水电部拟定，报国务院批准后实施。跨省电网以水电部为主，地方的任务并没有减轻，大量工作还要依靠地方党委去做。

显然，上述内容不仅对于电力工业的全面整顿具有重要的指导意义，而且为电力工业更高质量、更高效率地发展，创造了重要条件。

为贯彻 114 号文，水电部于 1975 年 8 月召开全电会议，8 月 20 日副总理李先念等国务院领导人会见了全体代表，并作了重要讲话。李先念对加强电网统一管理给予了旗帜鲜明的支持，一针见血地批评了反对电网集中管理、主张分散主义的思想。这些对于加强电网和电力企业管理，都是强有力的支持。

（二）国务院出台 159 号文件管理跨省电网

电力工业要整顿，电网管理更急需整顿。在 114 号文中，要求水电部与省、市协商后，制定跨省电网的具体管理办法。1975 年 9 月 17 日，国务院印发《关于批准跨省电网管理办法的通知》（国发〔1975〕159 号），史称 159 号文。

《跨省电网管理办法》共有六条：

一是跨省电网实行以水电部领导为主的管理体制。

二是网局对全网实行统一调度和统一安排检修。

三是计划、财务、劳动、物资管理，由网局综合归口，统一调配。

四是电业单位的干部由电业部门分级管理。

五是严格执行计划用电和节约用电。

六是确保供电安全，提高供电质量。

该文件还特别指出，以上各条规定的精神，适用于各省内电网。这些电网，应在省（区）党委一元化领导下，由省（区）电力局统一管理。不能层层下放，已经下放了的，应该收归省管。

根据国务院159号文，水电部依次上收了东北、北京和华东电管局及四川省电力局管理权，这是中华人民共和国成立后的第三次上收管理权限，但这次只上收了跨省电网和跨省电网所属的各省（市、区）的管理权，其他省电力局没有上收，不如20世纪60年代那次上收彻底。但实践证明，大区电网的管理是不能肢解的。此次上收之后，中国电力工业管理基本保持了以中央管理为主、大区电业管理局分片管理的体制。

七、电力部门贯彻落实国务院114号文和国务院159号文

处在"文化大革命"后期动荡不定的形势下，国务院相继印发国务院114号文和国务院159号文，具有重大历史意义。它们对于整顿电力工业尤其是电网系统发挥了重要作用，也促使电网管理的混乱局面发生了明显变化。这些变化，充分证明了邓小平实行整顿的方针政策是正确的，也是深得广大电网员工人心的。国务院114号文、159号文印发后，立即在全国电力系统得到宣贯和落实。

1975年8月，全国电力工业会议召开。会议主要学习传达国务院114号文，统一各级干部的思想。这次会议，通过学习领会邓小平关于全面整顿的重要讲话精神，联系实际深入讨论国务院114号文，水电部对全国电力系统整顿领导班子、整顿职工队伍提出了要求，做出了具体工作安排。

9月，各大电网和省、市、区电业局陆续召开工作会议进行部署，大张旗鼓地展开全面整顿。通过整顿，全国各电网和各发电、供电、施工单位的规章制度得到重建和完善，管理得到加强，纪律更加严格，安全生产面貌大为改观。

以东北电管局为例，主要从四方面开展企业整顿工作：第一，强化电网的集中统一管理，反对分散主义倾向，严格执行调度命令，实行团结治网；第二，重点整顿和加强企业管理，强化生产指挥系统，严格各项规章制度，加强各项专业管理；第三，严格执行"两票"（操作票、工作票）"三制"（交接班制度，巡回检查制度，设备定期试验与轮换制度）和安全、检修、运行、调度四大规程；第四，建立和健全基建施工技术责任制和质量检查验收制，保证建设安装质量。

其他电管局、省电力局的整顿工作也大致类似。

正当电网企业贯彻落实国务院114号文和国务院159号文，尽力改变电网管理混乱状况的关键时候，"批邓、反击右倾翻案风"运动兴起，使持续近9个月的整顿工作被迫中断。但是，企业整顿、电网整顿中提出的一系列重要思想，在后来的改革开放中发挥了重要作用。其中，强调电网必须统一管理是给予电网统一管理最有力的支持。面对后来的种种压力，电网统一管理还是坚持了下来。

1976 年，"文化大革命"结束，"四人帮"被粉碎，中国进入了新的历史发展时期。但是由于极左思想并未消除，还在一定程度上对电力工业和电网产生干扰。1978 年 12 月，十一届三中全会召开，全党工作重点实现转移，电力工业真正迎来全新发展时期。

国务院 114 号文和国务院 159 号文的精神，特别是加强电网的统一管理，对后续中国电网的发展产生了深远影响。历史证明，这两个文件是正确的、科学的，符合电力生产规律，集中反映了当时电力人的迫切愿望。

第二节　多省构建以 220 千伏为骨干网架的统一省网

20 世纪六七十年代，中国电网发展出现新的变化。这一时期，在国民经济曲折发展背景下，伴随大型水电厂、火电厂的建设，电网仍得到不断发展。火电建设方面，10 万～20 万千瓦大容量、高参数机组成为新建电厂的主力机组；水电建设方面，一些水电基地建成，一批大容量水电机组相继投产。这些水电、火电工程，促使电厂规模提高、电网规模扩大、输电距离增加，110 千伏电网进一步加强、完善，220 千伏输变电工程在各主要电网普遍发展起来。同时，重要负荷中心为提高供电可靠性继续建设结构稳定的供电环网。京津唐电网从 110 千伏单环网向 220 千伏双环网发展。上海、杭州和常州三角单环网发展为双环网。湖南省建成华中地区最早的 220 千伏输变电工程，甘肃省第一条 220 千伏输电线路建成投运。陕西、青海等省陆续开始建设 220 千伏输变电工程，青海西宁电网与甘肃兰州电网实现 220 千伏联网。到 1970 年，全国装机容量在 10 万千瓦以上的电网增加到36 个。其中，10 万～20 万千瓦的电网增为 12 个，20 万～50 万千瓦的电网增为 13 个，新出现 7 个 50 万～100 万千瓦的电网，100 万千瓦以上的电网增加了兰州电网等 4 个。供电范围的扩大，改变了城市电网的性质，开始呈现出省网的雏形。

到 70 年代后期，除宁夏、西藏等个别省区外，大部分省区输变电工程都有较大发展，京津唐、东北两个原有跨省电网在省市电网发展的基础上进一步扩大，以 220 千伏为骨干的网架基本形成。部分地区初步形成了一些新的跨省电网，各省内分散的电网逐步联接，不少地区逐步形成了以 220 千伏电网为骨干网架的统一省网。华东地区随着新安江水电站的投产送电形成了华东电网。西北地区随着刘家峡水电站建成，在陕西省网和兰州电网发展的基础上，形成了以 330 千伏线路紧密相联的陕甘青电网，330 千伏电压的出现，使中国输电技术上了一个新台阶，为以后发展更高一级电压打下了基础，积累了经验。华中地区，郑洛三电网发展为河南省主网，武汉冶电网发展成湖北省主网，为配合大型水、火电厂送出并适应武钢 1.7 米轧机投产对电力的需要，鄂、豫两省以 220 千伏联网运行，形成了华中电网的雏形。山东、广东、四川等省内地区电网逐步互相联接，发展成以 220 千伏为骨干的统一省网。闽中、赣中、湘中、南柳、贵阳、滇中等电网，220 千伏电网发展扩大，先后形成各省区的主网。

至 1976 年，全国 35 千伏及以上电压等级输电线路长度达到 201 904 千米，是 1965 年的 3.13 倍。其中，330 千伏输电线路有 534 千米；220 千伏输电线路有 16 806 千米，154 千伏输电线路有 911 千米，110 千伏输电线路有 52 193 千米，分别是 1965 年的 4.93 倍、0.94 倍和 3.26 倍。全国 35 千伏及以上变电设备容量达到 10 040 万千伏·安，是 1965 年的 3.51 倍。其中，330 千伏变电容量有 49 万千伏·安；220 千伏变电容量有 1846 万千伏·安，154 千伏变电容量有 67 万千伏·安，110 千伏变电容量有 3226 万千伏·安，分别是 1965 年的 7.02 倍、0.63 倍和 4.45 倍。

一、黑龙江省东部和中西部电网的形成

1968 年 8 月 25 日，随着 154 千伏松滨线升压至 220 千伏，黑龙江省有了第一条 220 千伏线路，相应地哈一次变电所升压改造为 220 千伏设备，成为黑龙江省第一座 220 千伏变电所，黑龙江中部电网（哈尔滨地区电网）升压为 220 千伏。

20 世纪 70 年代，黑龙江东部主要是煤矿用电量的需求较大，这种情况加快促进东部电网形成。1972 年 4 月 28 日，国家部署将佳木斯电网与牡丹江、鸡西电网联为一体，鸡牡延电网和佳木斯电网正式联网，形成了鸡牡延佳电网，即黑龙江省东部电网。从此结束了黑龙江省东部地区的牡丹江、鸡西、佳木斯及吉林延边等四个电网单独运行的历史，同时也为黑龙江省东西两大电网联网运行奠定了基础。1972 年 6 月东部电网调度局成立，解决了黑龙江省鹤岗、鸡西、双鸭山、七台河四大煤矿统一由一个电网供电的问题，形成了保证煤矿安全用电的合理电网构架。1976 年，东部电网规模为 56 万千瓦。

1975 年黑龙江省调度局成立，主要抓全省联网的调度工作。1981 年哈尔滨电网与西部电网联网，1983 年西部电网与北安电网联网。到 1983 年形成中西部电网和东部电网两大电网。

二、华北电网完成 110 千伏向 220 千伏电压过渡

京津唐电网虽然曾经在 1958 年第一次建成下马岭—清河、高井—老君堂（北京南苑）的 220 千伏输变电工程，然而华北地区 220 千伏输电网络的建设却是在进入 20 世纪 70 年代以后，随着华北地区一批大容量、高参数发电机组的相继建成投产而开始的。70 年代华北各地的 110 千伏电网开始进行升压改造，1971 年 4 月，高井电厂—天津白庙 220 千伏输电线路和天津白庙变电站投入运行；1974 年 5 月，天津白庙—汉沽的 110 千伏输电线路和汉清变电站升压为 220 千伏；同年 12 月 29 日，高井电厂—北京南苑—天津白庙 110 千伏输电线路及变电站升压为 220 千伏；在天津汉沽—唐山发电厂的 110 千伏输电线路也升压为 220 千伏后，京津唐电网完成了 220 千伏升压改造。1978 年 1 月，随着唐山陡河发电厂的建成投运，形成了唐山陡河电厂—天津蓟县—北京通州—北京南苑（老君堂）—天津北郊（220 千伏母线先投运）—唐山韩城—唐山陡河电厂的 220 千伏输电线路环网，220 千伏京津唐电网环形网络正式形成。

1965 年 6 月起，为满足天津西南地区工业负荷增长的需要，先后建成了红旗路 110 千伏变电站、110 千伏白庙经杨柳青发电厂—红旗路变电站输电线路、陈塘庄—红旗路变电站的 110 千伏陈红线，以及以后形成的 10 条主要 110 千伏输电线路。110 千伏供电网络的建设与改造，为天津地区使用高电压供电迈出了坚实一步，到 1969 年，供电系统通过 110 千伏变电站和供电网络的建设，110 千伏输电线路在天津主要工业区形成环网，环线为天津第一发电厂（现国电天津第一热电厂）—东南郊—陈塘庄—红旗路—白庙—天津第一发电厂，以 110 千伏输电线路为骨架的供电网络初具规模。1971 年 4 月，在原 110 千伏的基础上，白庙变电站升压至 220 千伏扩建工程竣工投产，北京南苑（老君堂）—天津白庙的 110 千伏苑白线也升压至 220 千伏，成为天津第一条 220 千伏输电线路和第一座 220 千伏变电站，标志着天津建设 220 千伏电网的新开端。1974 年 5 月，汉沽变电站和白汉线同时升压至 220 千伏运行。这对提高天津地区供电能力、降低线损发挥了积极作用，电网安全供电水平进一步提高，停电事故进一步减少。

1973 年，冀南电网建成第一条 220 千伏输电线路 220 千伏山西娘子关—井陉常峪，线路全长 39 千米（当时以 110 千伏降压运行）。从 1976 年起，进行了南起邯郸马头发电厂，中经邢台王段变电站，北至石家庄许营变电站的 220 千伏输变电工程建设。这一工程于 1978 年 10 月 5 日建成投运后，将邯郸、邢台、石家庄 3 个地区 220 千伏供电网络联在一起，开始联网运行。

1973 年建成山西省第一条 220 千伏输电线路，220 千伏榆次—娘子关，线路全长 116.8 千米。同年 12 月，建成霍县电厂经寺庄、平遥至榆次的 220 千伏输电线路及 220 千伏榆次变电站，实现了两个地区的 220 千伏联网运行。

"三五""四五"时期，华北电网输变电建设取得一定的发展，特别是从"四五"计划开始，起步建设 220 千伏电网，使华北输变电工程建设上升到一个新的水平。"三五"计划时期正是"文化大革命"初期，受其影响，输变电建设发展较慢。5 年中建成 110 千伏输电线路 2099.59 千米，新增变电设备容量 138.55 万千伏·安，大体相当于"二五"计划时期的水平。到了"四五"计划时期，生产建设趋于稳定，华北输变电工程建设也有明显进展。这一时期，华北地区建成 110 千伏输电线路 2743.08 千米，新增变电设备容量 245.49 万千伏·安，分别比"三五"计划时期增长 30.6% 和 77%；建成 220 千伏输电线路 716.12 千米，新增变电设备容量 108 万千伏·安。实现了华北电网建设从 110 千伏向 220 千伏的过渡。

三、内蒙古电网加速互联

蒙西电网 110 千伏升压改造是从 20 世纪 70 年代末期开始的。到 1978 年 12 月，乌拉山电厂—包头麻池 220 千伏输电线路及 220 千伏麻池变电站投入运行，开始了巴彦淖尔盟与包头市两地间 220 千伏供电网络的联网运行。

中华人民共和国成立初期，内蒙古西部地区没有电网，包头发电厂、萨拉齐（今土右旗）电厂和呼和浩特电厂等 3 座小电厂都是孤立运行的（萨拉齐电厂 1950 年 6 月关停），直配供电。"一五"计划期间，随着包头钢铁工业基地建设，包头发电厂（后来的包头第三发电厂）扩建后，于 1955 年从包头东河区至青山区至昆都仑区建设了第一条线路全长 36.5 千米的 35 千伏输变电工程，以解决新建包头第一、第二热电厂的施工电源，从此拉开了内蒙古西部地区电网建设的序幕。1958 年 7 月，包头第二热电厂第一台 2.5 万千瓦机组建成投产的同时，内蒙古西部地区第一条 110 千伏输电线路，即从包头第二热电厂出线至白云鄂博铁矿的包白线也建成投入运行，这是建设包钢的配套项目之一，线路全长 128.9 千米。为了增强自治区首府呼和浩特市供电的安全可靠性，1958 年 10 月建成了呼包 110 千伏输电线路，这是呼包电网第一条网架工程，这条线路由包头第二热电厂至呼和浩特南郊变电站，线路全长 160.3 千米。呼包电网初步形成后，网内有 35 千伏及以上输电线路 419.7 千米，变电设备容量 15.09 万千伏·安。

从 20 世纪 60 年代初开始，国民经济进行调整，国家建设重点转移，再加上"文化大革命"的干扰，内蒙古自治区经济建设缓慢，呼包电网处于东西"扁担"一条线状态，网架结构非常薄弱，供电可靠性很差。

进入 20 世纪 70 年代，随着工农牧业生产逐步发展和社会用电量的增长，呼包电网即以呼和浩特、包头为中心，通过 35 千伏和 110 千伏输变电设施向周边扩展，并开始沿京包铁路从呼和浩特向东延伸，1970 年呼和浩特—乌盟卓资山 110 千伏输变电工程建成投运，1971 年卓资山—集宁 110 千伏输变电工程建成投运，呼包电网向东延伸至集宁地区。1974 年包头—乌拉山电厂 110 千伏输电线路建成投运，1976 年乌拉山—五原 110 千伏输变电设施建成，1976 年开始，呼包电网 110 千伏输电线路在乌盟境内逐步扩展。为强化主网结构，增强"西电东送"的传输容量，提高安全供电的可靠性，缓解呼和浩特及以东地区长期缺电的状况，从 20 世纪 70 年代末期开始，西部电网主网架由 110 千伏提升到 220 千伏。1978 年 12 月建成第一条由乌拉山发电厂至包头麻池变电站的 220 千伏输电线路，线路全长 99.8 千米，1980 年 12 月建成包头麻池变电站—呼和浩特东郊变电站一回 220 千伏输电线路 183.6 千米。

1974 年 5 月 4 日，白（白城市）乌（乌兰浩特市）察（察尔森镇）66 千伏输电工程投运，实现了吉林省白城市至内蒙古自治区乌兰浩特市省级城市间的联网，搭建了兴安地区第一个城市之间电网的"手牵手"模式，缓解了乌兰浩特市限时供电的状况，同时也为建设库容量为 12.53 亿米^{3}察尔森水库提供了基础电源。白乌察 66 千伏输电线路全长 104.2 千米，杆塔 572 基。由白城电业局和乌兰浩特供电所分段进行维护，分段点为石头井子镇。线路投运后，解决了乌兰浩特发电厂 800 千瓦机组供电能力不足问题，保证了察尔森水库和察尔森水电站建设大会战的顺利开展。

为支援建平、凌源"三线"建设，同时满足辽宁朝阳西南部地区供电可靠供应需求，1965 年内蒙古赤峰平庄—辽宁朝阳建平的 110 千伏平建线线路工程开工，该线路全长 96.8 千米（赤峰维护 28.8 千米），由沈阳电业局设计，长春送变电公司施工，1966 年 12 月建成，1967 年 4 月开始投运。跨地区向建平、凌源供电，形成辽西电网。该线路在 1967—1978 年 220 千伏元建线投运前，是赤峰电网与辽西电网和东北主网的主要联络线，是建凌地区 1967—1970 年间唯一受电电源线，对朝阳西南部地区"三线"建设发挥了重要作用，缓解了该地区低电压问题。

四、华东电网 220 千伏主网架完成阶段建设

1960 年，上海最高用电负荷已达 75.8 万千瓦，而本地区的装机容量仅为 48.86 万千瓦，扣除部分检修容量，有近 50% 的电力要从外部受进，新安江—杭州—上海—望亭 220 千伏网架建设为满足上海地区用电迅速增长要求和安全可靠供电起了重要作用。

1964 年，国家计委为实现华东电网的水火电调剂，确定建设 220 千伏杭州—常州—谏壁发电厂输变电工程。1967 年 5 月 1 日，杭州—常州小王村变电所 220 千伏线路投入运行，7 月，杭州变电所—常州变电所的 220 千伏杭常线投运，常州变电所升压至 220 千伏，江苏与浙江电网首次以 220 千伏联网。9 月，谏壁发电厂—常州变电所的 220 千伏谏常 1 号线建成投运，谏壁发电厂联入杭常 220 千伏电网系统。1968 年 10 月 1 日，望亭—常州小王村变电所 220 千伏线路投入运行后，江苏与上海电网首次以 220 千伏联网，华东电网围绕杭州、上海、常州负荷中心总长 638 千米三角环网问世，华东电网第一阶段的 220 千伏主网架建设完成。为保证上海、江苏、杭嘉湖长江三角洲地区安全可靠供电和在水电枯水期以及电网峰谷差时增加电力、电量交换能力起到了重要作用。随着吴泾热电厂和闵行发电厂的兴建，南市发电厂、闸北发电厂的扩建，西郊、蕴藻浜、浦东 3 座 220 千伏变电站的建成，以及在 1967 年 4 月闸北发电厂—浦东变电站的 220 千伏线路的投运，形成了上海市区外围的 220 千伏环网。

1970 年后，高桥热电厂和金山热电厂建成，扩建了闵行、吴泾、闸北发电厂，共增加发电出力 117.2 万千瓦；同时加强上海地区 220 千伏电网的建设，形成了除闸北发电厂—浦东变电站 2208 单线外的 220 千伏双回线环网。随着望亭发电厂和新安江、富春江水电厂的建设，上海 220 千伏主环网，通过西部的西郊变电站、黄渡变电站与江苏省联网，南部通过闵行发电厂、金山热电厂与浙江省联网，形成了苏、浙、沪的三角形 220 千伏双回路联络的华东网架，使新安江、富春江 2 家水力发电厂通过电网向上海输电，起到水电、火电相互调剂的作用。1973 年 4 月，220 千伏芜湖—南京输电线路建成投产，安徽电网经江苏与上海、浙江全部联入 220 千伏系统，华东电网实现 3 省 1 市互联。

1977 年，望亭经无锡塘头变电所至常州三井变电所 220 千伏线路投产后，三角环网由单环网发展成双环网，作为华东电网主干网架，其合理性在华东电网发展史上应予以肯定。

五、湖北省 220 千伏网架形成及鄂豫完成首次联网

20 世纪 50 年代末—60 年代末，在中央的支持下，湖北省委省政府领导全省人民克服重重困难，驯服江河，开发水能资源。1958 年 9 月开工建设了丹江口水利枢纽工程，这是中华人民共和国自行设计施工的第一座大型水利水电工程。

丹江口水电站作为枢纽工程的重要组成部分，它的投产，对于当时缺电十分严重的湖

北省至关重要，是工农业生产用电和人民生活用电的"命根子"。丹江口水电站是湖北20世纪70年代初至80年代初的主要电源。围绕将丹江口大量廉价水电电力送往鄂东负荷中心，湖北省于1969年7月—1977年9月，相继建成投产丹江口至武汉的Ⅰ～Ⅳ回输电线路（简称丹汉线），实现了丹江口水电站的电力外送，并由此促成全省统一电网的形成。

为配合丹江口水电外送，1969年7月，丹汉Ⅰ回220千伏输电线路一段投产送电，这是湖北省第一个220千伏输变电工程。随后，丹江口—武汉4回220千伏输电线路陆续建成，构成湖北电网220千伏网架，并在武汉建成220千伏环网。总工程量有220千伏线路1467千米，220千伏变电站8座，主变压器10台，总容量108万千伏·安。

1968年10月1日—1973年10月1日，丹江口水电站6台机组先后并网发电，电站总装机容量90万千瓦，多年年平均发电量38.3亿千瓦·时，以110千伏共7回线向较近的襄樊、十堰和豫西南的南阳地区淅川、滦川两县供电。电站主要以220千伏电压向外输送电力，220千伏4回线送湖北，2回线送河南。

丹汉Ⅳ回输变电工程的建成投产，标志着湖北电网从110千伏鄂东地区电网发展为覆盖全省主要地区的220千伏省级电网，网内主力电源发电装机容量从60万千瓦增加到1976年的196万千瓦，其中，火电69万千瓦，水电127万千瓦，由丹江口、黄龙滩、青山和黄石等主力电厂组成。

鄂、豫两省的第一次联网与丹江口水电厂发电有关。1968—1969年，丹江口水电厂1、2号2台各15万千瓦机组相继投产发电。两省电网都加快了从丹江口水电厂外送电力的工程建设。

湖北方面，1969年7月，线路全长346千米的220千伏湖北丹江口水电厂—汉川马口输变电工程建成送电。

河南方面，1970年4月，线路全长235.76千米的220千伏丹江口水电厂经河南南阳—平顶山贾庄输变电工程建成送电，平顶山贾庄变电站安装1台12万千伏·安变压器。

以上两项工程刚完成时，虽然两省电网各建成了1回联接丹江口水电站的220千伏输电线，但仍分网运行。此时，湖北水电容量迅速增大，调峰调频较灵活，但水电丰枯季节出力相差较大。而河南电网主要为火电机组，情况正好相反。经两省协商，1970年4月25日23点，鄂、豫两省电网以丹江口开关站52号母联断路器实现220千伏并列运行。至此，在220千伏层面，湖北与河南电网形成第一次联网。

联网初期，系统频率改善，较显著地发挥了联网效益，两省都较为满意。之后，由于两省电网负荷均增长很快，电力供应缺口很大，丹江口电价低廉，两省都想多用丹江口水电，对电力分配存在争议，加之两省电网调度难以一致，出现"抢电"现象，又因两省电网结构薄弱，致使故障跳闸频繁发生，引起系统振荡。两省经协商后决定，自1971年6月5日起，两省电网在丹江口水电厂开关站解列运行，两省电网首次联网运行历时13个多月。自1972年起，丹江口水电厂1/3的机组向河南电网送电，2/3的机组向湖北电网送电，丹江口水电厂送电被迫一分为二。

六、220千伏广东电网的初步形成

珠江、韶关电网联网形成珠韶电网。20世纪60年代中期，珠江三角洲工农业生产发展较快，电力供应紧张。广东省电力部门安排粤北地区水电厂、火电厂陆续建成投产，除供地区用电外，向珠江三角洲送电。1966年12月30日，韶关电厂3号5万千瓦机组投产，220千伏韶关电厂—红星线和位于南海县小塘的红星变电站基本建成，先以110千伏电压向珠江三角洲送电。1967年5月28日，韶关电厂—红星线和红星变电站全部建成，升压至220千伏运行，珠江、韶关电网联成珠韶电网。1972年5月，棠下—红星220千伏线路建成，使韶关—红星线和新丰江—棠下线直接联通，220千伏电网结构得到改善。同年7月，红星—佛山110千伏线路和佛山变电站改造升压为220千伏运行。1973年3月，长湖水电厂建成投产，220千伏长湖—茶山线、茶山—棠下红星线151号杆的线路建成，长湖水电厂并入电网。同年12月，枫树坝水电厂投产，枫树坝—河源开关站220千伏线路建成，枫树坝水电厂并入电网。1974年3月，韶关电厂—长湖水电厂220千伏线路建成，形成粤北向珠江三角洲送电的第二回路。珠韶电网的供电范围随着经济的发展而逐步扩大。1969年凡口—仁化、乳源桂头—乐昌的35千伏线路、变电站建成，电网向仁化、乐昌县送电。1970年5月，潭岭水电厂—梅田110千伏线路、变电站建成，提高了向梅田煤矿供电的能力，并通过35千伏坪石—梅田线与坪石电厂联网。1971年，潭岭—连州110千伏线路、变电站建成，并联接连山的35千伏线路，形成包括连县、连南、连山、阳山、坪石在内的连坪电网。同年8月，潭岭—南水—韶冶110千伏线路、变电站建成，使连坪电网和南水水电厂联入珠韶电网。1973年，龙川县、和平县原有与枫树坝联接的35千伏线路，随着枫树坝水电厂投产而联入珠韶电网。1974年，博罗县利山—龙门县平陵35千伏线路、变电站建成，龙门县联入电网。至1974年11月，珠韶电网供电范围共45个市、县。1975年6月，梅县35千伏电网内各发电厂装机容量共有3万余千瓦，此时梅西电厂—枫树坝110千伏线路建成，梅县电网联入广东电网。同年7月，兴宁县龙北—梅西35千伏线路、变电站建成，兴宁县联入广东电网。

珠韶电网、茂湛电网联成广东电网。1961年3月，茂名热电厂1号2.5万千瓦机组投产，茂名电厂—文冲口35千伏线路、变电站建成，向茂名市区送电。当时湛江（新村）电厂发电设备容量只有7300千瓦，电力供应不足。1967年5月，茂名电厂—湛江市赤坎110千伏线路、变电站建成，茂名热电厂向湛江市送电，缓解了湛江市缺电状况，茂湛电网形成。1968年，茂名热电厂2号2.5万千瓦机组投产，茂名电厂至化州县、吴川县郑山、高州县石鼓的35千伏线路、变电站建成，茂湛电网向化州、吴川、高州县送电。1969年，茂名电厂—阳春县石碌110千伏线路、变电站，石碌—阳春县春城35千伏线路、建成，茂湛电网向石碌铜矿区和阳春县送电。1971年，石碌—阳江县南排、湛江赤坎—遂溪县新桥、新桥—廉江县六官塘的35千伏线路、变电站建成，茂湛电网向阳江、遂溪、廉江县送电。同年，阳春八甲水电站投产，并建成"T"接茂名—石碌的110千伏线路，

八甲水电站并入电网。1972 年，茂名电厂—电白县水东 35 千伏线路、变电站建成，茂湛电网向电白县送电。1973 年，茂名热电厂开始扩建 2 台 10 万千瓦机组。1974 年 12 月 28日，第一台扩建机组建成投产；同时，220 千伏茂名—江门北街线和北街变电站建成投产，珠韶、茂湛电网联成广东电网，茂名热电厂向珠江三角洲送电，使该地区用电紧张状况有所缓解。此时，茂湛电网供电范围为湛江、茂名、化州、吴川、高州、阳春、阳江、遂溪、廉江、电白等 10 个市、县。至 1974 年年底，广东电网供电范围共 55 个市、县。1974 年年底广东电网形成后，全省 220、110 千伏网络发展较快，电网供电范围不断扩大，供电能力增加，电网安全可靠性提高。

潮汕电网形成。1965 年 7 月，揭西县龙颈水电站 1 号 3000 千瓦机组投产，龙颈—棉湖 35 千伏线路、变电站建成，向该县送电。同年 8 月，龙颈水电站—揭阳县西门—潮安县枫溪—汕头市东墩 110 千伏线路建成，先以 6.6 千伏电压与汕头（赤窖）电厂联网供电。1966 年 10 月，汕头东墩 110 千伏变电站建成投产，龙颈—汕头线路升压至 110 千伏运行，形成 110 千伏的潮汕电网。1967 年 2 月，揭阳 110 千伏变电站建成，潮汕电网向揭阳县送电。同年，揭西棉湖—潮阳县贵屿 35 千伏线路、变电站建成，潮汕电网向潮阳县送电。1968 年 5 月，潮安县凤凰水电站 1 号 2160 千瓦机组投产，凤凰—枫溪 110 千伏线路建成，凤凰水电站并入电网。1969 年 10 月，潮安县枫溪 110 千伏变电站建成投产，电网向潮安县送电。同年，棉湖—普宁县新寨 35 千伏线路、变电站建成，电网向普宁县送电。1973年 9 月，揭西县大北山水电站 1 号 9000 千瓦机组投产，大北山—龙颈 110 千伏线路建成，大北山水电站并入电网。1976 年 10 月，大北山—河婆—南告 110 千伏线路建成，电网供陆丰县南告水电站施工用电。1979 年 8 月，枫溪—澄海县埭头 35 千伏线路、变电站建成，电网向澄海县送电。至 1979 年，潮汕电网供电范围为汕头、揭西、揭阳、潮安、潮州、潮阳、普宁、陆丰、澄海等 9 个市、县。

七、广西电网的基本形成

1958 年起，广西一批大中型电厂相继上马。为了搞好电能的输送，广西壮族自治区电力主管部门组织专业队伍，开始建设 110 千伏输电线路。1958 年，大厂矿务局自备电厂—金城江电厂架设 110 千伏输电线路，同时在矿区兴建 110 千伏降压变电站，电力输送以供应大厂矿务局自用为主，未形成河池地区电网。1963 年 12 月广西第一条 220 千伏输电线路——西津—南宁输电线路建成，1964 年 6 月 7 日，220 千伏西津—南宁输电线路与南宁电厂相联。第二条 220 千伏线路——220 千伏西津—柳州输电线路于 1965 年 3 月开工，1966 年 1 月建成。因当时电力需求不高，以上两条输电线路均降压至 110 千伏运行。在此期间，南宁和柳州受电端分别兴建了南宁 110 千伏降压变电站和柳州 110 千伏降压变电站，主变压器均为 1 台、3.15 万千伏·安，分别于 1963 年 12 月和 1966 年 4 月建成。西津—南宁输电线路降压至 110 千伏投入运行，并与南宁电厂相联，形成西津—南宁电网；1966年 6 月 4 日，西津—柳州输电线路降压至 110 千伏运行，并入西津—南宁电网，同年，西津水电站第二台 5.72 万千瓦机组投产，形成了以西津水电站为主要电源的南宁柳州电网（简称南柳电网）。南柳电网的建成，标志着广西主网的形成。同时，网区架设 35 千伏线路，向邕宁、武鸣、宾阳、隆安等县供电。1971—1975 年，西津—横县、西津—贵县、西津—合浦、西津—玉林一批 110 千伏线路架通，南宁电网扩展到玉林、钦州地区和北海市。

南宁变电站于 1962 年 1 月开工，次年 12 月竣工，这是广西第一座主变压器容量较大的 110 千伏公用变电站。1966—1975 年间，电力建设受到"文化大革命"的严重干扰，但电力建设者迎难而上，南柳电网逐步向各地、市发展，电网建设的重点是 110 千伏输变电工程。南宁、柳州两市和两地区利用南柳电网优势建设了一批项目，扩大了 110 千伏供电范围。1972 年，建成柳州—洛东，洛东—德胜—拉浪—东江—金城江的 110 千伏线路，形成河池地区电网，并入南柳电网。随着麻石水电站的建设，1970 年架设了柳州洛埠经屯秋、浮石至麻石 110 千伏线路。1975 年，麻石—桂林 110 千伏输变电工程建成，桂林电网并入南柳电网。1974 年，西津—合浦 110 千伏输变电工程建成，南柳电网向桂东南方向发展，广西电网初步形成。"四五"计划期间，共建成 110 千伏输变电工程项目 36 个，建成输电线路 36 条，总长 1742.6 千米，降压变电站 33 座，总容量 50.3 万千伏·安，110 千伏电网已扩大到南宁、柳州、桂林三市以及南宁、柳州、河池、钦州四个地区。

为了满足柳州和南宁两地市的用电需求，来宾、柳州、南宁等地开始兴建 220 千伏变电站。1970 年 3 月和 1971 年 1 月，来宾葵村 220 千伏变电站和柳州野岭 220 千伏变电站先后建成投产，其中来宾葵村 220 千伏变电站安装了 2 台 6 千伏·安变压器，是广西第一座 220 千伏降压变电站。西津—来宾、西津—柳州线路升压至 220 千伏运行。1973 年 8 月，随着西津水电厂 2 号机（5.72 万千瓦）、柳州电厂 3 号机（1.2 万千瓦）的建成投产和南宁电厂第二台 1.2 万千瓦机组投产日期的临近，发电出力和电力负荷增加，110 千伏运行的西（西津）南（南宁）线路升压至 220 千伏。从此，西津—南宁—柳州电网全部按原设计 220 千伏电压运行，初步形成南宁柳州电网 220 千伏供电网架。

1969—1972 年，龙江梯级各电厂和金城江火电厂以 110 千伏线路构成河池地区电网，并通过洛东水电厂—柳州输电线路并入广西主网。

1975 年 4 月，桂林地区第一条 110 千伏线路（麻石水电厂—桂林东江变电站）投入运行，由瓦窑电厂、沙河电厂、青狮潭水电厂构成的桂林地区电网，通过麻（麻石）桂（桂林）线并入广西主电网。除梧州和百色地区自成网络外，南柳骨干电网已与玉林、钦州、桂林、河池地区联网，广西电网基本形成。

八、川东—川西—川南电网相联初步形成四川电网

1967 年 11 月四川第一条 220 千伏高压输电线路——宜宾豆坝电厂—龚嘴水电站输电线路开始建设，1969 年 12 月建成投产。同时建成了四川第一个 220 千伏变电站——乐山永乐 538 变电站（临时供电）。1970 年 5 月 1 日豆坝发电厂—龚嘴水电站 220 千伏线路建成投运，将水电厂、火电厂联接起来，解决了乐山、宜宾地区水电、火电容量交换和军工及工农业生产的用电问题。1972 年 1 月 30 日豆坝发电厂—重庆市凉亭变电站 220 千伏输

变电工程开工建设，4月25日竣工，5月1日投产后重庆与川南电网联网，实现了龚嘴发电厂向川东地区送电。同年6月，映秀湾电厂—安县的220千伏输电线路建成投产。1973—1975年间，先后建成龚嘴电厂—峨眉县九里、安县—广元市白石岩、九里—金堂县、渔子溪—金堂县等220千伏输电线路。1976年4月建成广元市白石岩—甘肃省碧口水电站220千伏输电线路，实现了四川电网与西北地区电网联网。同时，先后建成了安县、凉亭、九里、白石岩、青白江等一批220千伏变电站，实现了川东、川南、川西北220千伏线路联网，使四川电网跨上了一个新的台阶。1974—1983年，先后建成了四川綦江—贵州遵义、四川广元白石岩变电站—甘肃碧口电厂及碧口电厂—勉县变电站220千伏输变电工程，实现了四川主网与贵州电网、西北电网联网。联网初期省外向四川送电负荷约30万千瓦，日送电量约500万～600万千瓦·时。1974年4月，220千伏龚九金输电线路投运（1973年10月竣工），乐山和成都220千伏线路联通，水电厂、火电厂并列运行。1976年，220千伏碧（口）广（元）线建成，将甘肃省碧口水电厂的电力送入川西电网。

九、云南220千伏宣以昆电网形成

1965年7月，云南开始兴建220千伏宣威电厂—昆明普吉变电站输电工程。1967年宣（威）以（礼河）昆（明）电网形成。1970年，昆明—以礼河—者海—昆明环网形成。1965年7月，配合宣威电厂发电后向昆明送电的任务，开始兴建宣威电厂—昆明普吉变电站220千伏输电线路210.22千米，1966年建成投运。这是在西南高海拔地区建设的第一条220千伏输电线路，1966年12月至1967年4月降压为110千伏运行，与宣以电网联网形成宣以昆电网。1967年4月12日，宣威电厂—昆明普吉变电站输电线路正式升压为220千伏。1969年，配合以礼河四级电站发电，建成了以礼河四级电站—昆明温泉变电站220千伏输电线路208.46千米，1970年1～9月降压为110千伏运行，1970年10月升压为220千伏。1970年1月建成了温泉和普吉两变电站之间的联络线22.5千米，从而形成昆明—宣威、以礼河—昆明220千伏和宣威—以礼河110千伏电磁环网接线。

十、贵州与云南滇东北电网联网

1966年5月，通过云南大松树—贵州盘关的输电线路，云南滇东110千伏电网与贵州省六盘水地区的电网相接，为配合贵州盘江矿务局的建设，1966年11月13日建成110千伏盘关变电站，由云南滇电网的羊场变电站经110千伏羊（场）盘（关）线送电，解决了盘关地区煤矿亟待用电问题。1966年11月17日，110千伏安顺变电站1号主变压器建成，通过110千伏、62.5千米的清（清镇发电厂）平（坝）安（顺）线送电，贵州110千伏电网开始向西延伸，于当年12月7日建成水城1万千瓦·安临时变电站（现为杉树林变电站），通过139.5千米的110千伏安（顺）六（枝）水（城）线，贵州电网西延至六盘水地区，1970年6月20日，通过新架设的110千伏、107.15千米的水城发电厂—盘关变电站的水盘线，再经羊盘线与云南电网相联。

贵州电网与云南滇东电网相联，从而将主要分布在安顺地区的航空工业基地、遵义地

区的航天工业基地，都匀、凯里地区的电子工业基地、六盘水地区的煤炭工业基地覆盖于110千伏电网内，再通过相配套的35千伏线路，把电力送到"三线"地区的工厂、矿山。在贵州电网出力不足的紧急情况下，还可得到云南电网的支援，基本上满足了贵州"三线"建设中电力供应的要求。云南电网、贵州电网需要时可以互济电力余缺，平时断开运行，电网联网的优势得到体现。

第三节 中国第一条330千伏输电线路刘天关工程建成投运

1968年，国家计委批准建设甘肃刘家峡水电站。水电站的总装机容量为122.5万千瓦，而电站所在的甘肃省电力负荷不足50万千瓦，相邻的青海省电力负荷不足9万千瓦。电力的送出与消纳就成为兴建刘家峡水电站需要解决的最突出问题。而当时远在500多千米外的陕西关中地区正在饱受极度缺电的困扰，每周通常"停三供四"，拉路限电。为了缓解陕西缺电的状况，水电部决定，将刘家峡水电站的电力向陕西送出。

要将刘家峡的水电送至陕西，实现丰水季节"西电东送"，枯水季节"东电西送"，发挥水火电互济、调峰节能的效益，同时贯通关中、天水、兰州、西宁几个独立电网，形成陕甘青一体电网，最大限度满足这些地区的用电需求，就必须建设更高电压等级的输变电工程，来满足长距离大容量电力输送的要求。当时世界上已有50多个国家联入跨国电网的现实表明，大电网可以合理利用多种能源，尤其是利于水能资源和煤炭资源的开发；能在各地区之间互通有无，互为备用，从而减少检修和事故备用容量，提高运行安全水平；可以实行水电、火电的经济调度和跨流域的水库调度，从而获得最佳的经济效益。由此，中国第一条超高压330千伏输电工程的建设拉开了序幕。

中国自主建设的刘天关输电线路是中国当时电压等级最高的输电线路。工程筹建于1969年3月，次年4月全线开工，1970年12月竣工，1972年6月16日投入运行，设计输送能力40万千瓦。来自全国多地的科研院校、设计、制造、施工以及运行单位等50多个单位的3000多名员工和近万名民工参加了这条线路的建设。刘天关工程的建成投运，标志着中国电网建设从高压时代进入超高压时代，中国电网向超高压、远距离、大容量电力输送方向发展。

从220千伏到330千伏，这一步中国走了18年，虽然比世界同等级输电工程晚了20年，但相比晚了近50年建成的110千伏京官线和晚问世31年的220千伏松东李线，中国正在通过努力追赶，渐渐缩小与世界的差距[1]。

---

[1] 美国从1923年出现220千伏到1954年出现345千伏电压等级，用了31年；瑞典从220千伏升级到380千伏电压等级用了29年。相比之下，中国从1954年建成投产自行设计施工220千伏输变电工程，到1972年出现330千伏输变电工程，前后相隔了18年。

一、一步一步踏勘选定的最终方案

1964年，来自全国46个单位的科研设计、设备制造、施工安装、供电运行和工程技术人员与专家，受水电部之邀齐聚西安，开始了线路工程研究论述工作。当时，有两个方案摆在设计人员面前：建设"刘（家峡）汉（中）关（中）"线路，或者"刘（家峡）天（水）关（中）"线路。勘测人员和运行人员一道，一步一步实地踏勘，经过两个月的勘测和定位后，设计人员选定了建设刘天关线路方案。这一方案路径短，大山沟壑少，交通比较方便，便于平时维护和战时抢修。在当年的政治环境下，勘测人员出于"靠山、分散、隐蔽"的因素考虑，坐落在秦岭太白山环抱之中的汤峪变电站，成为刘天关线路的终端变电站。

经过专家研究论证，提出了建设330千伏超高压线路的方案。为什么要选择330千伏而不是500千伏或其他电压等级，理由有三条：一是330千伏输送50万千瓦左右的电力比较合适，500千伏则适合输送100万千瓦的电力，而刘家峡水电站没有这么多的送出负荷；二是330千伏线路比较经济，投资少、见效快；三是受当时技术条件限制，国内没有能力制造更高电压等级的设备。因此，国家提出建设第一条330千伏超高压线路。1967年10月，国家计委正式批准了设计任务书，计划投资1亿元人民币，并列为全国31项重大科学研究项目之一。

1969年年初，国家正式批准把刘天关工程列为重点建设项目，要求力争在两年内建成。同年3月，成立了由兰州军区和水电部双重领导的"330千伏工程建设指挥部"，下设三个分部，对工程的筹建、设计、施工和生产实行统一指挥。为加快建设，水电部抽调了西北、东北、西南电力设计院和电力建设研究所的设计技术人员120余人组成设计组，负责线路、变电站的勘测设计以及与设计有关的试验研究，较好地完成了前期工作任务，为工程早日开工创造了条件。1970年春，工程施工全面展开。

二、中国输变电技术步入超高压时代

刘天关输变电工程施工采取分段包干的方法。甘肃的施工队伍奋战在海拔2500米左右的陇东高原，洮河两岸；吉林的施工队伍奋战在线路中段的关山南北；陕西的施工队伍奋战在线路的东段。沈阳、上海、西安等地几十家工厂为工程制造设备和加工器材。工程沿线的各级领导帮助解决土地征用、土建施工、道路修建、民工调配和器材运输等问题。施工过程中，先后组织了基础施工、组立杆塔施工和架线施工三次会战。

在高山上立塔，采用预制式钢筋混凝土基础和金属基础，现场拼装代替了常用的现浇基础。既省料省力，又能保证施工质量。为了解决金属长期埋在地下被腐蚀的问题，工程技术人员还研发了环氧树脂防腐技术。

刘天关输电线路中有7000米线路穿越重冰区，关山海拔2200米，每年11月到次年3月，这里的输电线路要遭受四五次的冰害袭击。导线被雾凇冰裹得严严实实，冰柱的直径足有200毫米，1米长的导线，冰重就有3.3千克，导线下垂达3.8米。1968年秋，为了建设融冰气象观测站，架设了覆冰模拟线路，每天记录着风速、气温，覆冰的形成速度、厚度、重量、种类和覆冰时间。通过三年的观测，为研究建设融冰变电站提供了大量珍贵的第一手资料，带负荷融冰技术终于研制成功，国内首座融冰站在秦岭建成。1971 年 11 月 18 日，带负荷融冰试验成功，融冰站正式投入运行。

330 千伏刘天关输电线路关山重冰段采用门型直线铁塔，横担导线挂点不设隔面，60° 夹角的 V 形串，金属装配式基础的设计特点，经过 35 年的运行实践证明，该线路设计时的气象区、线路走向、塔型及基础的选择比较合理，各种材料的制造质量较高，施工安装质量也较高，塔材的规格、尺寸、镀锌、材质较好。该线路工程为类似条件下的线路设计积累了宝贵的经验。

1972 年 4 月 26 日，刘天关工程安装告捷，系统调试正式启动。来自全国的 500 多位专家历经 15 天，顺利完成了 11 项操作试验，录制了 74 张典型示波图，绘制了 75 条曲线，取得了 15 526 个数据，为系统安全运行和研究超高压技术提供了可靠的科学依据。

1972 年 5 月，刘家峡和关中电网一次并网试验成功，同年 6 月正式投入运行。自此，陕甘青电网形成，刘家峡的水电开始送往严重缺电的陕西省。使黄河上游的水电和关中北部的煤炭资源发挥了作用，实现了水火电互济、调峰节能。联网的实现，还使线损管理和电压管理提高到了一个新的水平，陕甘青电网成为国内经济效益、社会效益体现最为充分的跨省电网。刘天关工程的成功运行，标志着中国已经掌握设计和建设超高压输变电工程技术，在制造超高压电气设备和超高压输变电线路和施工技术等方面都上了一个台阶，代表了中国 20 世纪 70 年代输变电建设最大成就。

刘家峡水电站装机规模不断扩大，到 1974 年 5 台机组全部建成发电。由于陕西、青海两省电网，尽量使用刘家峡水电，刘天关输电线路很快达到了设计能力，显示出联网的优势。刘家峡水电站向陕西送电不仅达到国家要求的传输功率 40 万千瓦，而且还达到出线电缆容量限制的 50 万千瓦，为 330 千伏电压等级线路自然功率的 1.38 倍。陕西、青海两省利用刘家峡水电站的廉价水电，当时成本价为 0.03 元/（千瓦·时），不仅缓解了陕西严重缺电的困境，而且推迟了陕西、青海两省新电站的建设进程。在刘天关输电工程投运时，陕甘青电网中的陕西电网以火电为主，基本形成了"西水东火""西电东送"的格局。由于当时陕西电网严重缺电，该输电系统的投运，使刘家峡水电大量东送。1972—1985 年的 13 年间，刘天关输电线路向陕西关中和甘肃天水地区共送电 220 亿千瓦·时，节约火电燃煤 1100 万吨。

在刘天关工程建设中，经过试验研究采用了一些新技术、新工艺、新材料和新设备，包括大型变压器、开关、电缆、避雷器和绝缘子在内的 23 种主要产品设备，均为中国科技人员自行设计、制造和安装，是中国自行研发制造的第一批超高压设备。主要有：① 采用新型结构的装配式预制基础，基本上改变了大块混凝土现场浇制的落后工艺。全线共计使用约 800 基，节约木材 500 米³、水泥 2000 多吨，减少大量的材料运输工作量，并解决了西北高原现场缺水的重大困难，由于预制基础实行工厂化集中加工，提高了质量。② 采用拔梢预应力钢筋混凝土电杆，具有结构简单、挺拔有力、不打拉线、少占农田的特点。与铁塔相比，可节约钢材约55%，全线使用358基电杆，共节约钢材1110吨。③ 结构上选用了大比例矩形断面的新型直线铁塔，计算上采用了超静定理论的新方法，主构件选用了16锰钢的新品种，由于这种塔型的钢材消耗指标较低，节约了钢材。④ 为了解决高海拔地区的电晕问题，输电线路及变电站都采用了扩径空心导线。该工程海拔在2000米以上的地区约73千米，共节约铝材110吨。⑤ 变电所的全部330千伏电压的电气设备，如主变压器、常充气式空气开关、三柱双断口隔离开关、电容式电压互感器、磁吹避雷器、三相并联电抗器等，都是中国自行设计、制造的。其中，容量为9万、15万及24万千伏·安的变压器，均是自耦连接，采用强迫油循环风冷式，比较节省材料，变压器中第一次采用隔膜式储油柜，使变压器与空气完全隔离，减缓了油质老化。⑥ 变电所的元件保护和330千伏线路保护，全部采用新型晶体管式保护，经过系统调试和运行的考验，性能比较稳定，采用这种保护比机电型保护少用一半保护盘，可以减少控制室面积，消耗功率小，是当时的发展方向。

刘天关工程线路架设在海拔600~2500米的高原上，跨越甘肃东乡的干沟大山和陕西、甘肃两省交界的关山地区，六次越过较大的河流，是中国当时输电距离最长、电压等级最高、输电量最大的输变电工程。工程建设取得了很大成绩，总预算为9438万元，工程造价较低，最后的竣工决算8331万元。施工效率高，施工进度按计划提前完成，且施工质量经受住了设备运行的考验。330千伏超高压刘天关输变电工程是陕西乃至西北和中国电力工业开始向超高压、远距离、大容量传输发展的里程碑，为中国超高压输变电技术发展奠定了基础。

三、以330千伏为主干网的陕甘青电网形成

随着1972年330千伏刘天关工程建成投运，与1971年建成投运的陕西第一条220千伏输电线路——220千伏阎良—汤峪输电工程和1973年建成的220千伏阎良—石泉—洋县—周至—枣园线路，构建成了以330千伏为主网，以220、110千伏联接陕南、陕北的全省电网。同时，在甘肃刘家峡水电站电力送往陕西关中地区汤峪变电站以后，甘肃、青海联网供电，中国第四个跨省电网陕甘青电网建成。

1973年，秦岭发电厂第一台12.5万千瓦汽轮发电机组正式移交生产，使电力负荷接近10万千瓦的关中东部有了一个电源点，改善了原来不合理的潮流分布。当年12月，安康石泉水电站容量5万千瓦的1号机组正式投产，通过石泉水电站至红河变电站的110千伏石红线并入西北电网，增加了电网的调频和调峰能力。同年，陕甘青电网继续扩大变电容量。秦岭发电厂容量为12.5万千瓦的2号机组于1974年8月投产，还有略阳发电厂、石泉水电站都有新的机组投产，1974年年底，刘家峡水电站最后一台机组投产发电，总容量达到122.5万千瓦，有效提高了关中东部地区的供电质量。

1975年7月，容量为4.5万千瓦的石泉水电站2号机组投产后，该站3台机组总容量达到13.5万千瓦。9月22日，由石泉水电站经洋县变电站、周至变电站到枣园变电站的

220千伏输变电工程投运后，陕南与关中之间除原有的110千伏联络线外，又增加一条220千伏线路，使网络结构更趋合理，联系更为紧密，提高了供电可靠性。8月，八盘峡水电站2台容量各为3.6万千瓦的发电机组投产发电。11月，盐锅峡水电站第八台机组投产发电，使该厂装机总容量达到36万千瓦。同年5月投运主变压器容量1万千伏·安的110千伏宜君变电站，大电网开始向陕北地区最南端送电。到1978年年底，西北电网形成了以330千伏刘天关超高压线路为骨干，通过220千伏辐射到陕西关中、陕南，甘肃兰州、白银、永昌地区及青海西宁地区的电网。1985年，宁夏回族自治区与西北电网实现了联网运行，形成了四省区相联的西北电网。

1971年年初，为了适应联网调度管理的需要，在西北电管局已经撤销的情况下，为了实现三省联网后的统一调度指挥，水电部在兰州组成了陕、甘、宁、青四省区电力办公室（简称四省电办），由兰州军区直接领导，并设立联合调度所——陕甘青宁四省电力办公室调度所，指挥陕甘青电网的运行工作。四省电办内设电力处、调度所和办公室，负责协调刘家峡水电厂电量的分配与刘家峡水电厂送出及联网有关新设备启动管理，还负责对刘家峡电厂，330千伏秦安变电站、汤峪变电站，220千伏建设坪变电站、红湾变电站、龚家湾变电站、淌沟变电站及330千伏刘天关线，220千伏建红线、刘建线、建淌线、刘淌线的直接调度。调度所内的机构设置是调度、运行方式、继电保护、通信、远动各专业小组。1973年5月，四省电办改由水电部领导。1980年为加强对西北电网的管理，成立了西北电管局，四省电办撤销，组建了总调度所（网调），网调兼陕西省调工作。

第四节 "三线"建设促使电网向边远地区延伸

"以备战为纲"[1]，按照备战要求进行经济建设，安排生产布局，发展国民经济，是"文化大革命"时期经济建设的又一基本指导方针。1964年，毛泽东主席提出了把全国划分为一二三线的战略布局，中共中央依此作出"三线"建设的重大决策，下决心搞好"三线"建设。1964年5月中旬至6月中旬，中共中央在北京举行工作会议，提出了发展国民经济第三个五年计划的初步设想，并确定了一二线战略布局和建设大三线的方针。1969年9月中旬至10月中旬，中共中央在北京举行的工作会议上，再一次讨论了长远规划问题，会议确定了"国防建设第一，加速'三线'建设，逐步改变工业布局"为"三五"计划的指导思想。根据国家"三五"计划指导思想，电力工业提出了这一时期的发展方针。其中，针对"三线"建设的要求，一是以"三线"建设为纲[2]，供应好各行各业的电力需

[1] 董辅礽主编：《中华人民共和国经济史》，经济科学出版社，1999，第452页。
[2] 李代耕编著：《新中国电力工业发展史略》，企业管理出版社，1984，第176页。

要，首先供应好国防尖端、基础工业的电力需要；二是积极备战，按"靠山、分散、隐蔽"的原则建设新的电厂。1966—1970 年的设想是"三线"地区发电设备装机容量 5 年增加 2.4 倍，在全国占比从 16%提高到 26%，其容量相当于沿海一线或东北地区的 2 倍。"三线"地区发电量 5 年增加 2.9 倍，在全国占比从 13%提高到 22%。1970 年 3 月召开的全国计划会议提出"以阶级斗争为纲，狠抓战备，促进国民经济新飞跃"的口号，要求"集中力量建设大三线战略后方"，并据此研究和制订国民经济第四个五年计划。从"四五"计划编制开始，中国国民经济比例严重失调的局面已经出现。"四五"计划为电力工业确定了一个高指标，发电设备装机容量 5 年要求新增 2420 万千瓦（其中，水电新增 1024 万千瓦），新增容量中，属于"三线"地区的为 1284 万千瓦（其中，水电为 706 万千瓦）。1970 年 5 月 26 日—6 月 21 日，水电部军管会召开全国电力工业增产节约会议。会议提出，要尽一切努力抢建"三线"电站，力争川、云、贵、陕南等地一批骨干电站和相应的送变电工程尽早投入生产，确保国防工业用电。要学习和推广黄龙滩、龚嘴、渔子溪等水电站缩短工期、节约投资、加快建设进度的先进经验。一二线地区要继续支援"三线"建设。"三线"地区要坚持自力更生，自己动手解决问题。

"三线"建设中的电力建设主要是服从、服务于"三线"地区工业布局需要，伴随大批电站工程建设的推进，配套的输变电工程随之展开，"三线"地区电网从无到有，逐步形成规模。10 多年的"三线"地区电网建设，主要取得四个方面的成绩：一是促使大电网向边远地区扩展。"三线"建设完成了中国电力工业生产力布局由东向西转移的一次战略大调整，彻底改变了中国电网偏集于主要城市和沿海地区的布局，大批国防工业企业在西北、西南地区兴建，国家投资的大电网随之发展，促使电网向西北、西南等边远地区延伸。例如，围绕攀枝花钢铁基地建设展开了相应的输变电工程建设，促使川东、川南、川西 3 个地区电网相联，初步形成了以 220 千伏输电线路为骨架的四川主网。陕、甘、宁、青四省区的 110 千伏及以上输变电工程在这一时期都加快了发展步伐，四省区电网进一步扩大，西北跨省电网呼之欲出。二是部分改变了边远地区供用电局面。随着大电网向边远地区扩展，带动 35、110 千伏输变电工程向农村、山区延伸，改变了当地农村、山区用电局面，改善了当地的经济社会发展面貌。例如，河南省建设的庙子、横涧、南朝等专供"三线"用电的 110 千伏输变电工程，促使这些地区的农村供电在此基础上发展起来。三是促使"三线"地区的电力装备制造业得到长足发展。经过建设，形成了以四川德阳为重点的电力设备生产基地，开发了一批新产品。这一时期，大规模的对口援建，促进了一批"三线"电力装备制造企业较快建成。如沈阳高压开关厂支援建设平顶山高压开关厂，阿城继电器厂支援建设许昌继电器厂等。搬迁落户到"三线"地区的电工企业，有一批已发展成为具有较高技术水平、较强竞争能力的电机工业基地，如贵州遵义的长征低压电器制造基地、甘肃兰州天水的电机电器制造基地等。四是"三线"建设中的大部分输变电工程是在"文化大革命"的动荡年代实施并完成的。参与"三线"电网和输变电工程建设的广大工人、干部、科技人员及民工队伍，发扬"一不怕苦、二不怕死"的艰苦创业精神，战胜了各种难以想象的困难和恶劣的自然条件，完成了国家"三线"战略部署的艰巨任务。

"三线"建设中的电网工程是在"文化大革命"政治环境中展开的，在取得重大成就的同时，也出现了选址不当、忽视经济效益等问题。主要的不良后果有四个方面：其一，工程造价高，浪费巨大；其二，投资效益低下；其三，留下很多运行隐患；其四，造成职工生活的诸多困难。四川省一些电厂和变电站，本来就在山区，还要强求进一步靠山、进洞，不仅延长了工期，提高了造价，而且给后来的生产和职工生活带来困难。

一、四川电网在"三线"建设中的发展

鉴于四川攀枝花在"三线"建设中的特殊地位，攀枝花市于 1964 年建成 603 千瓦柴油机发电站 1 座和 12 千米输电线路，开始向灰老煤矿、大渡口片区、仁和区等地供电。1966 年 6 月，攀枝花（渡口）电厂首台 2000 千瓦机组投产，配套建设的渡花、渡仁、渡灰、渡岔 4 条输电线（80 余千米高压线、20 余千米低压线）和 6 座变电站、56 台配电变压器相继投入运行，构成了一个以大渡口为中心，东至仁和，西至花山，北到岔河的独立供电网络。1970 年 5 月，四川第一条 220 千伏输电工程——220 千伏宜宾—龚嘴电厂输电工程建成后，映秀湾—安县—广元、豆坝—重庆、龚嘴—九里—成都、渔子溪—成都、甘肃省碧口—四川省广元等 220 千伏输电线路也相继投运，还建成了安县、凉亭、九里、青白江等 220 千伏变电站。1972 年 5 月建成了 220 千伏宜宾豆坝电厂—重庆凉亭变电站输变电工程，220 千伏映秀湾—安岳—广元输变电工程相继投产。1973 年，220 千伏龚嘴—九里—金堂输变电工程投产，使川东、川南、川西 3 个地区电网相联，初步形成了以 220 千伏输电线路为骨架的四川主网。1976 年年底，四川省共建成投产 220 千伏输电线路 1318 千米，变电容量 75 万千伏·安；110 千伏输电线路 3723 千米，变电容量 195 千伏·安，基本形成了由龚嘴发电厂北到甘肃省碧口、南至豆坝发电厂、东至华蓥山发电厂的 220 千伏主力电网和攀枝花、西昌两个 110 千伏地区电网。但是，在"三线"建设期间，受到"左"的思潮影响，不按电力基建程序办事，片面强调"靠山、分散、隐蔽"，忽视长远规划和合理布局的情况非但没有得到清除，反而进一步加剧。豆坝、新庄、五通桥、万源等电厂和一些变电站，本来就在山区，还要强求进一步靠山进洞，不仅使工期延长，造价提高，而且给后来的生产和职工生活带来不少困难。施工中由于废除了生产、基建甲乙方制度和工程质量验收制度，继续推行"边勘测、边设计、边施工""简易发电"等错误做法，加之设备制造不良，给生产留下了大量隐患，以致不少工程建成后长期达不到设计生产能力，投资效益降低。可以说，四川省"三线"建设的成就是巨大的，经验是宝贵的，但教训也值得认真汲取。

二、贵州电网在"三线"建设中的发展

贵州省是西南"三线"建设的重点省份之一。这一时期，贵州省以建设 110 千伏电网为主，在华北、华东等地电力部门的支援下，贵州省 110 千伏输电线路从 1965 年的 152.19 千米增至 1976 年的 974.36 千米，增长 5.40 倍；110 千伏变电设备容量，从 1965 年的 4

万千伏·安增至 1976 年的 68.50 万千伏·安，增长 16 倍。先后建成了修文河口—久长—新场—遵义—岩门—贵阳—平坝—安顺—六枝—水城—盘关、贵阳—麻江—凯里、麻江—都匀等的 110 千伏输变电工程。形成了以 110 千伏线路为骨干，以贵阳为中心，联接遵义、凯里、都匀、安顺、六盘水的全省统一电网。基本满足了在特殊历史条件下建立起来的"战略大后方"用电需求。

受"靠山、分散、隐蔽"的建设方针影响，遵义地区的 110 千伏岩门变电站、安顺地区的 110 千伏平坝变电站，都建在人工开凿的山洞内。由于洞内潮湿，设备腐蚀严重，影响了安全运行。工程造价惊人，同样规模的变电站，建在靠山的 110 千伏贵阳东郊变电站比建在平地的惠水变电站，每千伏·安造价高 210%；进洞的 110 千伏岩门变电站比靠山的水城变电站每千伏·安造价高出 61.40%。靠山、进洞的变电站，还没有扩建余地。安顺供电局的老平坝变电站就因为当地负荷日益增加，选址不合理，不能扩建，被迫另建新平坝变电站，老站逐渐弃之不用，造成很大浪费。

三、"三线"建设中的陕、甘、青、宁电网

陕西省是"三线"战略后方，借"三线"建设机遇，陕西电网有很大发展。110 千伏供电区域及规模不断发展和完善，新建了一批 110 千伏输变电工程。为适应刘家峡水电站向陕西送电，陕西电网的天水—关中段建成 330 千伏超高压输电线路和汤峪 330 千伏变电站，这期间建成了 330 千伏线路 435 千米、220 千伏线路 595 千米、110 千伏线路 2600 千米，使陕西省的输变电工程连续上两个台阶。

1958 年以前，甘肃省嘉峪关地区的酒泉、玉门等小火电厂均以直馈方式向用户供电。1959 年，为向四零四矿区供电，建成嘉峪关—玉门输电线，初次投运以 35 千伏降压运行。"三线"建设时期，同时开工建设的刘家峡、盐锅峡水电站在 20 世纪 60 年代相继建成发电。兰州地区的石油、化工、有色金属、冶炼及"三线"建设的军工企业也初具规模，亟待用电。1961 年 11 月盐锅峡水电站投产发电。以盐锅峡水电站为中心，先后建成的 110 千伏输变电工程有 1961 年建成投运的盐锅峡水电站至建设机械厂的盐建一线，盐锅峡至西固热电厂的 110 千伏盐西线，1964 年 7 月，建成盐建二线，1965 年建成盐锅峡至宣家沟的盐宣线。1963—1965 年国民经济三年调整时期，为保证一些重要用户用电，建成 110 千伏线路 8 条，总长 134.7 千米，变电站 3 座，容量为 16.1 万千伏·安，使兰州 110 千伏电网结构得到了加强。1965 年金昌地区永昌电厂建成发电，以解决金川镍矿企业建设用电，1966 年建成河西堡变电站至白家嘴双回 110 千伏金白线，供电范围向北扩大。甘肃天水地区于 1969 年 9 月建成甘谷电厂，同时建成甘谷电厂—天水市 110 千伏输电线路，开始向天水市供电。1966 年嘉峪关电厂建成发电，将嘉玉线升压至 110 千伏运行。1967—1970 年，酒玉地区先后建成嘉峪关—四零四矿、嘉峪关—酒钢热电厂、嘉峪关—镜铁山、嘉峪关—106 变电站的 4 条 110 千伏线路，酒玉 110 千伏电网初步形成。至 1970 年年底，甘肃共建成 110 千伏线路 866.8 千米，变电站 11 座，主变压器容量 57.3 万

千伏·安，为甘肃电力发展奠定了坚实基础❶。

青海省在 1965—1976 年间用于西宁电网的投资 9977.69 万元，其中，水电 3708.25 万元、火电 2411.56 万元、送变电 3430.85 万元、其他 427.03 万元，这等于前 15 年（1950—1964 年）西宁电网建设投资总额的 2.195 倍。到 1976 年年底，西宁电网线路总长 1062.18 千米（其中，35 千伏线路 579.96 千米、110 千伏线路 364.23 千米、220 千伏线路 118 千米）；变电设备总容量 42.956 万千伏·安（其中，35 千伏变电设备容量 12.036 万千伏·安、110 千伏变电设备容量 18.92 万千伏·安、220 千伏变电设备容量 12 万千伏·安）。

宁夏电力工业虽然受到了"文化大革命"干扰，但为了满足"三线"建设用电需要，电力工业也得到了一定的发展。1960 年，110 千伏石银线建成，在 1963 年 4 月大武口变电站建成后，又先后建成了 3 条 110 千伏线路。宁夏电网内水电比重大，1966 年 8 月为配合青铜峡水电厂发电，建成了银川—青铜峡 110 千伏线路，先通过青铜峡 110 千伏临时变电站，将青吴电网并入石银电网。1967 年 12 月，青铜峡水电厂第一台机组（2 号机组 3.6 万千瓦）发电并入石银电网，形成了石嘴山—银川—青铜峡 110 千伏电网。1968 年 1 月，青铜峡水电厂第一台机组移交生产，向石嘴山—银川—青铜峡电网送电。1974 年水电发电量比重曾占到全网 72.3%，水电成为主要电源。1974 年，110 千伏电网从青铜峡延伸到中宁、中卫地区，110 千伏青中线、中古线（1974 年建成）、古卫线（1973 年建成），将中宁、中卫地区接入 110 千伏电网。1975 年 10 月、1976 年 12 月中宁发电厂两台 2.5 万千瓦 1、2 号发电机组相继建成投运并入电网，形成了石嘴山—银川—青铜峡—中卫电网，之后随着固海扬水工程的建设，到 1978 年 110 千伏电网由中宁县古城延伸到同心。从 1977 年 12 月到 1978 年 10 月，以青铜峡电厂为起点，青铜峡—侯桥—马家滩（长庆油田三分部所在地）—盐池—陕西定边和马家滩—大水坑 110 千伏输变电工程建成投运，整个宁夏除固原地区由甘肃电网送电外，已全部联接起来。宁夏还以 110、35 千伏线路向邻近的内蒙古自治区乌海地区阿拉善左旗、鄂托克后旗和陕西定边地区送电。此外，1973 年还建成了银川第二座 110 千伏变电站——新城变电站，同时建成了 110 千伏银新线，1976 年 110 千伏新青线建成，使银川到青铜峡间有了第二回 110 千伏联络线，1979 年又建成了石嘴山—大武口第二回 110 千伏联络线——石武乙线，1980 年建成 220 千伏大武口—新城线，初期接 110 千伏大武口变电站降压运行，这样石嘴山—银川—青铜峡间均实现 2 条 110 千伏线路联络，增加了电网的安全可靠性。

四、河南电网在"三线"建设中的发展

"三线"建设时期，在河南省的西部山区先后安排了一批国防军工建设项目，要求电力部门做好电力供应工作。其中也有些项目因国家计划改变而中途下马，造成了不少浪费。为了适应战备的需要，1966 年年底 220 千伏大坡顶变电站工程开工，但由于国家基本建

---

❶《甘肃省电力工业史》编委会主编：《中华人民共和国电力工业史·甘肃卷》，中国电力出版社，2003，第 262 页。

设计划调整，1969 年该工程停建。在停建时，新乡至郑州大坡顶的 220 千伏输电线路已全部完工，大坡顶变电站的专用公路、站内宿舍、设备基础、主变压器洞、主控制室洞、通信洞、走道洞及公路洞已全部完成，变电站的设备已经部分到货。1974 年 7 月，为了配合平顶山姚孟电厂 30 万千瓦机组发电，解决南电北送及郑州铝厂的电力供应问题，国家计委安排大坡顶变电站重新开工建设。1975 年又安排建设姚孟电厂—大坡顶变电站 220千伏输电线路，1977 年 8 月 12 日正式投入运行。1978 年，历时 12 年多的大坡顶变电站全部完工，工程投资 844.66 万元，其中，打洞工程投资 108.36 万元。大坡顶 220 千伏变电站的建成投运，为建设以郑州为中心的 220 千伏全省电网奠定了基础。但由于大坡顶变电站建在山洞中，在后续运行中，暴露出主变压器自然通风不良、变电站滑坡塌方、交通运输不便、扩建无余地等弊端。1984 年经水电部和华中电业管理局（简称华中电管局）批准，决定将此变电站全部迁到附近的 110 千伏映窝变电站。大坡顶变电站的被迫搬迁和报废，在经济上造成 1000 余万元的损失，这是一个深刻教训。为了满足其他"三线"建设工程的供电需要，河南又先后建设了庙子、横涧、南朝等专为"三线"工业建设供电的110 千伏变电站及相应的输电线路，这些地区的农村供电，也正是以此为基础发展起来的。从为"三线"建设配套的供电工程本身来说，虽然在某些具体项目的建设中存在严重的问题和失误，至今仍要吸取教训，但从整体上看，这些供电工程有力地支持了中国的国防建设，在一定程度上提高了内地乃至边远地区的经济实力。

第五节 "统一调度、分级管理"调度体系初成与电网技术发展

受"文化大革命"的干扰，电网的统一管理、统一调度体系受到很大冲击，导致电网的管理、运行严重违背客观规律，对电网安全稳定运行造成极大破坏。这一时期，电网管理、运行的困难主要表现在三个方面：一是电网管理权限盲目下放，原来统一管理的跨省电网被肢解，统一调度大大削弱，加之电力管理、运行机构受到冲击，技术骨干下放劳动，正常的管理难以为继，统一调度形同虚设；二是统一调度规程被打破，调度命令丧失严肃性，正常生产秩序被破坏，各地争用电指标，拉闸限电也难以解决用电缺口问题，电网长期处于低频低压运行状态，电能质量水平是中华人民共和国成立后最差的时期；三是严重缺电局面持续，导致各地电网运行状况继续恶化，稳定问题突出，电网事故频发，发生了中国电网史上严重的"七二七"湖北电网瓦解事故。

全国性严重缺电局面以及电网事故的频发，引起中共中央、国务院的高度重视。这一时期，国务院及有关部门在听取电力部门的汇报和建议后，连续出台整顿性文件，尽力扭转严重变形的电网统一管理模式。国务院及有关部门的文件印发后，尽管各级电网管理机构、运行单位还没有完全从"文化大革命"的干扰中恢复过来，但文件精神仍得以传达和响应。各级电网纷纷按照要求充实完善机构，迅速召回下放劳动的技术骨干，恢复建立过去行之有效的管理规程、制度。例如，湖北省水电局通过"七二七"事故原因分析，认识

到完善配置调度专业人员的重要性，为此，该局不但充实人员，还把湖北省电力中心调度所升格为县处级单位，从管理层级上保证统一调度的施行。经过从上到下的努力，电网的统一管理、统一调度从混乱状况中逐步走出来。

随着电网的不断发展，电网规模越来越大，电压等级越来越高，管理层次逐步复杂，统一调度的内容也随之调整，由集中统一调度到统一调度、分级管理，再到省为实体、联合电网、统一调度、分级管理。历史的实践证明，实行统一调度、分级管理是电网调度的基本原则。统一调度、分级管理的目的是为了有效地保证电网的安全、稳定、经济运行。从 1975 年国务院 114 号文、159 号文开启中国电网的整顿开始，到 1978 年改革开放之前，电网的统一调度、分级管理模式基本形成。在加强电网统一调度管理的同时，继电保护及安全自动装置、数模仿真技术的应用等调度技术手段也从技术层面为电网的安全、稳定、经济运行提供了有力支撑。立足电网的长远发展，中国电网科研人员积极学习、消化国外先进电网技术，在过江电缆设计施工、带电融冰、无人值班变电站、直流输电等领域开始新的技术探索。

一、电网统一调度的恢复

1972 年，"七二七"湖北电网瓦解事故发生后，国家经委给各省、市、区革委会和电管局下发了《加强电网管理的通知》，要求成立电力局，恢复电网的统一调度，安排熟练的调度人员归队。

1972 年 8 月，水电部组织召开了企业管理座谈会，制订了加强企业管理的 8 条规定。强调要加强对电网的管理，保证频率和电压质量，恢复行之有效的规章制度，加强专业职能管理，改变"大组套小组"的体制。会议针对电网管理和调度工作中存在的问题，提出"加强电网管理，坚持计划用电的要求"：一是省内的电网应由省电管局直接管理，主力发电厂、供电局不能层层下放，由省统一管理，并实行统一调度。要选派政治思想好、熟悉业务的人员充实到电网调度机构；二是认真贯彻《全国供用电规则》，严格执行计划用电，必要时采取拉闸限电措施；三是严格保持电网频率在 50 赫运行，上下波动不超过规程规定。各电网应制订紧急情况下的拉闸限电顺序，报省委、市委批准执行；四是继电保护和通信工作要加强。这个规定对加强电网的管理和统一调度起了很大的作用。9 月 23 日，水电部发出《关于继续执行 15 种生产管理和运行的规程的通知》，重申继续执行水电部 1962 年 5 月颁发的《动力系统调度管理规程》，调度管理的规章制度再次被强调。

1975 年 7 月，国务院印发 114 号文，要求跨省电网必须实行以水电部为主的管理体制，电网管理局作为水电部的派出机构，统一管理网内的电力工业。

9 月，国务院印发 159 号文，其中涉及电网调度管理的内容是："网局对全网实行统一调度和统一安排检修。骨干电站和枢纽变电所，由网局直接调度。其余按网局的规定，由省局、供电局分级调度。调度人员必须努力提高政治觉悟和技术业务水平，按党的方针政策办事，搞好电网调度工作。各级调度的命令，必须严格执行。不经上一级电业部门同意，不得变动。严格执行计划用电和节约用电。网局、省局、供电局要对计划用电和节约用电进行监督。对未经批准而超用者，应按'谁超限谁'的原则予以扣还。长期超用而说服无效时，为了保证电网的正常运行，电业部门经过事先通知，有权暂停供电。确保供电安全，提高供电质量。要做到按 50 赫运行，并采取措施，改进电压水平。同时，要制订事故限电顺序，在紧急情况下执行。低周波减载装置和水电机组低周波自起动装置，必须投入使用"。国发 114 号文和国发 159 号文对电网恢复统一管理、统一调度起到了重要作用。

1976 年粉碎"四人帮"后，水电部赋予了网局在加强电网统一调度、保证电网安全运行方面的职责，并授予其相应的权力，电网调度机构是独立于电网生产系统之外的纯行政管理单位，履行政府部门赋予的电网调度行政职能。各地调度机构随着区域电管局和省电力局的机构变化而逐步恢复与设立，调度工作相继走入正轨。1978 年 8 月，华东电管局决定调整总调所原班组编制，建立科室编制，按调度所工作任务和专业分工，在总调所内设立调度、运行方式、继电保护、通信、自动化和综合管理 6 个科室，在各科室下面分设若干个专业组。

调度局（所、中心）内设机构也有所调整，1976 年京津唐中心调度所建立运行方式科，1978 年华东总调度所建立运行方式科，而后又有河南、山东、浙江、湖南、广东、广西等省区的电力局分别成立运行方式科，1981 年华中网调建立运行方式科。到 20 世纪 80 年代初运行方式专业人才齐备，恢复了原有工作面貌，职责分工更加精细，电网统一管理进一步强化，为电网开展经济调度打下了基础。

1976 年 10 月，水电部科技司委托水电部电网调度研究所和南京自动化研究所召开了水电部电网一次系统远动专业会议，明确了使用远动装置是保证电力系统安全经济运行的必不可少的技术手段。

"文化大革命"结束后，供电部门恢复建立线损管理制度，明确并落实降低线损的技术措施。有计划地进行输变电设备及无功补偿设备的填平补齐，改善电压质量，并制订颁发了《线损管理体例》和《电力系统电压和无功电力管理条例》。经过两三年的努力，电力工业的技术经济指标有了显著改善，到 1979 年，线损率由 1976 年的 10.3%降到 9.24%。

二、调度分级管理的推行

电网是一个复杂的系统，统一调度、分级管理是电网运行的客观规律决定的，电网中任何一个局部出现问题都可能影响到全网，电网中的任何一个设备发生故障，也有可能波及全网，所以必须在统一指挥下才能迅速消除故障，保持电网的正常运行。"文化大革命"开始后，电力工业管理权的下放直接波及电网的集中统一管理，批判"条条专政""管卡压"，破坏了电网正常的生产运行秩序，打破了电网合理的管理规章制度。本位主义、无政府主义严重，领导靠边站，大批工程技术人员被下放，调度管理混乱，有时还有行政干预。用电失控，统一的电网调度工作遭到了严重的破坏，致使电网调度不灵，运行水平严重下降，造成电网低频率运行长达 8 年之久，从 50 赫降到 48.5 赫，1970 年最低时降到 46.5 赫，在当时，拉闸限电措施被批判为"拉社会主义闸"，造成了留守的工程技术人员怕被抓辫子、打棒子、戴帽子，积极性和主观能动性得不到有效发挥。这个时期电网事故频发，电网运行很不稳定，处于崩溃边缘。由于没有足够的专业人员管理电网运行、分析电网运行，造成了多次电网事故，教训深刻。114 号文和 159 号文颁布后，尽管"文化大革命"尚未结束，各个电网调度机构已纷纷开始行动，把调出去的专家抽调回来，专业技术人员归队上岗，为调度各专业技术重新恢复和发展奠定了基础。

至 1978 年改革开放之前，统一调度是在调度业务上，下级调度必须服从上级调度的指挥；分级管理是根据电网结构与行政区划进行分级，各级电网调度机构在其调度范围内具体实施电网调度管理的分工。统一调度以分级管理为基础，而分级管理则是为了有效实施统一调度。统一调度、分级管理的目的是有效地保证电网的安全、优质、经济运行。跨省电网统一调度、分级管理的主要内容是：

（1）统一平衡并实施全网的发电、供电调度计划；

（2）统一平衡和安排全网的发、供电设备的检修进度和时间安排；

（3）统一规定全网发电厂、变电站的主接线方式及中性点运行方式；

（4）统一布置和落实全网的安全稳定措施及其他保证电网安全的工作；

（5）统一制定全网的运行操作和事故处理原则及规程，并按管辖分工进行操作与事故处理；

（6）统一布置和指挥全网的调峰、调频和调压，统一协调与规定全网继电保护、安全自动装置；

（7）统一协调和规定调度自动化系统和调度通信系统的运行原则；

（8）统一协调水电厂的水库调度，合理利用资源；

（9）统一协调有关电网调度运行的各种关系。

三、调度技术手段的升级

（一）继电保护及安全自动装置的进步

中华人民共和国成立前，只有一些主要的发供电设备配置了感应型反时限过电流保护，在被保护设备故障或过负荷时动作跳闸。中华人民共和国成立初期，电网建设的发展对继电保护提出了较高要求，但当时限于继电保护等国产装置设计、制造能力的不足，只能引进苏联及一些东欧国家比较先进的技术和装备。其中，继电保护装置绝大部分是引进苏联技术和标准由国内仿制的产品，主要有电磁型和感应型电流、电压、差动等继电器，35～77 千伏部分线路使用了民主德国制造的 RD7 型距离保护。随着 110 千伏电网的发展和东北 220 千伏电网的初步形成，已开始大量使用引进的苏联 ПЗ－157 和国产仿苏 GH－11 感应型距离保护及由单个电磁型继电器组成的多阶段式电流保护，220 千伏线路上还使用了由电子管构成的收发信机组成的高频相差动保护。1966 年国产第一套由上海继电器厂研制的整流型距离和三阶段零序电流保护投入运行，标志着中国由感应型、电磁型第一代继电保护装置开始跨入整流型继电保护装置年代。自此 220 千伏线路一般都配置了电子管相差高频保护、整流型距离保护、零序电流保护和综合重合闸的所谓"四大件"。

随着晶体管电子技术的发展以及西北建设 330 千伏电网的需要，20 世纪 60 年代末开始研制晶体管继电保护装置。同期，中国开始应用以光电转换为原理、120 胶片为记录载体的故障录波器。由制造厂生产的晶体管线路保护 1971 年 6 月在西北 220 千伏刘连西线路上正式使用，这是中国第一套全晶体管线路保护。1972 年 6 月当时全国最高电压等级刘天关 330 千伏线路保护和元件保护全为晶体管保护装置。此后，晶体管保护在中国如雨后春笋发展起来。它在运行初期暴露了在原理、整体工艺水平、抗电磁干扰、元器件质量等方面的不少问题，误动频繁，陕西电网 1973 年晶体管保护正确动作率仅为 26.3%。1973 年 11 月水电部召开会议，决定对晶体管保护进行全面整顿，安全局面迅速好转，陕西电网 1975 年晶体管保护正确率已上升到 72.7%。经过几次改型和"四统一"工作❶，晶体管保护装置已日益完善、稳定，在 70 年代末到 90 年代初广泛应用在 220、330 千伏系统中，也是迄今为止服务时间最长的一类保护装置。晶体管保护装置给中国研制和使用新型保护装置留下了宝贵的经验，即必须积极慎重，不能搞群众运动，要注意人才培养。

从 20 世纪 60 年代自行改制 SC-1 光线录波器为系统故障录波器时起，故障录波器经历了 PGL-1 光线录波器到微机故障录波器，微机录波器又经历了从单板机、单片机到工业控制机的发展过程。由点对点的故障录波传送发展到网、省电力局建立了电网故障信息远传系统，实现了故障录波器联网。

（二）数模仿真技术的应用

20 世纪 60 年代以前，电力系统仿真主要采用全物理的动态模拟装置即动模仿真方法进行仿真。其后，随着计算机技术突飞猛进的发展，所有元件都采用数学模型的数字仿真技术，以及发电机、电动机及其控制系统采用数字模型，变压器、交流输电线路、直流输电换流阀组和控制装置采用物理模型的数模仿真技术的应用越来越广泛。

1973 年，中国水利水电研究院技术人员利用国产 DJS-170 计算机，成功分析了 330 千伏刘天关输电线路多次发生的振荡事故。随后，该院主持开发了中国第一套可实现电力系统研究分析的数字仿真软件，填补了该领域的空白。1975 年，该院提出了计算多重、任意复杂故障的数学模型并在 PSASP 程序中加以实现，使得该程序具备了计算超高压输电线路各种复杂状态下短路电流、潜供电流和工频过电压等的能力，为中国 500 千伏电网的出现所要进行的大量计算提前准备了得力工具。

1976—1978 年，利用国产 6912 计算机更新了 PSASP 程序的版本，增加了静止无功补偿器等数学模型，满足了中国第一条 500 千伏输电线投入调试和运行初期进行大量运行方式和稳定计算的需要。其后，在 1978—1983 年，利用该程序对即将兴建的东北、华中 500 千伏线路主设备选型，变压器、电抗器、静止无功补偿器参数的确定作了大量计算，

❶ "四统一"是指统一技术标准、统一原理接线、统一符号、统一端子排列。

为这项工程提供了可靠的依据。

（三）利用计算机进行洪水预报和水库优化调度工作

"文化大革命"期间，电网发用电处于紧平衡状态，水库被迫低水位运行，这种现象在全国很普遍，水库优化调度工作基本停顿。1973 年在古田溪流域梯级电站全部建成后，闽北电网调度机构与古田溪水电站合作完成了全梯级日负荷最优分配方案的研究，1975 年用动态规划法编制了"古田溪水电站长期最优方式"，用于指导梯级电站的运行。

20 世纪 70 年代富春江水电厂利用电子计算机进行洪水预报，用微增动态规划法编制水库调度方案，进行合理的水库调度，取得了很好的效果，提高了水电厂水量利用率，充分发挥了发电、防洪、供水等综合效益。

模型与计算机在水文领域的应用是同步的，随着计算机技术的发展，水文预报不再限于与经验相关，而向水文模拟、流域水文模型方向发展。

中国的流域水文预报经历了 20 世纪 60 年代研制模型、70 年代发展完善模型、80 年代建立预报系统的历程。"新安江模型"是中国自行研制的降雨径流模型，该模型在基于生产实践的基础上，提出适用于湿润地区及半湿润地区的流域模型，1973 年首先应用于新安江水库，取名为"新安江模型"。经过 20 余年的补充和完善，并引入地下径流的线性水库调蓄机制，已发展成为现今的三（四）水源新安江模型。该模型由于预报精度较高而受到世界气象组织的积极推荐，美国国家天气局也在应用。

新安江水电厂是 1960 年投产发电的大型水电厂，也是新安江流域水文预报模型的发祥地，它在水文预报方面的应用与发展的历程，基本代表了中国水电站水库水文预报的发展过程。1960—1972 年电厂发电初期，洪水作业预报是利用水电厂的设计单位——上海勘测设计院编制的施工预报进行的。1962 年汛前，水电厂预报人员编制库水位趋势和降雨径流关系两种预报方法，预报合格率为 75%；1963 年编制出单位线法，预报合格率为 60%。1973—1983 年以提高预报精度为主。1973、1974 年运用华东水利学院根据湿润地区降水形成径流的"蓄满产流"理论编成洪水预报方案——新安江流域模型的雏形，预报合格率提高到 83%。

"文化大革命"结束后，水电厂低水位运行得到整顿，电网的经济调度工作也开始逐步恢复。

（四）电网计算分析及二次系统的应用

20 世纪 70 年代是运行方式专业技术发展关键时期。计算机在调度部门的普遍使用是这一阶段发展的基础。早在 20 世纪 60 年代，东北、华北、华东及有关网省调度机构在分析计算电网运行时都要采取交流计算台，对电网安全运行发挥了重要作用。20 世纪 60 年代中期，国内已有调度部门运行方式专业借用外单位的计算机编制短路电流和潮流、稳定程序。1965 年华东电网和云南省调先后开始研究这类软件，并且使用这些程序研究电网运行问题，例如，华东电网吴泾电厂更换主变压器对电网运行影响以及华东电网故障线路二相运行对稳定水平提高等技术问题。1968 年中国自行制造的一台 DJS－121 晶体管电子计算机在京津唐电网调度中心投入运行，计算机专业人员自编了短路电流、稳定、潮流等计算程序，进行电网计算分析，开创了中国调度部门自己拥有计算机的先河。到了 20 世纪 80 年代，调度部门已逐步推广应用个人小型 PDP11/23、PDP11/24 以及苹果机等，为使用人员带来了方便。随着计算软件逐步成熟，交流计算台也逐步退出了历史舞台。用计算机来替代交流计算台计算，不仅是用数值计数替代了物理模拟计算，更重要的是省时省力、计算灵活、研究电网运行深度和广度都是交流计算台所不能替代的。用交流计算台计算电网稳定除需要大量准备工作之外，计算一个方式稳定水平或限额有时要半天时间，而计算机只需数秒钟，其结果还可直接生成各种表格和图形。

计算机在运行方式专业的首先应用，提高了运行方式专业人员的电网运行理论分析水平，一度在国内出现各类运行方式专业程序（潮流、稳定、短路电流、经济调度和负荷预计等）开发高潮，大部分由运行方式专业人员和各科研机构积极合作开发出来的，其中，1980 年湖南省电力中心调度所出版了应用性强的《电网计算与常用程序》。进入 20 世纪 80 年代后，基于电力系统导纳矩阵模型和牛顿拉夫逊、PQ 分解算法的潮流程序，基于电力系统阻抗矩阵和叠加原理的短路电流程序和基于发电机动态微积分方程模型与数值积分算法的稳定程序成为当时国内三大软件。在运行方式专业技术蓬勃发展的同时，国外有影响的工具程序也进入了国内，如美国的 BPA、EMTP 等，进一步提高了国内运行方式专业的技术水平。由于有先进工具完成运行方式专业各项工作，使得整个调度人员对一个多元、时变、非线性的电力系统可以站得更高，考虑得更全面，安排得更细致，在保证电网安全和质量前提下，进一步追求经济性。

针对电网稳定事故多的情况，各电网调度机构努力开展电网计算分析，进行科学试验，加深了对电网运行特性的认识，并有针对性地采取措施，对加强电网结构提出了不少很有价值的意见，对改善电网结构发挥了重要作用。各级电力调度机构的干部职工，还不断总结经验教训，提出了诸如装设安全自动装置、220 千伏线路采用双重快速保护、加强电网结构等许多意见建议，改进实施后取得了明显效果。京津唐和华东等电网，为解决 220 千伏/110 千伏电磁环网的稳定问题和保障浙江用电问题，在 220 千伏线路采取了配置双套快速保护和大小电流联切、高频切机、失步解列、新安江水电厂远方快速调相改发电等安全稳定措施。华东电网还总结发电机失磁造成的稳定破坏事故教训，规定凡容量为 5 万千瓦以上的发电机全部加装失磁保护，这些措施对保障电网安全运行发挥了重要作用。华东电网 1968 年开始用计算机进行电网计算分析。

1972 年，随着金竹山电厂并网发电和新机组的投入运行，湖南省调首先是抓电网稳定计算分析，1972 年配置电子计算机，取代了交流计算台进行电网计算分析。此后，苏、浙、皖三省调度机构也相继配置计算机进行潮流、稳定的计算研究。1977 年 11 月华东电网调度人员通过对华东电网 10 年间发生的稳定问题进行全面总结，提出《华东电力系统 1968 年以来稳定破坏和系统瓦解事故的统计分析》和《华东电网的网络结构总结》两份报告。报告分析了造成事故的主要原因和相应的解决对策，使电网存在的缺陷对运行的影响降低到尽可能小的程度，提高了电网稳定运行水平。1972 年 7 月湖北电网发生稳定事故后，湖北省电力局在专题研究后，会同湖北省中试所利用交流计算台和电子计算机，对电网稳定及其相应的技术措施进行了大量的计算、分析和研究。确定了 220 千伏丹汉 I 回线在各种运行方式下的静稳定极限，认识到了电网发生故障时，快速切机、切负荷对于保证电网稳定运行的重要作用。1973 年在清华大学的协助下，湖北电网对电网稳定进行了动态模拟试验，根据电网计算分析，在丹江口水电厂安装了振荡解列和极限功率减负荷装置、10 万千瓦电气制动装置，在 220 千伏锅顶山、潜江变电站安装了切负荷装置，在随县变电站加装了 10 万千伏·安串联补偿装置。这些措施，提高了丹汉 II、III 回线路输电能力 10 万～20 万千瓦，明显改善了湖北电网安全稳定运行状况，电网稳定事故逐年减少。

四、电网技术的新探索

为了使电力工业技术更快地赶超世界先进水平，在 1966 年的全国电力工业会议上提出了《电力工业赶超世界先进技术水平的措施规划（草案）》（简称《措施规划》），其中对 1966—1970 年的电力工业发展，提出一系列目标与措施规划。这一时期在电压质量方面，重要用户的电压经常保持在额定电压的 ±5% 范围内。电力工业开展技术革新和技术革命运动，部分研发的技术项目已经达到世界先进水平，很大程度上改变了中国电力工业技术落后的面貌。在提高自动化程度方面，东北、北京和华东电力系统已实现自动调频，使系统的频率偏差控制在 ±（0.05～0.07）赫/秒，达到世界先进水平，但是中国电力工业的技术水平与工业先进国家相比仍有较大的差距。全国大部分地区的电压质量还不能满足用户要求。总体来说，中国电力工业的技术水平大体上只相当于世界上 20 世纪 40 年代末期的水平，部分相当于 50 年代的水平。《措施规划》中提到要实现京津唐电网现代化，积极发展电力系统，提高水电厂、火电厂和电力系统的自动化程度；在运行方面，加强电网经济调度，在大、中电网实行等微增率经济调度，降低线路损失，使 5 年内的线路损失率由 7.3% 下降到 6.5% 以下；在测试技术和计算技术方面，革新测试技术，提高试验仪器和计算工具的利用率，充分发挥电子计算机的作用，掌握电子计算机程序自动化技术等。

1966—1976 年，是中国电网迈上高电压等级的重要发展阶段。但受到"文化大革命""左"倾思想的影响，科技研发停滞不前，中国电力技术装备水平与世界先进水平的差距在这十年中再次被拉大。在此期间，尽管受到严重破坏和干扰，中国电网科研工作仍然在曲折中前行，尤其是在带电融冰、无人值班变电站、直流输电等领域开始新的技术探索。

1. 上海电缆厂自行设计制造中国第一条过江电缆

为解决南北电网不平衡和跨江输电难的问题，江苏省决定建设一条横跨南北的过江电缆线路——110 千伏热燕线。该工程由华东电力设计院设计，江苏省送变电工程公司施工。电缆分两段穿过长江南、北江段，北江段自南京热电厂江边到八卦洲上坝，南段自八卦洲天河口到江南笆斗山，每段 4 根，共 8 根，每根均为单芯，各长 1.15 千米。

1965 年，上海电缆厂接到任务后，开始自主设计、研制国产 110 千伏过江充油电缆，国务院特别批准从国防物资中调拨有色金属，支援该厂进行研制。1966年12月，该型电缆研制成功。1967年5月，长江南江段4根单芯电缆（其中1根备用）施放完成，北江段4根单芯电缆（其中1根备用）于同年8月施放结束，按黄相、绿相、红相、备用顺序分别编为1、2、3、4号电缆。与此同时，分别在大厂镇、上坝、天河口及笆斗山电缆终端处各建造一座（共4座）半露天式电缆房，供电缆芯充油增压及检测用。1968年8月28日，110千伏热燕线全线通电投运，是中国自行设计、制造的第一条过江电缆。

此后，长江北江段河床稳定，过江电缆运行正常。南江段过江电缆投运不到一年，天河口上游江堤就发生严重地裂、塌方，于是上海电缆厂赶制同样规格的电缆，1969年4月交货后，立即将1、2、3、4号电缆各加长500米，引至新筑堤内。之后，南江段过江电缆多次发生故障，多次打捞抢修，甚至更换。1971年6月28日，用轮船绑拖法另放1根新1号电缆，代替已于同年2月6日报废的1号电缆。1975年12月，在新1号电缆轴线上游20米处，用绞锚法从南向北施放5号电缆，代替报废的2号电缆，于1976年2月投运。同年2月6日，新1号电缆被大塌方砸断，5月5—8日，施放由2号和新1号电缆的四段短缆拼成的1根电缆，称6号电缆，代替新1号电缆。1980年4月，施放7号电缆，代替故障的3号电缆。1982年年初，施放8号电缆，代替无法打捞抢修的4号电缆，至1987年年底，南江段仍保持4根（含备用1根）电缆运行。

20世纪90年代后期，社会经济发展提速。110千伏热燕线无论是线路质量还是输电容量，都已无法满足输电需求。1999年年底，线路再次发生故障，且故障位置位于江底抛石区域内，大量石块堆积无法进行打捞和抢修，线路就此退役。110千伏热燕线的投运为经济和社会发展做出了重要贡献。同时，南京供电局还成立了一支能够在长江中施工、打捞、运行维护高压电缆的专业队伍，通过多次抢修，积累了丰富的过江电缆运行维护经验。

2. 陕西宝鸡供电局研发带电融冰监测装置

因线路覆冰对宝鸡供电局管辖范围内的电气化铁路安全运行造成严重威胁，1970年，由陕西省电管局组织有关人员进行带负荷融冰技术研究。1971年11月，初步建成了对跨越秦岭的全国第一座110千伏线路带电融冰站，监视覆冰状况，适时融冰。1972年，进行线路改造后开始带负荷融冰，融冰段线路为91～139号，线路全长6.63千米，输电导线采用 2×LGJ-120 型铝合金绞线，地线采用 GJ-50 型镀锌钢绞线。导线融冰电流为480～560安，地线融冰电流为65～100安，融冰警戒期从第一年11月到次年3月底。经过试验，带负荷融冰方案可以在线路不停电的情况下，除掉线路覆冰。但是，为了及时准确地进行融冰，需要人员驻扎在秦岭山顶进行观冰，及时了解导线覆冰情况，并在需要融冰时及时联系操作人员进行融冰。由于肉眼观察范围有限以及浓雾的限制，导致观察人员对覆冰情况的描述误差较大。

为了更准确地了解线路覆冰情况，通过专家的不懈努力和技术攻关，宝鸡供电局在

1982 年实现了通过机械装置测量导线覆冰重量。但是，由于机械装置误差较大，还是容易出现问题。为了减少误差，宝鸡供电局又在 1990 年使用了较先进的 GGC-10 电阻应变传感器对导线覆冰进行测量，对结冰重量有了较为准确的记录。但 GGC-10 电阻应变传感器在测量时还会出现误差。通过宝鸡供电局专家的共同努力，1993 年成功使用了更为先进的微机监控系统。微机监控系统运行安全稳定，测量数据准确，能够及时指导融冰工作。

3. 天津塘沽供电局首建无人值班变电站

20 世纪 60 年代末期至 70 年代，中国研制的远动装置都采用半导体元器件，以分立元件和布线逻辑构成的数字式设备，具有"三遥"（遥测、遥信、遥控）功能，其设计思想、工艺质量、遥测精度、遥信正确性、传送速率、装置可靠性等均是以前的模拟式远动装置无可比拟的，可靠性、实用性大幅提升。天津地区的远动专业起始于 1958 年，第一台频率脉冲制遥测远动装置安装在琼州道变电站。1960 年组建远动专业组，同年在琼州道变电站安装了国产第一台步进式有触点远动机 GYK-58，并正式投入运行。该远动机有遥信信号 21 个、遥控对象 19 个，遥测量为选择方式。1964 年，使用天津中心试验所和远动组（按 GYK 电路原理）制造的设备，以黄家花园变电站为调度端，实现了对西站变电站、南开变电站、南京路变电站遥信、遥测、遥控功能。

1969 年，中国自行制造 GYK 远动机分别安装在程林庄和新开河（赵沽里）35 千伏变电站，实现了调度对两站的"三遥"功能。1973 年，塘沽供电所自己动手制造了该所第一台有触点远动机 GYK，位于北塘变电站，1974 年投入运行，对该站试验了遥信、遥控、遥测功能。1975 年 10 月，塘沽供电局在杨北变电站投入远动装置，首次实现无人值班，杨北变电站成为全国第一座无人值班变电站。

第六节　稳定破坏事故和自然灾害危及电网安全

安全是任何时期社会经济发展的前提和基础，而保障电网安全是电力工业发展的首要任务之一。中华人民共和国成立后，中国电网开始进行大规模建设，到"文化大革命"时期，已经形成了一定规模，电网从管理到技术都与中华人民共和国成立初期的落后状况不可同日而语。但受各种因素制约，中国电网的整体管理水平和技术水平较国外发达国家仍有较大差距，对如何建设和管理大电网，从思想观念到技术应对上都准备不足。在电网从110 千伏向 220 千伏及以上电网发展的过程中，不少跨省电网、省区电网都出现了结构薄弱或结构不合理问题，由此引发的电网稳定破坏事故频发，仅 1970—1980 年，全国电网稳定破坏事故就发生了 210 次，成为危害电网安全的重要原因之一。加之"文化大革命"的严重干扰，错误地批判"条条专政"，强调"突出政治"，反对"管卡压"，使处于规模持续扩大、技术面临迭代、电网安全稳定隐患累积较多的中国电网雪上加霜。电网频繁发生的稳定破坏事故，造成巨大经济损失和严重社会影响，特别是"七二七"湖北电网瓦解事故，造成极为不良的影响，教训惨痛。中国电网在经历了这一段最艰难的时期后，在党中央、国务院的正确领导下，电力行业汲取事故教训，尊重电网发展客观规律，加强电网统一管理，优化电网结构，把保障电网安全放在首位，逐步走上建设一个安全、可靠、经济的大电网的历程。

除了技术、人为因素造成的电网安全事故外，电网的安全运行还面临各种自然灾害的危害。中华人民共和国成立后，各地电网受到地震、洪水、冰灾、暴雨、雷电、狂风等自然灾害的影响，也经常出现设备毁损、断电跳闸等事故，对国民经济和人民生活造成不小的危害，如1976年唐山大地震给京津唐电网带来毁灭性破坏。电网管理和运行部门，面对各种自然灾害，积极摸清规律，加强运行管理，研发改进设备，例如，随330千伏刘天关输变电工程建设的融冰变电站以及各地建设的雷电观测站等的投入使用，最大限度地减轻了自然灾害的影响，保障了电网的安全。

一、电力系统稳定问题成为影响电网安全的重要问题

随着电力系统容量和覆盖范围的扩大，一旦发生稳定破坏事故，将引起整个电力系统频率和电压的振荡，导致停电，严重时，还会使电网瓦解，造成电力系统的重大事故。20世纪50年代，中国电网的稳定事故主要发生在东北电网；60年代（1965年以后）湖南电网开始出现稳定问题；到70年代，随着220千伏以上电网的发展和壮大，全国各主要电网都陆续出现稳定问题，最突出的是湖北电网（主要是丹汉线）、东北电网（主要是水丰单回大环网）及华东、河北、山西、湖南、西北、京津唐电网，稳定问题已经逐步成为影响电网安全运行的重要问题。

自电网出现稳定问题开始，科研、设计、运行等有关单位，对电力系统稳定问题进行了大量的研究和试验，针对各个电网的不同特点，采取了一些必要的措施，在不同的程度上发挥了一定的作用。但是由于电网结构、管理水平等各方面的原因，110千伏以上电力系统的稳定破坏事故，在20世纪70年代越来越频繁，严重影响电网安全稳定运行，电力系统稳定问题也逐步引起管理部门的高度重视。

（一）稳定破坏事故的普遍性和严重性

在1970—1980年间，全国19个大小不同的电网共发生稳定破坏事故210次。其中，静稳破坏57次，约占1/4；动稳破坏153次，约占3/4。黑龙江东部（鸡牡延）电网的39次事故，主要是因鸡西电厂火灾后励磁设备不能控制，勉强供电，造成12次系统失稳事故。从表6-2、表6-3可以看出电网稳定破坏事故的普遍性和严重性。

表6-2　　　　　　　　1970—1980年电网稳定破坏事故统计

电　网	1970—1980年稳定破坏事故次数		
	静稳破坏	动稳破坏	合计
京津唐	1	13	14
河北、山西	15	8	23

电　网	1970—1980 年稳定破坏事故次数		
	静稳破坏	动稳破坏	合计
内蒙古（110 千伏）	0	0	0
东北	4	27	31
黑龙江东部	9	30	39
黑龙江西部	0	1	1
华东	11	9	20
福建	0	0	0
江西（110 千伏）	0	1	1
山东	0	0	0
河南	3	1	4
湖北	5	22	27
湖南	0	15	15
广东	1	4	5
广西	0	1	1
四川	3	7	10
贵州（110 千伏）	0	0	0
云南	1	4	5
西北	4	10	14
合计	57	153	210

表 6-3　　　　　　　　　　　　　　电网稳定破坏事故分类

事故原因	事故次数	占 210 次事故的百分比（%）
电网结构弱	140	66.7
电网运行管理问题	151	71.9
继电保护及安全自动装置问题	85	41

（二）稳定破坏事故典型实例

1. "七二七"湖北电网瓦解事故

1972 年 7 月 27 日，湖北电网处于 48 赫的低频运行状态。10 时 7 分，丹江口水电厂 220 千伏丹 55 开关因保护误动跳闸，正向鄂东方向输送 18 万千瓦功率的丹汉Ⅰ回线突然断电，当时两地间仅此一条联络线，湖北电网立即被肢解为东西两片；鄂东（受端）地区包括武汉、黄石等电网，由于承受不起突然失去 1/3 左右电源的冲击，频率急剧下降，由 48.2 赫下降至 45 赫以下，电网崩溃；马口 220 千伏线路电压由 170 千伏降至 120 千伏，致使青山、黄石等主要电厂先后被迫全厂停电。在不到 6 分钟的时间里，湖北省 18 座发电厂的数十台发电机组相继自动跳闸，或因汽轮机的主汽门自动关闭而停机，鄂东地区电网全部瓦解（史称"七二七"湖北电网瓦解事故）。此次电网瓦解事故历时 37 小时，是当时中华人民共和国成立以来最大的一次电网事故，造成巨大经济损失，震惊全国，影响深远。

此次事故造成直接经济损失 3500 万元，武汉、黄石、黄冈等鄂东地区绝大部分用户停电，电台停播，电车停驶，20 列火车晚点，5 座矿井水淹过膝，葛店化工厂因氯气泄漏致 8 人中毒，武钢、冶钢等重要厂矿因停电造成减产、设备受损，并入电网的各电厂因失去厂用电而无法重启发电机组恢复供电。

紧急关头，武昌电厂以俸远禧、熊汉卿、肖志秋、邓梦林、黄少德为代表的技术人员和白莲河电厂运行人员判断正确、措施果断，利用武昌电厂锅炉余汽，强行重新启动汽轮发电机成功，在恢复本厂厂用电源和机组运行后，及时给武钢、冶钢送去保安电源，避免了两厂的重大损失，又给青山热电厂送去厂用电源。

事故及其扩大的原因一是电网结构薄弱。丹汉线建设初期，物资条件不利，该系统选定的电压等级偏低，且缺乏中间支撑，鄂东受端系统有功、无功电源及网络结构均较薄弱。作为中间变电站的 220 千伏胡集变电站只起到了分流少量负荷和联接沙市宜昌地区电网的作用，既无电厂又无无功补偿，未起到中间电压支撑的作用。鄂东负荷中心仅有青山、黄石 2 座主力火电厂，且实际出力偏小，受端从丹汉线受电比例过大，其受电量占到受端系统负荷的 1/3，而且这 2 厂上网出线电压均为 110 千伏，与丹汉 220 千伏主网联系薄弱。丹汉 I 回线末端的 220 千伏马口变电站（距离武汉约 56 千米）又偏离负荷中心，造成受端结构薄弱。

二是超计划用电，使电网处于低频率、低电压状态。由于供用电缺口较大，超计划用电现象严重，导致湖北电网在这一时期经常处于低频率、低电压状态。事故前，电网已处于 48.2 赫低频率运行，且常规的低频减负荷装置已经部分动作把负荷切掉，事故发生后不能足量切负荷，起到保护电网的作用。事故前，电压已低达 170 千伏，只有额定值的 80%。事故后，本地发电机大量过负荷必然导致频率、电压进一步急剧下降，又没有配备线路跳闸快速联切负荷装置，有功、无功的不平衡状况无法扭转，导致频率、电压的崩溃。

三是安全自动装置欠缺。在湖北电网发展到 220 千伏省级远距离输电电网时，未设计一套安全稳定措施，基本的继电保护配备不完备，丹汉 I 回投产初期还出现过无主保护运行状态，故障切除时间长达 0.5 秒，完全不适应稳定性要求。事故发生前，丹汉 I 回输电线没有配备线路跳闸快速联切负荷装置，有功、无功的不平衡状况无法扭转。武昌电厂低频率自动解列装置已被停用，故该厂不能自动与电网解列。

四是政治运动冲击了电网的统一集中管理。"文化大革命"期间，省调三分之二的职工离岗闹"革命"，其余职工维持生产，且大部分技术骨干下放农村插队落户，接受再教育。留在单位维持生产的技术人员日常工作繁重，未对 220 千伏丹汉 I 回线投运后的电网进行计算分析，对线路的稳定限额缺乏认识，更没有采取有针对性的安全稳定措施。

此次事故后，1974 年 11 月 24 日，湖北电网又发生振荡事故。这次振荡事故由于不正确的运行操作，导致丹汉 I 回线的输送功率超过了动、静稳定极限，引起稳定性破坏事放，系统全部瓦解。江南与江北解列，青山电厂、武昌电厂、黄石电厂均与系统解列，随后黄石电厂全停。历时 6 小时 50 分钟，才使系统全部恢复正常，少送电 17.7 万千瓦·时。这次事故使武汉地区大面积停电，黄石地区全部断电，大冶钢厂全部停产，武钢部分停产，造成了巨大损失。

2. 陕甘青电网 1974 年 5 月 28 日系统振荡事故

这次事故是由于刘家峡—龚湾线导线对地放电，开关跳闸，使刘家峡—天水线静稳定遭到破坏引起的。事故后，刘家峡水电厂出现大量过剩功率，机组转速迅速升高（频率达 58 赫）；甘谷电厂因超速保护动作而停机，陇西地区全部停电，陕西切负荷 10 万千瓦，兰州限电 15 万千瓦，天水限电 2 万千瓦，西宁限电 8 万千瓦。这次事故由于刘家峡水电厂采取了压导叶的措施，陕西电网有低频减负荷装置，所以没有将火电机组拖垮，最终恢复了同步运行。类似事故在湖北电网也有发生，如 1970 年 5 月 24 日和 1971 年 6 月 7 日的两次事故。

3. 浙江电网瓦解事故

1972 年 7 月 20 日 11 时 42 分，因为运行方式改变，常州—湖州线路向浙江送电功率较大，导线发热弛度增加，导线与 380 伏低压线发生放电闪络，引起常湖线开关跳闸，全部功率转向杭郊线，使杭郊线输送功率超过该线静稳定极限，造成系统稳定破坏事故。事故发生后，浙江电网频率急剧下降，仅 0.5 秒左右时间就降到 42 赫以下，振荡周期从 15 个周波迅速加快到 3 个周波，杭郊线相继跳闸，造成浙江电网全面瓦解，2 个 220 千伏变电所，23 个 110 千伏变电所全部停电；近百个 35 千伏变电所失去电源，全省甩负荷 35 万千瓦，占全网事故前负荷的 71.5%。历时 92 分钟系统恢复正常，事故损失约 200 万元。

（三）稳定破坏事故发生的原因

电网结构问题是电网发生稳定破坏事故的主要原因之一。大量的事故分析表明，电网的安全稳定问题，在某种意义上来说，就是电网结构问题。电网结构弱或电网结构不合理，是电网发生稳定破坏事故的主要原因之一。所谓电网结构的强和弱，从电力系统稳定而言，就是要看电源之间的电气距离的大小，即电抗的大小，小则强，大则弱。而电抗的大小，是由电网结构决定的。因此，电网结构决定了电力系统的稳定水平。稳定破坏事故发生的主要原因就是电网结构不合理，抗干扰能力差。如主网联系弱，电磁环网多，受端电网与主网联系弱，变电所接线选择不当等。因此，尽管当时有关单位在电网结构不变的条件下，为电网的安全稳定运行作了大量的工作，采取了强行励磁、切机、切负荷等一些必要的措施，但稳定破坏事故仍不断发生。这是因为，所采取的措施虽然起了一定的作用，但这些措施都是属于修修补补的，并没有从根本上，即从电网结构上改变这种弱的状态。有时是由于没有抓住主要矛盾，没有弄清问题的实质，虽然代价很大，但收到的效果很小。如丹汉第四回 220 千伏线路，花了 2300 万元，只提高了 5 万千瓦的输送能力，没有从根本上保证电网的安全稳定运行。

电力系统无功严重不足，造成运行电压下降，导致稳定水平降低。电网的无功不足，运行电压低，是当时各电网普遍存在的问题。这除了会烧坏用户的用电设备，缩短设备寿命，造成用户减产外，还会使发电设备出力减少，送、变电设备过负荷，电网的有功无功损耗增大等。更严重的是，降低了电力系统的稳定水平，使电力系统的抗干扰能力严重下降，往往导致电网发生严重的稳定破坏事故。

在水电、火电联合系统中，由于水轮机的水锤效应，水电、火电机组调速器特性差异大，当电网受到扰动后，由于反应不同而失调，引起稳定破坏事故。330千伏刘天关工程投运前，中国电网稳定破坏事故中这种情况很少见。该工程投产后，曾多次发生这类稳定破坏事故（动态稳定破坏事故），丹江口水电厂投产后也发生过这类事故。1965年美国东北部大停电事故就属于这一类。

继电保护误动也是事故原因之一。由于继电保护误动或不动作，引起系统稳定破坏事故，各个电网都不同程度地发生过。当时，以东北电网为例，在85次系统稳定破坏事故中，由于保护误动引起的10次，占11.7%；陕甘青电网12次稳定破坏事故中，保护误动引起的3次，占25%；湖北电网20次稳定事故中，保护误动或不动引起的4次，占20%。尤其值得注意的是，线路投产多年，而主保护迟迟不能投运，往往会由于短路故障保护动作时间过长而造成系统稳定破坏。

运行管理水平不能适应电网发展的需要，运行管理水平低，事故发生后又没有很好地总结经验教训，往往导致同类事故多次发生。

（四）多措并举提高电网安全稳定运行水平

加强电网结构是电网安全稳定运行的前提和基础。为确保电网的安全稳定运行，各地电网首先是加强电网结构，特别是主网的结构，弱的逐步加强，不合理的逐步改进。在电网规划与设计中，对稳定问题比较突出的电网还注意了两方面问题：第一，有效减少送、受端等值电源之间的等值阻抗，受端的发电厂尽可能接入高电压主网。根据陕西、湖北的经验，仅考虑受端变电所深入负荷中心是不够的。第二，超高压电网出现以后，尽可能不采用戴帽子的方式。以500千伏为例，75万千伏·安帽子变压器的阻抗为50欧左右，相当于增加了180千米的电气距离，降低了超高压输电的优越性，在实践中都应尽可能避免。

选择电压等级时，使输电线路的输送能力有较大裕度。20世纪50—70年代，有些电网留的裕度太小，甚至在采取了各种技术措施以后还是送不出电来。70年代后期开始，在规划设计阶段，稳定储备考虑逐步增加到25%～30%，串联电容补偿等技术措施尽量留给运行人员去采用。

增加受端无功补偿设备容量，提高整个电网的运行电压。受端装设适当容量的调相机，这样不仅可以提高整个电网的运行电压，同时还可以减少受端电网的等值阻抗，这是20世纪70年代后期提高稳定水平比较显著的措施之一。根据湖北、陕甘青电网的分析和实践，受端变电所每增加1万千伏·安调相机，就可以提高电网的稳定水平0.5万～0.8万千瓦，效果显著。

重视二次电网对一次电网的影响。在过去的稳定性措施研究中，重点放在主网和主干线，但却对二次网对一次网的影响重视不够。据不完全统计，由二次网故障造成一次网稳定性破坏事故的比重高达60%[1]。为此，要求二次网的继电保护与一次网保护相配合，稳定措施二次网与一次网一并考虑。

选择适当的稳定措施。20世纪70年代后期国内外关于防止稳定破坏事故，提高稳定水平的主要措施是在送端电源侧，有切机、电气制动、快速励磁、快速关汽门等；在受端负荷侧，有切负荷和送端选择适当的解列点，受端变电所装设调相机等；在线路上，有快速保护、快速重合闸、加中间开闭所、串联电容补偿、两相运行等。

针对电力系统稳定事故频发的问题，不少电网开展了相关研究。浙江电力系统稳定研究始于1962年。1965年在一些变电所装设低频解列装置；1973年在部分110千伏线路上加装高频闭锁保护。到1975年，初步形成了浙江电网第一部稳定规程。浙江省电力局主持研发的提高电力系统稳定的技术措施成果获得1978年全国科学大会奖。

湖北电网"七二七"事故的严重后果震惊湖北省和水电部的领导，也给广大电业职工以深刻教育，这也为电网稳定问题的解决带来契机。从"七二七"事故后到70年代末，通过持续不断地艰苦工作，丹汉输变电系统由1回线增加到4回线，同时，改进220千伏继电保护装置、安全自动装置、电气制动装置，以及装设远方切机和受端切负荷装置，通过这些综合举措，丹汉输变电系统安全状况不断好转，丹汉4回线路静稳极限由62万千瓦增加到67万千瓦，实际输送功率最高达60万～65万千瓦。湖北省电力局主持的提高电力系稳定技术措施项目获得1978年全国科学大会奖。

二、唐山大地震对电网造成的严重破坏

1976年7月28日凌晨3点42分，河北唐山发生里氏7.8级强烈地震，震中最大烈度11度。震中区位于唐山市区京山铁路以南至女织寨村，面积达27.5千米^2。地震波及天津市、北京市，主震过后，又发生多次余震，其中，6级及以上的强震2次。百年历史的重工业城市变为一片废墟，全市交通、通信、供水中断，损失惨重。

唐山电网全面瘫痪，与京、津电网解列，唐山地区发电机组全部停机，唐山供电局所属该地区33座变电站、128条输配电线路停运。发、供电设备严重损坏，地区负荷由震前的43.97万千瓦下降为零，电力职工及家属伤亡惨重。该地区的供电设备全部停电，生产、生活设施80%以上坍塌毁坏。

大地震对电源端的损坏十分严重，处于极震区的唐山发电厂、陡河发电厂及唐山地区的输变电系统供电设备遭到严重破坏。唐山发电厂10台机组、9台锅炉损坏，新建的陡河发电厂2台12.5万千瓦机组主厂房屋顶和天车塌落。唐山地区36座35千伏及以上的变电站，有34座受灾，变电站的主控制室、开关室倒塌，二次系统设备和控制、通信系统遭到严重破坏。震坏发电设备110万千瓦，约占京津唐电网发电设备的30%，震坏输、配电线路128条1724千米，占唐山地区输电线路总长度的76%，通信全部中断。唐山发

---

[1] 李代耕：《新中国电力工业发展史略》，企业管理出版社，1984年，第359页。

电厂、陡河发电厂和唐山供电局办公楼及职工住房等建筑物大部分损坏。唐山发电厂、陡河发电厂和唐山供电局及参加陡河发电厂建设的施工单位共伤亡职工1877人。地震发生后，唐山地区漆黑一片，京津唐地区的绝大部分电站停止了运行，只有北京的一小部分发电厂没有完全停止运行。北京电力局电力调度使用的邮电系统通信线路已经完全中断，只有电力系统自己的载波电话还能够使用。时任唐山市委副书记在唐山供电局调度所里，用调度电话告诉远在北京的供电局领导："同志，唐山平了，全完了。"北京电业管理局当日即成立了电力抗震抢修前线指挥部，带领百余人的抢修队伍分乘4辆满载食品、药品等救灾物资的卡车和抢险吊车，于当晚11时左右赶到唐山，指挥部设在贾安子变电站。同时由北京调往唐山的2台柴油发电车也于当日傍晚给唐山市抗震救灾指挥部送了电。7月29日开始在北京电业管理局抗震抢修前线指挥部的集中领导下，遵照水电部传达国务院的指示，本着"三先三后"（先供电后发电，先简易送电后健全，先保重点供电后扩大供电范围）的指导方针，按照统一部署，从京津唐电网先后派出了4批2000多人的电力抢修专业队伍，赶赴各受灾现场，抢救人员，抢修电力设备。在华北和全国电力部门的支援下，唐山电力职工与各地支援的抢修队伍经过"四个战役"，以最快的速度恢复供电，确保受灾地区人民恢复生产，重建家园。

第一战役：7月29日—8月4日，北京电网电源送到唐山，首先给各级指挥机关、主要街道照明、水源、飞机场及煤矿送电。

7月29日18时28分，北京电源经110千伏贾玉线送到贾安子变电站，该站2号主变压器受电后，所带35千伏变电站有了电源，当晚开滦荆各庄煤矿恢复供电；7月30日，西北郊变电站受电，新华道、建设路等主要路段有了路灯照明，部分抗震指挥和机关单位恢复供电；7月31日建陶14号水井、大红桥水井等主要水源及飞机场恢复供电，双庙变电站受电，为陡河发电厂提供了电源；到8月1日，开滦各主要煤矿均恢复了供电；到8月4日，丰润、开平、古冶、卑家店、俾城、遵化、潘家口等变电站临时恢复供电。

第二战役：8月5—11日，增加唐山电网电源，扩大供电范围，恢复县区供电。

8月7日市区20条主要街道恢复路灯照明；到8月9日，供电全部恢复；8月10日110千伏唐汉双回线、吕秦线、贾寿线计4条联网线路恢复送电，使唐山电网电源增加到5路；110千伏西南郊、钱营、乐亭和35千伏沟东、南郊、滦县、南堡、军垦、建明、东荒峪、柏各庄等变电站临时恢复供电，地区负荷上升到4.3万千瓦。

第三战役：8月15日—9月30日，继续增加电网电源，增强供电能力和运行稳定性。

8月30日，完成了220千伏陡汉线提前竣工投运和陡吕线修复送电，220千伏吕家坨变电站、35千伏河沿庄、四二二、后屯、缸窑、大同橡胶厂、毕家疃、滩地等变电站以及部分35千伏线路恢复运行；到9月30日，大部分临时恢复供电的变电站建起了简易配电室，110千伏变电站投入了主保护，35千伏变电站投入了简易保护；吕家坨变电站5.0万千瓦的调相机检修后并网运行。

第四战役：10月1日—12月31日，继续抢修尚未恢复的供电设备和进行已临时恢复送电设备的完善工作，各县完成所属供电设备的修复，基本实现正常供电。

　　至 1976 年年底，唐山供电局所属停运的变电站恢复了 31 座，占停运总数的 93.94%；输电线路恢复了 66 条，占停运总数的 98.51%；配电线路恢复了 58 条，占停运总数的 95.08%，使全市 700 个单位恢复了生产，给居民照明装灯 185 445 盏。地区负荷上升到 31.0 万千瓦，达到震前地区总负荷的 72.14%。

　　广大电业职工在余震不断的情况下，冒着生命危险，日夜奋战在抢修现场。8 月 11 日 19 时 10 分，唐山发电厂 2 号机组恢复发电，其他 9 台机组也先后于 11 月 25 日前全部修复并投入运行，发电能力达到震前水平。同时，陡河发电厂重建工程进度加快，震前待试运的 2 号机组于 1977 年 11 月 6 日并网发电，震前已运行的 1 号机组于 1978 年 8 月 10 日修复发电。

第七章

转折时期的电网建设（1977—1978）

从1976年10月粉碎"四人帮"到1978年党的十一届三中全会召开的这段时间，是国民经济的转折时期。此时，国家面临的首要任务是恢复被"文化大革命"严重破坏的国民经济，全党全国人民需要及时转向以现代化为目标，以经济建设为中心，进入社会主义现代化建设的新时期。由于全国人民比较好地完成了这一任务，1977年和1978年国民经济得到了迅速恢复和发展。

从1977年起，中共中央在计划管理体制上对国家与企业之间的关系进行了一些局部的调整，以促使工业生产秩序得以恢复。1978年4月，中共中央作出了《关于加快工业发展若干问题的决定》，对企业整顿提出了明确要求。结合召开的工业学大庆会议要求，电力主管部门强调要搞好生产管理，抓企业整顿，恢复规章制度，健全领导班子，加强职工队伍团结，发展生产。这些会议及其文件精神的贯彻落实，使电力工业生产的正常秩序开始恢复。

1978年，中共中央、国务院在北京隆重召开全国科学大会，重视知识、重视科学之风吹遍大江南北，科学的春天终于来到。电力科研机构相继恢复与设立，科研技术人员陆续回归，各省电力试验研究所担负起"四个中心"的作用，一批电网与输变电科研成果获得全国科技大会表彰，极大地激发了广大科研工作者和一线技术人员的研发热情，对电力工业的恢复、调整、建设和发展起到了重要的技术支撑作用。

转折阶段，虽然时间很短，但通过拨乱反正，通过"实践是检验真理的唯一标准"大讨论，通过恢复和整顿工作，总结了中华人民共和国成立后近30年的经验和教训，澄清了一些电网发展的错误观念和做法，为中国电网进入改革开放新的时期作好了准备，打下了基础。1978年12月，党的十一届三中全会召开，提出拨乱反正，作出了把工作重点转移到社会主义现代化建设上来的战略决策，中国开始走上了改革开放之路。

至1978年年底，全国35千伏及以上输电线路长度达到230 512千米，是1965年的3.57倍，是1976年的1.14倍。全国35千伏及以上变电设备容量达到12 555万千伏·安，是1965年的4.39倍，是1976年的1.25倍。

第一节 "突出抓电"方针与电网的恢复性整顿

粉碎"四人帮"之后，国民经济进入恢复性整顿时期，工农业增产步伐明显加快，用电需求急速扩大，加之用电领域的严重浪费，使原本紧张的供电形势更趋严峻。同时，受"文化大革命"影响，全国发电机组产能不足，无法充分发挥生产能力。面对需求增长和能源利用效率不高的双重压力，电力供需矛盾非常突出，电力不足成为制约经济发展的瓶颈。

这一时期，出现了电力建设的一个短暂高峰，1977—1978 年电力工业投资建设规模显著加大。与此同时，在追求国民经济发展速度的大形势下，这一时期所编制的国民经济发展《二十三年设想》《1976 至 1985 年发展国民经济十年规划纲要（草案）》和电力工业发展规划，都提出了庞大的发展计划。电力部也制定了年投产发电装机规模 4000 万千瓦的计划等。这些"高指标""大计划"，脱离实际建设能力和原材料供应能力，也未得到执行。

国家计委在 1977 年进行的缺电原因调查分析中指出，缓和供电紧张，长远靠加强电力建设；短期的关键，一是抓铁路运输，二是严格地节约用电和计划用电，通过节约用电和现有装机挖潜可以大大缓解电力不足，相应地也可以大大压缩电力建设的规模。1979年，电力部再次进行全国缺电的定量调查，对各省、市、区和各行业部门进行分析。当时汇总各地反映 1978 年缺电合计达到 523 亿千瓦·时，占当年实际发电量的 20.6%。全国10 万千瓦容量以上电网，除四川渡口、甘肃酒玉和贵州三个电网外，其余普遍缺电。东北、华东电网缺电 20%左右，京津唐、陕甘青电网在用电高峰、农灌高峰或枯水季节缺电 15%左右。火电为主的山西、山东、河南和河北南部电网（石邢邯地区）缺电 20%~25%。水电比重大的广东、湖南、湖北、四川枯水期缺电，后来广东、湖南、湖北发展到丰水期也缺电。其次，通过对钢铁、有色、化工等大耗电行业测算，工业用电缺 200 亿~220 亿千瓦·时，农业排灌用电缺 35 亿~45 亿千瓦·时，市政和人民生活用电缺 20 亿千瓦·时，加上线损和厂用电量（共占发电量的 15%），合计缺发电量 300 亿~350 亿千瓦·时，比各地反映的少 223 亿~173 亿千瓦·时。再次，通过比对每亿元固定资产相对应发电量的历史数据，当时预计 1978 年全民所有制工业固定资产在 3100 亿~3200 亿元左右，计算出缺电 400 亿~500 亿千瓦·时，与各地方反映的缺电量相接近。综合上述分析结果，得出全国缺电 400 亿千瓦·时的判断。

全国性缺电问题引起党中央、国务院高度重视，为加快电力行业发展，提高电力行业利用效率，国务院提出"突出抓电"的方针。电力行业贯彻落实中共中央和国务院文件精神，确保电网安全，加强统一管理，形成京津唐、东北、华东三大跨省区电网由水电部直接管理，其他省级电网及省内电网由地方政府管理的电业管理体制。

1977 年 7 月，中共中央颁布《关于加快工业发展若干问题的决定（草案）》（简称

《工业三十条》），就加快工业发展、进行企业整顿提出了要求。全国各地工业学大庆运动蓬勃开展，各地电网与输变电相关单位以此为契机，整顿领导班子，恢复正常的生产、基建规程制度。

一、"突出抓电"方针的提出

党和国家最高领导层高度重视缺电对国民经济发展的影响，提出了"突出抓电"的方针，在此背景下，电力工业成为国民经济规划和发展计划的重点倾斜领域。1977 年 9 月 11 日，中共中央主席、国务院总理华国锋召集李先念、纪登奎、余秋里、谷牧等国务院领导和有关部委研究加快经济发展速度问题，花了 5 个小时的时间研究电力问题。在讨论加快电力发展问题时，华国锋指出："对近期计划，国民经济中电力不足，成为比较突出的问题。……就是要下决心把电和相应的突出一下，……把电搞上去，近期要突出这一点。今年初见成效，三年大见成效，我的意思要突出抓电……"[1]。同月，华国锋在召集国务院领导和有关部委负责人研究加快经济发展速度时再次强调，要把电力作为突出矛盾抓上去[2]。1977 年 10 月 26 日，华国锋、李先念、纪登奎、余秋里等中央领导用了 8 个小时的时间听取水电部汇报，就加快电力建设、抓紧提高现有设备出力、完善配套和加快扫尾、加强电力短期长期规划等提出了较为全面的要求。1977 年 11 月 30 日，李先念、余秋里、谷牧等党和国家领导人接见了出席全国电力工业会议的全体同志，要求尽快把电力这个"先行官"抓上去，改变电力落后的状况。

电力部门贯彻落实中共中央和国务院的文件精神，一方面抓紧落实电网建设项目，配套电源送出，尽力多发、多供；另一方面，抓紧企业整顿，恢复正常生产秩序，确保电网的安全稳定运行。电力工业投资规模和新增发电能力快速增长。电力弹性系数，1977 投资规模全年维持在 1.3 左右，出现了一个短暂的快速发展。为配合大型电站的建设需要，各大区成立了电力规划领导小组，加强了选厂和规划工作，水电部从国外引进了一批大型先进施工机械。正因为这三年的高增长，"五五"期间新增 110 千伏电力线路里程，1977 年为 4316.6 千米，1978 年为 6024.8 千米，1979 年为 6356.69 千米，年均增速为 21.4%。

"文化大革命"结束后的三年多时间里，电力建设的指导思想受到了"高指标""高计划"的影响，规划计划上热了一些，提出了一些超出当时建设能力的高指标，电力发展计划水平定得比较高、新项目上马比较多、发电量增长速度比较快。但由于历史欠账较多，原材料和建设能力跟不上，实际开工的项目有限。这一时期，国民经济总体冒进，在各行业用电增长较快的大背景下，电力工业虽然快速发展，但用电需求增长也快，本来供不应求的电力工业实际上还是"旧账未还完，又欠新账"，全国缺电的局面更为严重。

---

[1] 《华主席九月十一日召集国务院领导同志和有关部委负责同志研究加快经济发展速度问题时有关水利电力方面的重要指示》，国家电网公司档案馆馆藏档案。

[2] 《李先念传》编写组：《李先念传（下）（1949—1992）》，中央文献出版社，2009 年，第 983 页。

二、电网管理体制的进一步理顺

1977—1978 年，电力工业继续落实 1975 年《国务院关于加快发展电力工业的通知》要求，落实跨省（市、区）电网要由中央部委为主管理的精神，京津唐、东北、华东三大跨省电网实行水电部管理为主，这些跨省电网内的省、市、区电力局，受网局及所在省、市、区双重领导，有关电网的各项业务以网局领导为主。其他不跨省、区的电网，在省、区党委一元化领导下，由省、区电力局统一管理，不能层层下放。这些明确的电网管理要求，扭转了"文化大革命"时期的混乱局面，考虑了电网形成的特点和当时的管理实际，形成跨省电网、省级电网各有不同的管理模式。京津唐、东北、华东 3 个区域电管局统一管理这些区域性跨省电网，3 家区域电管局又直接受水电部领导。此后，随着各区域电网的发展壮大，华中、西北、西南等区域电管局按照这一模式相继成立，加强了对电网的统一管理。电网各级调度命令，须严格执行，不经上一级电力部门的同意，不得变动。水电部相应充实加强了网局的机构。跨省电网的具体管理办法由水电部拟订，报国务院批准后实施。

三、电力工业学大庆与恢复性整顿

粉碎"四人帮"后，1977 年 4 月 20 日—5 月 13 日，中共中央开展了创建大庆式企业的运动，要求对工业企业进行整顿。各地电网与输变电相关单位结合落实《工业三十条》要求，对电力企业开展恢复性整顿，整顿的重点是生产秩序的整顿，以恢复历史最好水平为目的。1977 年 11 月 29 日—12 月 12 日，全国电力会议召开。钱正英部长在会上作报告，要求在全党、全国突出抓电的大好形势下，自力更生，奋发图强，以大庆为榜样，切实搞好企业整顿。

在学大庆运动中，电力企业整顿取得了明显成效，主要表现在以下几方面：

第一，生产规范和规章制度得到了建立和健全。1977 年，水电部调整充实了电力生产企业的生产指挥系统，建立、健全了以岗位责任制为主要内容的"三规""九制"，恢复并修订完善了"文化大革命"前制定颁布的安全生产、运行管理等规章制度。制定出台了一些新的生产规范制度，基本上实现了事事有人管，人人有专责，消除了无人负责的现象。例如，宁夏电力局在整顿中，建立健全了各项管理制度，坚持边整边改，恢复了正常的生产和工作秩序，企业的综合效益有所提高。湖北电力企业明确领导职责分工、职能部门的职责范围和工作标准，审查恢复或重新制订各种基本管理制度。各项基础工作有所加强，原始记录、统计报表、图纸资料、文书档案逐步完备。每日生产汇报、每周生产调度会议制度的建立，加强了生产指挥。

第二，电网频率、电压恢复正常，水电站逐步恢复正常运行。"文化大革命"期间，全国各大电网低频率运行长达 8～9 年；电压普遍偏低，最严重的情况下末端一次电压低30%。企业整顿期间，不少电网采取各种措施，努力恢复电网正常频率。例如，1977 年 4月和 7 月，东北电管局先后召开了工业学大庆会议和电力大会战动员大会，部署了电力建设、设备检修和新机完善化、"三电（即计划用电、节约用电和安全用电）"、省煤节电以及安全生产等五个大会战，并明确"五个会战的结果，就是要使电网恢复到五十周波运行"。1978 年 6 月 29 日，东北电网恢复正常频率运行，结束了长达 8 年的电网低频率运行，电压质量得到改善，220 千伏输电线路的电压平均值提高了 15%，66 千伏电压也相应提高。在随后开展的"质量月"活动中，全国各大电网相继恢复了正常频率运行❶。1970 年电网管理体制下放后，生产运行上的另一个大的损害，是过分地多发水电。几个大电网内多年调节的水电站，长期低水位运行，严重程度超过"大跃进"时期。由于低水位运行，每年损失电量 20 亿千瓦·时左右。经过整顿，全国仅仅是由于合理调度，减少因低水位运行造成的损害，平均每年增加电量约 20 亿千瓦·时。

第三，整顿安全生产，不断提高生产水平。"文化大革命"使"安全第一"的方针受到严重的歪曲、干扰和破坏，其后果就是事故率大幅度上升，整个电力生产处于十分被动的局面，损失严重。尤其是在"文化大革命"期间加入电业生产队伍的新职工，有相当一部分人的安全生产思想淡薄了，甚至在老职工中也有一部分人有同样情况，这是电力工业一个突出的"内伤"，是一个重大的内在损失。在拨乱反正中，把整顿安全生产作为一项重要问题来抓。首先，宣传了"安全第一"的方针，在补抓安全生产思想教育课的同时，连续几年狠抓发、供电设备的正常管理和计划检修，消除设备缺陷；有步骤地消除由于提高出力给设备带来的严重损害；有计划地处理设备制造质量问题；逐步提高设备完好水平。其次，抓规章制度的恢复、完善和运行管理工作，加强运行纪律。经过几年努力，安全生产情况逐年有所改善，事故率有所下降。到 1980 年，输、变电设备事故率都低于"文化大革命"前的最好水平。

第四，逐步加强电网的统一管理，恢复了电网的正常运行。几年来，在各部门、各地区的支持下，逐步加强了对跨省电网的集中统一管理。先后加强和新组建电网管理局，加强电网的统一调度，坚持计划用电。经过几年的艰苦努力，逐步恢复电网的正常频率，到 1981 年，全国 21 个主要电网的全年累计频率合格率已达 99.06%［其中，300 万千瓦以上电网频率按（50±0.2）赫考核］，监视点电压合格率达到 96.52%，各级供电电压也相应有所改善，各骨干水电站基本恢复了正常，能够按照调度图运行，设备完好率也在逐年提高，主要技术经济指标逐年改善。由于"四人帮"破坏造成的低频率（有的低于 45 赫）、低电压（有的低于额定电压 20%）、低水位（有的低于死水位）、低完好率和高消耗指标的状态基本得到扭转。

第五，加强经济调度，开展节电工作，电网的主要技术经济指标有了显著改善。到 1979 年，线损由 1976 年的 10.30% 降到 9.24%。在抓这些工作并取得成效的基础上，进一步把节能工作的重点转向全电网的经济合理运行，降低全电网的综合消耗水平。例如，东北电网 1978 年集中力量做好设备挖潜、电力建设、设备检修、多烧煤少烧油、"三电"、省煤节电六个方面工作，取得了恢复性发展，线损率比 1977 年降低了 0.46 个百分点，电

---

❶ 《当代中国的电力工业》编辑室：《全国电力工业会议文件选编（一九五〇年——一九八五年）》，1986 年，第 533 页。

力建设超额完成工作计划的 12.9%。宁夏电力局也相继加强供电管理，开展了一系列以安全、质量、降低消耗为中心内容的增产节约活动。

电力工业进行企业整顿是和开展工业学大庆，创大庆式企业活动相结合的，有明确的目标，有具体的标准，有普及大庆式企业的规划，对企业整顿起了一定的促进作用，在企业整顿和创大庆式企业中，主要抓了大型骨干企业，借以推动全局。这一时期电力工业的整顿与恢复是 1975 年全面治理整顿的延续，在生产技术领域的整顿措施与后续开展的第二次企业整顿是一脉相承的。从指标角度看，这一时期不少指标与历史最好水平相比还有差距，增长还是恢复性的。直到 1980 年后，一些经济技术指标才大幅度地改善和创新高，一些存在的问题到改革开放以后才得到解决，这一时期的一些整顿和技术改造还带有较为明显的群众运动的特色。

四、转折时期电网的发展和完善

1976—1978 年，电网建设的主要特点：一是各地加快以 220 千伏为主的省级网架建设步伐。华东地区，1978 年建成黄渡变电站，该站与已建成的西郊、蕴藻浜、万荣、浦东变电站共同构成上海 220 千伏电网主要枢纽变电站。华中地区，1978 年，南昌电网 220 千伏网架基本形成。二是跨省联网顺势而为，朝着区域联网方向进一步发展。1975—1979 年，吉林省几个主要城市和地区电网陆续与东北主网实现 220 千伏联网运行。1980 年，220 千伏京津唐环网基本形成，华北地区形成 220 千伏京津唐环网和以 220 千伏为主网架的冀南、山西、蒙西 3 个区域性电网。同年，华北电管局成立，加快了省（市、区）联网工作。

这一时期，电网规模进一步扩大。到 1978 年，全国 33～66 千伏线路长度达到 149 044 千米，33～66 千伏变电设备容量达到 5867 万千伏·安；110 千伏线路长度达到 57 418 千米，110 千伏变电设备容量达到 4093 万千伏·安；154 千伏线路长度达到 843 千米，154 千伏变电设备容量达到 67 万千伏·安；220 千伏线路长度达到 22 672 千米，220 千伏变电设备容量达到 2479 万千伏·安；330 千伏线路长度 535 千米，330 千伏变电设备容量达到 49 万千伏·安。

第二节　电网与输变电科研工作探索发展

粉碎"四人帮"以后，邓小平同志提出"科学技术是第一生产力"的论断。中共中央于 1978 年 3 月召开第一次全国科学大会，科学的春天终于来到。邓小平同志在这次大会的讲话中明确指出"现代化的关键是科学技术现代化""知识分子是工人阶级的一部分"，重申了"科学技术是生产力"这一马克思主义基本观点。从而澄清了长期束缚科学技术发展的重大理论是非问题，打开了"文化大革命"以来长期禁锢知识分子的桎梏。电业部门开始恢复和整顿中心试验所，并将中心试验所更名为电力试验研究所。同时充实人员，完善机构，添置装备，逐步恢复科研和技术工作。各级领导逐步加深了对"科学技术是生产力"的认识，不断加大了科技投入和科研试验装备的建设，科研经费逐年增加，科研工作逐渐步入正轨。

科技成果管理与科技奖励表彰制度恢复重建。科技成果管理包括科技成果的鉴定、评审、奖励，知识产权的保护和专利的申请，以及科技成果向生产力的转化等。1978 年以前，电力系统的科技工作一般只是技术管理和技术革新，科技攻关项目较少，没有定期表彰和奖励制度。1978 年全国科学大会召开时，曾对自中华人民共和国成立到科学大会召开时，这一段时间出现的科技成果进行了一次梳理、评审及奖励。随后，国家恢复和重建了国家科学技术奖励制度，电力部和各省（区）科委建立了科技成果的正规管理和定期奖励制度，极大地推动了科技工作的开展。

电力科技管理体系逐步建立。"文化大革命"结束后，科技工作开始受到各级领导的重视。电力科技管理也逐步走上规范化、现代化的管理轨道。华东电管局撤销了"文化大革命"期间包罗万象的"生产组"，在全国电力系统中率先成立科技教育处，把科技工作从生产技术工作中分离出来，科技工作开始形成一项独立的业务。此后不久，苏、浙、皖三省电力局相继调整机构，成立科技教育处，或将环保业务并在一起成立科技环保处。各地相同的是科技工作在局机关处室层面，已作为一项独立的业务开展起来。华东电管局还不失时机地从机构、人员和经费等方面加强科技工作。在此基础上，通过坚持科技年会制度，增加科技投入，开展院校协作，实行三级开发，完善成果奖励，支持消化吸收，逐步形成了具有华东电网特色的科技管理体系。

恢复技术职称评定。中共十一届三中全会后，国家落实各项知识分子政策，为尊重知识、尊重人才营造了良好的政治环境。随后各电力系统制定与实施了一系列培养和激励知识分子的具体政策。

电力试验研究所"四个中心"建设工作逐步开展。中共十一届三中全会后，电力建设步伐加快，发电量迅速增长。为了适应电力工业发展的需要，电力试验研究所在建设技术监督中心、技术服务中心、技术开发中心和技术情报中心（即"四个中心"）的过程中不断发展壮大，如江苏省将过去的定期预防性试验，扩展到电力生产、电力技术监督、基建调试、科技情报和技术培训等方面，拓宽了职责范围，增加了工作内容，电力试验研究所科研水平得到提高。通过企业上等级、安全文明生产"双达标"、争创精神和物质"双文明"等活动，浙江省电力试验研究所已成为专业配备齐全、技术装备精良、功能较为完善的浙江省电力生产建设坚实的技术后方。安徽省电力试验研究所 1979 年成功研制国内首台单相 6.3 千伏、500 千乏电容器，水电部遂指定成立电容器室，担负国内电力电容器技术调查、试验、研究任务，成为全国电力电容器产品质量检验测试中心。电力试验研究所"四个中心"为中国电网的不断发展壮大和安全稳定运行提供了强有力的科学技术支撑。

电力规划设计行业也重新受到重视，电力设计院陆续得到恢复重建。一个新的电力建设高潮开始形成，各区域电力勘测设计单位逐步走上健康发展的轨道。一是严格考核、把握质量，有计划、有步骤地补充人员；二是大力组织培训，努力提高职工队伍的思想素质和业务技能；三是举办各种技术讲座和信息交流活动，及时学习和掌握国内外最新技术。设计管理改革提到议事日程，国家基本建设委员会（简称国家建委）、国家计委和财政部于 1979 年决定部分勘测设计单位进行事业费改为承担任务收取勘测设计费试点（又称企业化试点）。此后，电力设计院先后实行预算包干，按项目管理、节余留成的企业化改革。

全国科学大会召开后，科技战线的士气大振。经过各方努力，原已分散或散失的科技队伍，根据不同情况重新集结，科研院所和设计机构相继恢复。1977 年，中共中央要求恢复科学研究机构。1978 年，水电部相继恢复了电力科学研究院等重要的电力科研机构。电力科研机构的恢复设立是治理整顿和拨乱反正的重要举措，对电力工业的恢复、调整、建设和发展起到了重要的技术支撑作用。

1978 年 3 月召开第一次全国科学大会后，随着科研机构的恢复，科研人员的归队，电网和输变电科研工作逐步规范化、系统化，为大电网的发展提供了有力的支撑。

一、电网与输变电领域多项成果获得全国科学大会奖

1978 年以前，电力系统的科技攻关项目较少，也没有形成定期表彰和奖励制度。1978 年全国科学大会召开时，曾对中华人民共和国成立以来到科学大会召开时出现的科技成果进行了一次清理和评审，并给予了奖励。下面列举电网和输变电领域 1978 年获得全国科学大会奖的部分成果。

1. 提高电力系统稳定技术研究解决电网安全运行问题

针对电网发生的稳定破坏事故，浙江、湖北等地电力系统经过多年的研究，取得了相关成果。

浙江电力系统稳定研究工作始于 1962 年冬。1962—1964 年，浙江电网进行多次系统稳定试验，积累了一定经验。1964 年，提出浙江电力系统第一份稳定计算报告。与此同时，浙江省电力局中调所在杭州变电所、永宁变电所、闸口发电厂、湖州发电厂和绍兴变电所装设低频解列装置；在 110 千伏杭州—萧山线、杭州—永宁线、杭州—半山线加装高频闭锁保护装置；应用电子计算机计算电力系统潮流、稳定。到 1975 年，初步形成浙江电网第一部稳定规程，于当年 11 月在全网颁发执行。

1968—1973 年，湖北省丹江口水电厂 90 万千瓦机组陆续投产。1969—1979 年，丹江口—武汉 4 回输电线相继建成投运。丹江口水电厂投产后，湖北电力系统形成大容量、远距离"西电东送"的格局，电网结构薄弱，负荷过重，时常发生系统振荡，威胁电网安全。为解决这一问题，湖北省电力局所属中心试验所和各有关单位组织专题研究。改进 220 千伏继电保护装置、安全自动装置、电气制动装置，以及装设远方切机和受端切负荷装置。这些研究和措施，从技术上为系统稳定运行奠定了基础，同时提高了丹江口—武汉 220 千伏线路的输送能力。

2. 解决大型变压器绝缘诊断难题提高电力输送可靠性

1970 年以前，一些中小型变压器厂由于没有数倍频发电机或发电机容量太小，不能做感应高压实验或不能做大容量变压器的感应高压实验，难以开展大型电力变压器匝间绝缘诊断实验。1969—1973 年，吉林省电力中心试验所建立高压大厅，自制并安装了 25 万伏工频试验变压器、50 万伏工频试验变压器、1200 千伏冲击电压发生器等设备，基本完成了实验大厅的装备，为 1976 年完成 220 千伏带电实验及 110 千伏变压器中性点保护实验打下了基础。吉林省电力中心试验所提出的利用三倍频方法进行大型变压器感应耐压实验，解决了当时的电力技术难题。通过搭建三倍频变压器，可在饱和的电力变压器零序回路抽取三倍频电压，三倍频变压器运行时磁密度较高，空载电流较大，无功损耗很大。为了满足感应耐压实验所需容量，试验所提出了采用补偿法解决试验容量的问题。吉林省电力中心试验所完成的大型变压器三倍频感应耐压实验科研项目，成功解决了大型变压器无法进行匝间绝缘诊断的难题，避免了电力变压器"带病"入网，提高了电力输送的可靠性。

3. 电网无功补偿装置研究助力提高电能质量

1967 年 12 月，浙江省水利电力局串联补偿工作小组成立，开始电网无功补偿装置研究试验工作。不久，即为嘉兴、上虞两座变电所设计 110 千伏简化接线的串联电容补偿装置。1972 年 7 月，在浙东供电局进行旁路隔离开关触头间串加跌落熔断器的模拟和现场试验，取得经验，并在全省推广。到 1977 年年底，全省共有 13 个 35 千伏串联补偿装置建成投运，电容器总容量 23 490 千乏；5 个 110 千伏串联补偿装置建成投运，总容量 54 750 千乏。这些串联补偿装置的投运，使这些地区的 35 千伏及以下电网电压提高 10%左右，线损率有所降低。串联补偿工作小组也被全国科学大会授予先进集体称号。

4. 带电作业规程指导规范作业

吉林电业局是全国最早开展带电作业的单位之一。从 20 世纪 50 年代开始就一直在积极探索带电作业的方法，研究改进工具，并主持编制了《高压架空线路不停电检修安全工作规程》，该规程成为全国第一部带电作业指导性规程，对全国带电作业步入规范化发展发挥了重要作用。吉林电业局送电工区带电作业 220 千伏线路跨越施工项目被吉林省政府评为重大科技成果。承担该项作业的带电作业班多次被评为吉林省政府、吉林市地方政府的先进集体。

5. 倒装组立铁塔方法提高安全施工水平

输电铁塔施工中，传统的立塔方法是将铁塔构件从下向上逐级组装，高空作业多，施工进度慢。湖北省电力建设工程公司第三工程处研究的倒装组立铁塔方法与此相反，即先在地面装好塔顶，起吊到适当高度后，再从塔顶向下逐级组装，装完一层，提升一级，直至全塔组装完成。倒装组立铁塔方法与传统的立塔方法比较，可以减少80%高空作业量，有利于安全施工和保证工程质量，铁塔组装时间减少1/3。

6. 彩色屏幕显示器监运装置研制改进电网运行状况显示效果

南京自动化研究所研制的 SDX－176 型彩色屏幕显示器是结合电力系统特点而研制的监运装置，也可作为计算机显示器终端。它与计算机及远动装置组成彩色显示系统，可以显示各种拼音字母、简单汉字、符号图形并组成电力系统运行报表和接线图，把电网和电厂运行状况和电子计算机所做的处理，实时而直观地显示出来。

7. 晶体管保护装置主要指标超过国外同类产品

南京自动化研究所研制的晶体管保护装置，包括变压器差动保护、发电机失磁保护及各种后备保护装置，有 12 种系列继电器和插件，经过 3 年多的运行，性能良好，可靠性高，调试及运行维护方便，获得鉴定通过。这些保护装置技术指标达到国内先进水平，其中，变压器差动保护用的间断角原理为中国首创，且主要指标如动作速度及消耗功率等都超过国外同类产品。

8. 晶体管继电保护抗干扰措施研究

南京自动化研究所研制的晶体管继电保护抗干扰措施，在 220、330 千伏电压进行 6 次大规模实测和实验室的试验工作，分析数千个数据，摸清了干扰波产生的原因、规律、途径，制定了抗干扰试验标准，总结和提出了测试方法和一些抗干扰措施，其中，抗干扰试验标准可作为产品质量的考核依据。

9. 无触点综合远动装置研究

南京自动化研究所研制的无触点综合远动装置成果获全国科学大会奖。其中，WYZ－Ⅰ、Ⅱ、Ⅲ型采用晶体管元件，WYZ－Ⅸ型采用集成电路，两种系列均经过鉴定，并在京津唐等电网中推广使用；SZY 型采用晶体管元件，已在全国推广使用。

10. 变电所"四合一"成套装置研究有利于运行检修

南京自动化研究所研制的变电所"四合一"成套装置利用晶体管保护和晶体管集中控制技术，将变电所的保护、测量仪表、中央信号及控制回路进行各种组合集中安装在保护柜和控制台上，缩小了控制面积，便于运行、监视、操作和维修，该装置经过鉴定并被推广使用。

二、电力科学研究院所的恢复与新建

"文化大革命"期间，电力科研工作遭受严重摧残，科研机构被拆散，科研人员被下放，电力科研工作基本中断。1978 年 5 月，全国科学大会的召开，电力科技工作迎来了春天，水电部决定恢复成立电力科学研究院。其他原有科研机构逐步恢复，并陆续建立一些新的全国性专职科研机构。

（一）电力科学研究院的恢复成立

电力科学研究院最初作为燃料部电业管理总局中心试验所，建立于 1951 年 7 月。"文化大革命"期间遭到一定的破坏。1978 年 5 月，水电部决定恢复电力科学研究院建制。电力科学研究院恢复建制后，作为水电部直属的综合性电力科研机构，面向经济建设，为电力生产建设服务，促进电力工业的科技进步，追踪世界电力科技发展。专业范围调整为主要进行能源与电力规划、能源管理信息系统、电力系统安全运行与大区互联电网、交直流输变电、电气设备及测试技术、供用电、电网调度自动化、电厂自动化、农村电气化、通信电气测量与计量标准等技术和电力发展战略、政策软科学等的研究工作，在 20 世纪 70 年代后期到 80 年代，电力科学研究院承担了国家重大攻关项目 34 项、部级电力工业重点科技项目 60 余项，并取得显著成效。

1978 年以来，电力科学研究院大批科技成果直接服务于电力生产建设，促进了电力科技的进步。主要的科技成果有：先后参加了国内第一个超高压输变电工程——330 千伏刘天关输变电工程，第一个超高压输变电工程——500 千伏平武输变电工程和第一个葛沪工程的前期研究和系统调试工作；对国内 110 千伏电压以上的大型变压器进行大量试验研究，提出增加绝缘强度以及采取冲击合闸的保护措施，有效地降低了大型变压器的匝间绝缘事故；开发电力系统稳定器（PSS）等多种提高电力系统静态、动态稳定的技术；开发电力系统分析综合程序，推广科技成果，促进了生产力的进一步提高；通过自行设计制造和从国外引进，新建和扩建了如超高电压试验大厅、大功率试验站等一批具有国际先进水平的试验装置和试验室。

随着电力工业的快速发展，电力科学研究院也发展成为规模较大、设备先进和技术力量雄厚的电力科研机构，长期从事科技工作，为电力生产建设服务，研究解决电力系统、超高压输变电、供用电、电厂自动化、电网调度自动化、通信信息、电能计量和农村电网等专业规划、设计、建设和运行中的关键技术问题，为电力工业发展做出了贡献。

（二）南京自动化研究所的创建

南京自动化研究所创建于 1973 年，为水电部直属专业研究机构。该所主要承担电力网、发电厂、变电所、供电系统和水利水电工程自动化技术及其设备的应用与开发研究任务。为此，成立之后陆续建立了系统工程、自动控制、继电保护、远动技术、通信技术、计算机技术、工业控制、水情大坝等 8 个专业研究室。该所自成立以来，充分发挥人才、技术和设备的优势，坚持以科研为中心，不断研究和采用最新科学技术，根据中国电力工业发展的需要，结合电力科技发展规划，承担了近百项国家和部委重点科技攻关项目，研制了多种系列和类型的、性能上达到国际先进水平的电力系统自动控制设备。其中一些科研成果促进了国内产品的更新换代或替代了进口产品，如成套集成电路继电保护装置、电网监控系统、电站监控系统、远方数据终端程控交换机、大坝安全监测系统和大坝安全监测仪器等。20 世纪 80 年代以来，随着科研经费拨款制度的改革，该所坚持深入内部改革，走自我转化和横向联合相结合、以自我转化为主的道路，实行了以科研、中试生产和技术经营为支柱的新运行机制。

（三）武汉高压研究所成立

电力部武汉高压研究所（简称武高所）前身为 1974 年经水电部批准成立的水电部武汉高压研究所，由高压试验站及国家高电压计量站合并为水电部武汉高压研究所。武高所是我国技术力量最雄厚、设施最完善的高电压输变电研究基地及高电压、大电流的计量研究中心。该所设有高压线路室、高压电器室、电力系统暂态室、雷电与静电研究室、高压试验室、高压计量室、供电与用电室和低压电器室等 8 个专业研究室，主要承担电力系统高电压领域的科学研究及试验工作，完成国家及部委下达的有关超高压、特高压交直流输变电工程的研究课题，有关电力系统和设备的技术改进任务；完成国家技术监督局下达的建立高电压、大电流计量标准及量值传递工作。1985 年，经批准设立能源部电气设备质量检测中心，下设变压器、电线电缆、电瓷、避雷器、高压测试仪器设备、带电作业工具、低压电器等专业质检站，负责对电力生产所用的主要电工产品进行质量检测，协助电力部门对运行设备因产品质量造成的事故进行分析。其中，低压电器质检站为国家级产品质量认证机构。武高所同时也是国家高电压计量站所在地，保存和建立高电压、大电流的国家标准，是国家技术监督局授权开展全国高电压大电流计量检定任务的国家法定计量检定机构。武高所实施科技体制改革，在保证国家科技攻关任务和部委重点任务完成的同时，鼓励科技人员承担横向课题，开发新技术和新产品。

三、各地电力中心试验所的建立和恢复

"文化大革命"期间各试验研究机构受到很大冲击，对各中试所也有不同程度的影响，但灾害程度远比部属科研机构要轻。粉碎"四人帮"以后中试所得到恢复和发展，普遍改名为电力试验研究所，改革开放后进行科研体制改革时，各地试验研究所得到加强。

电力试验研究所（简称试研所）是主管局领导下的电力企业内部的试验研究机构，是电力企业内部的专业技术监督中心、技术服务中心、技术开发中心和技术情报中心，也是主管局的技术职能部门和重要技术参谋部门。试研所是电力系统内技术装备和人才密集单位，与部属科研院所、大专院校组成电力工业技术进步的骨干力量。试研所直接参与电力设备全过程的监督管理，对电网的安全、技术进步和经济运行负有一定的技术责任。试研所的工作效益体现在电网的效益之中，因而不实行独立的经济核算或自负盈亏。其经费根据工作任务，采取不同的拨款方式，由主管局解决。试研所可在保证完成为电力生产建设服务和技术储备的前提下，发挥自身优势，面向社会开展技术服务、技术咨询等工作。

试研所坚持为电力生产、建设服务的方针，围绕主管局的重点工作和发、供电单位的急需，做好技术监督、技术服务、技术开发、技术情报和技术培训等工作，努力为电网和发、供电单位解决当前生产建设中的关键技术问题。同时结合本地区电力工业近期发展中的技术课题进行试验研究，为发展做好技术准备。试研所按照有关技术标准，对基层单位的绝缘、化学、金属、仪表、环保监测、继电保护等专业，进行技术监督和技术指导，并履行主管局赋予的技术管理职责。对电力设备实行从设计审查、安装调试到运行维护全过程的技术监督工作，及时掌握本地区主要设备的技术状况、专业队伍水平、测试手段及技术管理状况。

技术服务主要是总结安全经济运行和设备检修、改造的经验，为解决技术关键问题进

行科学试验，推广国内外的新技术、新工艺、新材料，以及改进和完善现有发供电设备，提高安全经济运行技术水平；参加系统内重大事故的调查分析和反事故措施的制订；为电网内电力企业提供测试、分析、计算等服务；负责或参与本地区电力设备的基建调试和新机组启动调试工作。技术开发主要是对关键技术问题组织攻关；消化吸收国内外先进技术，协助组织推广；对技术改造及发展规划中技术问题进行试验研究，参与规划的可行性研究等。技术情报工作主要是收集整理国内外有关电力工业的技术资料文献，提供检索、咨询和专题服务；收集专业技术情报进行综合分析，为科技项目立项和成果评定服务；办好本系统的技术刊物，搜集科技成果推广应用的反馈意见，组织本地区情报网。技术培训工作主要是举办培训班，开展专业技术人员的继续教育，提高基层单位专业人员的技术业务水平。

四、输变电技术在困境中突破

（一）直流输电技术的初步探索

1958年，在考虑长江三峡水利资源的开发以及三峡电站的电力外送问题时，提出对直流输电进行研究。但是由于多种原因，70年代以前工作进展不大，只是对直流输电原理和一些重点元器件进行了开发研究，开始建设一些直流输电物理模拟试验装置。

1963年，水利电力部技术改进局（现中国电力科学研究院）建成1千伏、5安的直流输电物理模拟装置。该套装置主要包括两组由闸流管组成的6脉动换流器、换流变压器模型、平波电抗器模型、输电线路模型以及电磁型和电子型的控制保护装置等。利用该套装置开始了对直流输电换流技术及控制保护系统的研究。

20世纪70年代后，高压直流输电被正式提上日程。1973—1977年，由华东电业管理局中心试验所、华东电力设计院上海供电局等共同研制了一套31千伏直流输电工业试验装置，开创了华东电网利用直流输送电力的历史。该装置始于上海杨树浦电厂的整流站，通过电力电缆送至9千米外的九龙变电站，逆变成6.6千伏交流电后，回送到6.6千伏母线系统电网，输送功率为4650千瓦。输电电缆利用截面积95毫米^{2}且已报废的23千伏电力电缆。在电缆的两端各串接1台由上海供电局变压器修理厂自行设计和制造的1亨、200安23千伏油浸自冷式铁芯电抗器。整流站和逆变站的换流阀为三相全控桥式接线。每个桥臂由64只2000伏、150安油冷却的晶闸管元件串联组成，并有晶闸管元件之间和组件之间的均压措施。

触发信号采用尖脉冲叠加宽脉冲，用绝缘电缆的互感器方式传递。调节、控制和保护采用集成电路数字控制。全套装置由锁相倍频同步脉冲发生器、等距离脉冲发生器、恒定电流、恒定熄弧角和最小电流调节装置以及检测和故障处理等部分组成。

为消除换流阀工作过程中产生的各次谐波，并进行无功补偿，在整流站和逆变站均装有5次、7次和高次谐波的调谐滤波装置。

1976年安装完成后进行调试，1977年11月正式并入交流电网运行，输送功率达到设计要求。1978年通过水电部组织的技术鉴定。此工程为舟山直流输电工程的建设积累了经验，进行了技术储备。

（二）京津唐电网调度安全监视信息显示系统研制

20 世纪 70 年代初期，彩色屏幕显示器开始在部分国家电力系统中采用。它的出现，引起了电网调度自动化技术的巨大变化。70 年代，"巴黎统筹委员会"决定不卖给中国高档集成电路器件，中国虽然可以从香港得到一些国家的器件，但质量难以保证。为此，必须走自力更生的国产化道路。1977 年，水电部南京电力自动化研究所和北京电力局中心调度所联合设计、研制和开发了由 SD－176 型电子计算机连同 SDX 型彩色屏幕显示器为主要设备的京津唐电网调度安全监视信息显示系统。

该系统在满足系统功能的前提下，把提高可靠性放在首位，采用冗余备份技术，在故障时，进行自动或人工切换，使故障弱化，保证系统正常运行。系统陆续投入了 30 台远动装置，在线处理 700 多个遥测、遥信量，实现了全电网的功率总和，各地区负荷显示，整点功率制表打印，大电厂、单机组功率显示，8 个主力发电厂、12 个 20 千伏变电站的300 多个开关状态监视，各大区、厂、站接线图、实测数据和网络潮流分布显示等功能，提高了京津唐电网安全稳定运行水平，已成为调度人员对电网运行进行安全监视的有力工具。1978 年，江苏省革命委员会对该系统的成功研制给予奖励。

该系统于 1978 年 8 月正式投入生产运行。当时，SD－176 单机系统接收了 33 个发电厂、变电站的 465 个模拟遥测量、346 个开关状态量，对京津唐电网内的发电厂、变电站及电网系统潮流进行实时监视，实现了基本的 SCADA（数据采集与监视控制）功能。京津唐电网调度安全监视信息显示系统的研制成功和实际应用，发挥了电网调度自动化系统保证电网安全和可靠运行的重要作用，取得了巨大的经济效益和社会效益。该系统是全部采用国产设备和国产元器件研制开发的第一套实时监控计算机系统，是我国自主开发实现SCADA 功能的电网调度自动化的奠基石，是中国电网调度自动化的成功范例。该科技项目于 1980 年荣获 1980 年度水利电力部重大科技成果一等奖。

SD－176 电网安全监视双计算机系统成功研制。按照电力部 1980—1981 年电力工业科学技术发展计划要求，为了进一步提高京津唐电网调度自动化系统的可行性，保证电网安全经济运行，针对京津唐电网需要监视的信息量大、范围广，需要实现的自动化功能多等需要，南京自动化研究所和华北电管局总调度所在之前研究成果的基础上共同研制了 SD－176 电网安全监视双计算机系统。系统在设计方面，采用自动恢复、自动切换冗余备份技术，在故障条件下，进行自动切换或人工切换，保证系统正常运行。

1983 年，京津唐电网中调 SD－176 双机实时监视系统和北京地区供电网的 DJS－130双机实时监视系统先后试运行。同年 5 月，冀南电网中调 SD－176 计算机安全监视系统投入运行，可进行数据采集处理及屏幕显示和打印输出，可显示 43 幅画面。到 1983 年年底，总调及山西、冀南电网中调均已实现了在线计算机实时监视系统。1984 年 10 月 1 日，京津唐电网中调 SD－176 双机电网调度安全运行自动监测显示系统，经水电部鉴定合格后正式投入运行，共配有 4 台彩色屏幕显示和两台打印机，可实现 15 种功能，显示 126

幅画面。该系统可监视发电机有功功率和发电厂的功率总和、发电厂和变电站母线电压和运行方式、联络线电力潮流和稳定极限、地区负荷、联络变压器电压和电流、断路器位置，并有越限报警和事故追忆功能。

在 SD－176 双计算机实时监视系统运行后，不但提高了电网安全、经济运行和事故处理水平，而且取得了一定的社会效益。仅据京津唐电网 1984 年 4 月—1985 年 4 月的统计计算，一年可节约当年折合标准煤 3.26 万吨。同时由于事故处理及时，减少停电损失70 万元。SD－176 双机年平均使用率已达 99.78%，年平均运行率 99.62%，事故时遥信动作正确率年平均为 99.2%。经水电部科学技术司鉴定，该系统是中国电力部门首次采用国产元器件成功研制的电网安全监视双计算机系统，为后续发展电子计算机在电网调度自动化方面的应用提供了宝贵经验。该系统应用于华北电网总调度所，实现了对网内 565个测点、449 个开关状态、49 台发电机组的有功出力、42 条 220 千伏输电线路潮流、7个地区的用电负荷的安全监视，对保证电网安全运行起了重要作用，在中国电网调度自动化应用领域处于领先地位。

第三编

改革开放到新世纪初期的中国电网与输变电蓬勃发展

（1978—2002）

党的十一届三中全会后，全党工作重点转移到社会主义现代化建设上来，极大地解放了生产力。经济发展需要"电力先行"，面对改革开放初期全国普遍性缺电的局面，国家确立了电网统一集中管理的体制，确保了电网安全稳定运行。电力工业以改革为引领，以创新为驱动，全面加快电力基础设施建设，持续扩大发电装机规模，积极发展跨省区大电网，实施城乡电网建设与改造，显著提高城市安全可靠供电能力和农村民生用电保障能力，长期以来严重缺电的局面在1996年以后基本得到缓解。中国电力工业形成了"改革促发展"的局面，投融资体制改革、管理体制改革、农电体制改革和法制化建设稳步推进，规划设计体系、基本建设机制、环境保护机制、重大技术发展和装备研发、安全标准等领域逐步与国际接轨，电力工业迈上跨越式发展之路。

电力体制改革加快推进，法规制度不断完善，电力生产力持续释放。改革开放之初，国家经济基础薄弱，电力投资严重不足。这一时期，电力体制改革的重点是投融资体制改革、管理体制改革、农电体制改革和法制化建设。电力改革重点在于破解政企合一的管理体制，积极推动公司化改革。《国务院关于印发电力工业管理体制改革方案的通知》（国发〔1988〕72号）明确了"政企分开、省为实体、联合电网、统一调度、集资办电"的方针，因地、因网制宜，改革现行电力工业管理体制，改革措施主要围绕政府职能转变、政企分开和建立现代企业制度展开。1996年年底—1999年，国务院先后组建国家电力公司、撤销电力部，开展"厂网分开、竞价上网"试点，电力行业政企分开基本完成。电力法制化建设取得了丰硕成果，1995年，国家颁布《中华人民共和国电力法》，拉开了依法治电的序幕，以《中华人民共和国电力法》为基础，以《电力设施保护条例》《电网调度管理条例》《电力供应与使用条例》为骨干，以相关配套的电力行政规章和地方性电力法规为补充的电力法律体系初步形成。

电力建设取得长足发展，电网规模持续快速扩大，有力支撑了电力跨区跨省输送。这一时期，电网向更高电压等级发展，进入超高压大电网时代。通过引进设备和技术，在华中地区率先建成了中国首个500千伏超高压输变电工程——平顶山—武昌输变电工程。之后，中国首个安装全套国产设备的500千伏元宝山—锦州—辽阳—海城输变电工程、首条跨大区直流输电工程——葛沪工程建成投产。对优化国家能源布局、实现全国联网具有里程碑意义的三峡输变电工程于1997年开工建设。随着500千伏天生桥—广东Ⅲ回输变电工程（简称天广Ⅲ回工程）等第一批"西电东送"电力项目开工建设，西电东送的南、中、北三条大通道基本形成。跨省区联网蓬勃发展，形成了东北、华北、华东、华中、西北、西南六大区域电网格局，粤港澳地区实现联网。中央对电网集中统一领导的管理体制逐步完善，大电网和电力工业发展的基础更加稳固。

电力科技水平稳步提高，关键技术创新多点开花。这一时期，电力科技创新能力显著提升。超高压输电、大跨越线塔设计施工、电网通信调度等一批关键工程和关键技术实现突破，电网运行管理进入自动化时期。高压直流输电技术开发在20世纪80年代列入国家重点科技攻关计划，进入90年代后，全国兴建了一批±500千伏直流输电工程，项目国产化率从30%逐步提高到70%。中国电力工业进入大电站、高参数、大容量机组和大电网、高电压、自动化、信息化的新时代。这一时期节能环保成为电力发展新主题，中国电气设备制造和电力基本建设管理水平也有了较大的提高。

从改革开放到新世纪之初的电力工业发展史，是一部电力工业改革创新、开拓进取的发展史，是快速健康发展、追赶世界先进潮流的发展史。电力工业坚持以发展为第一要务，以改革为发展动力，依靠创新驱动和科技进步提高发展质量，通过 20 多年的发展和积累，步入又好又快的发展道路，为中国电力工业赶超世界先进水平打下了坚实基础。

至 1999 年年底，中国发电装机容量与发电量均居世界第二位，仅次于美国，全国电力供需基本实现阶段性平衡。到 2001 年年底，全国全社会用电量达到 14 682.51 亿千瓦·时，是 1978 年的 5.9 倍；发电装机容量达到 33 849 万千瓦❶，是 1978 年的 5.9 倍、1949 年的 183 倍。全国 35 千伏及以上输电线路回路长度、变电设备容量分别达到 78.19 万千米、11.18 亿千伏·安，是 1978 年的 3.4 倍、8.6 倍，500 千伏主网架基本建成，西北 330 千伏主网架日趋完善，全国联网工程启动。

1978—2002 年，中国电力安全保障能力大幅提升，经济社会的快速发展使电力需求旺盛，中西部大电源基地持续建设，超高压跨省跨区电网输电能力不断提高，为今后的大范围资源优化配置提供了良好的基础支撑条件。

---

❶ 不含港澳台地区。

第八章

改革开放初期输变电建设（1978—1982）

　　1978—1982 年是改革开放最初的四年，电力工业发展从"文化大革命"后"突出抓电"的快速发展转入了调整时期。国民经济发展中"电力先行"战略未得到有效执行，电力工业被作为重工业、基本建设之一，以挖潜、增效、降损、调整内部比例为主，大幅度削减投资。这一时期全国缺电形势较为严重，国家出台了严格的用电计划管理，强化节能降耗，运用产业政策、行政手段适当抑制需求，以维持短期的"供需平衡"。

　　在控制投资规模和实行电力工业内部调整的同时，国家制定了严格的计划用电政策，强化了计划用电的行政手段、技术手段，大力倡导节约用电，按照产业政策、能耗情况实行有保有压、有鼓励有限制用电，优先保障轻纺、食品等工业和农业、居民生活等用电。这一时期，明确了发展大电网、推动全国联网的电网发展方向，强调了电网安全稳定运行在全国电力工业生产中的重要基础性作用。电力工业确立了"电网统一集中管理"和"管电力就是管电网"两大基本原则，并相应地建立了电力部—跨省区电管局—省级电力局三级电网管理体制，为改革开放后电力工业的快速发展、深刻变革打下了重要的基础。

　　改革开放前，中国电力发展"重发轻供"问题明显，电力安全保障存在明显不足。随着电网整顿和统一集中管理体制的发展，电网投资建设的占比提高，电力发展从"重发轻供"向"厂网并重"方向转变，供电能力和供电质量逐步提升，省内网架加强与跨省电网发展有力支撑了改革开放初期的社会用电需求。在华北地区，京津唐电网与河北南网、山西电网逐步互相联网，初步形成了覆盖京津冀晋四省市的华北电网；河北南网通过加强省内"南电北送、西电东送"的通道来缓解网源不协调的问题，之后与山西联网，共同为京津唐电网提供强力电源支撑；山东电网实现了全省联网，形成了 220 千伏骨干网架，为山东电网大机组、大电厂建设创造了有利条件。在东北地区，东北电网主网覆盖区域逐步扩大，大电源的建设和输送通道的完善有效解决了低频运行问题，缓解了局部缺电困境。在华东地区，以上海、苏南、浙北为中心，华东电网 220 千伏网架结构更加完善，覆盖范围不断向苏北、浙南、安徽扩展，通过双环网来强化骨干网架，进而提升系统运行稳定性；福建省形成 220 千伏电压等级的全省联网，实现福建南北地区电网互联互济，使福建南部电网调峰困难及电压大幅度波动问题有所缓和。在华中地区，为解决武钢 1.7 米轧机试车供电问题，鄂豫两省再次联网，初步形成了以 220 千伏电网为主网架的华中电网。在华南地区，形成了 220 千伏电压等级的广东电网，覆盖除海南岛外的全省主要地区；作为改革开放经济发展的先锋队，广东地区经济发展迅速，缺电问题严重，利用对外开放的灵活政策和毗邻港澳的有利优势，通过 132/110 千伏电压等级实现了广东省与香港、广东省与澳门、深圳蛇口与香港的联网，获得了香港电力的有效支援；广西壮族自治区形成了 220 千伏电压等级的省级电网主网架，让水电资源得到充分开发。四川省和云南省均分别实现了以 220 千伏电压等级电网为主网架，110 千伏电压等级线路为主要连接线的全省联网。新疆电网以乌鲁木齐电网为基础的 110 千伏网架结构逐步扩大。

为解决武钢 1.7 米轧机冲击负荷需要建设的中国首个 500 千伏超高压输变电平顶山—武昌输变电工程，是改革开放以来中国电力发展史上的一个里程碑，为中国后来发展超高压输变电工程的设计和施工奠定了基础，开创了中国电网的新时代。随着元宝山电厂建成投产，为了缓解辽南地区缺电，中国首个安装全套国产设备的 500 千伏输变电工程元宝山—锦州—辽阳—海城输变电工程开工建设。

1978—1982 年电网建设的规模和比重得到了显著改善。1982 年年底，全国 35 千伏及以上输电线路长度达 300 501 千米，比 1978 年年底的 230 512 千米增加了 69 989 千米，涨幅 30.36%。其中，500 千伏输变电工程从无到有，500、330 千伏线路里程均突破 1000 千米；220 千伏线路 34 405 千米；110 千伏线路 104 190 千米。1982 年年底，全国 35 千伏及以上变电容量 18 506 万千伏·安，比 1978 年年底的 12 555 万千伏·安增加了 5951 万千伏·安，增幅 47.40%。其中，500 千伏变电容量 225 万千伏·安；330 千伏变电容量突破 100 万千伏·安，达到 121 万千伏·安；220 千伏变电容量突破 4000 万千伏·安，达到 4148 万千伏·安；110 千伏变电容量突破 7000 万千伏·安，达到 7604 万千伏·安。期间投产的调相机容量高达 27 687.5 万千伏·安，大幅度提高了电网无功补偿能力，对提升电压质量、稳定电网频率及确保电网安全、稳定运行起到了重要的作用。

第一节　电力工业确定统一集中管理

改革开放后，中共中央、国务院决定，将"文化大革命"时期下放地方的电力工业管理权限上收电力部，此次管理体制的调整与改革通过"管电力就是管电网"，实现了电力工业和电网由中央集中统一领导与管理。1979 年 4 月，中央工作会议决定用三年时间对国民经济认真搞好调整，并提出了"调整、改革、整顿、提高"的新"八字方针"。电力工业发展在经历了"文化大革命"后两年多的恢复性整顿，生产指标有了相当程度的恢复，投资建设的速度也较快。"文化大革命"结束后"突出抓电"的基本思路保持延续，针对当时严重缺电形势，进一步强调了必须加快电力工业投资建设，抓紧时间"还旧账"，恢复和实行国民经济发展中"电力要先行"这一重要战略原则。随着国民经济调整的深入，对如何解决"缺电"这一电力工业突出的问题，在建设速度上、侧重点上出现了一个短期内的调整。

电力工业压缩了基本建设投资规模，调整了内部比例关系，以挖潜补短、降陷增效作为增加发电量的主要手段。大连全国电网稳定会议与《电力系统稳定导则》的出台，解决了老问题，定下了新规矩，成为中国电网发展史上具有承前启后作用的一次重要会议，整顿进一步深入，生产管理秩序、安全生产局面、经济技术指标都有了较大的好转。

一、改革开放初期严重缺电与电网运行的薄弱环节

受"文化大革命"影响，电力工业与国民经济之间的比例关系严重失调，出现了全国性的缺电。粉碎"四人帮"后，经过拨乱反正以及一系列整顿和发展，电力工业生产秩序和经济技术指标有所恢复，电力工业虽然发展比较快，但仍落后于国民经济发展的需要。当时，燃料动力工业和其他工业的比例严重失调，全国发电能力缺口约为 1000 万千瓦，有 20%左右的工业生产能力发挥不出来，大批工厂经常处于停工、半停工状态。电力工业与国民经济其他门类间的比例关系失调并未得到改善，缺电反倒更加严重了。

改革开放初期，电力工业发展的一个突出问题是电网管理体制、管理水平与电力工业的发展水平和规模不相适应的矛盾日益凸显。一方面，长期以来，由于对电网发展规律缺乏认识，电网发展缺乏规划，加之"文化大革命"的干扰破坏，致使送变电建设赶不上发电，电网的发展既跟不上电源的建设，也不能满足用电需要。随着以 220 千伏网架结构为主的省网和跨省联网的大电网逐步形成，"文化大革命"期间下放省管的电网管理体制成为电力工业发展的障碍和治理整顿工作中的阻力。另一方面，调相、调压、继电保护、通信、远动等设施赶不上送变电建设，电网运行管理还不健全，造成很多电网结构薄弱，导致 1970 年后的十一年间，电网稳定破坏事故大大增加，改革开放后，严重的电网稳定破坏事故仍不断发生，其中 220 千伏电网稳定问题较为突出。

同时，电力工业内部发展不均衡，系统运行薄弱环节多，主要问题包括规划和前期工作被严重削弱，制约建设发展。电力工业发展的长期规划不足，尤其是缺乏大电源基地的规划、选点，建设施工设备和工艺也落后。水、火电比例长期没有改善，电力建设投资不足限制了水电发展。1949 年以来，在正常来水年份，水电发电量比重一直在 17%~20%之间，部分电网调峰调频问题日益困难。电力建设投资不足，电力设备陈旧，电力供应紧张。已投产的发、供电设备尚不能满足用电量的增长，电力工业的设备更新更难。送变电建设落后于发电建设，长期以来送变电投资少、建设慢、能力不足，影响电网调度，供电可靠性差，供电电压质量低，安全运行受到威胁，电网稳定受破坏的问题越来越突出。电网调度现代化水平低，经济效益发挥不出来。通信技术落后，通信手段不足，通信装置传输信息量少，指挥中断情况时有发生。电力供应紧张和能源利用效率低并存，火电厂能耗、输配电损耗逐年上升，各行业企业的用电效率不高，能源节约的空间很大。

二、电力部第二次成立及新"八字方针"的提出

为加强电力工业的统一集中管理，落实"突出抓电"的方针，加快电力工业发展，1979年 2 月，经全国人大常委会批准，国务院撤销水电部，分别成立水利部和电力部，刘澜波

任电力部部长、党组书记，王林任第一副部长、党组第二书记❶。这是继 1955—1958 年首次设立电力部之后，国务院第二次设立单独管理电力工业的组成部门。电力部代表国务院行使对全国电力工业的行业管理权限，电力部的设立，对加强电力工业的管理，尤其是强化电网统一集中管理、进一步拨乱反正、整顿和恢复生产秩序、完善和调整电力工业内部比例关系等方面都起到了重要的作用。

电力部的第二次设立，是党中央、国务院在改革开放初期根据国民经济发展需要和电力工业发展需要进行的调整，电力部在改革开放初期，有力地推动了电力工业的发展和电网的统一集中管理。

针对改革开放初期电网面临的问题和挑战，电力部组织认真分析总结，多次向中央及有关领导部门报告了电力工业的情况及问题，受到了中央的重视。电力工业在国民经济中的比例失调及其严重后果逐步为越来越多的人所认识，加强电力工业管理也得到越来越多的支持。随着国民经济的调整，通过政策调整、体制改革、企业整顿、加强前期工作、强化节约用电和用电管理等，电力工业发展的效益进一步提升。

改革开放后，中共中央、国务院领导同志对加强电网的集中统一领导都做了出较为明确的指示和要求。1979 年 5 月，电力部召开全国电力工作会议，提出了贯彻执行"调整、改革、整顿、提高"方针的初步方案。5 月 29 日，国务院以国发〔1979〕184 号文批转这个方案，明确电力工业是国民经济的先行，要千方百计把电搞上去。同时明确，电力工业是建立在现代化技术基础上的大生产，必须实行高度的集中统一管理。1979 年 6 月，国务院副总理兼国家计委主任余秋里在五届全国人大二次会议上作的《关于 1979 年国民经济计划草案的报告》中指出，要实行电力统配制度，跨省区的和一个省区范围内的电网，由电力部统一管理，电力由国家统一分配供应，任何部门和地区都必须在国家分配的电力范围内，安排生产建设，不得超计划用电。1980 年，为进一步贯彻国务院 184 号文件精神，完善电网统一集中管理和扩大企业自主权，增加网局权力，电力部颁布了《关于加强跨省电网集中统一管理的若干规定》，就跨省电网的计划管理、生产调度管理、电力分配、燃料和物资管理、财务管理、劳动工资管理等方面的工作，做出了具体明确的规定。

从 1979 年开始的电网由电力部统一集中管理的改革，是"文化大革命"期间电力工业管理权限下放地方后的一次集中上收。此次管理体制的调整与改革，通过"管理电力实际上是管理电网"，实现了电力工业和电网由中央集中统一领导与管理。这是中国电力工业发展规模进入大电网时代的必然需要，是电力工业发展的基本需要。从生产力发展基础上看，实行电网的统一集中管理对改革开放后电力工业的发展起到了至关重要的基础性作用。

---

❶ 1979 年 2 月成立的电力部，由刘澜波任部长、党组书记，王林任第一副部长、党组第二书记，李代耕、张彬、李锐任副部长、党组副书记，塞先佛、刘汉生、苏哲文、李锡铭、李鹏、陈伯村、毛鹤年、李鹏鼎任副部长、党组成员，王干国、齐明、邹林光任党组成员，李鹏兼任北京电管局党组书记。

三、六大区域电管局的设立

为加强电网统一集中管理，经国务院批示，1979 年 12 月电力部决定成立华北电管局和西北电管局，分别对华北、西北两地区电力工业实行统一领导，分级管理。1980 年 1 月 10 日，华北电管局（兼北京电力局）成立，统一管理华北电网，下辖天津、河北、山西等省电力局，并对内蒙古自治区电管局实行行业管理。

1979 年 12 月，电力部为了贯彻执行国务院 184 号和 159 号文关于电力工业必须实行高度统一集中管理的指示，加强对西北电力工业的统一管理，成立西北电管局，下辖甘肃、青海、宁夏等省（区）电力局。

1980 年 5 月，在武汉成立华中电管局，下辖河南、湖北、湖南、江西等省电力局。

1981 年 4 月，经国务院批准，以四川省电力局为基础，成立电力部西南电管局，统一管理云南、贵州、四川三省的电力工业。按照电管局所在地不另设省局的原则，保留四川省电力局名称，与西南电管局实行一套机构、两块牌子运行。1983 年 7 月 1 日，停止使用四川省电力局名称，其职能由西南电管局行使。

1979 年 8 月，华东电管局回归电力部领导，管辖江苏、浙江、安徽电力局。

早在 1975 年 12 月 1 日，水电部根据《国务院关于加快发展电力工业的通知》（国发〔1975〕第 114 号）要求，将东北电力局易名为东北电管局，负责领导辽宁、吉林、黑龙江 3 省及内蒙古自治区东部三盟（即昭乌达盟、哲理木盟和呼伦贝尔盟）等地区的电力工业。电力部第二次成立后，原已成立的东北电管局继续保留。1984 年 1 月 1 日，为了加强对东北电网的领导，提高电网经济效益，根据国务院副总理李鹏指示，东北电管局对黑龙江省西部电网（含齐齐哈尔、富拉尔基、安达、北安地区）实行统一管理。

到 1981 年年底六个大区电管局都已成立，只有福建、新疆、广东、广西、内蒙古和西藏等六个省区电力工业仍归各省区领导。电力工业部成立后，经过两年多的努力，又把全国主要电网、主要省（市、自治区）统一管起来了。

四、节能降耗举措与供电质量提升

这一时期，国家实行的能源政策是开发与节约并重，短期内以节约为主。电力工业既是二次能源供应大户，又是一次能源消耗大户，在节约能源和缓解电力供需矛盾上，面临着双重压力。节约一次能源消耗，强化节约用电和严格计划用电，既是在调整时期放缓电力建设速度情况下，增加能源供应的一个重要手段，也是从生产、分配两个维度对电力工业生产效能、经济效益的一次全面提升。

强化电力工业内部挖潜、降损提效，提高对一次能源使用效率，成为增发增供的重要手段。在火电领域，通过降低发供电煤耗，进一步减少煤炭、原油的使用量，通过技术改造提高机组出力和使用效率。在水电领域，出台《水电站水库经济调度试行条例》，逐步恢复水电站按设计要求的正常水位运行，基本解决水电站水库低水位发电的问题，恢复机组出力，降低水耗率，实现水电的增发、多发，提高电压质量，恢复正常的频率。在电网运行方面，采取降低供电线损的多种技术和管理措施，强化对电网调度运行管理等措施，发挥大电网经济调度的作用。在经营管理方面，通过开展与企业整顿相结合的增产节约运动，强化对生产成本的控制，促进节能降耗方面的工作，提高电力工业的生产效率和效益。

这一时期，电力投资建设和新增装机增长减缓，用电紧张的状况并未缓和，严格控制用电需求成为缓解缺电的重要手段。国务院出台了严格的用电计划管理措施：在工农业生产用电管理领域，政策层面强化了政府经济部门对用电的计划分配，形成了按产业政策、按经济调整政策、按经济效益和产品效益等的分产业、分行业、分企业的计划性管理措施；在分配电量方面，向国民经济重点行业，尤其是改善人民群众生活的农业、轻工业以及有利于扩大出口创汇、重点建设工程等方面倾斜，压缩重工业、高耗能企业的用电；在居民用电方面，大力倡导节约用电；在技术层面，实行定时用电、定量用电、凭票用电等一系列严格措施，大力推广计量装置，强化具体用户的定量供应，逐步转变粗放式的用电计划管理。同时，还出台了严格的高耗电、高耗能设备淘汰、更新措施，降低生产用电。

在恢复电网运行频率和提升电压质量方面，在1978年的基础上，1979年频率合格率进一步提高，频率偏差进一步减少。全国11个百万千瓦以上的电网中，9个电网的频率合格率达到99%以上，东北电网和京津唐电网基本上达到100%，频率允许偏差由0.5%减小到0.2%。在改善电压方面也取得了初步的效果，东北电网一次系统中枢点电压合格率达到98%，用户电压基本合格；京津唐电网46个监视点电压都有所改善；华东电网各中枢点电压比1978年提高了1%～9%。到1981年，全国21个主要电网频率合格率平均值为99.1%。21个电网中枢点电压合格率达到96.5%。供电电压有显著改善，因低电压而损坏用电设备的现象大大减少。

1981年1月，电力部召开全国电力工作会议，贯彻落实中共中央工作会议的精神，进一步贯彻调整方针。就调整时期电力工业如何在资金投入有限的情况下做好工作，国务院副总理余秋里提出了两个原则：一是把有限的资金用好，集中力量保重点，加快建设速度，提高工程质量，搞好工程配套，充分发挥投资效果，在国家计划安排的财力、物力范围内，努力加强前期工作，尽可能地安排好当前和长远的衔接；二是严格控制节约用电，严格执行供电合同，按照国家节能的政策、法令，继续实行计划用电、择优供电原则，优先安排国家重点保障的行业、能耗低的企业用电❶。

在此次会议上，电力部也部署了调整工作的重点：一是按照调整的方针安排好生产基建计划；二是把安全生产、电能质量、设备完好率提高到一个新水平；三是千方百计节约能源；四是搞好在建工程，狠抓结尾项目，并妥善解决基建任务不足问题，减少停工窝工损失；五是大力加强基本建设前期工作；六是积极推行全面质量管理，进一步提高工程质

❶ 余秋里：《在全国电力工作会议上的讲话》，1981年1月17日，《全国电力工业会议文件选编（一九五〇年——一九八五年）》，《当代中国的电力工业》编辑室，1986年9月，第599～600页。

量；七是继续进行电网管理体制改革和扩大企业自主权试点工作；八是改善经营管理，提高企业活动的经济效果；九是重视、加强科学技术和学校教育工作；十是加强培训，提高队伍水平。

五、大连全国电网稳定会议与《电力系统稳定导则》的出台

"文化大革命"结束后，各级电力管理部门和企业采取一系列措施，用了两年多的时间，扭转了电网运行低频率、低电压和水电厂低水位运行的局面，频率合格率、电压合格率有了较大的改善，为电网稳定运行增加了必要的储备。但是"文化大革命"期间形成和积累的电网生产运行中存在的各种问题并未得到彻底解决，各级干部职工就电网在电力工业发展中的重要作用认识不够，电网运行技术、设备和管理水平不能适应形势需要，如何处理好部—网局—省局三级调度管理体制下的各方关系，全国电力供应紧张形势下如何保障电网安全运行等一系列老问题和新形势相互交织，集中反映在确保电网安全稳定运行上所面临的巨大压力。中共中央、国务院做出由电力部统一集中管理电网的决定，为进一步解决电网运行中存在的问题创造了良好的条件。随着落实新"八字方针"调整、整顿工作的深入开展，加强电网运行与管理，确保电网运行稳定，解决长期以来形成和积累的矛盾与问题，成为电力工业内部调整的重要内容。

1981年7月中下旬，电力部在大连组织召开了全国电网稳定会议，电力部部长李鹏介绍了电力工业生产形势，讲解了电力工业规划方针，就加强电网稳定工作提出了要求。会议肯定了前期电网整顿工作取得的成绩，指出通过两年多的工作，延续多年的低频率、低电压和水电厂低水位运行的局面得到了扭转，必须坚决保证这一电网稳定运行工作的基础继续得到改善；对任何超出正常幅度的低频率、低电压、低水位运行的倾向，必须及时采取有力措施纠正；提出要抓住国民经济调整的时机，采取有效措施，完善现有电网，搞好新建电网，加强运行管理，大幅度减少稳定破坏事故。

根据1980年7月召开的全国电业安全生产会议上提出的将防止电网稳定破坏事故作为当前反事故斗争重点的要求，会议对"文化大革命"以来全国各电网发生的210次稳定破坏事故进行了分析，讨论和修订了《电力系统稳定导则》，研究了有关提高电网管理水平的若干事项，提出了大幅度降低电网稳定破坏事故的要求，再次强调要执行好1978年电网结构会议精神和1979年水电部颁发的《关于电网规划设计的几点意见》的要求。会后，电力部总结电网结构的经验教训，制定了《电力系统设计规程》。

会议提出，要认真分析电网稳定破坏事故，及时总结经验。各网局、省局要摸清底细、制订措施，力求两三年内把电网稳定破坏事故大幅度降下来，并杜绝全网频率崩溃和电压崩溃事故。各级单位要对电网稳定做到心中有数。电网调度要加强日常、每季度、每月的运行方式计算，当下一年度新建发、送、变电项目明确以后，调度应提前对下一年各种运行条件下的系统稳定情况进行计算，明确所有线路的稳定极限，并据此在调度规程中制订有关防止系统失稳的注意事项和规定。调度部门要加强对发电机励磁系统及调速器系统的管理。要重视继电保护工作，继电保护是保障电网安全稳定运行的重要环节。要有计划地解决必要的技术装备，电网调度必须装备必要的通信、远动设施和计算机。原则上要求电网主干通信必须具备两种通信手段，以保证在事故状态下电话畅通，并提供必要的远动、保护通道。要加快计算机设备和软件的统一。科研工作要把解决电网方面的问题作为一项重要任务，加强研究、修造、制造、运行等多方面的联合，重点加强电网系统设计、500千伏送变电工程对现有电网的影响、电网技术装备三个重点问题的科研。发展大电网是电力工业发展的必然趋势，大电网在资源利用、安全、经济等方面比小电网有优势。发展大电网对电网稳定的要求更高，必须采取措施解决电网稳定运行中存在的问题。管理电力实际上是管理电网，在管好电厂和变电所的同时，要把更多的精力放在管好电网上。加强电网管理，要牢牢抓住防止大面积停电事故，特别是稳定破坏事故这个关键。要加强电网规划和系统设计工作，逐步改善电网结构。基本建设应该做到发、送、变电配套，并充分考虑电网稳定有关的问题。必须恢复和加强系统规划与设计工作，各网局、省局要在已经提出的系统规划的基础上，编制系统设计，系统设计编成后，经网局（省局）审查后报电力部审批。

会议不仅就中国电网发展中存在的电网稳定运行、调度管理等方面问题进行了系统全面地分析，对做好电网运行稳定工作提出了较为全面的要求，同时还明确提出了"管电力实际上就是管电网"这一重要的原则，再次强调了发展大电网，发展高电压等级电网和逐步实现全国联网。会议解决了老问题，定下了新规矩，成为中国电网发展史上具有承前启后作用的一次重要会议。

第二节 跨省输变电工程与省网骨干网架建设

改革开放初期，电网建设速度加快，除新疆、西藏、青海、内蒙古等面积大、人口分布分散的省区外，全国各省（自治区、直辖市）基本上都形成了以220千伏电压等级为主网架，110、35千伏电压等级为主要线路的省内统一大电网。以220千伏电压等级为主网架结构的区域电网逐步发展。随着华中、东北地区500千伏输变电工程的建设投产，标志着全国电网发展跨入超高压时代。

中国首个500千伏超高压输变电工程平顶山—武昌（平武）输变电工程，带动中国电网进入500千伏超高压时代；首个安装全套国产设备的500千伏输变电工程元宝山—锦州—辽阳—海城输变电工程，体现了中国智慧。华北地区初步形成了覆盖京津冀晋四省市的华北电网；山东电网实现了全省联网；东北电网覆盖区域逐步扩大，赤峰等地电网并入东北主网；华东电网220千伏网架结构更加完善，覆盖范围不断向苏北、浙南、安徽扩展；福建省形成220千伏电压等级的全省联网；华中地区初步形成了以220千伏电网为主网架的华中电网；华南地区，形成了220千伏电压等级的广东省电网，覆盖除海南岛外的其他主要地区，通过132/110千伏电压等级实现了广东省与香港、广东省与澳门、深圳蛇口与香港的联网；广西壮族自治区形成了220千伏电压等级的省级电网主网架；四川省和云南省均分别实现了以 220 千伏电网等级为主网架，110 千伏为主要连接线的全省联网；新疆电网以乌鲁木齐电网为基础的 110 千伏网架结构逐步扩大。

一、中国首个 500 千伏超高压输变电工程——平武输变电工程

1981 年 12 月，中国首个电压等级为 500 千伏的超高压输变电工程——平武输变电工程投入运行，满足了武钢 1.7 米轧机正常生产的用电要求，标志着中国输变电技术达到了新的水平，中国电网的电压等级正式迈入 500 千伏超高压新时代。该工程于 1978 年 8 月经国家计委批准，1979 年 11 月正式动工兴建。线路设计最大输电功率为 120 万千瓦，北起河南省平顶山市姚孟电厂 500 千伏升压站，中经湖北省 500 千伏双河变电站，南至武昌 500 千伏凤凰山变电站，三座变电站总容量为 300 万千伏·安，途经 17 个县（市），全长 594.88 千米（河南段 200.6 千米，湖北段 394.28 千米）。20 世纪 70 年代末，中国的输电线路电压等级还在从 110 千伏向 220 千伏过渡，建设平武输变电工程的决定，将中国电网的发展迅速向前推进了一大步。

20 世纪 70 年代末，武汉钢铁公司从联邦德国、日本引进的 1.7 米轧机是 70 年代新设备，对供电要求很高。全部负荷联动试车时，冲击负荷 12.2 万千瓦，加上武钢老厂轧机的冲击负荷，最高冲击负荷达到 14.2 万千瓦。根据外方提出的条件，电网出力应为冲击负荷的 20 倍，即电网旋转备用容量在 300 万千瓦以上才能满足试车和投产的用电要求。当时的湖北电网装机容量为 251 万千瓦，根本无法满足该要求。在国务院副总理李先念的主持下，国务院决定，尽快建设一条 500 千伏线路，联通河南、湖北两省电网，以保证武钢 1.7 米轧机试车需要。1978 年 7 月，水电部提交了《平顶山至武汉 500 千伏联网输电工程计划任务书》，8 月，国家计委批复了该任务书。11 月，水电部组织召开第一次 500 千伏平武输变电工程会议，落实了施工任务。会后，水电部便组织相关人员在北京与日本日立公司、瑞典通用电机公司、法国阿尔斯通公司等进行第一次技术谈判。为了保证生产，避免经济上的损失，国家计委、国家经委、国家建委于 1979 年 2 月联合向国务院提交《关于解决武钢 1.7 米轧机用电问题的请示报告》，并在报告中强调，为了满足武钢 1.7 米轧机用电需要，需要加速 500 千伏平武输变电工程和鄂、豫两省的电源建设，同年 3 月，国务院批转了该报告。

500 千伏平武输变电工程的设计工作由中南电力设计院和河南省电力设计院共同承担，以中南电力设计院为主。东北、华北、西北等 7 个省区的电力设计院和有关大专院校参加了科研、杆塔设计和对外洽购设备谈判。1978 年年底完成初步设计，1979 年 4 月完成线路终勘定位，1980 年 6 月完成施工设计。

1979 年 8 月，电力部平武输变电工程总指挥部成立，湖北、河南两省分别成立工程指挥部，协调基建和生产工作。1979 年 11 月工程全线开工，参加施工的有湖北、河南、甘肃和吉林等省 13 个专业施工队伍。1981 年 12 月，500 千伏平武输变电工程投入运行，其建设速度较当时的国外都是比较快的。

500 千伏平武输变电工程由于电压等级高、线路长，输送容量大、导线分裂根数多，

杆塔高、荷重大，因而在电气、结构和勘测等方面都带来一系列新课题，在国内无先例可循。过去，中国的不少工程都是从其他国家成套引进，总体协调工作由承包国家负责，但要多花不少外汇，而且设计费用昂贵。而在凤凰山变电站、双河变电站与姚孟电厂升压站的设计中，中南电力设计院与河南省电力设计院主动提出由中国自己设计、自己配套、择优引进国外设备方案，使得进口国外设备的总投资大幅度减少。

凤凰山变电站是采用从日本日立公司引进主变压器，从法国引进六氟化硫断路器、隔离开关、大截面母线和金具，从瑞典通用电机公司引进变流器、静止补偿器及继电保护设备等批准方案进行设计建设施工的。从瑞典通用电机公司引进的两套晶闸管投切电容器+晶闸管控制电抗器（TSC+TCR）混合控制型静止无功补偿装置（SVC）于1981年12月22日投运，是中国首套输电网用SVC，也是世界上首例采用TSC+TCR型SVC用于500千伏输电系统。每组SVC是由1台变压器、1组容量为60兆乏的晶闸管投切电容器（TSC）、1组容量为60兆乏的晶闸管控制电抗器（TCR）、1组容量为60兆乏的并联电容器（FC）组成的成套装置。该站两套TSC+TCR混合控制型SVC投运后，经过了消化吸收、提高认识和对部分装置进行改造，逐步进入稳定时期。

姚孟电厂升压站地形狭窄、土石方量大，河南省电力设计院在设计500千伏配电装置时采用了支柱绝缘子的管形母线方案，为此引进了法国的垂直半剪刀隔离开关、管形母线金具及消振器，还引进了日本的液压高空检修车，便于设备安装和检修。

500千伏平武输变电工程投产后，建立了湖北、河南两个省级电网的联络，总装机容量超过500万千瓦，电网运行的频率稳定性大为改善，保证了武钢1.7米轧机的正常生产，取得了巨大的社会、经济效益。不再需要原来220千伏联网时对冲击负荷用电采用的水火电厂跟踪措施，避免了青山热电厂机组调速及热力系统的频繁调节，提高了电厂运行的可靠性。由于湖北、河南两个省级电网分别是以水电和火电为主，两者曾被称为"天然的盟友"，加上葛洲坝电力外送的500千伏工程投运，湖北形成500千伏网架后，两网水、火电调剂作用巨大。

500千伏平武输变电工程于1982年被国家质量评审委员会评为优质工程，荣获国家颁发的优质工程银牌，荣获银制奖章8枚，还被水电部评为优秀工程。在工程建设过程中，还取得了一大批科研成果，其中通过鉴定的科研成果有17项。工程采用"技术与贸易相结合"的方式和"以市场换技术"的政策，通过几年的引进消化工作，在随后建设的国家重点工程上所用的国产输变电设备都不同程度地运用了引进的先进技术，使产品性能、技术水平和质量得到明显提高，国产输变电设备的技术水平基本达到了国外20世纪80年代初的水平。此外，由于引进了不少国外先进制造技术和装备，工厂生产条件大大改善，生产效率有所提高，质量稳定性及合格率明显提高，输变电设备制造行业的整体实力得到显著提高。

500千伏平武输变电工程促进中国重大技术装备的研发制造步入了"引进、消化、吸收、再创新"的时代，不仅保证了电力及电网重点工程建设的成功投产运行，而且为后来输变电设备制造企业"引进国外技术"或"合作生产"提供了案例和经验，全面提升了中国输变电工程装备及生产运行水平，锻炼了中国首批从事 500 千伏输变电工程的科研、规划设计、安装、调试、生产、调度、管理、维护的技术力量，对推动中国大规模 500 千伏电网建设起到了积极的促进作用。

二、中国首个安装全套国产设备的 500 千伏元锦辽海输变电工程

1979 年 11 月开工，1985 年建成投入运行的 500 千伏元宝山—锦州—辽阳—海城（元锦辽海）输变电工程，为中国首个安装全套国产设备的 500 千伏超高压输变电工程，该工程是为内蒙古元宝山发电厂和锦州发电厂向辽宁南部地区输电而建设的工程，线路分为元锦辽段和锦海辽段两部分，总长度 602 千米。该工程采用的多项国产新技术、新设备均创造了"国内首个"纪录，在中国输变电设备制造史上具有重要的突破意义。元锦辽段由内蒙古元宝山发电厂经锦州 500 千伏董家变电所至 500 千伏辽阳变电所，锦海辽段由锦州 500 千伏董家变电所经 500 千伏海城变电所至 500 千伏辽阳变电所。

500 千伏元锦辽海输变电工程的建设单位是东北电管局 500 千伏筹建处，设计单位是东北电力设计院，施工单位是东北电管局送变电工程公司、吉林省送变电工程公司和黑龙江送变电工程公司，工程采用甲乙方承发包制，经济上采取按施工图预算结算。

为配合锦州发电厂 1 号机组发电和尽快形成 500 千伏试验段，以考验国产电气设备，首先建设锦辽线路，于 1979 年 11 月 1 日正式开工，1981 年 7 月 20 日竣工；元锦线段工程于 1980 年 7 月 1 日开工，1982 年 10 月 10 日竣工；作为锦辽试验段的备用线路及辽西、辽南系统的联络线，锦海段工程于 1981 年 9 月开工，1983 年 6 月竣工；作为辽阳、海城两个变电所联络线的海辽工程于 1982 年 10 月开工，1984 年 4 月竣工。整个工程完成投资总额 15 995 万元。经过试运行，国产设备经受住了考验，1985 年，东北电网第一条 500 千伏输电线路元锦辽海输变电工程全线建成投产。

500 千伏元锦辽海输变电工程是经过科研小组从电网结构、工频过电压及限压措施、调相调压、系统稳定及提高安全稳定运行措施、潜供电流及恢复电压计算和减少潜供电流的措施、弱电系统的电磁干扰及危险影响、主变压器型式及调压方案等方面，开展了历时三年的研究工作后，提出远近结合、安全可靠、经济合理的三角环网受端系统方案，并得到国家批准。工程的投产运行对提高东北电网运行的稳定性、可靠性和经济性，提高供电电压质量、缓和供电紧张状况，起到十分重要的作用，东北电网从此跨上新的阶段。该工程获 1987 年国家科学技术进步奖二等奖。

三、河北南网 220 千伏网架的形成及与京津唐电网相联

河北南网由于长期电源建设缓慢，电网配套不完备，电力工业的发展始终滞后于国民经济增长，电力供应一直难于满足负荷增长的需求。20 世纪 70 年代中期，河北南网 220 千伏输变电工程刚刚起步，110 千伏电网亟待升压至 220 千伏，主要存在电力供需矛盾突出、网源建设不配套、电网网架薄弱、无功补偿设备容量不足、电源布局不合理等问题。为尽快扭转电源布局不合理局面，加强河北南网的"南电北送、西电东送"两个通道，从

20 世纪 70 年代开始，河北南网先后扩建了邯郸马头发电厂、邢台发电厂，新建了上安、西柏坡和衡水等一批大型发电厂。河北南网的南电北送战略先期是将马头发电厂、邢台发电厂的电力向石家庄和保定地区输送，后期是将西柏坡发电厂的电力向保定方向输送。1978 年，马头电厂装机容量达到 50 万千瓦，三期工程 2 台 20 万千瓦苏联机组，分别于 1979 年 1 月 16 日和 1980 年 12 月 26 日建成投产。

作为马头发电厂二期配套 220 千伏送出工程，220 千伏邯郸—邢台—石家庄输变电工程线路全长 177.8 千米，南起马头发电厂，中经邢台东北郊的 220 千伏王段变电站，北至石家庄东南郊的 220 千伏许营变电站，沿途均为平原。线段分南北两段，从马头发电厂至王段变电站为南段（又称马王线），全长 78.9 千米，1976 年 11 月开工，1977 年 10 月竣工。从王段变电站至许营变电站为北段（又称王许线），全长 98.9 千米，1977 年 10 月 20 日开工，1977 年 12 月 30 日建成。许营变电站于 1978 年 10 月 5 日建成投运后，220 千伏邯郸—邢台—石家庄输电线路全部开通，河北南网实现 220 千伏联网运行。这条线路是河北南网新建的第一条 220 千伏输电线路，也是河北南网南电北送的第一条骨干线路，联通邯郸、邢台、石家庄三个区域。

1981 年 12 月，220 千伏邯郸—邢台—石家庄输电线路增加邯郸 220 千伏来马变电站后，改称为来马—王段—许营线。1980 年 1 月—1983 年 7 月，又建成马头发电厂三期配套送出的马头—邢台（羊范）—石家庄（铜冶）线路，全长 166.7 千米，这是河北南网南电北送的第二条骨干线路。

1981 年 6 月 10 日，由保定高碑店变电站至河北许营变电站的 220 千伏线路（高许线）投运，实现了河北南网向保定地区供电。由于当时保定地区尚属京津唐电网管辖，所以高许线的投运也实现了河北南网与京津唐电网联网，结束了河北南网独立调整频率的历史。高许线全长 208 千米，向许营方向的送电极限为 20 万千瓦。该线路缓解了保定缺电局面，也增强了河北南网系统运行的灵活性和可靠性。高许线以新乐的北累头村为界，分南北两端施工。北段由华北电力设计院设计，北京送变电公司承建；南段由河北省电力勘测设计院设计，河北省送变电工程处承建。该工程荣获水电部 1982 年优质工程奖。

1983 年 1 月 1 日，保定地区划归河北南网管辖，网间联络线变成由北京房山变电站至高碑店变电站的 220 千伏房高线，房高线的送电极限为 25 万千瓦。1994 年 2 月 7 日，房高 II 回线建成投入运行，房高双回线的送电极限为 60 万千瓦。1998 年年底，房高线破口 "Π" 入韩村河变电站，京津唐电网与河北南网的网间联络线成为韩高（韩村河—高碑店）双回线。此后，截至 1999 年年底，京津唐电网与河北南网的网间联络线一直是韩高双回线。

四、山西 220 千伏电网的形成及与河北南部电网相联

20 世纪 70 年代中期，山西形成了太原地区、晋南地区、晋东南地区、雁同地区 4 个区域性 110 千伏电网，但区域性电网存在布局分散、运行有局限性等缺陷，以及电网末端电压低的不良状况。随着国民经济的发展，用电量不断增加，而区域性电网没有调剂能力，

供电质量也不高。

随着娘子关、霍州、神头等一批 10 万千瓦以上发电机组相继建成，山西 220 千伏电网开始建设。1973 年 12 月，山西电网首条 220 千伏娘子关电厂—榆次使赵变电站输电线路建成投产，降压至 110 千伏运行。1974 年 12 月，娘子关电厂 10 万千瓦 2 号机组投运后，娘子关电厂—榆次使赵变电站输电线路升压至 220 千伏运行，加强了娘子关电厂与主网间的联络。至此，以榆次使赵变电站为支点，晋南地区电网与太原地区电网联结在一起。1978 年 3 月，220 千伏霍县电厂—长治埚坨变电站输电线路与晋东南地区联网；同年 10 月，220 千伏神头电厂—原平—太原南社线路建成投运。1979 年 3 月，220 千伏霍县—运城线路及 220 千伏运城变电站投运；同年 6 月，220 千伏神头一电厂—原平变电站线路建成投运，雁同地区电网通过 220 千伏神头一电厂—西万庄、神头—原平、南社—原平、榆次—南社等线路与主网联网。至此，山西建成 11 条 220 千伏输电线路，形成了以太原为中心，北起阳高、大同、神头、原平，南至平遥、霍县、临汾、运城、长治、三家庄，西通保德、河津，东至阳泉、娘子关的 220 千伏电网，基本构成了山西电网的 220 千伏网架。

1981 年 9 月，220 千伏娘许线（娘子关电厂—河北许营变电站）建成投运，山西电网与河北南网联网运行，至此形成了涵盖北京、天津、河北和山西四省市的华北电网。娘许线全长 86 千米，向许营方向送电极限为 25 万千瓦。1983 年 1 月 7 日，建成投产了娘许Ⅱ回线。1983 年 8 月 19 日，河北省 220 千伏铜冶变电站建成，娘子关电厂—许营线路"Ⅱ"接进铜冶变电站，改名为娘子关电厂—铜冶Ⅰ回线路，同时又建成娘子关电厂—铜冶Ⅱ回线路。从此，山西电网与河北南网有了 2 条 220 千伏联络线。山西与河北南网的网间联络线变成娘铜双回线，娘铜双回线的送电极限为 45 万千瓦。

五、赤峰等地电网并入东北主网

1978 年，东北电网虽然结束了长达 8 年的低频率运行阶段，但是电网仍然处于缺电的困境，于是，当时根据靠近燃料产地、海陆交通和负荷中心规划电源布局的思路，按照客观规律进行科学规划，建成了包括元宝山电厂在内的一大批火电厂。

元宝山电厂位于内蒙古自治区昭乌达盟赤峰县建昌营附近的老哈河畔（现赤峰市元宝山区）的元宝山煤矿附近，是一座大型坑口火力发电厂，分三期工程建设完成。一期工程投产 1 台 30 万千瓦机组，锅炉由瑞士引进，汽轮机、发电机由法国引进，是全国第一台整套从国外引进的具有国际先进水平、单机容量最大的发电机组，1979 年 10 月投入运行；二期工程投产 1 台 60 万千瓦机组，锅炉从联邦德国引进，汽轮机、发电机从法国引进，是全国第一台单机容量最大的机组，1985 年 12 月投产发电；三期工程投产 2 台国产 60 万千瓦机组，1998 年 3 月投产发电。

1978 年 12 月，为了配合元宝山电厂 1 号机组的安装投运和出力外送，建成 220 千伏元宝山发电厂—元一变电所—建平送电线路。1979 年 10 月 1 日，元宝山发电厂 1 号机组投产。赤峰地区电网正式经 220 千伏元建线（元宝山—建平）与东北电网主网联结。元宝山电厂的建成，极大地缓解了东北电网的严重缺电问题，提高了东北电网的稳定性。1979年之前，赤峰地区独立电网（包括辽宁省西部的建平、凌源）仅通过110千伏线路与东北电网联网。随着元建线的建成投运，赤峰地区电网与东北电网的联络线增至4条，赤峰地区电网供电可靠性及稳定性得到很大提高。后期赤峰地区电网陆续新建了大板等一次变电所，随着元宝山2号机组和500千伏元董线（元宝山—锦州董家）相继投运，1985年2月，赤峰地区电源容量达到94.16万千瓦，地区最大负荷25万千瓦。不仅确保赤峰本地区供用电的安全、经济、可靠，也使赤峰地区电网成为东北电网可靠的电源增长点。

1979年6月，220千伏通辽—四平输电线路和220千伏通辽一次变电所建成投运，内蒙古自治区哲里木盟（今通辽市）地区电网并入东北主网，结束了哲里木盟地区电网孤立运行的历史。

六、上海220千伏双环网的形成

1967年4月，上海市建成闸北发电厂—蕴藻浜变电站—西郊变电站—吴泾热电厂—浦东变电站—闸北发电厂220千伏单环网。

1975年，上海北郊的彭浦地区机电工业迅速发展，当时有54家新建的大厂及机场、飞机制造厂急需用电，原有的35千伏线路供电能力已远远不能满足该地区用电需要。经水电部批准建造万荣变电站。工程于1975年11月开工，1977年6月26日建成投运。220千伏万荣变电站是上海电网的一个重要枢纽变电站，与蕴藻浜变电站、西郊变电站连接，使上海220千伏单环网中的闸北—蕴藻浜—万荣—西郊—吴泾构成双回运行。

1977年年初，为配合安亭、嘉定地区发展汽车工业和科研基地，220千伏黄渡变电站开工建设，工程由华东电力设计院设计，上海电力建设局第一、第三工程处施工，1978年2月11日建成投运。220千伏和110千伏侧均为双母线带旁路，安装1台9万千伏·安主变压器。望郊（望亭—西郊）2201线环入该站，后又于1987年将郊南（西郊—南翔）2218线环入该站，上海与华东电网的联络枢纽从西郊变电站移向黄渡变电站，黄渡变电站成为华东电网的重要枢纽变电站。

为适应上海第三钢铁厂、耀华玻璃厂及浦东周家渡地区用电负荷的增长，建设了220千伏新周变电站，安装1台9万千伏·安主变压器。1980年12月11日，新周变电站建成投运。与此同时，还有连接吴泾热电厂和浦东变电站的220千伏吴新（吴泾—新周）2207线、新浦（新周—浦东）2200线2回建成投运。220千伏新周变电站是浦东地区的第二座220千伏变电站，既缓解了浦东地区的供电紧张情况，又提高了供电安全可靠性。

1980年12月18日，为配合闵行发电厂扩建2台12.5万千瓦发电机组，220千伏闵新（闵行—新周）2205线建成投运，保证电厂新机组的电力送出，同时也使上海220千伏主网形成除新周—浦东—闵行为单线的双回环网。1980年12月27日，为提高金山热电厂并网运行可靠性和加强上海电网与外省电网的联络，220千伏闵金（闵行—金山）2216

线投运。一方面使金山热电厂有 2 回 220 千伏线路与主网联络，另一方面也使上海与浙江省电网的联络线增至 2 回。上海电网的可靠性进一步提高。

此外，为适应上海第一、第五钢铁厂和地区负荷的不断增长，还兴建了卫东、钢铁和港口等 220 千伏变电站。至 1980 年年底，上海电网共建有 220 千伏变电站 17 座，变电总容量 192 万千伏·安；220 千伏输电线路 21 回，并具有双环网的主网架结构，运行安全性大为增强。

上海 220 千伏环网与浙江电网之间的联结，除杭郊线外，还有 1980 年建成的电闵行电厂至金山石化变电所的 220 千伏闵金线，1983 年经南石线接至浙江嘉兴 220 千伏南湖变电所，成为上海 220 千伏环网同浙江联结的第二个主通道。

七、江苏徐州发电厂配套工程促进华东 220 千伏主网扩展

1976 年，江苏经济发展加快，全社会用电负荷继续急剧上升，电力供需矛盾扩大，当年缺口 15% 左右，缺电约 30 万千瓦。根据国家关于建设坑口电厂，安装大容量机组，就地利用资源向外输电的建设方针，徐州发电厂开始建设。徐州发电厂为国家重点工程之一，是一座位于煤矿地区的坑口电厂，第一、二期工程建设 4 台国产 12.5 万千瓦汽轮发电机组和 4 台 400 吨/时锅炉。1976 年 5 月，徐州发电厂主体工程开始施工，1977 年 12 月和 1978 年 12 月，一期工程 2 台 12.5 万千瓦机组先后投产；二期工程 2 台机组分别于 1979 年 7 月和 12 月先后投产，创造一年内投产 2 台 12.5 万千瓦机组的纪录。

为配合徐州发电厂投产发电，于 1978 年 5 月开始，先后建成由徐州发电厂至宿迁变电所的 220 千伏徐宿线和由徐州发电厂至淮阴变电所的 220 千伏双回路徐淮线（其中一回接入宿迁变电所，称徐宿线），以及由淮阴变电所至马坝变电所的 220 千伏淮马线。徐宿线、徐淮线、淮马线和宿迁、淮阴、马坝变电所于 1978 年相继投运，徐州电网和淮海盐电网以 220 千伏联网运行，1979 年，徐淮双回线全线投运，淮阴地区电网结构和供电状况得到很大改善。此后，以淮阴变电所为中心，继续向南发展。1979 年 6 月 15 日，由淮阴变电所至泰州变电所的 220 千伏淮泰线建成投运，徐淮电网与苏南电网联通，徐州电网接入华东 220 千伏网架。形成了北起徐州发电厂，南至谏壁发电厂的徐淮、淮泰、谏泰 3 条主干线路，全长 420 千米，成为北电南送的主要通道。至此，江苏省内 4 个地区电网全部联入 220 千伏系统，形成全省的 220 千伏电网，成为华东电网的一个重要组成部分。

八、浙江电网 220 千伏环网的形成及并入华东 220 千伏主网

党的十一届三中全会以后，浙江电网建设进入了新的高速发展时期。1978 年年底，与镇海、台州、紧水滩等大型电厂建设同步配套的 220 千伏镇宁奉（镇海—宁波—奉化）输变电工程建成投运，将浙江省第一台 12.5 万千瓦火电机组的电力送入华东电网，有力保障了浙江经济发展。1979 年 9 月，220 千伏萧山闻堰变电站投入运行，220 千伏富萧杭线开口环入闻堰变电站。1980 年 9 月，220 千伏宁波宁西变电站、绍兴九里变电站投

产，建成当时浙江最长的一条 220 千伏输电线路镇宁绍萧（镇海—宁波—绍兴—萧山）输电线路，使浙江电网形成第一道 220 千伏环网，并且使得浙江建成的第一座大型火力发电厂镇海电厂通过该线路并网，及时有力地推动了浙江经济发展。1982 年，220 千伏金华变电所和富金（富春江—金华）线以及 220 千伏金衢（金华—衢州）线建成投运，使浙西地区的新安江、富春江、乌溪江 3 家水电厂和金华、衢州、龙游 3 座变电所环网运行。

台临温（台州电厂—临海—温州）输电线路工程是台州发电厂配套工程，电力部于 1981 年 9 月批准工程计划任务书。同年，温州电管局开始筹建，浙江省电力设计院设计，浙江省送变电工程公司施工。该线路自台州发电厂出线，跨越椒江、瓯江，经临海、黄岩、温岭、乐清永嘉等县至温州慈湖变电所，全长 188.3 千米。其中台临段 41 千米，临温段 147.3 千米，共有铁塔 478 基。工程于 1982 年 10 月 21 日开工，1983 年 10 月 31 日全线架通，提前 3 个月完成任务，工程总造价 1552.3 万元。工程投产后，温州独立电网并入华东电网，对浙南地区的经济发展发挥了重大的作用。

慈湖变电所是联结温州电网与华东电网的枢纽变电站，该变电站位于温州市瓯海区梧田街道，占地面积 3.18 万米²。1981 年，经电力部批准建设。一期和二期扩建工程均由浙江省电力设计院设计，浙江省送变电工程公司承担电气设备安装。1982 年 12 月一期工程开工，1983 年 12 月 31 日投入运行。主电源引自 220 千伏临海变电站。一期工程装设 1 台 12 万千伏·安主变压器，220 千伏为单母线带旁路接线，户外半高型布置，装主变压器及旁路母线 2 个间隔，以线路变压器组接线运行。1986 年 7 月 1 日二期扩建工程开工，翌年 7 月 8 日投入运行。增设 1 台容量 12 万千伏·安的自耦变压器，变电站 220 千伏改为双母线带旁路接线，增设 220 千伏隔离开关 1 组，增设 220 千伏泽温线和 2 号主变压器 220 千伏间隔，并完善了临温 2356 线进线间隔。工程投产后，台州、温州 2 个 110 千伏电网以 220 千伏电压等级并入华东电网，对浙南地区经济发展发挥了重大作用，是浙江电力建设史上的一个重要里程碑。慈湖变电所于 1984 年 10 月和 1985 年先后被评为省级和部级优良工程。

1984—1985 年，220 千伏台奉（台州电厂—奉化）、镇余绍（镇海—余姚—绍兴）输电线路相继建成投运，进一步使浙江东南沿海地区与杭、宁、绍地区联网，使浙江电网出现了第二回 220 千伏环网。1986 年年底，220 千伏紧丽（紧水滩—丽水）、丽金（丽水—金华）输电线路及 220 千伏丽水变电所竣工投运，浙江 10 个地区（市）全部以 220 千伏电压等级并入华东电网。1989 年，220 千伏温丽（温州—丽水）输电线路建成投运，实现了 220 千伏全省环网（舟山除外）。

九、安徽骨干网架的完善及与华东电网 220 千伏跨省通道的加强

20 世纪 70 年代初，淮南发电厂开始采用大机组发电，省内同步建设 220 千伏输变电工程。安徽省第一个 220 千伏输变电工程淮南—合肥桥头集输变电工程于 1972 年 7 月投入运行。后由桥头集经东、西梁山 220 千伏过江线至当涂县长龙山变电所，使安徽省与华

东电网首次以 220 千伏电压联网。1977 年 7 月，220 千伏淮合二回线投入运行。1978—1980 年，淮北—蚌埠 1 号线和 2 号线相继投入运行，并通过同期架设的 220 千伏淮南—蚌埠线路将淮北与皖中 220 千伏电网联结。安徽省 220 千伏主网架开始形成。

20 世纪 80 年代，220 千伏电力网进一步扩展。1980 年 4 月—1982 年 2 月，承担北电南送任务的 220 千伏蚌埠—滁县—西梁山输变电工程和 220 千伏滁县—南京热电厂输电线路先后建成，形成了与江苏电网联结的第二通道。1980 年，由芜湖供电局施工完成东、西梁山过江导线更换工程，提高了皖北和皖南 220 千伏电网间的交换容量。1980 年 7 月 27 日，安徽发生大面积停电事故后，在运行方式、验电限额、机网配套以及继电保护、自动化装置等方面全方位加强了系统稳定的管理工作和计算研究，同时将 220 千伏电网快速继电保护装置全部装齐，电网结构显著加强，有效地降低了系统稳定破坏事故率。

1984 年 6 月，220 千伏长龙山—大龙间—宁国输变电工程投入运行，220 千伏电力网开始伸入皖南腹地。1985 年 5 月，220 千伏淮北—江苏徐州线路建成后，使安徽与江苏有 3 条 220 千伏联络线。1986—1990 年，共架设 12 条 220 千伏输电线路，总长 544.01 千米，新建和扩建 10 个 220 千伏变电所，增加容量 117 万千伏·安。同期，安徽省内各发电厂也相继新建、扩建，配套建设了 220 千伏输变电工程，加强了 220 千伏网架和输送能力，使安徽煤炭、钢铁、有色金属基地全部实现由 220 千伏变电所供电。至 1990 年年底，安徽省共有 220 千伏变电所 22 座，主变压器 41 台，总容量 396.40 万千伏·安，其中 220 千伏主变压器 32 台，总容量 360 万千伏·安；62 条 220 千伏线路总长 2706 千米，回路长度 2722 千米。从而在安徽省境内以淮南、淮北电站群为主电源，北起淮北平原、南至皖南山区、东及滁州、西达安庆的江淮大地 220 千伏安徽电网形成。

十、四川省网 220 千伏骨干网架的形成

20 世纪 60 年代末期，随着龚嘴、映秀湾、豆坝等电厂的建设，四川开始建设 220 千伏输电线路。第一条 220 千伏输电线路宜宾—龚嘴线路于 1970 年 5 月 1 日建成投运。1976 年 3 月，220 千伏广元白石岩—甘肃碧口水电厂输电线路建成，实现了四川省和西北地区联网。此后，四川 220 千伏电网建设主要沿着宝成铁路、成渝铁路和长江一带工农业生产较发达地区及交通方便的地区发展，龚嘴水电站—九里、九里—金堂、龚嘴水电站—向家岭、向家岭—綦江等线路投入运行后，逐步形成联结川西、川南、川东地区的 220 千伏主网架。

按规划，"五五"期间，四川拟新增 220 千伏输电线路 1500 千米，变电容量 200 万千伏·安。实际建成线路 2300 千米，变电容量 213 万千伏·安，超额完成计划。在输变电设备方面，着重加强 220 千伏主网建设，并对主要变电站和成都、重庆等城市供电网进行增容改造，使之不断完善。1977—1978 年，先后建成 220 千伏广元白石岩—江油大康、大康—安县、自贡向家岭—綦江、龚嘴水电站—向家岭输电线路，新建綦江变电站和向家岭变电站，并增加了白石岩变电站和九里变电站的主变压器容量。从 1979 年开始，

又先后建设了 220 千伏华蓥山—广安代市、代市—长寿朱家坝、朱家坝—重庆凉亭、龚嘴—向家岭输电线路。至 1980 年，已形成北至甘肃碧口、南到豆坝、东至华蓥山的 220 千伏主网架，使重庆、成都、乐山、自贡等地的供电紧张状况有所缓解。

"五五"期间建成的 220 千伏电网多为单回线联结，结构薄弱，稳定性低，安全性差，无功补偿、调度、通信、远动装置也多未按设计施工，对电能质量和安全经济运行都有一定影响。"六五"期间，经过深刻总结电网建设滞后于电源建设的教训，改变了长期形成的重电源建设、轻电网建设思想，实行"厂网并重"的建设方针，加大电网建设投资，开始实施 220 千伏电网完善化工程。1982 年 3 月，建成了 220 千伏贵州遵义—四川綦江输电线路，实现四川与贵州联网，开启了西南地区 220 千伏电网联网序幕。1983 年 3 月，建成 220 千伏南桠河水电站—九里线路，12 月又建成 220 千伏攀枝花—西昌线路❶，实现了攀枝花与西昌两地区 220 千伏电网联结，使四川 220 千伏主网得到了改善和加强。同一时期，各供电企业对所辖供电网进行了相应改造，先后新建、扩建了一批 220 千伏、110 千伏和 35 千伏的输电线路和变电站，从而使四川电网结构逐步扩大和完善。

十一、粤港联网

改革开放初期的广东，由于缺乏一次能源，贫煤、少油、无气，建设大容量火电厂，煤炭需要外省调入或者进口，缺电问题日益突出，成为制约经济社会发展的重要因素。到 1980 年，广东省大型火电厂仅有韶关电厂、黄埔电厂和建设中的沙角 A 电厂。水能资源虽然丰富，但受制于江河径流短、落差小等因素制约，缺乏可供开发的大规模水电资源，只能开发中小型水电。1979 年，广东全省 300 万千瓦的装机容量中，大中小规模的水电占 180 万千瓦，实际发电量只有 80 多亿千瓦·时，而全省年用电量将近 120 亿千瓦·时，缺口约 1/3，枯水期全省缺电更为严重。改革开放后，广东地区经济发展迅速，电力需求的增长远远超出电力供应能力，缺电更加严重。香港地区在新的电力发展管制协议模式下，20 世纪 60—70 年代电力工业规模增长迅速，70 年代末—80 年代初，发电能力自给有余。另外，香港用电负荷峰谷差显著，在谷期可外送电力。为了解决燃眉之急，改革开放之初，广东省、深圳经济特区利用对外开放的灵活政策和毗邻港澳的有利条件，相继与香港联网，接受香港电力。

1978 年，基于解决新建香港电厂燃料用煤等问题，中国香港中华电力有限公司、英国外交部先后向广东省、中国对外经济贸易部（简称外经贸部）、中国外交部等提出了粤港电力合作的建议。中英双方，尤其是香港中华电力有限公司和广东省电力局就相关问题进行了会谈。为缓解广东电力不足问题，广东省电力局与香港中华电力有限公司协商互联电网，广东向香港购电。同年，水电部批复，原则同意了广东省提出的广东电网与香港中华电力有限公司负责的香港九龙新界电网分两步联网的方案。1979 年 1 月，广东省电力局与香港中华电力有限公司开展谈判，并签订了《联网供电协议》。根据协议，广东省

---

❶ 1984 年 5 月降压至 110 千伏运行。

电力局统一向香港中华电力有限公司购电，作为省网统配电量的组成部分，按用电指标统一分配。经国家批准，广东省向香港购电以外汇结算。

粤港联网一期工程于1979年1月开工建设。该工程的输变电设备由香港中华电力有限公司负责出资。香港中华电力有限公司负责的香港新九地区电网，以双回66千伏输电线路由香港粉岭变电站向110千伏深圳变电站送电，并在110千伏深圳变电站中安装一台5万千伏·安升压器，与广东电网主网联结。同年3月，粤港联网第一期工程投产，香港送电广东。粤港联网后，两个电网紧密相联，彼此依托，相互支援。联网初期，在广东电网发电装机容量不足、电网结构薄弱的情形下，香港有力地支援了广东。1979年，广东从香港购入电力2.5亿千瓦·时，此后购电量不断增加，最高购电负荷达130万千瓦，最高年购电量达53.3亿千瓦·时，极大地缓解了广东省尤其是深圳经济特区的用电紧张形势。

粤港联网工程为中国首个利用外资参与建设的电力工程，开创了改革开放后利用境外资金开展电力建设的先河。

十二、广东省网220千伏骨干网架的形成

1973年，茂名热电厂扩建2台10万千瓦机组，配套建设220千伏茂名热电厂—江门北街变电站输电线路，全长272千米。220千伏北街变电站是在原110千伏变电站基础上扩建而来，初期建设1台12万千伏·安主变压器，220千伏进线2回、110千伏进线4回，配套5.5万千乏调相机。220千伏茂名热电厂—江门北街变电站输电线路于1974年12月建成投产。该工程将茂名热电厂的电力送至珠江三角洲，实现了珠韶电网与湛茂电网联网，形成广东电网。1980年年底，广东电网供电范围达74个市、县，广东各地、市（除肇庆外）均以220千伏电压联入省网。在珠三角地区形成了220千伏的环网。1978年，为配合黄埔电厂4台12.5万千瓦机组先后并入电网，220千伏黄埔—棠下、黄埔—板桥—惠阳线路建成投产；1979年12月，220千伏黄埔—芳村乙、芳村—佛山线路及芳村变电站建成投产，广东电网在珠江三角洲地区形成220千伏环形网架，即黄埔—棠下—茶山—红星—佛山—芳村—黄埔。

广东东部潮汕地区由于缺乏一次能源，从20世纪50年代开始缺电，经过加强电力建设，1979年，全地区发电装机容量增至15.29万千瓦，其中火电仅占10.7%。由于水火电比例不协调，年发电量为4.83亿千瓦·时，电力供需矛盾突出。为此，1979年开始兴建220千伏枫梅汕输变电工程，线路全长248千米，导线为LGJQ-400型。其中枫树坝水电厂—梅县输电线路全长84千米，梅县变电站首期安装1台9万千伏·安主变压器；梅县—汕头输电线路全长164千米，汕头红莲池变电站首期安装1台9万千伏·安主变压器，工程由广东省电力设计院设计，广东省输变电工程公司施工，于1980年12月先后建成投产。枫梅汕线与广新线、枫河线连成第一条粤中地区和粤东地区之间的电力联络线。不仅可以使新丰江、枫树坝水电站的水电输送到严重缺电的潮汕地区，同时使广东形成统一的电网，为全省电网统一调度、统一管理创造了有利条件。

在粤北地区，220 千伏韶关电厂—芙蓉线路和芙蓉变电站于 1981 年 12 月建成投运。在粤西地区，220 千伏茂名热电厂—湛江赤坎线路于 1980 年 1 月建成，赤坎变电站升压至 220 千伏运行，缓解了 110 千伏茂名—湛江线路过负荷状况。

十三、220 千伏南宁—钦州线路促进广西主网架形成

1978 年党的十一届三中全会以来，广西国民经济发展迅速，城乡用电急剧增加，合山、大化电厂的大型机组相继投产，供电范围不断扩大，110 千伏电网已不能满足电力输送的要求。为此，电力主管部门根据自治区人民政府的规划，采取措施，加快 220 千伏输变电工程建设。1980 年 2 月，220 千伏南宁—钦州线路建成，降压至 110 千伏运行，向钦州供电。为配合合山电厂 2 台 7.5 万千瓦机组和 3 台 10 万千瓦机组的投产，于 1981 年 1 月建成了 220 千伏合山电厂—柳州变电站和合山电厂—河池六圩变电站输电线路，直接将电力送往柳州市和河池地区。1985 年 12 月，220 千伏合山—来宾—梧州输电线路建成，与梧州市梧州地区 110 千伏电网联网。至此，220 千伏电网已成为广西电网的主网架。

十四、云南电网的初步形成

云南电网主网的形成，是由分散的地区电网形成跨地州的地区电网，再联网的过程。由宣以昆电网、楚雄电网先形成 220 千伏滇中电网，开个电网逐步扩展为 220 千伏的滇南电网，再由滇南滇中电网联网形成统一的云南电网。

1976 年 12 月，为配合西洱河一级水电站发电，220 千伏西洱河一级水电站—楚雄谢家河输电线路建成，线路全长 166 千米，1977 年 4 月 20 日—1980 年 4 月，降压至 110 千伏运行，与 110 千伏温泉—楚雄线相连，经过禄丰送电到温泉变电站，与宣以昆电网联成滇中电网。同期还建成了 110 千伏楚雄—六苴，六苴—平地，西洱河一级—二级，二、四级电站—天井山变电站等输电线路。1980 年 4 月 25 日，西洱河一级水电站—昆明温泉变电站输电线路全线长 206 千米正式以 220 千伏投运，形成 220 千伏滇中电网。

1971—1980 年，昆明地区建成了昆明—易门Ⅱ回、安宁—海口、双媚—白龙新村线路。滇东地区建成了 110 千伏曲靖—维尼纶、大寨—小冲沟、大寨—鲁布革等输电线路。

滇南地区建成了 110 千伏绿水河—拉达冲、拉达冲—官家山、绿水河—个旧、巡检司—小龙潭、小龙潭—开远、小龙潭电厂—小龙潭变电站等输电线路。1979 年 12 月，巡检司电厂第一台机组投产后形成滇南电网。1982 年 8 月建成 110 千伏巡检司电厂—玉溪变电站输电线路，全长 85.84 千米，1982 年 11 月 9 日，滇南电网通过 110 千伏巡玉线并入滇中电网，初步形成弱联系的云南统一电网，实现全网统一调度，发挥了水、火电厂相互补偿调节的作用，实行了经济调度，提高了电能质量和供电可靠性。

十五、山东统一电网的形成及对外联网

改革开放以前，随着大、中型电厂的投产，山东电网以鲁中电网、青岛潍坊电网为基

础形成了 220 千伏电压等级的山东电网。1973 年，莱芜发电厂的建成投产和山东省第一条 220 千伏莱芜—魏家庄线路的建成投产，出现了 220～110 千伏的电磁环网，电网装机总容量达到 109.4 万千瓦。1974 年，辛店发电厂投产，1975 年开始相继架设了 220 千伏辛店—潍坊Ⅰ、Ⅱ回，潍坊—青岛，辛店—魏家庄Ⅱ回，辛店—郭集线路，潍坊、青岛并入电网。1977 年以来，扩建和新建济宁、沾化、十里泉发电厂和烟台发电厂，建成 220 千伏济宁—小马青、小马青—党家庄、济宁—夏庄、十里泉—夏庄、十里泉—莱芜、十里泉—辛店、潍坊—招远线路。至 1980 年，枣庄、临沂、烟台地区先后通过 110 千伏、220 千伏线路并入电网，形成山东统一电网。

20 世纪 70 年代末，苏北皖北地区缺电严重，而山东建成的十里泉电厂因 220 千伏线路不能及时投产，处于窝电状态。1979 年 10 月，220 千伏十里泉电厂—夏庄变电站线路建成，同年 11 月，夏庄变电站改建成 220 千伏变电站，枣庄地区从江苏徐州电网划出，并入鲁中电网。1980 年 1 月，华东电网与山东电网通过 100 千米 110 千伏双回线并列运行。当时，华东电网负荷已有 660 万千瓦，而山东有 200 万千瓦左右。由于联络线容量小，且依赖手工调节，电网频率不稳定造成联络线潮流波动大，甚至出现一天跳闸多达 10 余次，之后于当年 4 月解列。

1980 年 6 月，220 千伏黄岛电厂—黄埠岭变电站线路建成投运，线路全长 81.6 千米。同年 11 月，220 千伏辛店电厂—济南韩仓线路建成投运，线路全长 104.3 千米。12 月，220 千伏黄埠岭变电站—水清沟变电站线路和水清沟安装 1 台 9 万千伏·安变压器建成投运，线路全长 23.2 千米。同时，220 千伏潍坊—招远线路和招远变电站 12 万千伏·安变压器建成投运，线路全长 130.37 千米，从而使烟台地区并入山东电网。220 千伏潍坊—招远输电工程成为山东 220 千伏统一电网形成的标志。至 1980 年年底，山东全省有 220 千伏输电线路 1295.46 千米，为 1975 年的 2.96 倍；220 千伏变压器 14 台，变电容量 144.3 万千伏·安，分别为 1975 年的 4.6 倍和 5.29 倍。"五五"期间是山东 220 千伏统一电网的形成时期，也是 220 千伏输变电工程发展最快的阶段。

"六五"初期，为配合十里泉 3 台 12.5 万千瓦机组的相继投产，又建设了 220 千伏十里泉—东都—莱芜输变电工程，线路全长 170.6 千米。该线路是电网南北调控的重要通道。线路于 1980 年 10 月开工，1981 年 7 月建成投运，工程投资 1223.6 万元。东都变电站安装 1 台 12 万千伏·安变压器，1981 年 12 月开工，1983 年 4 月建成投运，工程投资 799 万元，该工程将十里泉、莱芜南北 2 个电厂联系起来，使枣滕及临沂地区接入鲁中电网，大大提高了鲁中电网的供电安全性和南北调控的能力。为配合石横电厂 1 台 5 万千瓦机组的建设，1982 年 3 月，建成 220 千伏石横—党家庄输变电工程，将石横、十里泉和莱芜 3 个电厂连接起来。通过 220 千伏输变电工程，莱芜电厂向北与淄博、向西北与济南、向南经东都与十里泉电厂相连，向西与石横电厂相连，220 千伏骨干网架基本形成。这是山东电网建设的一个里程碑，它为山东电网大机组、大电厂建设创造了条件，为山东经济的快速发展提供了安全可靠的供电保证。

十六、福建统一电网的形成

福建缺乏一次能源，西部山区水利资源相对丰富，电网的布局与发展根据在闽北地区沿河流水电站的建设和西南部沿鹰厦铁路的建设逐次展开。改革开放前，福建电网形成了以福州为中心的 110 千伏闽北电网和覆盖南部沿海与西南部山区的 110 千伏闽西南电网。

1980 年 2 月，闽北电网与闽西南电网通过 110 千伏莆田—泉州输电线路联结为统一的 110 千伏电网。1980 年 2 月，原为莆田大型中波广播电台备用的 110 千伏莆（田）泉（州）线建成，闽北电网南端莆田与闽西南电网北端泉州相联，初步形成福建电网。联网后发挥了电网的优越性，南网调峰困难及电压大幅度波动有所缓和，当年减少雨季弃水，增发水电 2650 万千瓦·时，枯水季得到北网电能补充，少开或停开高耗机组。莆田、泉州及邻近地区因有两个系统供电，提高了可靠性。但电网是以 110 千伏电压等级联结，系统间联系薄弱，线路交换功率仅有 2 万～3 万千瓦。联网当年，北网、南网都有发展。北网增加池潭水电厂 10 万千瓦机组，同时建成 220 千伏池潭—三明线路和福州东郊变电站、池潭水电厂等处 220 千伏变压器 27.3 万千伏·安，并扩建南平马站变电站 220 千伏母线。南网增加华安水电厂、厦门电厂共 5.5 万千瓦机组，建成 110 千伏华安—漳州线路。至 1980 年年底，全网共有装机容量 111.37 万千瓦，其中水电占 66.75%（含联网小水电 22.2 万千瓦）；220 千伏线路 6 条、361.9 千米，110 千伏线路 36 条、1538.3 千米；220 千伏变压器 13 台、11.6 万千伏·安，110 千伏变压器 52 台、114.9 万千伏·安，无功补偿设备 13 万千乏。年发电量 39.07 亿千瓦·时（水电占 56.8%），最高负荷北网为 45.1 万千瓦、南网为 16.4 万千瓦。供电范围达 40 个市县，电网基本适应社会用电需要。但原来两个电网存在的弱点，如网架电源结构不合理、出力变化大、主要电源远距负荷中心等均未得到改善。

为了加强电网管理，1981 年 1 月 1 日，福建电网实行全省统一调度，电网建设继续发展。至 1983 年，新增 110 千伏永安—漳平（按 220 千伏架设）、福州—马尾线路两条线路，共 64.1 千米；新增三明、厦门、泉州、漳州、龙岩、邵武及福州马尾等处 110/220 千伏变压器 17.9 万千伏·安。永安—漳平线路连接龙岩、漳州、厦门，使全网输电干线构成单回路 220～110 千伏电磁大环网，环路总长 867.5 千米，调度比较灵活；110 千伏福州—莆田线路在永泰城关开断，并联进 1 万千伏·安的永泰变电站，永泰县小水电联入电网。电网延伸至永泰、华安、沙县 3 县。期间，为了缓和闽南沿海城市供电紧张状况，1982 年将 110 千伏福州—莆田—泉州线路的输送功率提高到 56 万千瓦，1983 年经系统实际静稳定试验后又提高到 78 万千瓦。但在这三年中没有大中型发电设备投产，电网发电量增长远跟不上全省国民经济发展的需要。三明、泉州、漳州等地最高负荷分别急剧增长 67.4%、59.1% 和 48.1%，而电网发电量和供电量上升 21.4% 和 15.18%，供求矛盾尖锐，以致 1981

年首次取消限电不久后又恢复限电。

20 世纪 80 年代中后期，随着鹰厦铁路电气化工程建设，铁路沿线的 110 千伏输变电工程建设得到进一步发展。改革开放后，福建省电力供应紧张，且水电比重过大的问题逐渐突显。1983 年，福建省电力工业上划中央管理，发电用煤得到了国家计划保障，福建省大火电和大水电建设的规模与速度进一步加快。在电源建设的带动下，福建电网 220 千伏电压等级的主网架发展迅速，1988 年 6 月，建成 220 千伏福州—莆田—泉州—厦门线路，构成全省 220 千伏环形网架。后又经六年努力，基本上形成了北面沿闽江、西面和南面沿鹰厦铁路、东面沿福厦漳公路的全长 800 多千米的福建电网 220 千伏双环网主网架。

十七、海南 110 千伏电网初具规模

1969 年 5 月，110 千伏南丰（水电站）—海口（苍英）输电线路建成投运，标志着海南岛拥有了首条 110 千伏线路，线路全长 100.4 千米。海南岛西北部地区由此开始形成 110 千伏区域电网，海南电网逐步迈向 110 千伏电压等级。1971 年，建成 110 千伏南丰（水电站）—石碌输电线路；1975 年，110 千伏金江—屯昌—牛路岭（水电站）输电线路投运。这些输变电工程的建成，将海南北部和西部的输电线路连成一体，形成了一个初具规模的以 110 千伏电压等级为主的海南电网。1976 年后，海南电网输变电工程建设加快，110 千伏牛路岭（水电站）—加积—文昌—海口（晋江）、牛路岭（水电站）—万宁—陵水—三亚（荔枝沟）、通什—三亚（荔枝沟）、响水（水电站）—三亚（荔枝沟）、石碌—八所、石碌—叉河、海口等输电线路和部分 35 千伏高压输电线路相继建成投运。

1986 年 12 月 19 日，海南岛联结成统一的电网，基本形成 110 千伏的主网架。至 1988 年年底，海南电网已覆盖 19 个县市，全省电网共有 110 千伏线路 19 条，长 899.98 千米，110 千伏变电站 13 座，容量 21.18 万千伏·安。

十八、新疆 220 千伏电网起步

为配合 1977 年开工的乌鲁木齐电力系统主力电源红雁池电厂三期 4×5 万千瓦机组建设，配套输出工程规划了分别至米泉和昌吉的单回 220 千伏线路。220 千伏红米线（红雁池电厂—米泉变电站）是新疆第一条 220 千伏输电线路，由新疆电力设计院设计，乌鲁木齐供电公司送变电工程队施工。红米线于 1979 年 4 月开工，1980 年 11 月竣工投产，1984 年 2 月降压至 110 千伏过渡运行。1986 年 8 月，与红雁池电厂 7、8 号机组配套建设的 220 千伏升压站和 220 千伏米泉变电所建成，红米线升压至 220 千伏运行。

220 千伏米泉变电所设计容量为 2×12 万千伏·安，是新疆第一座 220 千伏变电所，也是当时新疆容量最大的变电所。1976 年完成选址，1977 年 7 月完成初步设计，1978 年完成施工图设计。根据设计和土建工程进度，安装分为两个阶段：1981—1984 年安装 110

千伏配电装置和 35 千伏配电装置及安装临时变压器 1 台 1.5 万千伏·安，1983—1986 年安装永久主变压器及 220 千伏配电装置。1984 年 2 月降压至 110 千伏运行，1986 年 220 千伏并网投产。

1986 年 8 月，随着红雁池电厂投产并网，乌鲁木齐电网形成了 220 千伏电压等级的主网架。1988 年 11 月，随着玛纳斯发电厂投产，220 千伏红雁池电厂—昌吉变电站输电线路和 220 千伏玛纳斯电厂—昌吉变电站输电线路也投入运行。新疆在 20 世纪 80 年代末和 90 年代建成了以 220 千伏为主网架的乌鲁木齐电网，东到哈密，西到奎屯和克拉玛依。

十九、西藏拉萨电网首条 110 千伏线路降压运行

拉萨电网是西藏起步最早、建设规模最大、装机容量最多的多电源电网。1960 年年初，6 千伏夺底水电站—北郊变电站线路与 35 千伏纳金电站—北郊变电站线路投运并网，同时建成 6 千伏的配电网络，形成拉萨电网的最初框架。1976 年，拉萨火电厂投产后，对配电网进行了技术改造，将原来 6 千伏配电网升压为 10 千伏运行。1980 年 4 月，成立拉萨电力中心调度所，实现了拉萨全网的统一调度。

为缓解西藏拉萨地区电力负荷增长所带来的问题，1978 年，随着羊八井地热试验电厂装机规模的扩大，经国家批准修建 110 千伏羊八井（地热试验电站升压站）—拉萨（西郊变电站）输电线路。该线路是西藏地区第一条 110 千伏高压输电线路，工程由西南电力设计院设计，西藏自治区水电工程处施工。1978 年年底动工，1981 年 11 月竣工，线路全长 83 千米。交付使用时，由于当时升、降压配套设备尚未就位，投运后以 35 千伏降压运行。1985 年，该线路升压至 110 千伏运行。工程的建成投运，促进了拉萨经济发展，推动西藏电网 110 千伏网架的形成，短时缓解了拉萨地区缺电等困难局面。

第三节　电力科技进步与技术装备的引进

1978 年 12 月，党的十一届三中全会提出"在自力更生的基础上积极发展同世界各国平等互利的经济合作，努力采用世界先进技术和先进设备"。尽管当时国家财力十分紧张，但中央仍从战略高度，积极支持电力装备行业大规模引进先进技术。

改革开放初期，电力工业自身研发创新能力不足，技术引进成为追赶国际先进电力科技水平的有效措施。先进装备与技术的引进，为中国电力工业的改革发展、技术提升起到了积极作用，促进了中国电力工业整体实力的提高。1978 年年底，一机部赴欧洲和日本的两个考察访问团回国后，对开展对外经济技术合作做出具体部署，推动了技术引进联合设计、合作制造、技贸结合、合资或合作生产在电力装备行业全面展开。

500 千伏平武输电线路采用了"择优引进国外设备"的方案，此后陆续从联邦德国、日本、瑞典等引进了门类比较齐全的输变电设备设计制造技术，通过技术引进、消化吸收和国产化，中国超高压输变电设备技术开始迈向新台阶。同时，各研究机构也积极加强自主研发能力。国内首台 500 千乏大容量高压并联电容器，500 千伏元锦辽海输变电工程配套的 500 千伏、40 千伏·安断路器等都彰显了改革开放以来的自力更生、自强不息精神。

一、国产首台 500 千乏大容量高压并联电容器研制成功

20 世纪 60 年代后期，全国电网无功功率缺口很大，电力电容器产品供不应求，1969 年，水电部要求各网省局自行解决一部分无功补偿设备，弥补不足。全国有不少电力单位相继建起了电力电容器生产线，安徽电网当时无功功率缺口 2 万千乏，安徽省电管局把研制电容器的任务下达给安徽电力中心试验所❶。

当时国内几家专业电力电容器制造厂的生产技术仍停留在 20 世纪 50 年代的水平，单台容量仅为 12 千乏，且平均使用寿命只有 5 年。1976 年 6 月，水电部生产司要求安徽省电力中心试验所电容器厂向科研方面发展，用有限的材料研制大容量的产品，希望用二三年的时间制造出单台容量上千千乏的电容器，为此在电容器厂成立了一个强有力的研制小组，决定将研制产品的容量定为单相 500 千乏，电压 6.3 千伏。同时根据该项产品的特殊要求，对环境条件及设备进行了优化改造。改造后的卷绕间的空气净度达到 100 级（每立方英尺空气中的尘埃不超过 100 粒），干燥浸渍系统的真空度达到 1×10^{-3} 托（约百万分之一个大气压），从而保证了产品的质量。1979 年 10 月，安徽电力试验研究所成功制造出国内第一组（3 台）6.3 千伏，单台容量为 500 千乏的电力电容器，并于 10 月 29 日在合肥大蜀山变电所投入运行。

500 千乏电容器的研制成功，引起了专业制造厂的关注和重视，并陆续开始了大容量电容器的研制生产，有力推动了国内电容器制造行业向大型化发展。

二、自主研制 500 千伏 40 千伏·安断路器投运

1980 年 6 月，500 千伏元锦辽海输变电工程中的两个枢纽变电所，500 千伏董家变电所和 500 千伏辽阳变电所同时破土动工。1984 年 6 月，500 千伏元锦辽海输变电工程中的另一个枢纽变电所王石变电所开始建设。这三个变电所除安装有 5 台西门子 500 千伏 3AS5 型断路器、8 台法国 500 千伏 FX－32D 型断路器和 1 台日本日立 500 千伏 OPPI－500 型断路器外，还安装了国产第一代 500 千伏开关设备，即自主研制的 500 千伏、40 千伏·安断路器。安装在董家变电所的 2 台西安高压开关厂生产的 500 千伏 KW4－500 型空气断路器，运行 4 年后，于 1989 年更换为 LW6－500 型断路器。安装在辽阳变电所的 2 台沈阳高压开关厂生产的 500 千伏 KW5－500 型空气断路器，分别运行了 8 年和 9 年，在 1993

---

❶ 1978 年更名为安徽省电力试验研究所。

年和 1994 年也相继升级更换。国产第一代 500 千伏开关设备，虽然限于当时的设计和制造技术水平，运行中出现过很多问题，但在运行中积累的经验和教训，为后来中国电工制造业的发展奠定了基础。

三、全国首次实现 500 千伏超高压线路的带电作业

为适应 500 千伏平武输变电工程投运后的需要，1981 年 1 月，湖北省超高压输变电局在武汉线路工区（前身为成立于 1979 年 12 月的武汉供电局超高压输变电工区）成立了全国第一个 500 千伏超高压带电作业班，开展超高压线路带电作业项目的研究和试验。

1982 年 4 月 16 日，在华中工学院、武汉高压研究所等单位的协助下，湖北省超高压输变电局在华工高压试验室进行了国内首次 500 千伏模拟线路进电位试验，这次试验获得了大量数据，试验中获得的拉接电弧长度被纳入《电业安全工作规程》。

随后，带电作业班在实训线路上进行 500 千伏超高压线路带电作业项目的研究和开发，并开展模拟操作训练。1982 年 5 月 22 日，由湖北省超高压输变电局带电作业班带电检查间隔棒运行情况，开创中国 500 千伏超高压线路带电作业的先河。随后，湖北省超高压输变电局带电作业班在 500 千伏线路上进行了带电更换间隔棒、带电更换直线串瓷瓶等检修项目，对 500 千伏导线阻尼线振脱、导地线断股等缺陷进行了大量的带电作业处理。

湖北省超高压输变电局带电作业发展快速，针对当时第一代超高压线路 ZB、ZJ、JG、LV 等塔型，先后设计出临近电位更换单片绝缘子、中间电位更换单片绝缘子、等电位更换单片绝缘子、绝缘拉杆更换直线整串绝缘子、托瓶架更换整串耐张绝缘子、旋放法更换直流耐张整串绝缘子等带电作业方法。研制新型带电作业工具，创造了"吊篮法""软梯法"等进入电位的方法，实现了在临近电位、中间电位以及等电位状态下对 500 千伏交流线路进行全方位的带电作业。在带电作业项目上，由开始的导、地线检查逐步发展到更换单片绝缘子、更换整串绝缘子、导地线补强、更换导地线金具等。在带电作业工具研制上，湖北省超高压输变电局一直走在全国同行的前列。1988 年，受湖北省电力局委托，超高压输变电局在凤凰山变电站建立了带电作业培训基地，提高 500 千伏及 220 千伏线路维护人员的业务水平，推动了湖北全省乃至全国带电作业普及开展和能力水平的提高。

四、上海首次引进 220 千伏六氟化硫组合电器

1982 年 5 月，作为宝山钢铁基地配套工程，220 千伏泰和变电站建成投运，该站在上海首次引进日本三菱公司的 220 千伏六氟化硫组合电器。

泰和变电站位于泰和路西段北侧，占地面积 7025 米²，建筑面积 5259 米²。泰和变电

站建设单位为宝山钢铁总厂电力分指挥部，设计单位为华东电力设计院，由上海市第一建筑工程公司 103 工程队负责土建施工，上海送变电工程公司承担电气设备安装，华东电力试验研究所负责调试。

泰和变电站设计规模为 2 台 220/38.5 千伏 12 万千伏·安主变压器，220 千伏接线方式为双母线接线，有 4 路进出线，采用六氟化硫全封闭组合电器，35 千伏为双母线单分段，24 路进出线，2 组 3 万千乏电容器和 1 组 1920 千乏电抗器。220 千伏六氟化硫全封闭组合电器为户外式设备，鉴于地处钢铁厂、化工厂附近，环境污染严重，为改善运行检修条件，改装在户内。控制室采用弱电选线控制，缩小监视面，便于操作，35～220 千伏断路器、220 千伏隔离开关均可选线操作。

上海送变电工程公司首次安装全封闭组合电器，为此，成立专门小组，研究安装、调试等问题。经过努力攻关，精心施工，1982 年 9 月，12 万千伏·安 1 号主变压器、35 千伏 12 路出线和 2 组 3 万千乏电容器相继投运。

五、电力系统首条与电力线同杆架设的光纤通信线路

1979 年，南京供电局和南京自动化研究所共同建成中国电力系统第一条与电力线同杆架设的光纤通信线路，电缆长 1.38 千米，开通了南京供电局调度科至城中变电所的通信线路。1980 年，将光纤电缆由调度所改建至朝天宫变电所，全长 3.22 千米，全部架设在 10 千伏配电线杆上。1981 年 3 月 4 日，光纤通信系统正式投入运行，其传输信息为 1 路闭路工业电视图像（单向传输），12 路载波电话（双向传输，其中 1 路传输远动信息）。同年 7 月，在电力部科委主持下，由东北技改局、西北电力设计院和南京有线电厂参加，通过了全国性的技术鉴定。

第四节 电力调度机构与规程导则的发展

改革开放以后，随着电网的发展，国家电力调度机构诞生。1980 年，电力部通讯局成立，标志着国家电力行政主管部门从此有了分管全国电网调度通信专业的机构。1982 年，水利部和电力部合并为水电部，将电力部生产司调度处全部工作和人员划入通讯局，改称水电部电力调度通讯局。同年，电力调度通讯局在计算机室设自动化科，从事行业管理工作，从此在全国有了自动化行业管理机构，开始组织制定全国电网调度自动化发展规划和运行管理规程，有力推动了全国电网调度自动化的发展进程。区域电网调度有序发展，保障了统一大电网安全。经济调度让电网调度秩序日渐正常，《电力系统安全稳定导则》的实施夯实了电力系统安全稳定性基础。

一、区域电网调度发展

为满足改革开放后的经济快速发展，适应统一调度、统一管理要求，形成了西北、华

中和南方电网的区域调度机构，为统一大电网的发展提供了安全保障。

1980 年，西北电管局组建了总调度所（网调），网调兼陕西省调工作。1985 年，宁夏回族自治区与西北电网实现了联网运行，形成了四省区相连的西北电网。1998 年新组建了陕西省调，网调不再兼省调工作，网调按联络线关口负荷对各省进行调度。

1979 年，为适应武汉钢铁公司 1.7 米轧机投产试车用电需求，鄂、豫两省电网通过丹江口水电厂 220 千伏母联开关并网互联，暂由湖北省调代华中网调进行调度指挥。为加速华中地区的省间联网，1980 年成立了华中电网网调，对联网的湖北、河南统一指挥。1983 年和 1984 年，江西省电网和湖南省电网相继实现了与华中电网联网运行，从而华中四省互联成为华中电网，华中网调对全网实行统一调度、分级管理的调度指挥关系。

广东省电源紧缺，为缓解供需矛盾，广东电网在 1979 年和 1984 年分别与香港和澳门电网实现了联网运行，又在 1985 年与广西电网经 220 千伏联网，实现了两省电网联网运行。为适应省间联网工作，1984 年年底，水电部决定在广州设立华南电网办。1986 年 1 月组建了华南网办调度处，负责华南电网的调度指挥工作。

二、《水电站水库经济调度试行条例》的出台

"文化大革命"期间，水电站水库合理调度问题引起了中央和地方领导同志的高度重视。认识到水电调度不完全是靠天吃饭，是具有科学内涵的。通过合理调度，可以用同样的水量多发电。水电部组织制定了《水电站水库经济调度试行条例（征求意见稿）》，并在 1978 年 10 月召开的全国计划工作会议上，由会议秘书处发给与会的四川、贵州、云南、陕西等 26 个有关省、自治区、直辖市征求意见。根据意见修改后，1978 年 12 月由国家经委以经燃〔1978〕160 号文转发水电部《水电站水库经济调度试行条例》，发至各省、市自治区革委会、经委（工交办），抄送国家计委，中国气象局，各省（区、市）计委、电力（电业、电管、水利）局，陕甘青宁电力办、黄河上中游水量调度委员会。

《水电站水库经济调度试行条例》发布后取得了立竿见影的效果。电力部生产司于 1979 年 11 月在新安江水电厂召开了水电站经济调度经验交流会，总结《水电站水库经济调度试行条例》执行情况，交流经验。会议认为条例的内容是可行的，试行一年来取得了较好的效果。全国大型水电站如丰满、新安江、丹江口、刘家峡等水库开始扭转长期低水位运行状况，基本恢复了正常运行。到 10 月底，据不完全统计，全国水电站水库蓄水比上年同期多 300 亿米^3，其中由于经济调度少弃水和降低耗水，节约用水 100 亿米^3。全国比上年多发电 50 亿千瓦·时，其中重点大型水电厂多发电 27 亿千瓦·时，扣除来水多的因素，由于经济调度节水多发电 15 亿千瓦·时。

三、《关于电网经济调度若干规定》的出台

1975 年 7 月 25 日，国务院印发的《国务院关于加快发展电力工业的通知》（国发

〔1975〕114 号）中明确要求严格计划用电；厉行节约用电，坚决克服浪费；确保电网安全，提高供电质量；加强电网统一管理。同年 10 月 17 日，国务院又颁发《国务院关于批准〈跨省电网管理办法〉的通知》（国发〔1975〕159 号），提出了电网统一管理、统一调度的要求。这两个文件迅速推动了电网管理的整顿，彻底扭转了"文化大革命"带来的电网运行"后遗症"，加强电网统一管理、统一调度，为电网开展经济调度提供了有利条件。

随着中央文件下达，电网调度秩序日渐正常，全国各个电网经济调度工作逐步恢复，如 1979 年湖南省调利用凤滩水电站投运，在 DJS-6 计算机上采用自己编制的水火电联合调度经济分配程序进行日计划经济分配计算。1980 年 5 月，在无锡召开的全国经济调度会议上，形成了《关于电网经济调度若干规定》（简称《规定》）。从此全国各电网经济调度工作蓬勃开展起来。《规定》对经济调度工作的重点要求包括：① 电网必须实行集中统一管理。重申电网容量较大，与系统联系密切的骨干水电厂、火电厂及枢纽变电所、主要联络线路，要由电网统一调度，电网的经济调度方案应由电网总调统一安排，分级管理，经济调度具体的执行范围一般应该与设备调度管理范围一致；② 电网经济调度在现阶段应以最大限度节约能源为原则；③ 认真做好经济调度的基础工作；④ 努力做好中小机组的调峰工作；⑤ 积极开展水电经济调度；⑥ 各发供电单位的发供电计划指标应以完成调度计划来考核；⑦ 加强电网经济调度工作的组织领导；⑧ 电网经济调度工作的重点任务包括还没有开展经济调度的电网，从提高高温高压机组发电比例和充分利用水能入手，开展经济调度；已初步开展的电网应逐步把所有电厂纳入经济调度的范围，为全面实行等微增率调度创造条件；凡发电容量在 100 万千瓦以上的电网，应尽快按等微增率原则分配各电厂的负荷，并要充分利用计算机积极进行水电经济调度的在线计算；有条件的电网可逐步应用计算机在线运行，对骨干电厂进行出力控制。

《规定》颁发后，对各电网的经济调度工作起到了很大的推动作用，特别是分类指导的要求，鼓励和调动了各级调度部门的积极性和创造性，调度部门和科研单位纷纷研制了电网经济调度程序。1981 年，全国经济调度学习班在上海举办，各网、省调运行方式专业均派员参加，在会上介绍了华东电网的经济调度程序，进行了交流和讨论，进一步推动了经济调度工作的开展。在《规定》推动下，20 世纪 80 年代开展的经济调度工作不论在广度和深度上都有了很大进步。普遍采用了计算机，各电网开发了许多软件，经济调度理论也大大向前跨了一步。1986 年，西北网调与清华大学合作开发了大系统协调理论的水火电联合经济调度程序，从而克服了等微增经济调度程序中的运行缺点，并把经济调度对象由单一火电调度发展到水火电联合调度、水电梯级调度等。

《规定》的颁发，对各电网水库的优化调度工作起了很大推动作用。清华大学、华中理工大学、武汉水利水电学院、成都科技大学、大连工学院等一批大专院校研究引进水库优化调度理论并用于实际生产。如 1980 年，广东电网与清华大学合作开展"新丰江、枫树坝电厂两库联合调度"研究应用，使得 1982 年多发电 5200 万千瓦·时；1984 年，西南电网总调和水文研究所、水科院研究采用动态规划和马尔可夫模型编制了《四川电网水电站群水库优化调度方案》。

四、《动力系统调度管理规程》的重新颁布

1980 年 8 月，电力部对 1962 年颁布的《动力系统调度管理规程》重新做了修订，正式颁布执行。受"文化大革命"冲击，很多调度部门管理困难，故重新修订颁布明令执行。该规程共 13 章 81 条。动力系统和电力系统的主要区别是动力系统除了包括电力系统外，还包括热力网，但仍以电力系统调度管理为主。

《动力系统调度管理规程》的重新颁布，有利于各级调度机构的整顿和恢复，指导建立正常生产工作秩序，健全了规章制度。该规程内容具体详尽、可操作性强，各级调度部门都作为调度人员的培训教材来学习和贯彻，已成为调度部门各项规章制度的母法。各地区据此规程结合本地区实际情况制订了响应的规章制度，让调度部门有法可依、有章可循。

五、《电力系统安全稳定导则》的实施

1970—1980 年，中国电网处在省级和跨省电网的形成时期，许多地区的电网相继互联，逐步由孤立的 110 千伏电力系统互联成 220 千伏及以上的全省乃至跨省电力系统。这一时期，电力系统发展处于一个新阶段，无论是电力系统规划设计、基建还是运行管理，都缺少对省级电网、跨省电网形成的客观认识，全国发生电力系统稳定破坏事件达 210 次，电力系统安全稳定问题成为当时电网正常运行的主要矛盾。

为了扭转这种形势，1977 年开始，水电部生产司、电科院、电规院组成专题小组进行全面分析，深入调查，同时组织各地系统设计、调度运行和试验研究人员对各地的历年事故进行分析研究，找出影响电网稳定的最基本因素，对电网结构问题进行了历史性分析总结。1978 年 11 月，电网结构与稳定运行经验交流会在常州召开。1979 年，开办网、省局总工参加的"电网研究班"三期。经过充分准备，1981 年 7 月 16 日，电力部在大连召开了全国电力系统稳定工作会议。在会议上全面总结了近几年来稳定事故的经验教训，并于当年 9 月 16 日颁布了第一版《电力系统安全稳定导则》[（81）电生字 109 号]（简称81 版《导则》）。

在改革开放国民经济基础设施全面开工建设初期，针对当时电网稳定破坏事故频发的局面和电网发展初期"重发轻供"的偏向，81 版《导则》首次规范化地提出了正确处理电力系统安全与经济、合理建设和电网运行的指导性原则，统一了国内电力系统安全稳定计算分析，确定了三条防线稳定标准，促进了电网稳定技术的发展。

81 版《导则》颁布实施后，各电网纷纷召开了稳定工作会议，建立管理机构，修改规程，明确稳定计算岗位。1981 年，京津唐电网召开了稳定会议，明确了有关单位责任，1982 年又具体提出了稳定工作 10 条要求。1982 年，华中电网建立了稳定领导小组和工

作组，同年山东调度出版了《山东电网稳定规程》。1985年，华中电网制定了统一计算标准、统一计算方式、统一计算程序、统一计算模型、统一安排任务的稳定计算"五统一"。

81版《导则》的颁布实施，使中国电力系统安全稳定水平上了一个新台阶，电网调度秩序日渐正常，全国各个电网经济调度工作逐步恢复，稳定破坏次数迅速减少，从1970—1980年间的年均19次降至"九五"期间的年均0.2次。

81版《导则》实施20年后，电网互联格局由省间向跨区、全国联网转变；电力供应格局由严重短缺向相对过剩和短缺与相对过剩交替存在转变；电力工业管理格局由垂直一体化向市场化转变。在这三大背景下开展了对81版《导则》的后续修订工作。

第九章

电源建设促进省间联网（1982—1987）

改革开放以后，经过拨乱反正，中国电力工业建设迅速进入了调整期。按照经济发展、电力先行的规律，大电源的全面建设也拉开了帷幕。1982—1987 年是中国电力工业发展的跃升时期，是国民经济迈向有序发展的重要阶段。在多渠道办电的促进下，建设投资逐年增大，电力建设规模实现前所未有的增长。5 年间，电力工业基本建设投资共计548.79 亿元[1]，其中，发电工程投资 388.01 亿元，送变电工程投资 120.18 亿元，电力工业年均基本建设投资 78.39 亿元。年度基本建设投资从 1982 年的 42.1 亿元增加到 1987年的 154.81 亿元，1987 年投资额度相当于"二五""三五"两个五年计划的总和[2]，与国民经济调整时期 1979—1982 年的总投资额基本持平[3]。东部地区的火电建设快速发展，电力建设投融资体制改革使得电源项目快速建设投产；在华北地区的山西中西部、内蒙古中部以及东北地区的蒙东地区、黄河中上游、西南横断山区和珠江上游，一系列重大火电基地、水电基地逐步建成投产，发电装机容量突破了 1 亿千瓦大关。随着重大电源项目的建成投产，缺电严重的趋势得到了抑制，电力供需矛盾逐步缓解。5 年间，发电设备容量不断攀升，全国发电设备容量从 1981 年年底的 6913 万千瓦，增长到 1987 年年底的 1.029亿千瓦，增长 48.84%，年均新增发电容量 675.4 万千瓦。年发电量从 1981 年的 3093 亿千瓦·时，增长到 1987 年的 4973 亿千瓦·时，增加了 1880 亿千瓦·时，增长 60.78%。发电装机容量从 1981 年的世界第七位跃升至世界第四位，仅次于美国、苏联和日本，年发电量从 1981 年的世界排名第五位前进到第四位。

区域电网蓬勃发展，超高压输变电工程相继投运。在葛洲坝、龙羊峡、沙角、山西中北部等大型水电、火电基地相继建成投产的带动下，电网规模进一步扩大，220 千伏电压等级成为省网主网架和跨省电网重要联络线，华中、东北、华东、华北相继建成或开始建设 500 千伏电压等级的输变电工程。省级电网规模和网架结构逐步完善，形成了东北、华北、华东、华中、西北、西南六大电网格局，粤港澳地区实现联网。中央对电网的统一集中管理体制逐渐完善，电网基础管理不断加强。1987 年年底，全国 35 千伏及以上输电线路达 394 810 千米，比 1981 年年底的 288 242 千米增加了 106 568 千米，增长 36.97%。

---

[1] 不含华能。

[2] "二五"期间电力工业基本建设投资完成额为 88.62 亿元，"二五""三五"总和为 156.87 亿元。

[3] 1979—1982 年，4 年电力工业基本建设投资完成额为 165.32 亿元。

1987年年底，全国35千伏及以上变电容量为29 078万千伏·安，比1981年年底的17 315万千伏·安增加了11 763万千伏·安，增长67.94%。

五年间，随着中国电力工业的不断发展，电网建设取得了显著的成效。电网管理机构进行了不断的改革和调整，水电部二次成立、华南电网办公室等机构的相应设立，都使得中国的电网管理体系更加完善和规范。同时，跨省、跨区电网的发展，也因为葛洲坝、乌江渡、广西大化等大型水电站的建设，以及火电电源的建设及其配套送出输变电工程建成投运，而迈入了新的阶段，后者也带动了西北330千伏电网发展和500千伏电网网架起步。

第一节　电网管理机构的调整与设置

改革开放后，随着国民经济的发展和人民生活水平的不断提高，用电需求不断增长，缺电问题尤为突出。为满足国民经济建设和人民生活用电需要，适应新形势下电力工业的发展，国家重新调整了电力工业的管理机构。

1979年，电力部成立后，实现了全国主要省（市、区）电网统一管理，只有福建、新疆、广东、广西、内蒙古、西藏六个省区电力工业仍归各省区领导。

1982年3月，国家将水利部与电力部合并成立水电部，同时将原水利部和电力部的机构进行调整，组建水利水电建设总公司（总局）和水利水电规划设计院。在随后的几年时间中，水电部不断开展机构调整与企业改革，直到1988年中国水利水电工程总公司的成立，实现了企业化改革的重要一步。

中国建立了水电部—区域电网—省电力局的三级管理体制，中央对电网集中统一领导的管理体制逐步完善，实现了区域间电力工业建设统筹规划、协调发展。

一、水电部的第二次设立及分管机构调整

1981年12月，五届全国人大四次会议通过了《国务院机构改革的报告》。1982年3月8日，五届全国人大常委会第二十二次会议通过了《国务院机构改革的决议》，决定对部分经济管理部委进行调整，水利部与电力部合并成立水电部。这是继1958年国务院首次设立水电部后，第二次将分设的水利、电力两部合并。水电部成立后，钱正英任部长、党组书记，李鹏任第一副部长、党组副书记。合并后在两部原有工作人员的基础上，从副部长、司局长到一般工作人员都进行了精简。还按照干部"四化"❶的原则，选拔了一批比较年轻的干部进入各级领导班子。

水电部第二次成立后，将原水利部基本建设总局的一部分、规划设计管理局的全部与电力部水力发电建设总局合并，组建水利水电建设总公司（总局）和水利水电规划设计院。水电部把水利水电建设的前期工作、建设实施和配套设施的管理，全部交给了水利水电建

---

❶ 干部"四化"是干部队伍的革命化、年轻化、知识化、专业化的简称。

设总公司和水利水电规划设计院。20 世纪 80 年代，水利水电建设单位陆续实行了招标制、承包制等制度后，实现了水利水电建设单位的企业化改革。

1986 年 10 月，水电部决定对水利水电建设总公司（总局）进行机构调整，成立水电部水利水电建设局。1988 年 4 月，能源部成立。5 月初，国务院批准成立中国水利水电工程总公司，管理原水电部直属的水利水电施工企业，由能源部与水利部共同领导，挂靠能源部。10 月 20 日，中国水利水电工程总公司正式成立，同时成立了董事会。撤销水利水电建设局、成立中国水利水电工程总公司是实施电力建设领域政企分开改革、电力建筑施工单位企业化改革的重要一步。

在 1979 年电力部第二次成立后，实现了全国主要省（市、区）电网统一管理，只有福建、新疆、广东、广西、内蒙古、西藏六个省区电力工业仍归各省区领导。1983 年 1 月，福建、新疆维吾尔族自治区电力工业划归水电部管理，分别成立福建省电力局和新疆维吾尔自治区电力局。1984 年 9 月，广西壮族自治区电力工业划归水电部管理。至 1985 年，全国只有广东、内蒙古和西藏三个省区的电力工业仍实行以地方为主管理。1988 年海南建省后，以地方为主管理的电力工业增加到四个省区。

二、华南电网办公室的设立

1980 年，国家明确开发红水河流域的水电，将其作为解决华南地区缺电的重要举措。1981 年，电力部做了红水河流域水电厂向广东送电的规划，国务院将开发红水河的计划列入国家"六五"计划和长远计划。1984 年，国家与香港中华电力有限公司基本上达成了建设广东大亚湾核电站的决定，考虑到大亚湾核电两台 90 万千瓦级机组、配套广蓄 120 万机组以及沙角电厂等大容量机组投产后广东电网的容量有限，同时为了开发红水河水力资源，有必要将广东、广西两省（区）电网联网运行，增加电网容量，确保稳定运行。为此，国家决定将两广的电力发展统一规划和集中管理，1984 年 12 月 31 日，水电部决定成立华南电网办公室。

华南电网办公室既是水电部派出机构，也是华南电网领导小组的常设机构。主要职责有：抓好华南地区中、长期和近期的电力规划，管理 500 千伏电网，当前应做好两省（区）的 220 千伏联网和送受电协调工作，承担中央投资建设的大型电站和 500 千伏送变电工程的甲方职责，组建和管理红水河电力开发公司和 500 千伏送变电公司，管理基建和生产经营，承办水电部交办的有关工作事项。1985 年 2 月 7 日，华南电网办公室在广州挂牌运作。1988 年 4 月，水电部撤销，成立能源部，华南电网办公室改名为能源部华南电网办公室。华南电网办公室成立后，促成了两广联网组成华南电网，实现了西电东送的第一步，后续组织粤桂黔滇四省区开展西电东送的规划、建设，为西电东送南通道规划和建设做大量的工作。后来，在华南电网办公室的基础上，实施中央与南方四省区联合组建中国南方电力联营公司（简称南电联），华南电网办公室整体转为南电联。1990 年 11 月，华南电网办公室撤销。

第二节　大型水电送出工程与跨省电网的发展

自 1970 年 12 月起,中国开始着手建设葛洲坝等大型水利枢纽工程。以葛洲坝为中心,陆续建设了乌江渡、大化等大型水电站。1981 年 7 月,葛洲坝二江电厂首次并网发电,为配合其电力送出,国务院批准了建设 500 千伏葛洲坝—武昌凤凰山、葛洲坝—双河 2 回、葛洲坝—常德—株洲及送往换流站等输变电送出工程 6 回和 220 千伏葛洲坝—旗峰坝、葛洲坝—远安、葛洲坝—当阳—荆门、葛洲坝—周家岭等输变电送出工程 8 回。葛洲坝水电站电力分别以 500 千伏和 220 千伏两个电压等级送出,有利于湖北、河南两省联网,并为华中电网的形成奠定了基础。1982 年,为配合乌江渡水电站建成后的电力送出,贵州兴建了第一条 220 千伏贵阳鸡场—遵义输电线路,随后四川省建成投运了一条 220 千伏贵州遵义—四川綦江的输电线路,实现了川黔联网,为西南电网的建设奠定了基础。1983 年 11 月、1984 年 6 月分别建成 220 千伏大化水电站—南宁林村变电站—南宁电厂输电线路和 220 千伏大化水电站—恶滩水电站输电线路,促进了广西 220 千伏电网形成环形网架。1985 年,广西合山与梧州电网通过 220 千伏线路联结,又通过 220 千伏梧州—广东肇庆线路与广东电网联结,实现两广电网互联。这些水电站的建成投运,为跨省电网进一步发展起到十分重要的推动作用。

一、葛洲坝送电工程与华中电网的发展

中国在万里长江干流上兴建的第一座水力发电厂葛洲坝水电厂位于湖北省宜昌市境内,距长江三峡出口南津关 2.3 千米,屹立在由高山急流过渡到丘陵大川的 2200 米宽的江段上。葛洲坝电站大坝为闸坝型结构,坝轴线长 2606.5 米,坝顶高程 70 米,最大坝高 53.8 米,正常高水位 66 米,死水位 62.5 米,总库容 15.8 亿米^3,大坝枢纽控制流域面积 100 万千米^2,多年平均流量 1.43 万米^3/秒,无调洪削峰作用。葛洲坝二江和大江电厂厂房均为河床式结构。二江电厂厂房长、宽、高分别为 328.5、26.2、25 米。厂房内安装 2 台 ZZ560–LH–1130 型 17 万千瓦机组和 5 台 ZZ500–LH–1020 型 12.5 万千瓦机组;大江电厂厂房长、宽、高分别为 596.2、25.8、25.01 米,厂房内安装 14 台 ZZ5OO–LH–1020 型 12.5 万千瓦机组。葛洲坝水电厂共计 21 台机组,总容量 271.5 万千瓦,单独运行保证出力 76.8 万千瓦,设计年发电量 141 亿千瓦·时。

1975 年 7 月,经过国内专家论证,水电部和一机部在上报国家计委的报告中提出,在 330 千伏电压之上,高一级电压,以采用 500 千伏和 750 千伏为宜。1976 年 5 月,国家计委正式确定在我国电压标准等级中增加 500 千伏和 750 千伏两个等级。为了论证葛洲坝的输电电压,1973—1977 年,湖北省水电勘测设计院先后 6 次提出了研究报告,推荐采用 220 千伏和 500 千伏两级电压。主要理由是技术上先进,经济上合理,对湖北、河南两省联网有利。1978 年 4 月 10 日,葛洲坝工程技术委员会第十次会议正式确定采用 220

千伏和 500 千伏两级电压，并得到了国务院的批准。葛洲坝 220 千伏开关站位于二江电厂厂房前，是为二江电厂送电设置的。开关站采用双母线带分段旁路母线的接线方式，7 回进线、8 回出线全部采用架空线。葛洲坝 500 千伏交流升压站位于坝址上游右岸 420 米处的山坡上，长 294 米，宽 277 米，占地面积 8 万米²。大江电厂 14 台机组经扩大联合单元接线（即 2 机 1 变，2 变 1 线）送进开关站，开关站采用 3/2 断路器接线方式，分 6 回（间隔）进出线组断路器布置。葛洲坝水利枢纽工程于 1970 年 12 月 30 日正式开工，但因工程准备不足，施工过程中暴露出许多关键性问题无法解决，直到 1974 年 10 月 20 日各项重大技术问题均得到解决后，国务院才批准葛洲坝水电厂主体工程全面复工。1981 年 1 月 4 日，大江单戗立堵截流成功，大江截流工程获国家优质工程金质奖。同年 5 月 23 日，水库开始蓄水；7 月 30 日，二江电厂第一台 17 万千瓦水轮发电机组首次并网发电；至 1983 年 7 月 29 日，二江电厂 7 台机组全部安装竣工投产，装机总容量 96.5 万千瓦。至此，葛洲坝水电厂一期工程全部结束。

葛洲坝水电厂第二期工程的辅助工程是从 1981 年 5 月 23 日开始施工的。主体工程于 1982 年 2 月 3 日全面开工，3 月，水电部审查了大江部分初步设计补充报告，决定增加 4 台 12.5 万千瓦机组，确定该水电厂的装机总容量为 271.5 万千瓦。葛洲坝 500 千伏升压站于 1986 年 4 月中旬建成第一单元间隔和第五单元间隔，并于 6 月 30 日正式投运。1986 年 6 月 13 日，大江电厂第一台机组（12.5 万千瓦）正式投运。至 1988 年 12 月 14 日，大江电厂 14 台 12.5 万千瓦机组全部投产，葛洲坝水电厂达到 271.5 万千瓦的设计装机容量。葛洲坝水电厂一、二期工程共完成投资 48.48 亿元，造价为 1786 元/千瓦。

为配合葛洲坝水电厂电力外送和发挥葛洲坝水电厂与姚孟电厂之间的水电、火电相互调节效益，国家计委于 1981 年 4 月批准建设 500 千伏葛洲坝—双河 I 回输电线路（导线型号 LGJJ–300×4 和 LGJQ–300×4），线路全长 124.1 千米，要求 1982 年年底建成送电。河南省电力勘测设计院和东北电力设计院分别承担该线路的 44.2 千米和 79.9 千米设计任务，设计工作于 1981 年 9 月结束。1981 年 11 月工程正式开工，由甘肃省送变电公司承担施工任务。经过建设、设计、施工单位及地方的密切配合，该工程于 1982 年 12 月 10 日竣工投运，暂接葛洲坝水电厂二江电厂 220 千伏开关站，降压至 220 千伏运行。葛双 I 回线概算投资 3052.93 万元，实际使用投资 3021.93 万元。

1978 年 8 月，国家计委批准建设 500 千伏葛洲坝—武昌凤凰山输电线路（简称葛凤线），线路全长 326.8 千米，导线型号为 LGJJ–300×4 型，在武汉金口长江大跨越处与平武线同塔。工程于 1981 年 11 月 25 日开工，建设单位是电力部超高压输变电建设公司，施工单位是湖北省电建三公司、河南省送变电公司和吉林省送变电公司。其中湖北电建三公司架设线路 164.37 千米，河南和吉林送变电公司分别架设线路 103 千米和 59.43 千米。工程于 1983 年 4 月 7 日全线竣工投运，暂时与葛洲坝水电厂二江电厂 220 千伏开关站相接，降压至 220 千伏等级运行。该工程概算总投资 8759.11 万元，实际使用投资 7773.77 万元。

500 千伏葛凤线的运行维护单位是湖北省超高压输变电局。在 1983 年线路降压至 220

千伏运行期间，因采用的改进型单绞间隔棒碟形垫圈质量较差，大量破裂，造成了间隔棒线夹大量松动和销钉磨损等设备问题。1988年以后采用阻尼式间隔棒取代单绞式间隔棒，使问题基本上得到解决。

二、乌江渡送电工程与西南联网的发展

党的十一届三中全会以后，在贯彻执行"调整、改革、整顿、提高"的方针中，贵州省电力局进一步认识到了贵州电网发电、输电、变电比例严重失调的矛盾。1979—1982年，在输变电工程建设中，除调整一些"卡脖子"的工程外，重点抓乌江渡水电站、猫跳河五级红林电站与清镇、水城发电厂的送出工程。新增220千伏输电线路167千米、110千伏输电线路173.10千米，新增220千伏变电设备容量72万千伏·安、110千伏变电设备容量47万千伏·安。1983—1985年，贵州省电力局重点抓电网网架建设。输变电工程的投资占电力建设总投资的比例，从1982年的11%跃为1983年的40%，1984年与1985年均各占56%，是在此之前贵州电力建设史上的最大投入。三年间，共架设了220千伏输电线路330.50千米，110千伏输电线路337.54千米；新建220千伏变电设备27万千伏·安，110千伏变电设备5.75万千伏·安，从而使贵州形成了以贵阳为中心，北至遵义联结四川，西至普定、水城，东至凯里的220千伏电网。贵阳地区形成了220千伏和110千伏的环形电网，同时使贵州电网的发输变电比例严重失调问题得到了一定程度上的调整，基本满足了电力部在《关于电网建设技术问题》中的要求，其中变电设备与220千伏线路的比例还超过了标准，开始扭转了"重发、轻供、不管用"的状况。

为配合乌江渡水电站电力送出，贵州兴建了第一条220千伏输电线路——220千伏贵遵线（贵阳鸡场—遵义），线路分乌江渡电厂—羊昌段、清镇电厂—鸡场变电站—羊昌段、乌江渡电厂—遵义变电站段进行建设。遵义变电站于1978年5月开工，一期工程于1979年12月1日竣工；二期工程于1980年12月开工，1981年12月21日竣工。贵阳鸡场变电站是在原110千伏鸡场变电站基础上进行扩建，1979年4月开工，1980年12月竣工。220千伏贵遵线由于与乌江渡水电站升压站的建设不同步，1981年12月22日才开断接入乌江渡水电站220千伏升压站。

1982年3月2日，220千伏遵綦线（遵义—綦江）投入运行，线路全长188.3千米，成为贵州电网与四川电网的联络线，实现了川黔联网。同时，为配合乌江渡水电站投产而修建的220千伏筑东变电站（2×12万千伏·安）与凯里变电站（1×9万千伏·安）及相应的输电线路分别于1982年12月和1984年11月竣工投运，使乌江渡水电站发电能力实现正常输出。

自220千伏遵綦线投运后，遵义变电站成为贵州电网到四川电网的出入口。1990年10月31日，220千伏桐梓变电站投入运行后，220千伏遵綦线开断接入桐梓变电站，形成遵桐线和桐綦线，桐綦线北至四川綦江变电站，是当时贵州电网与四川电网联络的唯一通道，遵义变电站不再是贵州电网到四川电网的进出口。

三、广西大化等水电站的投运与两广联网

1976—1985 年，广西电网的建设重点开始从 110 千伏转向 220 千伏环网建设。十年间，建成 220 千伏输电线路 10 条，全长 1073 千米，形成了近 700 千米的 220 千伏广西电网环形网架。为配合合山电厂 2 台 7.5 万千瓦机组和 3 台 10 万千瓦机组投产，1976 年 12 月，建成 220 千伏合山电厂—来宾变电站输电线路，1981 年 1 月，建成 220 千伏合山电厂—柳州变电站、合山电厂—河池六号变电站输电线路。为解决桂林 110 千伏电网供电不足和运行不稳定的问题，1983 年 10 月，建成 220 千伏柳州—桂林崴村变电站输电线路。为配合大化水电站 4 台 10 万千瓦机组投产，1983 年 11 月、1984 年 6 月分别建成 220 千伏大化水电站—南宁林村变电站—南宁电厂输电线路和 220 千伏大化水电站—恶滩水电站输电线路。至此，广西电网形成了南宁经西津、黎塘、来宾、柳州、合山、恶滩至大化再接至南宁的 220 千伏环形网架。

1983—1985 年，广西大化水电厂 4×10 万千瓦机组先后投产，根据测算，广西电力出现富余。水电部决定建设 220 千伏广西梧州—广东肇庆输变电工程，实现广东、广西电网互联，将广西水电向广东输送，以缓和广东缺电状况。两广联网工程西起广西梧州，东至广东肇庆珠山变电站，线路全长 172 千米，工程由广东投资 2783 万元，工期 8 个月，1985 年 12 月，220 千伏广西梧州—广东肇庆输电线路建成，两广联网，广西送电广东。两广联网也被称为华南电网。两广联网后，广西很快出现了缺电局面，1987 年 10 月，两广电网解列独立运行。两广联网期间，广西向广东供电 3.8 亿千瓦·时。虽然两广联网时间短暂，但是这一联网是改革开放初期开发西南水电送广东的具体实施，是"西电东送"战略最早的实践。

第三节 火电送出与跨省电网的发展

中国山西、内蒙古等地煤矿资源丰富，火电建设具有优势。20 世纪 80 年代，山西、蒙西和甘肃依靠丰富的煤矿资源先后建设了大同二厂、丰镇、沙岭子等大型火电厂，这些火电厂的建设极大促进了 500 千伏和 330 千伏输变电工程的建设，为华北电网 500 千伏超高压联网创造了条件，也为西北 330 千伏电网的形成奠定了基础。

1981 年 8 月 330 千伏庄头变电站—汤峪变电站输电线路的建成投运以及 1982 年 12 月 330 千伏秦岭电厂—西安市南郊变电站—庄头变电站输电线路的建成，使陕西两大主力火电厂均直接并入西北电网，为"西水东火、优势互补"主网架结构的形成打下了良好的基础。1981 年，河北南网与山西电网通过娘子关火电厂实现 220 千伏联网运行；1984—1985 年，大同至北京房山Ⅰ、Ⅱ回线建成投运，实现了山西和北京的直接联结；1987 年 7 月，220 千伏大（同）丰（镇）呼（和浩特）联网工程促使蒙西电网并入华北电网。至此，联结华北地区三省（自治区）两市的 220 千伏华北电网主网架建成。

一、500千伏大房线建设与华北500千伏网架的起步

1981年7月2日，华北电网第一条500千伏超高压输电线路大房Ⅰ回线工程正式开工，1984年5月29日竣工，在两端500千伏变电设施还没有建成的情况下，暂以220千伏降压运行。大房Ⅰ回线西起大同二电厂，东至北京500千伏房山变电站，是从山西大同向北京送电的第一条输电线路，建设长度为286千米。途经两省一市，翻越恒山、太行山，全线平地占43.55%、丘陵占11.4%、山区占25.7%、高山大岭占19%、河网占0.35%，最高海拔约1900米。在全国第一批设计建设的4条500千伏输电线路中，大房Ⅰ回线是唯一要经过高海拔地区的线路，故在设计中把高海拔地区的绝缘问题作为重点课题进行了研究。工程按操作过电压2.5倍设计，一般地区直线塔采用28片XP-16型绝缘子，耐张转角塔采用双串28片XP-21型绝缘子；污秽段采用XP3-16-D型大爬距绝缘子，电厂出口采用XWP-16型防污绝缘子；跳线串采用XP-7型绝缘子或XWP-6型绝缘子；避雷线采用XDP-7C型绝缘子，两片并联组装。大房Ⅰ回线还在国内首次进行了1:1铁塔塔头绝缘特性试验，对中国第一批500千伏线路的绝缘设计起了验证作用。

500千伏大房Ⅱ回线工程于1984年4月20日开工，建设长度为288千米，全线共组立铁塔695基。全线于1985年9月25日竣工，同年12月6日以500千伏投入运行。500千伏房山变电站和大房线的建成，标志着华北地区500千伏电网的建设起步，实现了山西与北京直接联网。

在华北电网第一期500千伏变电工程建设中，位于北京市房山区大紫草坞乡西坟上村南侧的500千伏房山变电站，是华北电网第一座500千伏枢纽变电站。该站安装国产的500千伏、25万千伏·安单相变压器4台（其中1台备用）；苏联生产的500千伏、26.7万千伏·安单相变压器4台（其中1台备用，1988年这台变压器调出该站），主变压器总容量为180.1万千伏·安；安装总容量为36万千乏电容器和18万千乏电抗器组成的无功补偿装置；大房Ⅰ、大房Ⅱ回线出线侧各安装两组容量为3×5万千乏的并联电抗器。500千伏房山变电站配电装置布置清晰、整齐，其设计方案在全国属于首创，这些设计原则一直被华北电网以后的各500千伏变电站所采用，同时也被纳入全国新的变电站设计规程。500千伏房山变电站建筑工程于1981年开工，设备安装工程于1985年5月3日开工，同年9月28日竣工，经系统调试于同年12月6日正式投入运行。

此外，500千伏神大线工程于1984年9月1日开工，1985年9月28日竣工。该线路南起神头一电厂，北至大同二电厂，线路全长114千米，全线立塔307基。线路中最大耐张段长度达25千米以上，是国内所有500千伏输电线路中耐张段最长的一个。

500千伏房北线工程于1985年3月15日开工，同年12月31日竣工。该线路西起北京房山变电站，途经当时尚在规划中的安定变电站，东至天津北郊变电站，线路全长126.3千米。全线立塔329基，其中采用了大量的内拉线门形塔，占塔基总数的54.4%，从而节省了铁塔钢材。该工程建设历时10个月，是当时国内500千伏输电线路建设中工期最短

的工程。这也是北京电网第一次以 500 千伏电压等级与天津电网联网运行。

二、220 千伏大丰呼联网工程促进蒙西并入华北电网

20 世纪 80 年代，内蒙古自治区呼包电网供电范围扩大到乌兰察布、锡林郭勒、巴彦淖尔等地，蒙西电网初步形成。内蒙古乌达地区原由宁夏回族自治区的 110 千伏石银青（石嘴山—银川—青铜峡）电网供电，乌达电厂陆续扩建 4 台 2.5 万千瓦机组，向海渤湾送电，形成了乌海（乌达—渤海）110 千伏地区电网。

为了确保内蒙古自治区成立四十周年大庆供电安全，同时配合丰镇电厂（2×20 万千瓦）建设，1986 年启动了 220 千伏大丰呼（大同—丰镇—呼和浩特）联网工程，1987 年 7 月，工程投产，蒙西电网并入华北电网。至此，联结华北地区三省（自治区）两市的 220 千伏华北电网主网架建成，形成全国五大电网之一的华北电网。

1987 年 7 月，蒙西电网与华北电网联网，网间联络线 220 千伏大呼线（大同二厂—呼和浩特东郊站）联系极弱。220 千伏大呼线向内蒙古送电极限为 15 万千瓦，向山西送电极限只有 5 万千瓦。这样低的稳定极限是由于当时蒙西电网 220 千伏网络尚处在初期阶段，从东到西呈"一字长蛇阵"形，并与 110 千伏系统组成多个电磁环网，其结构不合理、稳定性很低。华北主网与蒙西电网联网后，对华北主网的稳定性影响不大，但对蒙西电网稳定性的影响却很大。一旦大呼线故障，就能引起蒙西电网内部振荡而失去稳定。

三、京津唐地区重点电源建设投产与电网结构的完善

220 千伏港西—沧州—衡水输电线路为单回路线路，全长 181.32 千米。其中由衡水至沧州的南段（127.7 千米）于 1982 年 9 月 4 日开工，同年 12 月 30 日建成。由港西至沧州的北段线路（53.62 千米）于 1984 年 8 月 1 日开工，同年 10 月 6 日建成投运。1988 年，该线路工程设计被评为能源部优秀设计。

1986 年 1 月 20 日，220 千伏吕村—聂各庄输电线路投产。这一期间，北京各 220 千伏变电站之间都扩建了第二回联络线，形成了 220 千伏南苑—老君堂—通州—东北郊—清河—聂各庄—吕村—房山—南苑的北京地区双环网。网内任何两条线路同时发生故障，都不会造成停电事故，建成了供电安全、可靠性强的地区电网❶。

220 千伏天津港西—沧州—衡水输电线路建成投运后，成为河北东部与京津唐电网联结的 1 条干线，通过西部的石家庄—保定，东部的衡水—沧州—港西输电线路，把冀南系统和京津唐系统连接成为统一的电力系统，原由天津供电的沧州地区电网并入河北电网。

500 千伏大同—京津输变工程包括 500 千伏北京房山—天津北郊单回线路和天津 500 千伏北郊变电站，工程于 1984 年 11 月开工，1986 年 10 月竣工投运。该项工程是"六五"

---

❶ 张明义主编：《北京志工业卷电力工业志（1888—1998）》，2002 年，第 48 页。

期间国家重点建设项目，是华北 500 千伏电网的重要组成部分之一以及京津 500 千伏的电源线路。

天津 500 千伏北郊变电站位于天津市北郊小诸村，是在原 220 千伏变电站的基础上扩建而成，它是华北地区继北京 500 千伏房山变电站工程之后，天津首座大型超高压枢纽变电站，最终设计规模为进出线 6 回，安装两组变压器、两组调相机。第一期工程规模为 500 千伏出线 I 回，安装苏联生产的 500 千伏、26.7 万千伏·安单相变压器 4 台（其中 1 台备用）。主变压器总容量为 106.8 万千伏·安。

四、陕西两大主力火电厂并入西北电网

1981 年 8 月，330 千伏庄汤线（庄头变电站—汤峪变电站）建成投运，线路全长 59.98 千米。庄汤线的建成，使韩城电厂与陕甘青电网并网，庄头变电站成为关中中部的一座枢纽变电站。

1982—1983 年，陕西秦岭电厂单机容量为 20 万千瓦的 3、4 号机组相继建成发电。为配合电力送出，1982 年 12 月，330 千伏秦南庄线（秦岭电厂—西安市南郊变电站—庄头变电站）建成，全长 158.32 千米。秦岭电厂除送电至负荷中心的西安市外，还通过秦南庄线与陕甘青电网并网。至此，陕西两大主力火电厂均直接并入西北电网，为"西水东火、优势互补"的主网架结构的形成打下了良好的基础。

为了加强陕西 330 千伏主网架建设，1986 年 10 月建成投运位于宝鸡市东郊的 330 千伏马营变电站，先期投运 1 台 24 万千伏·安主变压器。在此之前，1985 年 6 月已建成的 330 千伏汤峪变电站—马营变电站输电线路（67.7 千米）和 1985 年 9 月建成的 330 千伏庄头变电站—马营变电站输电线路（119.59 千米）同时投运。经改造后刘天关线直接接入马营变电站，马营变电站成为陕甘联网的关口变电站。

第四节 火电电源的建设与超高压省网的起步

20 世纪 80 年代，河南姚孟、广东沙角、山东邹县集中建设了一批较大的火电厂。其中，河南姚孟电厂扩建了 2 台 30 万千瓦机组，广东沙角 B 厂增加了 2 台 35 万千瓦机组，原有 220 千伏电网不能输送这些新建机组发出的电能。为了配合火电电源建设与电能送出，各地开始进行超高压电网的建设，同时也促进了超高压省网的发展。1984 年 9 月 4 日，500 千伏姚孟电厂升压站—郑州小刘变电站输电工程建成投运。1986 年 5 月开始兴建 500 千伏沙角—江门输电工程，这也是南方地区第一个 500 千伏输电工程。1987 年，山东电网建设了 500 千伏邹县—济南—潍坊、邹县—淄博输电线路。河南姚孟、广东沙角、山东邹县等火电厂的建设促进了 500 千伏超高压省网的起步。

一、500千伏姚郑输电工程

为了配合姚孟电厂扩建2台30万千瓦机组后的电能外送，加强华中电网的安全稳定运行及发挥联网效益，国家计委于1984年9月4日批准建设500千伏姚郑（姚孟电厂升压站—郑州小刘变电站）输电工程。该线路南起姚孟电厂500千伏升压站，途经平顶山市、宝丰县、郑县、禹县、长葛县、密县、新郑县六县一市，北至郑州市南郊500千伏小刘庄变电站，全长122.6千米。线路导线型号采用LGJQ－300×4型。

华中电管局是该工程的上级主管部门，河南省电力局是该建设项目的主管部门。1985年11月25日，500千伏姚郑输电线路工程正式破土动工，1986年12月31日竣工，总投资3238.9万元，单位造价26.42万元/千米。当时，郑州500千伏小刘庄变电站尚未建成，1987年1月23日，500千伏姚郑输电线路降压至220千伏运行，与220千伏郑州—柳林变电站输电线路连接。1988年6月30日，郑州500千伏小刘庄变电站调试完毕，500千伏姚郑输电线路由220千伏升压至500千伏运行。

500千伏姚郑输电工程是国家重点项目，也是河南省内兴建的第二个500千伏输电工程，对姚孟电厂扩建3、4号机组和葛洲坝大江电厂水电北送、河南电力系统火电南送都具有十分重要的作用。

二、500千伏广东沙角—江门输电工程

20世纪80年代，中共中央、国务院决定在广东省深圳市、珠海市、汕头市和福建省厦门市设立经济特区，电力工业和国民经济同步高速发展。黄埔电厂扩建（2×30万千瓦）以及沙角A厂（3×20＋2×30万千瓦）、沙角B厂（2×35万千瓦）、妈湾电厂一期（2×30万千瓦）、大亚湾核电站（2×90万千瓦）和广州抽水蓄能电站一期（4×30万千瓦）等大型电厂相继建成投运，220千伏电网已覆盖全省。

江门变电站位于江门市新会县杜阮，占地面积110.25亩。该站设计规模为3台变压器总容量75万千伏·安，2组SVC容量12万千乏，留有直流输电场地。500千伏和220千伏采用户内六氟化硫组合电器，500千伏侧采用3/2断路器接线方式，220千伏侧为双母线分段接线。一期工程安装1组3台25万千伏·安自耦单相带负荷调压低损耗变压器，共75万千伏·安，额定电压500/220/15.7千伏，SVC 12万千乏。500千伏出线1回，220千伏出线5回，配有光纤通信系统、数字微波设备。主变压器和其他重要生产设施配有火警探测或自动灭火系统。

500千伏广东沙角—江门输电工程是广东电网建设的首个500千伏输电工程，也是南方地区第一个500千伏输电工程，线路全长97.6千米，共有铁塔232基，导线引进西班牙生产的四分裂钢芯铝线4×ACSR－455型导线，线路输送容量160万千瓦，最大输送容量250万千瓦，广东省电力勘测设计院配合承包商进行工程设计。工程于1986年5月开工，1987年12月14日建成投运。该工程建成投运后，广东电网从220千伏电压等级跨上500千伏电压等级。1989年，工程获得国家优秀工程勘察银质奖。

三、邹县等火电厂建设促进山东 500 千伏电网起步

经过"四五"和"五五"期间输变电工程的快速发展，在"六五"初期，山东全省 220 千伏统一电网已基本形成。但此时缺电仍是制约山东国民经济发展的严重问题。鲁中及胶东地区尤为突出。如果继续以 220 千伏电压送出，虽然技术比较成熟、设备采购容易、建设速度快，但只能缓解短期的发、供电不平衡的矛盾，根本问题依然得不到解决，建设 500 千伏超高电压输电工程、建设大容量超高压电网已是必然趋势。

1982 年，山东开始建设第一项 500 千伏输变电工程。考虑到鲁中、胶东电网以及鲁西、鲁北联成统一超高压电网的需要，决定建设 500 千伏邹济潍（邹县—济南—潍坊）输电线路，以后再延伸到青岛，为建设统一的超高压电网奠定基础。500 千伏邹济潍输电线路于 1987 年 3 月降压至 220 千伏运行，是年 11 月升压至 500 千伏运行。该工程的建成投运，标志着山东电网步入 500 千伏大容量、超高压电网时代，反映了山东电力工业在超高压电网规划、设计、施工和运行方面上了一个新台阶。

500 千伏潍坊变电站是山东第一个 500 千伏变电站，位于坊子区清池镇黄埠村，占地面积 16.334 万米^2，安装 4 台 16.7 万千伏·安单相自耦变压器，其中 1 台备用。工程于 1984 年 9 月开工建设，1989 年 11 月建成投运，总投资 7642.2 万元，平均造价 152.54 元/（千伏·安）。500 千伏济南变电站是山东第二个 500 千伏变电站，位于济南市历城区董家镇时家庄，占地 11.667 万米^2，安装 3 台 16.7 万千伏·安自耦变压器。工程于 1988 年 7 月开工建设，1990 年 5 月建成投运，总投资 8022.17 万元，平均造价 160.12 元/（千伏·安），两项工程造价均为当时全国最低水平。

500 千伏邹淄（邹城—淄博）输电线路是山东第二条超高压输电线路，全长 229 千米。工程于 1987 年进行初步设计，1988 年 9 月 20 日开工建设，1989 年 11 月以 220 千伏降压运行，1995 年 11 月正式升压至 500 千伏运行。500 千伏淄博变电站是继潍坊变电站、济南变电站之后建设的山东最大的变电站，也是全国最大的变电站之一，其规划容量为 2 台 75 万千伏·安，6 回 500 千伏出线，10 回 220 千伏出线，是山东电网的枢纽，也是全省自动化程度最高的变电站。该变电站的投运为淄博地区及山东东部地区输送了强大的电力，推动了山东中东部地区的经济发展，取得了良好的经济和社会效益。

至 1990 年，山东全省共建成投产 2 条 500 千伏输电线路，共 608.6 千米，建成投产 2 座 500 千伏变电站，共安装变压器 6 台，总容量 100.2 万千伏·安。

第五节 区域电网覆盖范围扩大

随着经济的不断发展，电力需求也在不断增加。伴随着大型水电站、火电站的建设，不同区域间的电力发展也呈现出不同的发展速度。为满足自身发展的电力需求，不少省份选择寻求合作，建立新的输电线路，促进了区域电网的联网发展，如粤港、粤澳联网及江

西、湖南电网并入华中电网等。东北地区的电力发展也进入了新的阶段，不仅实现了辽宁和吉林两省之间的超高压联网，也实现了东北电网全网以 220 千伏线路为主体的网架结构的形成。为了进一步满足辽南地区的电力需求，开始建设 500 千伏输电线路，并形成了"一横一纵"的 500 千伏电网网架格局。

除电网规模的不断发展外，我国在输变电工程建设方面也取得了显著成果，一大批输变电工程建成投产。在输电工程方面，我国首次自行研制设备、设计、施工和调试的工业性试验工程舟山±100 千伏直流输电工程，取得了圆满成功。在变电站建设方面，500 千伏江门变电站、凤凰山变电站、双河变电站、小刘变电站、云田变电站、岗市变电站等一批重点变电工程项目的建成投产，对提高我国电网运行的灵活性和稳定性起着重要作用，也间接促进了经济发展。

一、粤港、粤澳联网

1983 年 2 月 6 日，深圳 220 千伏水贝变电站建成，该站既是深圳首座 220 千伏变电站，也是当时广东电网与香港中华电力公司在深圳联网的首座 220 千伏联网站。

为进一步满足澳门用电需求，1979 年，粤澳双方就电力合作、电网联网等问题进行了磋商与谈判。1981 年，经中央和广东省批准，广东省电力公司与澳门电力有限公司签订补偿贸易供电合约，澳门电力公司提供 2 亿港元无息预付款，在韶关电厂建设一台 20 万千瓦火电机组，由广东电力部门兴建 220 千伏江门—珠海线路、110 千伏珠海—澳门线路及电源。1984 年 6 月，建成 110 千伏珠海变电站—澳门北变电站双回输电线路，实现了粤澳联网，广东对澳门供电。广东向澳门供电是在广东省严重缺电的情况下实现的，当时广东缺电严重，并无多余的电力供应澳门，对澳门供电采用的是转口贸易形式，即广东以购入的香港电力的价格，向澳门出口电力。

粤澳联网一期工程是中国首个以补偿贸易方式利用外资办电的项目。粤澳联网一期工程的建成，标志着广东电网与香港中华电力公司负责的香港新九地区电网、广东电网与澳门电网实现了互联，粤港澳三地电力合作，逐步形成港澳本地具备独立电源，粤港以广东为重要电源基地，三地电网均与广东互联、余缺互济的粤港澳电力合作的大格局。

粤港联网二期工程为架设 1 回 132 千伏香港九龙大元—深圳输电线路，接入 110 千伏深圳（水贝）变电站，降压至 110 千伏与广东电网相联，于 1981 年 1 月竣工。1983 年 7 月，粤港联网三期工程在 220 千伏深圳（水贝）变电站内竣工投运。由香港中华电力公司在水贝变电站内安装 1 台 12 万千伏·安主变压器，将 66 千伏粉水（粉岭—水贝）输电线路改接至 220 千伏深圳（水贝）变电站内，并升压至 110 千伏与广东电网相联。同时，将 132 千伏水大（水贝—大元）输电线路改接至 220 千伏水贝变电站内，并升压至 220 千伏与广东电网相连。为增加从香港购入电力，1991 年 7 月，深圳与香港中华电力公司合作建设元梅Ⅰ、Ⅱ线，同年 9 月又建设粉春线。至此，连同原有的联络线，广东电网与香港中华电力公司有 110/66、220/132 千伏的联络线共 6 回路，先后投入运行。至 1991 年，广东从香港购入电力达到 49.6 亿千瓦·时，比 1990 年增加 1.77 倍。

1979 年年初，深圳蛇口工业区❶创立之时，电力供应水平较为落后。为长远计，蛇口工业区制订了以未来 10 年电力负荷为考量的电力建设总体规划。变电站分三期建设。1980 年 3 月，蛇口工业区第一期输变电工程开工，同年 11 月竣工交付使用，工程包括 110 千伏输电线路 54 千米，3.15 万千伏·安的 110 千伏变电站一座。1981 年之后，蛇口变电站改架空线路为地下电缆输电，改辐射式供电为环网供电，供电可靠率达到创纪录的 99.8%。1982 年以后，第二期、第三期工程启动。至 1983 年 3 月，变电站有 3 台 11 万伏、3.15 万千瓦变压器并入广东电网。

1985 年，由于广东省水力发电厂普遍缺水，发电量锐减造成省网严重缺电，省网对深圳实行限电限压。同年，深圳市开始试行采用环网供电，导致电网运行、管理混乱，致使蛇口工业区经常断电，数次出现无事前警告性通知就突然拉闸停电的情况，使工业生产突然中断，厂方损失惨重。5 月中旬开始被迫实行每周"开五停二"的计划用电。电力紧张已经威胁到了蛇口工业区的生存。招商局出面采取紧急补救措施，直接从香港购电成为优先选项。

蛇口工业区用电紧张问题也引起了中央领导的极大关注。1985 年 5 月，蛇口工业区向国务院领导同志报告，请求解决蛇口工业区用电紧张的问题，提出由招商局与香港中华电力公司合作铺设海底电缆，以解决蛇口工业区用电紧张问题。对此，国务院和广东省明确表示支持。同年 7 月，经国务院批准，招商局与香港中华电力公司签署合同，由后者投资 7000 万港元，铺设海底电缆，向蛇口工业区每日供电 42 万千瓦·时，合同有效期 10 年。香港中华电力有限公司的电价低于广东电网的供电收费标准，减轻了企业用电负担。由此，招商局蛇口工业区成为全国第一个经营电力的企业。

1986 年 11 月，香港中华电力公司通过海底电缆正式向蛇口工业区供电，这条电缆从香港元朗流浮山入海，穿越后海湾，到蛇口碧涛中心上岸，接入变电站，全长 9136 米，电压等级 132 千伏，当年最高输电量 12.9 万千伏·安。至此，蛇口工业区用电紧张问题得以彻底解决，成为当时深圳乃至全国第一个不停电的片区。蛇口工业区供电公司电力容量达到 230 兆伏·安，成为当时全国最大的能源企业之一。

蛇口工业区与香港中华电力有限公司间的电力合作，是在缺电的大背景下，实事求是解决用电需求的一个有效办法，既是粤港电力合作的一种形式，也是企业经营电力的一个体制创新，为中国电力工业经营管理体制的创新开创了一块"试验田"。

二、江西电网并入华中电网

葛洲坝电厂巨大的发电能力是当时缺电矛盾尖锐的江西电网迫切需要的。1981 年 3 月 24 日，江西省人民政府向电力部提出葛洲坝二江电厂投产后向江西送电的要求。同年 4 月 6 日，电力部复电江西省人民政府，同意建设 220 千伏湖北武昌—江西南昌输变电工程，并同意江西电网并入华中电网，实行统一管理。10 月 14 日，电力部批准建设 220 千

---

❶ 深圳蛇口工业区位于深圳南头半岛东南部，是招商局全资开发的中国第一个外向型经济开发区。

伏武昌凤凰山—下陆—柘林—南昌输变电工程，11月10日，华中电管局向江西、湖北省电力局及中南电力设计院发出了关于220千伏武昌凤凰山—下陆—柘林—南昌输变电工程设计、施工及运行等问题的意见。220千伏武昌凤凰山—下陆—柘林—南昌输电线路全长290千米。其中，两省电网联网线路黄石下陆—江西柘林长153.2千米，联网线路在湖北省境内长73.9千米，在江西省境内长79.3千米。中南电力设计院和江西省电力设计院分别承担湖北省境内和江西省境内的工程设计任务，湖北、江西两省各自境内的输变电工程施工，由两省电力局所属的施工队伍承担。1982年5月，该项工程开工建设，次年1月26日建成送电，江西省南昌电网并入华中电网，华中电网向南昌电网输送最大功率为9万千瓦。

1983年4—12月，220千伏江西柘林—南昌Ⅱ回输电线路建成投运，当时，南昌电网发电设备容量仅为87.83万千瓦，江西省南昌电网并入华中电网，有效缓解了江西省电力供应的紧张状况。

为解决赣南地区长期缺电状况，满足老区经济振兴的需要，实现江西北电南送，改变南北电网长期分割局面，赣南、吉安、上饶等地区电网相继与赣中电网联网，其中220千伏万安—赣州输变电工程的建成投运，实现了江西电网内两个长期分割的南昌（赣中）电网与赣州（赣南）电网联网，标志着江西电网以220千伏输电线路为主网架，全省统一电网基本形成。该工程是国家"七五"期间重点建设项目，也是赣南第一条220千伏高压输电线路，工程跨越赣江、穿越众多高山、林地，沿途自然环境恶劣。

220千伏万安—赣州输变电工程起于万安水电厂，经遂川、赣县，止于赣州220千伏虎岗变电站，线路全长72.3千米，工程新建1座220千伏变电站，主变压器1台，容量12万千伏·安，由国家出资，投资概算2100万元，江西省送变电建设公司承担建设任务。工程于1986年12月开工建设，1987年11月线路工程建成投运，被评为全国优良工程。由于当时万安水电厂和220千伏虎岗变电站正在建设中，万赣线建成后接110千伏虎七线至七里变电站，降压至110千伏运行，由南昌电网每日向赣南输送电量约30万千瓦·时，直至1989年9月，220千伏虎岗变电站建成投运，万赣线才转接到虎岗变电站，并升压至220千伏运行，更名为万虎线，直接由万安水电厂向赣州供电。

220千伏万安—赣州输变电工程建成投运后，实现了赣南电网220千伏输电线路"零"的突破，结束了赣南没有220千伏电压等级输电线路的历史，投运后第二年就发挥了巨大的效益，从万安输入电力近亿千瓦·时，当时被称为"火红的动力线""赣南电力的生命线"，极大地缓解了赣南老区长期严重缺电状况，促进了赣南经济发展。

三、湖南电网并入华中电网

湖南电力工业因"四五"期间少投产44.31万千瓦，"五五"期间少投产124.1万千瓦，致使全省1977—1990年缺电力60万～100万千瓦，缺电量15亿～30亿千瓦·时。为缓解全省严重的供用电矛盾，1981年年底，湖南省人民政府向电力部提出了使用葛洲坝二江电厂的电能，以缓解湖南省近期和长远电能供应短缺状况，并提出了将湖南电网并入华中电网的要求。1982 年 3 月，经省政府和水电部、财政部充分协商，并报国务院批准，从 1982 年 1 月 1 日起，湖南电网并入华中电网统一管理。电力部于 1982 年 2 月决定建设 220 千伏武昌凤凰山—塘角镇—巴陵—长沙榔梨输变电工程（也称鄂湘联网工程）。该工程包括架设输电线路 343.42 千米（湖北段 143.12 千米、湖南段 200.3 千米）和新建 2 座 220 千伏变电站、扩建 1 座 220 千伏变电站。其中咸宁塘角镇和岳阳巴陵变电站分别安装 2 台和 1 台 12 万千伏·安主变压器，长沙榔梨变电站扩装 1 台 12 万千伏·安主变压器。1982 年 4 月，湖南省电力工业划归水电部[1]，交华中电管局统一管理后，加快了湖南电网并入华中电网的步伐。

220 千伏武昌凤凰山—塘角镇—巴陵—长沙榔梨输变电工程于 1983 年 1 月开工，同年 5 月输电线路工程竣工，12 月岳阳 220 千伏巴陵变电站竣工，1984 年 1 月 21 日，220 千伏武昌凤凰山—塘角镇—巴陵—长沙榔梨线路全线投运，湖南电网并入华中电网。当时，正值湖南遇上近十年来少有的枯水年，华中电网向湖南送电 5.2 亿千瓦·时，一定程度上缓解了湖南严重缺电的矛盾，发挥了联网的经济效益。

四、东北 220 千伏电网完善与 500 千伏电网的起步

1980 年年底，黑龙江电网仍处于几个区域电网相互独立运行的状态，主要包括哈尔滨地区电网、黑龙江东部电网、黑龙江西部电网和北安地区电网。吉林省电网处在东北电网的腹地，由于自身的地理位置，全省大部分地区都已联入东北电网主网，只有延边地区电网处于孤立运行状态。内蒙古东部地区赤峰、通辽以及哲里木盟地区电网也都与东北电网主网相联结。

（一）东北 220 千伏电网完善

黑龙江西部电网主要包括齐齐哈尔地区电网和大庆地区电网，是黑龙江省内的负荷中心，1981 年 10 月，220 千伏新哈线（新华发电厂—哈西变电所）投产，实现了黑龙江西部电网与哈尔滨地区电网相联，黑龙江西部电网经哈尔滨地区电网与东北电网主网相联，有效缓解了黑龙江西部电网缺电的状况，大量减少拉闸限电，也标志着黑龙江西部电网结束了孤网运行的历史。

黑龙江北安地区电网是国内最北部电网，电网容量小，其负荷特点是以农业用电及照明用电为主，独立运行时，在负荷高峰期电源严重不足，大量拉闸限电；负荷低谷时段，因负荷太小，富余电力又送不出去。1983 年 11 月，220 千伏拉北线（拉东变电所—北安变电所）投产，使北安地区电网经黑龙江西部电网并入东北主网。联网后的北安地区电网彻底摆脱困境，基本满足了北安地区及黑河市工农业生产用电，尤其对国防建设及边疆建设起到了重要的促进作用。

黑龙江省西部电网与黑龙江省北安电网正式联网的次年，为了加强对东北电网的

---

[1] 划转结算日期为 1982 年 1 月 1 日。

领导，提高电网的经济效益，东北电管局对黑龙江省西部电网（含齐齐哈尔、富拉尔基、安达、北安地区）实行统一管理，至此，黑龙江西部电网及北安电网并入东北电网。

20世纪70年代，黑龙江省东部电网地区的煤矿用电量的需求较大，合江地区（现在的佳木斯）电网与牡丹江、鸡西地区电网连为一体，通过镜牡延鸡佳线路形成黑龙江省东部电网，并为大型国有煤矿提供可靠供电。

黑龙江东部电网包括牡延地区电网、鸡西地区电网、合江地区电网，是黑龙江省内鹤岗、鸡西、双鸭山、七台河四大煤矿所在地，具有建设坑口电站和大型火电厂的优越条件。为了充分利用黑龙江东部地区的煤炭资源，配合牡丹江第二发电厂的二期扩建，解决东北电网电力送出和做好联网准备，1981年，黑龙江电管局实施建设220千伏牡海尚（牡丹江—海林—尚志）输变电工程，将哈尔滨电网的尚志地区改由牡丹江电网供电，以缓解哈尔滨电网的缺电矛盾，工程于1982年11月竣工，为实现黑龙江东部电网和哈尔滨电网联网创造了条件。1987年，牡海尚线与220千伏哈尔滨哈东变电所—尚志输电线路相连，进一步加强了黑龙江主网架。

1986年6月，220千伏镜泊湖—敦化—延吉输变电工程开工建设，工程包括220千伏蛟敦输电线路102.65千米、蛟河变电所出口工程、敦化变电所入口工程和相应的联网微波通信工程，工程投资1564.5万元，于1987年11月20日竣工，并于同年11月30日正式投运，从此，黑龙江东中部电网通过延边电网正式并入东北主网运行。

1984年11月—1985年8月，220千伏通辽—右中—霍林河输电线路及220千伏右中、霍林河一次变电所全部建成，相继投入运行，并于1984年11月开始由哲里木盟地区电网向兴安盟地区供电，1985年，通辽发电厂一期工程投运，随后建成的220千伏通辽发电厂—吉林巨丰输电线路，成为哲里木盟地区电网向东北电网主网送电的第一条主干线路，使吉林省西部并入东北电网。1987年，220千伏右中—乌兰浩特输电线路和乌兰浩特一次变电所建成投产，标志兴安盟地区电网并入东北主网。1986—1988年，220千伏蛟敦线和有关一次变电所建成投入运行，将吉林省东部地区的延边地区电网联入东北主网，由此，吉林省全省8个地区电网全部联入东北主网，220千伏电网成为东北的主要网架。

（二）东北500千伏电网的起步

1980年以后，东北电网整顿电压等级，除个别地区留有少量110、154千伏电压等级以外，由原来的10级改进成5级，彼时东北电网全网已经形成了以220千伏线路为主体的网架结构。但是随着国民经济快速发展，东北电网仍然未能"先行"，主要是电网出现线路或变压器"卡脖子"的问题，电网薄弱，安全稳定水平较低，运行工况日趋紧张，尚不能达到《电力系统安全稳定导则》的基本要求。水电部以东北电管局为主，派代表团赴日本考察500千伏线路，代表团归国后开始着手500千伏电压等级的准备工作，从而为东北电网建设500千伏送电线路做好充足的准备工作。

为配合元宝山电厂大规模、远距离、大输送容量的电力外送，必须采用比220千伏更高电压等级的输电线路即 500 千伏线路，才能满足辽南地区的用电需求。1985年，500 千伏元锦辽海输变电工程应运而生，至此东北电网最高电压等级升至 500 千伏。该工程的建成投运，不仅保证元宝山电厂的电能送出，也为 60 万千瓦的二号机组安装创造条件。这是东北电网电压等级的一次重大突破，也开创了东北电网发展的新局面。

虽然东北电网 500 千伏输变电设备出现较晚，但是随着东北地区 500 千伏电力工业的不断发展和提升，500 千伏输变电设备在东北地区快速发展，500 千伏元锦辽海、丰辽、海大等输电线路工程的建成投运，形成了"一横一纵"的 500 千伏电网网架格局，为东北电网 500 千伏网架的进一步拓展和完善奠定了基础，一定程度上改善了东北地区电网运行的安全性和稳定性。

五、辽宁、吉林两省实现超高压联网

500 千伏东辽（东丰—辽阳）输电工程是"七五"期间经国家计委批准建设的重点超高压线路工程项目，是白山发电厂建设工程的配套工程。工程起于吉林省 500 千伏东丰变电所，止于辽宁省 500 千伏辽阳变电所，线路总长 305 千米。工程由东北电管局500 千伏东辽输电线路工程筹建处负责建设，东北电力设计院设计，东北电管局、吉林省 2 个送变电工程公司施工。工程分两段施工：自吉林省东丰变电所至辽宁省新宾县段工程于 1984 年 3 月 1 日开工，1985 年 12 月 30 日竣工；辽宁省新宾县至江阳变电所段工程于 1984 年 4 月 25 日开工，1986 年 7 月 20 日竣工，线路于 1986 年 12 月正式投入运行。

500 千伏东辽输电线路是辽、吉两省间第一条跨省 500 千伏骨干线路，是两省电力交换的主要通道，是构成东北电网骨架的主要干线。

六、浙江舟山直流输电工程

舟山直流输电工程是中国首次自行研制设备、设计、施工和调试的工业性试验工程。工程由水电部委托浙江省电力局负责建设,全部新设备由机械工业部委托西安电力机械制造公司负责研制。

1976 年 11 月 29 日，水电部批准舟山直流输电工程进行初步设计。浙江省水利电力局成立直流输电办公室，全面负责工程的设计、科研、协调设备制造、组织施工等工作。工程技术设计于 1979 年 5 月完成。1980 年 12 月 28 日，国家计委、国家科委正式批准舟山直流输电工程的计划任务书，并列入国家"七五"期间重点科技攻关项目。1981 年 5 月，国家科委与浙江省电力局和西安电力机械制造公司签订科技攻关合同，规定换流阀涌流保护和直流电缆保护方式的研究、负极性直流电压下积污特性、连接于弱电流系统直流输电换流器工况的数字模拟、非正常和故障运行方式的动模试验研究、谐波对电器测量仪表的影响、换流站引起的载频干扰及其抑制措施、调相机励磁系统选型试验研究等 25 个直流输电关键技术课题，属电力系统方面的，由浙江省电力

局负责解决；属设备制造方面的，由西安电力机械制造公司负责组织攻关。浙江省电力局与有关科研单位及高等院校签订 22 项科研合同。6 月，浙江省电力局与西安电力机械制造公司签订高压换流阀、整流换流变压器、平波电抗器、微分电压互感器、谐波分析仪、桥阀数控装置、直流线路纵差保护故障采集装置、直流海底电缆等 18 种新设备的技术条件及供货合同。

舟山直流输电工程一期工程规模为单极直流－100 千伏、500 安、5 万千瓦，最终规模为双极直流±100 千伏、500 安、10 万千瓦。整流站建在宁波大碶，逆变站设在舟山本岛定海鳌头浦，两站之间直流架空线 42.1 千米，海底电缆 12 千米。舟山海域水深流急，地质复杂，初步设计中，选定海底电缆路径从穿山半岛下海穿越螺头水道的方案。1979 年 4 月，在初选路径上敷了 1 根试验电缆，经一年实际考验，发现有多处磨损，最严重的 1 处磨损铠装钢丝达 1 毫米。为此，在技术设计阶段，又重新组织调查 38 个路径方案。1983 年 11 月，再次委托国家海洋局第二海洋研究所对 9 条路径做进一步调查，最后确定从镇海老鼠山下海至金塘岛，再由金塘中岙下海至外钓山的海缆路径，同时在电缆防护结构上采用局部双层钢丝铠装，增加电缆抗磨力，这在中国电缆制造史上尚属首创。同年，由西安电力机械制造公司负责研制的高压换流阀、换流变压器等也试制完成，并通过鉴定。

1986 年 6 月，舟山直流输电工程 4 根海底电缆敷设完工，同年 10 月，42 千米架空线路建成。1986 年下半年，换流站、逆变站电气安装也陆续完成。设计中采用可控硅快速励磁装置，能快速进相 50%无功，当系统甩负荷或调节有功时，调相机能随时根据系统电压来输出或输入无功功率；选择具有很大惯性的调相机，在动态过程中，可减少电压变化速度，降低逆变站换相失败率；在直流输电换流阀的控制调节系统中，采取了针对弱系统的调节特性的低压限流（按电压控制电流）控制器等装置，提高小系统运行稳定性。经运行证明，在舟山仅开 1 台调相机，全部负荷由直流供给的极端运行状态下，也能维持稳定运转，攻克了大系统向弱系统送电的难题。

1986 年 7 月，经国家科委批准，由国家科委能源处、水电部科技司、机械工业部电工局、水电部电科院、浙江大学、浙江省电力局等单位组成舟山直流输电工业性试验工程启动验收委员会，1987 年 7 月审查启动调试方案，由浙江省电力试验研究所负责对换流站、逆变站分别进行单侧联调。11 月又进行整流站、逆变站及线路系统联调。12 月 23 日投入试运行。

舟山直流输电工程总造价 4373.1 万元。试运行第一年可用率达 75.26%。1989 年 9 月 1 日，舟山直流输电工程通过国家鉴定正式投入运行，从此实现浙江省 11 个地区（市）全部联网。

七、重点变电站工程

广东 500 千伏江门变电站是中国首个采用 500 千伏气体绝缘金属封闭开关设备（GIS）的变电站，位于江门市新会县杜阮区，占地面积 7.35 万米^2。工程于 1986 年 5

月破土动工，1987 年 12 月 14 日投产，是广东第一座 500 千伏变电站。经过议标方式，工程由瑞士勃朗－鲍威利有限公司负责设计和提供设备（主变压器由日本三菱公司供应），并指导安装和调试。土建部分由阳江县建筑公司承建，电气设备由广东省输变电工程公司负责安装。控制楼采用两层布置，不设电缆夹层而采用电缆沟的方式。继电器屏与控制屏之间用隔墙。控制屏室、继电器室、载波机室均装有空调。设备安装底脚螺栓不用预埋螺栓方法，而采用现场钻孔，灌注黏液胶然后放置螺栓固定设备，施工方便。蓄电池不用瓷砖支墩，而用钢支架和防酸涂料，支架在工厂加工处理好，在现场组装，加快施工进度。

武昌 500 千伏凤凰山变电站位于武汉市武昌南郊的凤凰山上，是 500 千伏平武输变电工程中的两个 500 千伏变电站之一。该变电站一期工程共安装 2 组 6 台由日本日立公司制造的单相自耦有载调压型主变压器，每台容量为 25 万千伏·安，总容量为 150 万千伏·安。一期工程有 500 千伏出线 2 回（最终 6 回）、220 千伏出线 6 回（最终 12 回）。一期工程安装有一组 +24 万千乏和一组 −12 万千乏的 SVC 以及连接华中电网调度中心的电子计算机控制系统，这个系统可以实现遥测（测量线路、变压器的输送功率、电压和系统频率等）、遥信（传递主要设备状态、控制、保护设备动作的信号）、遥控（远方控制开关设备的开合状态、变压器的有载调压），能自动记录电力系统运行的电量、操作或发生事故的时间及参数的变化，并能追记事故前的参数。这些数据可以自动打印或自动显示在电视屏幕上。该变电站的主要设备具有 20 世纪 80 年代初的世界先进水平。

凤凰山变电站的施工任务由湖北省电力三处承担，于 1979 年年底开始进行施工准备，1980 年 5 月正式开工。湖北省电力三处与湖北省电力中心试验研究所在施工中密切配合，采用步进程序施工法，加快了施工进度。同年 12 月开始安装设备，仅用了 70 个工作日就完成了 6 台 25 万千伏·安主变压器的安装任务。1981 年 7 月开始进行调试，参加调试的单位有湖北省电力试研所、水电部电力科学研究院、武汉高压研究所、南京自动化研究所等。同年 11 月正式受电，一次启动成功。12 月 22 日正式投入运行。该工程的建设周期为 19 个月，实际国家投资 8289 万元，其中建筑安装费为 1950 万元，占投资的 23.5%；设备和工具费为 5748 万元，占投资的 69.3%；其他项目耗用投资 591 万元，占投资总额的 7.2%，工程单位造价为 55.3 元/（千伏·安）。

1985 年，为配合葛洲坝水力发电厂电能外送及葛凤线升压到 500 千伏运行，又开始对凤凰山变电站进行扩建，扩建规模为葛凤线 500 千伏间隔的全部一、二次设备，工程于 1986 年 6 月 30 日正式投运。

500 千伏双河变电站位于湖北省钟祥县双河镇，北距姚孟电厂 500 千伏升压站 342.33 千米，南距武昌 500 千伏凤凰山变电站 252.55 千米，是 500 千伏平武输变电工程中的两座变电站之一。该变电站一期工程共安装 1 组 3 台由法国阿尔斯通公司生产的 MR17 单相自耦有载调压主变压器，每台变压器容量为 25 万千伏·安，总容量为 75 万千伏·安；还预留有扩建 1 组（3 台）主变压器的位置。该变电站一期工程有 500 千伏出线 2 回（最终 6 回），有 220 千伏出线 6 回（最终 8 回），500 千伏出线各装一组 15 万千伏·安的并联电抗器，并设有一台单相 5 万千伏·安的备用电抗器，其正常运行电压为 500 千伏，最高运行电压为 550 千伏。其余各种设备及装置尺寸与凤凰山变电站基本相同，其占地面积为 10.42 万米^2。

500 千伏双河变电站的设计任务由中南电力设计院承担。设计人员于 1978 年 8 月开始进行初步设计，1979 年年底完成设计任务。施工任务由湖北省电力二处承担，于 1980 年 6 月正式破土动工，1981 年 11 月中旬将设备安装完毕，开始进行调试。参加调试的单位有湖北省电力试研所、电力部电力科学研究院、武汉高压研究所、南京自动化研究所和一些大专院校的有关科研人员等。1981 年 12 月 22 日，双河变电站正式投入运行，工程概算投资 5280 万元，工程投资 5198 万元，节省投资 82 万元。概算造价 70.4 元/（千伏·安），实际造价为 69.3 元/（千伏·安）。

郑州 500 千伏小刘变电站位于郑州市南郊 10 千米处的小刘庄，是 500 千伏姚郑输变电工程的组成部分。一期工程的建设规模：安装 1 组 3 台意大利生产的带负荷调压自耦变压器，总容量为 75 万千伏·安（最终安装 2 组 6 台主变压器，总容量为 150 万千伏·安），安装 1 组静止补偿器（20 千伏、±12 万千乏，最终安装 2 组），建设 500 千伏出线 I 回、220 千伏出线 6 回；工程项目最终规模建设 500 千伏出线 6 回、220 千伏出线 12 回。该变电站选用的设备中，有从意大利引进的主变压器、电抗器、三相隔离开关、电流互感器、电容式电压互感器、铝合金管形母线、500 千伏和 220 千伏金具、550 千伏和 220 千伏支柱绝缘子等；有从日本三菱公司引进的控制电缆，500 千伏和 220 千伏断路器、避雷器等；有从瑞士引进的载波通信和继电保护屏设备；有从联邦德国西门子公司引进的光纤通信设备；还有从瑞典和美国分别引进的 SVC 和终端机接收装置。

郑州小刘变电站的设计任务由河南省电力勘测设计院承担并完成。1985 年 9 月 28 日，华中电管局批准了工程的初步设计。工程于 1986 年 4 月 15 日正式破土动工，河南省送变电公司和河南睢县建筑公司承担建设任务，1988 年 6 月 30 日竣工投运。工程概算总投资为 8225 万元，由河南省电力局包干使用。变电站占地 10.40 万米^2。郑州小刘变电站是华中电网的一个重要枢纽变电站，它既可接纳豫北焦作火电基地的电能南送，也可以满足姚孟电厂、葛洲坝水电厂电能北送，对实现华中电网水电、火电互相调节，提高电网运行的灵活性和稳定性起着重要作用。

500 千伏株洲云田变电站是 500 千伏葛洲坝—常德—株洲输变电工程中的两个变电站之一，位于湖南省株洲县云田傅家冲，通过 500 千伏和 220 千伏两级电压与系统连接。云田变电站于 1984 年 9 月 4 日由国家计委批准计划任务书，其设计任务由湖南省电力勘测设计院承担。1985 年 8 月，该工程正式破土动工，1988 年 6 月 15 日正式投入运行。一期工程安装 1 组 3 台由意大利引进的 500 千伏自耦有载调压主变压器，单台 25 万千伏·安，总容量 75 万千伏·安，其型式及规格为 250/250/50 兆伏·安，$525/\sqrt{3}/230/\sqrt{3}/\pm 8 \times 1.25\%/20$ 千伏单相；最终规模为 2 组 6 台主变压器，总容量为 150

万千伏·安。变电站一期工程有 500 千伏进线 1 回（最终 6 回），有 220 千伏出线 5 回（最终 10 回）。变电站 500 千伏设备分别从意大利、日本、瑞士、联邦德国、美国和加拿大等国家引进。变电站占地面积 10.60 万米²。变电站一期工程共投资 7539 万元，造价 100.52 元/（千伏·安）。

常德 500 千伏岗市变电站（开关站）位于常德市西北郊，距市区 8 千米，是 1984 年 9 月 4 日经国家计委批准兴建的，其设计任务由湖南省电力勘测设计院承担。华中电管局于 1985 年 2 月 6—9 日在长沙召开审查会议并通过了初步设计。变电站的设计建设规模：安装 2 台 50 万千伏·安变压器（总容量为 100 万千伏·安）建设 500 千伏进出线 5 回、220 千伏出线 10 回。一期工程建成 500 千伏开关站、500 千伏进出线各 1 回以及 500 千伏和 220 千伏构架等任务。工程于 1985 年 8 月开工，其建设主管部门为湖南省电力局，施工单位为湖南省送变电公司。变电站的 220 千伏部分于 1986 年 5 月建成，500 千伏葛洲坝水电厂—常德岗市线路暂时降压至 220 千伏运行。1988 年 5 月，变电站（开关站）500 千伏部分也建成并顺利通过系统调试。1988 年 6 月 15 日，该开关站与株洲 500 千伏云田变电站同日投运，恢复 500 千伏电压运行。该变电站（开关站）一期工程概算总投资 5848 万元，由建设单位包干使用。

第六节 关键工程技术发展

随着我国科技水平的不断提高，工程技术领域不断取得创新突破，为我国工程建设提供了有效的技术支持。在保护装备方面，南京电力自动化设备厂成功研制出电力电子与开关保护设备 JBZ 系列 500 千伏变压器保护装置。在 1985 年的 220 千伏武淮（武坽—淮阴）输变电工程建设中，我国首套应用工频变化量原理构成集成电路型继电保护装置投入使用。在输电线路施工方面，1986 年，500 千伏广东沙角—江门输电线路施工中，使用了充氢气球跨越西江展放导引钢丝绳的新技术，为我国输电线路建设采用充氢气球施工新技术开创了新路子。

一、重点电力电子与继电保护装置

为提高继电保护可靠性，1982 年，水电部决定由电力规划院牵头，由设计、科研、制造单位参与，成立"四统一"工作组，开展统一技术标准、统一符号、统一原理、统一端子排的"四统一"设计工作。"四统一"工作组以南京电力自动化设备厂 C 型保护为基础，经过 10 多次工作会议和 1984 年水电部电科院大规模动模试验，最终研制出"四统一"D 型晶体管保护。

在晶体管型变压器保护的自主优化设计和应用以及线路保护"四统一"研制的同时，南京电力自动化设备厂成功研制出了 JBZ 系列 500 千伏变压器保护装置。1988 年 8 月，在东北、华中、华东电网已投运的 16 座 500 千伏变电所中，主变压器共有 27 组，其中

240 兆伏·安容量的 5 组，其余均在 510 兆伏·安以上，绝大多数为 750 兆伏·安。在这 27 组变压器的继电保护装置中，有 18 套为南京电力自动化设备厂研制并生产的 JBZ 系列 500 千伏变压器保护装置，占全部变压器保护装置的 67%。

1985 年 10 月，500 千伏徐州—上海超高压输电线路的徐州—武墩段已建成。为尽早将徐州电厂新增机组的电能送出，江苏省电力局决定将徐州—武墩段降压至 220 千伏运行，新建 220 千伏武淮（武墩—淮阴）输变电工程，向 220 千伏淮阴变电所送电。该工程包括新建 220 千伏武淮线和在淮阴变电所扩建武淮线进线间隔。工程于 1985 年 12 月 10 日开工，1986 年 4 月 2 日投运。线路继电保护装置采用南京电力自动化研究所研制的由集成电路组成的 JKF–1 型工频方向突变量高频保护。该保护装置构成原理比较先进，与传统继电保护原理截然不同，为国内继电保护技术原理上的首次突破，也是江苏电网内第一次接触集成电路保护。但因技术原因，国产集成电路保护在江苏省内未得到推广。1987 年 12 月，因 500 千伏徐沪线即将全电压运行，该线路停止运行，该继电保护装置也退出运行。

二、充氢气球在输电线路施工中的应用

在高压输电线路跨越江河的架线施工中，传统施工方法是应用排船放线法，在施工期间必须封航。采用直升机放线基本可实现不封航，但价格昂贵。

1986 年，北京送变电公司承建 500 千伏广东沙角—江门输电线路部分区段的施工，工程需要跨越西江。西江架线属中等跨越，江面宽度为 800 米，跨越耐张段长度为 2069 米，跨江档距为 1057 米，两基临江直线塔呼称高分别为 100 米和 65 米。且西江位于珠江三角洲，航运繁忙，过往船舶最大吨位达千吨级，最高船速飞翔客船的时速达 40 千米，封航的经济损失每日达 10 万元。1986 年 5 月，由北京送变电公司总工程师率领的沙江线调查组南下广东，实地调研施工有关重大课题；同年 6 月，北京送变电公司成立了充氢气球高空跨距放线专题技术攻关指挥部。

1987 年 6 月，采用充氢气球跨越西江展放导引钢丝绳的新技术付诸实施。具体施工中投入船舶 4 艘，采用直径 6 米的充氢气球 3 个，直接浮升直径 7.9 毫米的无扭导引钢丝绳。导引钢丝绳分为三个定段，于各定段处固定特制的自动脱钩连接器。牵引船牵引绳沿江下行展开，至每个定段处停船，由系留船在该处将氢气球与自动脱钩连接器相连，并将气球升空，牵引船继续下行，系留船随同下行，直至导引钢丝绳全部成串挂在空中。然后各船由牵引船引导向对岸作扇面弧形运动，整个系索逐步从沿江方向转向线路方向。牵引船至对岸后，将导引绳与对岸塔上所挂钢丝绳对接，用牵引机将钢丝绳牵引升空，再将氢气球与导引绳脱钩，转入常规张力放线。在充氢气球展放全部 8 根导引钢丝绳的过程中，由于在沿江展开时未占主航道；在弧形运动中采取相互避让措施，来往船只正常航行；在横江展开后，中部三球构成的门型空间状态极为稳定，大量船舶直接在球下门区顺利通行，从而实现了不封航施工。用充氢气球展放导引钢丝绳的经济效益较高，仅本次西江展放导引钢丝绳作业节约封航损失约 80 万元。

由于充氢气球高空运作的优越性，北京送变电公司将这一跨越施工技术推广应用到陆地跨越果园、山区塔料运输等方面，不但有效解决了施工中的难题，还取得经济效益。

三、架空输电线路张力放线施工技术

张力放线是指利用牵引机、张力机等施工机械展放导、地线，使其在展放过程中离开地面和障碍物呈架空状态的放线方法。

1978年，东北电管局送变电工程公司、水电部电力建设研究所、南京线路器材厂、东北工学院等单位，经过2年多时间的反复试验，成功试制了输电线路张力架线机，并于1979年在清河发电厂至抚顺和本溪的220千伏输电线路架线施工中首次应用，一次性架设两根240毫米^{2}钢芯铝绞线获得成功，为之后超高压输电线路施工全面机械化开辟了新路。随着特高压线路工程的持续推进，导线截面不断加大，各种新型施工机具不断研制应用，中国特高压线路的架线工艺日趋成熟。动力伞、飞艇以及八旋翼无人机的出现，使导引绳能够顺利实现悬空展放，分绳技术的完善使得架线工艺及施工速度得到显著提高；六分裂导线、八分裂导线放线滑车悬挂方式的不断完善，使架线质量、弛度控制更加容易；38吨牵引机的出现，使六分裂导线、八分裂导线能实现"一牵6""一牵8"方式展放。同时"2×一牵4（3）""一牵2+一牵4""3×一牵2""二牵8（6）"展放方式在特高压线路架线实践中也逐步成熟完善。

四、架空输电线路大跨越铁塔全倒装组塔新工艺

220千伏黄埔—芳村线路的黄埔大跨越位于广州市东郊，是跨越珠江的架空双回路输电工程，其中190米的铁塔是当时国内最高的拉线输电铁塔。该工程由广东省电力设计院设计，1978年5月动工兴建。黄芳线需在黄埔港东侧跨越珠江的黄埔水道和铁桩水道，利用江中的沙鱼洲岛，线路连续两次跨越珠江，档距分别为1138米和1449米，耐张段全长3380米，采用2组耐张塔和1基高136米、2基高190米的直线形拉线钢管塔。这种钢管塔结构轻巧，耗钢材比自立式铁塔节省50%，并且阻力小、抗台风和地震的性能良好，但生产占地面积较多。黄埔大跨越中的铁塔由广东省电力线路器材厂生产，广东省输变电工程公司负责组装。广东省输变电工程公司在学习外地经验后，结合该工程特点，采用全倒装组塔新工艺。全部塔身按设计共30节，分别在地面接装好，用一套倒装架来提升塔身进行接装，全部塔身安装作业均在6.5米以下操作，比分别吊装法减少高空作业80%；改善劳动条件，增加安全性，提高工效3.17倍。施工中还研制同步控制器和塔头偏移指示器，保证塔身垂直。立塔后铁塔倾斜度为0.4‰，低于允许值3‰。工程于1979年12月建成投运，1982年，该工程设计和施工获国家优质工程奖。

第七节 电网调度自动化与通信技术引进

随着电网技术的不断发展，促进了电网调度自动化水平的不断提高。建设了亚洲第一条脉冲编码调制（Pulse Code Modulation，PCM）数字微波通信电路，从国外引进调度自动化系统及微机远动装置技术，包括平武输变电工程从瑞士引进的调度自动化系统、中国第一条通信卫星调度系统等；研制成功国内第一套微机远动装置试验样机，这些通信、自动化技术的建设和应用实现了长距离数字微波通信与微波通信电路无人值守等功能，大大提高了电网运行管理水平。

在此基础上，为更好地支撑各区域电网调度指挥工作，亟须发展更为先进 SCADA/EMS，在原水电部和国家电子振兴办、国家计委和经委等领导的大力支持下，电力部组织实施四大区域电网（华北、华东、华中、东北）调度自动化系统引进工程，实现数据采集、处理、监视和自动化发电控制、经济调度（SCADA+AGC/EDC）等功能，该系统具有 20 世纪 80 年代中期国际水平，投入运行后使四大区域电网的运行水平显著提高，对电网现代化管理发挥了重要作用。

一、亚洲第一条 PCM 数字微波通信电路

为加强对长江水系、重要水库、重点水利工程及有关大电网、大型电站的通信及调度工作，根据电力生产的特殊需求，国家于 1978 年正式批准建设电力专用通信网。国家计委以计生（1978）24 号文件批准建设北京—武汉数字微波通信工程（京汉微波电路），并列为 1978 年重点项目。进入 20 世纪 80 年代，随着微波通信电路建设速度的加快，以京汉微波电路建设为标志，拉开了电力通信数字化建设进程的帷幕。1980年，水电部引进日本 NEC 设备，1981 年年底建成北京—武汉数字微波通信电路。电路全长 1263 千米，设 34 个站，PCM 方式，容量为 480 路。电路贯通华北、中原大地三省一市（京、冀、豫、鄂），联通 14 个地区局。这条长距离通信主干电路，是亚洲第一条长途微波电路，也是中国第一条数字微波电路，开创了中国电力通信迈向数字化的新纪元。

从此，中国电力通信改变了以电力载波通信的单一通信方式，进入了以数字微波、模拟微波和电力载波通信为主，并采用光纤通信和程控技术，因地制宜地发展卫星、散射、特高频和移动通信等多种高新技术的通信方式新阶段。

二、中国第一条无人值守的微波通信电路

1980 年开始，水电部通讯筹建部门提出电力微波建设应跳跃模拟微波直接建设数字微波的指导方针，并直接组织建设了国内第一条也是当时亚洲最长的北京—武汉数字微波通信电路。由此，全国电力系统掀起电力数字微波建设的高潮，1984 年 1 月，

东北电网第一条哈牡（哈尔滨—牡丹江）480 路数字微波开始筹建，1985 年 9 月 24 日设备运抵现场，11 月 15 日完成安装调试，11 月 16 日系统一次性调试成功，12 月 15 日投入运行。该线路采用日本 NEC500 型设备，电路容量为 480 路，长 286.55 千米，共 12 个微波站，其中，下话路站 5 个，中继站 6 个，无源转换站 1 个，是国内第一条无人值守的微波通信电路。哈牡 480 路数字微波的建成改善了哈尔滨至黑龙江东部电网的通信网络状况，提高了通信质量和可靠性，并在黑龙江发生洪水等自然灾害期间起到了通信保障作用。同时开启了东北电网数字微波建设的序幕，数字微波通信设备的投入运行，极大地改善了通信传输容量和信号质量，确保了电力生产调度的安全稳定运行。

三、中国第一条通信卫星调度系统开通

为满足偏远地区电力生产调度的需要，电力系统积极推动卫星通信系统建设，1977 年，第四机械工业部（简称四机部）同意水电部参加国家 331 第一期工程试验，在北京—成都和北京—兰州间建立卫星通信试验电路。1980 年，国家进出口管理委员会和国家计委批准引进卫星通信地面站，卫星通信地面站工程经国家计委核准，设备采用美国亚特兰大公司产品，主站 G/T31.7DB/K 国际标准 B 型站 400 瓦高工效、低噪声放大器，24 路 FM－SCPC 终端，1982 年 7 月，在北京—成都建立了电力系统第一批卫星地面站，水电部利用中国发射的通信卫星频道，开通了与西南电管局（北京—成都）之间的调度通信联系，这是中国工业部门第一次使用通信卫星指挥生产。1982—1989 年，建成了以北京为中心，连接南宁、广州、成都等地面站的卫星通信系统，解决了与边远省份的通信问题。

四、平武输变电工程引进调度自动化系统

500 千伏平武输变电工程在姚孟电厂、双河变电站和武昌变电站共引进 3 套瑞典通用电机公司的 DT－801 远动装置 RTU，并采用载波通信接入湖北电网，同期引进了该公司 SINDAC－3 调度自动化主站系统，整套系统于 1981 年 12 月 22 日投运，1988 年，3 套 RTU 和主站的通信方式改为京汉微波，华中电网采用远程终端方式和湖北电网共用该主站调度自动化系统。3 套 RTU 投运后运行稳定达 15 年以上，该系统的引入确立了计算机与远动相结合的 SCADA 理念，调度运行机构在管理体制上也逐渐将计算机和远动两个专业合并为自动化专业。

五、国内第一套微机远动装置试验样机研制成功

1983—1999 年，由于 8 位、16 位微处理器在国内各工业领域的推广，南京自动化研究所开始研制采用微处理机的远动装置，采用大规模集成电路、微处理器芯片、指令编程技术，提高了数据处理速度和装置的可靠性。1983 年 9 月，在西北网调的大力配合参与下，南京自动化研究所成功研制出国内第一套微机远动装置试验样机

MWY－D、MWY－Z、MWY－C01，并分别安装在西北网调、甘肃省调、碧口电厂和秦岭二电厂。

MWY－D为调度端接收装置；MWY－Z为转发端远动装置，它除了接收厂站端远动信息外，还可以将需转发的信息重新编辑后转发给调度所；MWY－C01是厂站端远动装置，具有32路模拟量输入、64路开关量输入。由于微机远动装置的功能是由软件实现的，因此，它除了实现原来布线逻辑RTU的常规功能外，还第一次实现了遥信变位优先传送（即COS信息）、事件顺序记录（SOE）、遥测量越死区传送等功能。

这项技术的研制成功是电力系统远动技术领域一次划时代的飞越。这套微机远动装置成功运行后，很快就通过当时能源部组织的技术鉴定。MWY－Z、MWY－D荣获1984年度水电部科技成果二等奖。MWY－Z、MWY－C01荣获1985年度国家科技进步奖二等奖。这些装置在陕西、华东、华北、重庆、湖北、江西、西藏、贵州等电网获得广泛推广应用。

六、电力部组织实施四大区域电网调度自动化系统引进工程

为更好地支撑各区域电网调度指挥工作，亟须发展更为先进的SCADA/EMS。当时，中国自主研发的水平较弱，为了加快发展速度，水电部决定同时引进华北、东北、华东三大电网调度自动化系统，后来又增加了华中电网。当时还确定，在工程引进的同时要引进技术，为今后主要依靠本国力量开发电网调度自动化系统创造条件。

1982年，电力部组织实施四大区域电网（华北、华东、华中、东北）调度自动化系统引进工程，最终于1985年与美国西屋电气公司达成成交合同，引进了电网调度自动化系统（SCADA/EMS）及RTU制造技术，同时从美国攀登者公司引进支撑平台和网络分析技术等。1987年7月，四套引进的EMS全部到货。华中、东北、华北、华东的EMS分别于1988年11月9日、11月21日、11月24日和1989年10月通过现场验收并投入试运行，具有数据采集、处理、监视和自动化发电控制、经济调度（SCADA＋AGC/EDC）功能，调度员在调度室内可以清晰地看到500千伏和220千伏调度管辖的厂、站运行状况以及事故时电网潮流电压变化及有关事故信号。该系统具有20世纪80年代中期国际水平，投入运行后使四大区域电网的运行水平显著提高，对电网现代化管理发挥了重要作用，它不仅能为调度员提供电力系统实时运行工况，使调度部门科学指挥全网安全稳定运行，而且在电网事故状态下，能及时准确地判断事故，及时采取措施，防止事故扩大，减少事故损失，使电网尽早恢复运行。在多年的电网运行中，引进的EMS已取得显著的经济效益和社会效益。

第十章

电力供需矛盾加快超高压区域电网的发展
（1987—1992）

　　1987—1992 年，是电力工业发展改革极为关键的时期，呈现出党中央发展电力工业决心大、体制机制改革力度大、建设资金投入规模大、电力工业发展速度快等几个特征。电力工业发展水平大幅提升。1992 年，全社会用电量达到 7455.39 亿千瓦·时，比 1987 年增加 2552.7 亿千瓦·时，增长 52.06%；全国人均用电量 640 千瓦·时/人，比 1987 年增加 188 千瓦·时/人，增幅 41.59%；人均生活用电量 54 千瓦·时/人，比 1987 年增加 29 千瓦·时/人，增幅 116%。1992 年年底，全国用电设备容量达 39 858 亿千瓦，比 1987 年年底新增 23 205 万千瓦，增长 139.34%。1992 年，电能在终端能源消费中的比重占 10.77%，比 1987 年的 7.36% 提高 3.41 个百分点。

　　这一时期，国家从战略层面明确了能源建设以发展电力为核心，以加快电力建设作为主要办法解决长期以来的缺电问题。按照"政企分开、省为实体、联合电网、统一调度、集资办电"的方针，因地、因网制宜，改革电力工业管理体制，这就是电力工业改革发展的"二十字方针"。"二十字方针"既是对改革开放后电力工业改革发展措施的概括，又是对电力工业改革发展基本路径的描述。"二十字方针"的形成，标志着中国特色电力工业发展道路的基本形成。

　　这一时期，电力工业体制改革重点推进了政企分开改革和投融资体制改革。在政企分开改革方面，成立了能源部，加大了省级政府在电力建设、发展中的责任，鼓励地方集资办电；在区域电管局、省电力局的基础上建立区域电力联合公司和省级电力公司，进一步实施政企分开。在投融资体制改革方面，国家开征电力基本建设基金和电力建设专项基金，配套出台税收优惠政策，形成了财政、贷款、外资、地方集资等多渠道办电的投资体系。随着政企分开和集资办电的推进，电力企业大力推进经营承包责任制及其配套改革，在推进改革和提高效益的同时，通过"安全、文明双达标"活动，强化生产企业的管理，技术经济指标进一步改善，管理水平有所提高。

　　在多渠道集资办电的推动下，电网建设规模显著提升。1988—1992 年，输变电工程完成投资额 241.08 亿元，电网建设规模空前。在葛洲坝、龙羊峡、两淮及徐州煤炭基地，晋北及蒙西煤炭基地等大型水电、火电电源基地建设的带动下，500 千伏电压等级的输电线路建设发展迅速，逐步成为跨省大电网、区域大电网的主要联络线。华东、东北、华北、华中四大电网逐步形成了 500 千伏电压等级的主网架。华中电网以葛洲坝为核心，形成湖北向河南、湖南送电的辐射形 500 千伏网架，实现大水电与火电互济的格局。华北 500 千伏主网架快速发展，形成了华北西部山西、内蒙古的大型坑口火电大规模向京津地区输送电力，有效缓解了京津唐地区缺电的状况。华东电网形成"U"形 500 千伏主网架，两淮、徐州煤炭基地的电能向上海等长三角负荷集中区输送。东北形成以 500 千伏线路为骨干，跨越东北三省和内蒙古东部的区域电网。龙羊峡水电 330 千伏送出工程的投运，带动了西北电网 330 千伏超高压网架的进一步扩展。中国首个 ±500 千伏超高压直流输电工程——葛沪工程建成投产，华东、华中两大电网联网，为全国联网迈出坚实的第一步。云南、贵州、蒙西、海南等独立省网也快速发展。按照引进、消化、吸收的路线，开展了输变电技术引进与国产化，投运了一批典型工程，取得了一系列研究成果。随着跨区直流输电工程的出现，国调中心进入实时调度，中国电网形成国、网、省、地、县五级调度体系，调度自动化水平显著升级，电网稳定状况不断改善。

截至 1992 年年底，全国 35 千伏及以上输电线路长达 507 319 千米，相较于 1987 年年底增加 112 509 千米，增幅 28.50%；全国 35 千伏及以上变电容量达 46 924 万千伏·安，相较于 1987 年年底增加 17 846 万千伏·安，增幅 61.37%。

第一节　电力工业的政企分开改革

"文化大革命"结束后，电力工业发展受到了党中央的高度重视，"电力要先行"成为国民经济发展战略性举措。在落实"电力要先行"战略的过程中，国务院和水电部采取了"以改革促发展"的办法，通过加快电力建设，缓解电力供需紧张状况。在体制机制上，逐步采用了由中央统一集中管理电网、发展大电网和统一电网调度管理的基本原则，实行电力工业建设投融资体制改革，调动各方力量多渠道办电、集资办电，这些改革措施起到了良好的效果，有效促进了电力工业安全生产水平的提高和电力建设的快速开展。同时，按照国家对内改革、对外开放的基本原则，在财政大包干、利改税、经营承包责任制的改革下，实行了电力行业政企分开改革和以省为实体改革，在水电部（能源部）层面实行简政放权，向省级地方政府、电力企业下放更多的管理权限，充分调动地方和企业的积极性，有效促进了电力工业快速发展。逐步形成了"政企分开、省为实体、联合电网、统一调度、集资办电"和因地、因网制宜的电力工业改革发展"二十字方针"。电力工业改革发展"二十字方针"是对改革开放后电力工业改革发展实践经验的总结，是中国国情和电力工业发展规律相结合的产物，是中国特色电力工业发展道路、发展经验、巨大成就的概括。

1988 年，能源行业作为国家确定的优先发展行业和重点改革领域，率先实行以政企分开为主要内容的改革，能源部重点从管部属企业转向管行业，将所属企业的人财物等经营权下放给新成立的电力联合公司和省级电力公司。在电管局和省电力局的基础上成立区域电力联合公司、省级电力公司，实行两块牌子，一套人马运行，进入逐步分离政府职能和企业职责阶段。政企分开改革从体制机制上适应了多渠道办电带来的新形势、新需要，同时也为电力工业多渠道办电创造了条件。管理体制的改革为电力企业实行经营机制改革创造了条件。

一、"二十字方针"的提出

改革开放以后，社会用电需求快速增长。随着国家改革开放的推进，人民生活水平快速提高，家用电器的普及程度越来越高，居民生活用电量持续增长。农村改革后，农民生活水平提高，农村社队经济迅速发展，农村社会用电量也快速增长。20 世纪 80 年代中期，国家实行了以省为单位的财政包干机制，各省、自治区、直辖市财政自主力度更大，地方自主财力较多地投入到工业发展领域，快速扩大了工业用电需求。

20 世纪 80 年代，电力工业进入高速发展时期。电力工业基本建设投资额从 1980 年的 41.23 亿元增长到 1987 年的 154.81 亿元，年均增长率达到 20.8%，其中，"六五"期间的年均增幅达到 18.6%，长期保持各年度国民经济各部门投资额的第一位。

虽然 80 年代电力工业的发展速度高于同期国民经济增长的平均速度，但由于全社会用电量尤其是工业用电量的快速增长，电力工业的发展仍满足不了社会用电量的需求。到 80 年代中期，全国电力工业最为突出的问题是电力需求的增速远远超出了电力工业供给的增速，全国性的严重缺电愈发严重。这其中，既有电力投资建设不足的历史欠账原因，也有电力投资建设体制机制不适应新形势的原因。

据估算，1986 年全国年缺电 450 亿～500 亿千瓦·时，按 80 年代中期的造价，1970—1985 年，电力工业少投资 250 亿～300 亿元，影响工业利税至少 2200 亿元。电力工业作为资金密集型和技术密集型产业，要快速发展需要大量的资金投入。长期以来，电力工业领域的供需采取的是国家财政投资，电力部（水电部）总包办电，社会各行业用电的机制，即"一家办电，大家用电"的"吃大锅饭"办电用电体制。电力行业的税率高、贷款利率高，投资回报率有限，缺乏行业自身快速发展和扩大再生产的能力，高度依赖国家财政投资。实行财政包干后，中央财政财力更为有限，国家财政连年赤字，基本建设投资持续压缩。虽然电力建设投资连年增加，保持着国民经济各部门投资额首位，并采取了多种措施筹集电力建设资金，但所投入的资金还是满足不了电力建设快速增长的资金需求，建设速度也满足不了需求，供需矛盾持续紧张。

1986 年 5 月，按照中央领导的指示精神，国务院副总理李鹏召集了研究电力体制改革问题的会议。会议提出，电力工业体制改革的根本问题要有利于加速电力建设，充分调动各方面办电的积极性；要注意在国力允许的条件下，多搞一些电力建设；电厂的建设规模要与主机和辅机生产、输电线路、灰场等设施配套；在体制改革中，要注意电网的安全运行，避免出现重大事故。会议后，成立了电力工业体制改革小组，研究制订电力工业体制改革工作方案。电力工业体制改革小组由国家计委副主任黄毅诚任组长，国家经委副主任赵维臣、水电部副部长赵庆夫任副组长，国家计委、国家经委、国家体改委、水电部、机械部、财政部、人民银行、建设银行、国家物价局、物资局等部委单位负责人任成员。

　　1986 年 6 月，电力工业体制改革小组向国务院提交了《加快电力工业发展的改革方案（草案）》。方案从改革电力工业管理体制、进一步扩大企业经营自主权、调动各方面尤其是地方办电积极性、多方筹措电力建设资金等方面，提出了改革跨省区大电网和省区电网关系，改革电网与电厂关系和扩大电厂权限，"七五"期间电力基本建设的问题，鼓励多渠道办电，改革现行的更新改造投资结构和增加发电厂、电网自我更新设备的能力，改革电力工业税率、贷款利率和调整电价，加收电力建设资金六大方面意见。随后，在这份方案基础上，电力工业体制改革初步确立了"省为实体、联合电网、统一调度、集资办电"的十六字原则。

　　1987 年 8 月，国务院在北戴河召开多次会议，研究缓解电力供应的问题，讨论和确定了电力工业体制改革的方向和原则，并原则上通过了由国家计委提出改革方案，要求通过一系列的改革，争取在五年之内把电力供应紧张局面缓和下来。1987 年 9 月，国家计委、国家经委、水电部召集各省区市计委和经委负责人、网局和省局局长，召开了加快电力发展与改革座谈会，会议进一步明晰了电力工业体制改革的方针、管理体制的改革、改革和扩大电力建设的资金来源。根据国务院副总理李鹏的提议，在原十六字原则的基础上，形成了电力工业体制改革"二十字方针"，即"政企分开、省为实体、联合电网、统一调度、集资办电"和因地、因网制宜。

　　"二十字方针"的出台是一个动态的过程，有着一个发展、变化和完善的过程。"二十字方针"具有鲜明的时代特征和承前启后的意义。作为加快电力建设和发展的方法和路径，既总结和固化了加快电力建设所采取的有效做法和经验，如"集资办电""联合电网""统一调度"，又综合运用改革开放所采取的各种政策，指明了方向，如"政企分开""省为实体"。"二十字方针"为后续的电力工业行政管理体制改革、企业改革乃至以建设社会主义市场经济体制为目标的改革，提供了体制创新的基础和方向。

二、能源部的组建

　　电力工业体制改革方针确定后，电力工业管理体制改革随即展开。在中央政府层面，有意识地将煤炭、电力、石油、天然气等能源工业机构合并成能源部，以促进能源工业政企分开和底层企业化改造。1988 年，电力工业的行业主管部门由水电部改为能源部，政企分开改革迈出了实质的步伐。

　　1988 年 4 月，七届全国人大一次会议通过了国务院机构改革方案。按照转变职能、下放权力、调整结构、精简人员的原则，减少政府机构干预企业经营活动的职能，增强宏观调控职能，初步改变机构设置不合理和行政效率低下的状况，国务院对机构进行了较大幅度的调整，裁减了一些专业管理部门，完善和新建了一些综合和行业管理机构。为了统筹管理和开发能源，对能源工业实行全行业管理，调整能源结构，加快能源建设，对包括电力工业在内的能源工业管理部门进行了较大幅度的改革。撤销了煤炭工业部、石油工业部、核工业部，成立能源部，水电部中的电力部分划归能源部。

　　新组建的能源部是国务院统一管理全国能源工业的职能部门。主要职责是拟定能源工业的方针政策和战略布局，搞好综合平衡和宏观决策；促进能源合理利用和开发；拟订有关法规、条例和经济调节政策，监督、协调生产建设，提高经济效益；拟订技术政策；协同国家计委推动社会节能和能源的综合利用。

与此同时，与电力工业关系密切的原国家计委和国家经委合并成立了新的国家计委。新的国家计委是国务院管理国民经济和社会发展的综合部门，不再承担微观管理与行业管理的职能。新组建的水利部负责对以防洪、灌溉、供水为主的水力发电和农村小水电的建设管理。在能源部成立后，各网局、省局和电力联合公司、省电力公司划归能源部管理，负责使用国家基本建设基金的国家能源投资公司、中国水利水电工程公司和中国电力企业联合会（简称中电联）相继成立。

能源部的成立、相关机构的调整以及电力工业行业其他机构的配套改革，是中国电力管理体制上的一个较大的突破。能源部的职能定位，突出了政企分开，转变职能，下放权力，扩大企业自主权，从过去的水电部（电力部）直接管企业，转变为能源部"四管三不管"，即管政策、管规划、管服务、管监督，不管企业人、财、物。能源部的成立，在中央政府层面迈开了电力工业政企分开的步伐，是电力工业管理体制改革上的重要一步。

能源部的设立，是政府行政管理体制改革的一次探索，更是政企分开改革中对政府的一次大"瘦身"、大放权。精简了中央一级电力行政主管部门的设置与权限，客观上促进了网局、省局、水电建设、规划、设计和科研等机构的政企分开改革。

三、华东电网政企分开改革试点

在 1988 年前后开始的电力工业体制改革中，华东电网体制改革是进行政企分开的试点。1984 年开始，华东三省一市通过征收电力建设资金等方式成为全国集资办电的试点，地方办电积极性提高，华东地区发电装机容量和电网规模快速增长。1988 年 6 月，华东电网集资办电的经验和办法被能源部批准，并推广至其他网局、省市电力局试行。在华东电网集资办电试点取得成功的基础上，国务院指定华东电网作为电网体制改革的先行单位。

随着改革实践的推进，华东三省一市地方集资办电出现的新电厂、新电量、新情况与旧的电网体制间的矛盾日渐突出，进一步改革的诉求日渐强烈。1987 年 6 月，新华社《国内动态清样》第 1420 期刊登了一篇题为《华东集资办电中需要解决的几个问题》的报道。该报道肯定了华东集资办电几年来取得的成绩，指出了加强地方集资办电后出现的一些新问题。报道指出，"有些地方办电多，并没有多用电""怕地方集资多了，国家投资那一块就少了""希望集资办电的政策能够稳定一个时期"。报道明确提出，华东三省一市一致要求简政放权，以省市为实体，希望尽快实行省、市内部收支挂钩，建立经营承包责任制，并逐步做到分省、市独立核算。并且强调指出，要确保电网的统一调度、分级管理和安全稳定运行。李鹏就该报道批示"此件抓住了要害，电网管理体制改革势在必行，华东可先行"。在 1987 年 9 月的加快电力发展与改革座谈会上，李鹏再次提出"希望华东改革要快

点，创造一点经验"。❶

1988 年 3 月，国务院批复了由水电部提出，国家计委、国家经委、财政部等多部门修订通过的《华东电网体制改革方案》和《华东联合电网调度管理若干问题的规定》。水电部、国家计委、国家经委在转发国务院批复文件时，特别强调要逐步实现政企分开，使省成为真正的实体，成为有能力操办本省市电力工业生产和建设的独立企业。❷改革必须坚持电网统一调度原则，确保联合电网安全稳定运行。为了加快电力建设，要进一步加强地方集资办电工作。根据国务院批示意见，华东电管局组织制定了《华东电网体制改革实施办法》，共八个具体的文件，详细就华东电管局（华东电力联合公司）职责、第二步利改税基期利润和留成划分办法、省市联络线口子送受电价原则、跨省市供销非统配电量管理办法、燃料管理办法、500 千伏主网架设备管理办法、调度管理办法、新安江和富春江电厂水电调度原则、省市联络线口子电量未按计划执行的经济结算办法等做出了详细的明确规定。❸1988 年 6 月，能源部批准了上述实施办法。

根据国务院批复的《华东电网体制改革方案》，由华东电管局组建华东电力联合公司，上海、江苏、浙江、安徽省（市）电力局分别组建各省市电力公司，并创造积极条件，逐步实现政企分开。改革方案规定，联合电网内各发供电单位的资产归属不变，将现行的华东电网独立核算、集中统一的管理体制改为电力联合公司和省（市）电力公司都是经济实体，分别实行独立核算、自主经营、自负盈亏，在经济上平等互利，都具有法人地位。省（市）公司的生产、用电、投资、财务、劳资和物资等计划由电力联合公司归口、财务上列收列支，不搞二次分配。华东电力联合公司是以中央电力企业为主体的联合企业，负责管理华东电网，其主要职责是统一调度，执行国家下达的发、用电计划，组织制订电网发展规划，协调各省市电网关系，做好服务工作，制订有关电网管理的规章制度，负责管理新安江、富春江和望亭 3 个直属电厂及 500 千伏主网架和跨大区电网联络线，经营网内外送入的电力、电量等。

1988 年 12 月，能源部批准了《华东电力联合公司章程》，12 月 27 日，华东电力联合公司成立。1988 年 12 月，江苏省电力公司成立。1989 年 10 月，安徽省电力公司、上海市电力公司成立。1990 年 3 月，浙江省电力公司成立。至此，华东电网体制改革中的组织机构改革完成，确立了"省为实体，联合电网"的电网管理新体制。

华东电力联合公司成立后，变统一电网为联合电网，省（市）电力公司为经济实体，独立核算，自负盈亏，克服了过去统一核算下"吃大锅饭"的问题，在发电、用电、财务、劳资、燃料等各个环节逐步形成了市场经济的运行机制。联合电网，省为实体和配套的体制改革，不仅促进了老厂、老机组、老设备提高生产效率和效益，也有效地回应了通过地

❶ 能源部电力司：《电力工业体制改革文件汇编》，1988 年 12 月，第 167、168、170 页，《李鹏在国内动态清样上的批示》。
❷ 能源部电力司：《电力工业体制改革文件汇编》，1988 年 12 月，第 170 页，《水利电力部、国家计划委员会、国家经济委员会关于印发李鹏副总理等在加快电力发展与改革座谈会上的讲话的通知》。
❸ 能源部电力司：《电力工业体制改革文件汇编》，1988 年 12 月，第 194 页，《能源部关于批准华东电网体制改革实施办法的通知》。

方集资办电、贷款办电、外资办电产生的产权结构更为复杂的新电厂的经济诉求，在体制和机制上进一步促进了电力工业的快速发展。

华东电网体制改革在加快电网建设、增加电力供应方面取得了良好的成效。1988—1992年，华东三省一市投产的6000千瓦及以上发电机组共110个项目。华东三省一市合计发电容量从"六五"末期的1544.65万千瓦，增长到"七五"末期的2586.53万千瓦，增幅67.45%。从发电机组的容量上看，大容量机组的增长也比较快，华东三省一市"六五"期间新增发电容量单机500千瓦及以上的容量合计356.65万千瓦，"七五"期间为876.4万千瓦，同比增长145.7%。从发电量角度来看，由"六五"末期华东三省一市的757.64亿千瓦·时增长到"七五"期间的1091.45亿千瓦·时，增幅44%。❶

同时，华东电网与华中电网通过葛沪工程±500千伏输电线路相连接，500千伏徐州—上海、平圩—上海超高压输电线路均建成投产，电网主网架电压等级和跨区域、远距离输电线路建设走在了全国前列。

华东电力体制改革是在全国电力供应最紧张、供需矛盾最突出、地方办电热情最高的地区率先开展的改革，具有开创性的意义，为后续电力体制改革积累了经验。

四、其他区域电力联合公司的设立

20世纪70年代末、80年代初，基本上按照电力部（水电部）—网局—省局，建立了全国集中统一的电力工业管理体制。在实现跨省联网的东北、华东、华北、西北、华中五大电网公司，网局作为电力部（水电部）的直属企业，代表电力部（水电部）管理各省局。除广东省外，独立的省电网基本上都直属电力部（水电部）管理。1987—1988年，按照电力工业体制改革"政企分开、省为实体、联合电网、统一调度、集资办电"和因地、因网制宜的"二十字方针"，对电力工业管理体制进行了改革。按照"省为实体、联合电网"的原则，将网局、省局的职权进行了重新划分，网局、省局同为水电部（能源部）直属企业，网局代表能源部行使跨区域电网运行和调度管理权限，协调网内各省关系，执行经济合同。省局实行能源部与省双重领导，既是能源部的直属企业，又是省政府电力工业行政管理部门。按照"因地、因网制宜"原则，根据当时各大电网、各地、各省的不同情况采用了不同的改革方法，重点是五大网局及其下属的各省局。在联系紧密的跨区域电网改革中，华东电网试点进行了政企分开改革，东北电网和西北电网实行网省同局地区设"局内局"的改革。华北电网在维持京津唐电网不拆分的情况下，调整各省电力局。华中电网基本上保持了网局、省局政企合一的格局。未实现联网运行的西南电网采用"网局改电管办，设置省局"的改革。

（一）东北电网管理体制改革

东北电网是中国历史较长的统一电网，结构紧密，功率交换频繁，是一个不可分割的整体。东北地区能源分布不平均，黑吉辽三省与蒙东地区跨省交换电量大，难以分省平衡。

---

❶ 游吉寿主编：《建国以来电力计划工作的回顾》，2000年。

东北电网管理体制改革在网局层面，未成立电力联合公司，而是成立了总公司。通过网局改总公司、网局内设省局（辽宁）、总公司内设省公司（黑龙江、吉林）的方式，分步实现"省为实体、政企分开"改革。

1987 年 5 月，辽宁省计经委批准在东北电管局成立辽宁省电力办，负责辽宁省电力分配工作。1988 年 5 月，为适应国家投资体制改革的需要，成立了东北电力开发公司。同月，为了适应多渠道多层次办电的需要，成立了辽宁省电力建设联合总公司。1988 年 6 月，在东北电管局内成立辽宁省电力局，下设计划处、用电处、地方电厂管理处、地方电厂建设管理处，其他处室执行东北电管局与辽宁省电力局双重职能。

东北电网"省为实体"的改革在推进过程中引起了争议。1989 年 2 月，东北电网部分老干部上书国务院总理李鹏，反对拆分东北电网。建议书指出电力供应紧张、电力企业效益下降和电力工业发展跟不上国民经济增速等问题，主要原因是电价和财税政策不合理，东北电网的体制改革要充分考虑到东北电网的现状和实际，强调要维持电网的统一。

1989 年 12 月，经能源部批准，由东北电管局组建中国东北电力总公司，管辖范围为辽宁、吉林、黑龙江省，内蒙古赤峰、哲里木盟在东北电网内部的部属企业、事业单位以及中央参加集资的电力企业。东北电力总公司成为国内第一个按照集中统一经营管理模式组建的跨省大型电力企业集团。之后相继成立了吉林、黑龙江两省电力公司，吉林、黑龙江两省电力公司为东北电力总公司内部核算单位，具有法人资格。东北电力总公司成立后，保留东北电管局和辽吉黑三省电力局的名称和职能，负责对电网所在地区电力工业行业归口管理。

（二）西北电网管理体制改革

西北电网是联系紧密的统一电网，东部陕西省以火电为主，西部青甘宁等省区水电较多，省区间联络线潮流方向变化很大且十分频繁，需要网局层面采取统一集中的调度。西北电力体制改革采取的是两步走的办法。

第一步，主要是通过"局内局"的办法实现西北电管局和陕西省的权限划分，并下放了各省电力建设队伍管理权限。1987 年 5 月，国家经委批准成立西北电网领导小组，9 月成立西北电力体制工作小组。11 月，西北电管局党组向水电部上报了《西北电网管理体制改革意见》。1988 年 4 月，水电部批复了陕西省经委、西北电管局，同意成立陕西电力局。在西北电管局内设置陕西省电力局，下设集资办电处、用电处、地方电站管理处等处室，西北电管局其他处室仍承担网局、省局双重职能。1988 年 9 月，西北电力建设局改为陕西电力建设总公司，加挂西北电力建设总公司牌子。原属西北电力建设局领导的甘肃、青海、宁夏电力建设队伍，划所在省区电力局领导。

第二步，政企分开。1989 年年底，能源部批准了《西北电力工业管理体制改革方案》和《中国西北电力联合公司章程》，中国西北电力联合公司成立。至此，西北电力联合公司、陕西省电力公司、西北电管局、陕西省电力局实行一套人马、四块牌子运行。由陕西、甘肃、青海、宁夏、新疆五省区电力局分别组建五省区电力公司。西北电力联合公司成员单位为五省区电力公司，各省资产归属不变。保留西北电管局和五省区电力局名称，实行一套班子、两种职能、两块牌子运行，作为能源部和所在省区政府管电的职能部门，对所在省区电力企业实行行业管理，负责全省的建电、管电、用电等工作。

（三）华北电网管理体制改革

华北电网是由跨省市的京津唐电网与河北、山西电网逐步联网形成的，山西、河北等大型电源项目通过电网向北京、天津地区供电。考虑到京津唐电网这种跨省区的电网是按经济规律组织的电网，华北电网体制改革按照"因网制宜"原则，未完全以行政区划为单位进行"省为实体"的改革。

华北电网的改革是将京津唐电网作为一个独立核算的电网开展的。1988年12月，国务院批准了中国华北电力联合公司的成立，与华北电管局为一套机构、两块牌子，华北电管局同时兼北京市电力局，职能不变。华北电网由两省（河北省、山西省）两市（北京市、天津市）独立核算模式改为山西省、河北省（南部）、京津唐三个电网作为独立核算单位的模式。1988年1月，山西省电力公司成立，2月，天津市电力公司成立。1989年10月，在河北省电力局基础上，加挂河北省电力公司牌子。1990年1月，鉴于河北省电网实际上形成了冀南、冀北两个电网的具体情况，河北省政府与能源部决定，在华北电管局内成立河北省冀北电网办公室，管理河北省北部5个地区有关电力方面的行政管理事务。河北省电力局（公司）只负责河北省南部6个地区电力方面的行政管理、行业管理和企业经营管理工作。

（四）华中电网管理体制改革

华中四省能源分布不均衡，华中电网水电比例高，省间交换功率大，且有武钢较大的冲击负荷和葛洲坝大径流水电站，华中电网的电力体制改革较其他省区更晚一些。

1991年3月，由华中电管局组建中国华中电力联合公司，湖北、河南、湖南、江西四省电力局分别组建四省电力公司。华中电力联合公司成立后，华中电管局继续行使能源部派出机构的职能，四省电力局继续行使地方政府管电职能。华中电力联合公司由能源部主管，四省电力公司由能源部委托华中电力联合公司管理。国家对华中电力联合公司实行计划单列。在电网经营机制上，华中电力联合公司向能源部承包，并对各省电力公司和直属单位进行内部承包和考核。

五、省级电力公司的成立

西南地区的四川、云南、贵州，华东地区的山东、福建，华南地区的广西，西北地区的新疆等省区电网并未与跨省区电网联网运行，在此轮电力工业管理体制改革中，各省区根据能源部和本省（区）人民政府的要求，相继成立了省（区）电力公司，逐步实行政企分开。

西南电管局下属的四川、云南、贵州三省电网联网运行不紧密，实行"省为实体"的改革难度小于跨省电网，改革启动得较早。1987年4月，西南电网管理体制改革，云南、贵州两省电力局直属水电部管理，实行部省双重领导，西南电管局除管理四川省电力工业外，还负责协调西南电网调度。1988年3月，西南电管局改为四川省电力局，成立西南电网办，协调西南三省调度，由四川省电力局代管。1989 年下半年，贵州、云南、四川三省电力公司相继成立。新疆维吾尔自治区电力工业管理体制在西北电网改革中统一进行，山东、福建、广西等省（区）直接由能源部与所在省（区）政府共同研究后成立了省（区）电力公司。

电网管理权限下放省级政府的广东、内蒙古两省区，也根据能源部的要求，实行政企分开改革。1990 年 4 月，内蒙古电力公司成立，主要管理内蒙古自治区西部电网及相关电力企业。广东省电力工业体制改革按照中央赋予广东改革开放先行先试的政策，在 1984 年即完成了省电力局与省电力工业总公司两块牌子，一套人马的企业化改革。自 1987 年起，按照中央对电力工业体制改革的总体思路和部署，广东省人民政府实行由广东省电力工业局（总公司）承包"七五"期间全省电力发展目标的企业承包责任制改革。

第二节　葛洲坝工程与跨区送电起步

华中电网能源资源分布为"南水北火、西电东送"的格局，为提高南北、东西方向输电功率，实现水火共济，特别是配合葛洲坝大江电厂电力送出，华中电网分两个阶段建成投运了 500 千伏葛常株、葛双Ⅱ回、姚郑等输变电工程，避免了葛洲坝大江电厂出现窝电情况，并促使鄂豫湘三省实现 500 千伏联网，华中电网 500 千伏网架初步形成。

为了实现"西电东送"，缓解华东地区严重的缺电情况。1984 年 2 月，国家计委正式批准建设葛上±500 千伏直流输电工程，这也是中国第一个超高压直流输电工程，该工程自 1985 年 10 月 25 日开工建设，1989 年 9 月 18 日和 1990 年 8 月 20 日，葛上±500 千伏直流输电工程单极和双极分别投运。葛上直流工程的投运，填补了我国超高压直流输电技术的空白，首次实现了华中、华东两大电网的非同步联网，解决了华中电网调峰容量不足引起的葛洲坝电站弃水问题，使葛洲坝水电站电能得到更充分利用，缓解了华东地区的用电紧张问题。

一、葛洲坝大江电厂送出工程

葛洲坝二江电厂全部建成后，紧接着开始建设葛洲坝大江电厂 14 台装机共 175 万千瓦机组，于 1986 年和 1987 年建设 10 台机组共 125 万千瓦，1988 年建设 4 台机组共 50 万千瓦。为了配合大江电厂电力送出，华中电管局按照葛洲坝大江电厂装机进度，经系统安全稳定计算、技术经济论证后，确定了葛洲坝大江电厂电力送出分两个阶段进行。第一阶段是加快建设 500 千伏葛凤（葛洲坝—凤凰山）、葛双（葛洲坝—双河）Ⅰ回线升压工程和 500 千伏葛常株线的葛常段降压至 220 千伏运行工程，以确保葛洲坝大江电厂 1986 年和 1987 年新增 10 台机组丰水期大发时的全部电力上网送出。第二阶段是建成 500 千伏葛常株线的常株段、常德岗市开关站、株洲云田变电站、郑州小刘变电站、葛双Ⅱ回输电线路和 500 千伏姚郑输电线路，确保 1988 年葛洲坝水电厂全部 21 台机组共 271.5 万千瓦丰水期满发时的全部电力上网送出。每一阶段建设工期紧紧扣住葛洲坝水电厂装机进度和水情要求，保证不发生窝电，并尽可能降低葛洲坝水电厂的弃水损失。

大江电厂电力送出工程第一阶段建设分三步进行，第一步为葛凤Ⅰ回升压至 500 千伏运行，第二步为 500 千伏葛常株线葛常段降压至 220 千伏运行，第三步为葛双Ⅰ回升压至 500 千伏运行。

第一步，葛凤Ⅰ回升压至 500 千伏运行。为了满足鄂东地区用电和减少系统调试期间的电量损失，华中电管局采取赶在葛洲坝水电厂来水满发之前，先完成葛凤线从二江电厂 220 千伏开关站改接至大江电厂 500 千伏开关站进行系统调试，然后改回到二江电厂 220 千伏开关站恢复降压运行，待大江电厂第一台机组发电时再改至大江电厂 500 千伏开关站升压运行的技术措施。这样反复改接虽然给基建和生产增加了工作量，但可将调试期间葛洲坝水电厂的发电量损失减至最小。

葛凤Ⅰ回升压调试于 1986 年 4 月 25 日开始，至 5 月 4 日结束，历时 9 天。1986 年 6 月 30 日，葛凤Ⅰ回由 220 千伏升压为 500 千伏运行，输送电力 50 万千瓦。

第二步，500 千伏葛常线葛常段降压至 220 千伏运行。500 千伏葛常线是 500 千伏葛常株线的一部分。1984 年 9 月 4 日，国家计委批准兴建 500 千伏葛常株输变电工程，该项工程包括葛洲坝—常德和常德—株洲 2 条 500 千伏输电线路，总长 404.02 千米，其中在湖北境内有 103 千米，在湖南境内有 301.02 千米。输电线路起于葛洲坝大江电厂 500 千伏开关站，途经湖北省宜昌、宜都、松滋，湖南省澧县、临澧、常德、汉寿、桃江、益阳、宁乡、望城、长沙、湘潭，至株洲 500 千伏云田变电站。全线的设计任务由湖南省电力勘测设计院承担，初步设计于 1984 年 12 月 26 日经水电部审查批准。1985 年 3 月 23 日，国家计委将该项工程列为 1985 年新开工项目。

1985 年 6 月 20 日，湖南省境内工程开工建设，施工单位是湖南省送变电公司。湖北省境内工程于同年 8 月开工建设，施工单位是湖北省电建三公司。1986 年 5 月，湖南省境内由高桥至常德开关站的 92 千米 500 千伏输电线路和湖北省境内的 103 千米 500 千伏输电线路竣工，500 千伏葛常线竣工后，由华中电管局组织葛常线降压至 220 千伏运行系统调试，系统调试工作于 1986 年 10 月 12 日开始，历时 5 天，至 17 日结束并降压运行。

第三步，葛双Ⅰ回升压至 500 千伏运行。因葛洲坝大江开关站 2 号联络变压器先后两次发生问题，葛双Ⅰ回升压系统调试未能如期进行，推迟到 1986 年 12 月 20 日开始，历时 4 天，至 24 日结束并升压运行。至此，采取切机切负荷系统稳定措施后，基本保证了葛洲坝大江电厂 1986 年和 1987 年新增 10 台机组的电力全部上网送出。

大江电厂电力送出工程第一阶段的工程投运后，紧接着第二阶段的 500 千伏输变电工程建设全面展开。第二阶段的工程包括葛常株工程常株段、姚孟郑州工程和葛双Ⅱ回输变电工程。

500 千伏葛常株工程常株段包括 500 千伏常德—株洲输电线路、常德 500 千伏岗市变电站和株洲 500 千伏云田变电站。该工程输电线路长 209.02 千米，杆塔 558 基。1988 年 5 月，常株段全线架通，6 月 15 日，500 千伏葛常株全线投入运行，输送电力 40 万～60

万千瓦。能源部于 1988 年授予葛常株工程部级优质工程称号。葛常株工程的投运将葛洲坝的电力送至湖南，缓解了湖南省严重缺电状况。

1984 年，国家计委批准兴建 500 千伏葛双Ⅱ回输变电工程。该工程输电线路全长 124.2 千米，途经宜昌、荆门两市和宜昌、当阳、钟祥三县，在南津关跨越长江。工程输电线路由中南电力设计院设计，于 1985 年 8 月完成初步设计。后因 1985 年 10 月 25 日全线开工的葛上±500 千伏直流输电工程计划 1987 年年底建成单极，实现向上海送电最大负荷 60 万千瓦，解决葛洲坝大江电厂的部分电力外送问题，国家计委便将葛双Ⅱ回输电线路列为缓建项目。随后，由于瑞士勃朗—鲍威利有限公司一再推迟葛洲坝换流站换流变压器的交货时间，葛上±500 千伏直流输电工程未能按计划建成单极，葛洲坝大江电厂将面临窝电的局面。于是，华中电管局于 1987 年 7 月开始做抢建 500 千伏葛双Ⅱ回输电线路的准备工作。1987 年 9 月 20 日，国务院办公厅特批将 500 千伏葛双Ⅱ回输电工程补列于当年计划，要求葛双Ⅱ回输电线路工程连同 500 千伏葛常株、姚郑输变电工程必须在 1988 年二季度葛洲坝水电厂丰水期满发之前全部建成投产，以避免葛洲坝水电厂窝电 60 万千瓦。1987 年 9 月 22 日，葛双Ⅱ回输电工程全面开工，1988 年 3 月 30 日全线竣工，4 月 21 日建成投入运行，输送电力 30 万～50 万千瓦。1988 年，该项工程被能源部评为 1988 年优质工程，并于 1991 年荣获国家优质工程银质奖章。葛双Ⅱ回建成后，湖北形成葛洲坝（双回）—双河—凤凰山、葛洲坝—凤凰山 500 千伏环网，丰水期输送电力可达 210 万千瓦，成为湖北"西电东送"的主通道。

1988 年 6 月 30 日，郑州小刘变电站投运，500 千伏姚郑输电线路由 220 千伏升压至 500 千伏运行。至此，华中电网两阶段的 500 千伏输变电工程葛洲坝—常德—株洲、葛双Ⅱ回、姚孟—郑州赶在葛洲坝水电厂全部 21 台机组共 271.5 万千瓦丰水期满发之前全面建成投入运行，避免了葛洲坝水电厂水电满发时窝电 60 万千瓦和低谷弃水少发电量 8 亿千瓦·时的损失。

华中电网相继建成的 500 千伏输电线路，使鄂豫湘三省实现 500 千伏联网。500 千伏线路主网架以葛洲坝水电厂为中心，东至武汉、北起郑州、南到株洲，纵贯近 1000 千米，横跨东西约 300 千米，对华中电网功率潮流交换起到了重要作用。

二、华中与华东跨区 ±500 千伏直流联网

"五五"末期，逐步发展形成的东北、华东、华北、西北、华中五大区电网已有相当的规模，各大区内能源资源结构（如水力、煤炭、石油、天然气等）分布情况各异，电源和负荷中心布局也各不相同。从宏观上看，中国存在"北煤南运"和"西电东送"的大趋势，随着国民经济和社会发展，电力工业从省间电网联网走向跨大区电力系统间联网，最终发展到全国联网已是长远发展规划的必然趋势。电力部自 1981 年开始组织对兴建葛沪工程的可行性研究论证工作。按照 1982 年中南电力设计院和华东电力设计院提出并经电力规划设计院审查通过的《华中向华东送电可行性研究报告》，认为在葛洲坝大江电厂投产发电后可将部分季节性弃水电量送往华东，预计 1986—1990 年可送电力 60 万～120 万

千瓦，电量 25 亿～60 亿千瓦·时/年。

经过论证，选择跨大区电网±500 千伏直流联网是借鉴了世界上各国先进成熟的经验，结合中国联网规划的实际情况确定的，由于华中、华东电力系统间直流联网，可为其他大区联网以及将来组建全国联网工程、开发超高压直流输电技术积累经验和技术储备。因此，水电部向国家计委上报了《葛洲坝至华东直流输电工程项目建议书》。

在水电部组织对直流工程论证的基础上，1982 年 12 月，国家计委答复水电部和经贸部，同意建设葛沪工程，并立即进行引进技术和设备的准备工作。至此，该项工程的前期工作拉开了序幕。1984 年 2 月 16 日，国家计委正式批准建设葛上±500 千伏直流输电工程，并要求输电工程按送电容量 120 万千瓦一次建成，两端换流站按 120 万千瓦设计，第一期工程先建成 60 万千瓦。国家计委批准该工程输电线路、换流站、通信、测试设施等的总投资为 7 亿元，并要求在进口直流输变电设备时，采用技贸结合的方式引进设备制造技术和关键工艺设备，做好技术储备。考虑到该项工程是中国引进技术设备的第一个±500 千伏直流输变电工程，投资由国家拨款，进口设备所需外汇由国家统借统还。随后，根据国家计委、财政部、建设银行联合发出的《关于国家预算内基本建设投资全部由拨款改为贷款的暂行规定》精神，水电部决定由超高压输变电建设公司负责向银行办理贷款手续，并由受益单位负责还款。

为了加强对葛上±500 千伏直流输电工程建设的领导，水电部于 1983 年 1 月在北京成立了葛上工程领导小组，1984 年 6 月又成立了工程建设总指挥部、两个换流站指挥部和微波工程指挥部。总指挥部负责协调两电管局和五省市的关系，掌握工程进度，进行行政指挥。水电部还指定其所属的超高压输变电建设公司为该工程的建设单位，对工程实行承包。超高压输变电建设公司对该工程的计划、物资、财务、外事、工程建设实行统一管理。

为保证工程引进设备技术上先进、经济上合理，国家决定聘请国外咨询公司对设计、设备、安装以及运行等方面进行咨询。经过比较，1983 年 3 月，确定由加拿大泰西蒙咨询公司进行咨询，并于 7 月签订了咨询合同，确定了该公司的咨询范围为换流站设备规范书的编制，直流输电线路电气部分、换流站接地极、换流站报价书的评审和比价，对中方人员进行技术培训等，咨询费用共计 56.4 万加元。

该项工程的线路设计任务由中南电力设计院承担，初步设计工作于 1983 年开始，1984 年 12 月结束。1985 年 1 月 17 日，初步设计通过了水电部组织的审查。终勘工作于 1984 年 10 月开始，1985 年 4 月结束。施工图设计工作于 1985 年 1 月开始，1986 年 6 月结束。中南电力设计院编制的初步设计和工程概算通过审查以后，葛上±500 千伏直流输电工程便被列为国家预备开工项目。1985 年 3 月，国家计委批准葛上±500 千伏直流输电工程为新开工项目。

1985 年 10 月，葛上±500 千伏直流输电工程由广西送变电公司在皖中段率先开工，全线同月开工。工程从距葛洲坝水电厂大江升压站 3.4 千米的宋家坝换流站出线，途经湖北、安徽、浙江、江苏四省及上海市郊区共 35 个县（市），直抵奉贤县南桥换流站，回路总长 101 567 千米。主干输电线路有铁塔 2669 基，其中直线塔 2554 基，特种塔 115 基。

导线采用 4×LGJQ–300 轻型钢芯铝绞线（大跨越段采用 3×LHGJT–440 特强型钢芯铝合金线）。1987 年 7 月，葛上线全线竣工，经现场质量检查全部合格。由于换流站由外方供货的设备交货延期，故决定葛上线由超高压输变电建设公司临时交付运行单位管理维护，两年后与换流站一起投运。

1984 年 1 月，国家计委批准了葛洲坝换流站工程计划任务书。换流站由中南电力设计院负责土建部分和接地极系统设计，外方负责电气设备安装设计。1985 年 12 月，葛洲坝换流站工程正式开工，设备安装由湖北输变电公司承担。由于国外供货设备（换流变压器）延期交货，换流站比计划工期（1987 年）延期两年投产。葛洲坝换流站主要由交流场、直流场和换流阀厅三部分组成。交流场由 2 回 500 千伏交流线路接入葛洲坝水电厂大江升压站，交流场电气主接线采用双母线 3/2 断路器接线，两个单元断路器间隔布置，经交流滤波器和 6 台 24.4 万千伏·安换流变压器接入阀厅，经可控硅换流阀整流后通过直流平波电抗器及直流滤波器与直流输电线路相连接外送。葛洲坝换流站为送端站，交流 500 千伏进线，±500 千伏直流出线；上海南桥换流站为受端站，±500 千伏直流进线，交流 220 千伏出线。送受两端换流站均可逆变。

南桥换流站直流部分由水电部超高压输变电工程建设公司负责，交流部分由上海 500 千伏输变电工程筹建处承担，主要设计单位为华东电力设计院。外方负责电气设备安装设计。1985 年 12 月，南桥换流站开工。高压直流输电采用双极两线一地制系统，在紧急情况下，南桥交直流变电站可向葛洲坝倒送电力单极 30 万千瓦、双极 60 万千瓦。站内换流装置将葛洲坝送来的 ±500 千伏高压直流电变换成 220 千伏交流电，经无功补偿和电压调节后，接入交流 220 千伏母线。该站 ±500 千伏可控硅阀组由西门子公司制造。换流变压器为单相 22.4 万千伏·安三绕组、带负荷调压变压器，每极 3 台，双极共 6 台，另有 1 台备用换流器，由联邦德国引进。直流接地极设在 32.8 千米外的东海海堤内侧，架设 1 条 35 千伏架空线引入站内。站内全套换流设备的保护控制系统均由微处理器构成。全站配置可编程序控制器监测控制系统，可对全部交直流设备进行自动顺序控制、遥控、监测、事件顺序记录和线路故障点探测。

1989 年 9 月 18 日和 1990 年 8 月 20 日，葛上 ±500 千伏直流输电工程单极和双极分别投运，送电最大功率可达到 60 万千瓦及 120 万千瓦。葛上 ±500 千伏直流输电工程共使用投资 9.26 亿元，其中线路 3.55 亿元，两端换流站 5.71 亿元。

葛上 ±500 千伏直流输电工程是中国首个超高压大功率远距离输电工程，是输变电建设和电网技术发展史上继交流 500 千伏平武输变电工程之后跨上的又一个重要的新台阶。通过葛上 ±500 千伏直流输电工程建设的实践，在引进、消化、吸收国外先进技术的过程中，初步探索了一条符合国情的发展直流输电建设之路。从直流输电的规划设计、科研、建设安装到调试投产、调度管理等各个方面都积累了成功的经验，技术水平有了根本性的提高，培养造就了一批超高压直流输电人才。葛上 ±500 千伏直流输电工程的建成投产，标志着中国跨大区电力系统间直流联网成功，标志着中国电力工业的重大技术进步，为中国电力工业的发展做出了重要的贡献。

第三节　环首都网源协同发展

1987—1992 年，华北电网 500 千伏网架建设步伐加快，重点建设的是从张家口地区向京津地区送电的 500 千伏沙昌输变电工程和环绕首都的 500 千伏昌平—安定—房山输变电工程，形成了环绕首都的"U"形环网，强化了蒙西、山西火电基地向京津地区送电的能力，优化了华北电网的网架结构。

一、500 千伏沙昌输变电工程投运

1986 年，华北电网初步形成了北京电网与山西大同、神头和天津电网通过 500 千伏电压等级联网的主网架。随着河北省沙岭子大型发电厂的建设，1987 年国家又批准建设 500 千伏沙昌输变电工程，包括 500 千伏昌平变电站和 500 千伏沙昌线。

500 千伏昌平变电站位于北京市昌平县，1985 年，工程项目经国家计委批准，建设规模为 26.7 万千伏·安主变压器 3 台，500 千伏出线 3 回，220 千伏出线 8 回。概算投资 14 798 万元。建设单位为北京供电局。工程由华北电力设计院设计，北京送变电公司施工，华北电力科学研究院负责调试。该工程于 1989 年 4 月开工，1991 年 9 月竣工。

500 千伏沙昌线起点是河北省沙岭子电厂（后改称张家口发电厂），途经宣化、涿鹿、怀来、延庆至昌平，终点是北京 500 千伏昌平变电站，线路全长 174.85 千米。工程由水电部晋京超高压输变电工程总指挥部组织建设，华北电力设计院负责设计，北京送变电公司、河北送变电公司和山西供电承装公司负责施工。工程于 1987 年 2 月进行初步设计审查，4 月由华北电管局批准。工程于 1988 年 4 月 1 日开工，1989 年 6 月 30 日竣工，1990 年 8 月投运，以 220 千伏降压运行。1991 年 9 月，昌平变电站竣工后，升压至 500 千伏运行。

二、环首都 500 千伏"U"形环网形成

1985 年，国家计委批准 500 千伏昌平—安定—房山输电工程计划任务书。该工程起于 500 千伏昌平变电站，经 500 千伏安定变电站止于 500 千伏房山变电站。线路全长 161.7 千米，全部都在北京境内，全线组立塔 389 基。500 千伏昌平—安定—房山输电工程于 1988 年 11 月开工，由于资金不到位影响工程进度，于 1992 年 12 月全线竣工。工程结算总价为 11 441.3 万元。500 千伏昌平—安定—房山输电线路的竣工，使华北 500 千伏电网形成了环绕首都的"U"形环网结构。北京 500 千伏安定变电站于 1992 年 4 月开工，1994 年 12 月竣工，第一期工程建设规模为安装 500 千伏、26.7 万千伏·安单相变压器 3 台，主变压器总容量 80.1 万千伏·安。

1994 年 12 月，500 千伏安定变电站投运，出线为 6 回，即昌安Ⅰ、Ⅱ回输电线路，安房Ⅰ、Ⅱ回输电线路，安北（安定—北郊）线及蓟安（蓟县—安定）线。安定变电站的投运，标志着环首都的 500 千伏"U"形环网正式联网投运，并与蓟县、天津形成联网。

第四节　华东电网超高压"U"形网架形成

20 世纪 70 年代后期，为了满足日益增长的用电需求，华东电网加快了安徽两淮与江苏徐州火电基地的建设。此时覆盖三省一市的华东 220 千伏电网东西和南北两端已分别相距 640 千米和 960 千米。远离负荷的大型中心坑口电厂无法通过 220 千伏电压输电到苏南、杭嘉湖和上海地区，建设超高压电网解决远距离大容量输电问题已经迫在眉睫。1978 年，经论证，国家正式明确 500 千伏为标准电压等级，华东电网率先向水电部提出将安徽两淮和江苏徐州坑口电厂的电力以 500 千伏线路向能源匮乏的负荷中心上海输电的建议，并委托华东电力设计院开始进行"西线"淮南—上海及"东线"徐州—上海 2 个 500 千伏输变电工程建设方案的论证工作。1978 年和 1982 年，国家计委同意建设"西线"和"东线"工程，1988 年 5 月，华东电网"西线"500 千伏淮南—上海输变电工程投入运行。1988 年 12 月，华东电网"东线"500 千伏徐州—上海输变电工程投入运行。至此，华东电网形成了贯穿华东三省（江苏、浙江、安徽）一市（上海市）的 500 千伏超高压"U"形网络，极大地加强了华东电网的结构。

一、华东火电能源基地建成

华东的能源基地在安徽的淮南、淮北和江苏的徐州地区。随着地区经济的迅速发展，用电负荷快速增长，20 世纪 70 年代中期起，华东地区严重缺电。为尽快解决华东地区电力供应不足的问题，国家安排华东电网在安徽两淮和江苏徐州地区建设了高参数大容量的洛河发电厂、平圩发电厂和徐州发电厂。

洛河发电厂位于安徽省淮南市洛河镇，一期工程安装两台 30 万千瓦汽轮发电机组，工程由华东电力设计院设计，水利部第二火电工程局第一工程公司（后改为安徽省电力建设一公司）承建。1982 年 12 月 11 日，一期两台 30 万千瓦机组开工，1 号机组于 1986 年 1 月 10 日 30 投产，2 号机组于 1986 年 12 月 24 日投产。

平圩发电厂位于安徽省淮南市平圩镇，是中国首个单机容量为 60 万千瓦的发电厂，一期工程安装两台引进型 60 万千瓦火电机组。该工程是中国从美国引进火力发电设备制造技术和电厂设计技术，中美联合设计的"双引进"工程，具有 20 世纪 80 年代初国际先进水平。1 号机组于 1984 年 9 月开工，1990 年 5 月 4 日投运，2 号机组于 1992 年 12 月移交生产。

徐州发电厂共三期工程，一、二期工程为新建 4 台国产 12.5 万千瓦机组，工程由华东电力设计院设计，江苏省电建公司一处承建。一期工程于 1975 年 11 月开工，2 台机组于 1977 年 12 月和 1978 年 12 月先后投产，二期工程 2 台机组于 1978 年 4 月开工，1979 年 7 月和 10 月先后投产。1982 年 10 月，徐州发电厂三期工程开工，建设安装 4 台 20 万千瓦机组，被列为国家重点建设项目，1985 年 11 月和 12 月；1、2 号机组先后投产，另 2 台机组于 1986 年 12 月和 1987 年 11 月先后投产。至此，徐州发电厂装机容量达到 130 万千瓦，成为当时全国第三大火力发电厂。

二、"西线"淮沪输变电工程带动华东超高压网架起步

在安徽省淮南市新建洛河发电厂时，华东电网开始建设 500 千伏淮（南）沪（上海）输变电工程。工程从安徽淮南洛河发电厂起始，由荻港过长江，经皖南繁昌和浙江瓶窑至上海南桥，输电线路总长 600.95 千米，包括 500 千伏洛繁（洛河—繁昌）、繁瓶（繁昌—瓶窑）和瓶南（瓶窑—南桥）输电线路，荻港长江大跨越输电工程，洛河 500 千伏升压站以及繁昌、瓶窑、南桥 3 个 500 千伏变电所，是华东 500 千伏网架首建的工程项目。

由洛河发电厂至繁昌变电所的 500 千伏洛繁输电线路长 237.64 千米（不含荻港长江大跨越），工程由华东电力设计院设计，安徽送变电工程公司施工。工程于 1983 年 10 月 25 日开工，1985 年 11 月 20 日建成。同年 12 月 18 日，先以 220 千伏送电，1987 年 6 月升压至 500 千伏运行，输送容量为 100 万～120 万千瓦，投资 7669 万元。

500 千伏荻港长江大跨越输电工程，是华东第一条 500 千伏输电线过江工程，由 2 基 160 米高的钢筋混凝土烟囱式直立塔和 4 组耐张塔组成，分立于长江两岸，两直立塔间跨江距离为 1.221 千米，双回路架设，1981 年 9 月开工，1984 年 12 月建成，与洛繁线同时投入运行。

500 千伏繁昌变电所是华东地区最早建成的超高压枢纽变电所，位于皖南繁昌县环城乡杨冲村老坝冲，占地面积 17.5 万米^2。工程由安徽省电力局建设，华东电力设计院设计，芜湖市第一建筑工程公司承包土建工程。工程概算投资为 6864.6 万元。1984 年 5 月 7 日动工，1986 年 12 月 220 千伏部分投入运行，1987 年 6 月 9 日以 500 千伏电压供电。首期工程装有 1 组 50 万千伏·安变压器。该所初期规划 4 条 500 千伏出线分别通往淮南的平圩发电厂和洛河发电厂以及浙江的瓶窑变电所、江苏的斗山变电所，远期规划安装 2 组 50 万千伏·安变压器，8 条 500 千伏进出线，9 条 220 千伏进出线，并留有扩建第三台主变压器位置。所内电气设备除部分国产外，大多引进联邦德国、法国、瑞典、瑞士、日本、加拿大、美国等国 12 个公司的 20 世纪 80 年代先进产品。1988 年被评为部优工程，并荣获国家优质工程银质奖。

500 千伏繁瓶线从安徽繁昌变电所出线至浙江省余杭县瓶窑变电所，全长 202 千米。线路由西南电力设计院设计，安徽送变电工程公司架设繁昌—宣城段、甘肃送变电工程公司架设宣城—瓶窑段。1985 年 8 月开工，次年 6 月建成，1987 年 6 月 30 日紧接洛繁线以 500 千伏投入运行。全线铁塔 344 基，导线为 LGQ–400×4 轻型钢芯铝绞线，输送容量 100 万～120 万千瓦。工程投资 4545 万元。瓶窑变电所安装 50 万千伏·安变压器 1 台。

淮沪输变电工程最后一段为 500 千伏瓶南线，也是上海第一条 500 千伏输电线路，全长 159.52 千米。1986 年 11 月动工，次年 12 月完工，1988 年 5 月 14 日投运。南桥变电所安装 75 万千伏·安变压器 1 台。至此，华东电网"西线"500 千伏淮沪输变电工程全部竣工投产。

三、"东线"徐沪输变电工程促进华东超高压"U"形网架形成

为把江苏省徐州火电基地的电能输送到缺电的苏南、上海地区，国家计划委员会于1982年在《关于徐州至上海500千伏输变电工程计划任务书的复文》中，明确批示同意建设徐沪（徐州—上海）输变电工程，分别在江都、苏南和上海落点。1985年，该工程被列为世界银行贷款项目，并将该工程落点由黄渡变电站延伸至南桥变电站。

500千伏徐沪输变电工程包括500千伏任江（任庄—江都）、江斗（江都—斗山）、斗黄（斗山—黄渡）、黄南（黄渡—南桥）输电线路，镇江长江大跨越工程，任庄500千伏升压站以及江都、斗山、黄渡、南桥4个500千伏变电所。工程由华东电力设计院和西南电力设计院设计。工程概算为24 671.2万元，国外贷款约占20%。

500千伏任江线由徐州任庄升压站至扬州江都变电所，全长334.3千米，于1987年12月投运。500千伏黄南线由上海黄渡变电所至南桥变电所，全长48.63千米，于1988年9月投运。500千伏江斗线起自江都变电所，在镇江跨越长江，在无锡斗山变电所落点，全长123.14千米，于1988年11月投运。500千伏斗黄线由无锡斗山变电所至上海黄渡变电所，全长91.6千米，于1988年12月投运。

镇江长江大跨越是当时国内最大的500千伏长江大跨越工程。工程于1986年4月开工，1988年9月建成。铁塔采用型钢组合结构，耐张塔北岸、南岸各2基。跨江南塔位于丹徒大港五峰山，塔高134.75米，重383吨；北塔位于丹徒县高桥镇，高179.5米，重538吨。跨江距离1820米，跨江耐张段2838米。大跨越采用双回路四分裂导线，选用高强度钢芯铝合金绞线 AACSR−407/152 型，总截面积558.92毫米^2，架空地线选用ACS−37×3.5型。

任庄500千伏升压站安装2台50万千伏·安变压器，于1987年12月投运。500千伏江都变电所安装1台50万千伏·安变压器，于1987年12月投运。500千伏斗山变电所安装1台50万千伏·安变压器，于1988年11月投运。500千伏黄渡变电所安装1台75万千伏·安变压器，于1988年12月投运。500千伏南桥变电所利用500千伏淮沪输变电工程已投产的75万千伏·安变压器降压至220千伏接入上海电网。

500千伏徐沪输变电工程于1984年10月开工，1988年12全线竣工投运。徐沪和淮沪2个500千伏输变电工程投产后，华东电网形成了始端在江苏徐州的"东线"和始端在安徽淮南的"西线"，终点均在上海的"U"形500千伏环网。

第五节　超高压网架发展缓解东北局部缺电

为适应东北地区经济快速发展的需求，进一步缓解沈阳、大连、长春、哈尔滨等地的缺电状况，东北电网在建成第一条500千伏元锦辽海输变电工程后，500千伏超高压网架建设进一步发展，先后建成了500千伏海大（海城—大连）、辽沈（辽阳—沈阳）、东长哈（东

丰—长春—哈尔滨）等输变电工程，东北电网超高压网架逐步完善，进一步形成以 500
千伏线路为骨干，以 220 千伏线路为主体网架的大型电力网络，一定程度上缓解了东北地
区缺电的状况。

一、500 千伏海大输变电工程缓解大连供电紧张状况

500 千伏海大（海城—大连）输变电工程起于海城王石变电所，经鞍山、营口、大连
3 个市，海城、营口、盖县、新金、金县 5 个县和大连经济技术开发区，止于大连南关岭
变电所，线路总长 250 千米。该工程由东北电力设计院设计，东北电管局送变电通信工程
公司承包，经招标由东北电管局送变电工程公司组织施工。工程于 1986 年 5 月开工，1988
年 12 月竣工，因大连南关岭变电所 500 千伏变电设备未配套，故线路竣工后暂降至 220
千伏运行。1996 年 12 月，海大线和大连南关岭变电所升压至 500 千伏运行。

500 千伏海大输电线路是为了元宝山、锦州发电厂向新建大连经济技术开发区供电而
建的主干线路，也是东北地区 500 千伏电网骨架干线的一部分。该线路的投运改善了大连
地区电网供电紧张状况，提高了大连地区电网安全运行水平。

二、500 千伏辽沈输变电工程缓解沈阳供电紧张状况

500 千伏辽沈输变电工程是为解决由辽阳向沈阳地区增加电力输送能力而建设的，担
负调峰和向沈阳地区送电任务。工程建设单位是沈阳电业局 500 千伏工程筹建处，设计单位是
东北电力设计院，施工单位是东北电业管理局送变电工程公司。工程起于 500 千伏辽阳变电
所，止于沈阳 500 千伏沙岭变电所，线路全长 64.1 千米，铁塔 153 基，线路导线采用乌克
兰产 XAL2—400×4 型钢芯铝绞线，工程于 1987 年 6 月开工建设，1988 年 12 月竣工投入
运行，工程总投资约为 3864 万元，单位造价 60.4 万元/千米。

三、联结黑吉辽三省的 500 千伏东长哈输变电工程

500 千伏东长哈输变电工程南起吉林省东丰变电所，经长春合心变电所，止于哈南变电
所。线路全长 370 千米，其中由东丰变电所至合心变电所为丰合线，长 150 千米；由合心变
电所至哈南变电所为合南线，长 220 千米。吉林省境内 315 千米，黑龙江省境内 55 千米。

工程由东北电力设计院设计，吉林、黑龙江两省送变电工程公司各自承担所辖省内的
工程任务。工程于 1989 年 6 月 20 日开工，1992 年 12 月 12 日竣工投产。工程的投产是
黑龙江电网自 1968 年首次出现 220 千伏后，历经 25 年之久才将电压提高到一个新等级，
使黑龙江省网与东北电网的联结电压由 220 千伏提高到 500 千伏。

第六节　西北电网超高压网架的扩展

为适应电源建设、铁路电气化及工农业生产的用电需要，西北电网 330 千伏电网建设

步伐加快，330千伏主网架日趋完善。1987年和1988年，龙羊峡水电站送出工程330千伏龙花海线、花黄线、龙黄线先后投运，青海电网电压等级迈入330千伏，从根本上解决了青海省严重缺电的问题，同时青海成为电能输出省；330千伏刘陇、陇马线相继投运，成为继刘天关输变电工程之后陕甘联网的第二条主干线路；原降压至220千伏运行的青靖线经两端改接工程接入到靖远发电厂和大坝发电厂，改名为大靖线，并以330千伏电压运行，宁夏电网与西北电网实现330千伏联网。至此，形成了以330千伏线路为骨干，跨越陕甘青宁四省区的西北电网。

一、龙羊峡送出工程带动西北330千伏主网的发展

1987年10月4日，龙羊峡水电站第一台32万千瓦水轮发电机组投产发电，这是青海省第一台最大的水轮发电机组，也是当时全国水电单机容量最大的机组。同年12月4日，第二台水轮发电机组投产发电，实现一年"双投"目标，创造了中国水电建设史上一座水电站年装机容量64万千瓦的新纪录。第三、第四台机组分别于1988年7月5日和1989年6月14日并网发电。

龙羊峡水电站的建成是青海省电力工业发展的一个历史转折，对缓解西北地区电力紧张状况起了巨大作用。同时促成青海省建成了一大批高耗能工业项目，对青海经济总量的增长、产业结构的调整起了十分重要的作用。

龙羊峡水电站330千伏送出工程是20世纪80年代青海电网建设的重点工程。工程项目包括2座330千伏变电所，即花园变电所和黄家寨变电所，6条330千伏输电线路，即龙花和花海各2回以及龙黄和花黄各1回，总长593.77千米。330千伏输变电主体工程由西北电力设计院设计，输电线路和变电设备安装工程由青海送变电工程公司和青海火电安装公司施工，两座变电站的土建由青海省第四建筑工程公司施工。

330千伏花园变电所是龙羊峡水电站向西宁和西北电网送电的枢纽变电所，主变压器容量为2×15万千伏·安。330千伏黄家寨变电所原规划专为青海铝厂供电，后从青海电网总体布局考虑，决定其除为铝厂供电外，同时作为青海电网第二个主电源点和最大区域变电所，为此其容量也由原设计3×24万千伏·安改为4×24万千伏·安，并预留1台（1×24万千伏·安）扩建余地。1987年3月，青海省建成330千伏海石湾变电所，主变压器容量为2×24万千伏·安，该变电站位于青海、甘肃省的交界，是甘青联络线的关口变电站，也是西北电网中一座重要的枢纽变电站。

负责330千伏输变电工程施工任务的青海送变电公司，分别于1982年和1983年开工建设输电线路和变电所。1987年8月，青海省第一条330千伏龙花海（龙羊峡—花园—海石湾）输电线路和330千伏花园变电所建成。并于10月4日与龙羊峡水电站1号汽轮发电机组同时投入运行，第一次向西北电网送电。之后，花黄线、龙黄线分别于1987年、1988年建成投运。

龙羊峡水电站330千伏送出工程的顺利投运，保证了龙羊峡水电站4台机组的满发外送，满足了青海电网的用电需求，而且成为西北电网的重要组成部分。

二、陕甘 330 千伏联网二通道建成

1987 年 3 月，由刘家峡水电站至陇西 172 千米长的 330 千伏刘陇线建成。陇西变电站主变压器容量为 2×9 万千伏·安，该变电站主要为天兰铁路电气化供电，并提高了甘肃中东部地区的供电能力，也为陕甘建设第二条东西联络线创造了条件。同年 12 月，由刘家峡水电站至海石湾变电站的 330 千伏刘海线建成，全长 73 千米，该输电线路打通了陕甘青 330 千伏的联络通道。

1989 年 10 月，由陇西变电站至马营变电站的 330 千伏陇马线建成，全长 311 千米。刘陇、陇马线成为继刘天关输变电工程之后陕甘联网的第二条主干线路，结束了 17 年甘陕电网单回联络的历史，大大提高了陕甘青宁电网"西电东送"的输送容量，电网的供电可靠性和系统的稳定性也相应提高。

三、宁夏电网与西北电网实现超高压联网

至 1990 年年底，宁夏回族自治区共有 330 千伏线路 2 条，共 162 千米，但均降压至 220 千伏运行，没有 330 千伏变电站。宁夏电网通过由 220 千伏青铜峡变电站至甘肃靖远沙河变电站的 330 千伏青靖线（当时降压至 220 千伏运行）与西北电网相联。

1991 年，靖远电厂建成 330 千伏升压站，大坝发电厂 1 号 30 万千瓦机组于同年 1 月投运，2 号 30 万千瓦机组也即将投运，降压为 220 千伏运行的青靖线已不能满足与西北电网电力交换的需要，故于当年 10 月改接至大坝发电厂，升压至 330 千伏运行，更名为大靖线，至此宁夏电网与西北电网以 330 千伏线路实现联网。

大靖线作为宁夏电网与西北电网联络的主干线，为加强西北电网水电、火电调节，进行省际间的电力互补，发挥了重要作用。

第七节　独立省网 220 千伏网架的加强

随着国民经济的快速发展，在电力体制改革的背景下，未纳入跨省区联网的省区电网和非部属省区的电网建设快速发展，以云南、贵州、蒙西、海南为代表的省级电网逐步形成，220 千伏网架不断完善，在一定程度上缓解了省内的缺电状况。云南电网结合鲁布革水电厂、小龙潭电厂送出工程和贵昆电气化工程的建设，重点建成了昆明 220 千伏环网和220 千伏鲁布革—昆明工程。为配合铁路电气化，贵州电网建成了 220 千伏普水、220 千伏清站普线等输变电工程，形成了以贵阳为中心的四角环形电网。在火电建设的带动下，蒙西电网投运了 220 千伏呼和浩特—包头、集宁—丰镇、乌拉山—临河等输变电工程，形成了 220 千伏网架，扩大了供电范围。海南建省后，电力工业从原来以水电为主的小机组、小电网，逐步向以火电为主的大机组、大电网方向发展，1990 年 10 月，海南省第一个 220千伏输变电工程——220 千伏海口（马村）电厂—永庄输变电工程投运。

一、云南"两水两火"推进 220 千伏环网形成

随着云南"两水两火"电源建设的全面推进，电网建设已经远远不能适应电源发展的需要。为此云南电力局结合鲁布革水电厂、小龙潭电厂送出工程和贵昆电气化工程的建设，加强电网建设。这一时期电网建设的重点，一是加快昆明地区 220 千伏环网建设；二是加快 220 千伏鲁昆（鲁布革—昆明）Ⅰ、Ⅱ回输变电工程的建设。

1988 年 2 月，220 千伏昆明马鞍山变电站—东郊变电站输电线路建成投产；1989 年 6 月，220 千伏东郊变电站—普吉变电站双回线路建成，这是云南第一条 220 千伏同杆双回架设的铁塔输电线路。至此，昆明受端电网以普吉、温泉、马鞍山、东郊等 4 个变电站为枢纽的 220 千伏单环电网正式形成。

1988 年 12 月 27 日，鲁布革水电站第一台机组发电，为配合鲁布革水电站电力送出，从 1987 年开始筹建 220 千伏鲁昆Ⅰ、Ⅱ回线路和昆明 220 千伏东郊变电站。鲁昆Ⅰ回线全长 183.38 千米，杆塔 483 基；鲁昆Ⅱ回线全长 188.51 千米，杆塔 267 基。昆明 220 千伏东郊变电站主变压器为 SFPS27－180 000/220CY 三相三绕组有载调压变压器，为云南电网 220 千伏变电站单个最大的三相变压器。

昆明 220 千伏东郊变电站于 1987 年 3 月开工，1988 年 12 月投产。鲁昆Ⅰ回线于 1988 年 12 月 21 日送电，鲁昆Ⅱ回线于 1989 年 9 月投入运行，成为昆明电网又一供电电源。

1987 年 4 月，220 千伏小龙潭电厂—旧云龙变电站输电线路建成；1988 年 9 月 15 日，12 万千伏·安的 220 千伏云龙变电站移交生产后，成为滇南地区第一座 220 千伏枢纽变电所。

220 千伏骨干网架的形成，增强了云南电网抗风险的能力，提高了电网的安全运行水平，并为 20 世纪 90 年代云南电网向省内各地州延伸和覆盖打下了基础。

二、贵州铁路电气化促使 220 千伏环网形成

从 20 世纪 80 年代中期至 90 年代初期，配合贵昆、湘黔、川黔铁路电气化工程建设，贵州 220 千伏的网架建设速度加快。

为配合贵昆铁路电气化工程，1985 年 11 月，建成 220 千伏普定变电站（主变压器容量 1×9 万千伏·安），1985 年 12 月，建成 220 千伏水城变电站（主变压器容量 1×9 万千伏·安），1988 年 10 月，建成 220 千伏站街变电站（主变压器容量 1×12 万千伏·安）以及相应 220 千伏普水线 116.43 千米、由清镇发电厂经站街变电站至普定变电站的 220 千伏清站普线等输变电工程。为了配合湘黔铁路电气化建设，1988 年 11 月，新建成 220 千伏玉屏变电站（主变压器容量 1×6.3 万千伏·安）；1988 年 12 月扩建 220 千伏凯里变电站二期工程（主变压器容量 1×9 万千伏·安）及相应的 220 千伏凯玉线（全长 156 千米）。1990 年 10 月，将遵綦线开断接入新建成的 220 千伏桐梓变电站（主变压器容量 2×6.3 万千伏·安）。至此，在贵州境内的贵昆、湘黔、川黔铁路电气化设备全部开通，贵州 220 千伏电网形成以贵阳为中心的四角环形电网。

为铁路电气化服务的 220 千伏输变电工程的建设，不仅保证了贵昆、湘黔、川黔铁路电气化工程的供电，还使初具规模的贵州 220 千伏电网形成以贵阳为中心的四角环形电网，提高了供电可靠性。与此同时，贵州电网输变电能力与发电能力比例失调问题基本上得到解决。

三、蒙西 220 千伏网架的形成

从 20 世纪 80 年代后期开始，随着火电建设的迅速发展，内蒙古西部电网覆盖范围迅速扩大，1986 年，110 千伏陕坝—临河、磴口输变电设施相继建成投入运行后，电网覆盖了巴盟西部地区。西部电网从包头向南，110 千伏包头麻池变电站—伊盟达拉特旗输变电工程于 1981 年建成投运，110 千伏达拉特旗—东胜、东胜—松定输变电工程分别于 1986 年和 1988 年建成投运，从而使伊盟东胜地区联入西部电网。在呼和浩特以南的准格尔、薛家湾地区，为适应准格尔煤田的开发，1989 年，原与山西联网供电的地方电力企业准格尔旗供电局划归内蒙古电管局，改称准格尔矿区供电局，通过降压至 110 千伏运行的 220 千伏呼准线并入西部电网。从集宁向北，1988 年，110 千伏乌盟白音查干—朱日河—赛汉塔拉输电线路建成投运，1989 年又延伸至边境城市二连浩特，使锡盟西部地区并入电网。为了强化主网结构，增强“西电东送”的传输容量，提高安全供电的可靠性，缓解呼和浩特及以东地区长期缺电的状况，1988 年，将原来 220 千伏乌拉山—包头—呼和浩特输电线路由呼和浩特向东延至集宁，至此，西部电网形成 220 千伏供电的主网架，线路全长 427.5 千米。1989 年，又建成 220 千伏呼和浩特—包头双回输电线路，增强了该地区的电力输送能力。1990 年 11 月，220 千伏集宁—丰镇输电线路投入运行后，在呼和浩特、集宁、丰镇之间形成了 220 千伏三角环网。1991 年，220 千伏乌拉山—临河输电线路建成，使蒙西 220 千伏电网向西延伸了 130 千米。

四、海南建省助推 220 千伏环网形成

1988 年海南建省后，不断加快电力建设步伐，电力工业从原来以水电为主的小机组、小电网逐步向以火电为主的大机组、大电网方向发展。1988 年年底，110 千伏秀英—晋江输变电工程建设完成，110 千伏马村—海口输电线路开工建设。1989 年，全省 110 千伏输电线路沿环形分布，东起文昌、琼海，南达三亚市，西联昌江、东方，北至海口市，中至屯昌、通什，基本上形成环岛电网。

1990 年 10 月，作为海口电厂第二期 2×12.5 万千瓦机组电源送出的配套工程，海南省 220 千伏海口（马村）电厂—永庄（海口）输变电工程建成投运。220 千伏线路起于海口电厂，止于海口市永庄变电站，全长 60 千米。永庄变电站工程总投资 5890 万元，第一期安装主变压器容量为 15 万千伏·安，电压等级为 220/110/10.5 千伏，110 千伏出线共 10 回。该工程是海南省第一个 220 千伏输变电工程。由此，海南岛北部地区开始形成 220 千伏电网。

第八节 输变电技术引进与国产化

为满足全国范围的超高压输变电工程大规模建设需求，本着"安全可靠、先进成熟、经济合理"的原则，在重点工程中开展了输变电技术与装备的引进工作，包括直流技术咨询、换流站设备引进等。与此同时，按照引进、消化、吸收和自主研发两种思路，积极开展输变电技术和装备研发，推动了技术和装备的国产化进程，取得了一系列成果。1987年11月，中国自主研发的 WXB-01 型微机保护通过水电部主持的新产品鉴定。1989年11月，中国自主研发和自主生产的第一支复合绝缘子通过部级鉴定。1991年9月，中国高压直流接地极技术领域的首个技术标准《高压直流接地极技术导则》正式发布。

一、葛上±500千伏直流输电工程换流站设备及技术引进

1982年12月，葛上±500千伏直流输电工程技术和设备的引进工作正式开始，由29个单位的60多位专家开展对外咨询和技术谈判工作。经过17个月的时间，完成了直流输电工程的咨询和引进设备合同的签订工作，引进了双极120万千瓦的全套换流设备，为工程顺利建设创造了条件。

在两端换流站设备引进方面，葛洲坝换流站装设2组3×23.7万千伏·安单相换流变压器和1台备用相，装设阀组容量2×60万千瓦及相应的直流滤波设备和每组为6.7万千乏的500千伏交流滤波器6组，设备由 ABB/西门子公司成套供货，总投资30 008万元。南桥换流站装设两组3×22.4万千伏·安单相换流变压器和1台备用相，装设阀组容量2×60万千瓦及相应的直流滤波设备和每组为8.7万千乏的220千伏交流滤波器8组以及8.7万千乏并联电容器，设备由 ABB/西门子公司成套供货，总投资28 175万元（包括安庆载波中继站费用）。

在技术引进方面，两端换流站阀控系统均采用 ABB 公司提供的可编程序控制系统 PHSC，利用该系统可以实现直流系统的正常开机与停机，定功率、定电流稳定运行，快速及紧急停机的阀控功能。控制系统采用分层控制的原则，可分为主控级（双极级）、极级和阀组级，阀控系统采用双重化原则；站控系统均采用了 ABB 公司的分散型可编程微机系统 P13/42，通过该系统可以对交直流场地中的开关、隔离刀闸、滤波器和阀厅内接地刀闸、变压器分接头、站用电系统等进行自动顺序操作或分步操作，也可以进行单独元件操作或就地操作，该系统还包括交、直流系统的测量显示等功能，站控系统也采用双重化原则；站内的中央告警系统采用的是 ABB 公司的 PRAUT80.13 系统，它能在系统不正常和故障时自动告警，并具有定时打印和越限打印等功能。

为把中国第一个高压直流工程建设成为具有世界先进水平的一流工程，中国电力工作者既发扬了敢于开拓的拼搏精神，又坚持了实事求是的科学态度，在引进、吸收、消化的

同时走出了自己的路，取得了一批重大成果。一系列先进技术和科学管理手段的推广与应用，不仅使工程建设质量达到 100%优良，工程的系统功能达到了设计要求，而且工期得到了控制，造价不突破批准概算，此外，还培养了一大批直流专家和专业人才，为超高压输变电建设积累了经验，为中国直流输电的发展做了技术储备。

二、上海首座 35 千伏地下变电站投运

1984 年年初，为缓解上海卢湾地区电力负荷紧缺状况，须在宾馆林立的商业繁华地段建造 1 座变电站，但站址用地一时难以解决。1984 年 2 月，上海供电局与锦江联营公司经过多次协商决定共同集资，在位于毗邻淮海路的茂名南路 58 号属于锦江联营公司的锦江俱乐部内建设一座 35 千伏地下变电站，并委托上海市投资信托公司同外商进行商务谈判。

1985 年 3 月，上海市计委、上海市外经贸委批准该工程项目和地下变电站站址。随后，由中国船舶工业总公司勘测研究所对站址进行地质勘测。经测，确认在该地址建造地下变电站是可行的。变电站设计工作由法国公司负责，土建工程由上海市第一建筑公司101 队施工，上海送变电工程公司承担电气设备安装任务，继电保护和电气试验由沪南供电所负责，工程投资 1359 万元，其中外汇 210 万美元。35 千伏锦江地下变电站为桥式接线，有 5 台断路器，2 台 2 万千伏·安主变压器，2 回 35 千伏进线从 110 千伏江宁变电站引入，6.6 千伏为单母线分段接线，共有 24 回出线，站内安装的 6.6 千伏断路器均采用六氟化硫车式开关，除 35 千伏装有自切装置外，在 6.6 千伏侧还装有备用自切装置。1986年 9 月，35 千伏锦江地下变电站开工，1987 年 12 月 28 日竣工投运。

35 千伏锦江地下变电站的投运，极大地缓解了普安、卢家湾变电站的过负荷问题，确保了花园饭店、锦江饭店、新锦江饭店、城市酒店、瑞金宾馆等多家五星级宾馆的双电源供电，在上海市政府的多次保电任务中，发挥重要作用。

三、中国首次自主研发复合绝缘子

随着输电线路电压等级的提高以及大气污染的加剧，对线路绝缘子的结构、机电性能和可靠性提出了更高的要求，而广泛使用的瓷质绝缘子和玻璃绝缘子，其性能已经不能完全满足电网建设和安全运行的发展，特别是输电线路防污闪的要求。因此，开展复合绝缘子的研究，是中国电力工业发展的必经之路。

早在 20 世纪 40 年代中期，双酚环氧树脂绝缘子就开始用于户内绝缘。这种绝缘子重量轻、耐冲击能力强，易于加工成复杂的绝缘结构。但由于其耐老化性能、耐漏电起痕及耐漏电蚀损性能差，不能用于户外。20 世纪 50 年代出现了性能更好的脂环族环氧树脂绝缘子，60 年代初期，已有少量此类绝缘子运行于 400 千伏输电线路及 500 千伏电站。60年代末至 70 年代初，欧洲及美国开始制造用于输电线路的聚合物绝缘子。在众多的聚合物材料中，高温硫化硅橡胶材料在耐老化、耐恶劣环境条件等方面明显优于乙丙橡胶等其他材料，得到了更为广泛的应用。

中国电力系统用复合绝缘子的研究始于 20 世纪 80 年代初。根据国民经济和社会发展的需要，1986 年 3 月，以"为把经济建设搞上去提供新技术、新产品、新设备"为指导思想的"七五"期间科技攻关计划应运而生。复合绝缘子的研制被列入"七五"期间（1986—1990 年）科技攻关项目。由武汉水利电力学院、湖北省电力局、武汉高压研究所、湖北省化学研究所等单位联合组成的湖北研制攻关组承担起 500 千伏复合绝缘子的研制课题。清华大学、西安电瓷研究所、华东电力试验研究所等单位也开启了对复合绝缘子的研发工作。

不同于多数电力设备所走的引进、消化、吸收、再创新的道路，以武汉水利电力学院、清华大学等为代表的科研单位，在开展复合绝缘子技术研究时，走的是完全自主研发的道路。两家单位均将伞裙材料选用为高温硫化硅橡胶，而对金具和环氧玻璃钢芯棒的连接方式则采用了不同的技术路线，武汉水利电力学院采用的是外楔式结构，清华大学采用的是内楔式结构。各科研单位先后开发出各具特色的复合绝缘子样品。

1985 年 12 月，湖北攻关组研制的中间阶段产品 110 千伏复合绝缘子通过部级技术鉴定。1988 年，湖北襄阳供电局电力设备厂率先获得湖北研制攻关组的科技成果转让，迈向复合绝缘子由实验室向工厂生产的重要转化，正式开启国产批量化生产，并在当年年底实现了复合绝缘子的大批量生产，这是中国自主研发和正式生产出的第一支复合绝缘子。并于 1989 年 11 月通过部级产品鉴定。

为加快科技成果形成社会生产力的步伐，"八五"期间将复合绝缘子列为电力工业科技成果的重点推广项目。在复合绝缘子进行工业性试运行初期，电力行业内部对复合绝缘子的运用性能还心存疑虑，对挂网运行很慎重，只是在 110 千伏以下电压等级且不重要的线路上带电试挂少数试品。1990 年春，华北地区发生大规模污闪故障，而试用的复合绝缘子无一支发生污闪故障，显现出耐污闪能力优异的特点，受到电力工业部门的认可，并将其作为一项防污闪的新技术，开始在 110 千伏以上电压等级的线路上应用，进一步拓展了试运行规模。

1991 年 3 月，襄阳电力设备厂 500 千伏大吨位复合绝缘子获国家重大科技成果装备奖，并被列为三峡工程配套产品及进口替代产品。1991 年 6 月，襄阳电力设备厂生产的首批国产 500 千伏交流复合绝缘子在葛双Ⅰ回输电线路上带电挂网运行，填补了国内超高压复合绝缘子的空白。至 1994 年年底，以清华大学和武汉水利电力学院开发的两大技术为基础生产的复合绝缘子成为我国电网的主流产品。

1989 年年底至 1990 年年初，华东、华北、东北等地区电网相继发生大面积污闪后，复合绝缘子开始在电网中大量应用。据统计，至 1994 年年底，我国电网挂网运行的复合绝缘子约 5 万支，主要集中在污闪多发、易发的省区。为保障电网的安全，能源部颁发了《绝缘子全过程管理办法》，其中，对复合绝缘子的鉴定和运行管理提出了明确要求。

随着大批量复合绝缘子在运行输电线路上的实践检验，其重量轻、体积小、机械强度高、耐污闪能力强、挂网维护简单等优点，被电力部门所认可。

自首次自主研发起，复合绝缘子领域的科研人员在复合绝缘子的研制、工艺、材料、试验方法、憎水性问题、老化问题、机械性能、脆断问题、伞裙结构、高海拔问题等方面，开展了持续的研究，推动中国的复合绝缘子技术逐步迈入发展的快车道。

四、中国第一条越江电缆专用隧道在上海建成

为解决上海市区缺电问题，满足市区用电增长需要，1984 年，水电部批复同意在上海市日晖东路原活性炭厂厂址上新建 220 千伏市南变电站（后改为瑞金变电站），电源来自浦东新周变电站。在浦东新周变电站至浦西瑞金变电站间敷设 2 条 220 千伏充油电缆，并建造一条穿越黄浦江的电缆专用通道，这也是中国第一条越江电缆专用隧道。

东道口位于上三厂沿江路四号楼附近，浦西隧道口位于龙华路 660 号上海市通工程公司供应站江边，为钢筋混凝土圆筒形结构，内径为 3.6 米，壁厚 0.3 米，采用盾构法施工。浦东和浦西各建 1 个竖井，竖井直径 13 米，最深处 33 米，浦东至浦西竖井之间通道（穿越黄浦江段）距离为 533 米。隧道内敷设 2 回截面积为 845 毫米^{2}的 220 千伏充油电缆，由上海电缆厂制造。

工程建设单位为上海供电局电缆工程处。隧道工程由上海市隧道建设公司设计研究所设计，电缆工程由上海电力设计研究所设计。1985 年 6 月，隧道工程动工，1989 年 9 月竣工，1990 年 3 月投运，工程价款 579.42 万元。电缆线路命名为新瑞 2225 线和新瑞 226 线。

五、中国首个高压直流接地极技术标准发布

直流接地极是高压直流输电系统中的重要组成部分，对于直流输电工程的安全运行起着极其重要的作用。20 世纪 80 年代，在中国第一条高压直流输电工程葛上±500 千伏直流输电工程的建设过程中，由于缺乏高压直流输电工程的建设经验，直流接地的相关技术问题是首次遇到，为了给工程建设提供支撑，国家水电部委托武汉高压研究所开展了国务院重大技术装备"七五"期间攻关项目重点科研课题"葛上±500 千伏直流输电工程利用大地作回路及接地电极的研究"的前期研究。结合葛上直流两端接地极的设计、施工和调试，对接地极的大地参数测试、接地极材料和结构的研究、接地极可能引起的腐蚀影响等直流接地技术进行了较为全面的研究。随后，在前期科研和消化吸收引进国外技术的基础上，又承担了接地极建设各阶段的科研配合工作，通过一系列的理论研究和工程实践，基本掌握了高压直流接地极相关的一套完整核心技术。

基于取得的相关研究成果，在 1985 年水电部高压直流输电标准化技术委员会成立大会上，会议决定成立工作组，开展高压直流接地极技术标准的编制工作，以期为中国高压直流接地极的建设提供指导。经过工作组不懈地努力，1991 年 9 月 18 日，中国高压直流接地极技术领域的首个技术标准《高压直流接地极技术导则》（DL/T 437—1991）由中华人民共和国能源部正式发布。

该标准从直流接地极的一般技术准则、极址的选择、大地参数的确定、接地极的限值指标、接地极的材料、接地极的试验项目与方法、接地极的运行与维护等方面对直流接地极的相关技术问题进行了全面的规定，为中国早期的葛洲坝—上海、天生桥—广东、贵州—

广州等±500千伏超高压直流工程，以及后来的特高压直流工程接地极的设计、调试和运行维护发挥了重要的指导作用。同时，伴随中国高压直流输电工程的不断发展，该标准也为后期中国主导制定的首个直流接地极IEC国际标准奠定了坚实的基础，标志着中国直流接地极技术在国际上从跟随到引领地位的变更，为提高中国电力企业在国际业务中的竞争力发挥了积极作用。

六、继电保护设备引进与国产化

电力系统继电保护经历了机电型、整流型、晶体管型和集成电路型几个阶段后发展到微机保护阶段。中华人民共和国成立前，中国无继电保护装置制造厂，所用继电器均是国外产品。从中华人民共和国成立到20世纪50年代后期，先后建立了阿城、上海继电器等厂，生产一些电流、电压、时间、中间、差动等感应型、电磁型继电器。随着苏联支援建设的发电厂及输变电工程，同时引进了较为复杂的保护，如民主德国RD7、苏联的ПЗ-157型距离保护和 ПЗ-153 型小电流接地系统的距离保护。阿城继电器厂等将 ПЗ-157、ПЗ-157 等消化吸收生产成GH-11、GH-02、GCH-1 等国产设备。20世纪70—90年代初，随着许昌继电器厂、南京自动化研究院、四方公司、南京自动化设备厂加入继电保护装置研制、生产行列，中国已能生产适合中国500千伏以下电网要求的各种继电保护装置。330千伏及以下电网继电保护及自动装置，除个别项目外，全部采取国产保护。

1981年12月，中国第一个交流500千伏输变电工程500千伏平武输变电工程投运，工程的主要一次设备及保护装置全部是从国外引进的。从1985年华北电网建设第一条500千伏线路开始，之后新建的多条线路均选用德国西门子公司集成电路型7SLS32继电保护和美国通用电气公司TCC5100型继电保护；1987年，华东电网500千伏输变电工程中引进美国通用电气、ABB公司的继电保护；同年投产的广东500千伏沙角B厂—江门线路引进了瑞士勃朗—鲍威利有限公司LR91型方向比较保护、LZ96型高频闭锁距离保护、LZ-96型距离保护和WT-96型重合闸。东北电网除第一条交流500千伏输变电设备用的是国产整流型继电保护外，其他也都是引进国外的保护。90年代中期前，中国的交流500千伏输变电设备全被进口继电保护所占领。直到90年代中期，多数引进的继电保护暴露了较多问题，当时国产交流500千伏继电保护已研制成功和成熟，华中、广东、东北、华北电网从全部引进国外继电保护到两套中采用一套进口、一套国产继电保护的配置，广东自1997年全部采用国产继电保护。

引进的国外继电保护装置对中国500千伏电网建设和运行做出了一定贡献，它不但解决了当时工程的需要，而且扩宽了国内继电保护人员的视野，促进了国产继电保护技术的发展。但随着电网故障的发生，也暴露了不少问题，正确动作率不高，甚至低于国产继电保护动作水平。究其原因是国内外电网结构不相同，对继电保护要求、评价观点不相同，加之有些继电保护在理论上不成熟。

国产继电保护设备是随着输变电工程的建设逐渐发展起来的。1966年，国产第一套由上海继电器厂研制的整流型距离保护和三段式零序电流保护投入运行，标志了中国继电保护由感应型、电磁型保护开始跨入到整流型继电保护时代。随着晶体管电子技术的发展以及西北建设 330 千伏电网的需要，60 年代末开始自主研制晶体管继电保护装置，并于 1971 年应用于西北 220 千伏刘连西线，这是中国第一套全晶体管线路保护。随着科学技术的不断进步和电网的快速发展，80 年代中期相继推出了集成电路保护和微机型保护。

1984 年 4 月，中国第一套以 MC6809CPU 构成的 MDP-1 型微机线路保护装置样机在河北马头电厂 220 千伏线路挂网试运行。同年，获得全国首届微机应用成果展览会一等奖。1984—1987 年，基于华北电力学院的研究成果，南京电力自动化设备厂完成了原理接线设计、样机制造、动模试验、试运行和产品型式试验，自主研发了 WXB-01 型微机保护装置。装置包括高频方向保护、距离保护、零序保护、综合重合闸等功能，适用于 110～500 千伏输电线路。1987 年 11 月，WXB-01 型微机保护通过水电部主持的新产品鉴定会，与会专家一致认为该产品主要技术性能满足"四统一"设计要求，系国内首创，并具有国际先进水平，装置软件也处于国际领先地位。1990 年，WXB-01 型微机保护获国家科学技术进步奖二等奖。

1989 年 3 月，安徽电网在蚌埠东郊变电所至滁县变电所的 220 千伏双回线上试用了南京自动化设备厂生产的 WXB-01 型微机高频闭锁保护和 WXB-02 型微机高频相差保护。它是国内第一条采用双微机保护的 220 千伏线路。

1989 年 10 月，北京电力自动化设备厂生产的 01 型微机线路保护在 500 千伏丰辽线投入运行，这是国内首次将国产微机型保护用于 500 千伏输电线路。1990 年 5 月，在总结东北电网超高压线路使用 01 型微机保护的经验基础上，为满足东北电网基建和改造工程的需要，500 千伏董王（董家—王石）输电线路试运行了多 CPU 构成的 11 型线路微机保护装置。11 型保护装置在试运行中性能表现良好，与 01 型保护相比有突出的优势，并于 1990 年 12 月通过部级鉴定。

七、输电线路施工技术不断创新

随着国民经济的快速发展，电力建设规模迅速扩大，电力施工队伍也不断发展壮大。20 世纪 80 年代以来，全国输变电工程建设进入超高压发展阶段，为了适应电网建设发展的新形势，从国外引进了大批施工机械和设备，施工机械化程度显著提升，施工技术水平向机械化、自动化方向发展。

在葛上±500 千伏直流输电工程建设过程中，首次在吉阳长江大跨越线段进行了直升机牵放导引钢绳跨越长江的施工作业，并获得成功，开创了输电线路建设采用直升机施工新技术的先河。

吉阳大跨越为直立钢筋混凝土烟囱式塔，南岸筒身高 149 米，全高 156 米；北岸筒身高 174 米，全高 181 米。江面宽 1200 米，直立塔间距离 1619 米，耐张段 2350 米。居民区导线高度不低于 16 米，带电作业间隙 3.4 米，极间距离 14 米。主要附属设施有 10 座微波通信站，设备由意大利进口。该工程由中南电力设计院设计，电力部超高压输变电建设公司建设，安徽省境内由东北、吉林、广西 3 个送变电工程公司施工。

为了使大跨越施工在工艺上有所创新，吉林省送变电公司在借鉴国外先进经验基础上，提出了采用"直升机放牵引绳"的施工工艺。该项目由电力建设研究所和广州直升机公司会同吉林省送电工程公司的技术人员共同进行了实验研究。

1987 年，水电部和中国民航局共同与美国波音直升机公司商定，由波音 -234 型直升机在吉阳长江大跨越线段进行牵放导引钢绳跨越长江及一般线路分段组塔的施工作业。作业由波音公司提供直升机，吉林省送变电公司提供 φ16.5 牵引绳和张力设备，并负责地面配合施工人员。1987 年 5 月 11—15 日，直升机先后牵引 8 根钢绳成功飞越长江，从而实现了我国首次采用直升机进行大跨越放线的施工。

1992 年 10 月 28 日，上海 500 千伏环网工程中的重要配套项目 500 千伏杨杨线跨越外高桥电厂外 7 条 220 千伏带电线路，由上海送变电工程公司进行不停电跨越施工获得成功。500 千伏杨杨线外高桥厂段为 2 个四塔三档的单回线路，同时跨越正在运行中的 7 条 220 千伏线路，跨距达 270 米。因规划走向等原因，要将原八基单回路塔拆除重建成四基双回路塔，并更换原导、地线。如采用常规带电跨越架，一次施工要有 18 个架体，并要同时停 2～4 条 220 千伏线路，停电时间长达 1 个月。而外高桥电厂 4 台 30 万千瓦机组发出的电力均通过这 7 条 220 千伏线路送出，如停电施工损失巨大。上海送变电工程公司技术人员为此致力于新的带电跨越防护设施的研究开发和试验，决定采用以迪尼玛高强度绝缘绳为承办绳索，以玻璃钢防护杆连同尼龙网为连续跨越 7 条 220 千伏电力线路不停电张力架线的施工防护设施。同时跨越 7 条 220 千伏双分裂线路在全国尚属首例，且跨距为 270 米，是国内同等电压等级线路最大的跨距。

20 世纪 80 年代后期，大跨越高塔塔头吊装工艺又有新发展。东北电管局送变电工程公司在安徽 500 千伏平繁、平洛线路淮河大跨越（约 1.5 千米、1.4 千米）高塔（高 220 米）塔头吊装中，采用悬杆滑轮组及两侧横担平衡吊装的新工艺，研制出新吊装设备，解决关键技术，完成当时国内最高塔头的吊装任务，提高工效 3 倍，获能源部 1990 年科技进步奖四等奖。东北电管局送变电工程公司曾创出架设混凝土电杆、拉线盘爆沉施工新工艺。采用定向爆炸崩坑法，节省挖坑所需大量人力物力，改善劳动条件，提高工效。此项新工艺可用于除岩石以外任何土质，尤其是解决沼泽、流沙地带电杆坑塌方的老大难问题，获辽宁省科学大会及全国科学大会奖。

第九节　五级调度体系的发展

1988 年撤销水电部并新组建能源部后，水电部电力调度通讯局改称能源部电力调度通信局。随着葛上 ±500 千伏直流输电工程的投运，电力调度通信局进入实时调度。1990年，按照国务院领导的指示，能源部电力调度通信局启用国家电力调度通信中心的名称，同时保留能源部电力调度通信局的名称。该局系能源部的直属事业单位，受部委托行使部分政府职能，直接管理电力生产，主要负责全国电力调度业务和电力生产所需燃料的供应管理，监督检查国家电力生产计划的完成；负责全国电网调度自动化业务；负责电力系统专用通信网规划建设和运行管理工作；负责全国大型水电厂水库运行及防洪管理。

这一时期区域电网超高压网架的形成促进了调度体系的完善和调度技术的提升，调度通信技术跨入了发展数字微波通信骨干网架和积极采用光纤通信的新阶段，调度自动化系统实现实用化，电网调度安全运行水平及电能质量提升明显，调度指挥系统工作实现制度化。

一、葛上直流投运国调进入实时调度

1985 年 3 月，国家计委批准建设葛上±500 千伏直流输电工程。1986 年 1 月，以水电部电力调度通信局为组长的葛上±500 千伏直流输电工程系统调试领导小组成立，展开了以系统调试为主的各方面的准备工作。1988 年 1 月开始，完成了南桥换流站系统起动试验和背靠背的调试。1988 年 5 月进行了葛洲坝换流站系统起动和背靠背调试。极 I 直流系统调试分两个阶段进行。1989 年 5 月 23 日—6 月 6 日为第一阶段，7 月 6 日—31 日为第二阶段，共完成 158 项总计 3172 个子项试验，取得了大量的技术数据和调试经验。在国内外技术人员共同努力下，极 I 系统于 1989 年 9 月正式转入商业运行。极 II 及双极系统调试从 1990 年 5 月 30 日开始至 7 月 17 日结束，共进行了 80 个分项目试验。试验之后极 II 及双极又进行试运行。8 月 20 日葛上直流输电工程正式转入商业运行。

葛上直流系统的运行由国家调度中心直接调度指挥，使国调由以前的调度管理走向了实时电力调度指挥，是中国电网调度史中的一个新的里程碑。至此，形成了全国电网的五级调度指挥系统，即国家电网调度，跨省、自治区、直辖市电网调度，省、自治区、直辖市级电网调度，省辖市级电网调度，县级电网调度五级，简称国调、网调、省调、地调、县调。

1989 年，能源部电力调度通信局组织华中、华东调度制订的《±500 千伏葛南直流输电系统调度规程（试行）》出版，推动了跨区大电网直流联结的调度管理。该规程共包括六个章节和两个附录，主要内容为总则、调度管理、运行方式、操作管理、事故处理、控制保护通信运行管理等 83 条。该规程是国内首个跨区电网之间的调度规程，为跨区联网的调度管辖提供了经验。

二、数字微波通信电路快速发展

1978 年以前，中国电力通信十分落后，为电力调度提供的通信手段简陋、通信质量差。为了改善这种落后的局面，满足电力生产调度的需要，1977 年，电力通信调度筹建伊始，就开展了电力系统微波通信建设的研讨和论证工作，着手进行北京—武汉微波通信电路先期建设工作，从而拉开了建设电力通信系统的帷幕。

进入 80 年代，中国电力通信跨入了发展数字微波通信骨干网架和积极采用光纤通信的新阶段。1981 年建成了亚洲第一条长 1263.5 千米的北京—武汉 PCM 数字微波通信电路，随后相继建成了北京—天津—济南—石家庄等 5 条数字微波干线通信电路。1987 年以来，结合电网发展和电力系统通信发展规划，开通了西安—龙羊峡、成都—重庆、葛洲

坝—上海、西安—三门峡、北京—太原、衡阳—九峰山、天生桥—广州、天生桥—贵阳、上海—济南等通信干线电路，形成了较为坚强的骨干通信网架。

三、网省调度自动化系统应用水平升级

随着网调、省调通过实用化验收的单位逐渐增加，为了巩固来之不易的实用化成果，大多数网调、省调对电网调度自动化系统的运行工作给予了较高的重视，全国电网调度自动化系统的运行管理水平稳步提高。自 1991 年起，国调中心开始编制全国电力调度自动化运行季报和年报，并进行统计分析工作，从 1997—1998 年运行统计结果看，大部分网调、省调调度自动化系统的运行指标在满足实用化要求的基础上呈逐年提高趋势；而单套远动系统平均故障小时数呈逐年下降态势。从与国调自动化系统联网的 11 个网调、省调自动化系统提供的实时数据分析，数据质量逐年稳步提高。电网调度自动化系统已经进入稳定、可靠地为电力生产服务的阶段。从 1998 年全国电网调度自动化系统运行情况分析，影响系统可用率的主要原因仍然是通道中断和厂站端远动故障、修试，分别占总停用时间的 59.74%和 22.85%。因此，加强远动通道和远动装置的建设、完善与运行维护，是提高整个调度自动化系统运行水平的关键。

1988 年年底，清华大学在东北电网引进的 wisdac-32 系统的基础上，与东北电管局合作开发状态估计应用软件，于 1990 年 5 月投入运行，1991 年 12 月通过能源部组织的鉴定，同年获教委科技进步奖一等奖。1992 年获国家科技进步奖二等奖。同年，网络拓扑、状态估计、调度员潮流、静态安全分析、最优潮流 EMS 应用软件投入运行，1993 年 10 月通过能源部鉴定，1994 年获教委科技进步奖二等奖。

1990 年 8 月，南京自动化研究所开发的网络拓扑、状态估计、调度员潮流应用程序在四川西南电管局的 PDP11/24 系统上投入运行。

1991 年年初，东北网调与南京自动化研究所合作进行"电力系统暂态稳定在线评估技术（EEAC）及其应用"的研究，该项目被列为能源部重大科技攻关项目。史大桢副部长对 EEAC 的理论研究和实际应用表示了热诚的关注，指示要尽快实用。1991 年 4 月开始，项目组确定了 EEAC 动态参数数据库的结构，为工程的全面展开创造了条件。1991 年 10 月—1992 年 10 月，在计算速度、精度和使用方便性三方面做了大量改进和完善工作，并进行了大量的检验、校核计算，至 1992 年 10 月，该软件的基本功能达到了实用，投入了试运行。双方专业人员紧密配合，共同努力，经过三年的艰苦工作，成功地将 EEAC 算法实施在东北电网 EMS 中。该软件采用具有国际先进水平的扩展等面积法（EEAC）进行计算，具有运行速度快、计算精度高、操作方便、输出直观的特点，是调度运行人员进行在线安全监视和安全分析的有力工具，为提高电网安全稳定运行水平，做出了积极贡献。1994 年 4 月，该项目在北京通过了部级专家鉴定，鉴定意见认为：该项成果是国内直接用于电网在线暂态安全分析并能实用的首例，处于国际领先水平。1994 年获电力部科技进步奖一等奖，1996 年荣获国家科技进步奖一等奖。

四、自动化实用化与地调实现安全监视功能

为充分发挥各级电网调度自动化系统的效益，使其尽早实用并形成生产力，水电部调度通信局组织东北网调、南京地调等有关单位起草《电网调度自动化系统实用化要求》，在广泛征求意见的基础上，于1988年8月在烟台会议上讨论通过。根据网调、省调、地调的不同特点，于1990年9月颁发《地区电网调度自动化系统实用化验收细则》，于1991年1月颁发《网、省调电网调度自动化系统实用化验收细则（试行）》，从实用的角度对系统基本功能和主要考核指标提出具体要求，按统一标准规范实用化工作。

地区电网调度自动化系统是全国电网调度自动化系统的重要组成部分，由于中国电网调度自动化系统开展较晚，地区电网调度自动化系统自20世纪80年代开始起步，发展也不平衡，为了推动地调自动化工作健康发展，1986年8月，水电部生产司和电力调度通讯局联合组织了调研组，针对地调自动化设备的研制、生产、使用和发展进行了广泛调查，并制定了《地区电网调度自动化功能规范（试行）》《地区电网调度自动化系统基本指标》《地区电网调度自动化系统参考配置要求》《地区电网调度自动化系统配套附属设施要求》等文件，指导全国地调自动化工作的开展。随着电网调度自动化系统实用化工作的开展和实行计划用电及用电指标考核等要求，各网调、省调开始重视并指导地区电网调度自动化系统的建设。至1990年，全国250个地调中约有100个地调不同程度地实现了安全监视功能，大多是国内开发的电网调度自动化系统。南京地调在网调、省调、地调中率先达到部颁实用化要求，长沙地调、唐山地调、大连地调也相继较早通过实用化验收。在地调自动化系统建设中已初步达到《全国电网调度自动化规划目标要求》中的要求。

五、县调逐步实现规范化

随着电网的发展，调度自动化技术已成为保证电网安全、经济发供电和负荷管理的重要手段。县级电网采用微机技术，实现调度自动化并与负荷管理相配合，逐步做到"拉户不拉路"，有效促进了工农业生产，提高了居民生活用电水平。20世纪80年代末，县级电网通过逐步改进和完善，初步建立了通信系统，为实现调度自动化提供了基本条件。但各县电网的规模和容量差异很大，为了统一功能规范、设备配置和通信规则的要求，避免自动化建设上的紊乱和经济上的浪费，1989年10月，能源部颁布了《县级电力调度自动化规范（试行）》。规范明确了县级电网调度所的等级划分、调度自动化系统基本功能、RTU的基本功能、调度自动化系统基本指标、参考配置要求和调度室及自动化系统配套附属设施要求。该规范的出台为县级电网调度自动化建设提供了重要的技术依据。1990年12月，能源部印发了《关于加强县级电网调度自动化管理的通知》，提出了"巩固、完善、实用、发展"的县级调度自动化的方针，并对县调自动化发展中存在的一些问题进行了规范和明确。

1991年7月，能源部印发了《全国县级电网通信调度自动化"八五"规划纲要》和

《县级电网调度自动化实用化要求》。"八五"规划纲要明确将县级调度列为五级电力调度之一。提出了调度自动化工作的重点是按照"县级电网电力调度自动化规范"进一步搞好试点，已上 16 位主机且远动覆盖率较好的县调，1992 年前达到实用化要求，其他已上自动化系统的县调，经过完善尽快逐步达到实用化要求。建立县级电力专用通信网 800个，同时 400 个县实现两种通信互为备用的专用通信网。规划还明确了县调自动化系统实施的技术政策。

第十一章

电力法制化管理与超高压区域电网的完善
（1992—1997）

1992—1997 年，电力工业在"政企分开、省为实体、联合电网、统一调度、集资办电"和因地、因网制宜方针指导下，初步形成了国家管网、多家办电的总体发展格局，发电、供电快速发展，超高压区域电网逐步完善。

在组织形式上，全国已有五个跨省区的电力集团和从事全国性电力开发的办电企业，还有 30 个省（自治区、直辖市）级电力企业，300 多个地区级电力企业以及 2300 多个县级电力企业。此外，还有上千个生产、基建、设计、科研、教育、修造等企事业单位，电力职工达到 200 万人。同时，颁布了《电力设施保护条例》及其实施细则、《中华人民共和国电力法》《电网调度管理条例》《加强电网管理的规定》等法律法规、管理规定，形成了一个完整的、初步现代化的电力工业体系，对保证电网建设、安全、优质、经济运行奠定了坚实基础。

在省网建设方面，各省（自治区、直辖市）内电网进一步发展完善，电网逐步扩展延伸到各个角落，大部分省（自治区、直辖市）形成了统一电网，220 千伏网架逐步加强，开始发展 500 千伏网架，解决电源长距离输送问题。各省网陆续建成 500 千伏渡南Ⅱ线、500 千伏绍金输变电工程等关键枢纽工程，为区域电网超高压网架连接与环网形成奠定了基础。

在区域电网建设方面，跨省电网进一步扩大，大电网之间、省网之间的互联有了新发展。发电设备单机容量提高到 30 万～60 万千瓦，百万千瓦以上的大型电厂增多，输电距离和输送容量增大，500 千伏超高压送变电工程迅速发展，电网建设在质和量上都有了新的飞跃。华北电网建设主要围绕"9511 工程"解决首都用电紧张问题，建成投产 500 千伏昌安房输电工程、丰沙输电工程等；东北电网建设主要围绕国家提出的"两个转变"和振兴东北老工业基地的发展战略，投产 500 千伏佳木斯—方正—哈尔滨输变电工程、伊冯大输变电工程等；华东电网通过 500 千伏北仑—兰亭—瓶窑双回线路、绍兴—金华输电线路、天荒坪抽水蓄能电厂—瓶窑双回线路，形成 500 千伏上海—无锡斗山—瓶窑三角环网；华中电网建设主要围绕隔河岩、五强溪和小浪底等大型电厂的送出配套工程；西北电网通过 330 千伏靖固西线路工程、兰海Ⅰ线输变电工程实现陕、甘、青、宁四省区的联网；南方电网通过 500 千伏罗江输变电工程、天平Ⅱ回输变电工程等得到进一步完善，同时随着大亚湾核电厂投入商用，400千伏核电—香港大埔双回、深圳变电站—香港元朗双回输变电工程建成投运，实现粤港高电压联网。

此时的电力工业进入了大电网、大电厂、大机组、高电压、高自动化的发展新阶段，形成了东北、华北、华东、华中、西北五大跨省电网和10个独立的省电网，其中7个电网已初步形成500千伏和330千伏骨干网架，并采用了20世纪80年代末期国际先进水平的调度自动化系统。

第一节　电力主管机构的改革与法制化建设

1993年，电力部成立，按照建设社会主义市场经济体制的总要求，继续深化了政企分开改革，改革总战略是实行"公司化改组、商业化运行、法制化管理"。在权限范围内，主动下放权力给电力企业，积极为电力企业走向市场创造条件。

在建立企业集团方面，原能源部部属的五大电力联合公司改组为五大电力集团，实行计划单列。在建章立制方面，随着电力工业和电网的发展，相应的法律法规、管理规定应运而生，颁布《电力设施保护条例》及其实施细则，明确电力设施的保护范围和保护区、电力设施的保护、对电力设施与其他设施相互妨碍的处理、奖励与惩罚和附则；颁布《中华人民共和国电力法》和《电力供应与使用条例》，保护电力投资者、经营者的合法权益；发布《电网调度管理条例》和《加强电网管理的规定》等，明确电网管理必须贯彻"统一规划、统一建设、统一调度、统一管理"的"四个统一"方针，对保证电网安全、优质、经济运行提出了更加详细和明确的要求。

一、电力部第三次成立

党的十四大明确提出了建立社会主义市场经济体制的目标。当时，社会主义市场经济体制尚在形成过程中，电力工业作为关系国计民生的基础行业，既要抓改革，又要抓发展，任务艰巨而繁重。为此，中共中央下决心组建新的电力部，集中力量抓好电力工业的发展与改革。1993年3月，八届全国人大一次会议审议通过了《关于国务院机构改革方案的决定》，撤销能源部，组建新的电力部，并作为国务院主管全国电力工业的职能部门。国务院副总理邹家华在新组建的电力部成立大会上，提出了电力部的四大基本任务：一是研究制订整个电力工业发展的战略；二是根据全国经济建设进程，制订电力工业的规划和布局；三是为实施电力工业发展战略、规划和布局制定一系列具体政策；四是监督全国电力国有资产的保值和增值。

电力部成立后，提出了到20世纪末电力工业的发展目标：政府转变职能，逐步做到由对企业的直接管理到对行业的宏观管理和调控；企业转换机制，逐步成为具有自主经营、自负盈亏、自我发展、自我约束"四自"功能的经济实体；完善法规体系，调整经济政策，促进集资办电，力争满足国民生产总值年均增长8%～9%对电力的需求；在全国范围内基本缓解缺电状况，消灭无电县，农户通电率达到 95%以上；相当一批电力企业的劳动生产率和经济效益达到国内一流水平，一批电力企业达到或接近国际先进水平。

此次电力部成立的其中一大特点是转变政府职能。自改革开放以来，由于电力短缺，国家推动集资办电政策，促进电力工业迅速发展，电力部门一家办电、直接管理和经营的格局发生了巨大的变化，企业主体多元化，建设资金多元化，形成了一个较为复杂的电力工业格局。

二、五大电力集团公司的成立

1993 年 1 月，华北电力联合公司、华东电力联合公司、东北电力总公司、华中电力联合公司、西北电力联合公司改组为中国华北电力集团公司、中国华东电力集团公司、中国东北电力集团公司、中国华中电力集团公司和中国西北电力集团公司。

在政企关系上，五大电力集团公司在国家层面实行计划单列，隶属能源部（后为电力部）管理。领导班子由能源部（电力部）管理，领导班子中部分人员享受副部级政治待遇。考虑电力行业是专业性管理，电网为垄断经营，以及保证大电网的统一调度和安全运行，五大电力集团成立后，实行政企职责分开，作为政企分开的过渡阶段，五大电力集团公司与电管局、省电力公司与省电力局保持两块牌子、一套人马的格局，电力行业行政管理由电力集团公司和省电力公司负责，省级政府不再另设电力行政主管部门。

在运营机制上，五大电力集团对联合电网公司模式进行了更深一步的公司化改组，商业化运营程度更高。1993 年，国家相关部门批准了它们享有类似于华能集团的投资、融资、外经、外贸等自主权限，并逐步建立起类似于华能集团的运营机制。在外贸、外经权限上，享有进出口经营权、自营对外承包工程及外派劳务业权限、派遣临时出国人员和邀请国外人员来华审批权。在投资、融资方面，国家信贷资金可以由集团直接向银行借贷还款等。另外，五大电力集团成立后，执行了国家新颁布的财务管理制度，结合电网实际制定了新的会计核算和财务管理制度。

五大电力联合公司改组为五大电力集团，进一步在机制上促进了"集资办电"和"统一管网"。五大电力集团为一级法人，省电力公司为二级法人，分开核算。五大电力集团统一负责联合电网调度，管理超高压线路，并保持一定的发电容量，省电力公司加入电力集团，企业性质不变，仍为本省内中央、地方及其他所有权不同的电力企业的联合企业。

三、《电力设施保护条例》及其实施细则的颁布

改革开放后，在电力工业的发展过程中，电力系统内部相关主体间的关系主要依靠政策规定来规范和调节，但从整个社会角度看，在电力设施保护方面缺乏明确的法律法规，以致盗窃、破坏、损害电力设施的事件频繁发生，对电力生产秩序、电力供应和电网安全运行构成严重威胁。为此，亟须制定一部法律法规加以规范。1987 年 9 月 15 日，国务院颁布施行《电力设施保护条例》，这是中国第一部电力工业行政法规。该条例共六章三十五条，分为总则、电力设施的保护范围和保护区、电力设施的保护、对电力设施与其他设

施相互妨碍的处理、奖励与惩罚和附则。

1987 年 10 月，公安部根据《中华人民共和国刑法》及《电力设施保护条例》，制定了《破坏电力设施案件立案标准（内部试行）》，明确了破坏电力设施的具体行为和立案标准，并明确提出，对达不到立案标准的要按照《治安管理处罚条例》进行查处。根据《电力设施保护条例》第三十三条的规定，1992 年 12 月 2 日，能源部会同公安部批准施行《电力设施保护条例实施细则》。该实施细则以《电力设施保护条例》《中华人民共和国刑法》《治安管理处罚条例》相关规定为依据，就电力设施保护的行政主体、相关标准、具体细节等进行了明确的规定，提高了电力设施保护条例的可执行性。该条例在《中华人民共和国电力法》颁布实施前，对保障和促进电力生产建设起到了重要的作用。

四、《电网调度管理条例》的发布

1988 年，国务院批准的电力工业体制改革方案中明确指出，联合电力公司总调度部门要按《电网调度管理条例》所规定的责任和权力，实行统一调度，分级管理。1989 年 3 月，国务院在关于研究电力问题的会议纪要中，再次提出要制定一个全国性的电网调度管理条例。1986 年年初，水电部党组将起草《电网调度管理条例》的任务交给了调通局。经过 8 年时间，多次征求电力系统内外有关单位意见，数易其稿，在国家法制局的具体指导下，终于完成了报批稿。1993 年 6 月 29 日，中华人民共和国国务院第 115 号令发布了《电网调度管理条例》，自 1993 年 11 月 1 日起施行。《电网调度管理条例》是应时代要求、应改革需要而产生，是新形势下电网调度管理所必需。

1993 年 8 月上旬，即条例发布一个月，电力部在北京召开全国电力系统学习、宣传、贯彻条例工作会议，会议要求：全国电力系统的领导和职工特别是电网调度系统的领导和职工要认真学习，要进行考试；不但要向电力系统的干部、职工宣传条例，还要向全社会宣传条例；全国电力系统干部、职工要模范遵守条例，现行的规章制度凡是与条例不一致的，要立即修改，要和并网的发电厂和电网签订并网协议，要提出事故和超计划用电的限电序位表等。

五、《中华人民共和国电力法》的颁布

《中华人民共和国电力法》（简称《电力法》）是电力领域第一部法律，是中国电力法律法规体系的核心。《电力法》的立法过程长达十年。1985 年 2 月，在六届全国人大三次会议上，38 名代表提议起草和制定电力法。1986 年，电力法被列入国务院立法计划，水电部成立电力法起草小组，在调研的基础上提出了《电力法》草案，并在电力系统内部征求意见。1988 年能源部成立后，根据国务院立法计划继续开展《电力法》的起草工作，1991 年 3 月能源部提出了征求意见稿，经广泛征求意见并修改后，同年 10 月，提请国务院审议《电力法》送审稿。1995 年，国务院第 36 次常务会议讨论通过了《电力法》草案，同年 9 月 30 日，国务院提请全国人大常委会审议。1995 年 12

月 28 日，八届全国人大常委会第十七次会议表决通过了《电力法》，1996 年 4 月 1 日正式施行。

1996 年 4 月 3 日，国务院办公厅印发通知，就实施《电力法》的有关问题做出了部署和要求。为了准确、全面、完整地理解、执行《电力法》，全国人大常委会法工委、电力部共同编写了《中华人民共和国电力法释义》。1996 年 10 月，电力部发布了《中华人民共和国电力法释义》。

《电力法》全文共十章、七十三条❶，对电力建设、电力生产与电网管理、电力供应与使用、电价与电费、农村电力建设和农业用电、电力设施保护、监督检查、法律责任等做出了规定。《电力法》通过严格的法律管理制度，将电力生产、供应和使用纳入法治轨道，对维护发电、供电、用电的正常秩序，维护电力企业和用户的合法权益，维护公共利益有着积极的意义。该法对保护电力投资者、经营者的合法权益，吸引国内外的经济组织和个人投资发展电力工业，对促进电力建设项目符合电力发展规划，电网建设与电源建设协调发展，促进电力工业发展有着积极的作用。

六、《电力供应与使用条例》的发布

为了加强电力供应与使用的管理，保障供电、用电双方的合法权益，维护供电、用电秩序，安全、经济、合理地供电和用电，根据《电力法》，1996 年 4 月 17 日中华人民共和国国务院第 196 号令发布《电力供应与使用条例》（简称《条例》），自 1996 年 9 月 1 日起施行。

《条例》共九章四十五条，分别从供电营业区、供电设施、电力供应、电力使用、供用电合同、监督与管理、法律责任等方面提出相关要求，规定在中华人民共和国境内，电力供应企业（简称供电企业）和电力使用者（简称用户）以及与电力供应、使用有关的单位和个人，必须遵守本条例。

《条例》还明确了电力供应与使用的监督管理部门，即国务院电力管理部门负责全国范围电力供应与使用的监督管理工作，县级以上地方人民政府电力管理部门负责本行政区域内电力供应与使用的监督管理工作。

《条例》提出电网经营企业依法负责本供电区内的电力供应与使用的业务工作，并接受电力管理部门的监督；国家对电力供应和使用实行安全用电、节约用电、计划用电的管理原则，供电企业和用户应当遵守国家有关规定，采取有效措施，做好安全用电、节约用电、计划用电工作；供电企业和用户应当根据平等自愿、协商一致的原则签订供用电合同；电力管理部门应当加强对供用电的监督管理，协调供用电各方关系，禁止危害供用电安全和非法侵占电能的行为。

七、《电业生产事故调查规程》的发布

电力工业的安全生产与国民经济和人民生活关系极大，也是电力企业提高经济效益的

---

❶ 1996 年，《中华人民共和国电力法》颁布实施时，全文共十章七十三条，后经修改全文共七十五条。

基础。全体电力工业职工必须贯彻"安全第一、预防为主"的方针，坚持保人身、保电网、保设备的原则，切实保证电力安全生产，更好地为用户服务。根据国家有关法律、法规和电力部门的有关规程、规范，结合电力工业生产的内在规律，电力部于 1994 年 12 月 22 日发布《电业生产事故调查规程》，自 1995 年 4 月 1 日起实施。

该规程主要通过对事故的调查分析和统计，总结经验教训，研究事故规律，开展反事故斗争，促进电力生产全过程安全管理，并通过反馈事故信息，为提高规划、设计、施工安装、调试、运行和检修水平以及设备制造质量的可靠性提供依据。规程提出"三不放过"的事故调查原则，即"做到事故原因不清楚不放过，事故责任者和应受教育者没有受到教育不放过，没有采取防范措施不放过"。

该规程主要内容包括：一是明确事故的种类，分为电力生产人身伤亡、设备非计划停运、降低处理和少发电（热）、电能质量降低、经济损失和其他五个类别，并根据事故性质的严重程度和经济损失的大小，分为特别重大事故、重大事故和一般事故；二是明确故障分为一类故障和二类故障，其中一类故障又分为设备非计划停运或降低出力未构成事故者、电能质量降低、由于同一原因引起的多次故障或一次故障涉及几个单位和其他四种情形，二类故障由各电管局、省电力局自行制订。

该规程同时提出各类别事故、故障调查的调查内容、调查方式、调查组成员等，指导现场开展调查、分析原因和责任、提出防范措施、编制《事故调查报告》，为后续电网安全运行提供宝贵的理论数据。

八、《加强电网管理的规定》的出台

随着电力工业体制改革深化和电网装备技术水平的提高，电力部在《中华人民共和国电力法》颁布后，根据形势的需要和法律的规定，陆续出台了一些规章制度，进一步强化电力法和电网调度管理条例的执行与落实。

1996 年 6 月，电力部出台了《加强电网管理的规定》，强调和明确了电网管理必须贯彻"统一规划、统一建设、统一调度、统一管理"的"四个统一"方针。从电网规划与建设、设备投运与并网管理、设备技术监督、电网运行管理和电网运行及管理人员培训等方面，对电网经营企业如何建立健全科学的管理制度，保证电网安全、优质、经济运行提出了更加详细和明确的要求。1997 年 3 月，电力部印发《加强电网调度管理工作的若干规定》，就电网调度的职责和任务、依法调度的具体要求、电网调度的安全生产、电网优化调度、坚持调度"三公"原则、加强调度工作的领导和调度队伍建设与管理做出了细致明确的要求。该规定提出要使电网调度管理符合社会主义市场经济的要求和电网运行的客观规律，适应"两个根本性转变"，保障电网安全运行，维护电力投资者、经营者和使用者的合法权益，并就所有电力生产者、经营者、管理者和使用者的行为做出了进一步的约束和规范。

第二节　"西电东送"起步

中国能源资源大部分集中在西部，而东部经济发达地区能源资源相对缺乏。资源分布和经济格局的特点，决定了国家"西电东送"的战略布局。1988 年 4 月，在南宁召开的五省六方经济协调会议期间，广西壮族自治区与贵州省代表团签订了《贵州和广西两省区联合建设盘县发电厂意向书》。1988 年 6 月 7 日，能源部、国家能源投资公司、广东省与云南省签署了《关于合作开发云南能源资源向广东送电的协议》。1988 年 6 月中旬，广东、广西、贵州三省区人民政府与国家能源投资公司签订了《关于合资建设天生桥水电站的协议书》。能源部、国家能源投资公司、贵州省、广西壮族自治区签署了《关于联合建设盘县发电厂的协议》。此外，联合办电的有关各方在 1988 年还签订了《关于合资开发贵州能源资源向广东送电的协议》《关于合资建设曲靖电厂的协议书》《关于合资建设安顺电厂的协议书》《关于合资建设龙滩水电站的意向书》等文件，1989 年，广东、广西又签订了《两广合作开发长洲水电枢纽协议》。1989 年 11 月，中央和南方四省区联合办电协调领导小组召开了第二次协调会议，进一步明确联合办电的联营项目的管理体制，会议决定撤销华南电网办，成立中国南方电力联营公司（简称南电联）。1990 年 7 月，南电联正式成立，归口能源部领导。1992 年签订了《贵州省向广东省输送季节性电能的协议》《小湾电站初步设计阶段前期工作经费集资协议》《合资建设天生桥至广东 500 千伏直流输电工程》等文件，明确了云电外送和两广合作的相关工程。

1992 年 12 月投产的 500 千伏天生桥—贵州输变电工程（简称天贵工程）、1993 年 8 月建成的 500 千伏天生桥—广东输变电工程（简称天广工程），打通了"西电东送"的南通道，云南、贵州实现向广东送电，同年 12 月，220 千伏鲁天输变电工程建成，粤、桂、云、黔四省区电网实现联网运行，形成了以南方跨省区电网为纽带、四省区电网为基础的南方互联电网。

一、南电联成立

为开发红水河水力资源，对广东、广西两省区电力发展进行统一规划和集中管理，1984 年 12 月，水电部决定成立华南电网办，其主要职责是抓好华南地区中长期和近期的电力规划，管理 500 千伏电网，做好两广 220 千伏联网和送受电协调工作，承担中央投资建设的大型电站和 500 千伏送变电工程的甲方职责，组建和管理红水河电力开发公司和 500 千伏送变电公司，管理基建和生产经营。

1987 年 6 月，华南电网办向水电部汇报华南电网规划，提出在 2000 年前，华南电网主要依靠红水河开发及相应火电建设；在 2000 年以后，华南电网与滇、黔联网，开发滇、黔的能源来补充粤、桂能源不足。水电部要求进一步开展华南电网与滇、黔联网研究工作。为此，1987 年 12 月，华南电网办在广州召开粤、桂、云、黔四省区电力发展研讨会。会议认为，南方四省区在一次能源储量和经济发展方面很不均衡，四省区联网运行、联合办电、加大西部电源开发力度、实行"西电东送"，是解决各地缺电的有效措施，且符合经济发展规律，将有助于推动南方四省区经济发展。

1988 年 6 月中旬，广东、广西、贵州三省区人民政府与能源部、国家能源投资公司签订了《关于合资建设天生桥水电站的协议书》《关于联合建设盘县发电厂的协议》《关于合资开发贵州能源资源向广东送电的协议》《关于合资建设曲靖电厂的协议书》等文件。

1989 年 11 月，中央和南方四省区联合办电协调领导小组召开了第二次协调会议，进一步明确联合办电的联营项目的管理体制，会议决定撤销华南电网办，成立南电联。1990年 7 月，南电联正式成立，归口能源部领导。南电联的成立，推动了南方四省区联合办电的进一步发展。

南电联的成立是电力建设领域的一个重大创新，是中央与地方合资创建的经济实体，以经济实体实施项目建设，并综合运用中央投资、地方资金、外资开展电力建设。在此之前，集资办电、联合办电还主要局限于某个地区的单个电力工程，中央与南方四省区联合办电，将集资办电、联合办电与水电领域的流域开发相结合，扩展到了跨省区的电源建设、电网建设。按出资额度分配电量和利润的形式，是中国电力建设、经营体制的一大创新。

二、南方四省区联合办电

南电联的成立，推动了南方四省区联合办电的进一步发展。联合办电的有关各方于1991 年签订了《开发红水河龙滩水电站协议》《关于合资开发云南澜沧江中、下游梯级水电站的原则协议》《关于云南向广东输送季节性电能的协议》等文件。1992 年签订了《贵州省向广东省输送季节性电能的协议》《小湾电站初步设计阶段前期工作经费集资协议》《合资建设天生桥至广东 500 千伏直流输电工程》等文件，联合办电项目不断增加。

为了保证联合办电协议得到贯彻落实，做到电厂建成后电力及时送出，能源部与国家能源投资公司研究决定，南方四省区联合办电有关电网规划设计工作由电规总院负责、水利水电规划设计总院参加，组织有关电力设计院完成。

1988 年 10 月，电规总院组织中南电力设计院、西南电力设计院、华南电网办及有关省区电力设计院开展规划设计工作。1989 年 3 月，《粤、桂、滇、黔四省联合办电电网规划》专题报告完成。主要内容为盘县电厂、安顺电厂、曲靖电厂、天生桥水电站一级加二级扩机全部建成后，总发电容量为 344 万千瓦，东送电力将达 272 万千瓦，其中送往广东164 万千瓦，送往广西 108 万千瓦。为满足这一送电要求，决定采用两回半 500 千伏交流线路，即天广两回加天平一段的建设方案。1991 年 6 月，电规总院在北京主持召开了审查会，审查通过《天广Ⅱ回线路输电方式论证及可行性研究报告》和《云南电力外送能力分析综合报告》，云电外送方案和天生桥至广东电网输电方案得以确定。

天生桥至广东的输电方案为一回半交流和一回直流的交、直流混合输电方案，即东送两广容量超过天广Ⅰ回线路稳定极限 90 万～95 万千瓦，先架设 500 千伏天生桥—平果一段交流线路，使东送能力提高到 140 万千瓦；配合天生桥一级水电站的投产，再建设 I 回天广±500 千伏直流输电线路，输电容量按 180 万千瓦设计。

云电外送方案是架设三回 220 千伏线路，将云电送至天生桥：第 I 回从鲁布革出线，争取 1993 年建成投产，将 30 万千瓦电力通过天生桥 220/500 千伏变电站升压，经天广 I 回 500 千伏线路送至广东，天生桥 220/500 千伏变电站与鲁天 I 回线同步建设，其规模为一台 75 万千伏·安变压器；第二回、第三回 220 千伏线路及罗平变电站的建设，视电源建设进度情况安排。

三、500 千伏天生桥—广东输变电工程

500 千伏天生桥—广东输变电工程即天广工程起于天生桥二级水电站，止于广东罗洞变电站，全长 932.45 千米，其中在广西境内 740.49 千米，途经隆林、田林、百色、田阳、田东、平果、隆安、武鸣、宾阳、上林、来宾、武宣、贵港、桂平、平南、藤县、苍梧、梧州 18 个县市。在平果、来宾、梧州建设 3 个降压变电站，平果、来宾变电站设计安装主变压器各为 2 台 50 万千伏·安；后梧州开关站扩建 1 台 75 万千伏·安变压器。第一期工程平果、来宾变电站各安装主变压器一组 50 万千伏·安，梧州变电站不装主变压器，只建成开关站。

500 千伏天广工程项目业主是南电联，总承包单位是能源部超高压输变电建设公司，由中南电力设计院设计。天生桥二级水电站—来宾变电站段全长 493.79 千米，于 1989 年 11 月开工，1992 年 12 月全段竣工，经组织调试合格后于 1993 年 1 月 22 日正式投入运行。来宾变电站—罗洞变电站段全长 438.66 千米，于 1990 年 10 月开工，由其余各省（区）送变电建设公司按中标分段施工，1993 年 5 月全段竣工，经过组织调试后，全段于 1993 年 7 月 21 日开始并网带电，8 月 3 日，通过 24 小时试运行后正式投入运行。500 千伏天广工程全部投运后，天生桥送广东、广西的输送稳定极限为 95 万千瓦。

四、500 千伏天生桥—贵州输变电工程

500 千伏天生桥—贵州输变电工程即天贵工程，包括新建天生桥二级水电站—贵阳输电线路、贵阳变电站（主变压器 50 万千伏·安）、微波工程 10 个微波站及光纤通信、调度自动化工程等。线路共有 584 基塔，全长 264.153 千米，按经过覆冰区（轻、中、重冰区）的不同，每相导线采用 4×LGJ－300/40（300/50）、4×HL₄GJ－300/50，地线采用 GJ－70（100、120）。1987 年 11 月，水电部批准了天贵工程的初步设计，总投资为 33 447.06 万元人民币，其中内资 17 846.79 万元，外资 465 002.97 万日元（折合人民币 15 600.27 万元）。500 千伏天贵工程由贵州电力局负责组织建设，于 1989 年 10 月开工，线路工程于 1991 年 8 月竣工、变电站工程于 1992 年 6 月竣工。1992 年 12 月 22 日，线路开始带电试运行，次年 1 月 18 日正式投产。该工程被评为 1993 年电力部优质工程及贵州省优质工程，1994 年获全国建筑工程鲁班奖。

五、220 千伏鲁天输变电工程

1991 年 5 月 24 日，南电联向能源部、国家能源投资公司上报《鲁天 I 回 220 千伏及天生桥一、二级 500 千伏联络线工程项目建议书》。220 千伏鲁天 I 回工程原准备接入新建的 500 千伏马窝联络变压站（主变压器 75 万千伏·安），再建 17 千米 500 千伏线路接至天生桥二级水电站，通过 500 千伏天广线将云电送广东。1992 年 1 月，能源部决定鲁天线落点为天生桥二级水电站，建设天生桥二级 500/220 千伏临时联络变电站。为了确保1993 年云南季节性电能送往广东，1992 年 4 月，能源部在北京召开云电外送工程协调会，对天生桥二级水电站 500/220 千伏云电外送工程关键的联络变压器进行研究，决定采取临时过渡措施进行解决，即借用云南漫湾水电站已订货的 45 万千伏·安联络变压器，先安装在天生桥二级水电站。鲁天 I 回工程于 1992 年 9 月开工，1993 年 6 月竣工。天生桥二级水电站 500/220 千伏临时联络变电站工程于 1992 年 1 月开工，1993 年 7 月竣工。220千伏鲁天线和天生桥二级水电站临时联络变电站于 1993 年 8 月 3 日投入运行。

第三节　因地制宜加强超高压省网建设

"七五"期末，电力供应仍然十分紧张，全国缺电现象严重，主要表现在：一是由原来部分地区缺电变成全国性缺电；二是由原来季节性间断缺电变为全年四季连续缺电；三是火力发电设备年利用小时数不断提高，有的年份超过 6000 小时，给发电设备的安全健康运行带来极大的威胁；四是发电设备容量与用电设备容量之比由 1981 的 1:2.32 上升到1988 年的 1:2.476，电力短缺制约着各行业的发展。同时国家投资在电力工业总投资中的比重逐年下降，按投资比例分电可供中央分配的电力资源越来越少，使国家重点企业新增的用电量越来越难以解决，依靠国家投资建设的水电比重不断降低，水电装机容量和水力发电量与全国装机容量和发电量之比，分别由 1986 年的 29% 和 21% 下降到 1990 年的 26%和 20%。

1988 年能源部成立后，即着手编制 1989—2000 年的能源工业中期发展计划。首先编制了计划纲要初稿，后经 1989 年年初全国能源工作会议讨论修订，于 1989 年 6 上报国务院。纲要提出了"八五"期间至 2000 年电力工业的发展方针和任务，明确能源工业发展要以电力为中心，大力发展水电，积极发展核电，加快农村电气化建设以及安排好水电、核电、火电和电网的战略布局，解决好能源运输问题等内容。

"八五"期间，各省网积极布局，陆续建成 500 千伏渡南 II 线、南杨 I 线、南杨 II 线、绍金输变电工程、平繁 II 回输变电工程、自贡—重庆输电工程、沙深输变电工程、梧罗输变电工程，330 千伏金延线、延榆线等关键枢纽工程，为区域电网超高压网架连接与环网形成奠定了基础。

一、上海 500 千伏"C"形双环网形成

华能上海石洞口第二电厂 2 台 60 万千瓦机组全部建成后，为了解决上海地区北电南送过程中的薄弱环节，上海市电力公司决定抢建黄渡变电站至南桥交、直流变电站的第二回 500 千伏输电线路（简称渡南 II 线）。渡南 II 线被列为上海市 1993 年重点工程项目，由国家能源投资公司、上海申能股份有限公司、上海市电力公司共同投资建设，总投资额为 9253.9 万元。渡南 II 线基本与渡南 I 线平行走向，自黄渡变电站出线后，途经嘉定、青浦、松江、闵行、奉贤 5 个县，线路长度 43.08 千米。工程于 1992 年 12 月 10 日开工，1994 年 1 月 20 日竣工，同年 6 月 30 日正式投入运行。渡南 II 线的建成投运，使上海电网长期由渡南 I 线单线运行而承受的北电南送压力得到缓解，大大提高了电网的安全可靠性。

除此之外，继 1992 年 4 月 17 日全长 43.86 千米的 500 千伏南杨（南桥—杨高）I 线建成投运后，为使浦东新区及上海市中心区安全可靠供电得到进一步保障，在上海市人民政府支持下，1993 年经电力部批准，500 千伏南杨 II 线开工建设，并被列为上海市 1994 年重点工程项目之一。南杨 II 线从南桥交、直流变电站出线后，途经奉贤、南汇、闵行、浦东新区 4 个区县，全长 44.37 千米。该工程于 1993 年 12 月 15 日开工，1994 年 12 月 20 日竣工，同年 12 月 30 日正式投入运行。

南杨 II 线的建成投运，使上海地区 500 千伏电网形成石洞口发电厂—黄渡变电站—南桥交、直流变电站—杨高变电站"C"形双环网，加上同步发展的 220 千伏电网，使上海成为一个较为坚强可靠的电网，大大提高了电网抗事故冲击的能力。这不仅使上海的供电电源可靠性大为提高，同时，也为与外省市 220 千伏电网解开，上海 220 千伏电网解环分片运行创造条件。至 1998 年年底，上海已拥有南桥、黄渡、杨高 3 座 500 千伏变电站，主变压器 8 组共 24 台，总变电容量为 584.4 万千伏·安；500 千伏输电线路 11 条，总长 367.69 千米，充分显示出上海电力工业飞速发展的崭新局面。

二、浙江电网 500 千伏网架形成

1989 年，220 千伏温（州）丽（水）输电线路投运，浙江省陆上 10 个地（市）实现 220 千伏环网。进入 20 世纪 90 年代后，随着经济快速腾飞，220 千伏网架已无法满足工业用电需求，500 千伏电网网架形成迫在眉睫。

早在 1987 年，浙江建成第一座 500 千伏瓶窑变电所，搭建了从杭州瓶窑到安徽繁昌的省内第一条 500 千伏输电线路。1990 年，与北仑发电厂同步建设的 500 千伏北绍线（北仑—绍兴兰亭）竣工投运，1992 年 12 月，500 千伏兰亭变电所竣工，主变压器容量 75 万千伏·安，为杭、宁、绍经济发达地区供电提供了强有力的支持。

为尽快形成浙江 500 千伏主网架，打通浙西南地区的供电通道，实现北电南送，提高浙江电网的供电可靠性，国家计委于 1995 年 8 月批准建设 500 千伏绍兴—金华输变电工程。工程东起绍兴兰亭变电所，西至金华双龙变电所，线路全长 133.067 千米，全线杆塔

300 基，并新建 500 千伏金华双龙变电所，主变压器 75 万千伏·安。500 千伏绍金输变电工程是浙江省中西南地区的重要输电通道。

工程于 1996 年 4 月 13 日开工，1997 年 10 月全线贯通，同年 12 月，正式交付生产运行。同期建设的金华双龙变电所是继瓶窑变电所、兰亭变电所后，浙江省第三个 500 千伏变电所，于 1997 年 12 月正式交付生产。

三、安徽 500 千伏肥西变电所

多年来，安徽省北部的平圩、洛河两大发电厂将电力送至皖南繁昌变电所，再送至华东地区。这两路电源虽从皖中地区经过，但是由于皖中地区没有 500 千伏变电所，所以使这两路电源只能由繁昌变电所通过 220 千伏电网，再反送至合肥，增加了迂回送电的线路损耗。为此，建设了 500 千伏肥西变电所。500 千伏肥西变电所是国家电力建设重点工程，1996 年 10 月 20 日正式对外试送电。肥西变电所的送电分为三个阶段：1996 年 9 月 26 日，安装 500 千伏变压器 1 台，容量为 80 万千伏·安，利用合肥发电厂 4 号机组对该所设备进行零起升压试验为第一阶段；同年 10 月的送电为第二阶段，即将 500 千伏洛繁线开断环入肥西变电所并带负荷；11 月送电为第三阶段，把 500 千伏平繁 500 线开断环入肥西变电所，肥西变电所全面竣工。500 千伏肥西变电所的建成，缓解了合肥及皖中地区的严重缺电状况，在提高 500 千伏线路双回路输送能力、提高系统运行稳定性、减少电网回送电损失、促进合肥地区经济发展等方面发挥重要作用。

1997 年，为有利于安徽电源和 500 千伏受电点的合理布局，保证安徽电网稳定运行，对 500 千伏肥西变电所进行了扩建，安装了第二台 500 千伏变压器，容量为 80 万千伏·安，2 组 4.5 万千乏电抗器，肥西变电所成为当时全国特大型变电所之一。

四、陕西电网 330 千伏网架的加强

渭河电厂扩建的二期工程（3、4 号机组）于 1992 年 7 月和 12 月先后竣工投运，新增发电出力 2×30 万千瓦。为配合其电力送出，1993 年 12 月 28 日，建成 330 千伏桃曲变电站，主变压器 1 台，容量 24 万千伏·安，将原降压 110 千伏运行的金西线由金锁关变电站出线改接为桃曲变电站出线，并升压至 330 千伏电压等级。桃曲变电站"Π"接金锁关至庄头变电站的线路上。

渭河电厂扩建的三期工程（5、6 号机组）于 1995 年 6 月 14 日和 12 月 24 日先后竣工投运。至此，陕西第一座单机容量 30 万千瓦，总装机容量 120 万千瓦的发电厂建成投运。为配合三期工程的电力送出，于 1994 年和 1995 年先后建成渭沣Ⅰ、Ⅱ双回线，接入沣河变电站。沣河变电站增装 2 号主变压器，容量 24 万千伏·安，沣河变电站原"Π"接在西安北郊至庄头变电站的线路上，渭河电厂（二、三期工程）"Π"接在金庄线路上，渭河电厂发出的电力，向北可送铜川、延安地区，向西可通过桃曲变电站送甘肃庆阳西峰，向南送至沣河、庄头、西安北郊变电站，电力通道四通八达。

330 千伏金延线（金锁变电站—延安变电站）全长 181.962 千米，杆塔 422 基，导线

为 2×LGJ–300/40 和 2×LGJ–300/70 双分裂钢芯铝绞线，延安变电站主变压器容量 1×15 万千伏·安。由南向北途经铜川市、宜君县、黄陵县、洛川县、富县、甘泉县、延安市。工程于 1992 年 4 月开工，1994 年 8 月 20 日竣工投运。至此，陕西 330 千伏电网延伸至陕北地区。

1995 年 6 月 20 日开工建设 330 千伏延榆线（延安变电站—榆林变电站），于 1996 年 9 月 10 日竣工，陕西 330 千伏电网由陕北延伸到榆林。该线路是陕北火电基地与关中电网功率交换的重要联络线。线路全长 253.158 千米，杆塔 531 基，导线为 2×LGJ–300/40 双分裂钢芯铝绞线。线路途经延安市、子长县、延川县、清涧县、绥德县、米脂县和榆林市。

五、川渝 500 千伏电网的起步

500 千伏自贡—重庆输电线路（自渝Ⅰ回）是四川省第一条 500 千伏输电线路，起于自贡市洪沟变电站，止于重庆市陈家桥变电站，又称为洪陈线，共 2 回。线路途经富顺、隆昌、内江、荣昌、大足、铜梁、璧山、永川、重庆、巴县 7 县 3 市，全长 148.74 千米，共有铁塔 390 基。工程总投资 1.02 亿元，其中 70%由国家承担，剩余 30%由四川省和重庆市各承担一半。

工程以四川省电力局（公司）为业主单位，四川电力建设（集团）公司为建设单位，由西南电力设计院设计。工程于 1993 年 4 月 1 日正式开工建设，1995 年 5 月 17 日竣工投入运行。

500 千伏自渝Ⅰ回的建成投运，不仅提高了跨区交流电网的灵活性和可靠性，也为四川和重庆电网与全国大电网的联网奠定了重要的基础。随着二滩水电站送出工程的建设，重庆 500 千伏电网的建设正式拉开帷幕。500 千伏自渝Ⅱ线工程于 1998 年 3 月 10 日开工，1999 年 6 月 15 日竣工验收。

六、广东电网 500 千伏网架的完善粤港超高压联网

20 世纪 90 年代，广东省用电量快速增长，随着沙角临港型火电基地，大亚湾核电站和西南水电送广东等工程的建成投运，广东省加快各级电压电网的建设与发展。

"八五"期间，为配合大亚湾核电站（2×90 万千瓦）、广州抽水蓄能一期（4×30 万千瓦）和沙角 C 电厂（3×66 万千瓦）三座大型电厂接入系统，围绕珠江三角洲地区建成 500 千伏环形网架，并和香港、贵州天生桥跨省联网。

1990 年 9 月建成的 500 千伏梧罗输变电工程，使 500 千伏电网扩大至佛山地区，也是"西电东送"首回 500 千伏输电线进入广东；罗洞变电站首期工程主变压器 1×75 万千伏·安，500 千伏梧罗输电线路全长 192 千米。为加强广东中西部的电网结构，同年 12 月，建成第Ⅱ回沙角—江门变电站输电线，全长 108.3 千米。1992 年 5 月，建成 500 千伏核深、沙深输变电工程，使 500 千伏电网进入深圳供电区；深圳变电站首期工程主变压器 1×75 万千伏·安；500 千伏核深输电线长 40.08 千米，500 千伏沙深输电线长 58.14 千米。同年 7 月，建成 500 千伏沙增输变电工程，使 500 千伏电网扩大至广州地区；增城变电站

首期工程主变压器 1×75 万千伏·安，500 千伏沙增输电线长 53.86 千米。1995 年 7 月，建成 500 千伏江门—罗洞变电站输电线路，全长 66.6 千米，实现 500 千伏网架围绕珠江三角洲环网。1995 年 12 月，建成 500 千伏核惠输变电工程，使 500 千伏电网扩大至惠州地区；惠州变电站首期工程主变压器 2×75 万千伏·安，500 千伏核惠输电线长 54.88 千米。

1993 年 8 月 31 日，大亚湾核电站 1 号机组首次与广东电网、香港九龙新界电网并网。1994 年 2 月和 5 月，大亚湾核电站 1 号、2 号机组相继投入商业运行。同期建成 400 千伏核电—香港大埔双回、深圳变电站—香港元朗双回输变电工程，实现粤港超高电压联网。为配合做好大亚湾核电站电力送出工程，1992 年 11 月 18 日，广东电网与香港中华电力公司的九龙新界电网以 500/400 千伏联网。即由 500 千伏深圳变电站通过联络变压器，以 Ⅰ回 400 千伏输电线路接至香港九龙新界电网。1994 年 2 月，为配合大亚湾核电站 1 号机组投入运行后的电力送出，大亚湾核电站以 2 回 500 千伏线路接入广东电网，并以 3 回 400 千伏线路直接接至香港中电电网。至 1995 年，广东 500 千伏电网与香港九龙新界 400 千伏电网之间，共有 4 回 400 千伏输电线路，通过深圳变电站和大亚湾核电站的 2 台联络变压器并网。从 1996 年开始，广东电网（蛇口工业区除外）已不再从香港购入电力，相反由广东向香港输送电力，粤港两地电网互为备用、互相补充。广东送电香港，主要为大亚湾核电站 70% 的电量，以及广州抽水蓄能电站 50% 的电量。内地成为香港重要、稳定的电源基地，为保障粤港两地经济社会发展起到了良好的作用。

1997 年 12 月建成的 500 千伏惠汕输变电工程，使 500 千伏电网延伸至潮汕地区，并大大加强了东部地区的电网结构和供电能力，改变了粤东地区长期以来拉闸限电的被动局面。汕头变电站首期工程主变压器 1×75 万千伏·安，500 千伏惠汕输电线长 267.44 千米。

1999 年 6 月建成的 500 千伏江茂输变电工程，使 500 千伏电网延伸至湛茂地区，加强了西部地区的电网结构和供电可靠性，并为"西电东送"落点做好准备。茂名变电站首期工程主变压器 1×75 万千伏·安，500 千伏江茂输电线长 289.32 千米。为进一步加强电网结构和吸收西电，2002 年 7 月建成第二回江茂输电线路，全长 290.75 千米。2000 年 1 月，为配合岭澳核电（2×99 万千瓦）接入电网和提高东莞地区的供电能力，建成 500 千伏惠东、岭东输变电工程；东莞变电站首期工程主变压器 2×75 万千伏·安，500 千伏惠东输电线长 51.38 千米。2001 年 7 月，建成 500 千伏岭澳核电—东莞变电站双回输电线，分别为 60.98 千米和 54.26 千米。2002 年 6—10 月，又建成增城—东莞变电站双回输电线，长度分别为 75.62 千米和 75.52 千米。2000 年 5—9 月，为提高广州北部地区供电能力和"西电东送"直流输电落点，建成 500 千伏增北、罗北输变电工程；北郊变电站是广州地区第二座 500 千伏变电站，首期工程主变压器 2×75 万千伏·安，500 千伏增北双回路输电线分别长 42.35 千米和 43.94 千米，500 千伏罗北双回路输电线分别长 37.13 千米和 37.77 千米。2000 年 12 月，为加强粤北地区电网结构和提高北部电力向粤中输送能力，建成 500 千伏曲北输变电工程；曲江变电站首期工程主变压器 1×75 万千伏·安，500 千伏北曲输电线长 174.38 千米。

第四节 区域电网超高压网架的完善

在各省网超高压网架初具规模后，各地电力供应得到一定缓解。为彻底解决电源输送难、工业用电难的问题，根据全国电力市场的需求和一次能源资源的分布特点，"九五"期间主要是通过主网架加强、电网的扩大与互联，优化资源配置，保证电源可靠送出，建设一个安全、稳定的电网，最大限度地适应电力市场的需要，为电力用户提供安全、可靠、优质、价格合理的电力。

该时期电网建设以加强各区域主电网为主，先后有华北电网 500 千伏"U"形双回路环网形成，解决首都用电紧张问题；东北 500 千伏主网架的完善，为东北电力工业发展奠定坚实的基础；华东电网超高压环网的形成，大大助推江浙地区发展；华中电网 500 千伏网架的完善，缓和华中四省电力供应紧张的状况；西北电网 330 千伏主网架的加强，串联起西北各省的电力网络；南方跨省超高压电网的完善，为保障粤港两地经济社会发展起到了良好的作用。

一、华北电网 500 千伏"U"形双回路环网形成

1992 年，改革开放和现代化建设进入了一个新的发展阶段。国务院总理李鹏对首都和华北电力工业发展十分关心，多次指示要解决首都用电紧张问题。1992 年 9 月 11 日，李鹏在北京十三陵抽水蓄能电站主体工程奠基揭幕讲话时要求，到 1995 年年底，北京基本上做到不拉闸。1993 年 7 月—1995 年 11 月，华北电力集团实施了旨在缓解华北缺电状况的"9511 工程"并取得了明显效果。建成 500 千伏丰沙、丰同、盘安、盘北、昌安、沙昌Ⅱ回、神大Ⅱ回等输电线路，使"西电东送"能力显著提升，首都供电更加可靠，形成一个以 500 千伏超高压输电线路"U"形双环网为骨干网架的现代化华北大电网。

500 千伏沙昌Ⅱ回输电工程从沙岭子发电厂出线至 500 千伏昌平变电站，线路全长 170 千米，全线组立铁塔 420 基。工程项目于 1985 年经国家计委文件批准，由华北电力设计院设计，华北电管局晋京超高压输变电工程总指挥部组织建设，北京送变电公司、河北省送变电公司和山西供电工程承装公司 3 个单位分段承担施工。工程于 1992 年 7 月开工，1993 年 7 月竣工，工程结算总价 27 695.3 万元。500 千伏沙昌Ⅱ回的建成使扩建的河北沙岭子发电厂通过双回 500 千伏输电线路与华北 500 千伏主网联网。

500 千伏昌安Ⅱ回输电工程是完善华北电网 500 千伏"U"形双回路环网建设的重点项目，线路全长 121.6 千米，组立铁塔 307 基。工程项目经国家计委以计能源〔1993〕973 号文批准。该线路自 179 号塔至 191 号塔间，因污秽严重，在此线段采用了保定电力修造厂生产的 HXS2－500/180 型合成绝缘子 30 支。工程由华北电管局晋京超高压输变电工程总指挥部组织建设，北京送变电公司负责施工。工程于 1995 年 3 月开工，1995 年 9 月竣工。工程结算总价为 26 172 万元。2000 年，昌安Ⅱ回线破口引入 500 千伏顺义变电站，

线路改为昌顺 II 回线和顺安 II 回线。

20 世纪 80 年代，国家为加快山西火电基地建设，在雁同地区建设神头一电厂、大同二电厂的同时，配套建设了 500 千伏超高压输变电工程，包括神头—大同—北京房山—天津北郊 800 千米线路和北京房山、天津北郊 2 座 500 千伏变电站。

1987—1990 年，为了发展山西 500 千伏电网，国家决定建设 500 千伏神头—太原侯村输变电工程，其中包括 500 千伏神头—太原侯村输电线路和太原 500 千伏侯村变电站。1992 年 12 月 24 日，山西省第一座 500 千伏侯村变电站建成投运，配置了超高压大容量降压变压器；同时将降压至 220 千伏运行的神头—太原侯村线路升压至 500 千伏运行。这样，雁同火电基地的电力通过这条超高压线路直接送到全省负荷中心太原地区。至此，山西电网已跨上大电厂、大机组、高参数、超高压电网的新台阶。特别是 500 千伏神头—太原侯村 II 回输电线路的建成投运，使山西省北部地区窝电、电网结构薄弱等问题得到一定改善，并为河曲电厂的建设创造了良好的电网外部条件。1998 年，500 千伏神头—太原侯村 II 回建成，并从北向南延伸，建设了太原侯村—晋南侯马线路。同时，阳城电厂即将投产，500 千伏山西阳城—江苏淮阴线路开工建设。

至 20 世纪 90 年代末，山西电网已形成以 500 千伏超高压输电线路为网架、以 220 千伏输电线路为主干线覆盖全省的现代化大电网，并向京津唐和河北、江苏等地输送电力，为国民经济发展和人民生活水平的提高发挥了巨大作用。

为满足内蒙古西部电力东送的需要，500 千伏丰沙输电工程于 1993 年 1 月开工，1995 年 3 月投产，是华北电网"八五"期间项目的抢建工程。500 千伏丰沙输电线路起于内蒙古丰镇发电厂，止于河北沙岭子发电厂，线路全长 179.7 千米，全线组立铁塔 452 基，它的建成实现了蒙西电网与华北电网 500 千伏的联网（1999 年，丰沙线破口引入 500 千伏万全变电站，线路改为丰万线和万沙线）。

500 千伏丰同输电工程于 1995 年 3 月开工，同年 9 月竣工，该线路是蒙西电网与山西电网的联络线，是将内蒙古电力向华北主网"西电东送"的又一条超高压线路。该线路起于内蒙古丰镇发电厂，止于山西大同第二发电厂，线路全长 63.57 千米，组立铁塔 156 基，工程总投资为 11 991 万元。丰镇发电厂 500 千伏升压站是丰镇发电厂二期工程配套送出工程，也是内蒙古地区第一座 500 千伏升压站，是向京津地区送电的枢纽站。建设规模为 4 台 25 万千瓦·安主变压器（其中 1 台为备用），500 千伏进出线最终为 6 回，一期为 2 回。概算总投资为 21 799 万元，建设单位为丰镇发电厂筹建处，工程于 1993 年 7 月开工，1995 年 3 月竣工投产。

500 千伏达丰输电工程于 1996 年 10 月开工，1997 年 11 月竣工，是内蒙古达拉特发电厂二期扩建"西电东送"的配套工程。线路始于内蒙古达拉特发电厂，止于内蒙古丰镇发电厂，全长 278.84 千米，共组立铁塔 653 基，其中跨越黄河段 1.92 千米，两基跨黄河铁塔高 108.5 米，塔重 300 吨，属华北地区第一高塔。

1993 年 3 月，天津 500 千伏北郊变电站二期扩建工程开工，是蓟县盘山发电厂配套送出工程，建设规模为 500 千伏、26.7 万千瓦·安单相变压器 3 台，主变压器总容量 80.1

万千伏·安，经国家计委以计能源〔1991〕2188 号文件批准，工程于 1995 年 11 月竣工投运。500 千伏北郊变电站二期扩建工程的竣工投运，提高了天津电网的受电能力，较大程度缓解了天津长期缺电状况。

500 千伏盘北输电工程是将蓟县盘山发电厂所发电力向天津市输送的重点工程。线路起于天津蓟县盘山发电厂，止于天津 500 千伏北郊变电站，全长 85.15 千米，组立铁塔 213 基，工程于 1992 年 3 月开工，1993 年 12 月竣工。

500 千伏盘安输电工程是将新建的蓟县盘山发电厂电源接入京津唐电网，加强与完善华北电网 500 千伏环网建设的重点工程项目。线路起于天津蓟县盘山发电厂，止于北京500 千伏安定变电站，全长 97.731 千米，组立铁塔 230 基，工程于 1994 年 3 月开工，同年 12 月竣工。

1995 年 12 月 14 日，盘山发电厂第一台 50 万千瓦机组首次并网发电成功，以 500 千伏分别接入北京安定站和天津北郊站，形成了盘山电厂—北京安定—天津北郊—盘山电厂的三角形闭式环网。

二、东北 500 千伏主网架的完善

1990 年年底，东北地区电网总装机为 2114.13 万千瓦，但仍处于长期缺电的局面，1991—2002 年，围绕国家提出的"两个转变"和振兴东北老工业基地的发展战略，优化配置资源，调整电源结构，对鹤岗、哈三、牡二、二道江等水力、火力发电厂进行了扩建，并且新建了铁岭、沈海、绥中、伊敏、双鸭山、莲花等大型水力、火力发电厂，在勘测设计与基建施工方面，不仅设计安装大中型水力、火力发电厂，也设计并建设高压、超高压输电线路和变电所，为东北电力工业的新发展、新变化，奠定了坚实的基础，改变了东北经济长期受制约的情况，缓解了电网缺电的状况。

绥中电厂一期送出工程规划装机容量 320 万千瓦，项目于 1990 年 8 月立项，1993 年5 月开工建设，2000 年 10 月 19 日，绥中电厂一期送出工程全部竣工投运。电厂通过 500千伏绥董线（绥中发电厂—锦州董家变电所）接入主网，绥董线全长 195.27 千米，导线型号为 4×LGJ-400/35，工程由东北电力设计院负责设计，由辽宁省电力有限公司送变电工程公司负责施工，于 1998 年开工建设，1999 年 12 月 30 日建成投运，工程建设管理单位为原东北电力集团公司，承建单位为两锦电业局。

鹤岗发电厂一期工程设计容量 160 万千瓦，一期新建工程安装 2 台 30 万千瓦发电机组，工程于 1992 年 12 月正式开工建设，1 号机组于 1997 年 12 月一次并网成功。

莲花水电站是牡丹江流域梯级电站开发规划中装机容量最大的水电站，安装 4 台13.75 万千瓦水轮发电机组，总容量 55 万千瓦，该工程是黑龙江省"八五""九五"期间重点工程，由东北电力勘测设计院设计，于 1992 年 11 月 13 日开工建设，1996 年 12 月19 日第一台机组（4 号机）启动发电，1998 年 9 月 20 日最后一台机组投产发电。

为解决上述电厂机组建设投产后地区剩余电力外送的问题，新建 500 千伏佳木斯—方正—哈尔滨输变电工程，1998 年 12 月 1 日，由方正—哈尔滨以 2 回 220 千伏线路接入方

正变电所，升压进入 500 千伏电网。确保了鹤岗、莲花水电厂多余电力的送出，充分利用了黑龙江能源基地的发电能力，一定程度上促进了东北电网电源及配套网架结构的发展和完善。

为配合伊敏电厂 2 台 50 万千瓦机组投产，新建 500 千伏伊敏—齐齐哈尔（冯屯）—大庆线路和冯屯、大庆 2 个 500 千伏变电所，简称伊冯大输变电工程，线路全长 883 千米。冯屯、大庆 2 个变电所各安装乌克兰产单相自耦型 26.7 万千伏·安主变压器 4 台，其中 1 台备用，运行容量 80.1 万千伏·安。1997 年 9 月，伊冯甲线连同两个变电所工程竣工（伊冯乙线于 1998 年 12 月竣工投产），为伊敏发电厂 1 号机组投产反送 500 千伏可靠电源。

同时，为加强哈尔滨电网与大庆电网之间的联网，满足伊敏电厂投产后经哈尔滨网向吉林、辽宁输送电力的需要，新建 500 千伏哈尔滨—大庆线路。线路由 500 千伏哈南变电所到 500 千伏大庆变电所，全长 215 千米。哈大线是联结西部 500 千伏伊敏—冯屯—大庆线路与哈尔滨 500 千伏电网进入东北 500 千伏"大马路"的联网线路，也是伊敏发电厂送出线路经黑龙江省网进入东北主网的主干线路。该线路由东北电力设计院负责设计，黑龙江省送变电工程公司负责施工，工程于 1993 年 11 月正式开工，1997 年 11 月全部竣工，1997 年 12 月投入运行。线路跨越松花江段的跨江塔高 163.3 米，南塔与北塔同高，每座塔重 440 吨，是当时东北主网最高、最重的铁塔。

区域超高压电网的快速发展，有利于东北电网能源的充分利用，对改善东北电网局部缺电的状况具有重要意义，完善了东北电网 500 千伏骨干网架结构，提高了电网的安全性、稳定性和经济性。

三、华东电网超高压环网的形成

为了加强 500 千伏网架结构，作为安徽平圩发电厂第二台 60 万千瓦机组送出配套工程，500 千伏繁斗线工程进入筹备阶段，线路从繁昌变电所至江苏锡斗山变电所，长 320 千米。由华东电管局集资建设，安徽段输电线经繁昌、芜湖、当涂等县，至苏皖交界处唐山进入江苏境内。工程于 1989 年 9 月开工，1992 年 8 月 5 日竣工投产。繁斗线涉及的繁昌变电所首期工程装有 1 组 50 万千伏单相芯式自耦变压器，1989 年建繁斗线时扩建 1 个 500 千伏间隔。至此，华东电网 500 千伏主网架形成联结皖南、苏南、上海和浙北长达 776 千米的环网。

华能上海石洞口第二电厂总装机容量为 120 万千瓦，1988 年 6 月 29 日工程开工建设，1992 年 6 月 12 日 1 号机组移交生产，1992 年 12 月 26 日 2 号机组顺利移交生产。为配合电力送出，建设 500 千伏南桥—杨高输电线路和 500 千伏杨高变电所，安装 2 组 500 千伏 75 万千伏·安主变压器，总容量 150 万千伏·安，工程于 1988 年 12 月 23 日开工，1992 年投入运行。1990 年 3 月，500 千伏黄渡—石洞口电厂 I 回线路投运，翌年 12 月，第二回线路送电。1994 年 6 月，500 千伏黄渡—南桥 II 回输电线路投运，1994 年 11 月，500 千伏南桥—杨高 II 回线路投入运行。

北仑发电厂一期工程于 1988 年 1 月 5 日正式开工，于 1991 年 3 月并网发电，总容量 120 万千瓦。为配合北仑发电厂送出，国家计委批准新建 500 千伏北瓶（北仑—瓶窑）输电工程，线路全长 235.3 千米，在绍兴落点，建设 500 千伏兰亭变电所，安装 1 组 500 千伏 75 万千伏·安主变压器，1989 年 11 月开工建设，1992 年 12 月竣工。同年 11 月，北绍Ⅱ回线开工建设，1994 年 11 月投入运行。1995 年 8 月，国家计委批准建设 500 千伏绍金（绍兴—金华）输变电工程，线路全长 133.1 千米，新建金华 500 千伏双龙变电所，工程于 1997 年 12 月投入运行。

天荒坪抽水蓄能电站前期准备工作于 1992 年 6 月启动，1994 年 3 月 1 日正式动工，1998 年 1 月第一台机组投产，总工期八年，于 2000 年 12 月底全部竣工投产，总容量 180 万千瓦。作为天荒坪抽水蓄能电站配套项目的 500 千伏瓶斗线工程，连接浙江瓶窑变电所和江苏斗山变电所，全长 187 千米，1994 年开工建设，1996 年 3 月 29 日投入运行。瓶斗线接通江苏、浙江电网，使 776 千米的华东 500 千伏环网中间连通，成为"∞"形状的两个小环，东环长 488 千米，西环长 662 千米，电网的结构得到加强。

为了提高华东电网向上海送电的能力，1997 年 12 月开工建设 500 千伏斗黄（斗山—黄渡）Ⅱ回线，1998 年 7 月投入运行。黄渡变电所经过多次扩建，到 1997 年 6 月，共装设 2 台 500 千伏主变压器，总容量 150 万千伏·安。

此外，500 千伏北兰瓶（北仑—兰亭—瓶窑）双回、绍兴—金华、天荒坪抽水蓄能电厂—瓶窑双回线路的建成，形成 500 千伏上海—无锡斗山—瓶窑三角环网，使华东电网环形网架更加完善。

四、华中电网 500 千伏网架的完善

1991—1999 年，随着隔河岩、五强溪、丰城等大型水力、火力发电厂的建成发电，华中电网 500 千伏网架进一步发展和加强。1996 年后，华中四省电力紧缺的局面得到缓和，为华中四省国民经济可持续发展提供了充足的电力。

为配合五强溪水电厂上网及其电力送出，新建 500 千伏五强溪—常德岗市输电线路，全长 77.42 千米，最大输送容量 120 万千瓦，于 1993 年 10 月开工，1994 年 12 月 21 日投入运行；新建 500 千伏五强溪—娄底民丰—株洲云田输电线路，全长 291.23 千米，其中湘江大跨越 1.75 千米，最大输送容量 96 万千瓦，于 1994 年 6 月开工，1995 年 12 月 26 日投入运行；扩建株洲 500 千伏云田变电站，安装 1 回 500 千伏云田—民丰线路间隔电气设备和 1 组 500 千伏 75 万千伏·安主变压器于 1996 年 3 月投入运行；新建娄底 500 千伏民丰变电站，一期安装 1 组 500 千伏 75 万千伏·安主变压器，500 千伏出线 2 回，220 千伏出线 6 回，于 1996 年 7 月 21 日投入运行。

500 千伏五娄云、五岗输变电工程的建成，将华中 500 千伏电网向南部扩展，加强了华中电网在湖南省的 500 千伏网架结构，形成 500 千伏环网，覆盖了湖南省主要负荷地区，提高了 500 千伏电网的安全可靠性，保证了五强溪水电厂的电力上网送出。

隔河岩水电厂 500 千伏配套送变电工程建设规模为新建 500 千伏汉阳玉贤变电站 1 座，本期安装 4 台主变压器，每台主变压器容量 26.7 万千伏·安，每组 3 台，容量为 80.1 万千伏·安，1 台备用；双河变电站四期扩建至汉阳 500 千伏线路间隔 1 个；葛洲坝换流站二期扩建至隔河岩水电厂 500 千伏线路间隔 1 个，输电线路 38 千米；新建 500 千伏双河变电站—汉阳玉贤变电站输电线路，全长 210 千米，其中沿山头汉江大跨越段 2.5 千米，分水镇汉江跨越段 1.5 千米；新建 500 千伏双凤线"Π"接玉贤变电站，线路 5.5 千米。

500 千伏隔河岩水电厂—葛洲坝换流站线路，从隔河岩水电厂出线，绕经大坝上游跨越清江，经王子石、胡家店子至葛洲坝换流站，途经长阳、宜昌两县，于 1993 年 6 月 28 日开工，1994 年 5 月 10 日建成投运；葛洲坝换流站二期扩建工程同步建成投产。500 千伏汉阳玉贤变电站位于汉阳县城西南 5 千米处的东山，距武汉市 29 千米，装设乌克兰进口 500 千伏变压器 4 台，于 1994 年 6 月 20 日开工，1996 年 3 月 17 日建成投运。500 千伏双凤线"Π"接玉贤变电站工程于 1995 年 11 月 22 日开工，在玉贤变电站建成投运电后，于 1996 年 3 月 18 日接入玉贤变电站。500 千伏双河变电站—汉阳玉贤变电站输电线路由从双河变电站出线后，沿磷矿区北部边缘，再沿山头跨越汉江，过惠亭水库南侧，在分水镇与李家湾附近再跨越汉江，与 500 千伏双凤线平行到达玉贤变电站，途经钟祥、天门、京山、汉阳等县（市）。该线路工程于 1994 年 3 月 19 日开工，1998 年 5 月 30 日建成投运。

隔河岩水电厂 500 千伏配套输变电工程的建成，满足了隔河岩水电厂上网后的"西电东送"需求。500 千伏玉贤变电站投运后，减轻了 500 千伏凤凰山变电站丰水期主变压器负荷重的压力，加强了华中 500 千伏电网中部结构，有效地提高了华中电网的安全运行水平，也为 500 千伏输变电设备计划停电检修创造了条件。

500 千伏洛阳—郑州输变电工程是黄河小浪底水利枢纽工程的配套项目，列入国家重点工程。该项目包括 500 千伏洛阳牡丹变电站新建工程、500 千伏郑州小刘变电站三期扩建工程和 500 千伏洛郑输电线路，总投资 84 759 万元。

500 千伏牡丹变电站位于洛阳市以北孟津县铁楼村，本期工程建设规模为装设 2 组 6 台变压器，每台容量 25 万千伏·安，每组 3 台，主变压器容量共 150 万千伏·安；500 千伏郑州小刘变电站三期扩建 2 个 500 千伏间隔；500 千伏洛阳—郑州输电线路全长 129 千米，其中同塔双回为 85.9 千米，单回 2×43.10 千米，铁塔 426 基，其中双回路铁塔 219 基，单回路铁塔 207 基；500 千伏输变电工程采用 OPGW 地线复合光缆，与线路同步建设。

500 千伏洛阳—郑州输变电工程于 1998 年 6 月 24 日开工，1999 年 11 月 25 日竣工，12 月 30 日投入试运行。其中线路工程于 1998 年 9 月开工，1999 年 10 月竣工。500 千伏小刘变电站三期扩建工程于 1999 年 3 月 18 日开工，同年 11 月竣工。500 千伏洛郑输变电工程的光纤通信工程随同线路、变电站工程同步建成。

500 千伏洛郑输变电工程的建成，保证了黄河小浪底水电厂电力上网送出，将华中 500 千伏电网向北部延伸，扩展到河南省西部地区。

500 千伏鄂、赣联网工程是三峡电站配套输变电工程，由华中电力集团公司提前建设

500 千伏湖北小箕铺—江西新祺周段，先降压至 220 千伏运行。工程包括 500 千伏小箕铺—新祺周线路 165.229 千米，铁塔 399 基；220 千伏小箕铺—栖儒桥变电站线路 19.19 千米，杆塔 57 基；220 千伏新祺周—盘龙山变电站线路 27.987 千米，杆塔 84 基，工程概算投资 28 084 万元。工程于 1997 年 3 月 28 日开工，同年 12 月全线架通，次年 8 月 4 日投入，降压至 220 千伏运行。

500 千伏鄂、赣联网工程的建成，满足了江西丰城电厂电力上网后江西省电网的稳定要求，同时填补了江西省 500 千伏电网的空白，加强了江西省电网与华中电网的联络，将华中 500 千伏电网向东延伸至江西省，为江西省接受正在兴建的三峡水电厂的电力打下了基础。

五、西北电网 330 千伏主网架的加强

横跨甘、宁两省（区）的 330 千伏靖固西输变电工程，于 1994 年 6 月 1 日开工，1996 年 9 月 18 日竣工。该工程由甘肃靖远电厂出线，经宁夏 330 千伏固原变电站，至甘肃 330 千伏西峰变电站，全长 150 千米，铁塔 332 基。由于投资渠道不同，工程分为两段实施建设。第一段靖固线（靖远电厂—固原变电站）按省（区）界划分，甘肃境内由甘肃送变电公司承担施工，宁夏境内由宁夏送变电公司（后更名为宁夏送变电分公司）组织建设，甘肃境内约 20 千米地段均处于高山峻岭之中，山高坡陡，运输条件极差，给施工带来很大困难；第二段是固西段（固原变电站—西峰变电站），由于铁塔基础均建立在Ⅲ～Ⅳ级自重式湿陷性黄土之上，需要用 2:8 的熟石灰与黄土拌和夯实处理，不但费工费时，而且需用量非常大，仅 40 基塔基就需加工 5 千多米^{3}的熟石灰和黄土拌合料，这在以往的施工中不曾遇到过。

330 千伏靖固西输变电工程的竣工投运，不但加强了西北电网水火电交换能力，而且提高了西北电网的稳定运行水平，有利于解决宝中（宝鸡—中卫）电气化铁路的供电需求，还为甘肃陇东革命老区和宁夏固原地区的工农业发展发挥了重要作用。

330 千伏兰海Ⅰ线输变电工程是由 330 千伏海花Ⅰ线（海石湾变电站—花园变电站）"π"入 330 千伏阿兰变电站，并相应新建线路 4 千米，兰海Ⅰ线全长 30.5 千米，线路途经青海省海东市东都区、民和县、甘肃兰州红古区海石湾镇。工程总投资 3600 万元，其中由国家能源投资公司投资 1000 万元，其余部分由青海省承担。工程于 1990 年 3 月 17 日获得国家计划委员会批复，1990 年 3 月 21 日开工建设，1993 年 12 月 31 日建成投运。330 千伏阿兰变电站主接线为 1 个半断路器接线，330 千伏断路器采用罐式断路器。330 千伏阿兰变电站是青海电网继花园变电站、黄家寨变电站之后投运的第 3 座 330 千伏变电站。为配合阿兰变电所投运，新建、扩建和改造了 5 条 110 千伏线路，提高了海东电网的供电能力和供电可靠性。该工程的投产解决青海省东部地区和民和镁厂用电增长的需要，结束了青海民和地区长期由甘肃迂回供电的历史，为海东地区经济发展奠定了坚实的基础。

330 千伏金嘉输变电工程始于金昌变电站，途经永昌、山丹、张掖、临泽、高台、

酒泉，进入嘉峪关变电站，全长 389.0 千米，共有铁塔 1032 基，其中塔型达 18 种之多。线路途经山地 10 千米、沙漠 20 千米，给组塔放线带来了一定的难度。为了确保工程质量、提高组塔的质量和速度，在全面开展组塔施工前，甘肃送变电公司选择了具有一定代表性的地貌、塔型，举办了一次组塔比武活动，既是锻炼队伍，又为后续全线开展组塔积累经验。施工中针对各种地形和不同塔型，采取相应的组塔施工方式，如落地式内摇臂抱杆组立、落地式冲天外拉线抱杆组立、悬浮式摇臂抱杆组立、悬浮式冲天抱杆分解组立等，高质快捷地完成了施工任务。330 千伏金嘉输变电工程荣获 1997 年度国家电力部优质工程奖。

1995 年 8 月 20 日，330 千伏金嘉输变电工程建成投运，酒玉电网并入西北电网，结束了酒玉电网长期孤立运行的历史。

六、南方跨省电网的完善

500 千伏罗江输变电工程包括新建 500 千伏罗江线路和江门变电站扩建一个出线间隔。由南电联负责组织建设，中南电力设计院设计。1993 年 12 月，电力部批准的工程总投资为 17 184.66 万元人民币，其中内资 8033.86 万元人民币，外资 203 820.7 万日元和 80.17 万美元（共折合人民币 9150.8 万元）。

工程线路全长 68.647 千米，其中大跨越 5.571 千米，包括小塘大跨越 1.555 千米，古劳大跨越 Ⅰ 回线路长 1.987 千米、Ⅱ 回备用线路长 2.029 千米；全线 171 基铁塔，其中单回线塔 164 基，双回塔 7 基（罗洞变电站出口 1 基，江门变电站出口 4 基，古劳大跨越 2 基），古劳大跨越与天广线同塔并架 2 基双回路跨越直线塔。500 千伏罗江输变电工程于 1991 年 6 月开工，1993 年 12 月竣工，1994 年 1 月 21 日投入运行。

1993 年 8 月，500 千伏天广工程全部投产后，天生桥送广东、广西的输送稳定极限为 95 万千瓦。根据已签订的合资建设天生桥水电站和盘县、曲靖、安顺三个火电厂及云南向广东输送季节性电能协议，到 1994 年年底，经天生桥向东输送的电源已达 100 万千瓦，其中包括天生桥二级水电站 52 万千瓦（送广西 36 万千瓦，送广东 16 万千瓦），盘县电厂送广西 18 万千瓦，云南 30 万千瓦季节性电能。随着云南曲靖、安顺电厂的投产，东送电量将会更大，因此，需要增加"西电东送"的能力。

1991 年 6—8 月，南电联分别向能源部和国家能源投资公司上报了 500 千伏天平 Ⅱ 回输变电工程的项目建议书和立项的请示报告。1993 年 4 月 15 日，电力部批准天平 Ⅱ 回输变电工程初步设计，批准工程概算为 31 875.9 万元。工程原定 1993 年下半年开工，由于资金不到位，推迟到 1994 年下半年开工。由于国家政策性调整，1994 年 7 月 13 日，电力部和国家能源投资公司对工程概算进行调整，最终批准工程概算为 53 502.2 万元。

500 千伏天平 Ⅱ 回工程由南电联负责建设，中南电力设计院设计。工程建设规模为输电线路 638 基塔，315.659 千米；天生桥二级水电站及平果变电站相应进行扩建，并各安装 3×5 万千乏的高压电抗器。工程于 1994 年 9 月开工，1995 年 6 月竣工，7 月 24 日投入运行。

500 千伏天平Ⅱ回工程投入运行后，使天生桥侧东送设计输送极限从 95 万千瓦提高到 140 万千瓦，但根据负荷发展，还是不能满足送电的要求。1994 年 12 月 22 日，南电联向电力部上报了《关于平果至罗洞第二回 500 千伏输变电工程可行性研究的报告》。电规总院主持召开审查会，决定将天生桥至广州之间由原审定的 1 回±500 千伏直流和 1 回半 500 千伏交流输电线路的方案，扩展为 1 回±500 千伏直流和 2 回 500 千伏交流线路，即将天平Ⅱ回线延长至罗洞变电站。在天广工程投运之前，先建 500 千伏平果—罗洞输变电工程。这既可保证天生桥电力的有效送出，提高供电可靠性，又为今后发展留有余地。在原有 220 千伏鲁天线路的基础上，新建一回 500 千伏罗平—天生桥二级水电站线路，初期降压至 220 千伏运行。

500 千伏罗天输变电工程项目由电力部于 1996 年 9 月进行审查，1997 年 6 月批准。工程总投资为 18 422 万元。1997 年 8 月 13 日，国家计委把这项工程列为 1997 年国家第二批基本建设新开工大中型项目。

罗天线由南电联负责建设，1998 年 12 月开工，因云南省 220 千伏罗平变电站的建设问题，工程延期到 2001 年 6 月 23 日竣工，并在线路中间开断，接入天生桥换流站，7 月 3 日降压至 220 千伏投入运行。随着天生桥换流站 500 千伏交流场扩建和Ⅰ号联络变压器投入运行，500 千伏罗天线破口"Π"接入天生桥换流站，改接的 500 千伏天马线有 40 基铁塔，全线共长 19.002 千米，于 2002 年 4 月 24 日投入运行，罗天线有 157 基铁塔，全线共长 85.902 千米，于 2002 年 6 月 22 日投入运行。

除罗江、天平Ⅱ回、罗天输变电工程建设投产外，20 世纪 90 年代，南方四省区电网及跨省电网超高压电网建设很快。1993 年 8 月，开工建设天生桥二级水电站 500/220 千伏永久联络变压器工程（新装 75 万千伏·安联络变压器），于 1995 年 5 月建成投产；500 千伏平果—来宾—梧州—罗洞第二回输电工程于 1997 年 10 月动工，1998 年 12 月建成投产；配合天生桥一级水电站 3、4 号机组发电，220 千伏天生桥一级水电站—天生桥换流站、天生桥二级水电站—天生桥换流站输电工程分别于 1998、1999 年相继建成投产；配合贵州安顺电厂和 500 千伏安贵输电工程投产，贵阳变电站于 1997 年 9 月开始进行扩建，增设 1 台 75 万千伏·安变压器和 500 千伏进线间隔 1 个。

七、跨国境联网的起步

东北电网覆盖范围广阔，具有负荷中心与一次能源基地分布不平衡的特点，而且东北地区是中国能源资源较缺乏的地区之一，能源资源探明储量约 383 亿吨标准煤，占全国同类资源的 4.65%，本身能源不能自平衡，缺口逐年增加。而黑龙江省北部毗邻资源丰富的俄罗斯，为缓解东北电网缺电状况，经多次谈判达成中方向俄方购电协议，中方以供货补偿电费，并决定共建中俄跨国输电线路。线路由俄罗斯布拉戈维申斯克变电站至中国黑河变电站，线路按 220 千伏建设，初期降压至 110 千伏运行。线路全长 25.8 千米，其中中方段 8.95 千米。中俄双方各自负责本国内线路的设计和建设；跨越黑龙江段由俄方远东设计院设计，中方黑龙江省送变电工程公司施工，材料金具由俄方供给；中方段由黑龙江省电力设计院设计，省送变电公司施工，于 1991 年年底完成。跨境段施工于 1992 年 2 月 18 日开工，3 月 12 日竣工，1992 年 7 月 1 日投入运行。

中国第一条跨国购电线路 110 千伏布黑线由俄方向中方黑河地区供电，年供电量约 1 亿千瓦·时，供电最大电力 4 万千瓦，合同有效期为 20 年。这条线路是黑龙江省的第一条跨国输电线路，也是中俄两国在电力领域上合作的开端。

除跨国购电外，中国也将剩余电力输送国外。1994 年，由二连浩特至蒙古国扎门乌德市建成一条 10 千伏线路，线路于 5 月 21 日开工，6 月 21 日竣工，9 月 13 日投入运行，线路全长 16.5 千米，投资 60 万元，日送电力 1000 千瓦，开创了电力走向国际市场的先例。

第五节　输变电工程技术升级

进入 20 世纪 90 年代，全国用电供需矛盾仍然突出，为解决供电不均衡问题，电源建设提速，配套送出的电网输变电工程规模不断扩大，电网设备、技术不断提升。电网工程"上天入地"，1993 年 6 月，全线高海拔的 500 千伏漫湾—昆明 I 回输电线路投运；1993 年 7 月，国内第一座建于城市中心的 220 千伏上海人民广场地下变电站建成；1995 年 12 月，中国自行设计施工的第一条由广东汕头澄海至南澳岛的 110 千伏海底电缆建成投产。电网技术迭代升级，1994 年 8 月，220 千伏安廊紧凑型输电线路建成投产，弥补了中国在线路紧凑型化领域的空白；1993 年，第一套 550 千伏国产化 GIS 安装在辽阳 500 千伏变电所试运行，大幅提升中国开关制造水平；1997 年，CC－2000 面向 EMS/MDS 支撑系统项目成为国内首次基于 EMS/MDS 对象的应用接口。技术研究不断深入，开展 220～500 千伏输电线路导线舞动的实验研究与治理，试点开展供电设备状态检修技术，试点开展了大型变压器油中溶解气体在线监测分析。

一、中国首条 220 千伏紧凑型输电线路

为弥补当时中国在线路紧凑型化领域的空白，能源部于 1989 年成立了紧凑型线路领导小组，在华北电网选定从北京安定至河北廊坊架设 1 条 220 千伏输电线路，该线路是中国第一条紧凑型线路的试点工程，并列入国家科委"八五"期间重点科技攻关项目。

220 千伏安廊紧凑型输电线路由北京市安定变电站至河北省廊坊变电站，线路全长 23.569 千米，路径全部为平地，全线 75 基铁塔，全部采用自立式，导线采用四分裂 LGJX－150/20 稀土铝钢芯铝绞线，避雷线采用双根 GJ－50 镀锌钢绞线，导线排列方式为垂直及倒三角两种型式，全线采用硅橡胶合成绝缘子及合成相间间隔棒。工程自 1993 年 11 月 15 日开工，1994 年 8 月 20 日竣工，一次启动成功，顺利投产。从实测的工频参数计算出，220 千伏安廊紧凑型线路自然输送功率较普通型 220 千伏输电线路提高约 60%，压缩高压走廊宽度约 9 米。数据已达到国际先进水平，为建设更高电压等级的紧凑型输电线路提供了非常宝贵的经验。同期建设的湖北 220 千伏公安—石首线路全长 3.3 千米，运

行正常。

由于 220 千伏安廊紧凑型线路结构的特殊性，以及由此而带来的架设施工的特殊问题，用以往的一些施工工艺和施工机具已不相适应。为此，在工程施工中专门成立了紧凑型线路课题组，开发研制出了一整套架设施工工艺方法和机具，并成功地应用于 220 千伏安廊紧凑型线路的架设施工中。经华北电管局组织召开的研制成果评审会和现场观摩会鉴定认为：关于紧凑型线路架线施工方法，所采用张力放线的方式是正确的；由于紧凑型线路四分裂导线的排列方式有三种，分裂间距既不等又较大，为便于高空作业，专门研制的正、倒梯形飞车是一个创新；紧凑型线路于每档距的中部加装了相间间隔棒，为准确迅速地测出次档距，专门研制了次档距光电报警测距仪，经使用证明精确度很高，测量误差值仅为±2‰，属国内首创，已获国家实用新型专利；由于紧凑型线路对导线弛度允许偏差值要求较高，在施工中使用了塔上弛度观测仪进行精确观测，这在线路施工中尚属首次采用；紧凑型线路附件安装特别是跳线施工非常复杂，工程中专门研制了一系列专用工具，设计精巧，发挥了很好的作用。这些施工新工艺、新技术的研究和实施，取得了显著成果，获华北电管局 1996 年度科技进步奖特等奖，获电力部 1996 年度科技进步奖二等奖。

随着 220 千伏安廊紧凑型线路的建成和安全运行，在总结其成功经验的基础上，国家科委"九五"期间重点科研攻关项目、全国第一条 500 千伏紧凑型线路——500 千伏北京昌平—房山紧凑型线路于 1999 年 10 月又在华北电网建设成功。

二、中国首个全线高海拔 500 千伏输变电工程

1993 年 6 月，500 千伏漫湾—昆明 I 回输电线路投运，是云南第一条 500 千伏输电线路，也是中国第一条全线高海拔的 500 千伏输电线路。同期建成投运的 500 千伏草铺变电站，是云南第一座 500 千伏变电站，也是中国第一座高海拔 500 千伏变电站。

该工程的设计由西南电力设计院和云南省电力设计院承担。设计人员针对工程海拔高、穿越原始森林、技术条件复杂、变电站处于重污染区等特点，广泛征询各方面专家的意见和建议。

500 千伏漫湾—昆明输变电工程施工单位采取招标投标形式，由云南、青海、甘肃、东电、陕西 5 家省级送变电公司中标承建。该工程 I 回线路全长 220.4 千米，Ⅱ 回线路全长 217.8 千米。漫昆 I 回线路于 1993 年 6 月 30 日建成投运，漫昆 Ⅱ 回线路于 1995 年 9 月建成投运。

500 千伏漫湾—昆明输变电工程首次在 2500 米高海拔地区选用 $4 \times LGJ-300$ 型导线，并获得成功，节约了资金；首次提出按污闪确定高海拔地区绝缘子片数；首次设计了一套 500 千伏高海拔铁塔 13 种塔型，直线塔均设置不等高塔腿，而且在塔型、结构、构造及长短腿设计方面做了不少改进和创新；首次全线推广使用斜柱式基础，这种基础受力好，结构尺寸小，可节约 30% 的基础钢材和混凝土量；在杆塔定位中首次采用了不破坏自然环境，保护塔基稳定的设计方法，采取调整斜柱式基础的高低大小和铁塔长短腿配合使用，

不开挖或少开挖施工基面。

500千伏草铺变电站地处昆明市安宁县草铺区邵九村，距昆明60千米，站址海拔1900米。草铺变电站电气设备由11个国家提供。站内安装2组75万千伏·安变压器（单相每台25万千伏·安，共计6台），另设一台备用，分别来自西安变压器厂和由意大利进口；500千伏出线2回，安装2串法国生产的室内GIS及2组120兆乏并联电抗器；220千伏为双母线分段带旁路接线，设计最终出线10回，采用铝合金管形母线和日本生产的六氟化硫断路器；35千伏为单母线接线，装有6组25兆乏并联电容器和2组30兆乏并联电抗器。500千伏线路和主变压器均配置进口和国产各2套继电保护，并有计算机监控系统。1991年6月15日，500千伏草铺变电站开工建设，1993年6月30日建成投运。

三、国内首座城市中心220千伏地下变电站

1993年7月，国内第一座位于城市中心的220千伏地下变电站上海人民广场地下变电站建成。

220千伏人民广场地下变电站坐落在上海市中心区人民广场。由于该地下变电站建在地下软土地基中，如何克服施工过程中地下水位高、水压侧向荷载大等难点，是摆在工程建设者面前的一个课题。经过反复研究和精心设计，决定将工程的主体建筑物采用非常规的特殊井筒结构，使其保持良好的应力状态，充分发挥结构强度大、节约工程量的优点；对地下五层井筒结构则采用地下连续墙造壁，使其既可作为施工期间的基坑围护，又能承受主体结构部分永久荷载，还可取消施工时通常使用的大量支撑结构，便于基坑施工。

1988年12月21日，由上海市隧道工程公司承建的土建工程正式动工。同年10月，由上海送变电工程公司负责施工的电气安装工程开始。1993年7月1日，第一台容量为24万千伏·安的主变压器建成投运；9月28日，第二台容量相同的主变压器也竣工投入运行；1998年1月6日，又建成投运第三台容量为24万千伏·安的主变压器，使变电站的总变电容量达到72万千伏·安，成为建在大城市中心地带且当时国内容量最大的地下变电站。

220千伏人民广场地下变电站的主要特点是包括主变压器在内的所有主设备，均安装在一个外径62.40米、内径58米、壁厚2.20米、连续墙深达−38.00米、筒底深为−18.60米、内净面积2650米²的地下钢筋混凝土筒体内，顶盖覆土层厚1.50米，并加以绿化，使其成为上海人民广场的一个绿化区域。筒体共分五层：−18.60米层主要安装水喷雾消防设备、中央空调冷却水泵、事故油坑等；−14.80米层主要安装3台220千伏24万千伏·安主变压器，220千伏、110千伏全封闭六氟化硫组合电器，6台35千伏电抗器和3台接地变压器；−9.25米层为电缆层；−6.10米层主要安装35千伏全封闭六氟化硫组合电器、站用变压器、蓄电池室、电抗器、空调机房等设施；−3.50米层为泄压层，在筒体内各种突发事件时起泄压作用。为确保220千伏人民广场地下变电站的安全运行，站内还配置2套独立而不依靠外界动力的水喷雾灭火消防系统、冷却系统、中央空调

系统、事故排烟系统、给排水系统、站用电系统，以及万一发生火灾时设备防爆泄压通道、防洪防涝等安全设施。到 1999 年年底，220 千伏人民广场地下变电站共安装 3 台主变压器，总变电容量 72 万千伏·安；110 千伏出线电缆 8 回路；35 千伏出线电缆 26 回路。

220 千伏人民广场地下变电站的建成，填补了在大都市中心区建设特大型地下变电站的空白，为类似的工程建设提供了科学依据和成功实例。鉴于该地下变电站规模大、设备先进、所处地理位置十分重要，后其成为展示上海电力系统改革开放成就的一个窗口。

四、首套 550 千伏国产化组合电器试运行

1993 年，第一套 550 千伏国产化 GIS 安装在 500 千伏辽阳变电所试运行。生产厂家为沈阳高压开关厂，产品型号为 ZF6-550/4000-63。该产品每相两个断口，额定电流 4000安，额定短路开断电流 63 千安，配用液压操动机构，分相操作。产品技术参数达到 20世纪 90 年代世界先进水平。

长期以来，国家一直花大量外汇从国外进口 550 千伏 GIS。为了改变中国不能生产550 千伏 GIS 的历史，沈阳高压开关厂于 1989 年 7 月着手研制 550 千伏 GIS 的技术和装备。要想成功试制 GIS 产品，必须突破三大技术难关：一是气体密封技术；二是壳体制造技术；三是绝缘件制造技术，即盆式绝缘子和喷口的制造技术。为此，沈阳高压开关厂组织了"打一场以 550 千伏六氟化硫全封闭组合电器为主攻目标的新产品大决战"，对组合电器的关键零部件包括盆式绝缘子、喷口、压气缸、罐体、屏蔽罩和一、二级阀等组织专门力量进行攻关；完善了企业生产条件和产品检测条件，特别是专业工艺生产条件的创建和新工艺、新技术的应用，如盆式绝缘子浇注、喷口压制、压气缸温挤压、屏蔽罩旋压及罐体翻边等技术的应用。经过无数次的反复试验，终于全部取得了成功。1991 年，完成国产化样机全套型式试验。1997 年，通过国产化样机鉴定。

550 千伏国产化 GIS 产品的诞生使中国开关制造技术水平跨进世界先进行列，结束了中国不能生产 550 千伏 GIS 产品的历史，实现了中国开关制造技术的一次飞跃，使中国成为当时世界上仅有的六个能生产该种产品的国家之一，具有划时代的历史意义。

550 千伏国产化 GIS 产品的技术水平完全达到当时国际先进水平，它的优势主要体现在两个方面：

一是，具有较高的绝缘裕度。整机绝缘水平为雷电冲击 1550 千伏、操作冲击 1175千伏、1 分钟工频 680 千伏。断路器断口耐压，按一端加压法达到雷电冲击 2125 千伏、1分钟工频 988 千伏。产品所用绝缘件的耐压水平都比产品高出 20%。通常最容易发生沿面放电的盆式绝缘子具有较高的绝缘裕度。

二是，经过最全面、最严格的型式试验考核。断路器在开断短路电流试验中，在世界上首次成功地进行了全电压下的开断试验，真实地考核了断路器的实际开断能力。断路器开断 63～5.2 千安短路电流达 29 次。550 千伏 GIS 在进行隔离开关开全母线转换电流时，隔离开关罐体对地被绝缘起来并施加 $1.1 \times 550/\sqrt{3}$ 千伏工频电压，完全与实际情况相

符，这种试验方法属国内首创。550 千伏 GIS 的快速接地开关在做开合电磁感应电流和静电感应电流试验时，接地开关金属外壳也被施加 25 千伏感应电压，试后立即对分闸状态下的接地开关进行 350 千伏工频电压试验，结果合格。每个盆式绝缘子都经过 X 光检测，都经过冷热试验考核，都要进行 1 分钟工频电压 750 千伏、雷电冲击电压 1860 千伏、操作冲击电压 1410 千伏的耐压试验，都要进行局部放电测量试验。

五、中国首条自行设计的 110 千伏海底电缆

由广东汕头澄海至南澳岛的 110 千伏海底电缆是中国自行设计、制造、施工的第一条 110 千伏海底电缆。110 千伏澄海—南澳海底电缆由澄海莱芜下海至南澳岛长山尾，过海电缆全长 9.1 千米，大陆澄海段架空线路 7 千米，南澳岛段架空线路 10.67 千米。工程由汕头电力局设计室设计，汕头龙湖电力服务公司负责安装，设备采用上海电缆厂生产的 110 千伏海底充油电缆，电缆敷设工程由上海电缆厂技术开发公司承包。承包采用包干方式，即上海电缆厂技术公司包工、包料、包质量、包安全、包造价（一次性包死，不留缺口）的承包方式。线路总投资 6200 万元，1995 年 12 月建成投运。

六、高压输电线路导线舞动的实验研究与治理

华中地区跨越江河湖泊的高压输电线路很多，在 20 世纪 80 年代经常发生导线舞动现象，给电力安全生产造成很大影响。华中电管局于 1990 年委托湖北省超高压输变电局开展高压输电线路导线舞动的治理研究。湖北省超高压输变电局经过多年的研究探索，通过走产、学、研相结合的道路，完成了这一课题，其重大科技成果《220～500 千伏输电线路导线舞动的实验研究与治理》荣获 1997 年国家科技进步奖一等奖。

《220～500 千伏输电线路导线舞动的实验研究与治理》的试验研究内容包括舞动机理和防治舞动的理论研究、新型防舞器的研制和开发、防舞器布置理论（节点分割法）的试验研究、覆冰机理和防覆冰技术的试验研究、带电进行固有参数测量及静载变位试验等 20 多个子课题的试验研究。整个研究历时 9 年，十几个单位参加，涉及气象、力学、机械、输变电、高压、计算机、测绘技术、基础科学（新材料）等学科，有近百名科技人员通力合作，进行了上述 20 多个子课题的研究工作。

《220～500 千伏输电线路导线舞动的实验研究与治理》研究控制和防治了中山口大跨越舞动的危害。以 500 千伏中山口大跨越为例，经过防舞治理，1993、1994 年遭遇的严重冰风使邻近未设防的超高压线路发生倒塔断线，但中山口大跨越舞动得到了有效控制，确保了电网的安全运行。按 1990—1994 年抑制了 4 次中山口冰风舞动计算，避免直接经济损失 1200 万元，多送电量 1.44 亿千瓦·时，创造直接经济效益 1331.43 万元（每千瓦时电价按 9.246 分计算），产生社会经济效益 10.9 亿元。该研究成果对防治输电线路舞动具有普遍适用性。开发的防舞技术及防舞器除用于中山口大跨越外，还用于湘江大跨越、漫昆线、房津线、姚双线、双玉线、葛上线等，取得了明显的防舞效果。抗舞悬垂线夹已用于中山口大跨越、宜昌长江大跨越、沙洋汉水大跨越、武汉长江大跨越等。

七、国内首创大型变压器油中溶解气体在线监测装置

1993 年，东北电力集团公司在本溪电业局试点开展了大型变压器油中溶解气体在线监测分析，本溪电业局和东北电力试验研究院合作研制的检测装置安装在 220 千伏卧龙变电所试运行，效果良好。经东北电力集团公司组织鉴定后，认为监测装置属国内首创，监测变压器油中溶解气体准确度较高，拟加以推广。

该大型变压器油色谱在线监测系统可在线监测绝缘油中可燃气体的含量，并可越限报警，对大型变压器的安全监测具有重大意义。1994 年应用在 500 千伏辽阳变电所，大连、本溪、哲里木电业局的 220 千伏变电所以及元宝山、朝阳发电厂主变压器上。

八、国内试点供电设备状态检修技术

20 世纪 90 年代，东北电网供电设备检修工作开始实行设备在线监测和状态检修。1992 年以来，大连电业局经过多年的探索和实践，改变了供电企业长期以来实行的以周期为依据的供电设备检修制度，在全国供电企业中率先推行加强常规测试和开展在线监测的手段，实行感观诊断和采用数理统计方法，对供电设备状态及变化趋势或规律做出评估和预测，以设备的实际状态为维修根据，做到"应修必修"，取得明显的经济效益。对厂矿企业每户计划检修停电时间，1991 年为 6.46 小时，实行状态检修后 1992、1993、1994 年分别降到 3.19、3.32、2.04 小时。供电可靠率每年提高 0.01%，因减少停电，用户每年可增加经济效益和社会效益 1000 万元以上。1994 年 3 月，东北电业管理局对大连电业局的状态检修工作进行了考查和评估，之后开始在东北电网扩大试点。

东北电管局在组织状态检修培训和研讨的同时，于 1995 年正式下发了《东北电管局输配电设备状态检修暂行规定》，以规范设备状态检修管理工作。明确设备检修实行分级管理，并界定状态检修定义和目的，要求加强设备诊断、掌握设备状态的前提下开展状态检修。在《东北电管局输配电设备状态检修暂行规定》的指导下，辽宁省各供电企业的状态检修工作得以合理有序地开展。大连电业局在状态检修工作方面走在辽宁省各供电局之前。东北电管局于 1994 年 3 月在大连电业局召开状态维修现场汇报会，大连电业局汇报了送电、变电、配电、高压试验、继电五个专业开展状态维修的情况。会议对各级电压等级供电线路的状态检修工作的开展做了部署。为了加强 500 千伏设备检修管理，合理安排送变电设备停电检修时间，确保检修质量，东北电管局制定了《500 千伏送电及变电设备停电检修工时定额》，为进一步开展状态检修工作创造了条件。

大连电业局开展的供电设备状态维修技术研究，改变了全国供电企业一直沿用"到期必修"的定期维修制度，为全国供电企业维修制度的改革提供了有益的经验。

九、电力系统实时数据库和商用数据库的统一应用

1992年年底，作为能源部重大科技项目的CC－2000开放式、面向对象的EMS/DMS支撑系统立项开发，1996年4月29日CC－2000在东北电网调度中心投入试运行。该系统于1996年10月10日在沈阳通过了由电力部科技司主持的技术鉴定，得到了计算机界和电力系统界专家的高度评价，鉴定结论认为，该项目的技术水平在国内外同类系统中，在采用面向对象技术方面处于国际领先，总体技术水平处于国际先进、国内领先。

这个系统是中国电科院和东北电力集团联合开发的，具有自主版权的开放式系统，它在国内首次采用了面向对象分析、设计、编程技术所开发的系统管理环境软件，实现了事件驱动的分布式管理机制，并在国内首次实现了基于EMS/DMS对象的应用接口、实现了分布式环境下硬件软件的灵活配置，事件管理、可靠的网络通信传输等，同时也首次在国内实现了电力系统实时数据库和商用关系数据库的统一使用和管理，其人机界面系统方式灵活、显示快捷、矢量字处理效率高。

开放式、面向对象的EMS/DMS支撑系统于1997年获得东北电力集团公司科技进步奖特等奖，1998年荣获电力部科技进步奖一等奖，2000年荣获国家科技进步奖一等奖。

第六节　电网调度步入依法调度的轨道

1993年2月，国务院常务会议通过了《电网调度管理条例》，1993年6月29日正式发布，同年11月1日施行。《电网调度管理条例》是电力部组建后颁布的第一部电力行政法规，也是中国电网管理方面第一部具有强约束力的行政法规，对各级调度机构提出规范的要求，是国家管理电网方针政策的法律表现。而后，电力部为进一步规范电力系统工作，确保电网安全运行，开展"继电保护管理年"活动，号召全国电力系统加强继电保护管理，提高保护装置整体运行水平；华东电网制定《华东电网安全稳定自动装置设计技术原则规定》，为规范稳定装置技术要求、提高装置技术水平积累了不少宝贵经验，也为制定稳定装置技术原则奠定了基础；华中电网各级电网管理部门逐步将电能质量监控纳入电网调度，为用户提供更加充足的、符合标准的优质电能。

一、《电网调度管理条例实施办法》

1994年5月和10月，电力部根据《电网调度管理条例》的要求，发布了《电网调度管理条例实施办法》，制定了《关于电网与发电厂、电网与电网并网运行的规定（试行）》《电网调度系统值班人员的培训考核办法》和《电网调度机构的职责及其调度管辖范围划分的原则和直接调度的发电厂的划定原则》，共4个配套文件。

为全面、完整、准确地贯彻实施条例，电力部组织编写了《电网调度管理条例》释义，与该条例同时生效。《电网调度管理条例》分为总则、调度系统、调度计划、调度规则、调度指令、并网与调度、罚则和附则 8 章，共 33 条。依据该条例第 31 条规定，电力部于 1994 年 10 月 11 日发布施行了《电网调度管理条例实施办法》。该实施办法分为总则、调度组织管理、调度计划管理、并网管理、罚则和附则 6 章，共 37 条。《电网调度管理条例实施办法》规定，各级电网调度机构既是生产单位，又是其主管部门的职能机构，代表主管部门在电网运行中行使调度权；电网调度系统在调度业务活动中是上、下级关系，下级调度机构必须服从上级调度机构的调度。电网调度机构调度管理的任务是组织、指挥、指导、协调电网的运行，保证实现下列基本要求：充分发挥本电网内发、供电设备能力，有计划地满足本电网的用电需要；使电网按照有关规定连续、稳定、正常运行，保证供电可靠性；使电网供电的质量，频率、电压、谐波分量等指标符合国家规定的标准；根据本电网的实际情况，充分合理利用一次能源，使全网在供电成本最低或者发电能源消耗率及网损率最小的条件下运行；按照有关合同或者协议，保护发电、供电、用电等各有关方面的合法权益。

各级电网调度机构调度管辖范围划分原则是，国调的调度管辖范围为跨省电网间联络线和由国务院及其主管部门指定的发电厂、变电所、输电线路以及相关二次系统等。网调的调度管辖范围为除国调调度管辖之外的，电网电压等级最高的主网架及其变电所、省间联络线及其枢纽变电所，对电网运行起重要作用的骨干火电厂、核电厂、水电厂、抽水蓄能电厂。省、地、县调调度管辖范围划分由省电网管理单位决定。

二、全国开展"继电保护管理年"活动

随着电网的发展，高压短线多环网络越来越多，重要用户在增加，现代化商业和金融系统对供电可靠性要求越来越高。要杜绝由继电保护人员和低压系统故障引起 220 千伏系统发生稳定破坏和大面积停电事故，这对继电保护工作提出了更高的要求，使继电保护成为名副其实的电网安全生产的重要屏障。1994 年 11 月，电力部颁发《电力工业部关于开展电力系统继电保护管理年工作的决定》（电调〔1994〕647 号），号召全国电力系统加强继电保护管理，提高保护装置整体运行水平，确保电网安全运行。

管理年中重点做了以下几个方面的工作：与有关部门配合，成立工作小组，对微机故障录波器进行质量检查整顿，针对元件保护正确动作率低的问题进行调研，提出了解决措施并组织落实；组织部分网、省局进行管理年工作互查，对执行各种规章、反措等情况进行了重点检查，并对有关网省局提出了加强继电保护工作的具体建议，互查工作得到好评，促进了管理年工作深入开展；组织编撰《电网调度动态》"继电保护管理年"专辑，交流各省局开展工作的情况，在《中国电力报》开辟"继电保护管理年专栏"，会同电力报社组织了继电保护知识竞赛；颁发或转发了指导工作的有关文件、资料，主要有《3～110kV继电保护整定规程》《华东电网继电电保护反事故措施要点实施细则》等。

三、华东电网稳定规定的发布

20 世纪 80 年代后期，华东电网先后出现了 500 千伏交流电网和直流输电线路，进一步提高电网的安全标准被列入议事日程。1988 年和 1990 年，能源部分别召开了全国电网工作座谈会和电力系统暂态稳定工作会议，强调了按三相短路校核。1991 年 3 月，华东电网调度所所长会议提出了《加强稳定计算和管理，提高华东电网稳定水平的工作意见》。在 6 月召开的稳定工作会议上，审查了《华东电网暂态计算暂行规定》，这是华东电网稳定计算的第一个技术性文件。文件明确了稳定计算的规范要求，在全国电网中首先提出"四个统一"，即计算网络、计算程序、故障类型和运行方式统一，并将保证单相短路水平提高到保证三相短路水平。当时部分专业人员对后者尚存疑虑，曾持异议。不过经过几年努力，特别是继电保护人员把一些动作过慢的不符合要求的继电保护进行改造或升级后，保证三相短路水平的要求很快得以实现。

1997 年 12 月，华东电网稳定工作会议审查了《华东电网安全稳定自动装置设计技术原则规定》。这是华东电网制定的又一个稳定管理技术文件。在华东电网发展过程中，采用稳定装置来提高电网稳定水平已屡见不鲜。在 500 千伏电网建设过程中，先后有徐州切机、葛沪直流稳定、黄渡远方减出力、兰亭（北仑）远方切机、任庄（彭城）远方切机、肥西（平圩、洛河）远方切机等装置的研制和投用，省网内同样安装了不少类似的切机、切负荷的装置。为规范稳定装置技术要求、提高装置技术水平积累了不少宝贵经验，也为制定稳定装置技术原则奠定了基础。

四、华中电网频率质量稳步提升

1985 年，为了改善电网频率质量，华中电管局组织多次会议，督促网内各省搞好计划用电，并采取了超计划用电加倍计费、频率质量与各省的留利挂钩办法。同时，缩短在异常情况下拉闸限电的时间，以及全网开展运行竞赛和提高设备健康水平等措施，使当年的频率合格率达到 98.01%，首次达到部颁频率质量标准。但是这个成绩并未巩固下来，由于经济过热，电力供需差额扩大，1986 年频率合格率又下降到 93.58%，频率最高值 50.56 赫，最低值 48.81 赫。1987 年年初，电网运行进一步恶化。为此，华中电网第五次电网领导小组会议，改变了四省以基数用电的办法，实行以"发用电挂钩"为核心的电网改革管理办法，并要求强化调度纪律，恢复正常频率运行。同年 3 月 13 日，国务院办公会议决定，由国家经委、水电部等部门联合组成国务院计划用电监督小组，派驻华中电网。5 月 12 日，华中电网监督小组进点，在各方共同努力下，电网频率质量月月合格。但由于上半年频率质量很低，其中 2 月频率合格率只有 37.68%，致使全年的频率合格率也只有 84.82%，频率最高值 50.71 赫，最低值 48.01 赫。1988 年，电网频率合格率达到 98.53%，频率最高值 50.48 赫，最低值 49.22 赫。从此以后电网频率合格率都高于部颁标准，1999 年电网频率合格率高达 99.964%，这一成绩的取得来之不易。

1996 年下半年开始，用电增长缓慢，发电设备增长较快，调度由"以发定用"变为

"以用定发"，电力可以满足用电的需要。但是，日生产调度计划困难更大了，为保证频率在标准范围内运行，发、用电有功负荷必须时刻都保持平衡。因为电源充裕，用电不再受到限制，日用电的变化加大，即用电峰谷差急剧加大，所以必须加大电厂调峰幅度与之相适应，否则开机满足了高峰用电需要，可是到低谷用电时发电出力降不下来，势必出现高频率不合格时间，如果就低谷用电需要开机，又满足不了高峰用电的需要，而出现低频率不合格时间。电网调度只有加大发电厂调峰幅度，以及开停机的调峰力度，才能达到电网频率符合部颁标准。

1990年以来，华中电网已进入一个新的管理时期，各级电网管理部门已把电能质量标准列为电力企业的重要生产指标考核，并建立了严格的考核标准和考核制度。同时，华中网调和河南省调已分别引进了计算机电网监控系统，正在逐步开发和应用于电网调度，随着电力工业的发展，电网调度将为用户提供更加充足的符合标准的优质电能。

第十二章

三峡输变电工程与全国联网起步（1997—2002）

　　经过近 20 年市场化改革，政府对国民经济的管理方式发生了重大变化，从计划经济时期的直接管理转向间接管理，从微观管理转向宏观管理。经济体制的这种深刻变革，要求国家在兴建大型公共工程时必须转变政府职能，按照市场规则组织工程建设。因此，在三峡输变电工程建设初期，国家从项目建设管理体制入手，对三峡输变电工程的组织管理做出了有效的现代化建设制度安排，加强了科学管理，保证了工程建设的顺利实施。1994 年 10 月，国务院总理办公会决定，对三峡工程建设体制实行改革，明确了三峡输变电系统和电站分开建设，电网应统一建设、统一管理，并成立全国电网建设总公司。1995 年 11 月，国务院批准成立国家电网建设有限公司，明确其为三峡输变电工程的项目业主，负责整个工程项目的投资、建设、管理和运行。这一决定，改变了国家在基建项目上的传统模式，从管理体制和组织上切实加强了三峡输变电工程建设的力量，是三峡输变电工程建设的强大动力。

　　由于国家电力体制改革的不断推进，以及国家电力公司和国家电网公司内部管理体制的调整，三峡输变电工程的业主机构或实施责任主体多次变更，但无论是电力部、国家电力公司，还是国家电网公司，由国家级的电力企业作为三峡输变电工程项目法人的总体管理模式和管理思路一直延续。1996 年 6 月，由国务院批准成立的国家电网建设有限公司成为三峡输变电工程的项目法人。1997 年，设立国家电力公司。国家电网建设有限公司随后更名为中国电网建设有限公司，成为国家电力公司的全资子公司，仍然作为三峡输变电工程的项目法人。1998 年 12 月，为加强集约化管理，国家电力公司进行了内部机构调整：撤销中国电网建设有限公司，设立国家电力公司电网建设分公司，与国家电力公司电网建设部合署办公，国家电力公司成为三峡输变电工程的项目法人。2002 年年底，根据《国务院关于印发电力体制改革方案的通知》（国发〔2002〕5 号），国家电力公司被拆分并重组，新成立的国家电网公司成为三峡输变电工程的项目法人，一直至今。1999 年年底，南电联变更为国家电力公司南方分公司，2001 年 8 月，广东省电力工业实施厂网分家改革，为全国跨省区电网、省级电网实行厂网分开改革积累了经验。

　　为了将三峡输变电工程、"西电东送"、跨区联网等重点工程顺利建成投运，国家围绕工程的长距离输电线路可行性等一系列重大技术问题，组织开展了涉及电力理论和技术探索的重大科研问题，启动了一大批应用新理论、新技术、新工艺和电力新设备的研究开发项目，为工程的设计、建设、调试和运行提供了参数和技术方案，保证了工程的顺利实施和系统的稳定，并为全国电网互联的建设奠定了坚实的基础。

三峡输变电工程经历了十余年规划设计论证。从 1997 年三峡输变电工程正式开工建设，1998 年建成投运了第一条 500 千伏交流输电线路（长寿—万县），至 2007 年 9 月，以 500 千伏三峡—荆州双回输电线路的建成投运为标志，三峡电力外送输变电主体工程建设全部完成，这一系统也由此成为世界上少有的几个特大型电力系统之一。三峡输变电工程建设的如期实施，成功地把三峡枢纽水电站的巨大电能安全可靠地送到华中、华东、川渝及南方电网，为国民经济建设及社会发展提供了强有力的能源支持，不仅有效发挥了三峡枢纽工程巨大的经济效益、社会效益和环境效益，而且通过三峡电网建设促进了以三峡电网为中心的全国电网互联格局的形成，对加速实现"西电东送"通道建设目标、为实现更大范围内能源资源的优化配置创造了条件，全面提高了中国输变电工程规划设计和建设施工技术管理水平，确立了中国电网在世界输变电工程建设中的领先地位。

随着全国范围内三峡电力外送及"西电东送"等系列配套输变电工程的陆续投运，电网主网架建设逐步加强，超高压等级的省网与区域电网不断完善，500 千伏主网架开始逐步取代 220 千伏电网承担跨省、跨地区电力输送和交换任务。在此期间，电源项目也大规模投产运行，长时间、全国性的严重缺电局面得以扭转，电力供应形式也由卖方市场转为买方市场，发电企业争发电量的现象和要求电力行业提高服务质量、降低电价的呼声日益剧增，"打破垄断，建立竞争性电力市场"成为行业内外关注的焦点，为此国家在浙江、上海、山东、辽宁、吉林和黑龙江等 6 个省市开展了"厂网分开、竞价上网"的改革试点，自此竞价上网发电调度工作拉开序幕。

第一节　电网管理实现政企分开

根据《中华人民共和国国民经济和社会发展"九五"计划和 2010 年远景目标纲要》的要求，为有利于转变政府职能、实行政企职责分开、深化电力工业体制改革，国务院决定组建国家电力公司。1997 年 1 月，国家电力公司成立，电力部与国家电力公司实行两块牌子、两套班子、一套人马运行，实现规范化运作。1998 年 3 月，九届全国人大一次会议批准国务院机构改革方案，决定撤销电力部，实行政企分开，国家电力公司开始独立运作，电力部从此退出了历史舞台。

在研究电力部如何转变的这段时间内，实际上，电力部还承担着一个重要任务，那就是三峡水电站建好后，需要建立配套的输配电工程。国务院决定由电力部负责筹建国家电网建设总公司，以筹集资金进行三峡输变电工程建设。1996 年 6 月 18 日，国家电网建设有限公司成立大会在北京召开。1999 年年底，南电联变更为国家电力公司南方分公司，国家电力公司南方分公司的成立及厂网分开在南方的率先实现，为全国跨省区电网、省级电网实现厂网分开改革积累了经验。

一、国家电力公司成立

1992 年，党的十四大报告提出了建立社会主义市场经济体制的改革方向和部署，明确政府部门要缩减放权，政府的产业管理部门将逐步撤销。当时，庞大的产业部体系的改革显得尤为重要。

1993 年 3 月，八届全国人大一次会议通过决议：撤销能源部，成立电力部。决议明确提出了对电力部实施政企分开改革，并将电力部确定为国务院机构改革试点单位。因此，电力部在组建时，指导思想十分明确：政企职责分开，大力简政放权，由部门管理转向行业管理，加强规划、协调、监督、服务职能；精简内设机构和编制，合理配置职能，加强宏观管理职能，提高宏观管理水平。总而言之，凡是电力企业能够依法办到又属于电力部权限范围内的事，全部下放给企业。按照这个思路，电力部一方面需要加强电力行业发展战略、规划以及政策、法规完善和体制改革，监督国有资产保值增值，协调电力生产、建设和集资办电中的重大问题等宏观管理的职能；另一方面则要将对企业人、财、物及经营管理的职能下放和转移。

1995 年夏，中央在北戴河召开会议，研究电力部和冶金部改革试点的问题。会议决定将电力部改为中国电力集团，此份会议纪要由国务院办公厅秘书二局下发到电力部。由于当时中国已经有了东北、华北、华东、西北、华中五大电力集团，如果再设一个中国电力集团，有重名的感觉。之后，电力部向中央编办反映了这个意见，国务院最终同意将公司定名为国家电力公司。

1996 年 12 月 7 日，根据《国务院关于组建国家电力公司的通知》（国发〔1996〕48 号），明确由国务院出资设立国家电力公司，采取国有独资的形式。国家电力公司是国务院界定的国有资产的出资者和国务院授权的投资主体及资产经营主体，是经营跨区送电的经济实体和统一管理国家电网的企业法人，按企业集团模式经营管理，注册资本为 1600 亿元。文件明确国家电力公司的主要职责有五方面：一是经营国务院界定范围内的国有资产，承担保值增值责任；盘活存量资产，优化资源配置和产业结构；运用国家资本金并开展经批准的公司融资业务，对电力项目进行投资并负责偿还本息；二是享有产权收益，决定全资子公司的经营方针、重大产权变更、分配方式以及其他重大经营决策等事项；任免全资子公司的主要经营者及监事会成员；对控股、参股子公司派出董事会成员；研究决定所属事业单位的工作方针、发展规划等重大事项，任免其领导成员；三是研究制订公司发展战略、中长期发展规划和年度计划、投融资计划并组织实施；负责全国电力联网建设，经营管理联结区域电网的主干网络和跨区送电的大型电厂以及必要的调峰、调频骨干电厂；四是对国家电网实施统一规划、统一建设、统一调度、统一管理；依法对与国家电网相联结的发电厂和电网实施统一调度；监督全国电网安全、稳定、经济、优质运行，不断提高供电质量和服务水平；五是指导公司系统精神文明建设和思想政治工作；承担国务院及有关部门委托的其他工作。

1997 年 1 月 16 日，国家电力公司成立大会在北京人民大会堂举行。中共中央总书记江泽民、国务院总理李鹏为国家电力公司成立题词。国务院副总理吴邦国出席会议并讲话，为国家电力公司揭牌。国家电力公司首任总经理由电力部部长史大桢兼任。大会上，国家工商行政管理局向国家电力公司颁发了营业执照。

国家电力公司的组建成立，标志着中国电力工业管理体制改革正式进入实施阶段。电力部继续行使对电力工业的行政管理职能，国有资产经营职能和企业经营管理职能移交给国家电力公司。国家电力公司是一个对发电、输电、配电、供电实行资产和经营垂直一体化的巨型企业，拥有当时国内近48.3%的发电总装机容量和77%的总售电量，经营管理电力部直属或管理的全部电力企业集团公司、省级电力公司及其他电力企业的股权。

成立大会后的第二天，国务院在中南海举行电力工业管理体制改革座谈会。会议由吴邦国主持，李鹏出席会议并听取史大桢等人汇报，明确了组建国家电力公司是政府深化改革的重要一步。

国家电力公司于1997年确定了"四步走"的改革战略框架：第一步，1997年1月—1998年3月，以成立国家电力公司、撤销电力部为标志，在中央层面上实现政府职能的移交和行业管理职能的转移；第二步，1998—2000年，以《国务院办公厅转发国家经贸委关于深化电力工业体制改革有关问题意见的通知》（国办发〔1998〕146号）为纲领，坚持政企分开、省为实体的方针，完成国家电力公司的公司制改组，培育发电侧电力市场，主要任务是完成省级电力公司的公司制改组，组建一批独立发电公司；第三步，2001—2010年，在实现全国联网的基础上，"厂网分开、竞价上网"全面推开，建立竞争性电力市场；第四步，2010年以后，根据电力市场的发育程度和政府监管的要求，放开配电和售电环节，实现电力市场全面竞争，使市场化改革到位。

理顺管理职能的国家电力公司依照《中华人民共和国公司法》和现代企业制度，遵循"公司制改组、商业化运营、法制化管理"的方针，开始按照实体化、集团化运作，逐步成为经济实体。

二、电力部撤销

随着社会经济和电力工业的发展，电力市场供需在20世纪90年代末发生了明显变化，体制的弊端日渐凸显。电力体制改革的主线变成调整电力工业政府职能和企业职能。

1998年3月，九届全国人大一次会议批准国务院机构改革方案，决定撤销电力部，实行政企分开，将电力部的电力行政管理职能移交国家经济贸易委员会（简称国家经贸委），行业管理职能移交给中电联。

国家经贸委内设电力司，其职能为研究拟定电力工业（含水电）的行业规划、行业法规和经济技术政策，组织制订行业规章、规范和技术标准，实施行业管理和监督；提出有关电、热价格政策方面的意见；指导农村电气化和小电网建设规划。除国家经贸委外，国家计委、财政部等其他部门也有一些管电职能。中电联为电力企业之间的联合组织，与政府部门分开，行使行业管理和服务的职能。

三、国家电网建设有限公司的变更

国家电网建设有限公司是在三峡建设和中国电网规模发展到全国联网的新阶段后，顺应电力工业发展改革需要成立的全国性电网建设和管理企业。

1994年10月，国务院总理办公会决定，三峡输变电系统和电站分开建设，电网应全国统一建设、统一管理，并决定由电力部成立全国电网建设总公司，以协调有关网局筹集资金进行建设。经电力部研究，向国务院提出组建国家电网建设有限公司的请示，并成立筹备机构，开展相关工作。1995年11月5日，国务院以《国务院关于同意成立国家电网建设总公司的批复》（国函〔1995〕107号），正式批复同意成立国家电网建设有限公司。根据国务院批复内容，国家电网建设有限公司正式名称在注册登记时，按国家有关法规的规定确定。公司的财务关系隶属于中央财政，财务计划在财政部单列。

国家电网建设有限公司为国有独资公司，由电力部行使股东权，同时由电力部管理。该公司可设立子公司和分支机构。国家电网建设有限公司是独立核算、自主经营、自负盈亏的企业法人和经济实体。注册资本为25亿元人民币，从国家征收的三峡电网建设基金中安排，分5年到位。公司初期注册资本金的来源，一是把葛沪工程的资产划转该公司，其中的一部分资产转为注册资本，具体数额由有关部门确定；二是三峡输变电工程已安排的7800万元前期费用。

国家电网建设有限公司作为国家电网建设的业主，负责三峡输变电工程的投资、建设和管理，保证三峡输变电工程与三峡水利枢纽工程同步建设；负责协调有关电网、省电力公司筹集资金，进行跨大区电网、跨独立省网的联网工作和关系全国联网的大型电厂的送电工程规划、建设和管理；参与全国联网及跨省区送电工程相关的大型电厂和主要为保障联网运行所需要的调峰电厂的投资、建设和管理；从事有关电网建设的工程咨询、监理及设备物资等多种经营项目。国家电网建设有限公司设立董事会，董事长、总经理由国务院任命，领导班子其他成员由电力部党组任命。

1996年6月18日，国家电网建设有限公司成立大会在北京举行。1997年6月3日，国家电力公司以国电办〔1997〕15号文批准《中国电网建设有限公司章程》，该章程规定公司的法定名称为中国电网建设有限公司。同年8月28日，电网公司启用中国电网建设有限公司印章，同时废止国家电网建设有限公司印章。

1998年12月2日，国家电力公司下发《国家电力公司关于撤销中国电网建设有限公司的决定》（国电人劳〔1998〕653号），将中国电网建设有限公司更名为国家电力公司电网建设分公司，与国家电力公司电网建设部合署办公，国家电力公司成为三峡输变电工程的项目法人。

四、南电联改组为国电南方公司及厂网分开在南方的率先实现

1998年12月24日，国务院办公厅转发《国家经贸委关于深化电力工业体制改革有关问题的意见》（国办发〔1998〕146号）。该意见提出，为充分利用南方电网（包括广东、

贵州、云南三省和广西壮族自治区）的电力资源，实施国务院确定的"西电东送"战略，充分发挥国家电力公司的协调作用，促进南方电网的发展，中国南方电力联营公司实行厂网分开，其电网部分进行资产重组后作为国家电力公司的分公司，由国家电力公司直接管理，电厂独立运作。

根据该文件，1999 年年底，南电联变更为国家电力公司南方分公司（简称国电南方公司），负责经营管理南方跨省区骨干电网及天生桥二级水电站。国电南方公司成立后，南方跨省区骨干电网的建设投资主要由中央负责，南方四省区投资重点向电源等转移。南电联改为国电南方公司是中央与南方四省区联合办电形式和载体上的一个变化，是顺应厂网分开和电网集中统一管理调度的重要变化。

2001 年，国电南方公司和广东省率先在全国完成电力体制厂网分家改革。国电南方公司厂网分家改革主要是天一、天二水电站等发电资产的剥离。是年 8 月，国电南方公司与武警水电指挥部联合发起组建天生桥二级水电开发有限公司，负责经营天二水电厂。11 月，天生桥一级水电厂移交天生桥一级水电开发有限公司。国电南方公司在全国各大区域电网中率先完成厂网分家改革。

2001 年 8 月，经广东省政府批准，广东省电力工业实施厂网分家改革，分别成立广电集团有限公司（简称广电集团）和粤电资产经营公司（简称粤电公司）。广电集团负责管理全省电网，进行电力销售和服务，直接管理各地级及以上市的电力（供电）局；粤电公司负责组织电力生产，参与发电市场竞争。原广东省电力集团公司的直属发电企业，除广蓄、沙 C 两个电厂外（后移交粤电公司），均由粤电公司负责管理。根据中央扩大西电东送广东规模的决定，广东省委省政府要求粤电公司负责经营和出售发电资产，筹措电网建设经费，迎接西电大规模送广东。

国电南方公司的成立及厂网分开在南方的率先实现，是在"西电东送"全面启动的大背景下，通过实施厂网分开改革，加快电网建设的重大改革举措，为全国跨省区电网、省级电网实行厂网分开改革积累了经验，树立了榜样。

第二节　三峡输变电工程规划与实施

孙中山先生曾在《建国方略》[1]中提出了开发三峡的设想。1932—1947 年，国民党政府曾多次针对长江上游水力发电进行勘测研究。自 1949 年中华人民共和国成立以来，特别是 1954 年长江流域发生特大洪水以后，国家对长江流域的综合治理规划以及对三峡工程的勘测、设计和科学研究工作一直在不断地进行。

1956 年，成立长江流域规划办公室，开始组织开展三峡工程的勘测设计和科研工作。
1958 年 3 月的中共中央成都会议，听取并讨论了周恩来总理关于三峡枢纽和长江流

---

[1]《建国方略》为孙中山先生的三大著作之一，主要包括《孙文学说》《实业计划》和《民权初步》三个部分。

域规划的报告，通过了《中共中央关于三峡水利枢纽和长江流域规划的意见》。1958—1980年，国家对三峡工程的建设问题开展了大量的讨论研究。1980年8月，国务院常务会议决定，由国家科委、国家建委继续组织专家论证三峡工程。1984年4月，国务院正式下文批准了《三峡工程可行性研究报告》。1986年，国家成立水电部三峡工程论证领导小组，组织对三峡工程的重新论证工作。1988年，完成了论证工作，形成综合规划与水位、发电等14个专题论证报告。1989年9月，水利部、能源部联合把重新编写的可行性研究报告和专题论证报告报送国家三峡工程审查委员会审查。1991年8月，审查委员会完成审查工作，建议国务院及早决策兴建三峡工程，提请全国人民代表大会审议。1992年4月3日，七届全国人大五次会议审查通过了《关于兴建长江三峡工程的决议》，标志着世界上最大的水利枢纽工程三峡工程的正式立项。

三峡输变电工程属于三峡工程的重要组成部分。三峡输变电工程的建设分成三个阶段：第一阶段为1997—2003年，配合三峡水电站首批机组投运后的电力外送；第二阶段为2004—2006年，配合三峡左岸电站机组全部投运及其电力外送；第三阶段为2007—2008年，配合三峡右岸电站机组投运及电力外送。1997年，以500千伏长寿—万县输变电工程的开工为标志，三峡输变电工程开始进入施工建设阶段。2007年9月，以500千伏三峡—荆州双回输电线路的建成投运为标志，三峡输变电工程提前一年完成了国家批复的全部项目建设任务。

一、三峡输变电工程的论证与规划

1919年，孙中山先生完成了《实业计划》撰写，并发表在《远东时报》6月号，文章中提出了"三峡建坝"的设想。据考证，这是中国人第一次提出开发三峡水力的设想。1924年9月，孙中山先生在《三民主义》中讲到三峡发电供给全国火车电车、各种工厂以及制造大宗肥料使用的设想。1956年5月，毛泽东主席首次在武汉横渡长江，并在同年6月写下了《水调歌头·游泳》，词中提到"更立西江石壁，截断巫山云雨，高峡出平湖。神女应无恙，当惊世界殊"，体现了对三峡水利工程的企盼和梦想。20世纪50年代后期，由国家长江流域规划办公室组织，有关高校和电力设计、科研部门参加，对三峡工程蓄水位200米、装机2500万千瓦方案开展首次大规模论证。80年初期，国家又开展了对三峡工程蓄水位150米、装机1300万千瓦低水位建设方案的论证。

1986年6月，国家成立水电部三峡工程论证领导小组，组织进行三峡工程的重新论证工作。1988年4月，国家撤销水电部，成立能源部，开始对三峡输变电系统进行重新论证。在1988年长江三峡工程电力系统专题论证报告中明确：采用交直流500千伏混合方案向华东送电，能够发挥现有500千伏电网的优越性；三峡工程基本供电范围为华中电网的湘、鄂、豫、赣四省，华东电网的沪、苏、浙、皖三省一市和四川东部共九个省市；三峡工程与华北和华南电力系统可考虑联网，取得地区之间错峰效益、水火电容量交换效益和水电站群的跨流域补偿效益。

1992年4月3日，七届全国人大五次会议通过《关于兴建长江三峡工程的决议》，通过并批准了三峡输变电系统的可行性研究。1992 年 10 月—1994 年 3 月，国家组织进行第二阶段可行性研究和初步设计论证，1993 年 3 月 2 日，能源部下达了《能源部关于印发长江三峡工程输变电工程设计工作纲要的通知》（能源计〔1993〕192 号），从此全面启动了输变电系统的前期设计及研究工作。这次工作组织了电规总院、中南电力设计院、华东电力设计院、西南电力设计院等单位，共同完成了三峡输变电系统设计报告共十卷，以及六个相关科研课题报告。1994 年 9 月，国务院三峡工程建设委员会组织评审，原则通过了电力部提出的《三峡工程输变电系统设计报告》。国务院三峡工程建设委员会于 1995 年 12 月 14 日以国三建委发办字〔1995〕35 号文下达了《关于三峡工程输变电系统设计的批复意见》，批准了三峡输变电工程的系统设计方案，主要内容包括三峡电站 4 个分厂共采用 500 千伏出线 15 回，并留有 2 回扩建余地，其中左一分厂 2 回向川渝电网联结（初期曾计划向川渝电网送电 200 万千瓦，后来修改为主要是四川水电东送通道）；全厂共有 8 回线路分别送到左岸、右岸换流站和葛洲坝 3 座换流站，从 3 座换流站通过 3 回直流线路共 720 万千瓦容量送电到华东电网；其余的 5 回交流线路加上由左岸、右岸 2 座换流站 500 千伏交流母线出来的 4 回共 9 回 500 千伏线路联结到华中电网和湖北电网。

按照加强三峡电网结构要求，方案在三峡电力系统研究中做了多方面的考虑：首先是强调其受端电网建设，逐步将受端几个独立供电区通过联络线联结，形成以受端电网为核心的区域性电网，使主要受端电网对周边电网、三峡电厂（或其中的一个分厂）形成相对无穷大电网，以维持受端电网一定的电压水平，尽可能减少一个方向上电网的故障或突然停运的冲击和影响，为此，在华中地区，把湖北电网建设成华中电网的主要受端电网和三峡电力的集散枢纽；其次是"分散送端"，长江流域规划办公室在主接线设计中将三峡水电站左右岸的 26 台机组分成 4 个独立电厂，分厂在系统中的比重下降，以避免出现不利于系统稳定的头重脚轻的电网结构和控制短路电流水平。

在进行输电系统设计的同时，国家电力公司组织力量对三峡输变电工程的资金需求及筹资方案进行了深入研究，提出了三峡输变电工程资金需求测算和筹措方案。1998 年 3 月，经国务院三峡工程建设委员会审查后批准了三峡输变电工程的工程概算及相应的筹资方案。1999 年 7 月，国务院三峡工程建设委员会下发了《关于三峡输变电工程二次系统项目投资计划安排有关问题的批复》（国三峡委发办字〔1998〕22 号），批准了国家电力公司提出的二次系统设计建设内容及分年计划安排。

1997 年，以 500 千伏长寿—万县输变电工程的开工为标志，三峡输变电工程开始进入施工建设阶段。1997—2002 年，三峡输变电系统设计工作进入了滚动调整阶段。在这一阶段，因各地区电力系统负荷需求情况的变化，尤其是国家关于"西电东送"和"十五"期间外区向广东送电 1000 万千瓦（其中三峡送 300 万千瓦）的重大决策，对三峡电力的合理消纳以及相应的输电系统进行优化调整。同时，结合国家有关建立全国统一电力市场、实施电力体制改革等要求，对以三峡输电系统为中心的全国联网方案进行深入研究。2001 年，经过开展《三峡输电系统设计的补充研究》，进一步深化了包括广东在内的三峡输变电系统设计，并提出了新的调整方案。2002 年 7 月，国务院三峡工程建设委员会分别下发了《关于对三峡输变电工程及二次系统调整方案的批复》（国三峡委发办字〔2002〕13号）和《关于三峡—广东直流输电工程纳入三峡输变电工程管理有关问题的批复》（国三峡委发办字〔2002〕29号），正式批复了调整后的三峡输变电工程规模及设计概算，以及二次系统项目及总投资规模。至此，三峡输电系统规划设计工作获得圆满完成。

后期随着三峡地下电站投产，通过分析计算，国家提出三峡地下电站电能在华中、华北、华东三大电网中进行消纳较为适宜，有利于充分发挥其容量效益。2005年9月，国家电网公司在北京主持召开了《三峡地下电站输电方案研究报告》中间评审会。综合考虑各方面因素，会议决定将三峡地下电站接入电网工程与特高压交流试验示范工程相结合，采用3回500千伏交流输电线路将三峡地下电站接入荆门特高压变电站。2008年12月8日，经国家发改委以《国家发展改革委关于葛沪直流综合改造工程核准的批复》（发改能源〔2008〕3381号）核准开工建设。葛沪直流综合改造工程（三沪Ⅱ回直流）线路利用原葛沪工程±500千伏直流输电线路通道改造新建同塔双回直流输电线路，同时新建±500千伏荆门、枫泾换流站，形成保证三峡地下电站电力送到华东电网的重要通道。

二、三峡输变电工程建设与实施

1995年12月14日，国务院三峡工程建设委员会以国三建委发办字〔1995〕35号文下达了《关于三峡工程输变电系统设计的批复意见》，批准三峡输变电工程的建设规模为建设500千伏交直流线路9100千米（其中直流输电线路总长2200千米），交流变电容量2475万千伏·安，直流换流站容量1200万千瓦（2个送端，2个受端）。

2002年7月，根据三峡水电站供电范围发生的变化，经国家电力公司申请，国务院三峡工程建设委员会批准了建设规模的调整，并新增三广工程。同年，国务院三峡工程建设委员会批复灵宝背靠背工程作为三峡右岸直流输电工程的试验项目。

经调整后，三峡输变电工程总体建设规划规模为：

直流输电工程共4个单项工程（含灵宝背靠背工程），直流输电线路3条总长度2965千米、换流站7座总容量1872万千瓦，其中，三峡—常州±500千伏直流输电工程（简称三常工程）线路设计长度890千米，三峡—广州±500千伏直流输电工程（简称三广工程）线路规划长度975千米，三峡—上海±500千伏直流输电工程（简称三沪工程）线路规划长度1100千米；三个直流工程换流站均为2座，换流变压器容量2×300万千瓦；另外，灵宝背靠背工程换流变压器容量72万千瓦。

交流输变电工程88项，其中，线路工程55项，线路总长度6519千米；变电工程33项，变电总容量2275万千伏·安。华中地区（含重庆地区）47个线路单项工程，线路长度5663千米（其中重庆地区1067千米），22个变电单项工程，变电容量1425万千伏·安；华东地区8个线路单项工程，线路长度856千米，11个变电单项工程，变电容量850万千伏·安。

此外，为保证三峡电力安全、稳定、可靠地送出，相应建设了安全自动化装置等二次系统，包括调度自动化系统、电能量计费系统和交易管理系统、继电保护及故障信息管理系统、系统安全稳定控制系统及功角监测、通信系统，共五大项 29 个单项工程，以及与输变电工程配套建设的二次系统工程。国家批准的二次系统静态投资为 11.13 亿元。

三峡输变电工程建设的基本原则为与三峡水电站装机进度同步，使三峡电力能"送得出，落得下，用得上"。在此基础上，根据三峡水电装机建设投产进度以及周边地区电力需求增长情况，合理制订建设进度安排。

1994 年 12 月 14 日，长江三峡水利枢纽工程正式动工建设，按计划，长江三峡水利枢纽工程的总工期为 17 年，分三期进行。工程准备和一期工程为 1993—1997 年，共 5 年，实现大江截流；二期工程为 1998—2003 年，共 6 年，实现首批机组发电；三期工程为 2004—2009 年，共 6 年，实现至 2009 年 26 台机组全部建成发电。三峡输变电工程安排根据三峡水利枢纽工程进度做出相应安排，并适当超前，确保三峡电力送出。

根据三峡水电站的装机计划与工程实际进度，结合整个三峡输变电工程总体系统规划设计，三峡输变电工程的建设分成三个阶段，第一阶段为 1997—2003 年，配合三峡水电站首批机组投运后的电力外送；第二阶段为 2004—2006 年，配合三峡左岸电站机组全部投运及其电力外送；第三阶段为 2007—2008 年，配合三峡右岸电站机组投运及电力外送。

按照计划，三峡输变电工程建设到 2008 年全部完成。由于管理合理、措施有效，已经批复的三峡输变电工程建设项目提前一年完成。

三峡输变电工程第一阶段工程建设的主要目标是确保三峡 2003 年首批投产机组发电量的送出。其中关键是建成三常工程，以及加强华中电网的主网架和湖北与河南、湖北与湖南、湖北与江西的联网工程，加强直流工程落点到常州、政平之后的交流 500 千伏输变电工程的配套送出。河南、湖南、江西三省三峡输变电工程的重点是建设负荷中心的项目。

从 1997 年 3 月三峡输变电工程开工，到 2003 年 6 月底三峡水电站首台机组开始投运，三峡输变电工程建成交流线路总长 2599 千米（占总量的 40%），交流变电容量 775 万千伏·安（占总量的 34%）；三峡至华东的第一条直流线路三常工程全线架通，两座直流换流站实现双极投产。交、直流工程累计完成投资 140 亿元。2003 年 6 月，国务院长江三峡二期工程输变电工程验收组对上述工程进行了国家验收，所有项目全部合格。

三峡输变电工程第二阶段工程建设的目标是确保三峡左岸电站 14 台机组全部发电送出。其中重中之重是建成三广工程及相应的交流输变电工程。同时，为全面检验和提高中国直流国产化能力，并作为三峡右岸直流工程的中间试验项目，建成灵宝背靠背工程。

第二阶段三峡输变电工程累计完成动态投资 282.79 亿元，累计投产交流线路 39 个单项工程，线路总长度 4964 千米，交流变电 25 个单项工程，变电总容量 1675 万千伏·安；直流工程 2 个单项工程，即三广工程和灵宝背靠背工程，直流线路 975 千米，直流换流站 3 座，换流站容量 672 万千瓦。

此时三峡电力外送系统已形成由左一——龙泉 3 回、左二——江陵 3 回、龙泉—斗笠 3 回、斗笠—江陵 2 回共计 11 回 500 千伏交流线路构成坚强的三峡近区网络，接入华中主网，并通过 500 千伏左一——万县、龙泉—万县 2 回交流线路连接川渝电网；三常直流、葛南直流、三广直流三个直流系统构成了联结华东和南方电网的外送通道。

三峡输变电工程第三阶段工程建设以确保三峡右岸电站 12 台机组的发电送出为主要目标。期间完成葛洲坝换流站改接到三峡水电站右一母线工程。此阶段重点工程为三沪工程及与此相应的交流输变电工程。2006 年 12 月 9 日，三沪工程投产，线路全长约1100 千米，直流额定电压±500 千伏，额定电流 3000 安，额定功率 300 万千瓦。

同时，建设完成系统二次及通信工程相应的安全控制及调度自动化工程，包括国家电力调度通信的 EMS、重庆市调 EMS、电能量计费主站系统、京沪和京汉微波改造工程、北京地区光纤环网等一系列工程。

这一阶段的交流工程有荆州—益阳 II 回线路、右换—荆州双回线路、右二—右换 3回线路、荆门—孝感 II 回线路、咸宁—凤凰山 II 回线路、潜江—咸宁 II 回线路，以及万县变电站扩建、长寿变电站扩建、双林变电站扩建、宜兴变电站扩建、吴江变电站扩建、荆州变电站扩建等变电工程。2007 年 9 月，500 千伏三峡—荆州双回输电线路建成投运，标志着三峡电力外送输变电网络的基本建成。

三峡输变电工程是三峡工程的重要组成部分，也是一项跨世纪的庞大系统工程，承担着三峡水电送出的重要任务，是三峡枢纽电站电力送出及其效益实现的根本保证。工程总投资 394.5 亿元，于 1997 年开工建设，2007 年竣工投产。经过 11 年的建设，三峡电力外送系统的基本构架为由三峡水电站直接送出的 500 千伏交流线路共 15 回，其中，从三峡左岸 2 个电站送出的线路共 8 回，分别经 3 回线路至龙泉换流站、2 回至万县、3 回至荆州换流站；从三峡右岸 2 个电站送出的线路共 7 回，分别经 2 回至宋家坝换流站、2 回至荆州换流站、3 回至宜都换流站；还有 4 回（包括原葛洲坝到上海 1 回）±500 千伏直流线路送入华东电网和南方电网，在三峡水电站近区建设 4 座换流站，容量共 1020 万千瓦，规模如此巨大、如此集中的交直流工程建设，在世界上也是前所未有的。

三峡输变电工程以三峡水电站为中心，向华东、华中、南方电网送电，供电范围遍及湖北、湖南、河南、江西、上海、江苏、浙江、安徽、广东、重庆、四川九省两市，共182 万千米^2，惠及人口超过 6.7 亿人，其供电面积之大、人口之多，亦为世界之首。三峡输电系统范围内的发电总装机容量从初期 1992 年的 6150 万千瓦，增加到 2000 年的 1.2亿千瓦。至 2006 年年底，九省两市的总装机容量已达到 2.3 亿千瓦，均占全国装机总量的三分之一以上，其电力系统规模也居世界前列。

工程投产后，中国形成了联结华中、华东、川渝的大电网，并以此电网为中心进一步发展与周边电网的联网，逐步推进全国联网。同时，对于优化国家能源布局，推动西部水电大开发；促进资源优化配置，减轻煤炭供应和运输压力，缓解华中、华东、广东等地区能源紧张局面；减少二氧化硫和碳排放，促进国家节能减排目标实现，推动经济社会与生态环境协调发展；强化自主创新，推动中国输变电技术和设备国产化水平迈上新台阶；加快建设以特高压为骨干网架、各级电网协调发展的坚强国家电网，构建科学合理的能源综合运输体系，都具有非常重要的作用。

三、三峡重点输变电工程

（一）500千伏长寿—万县输变电工程

为满足川东盐化工厂的用电需求，支持三峡库区移民的经济发展，同时考虑到四川省政府向国务院三峡工程建设委员会报告要求长万线路提前架设的请示，电力部和中国电网建设有限公司同意长万线路争取1998年建成投产，先由四川电网供电，远期由三峡电力保障，以保证万县移民及经济建设需要。

三峡输变电工程的第一个单项工程500千伏长寿—万县输变电工程线路全长163千米，铁塔369基，沿途经长寿、垫江、忠县至万县，工程静态总投资23亿元人民币。1996年10月27日，工程项目正式发布标书。1997年3月26日，工程正式开工，标志着以三峡输变电工程为中心任务，一个联结华东、华中地区及四川等11省（市）的电力系统开工建设，1998年6月15日，线路带电成功，先期降压至220千伏运行，三峡首台机组发电后升压至500千伏运行。

500千伏长寿—万县输变电工程建设的作用和意义在于实现了向库区送电，支援三峡工程建设，支援库区人民，也是检验新形成的三峡输变电工程建设管理体制的一次"实战演习"。

（二）500千伏湖北双河—河南南阳输变电工程

随着三峡输变电工程建设的铺开，需要进一步解决三峡电力的消纳问题，根据三峡电能消纳方案，初期电能就近在华中地区消纳，建设了500千伏湖北双河—河南南阳输变电工程（简称双南工程），将电力输送到河南。

双南工程线路全长321千米，工程动态总投资25775万元，1998年12月29日正式开工建设。工程中首次采用海拉瓦新技术进行路径优化，减少成本，降低工程造价。同时也是国内率先实行输变电工程线路设计招标的项目，为以后的输变电工程设计任务全面推行招标打下了基础，积累了经验。

此外，在工程的建设过程中，为协调好与各网省电力公司投资渠道不同的关系，在组成启动验收委员会时确定了启动验收委员会主任由变电站的投资方担任，线路服从变电的原则，理顺了三峡输变电工程主体建设方与各网省电力公司在启动、验收、试运行中的关系，对以后工程建设有重要的示范作用。

（三）500千伏政宜输变电工程

在三峡输变电工程中，500千伏政宜输变电工程是中国第一条双回路紧凑型六分裂输电线路，起点为江苏省常州市政平换流站，终点为宜兴变电站。线路全长43千米，全线共107基铁塔，2002年9月18日开工，2003年12月31日竣工，2004年4月26日投运，工程动态总投资128亿元。

作为具有国际先进水平的中国第一条同塔双回500千伏紧凑型线路，500千伏政宜输变电工程的投运，标志着中国输电技术迈上了新台阶。与常规同塔双回500千伏线路相比，同塔双回500千伏紧凑型线路自然输送功率提高约30%，达到当时世界先进水平，工程建设投资也明显降低。此项工程对解决后期的电力线路输送容量不断提高、线路走廊征占地日益紧张等问题，起到了重要的示范作用。

（四）三常工程

三常工程是三峡电力外送配套的输变电工程之一，是三峡输变电工程的第一个直流工程，是三峡水电站向华东电网送电的重要项目，是联结华中电网与华东电网的骨干工程，担负着中国超高压直流输电设备国产化起步的重要任务，在中国超高压输变电工程建设史上具有承前启后的重要地位。该工程西起三峡龙泉换流站，途经湖北、安徽、江苏三省，东至江苏常州政平±500千伏换流站，全长860千米。换流站双极总容量300万千瓦，国内首次采用4分裂720毫米²大截面导线。工程于1995年12月由国务院批准系统设计，2000年7月开工建设，2002年11月22日竣工并开始系统调试和带负荷试验，调试工作按测试大纲要求，完成极Ⅰ系统调试的15大类65项试验项目。同年12月21日，极Ⅰ系统送电成功。它的投运标志着三峡首批机组发电前的电力送出工程建设取得了阶段性成果，也标志着中国直流输电技术水平跨上了一个新台阶。2003年5月5日，极Ⅱ系统建成投运。该项工程建成投运紧密配合了三峡电站左岸第一台机组6月末试运行，确保了7月正式投产后电力及时向华东电网的输送，对实现"西电东送"的大战略，提高华中、华东联网输电能力发挥了重要作用，促进两大地区的水火电优势互补，提高电网运行质量和经济效益具有十分重要的意义和作用。

龙泉换流站位于湖北省宜昌县龙泉镇，是一座交直流混合大型枢纽站，占地总面积334.7亩，建筑面积8131米²，由交流场、直流场和阀厅3部分组成。交流场连接三峡水电站500千伏升压站，经交流滤波器和换流变压器接入阀厅整流后进入直流场，再通过平波电抗器、直流滤波器与±500千伏直流输电线路相连。交流场建设500千伏交流出线5回（远期8回），安装1组75万千伏·安变压器（远期2组，本期上4个单相）、交流滤波器8组共107.6万千乏、换流变压器12台（另加2台备用）。阀厅为整套二重阀组2×6组，每极1个12脉冲阀组。直流侧每极1台平波电抗器（另设1台备用），2组直流滤波器。变压器等主要设备采用国际招标方式，选择瑞典ABB公司制造。工程由中南电力设计院负责设计，湖北省输变电工程公司承担施工任务。

政平换流站位于江苏省常州市以南15千米的政平村，距武进市前黄镇4千米处即为华东电网的一个重要枢纽500千伏武南变电所，政平换流站通过2回500千伏交流线路，经500千伏武南变电站，并入华东电网。每相换流变压器由3台28.37万千伏·安单相双绕组换流变压器组成，全站共安装换流变压器14台（其中备用2台），油浸式平波电抗器3台（其中备用1台）。每极配置直流无源滤波器2组。500千伏交流出线2回，500千伏交流滤波场地共安装交流滤波器5组，并联电抗器4组。±500千伏政平换流站是江苏第一座换流站工程。2000年7月31日，工程正式开工。该工程建设单位为国家电力公司电网建设分公司，工程设计单位由中外两家设计单位共同承担：华东电力设计院负责交流场、全站布置、全站建筑物基础、道路、所前区辅助建筑等设计；瑞典ABB公司负责直流场、换流建筑物、换流变压器及平波电抗器区域、滤波器区域等设计。设计中考虑到可控硅阀，采用双重阀悬吊式户内安装，双重阀可降低每重阀的绝缘要求；因常州地区污染严重，直流场高压部分采用户内开关场方式，也可减少占地面积。换流变压器采用双绕组方式，换流变压器阀侧套管直接插入阀厅布置，直流场平波电抗器阀侧套管亦插入阀厅布置，线路侧套管插入户内直流场，大大减少了直流套管用量，避免直流穿墙套管在运行时可能发生的闪络事故。

在三常工程建设期间，为满足三峡输变电工程建设以及电力快速发展对科研与技术开发的要求，建设单位投资建设、改造了电力系统仿真中心实验基地、分裂导线力学性能试验室、杆塔试验站、电磁兼容试验室等一批重点实验室，并在电力系统规划、设计以及输变电设备等方面进行了广泛的研究。同时，依托三峡输变电工程开展重大科技课题研究，使中国电力科技创新和国内电力设备制造能力大幅提升，为中国电网的技术进步创造了良好的条件。工程线路是当时世界上输送电力容量最大和输送距离最长的线路。工程的建设在国内甚至在当时世界范围内也无先例可以借鉴，参与项目的 ABB 公司和西门子公司等国外公司也缺乏大电流送电直流工程的设计和建设的成熟经验，因此从功能规范书的编制到建设过程、设备制造都是一个探索过程。2003 年 6 月 26 日，三常工程启动验收委员会做出工程质量安全鉴定：工程质量达到优良级。

（五）三广工程

进入 21 世纪后，为满足广东省用电需求的快速增长，国务院在 2000 年做出战略决策，决定在"十五"期间从贵州、云南和三峡三个地区向广东送电 1000 万千瓦，2000 年 8 月，根据中共中央政治局常委、第九届全国人大常委会委员长李鹏的提议，一条从三峡到广东的 ±500 千伏直流输电工程开始规划建设。

2000 年 12 月，国家电力公司向国家计委报送了《关于三峡（华中）—广东直流输变电工程可行性研究报告的请示》，2001 年 3 月，国家计委下发《关于三峡（华中）至广东直流输电工程可行性研究报告的批复》（基础〔2001〕248 号），国务院三峡工程建设委员会于 2002 年 7 月以国三建委发办字〔2002〕29 号文批复了将三广工程纳入三峡输变电工程管理的有关问题。经国务院研究决定，将三广工程增补进入三峡输变电工程。该工程由湖北荆州、广东惠州两座换流站，两端换流站的接地极及接地极线路，荆州到惠州的直流输电线路，OPGW 及通信工程组成。工程额定电压 500 千伏，额定电流 3000 安，额定功率 300 万千瓦。直流线路长度 975 千米，途经湖北、湖南、广东三省、跨越长江、澧水和沅水。荆州换流站与 500 千伏荆州变电站合建，是当时世界上最大的换流变电站。工程静态总投资 50.11 亿元人民币，其中包括外汇 28 065 万美元。三广工程从决策到开始施工建设历时仅 31 个月，建设工期紧、任务重。为了确保工程如期建成，工程设计及建设模式基本上采用三常工程的模式，充分利用三常工程已取得的设计、制造、建设经验，将工程设备供应的国产化比例提高到 50%，工程实现了安全"零事故"目标，质量单位工程优良率 100%，分项工程合格率 100%。工程实现了当时同类工程建设工期最短，国内首次自主编制直流工程的功能规范书，换流站安装工程首次采用 A、B 包共同承包模式，以设计优化促工程质量和投资控制、保工程措施有力和成效显著等创新亮点。

线路工程于 2001 年 10 月正式开工，换流站工程于 2002 年 4 月开工。2004 年 2 月 8 日，三广工程正式向广东送电；同年 4 月 17 日，工程双极直流系统试运行；同年 6 月 6 日，工程投产仪式在北京召开。2004 年 12 月 19 日，工程通过专家组的正式验收。

三广工程换流站直流主设备采用国际邀请招标采购方式，邀请了 ABB、阿尔斯通、西门子三家公司参加投标。除了按照招标文件进行商务和技术评标、谈判外，在技术转让和国产化方面进行了进一步的深化并提高要求，增加了直流工程设计和直流控制保护技术。经评标，换流站设备采购合同为 ABB 公司中标。此外，ABB 公司与南瑞继保公司、西门子公司与许继集团有限公司（简称许继集团）签订了直流控制保护制造专有技术的转让协议；两家公司还分别与网联直流公司签订了高压直流系统研究和控制保护成套设计技术转让协议。同时，在合同中规定国内分包生产的内容为晶闸管国内供货 50%、换流阀由国内完成组装；换流变压器每端换流站各生产 4 台；平波电抗器每端换流站生产 1 台。

三广工程的建成投产，实现了华中电网与南方电网的互联，不仅实现了"西电东送"的战略，将西部资源优势转化为经济优势，而且还可以充分发挥互联网水火电互为补偿、互为备用、调剂余缺以及错峰、跨流域水电补偿等容量效益和电量效益，保证了三峡电力安全可靠送出，及时缓解了广东严重缺电的紧张局面等多方面的效益，同时又为实现全国联网迈出十分关键的一步。

（六）三沪工程

三沪工程是三峡三期输变电工程的重点工程，涉及华中和华东两大电网的互联，是三峡右岸电厂电力外送的主要通道。工程对提高大电网运行的安全可靠性、进一步推动国家能源的优化配置、缓解上海乃至华东地区用电紧张的状况发挥了重要作用。工程由重庆宜都换流站、上海华新换流站和三沪线路、接地极及相应 OPGW 组成，线路全长 1048 千米，输送容量 300 万千瓦，工程总投资 69.8 亿元。2004 年 12 月 28 日，工程在湖北宜都市开工。2006 年 11 月 11 日，工程开始双极直流试运行，同年 12 月 9 日，工程竣工投产大会在上海召开。

三沪工程实现了直流输电工程自主创新的发展目标，进一步提高了中国直流输电自主化、国产化的水平。工程以国内企业为主承担整个工程的系统研究、成套设计和关键设备供货，第一次以中国为主完成直流工程系统研究及换流站成套设计，从三常工程出外方负责成套、三广工程实现成套技术引进，到三沪工程在前期咨询、规范书编制和系统研究及成套设计方面以中国为主，自主化建设水平进一步提高。同时，换流站关键设备及材料国产化方面跨上新高度，直流工程关键设备国产化率由三常工程的 30%、三广工程的 50% 提高到了三沪工程的 70%。

在工程建设过程中，始终坚持以"清洁、高效、环保"为宗旨，在环保方面，特别在噪声治理方面取得创新性的成效；另外工程的建设工期短，安全零事故，质量水平高，2007 年 9 月 5 日，在泰国曼谷举行的"2007 年度亚洲电力优秀工程"评选颁奖仪式上，三沪工程从印度、菲律宾、韩国、美国等国家共计 40 多个参评工程项目中脱颖而出，一举获得了 2007 年度亚洲输变电工程年度奖，成为此次活动中的 16 项获奖项目之一。

（七）葛沪直流综合改造（三沪Ⅱ回直流）及三峡地下电站送出工程

葛沪直流综合改造（三沪Ⅱ回直流）及三峡地下电站送出工程（简称葛沪直流综合改造工程）包括葛沪工程±500 千伏直流增容改造工程和新建华中（荆门团林）—华东（上海枫泾）±500 千伏直流输电工程，是为满足三峡地下电站送出需要，加大华中与华东联网规模，促进资源优化配置的关键工程。"十一五"期间，国家电网公司对现有葛沪±500 千伏直流工程进行综合改造，2011 年 4 月，葛沪直流综合改造（三沪Ⅱ回直流）及三峡地下电站送出工程投入运行。

葛沪直流综合改造工程对位于上海市内南桥换流站、葛沪工程±500 千伏输电线路进行改造，新建上海±500 千伏枫泾换流站和湖北荆门±500 千伏团林换流站。±500 千伏团林换流站是葛沪直流综合改造工程首端站，同时也是三峡电力外送工程的收官站，西引三峡右三电站，东送上海，北连 1000 千伏荆门特高压站，南输±500 千伏江陵换流站，是华中、华东、华北、南方四大电网的交集，是中国跨区电网中最重要的枢纽之一。

三沪Ⅱ回直流线路是指荆门换流站—枫泾换流站±500 千伏直流输电线路，全长 983.9 千米，其中 922.9 千米（含吉阳长江大跨越 2.33 千米）与新建葛南直流线路同塔架设，三沪Ⅱ回直流工程荆门换流站—庙岭段 61 千米（含汉江大跨越 2.41 千米）按单回路架设。

葛沪直流综合改造工程投运以来，累计直流输送电量超过 800 亿千瓦·时，使华中、华东电网交换能力大大提高。葛沪直流综合改造工程建成后，上海从外区受电的能力得到了大大加强，同时也能缓解华东交流网架的压力，提高华东电网供电裕度，为上海经济发展提供坚实的能源支持。

葛沪直流综合改造（三沪Ⅱ回直流）及三峡地下电站送出工程采用常规±500 千伏直流输电技术，继承了三峡输变电工程建设的技术和经验，实现了直流设备 100%的国产化，首次尝试两个直流线路同杆并架和三个直流系统共用接地极技术，充分节约了宝贵的土地资源，是技术先进、经济适用、环境友好型直流工程的典范和代表，是中国±500 千伏直流输电工程历时十年技术引进、消化和创新的典范和代表。

四、"十五"期间电网规划与成果

为满足新时期国民经济和社会发展对电力的要求，针对"十五"期间电力工业面临的形势和市场环境问题，国家经贸委于 2001 年 1 月 1 日发布了《电力工业"十五"规划》（简称《规划》）。

《规划》明确了电网发展与结构调整目标："十五"期间，全国联网取得实质性进展。到 2005 年年底，除新疆、西藏和海南外，各相邻电网基本实现互联，电网结构更加合理，具备防止发生大面积停电事故的能力；全国 220 千伏及以上交直流线路达到 23 万千米，变电容量达到 6.7 亿千伏·安；二次系统与一次系统协调发展，通信网络整体能力大幅度提高；城市电网供电可靠性平均达到 99.9%，部分重点地区达到 99.99%；电网综合线损率控制在 7% 以下。明确做好以下工作：一是抓紧建设北、中、南三个输电通道，形成"西电东送"的基本格局；二是重点发展跨省、跨地区输电线路，积极推进区域电网和互联，初步完成不同来水特点流域电网之间、不同峰谷时段电网之间的联系，实现电量补偿调度，装机互为备用，提高供电质量，优化电力资源配置；三是加强区域内主干电网建设；四是同步建设电网二次系统。

《规划》中具体提到要调整东西部电源建设的布局，为"西电东送"提供市场空间；在南方互联电网重点做好向广东送电 1000 万千瓦工程；开工建设龙滩、小湾和构皮滩等大型水电站，在煤炭资源丰富的地区适当建设燃煤电厂；主要建设 500 千伏天广Ⅲ回工程、昆明—罗平—天生桥、贵州—广西—广东三个交流输变电工程项目，以及贵州—广东、三广两个 ±500 千伏直流输电工程项目；在中部电网配合三峡水电站的建设，重点配套建设三峡输变电工程，约 60% 的三峡输变电建设工程在"十五"期间完成；疏通四川电力外送的电网通道，为四川电力东送创造条件；北部电网在现有 500 千伏山西大同—北京房山、内蒙古丰镇—张家口—北京昌平 3 回输电线路的基础上，加大蒙西、山西向京津唐送电力度，到 2005 年，京津唐地区接受蒙西送电容量超过 270 万千瓦；加快开发西北黄河上游水电站、建设陕北和宁夏煤炭基地坑口电站的步伐，努力实现向华北电网送电。

"十五"末期，全国 220 千伏及以上交直流线路达到 25.19 万千米，变电容量达到 8.668 亿千伏·安。已建成 750 千伏输变电工程并投运，把中国电网的电压等级提高到世界先进水平，建成了西北—华北背靠背联网工程，投入了华中—华北联网工程，从而基本实现了除新疆、西藏、海南之外的全国联网。三峡输变电工程进展良好，到 2005 年年底，三峡输变电工程基本上已全部开工，已建成的交流线路 39 条，长度 4964 千米，变电站 25 座，容量 1675 万千伏·安，直流工程 2 个，线路长度 1865 千米，直流换流站 5 座，容量 1236 万千瓦；建设中的交流线路 1526 千米，变电容量 450 万千伏·安，直流线路长度 1075 千米，容量 600 万千瓦。"西电东送"输电能力大幅提升，资源配置更加合理。2005 年，"西电东送"又有 500 千伏天广Ⅳ回工程等多项跨省跨区输变电工程投产。到 2005 年年底，"西电东送"北通道共建设投运 11 个 500 千伏输变电工程，总输送能力超过 1200 万千瓦，这些输变电工程的建设对山西、内蒙古地区的能源输送到京津唐及河北地区发挥了巨大的作用；中通道形成了三峡、葛洲坝到华东地区的 ±500 千伏直流输变电工程，总输送能力 420 万千瓦，是华东电网满足电力需求的主要保证之一；南通道包括三广工程等，共形成"六交三直" 9 条输电线路，总输送能力超过 1300 万千瓦，该通道建设运行能充分发挥各省优势，达到资源的优化配置。

2005 年，电力供需形势由全国性的持续严重缺电开始转向缓和，华东、华中和南方电网电力供需形势大为缓解。

第三节　"西电东送"重点输变电工程

中国煤炭资源主要分布在西部和北部地区，水能资源主要集中在西南地区，东部地区的一次能源资源匮乏、用电负荷相对集中。能源资源与电力负荷分布的不均衡性决定了"西电东送"的必要性。"西电东送"就是把煤炭、水能资源丰富的西部省区的能源转化成电力资源，输送到电力紧缺的东部沿海地区。

2000年3月，国务院公布的《国民经济和社会发展第十个五年计划纲要》中明确提出：建设"西电东送"的北、中、南三条大通道，推进全国联网。"西电东送"南通道是指开发西南地区水电和云南、贵州的火电，相应建设输电工程联合向广东送电；中通道是指以三峡电力送出为龙头，将电网向西延伸至长江上游地区，实现川渝和华中地区共同向华东、广东送电；北通道是指在山西北部、内蒙古西部向京津唐地区送电的基础上，逐步实现黄河上游水电和"三西"地区火电向华北、山东地区送电。2000年开始，随着广东经济水平开始回升，同时由于国际油价居高不下，广东电力供应已出现再次紧张的局面，为此同年8月，国务院常务会议做出"十五"末期由云南、贵州向广东送电1000万千瓦的决定。

"西电东送"是国家为实施西部大开发战略而做出的重大决策和标志性工程，也是"十五"期间提出的重大电网建设方针，对于全国联网工程建设有着积极的促进作用。

一、"西电东送"战略决策

1997年9月，中国共产党第十五次全国代表大会做出了关于"中西部地区要加快开发，发挥资源优势，发展优势产业"的战略决策。1999年11月，在中央经济工作会议上，中共中央强调要把实施西部大开发战略作为党和国家一项重大战略任务，摆到更加突出的位置。西部大开发是党中央、国务院在世纪之交做出的重大战略举措。而"西电东送"则是全面落实西部大开发战略极其重要的组成部分。2000年，国家明确了"十五"期间"西电东送"的北、中、南三大通道建设。"西电东送"工程通过北、中、南三个通道建设来实现，其中北通道主要是将晋陕蒙宁的火电和黄河上游部分水电打捆向华北输送，同时支援华中；中通道主要是将长江干支流水电向华中和华东输送；南通道主要是将云南、贵州的水电和火电向广东、广西输送。

实施"西电东送"是开发西部、实现全国电力资源优化配置的一项战略性举措，意义十分重大：一是促进西部经济发展，我国水力资源可开发装机达3.78亿千瓦，居世界第一位，但是水资源主要集中在西南地区，占全国总量的68%，开发却不到8%。积极开发西南水电，可以迅速带动西部交通、水泥、钢材、机电制造等行业的发展；二是促进东部地区经济社会发展，东部地区是我国经济发达的地区，人口数超5亿，1998年国内生产总值占全国62%，电力装机1.4亿千瓦，占全国51%，然而东部地区缺乏能源，电力以火电为主，造成部分地区大气和环境污染，开发西南水电实施"西电东送"，不仅可以解决东部地区发展的电力需求，而且有利于改善东部地区的生态环境；三是促进中国电力结构调整和电力资源的优化配置，我国的电力管理体制和电网结构以省为单位，电力资源基本在一个省内配置，开发西南水电实施"西电东送"，促进全国性电网的建立，电力资源可以在全国范围内进行优化配置，发挥水火互补、东西互补、南北互补的作用，这将为国家创造巨大的经济效益；四是促进江河治理，西南地区的水电站大多位于长江、珠江干支流上，不仅具有发电效益，而且还有防洪、供水、灌溉、航运等综合效益，开发西南水电可以促进江河治理；五是促进中国生态环境的改善，当时中国温室气体排放总量为世界第二位，仅次于美国，水电是清洁能源，积极开发水电将有利于中国生态环境的改善；六是促进内需扩大，拉动经济发展，据有关专家测算，如果在今后十年左右时间内再开发西南水电装机 3000 万千瓦，建成"西电东送"的全国性电网，需投资 2500 亿元左右，这将有力地扩大国内需求，拉动经济发展，解决职工就业问题；七是有利于实现全国电网互联，在更大范围内实现资源优化配置，实现电力工业的可持续性发展。

二、"西电东送"南通道的初期建设

南方互联电网联结广东、广西、云南和贵州四省（区）电网，承担着国家"西电东送"的能源战略任务。至 2000 年年底，南方 500 千伏电网形成以天生桥为枢纽，西连贵州、云南，东经广西，并以广东为主要受端的"西电东送"主网架，和两回交流、一回直流并列运行的"西电东送"大通道。

"西电东送"南通道是三大通道早期发展中，建设起步最早、规划最早、建设较快、最早成规模的通道。2000 年，随着广东经济逐渐走出亚洲经济危机影响，经济水平开始回升，同时由于国际油价居高不下，广东电力供应已出现再次紧张的局面。根据测算，广东省在"十五"期间，电力缺口将达到 1000 万千瓦。为此，广东省委、省政府向党中央、国务院提出，要加快"西电东送"的建设速度，解决广东的缺电问题。党中央、国务院高度重视广东的缺电问题，中央政治局召开会议研究加快"西电东送"和加快广东电力建设的问题。2000 年 8 月 24 日，朱镕基总理主持总理办公会议，做出"十五"末期新增向广东送电能力 1000 万千瓦的重大决策。国家发展计划委员会（简称国家计委）批准"十五"期间南方五省（区）实施"西电东送"多项电源、电网工程项目，其中电网项目除在建的天生桥—广东±500 千伏直流输电工程（简称天广直流工程）和 500 千伏云南罗平—天生桥输变电工程外，还包括 500 千伏天生桥—广东第三回、广西平果—南宁、云南宝峰—罗平、贵州—广东双回、湖南鲤鱼江电厂—广东交流线路，500 千伏贵州—广东 I 回、三峡—广东直流线路，平果和河池串联补偿及 220 千伏鲁布—天生桥等 10 项输变电工程。2000 年 11 月和 2001 年 11 月，国家计委分两批举行上述工程的开工典礼。

天广直流工程是"十五"期间"西电东送"新增送电至广东 1000 万千瓦的第一个工程，是南方五省（区）第一项±500 千伏直流输电工程，同时也是天生桥一级水电站配套送出工程和国内第二项±500 千伏直流输电工程。工程包括天广±500 千伏直流输电线路以及贵州天生桥换流站、广东广州换流站。天广±500千伏直流输电线路西起贵州天生桥换流站，东至广东广州换流站，全长980千米，输电容量180万千瓦。1993年7月24日，国务院批准工程可行性研究报告，同年11月，批准工程列为施工准备项目；1995年5月25日，电力部批准工程初步设计，1998年3月17日，批准工程动态投资为30.082亿元，其中内资15.686亿元、外资折合人民币14.396亿元。工程于1998年4月开工建设，2000年12月26日，极Ⅰ（负极）投入运行，2001年6月26日，极Ⅱ（正极）投入运行，直流双极运行顺利。工程建成投产后，与500千伏天广Ⅰ、Ⅱ回交流输电线路一起，构成中国第一条交直流混合输电通道，是中国输电工程的一个重要里程碑，"西电东送"形成"两交一直"三条通道，为落实"十五"期间西电新增送广东1000万千瓦重大决策奠定了基础。2002年12月25日，天广±500千伏直流输电线路及天生桥、广州换流站被国家电力公司命名为2002年度第二批达标输变电工程。

500千伏宝罗输变电工程是云南"西电东送"战略的标志性工程，是云南省落实西部大开发的重点建设项目。该工程包括500千伏宝峰变电站、500千伏罗平变电站和500千伏宝（峰）罗（平）输电线路。500千伏宝罗输电线路全长216千米，西起昆明500千伏宝峰变电站，并通过500千伏线路与大朝山水电站相连，东至500千伏罗平变电站，并通过500千伏罗马线与南方电网相连。

2000年11月5日，500千伏宝罗输变电工程建设正式启动。2002年6月17日，经过24小时试运行，500千伏罗平变电站并网运行，标志500千伏宝罗输变电工程全部建成投产。至此，云南电网自西向东的500千伏主网架初步形成，"西电东送"的输送能力得到提高，"西电东送"实现了历史性的大突破，云南电力市场开拓实现了历史性重大进展。云电送粤季节性输送变为常年性输送，输送能力由原来的30万千瓦增至100万千瓦左右。这不仅保证了云南电网向广东各阶段送电目标的顺利推进，而且对整个"西电东送"战略的实施具有十分重要的意义。

三、"西电东送"北通道的初期建设

截至2001年，华北电网已经形成了"西电东送"的山西和蒙西两个主干通道，即500千伏山西大同—北京房山双回线路和500千伏内蒙古丰镇—河北万全—北京顺义双回线路。2001年，山西电网向京津唐输送电力140万千瓦；蒙西电网向京津唐最高输送电力109万千瓦。

"西电东送"山西与蒙西电力送京津唐输变电工程开工项目有：

500千伏托克托—浑源—安定双回输变电工程，起于内蒙古托克托电厂，经山西浑源至北京安定变电站，输电线路总长度2×498千米，并建设浑源开闭站，总投资22.48亿元。

500千伏神头—保北双回输变电工程，起于山西神头第二发电厂，止于河北省保定北变电站，线路总长度2×297千米，总投资12.2575亿元。该工程投产后可将山西神头第二发电厂二期、大同第二发电厂二期等山西北部的电力输送到京津冀等东部负荷中心。

500千伏丰镇—万全—顺义输电线路加装串联补偿电容器工程项目，为已投入运行的500千伏内蒙古丰镇—河北万全双回线路加装2组串联补偿度为35%的串联补偿装置，每

组串联电容容量 260 兆乏；在 500 千伏河北万全—北京顺义双回线路加装 2 组串联补偿度为 45% 的串联补偿装置，每组串联电容容量 445 兆乏，总投资 2.698 亿元。加装串联补偿装置后，线路输送容量预计可增加 60 万千瓦。

上述三个输变电工程项目均由华北电力集团公司负责出资、建设和经营，500 千伏托克托—浑源—安定双回输变电工程和 500 千伏丰镇—万全—顺义输电线路加装串联补偿电容器工程项目于 2003 年竣工投运，500 千伏神头—保北双回输电线路项目于 2004 年竣工投运。截至 2005 年年底，北京发电总装机容量 490 万千瓦，是京津唐电网的负荷中心。北京电网主要通过经 500 千伏大房双回线接受来自山西的东送电力，经 500 千伏沙昌双回线、万顺双回线、托源安双回线接受来自蒙西和张家口地区的东送电力，通过 500 千伏顺义—姜家营、安定—盘山、安定—天津北郊、房山—保北线路与东北、天津、河北南网联接。

四、"西电东送"中通道的初期建设

为打通三峡电力西送通道，实现川渝电网与华中电网互连互济，2000 年 10 月 10 日，"西电东送"的重要通道 500 千伏万龙线正式开工建设。线路起于重庆 500 千伏万县变电站，止于湖北 500 千伏龙泉变电站。2002 年 5 月 25 日，由于三峡水电站左岸尚在建设，三峡机组还不具备并网发电条件，由此 500 千伏三峡—万县、三峡—龙泉线路搭接形成 500 千伏万县—龙泉线路，并投入运行，川渝、华中电网进入同步联网运行阶段，该线路西连川渝电网，东接华中电网，实现了川渝电网与华中电网 500 千伏交流互联，是四川二滩水电外送的唯一 500 千伏通道，为川渝地区的"西电东送"创造了条件。至此，重庆电网成为"西电东送"重要的通道之一，是全国区域联网的重要组成部分。

2004 年，500 千伏万县—龙泉Ⅱ回线路建成投运，该线路全长 196 千米，铁塔 420 基，线路的投运为华中与川渝地区联网以及"西电东送"增加了一通道。

第四节　超高压省网与区域电网的加强

20 世纪末—21 世纪初，各省积极梳理本区域内的超高压电网薄弱环节，完善省内电网资源优化配置，加强省内电网网架结构，进一步提高电网安全水平和供电可靠性，组织建设了一批 500 千伏省内联网工程，500 千伏线路已逐步成为各大电网的骨干网架和跨省、跨地区的联络线，甚至在上海等经济发达的省市出现了 500 千伏"双环网"供电格局。省网的不断完善最大程度上实现了省间互供电力、互通有无、互为备用，基本上解决了电力系统的稳定破坏事故，也极大促进了地区的经济发展。

这一时期，国家电力公司积极开展区域内的大电网建设，随着江西并入华中、福建并入华东等一批区域超高压联网工程投入运行以及二滩水电送出、天广Ⅲ回工程等的陆续投运，完善了省与大区电网互联的基本格局，使本区域相邻省网基本实现了超高压互联，电

网结构更加合理。区域电网的加强带来了多方面的效益，如错峰效益、水火电互补效益、互为备用和事故支援，以及防止发生大面积停电事故的能力得到进一步加强。

一、500 千伏昌房线使北京超高压网架加强

国内首条 500 千伏紧凑型线路 500 千伏昌平—房山输电线路是北京地区形成 500 千伏环网的重点工程。工程全长 82.394 千米，铁塔 224 基。工程于 1998 年 3 月开工，并于 1999 年 10 月竣工投运，并入华北电网。工程的投运使北京地区形成房山—安定—昌平间的准"双环网"运行格局（原昌平经安定至房山间线路单环运行）。2000 年以后，北京 500 千伏双环网规模不断扩大，网架结构不断得到完善和加强，形成与河北北部张南站及河北南部的慈云、保北、霸州、洛图、固安等站相连的扩大双环网运行结构，并通过天津的南蔡、北郊、盘山电厂等与天津电网相联，为首都安全送电提供了有力保障。

二、天津 500 千伏超高压"U"形环网形成

1992 年 3 月，500 千伏蓟县—北郊输电线路正式开工。该线路起于天津蓟县盘山发电厂（一期）500 千伏升压站，止于天津 500 千伏北郊变电站。该工程主要是将蓟县盘山发电厂（一期）工程 2 台容量为 50 万千瓦发电机组所发电力向天津市区输送。工程于 1993 年 12 月竣工投运。

1996 年 12 月 28 日，天津市第二座超高压变电站 500 千伏南郊（吴庄）变电站正式开工。该站位于天津市西青区南河镇吴庄，是在原 220 千伏吴庄变电站基础上进行扩建。该工程是天津市"九五"期间的重点电力建设项目。该工程项目根据国家计委批复的《报送蓟县电厂二期扩建配套天津南郊 500 千伏送变电工程设计任务书》（津电计〔1993〕91 号文）实施，是盘山发电厂二期扩建配套的 500 千伏送出工程。第一期工程安装引进乌克兰生产的 1 组 3 台单相容量为 26.7 万千伏·安主变压器，新建一条全长 65.317 千米的 500 千伏北吴线（北郊—南郊吴庄）。建设单位为华北电力集团公司超高压局，天津市电力公司（局）代管。500 千伏南郊（吴庄）变电站于 1998 年 12 月 31 日工程投运，使 500 千伏南郊—北郊输电线路与 500 千伏蓟县—北郊输电线路相连，形成了天津 500 千伏超高压"U"形环网，进一步改善和加强了天津电网与华北电网的联系，提高了天津电网的供电可靠性。

三、上海 500 千伏超高压双环网闭合

截至 2002 年年底，上海市境内拥有 500 千伏变电站 5 座，分别为黄渡、南桥、杨高、泗泾、杨行变电站，形成 500 千伏杨高—南桥两回、南桥—泗泾两回、泗泾—黄渡两回、黄渡—石洞口—杨行一回、黄渡—杨行一回的双"C"形双回网络。

为适应上海东部地区负荷的发展，满足外高桥电厂二期送出的要求及上海北部、南部地区用电负荷发展的需要，提高电网的供电可靠性，上海电网计划建设 500 千伏杨行—杨高输变电工程。该工程包括新建 500 千伏杨行—杨高输电线路、新建 500 千伏顾路变电站

和扩建杨行变电站三部分。

2001 年 12 月，500 千伏杨行—杨高输电线路暨 500 千伏吴淞口大跨越工程开工。2003 年 5 月，杨行变电站率先扩建投运了 2 个 500 千伏（外高桥）间隔、1 台主变压器，建成 500 千伏杨高—外高桥—杨行双回线路。在浦东新区新建的 500 千伏顾路变电站，主变压器为 2×1000 兆伏·安的单相自耦变压器，此变压器容量为华东地区最大，500 千伏线路 2 回来自外高桥电厂、2 回到 500 千伏杨高变电站。

500 千伏杨行—杨高输变电工程于 2003 年 12 月 30 日全部竣工。工程的投运使上海双"C"形 500 千伏双回网络端口闭合，形成了围绕全市的 500 千伏双环网，提高了上海电网的受电能力，对上海电网的安全稳定运行起到重要作用。

四、浙江 500 千伏超高压网架加强

至 1999 年年底，浙江省共建成 500 千伏输电线路 13 条，总长度 1368.63 千米；建成 500 千伏变电所 3 座，其中瓶窑变电所变电总容量达 200 万千伏·安，兰亭变电所变电总容量达 150 万千伏·安，双龙变电所变电总容量达 75 万千伏·安，浙江 500 千伏电网主网架初具规模。同时 500 千伏金温输变电工程、杭东输变电工程、宁波变电所工程、王店变电所工程等都已破土动工进入施工高峰。2000 年投入运行的 500 千伏兰亭变电所 2 号主变压器使该变电所变电总容量增至 225 万千伏·安，兰亭变电所成为 2000 年华东地区容量最大的变电所。

2004 年 1 月 15 日，随着 500 千伏宁温输电线路竣工投运，标志着浙江电网浙东、浙南形成 500 千伏环网，该线路的投运也为浙江沿海大型火电、核电厂接入系统创造条件。该项工程起于 500 千伏宁波天一变电站，止于 500 千伏温州瓯海变电站，线路长度 282.38 千米（其中同塔双回路 31.96 千米），铁塔 581 基。工程总投资为 6.49 亿元。2005 年，该工程获中国电力优质工程称号。

五、江苏 500 千伏超高压网架加强

"九五"期间，为加强 500 千伏网架结构和配合扬州第二发电厂、山西阳城电厂、三峡水电站等新增电源电力送出，江苏省建设了一批 500 千伏输变电工程。1996 年 3 月 29 日，500 千伏瓶（浙江瓶窑）斗（山）线建成投运，省内形成"一纵一横"❶500 千伏电网网架雏形，且与皖、浙、沪两省一市电网联网，成为华东 500 千伏电网组成部分。1997 年，陆续开工建设扬州第二发电厂、山西阳城电厂配套送出工程和华东 500 千伏输变电工程，500 千伏输电线路建设规模达 3080 千米。"九五"期间，江苏省新增 500 千伏输电线路 2133.94 千米。"十五"期间前两年，新增 500 千伏输电线路 554.82 千米，2002 年，江苏省形成了"两纵两横"（"两纵"指山西阳城电厂、任庄升压站经上河、江都变电所至武南、斗山变电所与浙江瓶窑变电所双回路连通，"两横"指安徽繁昌变电所经东善桥、武

---

❶ "一纵"：徐州任庄—扬州江都—无锡斗山—浙江瓶窑，"一横"：安徽省繁昌—无锡斗山—上海市黄渡。

南、斗山、石牌变电所至上海市黄渡变电所双回路联结）500 千伏电网网架。

六、川渝 500 千伏超高压电网发展

（一）川渝电网的分设

1997 年 6 月，重庆直辖，电力部对川渝电网管理体制进行了相应改组。6 月 6 日，重庆市电力公司作为电力部的下属机构、国家电力公司的全资子公司和重庆市政府的电力主管部门正式成立。

重庆直辖，为举世瞩目的三峡工程建设以及重庆地区的发展提供了良好的环境和机遇，重庆的发展走上了快车道。为使电力建设适应重庆市经济发展和社会进步的需要，重庆市电力公司编制了《重庆市 2000 年电力发展规划和 2010 年远景设想》，制订了电网建设工程等规章制度，并开始实施"三三三"工程，即用三年时间，完成 500 千伏和 220 千伏的开放式电网建设，改善 110 千伏结构，改造 10 千伏配网及城市低压电网等"三大任务"，实现有效吸收来自二滩、珞璜和贵州的电力，消除电网"卡脖子"现象，供电可靠率达到 99.7%，年用户平均停电时间不超过 26 小时/户等三个目标。这一工程在 1998 年取得明显成效。1999 年 6 月，500 千伏自贡—重庆陈家桥变电站二回线路建成，极大地改善了重庆地区的电力网架结构，同时为早日实现"西电东送"迈出了坚实的一步。

原四川电网分为紧密相连的川、渝两部分。根据国家电力公司和国调中心的决定，重庆市调负责调度川渝 110 千伏联络线（主要指达万联络线 2 条）；四川省调负责川渝电网频率，重庆市调负责川渝联络线的负荷电量，并制定了《川渝电网联络线调度管理规程》。1998 年 1 月 1 日零时，按照国家电力调度通信中心的指令，重庆市电力公司完成了调度权的交接。自 1998 年起，重庆电网分为市调和地调两级调度体制，按相应规则划分两级管辖范围。

（二）二滩水电站送出工程促进川渝 500 千伏电网发展

20 世纪 80 年代之前，川渝地区一直缺电严重，到 1985 年，全四川省人均电量只有 228 千瓦·时，仅为全国人均电量的一半。为从根本上改变川渝地区缺电现状，带动西南地区经济发展，国家在"七五"规划中正式确定了二滩水电站重点建设项目，国务院于 1987 年正式批准建设二滩水电站。

二滩水电站总装机容量 6×55 万千瓦，大坝为混凝土双曲拱坝，坝高 240 米，是 20 世纪亚洲装机容量最大、库存容量最大的水利枢纽工程。工程于 1991 年 9 月正式动工，1997 年 11 月 10 日下闸蓄水，首台机组于 1998 年 8 月 18 日正式并网向西南电网送电。2000 年竣工后，年发电量达到 170 亿千瓦·时。为消纳二滩丰富的水电资源，二滩水电站送出工程同步启动建设。二滩水电站送出工程是国家把电网建设从电源点建设中分离出来，独立进行立项、建设、管理的第一个项目，也是一项高难度的超高压输变电工程，是横跨终年积雪的大凉山脉、穿越莽莽原始森林的川渝电力"大动脉"。该工程建设 500 千伏输电线路 2070 千米，连接自贡洪沟、重庆陈家桥、长寿、成都龙王、攀枝花 5 座 500 千伏变电站和昭觉 500 千伏开关站，安装 7 台 75 万千伏·安变压器，总容量为 525 万千伏·安。

1992 年 1 月，能源部审查通过了《二滩水电站接入系统设计》，1993 年 9 月，国家计委委托中国国际工程咨询公司对《二滩水电站送出工程可行性研究报告》进行了评估，当年 12 月，电力部审查通过了《二滩水电站接入系统二次部分设计》，1995 年 5 月，经国务院批准，国家计委正式立项二滩水电站项目。

1996 年 9 月 25 日，电力部正式转发国家计委关于二滩送变电工程开工计划后，第一批项目，即二自（二滩—自贡）Ⅰ线，自蓉（自贡—成都）同塔双回线路，500 千伏昭觉开关站、自贡洪沟变电站、成都龙王变电站以及二滩—自贡—成都微波通信工程 7 个单项工程全面开工建设。

为了加强二滩水电站配套送出工程的组织领导，加快工程进度，四川省电力局成立了二滩 500 千伏送出工程领导小组，负责研究工程、资金计划、工程承包，以及重大设备订购等重大事项，并成立了四川二滩 500 千伏送出工程建设管理局，对外代表业主行使职权。

1998 年 7 月，四川第一座 500 千伏变电站在自贡洪沟建成投运，同时建成第一条 500 千伏输电工程二滩水电站送出工程。工程线路全长 1400 多千米，穿越大、小凉山，技术和施工难度在当时堪称世界之最。500 千伏二自Ⅰ线是二滩—自贡 3 条线路中最早开始建设的一条线路，线路全长 480 千米，由西南电力设计院设计，四川、云南、贵州、甘肃、山西、吉林 6 家送变电工程公司施工。从二滩到自贡的线路经过四川省西部的大凉山、小凉山，海拔高、地质复杂、覆冰厚，山大陡峭，交通困难，许多地方为原始森林，地震频繁，震级为 8～9 级，泥石流滑坡地带长且经常发生等自然因素。因此，该工程称为世界级工程。工程于 1996 年 10 月 5 日开工，1998 年 3 月 15 日竣工，同年 7 月 18 日投入运行。

1999 年 12 月，二滩水电站最后一台机组并网发电，标志着二滩水电站全部建成投产，以三回 500 千伏线路接入 500 千伏洪沟变电站后，分别以两回 500 千伏向成都和重庆送电。二滩水电站送出工程建成后，随着 500 千伏重庆陈家桥—长寿—万县线路建成，形成了四川、重庆电网 500 千伏超高压网架，输电线路经过大凉山重冰区与三峡输变电工程相连，形成与全国电网互联，为实现国家"西电东送"战略决策和为"川电出川"的能源布局打开了一条重要通道。

（三）重庆 500 千伏电网起步

1995 年 3 月，由国家能源投资公司、四川省和重庆市合资建设的 500 千伏自渝Ⅰ回线竣工，线路全长 93.4 千米，降压接入 220 千伏重庆陈家桥开关站。1999 年 6 月，500 千伏自渝Ⅱ回线建成。2000 年 3 月 5 日，重庆市第一座 500 千伏变电站陈家桥变电站正式带负荷运行，标志着重庆电网进入 500 千伏超高压电网等级。陈家桥变电站安装 2×75 万千伏·安主变压器，一期 220 千伏开关站于 1993 年 12 月建成，二期 500 千伏变电站于 1999 年 12 月建成。从陈家桥变电站开始，重庆电网从无到有，逐步建立起 500 千伏超高压骨干网架。

1998 年 6 月 5 日，500 千伏长寿—万县输变电工程竣工，线路全长 166.91 千米，两端架设 220 千伏临时线分别接入 220 千伏长寿东新村变电站和 220 千伏万县开关站降压运行。2001 年 12 月 15 日和 28 日，500 千伏长寿、万县变电站相继建成投运，线路升压至 500 千伏运行。500 千伏长寿变电站主变压器容量 1×75 万千伏·安，该变电站是"西电东送"和三峡水电站电力送出的重要联络站，对"西电东送"及电力传输起着不可或缺的枢纽作用。万县变电站位于万州区高梁镇，先期建设 220 千伏开关站，后扩建为 500 千伏变电站，主变压器容量 1×75 万千伏·安，该变电站对提高渝东北地区的供电可靠性和电能质量，促进渝东北地区的经济发展起着十分重要的作用。

2001 年 12 月 28 日，随着 500 千伏万县变电站投入运行，重庆电网建成 3 座 500 千伏变电站（陈家桥、长寿、万县）和 500 千伏陈家桥—长寿—万县扁担形骨干网架，构筑了"西电东送"的又一通道，重庆电网全面融入华中电网。

七、南方四省区超高压电网"三交一直"网架的形成

2002 年 6 月，500 千伏天生桥—广东Ⅲ回交流输变电工程建成投运，西电东送广东形成了"三交一直"四条通道。新增向广东送电能力 70 万千瓦，增加贵州、云南省电力外送能力，有效提高了南方电网运行的安全稳定性，进一步缓解广东电力供应紧张局面。

500 千伏天广Ⅲ回工程是南方电网"西电东送"的第三条交流输电线路，是国家加大"西电东送"战略实施的重点工程。工程西起天生桥换流站，东至广东茂名变电站，途经广西百色变电站、南宁变电站、玉林变电站，建设内容包括新建 500 千伏线路 797 千米、扩建天生桥换流站、新建百色变电站、新建南宁变电站、扩建玉林变电站、扩建茂名变电站等，工程动态总投资 21.88 亿元。工程于 2001 年 1 月开工建设，2002 年 6 月 26 日建成投运。

八、江西超高压并入华中电网

2000 年 10 月 30 日，500 千伏凤凰山—南昌输变电工程的投运，结束了江西电网与华中电网以 220 千伏为联网线路的历史，将华中 500 千伏电网向东延伸到江西省，形成了江西电网吸纳三峡水电的重要通道，进一步提高了华中电网和江西电网的网架结构。

该工程包括 500 千伏武昌凤凰山—南昌输电线路，全长 295.33 千米，新建 500 千伏南昌变电站，安装 1 组 75 万千伏·安变压器。工程分两期建设，第一期建设湖北大冶市小箕铺—江西省永修县新祺周线路，建成后先降压运行。第二期建设江西段 500 千伏新祺周—南昌段线路、南昌变电站工程及湖北段凤凰山—下王太、下王太—小箕铺线路工程。其中 500 千伏凤凰山—下王太线路和南昌变电站工程由国家电力公司电网建设分公司投资建设，其余由华中电力集团公司投资建设。

1997 年 4 月 16 日，500 千伏凤南线动工建设，500 千伏凤南线是江西省第一个利用三峡水电站工程配套资金兴建的 500 千伏输电线路，线路起于武汉市江夏区 500 千伏凤凰山变电站，止于南昌市新建县南昌变电站，跨越鄂、赣两省，线路全长 295.66 千米，电力输送容量 100 万千瓦。工程于 1997 年 4 月 16 日开工，2000 年 7 月 19 日全线竣工，同年 10 月 26 日，线路投入运行。

南昌变电站位于南昌县尤口乡，西距南昌市中心约 15 千米，站区建筑面积 1656 米 ^{2}。建设 500 千伏主变压器 1 组 75 万千伏·安，500 千伏出线 1 回，220 千伏出线 6 回。站内设备除 500 千伏载波机和 35 千伏主变压器进线断路器外均为国产设备，工程总投资为 15 661 万元。1998 年 8 月 18 日，南昌变电站开工建设，2000 年 8 月 28 日工程竣工。

九、福建超高压并入华东电网

在与华东电网联网前，福建电网的 500 千伏线路输电主干网由南至北分别为后石电厂—厦门 2 回 98 千米线路，厦门—泉州 2 回 35 千米线路，泉州—莆田单回 90 千米线路，莆田—水口电厂单回 120 千米线路。500 千伏变压器除后石电厂升压变压器外，有水口电厂 1 号联络变压器（900 兆伏·安）、莆田 1 号联络变压器、泉州变电站 1 号联络变压器（900 兆伏·安）、厦门变电站 1 号联络变压器（750 兆伏·安）。当时，福建电网 500 千伏电网比较薄弱，大机组小电网的矛盾比较突出。全省无功补偿度偏低，500 千伏运行电压较高，各 500 千伏厂站在各种大方式下运行电压均高于 515 千伏。

为提高福建 500 千伏电网的可靠性，开始建设华东电网与福建电网超高压输变电联网工程。华东与福建电网联网点选择在浙江金华双龙变电所与福建福州的福州北变电站间，通过单回长 366 千米的 500 千伏交流线路连接。同时配套建设 500 千伏福州北—水口电厂单回线路，长 67 千米。2001 年 11 月，500 千伏福州变电站和 500 千伏福州—金华双龙 I 回线路建成投运，福建电网与华东电网联网成功，福建结束"电力孤岛""大机小网"的历史。

福建与华东联网可以取得互为备用效益，实现紧急事故支援，对提高福建电网的安全运行水平极有意义。为了保证联网后各自的稳定运行，减少各自网内故障对另一电网的影响，要求联网线路投产的同时，在双龙变电所和福州北变电站投入系统振荡解列装置，提高联络线及互联电网的稳定水平，避免发生连锁稳定破坏事故。

十、东北 500 千伏超高压网架的加强

1998 年 7 月 2 日开工，2001 年 5 月 6 日全线施工完毕的 500 千伏辽长吉哈佳（辽阳—长春—吉林—哈尔滨—佳木斯）输变电工程，是东北电网第一个利用国际金融组织机构贷款的电网建设项目。

500 千伏辽长吉哈佳输变电工程是贯穿辽宁、吉林和黑龙江的第二条 500 千伏主干输电线路，该工程从辽宁省境内的辽阳变电所起，经沈阳沙岭变电所向北，途经吉林省四平梨树开闭所、长春合心变电所、吉林包家变电所，再经黑龙江永源开闭所、方正变电所，最后到达佳木斯群林变电所。配套工程包括黑龙江哈南变电所至永源开闭所的 500 千伏永哈输电线路。

工程新建 500 千伏变电所 2 座，即吉林包家变电所和佳木斯群林变电所，新建 500 千伏开闭所 2 座，即黑龙江永源开闭所和吉林省四平梨树开闭所，扩建及改造 500 千伏变电所 5 座。输电线路由 500 千伏辽长吉哈输电线路和佳方永哈输电线路构成，全长 1067.592

千米。其中 500 千伏辽长吉哈输电线路 704.192 千米，投资 19.32 亿元，包含亚洲开发银行贷款 1.5 亿美元，实际利用贷款 0.55 亿美元。佳方永哈输电线路 363.40 千米，投资 8.813 3 亿元。

工程于 1996 年 8 月 4 日通过电规总院的初步设计审查，按照国家关于工程建设"五制"（即项目法人责任制、资本金制、招投标制、合同管理制、工程监理制）管理要求，东北电力集团公司于 1998 年 3 月 11 日正式成立 500 千伏辽长吉哈佳输变电工程总指挥部，代行项目法人职责。以合同方式聘请北京中建达监理咨询有限公司（后更名为燕东监理有限公司）为项目总监单位，东北电力设计院承担设计任务，施工通过国内招标方式选中辽宁、吉林、黑龙江、北京、山东、云南、甘肃、河南省的送变电公司承担。变电及光缆设备通过国际招标方式采购。

工程在辽长吉哈输电线路段采用架空地线复合光缆，全长 716.7 千米，与 12 个站的光通信设备组成规模较大、功能较齐备的现代化东北电网调度通信保护及自动化系统。

2001 年 5 月 6 日，随着 500 千伏沙梨线（沈阳沙岭变电所—四平梨树开闭所）投运，辽长吉哈佳输变电工程全线贯通，2001 年 10 月 22 日通过验收，移交生产，工程新增变电容量 230 万千伏·安，总投资 28.133 3 亿元。

这条跨世纪、贯穿东北三省 500 千伏骨干网架的建成投运，不仅能满足东北电网中内蒙古东部大电厂和黑龙江省域内多余电力北电南送的需求，使电源建设与负荷增长不同步所造成的地区电力盈亏保持供需基本平衡，而且满足了大机组抢修或故障处理及水电调峰的潮流变化的紧急需要。该工程的建成投产标志着东北地区电网 500 千伏骨干网架的形成，也为华北、东北电网联网奠定了基础。

十一、华北电网与东北电网互联

2001 年 5 月 13 日，东北、华北联网工程完成启动测试工作，标志着东北、华北两个跨区电网以 500 千伏姜绥线（姜家营—绥中）正式联网。500 千伏姜绥输电工程静态总投资 3.47 亿元，动态投资 4.1 亿元，其中国家电力公司投入资金 8202 万元，占总投资的 20%，其余费用由国家开发银行贷款解决，该工程线路全长 28 千米，导线为 4×LGJ－400 钢芯铝线，由东北电力设计院设计，辽宁电力有限公司送变电工程公司施工，工程于 1999 年 10 月 1 日开工建设，2000 年 8 月 30 日全线竣工。

东北和华北 500 千伏交流联网工程是电力部"九五"期间的重点建设工程之一，东北、华北电网联网运行是中国第一次以交流方式实现跨大区电网互联。东北和华北联网后，可以实现两网之间紧急事故处理，提高两网的供电可靠性和系统抗扰动能力，并通过统一规划取得资源优化的最佳效益。

十二、山西阳城电厂点对网送华东工程

20 世纪 90 年代初，山西阳城电厂及其配套送变电工程项目开始进行初步可行性研究。1992 年 10 月，能源部发出《关于印发建设阳城电厂向江苏送电前期政策研究研讨会纪要

的通知》，江苏、山西两省人民政府经过磋商，签署了《关于合作建设山西阳城电厂向江苏送电工程意向书》，两省计划委员会、电力局同时签订《合作建设山西阳城电厂向江苏送电工程中有关问题的意向》。1993年3月3日，国家计委印发《关于山西阳城第一发电厂新建工程项目建议书的批复》，原则上同意对山西阳城第一发电厂向江苏送电项目进行可行性研究。1996年4月29日，国家计委发出《印发国家计委关于审批山西阳城电厂一期工程及其配套送变电工程可行性研究报告的请示的通知》称："国务院已于3月28日批准，山西阳城电厂是贯彻国家在主要煤炭产地大力发展坑口电站、变输煤为输煤输电并重方针的重点建设项目，对缓解铁路运输压力、支援沿海地区经济发展具有重要的战略意义，社会效益和经济效益较好。"

山西阳城电厂位于山西晋城市阳城县北留镇境内。该地区煤、水资源丰富，且具有较好的储灰和工程地质条件。1996年10月10日，经外经贸部批准，阳城国际发电有限责任公司成立。该公司为华北电力集团公司、山西省能源产业集团公司、山西省电力公司、江苏省投资公司、江苏省电力公司和美国爱依斯中国发电有限公司等6方投资（比例为25%、16%、10%、20%、4%和25%）组建的中外合资企业，负责阳城电厂的建设和经营。电厂一期工程建设规模210万千瓦，安装6台35万千瓦亚临界燃煤发电机组。

1997年12月26日，开工建设的阳城电厂配套500千伏输变电工程是国内第一个煤电并输示范性工程，自山西阳城电厂出线，经河南、山东、安徽至江苏上河变电所，建成后电厂所发的电力，以专厂、专线、专供的方式全部送往江苏省。同时建设山东东明开关站、江苏三堡开关站、河南卫辉通信站以及扩建上河变电所、任庄升压站。为便于工程建设和管理，国家计委在文件中明确，同意暂由江苏省电力公司作为该项目的法人。工程设计由华东电力设计院为总承包单位，江苏省电力设计院等4个设计单位为分设计单位。阳城电厂选用500千伏专线接入系统，由3回线（阳东Ⅰ、Ⅱ、Ⅲ线）接入山东500千伏东明开关站，从东明开关站至江苏500千伏三堡开关站有2回联络线（东三Ⅰ、Ⅱ线），由三堡开关站接入500千伏江苏电网和华东电网。1997年12月26日，阳城—淮阴线路开工，2000年1月17日、2月22日和5月18日，三堡开关站，徐州三堡—任庄线及徐州三堡—淮阴上河Ⅰ、Ⅱ线，东明开关站及山东东明—徐州三堡Ⅰ、Ⅱ线，山西阳城—山东东明Ⅱ、Ⅲ线先后建成投运。

2000年5月18日，山西阳城电厂一次成功并入江苏电网，首次实现向江苏送电。2001年1月15日，山西阳城电厂1号机组开始商业运营。同年，2号、3号、4号机组也先后于7月8日、9月1日、11月20日移交生产，投入商业运营。2001年8月14日，500千伏阳东（山西阳城—东明开关站）Ⅰ线投运。至此，阳城电厂送出工程全部投入运行，工程质量优良，由南向北、自东至西分六阶段启动，均一次成功。2002年5月28日和7月27日，阳城电厂5号、6号机组相继投入商业运营。至此，山西阳城电厂一期工程及其配套送变电工程全部竣工投运，成为全国第一个跨大区远距离超高压交流发输变电工程。2003年3月11日，国家电网公司印发专家组对该工程总结的评审意见："500千伏阳城电厂送出工程是实现坑口发电、远距离交流输电的项目，是由电源点向负荷中心进行超高压、远距离、大负荷的交流输电的典型代表……阳城送出工程的建设在技术上具有一定的先进性，成功解决了一个孤立电厂向一个大电网远距离交流输电所面临的系统稳定、工频过电压、网架建设等种种技术难题；在工程中优化设计、采用了长距离同塔双回线路输电方案、抽能电抗器，远距离多级传输稳定装置、多段电压补偿装置等新技术、新设备，并且在国内首次成功采用了 500 千伏串联电容补偿装置，为提高中国超高压输变电建设的技术水平积累了宝贵经验。阳城送出工程采用了由工程业主单位进行统一建设管理的模式，管理措施到位，确保了工程建设的质量、安全和投资控制，对当前包括三峡输变电工程在内的许多输变电工程的建设管理起到了一定的示范作用。" ❶

第五节　500 千伏输变电技术装备取得突破

1998 年以后，随着经济持续快速增长和电力建设的飞速推进，中国的输变电技术装备业迅速发展壮大。通过引进、消化、吸收国外先进的产品和制造技术并进行再创新，中国在输变电技术装备领域取得了巨大成就，缩短了与国外的差距，为进一步发展输变电技术装备打下了良好基础。依托三峡水电站送出工程、"西电东送"、阳城电厂配套送出跨大区联网等输变电工程，中国在输变电技术装备制造领域全面掌握了关键制造技术并开展应用，如成功建成投运第一个 500 千伏固定串联补偿站，增加了长距离输电线路的输送容量；首创并应用 500 千伏紧凑型输电线路，缩小了输电走廊，提高了环保指标；研发投运 500 千伏变电所自动化系统，使国产系统技术性能指标处于国际先进、国内领先水平；以及三峡输变电工程中 500 千伏大容量输电线路技术成功应用在三常线路、三广线路、贵广线路（Ⅰ、Ⅱ回）4 条直流输电线路。重大输变电技术装备自主研发为后续输变电工程顺利实施做了技术支撑，也带动了整个电网输变电技术装备统筹发展。经过多年跨越式的发展，中国超高压输变电技术及其工程应用已得到飞速发展，从电压等级、输送容量装备技术等方面都不断创造了新的纪录。

一、中国首个 500 千伏固定串联补偿站

500 千伏三堡串联补偿站位于距徐州东南 40 余千米的张集镇，是山西阳城送出工程的重要组成部分，是在亚洲首次采用了 500 千伏串联补偿装置及多级传输、远方切机等多项系统稳定措施，在大规模应用高压并联电抗器及抽能高压并联电抗器等技术方面有所创新和突破。

1998 年 9 月，500 千伏三堡开关站开工建设。2000 年 8 月 1 日，500 千伏三堡开关站串联补偿装置开始施工，11 月 26 日完成全部安装工作。11 月 27—30 日经过永久性区外三相短路故障和区内瞬时性单相故障短路冲击试验，关键设备的技术性能完全符合设计要

❶ 江苏省电力公司. 江苏省电力工业志：1991~2002. 中国电力出版社，2011. 第 661~663 页。

求。2001年8月14日，500千伏阳城电厂送出输变电工程全部投入运行。

该工程在站内的东三Ⅰ、Ⅱ线出线安装了两组容量为500兆乏的串联补偿装置，线路补偿度40%，该装置的投入，增加了长距离输电线路的输送容量，提高了系统的稳定性，改善了并联线路之间的负荷分配，降低了线路损耗，提高了输电线路受电端的电压质量。500千伏瞬时重投串联补偿装置在国内属首次使用。为了考验成套装置的可靠性，特别在串联电容补偿装置投运前安排进行下列试验：区外三相永久性人工短路试验，短路点设在东三Ⅱ线的东明开关站母线侧，以考验金属氧化物限压器的性能；区内单相瞬时性人工短路试验，短路点设在三堡开关站东三Ⅰ线串联补偿装置的出口，以考验瞬时触发火花间隙的动作可靠性和瞬时动作时限。利用华东电网的短路容量，现场实地对串联补偿装置进行短路冲击试验。试验取得成功，MOV和瞬时触发火花间隙均经受了考验，完全符合设计要求。三堡开关站东三Ⅰ、Ⅱ线出线串联补偿装置也顺利启动投运，为500千伏串联补偿装置工程画上圆满句号，该工程的设计、安装、投运为中国超高压、长距离、大容量输电，解决系统暂态稳定，提高输送容量和节省线路走廊开创了工程先例。500千伏三堡开关站工程项目的设计被评为2001年度国家电力公司优秀工程设计，2003年获得国家科技进步奖二等奖。

二、中国首个500千伏紧凑型输电线路

500千伏昌房紧凑型输电线路是中国第一条500千伏紧凑型输电线路，线路自北京500千伏昌平变电站到500千伏房山变电站，是为加强京津唐电网网架结构和北京地区形成500千伏环网的重点工程。该线路是继1994年12月中国首条220千伏紧凑型输电线路（北京安定门—河北廊坊）建成投产之后，在考虑紧凑型线路与常规线路相比具有输送能力大、输电走廊小、环保指标较好等特点的基础上，国家科委确定的"九五"期间重点科研攻关及试验项目，工程于1998年3月27日开工，1999年10月30日竣工投产。

鉴于工程所采用的是单回路六分裂子导线排列模式，原有的四张力机不适用昌房工程展放导线的技术要求，因此专门开发研制一套一牵六张力架线方式的架设施工工艺和新机具，成功应用在线路施工中。500千伏紧凑型线路比常规500千伏输电线路大大压缩线路走廊宽度，提高线路自然输送功率33%。此外，由于线路把每相分裂导线从四分裂增加到六分裂，单位输送功率造价降低20%以上。该工程被国家科委授予国家科技进步奖二等奖。

三、中国首个采用500千伏变电所自动化系统的试点工程投运

国家计委于1995年8月批准建设500千伏绍金输变电工程。工程东起绍兴兰亭变电所，西至金华双龙变电所，线路全长133.067千米，全线杆塔300基，并新建500千伏金华双龙变电所。该输变电工程是浙江省中西南地区的重要输电通道，是浙江省重点建设项目和电力部首批输变电工程基建移交生产达标考核试点工程，设计采用的综合自动化控制系统在全国处于领先水平。

500千伏双龙变电所自动化系统是国家和浙江省的重点建设项目，由电力部规划设计院支持，浙江省电力试验研究所、国家电力公司电力自动化研究院等单位合作完成，其设备安装取消了控制室的常规操作系统，引进德国西门子公司全数字化的微机系统新技术，全部实现计算机在变电所的站内操作、遥测和遥信、远方遥控，操作可靠方便，500千伏双龙变电所被电规总院列为全国500千伏变电所的样板。该系统于1997年10月初现场调试，12月13日，500千伏输变电工程系统启动调试，12月19日，全站完成24小时试运行后投入运行。

500千伏双龙变电所自动化系统在控制、测量、报警等方面采用了全数字化的微机系统新技术，其主要特点为采用分层分布分散式结构，首次将国内的变电站层自动化系统和国外的间隔层系统有机地结合在一起，系统总体分变电站层及间隔层两部分，按电气单元布置，具有良好的可维护性和扩展性；采用双光纤以太网结构，主单元与规约转换器交叉连接，变电站层实现了双重化冗余配置，具有较高的可靠性与安全性；可在主控制室用计算机对断路器和隔离开关进行控制，也可在继电保护小室用8TK闭锁装置进行操作，取消了常规的手动操作控制屏；首次将不同公司、不同型号的微机保护接入到自动化系统中；具有事件顺序记录功能、无功电压自动控制功能和远动功能；具有软、硬件电气联锁逻辑；监测、控制量大，控制功能齐全，全面实现了对变电所的监视和控制。

该系统具有技术先进、功能完善、可靠性高、实时性强、可扩充性好、维护方便以及具有丰富的人机联系手段等特点，系统技术性能指标处于国际先进、国内领先水平。

四、500千伏大截面输电线路技术研究

为满足和适应三峡水电站送出工程的需要，降低工程造价，并提高三峡输变电工程国产化程度，国家决定组织国内有关科研力量及时进行攻关，并于1997年10月下达了国家"九五"期间重点科技攻关项目《三峡输变电工程用500kV大容量输电线路技术研究》。该项目的攻关目标是解决三峡输变电工程中的技术难题，为三峡输变电工程提供大截面导线及配套金具、张力放线设备、导线的防振和防冰措施及同塔双回铁塔。

课题主要开展7项研究：开展大截面导线的确定及其实验技术研究；通过研究，提出大截面导线配套金具的技术条件并提供设计图纸，进行试制和试验；通过对大跨越、大截面、多分裂导线防振方案的研究和对普通档距的防振方案的研究，为大跨越和普通档距提供防振方案；开展防覆冰措施及其设计方法的研究；提出同塔双回路铁塔结构的优化设计；开展大截面导线张力放线设备的研究；开展大截面导线配套技术研究。

最终技术研究实现了4个方面的技术创新：

第一，国内首次综合研究了分裂导线、阻尼线、间隔棒、防振锤系统的振动力学模型，建立了行之有效的大截面分裂导线系统微风振动数学模型。开发出β阻尼线加防振锤的组合式防振方案，将微风振动的保护频率范围由80赫提高到100赫以上，导线动弯应变由120微应变到80微应变，延长了导线使用寿命。

第二，首次建立了次档距优化布置数学模型，以系统对数衰减率最大为目标函数，

以次档距不对称、不等距等为条件，建立了有限元分析模型，次档距布置优化结果使分裂导线系统的对数衰减率由 0.04 提高到 0.06。用于输电线路的次档距设计，结果优于国外技术。

第三，开发出稀土优化、硼化处理及加铁补强工艺，攻克了铝单丝电导率偏低的难题，提高了铝单丝的机械强度（从 160 兆帕提高到 170 兆帕）。开发出绞线机预扭装置和单丝张力气动控制装置，消除了大截面导线绞制后易产生的残余扭转应力，保证了绞线绞制紧密不松股，防止大截面导线在张力放线中产生"灯笼"，同时提高导线电晕起始电压。国内首次攻克了大截面导线和大跨越导线的制造关键技术，打破了国外的技术壁垒。

第四，国内首次开发出最大牵引力达到 250 千牛的张力放线设备。应用液压控制技术，解决了两台张力机同步放线难题，可以实现大截面导线一牵四张力放线。该套设备结构紧凑合理，便于山区运输，满足了三峡工程施工放线需要。

上述研究成果填补了国内空白，具有自主知识产权，部分成果达到国际先进水平，有力地保证了三峡输变电工程的顺利实施，极大地提高了三峡输变电工程设备及技术的国产化率，打破了国外技术壁垒，推动了国内相关产业的技术进步，为西南水电送出及特高压骨干网架等更大容量输电线路的建设奠定了基础。该项目成果应用在三常线路、三广线路、贵广线路（Ⅰ、Ⅱ回）4 条直流输电线路，累计实现经济效益约 11 亿元。其中，采用大截面导线输电替代常规导线节省工程静态投资约 5.4 亿元，大截面导线张力架线设备替代进口节约 3300 万元（370 万元/套×9 套），大截面导线配套金具替代进口节约 834 万元，以及因采用了大跨越导线防振技术，使导线免受微风振动的危害，避免因振动断线造成的换线维修等，相应减少停电所造成的直接经济损失约 5.2 亿元。

《三峡输变电工程用 500kV 大容量输电线路技术研究》项目成果先后获得了 2004 年国家电网公司科技进步奖一等奖，2004 年中国电力科学技术奖一等奖以及 2005 年国家科学技术进步奖二等奖。

第六节　"竞价上网"试点与电网调度管理加强

"九五"期间，电力供需形势发生变化。一方面受国民经济结构调整、东南亚经济危机及农城网建设滞后的影响，电力需求减缓；另一方面，由于电源建设的滞后效应及前期的集资办电，"九五"期间电源继续保持增长，电力供应能力进一步增加。受供需形势变化的影响，"九五"期间首次出现电力总量供大于求的现象，部分时段电力供应出现剩余，发电企业对电力调度是否公平产生了疑问。

在此期间，国家电力公司参考英国等国家的打破垄断、引入竞争、降低成本、改善服务、提高效率的电力调度管理办法，建立公平竞争、降低电价的竞争性电力市场已成为必然趋势。而上网电价是最终销售电价的源头和基础，只有科学合理地推进电厂竞价上网的进程，促使发电企业公平竞争、挖潜降耗，才会使降低电价的电力市场改革最终目的得以实现，才能做到让利于民，为广大用户企业降低电费负担、降低生产成本提供空间，从而提高企业的竞争力。国家考虑竞价和调度规则是竞价上网顺利实行的保证，因此在推行竞价上网之前，要求国家电力公司制定科学合理的上网竞价和调度规则，搭建公开、公平、公正的发电上网调度平台，严肃调度纪律，最后在上海、浙江等六个省市地区开展电力市场试点改革。"厂网分开，竞价上网"改革试点在部分省市落地，这是中国电力工业适应社会主义市场经济发展的一项重大改革措施，是电力电价形成机制改革的基本方向，可以确保电网调度的公平、公开、公正（即"三公"）和电厂之间的平等竞争，为形成统一、开放、竞争、有序的电力市场创造了条件。

一、"三公"调度的实施

1997 年以前，全国各地贯彻国家"政企分开、省为实体、联合电网、统一调度、集资办电"和因地、因网制宜的方针，形成了多家办电的局面。然而，由于投资来源复杂，使得发电量的调度问题一直是个热点问题，对调度是否公平调电产生了疑问，需要一套规范的做法来规范电力市场的良好秩序。从 1997 年开始，国调中心组织研究制定了一系列有关"三公"的规定。自 1997 年 11 月井冈山电力模拟市场研讨会后，为加强内部管理和核算，用市场的机制来实行调度的"三公"，各电力公司相继开展了内部模拟电力市场工作，提高了劳动生产效率和资源优化调度水平，为电力市场的建立积累了经验。内部模拟市场工作最先在浙江、安徽、湖南等电网开展，并在"九五"末期基本遍及全国各个电网。

通过模拟市场的运作，促进了发、供电企业从生产型逐步向生产经营型管理模式发展，改变了原有的发、供电企业中发电厂只管发电，供电企业只管售电，省公司统揽经营的局面，提高了发、供电企业的管理水平，注重从企业内部挖掘潜力，降低消耗。使电网经济运行和经营管理挂钩，为电力体制改革、公司化管理、商业化运营、法制化建设打下基础。

1998 年，按照国家电力公司要求，国调中心组织编写了对发电企业实施"三公"调度的原则意见。1999 年 8 月 19 日，《国家电力公司关于对发电企业实施"公平、公正、公开"调度的原则意见》（国电调〔1999〕403 号）中明确了"三公"的含义、电量计划编制原则以及促进电力市场发展、保护"三公"调度实施、电网安全约束、调度信息公开等原则，推动了依法"三公"调度。

为进一步规范调度信息披露工作，2000 年，国家电力公司编写了电网调度信息披露办法，并提交国家经贸委。国家经贸委在征求部分独立发电企业和电网经营企业意见并修订后，于 2000 年 12 月颁发《国家经贸委关于印发〈电网调度信息披露暂行办法〉的通知》（国经贸电力〔2000〕1234 号）。为进一步落实信息披露要求，国家电力公司于 2001 年 2 月颁发《国家电力公司关于颁发〈电网调度信息披露实施细则（暂行）〉的通知》（国电〔2001〕109 号），明确了调度信息披露的具体要求，实现调度信息公开。同时从 2001 年 3 月开始，在国家电力公司网页上开设调度信息栏目，按月披露全国各网电力电量调度信息，各网调度机构在 2001 年 4 月分别召开了调度信息披露会。通过努力，"九五"期间全国调度系统的"三公"调度工作逐步得到了加强。特别是在开展"厂网分开、竞价上网"试点的六个省市，"三公"调度工作有很大改善。

2000 年 10 月 17 日，在《国家经贸委关于深化电力工业体制改革有关问题的意见》（国办发〔1998〕146 号）的基础上，国务院发布了《国务院办公厅关于电力工业体制改革有关问题的通知》（国办发〔2000〕69 号），使电力体制改革主导权易手，电力体制改革的主体变为国家计委。同时规定已经进行试点的六个省（市）电力公司，在新的电力体制改革总体方案出台前，可以继续在原试验电量的范围内进行竞价上网发电调度。有关省为实体的试点范围暂不扩大，尚未进行的一律暂停，以促进电力工业引入竞争机制，尽快建立符合社会主义市场经济要求的电力工业管理体制。

二、电力市场建设的试点

1998 年 6 月，国家电力公司提出了"实行网厂分开建立发电侧电力市场的实施方案框架"；7 月，在北京召开的实行厂网分开以及建立电力市场的方案框架研讨会上，国家电力公司提出将上海、山东、浙江三省（市）作为全国厂网分开、建立电力市场的试点单位。8 月上报国家经贸委，请求政府推动这项工作的开展。同年 11 月，吴邦国副总理要求将东北三省纳入试点单位。12 月，国家经贸委提出了《关于电力工业实行厂网分开若干问题的意见》，并于 12 月 10—12 日在北京分别邀请部分网省电力公司、地方经贸委、发电公司进行讨论，以推动厂网分开工作。同年 12 月，国务院办公厅转发了《国家经贸委关于深化电力工业体制改革有关问题的意见的通知》（国办发〔1998〕146 号）。通知对推进厂网分开，引入竞争机制，建立规范有序的发电市场提出要求，确定选择上海、浙江、山东、辽宁、吉林、黑龙江六省（市）进行"厂网分开、竞价上网"的试点。这标志着政府积极推进建立发电侧电力市场工作正式启动和电力工业继续深化改革，以期打破垄断，形成统一、开放、有序的电力市场的开始。

1999 年 3 月 9 日，国家经贸委再次下发了《关于进行厂网分开竞价上网试点有关问题的通知》。要求相关单位抓紧进行发电侧电力市场的筹备工作，遵照通知精神结合中国的实际，借鉴国外经验，根据本网的特点，建立电力市场技术支持系统、竞价模式并研究相关规则。各试点单位的调度部门积极配合各有关部门，贯彻执行总体改革思路，在电力市场实时运行规则及电力市场技术支持系统的建立上发挥了关键的作用。

电力市场技术支持系统是电力市场公开、公平、公正运行的基础。为了创造竞争的电力市场环境，满足市场规则的要求，为电力市场运行提供保障，各级调度积极开展电力市场技术支持系统的研究和开发工作，并适应电力市场的变化，不断改进。为规范电力市场技术支持系统的规划和建设，国调中心于 1999 年年初组织成立了电力市场技术支持系统功能要求工作组。工作组在深入研究澳大利亚、英国、阿根廷、美国等国家电力市场运行经验的基础上，立足中国电力市场网厂分开、竞价上网的发电侧电力市场的特点，结合中国电网的实际，研究了电力市场技术支持系统的总体结构和总体要求，并分析了组成电力市场的各个模块的功能和技术要求，于 1999 年 6 月完成了《电力市场技术支持系统功能要求（试行）》，对各试点单位建立电力市场技术支持系统起到了积极的指导作用。

发电电力市场技术支持系统的功能是对发电侧市场报价、制订发电计划、电网安全分析、执行发电计划、辅助服务、市场信息发布、市场结算等运作环节做技术支持，提供运行平台。六个试点单位按照要求，根据自身特点与科研单位联合开发了电力市场技术支持系统，采取不同的竞价模式。上海市采用期货、现货和合约电能交易的方式组织市场竞争；浙江省采用基于"差价合约"和"单一购买者"相结合的方式组织市场竞争；山东省采用"单一购买者加双轨制上网电价"的限量竞价模式；辽宁省采用"竞价合约、竞价超约"竞价模式；吉林省采用"期货加有限现货竞价加实时竞价"的限量竞价模式；黑龙江省采用"合约电量＋限量竞价"的竞价模式。

国调中心积极响应电力市场改革，于1999年4月在全国各级调度机构中率先成立了调度电力市场专业处室，并将工作重点放在电力市场前期的理论准备和对试点单位的指导与服务上。由于电力市场对于中国电网来说是一个完全崭新的内容，没有可依据的模式，国调中心在充分研究了英国、澳大利亚、美国及阿根廷电力市场模式及运行规则的基础上，结合中国电网的实际情况，从调度的实际运行角度出发，于1999年5月在国内首次印发了《电力市场运行规则（参考本）》。该参考本为各网、省电力市场化改革，在实时运行和调度上提供了帮助。同时对上海、浙江、山东、辽宁、吉林、黑龙江六个网厂分开试点单位的网厂分开方案、竞价上网模式和市场运行规则等提出了建设性的意见。

国家电力公司于2000年7月下发《关于加强电力市场技术支持系统管理的若干规定》，对电力市场技术支持系统的规划、建设和运行等方面提出具体要求。同年12月，印发了《电力市场技术支持系统功能要求》。

上海电力市场于1999年四季度开始试运行；浙江和山东电力市场于2000年1月开始进入运行；辽宁电力市场于2000年4月1日开始进入运行；黑龙江省发电侧电力市场2000年9月1日正式启动；吉林电力市场2000年年底开始运行。由于市场改革形式未定、厂网未完全分开、市场模型不确定性等因素，电力市场有待完善。

三、《电力系统安全稳定导则》的发布

随着三峡工程、"西电东送"等大规模的500千伏交直流工程的陆续建设投运，我国电力系统规模进一步扩大，初步形成跨区互联格局，电力系统的特性发了一些变化。为了适应电力系统的发展实际需要，2001年国调中心牵头编写了新版《电力系统安全稳定导则》。

国家经贸委2001年4月28日批准发布《电力系统安全稳定导则》（简称《导则》）。《导则》内容包括范围、保证电力系统安全稳定运行的基本要求、电力系统的安全稳定标准、电力系统安全稳定计算分析、电力系统安全稳定工作的管理等相关内容。《导则》于同年7月1日起实施，《导则》是强制性电力行业标准，适用于电压等级为220千伏及以上的电力系统，220千伏以下的电力系统可参照执行。《导则》主要修订单位为国家电力调度通信中心、中国电力科学研究院等。自《导则》实施之日起，电力部1981年颁发的《电力系统安全稳定导则》即行废止。

《导则》的修订发布进一步确定了管生产就要管电网的生产管理理念。管电网就要管稳定，这是确保电网安全稳定运行的基础。《导则》可用于指导电力系统规划、设计、建设、电网运行、科学试验中有关电力系统安全稳定的工作。

四、电通中心的变革

1994 年，国家通信体制发生重大改革，经国务院批准，于 1994 年 7 月 19 日成立了中国唯一一家能提供全面电信基本业务的综合性电信运营企业。电力部作为发起单位，参与了组建工作和之后的运营活动。为适应发展要求，拓展电信经营业务，同年 3 月，电力部批准将国调中心的通信运行、建设等职能剥离出来，成立国电通信中心（简称电通中心），电力通信职能管理仍保留在国调通信中心。随后，电通中心牵头组建了武汉联通公司、大连联通公司，并通过"中、中、外"合作模式，建设了大连联通 GSM 移动通信网络，并开展了一系列通信业务的拓展工作。

2001 年，电通中心获信息产业部批准在全国开展 ISP 业务。同年 6 月 5 日，电通中心宣布出资控股中电飞华公司。10 月 30 日，电通中心与全国 36 个网省电力公司共同出资组建北京国电通网络技术有限公司，间接控股中电飞华公司，在全国范围内开展 ISP 业务，并在北京等多地开展 PLC 宽带接入业务。

2003 年，随着国家电信体制改革的不断深入和电网发展的需要，电力通信对电网的安全保障作用日益凸显，电力通信对外延伸业务已不适时宜。对此，国家电网公司专门召开安全生产工作会议，再次明确了电力通信为电网调度及公司发展服务的中心职责。

国电通信中心与国电信息中心于 2008 年合并为国网信息通信有限公司，该公司是国家电网公司的全资子公司，于 2008 年 4 月 17 日完成工商注册，同年 4 月 30 日举行揭牌仪式，是国家电网公司实施直属单位战略性重组中首批第一家完成组建的单位。

第七节　生产管理不断完善和规范

电力企业在发展的过程中不断面临各种各样的外部环境和内部环境的变化，为了适应变化的环境，还有企业自身变革和进一步发展的需要，企业不断对自身的管理方向进行思考，开展规范化管理以适应环境的改变并获得长远的发展，尤其是对电力安全生产主营业务不断提出新的要求。

电力企业电力生产始终坚持"安全第一、预防为主"的基本方针，伴随着电网的建设和发展，为确保电网安全、稳定运行和连续可靠供电，专业技术管理也在不断完善和加强。为规范生产专业管理，输变电设备的相关规程相继出台并不断修订；为预防电网不断出现的污闪事故，电网防污闪管理规定、预防措施等不断制定和完善；为减少电网设备因停电带来的损失，积极开展带电作业，并不断建立和完善带电作业管理制度、作业操作导则、安全作业规程等相关内容。通过一些系列的管理制度、规程等的完善出台，使电网生产管理不断规范和加强，促进了电网管理安全水平不断提升。

一、专业技术管理不断完善

1972 年，国家开始对各行业进行整顿，水电部下发《关于继续执行 15 种生产管理和运行规程的通知》[（72）水电电字第 118 号]，通知指出："两年多来，各地发供电单位都在逐步建立和健全规程制度并已做了很多工作。最近，在我部召开的企业管理座谈会期间，我们征求了与会各单位的意见，认为有些生产技术规程仍需由部做出统一规定。兹选择 15 种规程（电业安规、线路运行规程等）重申继续执行，并交由水利电力出版社重版……"。

水电部在稳定全国电力企业安全生产的同时，组织对 15 种规程和其他相关规程，如设计、验收、过电压保护绝缘配合、接地装置等规程进行修订，期间正值"文化大革命"，没有完成修订颁发工作。"文化大革命"结束后，各行各业开始拨乱反正，电力部 1979 年颁发《变电所设计技术规程》《架空送电线路设计技术规程》《电气设备过电压保护设计技术规程》《架空送电线路运行规程》等相关规程。其中《架空送电线路运行规程》共有 7 章节 43 条和 1 个附录。1979 年版《架空送电线路运行规程》颁布后（早期规程，如 1972 年颁发的《高压架空输电线路运行规程》没有编号），水电部又于 1986 年组织华北电力集团成立修编组进行修订，1992 年，中电联标准化中心以第 36 项计划任务将《架空送电线路运行规程》列入当年的制修编计划，1993 年 3 月，修编组提出了《架空送电线路运行规程》修订初稿；之后，因修编组的大部分人员退休，修订工作一度搁浅。几年后，中电联标准化中心调整了修编组，于 1999 年 11 月重新成立《架空送电线路运行规程》修订组。修订组将原修订初稿重新进行修订补充，于 2000 年 6 月形成报批稿，国家经贸委以 DL/T 741—2001 标准号颁发执行，修订后的《架空送电线路运行规程》有 9 个章节 43 条和 3 个附录。

2001 年 7 月 1 日，国家经贸委发布了《（110～500）kV 架空送电线路设计技术规程》（DL/T 5092—1999）。适用范围由原"适用于 35 千伏～330 千伏架空送电线路设计"调整为"适用于 110 千伏～500 千伏架空送电线路设计"。

为加强高压专业管理，水电部于 1987 年颁发了《高电压专业管理条例》，内容包括建立岗位责任制、专业管理和技术情报 3 章 14 条。

1989 年 10 月，能源部颁布《220～500kV 变电所设计技术规程》（SDJ 2—1988），该规程对《变电所设计技术规程》（SDJ 2—1979）进行了修订，比原规程在适用范围方面有较大改动。

为了加强架空送电线路专业生产工作的管理，保证线路安全、经济运行，能源部于 1990 年 12 月 20 日颁发了《架空送电线路专业生产工作管理制度》的通知。制度包括总则、专责管理、运行管理、检修管理、基建工程的质量管理共 5 章 40 条和 5 个附件。

随着电网规模不断扩大及社会对供电可靠性要求不断提高，高压开关设备的安全运行对电网安全和可靠供电的重要性越来越大。为此，国家电力公司于 1999 年 10 月 9 日下发了《关于印发国家电力公司〈高压开关设备管理规定〉〈高压开关设备反事故技术措施〉

和〈高压开关设备质量监督管理办法〉三个文件的通知》（发输电输〔1999〕72号）。

为进一步落实《中共中央关于国有企业改革和发展若干重大问题的决定》中关于"坚持预防为主、落实安全措施、确保安全生产"的要求，完善各项反事故措施，进一步提高电力安全生产管理水平，国家电力公司通过总结分析近年来发供电企业发生重大事故的特征，在能源部《防止电力生产重大事故的二十项重点要求》（简称《二十项反措》）的基础上，制订了《防止电力生产重大事故的二十五项重点要求》，并于2000年9月28日以国电发〔2000〕589号文发布实施。

为了规范电网生产管理，促进变电站运行管理工作水平的提高，保证电网安全稳定运行，国家电网公司在吸取部分网省电力公司经验、广泛征求意见的基础上，组织编制了《变电站管理规范（试行）》，并于2003年9月25日以《关于印发国家电网公司〈变电站管理规范（试行）〉的通知》（国家电网生〔2003〕387号）下发执行。

为认真贯彻"安全第一、预防为主"方针，适应网厂分开的新形势，本着"保电网、保设备"的原则，全面提高设备的管理水平，保证电网和设备的安全运行，国家电网公司在吸取部分网省电力公司经验、广泛征求意见的基础上，组织制定了国家电网公司《电力生产设备评估管理办法》，国家电网公司生产运营部于2003年8月8日以《关于印发〈电力生产设备评估管理办法〉的通知》（生产输电〔2003〕95号）颁发执行。

为了加强防止电气误操作装置的管理，有效防止电气误操作事故的发生，保障电网安全运行，国家电网公司组织制定了《防止电气误操作装置管理规定》，并于2003年7月7日以《国家电网公司关于印发〈防止电气误操作装置管理规定〉的通知》（国家电网生〔2003〕243号）颁发执行。

二、防污闪技术管理不断完善

改革开放以后，随着经济建设的快速发展，工业发展也比较迅速。由于工业发展，大气污秽物出现并逐年增多。由于原有输变电设备外绝缘配置基本延续20世纪50—60年代的配置标准，没有考虑大气污秽的因素。70年代末80年代初，各地电网相继发生污闪事故。1979年，电力部颁发了《发电厂、变电所和架空送电线路电瓷绝缘污秽分级暂行规定》[（79）电生字第52号]。1983年4月水电部又颁发了《高压架空线路和发变电所电瓷外绝缘污秽分级标准》[（83）水电技字第23号]的通知。1986年，国家标准局发布了《高压电力设备外绝缘污秽等级》（GB 5582—1985），标准上升至中华人民共和国国家标准。

1987年2月华北500千伏房北线331号塔C相绝缘子发生闪络；1987年12月，东北董辽线、董王线发生雾闪，停电5个多小时；1989年1月6日，华东电网发生了500千伏大面积污闪停电事故。针对陆续发生的污闪事故，当时电力主管部门陆续修订完善防污闪管理办法及措施，1989年2月，能源部颁发了《关于防范500千伏输电事故再度发生的紧急通知》（能源电〔1989〕159号），提出了做好500千伏输电线路防污闪的工作管理要求。1989年8月，能源部颁发了《关于防止500千伏输电线路污闪、雷击事故的措施的通知》（能源技〔1989〕776 号），对设计、施工、运行提出了要求。1990 年 3 月，能源部下发了《关于切实做好防止大面积污闪工作的紧急通知》（能源电〔1990〕228 号）。1990 年 7 月，能源部下发《关于抓紧落实防止电网大面积污闪措施的通知》（能源办〔1990〕606 号）。

1990 年 5 月，能源部电力司会同安环司、科技司、基建司、电规总院在北京召开了全国电瓷防污闪工作会议。会议分析了当前电网大面积污闪的原因、特点，总结、交流了防污闪工作的经验、体会，研究了面临的新问题，明确了奋斗目标、任务，制定了措施、规定。会议出台了《关于防止电网大面积污闪事故若干措施的实施要求》《电力系统电瓷外绝缘防污闪技术管理规定（试行）》，电网防污闪管理工作得到不断完善。

为提高中国电瓷防污闪工作科学化水平，把电力系统电瓷防污闪工作纳入专业化管理的正常轨道，根据近年电瓷防污闪工作的实践，并结合电网发展和环境、气象变化的实际情况，在进一步修订、补充《电力系统电瓷外绝缘防污闪技术管理规定》的基础上，能源部于 1993 颁发了《关于颁发电力系统电瓷防污闪有关规定的通知》（能源办〔1993〕45 号），其中的附件 3 即为《电力系统电瓷外绝缘防污闪技术管理规定》。

1998 年国家电力公司下发《关于修订电力系统污区分布图的通知》（国电安运〔1998〕223 号），包括 4 个附件。4 个附件分别为：附件 1 污区分布图修订原则；附件 2 部级科研成果《大气环境对输变电设备抗污闪能力的影响》的应用；附件 3 各网、省公司报国家电力公司的电力系统污区分布图及资料要求；附件 4 电力系统污区分布图绘制规定。

2001 年 9 月 29 日，国家电力公司下发了《关于做好今冬明春电网防污闪工作的通知》（国电发〔2001〕560 号），对防污闪工作提出了要求。

2002 年 12 月 19 日，国家电力公司下发了《关于开展"用饱和盐密修订电网污区分布图"工作的通知》（发输电输〔2002〕168 号）。首次提出开展用饱和盐密修订电网污区图的基本原则，真正实现把"清扫作为绝缘裕度留给运行"的要求。这是中国电网防污闪工作方针和政策的重大调整，其最终目标是落实"绝缘到位、留有裕度"的基本原则，真正杜绝电网大面积污闪事故，使电网的防污闪工作更有效，使输变电工程的基建和运行综合经济效益最佳。

三、带电作业管理不断完善

带电作业是指在高压电气设备上不停电进行作业的工程技术，在中国始于 20 世纪 50 年代初期。经不断地发展、完善和提高，如今已成为供电设备检修、测试、更新不可缺少的手段，为社会主义经济建设做出了辉煌的成绩。但带电作业管理初期，未有全国性的带电作业规程，也未进行国际间的技术交流，直到 1997 年电力部将带电作业纳入部门颁发的安全规程，进一步肯定了带电作业技术的安全性。同年，中国带电作业开始与国际交往，参加了 IEC 带电作业工作组的活动，成立了 IEC/TC—78 标准国内工作小组，从事带电作业有关标准的制定工作。

1978 年 1 月，水电部武汉高压试验研究所主持的 IEC 第 78 技术委员国内第一次会议在南宁召开。会议上，IEC 国内办公室和武汉高压研究所的有关人员介绍了 IEC/TC—78 的历史情况、组织结构及职能、中国国内开展工作的情况。

1979 年 3 月，IEC/TC—78 国内第二次工作会议在成都召开，参加会议的有全国 15 个省市的科研、生产、供电、大专院校等 47 个单位，51 名代表。会议一致同意成立中国带电作业标准化技术委员会。1979 年一机部颁发《绝缘操作杆、测量杆》技术标准。标准号为 JB 2413—78，标准提出了各电压等级绝缘杆的最小有效绝缘长度和最小长度要求，还规定了绝缘杆的基本技术条件、试验标准及验收方法。

1980 年 4 月，IEC/TC—78 国内第三次工作会议在秦皇岛召开。参加会议的有华北、东北、华东、华中、华南、西南等各大区有关单位 38 个，共有代表 48 人，会议讨论了《绝缘管和杆》《绝缘绳》和《绝缘车》3 个标准草案。

1981 年 3 月，IEC/TC—78 国内第四次工作会议在昆明召开，参加会议共有 22 个省市 69 个单位，82 名代表。会议的主要议程探讨带电作业技术动向。

1984 年 12 月，水电部颁发了《电气设备带电水冲洗导则（试行）及其编制说明》。该导则已列入水电部标准，标准号为 SD 129—84。该导则对带电水冲洗的气候条件、水电阻率、水柱长度、冲洗方式等做了详细规定。

为加强管理，确保带电作业安全，1985 年 4 月，水电部以〔85〕水电生安监字第 374 号文件，组织了 1977 年颁发的《电业安全工作规程（带电作业部分）》的修编小组。该小组于 1985 年 4 月在长沙进行修编起草工作，制定了《电业安全工作规程（带电作业部分）》（DL 408—1991）共 14 章 85 条，于 1991 年 3 月颁发实施。

1986 年 11 月，水电部生产司以〔1986〕电字供字第 240 号文件委托长沙电业局组织编写了全国性的《带电作业技术管理制度》和《带电作业操作导则》提纲，明确鞍山电业局、河北省电力局、嘉兴电业局、成都供电局、汉中供电局、广西电力局参加编写工作。

1987 年 9 月，在水电部生产司召开的全国带电作业会议时下发了《带电作业技术管理制度》《带电作业操作导则》和《电业安全工作规程（带电作业部分）（试行）》。

其中，《带电作业技术管理制度》包括总则，带电作业的组织管理，带电作业人员培训、考核的管理，带电作业项目管理及计划实施，带电作业工具管理，带电作业资料管理和带电作业奖惩制度，并收有 10 个附录。上述规程制度的出台进一步完善和加强了带电作业的管理。

1991 年 3 月，能源部发布了《电业安全工作规程（发电厂和变电所电气部分）》（DL 408—1991）和《电业安全工作规程（电力线路部分）》（DL 409—1991）。

《电业安全工作规程（发电厂和变电所电气部分）》包括总则，高压设备工作的基本要求，保证安全的组织措施，保证安全的技术措施，线路作业时发电厂和变电所的安全措施，带电作业，发电机、同期调相机和高压电动机的维护工作，在六氟化硫电气设备上的工作，在停电的低压配电装置和低压导线上的工作，在继电保护、仪表等二次回路上的工作，电气试验、电力电缆工作，其他安全措施，共 13 章和 8 个附录。

为进一步提高中国带电作业技术和管理水平，促进带电作业标准化、规范化，国家电力公司组织有关专家，在总结经验的基础上，修订、制定了《带电作业技术管理制度》和《带电作业操作导则》，并于 1997 年 10 月 31 日下发了《关于颁发〈带电作业技术管理制度〉和〈带电作业操作导则〉的通知》（国电安运〔1997〕104 号）。管理制度包括总则，组织管理，人员培训、考核与管理，项目管理与计划实施，工具管理，资料管理，奖惩制度，共 6 章 40 条和 12 个目录。操作导则包括总则、带电作业有关术语、带电作业操作的一般要求、地电位作业的基本要求、等电位作业的基本要求、中间电位作业的基本要求、常规作业项目的操作，共 7 章和 24 个附录。

第四编

新世纪中国电网的高速发展与输变电技术的重大突破

（2002—2019）

跨入 21 世纪，中国经济发展步入了快车道，2002 年，中国国内生产总值（GDP）已经达到 12 万亿元，并在后续十年保持了近 10% 的年增长速度。

此时，中国的电力工业基本上摆脱了"缺电"的局面，电网结构日渐合理，电能传输基本上解决了瓶颈问题，中国电力工业已经具备了相当的规模并为经济社会和人民生活提供了可靠的动力。但是，在电力工业快速发展过程中，也存在着电源发展和电网建设不平衡的问题，在中国沿海开放、中部崛起、西部大开发、振兴东北等各个时期区域重点发展政策的带动下，存在能源分布不均匀、工业门类差别大、区域经济发展进程不同、第一产业和第三产业电力需求不一致等实际情况，特别是二滩电厂弃水现象，都促使电力工业向着适应社会主义市场经济发展的方向实施变革和转型。2002 年，《国务院关于印发电力体制改革方案的通知》（国发〔2002〕5 号）的发布拉开了电力市场化改革的序幕，为重组电力工业企业，打破垄断，引入竞争，将国家电力公司拆分重组为 11 家电力企业，其中电网侧成立国家电网公司和南方电网公司，实现了厂网分开并成立国家电力监管机构，加强电力行业监管，逐步构建具有中国特色的电力市场体系。

这一时期，中国电网迈进以特高压为标志的跨区联网发展新阶段。电网项目的建设已经不再完全依附于电源项目的建设而建设，电网企业开始从资源优化配置的效率和合理性、电网运行的安全性和经济性、为经济社会发展提供优质可靠电力等方面来规划和建设电网，电网建设进入"黄金期"。随着 500 千伏三峡—万县交流输电工程、500 千伏辛安—获嘉交流输电工程、500 千伏聊城—辛安交流输电工程、500 千伏姜家营—绥中交流输电工程、灵宝背靠背直流输电工程（简称灵宝背靠背工程）的相继投运，实现了川渝、华中、华北、西北、东北电网联网，跨海联网工程实现了海南电网与南方电网联网，全国实现了以三峡为中心的大规模电力联网格局。2009 年，中国电网规模超越美国，成为全球第一大电网。随着区域经济和可再生能源迅猛发展，大电网规模持续扩大，电压等级不断提升，电能的远距离、大规模输送能力和智能化管理水平持续增强。2010 年，新疆与西北 750 千伏电力联网工程建成，实现"疆电外送"。2011 年，以青藏电力联网工程为标志，实现了除台湾地区以外的全国联网。随着 ±800、±1100 千伏特高压直流输电工程和 1000 千伏特高压交流输变电工程先后投运，中国已成为拥有世界上正式投入商业运行的最高电压等级交直流输电工程的国家。

党的十八大以来，随着社会主义市场经济体制机制日趋成熟，中国经济发展进入新常态，由高速发展转为高质量发展，经济社会的发展方式强调绿色、低碳、可持续发展，2014 年，习近平总书记提出"四个革命、一个合作"❶的能源安全发展战略，能源供给侧结构性改革加速推进。电力工业贯彻新发展理念，开发绿色能源，注重高质量发展，形成了强大的生产能力，装机容量和发电量稳居世界首位，从根本上扭转了电力短缺的局面，有力支撑了国民经济发展和人民生活水平提高。2015 年，《中共中央　国务院

---

❶ "四个革命"是指推动能源消费革命，抑制不合理能源消费；推动能源供给革命，建立多元供给体系；推动能源技术革命，带动产业升级；推动能源体制革命，打通能源发展快车道。"一个合作"是指全方位加强国际合作，实现开放条件下能源安全。

关于进一步深化电力体制改革的若干意见》（中发〔2015〕9 号）印发，文件以"三放开、一独立、三强化"❶为核心，深入推进新一轮电力体制改革。之后，有关部门相继出台《关于推进输配电价改革的实施意见》等多个配套文件，逐步建立了规则明晰、水平合理、监管有力、科学透明的独立输配电价体系，形成保障电网安全运行、满足电力市场需要的输配电价形成机制，电力交易平台和电力现货市场建设取得积极进展。

这一时期，也是中国在输变电设备和技术领域，在大电网安全经济运行方面取得丰硕成果的时期。中国输变电技术发展坚持走引进、消化、吸收、创新之路，具有自主知识产权的 1000 千伏特高压交流和±800、±1100 千伏特高压直流输电技术实现全面提升，并建立完整的特高压技术标准体系。能源互联网技术在多个领域有所突破，国家风光储输示范工程、世界首个百万千瓦级光伏电站群、中新天津生态城智能电网综合示范工程、张北可再生能源柔性直流电网示范工程（简称张北柔直工程）、舟山五端柔性直流输电科技示范工程、500 千伏统一潮流控制器（UPFC）示范工程、全球首个静止同步串联补偿器、世界首个两端改三端±500 千伏直流工程——南方电网云贵互联通道工程、青海海西州多能互补集成优化示范工程、数字化变电站、全国产化超高压继电保护成套装置、中国首例"特高压＋5G"古泉换流站、江苏大规模源网荷友好互动系统示范工程相继投运。引入"互联网＋"理念和云计算、大数据及人工智能等新技术，建设新一代调度自动化系统。积极应用先进计算机技术和通信技术，建设各层级设备集中监控中心。发挥五级调度体系优势，实现能源资源大范围优化配置，保证电网安全稳定经济运行。开展设备在线监测检测和状态分析，实行设备状态检修，加强基础管理和标准化建设，不断提高设备运行管理水平，有效提升了电网安全可靠性及大范围灵活配置能源资源的能力。

截至 2019 年年底，中国拥有全球输电电压等级最高、特高压线路最长、新能源并网规模最大的特高压交直流混合电网，共投运"十交十四直"24 个特高压工程，支撑发电装机容量突破 20 亿千瓦，比中华人民共和国成立初期增长了约 1000 倍，并网风电、光伏发电装机容量超过 4 亿千瓦，水电装机容量超过 3.5 亿千瓦，抽水蓄能装机容量超过 3000 万千瓦，全国 220 千伏及以上电压等级输电线路长度超过 75 万千米，达到中华人民共和国成立初期的约 1000 倍，跨区输电能力超过 1.4 亿千瓦，形成了"西电东送、北电南供、水火风光互济"的电力供给新格局。

截至 2019 年年底，保持了特大型电网最长的安全纪录，居世界领先地位。有效应对了新能源发电的波动性、不确定性问题，新能源利用率超过 95%。

电网企业积极践行"一带一路"倡议，积极参与国际能源治理，发起成立全球能源互联网发展合作组织，搭建共商、共建、共享、共赢的国际能源合作平台。2019 年中国"获得电力"指标排名升至 12 位。

---

❶ "三放开"：按照"管住中间、放开两头"的体制架构，有序放开输配以外的竞争性环节电价；有序向社会资本放开配售电业务；有序放开公益性和调节性以外的发用电计划。"一独立"：推进交易机构相对独立，规范运行；"三强化"：继续深化对区域电网建设和适合我国国情的输配体制研究，进一步强化政府监管；进一步强化电力统筹规划；进一步强化电力安全高效运行和可靠供应。

　　新世纪的中国电力工业经历了最深刻的变革，其所派生的电网企业为适应经济社会高速发展的新要求，适应电力市场化改革的深入推进，适应全球能源消费的新理念，锐意改革，不断创新。电网与输变电以其电网企业的核心业务和支撑地位，为经济社会高质量发展和人民美好生活提供了坚实的保障。面向未来，中国已经迈入努力实现第二个百年奋斗目标的关键时期，中国电网与输变电正乘势而上，开启助力全面建设社会主义现代化国家的新征程，在"碳达峰、碳中和"目标下，为构建新型电力系统续写新篇章。

第十三章

电力体制重大变革下的电网经营与发展
（2002—2007）

　　经过一段时期的发展，中国电力工业形成了强大的生产能力，使得全国电力供需矛盾获得短时缓解，但垄断经营体制与新形势的不适应性逐步显现，能源优化配置的新要求催生电力体制改革不断深化。党中央、国务院十分重视电力体制改革，社会各界要求加快改革，先期实行的多家办电以及改革试点工作也为深化电力体制改革积累了经验，这些都为电力体制改革创造了良好的条件。"十五"计划为中国电力体制改革指明了方向，提出电力建设要立足当前、着眼长远，调整电源结构，加强电网建设，推进全国联网。深化电力体制改革，逐步实行厂网分开、竞价上网，健全合理的电价形成机制。

　　2002年2月10日，《国务院关于印发电力体制改革方案的通知》（国发〔2002〕5号）印发（简称5号文）。国家电力公司拆分为两大电网公司、五大发电集团和四大辅业集团，电力行业实现了厂网分开，引入了竞争机制，这是中国电力体制改革的重要成果，是中国电力工业发展的里程碑，标志着中国电力工业在建立社会主义市场经济体制、加快社会主义现代化建设中，进入了一个新的发展时期。这一时期，全国电网的跨省区域联网持续推进，500千伏联网格局逐步形成。川渝电网、华北电网、华中电网、东北电网通过500千伏交流线路实现同步联网，西北电网与华中电网通过330千伏灵宝背靠背工程联网，海南电网通过500千伏海底电缆与南方电网联网。全国500千伏输电线路长度由2002年约3.7万千米迅速增长到2007年约9.7万千米，全国500千伏变电容量由2002年约1.4亿千伏·安快速提升到2007年约4.2亿千伏·安。高压直流输电和柔性交流输电逐步由技术引进走向自主研发。三峡±500千伏系列直流输电工程国产化率不断提升，主设备国产化率由三峡—常州±500千伏直流工程的30%、三峡—广州±500千伏直流工程的50%提高到了三峡—上海±500千伏直流工程的70%。贵广Ⅱ回工程综合国产化率达到70%。鞍山红一变电站100兆伏·安/35千伏TCR型输电网SVC国产化示范工程、500千伏平果可控串联补偿站、甘肃成碧220千伏国产化可控串联补偿工程、山西忻州和湖北荆州500千伏可控高压电抗器等一系列具有自主知识产权的柔性交流输电示范工程投运，为联网范围的进一步扩大和电压等级的提升奠定了基础。

　　按市场规则进行电力调度和节能调度相继提出。5号文首次提出按市场规则进行电力调度，为减少能源、资源消耗和污染物排放，以节能、经济为原则，《节能发电调度办法

（试行）》印发。《电网运行准则》发布实施，辅助服务补偿机制首次建立。电网调度自动化系统的自主研发能力大幅提升，RCS-900 电力系统高压大容量主设备保护技术推广应用，电力系统全数字实时仿真技术等实践应用，打破了国外厂商的长期垄断，为大电网安全、经济运行提供了有力保障。

第一节　以厂网分开为主的电力体制改革

党的十一届三中全会以后，经过一个时期的快速发展，中国的电力工业已经形成较大的生产和经营规模，也使得全国的电力供需矛盾得到了一定程度的缓解，但电力工业垄断经营体制与建设社会主义市场经济体制这一新形势的不相适应也逐步显现，能源优化配置的要求以及社会各界对电力体制改革的呼声日渐提高，党中央、国务院从国情出发、从建立与社会主义市场经济体制相适应的电力体制出发，认真筹划电力体制改革，2002 年 2 月，国务院印发《国务院关于印发电力体制改革方案的通知》（国发〔2002〕5 号），决定对电力工业实施以"厂网分开、竞价上网、打破垄断、引入竞争"为主要内容的电力体制改革。将国家电力公司管理的电力资产实施重组，由一家拆分为十一家，形成两大电网公司、五大发电集团和四大辅业集团。在电力体制改革的实施阶段，国家电力公司以 2 号令的形式加强管理，实现了电力企业安全平稳过渡。2003 年 3 月，成立国家电力监管委员会（简称国家电监会），颁布了《电力监管条例》并逐步建立完善了电力市场法规体系，开启了中国电力监管现代化进程，标志着中国电力工业进入依法监管的新阶段。按照电价改革构想，2003 年国务院办公厅印发《国务院办公厅关于印发电价改革方案的通知》（国办发〔2003〕62 号），实行新的电价机制，相继实行分时电价、环保电价等差别电价。同时，电力企业相继开展大用户直供电试点、区域电力市场建设试点，两大电网公司开启跨区电力电量交易，都为之后的电力市场化改革积累了重要经验。

一、国务院印发电力体制改革方案

2001 年 12 月，国家计委上报了新的电力体制改革方案并最终获国务院通过。2002 年 2 月，《国务院关于印发电力体制改革方案的通知》（国发〔2002〕5 号）印发，决定对电力工业实施以"厂网分开、竞价上网、打破垄断、引入竞争"为主要内容的电力体制改革。按照总体设计、分步实施、积极稳妥、配套推进的原则，加强领导，精心组织，有步骤、分阶段完成改革任务。

电力体制改革的指导思想：从国情出发，遵循电力工业发展规律，充分发挥市场配置资源的基础性作用，加快完善现代企业制度，促进电力企业转变内部经营机制，建立与社会主义市场经济体制相适应的电力体制。

电力体制改革的总体目标：打破垄断，引入竞争，提高效率，降低成本，健全电价机制，优化资源配置，促进电力发展，推进全国联网，构建政府监督下的政企分开、公平竞争、开放有序、健康发展的电力市场体系。

电力体制改革的主要任务：实施厂网分开，重组发电和电网企业；实行竞价上网，建立电力市场运行规则和政府监管体系，初步建立竞争、开放的区域电力市场，实行新的电价机制；制定发电排放的环保折价标准，形成激励清洁电源发展的新机制；开展发电企业向大用户直接供电的试点工作，改变电网企业独家购买电力的格局；继续推进农村电力管理体制改革。

电力体制改革的组织方式：国务院下设国家电监会（正部级），按国家授权履行电力监管职责。中电联经政府授权，履行电力行业信息、资料的统计和分析等职责。在国务院领导下，成立电力体制改革工作小组，具体负责电力体制改革实施工作。

电力体制改革的主要内容：在发电环节引入竞争机制和建立合理的电价形成机制。在发电侧引入竞争机制方面，首先实现"厂网分开"，将国家电力公司管理的电力资产按照发电和电网两类业务进行划分。发电环节按照现代企业制度要求，将国家电力公司管理的发电资产直接改组或重组为规模大致相当的 5 个全国性的独立发电公司，逐步实行"竞价上网"，开展公平竞争。电网环节分别设立国家电网公司和中国南方电网有限责任公司（简称南方电网公司）。国家电网公司下设华北、东北、华东、华中和西北 5 个区域电网公司。建立合理的电价形成机制，将电价划分为上网电价、输电电价、配电电价和终端销售电价。上网电价由国家制定的容量电价和市场竞价产生的电量电价组成；输、配电电价由政府确定定价原则；终端销售电价以上述电价为基础形成，建立与上网电价联动的机制。在具备条件的地区，开展发电企业向较高电压等级或较大用电量的用户和配电网直接供电的试点工作。

二、国家电力公司 2 号令与电力企业平稳过渡

5 号文发布之后，电力体制改革进入实施阶段。为了保障电力体制改革的顺利实施，实现发电集团公司组建过程中的平稳过渡，确保发电厂的安全、稳定运行，2002 年 10 月 29 日，国家电力公司发布了第 2 号令《国家电力公司关于电力体制改革实施阶段加强发电厂管理的规定》，要求各分公司、集团公司、省（区、市）电力公司将本令转发至各独立发电公司和所属发电企业。

在"厂网分开"前的关键过渡时期，该规定主要从电力体制改革期间发电厂落实安全生产责任制，加强管理，认真服从调度法律、法规，完成三项责任制考核等十个方面提出了要求。内容包括：在电力体制改革期间，各单位主要负责人必须切实履行安全生产第一责任人的职责，进一步加强组织领导，认真落实安全生产责任制。各单位分管安全生产工作的领导必须切实负责，坚守岗位，严格管理。对于因不履行责任制、工作不力而导致重大安全责任事故的单位和领导人员，要按现有规定追究责任。

在发电厂正式交接之前，各分公司、网省电力公司应按现有的指挥管理体系，加强对发电厂的管理，切实担负起发电厂安全、稳定和资产管理的职责，要按计划保证设备技术改造、机组检修等必要资金的落实；各发电厂应严格服从上级主管单位的统一领导，做到

指挥不断、秩序不乱。

各发电厂应认真执行《电力法》《电网调度管理条例》和相关法律、法规，严格遵守调度纪律，服从电网的统一调度；要加强对电厂继电保护、安全自动装置的管理，保证其运行可靠、动作准确，为电网的安全、稳定运行提供保障。认真贯彻"安全第一，预防为主"的方针，认真执行《防止电力生产重大事故的二十五项重点要求》，切实落实各项安全技术措施和反事故措施，防止电力生产重大事故的发生。

各发电企业要采取有力措施，确保完成网省电力公司确定的各项生产经营计划目标；网省电力公司对各发电企业 2002 年度的安全生产责任制、资产经营责任制和党风廉政建设责任制三项责任制考核不变，并特别要强调严格执行国家电力公司和网省电力公司颁布的各项有关预算管理、资金管理、成本管理、计划管理、合同管理、招投标管理等各项管理制度，严格财经纪律，严禁以各种名目突击花钱和分钱分物，严禁扩大非生产性开支；防止国有资产流失。对违反规定的要严肃处理，并追究主要负责人和有关人员的责任。

要高度重视燃料管理工作。各发电企业要把保证电煤供应作为重要工作抓好，按照规定的储煤量做好冬季和下一年春季的燃料储备工作，确保冬季用电高峰的安全发电。

继续抓好在建电源项目的管理，要特别抓好"西电东送"、电源结构调整重点项目的建设，加强工程建设的安全管理、质量管理、进度管理和资金管理，保证资金投入，保证工程进度，杜绝重大安全和质量事故的发生。

继续做好拟建电源项目的各项前期工作，按原有管理和投资渠道，保证前期工作所需资金，保持人员的相对稳定和资料完整，及时组织、上报有关材料，落实有关条件，确保电源储备项目的工作进程。要在保证安全和质量的前提下，确保完成年电源投产计划。

国家电力公司 2 号令对在电力体制改革实施进程中，确保政治稳定、队伍稳定和工作秩序稳定，为电力企业平稳过渡起到了重要作用。

三、国家电力公司改组

（一）中国电力 11 家新组建（改组）公司成立

根据电力体制改革方案，国务院决定在原国家电力公司的基础上，成立两家电网公司、五家发电集团公司和四家辅业集团公司。其中，两家电网公司是国家电网公司、南方电网公司；五家发电集团公司是中国华能集团公司、中国大唐集团公司、中国华电集团公司、中国国电集团公司和中国电力投资集团公司；四家辅业集团公司是中国电力工程顾问集团公司、中国水电工程顾问集团公司、中国水利水电建设集团公司和中国葛洲坝集团公司。

为尽快贯彻落实电力体制改革方案，根据国家电力公司《重组划分电网、发电和辅业、三产（多经）企业的初步方案框架》（国电办〔2002〕391 号）、国务院批复的《国家计委关于电力体制改革实施方案的请示》（计基础〔2002〕1013 号）、《国家计委关于落实电力体制改革实施方案的情况报告》（计基础〔2002〕1171 号）、《国家计委关于发电资产重组划分方案的请示》（计基础〔2002〕1685 号）等有关文件和电力体制改革工作小组各次会议精神，2002 年 12 月 3 日，国家计委印发了《关于国家电力公司发电资产重组划分方案的批复》（计基础〔2002〕2704 号），明确了发电资产重组划分的六项原则，并在此原则基础上，按行政划拨方式，以 2000 年的财务决算数据为依据，五家发电集团公司的资产规模质量大致相当，平均可控容量为 3200 万千瓦，权益容量为 2000 万千瓦左右。各集团公司根据发电资产分布以及在相应电厂所占股权比例等数据，作为组建和注册的依据。

批复文件还对重组其他直属辅助性企事业单位、电网公司暂时保留和待出售的工程发电资产、划转给辅业集团的发电资产、其他有关政策问题做出安排。

2002 年 12 月 29 日，中国电力新组建（改组）公司成立大会在北京人民大会堂召开，11 家新组建（改组）公司宣告成立。

（二）国家电网公司成立

根据 5 号文和 2003 年 2 月 28 日《国务院关于组建国家电网公司有关问题的批复》（国函〔2003〕30 号）精神，国家电网公司是在原国家电力公司部分企事业单位基础上组建的国有企业，是国家授权投资的机构和国家控股公司的试点。作为原国家电力公司管理的电网资产出资人代表，按国有独资形式设置，注册资本为人民币 2000 亿元。

国家电网公司主要从事电力购销业务，负责所辖各区域电网之间的电力交易和调度。国家电网公司对其全资企业、控股企业、参股企业（简称有关企业）的有关国有资产和国有股权行使出资人权利，对有关企业中国家投资形成并由国家电网公司拥有的国有资产和国有股权依法进行经营、管理和监督，并相应承担保值增值责任。国家电网公司主要成员单位包括 36 个全资企业、1 个控股企业、1 个事业单位，以及 38 个发电企业（暂由国家电网公司代管，下一步根据实际需要逐步调整和转让）。国家电网公司实行总经理负责制，首任总经理为赵希正。

截至 2019 年年底，国家电网公司经营区域覆盖中国 26 个省（自治区、直辖市），供电范围占国土面积的 88%，供电人口超过 11 亿，下设华北、华东、华中、东北、西北、西南六个分部，27 家省级电力公司，40 家直属单位，建成多项特高压输电工程，成为世界上输电能力最强、新能源并网规模最大的电网企业，并投资运营菲律宾、巴西、葡萄牙、澳大利亚、意大利、希腊、阿曼、智利和中国香港等骨干能源网。

（三）中国南方电网有限责任公司成立

根据 5 号文和 2003 年 11 月 8 日《国务院关于组建中国南方电网有限责任公司有关问题的批复》（国函〔2003〕114 号）精神，南方电网公司是以广东省、海南省电网资产，以及国家电网公司在广西、贵州、云南所属电网资产为基础组建的国有企业。2004 年 6 月 18 日完成工商注册，注册资本为人民币 600 亿元。南方电网公司总部设在广州市。

南方电网公司主要成员单位包括广东电网公司、广西电网公司、海南电网公司、贵州电网公司、云南电网公司、南方电网公司超高压输变电公司 6 个电网运营企业，以及鲁布革电厂、天生桥二级电站、广州抽水蓄能电厂 3 个发电企业（暂由南方电网公司代管，下一步根据实际需要逐步调整，后仅保留广州抽水蓄能电厂调峰，其余两家划转）。

南方电网公司主要从事电力购销业务，负责投资、建设和经营管理南方区域电网，经营相关的输配电业务。南方电网公司组建后，原由国家电网公司代为行使的南方电网调度职责交由南方电网公司负责。南方电网公司对其全资企业、控股企业、参股企业的国有资产和国有股权行使出资人权利，依法经营、管理和监督，并相应承担保值增值责任。

2003年12月4日，国家发展改革委根据国务院批复意见，以《关于印发〈中国南方电网有限责任公司组建方案〉和〈中国南方电网有限责任公司章程〉的通知》（发改能源〔2003〕2101号）正式下发了关于南方电网公司组建方案和章程，确立了南方电网公司的法律地位。南方电网公司首任董事长为袁懋振。

截至2019年年底，南方电网公司覆盖五省区，并与中国香港、澳门地区以及东南亚国家的电网相联，供电面积100万千米^2。供电人口2.54亿人，供电客户9670万户。下设南网总调、后勤管理中心、年金中心3个直属机构，超高压公司、南网党校（南网领导力学院、南网培训中心）、北京分公司3家分公司；广东等14家全资子公司；南网能源公司等7家控股子公司。

四、国家电力监管机构的成立与《电力监管条例》的颁布

（一）国家电监会

2002年2月，5号文印发后，成立国家电监会的工作提上日程。成立国家电监会，被视为中国电力市场化改革的组织保障和电力监管现代化的开端，受到国内外关注。

2003年2月24日，国务院办公厅下发《关于印发国家电力监管委员会职能配置内设机构和人员编制规定的通知》（国办发〔2003〕7号），设立国家电监会，为国务院直属事业单位（正部级），根据国务院授权，行使行政执法职能，依照法律法规统一履行全国电力监管职责。国家电监会的主要职责：一是负责全国电力监管工作，建立统一的电力监管体系，对国家电监委员会的派出机构实行垂直领导。二是研究提出电力监管法律法规的制定或修改建议，制定电力监管规章，制定电力市场运行规则。三是参与国家电力发展规划的制定，拟定电力市场发展规划和区域电力市场设置方案，审定电力市场运营模式和电力调度交易机构设立方案。四是监管电力市场运行，规范电力市场秩序，维护公平竞争；监管输电、供电和非竞争性发电业务。五是参与电力技术、安全、定额和质量标准的制定并监督检查，颁发和管理电力业务许可证，协同环保部门对电力行业执行环保政策、法规和标准进行监督检查。六是根据市场情况，向政府价格主管部门提出调整电价建议；监督检查有关电价；监管各项辅助服务收费标准。七是依法对电力市场、电力企业违法违规行为进行调查，处理电力市场纠纷。八是负责监督电力社会普遍服务政策的实施，研究提出调整电力社会普遍服务政策的建议；负责电力市场统计和信息发布。九是按照国务院的部署，组织实施电力体制改革方案，提出深化改革的建议。十是承办国务院交办的其他事项。

2003年3月20日，国家电监会正式挂牌，首任主席为柴松岳。国家经贸委原来承担的电力行业管理、技改投资等职能移交国家发展改革委，市场监督职能移交国家电监会。

2003年12月5日，国务院办公厅下发了《关于加强电力安全工作的通知》，明确

了电力安全生产工作的责任、目标和要求，并授权国家电监会具体负责电力安全监督管理。2004 年年初，国家电监会组建了安全监管局，从组织上保证了安全监管职能的落实。

2004 年 5 月，国家电监会东北监管局（简称东北电监局）挂牌成立。这是国家电监会最早成立的区域电力监管机构。随后，全国陆续成立华北、西北、华东、华中、南方共 6 家区域电力监管局和山西、山东、甘肃、新疆、浙江、江苏、福建、河南、湖南、四川、云南、贵州 12 家省级电力监管办公室。

国家电监会是中国基础产业领域首家政府监管机构，它的成立标志着中国电力工业管理体制由传统的行政管理向适应市场经济要求、依法监管的重大转变。作为电力体制改革领导小组成员单位和办公室，国家电监会按期分类解决了厂网分开遗留问题，努力推动电力主辅分离取得突破，探索建立区域内发电侧竞价机制，稳妥推进大用户直接交易试点，积极参与电价形成机制改革，在培育公开、公平、公正的电力市场方面进行了有益的探索和实践。

2013 年 3 月 14 日，根据《国务院机构改革和职能转变方案》，将国家能源局、国家电力监管委员会的职责整合，重新组建国家能源局，由国家发展和改革委员会管理。不再保留国家电力监管委员会。

（二）《电力监管条例》的颁布与电力市场法规体系的建立

国家电监会成立以后，出台了一系列电力市场建设的指导性文件，包括市场建设的指导意见、市场运营的基本规则、市场监管办法及技术支持系统建设方面的原则要求等。同时，全面展开行政执法工作，在电力监管法规体系建设方面取得重要进展。

2003 年 8 月，国家发展改革委和国家电监会组织启动了《中华人民共和国电力法》《电力设施保护条例》《电网调度管理条例》和《电力供应与使用条例》的修订工作。

为了加强电力监管，规范电力监管行为，完善电力监管制度，2005 年 2 月 2 日，《电力监管条例》经国务院第 80 次常务会议通过，以中华人民共和国国务院令第 432 号公布，自 2005 年 5 月 1 日起施行。该条例由总则、监管机构、监管职责、监管措施、法律责任、附则六章组成，共 37 条。

《电力监管条例》确立了国家电监会及其派出机构履行电力监管职责的法律地位和行政执法主体地位。电力监管的主要职责是依照有关法律、行政法规和本条例的规定，在其职责范围内开展如下监管工作：一是制定并发布电力监管规章、规则；二是颁发和管理电力业务许可证；三是对发电企业在各电力市场中所占份额的比例实施监管；四是对发电厂并网、电网互联以及发电厂与电网协调运行中执行有关规章、规则的情况实施监管；五是对电力市场向从事电力交易的主体公平、无歧视开放的情况，以及输电企业公平开放电网的情况依法实施监管；六是对电力企业、电力调度交易机构执行电力市场运行规则的情况，以及电力调度交易机构执行电力调度规则的情况实施监管；七是对供电企业按照国家规定的电能质量和供电服务质量标准向用户提供供电服务的情况实施监管；八是具体负责电力安全监督管理工作；九是对电价实施监管。《电力监管条例》还明确了监管措施和法律责任。

《电力监管条例》的颁布与实施，是中国电力工业发展进程中的一件大事，是深化电力体制改革的重要举措，标志着中国电力工业进入依法监管的新阶段。

2005 年 8 月，《供电服务监管办法（试行）》开始试行。随后，以《电力监管条例》为依据，国家电监会又制定和实行《供电监管办法》《输配电成本监管暂行办法》《电力可靠性监督管理办法》《电网企业全额收购可再生能源电量监管办法》等电力监管规章、办法、规定及重要文件达数十个，初步形成了以《电力监管条例》为核心的电力监管行政法规体系。这个体系的建立，对保障电力系统安全、稳定、经济运行，促进电力市场建设，完善市场经济体制，推动电力事业健康发展都产生了积极而深远的影响。

五、国务院印发电价改革方案

（一）《国务院办公厅关于印发电价改革方案的通知》

改革开放以来，中国电价形成机制经历了一系列变革，先后实行了还本付息电价、燃运加价、经营期电价等多项电价政策。这些政策对扭转中国长期存在的缺电局面，支持国民经济持续快速增长，促进电力企业加强管理，提高效率，都起到了积极作用。但是，随着电力供求关系的变化和实施社会主义市场经济体制，这些定价方法及高度集中的电价管理体制已经难以适应电力工业健康发展的要求。2002 年开始的电力体制改革，电价改革是核心内容之一。

2003 年 7 月 9 日，《国务院办公厅关于印发电价改革方案的通知》（国办发〔2003〕62 号）（简称《方案》）发布实施。《方案》指出，电价改革是电力体制改革的重要组成部分，对建立和培育电力市场、优化电力资源配置具有重要意义。国家发展改革委要根据《方案》的总体要求，会同有关部门进一步制定实施办法。电价改革要结合各地电力供求情况，因地制宜，因时制宜，稳步推进，既要有利于引导电力投资和建设、促进电力工业改革和正常生产、保证企业生产和居民生活用电需要，又要重视电价改革对宏观经济和人民生活的影响，改革初期要保持电价水平总体稳定，确保新旧电价体制平稳过渡。

电价改革的指导思想：按照 5 号文精神，在总结和借鉴国内外改革经验教训的基础上，从国情出发，立足长远、兼顾当前，逐步建立与社会主义市场经济体制相适应的电价形成机制，以优化资源配置，促进电力工业健康发展，满足全社会不断增长的电力需求。

电价改革的近期目标：在厂网分开的基础上，建立与发电环节适度竞争相适应的上网电价机制；初步建立有利于促进电网健康发展的输配电价格机制；实现销售电价与上网电价联动；优化销售电价结构；具备条件的地区，在合理制定输配电价的基础上，试行较高电压等级或较大用电量的用户直接向发电企业购电。远期目标则是：在进一步改革电力体制的基础上，将电价划分为上网电价、输电价格、配电价格和终端销售电价；发电、售电价格由市场竞争形成；输电、配电价格由政府制定。同时，建立规范、透明的电价管理制度。

《方案》还对厂网价格分开、上网电价改革、输配电价改革、销售电价改革、电价管理等做了具体要求。

（二）《电力厂网价格分离实施办法》及三个暂行办法

2003 年 5 月 23 日，国家发展改革委发布了《电力厂网价格分离实施办法》（简称《办法》），从 2003 年 1 月 1 日起实施，适用于原国家电力公司系统内非独立核算且政府价格主管部门没有审批上网电价的电厂或机组。另外，非原国家电力公司系统省级电网所属电厂的价格分离，也可参照本《办法》执行。

2004 年 3 月，国家发展改革委出台标杆上网电价政策，统一制定并颁布各省新投产机组上网电价；同年 12 月，国家发展改革委出台煤电价格联动机制措施。

《办法》执行两年后，为了确保电价改革近期目标的实现，为之后的长期目标打下改革基础，国家发展改革委制定的若干配套办法也相继出台。2005 年 3 月 28 日，依据 5 号文和《国务院办公厅关于印发电价改革方案的通知》及国家有关法律、行政法规，国家发展改革委制订颁布系列电价改革配套措施和办法，包括《上网电价管理暂行办法》《输配电价管理暂行办法》和《销售电价管理暂行办法》三个暂行办法，将电价划分为上网电价、输电电价、配电电价和终端销售电价，同时建立了规范、透明的电价管理制度。配套实施办法建立了与发电环节适度竞争相适应的上网电价机制，还初步建立了有利于促进电网健康发展的输配电价格机制，并实现了销售电价与上网电价联动。

三个暂行办法的执行，标志着当时中国开始实行新的电价定价机制。

（三）实行分时电价和环保电价等差别电价

随着中国经济步入重化工业时期，能源问题便成为制约国民经济发展的主要因素之一。中国不再单纯依靠低成本消耗资源实现经济的增长，产业结构发展亟须由粗放型向集约型转变，差别电价政策应时而生。

2003 年开始，为充分发挥价格杠杆的调节作用，优化电力资源配置，提高电能利用效率，国家发展改革委全面推行并完善了分时电价等需求侧管理电价政策。内容主要包括：一是大力推行销售侧峰谷分时电价，将每天用电的时间划分为高峰（尖峰）、平段、低谷时段，分别执行不同水平的电价，目的是鼓励用户移峰填谷，维持电力系统稳定，提高电力资源利用效率；二是试行尖峰电价，对高峰用电期间出现的尖峰时段，有条件的地区实行尖峰电价，电价水平适当高于高峰时段电价；三是在上网侧引入峰谷分时电价制度，鼓励发电企业充分利用发电能力，高峰时段上网电价适当上浮，低谷时段上网电价相应下浮；四是实行丰枯电价，对水电比重大的地区，按照有利于调节和平衡丰枯季节电力供求的原则，在上网和销售环节实行丰枯电价，合理安排丰水、枯水期电价价差；五是推行季节性电价，对于电力紧缺、用电负荷季节变化大的地区，在电力供求紧张或缓和的不同季节内，电价实行上下浮动；六是试行高可靠电价和可中断电价，根据用户对供电保证率、供电可靠性等用电特性的不同要求，对具备条件的地区和用户，逐步试行高可靠电价和可中断电价，合理调节电力需求。

为更好地发挥价格杠杆的激励和约束作用，促进燃煤发电企业加快环保设施建设，提高运行效率，减少二氧化硫、氮氧化物、烟粉尘污染物排放，2004 年 4 月，国家发展改革委和环境保护部联合印发《燃煤发电机组环保电价及环保设施运行监管办法》，明确燃煤发电机组必须按规定安装脱硫、脱硝和除尘环保设施，其上网电量在现行上网电价基础上执行脱硫、脱硝和除尘电价加价等环保电价政策。

为加快燃煤机组烟气脱硫设施建设，提高脱硫设施投运率，2007 年 5 月，国家发展改革委与国家环境保护总局联合下发了《燃煤发电机组脱硫电价及脱硫设施运行管理办法（试行）》（发改价格〔2007〕1176 号），从脱硫设施建设安装、在线监测、脱硫加价、运行监管、脱硫产业化等方面提出了全面、系统的措施，同时规定了脱硫电价加价政策及非正常停运脱硫设施时脱硫电价扣减和罚款办法，加大了对电厂脱硫的监管力度。

2006 年 9 月，国务院办公厅以国办发〔2006〕77 号文件转发了国家发展改革委《关于完善差别电价政策的意见》，规定差别电价政策试行范围扩大至磷冶炼产业和锌冶炼产业，使差别电价政策试行范围由原来的电解铝、铁合金、电石、烧碱、水泥、钢铁 6 个高耗能产业扩大到了 8 个，并根据国家产业政策，按照能耗、物耗、环保、技术装备水平等，对高耗能行业限制类和淘汰类的用电执行相对较高的销售电价。

差别电价是国家的产业政策，助力国家的产业结构调整，促进了电力行业和高耗能产业的技术进步，在一定程度上缓解了经济发展对资源、环境的压力。

六、大用户直购电试点与电力市场建设

（一）电力大用户向发电企业直接购电试行

电价改革开始之前，中国电力供应的基本格局是电厂发电并将电卖给电网，电网再向各类用户售电，电力价格由国家以指导价格进行调控。在这个过程中，电力生产方和最终用户并不直接见面，电网是联系买卖双方的中枢环节。

2002 年，国务院电力体制改革方案提出："开展发电企业向大用户直接供电的试点工作，改变电网企业独家购买电力的格局；在具备条件的地区，开展发电企业向较高电压等级或较大用电量的用户和配电网直接供电的试点工作。直供电量的价格由发电企业与用户协商确定，并执行国家规定的输配电价"。为了实现这些目标，2004 年，国家发展改革委、国家电监会联合下发《电力用户向发电企业直接购电试点暂行办法》（电监输电〔2004〕17 号）。该办法提出，在具备条件的地区，开展较高电压等级或较大用电量的电力用户向发电企业直接购电的试点。

2006 年开始，国家电网公司在经营区域内部相继成立了电力交易中心，开展电力市场建设和电力交易业务。电力市场交易机构初步建立。

当时，试点的内容主要是电网公平开放、自主协商直购电价格、合理确定输配电价、规范直购电合同管理，以及专项和辅助服务。参加试点的大用户、发电企业和电网经营企业应参考《电量直接购售合同（范本）》和《委托输电服务合同（范本）》，签订相关合同（协议），并严格执行。电量直接购售合同（协议）的主要内容应包括负荷、电量、供电方式、生产计划安排、计量、结算、电价、调度管理、违约责任、赔偿以及争议的解决方式等。

在大用户向发电企业直接购电的试点工作中，一般通过当时已有的公用电网线路实现。根据规定，确需新建、扩建或改建线路的，应符合电网发展规划，由电网经营企业按投资管理权限报批、建设和运营。大用户已有自备电力线路并符合国家有关规定的，经省政府有关部门组织电网经营企业进行安全校验，并委托电网经营企业调度、运行，可用于输送直购电力。非配电企业的大用户直购的电力电量，限于自用，不得转售或者变相转售给其他用户。配电企业销售直购的电力电量，要严格遵守国家有关政策。由国家统一分配电量的电厂暂不参加试点。参加试点的发电企业原核定的上网电量、调度、结算等关系保持不变。试点电量依法缴纳有关税费和国家规定的基金。

此后，这些申请参加试点的企业，基本上按照统一部署、稳妥推进，有计划、有步骤地进行试点，并且规范起步、规则先行，切实保障了大用户、发电企业和电网经营企业的合法权益，同时也立足多赢、创造多赢，充分发挥出大用户、发电企业和电网经营企业的作用。这些企业按电力统一调度的要求，在电网紧急情况下，参与调峰和错峰、避峰用电，以此维持电网电力电量供应平衡，保持电价总体水平稳定，还肩负维护电力调度秩序，保障电网安全稳定运行的职责。

（二）吉林省首次开展大用户直购电试点

2002 年电力体制改革实施以后，全国电力行业相继开展了竞价上网、大用户与发电企业直接交易、发电权交易、跨省区电能交易等方面的试点和探索，试点规模及模式等均不相同。

最早获得正式批准的大用户直购电试点省份是吉林省和广东省，两省均出台了较为规范的实施方案与交易规则，改变了原有的电力交易机制，对进一步深化电力市场化改革有着重要借鉴意义。

吉林省于 2003 年 10 月向国家电监会提出开展直购电申请。2004 年 9 月，国家电监会、国家发展改革委原则上通过吉林直购电试点方案。当时，吉林地区是全国电力供应相对宽松的地区。之所以选择吉林炭素集团有限责任公司（简称吉林炭素）为直供电试点企业，是因为该公司为国家重点扶持的大型企业，在国际炭素企业中名列四强，却一直为电价上涨和电费增长困扰。2005 年 3 月，吉林炭素、吉林龙华热电公司、吉林省电力公司签订合同，正式启动了全国首家大用户向发电企业直购电试点，试点采用点对点直连形式。吉林省电力公司与上述两家企业签订的《委托输电服务合同》约定，通过吉林省电力公司的公共电网供电，只需要支付少量过网费，按照惯例以往电网公司向用电企业收取的线损、网损等费用将会取消。协商后的电价为：吉林龙华热电公司出厂电价是 0.25 元/（千瓦·时），吉林供电公司过网费收取 0.139 元/（千瓦·时），两项相加的价格是 0.389 元/（千瓦·时），此价格再加上其他附加费用，吉林炭素最终用电电价约为 0.41 元/（千瓦·时），而直供前吉林炭素的电价为 0.45 元/（千瓦·时）。按照 2004 年吉林炭素用电量超过 4.7 亿千瓦·时计算，直购电试点使吉林炭素每年减少 2000 万元左右的用电成本。2007 年，吉林炭素向吉林龙华热电公司吉炭公司直接购电 4.6 亿千瓦·时，煤电联动后平均购电价格为 0.458 元/（千瓦·时）。2009 年，吉林炭素、吉林龙华热电公司、吉林省电力公司正式续签《委托输电服务合同》和《电量直接购销合同》，约定全年合同电量 4.723 亿千瓦·时，购电价格约为 0.496 元/（千瓦·时）。电费结算统一由电厂按价委托电网公司收取，由电网公司与电厂一并结清。

此次直购电试点启动的意义，不仅在于吉林市几家企业通过合约方式改变了固有的交易内容与合作方法，而且也对中国电力市场化改革起了示范作用。

（三）广东台山试行大用户直购电

2003 年 7 月，国务院制定电价改革方案，提出"开展发电企业向大用户直接供电的试点工作，改变电网企业独家购买电力的格局"。其时，台山电厂一期工程两台机组即将建成投产，具备与直购电试点配套的能源条件。同年 9 月，江门、台山两级政府向省政府申报由台山电厂向台山广海湾华侨投资开发试验区直供试点并获得支持。12 月，经国家电监会批准，台山市为直购电试点单位。2006 年 10 月 16—17 日，国家电监会与国家发展改革委在台山市召开会议，审查通过《广东省台山市大用户直购电试点工作实施方案》。11 月 13 日，省政府在江门举行台山市大用户直购电试点合同签约及启动仪式。

这是全国第二个大用户直购电试点，也是全国第一个采用"点对多点"（一个发电厂直接向多个大用户供电）模式的直购电试点。从同年 12 月 1 日零时起，台山直购电试点工作正式实施。第一批试点企业有台山市金桥铝型材厂有限公司等 6 家企业。至 2007 年 12 月 1 日，参与直购电试点的 6 家企业总用电量为 19057 万千瓦·时，节约电费约 10%。同时，试点企业在技术更新、资源循环利用和节能减排等方面，累计共投入 1270 万元。

（四）区域电力市场建设试点

2003 年 6 月，国家电监会印发了《关于建立东北区域电力市场的意见》（电监供电〔2003〕15 号），这是中国推进区域电力市场建设的第一个指导性意见。随后，国家电监会又印发了一系列相关文件指导该项工作。2003 年 6 月，印发《关于开展华东电力市场试点工作的通知》，全面启动了华东区域电力市场建设试点工作。同年 7 月，下发《关于印发区域电力市场建设指导意见的通知》；10 月，下发《关于印发〈电力市场运营基本规则（试行）〉〈电力市场技术支持系统功能规范（试行）〉〈电力市场监管办法（试行）〉的通知》。

2004 年 1 月 26 日，东北区域电力市场模拟运行在沈阳正式启动，标志着中国第一个区域电力市场开始模拟运行。东北区域电力市场选择全电量竞争模式，2005 年 5 月开始试运行；华东区域电力市场选择部分电量竞争模式，于 2004 年 5 月进入模拟运行；南方区域电力市场于 2005 年 11 月模拟运行。国家电力市场也于 2005 年 12 月 27 日正式启动模拟运行。不同地区采取不同竞争模式，有利于验证模式的适用性，对建立什么样的电力市场体系具有一定的启示意义。

电网经营企业和发电集团公司积极参与和配合东北、华东和南方区域电力市场建设试点工作，相关区域电网公司加大电力市场基础设施的资金投入，建设和完善电力市场技术支持系统。国家电网公司积极推进全国联网，实施"西电东送、南北互供"，为建立开放的省级市场、竞争有序的区域市场和实现更大范围优化配置资源的国家级电力市场创造条件。

（五）国家电网与南方电网开启跨区电力电量交易

2004 年 4 月，三广工程双极投运，中国"西电东送、全国联网"战略又向前推进了一大步。同年 5 月 18 日，国家电网公司通过三广工程向南方电网送电 20 万千瓦，加上三峡送广东 165 万千瓦，共向南方电网送电 185 万千瓦。此举标志着两大电网公司跨区电力电量交易正式开启。

此后，随着丰水期到来，国家电网公司加大与南方电网公司电力电量的交易力度。2004 年 9 月 3 日，国家电网公司与南方电网公司再度合作，在广州正式签署了《2004 年 9、10 月份国家电网向南方电网送电购售电合同》。根据合同约定，该次跨区送电交易起止时间为 9 月 1 日 0:00—10 月 31 日 24:00。当日，南方电网公司还与国家电网公司签订了《2004 年三峡水电站购售电及输电合同》的补充协议，就南方电网消纳三峡水电站超合约电量、临时电量输电价格等有关问题进行了约定。

当时，国家电网公司组织 70 万千瓦电力通过三广工程送广东，日送电量为 1680 万千瓦·时，9、10 月份合计送电量 10 亿千瓦·时，对缓解南方电网特别是广东电网迎峰度夏的压力发挥了积极作用。

国家电网与南方电网之间成功送电，在两大电网间开启了更加广阔的跨区电力电量交易空间，标志着南方电网与国家电网实现联网后，不但为消纳三峡水电站电力电量搭建了平台，而且为在更大范围内优化资源配置、加大电能余缺调剂力度创造了有利条件。

第二节　500 千伏全国联网格局基本形成

在电力体制改革推动下，电网公司的成立有效加大了电网建设力度，促进了电网结构的优化和电网规模的不断发展，逐步形成跨区域的大电网，这些大电网对能源优化配置的积极作用不断显现。这一时期，500 千伏电网的覆盖范围也越来越大，逐步成为电网的骨干网架，500 千伏全国联网格局形成。在 2001 年三广工程开工建设及东北与华北、福建与华东完成联网后，随着 500 千伏三峡—万县交流输电线路的建成，实现了川渝—华中同步联网。500 千伏辛安—获嘉交流输电线路（简称 500 千伏辛嘉线）的投运，实现了华中—华北电网同步联网；500 千伏聊城—辛安交流输电线路（简称 500 千伏辛聊线）的投运，标志着山东—华北电网同步联网，也宣告了山东作为独立省网时代的结束；灵宝背靠背工程实现了西北—华中电网联网；海南 500 千伏跨海联网工程的建成，实现海南了与南方电网联网。此后，相邻的各区域大电网相继建立互联，中国也随之实现了除台湾地区以外的全国电网互联，对于实现全国范围内的资源优化配置具有重要意义。

一、川渝电网与华中电网同步联网

进入 21 世纪，经济高速增长，用电负荷急剧上升，重庆供电量出现短缺。为推进电力体制改革，打通三峡电力西送通道，同时有效消纳二滩电站和四川丰水期的水电，2002 年 4 月，500 千伏三峡—万县交流线路建成投产，实现川渝电网与华中电网互联互济。

2002 年 4 月 22 日，华中电网由湖北省 500 千伏宜昌斗笠—龙泉二回线、重庆万县—龙泉变电站与川渝电网成功并网运行，华中电网与川渝电网首次成功联网。同年 5 月 27 日 10 时 18 分，华中电网与川渝电网正式通过湖北省斗笠—龙泉—重庆万县的 500 千伏线路联网运行，"川电东送"正式启动。2002 年 4—9 月，四川水电通过该通道，将电力输往华东电网，缓解了华东电网电力供应短缺的状况。

500 千伏三峡—万县交流西电东送大通道的投运，标志着西南的川渝电网与华中电网实现同步交流联网，增强了中国跨区输电能力，将清洁水电输送到中东部地区，缓解了受电地区的用电压力，为在更大范围内的能源资源优化配置创造了条件，充分发挥了三峡水电的发电效益、联网效益和社会效益。

二、华北电网与华中电网同步联网

21 世纪初，华北电网覆盖北京、天津两直辖市和河北、山西两省；华中电网则包括河南、湖北、湖南和江西四省电网。随着电力负荷的发展，两大电网中 500 千伏电网的覆盖范围也越来越大，逐步成为电网的骨干网架，这为两大电网的互联创造了条件。

2001 年 2 月，作为华北与华中电网联网的标志性工程，500 千伏辛嘉线开工建设。它北起河北邯郸的辛安开关站，南到河南新乡的获嘉变电站，为单回路架设的紧凑型线路，全长 210 千米，铁塔 496 基，总投资 4.6 亿元。在建设过程中，由于河南电网地处全国电力联网的中心位置，是华北与华中联网工程系统调试的前沿阵地，为保证联网期间河南电网安全稳定运行，河南省电力公司采取了多项保障措施：河南电网豫中—豫南 500 千伏与 220 千伏电磁环网于 2005 年 9 月 12 日开环运行；小浪底水电厂、信阳华豫电厂、禹州电厂和南阳鸭河口电厂发电机组安装了电力系统静态稳定器（PSS）；加装了开封、商丘和周口市低压减载装置和辛嘉线振荡解列装置。

2003 年 9 月 21 日，500 千伏辛嘉线的获嘉变电站人工单相瞬时短路试验结束，辛嘉线投运，标志着华北与华中电网成功联网，网间互送能力达 20 万～60 万千瓦。作为华北与华中联网工程的联络线路，它的建设使华北、华中两大电网具备了资源互补、互为备用和紧急事故支援的能力，提高了供电安全可靠性，优化了电力资源配置，并为扩大二滩电厂、三峡水电站季节性电能的消纳创造条件，具有极其重要的意义。华北、华中两大电网实现联网后，形成了北起东北电网的内蒙古伊敏电厂，经华北、华中、三峡至川渝电网的二滩电厂，跨 14 省（区、市）、装机容量 1.4 亿千瓦、全长 4600 千米的超大规模的交流同步电网。

三、山东电网接入华北电网

在国家"西电东送、南北互供、全国联网"的战略部署下，为促进山东富余电能利用和缓解河北电力紧缺问题，1998 年提出山东电网与华北电网联网工程，并迅速进入实施阶段。500 千伏辛聊线是山东电网和华北电网联网的标志性工程，起于河北省的 500 千伏辛安变电站，止于山东省的 500 千伏聊城变电站。辛聊Ⅰ、Ⅱ线同塔架设，线路全长 110.66 千米，全线与 500 千伏辛聊Ⅱ线同塔架设。由河北电力超高压公司和山东电力超高压公司共同管辖。山东超高压公司管辖其中的 140～264 号塔段，计 52.179 千米线路，铁塔 125 基（其中直线塔 114 基，耐张塔 11 基）。

2005 年 3 月 1 日 17 时，500 千伏辛聊Ⅰ、Ⅱ线成功投运，工程动态投资 3.74 亿元，标志着山东电网与华北电网正式联网，从此山东与华北地区搭建起一条电力供应"高速公路"。山东电网与华北电网联网是全国联网的重点工程，也是山东接受"西电东送"电力的重要通道。联网有利于实现更大范围内的资源优化配置，起到互为备用、事故支援、调剂余缺、错峰用电等多重效益。

四、西北电网与华中电网联网

西北电网与华中电网联网是通过灵宝背靠背工程实现的。灵宝背靠背工程是 2001 年由国家计委批复立项并开工建设，2005 年 8 月 7 日移交生产，11 月 27 日顺利通过国务院三峡工程建设委员会的最终验收，工程建设历时 4 年，总投资近 6.7 亿元。

灵宝背靠背工程位于灵宝市西郊，地处豫、陕、晋三省交界处的黄河之滨，灵宝换流站的 330 千伏侧通过一回 90 千米的 330 千伏线路接入西北电网的罗敷变电所，220 千伏侧通过一回 400 米的 220 千伏线路接入华中电网的紫东变电所，实现西北电网和华中电网的联网运行。直流系统额定容量为 36 万千瓦，额定直流电压 120 千伏，额定直流电流 3000 安，并建设相应的站内交直流设施及站外配套交流工程和二次系统工程。灵宝换流站自 2005 年投运以来，各项运行指标逐年提高，能量可用率由 2005 年的 92.11%提高到 2007 年的 94.48%，达到国际先进水平；计划能量不可用率由 2005 年的 7.27%降低到 2007 年的 2.83%，达到国际领先水平；能量利用率由 2005 年的 92.1%提高到 2007 年的 93.99%，创国际最高水平；累计输送电量 82.06 亿千瓦·时。

灵宝背靠背工程是中国第一次自主设计、自主建设、自主设备制造安装、自主运行管理的直流联网工程，实现了西北电网与华中电网的非同步联网，使中国主要电网基本实现了全国联网，有利于在更大范围内实现优化资源配置，有利于电网调峰、错峰以及水、火电的相互调剂，有利于缓解局部地区电力外送困难和电力供应紧张的状况，对调整能源结构、促进电力可持续发展具有意义。同时，灵宝背靠背工程作为直流设计及设备国产化示范试验工程，对振兴民族工业、实现电网技术升级具有重要的现实意义。

五、海南电网与广东电网联网

海南岛电网规模小、用电负荷有限，制约海南岛的电源建设，海南岛台风等自然灾害频发，需要与大电网联网，提升电网安全运行水平。20 世纪 60 年代和 90 年代末，海南都提出过琼岛电网与大陆电网联网的设想和规划。受限于技术、资金等原因，未能付诸实施。2005 年，海南电网与广东电网联网工程获国家发展改革委批准，2007 年 2 月开工建设，2009 年 6 月建成投运。

该工程北起广东湛江 500 千伏港城变电站，南至海南 500 千伏福山变电站，陆地上部分采用架空线路，海底电缆北起广东省徐闻县南岭村，向南穿越琼州海峡到达海南省澄迈县桥头镇林诗村。该工程包括新建 500 千伏海底交流电缆约 3×30 千米，新建海南 500 千伏福山变电站，变电容量 75 万千伏·安，新建林诗岛及南岭海缆终端站，新建 500 千伏徐闻高压电抗器站，扩建广东 500 千伏港城变电站间隔，建设广东港城变电站—海南福山变电站的 500 千伏联网线路，联网线总长度约为 178.7 千米。

广东电网与海南电网联网工程是中国第一个 500 千伏超高压、长距离、大容量跨海联网工程，当时输送容量位居亚洲第一，海底电缆单根长度为世界最长。该工程建成结束了海南电网长达 95 年孤岛运行历史，在中国电力工业发展史上具有里程碑意义。该工程的建成投运，标志着南方电网覆盖海南岛。通过与大陆大电网相连接，有效缓解了海南电网"大机小网"矛盾，有利于调剂电力余缺，实现资源优化配置，有效提高海南电网水电利用率和火电装机利用率，改善海南电网供电可靠率和电能质量，对提高海南电网运行安全可靠性和运行水平具有重要意义。

第三节　超高压直流输电工程国产化率显著提升

中国电力工业发展较长时期依附于国外的技术和设备，这一直是电力工作者的"心病"，中国第一条±500 千伏超高压直流输电工程——葛上工程的建设主要依靠国外先进技术，缺乏自主工程设计和设备制造能力。为发展中国直流输电技术，国务院总理李鹏在 1993 年 12 月第五次考察三峡工程时就曾说过"通过三峡工程建设，一定要把我国直流输电技术带动发展起来"[1]。经过近十年的消化、吸收，在"技贸结合，引进技术"的产业政策支持下，通过"合作生产""技术提升""为转向奠定基础"的国产化工作三步走策略，中国依托三峡系列超高压直流输电（三常工程、三广工程、三沪工程）、贵州—广东Ⅱ回直流输电等工程，不断加强独立自主建设，提升直流成套设备国产化能力，±500 千伏超高压直流输电工程的国产化率基本达到 70%，具备了独立设计、分标采购、独立建设的能力，实现了中国直流输电技术的集成创新，推动了中国直流输电技术的跨越发展，葛沪直流综合改造（三沪Ⅱ回直流）的投入运行，则实现了中国±500 千伏直流工程设备 100%国产化。

一、三峡±500 千伏直流输电工程设备国产化进程

1998 年，国家电力公司和国家机械局共同向国务院三峡工程建设委员会呈报《三峡

---

[1] 李鹏：《李鹏论三峡工程》，中国三峡出版社　中央文献出版社，2011 年，第 118 页。

至常州±500千伏直流输电工程招标中设备制造技术的引进和合作生产的建议的函》**❶**（简称《建议》），确定技术引进的目标是：通过三常几项关键技术的引进，为国内企业利用转让技术制造的产品提供试用条件，目标是立足国内建设三峡第二条直流工程，原则上在设备制造方面不做第二次技术引进。《建议》明确需要引进技术的关键设备和器件是：换流变压器、油浸式平波电抗器、换流阀和晶闸管元件。

在国家重大工程项目"技贸结合，引进技术"的产业政策支持下，为保证国内制造企业能够得到技术，三常工程换流站设备的招标文件中明确规定外商只有转让技术方能参与工程投标，给国内制造企业引进技术提供了良好的政策环境。国内制造企业在这个政策强有力的支持下，独立引进技术4项，部分引进系统成套设计技术，合作生产了少量设备和晶闸管元件，解决了"国内制造企业要不要参加合作生产"的问题，标志着国内企业开始进入实质性的直流输电技术和设备的国产化进程，迈出了国产化工作的第一步——合作生产，三常工程主设备国产化率为30%。

在三广工程中，国家确定将联合设计、独立采购、整机报价和扩大国内制造份额写进该工程的招标文件，使国内企业在对外商谈判中有了主动性。作为对直流输电关键技术的填平补齐，在三广工程中，北京网联直流技术工程公司和西安高压电器研究院有限责任公司（简称西高院）同时作为技术受让方，引进了直流输电工程换流站成套设备系统研究和成套设计技术、南瑞继保电气有限公司（简称南瑞继保）引进了直流控制与保护装置设计制造技术，对推动国内直流输电产品的制造、对工厂的效益、对引进技术的消化和掌握均起到了很大的作用，解决了"要不要把三常线与外商合作的形式向前推进和提高一步"的问题，使国内直流输电技术在这个工程中得到提升，迈出了国产化工作的第二步——技术提升，三广工程主设备国产化率为50%。

在三沪工程中，国内企业同样目的明确地提出要重点解决好以前几个工程没有解决或没有解决好的问题。国家确定中外企业组成联合体投标，并将由国内企业承担换流站成套设备的系统研究和设计写进了该工程的招标文件，确保中方在整个工程过程中参与的深度和广度，从而真正解决以前技术引进、合作生产等环节上未解决的问题，为国内直流输电技术和设备制造实现"从以国外为主转向以国内为主"定了基础，迈出了国产化工作的第三步——为转向奠定基础，三沪工程主设备国产化率进一步提高到了70%。

三沪工程是继三常、三广工程后，中国建设的第三个三峡输送容量为300兆瓦的大型直流输电工程，是三峡右岸电站电力外送的骨干通道，是中国实现直流输电技术国产化的关键性工程。三沪工程西起宜都换流站，途经湖北、安徽、江苏、浙江和上海四省一市共计33个市县（区），跨越汉江、长江，东至位于上海市青浦区的华新换流站。线路全长1048.6千米，工程总投资69.8亿元。三沪工程于2004年12月28日开工；2006年4月换流站陆续开始极Ⅰ、极Ⅱ分系统调试，8月完成；11月8日，工程开始试运行；12月9日在上海召开三沪输电工程竣工投产庆祝大会；12月28日正式签署两换流站验收鉴定书。

---

❶ 国家电网公司：《中国三峡输变电工程 综合卷》，中国电力出版社，2008年，第212—213页。

相比三常、三广工程，三沪工程中方与外方的合作方式发生了实质性的改变。三沪工程国产化目标为：中方为主、联合设计、合作生产、外方把关，国内企业承担直流输电工程系统研究、成套设计，设备从合作生产逐步转为自主生产，主设备国产化率显著提升，极大地推动了自主创新国家装备政策的实施。到 2011 年 4 月，葛沪直流综合改造（三沪Ⅱ回直流）工程投入运行时，已经实现了中国 ±500 千伏直流输电工程设备 100%国产化。

该工程的建设有效缓解了华东电网及上海地区的用电紧张状况，将三峡电力优势转化成为华东地区经济优势，进一步推进直流设备和技术国产化进程，促进电网建设科学技术的创新，具有很大的社会意义和经济效益。

二、贵州—广东Ⅱ回±500 千伏直流输电工程设备国产化进程

贵州—广东Ⅱ回±500 千伏直流输电工程（简称贵广Ⅱ回）是黔电外送的第四条大通道，2004 年 11 月 1 日，国家发展改革委批准工程建设，南方电网公司批准工程初步设计，被列为 2005 年国家重点建设项目。该工程起于贵州省黔西南州兴仁换流站，全长 1225 千米，终于广东省深圳市宝安换流站。

当时，中国已经投入运营的直流系统的设备多由外商成套供货，整个系统的设计、制造、安装、调试等核心技术仍由外方主导。随着直流输电容量在"西电东送"中占据的份额越来越大，国务院高度重视直流自主化问题，明确提出了实施直流输电自主化的战略任务，国家发展改革委把贵广Ⅱ回作为中国一项直流自主化依托工程，总体目标是"以我为主、联合设计、自主生产，全面实现直流系统设计、换流站设备成套设计和直流输电工程设计自主化和设备制造本地化，综合国产化率 70%以上"，通过此重大直流输电工程建设，使系统研究和成套设计自主化进程有了新的跃升。

在直流输电技术自主化政策的引导下，南方电网公司内部组建了南方电网技术研究中心，牵头负责贵广Ⅱ回自主化攻关，联合西电集团有限公司（简称西电集团）、许继集团、南瑞继保等国内制造企业对贵广Ⅱ回直流输电工程技术进行攻关。贵广Ⅱ回的系统研究共有 22 个研究项目，为确保掌握核心技术，每个项目的研究大纲要由中外共同讨论确定，项目中除两项由外方协助完成外，其他都由中方自主开展工作，研究结果由外方校核。研制了具有自主知识产权的直流设计软件，开发出交直流滤波器设计专用软件、主回路计算和过电压计算及绝缘配合专用软件包，在其后的高压、特高压直流输电工程已有应用。

该工程中，西电集团设计、制造了极Ⅰ晶闸管换流阀；许继集团采购德国西门子公司的部分零部件，设计、制造了极Ⅱ晶闸管换流阀设备。至此，通过前期国产化依托工程，进行技术引进和消化、吸收，国内形成了以国网北京网联公司、南网技术研究中心、西电集团为代表的系统设计研究体系，以及以西电集团、西安电力电子所、许继集团、南瑞继保、特变电工沈阳变压器集团有限公司（简称沈变）、天威保变电气股份有限公司（简称天威保变）为代表的设备制造企业，500 千伏超高压直流输电工程的国产化率基本实现70%以上的目标。

通过该工程建设，全面推动了国内自主研发和科技创新能力，实现了中方自主分包采

购模式的过渡和起步，具备了独立设计、分标采购、独立建设的能力。锻炼和培养了一批直流方面的专业人才队伍，并为云广工程自主化积累了宝贵的经验。

第四节　柔性交流输电技术自主研发及应用

随着电网规模的不断扩大，特别是区域电力联网的逐步完善，长距离传输功率日渐成为常态。在大电网运行状态下，由于电力负荷的变化和不均衡性，使得电网某个时段出现电力潮流分布不合理、系统稳定性变差等问题，而柔性（灵活）交流输电技术是解决电力系统这类问题的重要输电技术之一。长期以来，这种新型输电的核心技术一直掌握在跨国公司手中，为尽快掌握该技术，科技部和国家电网公司资助科研院所开展相关研究和实践，依托重大科技项目，开展联合攻关，形成了一系列具有自主知识产权的柔性交流输电技术成果和示范工程。2003 年，广西 500 千伏平果可控串联补偿站投运，是世界上首次将固定串联补偿与可控串联补偿共平台安装。2004 年，辽宁鞍山红一变电站 SVC 竣工，是中国第一套在输电网应用的国产化 SVC。2004 年和 2005 年甘肃成碧 220 千伏可控串联补偿工程和黑龙江 500 千伏伊冯可控串联补偿工程相继投运。2006 年和 2007 年山西忻州和湖北荆州 500 千伏可控高压电抗器分别投运。这些技术成果和示范工程均实现预期目标，在为大电网安全、稳定、经济运行提供了根本保障的同时，更为后续输电技术深入研究积累了宝贵的经验。

一、静止无功补偿装置

"十五"期间，铁路、钢铁等冲击负荷发展较快，导致近区电能质量降低，SVC 是解决上述问题的一种可能手段。当时，中国引进了 6 套 SVC，因存在成本较高、适应性差、维护困难等问题，陆续停运。为此国家下达了"十五"重大装备攻关任务，在国家发展改革委支持下，联合国内最高水平设备研发团队，完成了 SVC 核心技术的研发，掌握了其系统集成技术，突破了基于分层分布式全数字化控制系统、卧式相控晶闸管阀、高效密闭式水冷却系统、光电触发和实时监控系统等拥有完全自主知识产权的 SVC 核心技术。

鞍山红一变电站 100 兆伏·安/35 千伏 TCR 型输电网 SVC 国产化示范工程是国家"十五"计划重大科技项目、2003 年国家电网公司重大科技示范项目，由中国电力科学研究院（简称中国电科院）承担。该工程于 2004 年 11 月 3 日通过国家电网公司竣工验收。这是第一套在输电网应用的国产化 SVC，多项技术属国际领先、国际先进、国内首创，2005 年获中国电力科学技术奖一等奖，2006 年获辽宁省科学技术奖一等奖，2007 年获国家科学技术进步奖二等奖。

鞍山红一变电站是东北电网 220 千伏枢纽变电站，共有 4 台 120 兆伏·安主变压器。9 条 220 千伏线路与东北主网连接，是辽宁中部与南部、中部与东部、中部与西部连接的枢纽。220 千伏采用双母线（东母、西母）带侧母线的接线方式，并列运行。66 千伏系统共有 20 回出线，供电鞍山钢铁（现为鞍山钢铁集团有限公司）制氧、给水、炼铁、炼钢、轧钢等负荷及鞍山市区部分负荷。鞍山钢铁负荷具有一定冲击性，采用分列运行方式。SVC 替代了 1 台由于设备老化、实际出力仅 20 兆乏、额定容量为 60 兆乏的调相机，实现对电网的动态无功调节，稳定电网电压，并抑制冲击负荷造成的电压波动。

二、可控串联补偿装置

（一）500 千伏平果可控串联补偿站

500 千伏平果可控串联补偿站位于广西壮族自治区百色市平果县马头镇驮秀村，毗邻 500 千伏平果变电站，占地面积 36 亩，是南方电网第一个串联补偿站，也是中国乃至亚洲的第一个可控串联补偿站。该工程建设内容包括 500 千伏天平Ⅰ、Ⅱ线串联补偿装置，每套串联补偿的补偿度为 40%、补偿容量为 400 兆乏。其中固定部分的补偿度为 35%、补偿容量为 350 兆乏，可控部分的补偿度为 5%、补偿容量为 50 兆乏。

500 千伏平果可控串联补偿站于 2003 年 6 月 30 日投入运行，是世界上首次将固定串联补偿与可控串联补偿共平台安装，也是世界上首次将光触发可控晶闸管（LTT）应用于可控串联补偿。该工程具有控制系统潮流、提高系统稳定性、抑制系统低频振荡和次同步谐振等作用，对提高电网的安全稳定和科技含量具有重要的意义。

（二）甘肃成碧 220 千伏国产化可控串联补偿工程

甘肃成碧 220 千伏可控串联补偿工程于 2004 年投运，是国家重大技术装备研制和国家电网公司重点科技项目，也是当时世界上投运的 7 个可控串联补偿工程中容量最大的全可控串联补偿装置，实现了可控串联补偿装置的国产化，打破了国外公司在该技术领域的垄断，填补了中国在灵活交流输电系统技术的空白。

成碧 220 千伏线路是陇南水电资源外送的重要途径，据当时测算，甘肃碧口地区最大送电负荷为 35.66 万千瓦，而成碧 220 千伏线路暂态稳定送电能力极限为 23.5 万千瓦，加装 50%可控串联补偿后，可使成碧 220 千伏线路暂态稳定送电能力极限提高 33%，满足规划期内水电汛期送出的需要。串联补偿装置安装在成碧 220 千伏线路的成县变电站内。该工程于 2004 年 3 月土建开工，全部工程于 12 月竣工投入试运行。工程总投资 5942 万元，动态投资 6196 万元。可控串联补偿装置在 220 千伏成碧线的成功投产，改善了陇南电网的电压质量，可提高成碧线的输送功率近 120 兆瓦。

甘肃成碧 220 千伏可控串联补偿装置采用一次设备混合复用和分平台布置方式，提高了整套设备的可靠性，便于运行维护。该装置是世界上第一套固定与可控混合串联补偿装置。带有保护间隙的整套固定串联补偿（FSC）装置布置于大平台，晶闸管阀组件布置于小平台，中间用隔离开关相连，相控电抗器位于两平台中间。整套装置可通过一次电气或控制系统的切换实现按可控串联补偿或固定串联补偿模式运行。一旦晶闸管阀及其辅助系统故障，可以通过隔离开关使其退出运行，控制系统将控制模式切换为固定串联补偿模式，并使装置在固定串联补偿模式下运行。该装置由中国自主设计、集成、制定技术标准并进行试验，除串联电容器和旁路断路器外，其他主要设备全部由中国电科院研制或集成，包括测量和控制系统、晶闸管阀组件、金属氧化物限压器（MOV）、保护间隙、阻尼回路等。

（三）500千伏伊冯可控串联补偿工程

2005年5月17日，由中国电科院开发研制的、拥有自主知识产权的固定串联补偿/可控串联补偿工程，在北京通过了由中国电机工程学会主持的技术成果鉴定，应用于内蒙古呼伦贝尔的伊敏电厂—黑龙江齐齐哈尔500千伏冯屯变电站工程（简称500千伏伊冯可控串联补偿工程），获2006年度中国电力科学技术奖一等奖，500千伏伊冯可控串项目总金额23 617万元。串联补偿装置安装在该工程的500千伏冯屯变电站。该工程于2007年10月成功投运。500千伏伊冯可控串联补偿工程使伊冯双回378千米线路的极限供电能力得到了大幅度提高（每回线加装两套串联补偿装置，分别为30%固定部分＋15%可控部分），其极限输送能力由1460兆瓦提高到2500兆瓦，相当于增加了1回500千伏线路的输送能力。500千伏伊冯可控串联补偿工程使东北电网有限公司少建一条约380千米的500千伏线路，节省基建投资约3亿元。同时，该工程减少了输电走廊面积1.5×10^7米^2，减少了大兴安岭原始森林砍伐约7.5×10^6米^2。

三、可控并联电抗器

（一）湖北荆州500千伏江陵换流站磁控式可控高压电抗器示范工程

安装在湖北荆州500千伏江陵换流站的可控高压电抗器是世界首台500千伏磁控式可控高压并联电抗器，是协调超长距离、超高压线路和特高压线路中无功调节与过电压抑制间矛盾的崭新技术，以满足系统潮流变化对母线电压控制的要求，同时起到限制工频和操作过电压的作用，也是中国建设特高压交流电网所必需的关键技术之一。

磁控式可控高压电抗器的研发没有可供借鉴的实用成果，全部依靠自主创新。经过大量的理论和试验研究，2005年，完成可控电抗器10千伏物理模型的研制、试验后，得到准确的特性参数，然而计算结果表明：为了快速抑制线路工频过电压，必须通过旁路断路器闭合使可控电抗器容量瞬时达到最大值；如果旁路断路器出现拒动，可控电抗器将会和线路电容器发生工频谐振，造成严重的工频过电压。为此，中国电科院进行了专门研究，提出在一次侧串联电抗器，调整线路补偿度的补充方案。

2006年11月24日，国家电网公司基建部、发展部、生产部及国网建设公司、国网运行公司、中国电力工程顾问集团公司、中国电科院、中南电力设计院、华东电力设计院、特变电工沈变集团、南瑞继保等单位，召开了江陵换流站可控高压电抗器补充工程可研论证会，并邀请国务院三峡办全程参会，进行了充分讨论和论证，通过了这一补充方案。2007年5月，完成500千伏可控电抗器的制造及相关出厂试验，同时，磁控式可控电抗器的励磁系统、调节控制系统均已开发完成，保护系统工程设计也基本完成。2007年7月4日，峡江Ⅱ线转检修后开始扩建，2007年9月30日正式投运。

江陵换流站坐落于荆州境内的马山镇城河村，江陵站安江Ⅱ线（原峡江Ⅱ线）可控高压电抗器位于该站500千伏交流场第三串安江Ⅱ线（原峡江Ⅱ线）出线侧。该工程由电气部分、土建部分组成。电气部分可控高压电抗器由 3 台 500 千伏并联可控电抗器、1 台 110 千伏三相串联电抗器、1 台中性点电抗器及可控高压电抗器励磁系统组成。土建部分可控高压电抗器由保护小室、500 千伏设备支架与基础、可控高压电抗器基础、电缆沟、道路组成。可控高压电抗器工程动态投资为 4361 万元，静态投资为 4294 万元。

（二）山西 500 千伏忻都（忻州）开关站分级式可控并联电抗器示范工程

2006 年 9 月，山西 500 千伏忻都（忻州）开关站分级式可控并联电抗器示范工程投运，是世界首套 500 千伏分级式可控并联电抗器。500 千伏忻都忻石Ⅰ、Ⅱ、Ⅲ串联补偿容量为 297.44 兆乏，锦忻Ⅰ、Ⅱ线串联补偿容量为 380.54 兆乏，补偿度为 35%。该装置的投入运行，使 500 千伏忻都（忻州）开关站的最大穿越功率提高 100 万千瓦，达到 310 万千瓦，进一步增强了向京津唐地区的输电能力，有效缓解该地区用电压力，改善电压质量，提高电网稳定性。

四、柔性交流输电装置试验技术

灵活交流输电系统（Flexible AC Transmission Systems，FACTS）是用来实现电力系统电压、潮流等平滑和灵活控制，提高系统输送能力和电网安全稳定水平的技术领域。它可以使传统电网达到最大可靠性、最优节能、最小环境压力、最小投资等目标，在更大范围内实现电力资源的优化配置。FACTS 装置试验方法研究和成套试验装备研制作为 FACTS 技术的重要组成部分，重点需要解决典型 FACTS 装置的系统运行特性、试验方法、等效机理、高功率变流器阀组的机电热特性、装置可靠性，以及多学科技术系统集成等一系列重大基础科学问题。长期以来这种新型电力装置的试验技术一直掌握在 ABB、西门子、阿海珐等跨国公司手中，并作为核心竞争力进行严密的技术封锁，相关文献内容极其有限，所建成的专业实验室也禁止对外开放。

虽然 IEC 已经针对 SVC 阀和 HVDC 阀提出了试验标准，但标准对进行运行试验的试验设备和试验方法均来自国外一些著名公司的核心研究成果，并没有详细说明，只提供了一些指导性意见供试验者参考。

中国从 20 世纪 90 年代开始陆续开展有关 FACTS 装置的研发工作，由于没有相关的系统试验方法和配套试验能力，使得在工程应用领域的自主创新收效甚微，已经成为 FACTS 技术发展的重大瓶颈。随着国民经济的快速发展和人民生活水平提高，国家对电力需求和供给质量提出了更高的要求，中国电网的传输能力和安全稳定水平面临严峻的考验，无论是特高压电网还是现有电网，都迫切需要大量 FACTS 装置，以建立经济节能、环境友好的先进输配电系统，提升电力系统装备技术水平。面对电网发展的巨大需求，国家发展改革委和国家电网公司陆续在辽宁鞍山、甘肃成碧线等处启动系列 FACTS 重点科技示范工程。

为了拥有 FACTS 装置的科研试验能力，加快 FACTS 技术在中国的应用步伐，确保科技示范工程的顺利实施，科技部和国家电网公司自 1999 年开始，陆续资助科研院所开展 FACTS 相关试验技术的研究，即高压直流实验室技术改造（电力电子部分）、大功率电力电子实验室建设、电力系统 FACTS 试验技术的研究和国家 973 计划——提高电网可靠性的大功率电力电子技术的基础理论研究等系列重大项目。

2006 年 12 月 31 日，国家电网公司建成了完成 FACTS 系列试验方法研究和成套试验装备的研制，彻底打破了跨国公司在该领域的垄断，主要包括交直流耐压、冲击电压、温升、过电流和合成全工况五套装置，其典型参数为最高运行试验电压 80 千伏、最大温升试验电流 4 千安、最大故障电流 40 千安，完全满足 FACTS 领域高压阀的全部例行试验和型式试验需求。柔性交流输电装置试验方法研究和成套试验装备研制获得 2007 年电力科学技术奖一等奖。

第五节 超高压输变电技术全面发展

在全国电力联网工程的实施过程中，电网建设和运行也面临越来越多的新情况，较为突出的问题是输电线路走廊和施工征/占地的紧张，出于节约土地，减少施工征/占地矛盾，节约资源，提高电能传输效率等方面考虑，电网建设者和电网企业在实践中积极探索、大胆创新，不断提升超高压输变电技术。2004 年，500 千伏江阴长江大跨越工程建成投运，是当时世界塔高和塔重均为最高的 500 千伏角钢铁塔工程，首次成功实施了长江不封航条件下直升机展放导引线。紧凑型输电技术进一步推广，江苏 500 千伏政平—宜兴紧凑型同塔双回线路、广西 500 千伏罗平—百色紧凑型输电工程建成，有效提升电力输送功率，降低了工程造价，节省线路走廊。超导电缆技术步入实践应用，2004 年云南昆明 35 千伏普吉变电站超导电缆工程投运，标志着中国在高温超导产品的研发与应用方面跃居世界领先水平。2006 年，具有环境适应性能强、不生锈、不腐蚀、载流量是常规导线的两倍等优点的碳纤维复合导线在辽宁 220 千伏前草线开始应用。同时，电网企业通过 500 千伏无锡"两型一化"❶无人值班试点变电所、北京 500 千伏朝阳全户内变电站、500 千伏桂林数字化变电站建设实践，为中国输变电技术的进一步提升奠定了坚实基础。

一、塔高和塔重均为世界最高的 500 千伏角钢铁塔工程——500 千伏江阴长江大跨越工程

500 千伏江阴长江大跨越工程是江苏 500 千伏输变电工程和连云港田湾核电站配套送出工程之一，也是江苏"北电南送"重要过江输电通道。该工程位于江阴市长江上游约 20 千米处。2000 年 12 月 8 日启动建设，总投资 3.6 亿元。该工程南北岸跨越塔高 346.5 米，单基塔重 3800 吨，其高度和塔重均为角钢输电铁塔世界之最。长江跨越档距 2303 米，整个跨越耐张段长度 3703 米。该工程两回线路的最大输电容量约为 650 万千瓦，可提高江苏"北电南送"能力近一倍，新增输电容量约 200 万千瓦。

---

❶ "两型一化"是指资源节约型、环境友好型、工业化。

该工程具有技术水平高、施工难度大的特点，建成后质量优良，工程合格率、优良率和置信度均为100%，各项技术指标均大大优于优良标准，同时实现了安全施工。该工程施工中创下了多项国内第一：第一次将PHC管柱用于电力工程建设；首次成功实施了长江不封航条件下直升机展放导引线；施工人员自行设计的可全方位旋转的落地抱杆，对大跨越的安全建设起到了重要作用。

2004年11月18日，500千伏江阴长江大跨越工程竣工投运，标志着江苏第二条500千伏过江输电通道全线贯通，困扰江苏长江以北电力南送的瓶颈正式打通，有效缓解了苏南严重缺电矛盾，保证了华东电网安全稳定运行，促进了江苏经济的发展。该工程的成功建设，标志着处于国际领先水平的中国大跨越工程建设在技术、工艺水平方面又迈上一个新台阶，在国内电网建设史上具有里程碑意义。

二、紧凑型输电技术应用

（一）500千伏政平—宜兴紧凑型同塔双回线路

三峡送电华东第一回直流输电线（三常线路）落点在常州政平，500千伏政平换流站通过2回500千伏交流线路（武政线路）与500千伏武南变电站联络，2回500千伏交流线路（政宜线路）同500千伏宜兴变电站相联。由于江苏南部地区土地资源紧张，地方政府对500千伏政平换流站至500千伏宜兴变电站的两回500千伏交流线路只给出一条走廊。为此，国家电力公司电网建设分公司在中国已有的500千伏紧凑型输电线路技术成果的基础上，提出了500千伏政平—宜兴紧凑型同塔双回线路（简称500千伏政宜紧凑型同塔双回线路）的技术方案，并对同塔双回500千伏紧凑型输电线路关键技术进行了研究，包括对双回路紧凑型塔的研究和结构试验、带电作业的研究，系统参数、电磁环境、防雷性能校验和研究，为500千伏政宜紧凑型同塔双回线路的设计和顺利建成投运提供了技术保障。

采用同塔双回500千伏紧凑型输电线路关键技术可有效降低工程投资。单基铁塔耗钢量比常规同塔双回500千伏线路降低约30%。由于降低了铁塔高度，减少了基础作用力，基础混凝土耗量比常规同塔双回500千伏线路降低10%以上。每千米综合造价比常规同塔双回500千伏线路降低10%以上，按输送单位自然功率造价则比常规同塔双回500千伏线路降低40%。同时提高了线路的防雷害能力，耐雷水平高出近20%，年跳闸率低25倍多，对生产运行有利。成功探索并在工程中应用了500千伏双回同塔紧凑型系列塔型，即500千伏紧凑型双回同塔T字形直线塔和500千伏双回同塔紧凑型转角塔等。

2004年4月26日投运的500千伏政宜紧凑型同塔双回线路，是中国第一条应用紧凑型输电技术建成的500千伏紧凑型同塔双回输电线路。政平—宜兴500千伏紧凑型同塔双回线路的建成投运，标志着中国应用紧凑型输电技术又向前迈出了一大步。

（二）500千伏罗平—百色紧凑型交流输电工程

500千伏罗平—百色Ⅰ回紧凑型交流输电线路（简称罗百Ⅰ回）是500千伏天广Ⅳ回工程的罗平—百色段，是中国第一次在高海拔地区、长距离线路中采用紧凑型输电技术，也是南方电网公司首条 500 千伏紧凑型线路。500 千伏罗平—百色Ⅱ回输变电工程（简称罗百Ⅱ回），包括罗平变电站扩建出线间隔工程、百色变电站扩建出线间隔、百色变电站扩建串联补偿装置工程、罗平—百色Ⅱ回紧凑型线路工程，于 2007 年 11 月 2 日建成投产。罗百Ⅰ回、罗百Ⅱ回交流输电线路都采用紧凑型输电技术。紧凑型输电技术不仅明显提高自然输送功率可达 132 万千瓦，较传统型线路提高了 35.34%，而且每千米少占送电走廊 27.4 亩，可大大减少林木砍伐、青苗赔偿及房屋拆迁量，经济效益和社会效益显著。

紧凑型线路初期在常年风力较大和易覆冰地区的使用中，因线路舞动而故障率增加，后经技术改进以及根据输电通道地理和微气象特征采取差异化设计，扩大了技术应用。

三、中国首次试用碳纤维复合导线

220 千伏前草线（后经改造Ⅱ入本溪丁家堡开关站，形成 220 千伏前丁线）投运于中华人民共和国成立前，线路起于 220 千伏前杠变电站，止于 220 千伏草河口变电站，是辽宁东部水电厂向中部电网供电的重要联络线路，辽阳供电公司负责维护 1~155 号，原导线型号为 ACO-400、ACY-400、ACSR-400。

由于 220 千伏前草线运行年限长、设备老化，严重影响供电可靠性，辽宁省电力公司在 2005 年立项对其全线进行改造，辽阳段投资 2924 万元，工程计划更换铁塔 72 基，更换导地线 63.9 千米（导线采用 LGJ-400/35 型号），以提高线路安全水平和输送能力。该工程计划停电时间为 2006 年 5 月 20 日，计划送电时间为 2006 年 6 月 17 日。其中，220 千伏前草线 17~27 号杆塔位于辽阳县首山镇，此区段前期占地工作受阻，未能实现杆塔更换，2006 年 5 月 27 日经市、县政府组织公安部门出警进行保护性施工方才进行跨越架搭设。为确保工程顺利实施并达到预期的增容能力，同时充分考虑 17~27 号老旧杆塔的承载能力，辽宁省电力公司选用美国进口碳纤维合金芯 ACCC-816 轻型导线，对 17~27 号区段采取换线不换塔的方案进行改造。

2006 年 6 月 12 日，远东复合技术有限公司和美国专家到达辽阳并进行了导线压接试验和现场的培训。6 月 13 日对 17~27 号区段 ACCC-816 轻型导线进行架设施工，期间通过控制牵张力及牵张速度解决了断线难题，最终于 6 月 18 日完成架线施工。17~27 号区段共计架设碳纤维合金芯 ACCC-816 轻型导线 4.2 千米，节省工程本体费用及占地费用 100 余万元。

碳纤维合金芯 ACCC-816 轻型导线具有环境适应性能强、不生锈、不腐蚀、不与铝导线或其他部件产生电解反应、不受铝的长期蠕变影响、载流量是常规导线的两倍等优点，在美国、加拿大等得到大面积应用，但在本次 220 千伏前草线改造工程中的使用尚属国内首例。由于施工工期紧迫，省市电网公司领导、专家在此次应用 ACCC-816 轻型导线的工作中做了大量工作，组织完成了现场实地测量出设计，到厂家考察校核新型导线的技术特性、订货，到福建进行技术培训、施工器具的准备和施工现场的布置，编制了《施工液压导则》《安全技术措施》，保证了 ACCC-816 轻型导线安装的顺利实施。碳纤维合金芯 ACCC-816 轻型导线的应用代表着中国输变电行业的一次较大的技术革新。

由于 ACCC 导线的材料、结构与普通钢芯铝绞线完全不同，在国内没有成熟的运行经验可以借鉴，为掌握 ACCC 导线的机械特性，辽阳供电公司在线路投运后，采取了连续观测导线弛度、温度变化的方式，对 ACCC 导线与普通钢芯铝绞线存在的差异并与设计值进行了对比，形成了《ACCC 导线运行维护技术研究报告》《ACCC 导线施工技术总结》和《ACCC 导线施工工艺及验收导则》，用于指导后续运维检修工作。

四、超导电缆技术应用

云南昆明普吉 35 千伏变电站超导电缆工程位于云南昆明普吉 220 千伏变电站内，工程设计容量为 121 兆瓦，于 2002 年开始建设，最终于 2004 年 4 月 19 日投运。高温超导电缆正式挂网运行标志着中国在高温超导产品的研发与应用方面跃居世界领先水平。

高温超导电缆系统包括长度为 33.5 米的三相 35 千伏/2 千安高温超导电缆本体、6 套电缆终端、1 套液氮循环制冷及其监控系统，以及 1 套超导电缆监控与保护系统。三相高温超导电缆在普吉变电站场地上平行布置，以转角 90 度敷设。电缆终端是连接超导电缆、高压母线、液氮制冷系统三者的接口，每根电缆两端各有 1 套，共 6 套。制冷及其监控系统安装于电缆附近的热工房内，通过真空液氮输送管连接到电缆终端上，对电缆和终端进行冷却。超导电缆监控与保护系统安装于主控室内，远程监控计算机放置于主控台上。

高温超导电缆采用额定电压 35 千伏，额定电流 2 千安，主绝缘采用交联聚乙烯绝缘，电缆外径为 111.7 毫米，电缆本体每相自重为 9.2 千克/米。高温超导电缆本体包括支撑管、电缆导体、低温保持器、电绝缘层、电缆屏蔽层和护层五大部分。其中，支撑管（电缆骨架）为罩有密致金属网的金属波纹管；电缆导体由铋系高温超导带材绕制而成，共四层，层间缠绕绝缘膜；低温保持器由同轴双层金属波纹管套制而成，两层波纹管间抽真空并嵌有多层防辐射金属销；电绝缘层采用交联聚乙烯绝缘材料，置于热绝缘层外面，由于处于环境温度下，习惯上被称为热绝缘超导电缆（或常温绝缘超导电缆）；高温超导电缆的屏蔽层和护层的材料与常规电缆相同。工程使用常温绝缘双层液氮循环冷却结构、导体混合式设计、积木式终端结构等创新技术，涵盖了电缆系统的设计、制造工艺和设备制造，形成了超导电缆系统安装、试验和运行维护的技术规范与标准。

这是中国第一条（世界第三条）实用化 35 千伏超导电缆，是继美国（1999 年）、丹麦（2001 年）之后由中国自行研制开发的世界上第三组挂网运行的高温超导电缆，其部分性能参数优于前述国家的产品，其投运使中国的高温超导产品在电力应用方面达到世界领先水平。

五、先进变电站技术应用

（一）中国首座 500 千伏"两型一化"无人值班试点变电所——无锡惠泉变电所

2006 年 10 月 18 日，按照国家电网公司"两型一化"要求，采用程序化操作模式规划建设的 500 千伏综合自动化变电所——无锡惠泉变电所正式开工。该变电所地处江苏无锡市胡埭镇，是国家皖电东送的关键节点，也是无锡地区电网的枢纽变电站，占地 43.5

亩。该工程由华东电网有限公司投资，由江苏省电力公司、无锡供电公司建设管理。一期工程总投资 5.77 亿元，建设投运容量为 2 组 100 万千伏·安主变压器和 4 回 500 千伏出线、10 回 220 千伏出线，远期达到 4 组 100 万千伏·安主变压器和 8 回 500 千伏出线、16 回 220 千伏出线的规模。2007 年 10 月中旬，该变电所通过无锡市环保局的环保检测和验收，12 月 29 日建成投运，成为中国首座 500 千伏"两型一化"无人值班试点变电所。

"两型一化"变电站是对传统设计和建设理念的变革，秉持节能环保、科学发展的原则，应用资产全寿命周期管理理念和方法，内容涵盖变电站规划设计建设管理、工程施工、运行维护等建设全过程。"两型一化"变电站在设计理念上，贯彻标准化设计，推行全寿命周期最优化设计，开展节能和环保设计。在功能定位上，强化变电站工业性设施的定位，实现变电站基本功能和核心功能，剥离冗余功能，实现"综合建筑"向"工业设施"的转变。在新技术应用上，集成应用大容量变压器、静止无功补偿技术、全联合构架等先进适用新技术，积极开展工程建设管理创新。

该工程在规划建设中，推行标准化设计、模块化组合、工厂化生产、机械化和集约化施工，注意节约占地、节约能源、节约建材、节约资源，并充分利用可再生能源。在站址选择上，利用一个缓建的 220 千伏开关站场址，经过多次优化，主设备选用成套组合电器，使变电所围墙内只占地 43.5 亩，与同规模的典型设计相比，节约土地 9.6 亩。同时，坚持以人为本，对外减少噪声和污染，实现建筑与环境的协调。经多次征求意见，该变电所主变压器置于变电所南部，与周围环境相协调的主控楼置于北部，有效消除了主变压器对北侧居住区的噪声影响，进站道路置于站区东侧，既方便站内运输，又不影响北侧居住区正常交通，并采用低噪声设备。按照设计方案要求，该变电所在施工中对安全围栏、低压配电箱、电缆沟盖板、门窗、灯具等"3 大类 13 项设施"实行工厂化生产，并建立了 6 大标准控制体系和生产配送体系，实施现场装配安装；在建筑施工中积极采用大宗材料，主控通信楼装修完全采用工业化标准，楼、地面只进行简单处理，既控制了投资、节约了建设成本，又加快了建设进度，创造了 500 千伏变电所建设速度最快、最好、最省的新纪录。

（二）中国首座全户内变电站——北京 500 千伏朝阳变电站

北京 500 千伏朝阳变电站是经过国家电网公司和北京市政府研究决定建设的位于城市中心的负荷变电站，是中国第一座 500 千伏全户内变电站，也是北京 220 千伏电网的重要枢纽，为市区 220 千伏变电站提供电源并保证电网供电安全。为确保北京坚强电网的建设，500 千伏朝阳变电站在站址的位置选择上，使 500 千伏高压伸入市区，减少 220 千伏进城线路的走廊占用，节约宝贵的土地资源和大量减少投资。

500 千伏朝阳变电站于 2006 年 9 月 28 日开始建设，2009 年 7 月 23 日建成投运，该站占地面积 10 458 米^2（主要由主控通信楼、220 千伏 GIS 设备楼、500 千伏 GIS 及主变压器设备楼组成，总建筑面积为 8155 米^2，所有建筑均为钢筋混凝土框架结构），污秽等级 e 级；控制方式为无人值班。安装 1200 兆伏·安主变压器 2 组；500 千伏进线 2 回（通州一回、安定一回），采用内桥接线；220 千伏出线 12 回，采用双母线双分段接线；

66千伏仅带无功补偿装置和站用变压器，接线方式为单母线接线，500、220千伏和66千伏设备均采用GIS，每组主变压器装设2组60兆乏并联电抗器和3组60兆乏并联电容器。

由于该变电站位于城市中心，综合考虑本地区城市总体规划、人文景观、和谐的人居环境及节省有限的土地资源等因素，将此站建成全户内500千伏变电站，按高标准执行环境友好型电网建设原则。对于改善北京市的电网结构，提高220千伏供电的可靠性，加强北京市区供电网络和网架的联系具有重要意义。

（三）中国第一个500千伏数字化变电站——500千伏桂林变电站投运

500千伏桂林变电站顺利投运后，南方电网超高压公司加强超高压变电站数字化应用研究的工作，与业内的各生产厂交流、了解数字化变电站研究的进展情况。2008年9月，开展在500千伏桂林变电站进行数字化一次设备的试点研究工作。2009年1月，项目正式立项。2009年4月，在500千伏柳桂乙线检修一个月的时间内，完成了500千伏柳桂乙线数字化试点间隔的土建、一次设备安装调试及二次设备安装调试的工作。2009年5月2日1时，500千伏柳桂乙线顺利送电成功，标志着南方电网首个带有电子式互感器的数字化试点500千伏间隔投入运行。投运时，新增加的两组电子式电流互感器、一组电子式电压互感器，各项数据显示正常。500千伏桂林变电站在过程层、间隔层和变电站层完全实现数字化，完全具备数字化变电站的三个重要特征，即一次设备智能化、二次设备网络化、符合IEC 61850标准。

此后，相关单位不断开展和完善500千伏桂林变电站数字化试点工作：进行了传统互感器接入数字化采样母差保护的工作；组织南瑞继保与国电南京自动化股份有限公司（简称国电南自公司）进行了系统联调，保证新型的电子式互感器能够接入多个厂家设备工作；进行了柳东变电站传统互感器与500千伏桂林变电站数字化互感器的配合调试工作；为了在研究时不影响变电站正常工作，新增一套专用数字变电站监控系统。

在500千伏桂林变电站选择其中500千伏柳桂乙线间隔及相关断路器和母线间隔作为试点，在线路安装电子式电压互感器及合并单元，在5021和5022断路器单元安装电子式电流互感器及合并单元、智能终端，同时配置线路、断路器、母线保护及测控装置，在对侧变电站配置线路保护进行配合。

根据现场条件及研究工作的需要，选择500千伏柳桂乙线、相关断路器间隔、500千伏Ⅰ母线作为研究项目的试点间隔。该线路接入500千伏第二串，该串为3/2断路器不完整接线，线路及对侧变电站均为同一个运行维护单位维护，便于工程的实施以及研究工作的开展。在试点间隔配置3台电子式电压互感器，安装于原500千伏柳桂乙线线路电容式电压互感器和避雷器之间，用于线路电压数字化采样；配置6台电子式电流互感器，分别安装于原5021、5022断路器和传统电流互感器之间，用于5021、5022断路器电流数字化采样。通过上述设备实现试点间隔500千伏柳桂乙线线路及相关断路器间隔的数字化采样。

该工程配套编制了《500千伏数字化变电站间隔层、变电站层 IEC 61850 应用导则》《500千伏数字化变电站间隔层、变电站层测试规范》和《500千伏数字化变电站间隔层、变电站层验收规范》三项标准，为南方电网公司 500千伏数字化变电站建设奠定基础，属中国国内首创。

第六节　电网调度调整适应新形势

以"厂网分开""竞价上网"为核心要义的电力体制改革，客观上要求电网调度不断调整，2002年，5号文首次提出按市场规则进行电力调度，2005年和2006年，电网企业电力交易中心陆续投入使用，其间，为促进可再生能源的开发利用，减少能源、资源消耗和污染物排放，国务院办公厅印发《节能发电调度办法（试行）》，按照节能、经济的原则，优先调度可再生发电资源，按机组能耗和污染物排放水平由低到高排序，依次调用化石类发电资源。为保证大电网安全并兼顾发电企业利益，国家电监会印发《并网发电厂辅助服务管理暂行办法》（电监市场〔2006〕43号），首次建立辅助服务补偿机制。电力体制改革激发的发电能力，反而凸显出电网局部结构薄弱、缺电和窝电现象并存的"尴尬"问题，而靠新建线路又不能短期解决，国家电网公司开展提高电网输送能力研究，仅用两年多时间通过技术和管理措施，挖掘潜力，缓解电网输送能力和需求间的矛盾。全国电力联网和按市场规则调度，也催生着电力调度技术创新，电网调度自动化系统的自主研发能力大幅提升，RCS-900系列主设备保护装置的推广应用，电力系统全数字实时仿真技术等实践应用，此时，保证大电网的安全稳定运行已经成为电力企业相关方的共同责任，《电网运行准则》（DL/T 1040—2007）应运而生。

一、电网调度不断调整

2002年2月，5号文提出竞价上网，实行电价新机制，并要求建立电力调度交易中心，实行发电竞价上网。在区域电网公司经营范围内，根据各地电网结构、负荷分布特点及地区电价水平的具体情况，设置一个或数个电力调度交易中心，由区域电网公司负责管理，按市场规则进行电力调度。电力调度交易中心之间实行市场开放，初步建立竞争、开放的区域电力市场。2003年7月31日，国家电监会发布《关于区域电力市场建设的指导意见》（电监市场〔2003〕第21号），提出到"十五"末期，初步形成六大区域电力市场，基本建立电力市场运营的法规体系和电力监管组织体系，全国大部分地区大部分发电企业实行竞价上网，符合条件的大用户（含独立配售电企业）直接向发电企业购电。致力于构筑政府监管下的统一、开放、竞争、有序的电力市场体系。但在当时市场条件下，上网电价和销售电价不能联动，电煤市场化之后开始涨价，出现了上网电价抬高而销售电价无法传导，造成中间亏空的情况，于是上级主管部门下发文件，区域电力市场试点被迫叫停。此后，在上级主管部门还未对后续电力调度方式进行规定前，电力调度机构又恢复采取了传统的

"三公"调度模式。

2005 年 4 月 12 日，南方电网超高压输电公司筹备建设南宁区域控制中心，负责区域控制中心生产准备和区域运行控制、操作工作，并于 2005 年 6 月 30 日投入试运行并通过试运行验收。2006 年 1 月 18 日，南方电网公司负责人为南宁区域控制中心揭牌，宣告了中国第一个 500 千伏电网区域控制中心——南宁区域控制中心投运。

2006 年 9 月 1 日，国家电网电力交易中心正式投入使用。将国家电网公司总部、区域电网公司和省（自治区、直辖市）电力公司实施市场交易与电网调度职能彻底分离，分别设立国家、区域、省级三级电力交易中心。各级电力交易中心负责有效整合公司内部涉及电力市场建设和市场交易的各项业务，加强和优化电力市场建设和市场交易工作。交易达成后，由交易中心将交易的结果交送调度部门进行电力的调度。

二、《节能发电调度办法（试行）》

2006 年 1 月 1 日，为了促进可再生能源的开发利用，增加能源供应，改善能源结构，保障能源安全，保护环境，实现经济社会的可持续发展，《中华人民共和国可再生能源法》由十届全国人大常委会第十四次会议于 2005 年 2 月 28 日通过，自 2006 年 1 月 1 日起施行。该法明确了可再生能源是指风能、太阳能、水能、生物质能、地热能、海洋能等非化石能源，以法律形式确立了可再生能源的发展地位和政策框架，阐明了可再生能源规划建设、保障收购、电价政策、费用分摊等基本制度，推动了可再生能源进入大发展时期。并网管理、发电功率预测、优先调度等业务迅速增加。

2007 年 8 月 2 日，国务院办公厅同意并印发《节能发电调度办法（试行）》。该办法明确节能发电调度是指按照节能、环保、经济的原则，在保障电力可靠供应的前提下，优先调度风能、太阳能、海洋能、水能、生物质能、核能等清洁能源发电，按照煤耗水平调度发电，煤耗低的多发、满发，煤耗高的机组少发或不发。要求各省（区、市）的机组发电排序的序位表由省级人民政府责成其发展改革委（经贸委）组织编制，按机组能耗和污染物排放水平由低到高排序，最大限度地减少能源、资源消耗和污染物排放，并根据机组投产和实际运行情况及时调整。同时要求全过程实行信息公开制度，且各有关单位要按照相关规定及时、准确、完整地向相应电力调度机构提供节能调度所需的信息，并对其所提供信息的准确性和完整性负责。2008 年，国家电力调度中心成立水电及新能源处，主要承担国家电网公司系统水电站、抽水蓄能、风电、光伏、分布式电源专业管理以及电网调度运行气象信息应用管理、直调水电厂水电调度运行管理等重要职责。

三、首建辅助服务补偿机制

2006 年 11 月 7 日，国家电监会印发《并网发电厂辅助服务管理暂行办法》，以保障电力系统安全、优质、经济运行，规范辅助服务管理，促进电力工业健康发展。辅助服务是指为维护电力系统的安全稳定运行，保证电能质量，除正常电能生产、输送、使用外，由发电企业、电网经营企业和电力用户提供的服务，包括一次调频、自动发电控制

（AGC）、调峰、无功调节、备用、黑启动服务等。该办法适用于省级及以上电力调度交易机构及其直接调度的并网火力、水力发电厂。该办法提出并网发电厂提供的辅助服务分为基本辅助服务和有偿辅助服务。有偿辅助服务是指并网发电厂在基本辅助服务之外所提供的辅助服务，包括 AGC、有偿调峰、备用、有偿无功调节、黑启动等。辅助服务的调用应遵循"按需调度"的原则，由电力调度交易机构根据发电机组特性和电网情况，合理安排发电机组承担辅助服务，保证调度的公开、公平、公正。

按照专门记账、收支平衡、适当补偿的原则，建立辅助服务补偿机制。各区域应根据电网实际情况，从以下方式中选择一种有偿辅助服务补偿方式：按照补偿成本和合理收益的原则对提供有偿辅助服务的并网发电厂进行补偿，补偿费用主要来源于辅助服务的考核费用，不足（富余）部分按统一标准由并网发电厂分摊；将相关考核费用按贡献量大小对提供有偿辅助服务的并网发电厂进行补偿。相关考核费用包括辅助服务的考核费用、非计划停运的考核费用、日发电计划偏差的考核费用。

四、开展提高电网输送能力研究

由于此前中国电网发展长期滞后于电源建设，造成局部电网结构薄弱、缺电和窝电现象并存，导致电网输送能力和需求间的矛盾突出。据国调中心 2004 年统计，国家电网 500 千伏线路中约 1/4 送电能力受限，并且这些线路大都属于跨区跨省联络线、大电源送出线路和负荷中心受入线路，配电网络"卡脖子"现象也较为普遍。在统一规划电网建设的同时，电网企业还在实施"三公"调度，努力挖掘电网潜力，国家电网公司于 2005 年年初正式启动提高电网输送能力工程，通过在输电技术、仿真技术、控制技术、技术改造和管理五方面实施自主创新与集成创新，以提高输送能力的方式满足经济和社会快速增长的用电需求，也成为电网发展方式由外延式增长向内涵式增长转变的标志性工程。

第一期工程是在 2005 年年初至 6 月间完成的有关项目。国家电网公司系统各电压等级总计完成项目 327 个，提高输送能力 1970 万千瓦。第一期工程实施后，有力支持了迎峰度夏，拉闸限电总量减少，缓解了电力供应紧张状况，取得了良好的经济效益和社会效益。

第二期工程是在 2005 年 7 月—2006 年 6 月间完成的项目。根据五个区域电网及各省公司的全面提高电网输送能力方案，确定列入第二期工程的措施有 1396 项，工程实施后，500/330 千伏线路提高输电能力 1222 万千瓦，220 千伏线路提高输电能力 1404 万千瓦，110 千伏及以下线路提高供电能力 1458 万千瓦，各电压等级线路总计提高输送能力 4084 万千瓦。

第三期工程是在 2006 年 7 月—2007 年 6 月间完成的有关项目。工程实施后，500/330 千伏线路提高输电能力 45 万千瓦，220 千伏线路提高输电能力 93 万千瓦，110 千伏及以下线路提高供电能力 629 万千瓦，各电压等级线路总计提高输送能力 767 万千瓦。

《国家电网提高输送能力研究与实施》项目获得了 2006 年中国电力科学技术进步奖一等奖。

五、电网调度技术创新

随着电力系统的发展，输变电电压等级不断提升，电力主设备单机容量也逐步增大。为适应电力系统发展，1998年，南瑞继保研制了RCS-900系列主设备保护装置，实现了多个类型的主设备保护功能。2000年，RCS-900主保护设备首次应用于220千伏电力系统；其后至2005年，RCS-900主保护设备又应用于500、750千伏变电站。RCS-900主设备保护的推广和应用，使电力主设备保护在灵敏度、动作速度、可靠性等方面有了提升，在一定程度上保障了电力主设备的安全及电力系统的可靠稳定运行，也打破了国外厂商的长期垄断。

为满足中国互联大电网发展需求，以IEC 61970系列标准为基础，国内科研单位和系统生产厂自主研发了以OPEN3000、CC2000A为代表的调度自动化主站系统。这些系统不仅包含了完整能量管理系统，还包含了覆盖调度中心各个专业的独立系统。随着中国电网调度自动化系统的自主研发能力大幅提升，以实时数据库为核心构筑的开放式集成系统的统一支撑平台也逐步开发应用。

互联大电网及调度自动化、集成化的逐步实施，也使得网络与信息安全问题逐渐凸显，国家开始研究电力控制系统的安全防护策略。2002年9月，国家863重大科技攻关计划项目——国家电网调度中心安全防护体系研究及示范启动，2004年3月通过验收。项目制订了《全国电力二次系统安全防护总体方案》，首次提出"安全分区、网络专用、横向隔离、纵向认证"十六字方针，促进了全行业电力二次系统的安全、健康发展。项目成果以国家电监会第5号令《电力二次系统安全防护规定》的形式发布，在全国的电力行业强制推广执行，不仅提高了中国电力行业信息安全科技水平，而且对其他行业的信息安全科技发展起到良好的示范和推动作用。

大区互联及电力市场逐步实施，电网安全稳定的问题越来越复杂，事故处理预案安排和执行难度日趋加大，电网发生连锁故障引起大面积停电的风险进一步增加。例如，2005年，为提高江苏电网应对复杂故障、防止发生灾难性事故的预警能力和实时控制能力，江苏省电力公司开展江苏电网安全稳定实时预警及协调防御系统（EACCS）的研发与应用。自2006年10月起，EACCS各模拟块陆续走出实验室，投入现场试验和验证。2007年6月20日，EACCS项目试投运成功，提高了电网安全控制的准确性和及时性，解决了大电网的全网协调、分层控制和异地多点故障自动协调等问题，使江苏电网综合协调和防御能力得到提高。

在区域电网调度层面，为了满足复杂大电网的安全、优质、经济运行的要求，华东电网公司（后改为国家电网公司华东分部）联合南瑞集团提出了综合应用稳态、动态和暂态数据组成的广域动态监测分析控制保护系统（WAMAP）的概念和总体方案。该系统于2006及2007年分期投入运行，可以实现动态监视、低频振荡监视和一次调频性能监视；实现电网扰动识别、快速故障分析；提供了在线预警和辅助决策管理功能，在一定程度上提高了电网安全性和调度管理水平。

自 20 世纪 90 年代以来，随着中国电力技术高速发展，某些新技术验证需依赖实时数字仿真系统进行。但当时仅加拿大 RTDS 公司拥有该项技术，而且无法满足中国大电网仿真需求。针对这种情况，1998 年起，中国科学院院士周孝信带领团队，在国家 973 计划、国家计委科技项目等支持下，开展基于通用 PC 机群的电力系统实时并行仿真技术研究。于 2006 年成功研制出世界上首套可以模拟万节点级大电网的全数字实时仿真装置（ADPSS），掌握了电力系统实时数字仿真技术，为保障中国电网数据安全提供了保障。自 2006 年 ADPSS 投运至今，在电网安全稳定分析和试验研究中仍发挥了重要作用。

2001 年 5 月，东北与华北两大电网实现了国内首次大区间交流联网。通过仿真分析发现联网后东北电网动态特性明显恶化，稳定水平大幅度下降。为准确把握联网后东北电力系统的动态特性，探索大区联网运行模式下存在问题的特征和机理，验证现行安全稳定措施的实际效果，进行东北电网负荷模型校核和修正，2002 年年初，东北电网有限公司提出了进行 500 千伏电压等级人工短路试验（简称大扰动试验）。仿真研究表明，在东北—华北联网运行方式下，当系统发生较严重故障、负荷中心电压变化较大时，不同负荷模型对稳定计算结果的显著影响才能表现出来。由于东北电网各个主要输电断面的稳定极限功率均是根据三相短路故障确定的，因此选择在重要输电断面的 500 千伏线路上进行三相短路试验。在选择大扰动试验地点时，考虑到试验地点的敏感性、代表性、安全性等因素，通过仿真分析确定，第 1 次人工接地试验点选择在吉林和黑龙江两省间 500 千伏合南线哈南变电站侧，分别进行东北—华北联网运行方式、东北电网独立运行方式下 500 千伏合南线哈南变电站侧人工三相接地试验；第 2 次人工接地试验点选择在辽宁和吉林两省间 500 千伏沙梨乙线梨树变电站侧和吉林、黑龙江两省间 500kV 合南线哈南变电站侧，分别进行东北—华北联网运行方式人工三相接地试验。在制订严密措施的基础上，在各级单位积极配合下，东北电网于 2004 年 3 月 25 日和 2005 年 3 月 29 日，分别在 2 个试验点实施了共计 4 次短路试验，试验取得了圆满成功。这在国际电力工业发展史上是一个前所未有的创举。根据试验的实测数据，进行电网负荷模型校核和修正，建立适用于中国电网的负荷模型，是可行、有效的，促进了国内仿真技术的发展，大幅度提高了东北电网现有电网输送能力，标志着中国电力工业试验处于世界先进水平，同时也引领中国负荷模型研究进入新的领域。

六、《电网运行准则》《电网运行规则（试行）》颁布实施

（一）《电网运行准则》

为确保电网安全稳定运行，适应网厂分开和竞价上网的新形势，根据《国家发展和改革委员会办公厅关于下达 2003 年行业标准项目补充计划的通知》，电力行业电网运行与控制标准化技术委员会于 2003 年 3 月组织成立了《电网运行准则》工作组，以《中华人民共和国电力法》《电网调度管理条例》为依据，在广泛调研并参考各国《电网运行准则》的基础上，结合中国电网运行与管理的实际，编制完成适合中国特点的电网运行准则。

《电网运行准则》（DL/T 1040—2007）由国家发展改革委以 2007 年第 42 号公告的形

式发布，于 2007 年 12 月 1 日起正式施行。《电网运行准则》是继《中华人民共和国电力法》《电网调度管理条例》后，中国颁布的一部适用面广、比较基础的电力行业标准。它是以综合技术手段维护和促进电网安全稳定运行的技术管理型标准。《电网运行准则》明确了电网运营企业、发电企业以及电力规划、设计、建设企业和直供用户等相关单位，为确保电网与电厂的安全、稳定、优质、经济运行，保证可靠供电，所承担的责任和义务，对应满足的基本技术要求和行为准则提出要求。《电网运行准则》的颁布实施，对维护电网正常运行秩序、提高电网安全稳定水平、建立和谐的网厂关系都起到了促进作用，对推动电力体制深化改革、促进电力工业可持续发展产生积极影响。

（二）《电网运行规则（试行）》

《电网运行规则（试行）》的编制与《电网运行准则》的制定密不可分。为了保障电力系统安全、优质、经济运行，维护社会公共利益和电力投资者、经营者、使用者的合法权益，强调电网企业及其电力调度机构、电网使用者和相关单位应当共同维护电网的安全稳定运行的目的，根据《电网调度管理条例》配套规章制定要求，2006 年 4 月 28 日，电监会以输电函〔2006〕12 号文件委托国家电网调度中心起草《电网运行规则》。2006 年 11 月 3 日，国家电监会将《电网运行准则》中需要强制执行的部分条文以及其他涉及管理方面的内容以 22 号令《电网运行规则（试行）》的形式发布，分为总则，规划、设计与建设，并联与互联，电网运行，附则共 5 章 50 条，自 2007 年 1 月 1 日起施行。

第十四章

西北电网大发展及西藏联网（2002—2014）

中国陕西、甘肃、宁夏、青海、新疆五省（自治区）幅员辽阔、地广人稀。其中，土地占全国陆地面积的31.7%；2019年年底人口约1亿人，为全国的7.3%。经济结构以资源型工业和传统农牧业为主，新疆、宁夏河套地区及陕西省工业结构以煤炭、石油开采和有色金属冶炼为主，青海、甘肃两省以冶金、农业和畜牧业为主。崇山峻岭、沙漠戈壁的地形导致西北五省（自治区）用电负荷主要集中在陇海—兰新铁路沿线及黄河沿岸，高载能工业占80%以上。西北五省（自治区）的电源点以陕西关中北部、新疆和宁夏的煤电以及甘肃、青海两省的水电为主。

2000年国家部署"西部大开发"战略，西北五省（自治区）结合地区资源特点，积极引进大型冶金加工企业，用电负荷大幅递增。与此同时，公伯峡、拉西瓦、积石峡等几个百万千瓦级水电站的投运，使黄河上游水电装机总容量超过8000兆瓦，输电距离长达1000千米，远远超过了330千伏线路的经济输送范围。截至2000年年底，尽管西北五省（自治区）（除新疆）电网之间以330千伏联网为主（甘肃与青海之间6条、陕西与甘肃之间3条、甘肃与宁夏之间2条），仍不满足快速发展电能的需要。新疆维吾尔自治区内电网主要由若干个小型地方电网供电，与其他省份之间未联网。西藏虽然紧邻青海、四川两省，但一直孤网运行。为了解决西北五省（自治区）和西藏内部与省际远距离、大容量电能输送问题，开展网架互联、探索电能经济传输成为电网企业的当务之急。

2002年年底，国家电力公司组织召开了电网建设专家委员会第四次全体会议，讨论确定了西北电网在330千伏等级之上采用交流750千伏，逐步建成750千伏超高压电网。随后，国家电力公司（后由国家电网公司负责）组织制定了《750kV变电所设计技术规定（暂行）》和《750kV架空线路设计技术规定（暂行）》两项标准。2003年9月，国家发展改革委正式批准了750千伏青海官亭—甘肃兰州东输变电示范工程的开工申请。至此，西北750千伏主干网架建设拉开了大幕。2005年9月，该示范工程建成投运，标志着西北电网迈入750千伏时代，甘肃与青海两省电网由330千伏联网升级至750千伏联网。

2008年，750千伏兰州东—白银—银川东输变电工程建成投运，实现了甘肃、宁夏电网联网。同年陕西电网750千伏"3站5线"（750千伏渭南、延安、榆横变电站，750千伏宝鸡—乾县、750千伏彬长电厂—乾县—渭南—延安—榆横线路）工程全面开工，新疆、西藏电网与西北主网联网工程开工，西北电网750千伏骨干网架从示范阶段转入全面建设阶段。到 2014 年年底，750 千伏兰州东—天水—宝鸡输变电工程、新疆与西北 750 千伏电力联网工程、750 千伏新疆二通道输变电工程等全部投运，实现了陕西与甘肃、甘肃与宁夏、甘肃与新疆、青海与甘肃、青海与新疆 750 千伏电力联网，各省内 750 千伏骨干网架也同步搭建。其间，完成了西藏羊八井、青海高海拔试验基地建设。

同时，为缓解山东用电紧张的情况，2011 年 2 月宁东—山东±660 千伏直流输电示范工程建成投运，实现了西北电网与华北电力联网，打通了"西电东送"北通道。2011 年年底，柴达木—西藏±400 千伏直流工程实现了青藏电力联网，西藏成为除台湾地区之外最后一个接入全国电网的省份。2014 年年底，500 千伏昌都—巴塘—乡城双回输变电工程建成投运，实现了川藏电力联网。

2002—2014 年，电力建设者励精图治，用 13 年时间实现了西北五省（自治区）电力联网。这些标志性工程初步将西北五省（自治区）电网建设成连接负荷中心、重要电源基地的 750 千伏骨干网架，解决了局部时空和季节分布造成的缺电、窝电问题，将西北电网的"一水两火"（黄河上游水电基地、宁夏火电基地、陕西火电基地）能源打捆消纳、外送，实现了"西电东送"的全国联网目标，发挥了西北电网整体效益，为后期西北电网大量外送水电、光伏、风电等清洁能源奠定了基础。建设中积累的丰富经验和科研成果，为后续电网建设提供了技术支持。

在西北电网建设过程中，高原电力建设者在常年积雪不化的高山大岭、在百里无人的茫茫大漠，攻克了"高原高寒地区冻土施工困难、高原生理健康保障困难、高原生态环境极其脆弱"三大世界难题，穿越了高原"生命禁区"，挑战生命极限和施工极限，顽强拼搏、无私奉献，创造了世界高海拔地区电网工程建设的奇迹。

第一节　西北电网迈入 750 千伏时代

西北电网包括陕西、甘肃、青海、宁夏、新疆五省（自治区）电网，电网覆盖地域广阔，东西、南北跨度大，供电面积达 311.38 万千米^2。西北五省（自治区）电力能源、负荷特性差异较大，电网间联络线功率交换频繁，联网后优势明显、错峰效益显著。

在 1990 年，陕西、甘肃、青海、宁夏四省（自治区）电机工程学会和陕西省电工技术学会联合召开了"西北电压等级问题研讨会"，肯定了西北地区 330 千伏电压发展不可逆转性的同时，着重对交流 750、500 千伏和直流 500 千伏三种电压在西北电网的适应性和优缺点进行深入讨论。经过多年深入地研究与论证，确定了西北电网在 330 千伏上采用交流 750 千伏电压等级。

2005 年 9 月，首个示范工程 750 千伏青海官亭—甘肃兰州东输变电示范工程建成。2006—2014 年甘肃、青海、陕西三省建成了跨区 750 千伏电网骨干网架，以 750 千伏兰州东变电站为中心，向西与青海官亭变电站相连，向东经平凉—陕西乾县、天水—陕西宝鸡市，向北经过白银与 750 千伏银川东变电站连接，打通了"西电东送"的北通道前段。

其间，陕西电网"3站5线"的建成，陕西电网实现了由330千伏升级为750千伏的历史性跨越，初步形成和发展了陕西及西北电网的骨干网架，保证了甘肃白银和陕西关中两个大负荷中心的用电。

2006年8月30日，500千伏神木电厂输变电工程建成投运，形成了500千伏陕西神木—山西忻州—河北石家庄北输电通道，是西北与华北"西电东送"的标志性工程。2011年宁东—山东±660千伏直流输电示范工程建成后，完成了西北与华北电网跨区输电平台的搭建，缓解了京津冀地区用电紧张状况。

至2014年年底，一个覆盖西北五省（自治区）的交直流混合大电网实现了陕西、青海、宁夏、新疆、甘肃750千伏交流线路互联，西北电网750千伏主网架更加坚强，省间联络更加紧密。

一、750千伏电压等级的确定

自1972年6月330千伏刘天关工程输电线路建成投运之后，陕西、甘肃、青海、宁夏四省（自治区）逐步形成了西北电网330千伏主网架。即使在20世纪80年代，其他省份陆续采用500千伏电网网架，西北电网依然运行的是330千伏电压，一直运行了30余年。该网架早期促进了西北电力发展，但在经济大发展的形势下又制约了西北电力更大发展。截至2004年年底，西北电网发电总装机达到24 300兆瓦，已建成投运330千伏输电线路119条，总长度约11 000千米；330千伏变电站54座，变电容量20 550兆伏·安。西北330千伏电网输送容量渐趋饱和，系统短路电流接近开关遮断容量，线路走廊紧张，西北电网迫切需要出现更高一级电压等级。

在1976年6月，水电部即通知西北各电力局和设计院在330千伏之上，按500千伏和750千伏两个电压等级开展各区域电网超高压电网的规划、科研和勘测设计工作。西北电网高一级电压输电的实施性研究始于1978年，西北电管局先后于1984年、1989年两次委托西北电力设计院进行了330千伏以上电压等级论证，有关方面及专家对西北电网电压等级的不同看法集中表现在两个方面：一是认为330千伏电网与全国220千伏、500千伏不统一，建议330千伏降压运行至220千伏，然后再发展500千伏电网。但此方案要将330千伏设备全部更换，会造成资源浪费。二是直接采用500千伏输电，在输送能力方面比330千伏仅提升1.5倍，效果不明显，而采用750千伏线路输送能力是330千伏的4倍，但还需考虑经济社会发展和工业化水平不足等因素，电网研究工作者对此持续了20多年的论证。最后，推荐西北电网高一级电压采用750千伏。

1997年，西北电力集团公司把"西北电网高一级电压选择研究"作为重点课题之一，先后委托中国电科院、西北电力设计院、西北电力试验研究院等单位深入开展研究，组织了两个专家团赴欧美和俄罗斯等进行超高压技术考察，提出了多份考察报告。国家电力公司也先后组织国内科研单位专家对"西北电网高一级电压选择"进行了多项专题研究。

20世纪90年代后期，随着西北电力工业的发展，尤其是黄河上游大型梯级电站的不断开发，西北330千伏线路走廊更加紧张，省际送电效率下降的矛盾突出，西北电网高一级电压的研究与建设的任务非常紧迫。1999 年 1 月，西北电力集团公司在西安召开了西北电网高一级电压等级选择研究专家评议会。同年 12 月，国家电力公司电网建设专家委员会在北京召开的第四次全体委员会议上，大多数专家对"西北电网 330 千伏以上采用 750 千伏电压等级选择"表示赞同，认为 750 千伏电压等级适合西北远距离、大容量输电，是科学、合理、经济的，而且不影响国内其他电网采用的电压等级。

2002 年，党的十六大召开后，进一步加快实施西部大开发战略，有力推动了西北 750 千伏电网建设。2003 年，国家电网公司确定西北 750 千伏输变电工程为示范工程，及时启动了示范工程关键技术研究立项工作，组织施工、试验、运行等方面的专家，研究确定关键技术的具体内容，编写了《西北电网 750 千伏输变电工程施工及运行关键技术研究项目可行性研究报告》。2003 年 2 月 19 日，此可研报告在国务院第 68 次总理办公会上获得通过；9 月 10 日，国家发展改革委批准西北 750 千伏输变电示范工程开工，西北电网 750 千伏网架建设终于迈步前行。

750 千伏"电网高速公路"更适合于西北电力输送，对于国家实施"西电东送"战略，将西北资源优势转变为经济优势，促进区域经济协调发展具有十分重要的作用。

二、750 千伏青海官亭—甘肃兰州东输变电示范工程

为支持西部大开发，配合青海公伯峡水电站建设❶，提升青海电网输送能力，按照国家电网公司部署，750 千伏青海官亭—甘肃兰州东输变电示范工程于 2003 年 9 月 17 日开工建设，工程起始于青海官亭变电站，止于甘肃兰州东变电站，2005 年 9 月 26 日建成投产，投资 10.9 亿元。

该工程包括 141 千米的 750 千伏青海官亭—甘肃兰州东输电线路，并首次采用六分裂扩径导线，建设 2 座 750 千伏变电站。

750 千伏官亭变电站设 1 组容量 1500 兆伏·安的主变压器；设 1 组容量为 300 兆乏的线路用高压电抗器；1 回 750 千伏出线至兰州东变电站，8 回 330 千伏出线。750 千伏兰州东变电站设 1 组容量 1500 兆伏·安的主变压器；1 回 750 千伏出线至官亭变电站，5 回 330 千伏出线。两站均为 3/2 断路器接线，装设 750 千伏简化 GIS，无主母线，为线路—变压器串单元接线方式。

该工程是当时国内电压等级最高、世界上相同电压等级海拔最高的输变电工程，平均海拔超过 2000 米，地质复杂、冻土广布地区，其空气间隙、绝缘水平接近或相当于百万伏级特高压水平。750 千伏变电构架首次采用钢管格构式，变电站的 330 千伏配电装置采用全联合钢构架，节省钢材 10%。

该工程是中国继 500 千伏之后，首个 750 千伏电压等级的超高压输变电示范工程，标志着青海电网迈入 750 千伏时代，实现了青海与甘肃电网联网、黄河上游水电外送。该工程意义重大、影响深远：

---

❶ 2004 年 9 月 23 日首台 300 兆瓦机组并网发电，电站装机容量 1500 兆瓦，年发电量 51.4 亿千瓦·时。

一是电网发展的示范。工程建设的科研成果、运行管理的经验和获取的各项数据，对后来的 750 千伏电网建设和 1000 千伏特高压电网建设积累了宝贵经验。

二是实现了 750 千伏输变电工程科技创新的示范。工程关键技术研究 29 个子课题项目，设计、制造、施工及验收等 20 余项技术标准规范，均为中国独立自主完成，拥有自主知识产权，获国家专利 25 项，采用设备 90%以上实现国产化。

三是环境保护的示范。该工程始终突出"资源节约型、环境友好型"建设理念，突出"以人为本，构建和谐社会"的发展观，本着为经济社会发展服务和向子孙后代负责的精神，在保护动植物生长等方面做了大量有益工作。

四是运行管理的示范。承担工程运行的西北电网有限公司以争创"国内一流、国际先进"为目标，学习借鉴国内外先进技术和管理经验，全面推行"规范化、专业化、精细化"管理，积极探索长周期安全运行的管理机制，对生产管理各个环节进行全面监测、维护，确保细节到位，万无一失。

三、750 千伏兰州东—银川东输变电工程

为满足 2008—2010 年西北电网向华北电网输送 1500 兆瓦调峰容量需求，提高外送电力的可靠性及电能质量，降低联网工程造价，灵活确定水火电外送电规模并合理选择基荷送电、腰荷送电、峰荷送电，2006 年 11 月国家发展改革委核准了 750 千伏兰州东—银川东输变电工程。该工程起始于甘肃 750 千伏兰州东变电站，经白银地区，止于宁夏 750 千伏银川东变电站。2006 年 12 月 12 日开工建设，2008 年 3 月投入运行，工程投资 19.98 亿元。

该工程包括新建 750 千伏银川东变电站、扩建 750 千伏兰州东变电站、新建 750 千伏兰州东—银川东输电工程。

750 千伏银川东变电站位于宁夏灵武市，与西北—华北直流联网银川东换流站合建，设 1 组主变压器（2100 兆伏·安）、2 组 300 兆乏的 750 千伏高压并联电抗器，采用 3/2 断路器接线方式，共有 750、330、66 千伏 3 个主要电压等级、1 回 750 千伏出线、4 回 330 千伏出线；兰州东 750 千伏变电站位于甘肃省兰州市，扩建 1 组主变压器（2100 兆伏·安）、1 组 300 兆乏的 750 千伏高压电抗器、2 组 60 兆乏的低压并联电抗器，安装 750 千伏 4 台断路器和 750 千伏母线及其他相关设备，采用线路—变压器串接线方式。750 千伏兰州东—银川东输电线路线路 383 千米，其中，甘肃境内长度 183 千米，宁夏境内长度 200 千米。

750 千伏银川东变电站的投运，标志宁夏电网正式步入 750 千伏时代，宁夏区内电力供应保障能力显著提升。之后银川东—山东±660 千伏直流输电工程换流站在本站址上合建，最终建成的 750 千伏银川东变电站为交、直流系统共存的大型变电换流站，是当时中国同级变电站中单台主变压器容量最大，也是当时亚洲建设规模最大的变电换流站。

该工程建成有利于宁夏火电基地就近向甘肃、青海电网送电，避免了宁夏火电送华北、华北电网低谷时段通过直流向甘肃、青海电网送电的不合理潮流方式。这是继中国第

一个 750 千伏输变电示范工程建成投产安全运行一年后，国家批准建设的首批 750 千伏电网建设项目，标志着西北电网 750 千伏骨干网架从示范阶段转入全面建设阶段。

四、陕西与甘肃电力联网工程

陕西、甘肃两省是西北经济较为发达的省份，也是"西电东送"的重要通道。750 千伏兰州东—平凉—乾县输变电工程和 750 千伏兰州东—天水—宝鸡输变电工程初步构建了两省 750 千伏电网骨干网架，强化了超高压送端结构，形成"西电东送"的两条主动脉，在满足本省经济社会用电的同时，实现了省际电能传输，并为后续"西电东送"主通道的贯通打下基础。

（一）750 千伏兰州东—平凉—乾县输变电工程

750 千伏兰州东—平凉—乾县输变电工程连接陕西、甘肃两省电网，是陕西省第一个 750 千伏电网项目，是打通"西电东送"主通道的核心工程。该工程 2007 年 6 月通过国家发展改革委的核准，2007 年 8 月 15 日开工建设，2009 年 5 月 25 日投运，工程投资 37.8 亿元。

该工程包括新建 750 千伏乾县变电站，设 1 组 750 千伏主变压器（2100 兆伏·安）、2 回 750 千伏出线、5 回 330 千伏出线；新建甘肃 750 千伏平凉开关站，4 回 750 千伏出线；扩建甘肃 750 千伏兰州东变电站；新建 750 千伏兰州东—平凉—乾县双回线路，线路总长 2×442 千米，为国内首次采用双回同杆架设技术的最高电压等级输电线路。

该工程标志着陕西电网进入 750 千伏超高压时代，对加强陕西、甘肃断面潮流交换，确保陕西迎峰度夏期间可靠用电、保持西北电网系统稳定起到重要作用。工程投产后，有力促进西北水、火、风电打捆外送，带动西北地区资源优势向经济优势转化。至 2009 年年底，西北电网外送能力达到 2610 兆瓦，2010、2015 年分别达到 8860、30 000 兆瓦。

（二）750 千伏兰州东—天水—宝鸡输变电工程

2012 年 9 月，国家发展改革委核准了 750 千伏兰州东—天水—宝鸡输变电工程。该工程起于 750 千伏兰州东变电站，止于 750 千伏宝鸡变电站。于 2012 年 11 月开工，2014 年 6 月 26 日投运，工程投资 8.323 亿元。

该工程包括新建 750 千伏麦积山变电站，设 1 组主变压器（2100 兆伏·安）、4 回 750 千伏出线、6 回 330 千伏出线，750 千伏和 330 千伏开关设备采用 HGIS；扩建 750 千伏兰州东、宝鸡变电站；新建 750 千伏兰州东—天水—宝鸡双回输电线路，长度 783 千米，在 750 千伏天水变电站落点后再次出线，最终到达宝鸡换流站。

该工程投运为甘肃省东部、南部及陕西省宝鸡市快速发展的工业负荷提供电力保障，强化了陕西、甘肃两省 750 千伏主网架结构，与已运行的 750 千伏兰州东—平凉—乾县线路并行输送电能，进一步提升跨省（区）电能交换能力。

五、"西电东送"基地陕西"三站五线"工程

陕西电网是中国"西电东送"的重要基地，新疆、甘肃、青海三省（自治区）的水电、

火电、风电、光伏等能源均需通过陕西电网汇集后向中国东部输送。2008 年国家发展改革委核准了陕西电网 750 千伏 "3 站 5 线" 工程。该工程起于 750 千伏延安智能变电站，止于 750 千伏榆横变电站。3 站包括 750 千伏延安智能变电站、750 千伏渭南变电站、750 千伏榆横变电站；5 线包括 750 千伏宝鸡—乾县、750 千伏彬长电厂—乾县—渭南—延安—榆横线路。2008 年 9 月 25 日，"3 站 5 线" 工程全面开工，至 2011 年 11 月 750 千伏榆横变电站投运，总投资 58.2 亿元。3 座变电站总变电容量 6300 兆伏·安，线路长度约 1485 千米。

750 千伏延安智能变电站位于陕西省延安市，距洛川县城约 13 千米，设 1 组主变压器（2100 兆伏·安），2 回 750 千伏出线，是陕西省内首座 750 千伏智能变电站；750 千伏渭南变电站位于渭南市临渭区，距市区约 17 千米，是将在建的 330 千伏开关站扩建为 750 千伏变电站，设 1 组主变压器（2100 兆伏·安）、2 回 750 千伏出线、4 回 330 千伏出线；750 千伏榆横变电站位于榆林市横山区，距市区约 25 千米，设 1 组主变压器（2100 兆伏·安）、2 回 750 千伏出线、6 回 330 千伏出线。

750 千伏宝鸡—乾县输电工程地处陕西关中西部，全长约 95 千米。750 千伏彬长电厂—乾县输电工程地处陕西关中西北部，全长约 90.5 千米，首次在 750 千伏工程上大规模使用扩径导线；750 千伏乾县—渭南输电工程地处陕西关中中部，全长约 139 千米；750 千伏渭南—延安输电工程位于渭北平原和陕北黄土高原，全长约 148 千米；750 千伏延安—榆横输电工程位于陕北黄土高原，全长约 270 千米。

该工程的建成投运填补了陕西 330 千伏以上电压等级的空白，标志着陕西电网主网架实现由 330 千伏升级为 750 千伏的历史性跨越，750 千伏网架由西至东、由南至北贯穿陕西省，为 "西电东送" 重要通道，对服务陕西经济、推动中国超高压电网发展均具有重大意义。

六、西北与华北交直流电力联网

（一）500 千伏神木电厂输变电工程

神木电厂位于陕西省榆林市神木市，是陕北地区重要的电源点。500 千伏陕西神木—山西忻州—河北石家庄北输变电工程是神木电厂送出的主通道，是 "西电东送" 的标志性工程。国家发展改革委于 2005 年 10 月核准了该工程。该工程始于陕西省榆林市神木市，止于山西省忻州市解原乡，于 2005 年 10 月开工，2006 年 8 月 30 日投运，投资为 17.98 亿元。

500 千伏忻州开关站建设 4 回 500 千伏出线，其中 2 回至神木电厂，2 回至 500 千伏石家庄北变电站，安装 5 组高压并联电抗器，其中 1 组为可控高压并联电抗器；500 千伏石家庄北变电站扩建至 500 千伏忻州开关站Ⅰ、Ⅱ回间隔，安装 6 台高压并联电抗器。建设 500 千伏神木—忻州—石家庄北输电线路 840 千米，采用两个单回路并行，紧凑型铁塔六分裂导线。沿 500 千伏神木电厂至忻州开关站输电线路建设 OPGW 光缆 2×231 千米，沿忻州 500 千伏开关站至匡庄变电站输电线路建设 OPGW 光缆 2×5 千米。

500 千伏忻州开关站首次安装使用了 500 千伏可控并联电抗器，是国家电网公司为 1000 千伏特高压电网建设而立项的关键技术研究及挂网试运行科研示范项目。可控高压电抗器本体、晶闸管旁路控制辅助一次系统、本体元件保护装置和控制系统均为国内首创；交流分级可控高压并联电抗器电压等级、单台最大容量为国际领先；完全的自主知识产权和 100%的国产化率，在验收试验及调试的规范制定方面具有独创及示范意义；在安装及试验验收均无参考规范及标准的情况下，试验一次通过，符合设计要求、达到示范标准。

该工程建成后，陕西北部的火电有效缓解京津冀地区用电紧张的状况，符合更大范围内资源优化配置的原则。

（二）宁东—山东±660 千伏直流输变电示范工程

宁东—山东±660 千伏直流输电示范工程是"西电东送"的北通道，将西北电网富余的水电、火电等电能集中送至山东省，是缓解山东的用电紧张状况的重要措施之一，实现能源资源的大范围优化配置，促进区域经济协调发展。

该工程于 2008 年 12 月获得国家发展改革委核准，起始于银川东换流站，止于青岛换流站。2008 年 12 月 15 日在银川、青岛胶州同时开工建设，2010 年 9 月 30 日全线线路架通；2009 年 6、7 月两端换流站开工建设，2011 年 2 月 28 日工程双极正式投入运行，工程总投资 104 亿元。

该工程包括±660 千伏银川东换流站、±660 千伏青岛换流站、宁东—山东±660 千伏直流线路、±660 千伏银川东换流站接地极及接地极线路、±660 千伏青岛换流站接地极及接地极线路和配套光通信工程。

±660 千伏银川东换流站与已投产的 750 千伏银川东变电站同址建设。换流站双极额定输送容量为 4000 兆伏·安，额定直流电压±660 千伏，阀组接线采用双极，每极 1 个 12 脉动阀组；±660 千伏直流出线 1 回，接地极出线 1 回；换流变压器 14 台（2 台备用），每台容量 400 兆伏·安；换流变压器交流侧直接在站内接入 750 千伏银川东变电站 330 千伏配电装置，无功补偿总容量 2100 兆乏，分 3 大组 14 小组，每小组容量 150 兆乏。

±660 千伏青岛换流站与 500 千伏青岛变电站同址同期建设。换流站双极额定输送容量 4000 兆伏·安，额定直流电压为±660 千伏，阀组接线采用双极，每极 1 个 12 脉动阀组；±660 千伏直流出线 1 回，接地极出线 1 回；换流变压器 14 台（2 台备用），每台容量 393 兆伏·安；换流变压器交流侧直接接入 500 千伏青岛变电站，5 回 500 千伏出线，8 回 220 千伏出线；无功补偿总容量 2547 兆乏，分 3 大组 14 小组，每小组容量 180 兆乏。

宁东—山东±660 千伏直流线路全长 1335 千米，途经宁夏、陕西、山西、河北、山东 5 省（自治区）的 46 县。线路黄河大跨越工程跨越点位于山东济阳，跨越段长度为 3.3 千米，最大跨越档距 1260 米。±660 千伏银川东换流站接地极线路全长约 63.93 千米，±660 千伏青岛换流站接地极线路全长 46.879 千米。

该工程是中国自主设计、研发和建设的世界首个±660 千伏直流输电工程，是世界上首次成功研制出单台容量最大的换流变压器（403 兆伏·安）、容量最大的单 12 脉动换流阀（2000 兆瓦）、耐受电压最高的单 12 脉动换流阀组（660 千伏）、首次使用 1000 毫米²

大截面导线的导线，丰富和完善了中国直流输电电压等级标准序列，提高了中国电网发展自主创新能力和电工装备制造核心竞争力，是"外电入鲁"的标志性工程，它将山东省接纳外电能力提升到 7500 兆瓦。该工程获得 2011—2012 年度国家优质工程金质奖。

截至 2013 年 11 月，该工程累计向山东输送电量突破 800 亿千瓦·时，投资效益显著。输送的电能相当于输送原煤 2500 万吨，减少二氧化硫排放近 20 万吨，实现了经济效益和环保效益的"双丰收"。

第二节　新疆电力联网及其与西北主网联网

新疆地处西北边疆和亚欧大陆腹地，拥有"三山夹两盆"[1]的独特景观，蕴藏着丰富的煤炭、石油、水能、风能等资源。继 2005 年青海、甘肃、陕西、宁夏 4 省（自治区）电网主网架陆续升级至 750 千伏之后，西北地区仅余新疆电网孤网运行。随着地方经济快速发展，疆内电网网架零散致南疆地区供电不足、北疆地区资源富余引起窝电，组建新疆大电网是电力人面临着的巨大挑战。

2007 年 11 月，220 千伏和田—莎车输变电等工程投运，新疆电网从西到东沿天山北坡经济带，形成由伊犁—博州—奎屯—乌鲁木齐—吐鲁番—哈密的"一"字形 220 千伏主网架。同时以乌鲁木齐电网为核心，向南北两翼展开，并向北延伸，电网 220 千伏电网覆盖了疆内绿洲经济带，全疆实现了 220 千伏电网联网。

随着西部大开发和优势资源转换战略的加快实施，电源建设和用电负荷迅速增长，新疆 220 千伏电网输送能力不能满足供需快速发展的需求。经过比对，新疆确定以 750/220 千伏建设电网。2008 年 8 月，新疆与西北 750 千伏电力联网工程启动。该工程是当时西北电网发展历史上工程规模最大、线路最长的一项输变电工程，沿甘肃河西电力走廊向西延伸，包括永登—乌鲁木齐北"7 站 6 线"（永登、金昌、酒泉、安西、哈密、吐鲁番、乌鲁木齐北 750 千伏变电站及 750 千伏永登—金昌—酒泉—安西—哈密—吐鲁番—乌鲁木齐北线路），2010 年 11 月全部投运。至此，新疆与甘肃电网形成双回 750 千伏联络线，新疆电力送出能力达到 1000 兆瓦，甘肃酒泉—河西断面（3 回 750 千伏线路）送电能力达到 3300 兆瓦，"疆电东送"迈出了一大步。

受黄河来水持续偏少影响，青海水电出力不能满足负荷快速增长需求，青海电网缺电问题突出。国家电网公司党组要求研究进一步加快"疆电外送"的工作。2012 年 5 月新疆与西北 750 千伏电力联网第二通道输变电工程启动。2013 年 6 月，该工程"6 站 12 线"（哈密南、哈密、沙州、鱼卡、敦煌、柴达木换流站及哈密—哈密换流站—哈密南—沙州—鱼卡—格尔木、沙州—敦煌双回线路）建成投运，创造了中国 750 千伏超高压输变电工程建设速度最快的纪录。

---

[1] "三山夹两盆"是指阿尔泰山、昆仑山、关山、塔里木盆地和准格尔盆地。

2010—2014 年，新疆电网在搭建外送通道的同时，疆内建设了吐鲁番—巴音郭楞、伊犁—乌苏—凤凰、库车—巴音郭楞等 750 千伏输变电工程，完善了新疆内 750 千伏骨干网架，为疆内 750 千伏北部环网及南北疆联网搭桥建梁。

这些重点电力工程及其配套设施的投运，形成了南、北疆重点区域 750 千伏及 220 千伏主干网架，保证了新建电厂的能源外送，对能源相关产业包括水泥等建筑行业起到积极拉动作用，提升了新疆能源资源在全国范围内的优化配置，成为连接西部边疆与中原地区的"电力丝绸之路"，形成了"煤从空中走，电送全中国"的新格局。

一、新疆 220 千伏电力联网

新疆具有以绿洲为基础的独立经济区特色，辖 4 个地级市、5 个地区、5 个自治州，即乌鲁木齐市、克拉玛依市、吐鲁番市、哈密市、阿克苏地区、喀什地区、和田地区、塔城地区、阿勒泰地区、昌吉回族自治州、博尔塔拉蒙古自治州、巴音郭楞蒙古自治州、克孜勒苏柯尔克孜自治州、伊犁哈萨克自治州。各地区自成电网，乌鲁木齐电网是新疆最大的电网。

20 世纪 80 年代，新疆各地区开始建设 110 千伏网架，乌鲁木齐开始架设 220 千伏网架。其中，1986 年 8 月 220 千伏红雁池—米泉输电线路投运，为新疆首条 220 千伏线路。1988 年 5 月，220 千伏红雁池—托克逊输变电工程开工建设，拉开了全疆 220 千伏电网联网工程建设的序幕。

20 世纪 90 年代，新疆经济发展加快，电力需求增长迅速，220 千伏电网迎来建设高潮，地区电网之间的联网提速。先后建成了米泉—吉木萨尔、楼兰—哈密、托克逊—库尔勒等 220 千伏输变电工程，乌鲁木齐电网延伸至克拉玛依市、博尔塔拉蒙古自治州和塔城地区、吐鲁番市、哈密市，形成了新疆电网主网。

2002—2006 年，220 千伏皇宫—吉林台、吉林台—宁远输变电工程建成投运将伊宁电网并入新疆主网；220 千伏克拉玛依—额尔齐斯输变电工程建成投运，将阿勒泰地区电网接入新疆主网；220 千伏喀什—莎车、库尔勒—库车输变电工程投运实现了南疆地区的喀什地区、克孜勒苏柯尔克孜自治州、巴音郭楞蒙古自治州与阿克苏地区 220 千伏电网联网；220 千伏阿克苏—巴楚输变电工程建成运行，使新疆 220 千伏主电网直通喀什地区。2007 年 11 月，电网联网标志性工程：和田—莎车、巴楚—喀什等 220 千伏输变电工程建成投运，和田地区、喀什地区、克孜勒苏柯尔克孜自治州三地州电网以 220 千伏电压等级正式并入新疆电网。

1988—2007 年，新疆 220 千伏电网联网工程覆盖了全疆 14 个地、州、市，共建设 220 千伏线路 4825 千米、变电容量 536.9 万千伏·安。网内总装机容量由 106 万千瓦增加到 768.5 万千瓦，形成了以乌鲁木齐市为核心，东起哈密市，西至博州、伊犁哈萨克自治州，北到塔城、阿勒泰地区，南至喀什、和田地区，覆盖区域东西 2000 多千米、南北 3300 多千米、地域面积约 120 万千米^2 的新疆电网，也是世界上覆盖面积最广的省级区域电网。

2007 年 11 月 16 日，新疆电网 220 千伏联网标志着新疆电网全面进入大电网时代，对于新疆加快实施优势资源转换战略，有效缓解南疆喀什、和田地区以及克孜勒苏柯尔克孜自治州三地州用电紧张的状况，推动实施南北疆互动的区域协调发展战略，促进新疆经济社会发展，促进落实国家民族政策，具有十分重要的意义。

二、新疆电网与西北主网联网工程

截至 2008 年，新疆电网最高运行电压等级为 220 千伏，网架结构比较薄弱，南北疆均存在瓶颈段，限制了疆内跨区输送及北疆电能外送能力。2008 年 8 月 20 日，国家发展改革委核准了 750 千伏新疆凤凰—乌鲁木齐北—吐鲁番—哈密输变电工程，启动了新疆 750 千伏电网建设。该工程是新疆与西北 750 千伏电力联网第一通道输变电工程的疆内工程，疆外由 750 千伏甘肃河西走廊永登—金昌—酒泉—安西—哈密输变电工程构成，共“7 站 6 线”，分为 750 千伏永登—金昌—酒泉—安西、安西—哈密、哈密—吐鲁番—乌鲁木齐北 3 个输变电工程，双回线路长 1780 千米，变电容量 12 900 兆伏·安，总投资约 160 亿元。

该工程的投运，标志着中国已经掌握了远距离、大容量、低损耗 750 千伏电网核心技术，是国家电网公司实现营业区域内全国联网的代表性工程之一，实现了西北五省（自治区）电网 750 千伏同步同压联网，对满足新疆、甘肃煤电、风电开发和送出，将资源优势转化为经济优势具有重大意义。

（一）750 千伏永登—金昌—酒泉—安西输变电工程

该工程起于甘肃省 750 千伏永登变电站，途经天祝县等 14 个县市，止于甘肃省 750 千伏安西变电站。于 2009 年 7 月开工建设，2010 年 10 月投入运行，总投资 84.8 亿元。该工程包括 750 千伏永登变电站二期扩建工程，新建 750 千伏金昌、酒泉和安西变电站，以及 750 千伏永登—金昌—酒泉—安西输电线路(含 750 千伏永登—金昌—酒泉—安西光纤通信工程)。

750 千伏永登变电站扩建 2 台 210 兆乏高压电抗器、2 组 1013 兆乏串联补偿电容器组、2 回 750 千伏出线；750 千伏金昌变电站新建 1 组 2100 兆伏·安主变压器、4 组 210 兆乏高压并联电抗器、2 组 210 兆乏可控高压电抗器、2 组 1210 兆乏串联补偿电容器组，4 回 750 千伏出线、8 回 330 千伏出线；750 千伏酒泉变电站新建 1 组主变压器（2100 兆伏·安）、4 组 210 兆乏及 2 组 300 兆乏高压并联电抗器、2 组 210 兆乏可控高压电抗器、2 组 1210 兆乏和 2 组 1076 兆乏串联补偿电容器组，4 回 750 千伏出线、4 回 330 千伏出线；750 千伏安西变电站新建 2 组主变压器（2100 兆伏·安）、2 组 300 兆乏高压电抗器、1 组 300 兆乏可控高压电抗器，2 回 750 千伏出线、2 回 330 千伏出线；750 千伏永登—金昌—酒泉—安西输电线路全长 847 千米。

（二）750 千伏哈密—安西输变电工程

该工程起始于新疆哈密，止于甘肃安西县❶，包含 750 千伏哈密变电站扩建工程、750 千伏安西变电站扩建工程、哈密—安西输电线路新建工程三部分。2010 年 3 月开工，2010

---

❶ 2006 年经国务院批准更名为瓜州县。

年 9 月投运，工程投资 19.36 亿元。

750 千伏哈密变电站扩建了 4 组高压电抗器；750 千伏安西变电站工程量和投资包含在 750 千伏永登—酒泉—金昌—安西输变电工程中；750 千伏哈密—安西输电线路全长 349.426 千米。

（三）750 千伏哈密—吐鲁番—乌鲁木齐北输变电工程

该工程起自哈密市，经吐鲁番市，止于 750 千伏乌鲁木齐市北变电站。2009 年 3 月 28 日开工，2010 年 11 月 3 日投运，工程投资 42.8 亿元。

该工程包括 750 千伏哈密—吐鲁番—乌鲁木齐北输电工程、750 千伏吐鲁番变电站工程、750 千伏哈密变电站工程，新建哈密—吐鲁番 2 座 220 千伏开关站，配套 750、220 千伏进出线，无功装置、电气装置等建设。

750 千伏哈密—吐鲁番—乌鲁木齐北输电工程于 2009 年 3 月 28 日开工建设，线路全长 1116.14 千米，其中单回线路长 2×535.28 千米，同塔双回线路长 45.58 千米，铁塔 2313 基。

750 千伏吐鲁番变电站工程 220 千伏部分于 2009 年 3 月 28 日开工建设，2009 年年底投运。新建 750 千伏 1 组主变压器（1500 兆伏·安）、4 组高压并联电抗器，4 回 750 千伏出线、9 回 220 千伏出线；主变压器低压侧安装 4 组 90 兆乏低压并联电抗器。

750 千伏哈密变电站工程于 2009 年 3 月 28 日开工建设，2009 年年底投运，新建 1 组主变压器（1500 兆伏·安）、4 组高压并联电抗器，4 回 750 千伏出线、7 回 220 千伏出线，主变压器低压侧安装 4 组 90 兆乏低压并联电抗器。

750 千伏哈密—吐鲁番—乌鲁木齐北输变电工程的建设，不仅打通了新疆南部与北部的电网联络，也打通了哈密煤电基地与乌鲁木齐主网之间的输电通道，为满足新疆电网内部各区域之间的功率交换奠定了基础，对确保新疆国民经济健康快速持续发展具有重要的意义，是新疆电网与西北电网联网的重要组成部分。

三、新疆电网与西北主网联网二通道工程

随着青海省大型电解铝、碳化硅、电石等高载能负荷增长，用电需求旺盛。但 2010 年前后几年内黄河来水偏少，水电出力不足，火电装机容量小，青海电网缺电问题突出。同时，为提高甘肃、青海、新疆三省（自治区）电网间功率交换能力，改变新疆、青海电网与西北主网的长链式网架结构，建设覆盖新疆、甘肃、青海的 750 千伏双环网，建设第二通道工程势在必行。

2012 年 5 月，国家发展改革委核准 750 千伏新疆电网与西北主网联网第二通道输变电工程。该工程途经新疆、甘肃、青海三省（自治区），于 2012 年 6 月 1 日开工建设，2013 年 6 月 27 日投运，投资 95.56 亿元，创造了中国 750 千伏超高压输变电工程建设速度最快的奇迹。

750 千伏新疆电网与西北主网联网第二通道工程包括"6 站 12 线"，即新建哈密南、沙州变电站和鱼卡开关站，扩建哈密、敦煌和格尔木变电站，新增变电容量 3600 兆伏·安；新建哈密—哈密换流站—哈密南—沙州—鱼卡—格尔木、沙州—敦煌双回线路。

750 千伏哈密变电站扩建 2 回 750 千伏出线；750 千伏哈密南变电站位于新疆哈密市，设 1 组主变压器（1500 兆伏·安），4 回 750 千伏出线；哈密南—沙州每回出线设 300 兆乏高压电抗器，主变压器低压侧设低压电抗器；750 千伏沙州变电站位于甘肃省敦煌市，设 1 组主变压器（2100 兆伏·安）、6 回 750 千伏出线；750 千伏鱼卡开关站位于青海省海西州，新建 4 回 750 千伏出线。

750 千伏哈密—哈密南换流站—沙州—鱼卡—柴达木双回输电线路长 2931 千米，新疆境内长 2×255 千米，甘肃境内长 2×383 千米，青海境内长 2×293 千米；750 千伏沙州—敦煌双回输电线路长 2×168 千米。750 千伏敦煌变电站和柴达木变电换流站建设包含在前期工程中。

该工程建设战线长、海拔高、气候恶劣、地质条件复杂，施工环境极其艰苦，万余名建设者历时 13 个月完成了建设任务。750 千伏沙州变电站为国内首座全复合化变电站，站内 360 兆乏大容量 SVC、750 千伏可控高压电抗器、750 千伏 63 千安罐式断路器均为首台首套设备。

工程建成后，750 千伏新疆—西北主网联络线增加为 4 回，向西北主网送电能力提高至 5000 兆瓦，甘肃河西断面 4 回线路送电能力达到 7500 兆瓦。

四、疆内电网 750 千伏重点联网工程

（一）750 千伏吐鲁番—巴音郭楞输变电工程

2010 年 5 月中央新疆工作座谈会后，阿克苏等南疆五个地州用电负荷快速增长，但发电装机容量不足，冬季水电机组来水量小，电力供应缺口较大。南、北疆电力仅通过一回 220 千伏线路连接，输送能力有限，错峰用电或高峰时段限电问题突出。2011 年 11 月，国家发展改革委核准了 750 千伏吐鲁番—巴音郭楞输变电工程。

该工程起于吐鲁番市葡萄沟乡的 750 千伏吐鲁番变电站，止于库尔勒市七个星乡的 750 千伏库尔勒变电站。于 2009 年 8 月 28 日开工建设，2011 年 1 月 10 日投运，工程总投资 13.05 亿元。

该工程主要对两侧变电站进行扩建，新建 750 千伏吐鲁番—巴音郭楞单回输电线路。其中，750 千伏吐鲁番变电站扩建 1 个间隔，安装 1 组 420 兆乏的高压并联电抗器，扩建 1 个至巴音郭楞变电站的 750 千伏出线间隔；750 千伏巴音郭楞变电站新增 1 组主变压器（1500 兆伏·安），扩建 1 个至吐鲁番变电站的 750 千伏间隔；750 千伏吐鲁番—巴音郭楞输电线路长 336.195 千米。

（二）750 千伏新疆凤凰—乌苏—伊犁输变电工程

伊犁地区是新疆四大煤电基地之一，2015 年伊犁地区火电装机达到 1942 兆瓦。除满足自身需要外，一部分送至乌鲁木齐和昌吉负荷中心，另一部分送至南疆。随着输电功率的逐步加大，220 千伏电网无法承载电力输送需求。2011 年 12 月，国家发展改革委核准了 750 千伏凤凰—乌苏—伊犁输变电工程，包括新建 750 千伏伊犁变电站、750 千伏乌苏开关站，扩建 750 千伏凤凰变电站，新建 750 千伏伊犁—乌苏—凤凰输电工程。于 2011

年3月15日开工，2013年5月投运，总投资约20.41亿元。

750千伏伊犁变电站安装1组变压器（1500兆伏·安），至乌苏开关站1回750千伏出线，6回220千伏出线，1组高压并联电抗器，2组低压并联电抗器；750千伏乌苏开关站2回750千伏出线，1组高压并联电抗器；750千伏凤凰变电站增设1组高压并联电抗器，1组低压并联电抗器；750千伏伊犁—乌苏—凤凰线路长度410.81千米。

工程投运优化了新疆电网750千伏主干网架，是北疆750千伏环网的重要组成部分，可助力新疆电力大规模外送。

（三）750千伏库车—巴音郭楞输变电工程

750千伏库车—巴音郭楞输变电工程是新疆750千伏骨干网架的重要组成部分，为南疆首条750千伏输电线路。2013年8月，国家发展改革委核准了750千伏库车—巴音郭楞输变电工程，是750千伏新疆伊犁—库车—巴州—乌鲁木齐—伊犁大环网的一部分。该工程起自750千伏库车变电站，止于750千伏巴音郭楞变电站。于2013年10月19日开工建设，2014年8月30日投运，由国网江苏省电力公司投资，总投资14.5亿元。

新建750千伏库车变电站，安装1组主变压器（1500兆伏·安）、1组360兆乏高压并联电抗器，1回750千伏出线、8回220千伏出线；750千伏库车—巴音郭楞输变电工程线路长286.647千米。

在工程建设中，变电站采用联合构架，比常规构架型式节省钢材15%左右；站址所处高地震烈度区，高压并联电抗器和主变压器首次在国家电网系统应用橡胶隔振支座型基础，可有效减小地震对设备带来的影响；750千伏设备间连线大量采用管形母线、特制防晕型金具，有效降低电晕、减小噪声，模拟噪声控制在45分贝以下；全站采用发光二极管（LED）照明以及智能辅助控制系统，站用电量与常规相比同比可减少15.8%。

该工程是南疆首条特高压输电线路，是新疆750千伏主网架的组成部分，对提升新疆电网的输送能力和安全运行水平，提高向南疆四地州输电能力有重要意义。至2015年年底，750千伏库车—伊犁输电线路建成后，新疆750千伏主网架基本完成，形成了北电南送、疆电东送的新格局。

第三节　青藏、川藏电力联网

西藏位于中国的西南边陲、青藏高原的西南部，海拔4000米以上的地区占全区总面积的85.1%，素有"世界屋脊"和"地球第三极"之称。高山峡谷的地形地貌决定其电网联网适宜与东北连接的青海和向东连接的四川发展。随着青藏铁路的建成，西藏的经济社会发展加速，网架结构不合理，区内电网孤网运行，局部电力短缺，"大机小网"等导致系统安全稳定性差。

青藏铁路是世界上海拔最高、线路最长的高原铁路，国家电网公司负责青藏铁路沿线施工及运营的电力保障任务。2005年年底，青藏铁路110千伏供电工程——110千伏纳赤台—五道梁—沱沱河—安多—那曲—当雄—柳梧输变电工程建成投产，为铁路提供安全可靠稳定的电力能源，对经济社会发展、社会稳定、巩固国防具有非常重要的意义。

2010 年，为落实中央第五次西藏工作座谈会精神，促进西部大开发，国家批准了"电力天路"——青藏交直流联网工程。该工程建设得到了青海省委、省政府和西藏自治区党委、区政府的大力支持，创造了良好的外部施工环境。该工程由 750 千伏西宁—日月山—海西—柴达木输变电工程、柴达木—拉萨±400 千伏直流输电工程和西藏中部 220 千伏电网工程组成。工程投运后，彻底改变了西藏电网长期孤网运行的历史，改善了西藏人民的生产生活条件，促进西藏水电开发，对于全国联网格局形成都具有重要的里程碑意义，是一项造福青藏各族人民的民生工程、惠民工程和光明工程。

针对西藏东部昌都市电力供应紧缺和无电人口问题，2014 年年初，国家发展改革委批准了川藏电力工程联网及其配套工程，选用 500/220 千伏电压等级，4 座变电站和 1521 千米线路串起四川西藏两省区电网。这也标志着西藏地区 500 千伏电网主网架初步形成，西藏电网迈入超高压时代。川藏电力联网工程及其配套工程不仅从根本上解决了工程沿线无电地区的通电问题，惠及近 50 万藏区群众，同时满足了当地水电开发外送需求，有力支撑四川甘孜、西藏昌都等地藏区经济社会发展，也是继青藏电力联网工程之后，又一项穿越高寒、高海拔地区的重大输变电工程，是把党和政府的温暖与关怀送达藏区百姓的"德政工程""民心工程"。

一、青藏铁路 110 千伏供电工程

青藏铁路是中国西部大开发的标志性工程，西宁—拉萨铁路全长 1956 千米。其中新建格尔木至拉萨段全长 1142 千米，是在号称"世界屋脊"的原始、独特、脆弱、敏感的高原地理生态环境中修建。青藏铁路 110 千伏格尔木—拉萨段供电工程是国家重点建设项目，是青藏铁路建设和通车运营的电力保障。该工程于 2001 年 6 月 29 日开工，2005 年 12 月 30 日投运，工程总投资 6.996 9 亿元。

该工程建设 7 座 110 千伏变电站（纳赤台、五道梁、沱沱河、安多、那曲、当雄、柳梧 110 千伏变电站），变电总容量为 107.2 兆伏·安；建设 110 千伏输电线路 949.5 千米（其中 33 千米为双回路），西藏段为直孔（水电站）—当雄—那曲—安多、羊湖—西郊双回开断后进 110 千伏柳梧变电站，青海段 110 千伏格尔木—大干沟—纳赤台—五道梁—沱沱河输电线路。该工程海拔 3640～5100 米，90.6%为海拔 4000 米以上地段，大量穿越各类冻土区，自然条件极其恶劣，五道梁、沱沱河两座 110 千伏变电站海拔分别为 4610 米与 4560 米，是世界上海拔非常高的两座 110 千伏变电站，站内 GIS 是当时国内最先进的设备。

该工程投运后，主要承担青藏铁路的供电任务，为下一步的青藏铁路电气化做准备。

二、青藏电力联网工程

为了从根本上解决西藏缺电问题，进一步优化青海能源资源配置，支撑青海柴达木循

环经济试验区快速发展，促进青海、西藏经济社会和谐发展，2010 年 6 月，国家发展改革委核准了青藏电力联网工程，包括 750 千伏西宁—日月山—海西—柴达木输变电工程、柴达木—拉萨±400 千伏直流输电工程、西藏中部 220 千伏电网工程三个部分。

（一）750 千伏西宁—日月山—海西—柴达木输变电工程

该工程包括新建 3 座 750 千伏变电站、扩建 750 千伏西宁变电站。于 2010 年 7 月 29 日格尔木开工建设，2011 年 9 月 25 日投运，工程投资约 65 亿元。

新建 750 千伏日月山变电站，设 1 组主变压器（2100 兆伏·安），4 回 750 千伏出线；750 千伏西宁变电站扩建 2 个出线间隔至 750 千伏日月山变电站；新建 750 千伏海西开关站，4 回 750 千伏出线，750 千伏出线高压并联电抗器 4 组；新建 750 千伏柴达木变电站，设 1 组 750 千伏主变压器（2100 兆伏·安），2 回 750 千伏出线；输电工程全长约 1492 千米，全线铁塔 3069 基。

复杂的地形和多变的气候严重影响施工成效，1.5 万余名建设者奋战高原，用 14 个月的时间、提前 9 个月完成工程建设任务。该工程创造了"世界海拔最高的高原输电工程""世界第一个交直流联网工程同时建设、同时投运的高原输电工程"等多个世界纪录。在超高压外绝缘特性研究、超高压电气设备综合检测技术研究、输电线路基础防腐关键技术研究、750 千伏输电线路电磁环境技术研究等一系列专题研究，取得了多项科技创新成果。750 千伏日月山变电站荣获 2011 年度中国建设工程质量最高荣誉——鲁班奖。

该工程投运后增强了青海 750 千伏电网结构，使其从西北电网的末端电网转变为东接甘肃，南联西藏、西通新疆的多端枢纽，极大加强其电网结构，对青藏交直流联网工程的安全稳定起到了有力支撑。

（二）柴达木—拉萨±400 千伏直流输电工程

该工程由柴达木换流站、拉萨换流站和直流输电线路组成，北起柴达木换流站，南至拉萨换流站，全长 1038 千米，沿线平均海拔 4500 米，最高海拔 5300 米，海拔 4000 米以上地区超过 900 千米，是目前世界海拔最高、高寒地区建设规模最大、穿越多年冻土最长、施工难题最多的 750 千伏输变电工程之一。2010 年 7 月 29 日在青海格尔木、西藏拉萨开工建设，历时 16 个月时间，提前 1 年建成，于 2011 年 12 月 9 日投入运行，工程投资 62.52 亿元。

柴达木换流站和拉萨换流站直流部分配置相同：额定容量均为远期 1200 兆瓦、本期 600 兆瓦；单相三绕组换流变压器远期为 12 台、备用 1 台，本期为 6 台、备用 1 台，单台容量 177 兆伏·安；阀组本期按双极、每极 1 个 12 脉动阀组建设。远期在本期基础上每极再并联 1 个 12 脉动阀组，最终构成每极 2 个 12 脉动阀组并联的接线方式；±400 千伏直流出线 1 回，接地极出线 1 回。

柴达木换流站本期建设 2 组换流变压器和 2 组滤波器进线至 330 千伏母线，交流滤波器容性无功补偿本期按直流双极送电 300 兆瓦配置，安装 1 组 60 兆乏的低压并联电抗器；拉萨换流站装设 1 组 60 兆乏的 SVC，设 1 组备用 TCR，安装 4 台 10 兆乏低压并联电抗器，220 千伏线路出线 2 回。

工程建设中，首创适合高海拔多年冻土区的预制装配式基础，解决了极端低温下混凝土养护的难题；研发锥柱基础配合玻璃钢模板技术，可消减 50%～70% 冻拔力；首次开展高低海拔线路电磁环境、绝缘子人工污秽等对比试验，获得了具有中国自主知识产权的交、直流外绝缘和电磁环境海拔修正系数；首次研制出适应高海拔、强辐射、大温差环境的换流变压器、换流阀等换流站成套设备，实现直流设备设计和制造技术的国产化。工程获得 2012—2013 年国家优质工程金质奖等荣誉。

2011 年 12 月至 2019 年年底，通过青藏±400 千伏直流系统，青海电网向西藏电网累计输电 65 亿千瓦·时、西藏电网向青海电网累计输电 32 亿千瓦·时。

（三）西藏中部 220 千伏电网工程

西藏中部高山绵延、峻岭横亘，山地占 70% 以上。工程建设前，西藏全区电网处于"一大二小"三个独立的地市级电网。其中，"一大"为覆盖拉萨、山南、日喀则、那曲、林芝五个地市的 110 千伏电压等级的藏中电网，负荷占比全区 90% 以上；"二小"即昌都和阿里两个地区电网。2010 年年底，西藏中部电网冬季日最高电力缺额已达 123 兆瓦，全年缺电量达到 1.05 亿千瓦·时，严重影响了藏中经济发展和人民生活。

随着柴达木—拉萨±400 千伏直流输电工程的建成，西藏中部 220 千伏电网工程作为青藏电力联网工程的配套落地工程也同步建设，以解决藏中电网供电能力弱的问题。

该工程由夺底、乃琼、曲哥、多林四座 220 千伏变电站和 558 千米长的 220 千伏输电线路组成。沿线平均海拔 4200 米，最高海拔 5300 米，是世界海拔最高的 220 千伏输变电工程。于 2010 年 7 月开工建设，工期提前 1 年，于 2011 年 8 月投产（其中 220 千伏多林变电站及乃琼—多林线于 2012 年 9 月投产），总投资 17.5 亿元。

220 千伏夺底变电站建设 1 台 220 千伏主变压器（150 兆伏·安），5 回 220 千伏出线；220 千伏乃琼变电站建设 220 千伏主变压器（150 兆伏·安），5 回 220 千伏出线；220 千伏曲哥变电站扩建 220 千伏主变压器（150 兆伏·安），5 回 220 千伏出线。

220 千伏拉萨换流站—夺底Ⅰ回输电线路 21.028 千米、Ⅱ回输电线路 20.498 千米；220 千伏夺底—乃琼Ⅰ回输电线路 41.991 千米、Ⅱ回输电线路 42.408 千米；220 千伏乃琼—曲哥Ⅰ回输电线路 49.604 千米、Ⅱ回输电线路 49.743 千米；220 千伏曲哥—夺底Ⅰ回输电线路 23.9 千米、Ⅱ回输电线路 20.498 千米。

该工程建成后，拉萨地区全面形成了 220 千伏环形主网架，实现了藏中电网技术全面升级，标志着西藏电网正式进入 220 千伏电网时代，大幅度提高了藏中电网的供电能力和供电可靠性，提高有效运行短路比和无功电压支撑能力，改善柴达木—拉萨±400 千伏直流输电工程运行条件，为青藏直流和藏中电网的安全稳定运行提供保障。

三、川藏电力联网工程

昌都位于西藏东部，地处横断山脉和"三江"（金沙江、澜沧江、怒江）流域，素有"藏东明珠"的美誉。虽然坐拥 40 000 多兆瓦可开发水能资源，却不得不忍受缺电之苦，这是电网建设滞后所导致的尴尬。2014 年 1 月，国家发展改革委核准了川藏电力联网工程。该工程起于四川乡城，止于西藏昌都。2014年3月18日开工建设，2014年11月20日投运，工程总投资66.3亿元。

该工程新建500、220千伏变电站共4座，220千伏及以上电压等级线路1521千米，联起了西藏昌都电网和四川电网，包括新建500千伏巴塘、昌都变电站，新建220千伏邦达、玉龙变电站及相关输电线路。

500千伏昌都变电站设2台500千伏变压器（120兆伏·安），4回220千伏出线，6回110千伏出线；500千伏巴塘变电站建设2台500千伏变压器（120兆伏·安），4回220千伏出线，6回110千伏出线；220千伏邦达变电站设2台220千伏主变压器（120兆伏·安），2台110千伏主变压器（20兆伏·安），6回220千伏出线，8回110千伏出线；220千伏玉龙变电站位于西藏昌都市江达县城西南侧，距离县城约28.4千米，设2台变压器（20兆伏·安），2回220千伏出线，降压110千伏运行，4回35千伏出线。

新建输电线路共计1521.2千米。其中，500千伏昌都—巴塘—乡城线路1009.2千米，220千伏昌都—玉龙双回、昌都—邦达双回线路，线路全长512千米。路径大部分沿高海拔山脊走线，沿线平均作业海拔超过4000米，最高塔位东达山海拔5295米，是目前世界最高的500千伏输电塔位。

该工程中全面推行钢结构，各个组件模块化现场组装，缩减了工期和劳动强度，仅主控楼就能节约2～3个月工期。为了惠及更多农牧民，保护竹巴笼自然保护区，工程绕行4千多米，增加投资1000多万元。

川藏电力联网工程开创了电力建设史上"四个之最"：一是当时世界上高海拔地区地形高差最大的输变电工程，最高海拔近5000米，高山峻岭占工程的65%～70%，塔位与公路之间最大高差达1800米；二是工程处于地质灾害分布最广的"三江"断裂带；三是国内货运索道架设最多的工程，全线架设标准化货运索道900余条，总长1100多千米；四是220千伏邦达变电站是目前世界上海拔最高（4336米）的220千伏变电站。工程获得2016—2017年国家优质工程金质奖。

第四节　高海拔电网交直流输变电技术

西北750千伏最高运行电压等级确定后，2002年年底国家电力公司组织专家研究750千伏架空线路和变电站技术特性，明确了设计阶段的关键技术问题。这两项技术规定为西北750千伏电网的发展提供了必要的技术基础，为750千伏青海官亭—甘肃兰州东输变电示范工程设计、建设和主要设备选择提供了科学依据，对中国更高一级电压等级电网技术研究和应用具有重大意义。国家电网公司组织开展了西藏羊八井高海拔试验基地建设，获得了大量的高海拔试验研究成果，国网青海电力科学研究院等单位开展了高海拔地区典型间隙操作波和雷电波间隙放电特性等试验研究，得出了操作冲击放电电压和雷电冲击放电电压的海拔校正系数，攻克了高海拔地区超/特高压交直流输变电工程间隙外绝缘配置的难题。

甘肃酒泉风电基地是中国第一个千万千瓦级风电基地的启动项目，远离负荷中心，当地吸纳风电的能力弱，且风电的无功电压特性对系统稳定影响较大，当风电场负荷小时，变电站母线电压偏高，需要大容量动态无功补偿装置进行平衡。2012年1月，中国自主研发的750千伏分级式可控并联电抗器在750千伏敦煌变电站投运，实现站内无功配置动态调整，降低风电对电网的不良影响，该设备为世界首套750千伏分级式可控并联电抗器。

这一系列的高海拔研究成果，解决了电力发展的关键、重大技术问题，为今后特高压在高海拔地区的设计、建设、运行奠定了基础，确立了中国在高海拔外绝缘、电磁环境领域的国际引领地位。

一、750千伏输变电工程建设技术标准

750千伏电压等级是中国第一个采用高于交流500千伏的电压等级，当时中国没有750千伏系统设计相关规程。2002年12月，国家电力公司在北京举行750千伏输变电工程设计技术规定审查会议，国家电力公司、中国电力企业联合会、中国机械工业联合会以及科研、设计、建设、生产运行、设备制造单位的专家和代表共50人参加了会议。经过深入讨论与评审，专家组审查并通过了《750kV变电所设计技术规定（暂行）》（Q/GDW 101—2003）和《750kV架空线路设计技术规定（暂行）》（Q/GDW 102—2003）两项标准，标志着中国要建设的更高电压等级750千伏输变电工程有了技术标准。

Q/GDW 101—2003、Q/GDW 102—2003是在国内750千伏输变电工程关键技术研究取得重大进展的基础上，充分吸取国际上750千伏和国内超高压输变电工程的设计和运行经验而取得的。在高海拔、路径选择、山区气象条件设计方面有所突破，填补了国内空白。为配合黄河上游公伯峡水电站送出工程，明确首批750千伏输变电工程的技术原则和建设标准，促使工程建设达到技术先进、安全可靠、投资节省和有利环保的要求，中国终于有了自己的750千伏输变电工程设计标准。

这两项暂行技术规定提出的技术原则，基于工程前期科研结论及参考国内外超高压架空输电线路、变电站现有设计运行经验确定。Q/GDW 101—2003重点规定了750千伏变电所的主接线、主变压器、设备选择、配电装置、绝缘配合、二次部分等技术要求；Q/GDW 102—2003针对750千伏架空送电线路的特点，重点规定了750千伏架空输电线路导线选型、绝缘配合和对地距离及交叉跨越等技术要求。

二、西藏羊八井高海拔试验基地

为解决"西电东送"、藏电外送、青藏直流联网等工程项目设计中的外绝缘和电磁环境等高海拔技术难题，国家电网公司决定在拉萨市当雄县羊八井镇建设国家电网公司西藏高海拔试验研究基地，于2008年6月开工，2008年10月建成，标志着国家电网公司

"四基地两中心" ❶建设取得重大进展。

试验基地海拔 4300 米，占地约 4.4 万米²，由户外试验场、污秽试验室、试验线段、复合材料老化试验站四部分组成。其中，户外试验场可开展高海拔条件下站内、线路等各种空气间隙的雷电、操作冲击试验、电气设备电晕特性、带电作业技术等试验研究；污秽试验室主要进行高海拔条件下各类站用、线路绝缘子、避雷器的人工污秽、淋雨等试验研究；试验线段全长 500 米，分为引流段和试验段两部分，极导线布置方式为单回双极，是世界上第一条海拔 4300 米上可实现极间距可调的直流试验线段；复合材料老化试验站满足高海拔、大温差、强紫外等特殊环境下的复合绝缘子试品与硅橡胶材料的长期带电自然老化试验研究需要。

试验基地由中国自行研究、设计与建设，拥有自主知识产权，在功能设计、设备研制、控制及试验技术和工程应用等方面取得了多项重大技术创新，试验能力填补了多项国内外空白，达到国际领先技术水平。大批原创性成果为青藏±400 千伏直流工程、川藏 500 千伏电力联网以及溪洛渡—浙江、哈密南—郑州、青海—河南等±800 千伏特高压直流输电工程设计和建设提供了技术支撑。

三、世界首套 750 千伏分级式可控并联电抗器

750 千伏金昌—酒泉—安西输电线路作为甘肃河西走廊风电外送的通道，输电距离远、容量大、功率波动频繁，在风电场小负荷情况下，母线电压偏高，需要大容量动态无功补偿装置支撑。2012 年 1 月 6 日，750 千伏敦煌变电站在 750 千伏母线装设 300 兆乏 4 级可控并联电抗器投运。

该套设备基于高阻抗变压器原理的分级式设计，共分 4 级（25%、50%、75%和100%）调节，在低压侧通过分段调整电路，改变其与高压侧并联电感值，连续调节 750 千伏系统中无功功率，从而调节电压，适应大规模风电送出功率频繁波动特性。同时，抑制工频和操作过电压，降低线路损耗，优化输电通道的动态特性，提高系统的稳定性和安全性。

该套设备是当时国内挂网运行电压等级最高（额定 800 千伏）、容量最大（300 兆乏）的可控并联电抗器，为世界首套 750 千伏分级式可控并联电抗器。

四、高海拔外绝缘配置技术

20 世纪 90 年代初，针对中国高海拔地区特别是西藏、青海地区输变电设计中面临的高海拔问题，中国电科院等单位开展了大量高海拔空气间隙放电特性及海拔校正、交直流绝缘子污闪特性及海拔校正方面的多项研究，研究成果应用于 750 千伏青海官亭—甘肃兰州东输变电示范工程、柴达木—拉萨±400 千伏直流输电工程等工程设计与建设中。

2008 年之后，随着北京特高压直流基地及青海西宁、云南昆明、西藏羊八井等大型高

❶ "四基地两中心" 是指特高压交流试验基地、特高压直流试验基地、西藏高海拔试验基地、特高压杆塔试验基地，国家电网仿真中心、国家电网计量中心。

海拔超特高压电力试验基地的建成，研究团队开展了不同海拔条件下的外绝缘试验研究，获得了高海拔对空气间隙放电、绝缘子污闪沿面放电的特性和海拔修正系数，提出了超/特高压交直流输变工程在高海拔条件下的间隙距离和绝缘配置方案。2014 年发布了《高海拔外绝缘配置技术规范》（Q/GDW 13001—2014），为输变电工程建设、运行维护提供指导。

在应用过程中，国网青海省电力科学研究院根据 2254、5200 米两个海拔点试验数据，采用线性插值法得出了操作冲击放电电压和雷电冲击放电电压的海拔校正系数。同期获取了海拔 5000 米以上地区 ±400 千伏直流输电线路运行杆塔 50%冲击放电电压、海拔 4500 米以上地区不同绝缘子在交直流电压下的自然积污特性、青藏高原 ±400 千伏直流输电线路在海拔 3000～5300 米地区的防鸟害半径等试验数据。

2019 年 5 月，在高海拔高电压实验室初步得到了雾浓度对典型间隙的工频和直流放电电压的影响规律。之后取得海拔 2500 米地区的典型相对地、相间间隙的 ±800 千伏阀厅净距推荐值，以及海拔 3000、3500 米地区的典型相对地典型间隙的推荐值，提出了高海拔高干旱地区风沙情况下输电线路间隙外绝缘的优化配置等建议。2020 年 4 月完成了极重盐密条件下不同伞形瓷绝缘子人工污秽试验，获得污闪特性曲线。该实验完成了 750 千伏全串复合绝缘子在 0.5、0.75、1.0 毫克/厘米² 三种试验盐密、灰盐比为 5 条件下的人工污闪试验，在系统最高运行电压下均耐受。该实验表明青海盐湖地区 750 千伏输电线路使用的结构高度为 7580 毫米的复合绝缘子满足极重盐密条件下的运行要求，提出了青海盐湖地区运行绝缘子配置建议。

至此，十多年的系列研究成果攻克了高海拔地区超/特高压交直流输变电工程间隙外绝缘配置的难题，获得海拔 2000～5500 米地区的超/特高压交直流输电线路杆塔、变电（换流）站真实尺寸典型间隙放电特性的原创性试验数据，提出了适用于海拔 5500 米及以下地区的空气间隙放电电压海拔校正方法、适用于 5500 米及以下高海拔地区输变电设备污闪海拔修正系数。同时，推荐值可直接应用于海拔 5500 米及以下地区交直流输变电工程设计的外绝缘参数，对于优化设备尺寸，保证电网安全性和经济性具有重要意义，为高海拔地区超/特高压工程设计、建设与运维检修提供技术支撑。

第十五章

电网发展步入特高压时代（2006—2012）

中国改革开放后经济社会的快速发展，除了在能源需求总量上大幅增长，能源供给的安全也日益凸显重要。为适应新形势的要求，研究能源领域的重大问题和政策，解决能源的管理布局及结构战略，国家设立了新的能源管理机构。新机构全面总结分析了电力行业的现状，提出了行业发展的一系列措施和政策，扩大电力交易市场规模，加强了输配电成本监管，强化了政府监管职能。落实"主辅分离"要求，组建中国电力建设集团有限公司（简称中国电建）和中国能源建设集团有限公司（简称中国能建）两大电力建设集团公司，保留电网抢修专业队伍，以充分发挥电网企业在电网运营管理方面的职能，并出台了《电力安全事故应急处置和调查处理条例》，加大了对电网运营的安全监管，突出了电网企业服务国家经济发展和民生的国有企业社会责任。

随着国家经济的快速发展和人民生活水平的日益提高，对电力能源的需求特别是电力供应可靠性的要求也在不断提高。而从全国来看，中国的发电资源主要分布在西部和北部、负荷中心主要集中在东部和中部，电网人一直在思考和研究如何解决将电能从西部和北部大规模高效率输送到中东部地区的问题。西北地区全面联网及西藏联网的完成，国家在750千伏超高压输变电方面积累了较为成熟的经验，在高海拔地区交直流输电的技术取得了突破，为电网向更高电压等级的远距离、跨区域特高压输电奠定了基础。以国家电网公司为首的电网企业倡导建设特高压输电网络，既可以解决东部、南部能源短缺问题，减轻运输和环保压力，又可以促进西部、北部资源优势转化为经济优势，实现国民经济协调发展。

为实施好特高压输电建设，电网企业认真规划、示范先导，国家电网公司先后建设了特高压试验基地和特高压交直流示范工程。同时，电网企业积极开发新型电网技术，加大适应新型电网技术的装备研制，结合电网结构的加强和完善，以提高供电可靠性为目的，总结推广电网状态检修。

在建设特高压电网的过程中，电网企业还根据全国局部地区经济布局和发展的情况、电网结构变化后网架薄弱点的情况、区域交流联网后电网稳定性变化的情况、特高压受端电网电能消纳的情况，以及国家在国际能源合作战略实施的情况等诸多因素，对500千伏电网进行了持续完善性的建设，使电网网架结构更加合理。同时，电网如何应对自然灾害、如何做好国家重大活动期间电力可靠供应，也成为电网企业高度重视和不断改进工作的方面。

面对电网发展步入特高压时代、电网规模扩大、电网运行工况复杂和潮流多变、安全稳定特性更加复杂的情况，电网调度机构不断调整改进工作，以便适应和驾驭电网，结合计算机技术和通信技术的应用，实现电网运行参数和监控信息的快速传递，尝试采用调控合一等手段，提高电网调度和应急处置效率。

第一节 电力管理制度与体制机制改革

随着国家经济的快速发展，能源安全供应问题日益成为一个重大战略问题。与此同时， 日益严峻的全球气候变暖压力，也对能源的开发和使用提出了重大挑战，特别是新的电力体制下，能源安全供应关联单位增多、涉及面更广，客观上迫切需要具有国家层面高度的机构统筹能源管理，但自 1993 年能源部撤销以来，由于没有一个统一的能源管理部门，能源管理存在多头、分散及协调性较差等问题，因此，国家设立新的能源管理组织机构——国家能源委员会和国家能源局，以研究能源领域的重大问题和政策，解决能源的管理布局及结构战略。新机构全面总结分析了能源行业的现状，提出了行业发展的一系列措施和政策，同时为强化能源供应企业安全，落实能源供应关联企业安全责任，以国务院 599 号令的形式颁布《电力安全事故应急处置和调查处理条例》。

与此同时，电网企业在国家电监会的指导下，与地方政府一起继续推进电力市场交易进程，扩大大用户直供电范围，开展双赢共赢探索并取得成果，为应对电力市场化规模扩大，强化电力市场化交易管理，规范输配电成本和输配电价形成监管机制，国家电监会颁布出台了相应的规则办法，重新对电力市场交易体系、输配电成本监管进行了业务调整和统一规范。

为更好地落实能源战略政策和"主辅分离"要求，四家辅业集团公司与两家电网公司的辅业企业组建了中国电建和中国能建两大电力建设集团公司。国家电网公司进行业务调整，调整重组了科研和产业板块，为企业科技蓄力和产业化发展，赋予了动能。

一、设立新的能源管理机构

为了研究能源领域的重大问题和政策，国家能源领导小组于 2005 年 5 月成立，下设国家能源领导小组办公室（简称能源办）。国家能源领导小组作为高层次议事协调机构，其办公室主要职责在于跟踪了解能源安全状况，预测预警能源宏观和重大问题，组织研究能源战略和规划，组织研究能源开发与节约、能源安全与应急、能源对外合作等重大政策。

根据党的十七大和十七届二中全会精神，围绕转变政府职能和理顺部门职责关系，探索实行职能有机统一的大部门体制，合理配置宏观调控部门职能，加强能源环境管理机构，整合完善工业和信息化、交通运输行业管理体制，以改善民生为重点加强与整合社会管理和公共服务部门。其中，为了加强能源战略决策和统筹协调，2008 年 3 月 15 日，十一届全国人大一次会议决定设立高层次议事协调机构——国家能源委员会，同时组建国家能源局，国家能源委员会办公室的工作由国家能源局承担，不再保留国家能源领导小组及其办事机构。2010 年 1 月 22 日，国家能源委员会成立。

2008 年 3 月 15 日，《国务院机构改革方案》得到批准，方案中有关能源管理机构改革的内容为"组建国家能源局，由国家发展改革委管理。将国家发展改革委的能源行业管理有关职能及机构，与能源办的职责、国防科学技术工业委员会的核电管理职责进行整合划入该局。国家能源委员会办公室的工作由国家能源局承担"。2008 年 7 月，国务院正式批准中央编制委员会办公室拟订的国家能源局主要职责、内设机构和人员编制。2008 年 8 月 8 日，国家能源局正式挂牌运行。

国家能源局的具体职责包括拟订能源发展战略、规划和政策，提出相关体制改革建议，实施对石油、天然气、煤炭、电力等能源的管理；管理国家石油储备；提出发展新能源和能源行业节能的政策措施；开展能源国际合作。

二、电力市场化交易扩大

2003 年 7 月，国务院制订电价改革方案，提出"开展发电企业向大用户直接供电的试点工作，改变电网企业独家购买电力的格局"。同年 12 月，国家电监会批准广东省台山市为直购电试点单位。2006 年 10 月，广东省政府在江门举行台山市大用户直购电试点合同签约及启动仪式。这是全国第一个采用"一点对多点"（一个发电厂直接向多个大用户供电）模式的直购电试点。同年 12 月 1 日零时起，台山市直购电试点工作正式实施。第一批试点企业有台山市金桥铝型材厂有限公司等 6 家企业。

2009 年，贵州省也通过对重点耗能产业和发电市场的深入研究，开展大用户直购电探索，制订了大用户直购电方案并启动运行，中国铝业股份有限公司贵州铝厂（原贵州铝业公司，三〇二厂）和遵义铝厂（现遵义铝业股份有限公司）以及 6 个发电企业、24 台火电机组、720 万千瓦火电装机参与了直购电工作，占全部火电装机容量的 42.5%。但从 2010 年 1 月 1 日起，大用户直购电暂停。随后，2012 年 1 月 12 日，《国务院关于进一步促进贵州经济社会又好又快发展的若干意见》（国发〔2012〕2 号）印发，大用户直购电试点恢复。同年 8 月，贵州电网公司提出开展大用户直供电试点工作，紧扣国家节能减排、环境保护等宏观政策，统筹协调好经济发展与节能减排之间的关系：一是稳妥推进大用户直供电；二是坚持"不动存量"的原则，优先对新增负荷开展大用户直供电试点；三是坚持"电网安全、各方共赢"的原则，在确保电网安全稳定，确保用户用电安全的基础上，开展大用户直供电。

2012 年 9 月 20 日，南方电网公司印发《关于妥善做好大用户直购电试点有关工作的指导意见》（市场〔2012〕69 号）。该文件要求：一是高度重视，积极参与政策制定争取主动；二是严格遵照国家政策规定履行审批手续；三是合理控制直购电试点范围；四是坚持现行调度关系和结算关系不变；五是争取合理的大用户直购电输配电价格机制；六是积极开展直购电试点配套工作机制研究。

2012 年 10 月 26 日，在贵州省物价局的主持下，贵州黔桂发电有限责任公司、贵州其亚铝业有限公司和贵州电网公司签订了有关直购电的框架协议，并向国家相关部委报送了申请。2012 年 11 月，贵州电网公司与贵州省发展改革委就 5 家企业开展大用户直供电试点达成了一致意见。这 5 家企业分别是贵州其亚铝业有限公司、贵州广铝铝业有限公司、贵州金赤化工有限责任公司、贵州皓天光电科技有限公司和西南天地煤机装备制造有限公司。

贵州电网积极开展市场化探索，将开展电力用户与发电企业直接交易作为深化改革重点工作任务，2013 年 7 月贵州省 5 家电力用户与发电企业直接交易试点工作正式启动，到 2015 年全省共有 126 家用电企业参与年度电力直接交易，签约电量 226.81 亿千瓦·时，占省内预计售电量的 25%，居全国前列。2015 年 1 月，贵州电力交易中心成立，市场化探索又向前迈进了一步。

贵州和云南都属于中国的能源大省，贵州的火力发电资源和云南的水力发电资源丰富，自国家实施西部大开发战略后，贵州、云南电力工业进入快速发展阶段。2010 年 12 月 27 日，国家能源局组织广东省政府与贵州省政府、云南省政府以及南方电网公司分别签署了《"十二五"黔电送粤框架协议》《"十二五"云电送粤框架协议》。根据协议，"十二五"期间贵州送广东最大电力 1100 万千瓦，累计送电量 2430 亿千瓦·时；云南送广东最大电力 1850 万千瓦，累计送电量 2866 亿千瓦·时。

中长期框架协议体现了"长期合作、互惠互利、风险共担、利益共享"的基本原则，有利于促进南方区域东西部地区间良性互动，为落实国家"西电东送"战略提供了坚实保障。这种由政府主导、企业参与的长期框架协议模式已成为中国区域电力交换的典范。

随着电力体制改革的推进和深化，全国各地电力交易市场逐步建立。与此同时，有着资源优势省份的电源点得到重点开发，超、特高压交直流输电网络逐步构建，各地跨省跨区电能交易行为变得更为频繁。2011 年，全国共完成跨省跨区电能交易电量 6240 亿千瓦·时，约占全国全社会用电量的 13%；2012 年前三季度，全国共完成跨省跨区电能交易电量 7021 亿千瓦·时，约占全国全社会总用电量的 19%。跨省跨区电能交易已然成为中国电能交易的重要组成部分。跨省跨区电能交易以市场为导向、以电网安全和公平开放为基础，充分利用了互联电网，可以促进资源配置和节能减排。为了规范电能交易，促进资源优化配置，2012 年 12 月 7 日，国家电监会出台《跨省跨区电能交易基本规则（试行）》。该基本规则共 7 章 32 条，详列交易组织和申报、交易方式及排序原则、合同执行与调整、交易价格与输电费用、监管措施等内容，其原则上坚持科学调度、余缺调剂、交易公平、价格合理、结算及时。

根据该基本规则，省级电网公司以及符合条件的独立配售电企业和电力用户均可作为跨省跨区电能交易购电主体，原则上均应采取市场化的交易方式，重在淡化交易计划色彩。输电主体为已取得输电业务许可证的电网企业。发电企业作为售电主体，直接在电力交易平台上参与，省电网企业一般不得代理省内发电企业参与跨省跨区电能交易。交易方式主要分为集中撮合方式和双边协商方式，当购电主体主要为省级电网企业时，跨省跨区电能交易原则上以集中撮合方式为主、双边协商方式为辅。交易价格与输电费用方面，上网侧电价及输电环节收费标准按照国家有关规定执行，同时支持具备条件的地区探索形成市场化的价费形成机制。此外，该基本规则还设计了电能交易机构和市场主体的交易注册申报制度；明确了跨区跨省电能交易同时组织时，年度交易优先保证清洁能源消纳利用，月度及月度以内交易以保障系统安全稳定运行和电力可靠供应为前提。该基本规则的试行，进一步规范了跨省跨区电能交易行为，为更好发挥市场在资源配置中的决定性作用，保障各交易主体合法权益创造了条件。

三、《电力安全事故应急处置和调查处理条例》发布

2007 年 4 月，国务院 493 号令颁布《生产安全事故报告和调查处理条例》，自 2007 年 6 月 1 日起施行。该条例系统明确了生产安全事故的界定和报告调查处理流程，以此规范生产经营活动中造成人身伤亡和直接经济损失的事故处理。但随着电网规模的不断扩大以及电力供应越来越重要的基础地位，为了落实生产安全事故责任追究制度、促进电网企业加强电网运行的安全管理、规范生产安全事故的报告和调查处理、防止和减少生产安全事故及电力安全事故在适用条例的过程中，由于电力安全事故的特点，在事故等级划分、事故应急处置、事故调查处理等方面，与该条例所规范的生产安全事故有较大不同，电力安全事故难以完全适用《生产安全事故报告和调查处理条例》。一般的生产安全事故是以造成的人身伤亡和直接经济损失为依据划分事故等级，而电力安全事故通常是以事故影响电力系统安全稳定运行或者影响电力正常供应的程度为依据划分事故等级，并且由于电力安全事故影响往往是跨行政区域的，电力安全事故调查处理不宜完全按照属地原则。

2011 年 7 月 7 日，国务院 599 号令颁布《电力安全事故应急处置和调查处理条例》，自 2011 年 9 月 1 日起施行。该条例共 6 章 37 条。该条例制定以 2006 年 7 月 1 日华中电网（河南电网）因二次保护装置误动作和安全稳定装置拒动引起的重大停电事故为标准依据。根据该条例，电力安全事故分为特别重大事故、重大事故、较大事故、一般事故四个等级，以事故影响电力系统安全稳定运行或者影响电力正常供应的程度来划分，具体规定了五个方面的判定项，包括造成电网减供负荷的比例、造成城市供电用户停电的比例、发电厂或者变电站因安全故障造成全厂（站）对外停电的影响和持续时间、发电机组因安全故障停运的时间和后果、供热机组对外停止供热的时间。

四、电监会对输配电成本监管

为加强输配电成本监管，规范输配电成本和输配电价形成，切实履行电价监管职责，保护电力投资者、经营者、使用者的合法权益，2011 年 11 月 2 日，国家电监会根据《中华人民共和国会计法》《电力监管条例》和国家有关法规规定，颁布《输配电成本监管暂行办法》。

根据《输配电成本监管暂行办法》内容，电监会从以下几个方面对电网企业的输配

电成本进行监管：输配电成本核算行为、输配电成本支出情况、输配电成本发生的重大变化和事项、输配电成本的内部交易和关联交易。对比原有的输配电成本核算办法，该监管暂行办法在"输配电成本"的二级科目基础上制订了更为明确的"三级科目"，监管"电网企业各项输配电成本费用支出合规性的情况，包括材料费、职工薪酬、折旧费、修理费、其他费用以及输电费和委托运营维护费等"，使输配电成本的各项形成费用有据可依。

同时，因电网企业发生的各类投资、筹资、兼并重组和资产处置等重大事项而对输配电成本产生的重大变化，也在《输配电成本监管暂行办法》规定的"输配电成本发生的重大变化和事项"之列。在具体的监管措施上，以上监管内容都由电网企业形成专项报告送交国家电监会；电力监管机构认为必要时，可以采取约谈方式或者要求电网企业另行聘请具有相应资质的中介机构提供专项复核报告，也可以组织专项检查。电力监管机构还可根据情况制订电网企业输配电成本信息披露办法。该办法还规定了电力监管机构应当根据输配电成本实际情况，向政府价格主管部门提出调整输配电价格的建议。

《输配电成本监管暂行办法》规定此后过高的输配电成本会受到控制，输配电价更加合理公开。

五、电网企业主辅业分离

2002 年印发的《国务院关于印发电力体制改革方案的通知》（国发〔2002〕5 号）中第十三条，明确提出"对现国家电力公司系统所拥有的辅助性业务单位和'三产'、多种经营企业进行调整重组，电网企业可以拥有必要的电力科研机构""有关电力设计、修造、施工等辅助性业务单位，要与电网企业脱钩，进行公司化改造，进入市场。医疗和教育单位按国家规定实行属地化管理"。2011 年 9 月 28 日，经国务院国资委审批通过，将国家电网公司、南方电网公司省级（区域）公司所属勘测设计企业、火电施工企业、水电施工企业和修造企业等辅业单位成建制剥离，与中国电力工程顾问集团公司、中国水电工程顾问集团公司、中国水利水电建设集团公司、中国葛洲坝集团公司四家中央电力设计施工企业重组，由国务院国资委出资，组建了实力相当、设计施工一体的两个综合性电力建设集团——中国能源建设集团有限公司（简称中国能建）和中国电力建设集团有限公司（简称中国电建）。其中，中国电建由中国水电集团、中国水电工程顾问集团和 14 个省区市的电网辅业单位组成。中国能建由葛洲坝集团、中国电力工程顾问集团和 15 个省区市的电网辅业单位组成。

六、国家电网公司科研机构重组

2008 年开始，国家电网公司结合电网建设发展和技术进步需求，对其系统内保留的电力科研机构进行了整合。

中国电科院成立于 1951 年，是中国电力行业多学科、综合性的科研机构。国家电网公司成立后将其作为直属科研单位，主要从事超/特高压交直流输变电技术、超/特高压直流输电技术、电网规划分析及安全控制技术、输变电工程设计与施工技术、配用电技术及新能源、信息与通信、能效评测及节能等技术的研究，研究范围涵盖电力科学及其相关领域。至 2006 年，中国电科院的专业研究所及所属科技公司初具雏形。2007 年，形成 22 个专业研究所和 11 个产业公司。2008 年，与国网北京电力建设研究院重组整合。2009 年，又进行学科专业整合，将原有 23 个专业机构整合为 12 个新的研究所，并实现了研究所和产业公司的完全分离。

国网北京经济技术研究院（简称国网经研院），是在 2006 年国家电网公司为健全公司科技创新体系，发挥直属科研单位科技创新的骨干作用，明确直属科研单位功能定位，将国家电力公司动力经济研究中心更名为国网北京经济技术研究院，以电力经济技术研究为主攻方向，重点在电网规划前期、电力项目前期、电力市场分析预测、电网经济效益分析、投融资的技术经济分析等方面开展研究。2008 年，为进一步加强和扩展国网北京经济技术研究院电网规划和勘测设计职能，确立了"一个机构、三个中心"❶的发展定位。发展目标是建设成为"国内一流、国际知名"电力科研和工程设计咨询机构。

南瑞集团有限公司（国网电力科学研究所有限公司，简称国网电科院），是国家电网公司直属科研产业单位，实行"两块牌子，一套班子"一体化运行管理。2008 年 5 月由国网南京自动化研究院和国网武汉高压研究院重组整合而成立，主要从事电力自动化、交直流高电压技术、水利水电工程测控、通信与信息工程、一次设备及其智能化、电力电子、轨道交通及工业控制技术的研究、开发和应用。

国网能源研究院（简称国网能源院），是国家电网公司于 2009 年 9 月 16 日正式批准组建。以原国网经研院软科学研究力量为基础，与软科学研究相关的 5 个研究所整建制划入国网能源院。定位于国家电网公司综合性能源研究智库和能源研究交流平台。为政府部门制定能源发展战略、规划、政策和能源领域重大决策提供可靠依据及相关建议，提升国家电网公司的影响力。国网能源院扎实推进世界一流企业高端智库建设，影响力和话语权不断提升，在能源电力行业树立了良好的品牌形象。2017 年 3 月，首次入选上海社会科学院发布的"中国智库影响力排名"名单。2020 年 1 月，首次入选美国宾夕法尼亚大学发布的全球智库报告"2019 全球最佳科技政策研究智库"榜单，在上榜中国智库中排名第 3 名，全球总排名第 72 名。

国网智能电网研究院（简称国网智研院）是 2012—2014 年国家电网公司将中国电科院下属电力电子研究所、直流输电技术研究所等多个直属科研产业单位重组整合后成立的，2016 年更名为全球能源互联网研究院（简称联研院）。联研院围绕特高压电网、清洁能源领域，持续开展高端材料、器件、装置研发与基础共性、战略前瞻技术研究。

2009—2014 年，国家电网公司直属的各科研机构进行资源整合和机构重组，其中中国电科院与国网电科院、国网智研院、国网经研院之间，进行了科研资源划转和产业资源划转整合。科研整合和产业重组后，国网能源院、国网经研院分别以综合性能源电力软科

---

❶ "一个机构、三个中心"是指软科学研究咨询中心、电网（电力）规划研究中心、电网勘测设计研究中心。

学研究、电网规划开展智库研究，以及工程设计咨询为主要业务，中国电科院、联研院分别以电力系统领域和电力电子技术领域为主要研究对象，开展科技创新和科研成果转化工作。

中国电科院原有产业公司（中电普瑞科技有限公司、中电普瑞电力有限公司等）整合入国网电科院，集中发挥南瑞集团产业资源优势，实现了研产分离。

第二节　特高压输电工程规划及准备

中国能源资源与负荷中心呈逆向分布。大规模、长距离输煤一直是中国能源资源配置的主要方式，铁路新增运力的 70% 以上用于煤炭运输。

西北地区全面联网及西藏联网的完成，使中国在 750 千伏超高压输变电方面积累了较为成熟的经验，在高海拔地区交直流输电的技术取得了突破，为电网向更高电压等级的远距离、跨区域特高压输电奠定了基础。为了更好地落实能源分配战略和电网发展要求，电力企业前期开展了特高压电网建设的研究论证、科技攻关、规划设计、设备研制和建设运行等大量工作，经过多次充分系统研讨提出，由十一届全国人大四次会议"十二五"规划纲要所明确。为了落实特高压发展建设目标和"十二五"规划目标，国家电网公司历经六年滚动调整，制订了特高压电网规划，为特高压建设提出了明确的发展方向和目标。同时，特高压交直流试验基地的建设和使用，为特高压建设和工程应用提供了试验条件与技术支撑，为特高压电网建设进行了规划和准备。

一、特高压输电的提出

中国能源资源配置的主要方式，长期以来一直是依靠大规模、长距离煤炭运输。20世纪初，中国沿长江每 30 千米就有一座发电厂，长三角地区每年每平方千米二氧化硫排放量达到 45 吨，是全国平均水平的 20 倍。这和中国资源禀赋与负荷逆向分布密不可分。中国 76% 的煤炭、80% 的风能、90% 的太阳能分布在西部和北部，80% 的水能分布在西南部，70% 以上的电力消费集中在东中部地区，能源富集地区距离东中部电力负荷中心约 1000～4000 千米。中国能源资源分布特点和就地平衡的电力发展方式，是造成中国煤电运输长期紧张，周期性、季节性缺电的根源，要根本解决这一难题，必须发展输电容量更大、输电距离更远、更高电压等级的电网，建设"电力高速公路"——特高压电网，彻底扭转中国电力发展长期受制于煤炭运力的难题。

中国早在 1986 年起就开展了"特高压交流输电前期研究"项目，开始对特高压交流输变电项目进行研究；1990—1995 年，开展了"远距离输电方式和电压等级论证"；1990—1999 年，就"特高压输电前期论证"和"采用交流百万伏特高压输电的可行性"等专题进行了研究，对特高压输电有了初步认识。在此基础上，2004 年，国家电网公司启动了特高压输电工程关键技术研究和可行性研究，组织相关科研机构和设备制造厂进行相关关键技术的研究，根据制订的特高压交流输电关键技术研究框架，完成了共计 46 项特高压交流输电技术课题的研究。同时，国家电网公司频繁与国际组织和科研机构、设备制造厂进行技术交流，多次组织国际技术交流会议，进行技术交流和研讨。

研究认为，采用 1000 千伏交流和 ±800 千伏及以上直流的特高压技术输电，具有满足大规模、远距离、高效率电力输送要求，保护生态环境，提高电网运行安全性和社会综合效益，提高能源输送保障能力等优势。

2005 年 2 月 16 日，国家发展改革委发布的《国家发展改革委办公厅关于开展百万伏级交流、±80 万伏级直流输电技术前期研究工作的通知》（发改办能源〔2005〕282 号）中提及："启动我国百万伏级交流、正负 80 万伏级直流特高压输电技术前期研究工作。"同年 3 月 21 日，国务院主持会议，这次会议纪要（国阅〔2005〕21 号）明确同意发展特高压电网，并将特高压纳入国家重大装备规划。

2005 年 6 月 21—23 日，国家发展改革委在北戴河组织召开了特高压输电技术研讨会。专家集中从输煤和输电比较、特高压经济性、安全性和电磁环境影响四个方面提出问题并开展讨论，大部分人都赞成建设特高压输电，即便一些人提出了需要改进或注意的问题，但大方向上也都赞成建设。国家电网公司在会上呼吁"开展试验示范工程建设的条件已经具备，建议尽快批准试验示范工程"。同年 9 月下旬，1000 千伏晋东南—南阳—荆门特高压交流试验示范工程可行性报告顺利通过国家审批。同年 10 月 31 日，国家发展改革委召开第二次论证会，并特意邀请反对建设特高压输电的专家来参加。

两次会议过后，反对意见仍然集中在特高压输电的安全性、经济性、可靠性等问题上，尤其是在特高压交流技术的应用以及由此出现的交流同步电网、大电网安全性等方面，还有不同意见。于是，国家电网公司开始着手深入研究论证特高压输电技术。2005 年年底，特高压输电技术被正式列入《国家中长期科学和技术发展规划纲要（2006—2020 年）》。2006 年，国家电网公司在湖北建设特高压交流试验基地，并在后续几年中持续对特高压电磁环境限值、过电压水平、无功配置、绝缘配合、防雷等关键技术开展研究且取得了初步成果，基本掌握了特高压交流输变电的技术特点和特高压电网的基本特性。这些研究取得了大量第一手研究成果，解决了建设特高压交流试验示范工程的关键问题，为特高压输电工程的可行性研究顺利实施提供了必要的数据支撑。

二、特高压电网建设列入《"十二五"规划》

2011 年 3 月 14 日，十一届全国人大四次会议批准的《中华人民共和国国民经济和社会发展第十二个五年规划纲要》（简称《"十二五"规划》）确立了电力工业发展的基本原则为坚持统筹协调、节约优化、结构优化、科技驱动、绿色和谐、市场导向的原则。

《"十二五"规划》明确提出：适应大规模跨区输电和新能源发电并网的要求，加快现代电网体系建设，进一步扩大"西电东送"规模，完善区域主干电网，发展特高压等大容量、高效率、远距离先进输电技术，依托信息、控制和储能等先进技术，推进智能电网建设，切实加强城乡电网建设与改造，增强电网优化配置电力能力和供电可靠性。

　　按照《"十二五"规划》，"十二五"电网建设规划第一次被列为提交国务院研究决策的专项规划之一。2011年9月15日，国家能源局组织召开"十二五"电网建设规划领导小组第一次会议，正式启动国家"十二五"电网建设规划工作。成立了国家能源局领导小组和专家组。同时成立了由国家能源局牵头，相关电力企业和咨询机构参加的综合工作组，负责组织和协调电网建设规划编制的具体工作；成立了由国家电网公司、南方电网公司和内蒙古电力公司分别牵头的三个工作小组，开展各自营业区域内电网建设规划具体方案的研究工作。

　　根据《"十二五"规划》的要求和国家能源局领导小组的部署，中国电网企业着手完成了"十二五"期间特高压电网建设的总体规划：

　　到2015年，华北、华东、华中特高压电网将形成"三纵三横"主网架❶。配合西南水电、西北和华北煤电及风电基地开发，建设重要的直流输电工程❷。建成青藏直流联网工程，满足西藏供电，实现西藏电网与西北主网联网。西北电网作为重要的送端电网，通过多方向、多通道、多落点的直流实现与华北、华东、华中特高压电网紧密相联。"十二五"期间，在已有的750千伏电网结构基础上，合理加强省区间联系，提高电网交换能力和抵御严重故障能力，保障风电等可再生能源的接入和消纳。

　　南方电网在"十二五"期间，规划建设糯扎渡水电站送电广东±800千伏特高压直流工程、溪洛渡水电站送电广东同塔双回±500千伏直流工程和金沙江中游梨园、阿海电站送电广西直流工程。2015年西电东送主网架在2010年"五直八交"的基础上形成"九直八交"送电通道。配合海南核电，建设海南与广东联网Ⅱ期工程，实现海南与南方主网联网。支持港澳特区绿色发展，结合香港调整优化电源结构、逐步关停燃煤火电，加强与港澳特区联网，保障港澳电力供应。

　　此外，中国电网企业还对未来10年中国电网做了远期规划，并明确了工作重点：一是对负荷水平和装机规模进行预测，通过电力电量平衡计算，对特高压电网电力流进行调整；二是根据大型能源基地开发进度和受端负荷发展，对特高压交流网架及直流工程落点进行优化调整；三是对直流输电工程额定输送容量进行调整；四是结合送端电力外送需求和受端市场空间，优化特高压电网建设时序；五是对调整后的特高压电网重新进行潮流、稳定电气计算，对直流落点的适应性进行校核，对电网的安全性进行计算评估，确定了建立"两纵两横一环网"❸的特高压骨干网架。

---

❶ 锡盟、蒙西、张北、陕北能源基地通过三个纵向特高压交流通道向华北、华东、华中地区送电，北部煤电、西南水电通过三个横向特高压交流通道向华北、华中和长三角特高压环网送电。

❷ 锦屏—江苏、溪洛渡—浙江、哈密—河南、宁东—浙江、宝清—唐山、内蒙古—天津、呼盟—山东、酒泉—湘南、锡盟—南京、准东—重庆、彬长—山东、内蒙古西—江苏、陇东—江西等。

❸ "两纵"：一纵是从山西到湖北的一条1000千伏的交流特高压，然后两边延伸，北部向内蒙古延伸，南部向长沙延伸；另一纵是从锡林浩特到北京，然后延伸到上海方向。"两横"就是一条从四川到上海，另外一条从蒙西到北京。"一环网"是淮南—南京—泰州—苏州—上海—浙北—皖南—淮南长三角特高压双环网。

三、特高压试验基地建设

为稳妥推进特高压输电工程建设，深入研究特高压输变电工程实施后的电气特性、对环境的影响，以及探讨特高压输变电工程建设影响因素等诸多问题，探索应对措施和方法，优化设计方案和实施方案，国家电网公司自 2006 年开始建设特高压交流试验基地，2007 年开始建设特高压直流试验基地，并积极开展相关试验研究工作，取得了一系列成果。

（一）特高压交流试验基地建设

特高压交流试验基地位于湖北省武汉市江夏区，占地 360 亩。2006 年 10 月 10 日开工建设，2007 年 6 月同塔双回试验线段成功带电，2008 年 12 月试验基地具备全部试验功能。2009 年 2 月 22 日，特高压交流试验基地顺利通过国家电网公司组织的技术验收和工程验收。

特高压交流试验基地是国家"十一五"重大建设项目——1000 千伏晋东南—南阳—荆门特高压交流试验示范工程的重要组成部分，是实际特高压建设工程的预演。该试验基地主要围绕特高压交流输变电工程科研、建设、运行开展系统、全面的试验研究工作，可全面开展特高压交流外绝缘特性及电晕特性、电磁环境、带电作业、特殊环境气候对特高压交流系统运行影响、特高压交流输变电系统设计和运行等关键技术的试验研究。

特高压交流试验基地包括特高压等级试验电源、1 千米单回特高压试验线段、1 千米同塔双回特高压交流试验线段、电磁环境实验室、特高压环境气候实验室、特高压设备带电考核场、特高压交流电晕笼、车载式移动电磁兼容现场测试系统和电力系统电磁环境仿真平台、7500 千伏户外宽波前冲击电压发生装置试验场、科研培训综合楼以及必要的试验装置和其他辅助设备。

2009 年，依托特高压交流试验基地开展了特高压电磁环境、外绝缘特性、绝缘子和支柱覆冰及融冰闪络特性、快速暂态过电压（VFTO）特性、运行维护、检修等深化研究科研项目 40 多项。依托 GIS VFTO 试验平台，开展了特高压变电站 GIS 管道 VFTO 试验研究工作。

2009 年依托基地开展科研项目 40 多项，申请并受理专利 40 项，制（修）订标准 30 多项，发表论文 100 多篇。在外绝缘特性试验条件、污秽试验能力等方面共创造了 12 项世界第一。

（二）特高压直流试验基地建设

特高压直流试验基地是经国家发展改革委核准的特高压直流示范工程的 6 个建设项目之一，是国家电网公司重点科研项目，由中国电科院承担建设，基地由中国自主设计、建设，设备全部国产化。

特高压直流试验基地位于北京中关村科技园昌平园区，征地 120 亩、租用 270 亩，由户外试验场、特高压直流试验线段、电晕笼、试验大厅、绝缘子及避雷器试验室、污秽及环境试验室、电磁环境模拟试验场、特高压直流换流阀试验室8大部分组成。2007年2月23日全面开工建设，5月26日户外试验场建成投运，6月28日世界上第一个特高压直流试验线段建成投运并成功升压至±1200千伏，10月2日世界上最大的两厢式特高压电晕笼建成投运。2008年5月30日，绝缘子及避雷器试验室建成投运，6月30日试验大厅建成投运，12月31日电磁环境模拟试验场、特高压直流换流阀试验室建成。2009年2月22日，顺利通过国家电网公司组织的技术验收和工程验收，评审委员会认为：试验基地试验能力达到国际领先水平。

特高压直流试验基地定位在对特高压电磁环境、外绝缘、系统运行安全、设备试验技术与运行特性等方面进行全方位的试验研究：满足±800千伏特高压直流工程的研究需求；具备更高电压等级输电技术的试验研究能力；在直流电磁环境试验研究、交直流外绝缘试验研究、综合试验能力等多方面处于世界领先水平。特高压直流试验基地将成为开展超/特高压直流输电基础性、前瞻性技术研究的开放平台，成为国际领先的特高压直流输电技术试验研究中心。

2009年，依托该试验基地，共开展±1000、±800、±660千伏等多个电压等级34项科研试验项目，为国家电网公司青藏±500千伏、锦屏—苏州±800千伏、宁东—山东±660千伏、西电东送±1000千伏等重点直流输电工程的建设及规划提供了及时的支持与服务。该试验基地在2009年6月10日，进行了世界首次±800千伏特高压直流输电带电作业，标志着中国特高压带电作业技术获得重大突破。

依托该试验基地，积极开展国际合作，接待来自加拿大魁北克水电局研究所、日本电力中央研究所、巴西电科院、美国电力公司、韩国LS公司、瑞士ABB公司、法国阿海珐公司等研究单位或电力公司同行，提升中国电力行业的国际地位。同时，开展了包括印度电缆导线在内的导线、绝缘子等多个产品的出口检测试验。作为对外宣传特高压输电技术的窗口，2009年共接待参观考察试验基地71次，约1900余人·次。

截至2009年年底，授权实用新型专利31项，已受理并公开的发明专利7项。国内外核心刊物发表论文29篇，出版专著8部，制（修）订特高压技术标准20项。在方案论证、科研设计、施工调试等方面取得了52项重大技术创新，设备参数和性能指标取得了15项世界第一，综合试验能力达到国际同类试验基地的领先水平。

（三）特高压杆塔试验基地建设

国家电网公司特高压杆塔试验基地位于河北省霸州市杨芬港镇津港工业园区内，是中国唯一从事特高压杆塔真型试验研究的基地，也是世界最大规模的杆塔真型试验研究基地，杆塔试验能力世界领先。该试验基地2008年建设，占地300亩，投资3亿元，设有万能基础，单腿抗上拔力最大2000牛顿，抗倾覆力矩8000牛顿·米，可满足40米根开铁塔开展试验；具备3座加荷塔、4套独立液压加荷系统、188个液压加荷缸、206个测试通道，可对试验铁塔从纵向的前、后方及横向 3 个方向自动同步加载。可满足 1000 千伏交流同塔双回、±1100 千伏直流同塔双回杆塔真型试验研究需要，为新型杆塔真型试验研究、部件试验研究提供技术支撑。

特高压输电杆塔具有大荷载、大型化的特点，通过真型试验，验证特高压交直流工程杆塔优化、计算、选材的正确性，检验各荷载工况下主要杆件受力的理论计算值与试验实测值之间的符合性，确保杆塔的刚度、强度、稳定满足工程要求，达到安全可靠运行的目的。特高压杆塔试验基地建设项目获得行业科技进步奖 10 项。

（四）国家电网仿真中心建设

国家电网仿真中心位于中国电科院仿真试验综合楼。2009 年 4 月 5 日，该仿真中心通过了国家电网公司组织的验收。该仿真中心的建成全面促进了中国具有自主知识产权及世界领先水平的大型复杂电网规划、运行仿真核心技术体系的形成，在大电网仿真试验研究中发挥重要作用。截至 2009 年年底，已获发明专利授权 1 项，受理发明专利 17 项；获软件著作权 4 项；发表论文 41 篇。

其后，随着中国特高压交直流电网的快速发展，新一级电压等级逐渐形成，风电、光伏等新能源大规模并网，电力系统加速重构，电力资源大范围优化配置能力大幅提高。2015 年 8 月，国家电网公司进一步提升国家电网仿真中心试验能力，建设新一代特高压交直流仿真平台，全面提高特高压大电网仿真精度和计算效率，深入掌握电网系统特性，支撑电网发展和安全经济高效运行。

国家电网仿真中心由数模混合仿真平台、数字混合仿真平台、国家电网仿真数据中心、仿真软件研发室 4 部分构成。各部分互为补充、紧密结合，数据管理和软件研发分别提供基础数据及核心软件支撑，数模混合仿真平台和数字混合仿真平台互为补充与校核，构成结构完整、功能完备、技术先进的电力系统仿真研究体系，实现电力系统多层次、多角度的全方位仿真，是世界上同领域仿真规模最大、技术最先进、综合研究水平最高的实验室中心，形成了中国具有自主知识产权的超大规模交直流混合电网仿真试验研究体系。

该仿真中心已成为电网技术和工程建设的试验研究基地、技术人才的培训基地，以及国际电力技术交流、开放、合作的实验基地。被国家发展改革委命名为"电力系统仿真国家工程实验室"，以其为核心的实验室被科技部命名为"电网安全与节能国家重点实验室"。

第三节　新型电网技术开发和装备研制

随着特高压输电的确定和特高压电网规划的提出，电网企业开始着手建设特高压工程，电网企业也充分认识到特高压输电是技术密集型的工程，从以往电网建设的经验看，电网发展进入特高压时代，必须要有自己的核心技术，破除国外技术壁垒，才能推动电网发展。因此，电网企业开始特高压技术关键设备的自主化研制和开发，首个具有完全自主知识产权的±800 千伏/4750 安特高压直流换流阀，完全自主知识产权的世界首套特高压1000 千伏串联补偿装置，中国第一条拥有完全自主知识产权、具有世界一流水平的±30千伏/20 兆瓦上海南汇风电场柔性直流输电示范工程等新型电网技术相继开发研制成功，并取得一系列科研成果，不仅为后续的特高压工程建设做了技术和设备上的应用准备，也奠定了中国特高压输电技术的基础。这期间，电网企业的运行维护单位也在积极探索，开展设备状态检修，努力提高供电可靠性。

一、自主研制特高压直流换流阀

直流换流阀是实现电能交直流转换的核心装备，一项直流工程设备投资的近一半都要花费在直流换流阀上，其技术涵盖电力系统分析、大功率电力电子技术、高电压与绝缘技术、工程热力学和机械设计与制造等十多个专业，综合性较强、复杂度极高。此前仅瑞士 ABB 公司、德国西门子公司和法国阿尔斯通公司掌握±500 千伏直流换流阀技术。为了保护这项技术，这三家跨国公司均严格控制技术外露，不发表相关技术文章、不发布产品技术资料和细节图片，并严格采取保密措施进行换流阀试验，对中国实行技术封锁长达40 年之久。因此，换流阀技术在当时被中国电力行业内公认为制约"西电东送"战略实施的"卡脖子"技术。从 20 世纪 80 年代末开始，中国建成的多个±500 千伏直流输电工程都是通过设备引进，虽在换流阀国产化方面取得了一定进展，但从未掌握核心技术，长期处于"国外引进技术、国内组装生产、国外试验测试"的被动局面。

2004 年，国家电网公司率先开启了基于 6 英寸晶闸管的特高压直流换流阀自主研发之路。在无任何可参考文献的情况下，所有的关键零部件及其试验方法、试验设备都进行自主研发，中国电科院直流输电工程技术研究所[1]历时 6 年，完成中国直流输电换流阀基础理论、成套设计、关键技术开发和关键设备研制、集成技术、试验技术等研究与开发平台建设，掌握了直流输电换流阀的一系列核心技术。2010 年 12 月，中国首个具有完全自主知识产权的±800 千伏/4750 安特高压直流换流阀在北京问世。该特高压直流换流阀获2016 年度国家技术发明奖二等奖；授权发明专利 103 项（含美国授权发明 4 项），其中 3 项获中国专利优秀奖；发表 SCI/EI 论文 78 篇；出版学术著作 3 部；制定国家标准 4 项。2012年在世界首条±800 千伏/7200 兆瓦特高压直流输电工程中示范应用。

在此基础上，中国开始着手研制更高电压和更大电流等级的直流换流阀，相比±800千伏/4750 安特高压直流换流阀，±1100 千伏/5000 安特高压直流换流阀研发面临电压和电流双提升后所带来的巨大挑战，2011 年 12 月，世界首个±1100 千伏/5000 安特高压直流换流阀在北京通过全套型式试验，为更远距离、更大容量的电力输送提供了设备基础。2018 年，±1100 千伏/5000 安特高压直流换流阀在新疆昌吉—安徽古泉±1100 千伏特高压直流输电工程（简称吉泉工程）上应用。

---

[1] 后科研产业整合重组，拆分为全球能源互联网研究院直流输电技术研究所和南瑞集团中电普瑞电力工程公司。

二、柔性交流输电系统设备研制

FACTS 指应用于交流输电系统的电力电子装置，其中"柔性"是指对电压、电流的可控性，如装置与系统并联可以对系统电压和无功功率进行控制，如装置与系统串联可以对电流和潮流进行控制。

FACTS 通过增加输电网络的传输容量，从而提高输电网络的价值，FACTS 控制装置动作速度快，因而能够扩大输电网络的安全运行区域；在电力电子装置最早用于直流输电系统中并实现了对输送功率的快速控制，由此人们想在交流系统中加装电力电子装置，寻求对潮流的可控，以获得最大的安全裕度和最小的输电成本，FACTS 技术应运而生，SVC、静止同步补偿器（STATCOM）、晶闸管投切串联电容器（TCSC）、UPFC 就是基于 FACTS 技术的产品。

故障电流限制器也称短路电流限制器或简称限流器（Fault Current Limiter，FCL）或（Short-Circuit Current Limiter，SCCL），是一种串联于电气回路中、可对故障电流包括其第一峰值进行有效限制的阻抗变换器件或具有限流功能的快速开断设备。

2004 年 12 月 22 日，中国电科院研制的故障电流限制器装置，在甘肃陇南电力局 220 千伏成碧线成功投入运行。2009 年 12 月，由中国电科院和华东电网有限公司联合研制的基于 TPSC 技术的短路电流限制器，在华东电网 500 千伏瓶窑变电站顺利投运，将短路点的总短路电流限制到 47 千安以下，此装置的投运可改善超高压系统的暂态稳定性、减小发电机的最大摇摆角、抑制系统的电压波动。

FSC/TCSC（简称串补技术），是一种用于提高交流输电线路输送能力和增强系统稳定性的设备集成装置。该装置将电容器组串联于交流输电线路中，补偿交流输电线路的电气距离，达到提高输送能力、增强系统稳定性、改善电力系统的运行电压及无功平衡条件。其中，可控串联补偿技术可实现对线路潮流分布的灵活调节、抑制阻尼功率摇摆和低频振荡、降低次同步谐振（SSR）的风险等功能。

串补技术可等效缩短输电线路电气距离，是提高线路功率极限和系统稳定性的有效措施。中国大型水、火电基地都远离负荷中心，根据特高压电网规划，锡盟、蒙西和陕北火电基地，从送端电源汇集站至第一落点，距离均在 400 千米以上，川西水电外送至华中、华东四省市（湖北、安徽、浙江、上海）负荷中心的落点通道长度超过 1000 千米，由于电气距离远，通道的输送能力易受系统稳定限制。为充分利用特高压交流通道的输送能力、节约输电走廊，发挥特高压输电的经济优势，迫切需要研究和应用特高压串联补偿技术。

此前在国外仅有瑞士 ABB、德国西门子、美国通用等几家公司掌握了超高压串联补偿核心技术。与超高压串联补偿装置相比，特高压串联补偿装置并不是关键设备额定参数的简单提升。由于其串联在千万千瓦级电源外送通道或者网间联络通道上，是影响整个电网可靠性的重要因素之一，可靠性指标远高于超高压串联补偿装置。特高压串联补偿装置技术研究与应用在国际上尚属首次，需要对串联补偿装置与系统的相互影响、关键设备的极限性能、特殊工况下的暂态过程、弱电设备在高电位及强电磁干扰环境下的电磁兼容性能等技术难题进行全面深入研究，研制难度很大。为此，国家电网公司于 2009年设立特高压串联补偿装置科技项目，同时获得国家财政资金科技项目、北京科委科技项目、特高压交流试验示范工程扩建工程专题项目支持。

中国电科院中电普瑞科技有限公司❶承担了此项目研究和研制工作，解决了关键技术难题，包括装置与系统之间、装置内部各设备之间优化协调和极限配合；平台支撑系统的外绝缘配合、大载荷高重心的抗震结构设计、复杂多设备电磁环境控制、强电磁场应力下弱电设备电磁兼容；旁路开关、旁路隔离开关、火花间隙、限压器等设备的综合性能和可靠性提升等。2011 年，具有完全自主知识产权的世界首套特高压 1000千伏串联补偿装置研制成功，主要技术指标国际领先。

该项目成果直接应用于 1000 千伏晋东南—南阳—荆门特高压交流试验示范工程扩建工程，研制的 3 套特高压串联补偿装置成功投运并安全稳定运行，为实现特高压单回输电线路稳定输送 500 万千瓦的目标发挥了重大作用，并后续应用于 1000 千伏锡盟—山东特高压交流输变电工程等。此外，项目研究成果中的平台暂态过电压控制、弱电设备电磁兼容设计等技术已在超高压串联补偿装置中得到推广应用，大幅提高了超高压串联补偿装置的技术水平和可靠性。

该项目的成功实施，提升了中国骨干输电网架的输电能力，标志着中国已掌握了高可靠性特高压串联补偿核心技术并形成了生产能力，带动了相关技术和产业的发展，为中国占领世界输电技术领域制高点提供了新的技术支撑；提升了中国自主知识产权成套装备的国际竞争力，也先后应用于巴西与埃塞俄比亚的串联补偿工程，取得了显著的经济效益与社会效益，并为后续应用于高海拔地区和新能源集中接入的 750 千伏串联补偿技术研制提供了技术基础。

该项目共申请国家专利 37 项，其中发明专利 20 多项，发表学术论文 15 篇，形成国家标准 1 项、行业标准 3 项。

三、掌握柔性直流输电技术

柔性直流输电技术是基于全控器件——高压大功率绝缘栅双极型晶体管（IGBT）器件和电压源换流器的新一代输电技术，国际学术界将此项技术称为"电压源换流器型高压直流输电"（VSC－HVDC），中国国内因其应用领域与技术的灵活性将其命名为"柔性直流输电技术"。柔性直流输电技术具有功率调节灵活快速、不需无功补偿、输电距离远、无换相失败风险等特点，在可再生能源并网、直流网络构建、弱系统联网、大型城市供电等场合具有显著技术优势。欧洲基于柔性直流技术的全新输电网——超级电网（SuperGrid）计划，将远海风电、水电及太阳能进行接入，以实现 20/20/20 目标❷。

---

❶ 后科研产业整合重组，划归南瑞集团。

❷ 20/20/20 目标：二氧化碳排放降低 20%，能源利用效率提高 20%，20%的电力消耗来自可再生能源。

2006 年，中国电科院直流输电工程技术研究所承担了国家电网公司科技项目"柔性直流输电技术前期研究"和"柔性直流输电基础理论研究"，主要开展柔性直流输电基础理论研究，确定了上海南汇风电场柔性直流输电示范工程适用的拓扑结构及调制方式、仿真平台、控制保护策略等；项目开展了柔性直流输电技术前期研究，提出了基于生命周期的成本估算方法、可靠性模型及建议指标、电磁环境影响限值的建议标准等。

2009 年 4 月，科技项目"柔性直流输电技术前期研究"和"柔性直流输电基础理论研究"顺利通过国家电网公司验收。"柔性直流输电基础理论研究"是国内首次对柔性直流输电基础理论进行的系统研究，完成了创新性研究成果，为后续的工程应用研究奠定了理论基础。2010 年 10 月，中国具有完全自主知识产权的柔性直流换流阀及其阀基控制器顺利通过全部型式试验。

2011 年 7 月，亚洲首条柔性直流示范工程——±30 千伏/20 兆瓦上海南汇风电场柔性直流输电示范工程并网运行。投运以来，降低了由于交流系统故障导致的风电场跳闸次数，提升南汇风电场故障穿越能力 50%以上，提高了南汇风电场的利用率，每年可增收节支近 2000 万元（约占风电场年产值 21%）。这是中国第一条拥有完全自主知识产权、具有世界一流水平的柔性直流输电线路。它的成功投运，标志着中国在智能电网高端装备方面取得了重大突破，国家电网公司也成为继瑞士 ABB 公司之后，与德国西门子公司同时掌握该项技术的公司，为后续柔性直流输电工程和直流电网工程奠定了工程基础。

四、电网企业推广应用状态检修

为了提高供电可靠性，电网企业稳妥推进设备状态检修，开展输变电设备状态检修试点。2008 年 6 月 6 日，国家电网公司试点单位的浙江省电力公司和首批试点单位之一的绍兴电力局输变电设备状态检修工作通过国家电网公司验收并全面展开。2008 年 10 月 30 日，浙江电网 220 千伏及以上继电保护设备的微机化率已经达到 98.32%，在硬件上具备了开展状态检修的条件。2009 年 3 月 3 日，浙江省电力公司成立状态检修深化工作组，建立完善了配电网状态检修管理标准、技术标准和工作标准，提出了按特别重要设备、重要设备和一般设备三个级别分别制订状态检修策略，配电网设备单元评价和整体评价相结合的量化评价方法等措施，并开发配电网状态检修辅助决策系统。至此，浙江电网输变电设备全部实行状态检修。

2010 年后，国家电网公司总结试点经验，加强了设备状态评价判定。在做好输变电设备状态例行检查试验工作基础上，国家电网公司系统加大了先进、成熟、实用的设备带电检测和在线监测技术的推广应用力度，不断加强带电检测仪器配置和使用。2011 年，国家电网公司印发了《深化电网设备状态检修工作意见》，从全面深化状态检修工作思路、工作目标、重点工作三方面提出了新阶段状态检修工作面临的问题和解决的措施，为全面深化状态检修工作给出了指导性意见。同年，国家电网公司生产技术部举办了输变电设备运维及故障诊断分析技术培训交流会，宣贯深化状态检修工作意见及相关标准，累计完成相关培训班 329 个、培训管理和技术人员 26 738 人·次。

2011 年，国家电网公司完成 PMS 状态检修辅助决策系统功能完善开发和推广应用，加强系统应用评价考核，全面完成试验、缺陷等历史数据迁移和整理完善，推动设备状态评价工作规范、动态开展；组织制定输变电设备状态监测系统变电设备在线监测功能规范，完成应用功能开发，具备部署应用条件。

2012 年 3 月 7 日，国网湖北省电力有限公司襄阳供电公司（简称国网襄阳公司）召开了电缆不停电作业试点工作启动会议，讨论制订了电缆不停电作业试点实施方案。2011—2012 年，国网襄阳公司累计开展电缆不停电作业 102 次，其中带电断、接架空线路与空载电缆线路连接引线作业 100 次，环网柜间电缆线路不停电检修及环网柜临时取电给移动箱式变压器供电各 1 次，累计作业时间 165 小时，多供电量 300 多万千瓦·时。在取得一定经济效益的同时，社会效益显著提升，不停电作业累计减少停电时间近 400 小时，供电可靠性提升 0.01 个百分点。推进不停电作业在迎峰度夏工程施工、配电网故障抢修、重要活动保电及抗灾抢险工作中广泛应用，配电网电缆不停电作业试点工作开展情况取得成效。

第四节　500 千伏交直流联网继续加强

在建设特高压电网的过程中，电网企业还根据全国局部地区经济布局和发展的情况、电网结构变化后网架薄弱点的情况、区域交流联网后电网稳定性变化的情况、特高压受端电网电能消纳的情况，以及国家在国际能源合作战略实施的情况等诸多因素，持续完善建设了新一批 500 千伏交直流联网工程，包括西北—华中（四川）直流联网工程、东北—华北电网交流改直流联网工程、呼伦贝尔—辽宁±500 千伏直流输电工程、内蒙古东部电网—东北主网交流联网工程、中俄跨国输电工程及南方电网地区输电联网工程等，实现了西北与华中、东北与华北、西北与东北、东北与境外以及南方电网各省网之间的交直流联网工程，增强了电网结构变化后的网架薄弱点，加强了区域交流联网后电网稳定性，使特高压受端电网电能消纳更为合理健康，尤其是广东 500 千伏惠茅线改造工程和新甘石联网工程被称为"解渴工程"和"民生工程"，充分体现了电网企业服务地方经济、服务民生的基础作用。

一、西北—华中（四川）直流联网工程

西北—华中（四川）直流联网工程又称宝鸡—德阳±500 千伏直流输电工程，始于四川省德阳市绵竹县境内的万福桥换流站，止于陕西省宝鸡市凤翔县太白庙换流站，线路全长 534 千米。西北与华中（四川）电网联网规模为 1200 兆瓦，采用常规直流±500 千伏联网方式。该工程线路经过陕西、甘肃、四川三省，其中陕西省境内长度 249 千米，跨越秦岭山脉，新建±500 千伏换流站两座，输电容量 300 万千瓦，是世界上首座 750 千伏交

流变电站与±500千伏直流换流站同址合建的项目。该工程批准概算动态投资130 912万元，基于施工图预算的动态投资120 046万元，陕西段总投资63 388万元。2008年9月28日正式动工建设，2009年12月28日单极投产，2010年4月11日双极投产。

西北—华中（四川）直流联网工程可实现西北电网与华中（四川）电网更大范围内的资源优化配置，增强两大电网水火互济能力、跨大区、跨流域调节能力和事故支援能力，提高电网抗灾能力和可靠供电。汶川地震发生后，国家电网公司将该工程确定为支援四川抗震救灾、促进四川经济社会发展的重点工程，为四川灾后重建和经济发展提供强有力的电力保障。

该工程获得2010年度国家电网公司输变电工程优秀设计奖、2010年度电力行业优秀工程设计二等奖。

二、东北—华北电网交流改直流联网工程

东北—华北电网交流改直流联网工程为高岭换流站背靠背扩建工程，2006年12月23日开工建设，2008年11月24日正式投入运行。高岭换流站换流容量1500兆瓦，远期3000兆瓦。

东北—华北电网以双回500千伏线路交流联网后，联网系统获得了互为备用的效益，在东北电网具备条件而华北电网电力供应紧张的情况下，东北电网能够实现向华北电网送电，提高了东北电网装机的利用率，缓解了华北电网的缺电状况，但是由于交流联网所固有的特性，在东北—华北实现交流联网后，使东北主干电网的稳定水平下降了20%，特别是东北电网的动态稳定特性发生了变化，对东北电网的发展和北电南送能力造成了一定的影响，而且通过2回500千伏交流线路实现东北电网与华北电网联网后，两大同步电网的电气联系仍然比较薄弱，发生故障后容易引起联网线路的功率振荡，这样对两个大电网的稳定性都会产生影响，而且东北与华北交流联网双回线路只能送120万千瓦，远没有达到联网线路的输送能力，东北、华北联络线的功率振荡对将来大范围的全国联网也将产生不利的影响。而采用背靠背直流联网可以将互联电网内部故障对其他电网的影响降至最低，利用直流系统的可控性实现扰动阻隔作用，有利于东北电网的安全稳定控制，有利于提高东北电网和华北电网运行稳定性和可靠性，而且可以提高联网线路的输送能力、能够解决长链型结构电网跨区弱互联所存在的动态稳定问题，所以规划利用东北—华北原交流联网线路建设直流背靠背工程。

东北—华北电网交流改直流联网工程的建成投产，标志着东北、华北两大区域电网自2001年5月11日以来交流联网的历史宣告结束，是世界上首个换流容量最大的背靠背换流站工程，也是东北第一个±500千伏直流输电工程，该工程由中国自主设计、制造、建设，它的投运为中国首个特高压交流试验示范工程的调试、运行夯实了基础。该工程还对调节东北、华北电网间错峰容量，保证京津唐电网特别是首都电网安全可靠用电等具有重要作用。

三、呼伦贝尔—辽宁±500 千伏直流输电工程

呼伦贝尔—辽宁±500 千伏直流输电工程又称伊穆±500 千伏直流输电工程，输电规模为 300 万千瓦，两侧交流额定电压均为 500 千伏，直流输电距离为 908 千米。首端伊敏换流站站址位于呼伦贝尔市鄂温克族自治旗，东邻华能伊敏电厂，距离约 5 千米；末端穆家换流站站址位于辽宁省辽阳县境内，距穆家镇北约 2 千米。该工程静态投资 61.83 亿元，其中工程本体投资 60.22 亿元，动态投资 64.51 亿元。2008 年 3 月核准，同年 9 月开工，2010 年 9 月 28 日，呼伦贝尔—辽宁±500 千伏直流输电工程竣工投运。

该工程投运后，实现了呼伦贝尔地区风、火打捆外送，促进了绿色能源在更大范围消纳，推动国家能源结构调整，为缓解东北老工业基地环境压力发挥了巨大作用。该工程每年可向辽宁输送超过 180 亿千瓦·时的电量，在实现内蒙古呼伦贝尔和辽宁省资源优化配置的同时，可有效满足辽宁省负荷发展的需要，对于推动机组以大代小、提高煤炭利用效率、缓解煤炭运输压力、实现节能减排目标、推动环境保护具有十分重要的意义，成为首个采用直流输电技术的煤电基地电力外送工程。

四、内蒙古东部电网—东北主网交流联网工程

内蒙古东部电网位于内蒙古自治区东部，与东北三省相邻，全网以 220 千伏为主干网，尚未形成统一电网，网内包含兴安盟电网、呼伦贝尔电网、通辽电网和赤峰电网。兴安盟电网由通辽电网供电；呼伦贝尔电网经友好—伊敏—伊敏电厂线路、2 回伊敏电厂 500 千伏冯屯变电站线路与东北主网联网运行，并经±500 千伏呼辽直流输电工程送电辽宁；通辽电网经 3 回 220 千伏线路（宝龙山—长岭、通辽—双辽、通辽—巨丰）与吉林电网相联，并经 2 回 500 千伏科沙线与辽宁电网相联；赤峰电网经 4 回 500 千伏线路（2 回青山—燕南、2 回青山—北宁）与辽宁电网相联。全网共有 8 条外送通道，最大外送能力 1210 万千瓦。

截至 2011 年年底，内蒙古东部电网拥有 35 千伏及以上变电容量 2090 万千伏·安、线路 23 900 千米。其中，500 千伏变电站 4 座，变电容量 600 万千伏·安，线路 3192 千米；220 千伏变电站 44 座，变电容量 739 万千伏·安，线路 5774 千米。网内发电装机容量 2003.6 万千瓦、同比增长 28.9%。其中，火电装机容量 1398.4 万千瓦，同比增长 17.7%；风电装机容量 567.07 万千瓦，同比增长 68.24%，风电装机容量占电网装机容量的 28.3%，风电装机容量占比在国家电网公司系统位列第一。

五、中俄跨国输电工程

中俄±500 千伏直流联网黑河背靠背直流输电工程是中国第一条高电压等级的直流跨国联网工程，建设规模为新建中俄边境 500 千伏线路 5 千米，输送容量 75 万千瓦。2007年 7 月 26 日，黑龙江省黑河换流站正式开工；2010 年 11 月 28 日，中俄直流背靠背联网工程 500 千伏输电线路黑龙江大跨越工程正式竣工。同年 12 月，中俄±500 千伏直

流联网黑河背靠背直流输电工程完成全部调试项目，正式投入运行。

2012 年 4 月，国家电网公司同俄罗斯东方能源股份公司签署了长达 25 年的购电协议，协议规定到 2037 年，俄罗斯向中国供应 1000 亿千瓦·时电量。2016 年 6 月，在中俄两国领导人的见证下，国家电网公司与俄罗斯电网公司在中国人民大会堂签署了双方设立合资公司开展电网业务的协议，合作范围从电能交易扩展到输配电网投资等业务，进一步加强了中俄电力能源的深层合作。中俄双方签署购售电合作协议后工程正式投入商业运行，主要运行方式为从俄罗斯向中国东北传输功率。

中俄±500 千伏直流联网黑河背靠背直流输电工程的实施，增加了中俄两国能源项目合作经验，对促进两国经济发展和优势互补、推动两国能源工业和装备制造业快速发展具有重要的战略意义，同时也对缓解中国资源短缺的问题起到了积极的作用。

中俄±500 千伏直流联网黑河背靠背直流输电工程作为国家电网公司第一个国际直流输电项目，是截至 2010 年规划建设的中国从境外购电电压等级最高、容量最大的输变电工程，是为贯彻落实国家能源"走出去"战略，促进中俄能源和经贸合作的重点项目。

六、500 千伏贵州—广东交流双回输变电工程

500 千伏贵州—广东交流双回输变电工程作为黔电送粤的又一重要通道，是南方电网"十一五""西电东送"的重点工程建设项目。该工程包括新建 500 千伏黎平变电站工程、500 千伏施秉变电站扩黎平出线间隔工程、500 千伏桂林变电站扩建黎平及贤令山出线间隔、500 千伏贤令山变电站扩建桂林出线间隔工程；新建 500 千伏施秉—黎平Ⅰ、Ⅱ回输电线路工程；500 千伏黎平—桂林Ⅰ、Ⅱ回输电线路工程；500 千伏桂林—贤令山Ⅰ、Ⅱ回输电线路工程。该工程地跨广东、广西、湖南、贵州四个省（区），线路总长度 1158.645千米。该工程概算投资 298 719 万元，实际总投资为 260 920 万元，由南方电网超高压输电公司建设。2007 年 4 月 16 日开工建设，2008 年 7 月 13 日竣工，同年 7 月 18 日全面投入运行。该工程建设期间遭遇 2008 年特大冰雪灾害，严重影响了工期，各参建单位克服了重重困难，确保了项目顺利投产。

该工程的建成投运，使"西电东送"又上了一个大的台阶，对于进一步深化国家"西电东送"战略的实施，保证广东特别是深圳、东莞负荷中心区域的电力供应。

七、四川藏区民生工程——新都桥—甘孜—石渠电网联网工程

新都桥—甘孜—石渠电网联网工程（简称新甘石联网工程）是为四川省甘孜藏族自治州北部边远地区送电的系统工程，是落实党中央、国务院实施"西部大开发"战略的举措之一，是国家电网公司加快藏区电网建设的重要任务。新甘石联网工程主要包括甘孜 220千伏变电站新建工程、110 千伏石渠变电站新建工程、500 千伏新都桥变电站—220 千伏甘孜双回线路新建工程及甘孜—石渠 110 千伏线路新建工程。新甘石联网工程总投资32.15 亿元，2012 年 3 月 20 日开工建设，9 月 19 日竣工投运。

新甘石联网工程是藏区的重大民生工程，地处高海拔、重冰区，交通困难，参建单位

南方电网公司积极攻坚克难，倾尽全力参与工程建设，按计划顺利完成了在海拔 3000 米以上地区 1015 千米线路和两个变电站的施工，创造了同类项目施工周期最短的建设管理奇迹。新甘石联网工程的建成投产，为完善甘孜西北部各县 110 千伏电网结构，为当地不断增长的负荷提供充足的电力保证，极大促进甘孜藏族自治州北部地区政治经济发展，对增进民族大团结、维护社会稳定、构筑和谐社会具有里程碑式的意义。

第五节　特高压输电示范工程建设

随着特高压交、直试验基地建设所取得的相关试验研究工作的成果，以及新型电网技术和设备研发的突破，包括特高压工程建设相关的机构管理、战略规划的逐步确立，特高压工程建设达到了一定的技术积累，建设时机成熟。于是，电网企业陆续建设投运了一系列特高压交直流示范工程，包括中国首个特高压工程（1000 千伏晋东南—南阳—荆门特高压交流试验示范工程），中国首个特高压直流输电自主化示范工程（云广工程），当时世界电压等级最高、输送容量最大、输送距离最远、技术水平最先进的高压直流输电工程（向上工程），以及首次实现国内负责成套设计的高压直流输电工程（锦苏工程）。依托这些工程，中国积极开展实践和科研，大胆自主创新，取得了丰硕的成果，屡获世界第一，中国特高压输电工程应用条件逐步成熟，电网发展步入特高压时代。

一、1000 千伏晋东南—南阳—荆门特高压交流试验示范工程及其扩建工程

2006 年 8 月，中国首个特高压工程——1000 千伏晋东南—南阳—荆门特高压交流试验示范工程获得国家核准。2006 年年底开工建设，2008 年 12 月全面竣工，2008 年 12 月 30 日完成系统调试投入试运行，2009 年 1 月 6 日投入商业运行。作为发展特高压交流输电技术的依托工程和起步工程，1000 千伏晋东南—南阳—荆门特高压交流试验示范工程是当时世界上运行电压最高、技术水平最先进的交流输变电工程，由中国自主研发、设计、制造、建设和运行。该示范工程起于山西晋东南（长治）变电站（调度命名为长治变电站），经河南南阳开关站，止于湖北荆门变电站，全长 640 千米，先后跨越黄河和汉江，是华北电网和华中电网的联网工程。该示范工程系统标称电压 1000 千伏，最高运行电压 1100 千伏。

该示范工程全面验证了特高压交流输电的技术可行性、设备安全性、系统可靠性、环境友好性，实现了电力资源从省域、区域配置到全国范围内优化配置。彻底扭转了中国电力技术、装备技术长期跟随国外发展的被动局面，显著增强了中国的电工基础研究水平、电力科技水平和创新发展能力，实现了特高压交流设备的全面国产化，推动国内输变电装备制造业实现了产业升级，为中国电力技术和设备走向世界奠定了坚实基础。

依托工程形成的"特高压交流输电关键技术、成套设备及工程应用"被授予 2012 年度国家科学技术进步奖特等奖，这是中国电力行业首次获此殊荣。该示范工程还先后获得

了国家重大工程标准化示范、中国电力科学技术奖一等奖、中国机械工业科学技术特等奖、2010 年度国家优质工程金质奖、中国工业大奖、新中国成立 60 周年百项经典暨精品工程、庆祝中华人民共和国成立 70 周年经典工程、中国标准创新贡献奖一等奖、国家重大工程标准化示范、第二十届国家级企业管理现代化创新成果一等奖等重要奖项荣誉，被 CIGRE、IEEE 等世界权威技术组织认为是"重要的突破性成果，对保证中国的电力可靠供应、推动特高压输电技术在世界范围内的研究和应用具有重大意义""一个伟大的技术成就"。

1000 千伏晋东南—南阳—荆门特高压交流试验示范工程，自 2009 年 1 月 6 日正式投入运行以来，一直保持安全稳定运行，已成为中国南北方向的一条重要能源输送通道。为进一步发挥输电能力，验证特高压交流大容量、远距离、低损耗的输电优势，国家发展改革委于 2010 年 12 月核准建设 1000 千伏晋东南—南阳—荆门特高压交流试验示范工程扩建工程。2011 年 1 月开工建设，10 月全面竣工，12 月 9 日完成系统调试和 168 小时试运行。

1000 千伏晋东南—南阳—荆门特高压交流试验示范工程扩建工程包括晋东南、南阳、荆门 1000 千伏变电站的扩建以及晋东南、南阳 1000 千伏出线段改造工程。该扩建工程在世界上首次研制了特高压串联补偿装置，晋东南—南阳段线路装设补偿度为 40% 的串联补偿装置（两侧各 20%），南阳—荆门段线路装设补偿度为 40% 的串联补偿装置（集中布置于南阳侧）；投运后进行了大负荷试验，最大输送功率达 572 万千瓦，创造了单回交流输电工程输送能力的世界纪录；进一步验证了特高压交流大容量、远距离、低损耗输电的优势，是中国能源电力领域自主创新的重大成就，是世界电力发展史上的重要里程碑。

依托工程建设，中国自主创新，攻克了一系列技术难关，在特高压输电系统的串联补偿技术、过电压控制技术、特快速暂态过电压测量与控制技术、潜供电流、电磁环境、大型复杂电极操作冲击放电特性、大型电力设备抗地震技术、大电网运行控制技术等方面取得新突破，在世界上率先掌握了特高压大容量输电系统集成技术，进一步提升了中国电力行业的自主创新能力。同时，该示范工程立足国内，研制成功了特高压串联补偿装置、大容量特高压开关、双柱特高压变压器等代表世界最高水平的特高压交流新设备，指标优异、性能稳定，综合国产化率超过 90%。该示范工程还建立了特高压交流输电技术标准体系，在世界上率先建立了从系统集成、工程设计、设备制造、施工安装、调试试验到运行维护的全套技术标准和试验规范。这些标准和规范在工程中得到全面应用和检验，为特高压交流输电大规模发展应用奠定了坚实基础。

二、云南—广东 ±800 千伏特高压直流输电工程

中国第一个特高压直流输电自主化示范工程——云南—广东 ±800 千伏特高压直流输电工程，即云广工程，西起云南楚雄换流站，东至广东穗东换流站。云广工程设计单位为中南电力设计院、西南电力设计院、东北电力设计院、华北电力设计院、西北电力设计院、华东电力设计院及广东电力设计院，成套设计单位为南方电网技术研究中心、中南电力设计院。2006 年 12 月 8 日经国家发展改革委核准建设，云广工程动态投资 154 亿元，

竣工结算 140.7 亿元，由南方电网超高压输电公司建设。云广工程额定电压±800 千伏，额定容量 500 万千瓦，直流线路长度 1373 千米。云广工程于 2009 年 12 月 18 日单极投产，2010 年 6 月 18 日双极投产。

云广工程的建成投运，大大增强了云南水电输送广东的能力，每年可减少二氧化碳排放量约 1760 万吨，有力促进了粤、滇两省转变经济发展方式、推进低碳经济发展；同时，也为后续实施更远距离、更大容量、更高效率的电力输送奠定了基础，对加快中国西南地区乃至大湄公河次区域水电资源的开发具有重要意义。

云广工程是世界上首个直流电压等级为±800 千伏的特高压直流输电工程，该工程技术起点高，新设备、新材料、新工艺和新技术应用多，以自主创新为核心目标，通过工程建设，全面掌握在系统研究、成套设计、工程设计、设备制造、调试安装和调试运行等方面核心技术，并在此基础上制定了±800 千伏特高压直流输电系列标准和规范。

云广工程是国家"十一五"建设的重点工程及直流特高压输电自主化示范工程，也是世界上第一个投入商业化运营的特高压直流输电工程。云广工程综合自主化率达到 62.9%，前瞻性地实现了 32 项世界第一，同时获得国家级和省部级奖项及成果共 236 项，其中 2009 年获亚洲最佳输配电工程奖，2012 年获国家优质工程金质奖。

三、向家坝—上海±800 千伏特高压直流输电示范工程

国家电网公司建设的向家坝—上海±800 千伏特高压直流输电示范工程，即向上工程，起点为四川宜宾县复龙换流站，落点为上海市奉贤换流站；途经四川、重庆、湖北、湖南、安徽、江苏、浙江、上海八省市，四次跨越长江。向上工程线路全长约为 1907 千米，输送功率 640 万千瓦。2007 年 4 月 26 日获得国家发展改革委核准，2008 年 12 月开工，2010 年 7 月双极建成投运，工程动态投资概算约 233 亿元。

向上工程是当时世界上电压等级最高、输送容量最大、输送距离最远、技术水平最先进的高压直流输电工程。作为特高压输电的领跑工程，工程建设极具挑战性，工程按照"基础研究—工程设计—设备研制—试验验证—系统集成—工程示范"的技术路线，全面掌握了特高压直流关键技术，建成了特高压直流试验等基地，形成了综合性能指标和研究能力居世界领先水平的实验研究体系；攻克了过电压与绝缘配合等世界性技术难题，取得了一大批国际领先的技术成果，获得专利授权 92 项；自主研制出 6 英寸晶闸管等全套特高压直流关键设备；建立了特高压直流技术标准体系，发布了特高压直流技术行业标准 8 项，立项编制国际、国家和行业标准 25 项，推动 IEC 成立了"直流电压 1000 千伏以上特高压直流输电"新技术委员会（编号 TC115），并将秘书处设在国家电网公司。

向上工程承担着金沙江下游向家坝、溪洛渡水电站"西电东送"任务，是国家电网公司落实西部大开发战略，将西部水电资源优势转化为经济优势，推动社会和谐发展的一项具有技术创新和重要社会经济效益的国家重点工程。向上工程投运以来各项运行可靠性指标达到国际、国内领先水平。依托稳定的运行指标，向上工程给华东地区的重要保电时段提供了稳定的电力支撑，为西南清洁能源外送提供了强力的保障。向上工程于

2010 年获得国家优质工程金质奖、2016 年获得全国质量奖卓越项目奖、2018 年获得国家工业领域最高奖项——第五届中国工业大奖。

四、锦屏—苏州 ±800 千伏特高压直流输电工程

锦屏—苏州 ±800 千伏特高压直流输电工程，即锦苏工程，西起西昌市锦屏换流站，东至吴江区苏州换流站，建设规模采用 ±800 千伏双极单回直流输电，途经四川、云南、重庆、湖南、湖北、安徽、浙江、江苏七省一市，直流线路全长 2058.584 千米，杆塔 4241 基，直流电压 ±800 千伏，直流电流 4500 安，输送功率 7200 兆瓦。2008 年 11 月获得国家发展改革委核准；2009 年 12 月 8 日主体工程正式开工建设，2012 年 12 月 12 日投入商业运行。

锦苏工程全面建成投产后，每年可向华东地区输送电量约 360 亿千瓦·时，相当于输送煤炭 1680 万吨，每年可减排二氧化碳 3240 万吨，解决了四川电力"丰余枯缺"的结构性矛盾，满足了东部地区经济社会持续发展用电需求，缓解了日益严峻的生态环境问题，具有重大的经济效益和社会效益。

锦苏工程是国家电网公司投资规划建设的"十一五"特高压交直流输电通道的重要组成部分，是国家电网公司投资建设的第Ⅱ回特高压直流输电工程，承担着雅砻江下游锦屏一级（锦西电厂 6×600 兆瓦）、锦屏二级（锦东电厂 8×600 兆瓦）和官地水电站（4×600 兆瓦）三个大型梯级水电站的"西电东送"任务，是国家电网公司落实西部大开发战略的又一重点工程。

锦苏工程是当时世界上输送容量最大、送电距离最远、电压等级最高的直流输电工程，将特高压直流输送容量从 640 万千瓦提升到 720 万千瓦，输电距离首次突破 2000 千米，创造了特高压直流输电的新纪录。在向上工程基础上，该工程首次实现了由国内负责特高压直流工程的成套设计，是中国直流输电技术和装备的突破，进一步巩固了中国在世界特高压输电领域的创新和引领地位，并成为"西电东送"又一重要绿色能源通道，推动了民族装备制造业创新发展。该工程获得 2013—2014 年国家优质工程金质奖。

第六节 电网防灾减灾和保电

中国地域辽阔，各个地区地形地貌、地质条件以及气候特点不一，自然灾害频发，沿海地区屡遭台风侵袭，森林地区遭山火威胁。2008 年，中国电网先后经历了罕见的大面积冰灾、汶川特大地震等自然灾害，遭受重大损失。随着中国电网规模的不断扩大，以及经济社会的发展，特别是国家大型政治、经济活动的举办，都对电网的安全稳定运行和可靠供电提出更高的要求，电网如何应对自然灾害、如何做好国家重大活动期间电力可靠供应，是电网企业必须面对和解决的问题。在经历几次大的自然灾害后，电网企业不断总结经验教训，进一步制订和完善应对自然灾害的技术措施与管理办法，并很好地完成了 2008

年北京奥运会、2010 年世博会以及广州亚运会等保电任务。

一、2008 年低温雨雪凝冻灾害及恢复

2008 年 1 月中旬开始，中国华中、华东等区域遭遇了历史上罕见的持续低温、雨雪和冰冻极端天气，持续时间长达 42 天。全国共有 14 个省级（含直辖市）电网（约占电网总数的 43%）、近 570 个县的用户供电受到不同程度的影响，部分地区电力设施受灾损坏极其严重，给当地人民生活和社会经济发展造成了严重影响。

受冰灾影响，浙江、安徽、江苏、福建、湖北、湖南、江西、四川、重庆、贵州、云南、广西、广东等电网的电力设施遭到不同程度破坏。受冰灾影响全站停电的 500 千伏变电站 15 座、220 千伏变电站 86 座。受冰灾影响停运的 500 千伏电力线路 119 条、220 千伏电力线路 343 条。冰灾造成 500 千伏杆塔倒塔 678 基、受损 295 基；220 千伏杆塔倒塔 1432 基、受损 586 基。国家电网公司所属 10 千伏及以上电网杆塔倒塌损毁 18.4 万基、断线 12.9 万处、低压线路倒断杆 51.9 万根、受损 15.3 万千米。各电压等级线路停运 15.3 万条，35 千伏及以上变电站累计停运 884 座，累计停电台区 21.93 万个。南方电网公司共发生线路倒杆倒塔及损坏 27.1 万基，断线 22.5 万处，7541 条 10 千伏及以上线路、859 座变电站停运。

在冰灾范围内，湖南、江西、贵州、广西、广东、浙江电网受灾严重，局部地区更是由于电力设施大量受损，使得电力供应中断长达 10 余天，湖南郴州、永州和江西抚州、赣州、萍乡以及浙江金华等地区电网遭受毁灭性破坏。湖南电网一度濒临崩溃并与主网解列，东江等三个主力电厂送出通道全部中断，全网最大可供电力一度下降到正常负荷的 35% 左右；江西电网先后五次与华中主网解列，省网一度解列成三片运行；浙江多条省间 500 千伏联络线停运，四个地市电网失去与 500 千伏主网联络；贵州电网一度解列成四片运行，受损线路占其总数的 77%，停运变电站占其总数的 70%；广西桂林电网、福建电网一度孤网运行。全国受灾情影响的负荷占灾前正常负荷的 25.5%，贵州用电负荷、供电量较灾前减少 2/3 以上。韶关、清远、广西全州、贵州、三峡、湖南鲤鱼江和桥口电厂送出通道中断，西电送广东比原计划减少近 800 万千瓦，广东最大电力缺口超过 1000 万千瓦。

灾害发生后，按照党中央、国务院"保交通、保供电、保民生"的决策部署，受灾地区电网公司紧急组织抢险队伍，赶赴冰雪集中区和覆冰严重的山区，全力开展线路特巡、人工除冰保网和损毁设备设施的抢修恢复工作。国家电网公司、南方电网公司短时间内从 28 个网省公司调集三万余人的抢修队伍紧急驰援受灾地区，总计投入 43.6 万人开展抢修和恢复重建。国家电网公司共筹措了受灾地区急需的 2.9 万吨铁塔、71.17 万根水泥杆、11.07 万吨导地线、563 万片绝缘子、274.63 万副金具，以及 18 766 台配电变压器、4517.9 千米电缆、4290.7 千米光缆等物资；南方电网公司累计运送 26 065 吨塔材、24 885 吨导线、778 吨光纤复合架空电线、422 盘光缆、173 000 余根电杆等物资，确保了抗冰抢险恢复重建的物资供应。

在加快电网抢修工作的同时，国家电网公司、南方电网公司投入大量资金，紧急从32个省市电力公司筹集应急发电设备，共计投入发电机（车）8981台，保障了救灾指挥中心、电力调度中心、医院、交通枢纽、电信、矿山、政府部门、部队、学校、新闻媒体等832个重要客户和居民生活的基本用电需求。

截至2008年3月9日，受冰灾影响的地区已全面恢复供电，江西、福建电网与主网恢复正常联络运行；各电厂送出通道修复完成；湖南、浙江电网恢复重建工程全部竣工，电网全面恢复正常运行，两大电网公司提前23天完成党中央、国务院部署的电网灾后恢复重建任务。

2008年大范围冰冻灾害教训是深刻的、损失是惨重的。多年以来，南方地区的电网企业"防寒意识"不强，再加上中国近20年的"暖冬"现象，使得电网企业在基础设计上对输变电设备抗冰冻能力要求不高，同时也未与政府及公安、消防、军队、气象、信息等部门建立完善的综合防灾减灾协作联动体系，缺乏应急处置大灾、巨灾的能力。面对大面积冰灾的突然来袭，部分尚未建立完善应急管理体系的地区，应急预案不完善、应急准备不充分、措施不完备，只能采取临时应对措施，致使国家、省级、地方电网公司在抗冰抢险及灾后恢复重建工作中投入了巨大的人力、物力，国家电网公司罗海文、肖建华、江玉新等11名员工更是为抢险救灾付出了生命的代价。

2008年3月19日，中电联发布了《电力系统受雨雪冰冻灾害影响情况报告》。该报告中明确提出，进一步研究灾害性天气形成的特点，加快电力系统内部灾害天气预警机制的建立；从工程技术角度研究如何提高特殊地区灾害防治标准；加强农村地区配电网建设，提高农村电力线路强度；加强线路运行、维护的科学方法研究；进一步拓展电力可靠性监管的范围。国家电网公司、南方电网公司在冰灾后开展了电网特性研究、容灾抗灾建设、电网应急体系建设以及电网抗冰设计研究，为研究电网抗冰、融冰、除冰等防灾减灾新技术创造了有利条件。

二、"5·12"地震及电网恢复

2008年5月12日，四川汶川发生8.0级特大地震。电网企业在地震中损失巨大，电力设施损毁严重，四川、甘肃、陕西、重庆四个省级电网的23个地市，共计110个（区、市）县1875个乡镇18 046个行政村供电受到了不同程度的影响，其中四川电网损失尤为严重。

"5·12"地震造成四川茂县一座500千伏变电站停运，绵阳大康、安县、天明、百胜、永兴，巴中兴文，德阳新市、云西，广元洪江、袁家坝、白石岩，阿坝银杏，成都聚源13座220千伏变电站停运，新广兴、圣音寺两座220千伏用户变电站停运；阿坝、绵阳、德阳、广元、内江等地市州的三条500千伏线路、56条220千伏线路故障跳闸。其后发生的余震又导致一条500千伏线路、三条220千伏线路停运。此外还有68座110千伏变电站、91座35千伏变电站，122条110千伏线路、110条35千伏线路、795条10千伏线路停运。累计停电用户 246 万户，其中 106 个重点用户；无法恢复的用户有 84 万户，包括德阳什邡市蓥峰公司和宏达磷化工总厂、广元剑阁县青林沟煤矿和五房沟煤矿、绵阳安县高川乡煤矿 5 个重点用户，合计负荷约 6 万千瓦。同时，地震还造成大量输变电设备严重损毁，如变电站母线倾倒、主变压器本体脱轨、喷油着火，支柱绝缘子和套管断裂，互感器、避雷器炸裂，断路器倾覆，保护屏柜严重变形、移位，输电线路倒杆倒塔、断线等毁灭性破坏。部分地区供电局办公楼、调度大楼等出现了不同程度的墙体裂纹、基础沉降、楼体倾斜和塌陷现象。

地震灾害发生后，国家电网公司迅速启动应急预案，立即开展抗震救灾工作。在全国范围内统筹调配抢修力量，先后调集 4300 余人的骨干抢修队伍支援受灾地区开展电网抢修工作，并紧急调集大批电力物资设备和救灾物资支援地震受灾地区，保障尽快恢复受灾地区供电。同时，国家电网公司联合南方电网公司，统共调集 1205 台电力应急车和 210 台柴油发电机等应急电源赶赴受灾地区，为抢修和救灾提供电力保障。

经日夜紧急抢修，至 5 月 18 日，重庆、甘肃、陕西电网受损电力设备基本恢复，主网正常运行，三省市的用电负荷接近或达到灾前水平，其中，受灾较为严重的甘肃陇南 9 个县、宝成铁路四川段电铁牵引站全部恢复供电。受灾最严重的四川电网恢复受损电力设施 85% 以上，最大用电负荷恢复至灾前最大用电负荷的 80%。

6 月 2 日，国家发展改革委在成都召开四川地震灾区电力抢修与重建工作会议，会议部署了对北川、小金、汶川、理县、松潘、茂县 6 个受损严重的地方电网的抗震救灾对口支援问题，并提出了具体要求。国家电网公司根据会议要求，拟订了《国家电网公司对口支援 6 个重灾区地方电网恢复重建方案》，规定了四川省电力公司对口支援汶川县；湖北省电力公司对口支援理县；湖南省电力公司对口支援茂县；河南省电力公司对口支援北川县；江西省电力公司对口支援小金县；重庆市电力公司对口支援松潘县。对口支援工作分为抢修恢复阶段和重建恢复阶段，通过采取临时应急措施，抢修重要线路和变压器，完成受损设备和配电网设备的抢修、改造，满足受灾地区抗震救灾和基本用电需求。6 月 10 日 229 座可恢复的 35 千伏及以上变电站、3160 条可恢复的 10 千伏及以上电力线路全部恢复运行。8 月 27 日，5 座原地重建的变电站全部建成投运，其中原地重建 2 座 220 千伏变电站、2 座 110 千伏变电站、1 座 35 千伏变电站。电网抗震救灾全面转入规划重建阶段。

在"5·12"空前严重的特大地震灾害中，全国各电网企业积极响应国家号召，积极开展抗震救灾与灾后恢复重建，并投入了大量的人力物力。地震发生后，国家电网公司组织国网经济技术研究院、中国电科院等科研单位赴受灾地区进行实地调研，提出了《四川汶川 8.0 级地震电网受灾情况调研及分析报告》，其中就反映了电网企业"防震"意识不强、灾害应急管理体系不完善等问题。这些问题引起了中国电网企业对进一步提高电力系统抗御防范自然灾害能力的重视，也提升了对加强灾害防治技术攻关和提升应急管理能力必要性的认识。

三、电网灾害防治

电网的防灾减灾一直是电网企业的重要研究方向。2001 年 8 月，国家电力公司湖南省公司状态检修课题研究小组正式成立。2007 年 3 月，该小组正式被国家电网公司命名为"输电线路防灾技术实验室"。在经历 2008 年低温雨雪凝冻灾害、2008 年"5·12"地震、2010 年青海玉树地震以及山火、台风等一系列自然灾害后，电网企业汲取经验教训，针对自然灾害防治制订了一系列的管理措施，同时也加大了技术攻关的力度。

防冰冻方面。电网企业将重心放在研制融冰技术之上，同时进行局地小气候差异化建设，加强与气象部门联动，进一步做好灾害天气预警工作，逐步建立健全了以"防、抗、改、融、除"为核心的冰冻灾害综合防治体系。自 2008 年低温雨雪凝冻灾害后，国家电网公司向输电线路防灾技术实验室下达 5 项防冰减灾重大攻关项目，重点研究融冰技术。同年，首套移动式直流融冰装置在娄底 220 千伏上渡变电站现场安装试运成功；首套固定式直流融冰装置在 220 千伏城前岭变电站现场试运成功。在研发直流融冰技术的同时，该实验室还开展了电网覆冰预测技术的攻关，于 2008 年 11 月 20 日发布了首份电网覆冰长期预测报告。2010 年 3 月，该实验室正式升级为国家电网公司重点实验室。2013 年 7 月，国家电网公司正式批准依托该实验室成立国家电网公司输电线路覆冰预测预警中心和山火监测预警中心。2013 年 12 月，该实验室完成的电网大范围冰冻灾害预防与治理关键技术及成套装备获国家科学技术进步奖一等奖。

防山火方面。电网企业致力于开拓电网山火灾害不停电防治新思路，同时对于山火频发地区，采取差异化设计，建设超高输电线路。2010 年起，输电线路防灾技术实验室就开始了电网防山火技术攻关，成功研制了"定量预测—实时监测—带电灭火"的全新电网山火灾害带电防治技术体系与装备。历时十余年，多学科协同创新，该实验室先后提出了电网人为山火定量预报新方法、水雾绝缘高电压带电灭火新原理；发明了电网山火广域实时监测技术；攻克了电网山火小流量高扬程灭火新技术。该实验室所研究大部分项目技术已产业化，并在 27 省区市电网广泛应用，项目成果——电网大范围山火灾害带电防治关键技术获得了 2018 年国家技术发明奖二等奖。

防地震方面。因地震预报技术还未取得突破，预警能力还未形成，故电网企业将工作重心落在应急能力建设上，逐步加强应急管理机构建设、建立健全企业自身的应急规章制度，并对地震高发区的老旧厂房与设备进行加固。2008 年 12 月 27 日，第十一届全国人民代表大会常务委员会第六次会议修订了《中华人民共和国防震减灾法》，该法第四十六条中明确规定："交通、铁路、水利、电力、通信等基础设施和学校、医院等人员密集场所的经营管理单位，以及可能发生次生灾害的核电、矿山、危险物品等生产经营单位，应当制定地震应急预案，并报所在地的县级人民政府负责管理地震工作的部门或者机构备案"。2009 年 10 月 27 日，在北京召开的中国国际电力安全发展暨电力应急管理论坛中，明确提出了要大力加强应急能力建设，建立应急指挥平台体系、应急抢险救援队伍体系、应急物资储备体系，形成指挥有力、运转高效的电力应急体系。其后，各电网企业依据国家法令开始对已有应急预案体系进行梳理和完善。2010 年，国家电网公司正式发布实施了《国家电网公司突发事件总体应急预案》和 16 个专项应急预案。2011 年 7 月，国家电网公司首批应急培训基地在山东泰安、四川成都两地先后挂牌投运，并组建了国家电网首支专业应急救援大队，组织编制了《突发事件应急管理》《突发事件应急法律制度》《应急救援基干分队培训手册》等 16 种培训教材。

防风害方面。电网企业更追求防风技术体系的完善，并结合气象监测、隐患排查、应急处置等多方面措施，全面提升风害防治水平。为此，国家电网公司印发了《输电线路六防工作手册　防风害》作为输电专业的防风指导手册。常年受到台风侵袭的南方电网公司也先后印发了《南方电网沿海地区设计基本风速分布图》作为防风抗灾的技术指导，《南方电网公司输电线路防风设计技术规范（试行）》和《南方电网公司配电线路防风设计技术规范（试行）》作为设计要求等。在防风工作的推进过程中，两大电网企业依照完善的技术规范，对所辖范围内易受风害影响的电网设备采取了加装防风拉线、提高电缆化水平、选用复合材料电杆等一系列技术措施。南方电网公司还建设了台风监测系统作为预警应急的依据，有效地指导了沿海地区电网的防风规划、设计和改造工作，广东省 21 个地级以上市的电网，根据当地实际开展保底电网规划调整和建设，用近五年的时间，逐步建立起可抵御强台风等灾害的城市保底电网，有效地提升了防台风能力，提高了重大灾害后抢修复电的效率。

面对自然灾害，做到防灾减灾，技术攻关与应急管理同样重要，在提升灾害防治技术与应急管理能力的同时，各电网企业的保电能力也在不断提升，应急装备也逐步向轻量化、快捷化发展。

四、北京奥运会保电

2008 年北京奥运会保电工作是中国电网企业所经历的跨度最长、范围最大、规模最大、要求最高的保电任务，中国两大电网企业都将奥运会保电工作放在了年度工作的首要位置。国家电网公司于 2008 年 4 月 7 日制定了《国家电网公司"金牌服务迎奥运"计划》、6 月 3 日印发了《关于加强奥运和迎峰度夏期间有序用电工作的通知》，南方电网公司也于 5 月初对奥运保电工作作出了部署，下发了《关于强化落实迎峰度夏暨奥运保供电任务的通知》。国家电网公司不仅制订了工作方案与保电计划，还提前规划建设了大量奥运电网工程，其中包括配套输变电工程、比赛场馆及配套工程、奥运中心区随路建设电力管线工程、奥运场馆临时供电设施工程、奥运场馆周边及道路架空入地工程，5 大类共 228 项工程，涉及华北、北京、天津、山东、上海、辽宁 6 家网省级公司。

北京市电力公司在 2007 年完成大部分配套输变电工程的基础上，尤其是 500 千伏城南输变电工程、临时供电设施工程等 104 项工程，确保按照奥组委要求，保障北京奥运赛场临时供电的特殊供电要求；华北电网有限公司于 2008 年 6 月 30 日前，在完成 500 千伏城北变电站等 11 项工程基础上，全面完成了 500 千伏门头沟等 4 项工程建设工作；山东省电力公司将重点放在青岛奥帆赛场供电设施建设当中，于 6 月 30 日前，完工了 5 项 35

千伏及以下配套输变电工程；天津市电力公司、上海市电力公司、辽宁省电力有限公司也按期完成奥运赛场的供电设施建设任务。7 月 18 日，随着北京城南变电站等最后一批项目投运，所有奥运电网工程按期完成。这些项目的建设，完善了北京、天津、秦皇岛、青岛、上海、辽宁 6 个奥运赛事承办城市的电网配置，确保了奥运安全可靠供电。

北京市电力公司作为奥运会的供电主体责任保障单位，同时也作为电力建设的组织者和实施者，在规划建设奥运电网工程的同时，还制定了《北京电力公司奥运供电电网规划设计技术原则》（简称《原则》）。《原则》明确了以裕度适量、安全稳定、结构合理、运行灵活、比例协调、经济合理的原则，对北京电网、北京奥运供电主网、北京奥运中心区电网实施调控，并对各电压等级的电网规划设计标准与奥运用户供电标准提出了明确规定。《原则》要求 500 千伏形成环网，多通道受电，分散接入环网上 500 千伏变电站，正常运行方式下的设备无过载情况；220 千伏变电站应有同一个供电区域的两个不同方向的主供或者备用电源；110 千伏网络采用链式、交叉 T 接式、放射式等形式，其中直接为比赛场馆供电变电站的电源应从不同的 220 千伏变电站引入。《原则》将奥运比赛场馆以及配套服务相关的用户按其重要性分为 A、B、C、D 级用户，其中 A 级用户由两个及以上 110千伏变电站提供不同方向的直配电源，并且上级电源应取自不同的 220 千伏变电站，电源系统各组件应满足 $N-1$ 或更高要求；B 级用户由两个及以上 110 千伏变电站提供不同方向的直配电源，电源系统各组件应满足 $N-1$ 或更高要求；C 级用户由两段 10 千伏母线提供直配电源，电源系统各组件应满足 $N-1$ 要求；D 级用户电源取自配电网，发生故障时，通过倒闸操作恢复供电。为 A、B、C 级用户供电的 10 千伏线路应全线采用电缆供电。

2008 年 8 月 8—24 日，北京电网经历了高温大负荷和多次雷电及强降雨天气，电网负荷也曾一度达到了 1162 万千瓦，但电网仍保持了平稳运行，比赛场馆、重要附属设施及城市运行重设施的上级电源供电无一异常，北京城市运行发生的少量突发供电故障也在最短的时间内得到排除。这使得北京奥运会保电创造了中国电力工业史上的奇迹——大型国际性活动电力可靠性接近 100%，国家电网公司也将本次保电工作中所取得优异成效的措施与方案沿用到了 2010 年上海世博会等重大事件保电工作中。

五、上海世博会保电

2010 年 5 月 1 日—10 月 31 日，世博会在中国上海举办。点多、面广、战线长、标准高是本次世博会保电工作的主要特点。世博会长达 184 天、横跨 3 个季节的保电周期对保电方案提出了更高的要求；世博会正逢夏季用电高峰，更加考验电网在用电高峰时期的电能充足供应；世博会期间重大活动多、规格高、范围广，也是对电网应急处置工作的考验。

2009 年年底，国家电网公司完成世博会电网建设相关工程 11 项，其中配套输变电工程 8 项、配套电源接入工程 3 项；完成架空线入地工程 122 条，共计 221 千米。2010 年 3月 18 日，迎世博电网建设核心工程 500 千伏静安输变电工程投运。该站为全地下结构，是国内首座多级降压 500 千伏地下变电站。该站 500 千伏电缆进线，来自浦东三林变电站，直线距离 11.5 千米，隧道全长 15.3 千米（不含工作井），其中盾构法隧道内径 5.5 米，长约 8840 米；顶管法隧道内径 3.5 米，长约 6140 米，沿线共设 14 座工作井。电缆长度 17.35 千米，采用 500 千伏 2500 毫米² 大截面电缆，整个工程为国内首创，建设规模列全国同类工程之首。

上海市电力公司作为世博会的主体责任单位，负责相关电网建设工程共 28 项，包括 500 千伏静安输变电工程，北京西路—华夏西路电力隧道工程，220 千伏南市、连云输变电工程，220 千伏浦东站扩建 3 回、广州站电源进线调整、静安变电站 220 千伏主变压器进线调整工程等配套输变电工程，以及 110 千伏都市、群英、荟萃、花园港、蒙自输变电工程和 35 千伏世博主题馆、世博中国馆、世博轴、世博演艺中心、世博村、世博公共活动中心、世博城市最佳实践区、南市水厂等配套电源接入工程。

为应对世博会特殊用电需求，国家电网公司发布了世博会供电保障防护相关标准，将世博会保电工作分一级保电时段和二级保电时段。一级保电时段包含世博会开幕式（4 月 30 日）、开园仪式（5 月 1 日）、世博会闭幕式（10 月 31 日）、中国国家馆日（10 月 1 日）及其他重要活动时段；二级保电时段包含世博会开园前一周、闭园后三天和世博会期间除一级保电时段外的所有时间。同时，国家电网公司为应对突发事件，联合国家电网公司总部应急指挥部及上海市电力公司、华东电网公司和承担跨区电网运维任务的 15 家单位，共设立各级应急指挥机构 42 个，安排应急指挥人员 24 小时值班，以便及时处置和应对各类突发事件，并且在世博园区内设立 2 个电力应急指挥中心，派遣了 1600 多名保电人员常驻世博园；世博园外围设立 5 个大型抢修驻点、500 多名世博会供电设备运维保障人员、130 名重大突发事件应急抢修专家随时待命，同时也配备应急发电车、照明车、卫星指挥车等设备。

世博会期间，上海市电力公司总计投入超过 5 万人·次的保电力量，胜利完成开幕式、开园式、中国国家馆日、闭幕式等一级保电任务，确保了园区内外 533 家重要客户供电安全。上海电网还经受住了持续极端高温、雷暴恶劣天气及外损、外破的严峻考验，使得园区供电保障服务在"零故障、零事故、零投诉"的情况下圆满完成。

六、广州亚运会保电

第 16 届广州亚运会是继北京奥运会和上海世博会之后，在中国举办的又一项大型国际活动。第 16 届广州亚运会涉及广州、佛山、东莞、汕尾 4 座城市，共有 1 个开闭幕式场所、53 个比赛场馆和 17 个训练备用场馆。对于主办城市广州来说，亚运会保电是广东电网历史上时间最长、规模最大、难度最大的保供电工作。南方电网公司高度重视这次保供电工作，明确提出"举全网之力确保广州亚运会供电万无一失"的工作目标。

2004 年，广州申办亚运会成功后，南方电网公司就抓住亚运会这一历史机遇，与当地政府协力解决电网建设的难点问题，充分调动各方资源，为电网建设创造环境。在亚运会开幕前，共计完成了楚穗±800 千伏特高压直流、220 千伏亚运村输变电工程、110 千伏桂竹—东洲 I 回线路等 850 个主网、配电网建设和改造项目，其中主网建设项目 19 个、大修技改项目 261 个、配电网建设和改造项目 555 个。

2010 年 7 月，南方电网公司在分析亚运会保电所面临的电网风险后，印发了《广州亚运会保供电调度运行方案编制工作要求》和《广州亚运会保供电调度运行总体方案编制大纲》，明确了各级调度机构亚运会保供电调度运行方案编制内容、深度及进度要求，提出 5 大项准备工作要求，指导 5 省区中调及广东 21 个地调编制完成保供电调度运行总体方案。同年 10 月发布的《广州亚运会保供电调度运行方案》中，详细分析了亚运会期间电网运行的安全风险，制订了应对措施，明确了检修、启动等各项工作的具体安排和要求。与此同时，南方电网公司还印发并实施了保供电重要生产场所和设备分级原则、准备阶段保供电重要设备运行管理工作标准、隐患检查指导大纲、实施阶段保供电重要设备运行管理工作标准等一系列文件，完成了电网设备的巡视、检验、试验、状态评价、隐患排查等工作，范围包括直接涉及亚运会的 137 座变电站、368 回 110 千伏及以上输电线路、810 个配电房，累计检查设备和装置近 11 万套/次，及时消除重大和紧急缺陷 842 项、重大隐患 261 项、一般隐患 6346 项。

在进行措施制订与落实的同时，南方电网公司还针对 2010 年经济逐步回暖、用电需求逐步回升的情况，细化了各种电力供应缺额情况下的有序用电预案，落实了应急发电设备储备约 23 万千瓦，为亚运会期间比赛场馆的应急用电需求提供支持。同时还从五省区 39 个供电局紧急调集 1880 名专业技术人员，全方位援助比赛相关场馆和重要场所的电力保障工作，消除所有比赛场馆的用电隐患，确保场馆的用电安全。

2010 年 11 月 12—27 日亚运会在广州举行。亚运会期间，南方电网主网及广东电网 220 千伏及以上电网保持全接线运行方式，使得电网运行更为稳定。南方电网公司累计投入技术人员 96 万余人·次参与巡视、带电测试和值守工作，保障变电站、输电线路以及配电设施安全运行。实现了频率合格率达 100%；中枢点电压合格率达 100%；继电保护、安全自动化设备全部运行正常；220 千伏及以上生产实时控制业务通信通道平均中断时间零分钟。实现了亚运会期间涉及保供电的输、变、配电以及通信等设备"零事故、零障碍"的目标。

第七节　国家电网公司实行电网调度调控合一

特高压时代，电网规模扩大，电网运行工况和潮流多变，安全稳定特性更加复杂。电网交直流混联，大电源影响增强，电网运行控制难度加大。特高压骨干网架建设初期和电网发展过渡期间，运行安全面临结构性矛盾。以特高压主网架连接的一体化电网，电网间电气联系更加紧密，相互影响、相互作用进一步增强，电网特性由区域模式主导转向总体模式，电网运行的整体性进一步增强。

为适应和驾驭电网的要求，结合计算机技术和通信技术的应用，实现电网运行参数和监控信息的快速传递，电网调度机构尝试采用调控合一，以提高电网调度和应急处置效率：包括特高压电网调度管理制度推行五级调度体系调整、智能电网调度控制系统的研制和推广、备用调度等一系列创新方式，深入研究一体化调度技术及其应用，建设跨区电网通信系统，尝试电网调度调控合一等创新手段，确保特高压电网运行整体化、信息化、系统化，效率化。

一、特高压电网调度的管理创新

电网发展客观要求相应变革电网运行组织形式，推进调度业务模式转型，实现一体化运作，提升驾驭大电网运行控制能力，优化调度体系纵向层级，解决调度层级多、链条长、专业融合差、运行组织效率低的问题，以适应电网远距离、大范围、大规模配置资源的要求。

（一）五级调度体系调整

按照"大运行"体系要求对调度功能结构进行了调整。在国调、网调层面，网调调整为调控分中心，实施国调、网调运行业务一体化运作，以提高运行效率为目的，加强国调中心和调控分中心的整体协调运作；以提高安全绩效为目标，加强调控分中心的实际调管能力，充分发挥调控分中心在保障电网安全的重要作用，实施"一本方式、一本计划、一本规程"指导电网运行。

统一核心业务。建立国家电网运行方式管理机制，完成《国家电网运行方式规定》修订；统一开展 500 千伏以上主网仿真分析，实现国分调运行方式管理工作异地、高效、协同计算。编制《电网调度运行业务实时协同工作规范》，实现电网实时控制协同；深化综合智能告警信息共享和互推，《电网故障处置预案编制》流程上线运行，实现电网故障处置协同。

统一制度标准流程。完成国分一体化 9 项调度有关制度规定和 3 项技术标准编制并发布执行，完成 11 个国分调业务流程及标准操作程序编制并上线运行。编制《国家电网公司主网年度运行方式》，实现主网"一本方式"指导电网运行。编制《国家电网公司年度主网停电计划》，实现主网"一本计划"指导电网运行。完成《国家电网调度控制管理规程》（国家电网调〔2014〕1405 号）修订，实现"一本规程"指导电网运行。

统一技术支撑手段。完成省级以上调度基础平台完善、网络升级工作。完成国分调新一代数字证书系统升级改造，实现安全标签的统一管理；实现调度可视电话和远程会商功能。推进核心应用功能实用化，实现 11 个核心业务流程在国分调上线流转和互联互通。推进集中运维中心建设，在中国电科院建成智能电网调度控制系统集中运维中心，实现省级以上调度自动化系统集中在线监视、故障处置和远程技术支撑。

调整优化调控范围。完成国分调 54 座电厂、72 座变电站、195 条输电线路调度范围调整；完成 78 座 500 千伏变电站监控范围调整。完成相关资料移交，实现专业管理对接，具备相应技术手段，开展人员培训。国分调控范围进一步调整优化，实现更大范围的资源优化配置。

在省调层面，实施标准化建设、同质化管理，全面落实国家电网调控运行专业管理要求，负责调度所辖省网骨干电网调度。

在地（市）调、县调层面，实施专业化和集约化，将原县调调度范围内110（66）千伏电网调度权上移至地（市）调，强化电网调度专业管理职能，提升统筹保障地区电网安全运行能力。县（配）调负责调度管辖35千伏及以下电网。

（二）推行调控合一

"调控一体化"是将现有电网调度和变电设备运行集控功能实施集约融合，提高电网运行应急响应能力和事故处理效率。从电网运行管理上，进一步理顺生产关系、完善运行组织架构、提高集约化管理水平。从职能上，"调控一体化"是将电网调度、电网运行设备的远程监视和控制结合，一体化运作。调控一体化实施后，电网调度机构主要职责，包括对输变电设备已接入技术支持系统的运行信号进行远程监视与处理。传统的电网调度除通过 AGC、自动电压控制（AVC）等自动装置远程控制发电设备和电网设备外，一般不对电网运行设备进行远程监视和控制，这方面的职责由监控中心（或集控站）承担。而调控一体化就是在电网设备水平和相关技术水平已经满足的前提下，将监控中心纳入电网调度机构统一管理，实现电网运行职能的集约，以适应电网的快速发展。但在这种模式下，需要对各级电网调度机构重新进行战略目标定位和职责分工。对一、二次输变电运行设备进行遥控和遥调，主要包括对主变压器分接头、电容器、电抗器等调压设备的遥调；电网正常操作及事故处理时的开关遥控操作，变压器中性点接地开关遥控操作，条件允许情况下的接地开关遥控操作，保护及自动装置投退、远方改定值、定值区更改、自动化参数修改、保护信号远方复归等。

2009 年 12 月，浙江杭州电网成功实现配电网调控一体化，为全面推广应用积累了经验。同时，自主开发的 $N-1$ 风险预警系统为电网调控一体化提供技术支撑，在国内处于领先水平，已基本具备智能化调度的雏形。2010 年 5 月 11 日，杭州市电力局成立杭州电网调度控制中心，把市区 16 座 220 千伏变电站、53 座 110 千伏变电站和 6 座 35 千伏变电站纳入"调控一体化"管理。2010 年 9 月 28 日，杭州市电力局五个县级电网调控中心正式挂牌运行，将县局所属的 108 座 110 千伏变电站、66 座 35 千伏变电站纳入地、县两级"调控一体化"管理。2010 年 10 月 12 日，杭州市电力局"实施配电网调控一体化提高电网安全管控和可靠运行水平"获得中电联颁发的"企业管理创新成果一等奖"。

（三）制度标准一体化建设

2012 年 9 月，国家电网公司部署启动了构建与公司发展相适应的管理制度体系。调控运行专业作为公司的核心业务，其管理制度体系的构建也同步开展。国调中心以大运行体系建设为契机，对现有制度标准进行梳理，统一筹划，设计了一套自上而下的统一的调度控制制度标准体系，为强化深化大运行建设成果、全面提升大运行体系运转的效率与效益提供完备的制度保障。

调控运行通用制度体系构建过程主要经历了四个阶段：第一阶段开展了大电网调度控制制度标准体系研究；第二阶段纵向对比了国家电网公司总部与分部、省公司调度控制制度标准；第三阶段全面开展顶层设计，构建了调度控制制度标准体系框架；第四阶段全面开展制度的制修订工作。

经过近 2 年的工作，调控管理制度体系建设初见成效，共新编通用制度 42 项。2014 年年底，调控运行专业制度体系基本形成，共包括 1 项管理通则和 42 项通用制度。

这次制度体系的构建，与调控运行专业新的组织模式和业务流程相匹配，实现了关键业务一贯到底。其成效可概括为：固化了大运行体系建设的先进经验和改革成效，统一规范了新业务、新流程的运转方式和管控模式，取代了过去国家电网公司总部（分部）、省、地市、县公司 737 项制度标准，改变了制度标准重复建设的低效局面。

从 2015 年起，调控运行各专业根据管理需要，对通用制度进行了制订、修订、废止，调控专业制度体系不断完善，截至 2020 年年底，已经形成 70 项国家电网公司通用制度。

二、备用调度全面建成

2008 年 "5·12" 四川汶川地震后，国家电网公司加快推进了调度机构备用调度体系建设，目的是预防自然灾害、重大事故等突发事件导致现有调度中心功能丧失，保障电力调度指挥的不间断性，提高电网的抗灾能力。

随着电网规模的不断扩大和特高压电网建设、"三华" 电网同步运行、调控一体化和各级电网协调快速发展的实际需要，电网调度需要提高电网调度的安全性、可靠性和容灾能力，有效应对事故、灾害、严重公共卫生事件、重大突发公共事件等各类风险，确保重大活动可靠供电。

2009 年，国调中心组织人员研究制订备用调度建设方案，2010 年陆续开始建设，首先完成了电网一体化调度运行和调控一体化的技术保障措施。国家电网的华北、华东、华中网调与国调采用主调间异地互备模式实现备用（1+3 模式），结合各主调自动化系统的更新改造，配备统一的技术支持系统，逐步建成互为备用的一体化 "三华" 电网调度系统。东北网调与吉林省调、西北网调与甘肃省调实现主调异地互备，同时西北网调兼作青海省调的备用调度。

省调设置地调备用席位，当地调主调失去功能时由省调立即接管地调实时调度业务，地调所承担的设备监控业务，由当地的设备运维单位进行备用；对于电网规模大或地域跨度大的地区，在其所辖县调（位于第二数据汇聚点）建设备用调度，实现地调业务功能备用。在各地调数据网络第二汇聚节点建设简易采集监控系统，实现对所管辖 110 千伏电网实时数据的双汇聚采集和分布处理，省调端设置远程监控终端，采用远程浏览方式实现对各地调实时调度业务的集中备用。已经建成的省级备用调度，在原备用调度基础上适当完善后，维持使用。新建的省级备用调度，选择本省异地地调建设备调，共用调度基础设施。

县级电网不单独建设备用调度，县级电网备用调度功能在地调主调集中实现，地调设置县调备用席位，当县调失去功能时由地调立即接管其实时调度业务，应急情况下，县调采用现场派人的方式实施设备监控。不再单独建设县级备调。

2011 年，国家电网公司总部及华北、华东、华中、东北、西北 5 个分部，27 家省级电网公司和 311 家地市公司均完成了备调建设（其中国调中心位于华东的备调于 2011 年

10 月建成）。备用调度在数据层面实现了实时数据采集处理的备用，在技术系统层面实现了电网运行监控功能（SCADA）的备用，在业务功能层面实现了调度运行业务的备用，建成了覆盖国、分、省、地、县各级调度机构的备调体系，为国家电网公司电网应急状态下连续不间断开展调控业务提供有力的保障，国家电网公司电网调控机构的应急防灾能力得到较大程度的提升。

随着应急备用调度体系建成，主备调切换演练常态化开展。备调体系均发挥了应有作用，成果得到实际检验，保障了电网安全稳定运行和电力可靠供应。

随着国家电网公司备调体系建成，以应急防灾为主要用途的备调体系已完成建设目标，常态化开展了备调切换演练。在 2015 年"7·3"湖南不间断电源（Uninterruptible Power System，UPS）故障等多次应急处置中，备调均发挥了应有的作用，得到了实际检验。备调为提高电网调度抵御各类事故、自然灾害和社会突发事件提供了强有力的保障，确保了电网安全稳定运行和可靠供电。

三、智能电网调度控制系统（D5000）研制和应用

智能电网调度控制系统（D5000）建成了具有广域、全景、分布式、一体化的特征平台，以及平台之上的实时监控与预警、调度计划、安全校核、调度管理等几大类应用功能。该平台及应用通称 D5000 系统。D5000 系统以"横向集成、纵向贯通"为目标，总体上应满足国、网、省、地、县（配）级电网调度业务的要求。考虑到业务的相近性，国、网、省三级电网调度技术支持系统采用完全相同的体系结构。D5000 系统研发攻克了电网模型、图形、实时数据的共享和调度业务的高效协同等关键技术，提升了特大电网一体化调度控制的基础支撑能力，实现了多方面的创新，研发了全网协调的安全控制技术，攻克了综合智能告警、在线广域安全评估、低频振荡在线分析和多级协调控制技术，提升了调度驾驭特大电网的能力。此外，系统创新研发了全网统筹的经济调度技术。攻克了多目标、多时间尺度、多级协调的发电调度技术，提升了更大范围电力资源优化配置的能力。

AVC 应用：1968 年，日本九州电力公司首先在 AGC 的基础上增加了系统电压控制功能，首次从全局角度出发进行电压和无功功率控制；之后，德国 RWE 实现了基于最优潮流（OPF）实时在线闭环应用的两级电压控制模式，法国、意大利等国则以控制区域和中枢母线为核心实现了三级电压控制模式。中国在 2001 年 9 月召开的第二十七届中国电网调度运行会上将 AVC 列为现代电网调度重点发展技术，经过相关领域科研人员和一线运行人员的不懈努力和探索研发，使得 AVC 从最初的厂站端简单的电压无功控制（VQC）装置发展为现在以调控中心主站为核心、覆盖整个电网范围（区、省、地）、适应含新能源、特高压等先进技术的复杂大型电网的 AVC。

根据中国电网基于不同电压等级的分级调度体系，分调（原网调或区调）和省调是实现以调控中心主站为核心的系统 AVC 的主力军，湖南电网、安徽电网、江苏电网、福建电网、辽宁电网、华北电网、东北电网等分、省调在 2000—2006 年，分别立项、运行，并进行了创新性的发展。其中，2007 年 2 月，华北电网 AVC 系统（主站和一期试点子站）

正式投入闭环运行，成为中国第一个区域电网 AVC 系统。

这一阶段所开发运行的 AVC 系统，尤其是主站软件奠定了中国电网现有 AVC 的基础，2009 年之前，各个分、省调的 AVC 系统建立在各自调度中心 EMS 支持平台之上，实现方式差别很大，2009 年，在国调中心的统一领导下，随着国家电网《智能电网调度技术支持系统总体设计》和《电网电压自动控制技术规范》的编制出台，依托于智能电网调度技术支持系统的建设，规范了国家电网公司系统内乃至中国电力系统 AVC 系统的建设、管理、运行及维护。

在这一时期，AVC 系统本身也陆续增加并实现了省调与地调 AVC 系统的协调控制、分调与省调 AVC 系统的协调控制等功能。

D5000 系统研发与应用：2008 年，在国家 863 项目支持下，国家电网公司联合国内 40 多家科研、高校、产业和电网运行单位，历时 5 年在国际上率先自主研制了 D5000 系统，建立了大电网协调控制和多级调度业务协同的技术支撑体系。D5000 系统由一体化平台，以及实时监控、调度计划、安全校核、调度管理四大类应用构成，有力支撑了国调、分调和省调一体化协同运作，并同步开展了节能发电调度关键技术研发，在母线负荷预测理论与方法、大规模安全约束机组组合和经济调度、安全校核快速计算方法等方面取得突破，填补了国内空白。

D5000 系统采用全国产的计算机硬件、安全操作系统和数据库，支撑平台和应用功能具有完全自主知识产权。通过调度数字证书和安全标签技术构建了内部防控和边界防护兼备的纵深安全防护体系，满足国家信息安全等级保护第四级安全要求，具备防御集团式网络攻击的能力。2009 年，为满足调度机构对信息日益增长的需求，国家电网公司启动了调度数据网第二平面建设和改造工作，构建了网络双平面架构，国调和各分中心实现了百（千）兆互联，提升了网络可靠性和业务保障能力。

在研发过程中形成 IEC 国际标准 2 项、国家标准 2 项、行业标准 9 项，成果被评为国家战略性创新产品，获 2013 年国家科技进步奖二等奖、第十四届中国专利优秀发明奖。智能电网调度控制系统现已应用于国家电网全部省级以上调控中心和近 200 个地市调控中心。

四、跨区电网通信系统建设

2007 年，"三纵四横"[❶]光纤骨干网架基本建成，各级光纤通信网络实现了互联互通，国家电力信息高速公路基本建成。

"十二五"期间，随着国家电网公司战略发展，通信需求迅速增长。国家电网公司采用 40×10G OTN 技术，建设了大容量骨干光传输网，覆盖了 282 个站点。进一步满足了电网非实时、高带宽 IP 业务的快速增长需要，并为同步数字体系（Synchronous Digital Hierarchy，SDH）网络部分业务提供传输备份和网络支撑。

截至 2011 年，国家电网公司一级骨干通信网光传输系统 28 个，线路总长度为 47 637

---

❶ "三纵"是指京峡、京沪、兰银呼一天成重；"四横"是指西郑、宜华、龙政、阳城。

千米；微波传输系统 3 个，线路长度 3794 千米；载波通信系统 3 个，线路长度 1966 千米。建成了以西单、白广路为一级汇接交换中心，网、省公司为二级汇接交换中心的星形行政交换网络，以及由国家电网公司、区域电网公司、省（市）电力公司、国调直调厂站（含承担直调厂站调度交换汇接功能的变电站）等各级调度交换节点构成的三级汇接、四级交换的调度专用交换网络。

第十六章

特高压电网建设与智能电网发展（2012—2017）

特高压工程的建设和实施，在远距离、大容量输送及电力资源优化配置、缓解供需矛盾、促进东西部协调发展方面起到了重要作用。特高压电网已经成为中国"西电东送、北电南供、水火互济、风光互补"的能源运输"主动脉"，破解了能源电力发展的深层次矛盾，实现了能源从就地平衡到大范围配置的根本性转变。

随着国家经济的快速发展，为使电网企业更好地服务经济社会，党的十八届三中全会以后，对深化能源电力体制改革提出了新要求，中国经济社会改革逐渐步入"深水区"，能源改革不断向深入推进。2014 年，习近平总书记提出了"四个革命、一个合作"能源安全新战略，指明了能源改革发展方向。2015 年启动的新一轮电力体制改革则是以电力市场化改革为核心，大力推动了输配电价改革、电力市场建设、售电侧改革，对于还原电力商品属性，构建有效竞争的电力市场体系，放开发电、售电环节，引入竞争机制，提高电力市场整体效率，鼓励清洁能源的发电和上网，推动节能减排发挥了积极的促进作用。

为更好地落实电力体制改革要求，电网企业精心制订了"十三五"规划，补强和完善500 千伏和 750 千伏网架结构，以特高压输电技术实现中国创造和中国引领，中国自主研发、设计、建设的特高压电网，形成了以华北、华中、华东为核心，联结各大区电网、大煤电基地、大水电基地和主要负荷中心的坚强网架。建设完成了"四交五直"和三条 500千伏共 12 条大气污染防治行动重点输电通道，对防治大气污染，解决京津冀、长三角、珠三角等地区用电问题起到了支持作用。

为发挥电网企业服务社会的作用，满足和适应建设新型城镇化、智慧城市、生态文明要求，充分利用"互联网＋"和大数据，研究现代电网企业大发展方向，早在 2009 年，国家电网公司就提出"加快建设以特高压电网为骨干网架，各级电网协调发展的统一坚强智能电网的目标"。通过智能电网建设推动实现中国能源生产、消费、技术和体制革命。

在建设智能电网的过程中，以国家电网公司为首的电网企业，以创新为引领，建设了国家风光储输示范工程、智能电网综合示范工程、国家重点实验室，实现设备研制、专题研究、试验仿真、商业模式、管理创新、宣传交流等方面的工作进一步深化。

随着中国特高压和智能电网的不断建设，电网的网架结构和运行机理都发生了根本性变化，电力调度机构也尝试从管理、技术、通信等方面进行改革创新，促进调度发展与电网发展相适应。

通过特高压工程的建设和一系列重大自主创新成果，中国全面掌握了特高压交、直流核心技术并实现了工程应用，1000 千伏交流、±800 千伏直流及以上的输电技术具有大容量、远距离、低损耗、占地少的综合优势，成为世界上最先进的输电技术。同时，电网企业不断开展相关行业标准的国际化工作，积极参加 IEC、CIGRE、IEEE 等国际组织相关活动，参与 IEC 特高压、智能电网和电力能效标准化相关工作，进一步提升了中国的国际标准话语权。

第一节　能源安全战略与新一轮电力体制改革

特高压建设用实际行动践行了能源安全战略。2013 年 1 月 1 日印发《国务院关于印发能源发展"十二五"规划的通知》（国发〔2013〕2 号），主要阐明中国能源发展的指导思想、基本原则、发展目标、重点任务和政策措施，是"十二五"时期中国能源发展的总体蓝图和行动纲领。2014 年 6 月 13 日，习近平总书记主持召开中央财经领导小组第六次会议，研究国家能源安全战略。

为了能源安全战略的有效实施、加快电力体制改革，2015 年 3 月 15 日《中共中央　国务院关于进一步深化电力体制改革的若干意见》（中发〔2015〕9 号）的印发，启动了以市场化改革为核心，包括输配电价改革、市场体系建设、售电侧改革等在内的电力体制改革，有效促进了节能减排和清洁能源的发展。

为适应电网建设和体制改革的快速发展，国家发展改革委、国家能源局发布《电力发展"十三五"规划（2016—2020 年)》，为今后的电力发展指明方向。

一、新时代能源安全战略"四个革命、一个合作"的提出

2014 年 6 月 13 日，习近平总书记主持召开中央财经领导小组第六次会议，研究国家能源安全战略。习近平发表重要讲话强调[1]，能源安全是关系国家经济社会发展的全局性、战略性问题，对国家繁荣发展、人民生活改善、社会长治久安至关重要。面对能源供需格局新变化、国际能源发展新趋势，保障国家能源安全，必须推动能源生产和消费革命。推动能源生产和消费革命是长期战略，必须从当前做起，加快实施重点任务和重大举措。

习近平总书记就推动能源生产和消费革命提出五点要求：第一，推动能源消费革命，抑制不合理能源消费。坚决控制能源消费总量，有效落实节能优先方针，把节能贯穿于经济社会发展全过程和各领域，坚定调整产业结构，高度重视城镇化节能，树立勤俭节约的消费观，加快形成能源节约型社会。第二，推动能源供给革命，建立多元供应体系。立足国内多元供应保安全，大力推进煤炭清洁高效利用，着力发展非煤能源，形成煤、油、气、核、新能源、可再生能源多轮驱动的能源供应体系，同步加强能源输配网络和储备设施建

---

[1] 习近平：积极推动我国能源生产和消费革命，新华网，2014 年 6 月 13 日。

设。第三，推动能源技术革命，带动产业升级。立足我国国情，紧跟国际能源技术革命新趋势，以绿色低碳为方向，分类推动技术创新、产业创新、商业模式创新，并同其他领域高新技术紧密结合，把能源技术及其关联产业培育成带动我国产业升级的新增长点。第四，推动能源体制革命，打通能源发展快车道。坚定不移推进改革，还原能源商品属性，构建有效竞争的市场结构和市场体系，形成主要由市场决定能源价格的机制，转变政府对能源的监管方式，建立健全能源法治体系。第五，全方位加强国际合作，实现开放条件下能源安全。在主要立足国内的前提条件下，在能源生产和消费革命所涉及的各个方面加强国际合作，有效利用国际资源。

习近平总书记强调❶，要抓紧制定 2030 年能源生产和消费革命战略，研究"十三五"能源规划。抓紧修订一批能效标准，只要是落后的都要加快修订，定期更新并真正执行。继续建设以电力外送为主的千万千瓦级大型煤电基地，提高煤电机组准入标准，对达不到节能减排标准的现役机组限期实施改造升级，继续发展远距离大容量输电技术。在采取国际最高安全标准、确保安全的前提下，抓紧启动东部沿海地区新的核电项目建设。务实推进"一带一路"能源合作，加大中亚、中东、美洲、非洲等油气的合作力度。加大油气资源勘探开发力度，加强油气管线、油气储备设施建设，完善能源应急体系和能力建设，完善能源统计制度。积极推进能源体制改革，抓紧制定电力体制改革和石油天然气体制改革总体方案，启动能源领域法律法规立改废工作。

二、面向市场化的新一轮电力体制改革展开

（一）中发〔2015〕9 号文发布

为贯彻落实党的十八大和十八届三中、四中全会精神，落实新时代能源安全"四个革命、一个合作"战略部署，进一步深化电力体制改革，解决制约电力行业科学发展的突出矛盾和深层次问题，促进电力行业又好又快发展，推动结构转型和产业升级，2015 年 3 月 15 日，《中共中央　国务院关于进一步深化电力体制改革的若干意见》（中发〔2015〕9号，简称《意见》）印发，新一轮电力体制改革由此启动。《意见》对深化电力体制改革的总体思路、基本原则、近期推进电力体制改革的重点任务，以及加强电力体制改革工作的组织实施等做出了全面部署。

《意见》明确指出了深化电力体制改革的重点和路径：在进一步完善政企分开、厂网分开、主辅分开的基础上，按照管住中间、放开两头的体制架构，有序放开输配以外的竞争性环节电价，有序向社会资本开放配售电业务，有序放开公益性和调节性以外的发用电计划；推进交易机构相对独立，规范运行；继续深化对区域电网建设和适合我国国情的输配体制研究；进一步强化政府监管，进一步强化电力统筹规划，进一步强化电力安全高效运行和可靠供应。

《意见》强调深化电力体制改革的基本原则：坚持安全可靠，坚持市场化改革，坚持

---

❶ 习近平：积极推动我国能源生产和消费革命，新华网，2014 年 6 月 13 日。

保障民生，坚持节能减排，坚持科学监管。重点任务：有序推进电价改革，理顺电价形成机制；推进电力交易体制改革，完善市场化交易机制；建立相对独立的电力交易机构，形成公平规范的市场交易平台；推进发用电计划改革，更多发挥市场机制的作用；稳步推进售电侧改革，有序向社会资本放开售电业务；开放电网公平接入，建立分布式电源发展新机制；加强电力统筹规划和科学监管，提高电力安全可靠水平。

《意见》发布后，国家发展改革委和国家能源局又相继出台《国家发展改革委 国家能源局关于改善电力运行调节促进清洁能源多发满发的指导意见》（发改运行〔2015〕518号）、《国家发展改革委 财政部关于完善电力应急机制做好电力需求侧管理城市综合试点工作的通知》（发改运行〔2015〕703号）、《国家发展改革委关于贯彻中发〔2015〕9号文件精神加快推进输配电价改革的通知》（发改价格〔2015〕742号）、《国家发展改革委关于完善跨省跨区电能交易价格形成机制有关问题的通知》（发改价格〔2015〕962号）四个落实文件，国家发展改革委、国家能源局以发改经体〔2015〕2752号文印发了《关于推进输配电价改革的实施意见》《关于推进电力市场建设的实施意见》《关于电力交易机构组建和规范运行的实施意见》《关于有序放开发用电计划的实施意见》《关于推进售电侧改革的实施意见》《关于加强和规范燃煤自备电厂监督管理的指导意见》六个电力体制改革配套文件，新一轮电力体制改革由此进入了全面实施阶段。

（二）多省份电力体制改革综合试点完成

广东电力交易中心是全国首个成立的省级电力交易机构。2014年，广东电网公司按照政府的要求，开始电力交易中心的建设筹备。按照中发〔2015〕9号文及改革配套文件、《中共广东省委 广东省人民政府关于进一步深化电力体制改革的实施意见》（粤发〔2015〕14号）等的规定，2016年上半年，经广东省人民政府省、广东省能源局、国家能源局南方监管局批准组建广东电力交易中心有限责任公司（简称广东电力交易中心），作为广东省的省级电力交易机构。广东电力交易中心于2016年6月28日挂牌成立，2017年3月完成工商注册。广东电力交易中心按照股份制公司制模式组建，注册资金为1亿元人民币，其中广东电网公司出资7000万元，广东省能源集团出资1000万元，中国广核集团、广州发展集团、深圳能源集团和华润电力（广东）销售有限公司分别出资500万元。广东电力交易中心接受国家能源局南方监管局、广东省能源局等单位的监管。广东电力交易中心成立后，广东电力市场售电侧改革加速，2016年3月25日国内第一单集中竞价交易在广东电力交易中心率先完成。广东电力交易中心在交易规则、售电侧市场规范等方面为全国电力交易市场发展探索新模式，积累经验。2017年，广东省内省级及以上调度的火电机组全部参与市场化交易。截至2017年年底，广东省内售电公司数量已达355家，该省电力直接交易市场已基本形成了诸如双边协商+集中竞价、统一边际价格出清机制等一些主要规则和特点。

2015年11月9日，国家发展改革委、国家能源局关于同意云南省、贵州省开展电力体制改革综合试点的复函公开对外发布。这是新一轮电力体制改革启动之后全国首批综合试点的省份。

　　云南省委、省政府于 2016 年 4 月 6 日正式印发《云南省进一步深化电力体制改革试点方案》，加快构建有效竞争的市场结构和市场体系，形成主要由市场决定电力价格的机制；按照管住中间、放开两头的体制架构，有序放开输配以外的竞争性环节电价，有序向社会资本放开配售电业务，有序放开公益性和调节性以外的发用电计划，推进电力交易机构相对独立、规范运行，组建相对独立的省级电力交易机构；在发电侧和售电侧开展有效竞争，培育独立的市场主体，构建主体多元、竞争有序的电力交易格局；妥善处理交叉补贴问题，完善阶梯电价机制，确保居民、农业、重要公用事业和公益性服务等用电价格相对平稳；强化政府电力系统规划和电力市场监管职能，落实电力安全生产主体责任和政府监管职责，确保电力系统安全稳定运行。2016 年 8 月 25 日，昆明电力交易中心有限责任公司正式挂牌和云南电力市场管委会成立。2017 年 3 月，《2017 年云南电力市场化交易实施方案》印发，进一步推进电力市场化交易。

　　2016 年 5 月 16 日，贵州省发展改革委公布了《贵州省电力体制改革综合试点方案》。贵州电力体制改革试点从省情出发，按照管住中间、放开两头的体制框架，逐步理顺电价形成机制，建立和完善省内市场化交易机制，形成公平规范的电力市场交易平台，探索社会资本进入配售电业务的有效途径，建立跨省、跨区电力市场交易新机制，构建有效竞争的市场结构和市场体系，加快推进资源优势转化为经济优势，实现电力行业转型升级，提高电力行业的竞争力，为推动贵州能源生产和能源消费革命，保障经济社会又好又快发展和能源安全营造良好制度环境。

　　2016 年，山西、广西、北京、甘肃、海南、河南、新疆、山东、湖北、四川、辽宁、陕西、安徽、宁夏、上海、内蒙古等 18 个省区市的电力体制改革综合试点方案相继获国家发展改革委与国家能源局批复同意。各省区市根据自身实际，按照电力体制改革框架，相继有序开展各项电力体制改革工作，促进产业结构转型升级，具有一定的代表性。2017年，电力体制改革综合试点、售电侧改革试点迅速铺开，电力体制改革覆盖了除西藏以外的所有省区市，首轮配电价改革试点全面完成，输配电价改革已实现省级电网全覆盖，为多方直接交易奠定了基础，取得了新一轮电力体制改革第一项重大突破性成果。中国大多省份均建立了电力交易机构，其中云南、贵州、广东、湖北、重庆等省组建了股份制交易机构。通过全面推进省级电网输配电价改革、扩大电力市场化交易规模、取消城市公用事业附加和电气化铁路还贷电价等措施，全年降低企业用电成本约 1000 亿元。截至 2017年年底，电力体制改革试点已经覆盖中国绝大多数省区市，新一轮电力体制改革取得了重要突破，市场化改革方向更加明确。

　　（三）北京、广州电力交易中心成立

　　2016 年 2 月 26 日，国家发展改革委、国家能源局印发《国家发展改革委　国家能源局关于北京、广州电力交易中心组建方案的复函》（发改经体〔2016〕414 号）。2016 年 3 月 1 日，北京电力交易中心有限公司（简称北京电力交易中心）、广州电力交易中心有限责任公司（简称广州电力交易中心）分别在北京、广州两地挂牌成立。

　　北京电力交易中心是搭建中国大范围能源资源优化配置的重要平台，是新一轮电力体制改革的重要成果。北京电力交易中心主要负责省间和京津唐电网电力市场的建设与运营，落实国家计划、地方政府协议，开展市场化省间交易，促进清洁能源大范围消纳，逐步推进全国范围内的市场融合；负责配合政府有关部门研究编制电力交易基本规则，提出电力市场和交易运营有关技术、业务和管理标准；与其他交易机构实现协调运营，共同保证能源资源大范围优化配置和有关信息的互联互通。北京电力交易中心按照章程和市场规则为电力市场交易提供服务，不以营利为目的，日常业务不受市场主体干预，交易业务与电网企业其他业务分开，接受政府有关部门的监管。

2016 年 12 月 12 日，北京电力交易中心与国家电网公司范围内各省电力交易中心联合发布《售电公司市场注册规范指引（试行）》，各电力交易中心按此向符合准入条件的售电公司提供市场注册服务。2017 年，北京电力交易中心组织开展交易机构全面升级规范运行活动，加入了全国电力交易机构联盟，为省间合作的发展打下了坚实的基础。2018 年，北京电力交易中心以促进省间电力合作作为工作重点，实施了《北京电力交易中心省间电力中长期交易实施细则（暂行）》、电力市场主体的信用评价体系、电力交易机构市场服务"八项承诺"，共同构建省间合作三大制度保障，确保持续、有序、高效开展省间电力合作。

广州电力交易中心是南方区域电力交易市场平台，不以营利为目的，主要负责落实国家西电东送战略，落实国家指令性计划、地方政府间框架协议，开展跨区跨省市场化交易，促进省间余缺调剂和清洁能源消纳，逐步推进南方区域市场融合。经营范围包括：电力市场交易平台的建设、运营和管理；电力市场交易组织，提供结算依据和相关服务，汇总电力用户与发电企业自主签订的双边合同；市场主体注册和相应管理，披露和发布市场信息等。广州电力交易中心按照多家单位参股的公司制模式组建，注册资金 3000 万元，其中中国南方电网有限责任公司股比 66.7%，广东省粤电集团有限公司股比 9.3%，广西投资集团有限公司、云南省能源投资集团有限公司、贵州产业投资集团有限责任公司、海南省发展控股有限公司各占股 6%。2016 年 5 月 11 日，广州电力交易中心完成工商注册并正式开业。同年 8 月 25 日，广州电力交易中心市场管理委员会成立，由送电省、受电省、发电企业、电网企业、交易机构、第三方机构等类别代表组成。广州电力交易中心成立后，推进跨省电力市场建设，积极开展电力跨区域合作，先后制订《南方区域跨区跨省月度电力交易规则（试行）》《南方区域跨区跨省中长期电力交易规则》，完善跨区跨省交易规则，促进南方区域电力市场协同发展。广州电力交易中心的率先成立，有利于进一步推进南方区域电力市场建设，通过市场化手段更好地促进省间余缺调剂和资源优化配置。

三、电力发展"十三五"规划中的电网建设规划

2016 年 11 月 7 日，国家发展改革委、国家能源局发布《电力发展"十三五"规划（2016—2020 年）》，重点阐述新的"十三五"时期国家电力发展的指导思想、基本原则、发展目标和重点任务，对发展目标给予清晰明确的描述。《电力发展"十三五"规划（2016—2020 年）》作为"十三五"电力发展的行动纲领和编制相关专项规划的指导文件、

布局重大电力项目的依据，内容涵盖水电、核电、煤电、风电、天然气发电、太阳能发电等各类电源和输配电网。

"十三五"期间，电力发展以统筹兼顾、协调发展，清洁低碳、绿色发展，优化布局、安全发展，智能高效、创新发展，深化改革、开放发展，保障民生、共享发展作为基本原则。《电力发展"十三五"规划（2016—2020 年）》发展目标涵盖供应能力、电源结构、电网发展、综合调节能力、节能减排、民生用电保障六个方面。

合理布局能源富集地区外送，建设特高压输电和常规输电技术的"西电东送"输电通道，新增规模 1.3 亿千瓦，达到 2.7 亿千瓦左右；电网主网架进一步优化，省间联络线进一步加强，形成规模合理的同步电网。严格控制电网建设成本。全国新增 500 千伏及以上交流输电线路 9.2 万千米，变电容量 9.2 亿千伏·安。基本建成城乡统筹、安全可靠、经济高效、技术先进、环境友好、与小康社会相适应的现代配电网。中心城市（区）智能化建设和应用水平大幅提高，供电可靠率达到 99.99%，综合电压合格率达到 99.97%；城镇地区供电能力及供电安全水平显著提升，供电可靠率达到 99.9%，综合电压合格率达到 98.79%；乡村地区全面解决电网薄弱问题，基本消除低电压，供电可靠率达到 99.72%，综合电压合格率达到 97%，户均配电变压器容量不低于 2 千伏·安。为电采暖、港口岸电、充电基础设施等电能替代提供有力支撑。全国各区域间优化电网结构，提高系统安全水平。

第二节 特高压输电技术实现中国创造和中国引领

按照《电力发展"十三五"规划（2016—2020 年）》，为将新疆地区煤炭和风能资源、四川和云南的水电资源、甘肃的风电资源输送至用电负荷中心，提高华东地区接纳外电能力，增强网架结构，电网企业先后建设了多条特高压输电线路，特高压输电技术应用规模逐步增大，哈密南—郑州±800 千伏特高压直流输电工程（简称哈郑工程）的建设实现了当时五个首次，糯扎渡送电广东±800 千伏特高压直流输电工程贯彻绿色环保理念，采取高跨的方式保护植被生态，皖电东送 1000 千伏淮南—上海特高压交流输变电工程（简称皖电东送工程）技术及设备创新为后续工程提供了实践依据。在实现长距离、大跨越、高效率能源输送过程中，电网企业不断总结施工建设经验，积极开展自主创新，攻克了装备制造、机械应力、温升散热、大件运输、施工工艺等关键技术，解决了大温差、大风沙、强辐射等严酷环境下输电可靠性难题，设备国产化率持续提升，在"无标准、无经验、无设备"的情况下成功实现从"白手起家"到"大国重器"，使中国特高压输变电系统技术和装备在研制、开发、设计、运行等多方面居于世界领先地位。同时，为配合国家大气污染治理，电网企业先后建设投产了 12 条输电通道，提高从中国西部能源基地向京津冀鲁、长三角及珠三角等地区输送电力的能力，以实际行动助力国家蓝天工程。

一、特高压输电技术大规模应用诠释中国创造

（一）哈郑工程率先实现直流输电容量和输电距离的新突破

哈郑工程起于新疆哈密南换流站，止于河南郑州换流站，途经新疆、甘肃、宁夏、陕西、山西、河南6省（自治区），线路全长2191千米（含黄河大跨越3.9千米），线路工程铁塔4197基，额定电压±800千伏，额定输送功率800万千瓦。工程静态投资估算约222亿元，动态投资估算约231亿元。哈郑工程是落实国家战略、实施"疆电外送"的首个特高压项目。哈郑工程于2012年5月13日取得国家发展改革委核准并开工建设，2013年9月全线架通，2013年12月29日实现双极全压解锁带电，2014年1月18日投入运行。哈郑工程是我国自主研发、设计和建设的世界上电压等级最高、输送容量最大、送电距离最远、技术水平最先进的创新工程。

哈郑工程在±800千伏特高压直流输电技术的基础上，率先实现直流输电容量和输电距离的新突破。哈郑工程直流输电容量首次提升至800万千瓦，关键设备均为首次研制，没有可供借鉴的经验和标准。在设计阶段，对特高压直流工程系统研究与成套设计、电磁环境控制、工程设计、设备研制、工程建设与运行维护等方面进行系统攻关。线路工程采用"双800"（±800千伏、800万千瓦）技术方案，应用6×1000毫米²大截面导线，完成了极间距优化、绝缘配合等关键技术研究；完成了1000毫米²大截面导线及其配套金具、机具、施工技术和防振措施等方面的技术研究；完成了大风地区金具耐磨性能、材料选择、耐磨金具制造工艺以及Y形绝缘子串的研究和应用工作。哈郑工程首次采用750/500千伏联络变压器；首次在换流站采用一体化设备状态监测系统、阀厅红外测温系统。哈郑工程解决了换流变压器阀侧直流电流升至5000安后在外形尺寸限制条件下的电、磁、热和机械设计难题；解决了大尺寸晶闸管材料的高纯度和均匀性问题、晶闸管通流能力和耐压水平提高对晶片厚度要求的最优控制问题，以及多晶闸管串联运行的参数一致性和长期运行的可靠性问题；解决了800千伏换流变压器阀侧套管、阀厅穿墙套管、直流旁路断路器等关键设备在电流大幅度提升后的机械应力和散热问题。哈郑工程每年可向中原地区输送电量约480亿千瓦·时，相当于输送煤炭2210万吨，每年可减排二氧化硫37.1万吨、氮氧化物26.7万吨，经济社会效益显著。

哈郑工程获得2014—2015年度国家优质工程金质奖、2015年度中国电力优质工程奖、2015年度全国工程建设项目优秀设计成果一等奖。

（二）溪洛渡左岸—浙江金华±800千伏特高压直流输电工程首次实现了高端换流变压器自主研发和设计制造

承担着溪洛渡水电的送出任务的溪洛渡左岸—浙江金华±800千伏特高压直流输电工程（简称溪浙工程），2012年7月6日取得国家发展改革委核准并于当月开工建设，直流线路2013年12月全线架通，2014年3月双极低端投运，6月完整双极投运，7月3日正式投入运行。溪浙工程起于四川宜宾双龙±800千伏换流站，止于浙江金华±800千伏

换流站，途经四川、贵州、湖南、江西、浙江五省，线路全长 1652 千米，额定电压±800 千伏，额定输送功率 800 万千瓦，工程静态投资 229.05 亿元，动态投资 238.55 亿元。

溪浙工程直流主设备国产化率达到 84%，首次实现了高端换流变压器自主研发和设计制造。溪浙工程输送容量更大，技术水平更先进，国产化水平更高，是±800 千伏直流输电技术进入规模化应用的标准化工程。线路工程优化塔头尺寸和塔身高度，全面应用大规格 Q420 高强角钢，完成了十字双拼组合角钢真型试验研究工作，创新提出十字双拼角钢截面形式；完成湘江、赣江大跨越工程舞动治理研究，首次为 4×JLHA1/G4A—900/240 型导线设计满足技术条件的大跨越防振防舞方案；完成外绝缘与绝缘子关键技术研究、±800 千伏直流线路极间距离、对地高度和走廊宽度优化研究、±800 千伏直流工程线路过电压研究并在工程中实施应用。溪浙工程线路穿越冻雨多发区和 50 毫米覆冰区，也为后续解决特高压输电线路跨越高海拔、重覆冰地区，以及电磁环境、工程造价等问题积累了经验。溪浙工程投运后，每年向浙江地区输送清洁水电约 400 亿千瓦·时，相当于节省标煤 1228 万吨，减排二氧化碳超过 3400 万吨。

溪浙工程的送端换流站双龙±800 千伏换流站工程荣获 2015 年度中国电力优质工程奖、2016—2017 年度中国建筑工程鲁班奖。

（三）贯彻绿色环保理念建设糯扎渡送电广东±800 千伏特高压直流输电工程

糯扎渡送电广东±800 千伏特高压直流输电工程（又称云南普洱—广东江门±800 千伏特高压直流输电工程），是"十二五"期间国家重点工程，继云广工程后，南方电网公司负责建设的第二条特高压直流输电工程，于 2011 年 12 月开工，2015 年 8 月 30 日投运，总投资 159.93 亿元。

工程包括新建普洱±800 千伏换流站、江门±800 千伏换流站、普洱—江门直流线路、接地极及接地极线路、相应的二次系统和控制系统等。该工程额定电压±800 千伏，额定容量 500 万千瓦，直流线路长度 1413 千米，总计铁塔 2601 基，平均 1.84 基/千米。接地极线路 207 千米，铁塔 421 基。

该工程在规划设计、施工、验收、调试等阶段，始终贯彻绿色环保理念，线路沿途大都是高山峻岭，跨越原始森林、生态林区等，铁塔都采取高跨的方式保护植被生态。该工程投运后每年为云南省送出清洁水电约 250 亿千瓦·时，相当于节约标准煤 800 万吨，减少二氧化碳排放 2000 万吨，减少二氧化硫排放 15.4 万吨，减少粉尘排放 400 万吨，对防治大气污染发挥重要的作用。

（四）世界首个商业化运行的同塔双回路特高压交流输电工程——皖电东送工程

皖电东送工程于 2011 年 9 月获得国家发展改革委核准，2011 年 10 月开工建设，2013 年 9 月 25 日投入运行。工程包括四站三线，起于安徽淮南 1000 千伏变电站，经安徽皖南（芜湖）1000 千伏变电站、浙江浙北（安吉）1000 千伏变电站，止于上海沪西（练塘）1000 千伏变电站，变电容量 2100 万千瓦·安，线路全长 2×648.7 千米，途经安徽、浙江、江苏、上海四省（市），先后跨越淮河和长江，工程概算动态投资 196.71 亿元。该工程投运提高了华东负荷中心接纳区外电力的能力和内部电力交换能力，增强了长三角地区抵御重大事故能力，缓解了江苏、上海地区用电紧张状况。

皖电东送工程是世界首条同塔双回路特高压交流输变电工程，通过业主主导、产学研联合开展了 100 余项研究攻关。该工程用特高压设备全部由国内企业研制供货，其中特高压开关设备采用了国内自主研发及中外联合研发两种。皖电东送工程采用 300 万千伏·安的特高压变压器、高压电抗器和其他设备材料完全由国内自主研发，在世界上率先研制成功有载调压特高压变压器、额定容量 240 兆乏的单柱特高压高压电抗器等重大设备，实现了特高压变压器和高压电抗器用套管、出线装置及硅钢片，特高压开关用套管、盆式绝缘子、操动机构、灭弧室等关键组部件国产化，国产特高压设备的工艺质量水平和安全可靠性有了系统改善。依托工程实践，全面掌握同塔双回路特高压交流输电核心技术并领先国际同行，全面建立了同塔双回特高压交流输电系统的技术标准体系，涵盖工程设计、设备制造、施工安装、环境保护、调试试验和运行维护全过程。授权 83 项发明专利，制定 20 项技术标准。实现了 1000 千伏设备安装、钢管塔制造及线路施工技术标准化，实现了 1000 千伏变电站、输电线路的通用设计，相关创新成果已通过工程实践检验并全面用于浙北—福州等后续特高压交流工程。

该工程与后续的淮南—南京—泰州—苏州—沪西特高压交流工程组成华东电网第一个环状特高压交流网络。皖电东送工程先后荣获 2013—2014 年度国家优质工程金质奖、2014 年度全国工程建设项目优秀设计成果一等奖、2014 年度中国电力优质工程奖。

（五）1000 千伏浙北—福州特高压交流输变电工程攻克高山大岭特高压建设施工难关

1000 千伏浙北—福州特高压交流输变电工程（简称浙福工程）于 2013 年 3 月 18 日获得国家发展改革委核准，2013 年 4 月 11 日开工建设，2014 年 12 月 26 日正式投运。浙福工程起自浙北 1000 千伏变电站，止于福州 1000 千伏变电站。浙福工程新建浙中、浙南和福州 1000 千伏变电站，扩建浙北 1000 千伏变电站，总变电容量 1800 万千伏·安，线路全长 2×603 千米，途经浙江、福建两省 21 个县级行政区，其中浙江境内 2×428 千米，福建境内 2×175 千米，全线铁塔 2126 基（双回路塔 330 基），总投资 175.5 亿元。

浙福工程与皖电东送淮南—上海、向上、溪浙、锦苏工程等相互支撑，在华东地区初步形成"强交强直"的电网格局，提高了浙江与福建联网输电能力，增强了华东电网安全稳定水平和抵御严重故障的能力，提升了福建沿海核电群应对突发事故能力。

浙福工程全线 87%线路的地形为山地及高山大岭，76%的线路穿越中、重冰区，9 千米线路穿越无人区，工程建设创造了特高压工程建设的新纪录，应用直升机解决高山大岭无人区最艰难塔位的物料运输，开发适应山区多种地形的系列特高压铁塔组立装备，有效解决了交通困难山区特高压线路施工的关键难题，攻克高温、高湿、多雨等复杂环境条件下特高压设备大规模集中安装的质量控制难题。浙福工程全部特高压设备均由国内企业研制供货，国产化率超过 95%，实现了国产特高压设备的大批量稳定制造；掌握了特高压关键部件、原材料的设计与制造技术，实现了断路器、出线装置和油纸绝缘套管全自主化，中国特高压自此从整机国产化跨越到整机与关键部件全面国产化；成功研制特高压 GIS 移动式全封闭安装厂房，实现特高压开关现场安装工厂化。浙福工程在重冰区线路设计、变电站优化设计、特高压设备抗震、扩径导线研制与应用方面取得进展，形成了特高压交流工程的通用设计、通用设备、通用造价和标准工艺。

浙福工程荣获 2016—2017 年度国家优质工程金质奖、2016 年度中国电力优质工程奖、2016 年度全国工程建设项目优秀设计成果奖。

（六）全面采用中国自主开发的特高压直流输电技术和装备的酒泉—湖南±800 千伏特高压直流输电工程

酒泉—湖南±800 千伏特高压直流输电工程（简称酒湖工程）于 2015 年 5 月 18 日获得国家发展改革委核准，2015 年 6 月 3 日正式开工，2017 年 6 月 26 日建成投运。该工程西起甘肃酒泉±800 千伏换流站，东至湖南湘潭±800 千伏换流站，送端酒泉±800 千伏换流站接入 750 千伏交流电网，受端湘潭±800 千伏换流站接入 500 千伏交流电网，线路途经甘肃、陕西、重庆、湖北、湖南五省（市），线路全长 2387.4 千米，工程总投资 221 亿元。

该工程采用"±800 千伏直流电压、800 万千瓦输送功率"的"双 800"技术方案，全面采用中国自主开发的特高压直流输电技术和装备，首次采用 SVC 和 750/66 千伏降压变压器。工程针对换流站的特点，确定了换流站设备三维模型库研究及应用、送受端换流站污秽预测研究、换流变压器 750 千伏出线装置标准化研究、风火打捆外送关键技术研究、风电场模拟与仿真、特高压直流线路穿越光伏电站影响研究、重冰区用 1250 毫米^2 钢芯铝合金绞线研制及配套金具研究等 31 个专题开展研究并取得阶段成果。

酒湖工程是世界上首条以输送新能源为主的特高压直流输电工程，推动了西北地区资源优势向经济优势转化和跨越式发展，对带动装备制造业转型升级，推动风电、太阳能等新能源的集约化规模开发、改善大气环境质量等具有十分重要的意义。工程先后荣获 2018 年度中国电力优质工程奖、2018—2019 年度国家优质工程金质奖。

二、12 条大气污染防治行动计划重点输电通道

2013 年 9 月，国务院颁布大气污染防治行动计划，加快京津冀等地区大气污染综合治理，提出严控东中部地区燃煤电厂建设，逐步提高京津冀、长三角等区域接受外输电比例。为落实国家有关决策部署，国家能源局委托国家电力规划研究中心，开展落实大气污染防治行动计划电网实施方案研究，对内蒙古、山西、陕西、云南等能源基地送电京津冀鲁、长三角和珠三角等地区的 12 条输电通道方案进行技术经济综合比较论证。12 条输电通道均通过中国国际工程咨询公司评估，纳入落实大气污染防治行动计划电网实施方案。2014 年 5 月，国家能源局下发了《国家能源局关于加快推进大气污染防治行动计划 12 条重点输电通道建设的通知》，推进 12 条重点输电通道相关工作，其中含"四交五直"特高压工程和三条 500 千伏输电通道。

此后，国家能源局分别与国家电网公司、南方电网公司签署"大气污染防治外输电通道建设任务书"，由国家能源局加快办理项目核准手续，对口联系地方政府部门，协调解决项目实施过程中的重大问题，落实各项配套条件。两大电网公司按照先急后缓、先易后

难、安全经济、科学务实原则，分别制订所属项目进度计划，确保项目如期建成投产。

12条重点输电通道中，国家电网公司规划建设的有11条，包括"四交四直"八项特高压工程，即淮南—南京—上海、锡盟—山东、榆横—潍坊、蒙西—天津南四项特高压交流工程，灵州—绍兴、锡盟—泰州、晋北—江苏、上海庙—山东四项特高压直流工程，以及辽宁绥中电厂改接华北电网工程、山西盂县电厂送出工程和陕西锦界、府谷电厂送出工程。南方电网公司承建滇西北送电广东±800千伏特高压直流工程。

国家电网公司建设"四交四直"特高压工程，总投资1748亿元，新建、扩建特高压换流站10座、变电站15座，新增变（换）电容量近1.4亿千伏·安，建设线路长度超过1.2万千米。2014年，首批获准"两交一直"工程（淮南—南京—上海和锡盟—山东特高压交流工程、灵州—绍兴特高压直流工程）；2015年上半年，分三次开工建设第二批"两交一直"工程（蒙西—天津南和榆横—潍坊特高压交流工程、晋北—江苏特高压直流工程）；2015年12月15日，开工建设最后"两直"工程（锡盟—泰州、上海庙—山东特高压直流输电工程）。截至2019年，全部工程建成投运。

1000千伏淮南—南京—上海特高压交流输变电工程，于2014年4月取得国家发展改革委核准，是中国大气污染防治行动计划首个获得核准的特高压工程。2014年7月开工建设，2016年11月投入运行［不含苏通气体绝缘金属封闭输电线路（GIL）管廊段］。该工程起于安徽淮南1000千伏变电站（扩建），经江苏南京1000千伏变电站、泰州1000千伏变电站、苏州1000千伏变电站，止于上海沪西1000千伏变电站（扩建）。系统标称电压1000千伏，最高运行电压1100千伏。线路全长2×737.8千米（含淮河大跨越2×2.6千米），途经安徽、江苏、上海三省（市）26个县级行政区，先后跨越淮河和长江。其中，安徽境内约2×159.4千米，江苏境内约2×515.3千米，上海境内约2×57.4千米，跨越长江处采用5.7千米特高压GIL。该工程和已建成的皖电东送工程共同构建了华东特高压交流双环网，解决了长三角地区短路电流大面积超标问题，提高了电网运行的灵活性和可靠性。

1000千伏锡盟—山东特高压交流输变电工程，于2014年7月12日取得国家发展改革委核准，2014年9月开工建设，2016年7月31日投入运行。该工程起于内蒙古锡盟1000千伏变电站（新建），经河北承德串联补偿站（新建）、北京东变电站（新建），止于山东济南1000千伏变电站（新建），工程途经内蒙古、河北、天津和山东四省（区、市）。系统标称电压1000千伏，最高运行电压1100千伏。该工程线路全长2×719.3千米，途经内蒙古、河北、天津、山东四省（区、市）20个县级行政区。其中，内蒙古境内约2×19.2千米，河北省境内约2×471.8千米，天津市境内约2×150.5千米，山东省境内约2×77.8千米。该工程施工难度大，针对锡盟变电站极端最低气温达零下40摄氏度、冬季长达6个月的实际，对空气间隙进行海拔修正（1280米）。通过采用复合套管、主变压器和高压电抗器采用隔震框架并加装隔震器等措施，使中国首个设备按9度设防的北京东变电站满足地震设防要求，济南1000千伏变电站采用高压电抗器加装高性能隔声罩、局部围墙加高并预留隔声屏障等措施，首个噪声按厂界达标的特高压变电站满足环评要求。输电线路自北向南贯穿整个华北电网，跨越 500 千伏电力线 12 处 20 回及大量 110～220 千伏电力线，跨越 12 处铁路（运行高铁 3 处）及大量高速公路。依托邯黄铁路试点应用"组合式格构架+旋转臂"技术，依托带电跨越 500 千伏吴霸线试点应用 U 形封网技术，提高跨越施工的安全可靠性和施工效率。工程的建设投产加快了锡盟煤电和风电能源基地的开发，促进了内蒙古资源优势向经济优势转化，有效缓解了京津冀鲁地区电力供应紧张状况。

灵州—绍兴±800 千伏特高压直流输电工程，于 2014 年 8 月 5 日取得国家发展改革委核准，11 月 4 日开工建设，2016 年 8 月 24 日投入运行。该工程起于宁夏灵州换流站（新建），止于浙江绍兴换流站（新建），线路全长 1720 千米，途经宁夏、陕西、山西、河南、安徽、浙江六省（区），先后跨越黄河和长江。直流额定电压为±800 千伏，直流额定输送功率 800 万千瓦。送端直流系统首次直接接入交流 750 千伏电网，受端接入浙江 500 千伏电网，线路工程首次全面应用 6 分裂 1250 毫米^2 大截面导线，开展了换流变压器研制、设备噪声治理、防风沙措施等研究。该工程对促进宁夏煤电资源开发，加快宁夏资源优势向经济优势转化，满足浙江省用电负荷增长需求，改善生态环境质量具有重要意义。

1000 千伏蒙西—天津南特高压交流输变电工程，于 2015 年 1 月 6 日获得国家发展改革委核准，2015 年 3 月开工建设，2016 年 11 月 24 日投入运行。该工程起于内蒙古鄂尔多斯蒙西变电站（新建），经山西晋北变电站（新建）、北京西变电站（新建），止于天津南变电站（新建）。系统标称电压 1000 千伏，最高运行电压 1100 千伏。该工程线路全长 2×627.6 千米，途经内蒙古、山西、河北、天津四省区市 29 个县级行政区。其中，内蒙古境内约 2×4.0 千米，山西省境内约 2×266.2 千米，河北省境内约 2×333.5 千米，天津市境内约 2×23.9 千米。工程建设中，北京西变电站采用高压并联电抗器加装隔声罩、局部加高围墙等措施，实现变电站场界降低噪声达标，晋北变电站设备全面采用减、隔震技术满足 8 度抗震设防要求，蒙西变电站室外电缆沟采用带锁口相互紧密咬合的复合盖板，应对内蒙古地区风沙大的问题，天津南变电站构架基础采用预应力方桩控制裂缝。该工程的建设投产，加快了蒙西、晋北能源基地的开发，汇集准格尔、晋北建设的电源，向华北东部地区输送，对防治北京、天津等地区严重雾霾问题起到积极的促进作用。

1000 千伏榆横—潍坊特高压交流输变电工程，于 2015 年 5 月取得国家发展改革委核准，5 月开工建设，2017 年 8 月 14 日投入运行，标志着纳入国家大气污染防治行动计划的特高压"四交"工程全面建成投产。该工程起于陕西榆横开关站（新建），经山西晋中变电站（新建）、河北石家庄变电站（新建）、山东济南变电站（扩建），止于山东潍坊变电站（新建）。系统标称电压 1000 千伏，最高运行电压 1100 千伏。线路全长 2×1047.2 千米（含黄河大跨越 2×3.4 千米），途经陕西、山西、河北、山东四省 38 个县级行政区。其中，陕西省境内约 2×147.7 千米，山西省境内约 2×313.3 千米，河北省境内约 2×210.8 千米，山东省境内约 2×375.4 千米。该工程西部连接陕西、山西煤电基地，东部连接扎鲁特—青州±800kV 特高压直流输变电工程和 1000kV 锡盟—山东特高压交流输变电工程，满足了陕北、晋中煤电基地电力外送的需要，满足了京津冀鲁电网负荷中心用电需要，有利于华北地区严重雾霾的防治。

晋北—江苏±800 千伏特高压直流输电工程，于 2015 年 6 月 10 日获得国家发展改革委核准，2015 年 6 月 29 日开工建设，2017 年 6 月 30 日正式投入商业运行。该工程起于山西朔州市晋北换流站（新建），止于江苏淮安市南京换流站（新建），线路全长 1110.2 千米，途经山西、河北、河南、山东、江苏、安徽六省。直流额定电压为±800 千伏，直流额定输送功率 800 万千瓦，送、受端均接入 500 千伏交流电网。工程采用"±800 千伏直流电压、800 万千瓦输送功率"的"双 800"技术方案，该工程对于保障能源安全、促进清洁发展、推动山西煤电基地发展、缓解江苏地区能源供需矛盾、满足江苏地区电力需求及经济发展具有重要意义。

锡盟—泰州±800 千伏特高压直流输电工程，于 2015 年 10 月 28 日获得国家发展改革委核准，12 月 4 日开工建设，2017 年 9 月 30 日双极建成投运。该工程起于内蒙古锡盟换流站（新建），止于江苏泰州换流站（新建），线路全长约 1628 千米（含黄河大跨越 3.7 千米），途经内蒙古、河北、天津、山东、江苏五省（区、市）。直流额定电压为±800 千伏，直流额定输送功率 1000 万千瓦，锡盟换流站接入 500 千伏电网，泰州换流站分层接入 500 千伏和 1000 千伏电网；两换流站均配置 2 台 300 兆乏调相机；线路工程首次采用 8 分裂 1250 毫米^{2}大截面导线。该工程对于促进内蒙古能源基地开发，加快能源富集地区资源优势向经济优势转化，改善大气环境质量，带动电工装备制造业转型升级具有重要意义。

上海庙—山东±800 千伏特高压直流输电工程，于 2015 年 12 月 1 日获得国家发展改革委核准，2015 年 12 月 4 日开工建设，2017 年 12 月建成。该工程起于内蒙古鄂尔多斯市上海庙换流站，止于山东临沂市沂南（智圣）换流站，线路全长 1230.4 千米（含黄河大跨越 2.8 千米），途经内蒙古、陕西、山西、河北、河南、山东六省（区）。直流额定电压为±800 千伏，直流额定输送功率 1000 万千瓦，送端换流站接入 500 千伏电网，受端分层接入 500/1000 千伏交流电网。线路工程采用 8 分裂 1250 毫米^{2}大截面导线。该工程对提高内蒙古鄂尔多斯煤电基地外送能力，满足山东地区用电负荷增长需要，改善生态环境质量有重要意义。

滇西北—广东±800 千伏特高压直流输电工程，于 2015 年 12 月 28 取得国家发展改革委核准，2016 年 2 月 3 日正式开工建设，2018 年 5 月 18 日全面投运。该工程西起云南省大理州剑川县新松换流站（新建），东至广东省深圳市宝安区东方换流站（新建）。线路全长 1959 千米，途经云南、贵州、广西、广东四省区 53 个县区。直流额定电压为±800 千伏，直流额定输送功率 500 万千瓦，每年可向广东输送电量约 200 亿千瓦·时，相当于深圳全年用电量的 1/4。该工程是国务院保证经济"稳增长"重点工程，也是当时世界海拔最高、设防抗震级别最高的特高压直流输电工程，是"西电东送"首条落点深圳的特高压直流线路。对提高西部澜沧江上游水电外送能力，提供深圳地区清洁绿色电力，缓解珠三角地区环境污染，推动低碳经济发展具有重要意义。

辽宁绥中电厂改接华北电网工程，于 2014 年 12 月取得国家发展改革委核准，2015 年 3 月 10 日开工建设，2015 年 9 月 20 日完成全部建设任务。该工程主要包括高岭换流站改扩建工程，500千伏绥高3号线改接华北侧及新建1条由绥中电厂—高岭换流站华北侧500千伏绥高4号线工程。新建绥高4号线15.4千米，铁塔53基，拆除线路约5.5千米，铁塔16基。改建后，东北送华北具备了500万千瓦输送能力。该工程是落实国家大气污染防治行动计划的首条输电通道，是国家振兴东北老工业基地重点项目，也是连接东北与华北电网的重要输电工程，通过增加东北送华北的电力电量，可促进东北风电消纳，缓解京津冀地区大气污染。

山西盂县电厂500千伏送出工程分为河北段、山西段工程，于2016年2月1日取得国家发展改革委核准，2016年10月河北段开工建设，2016年11月山西段开工建设，2018年11月输电线路建成，随着2021年8月31日山西盂县电厂2×100万千瓦发电工程2号机组，顺利通过168小时满负荷试运行移交生产，线路投入商业运行。该工程起自山西盂县电厂，止于晋冀省界处，线路全长2×137.906千米，对落实"西电东送""输煤、输电并举"发展战略，将山西煤电资源外送，满足河北南部电网地区日益增长的负荷需求、缓解京津冀日益严重的雾霾和电力短缺问题、助推地方经济发展、提升电网可靠性具有重要意义。

陕西锦界、府谷电厂500千伏送出工程分为河北段、山西段、陕西段工程，于2016年12月2日取得国家发展改革委核准，2017年11月山西段开工建设，2018年3月河北段开工建设，2018年5月陕西段开工建设，工程通过陕西锦界、府谷电厂—山西500千伏忻都开关站—河北500千伏石北变电站直接向河北南部电网送电，每年可对外输送电量231亿千瓦·时，对解决东部地区电力资源相对短缺问题，缓解东部地区环保压力，促进"西部大开发"进程，将陕北资源优势转化为经济优势，满足河北南部电网的负荷增长需求起到积极作用。

大气污染防治行动计划12条重点输电通道于2019年完成了10条，至2020年11月23日，随着山西锦界、府谷电厂500千伏送出输变电工程正式投入运行，大气污染防治行动计划12条重点输电通道即全部建成，这些通道的建成，每年新增约7000万千瓦的输电能力，每年可减少京津冀、长三角、珠三角地区标准煤消费1亿吨以上，有力支撑受端地区节能减排和大气污染治理，对于优化能源配置、保障电力供应、防治大气污染、拉动经济增长、引领技术创新具有显著的综合效益和长远的战略意义。

第三节　助力地区经济发展，补强电网网架

建设特高压电网的同时，电网企业紧密结合地区经济的快速发展、大工业项目投产导致的电力需求增长，对500千伏和750千伏网架结构存在的问题进行了深入研究，并着手全面提升补强电网网架。500千伏湛江东海岛输变电工程、平鲁—雁同两回500千伏线路工程、南方主网与海南电网第二回联网工程的建设，满足了区域电网负荷增长的需求，提升了供电能力、增强了供电可靠性。为了满足新疆南疆地区用电需求和新建电源基地电网

外送，国家电网公司规划补强这一区域的 750 千伏网架，西北电网 750 千伏太阳山—六盘山—平凉、库车—阿克苏—巴楚—喀什以及青海果洛等输变电联网工程建成投产，实现了宁夏 750 千伏环网运行，延伸 750 千伏电网至南疆腹地，解决果洛地区电力供应紧缺和无电人口的问题。同时，南方电网公司完成了金沙江水电资源外送的通道建设。

一、国家电网公司 500 千伏电网局部补强工程

（一）500 千伏福建沿海第二通道输变电工程投运

为加强福建沿海输电主干通道，形成"省内环网、沿海双廊"骨干网架，减轻福建沿海 500 千伏电网潮流输送压力，建设福建沿海第二通道输变电工程是继福建省内 500 千伏大环网之后又一项重大输变电工程。该工程横跨泉州、福州、宁德三地近 20 县市 50 多个乡镇，共新建 500 千伏线路 14 条，新建、扩建 500 千伏变电站 4 座。该工程是福清核电站、宁德核电站并网发电的主要通道，相关工程于 2010 年 12 月 16 日起陆续核准，2014 年 9 月 29 日全面建成投产。

500 千伏福建沿海第二通道输变电工程共 18 项，包含宁德核电—宁德、宁德核电—笠里、陈田—宁德、福清核电—东台、燕墩—园顶、福清核电—园顶、洋中—笠里、笠里—东台、莆田—园顶、仙游抽蓄—大园、东台—大园双回线路改接、福州—东台线路脱开东台接入燕墩变电站、江阴电厂—东台开断进燕墩变电站、福州—闽清水口开断进笠里变电站共 14 条输电线路；新建 500 千伏笠里变电站、500 千伏燕墩变电站、500 千伏园顶变电站 3 座变电站，扩建 500 千伏陈田变电站。输电线路总长约 1091.7 千米，新建变电站安装主变压器 4 组，主变压器容量 400 万千伏·安，总投资 69.6 亿元。

福清核电送出线路工程（包括 500 千伏福清核电—东台双回线路工程和 500 千伏福清核电—园顶线路工程），在福建省首次采用复合岩石锚杆基础，采用卫星航片对路径方案进行优化。同时线路地线采用分段绝缘、一点接地的工艺，大幅降低输电线路附加电能损耗；莆田—园顶一、二回线路工程，在国内首次应用 4×800 毫米^2 大截面导线。

该工程为福建沿海经济高速发展、构建海峡西岸坚强电网提供了安全可靠的保障。

（二）500 千伏北京海淀输变电工程投运

为满足北京市区不断增加的用电负荷需求，完善北京 500 千伏环网，减少向市区供电的低压线路数量，节省 220 千伏的输电走廊，优化通道资源，同时为市区 220 千伏变电站提供重要的电源支撑，500 千伏北京海淀输变电工程于 2009 年 4 月 28 日开工建设，2014 年 6 月 25 日竣工投产。

北京 500 千伏海淀变电站内安装 120 万千伏·安主变压器 2 组，500 千伏进线 2 回，220 千伏电缆出线 6 回。架空线路长度 16.887 千米，500 千伏电缆长度 2×6.7 千米，电力隧道西起电缆终端站，东至 500 千伏海淀变电站。

北京 500 千伏海淀变电站建筑为国内首座由两个贴建的独立建筑物组成的全户内设计，其中变电综合楼基础筏板采用"大体积混凝土温度监测和控制"新技术。该工程首次采用地源热泵空调系统、首次在北京市采用直径 5.4 米（管片）盾构进行电力隧道的施工

（盾构隧道为十字形内部结构）、首次使用 500 千伏国产电缆与国产附件、首次采用 $1.7U_e$ 交流耐压试验验证的长距离 500 千伏电缆工程。

（三）500 千伏平鲁—雁同两回线路工程建成投运

为配合晋北—江苏 ±800 千伏特高压直流工程建设，进一步完善山西省北部区域电网网架结构，提升山西电网北电南送的能力，2017 年 4 月 22 日 500 千伏平鲁—雁同两回线路建成投运，形成了山西电网 500 千伏"三纵四横"主网架。

500 千伏平鲁—雁同两回输电线路工程起于朔州 500 千伏平鲁（明海湖）变电站，止于 500 千伏雁同变电站，途经朔州市平鲁区、山阴县、怀仁县和大同市南郊区。两回线路总长度为 218 千米。该工程是晋北 ±800 千伏换流站重要配套节点工程，也是山西电网 500 千伏北电南送通道的最北一环。该工程的投运，标志着 500 千伏雁同—平鲁—五寨—固贤—稷山输电"西部大通道"的全线贯通，也为山西省北部清洁能源外送打通了最后的道路。

（四）江苏 500 千伏扬州北输变电工程投运

为推动扬州、泰州等苏中地区经济发展，强化扬州地区电网，江苏 500 千伏扬州北输变电工程于 2013 年 12 月开工建设，2015 年 4 月 25 日竣工投产。该工程与 500 千伏江都变电站、扬州西变电站构成"铁三角"格局。

500 千伏扬州北变电站内安装 100 万千伏·安主变压器 2 组，500 千伏出线 4 回，220 千伏出线 13 回。架空线路路径折单长度 99.4 千米，新建铁塔 126 基。线路工程同塔四回路段平均塔高 87 米，平均塔重 92 吨，远超普通 500 千伏立塔施工难度，接近特高压施工水平。该工程位于高邮河网地区，沿线 70% 地形为泥沼或河网，共计 46 基塔位于鱼虾塘内，施工难度大。2015 年 4 月 23 日，500 千伏扬州北输变电工程 3 号、5 号主变压器分别由扬州侧、泰州侧同时充电成功，是扬州地区投运的首个 500 千伏智能变电站工程。

该工程国内首次使用管形母线焊接机器人，创新管形母线焊接工艺，改善焊接环境，有效提高管形母线焊接的效率和质量。该工程获得 2016—2017 年度中国建设工程鲁班奖、2016 年度中国电力优质工程奖。

（五）辽宁电网全面形成 500 千伏主网架双环网

辽宁电网根据负荷电源布局及网架结构，分为辽西电网、辽中电网和辽南电网。辽中电网作为辽宁省的负荷中心，形成内外双环网结构。2016 年 9 月 28 日，500 千伏唐王一线（唐家变电站—王石变电站）、张唐一线（张台变电站—唐家变电站）投运，辽宁中部双环网的内环基本形成，内环网由 9 座变电站构成，分别为沙岭变电站、沈东变电站、白清寨变电站、徐家变电站、张台变电站、唐家变电站、王石变电站、鞍山变电站、辽阳变电站。2017 年 9 月 26 日，500 千伏程渤二线（程家变电站—渤海变电站）投运，辽宁中部双环网外环全面形成，外环网由 7 座 500 千伏变电站构成，分别为蒲河变电站、抚顺变电站、程家变电站、渤海变电站、历林变电站、鹤乡变电站、辽中变电站。内外环之间通过 500 千伏沙岭—蒲河和王石—渤海共四回线联络。2018 年 6 月 8 日，500 千伏高宽一、二线（高岭变电站—宽邦变电站）投运，辽宁西部环网全面形成。辽宁全面建成以辽宁中部内外层双环网为核心的 500 千伏主干网架，拥有 66 千伏及以上输电线路 56 642 千米、变电站 1779 座、变电容量 20 253 万千伏·安。辽宁电网成为东北电网负荷中心，电源装机约占东北电网的 35%，用电量占东北地区的 50%，电网供电能力较"十二五"末期提升 1000 余万千瓦。

（六）浙江 500 千伏舟山联网输变电工程投运

浙江 500 千伏舟山联网输变电工程利用海洋输电技术连接宁波与舟山两地，填补了舟山群岛新区 500 千伏网架的空白，满足了舟山群岛新区和舟山自贸区的经济增长用电需求。该工程于 2016 年 5 月 31 日获得浙江省发展改革委核准，2016 年 12 月 28 日正式开工，2019 年 1 月 15 日建成投运，总投资 46.2 亿元。该工程包含 500 千伏镇海—舟山的海缆和架空线路混合通道（二通道）及春晓—舟山线路升压（一通道）两个部分。新建 500 千伏变电站 2 座，新增变电容量 300 万千伏·安，新建海缆 17 千米，大跨越线路 9.756 千米。

该工程是中国电网史上建设规模最大、技术难度最高的 500 千伏跨海联网工程，创造了 14 项世界纪录：同塔混压四回结构两座 380 米输电高塔、世界首条 500 千伏交联聚乙烯海缆、应用海缆施工船"启帆 9 号"、在滩涂上采用桩网复合地基建设 500 千伏威远变电站等。这些重大设备和施工技术的突破，表明中国在世界范围内，掌握了先进的海洋输电技术，以"中国制造"解决世界难题。

二、南方电网公司 500 千伏电网局部补强工程

（一）中国首个滩涂 500 千伏东海岛输变电工程投运

湛江东海岛是广东省第一大岛屿，面积 286 千米^2。2013 年两个超千亿工程（宝钢湛江钢铁基地、中科炼化项目）落户岛内，而岛内仅有一座 220 千伏变电站供电，难以满足当地现代农业和大工业发展的需求。

2014 年 2 月 28 日，500 千伏东海岛输变电工程开工建设，2015 年 6 月 20 日投产运行。项目新建 500 千伏变电站一座，主变压器规模 2×75 万千伏·安，新建 500 千伏港城—东海岛架空输电线路 2 回，同塔双回架设，线路路径全长 40.3 千米，其中 9.5 千米途经滩涂地段，是当时国内途经滩涂地带最长的 500 千伏输电线路。

该工程位于易受台风侵袭地区，同时东海岛盐雾腐蚀严重。因此，该工程采用全联合钢架结构，选用锻造高颈法兰钢管塔，应用高强钢管及角铁。设计风速为在离地 10 米情况下，可经受平均最大风速达 39 米/秒的强风考验，可抵御 13 级强台风；为防腐蚀，采用抗污秽能力很强的国内首套 35 千伏集合电容器 HGIS 和 GIS；为避免对中国现存面积最大的一片红树林——东海岛红树林造成破坏，线路工程选择大跨越方式，架线跨越 1200 多米宽的大门涵水道。

该工程建成投产后，改善了湛江电网结构，为广东省粤东西北产业集群发展提供了有力保障。该工程获得 2016 年度中国电力优质工程奖、2016—2017 年度国家优质工程奖。

（二）南方主网与海南电网第二回联网工程投运

随着海南经济高速发展，海南自贸区（港）的建设，南方主网与海南电网第一回联网工程已不能满足海南省内电力供应可靠性的要求。2015 年 7 月 23 日，南方主网与海南电网第二回联网工程获国家发展改革委批复，10 月 30 日开工建设。该工程起于广东省湛江市 500 千伏港城变电站，止于海南省澄迈县 500 千伏福山变电站，线路全长 176.5 千米（包括 144.5 千米架空线路和 32 千米海底电缆），总投资约 30 亿元。

2019 年 2 月 3 日，南方主网与海南电网第二回联网工程开始敷设海底电缆。500 千伏海底电缆穿越琼州海峡，施工中要一次性把没有接头的电缆安全地敷设到海底，难度非常大。现场作业采用世界上最先进的带动力定位船只，配备水下遥控机器人、自动定位等全自动化施工设备，监视船只的航行速度和电缆释放速度。四条海底电缆采用 500 千伏充油纸绝缘电缆，单根长度达 32 千米、直径 14 厘米，是当时世界上单根最长的 500 千伏交流海底电缆。

2019 年 5 月 30 日，南方主网与海南电网第二回联网工程正式投入运行，海南岛与大陆实现了双回线路联网，送电规模达到了 120 万千瓦，为海南自贸区（港）电力供应加上了“双保险”。同时，缓解了海南电网由于海南昌江核电站一期投运带来的“大机小网”问题，为调剂海南电力余缺创造条件，有助于改善海南省能源结构。南方电网与海南联网第二回联网工程建成投运后，通过西电东送通道，云南水电送达海南。

（三）广东 500 千伏惠茅线改造工程

500 千伏惠茅线改造工程东起汕尾、西至惠州，全长 108 千米。此工程是在 1997 年前的旧线路上进行组塔改造，被称为缓解广东用电紧张的“解渴工程”。2011 年 12 月开工，2012 年 4 月 26 日完工投运。

2012 年广东全省全社会最高电力负荷将达 8700 万千瓦，二季度将是广东最缺电时期。500 千伏惠茅线改造工程的竣工，极大地缓解了即将到来的夏季用电高峰期广东用电紧张的局面。为此，将粤东地区电力送往珠三角负荷中心成为一个解决方案。500 千伏惠茅线改造工程投产后，仅 5 月就为广东增加供电能力 320 万千瓦，相当于解决了全国一个中等城市的用电负荷。

500 千伏惠茅线改造工程充分发挥了科技创新的优势，创下多项线路设计全国第一。在 500 千伏电压等级交流线路中首次采用六分裂大截面导线，送电能力提升四倍；首次全线采用笼式刚性跳线，能减少 80% 以上因风吹跳线造成跳闸的概率；首次在同类型线路中采用“燕翅型”铁塔，使全线节约电力塔材将近 900 万元。该工程还通过优化设计，把对沿线百姓生活的影响降至最低。500 千伏惠茅线建造工程占用土地面积 6.48 千米²，节约土地 19.44 千米²，与以前同类型工程相比，土地资源利用率提高 75%。

三、国家电网公司西北 750 千伏电网补强工程

（一）750 千伏库车—阿克苏—巴楚—喀什输电工程投运

南疆三地州电网包含喀什地区、克孜勒苏柯尔克孜自治州及和田地区电网，主要通过

阿克苏—金鹿双回 220 千伏线路与新疆主电网相连。为解决南疆三地州电力不足问题，提高北部电网向南疆三地州的送电能力，提高电网供电质量和供电可靠性，750 千伏库车—阿克苏—巴楚—喀什输电工程于 2014 年 6 月 3 日获得国家能源局核准，2014 年 9 月 20 日开工，2015 年 12 月 20 日建成投运。全线路分为三段，长度约为 656.8 千米。

750 千伏库车—阿克苏输电工程起于库车县境内苏巴什古城遗址西南 3 千米的 750 千伏库车变电站，止于阿克苏市西南 30 千米的阿依库勒镇的 750 千伏阿克苏变电站，途经阿克苏地区的库车县、新和县、温宿县、阿克苏市、农一师五团、农一师六团。新建单回输电线路，长度 279.66 千米；750 千伏阿克苏—巴楚输电工程起于 750 千伏阿克苏开关站，该站址位于阿克苏市西南约 33 千米处，止于 750 千伏巴楚变电站站址，该站址位于三岔口镇西南方向约 8 千米处，途经阿克苏地区的阿克苏市、柯坪县和喀什地区的巴楚县，新建单回输电线路，长度 192.72 千米；750 千伏巴楚—喀什输电线路起于 750 千伏巴楚变电站，止于 750 千伏喀什变电站，途经巴楚县、伽师县和疏附县三县和伽师总场。新建单回输电线路，长度 184.4 千米。

该工程采用环保节能新材料（钢芯高电导率铝绞线、铜附钢接地线 6×JL3/G1A−400/50）和新技术（旋挖机进行基坑掏挖），满足 750 千伏工程的特殊性和独特性。

（二）750 千伏伊犁—库车输电工程投运

伊犁是新疆最主要的能源基地，煤、水资源丰富，由于南疆资源相对匮乏，新疆电力总体流向是由北疆送往南疆。南疆各地州最大电力缺口约 23 万千瓦，而伊犁即使到了冬季枯水期间，电力富余仍然高达 34 万千瓦。虽然从伊犁到南疆库车县的直线距离仅 200 余千米，但由于天山山脉的阻隔，无法直接送电，伊犁富余的电力只能先输送到乌鲁木齐再送至南疆，迂回 1500 千米的超长距离，造成了较高的网损。

为了将伊犁电力直接送往南疆，建设翻越天山的伊犁—库车的超高压输电线路，形成环天山南北坡经济带的 750 千伏大环网。2014 年 11 月 5 日，750 千伏伊犁—库车输电工程开工，2016 年 11 月 22 日竣工投运。该工程起于 750 千伏伊犁变电站，止于 750 千伏库车变电站，线路全长 353.7 千米。线路沿线地形以山地和高山大岭为主，海拔在 800～3750 米范围，总投资 19.55 亿元。

该工程是新疆首条跨越冰川和高山冻土区的 750 千伏输电线路，翻越南北天山，穿过无人区、高海拔区、古冰川地质灾害影响区等特殊地貌。由于工程中 70% 的输电线路途经天山腹地，施工难度远超平原作业。施工期间，雨雪天气超过一半，大部分铁塔基础位于高山大岭之间，山地部分塔位占地狭促，运输大多依赖索道。为解决冻土层施工难题，施工中采用安装热棒传导基坑底部热量，维持塔基内部恒定零度，确保杆塔稳固。由于线路工程穿越西天山自然保护区，为了最大限度地保护当地生态，国网新疆电力有限公司对施工线路进行优化，避开西天山国家级自然保护区、巴音布鲁克草原和大小龙池景区，把作业面移至无人区。施工结束后全面恢复周围生态环境，保护了工程沿线的自然环境。

（三）750 千伏太阳山—六盘山—平凉输变电工程投运

为加强宁夏东部、甘肃东部超高压电网的网架结构，满足宁夏、甘肃东部地区电网负荷增长和电源开发需求，也为灵州—绍兴±800千伏特高压直流输电工程提供有力支撑，建设750千伏太阳山—六盘山—平凉输变电工程，连接宁夏和甘肃电网，是宁夏与西北主网联系的第二条大动脉。2015年3月25日，工程获得国家发展改革委核准，2015年6月30日开工，2016年12月30日建成投运，总投资30.37亿元。

新建750千伏六盘山变电站1座，主变压器1×210万千伏·安，新建宁夏灵州±800千伏换流站—甘肃平凉750千伏变电站线路（宁夏段）2×275千米，（甘肃段）2×51千米。扩建750千伏平凉变电站2个750千伏间隔。

该工程输电线路沿线地质地貌以黄土塬为主，采取增加二八灰土垫层，人工掏挖基础，自然排水，补充和完善护坡、挡土墙等措施，避免因地质原因对工程本体质量造成影响。

（四）青海果洛联网工程建成投运

果洛地区电网与青海主网联网工程是继青藏、玉树电力联网工程后，在雪域高原建设的又一电力联网工程。该工程的建成实现青海电网的全覆盖，根本解决了班玛、玛多、久治三县无电地区通电问题，满足玛尔挡水电站送出，服务于果洛藏区经济社会发展。2015年5月18日，工程获得国家发展改革委核准，2015年7月22日开工，2016年12月23日建成投运，标志着青海电网与果洛联网工程全线投入运行。

该工程新建750千伏西宁—玛尔挡线路332千米，330千伏玛尔挡—果洛线路54千米，110千伏线路560千米；新建330千伏果洛变电站，容量15万千伏·安，新建白玉、班玛、久治3座110千伏变电站，容量共9.45万千伏·安；扩建330千伏玛多变电站、750千伏西宁变电站各1座。该工程总投资25.5亿元。

该工程途经西宁、海南州、果洛地区，海拔在3200～4600米范围。其中，翻越18座海拔4000米以上的大山，3次跨越黄河天险，穿越青藏高原多年冻土区、三江源自然保护区。该工程建设存在有效施工期短、施工难度大、高海拔电气设备外绝缘配置难度大、长距离电网安全稳定运行难度大、高原生理健康保障任务艰巨、高原生态环境保护困难、科技创新任务重等工程建设难题，是青海高原建设的又一条极具困难和挑战的"天路"工程。该工程获得2018年度中国电力优质工程奖。

（五）郭隆750千伏输变电工程投运

为优化甘肃、青海断面电网结构，增强甘肃、青海两省电力交换能力，增强青海东部电网供电可靠性，并兼顾当地光伏发电送出服务，郭隆750千伏输变电工程2014年11月15日开工，2017年4月30日建成投运，总投资13.2亿元。建设内容包括新建750千伏郭隆变电站，西宁—武胜750千伏线路开断接入750千伏郭隆变电站线路工程，改建西宁、武胜750千伏变电站。新安装两台150万千伏·安变压器，改接形成四条新的750千伏线路共215.25千米。其中，750千伏郭隆变电站工程是当时世界上同电压等级建设规模最大的变电站。

该工程位于佑宁寺国家级风景旅游区，330千伏出线受地形及地方要求等限制，首次采用千鸟型GIS立体紧凑型配电装置，有效解决了出线难题；GIS、主变压器基础一半位于挖方区、一半位于填方区，地基不均匀沉降控制难度大。针对站区高差大的难题，采用了灌注桩后注浆技术，全站 2525 根桩，一类桩达 95.7%，无三类桩，有效解决了地基不均匀沉降难题；750、330 千伏构架梁柱节点采用相贯连接，属国内首创；750 千伏主变压器和 750 千伏高压电抗器采用了 BOX—IN 设计方案，属国内首次应用；750 千伏 GIS 短路电流水平为 63kA，在国内尚无运行业绩。

四、南方电网"西电东送"大通道工程

为确保迎峰度夏期间广东电力的供应、汛期云南水电的送出，2011 年 2 月 24 日，溪洛渡右岸—广东±500 千伏双塔双回直流输电工程获国家发展改革委核准批复。该工程于 2011 年 12 月 2 日开工建设，2014 年 6 月 25 日双回四极全面建成并投入运行，总投资 165.82 亿元，由南方电网公司负责建设运维。该工程西起云南省昭通市延津县昭通换流站，东至广东省广州市从化区从化换流站，穿越云南、贵州、广西、广东四省（区），线路全长 2572 千米，单回直流输电容量 320 万千瓦，双回直流输电容量 640 万千瓦，额定电压±500 千伏，是当时世界上输电容量最大、输电距离最长的同塔双回直流输电工程。该工程既节省了投资规模，又节约了土地资源，设备国产化率也基本达到 100%。该工程的建成投运，对于加快金沙江、澜沧江水电开发、实现东西部资源互补发挥了作用。

金沙江中游河段包括上虎跳峡、两家人、梨园、阿海、金安桥、龙开口、鲁地拉和观音岩水电站共八座巨型梯级水电站，相当于 1.1 个三峡水电站。云南金沙江中游电站送电广西直流输电工程（简称金中直流工程）和永仁—富宁±500 千伏直流输变电工程（简称永富直流工程）是实现南方电网"西电东送"的两条大通道，金中直流工程将云南金沙江中游梨园、阿海水电站的水电资源送往广西负荷中心，永富直流工程将观音岩水电站的水电资源送往广西负荷中心，满足广西地区用电负荷持续快速增长的需要，并满足云南省文山地区枯水期用电需要。鲁西背靠背直流联网工程解决了云南电网与南方电网主网联网的安全稳定问题。

金中直流工程于 2016 年 2 月 3 日开工建设，2018 年 7 月 18 日竣工投运。该工程起于云南省丽江市永胜县金官换流站，止于广西壮族自治区柳州市柳江区柳南换流站；额定输送容量 320 万千瓦，电压等级±500 千伏；直流线路约 1105.4 千米，途经云南、广西两省区，其中云南段长约 552.6 千米，广西段长约 552.8 千米。该工程总投资为 82.36 亿元，由南方电网超高压输电公司建设。

金中直流工程包括新建金官±500 千伏换流站、柳南±500 千伏换流站、直流线路等主要工程，两端分别新建 1 座接地极及相应接地极线路，其中金官侧接地极线路长约 27 千米，柳南侧接地极线路长约 58.5 千米。国内换流站主设备材料首次通过 9 度设防的抗震试验验证、国内直流工程中首次一次性通过了 1.2 倍 2 小时过负荷试验、南方电网内首次实现换流变压器阀侧套管的国产化应用、南方电网内首次实现直流工程阀厅直流金具国产化的应用。金官±500 千伏换流站获 2018 年度中国电力优质工程奖、2018—2019 年中国建设工程鲁班奖。

　　永富直流工程于 2015 年 1 月开工建设，2016 年 6 月 29 日建成投运，仅用时 18 个月，是南方电网同类项目建设最快的工程。该工程总投资达 63.65 亿元，起于楚雄永仁县、止于文山富宁县，途经 15 个县（市）。该工程包括永仁±500 千伏换流站、富宁±500 千伏换流站、直流线路等主要工程，以及直流接地极及接地极线路、配套通信及二次系统工程等项目，线路长度 577 千米，直流接地极 2 座，接地极线路约 126 千米。永仁±500 千伏换流站安装 12 台换流变压器，另设 2 台备用；平波电抗器每极装设 2 台，另设 1 台备用线圈；无功配置滤波器 3 大组，共 9 个小组；低压无功补偿为 6×6 万千乏低压电抗器；500 千伏站用变压器 2 台，500 千伏交流出线 4 回。富宁±500 千伏换流站安装 12 台换流变压器，另设 2 台备用；平波电抗器每极装设 2 台，另设 1 台备用线圈；全站交直流合建，75 万千伏·安主变压器 2 台，500 千伏交流出线 4 回，220 千伏出线 6 回，4 组低压电抗器及电容器，在靖西一、二回上装设 50% 的串联补偿装置；装设 2 台 STACOM 专用变压器，安装 3 台 STACOM 装置；无功配置滤波器 4 大组，共 16 个小组。永仁±500 千伏换流站工程荣获 2016—2017 年度国家优质工程奖、2017 年度中国电力优质工程奖；富宁±500 千伏换流站工程荣获 2016—2017 年度中国建设工程鲁班奖、2017 年度中国电力优质工程奖。

　　随着云南西部水电的开发投运，"十二五"末南方电网形成了"八交八直"和"西电东送"主网架输电格局，东西交流电网送电距离越来越长，交直流混合运行电网结构日趋复杂，加大了发生多回直流同时闭锁或相继闭锁故障的风险。将云南电网与南网主网联网，可有效化解交直流功率转移引起的电网安全稳定问题，简化复杂故障下电网安全稳定控制策略，避免大面积停电风险，而采用背靠背直流输电是实施联网的一种有效方式。鲁西背靠背直流联网工程将整流、逆变两个换流站建在一起，中间没有直流线路，使云南电网和南方电网主网联网。2014 年 12 月 9 日，鲁西背靠背直流联网一期工程取得核准批复。该工程建设 100 万千瓦常规单元加 100 万千瓦柔性直流单元，主要包括鲁西换流站新建工程、配套交流线路改接工程和 500 千伏罗平变电站高压电抗器改造工程，鲁西换流站位于云南省罗平县罗雄街道鲁西村。2016 年 6 月 30 日，鲁西背靠背直流联网一期工程常规单元建成投产，同年 8 月 29 日柔性直流单元投产，9 月 18 日正式运行。鲁西背靠背直流联网二期工程扩建 100 万千瓦常规直流单元，于 2016 年 7 月开工，2017 年 6 月 26 日投运，世界首个柔性直流和常规直流混合背靠背换流站——云南电网与南网主网鲁西背靠背直流联网二期扩建工程全面建成。该工程投运后，2017 年增加云南外送电量约 30 亿千瓦·时，有效促进了云南清洁水电消纳，减少广东省特别是珠江三角洲的污染物排放。鲁西换流站柔性直流单元额定容量 100 万千瓦、直流电压±350 千伏，电压和容量都居当时世界最高水平，该工程的综合自主化率达到 100%，有效提升了中国在柔性直流输电领域的技术水平。该工程获 2018 年度中国电力优质工程奖、2018—2019 年度国家优质工程金质奖。

第四节　智能电网发展与创新

美国电力科学院在 2001 年提出智能电网（Intelligrid）的概念，目标是创建一个将电力与通信、计算机控制系统集成起来的架构。"智能电网欧洲技术论坛"于 2005 年正式成立，提出了智能电网（Smart Grids）的概念，目标是为提高欧洲输配电系统的效率，创建用户和运营商互动的服务网。由于各国国情和资源分布不同，各国对智能电网发展方向和侧重点也不相同，相比欧美国家，中国的智能电网覆盖更为全面，是一项涉及多领域、跨行业的庞大系统工程，小到客户单独使用的智能电能表，大到覆盖整个电网的调度控制系统，均属其研究范围，是实施新的能源战略、优化能源配置的重要平台。早在 2009 年，电网企业先后提出坚强智能电网发展战略。2010 年的政府工作报告中提到大力开发低碳技术，推广高效节能技术，积极发展新能源和可再生能源，加强智能电网建设。2011 年的政府工作报告中再次强调了加强智能电网建设。2011 年 3 月 14 日，十一届全国人大四次会议批准的《中华人民共和国国民经济和社会发展第十二个五年规划纲要》将智能电网建设纳入其中。

中国智能电网的发展进程中，建设了一系列智能电网示范工程，并取得了突出成效。2010 年建成中国第一个智能电网综合示范工程——上海世博园智能电网综合示范工程，2010 年珠海万山群岛中的东澳岛建设成为中国首个基于海岛的兆瓦级"风、光、柴、蓄"的智能微电网系统，2011 年建成中国—新加坡天津生态城（简称中新天津生态城）智能电网综合示范工程，2016 年建成国家风光储输示范工程。同时，智能变电站的大规模建设实现了一次设备智能化、二次设备网络化。

一、电网企业推动建设智能电网

国家电网公司在 2010 年印发了《国家电网智能化规划总报告（修订稿）》（简称《规划总报告》），总体目标是"一完善、两完成、五突破、五深化"，即完善国家电网公司智能电网工作体系；完成国家电网智能化规划和支撑智能电网试点工程的关键标准制定；实现智能电网调度技术支持系统、智能变电站、电动汽车充电设施、用电信息采集系统、多网融合五项试点工程建设的突破；实现设备研制、专题研究、商业模式、管理创新、宣传交流五个方面的工作深化。围绕建设坚强智能电网的总体目标，国家电网公司于 2010 年着力做好七项具体工作：一是完善工作体系，有序推动坚强智能电网建设；二是完成规划编制，完善电网智能化规划内容；三是加快试点建设，确保在重点领域取得突破；四是明确工作分工，完善标准化体系；五是加强重点专题研究，提升技术研发和管理创新能力；六是深入总结第一阶段工作，科学谋划下阶段工作思路；七是深化沟通与交流，积极获取外界理解与支持。

《规划总报告》在分析智能电网发展基础和形势的基础上，明确了国家电网智能化规划的指导思想和发展目标，重点从发电、输电、变电、配电、用电、调度、通信信息七个方面提出电网智能化的规划目标、发展路线、技术标准、关键技术、重点项目、投资估算，分析建设坚强智能电网的社会经济效益，以及对国家电网公司经营管理的影响，提出规划实施的保障措施及政策建议。《规划总报告》对坚强智能电网的总体发展目标进行了表述，建成以特高压电网为骨干网架、各级电网协调发展的坚强电网为基础，以信息化、自动化、互动化为特征的自主创新、国际领先的坚强智能电网，具体建设过程分为三个阶段：

第一阶段（2009—2010 年）为规划试点阶段，重点开展电网智能化规划工作，制定技术和管理标准，开展关键技术研发和设备研制，开展各环节的试点工作。

第二阶段（2011—2015 年）为全面建设阶段，加快特高压电网和城乡配电网建设，初步形成坚强智能电网运行控制和互动服务体系，关键技术和装备实现重大突破与广泛应用。

第三阶段（2016—2020 年）为引领提升阶段，基本建成坚强智能电网，使电网的资源配置能力、安全水平、运行效率，以及电网与电源、用户之间的互动性显著提高。

2012 年，国家电网公司组织开展《智能电网全面建设行动计划》（简称《行动计划》）的编制工作。《行动计划》从电网发展的实际需求出发，以试点工程建设为基础、以"十二五"末基本建成坚强智能电网为目标，统筹规划、标准先行、科学评价、研发创新，确保智能电网项目建设的顺利实施及相关重点工作的有序开展。《行动计划》包括总报告以及智能电网"六环节一平台"中的 16 个重点项目分报告，分报告涵盖常规电源网厂协调、大规模新能源发电并网运行、输变电设备状态监测系统、新建智能变电站、变电站智能化改造、配电自动化、用电信息采集系统、电动汽车充换电设施、95598 互动服务网站、智能小区/楼宇、智能电网调度技术支持系统、电力光纤到户、调度数据网络、智能电网通信网、支撑智能电网建设（SG–ERP）和综合性项目。

国家电网公司印发《2012 年智能电网项目建设意见》，明确智能电网试点项目计划。按照全面推广成熟试点项目，推进智能电网全面建设工作；加快建设续建试点项目，确保项目按期优质完成；开展深化应用项目，推动技术和商业模式成熟；孵化新增试点项目，促进重大科技成果转化的工作思路。依托国家能源局智能电网试点项目、国家 863 项目的实施，突出新技术成果的示范应用，新增 9 类试点项目，包括大规模新能源发电集群控制、柔性直流输电、分布式发电及微电网接入控制、物联网示范应用、云计算技术示范应用等。

2014 年，国家电网公司启动实施 6 类 41 项智能电网创新示范工程，建成 50 座新一代智能变电站，完成 39 项国家级智能电网项目建设和验收，建成 9 项智能电网综合建设工程。在国家电网公司启动智能电网建设之时，相关技术研究处于起步阶段，无成功经验可循，标准不完善，关键装备缺乏。为此，国家电网公司结合自身特点，深化落实"一流四大"❶科技发展战略，全面推进体制、机制和平台建设，充分发挥集团化运作的优势，系统优化科技资源，构建国际一流创新体系，直属科研单位、直属产业单位、省属科研单

---

❶ "一流四大"是指建设一流人才队伍，实施大科研、创造大成果、培育大产业、实现大推广。

位、海外研发机构、外部科技资源五类创新主体发挥各自优势，协同开展攻关，并全面突破从发电到用电各技术领域的智能电网核心技术，推动中国电网技术在国际上实现由"跟随者"向"引领者"的转变，建成国家风光储输示范工程等智能电网试点项目，在世界上建成了规模最大、水平最高、速度最快、种类最全的国家风光储输示范工程等智能电网试点项目。同时加强与国内装备制造企业的紧密协作，共同完成柔性直流换流阀、新能源发电功率预测系统等近200项智能电网关键装备的研制，实现"中国智造"和"中国创造"。国家电网公司还先后参与编制21项智能电网国际标准，显著提升了国际地位与影响力，在国际智能电网领域已极具话语权。"国家电网智能电网创新工程"项目获得国家科学技术进步奖一等奖。

南方电网公司2011年2月印发了《中国南方电网有限责任公司中长期发展战略》，明确了电网发展向更加智能、高效、可靠、绿色方向转变的战略路径，强调了节能减排、建设绿色电网的战略举措。南方电网公司在2012年重点工作中指出，加强绿色电网建设，颁发3C❶绿色示范工程建设指导意见及相应的评价指标，形成"3C绿色模块"。从"四节一环保"❷方面选取节能灯具、非晶合金变压器、噪声控制等多项节能环保技术，制订绿色电网推广应用目标和行动路线，投产首个绿色变电站示范工程——广州尖峰110千伏变电站。全面推进广州中新知识城、珠海横琴新区、深圳前海、南沙新区、珠海万山群岛智能微网等重点智能电网示范区的规划建设，开展分布式能源资源综合利用、智能电网、智能用电等试点工作。南方电网公司高度重视智能电网发展。2017年8月，南方电网公司发布《南方电网"十三五"智能电网发展规划研究报告》，系统设计了智能电网发展架构体系，围绕安全、可靠、绿色、高效四个关键目标和智能电网九大领域，制订了32项重点任务及16类系统性工程。

二、国家风光储输示范工程

财政部、科技部、国家电网公司于2009年4月29日共同召开"金太阳工程"❸协调会。国家电网公司积极响应国家"金太阳工程"要求，提出以点带面、点面结合，在华北或西部地区规划建设1～2个100兆瓦级标志性示范项目，拉开了国家风光储输示范工程建设的大幕。

2009年年底，河北省发展改革委核准批复国家风光储输示范工程。该工程位于河北省张家口市张北县境内，分两期建设：一期工程建设风电10万千瓦、光伏发电4万千瓦和储能2万千瓦；二期工程建设风电40万千瓦、光伏发电6万千瓦和储能5万千瓦。该工程是世界上规模最大、综合利用水平最高的新能源综合示范项目，集风力发电、光伏发电、储能系统、智能输电于一体，是国家电网公司坚强智能电网首批试点工程，2011年

---

❶ "3C"是指高效、可靠、绿色。

❷ "四节一环保"是指节能、节地、节水、节材和环境保护。

❸ "金太阳工程"是国家2009年开始实施的支持国内促进光伏发电产业技术进步和规模化发展，培育战略性新兴产业的一项政策。

12 月 25 日投产。

该工程以风光发电控制和储能系统集成为重点，在联合发电互补机制及系统集成、全景监测与协调控制、功率预测、源网协调和大规模储能技术五大关键技术领域取得突破，实现了新能源发电的平滑输出；通过深度研究风光储联合发电控制运行方式和调度模式，取得了一大批业界瞩目的原始性创新成果，提升新能源综合利用水平；实现了风储联合、光储联合和风光储联合等七种发电运行方式的自动组态智能优化和切换，使风光储输出的电力可控、可调，充分发挥电网友好型新能源电站的示范作用。该工程建立了完整的风光储联合发电核心技术体系，为未来新能源发展提供了成功范例。该工程的成功投产为解决新能源大规模集中开发难以控制、难以调度的世界性难题提供了"中国方案"，贡献了"中国智慧"。

依托该工程，实现风光储联合优化策略等 20 余项重大技术创新，获得"新能源联合发电并网运行控制标准""大容量储能系统接入电网技术规定"等重大知识产权。国家电网公司发布技术白皮书 3 部，取得发明专利 87 项，研发自主知识产权高新设备 119 台，建成风光储联合发电技术标准体系，成立了由中国主导的"IEC 大容量可再生能源接入电网技术委员会"，并颁布 1 项国际标准、13 项国家标准和 21 项行业标准。

2016 年 12 月 11 日，国家风光储输示范工程荣获经国务院批准设立的中国工业领域最高奖项——第四届中国工业大奖。

三、智能变电站示范应用

电网企业自 2009 年 7 月起开展智能变电站的试点建设，各网省公司结合新建和改造工程，分电压等级实施试点建设任务。截至 2011 年 12 月，共建成并投运 75 座智能变电站，其中，国家电网公司建成投运 65 座，南方电网公司建成投运 10 座。2012 年随着智能变电站技术标准的形成、工程造价的降低，智能变电站进入全面建设时期。

（一）750 千伏智能变电站

750 千伏洛川变电站于 2009 年 3 月 3 日取得国家发展改革委核准，2009 年 4 月 10 日开工，2011 年 3 月 1 日建成投运，总投资 5.8 亿元，是当时世界上电压等级最高的智能变电站建设工程。该变电站的建设完善了陕西 750 千伏骨干网架，提高了关中与陕北的电力交换能力，满足了延安大型电源的接入，保障了革命圣地延安经济发展的用电需求。750千伏洛川变电站采用 3/2 断路器接线方式，一期安装 1 组 210 万千伏·安变压器。该变电站的建成，标志着中国在超高压智能变电站的理论研究、工程建设、运行管理、试验能力、标准制定等方面走在了世界前列。该工程获得 2012 年度中国电力优质工程奖、2011—2012 年度国家优质工程奖。

750 千伏沙湖变电站于 2015 年 7 月 31 日建成投运，是当时宁夏电网建设投资最大、规模最大、参与人数最多的输变电工程，满足了宁夏石嘴山地区未来 15 年负荷发展需要，成为宁东—浙江±800 千伏特高压直流输电工程安全稳定运行的动力源。该变电站是宁夏首座 750 千伏智能变电站，也是宁夏北部 330/220 千伏电磁环网实施解环的必要条件。该变电站容量为 4×150 万千伏·安，电压等级为 750/220/66 千伏。在工程建设过程中，积极开展技术创新工作，其中构、支架钢管混凝土浇筑采用自行研制的支架钢管压力灌浆装置，创新压力灌浆方法，取得国家发明专利。

750 千伏沙州变电站于 2013 年 7 月 7 日建成投运，是新疆与西北 750 千伏电力联网第二通道工程的枢纽变电站，该变电站的建设增强了新疆电网与西北主网功率交换的能力，成为新疆哈密、甘肃酒泉、青海柴达木地区煤电、风电和光伏发电的重要外送通道，同时也为敦煌地区新能源开发创造有利条件。750 千伏沙州变电站位于甘肃省敦煌市七里镇光伏工业园西南 5 千米，是甘肃省首座 750 千伏智能变电站，数字化设计是该工程智能化的基础。工程总投资 11.2 亿元，装设 1 台 210 万千伏·安主变压器；750 千伏 6 回出线，330 千伏 5 回出线。该工程首次在国内 750 千伏配电装置中采用钢管 A 字柱构架型式；首次在国内 750 千伏变电站中配置全站统一的无功协调控制系统；首次在国内 750 千伏主母线设计上采用了四分裂导线，设备和绝缘子串采用降噪金具和管形母线设计方案，同时对三层线性带电体进行了降噪优化设计；首次在国内推行全站设备复合化；首次采用国内容量最大的可控高压电抗器装置和静态无功调节装置。

（二）500 千伏智能变电站

500 千伏海宁（由拳）变电站于 2009 年 6 月 18 日建成投运，是国家电网公司第一座基于 IEC 61850 的 500 千伏数字化变电站。该变电站的建设为国家重点工程秦山核电扩建提供系统接入点，并改善浙江嘉兴市电网供电的可靠性，满足嘉兴地区用电负荷发展的需要。建设规模为 2 组 100 万千伏·安主变压器，500 千伏出线 3 回，220 千伏出线 9 回。该变电站的建设为华东电网 500 千伏数字化变电站的推广积累足够的经验。

500 千伏芝堰变电站于 2009 年 7 月 9 日建成投运，是国家电网公司首座 500 千伏智能型数字化变电站。该变电站的建设缓解了金华中西部及建德、淳安地区的供电瓶颈，解决了该地区用电负荷增长问题，改善了浙江中西部的电网结构和潮流分布。500 千伏芝堰变电站位于金华兰溪市黄店镇三峰殿口村，总投资 4.04 亿元，是国家"十一五"期间重点电网建设项目。2008 年 9 月 10 日开工建设，安装 4 组 100 万千伏·安主变压器。该变电站是国家电网公司 500 千伏数字化变电站试点建设项目，全站继电保护、自动化系统均采用了 IEC 61850 通信规约，其数字化程度及应用水平在国内居领先地位，真正实现了数据采集数字化、信息传递网络化、通信模型标准化。

500 千伏静安（世博）变电站于 2010 年 4 月 16 日建成投运，是国内首座超大容量、多电压等级、全地下、全数字智能化变电站，是保证上海世博会安全可靠供电的重点建设项目。为世博会和中心城区提供 500 万千伏·安的变电容量。500 千伏静安（世博）输变电工程是超大超深的地下结构工程，采用全逆作业法进行地下结构施工，建设规模列全国同类工程之首。该工程设计全地下变电站，深度 335 米，地面仅留主控室、进出口和进出风口，其余为公共绿地。该变电站在设计和建设过程中取得了一批原创性成果，为以后大型地下变电站的设计和建设提供了有价值的借鉴，为制定相关技术标准提供了技术依据和工程案例，上海 500 千伏静安（世博）变电站获得了 2010 年度中国建设工程鲁班奖。

500千伏长春南（金城）变电站一期工程于2011年12月8日2台100万千伏·安主变压器及四回500千伏线路先期投运，是国家电网公司第一批唯一的500千伏智能变电站试点示范工程，是东北电网南北、东西输送通道的联结点，工程投资4.3亿元。国内首次在500千伏全站范围大规模采用电子式互感器，提供双A/D采样数据，保证数据可靠性，站用电采用太阳能光伏发电。该变电站是第一座完整意义上的500千伏智能化变电站，实现全站信息数字化、通信平台网络化、信息共享标准化，自动完成顺序控制、一次设备在线监测、辅助系统智能联动及变电站自动化系统高级应用等先进功能，从主系统到辅助系统全面实现智能化，是建设绿色节能坚强电网的一次新的探索和尝试，虽然由于早期电子式互感器转换装置抗电磁干扰能力不足，导致变电站运行不稳定，但取得的经验对后期同类变电站设计、建设和施工提供了非常难得的经验。该变电站后续经过对转换装置电磁屏蔽能力提升的改造，运行稳定性取得较大提升。

（三）220千伏智能变电站

辽宁省朝阳220千伏何家变电站于2012年11月28日建成投运。该变电站的建设有效弥补了朝阳东南部地区供电半径较大的短板，进一步改善了朝阳电网的网架结构，为地方经济发展提供可靠的供电保障。朝阳220千伏何家变电站是国网辽宁省电力有限公司重点科研项目，建立了具有一键式控制、可视化监测、智能告警、智能分析决策、全景信息分级共享等特征为一体的变电站高度集成系统，是国内首座集保护、测量、控制、计量为一体的高度集成的变电站。该变电站投运后，国网朝阳供电公司将通过智能监视、智能操作、智能辅助的高级应用，实现变电站运维管理新模式。

重庆220千伏大石变电站于2013年12月17日建成投运，是国家电网公司首座220千伏新一代智能变电站。该变电站位于重庆市合川区，建成后满足重庆合川城北工业拓展区、渭沱化工园、大石综合产业园及思居花滩国际新城等片区负荷增长需要。建设规模为主变压器3台18万千伏·安。220千伏大石变电站秉承系统高度集成、结构布局合理、装备先进适用、经济节能环保、支撑调控一体的建设理念，首次全面应用了220、110千伏隔离断路器，将出线及主变压器间隔断路器、电流互感器整合为集成式智能隔离断路器，减少了一次设备数量，同时应用气体绝缘开关柜、110千伏气体绝缘母线、层次化保护控制系统和集装箱式设备，并在此基础上对站内的主接线和总平面进行合理优化，凸显了"占地少、造价省、可靠性高、建设效率高"的示范效应。该变电站成功开展了以集成化智能设备和一体化业务系统为特征的新一代智能变电站的建设实践，提高了变电站电气主接线的可靠性，同时也减小了占地面积和建筑面积，达到新一代智能变电站的建设目标，为新一代智能变电站的推广实施奠定了基础。

220千伏袍兴（南）变电站于2013年7月1日建成投运，是国内首座220千伏配送式智能变电站。该变电站位于绍兴市越城区，建成后满足大、中型企业相继落户袍江开发区负荷增长的需求。该变电站安装2台24万千伏·安主变压器，按照"标准化设计、工厂化加工、装配式建设"的理念，采用最新标准配送式施工方式，仅用时4个月即建成投运。变电站内主要建筑采用预制模式，工厂预制率达95%以上。220千伏出线构架采用新型结构，节省了 25% 的用钢量，提高了构架的整体美观度，有利于运行检修。220 千伏袍兴（南）变电站的建成投产为标准配送式智能变电站技术和建设模式积累了经验。

220 千伏勤丰变电站于 2015 年 11 月 29 日建成投运，是浙江省首座 220 千伏智能光伏变电站。该变电站位于平湖市乍浦镇，装设容量为 24 万千伏·安主变压器 2 台。变电站首次采用先进的二次设备舱、站域保护、电子式互感器等，引入先进的光伏设施（建筑）和微电网项目，集风能、光伏、储能蓄电池于一体，安装在变电站屋顶以及立体墙面的光伏太阳能板有 449 块，总面积达到 741 米²，由其组成的太阳能光伏系统发电装机容量可达到 119 千瓦（峰值）。该变电站采用国网浙江省电力公司自主设计、研发的 GIS 垂直出线关键技术，该设计颠覆了变电站传统水平出线和门形构架的常规模式，利用"空间换平面"理念，将常规户外变电站水平架空出线方式改为三相导线垂直排列直接上挂，由独立钢管杆的横担牵引，与终端塔相连。两回出线共用一根独立钢管杆实现三相导线上、中、下三层垂直出线，220、110 千伏单间隔宽度最优均可减少 50%，有效提高了土地利用率。"GIS 双飞蜓出线布置结构"获得了国家发明专利授权，并被中国电力建设关键技术成果评审鉴定为"达到国际先进水平"。

（四）110（66）千伏智能变电站

广州 110 千伏尖峰变电站于 2011 年 11 月 28 日开工建设，2012 年 11 月 26 日投入运行，是南方电网公司第一个按照 3C 绿色标准建设的智能变电站，是南方电网一体化电网运行智能系统建设的试点工程，该站地处广州市萝岗区科学城开创大道以西、科学大道以北处，主变压器容量 3×63 兆伏·安，110 千伏出线 3 回，10 千伏出线 45 回。该变电站 10 千伏采用金属铠装移开式开关柜（电动型）。

大连 66 千伏智能车载移动变电站于 2012 年 7 月 15 日在 66 千伏富岭变电站投入使用，是国内首台移动变电站，采用完全车载方式，实现了远程定值修改、远方停送电操作、信息交互等多项高级功能，具有智能化水平高、集成化程度高、体积小、运行使用方便及投资小、见效快等优点。2012 年 9 月 8—15 日，江家变电站增容改造期间，通过 66 千伏智能车载移动变电站多供电量约 100 万千瓦·时，为国网大连供电公司增收约 60 万元，同时大大降低了过渡费用。后续，66 千伏智能车载移动变电站还在 66 千伏金石滩、辽河、皮口、安波、黑岛、杏树屯、泡崖子、郭店、营城子等变电站增容改造期间陆续得到应用，减少各类改造期间用户停电户时数，为提升营商环境做出重要贡献。66 千伏智能车载移动变电站的应用促进了后续小型化、模块化变电站的衍生，开拓了变电站的低碳、节约型发展方向。

四、智能电网综合示范工程

（一）国内首个智能电网综合示范工程——上海世博园智能电网综合示范工程投运

上海世博园智能电网综合示范工程是第一批智能电网试点工程项目，由国家电网公司智能电网部、国网上海市电力公司、国网电科院、中国电科院、国网信息通信有限公司（简称国网信通公司）共同完成。该项目在上海世博园建成了国内首个智能电网综合示范区，

2010 年 4 月，上海世博园智能电网综合示范工程建设完成。工程建设 110 千伏全地下节能型智能变电站、配电自动化、故障抢修管理系统、用电信息采集系统、电能质量监测、新能源接入、储能系统、智能楼宇/家居、电动汽车充放电设施 9 项示范工程，以及智能电网调度技术支持系统展示、信息平台展示、智能输电展示和可视化展示 4 项演示工程。9 项示范工程融于世博园区的智能电网之内，而普通观众和专业人士则可通过后 4 项演示工程近距离、多角度、形象化地了解智能电网。

借世博会之机展示智能电网是一种新尝试。世博会开幕后，7000 万名世博参观者体验了世界上最大的智能电网实际应用，并通过综合展示，一睹智能电网的风采。

上海世博园智能电网综合示范工程是世界上首个涵盖"发电、输电、变电、配电、用电、调度六个环节和通信信息支持平台"已建并投运的智能电网综合示范工程。

（二）浙江省首个智能微电网在舟山市摘箬山岛建成

为缓解能源危机及化石能源污染问题，顺应清洁能源、可再生能源发电的趋势，同时为国家实施海洋战略提供可靠的能源保障，浙江大学与浙大网新集团有限公司和浙江众合科技股份有限公司合作，在舟山市摘箬山岛建立可再生能源互补发电关键技术及工程示范项目。

舟山市摘箬山岛位于环南街道五联村，东临东距岛，西傍大猫岛，北靠盘崎岛，南与宁波市毗邻。全岛面积 2.749 千米^2，土地面积 786.05 亩（农保地面积 285 亩），山林面积 2867 亩，最高海拔 215 米，滩涂 420 亩，海岸线长 7.2 千米。该岛具有丰富的风能、海流能等新能源资源。

舟山市摘箬山岛新能源微电网项目的总体目标是建立一个总容量5.0兆瓦的新能源综合利用示范电站，建成海流能、风能、太阳能与储能互补相互配合的混合供电系统。其中潮流能发电总装机 200 千瓦，风力发电 2 兆瓦，光伏发电 1 兆瓦，备用柴油机发电装机 300 千瓦，储能电池 500 千瓦·时，超级电容储能峰值功率 200 千瓦。该项目于 2011 年 3 月开工，2015 年完成建设，并网发电。项目整体技术已于 2015 年 10 月通过科技部组织的专家验收。建成后的项目能够满足海岛发电系统的四种运行模式，分别为最大功率输出模式、可调度模式、孤岛运行模式、规范并网模式。

该项目进行了为期四年的项目建设、关键技术攻关、关键设备研制等工作，完成了潮流能多机组列阵发电及并网装置、大规模光伏电池并网控制装置与控制系统、大规模风机并网控制装置与控制系统、锂电池和超级电容并网控制装置与控制系统、海岛可再生能源互补发电控制系统等和核心系统的开发和研制，形成了海岛电网 AGC 控制技术、多运行模式下的海岛电网集成控制技术等关键技术。

（三）中新天津生态城智能电网综合示范工程投运

中国与新加坡于 2007 年 11 月签署协议，确定两国合作建设中新天津生态城智能电网综合示范工程，是国家电网公司第二批坚强智能电网综合示范工程，是国家电网公司和天津市落实国家能源发展战略，加快建设坚强智能电网，服务滨海新区开发开放的重要成果。

2011 年 9 月 19 日，中新天津生态城智能电网综合示范工程正式投运。该工程是当时世界上覆盖区域最广、功能最齐全的智能电网示范区，于 2010 年 4 月 7 日开工建设，覆盖区域 31 千米²，涉及发电、输电、变电、配电、用电、调度 6 大环节，包括分布式电源接入、储能系统、智能电网设备综合状态监测系统、智能变电站、配电自动化、电能质量监测和控制、用电信息采集系统、智能用电小区楼宇、电动汽车充电设施、通信信息网络、电网智能运行可视化平台以及智能供电营业厅 12 个子项工程。

在该项目实施过程中，国网天津市电力公司与国内外 20 余个科研单位合作，与近 30个国家和地区的百名专家学者，就智能电网建设理念、试点情况、政策环境等进行了广泛交流，完成了配用电融合等 4 个原创系统和 8 个技术支持系统的开发，制定了微网调度运行等 39 项管理规范和技术标准，在电动汽车充换电等关键技术领域启动了多项课题研究，并申报了 863 国家高技术发展课题"智能配用电园区技术集成研究"，为项目建设提供了技术支持。

该工程是天津智能电网建设发展的标志性工程，遵循"可实行、可复制、可推广"的规划思路，努力构建安全可靠、优质清洁、高效互动的能源供应体系和服务体系。该工程投运后，不仅风电、光伏发电等可再生能源利用率达到 20%以上，还能实现电网和有线电视、IP 电话、互联网的相互融合，其遥控、遥测、信息反馈的智能化能力可做到从居民生活到公共设施，再到工业生产的全涵盖。

（四）崇明智能电网综合示范工程建设

为了更好地实现可再生能源的综合高效利用，2013 年，国网上海市电力公司启动国家科技支撑计划课题——以大规模可再生能源利用为特征的智能电网综合示范工程的研究，并在崇明全面开展智能电网示范工程建设。2016 年 5 月 12 日，该项目顺利通过科技部的课题验收，项目成果有效支撑了上海地区绿色、互联、共享、灵活的区域能源互联网建设。

崇明具有丰富的风能、太阳能、生物质能、潮汐能、地热能等多种可再生能源资源，是开展可再生能源发电的理想区域。截至 2015 年，崇明可再生能源装机容量占最高负荷的比例已达到 68%。崇明智能电网综合示范工程构建了可再生能源利用的三层能源架构。在输电层面，通过"风燃打捆"技术，实现了海上、陆上风电和大型燃机电厂等绿色清洁能源的协调控制。在配电层面，通过智能配电网建设，实现了风、光、生物质能和大型储能等分布式电源的友好接入和就地消纳。在用电层面，通过构建灵活可靠的智能用电系统，实现工业、商业、环岛电动汽车供能体系、生态农业、现代城镇家庭等客户与电网的友好互动，实现了可再生能源的高效利用。该工程在国内率先完成了首套兆瓦级钠硫储能电站的工程化应用，首次实现配电网层独立运行风电场与兆瓦级集装箱式储能系统的联合优化运行。

（五）珠海东澳岛智能微电网工程

东澳岛位于万山群岛中部，地理位置优越，极具开发潜力，但由于全岛主要靠柴油机发电，发电效率低，每千瓦·时成本接近 3 元，成为海岛开发的最大掣肘。而其排放出的大量二氧化碳、二氧化硫和粉尘，更对海岛环境造成破坏。作为 2009 年国家"太阳能屋顶计划"政策支持的项目之一——东澳岛智能微电网项目，根据海岛独特的自然条件，整合了太阳能、风能和柴油新旧能源发电单元。

微电网电压等级为 10 千伏，包括 1000 千瓦光伏发电、50 千瓦风力发电、1220 千瓦柴油机、2000 千瓦·时铅酸蓄电池，实现了智能控制、多级电网的安全快速切入或切出、微能源与负荷一体化、清洁能源的接入和运行，还拥有本地和远程的能源控制系统。

微电网 2010 年 7 月建成投入使用，这是中国首个基于海岛的兆瓦级"风、光、柴、蓄"智能微电网项目，开启了海岛新能源利用和智能微电网建设的新时代。

第五节　输变电设备管理与技术应用不断进步

经过技术研究和工程实践，中国依靠自主创新全面掌握了特高压交、直流核心技术，并实现了工程应用。1000 千伏交流、±800 千伏直流、柔性直流输变电技术，具有大容量、远距离、低损耗、占地少的综合优势，成为世界上最先进的输变电技术，广东南澳岛、浙江舟山等多端柔性直流输电工程建设投产，广州芳村百千安级大容量短路电流开断装置的应用，进一步展示了中国在特高压和多端柔性直流核心关键技术领域取得的全面突破，占据了世界输变电技术的制高点，设备研制实现了国产化，显著提升了电力装备制造的自主创新和国际竞争能力。为促进和适应输变电技术装备的研发升级，并紧密结合国家能源战略，国家加强了重点实验室建设，培育了优秀的科研团队，以特高压实验研究为代表的科研能力同步领先世界。面对先进的输变电技术装备，电网企业的专业技术管理也在不断进步，设备管理的规范、导则不断编制、更新、迭代升级，指导人员有效驾驭电网设备。同时，电网企业也在海底电缆施工运维、直升机和无人机设备巡检、特高压带电作业等重点和难点领域，开展积极探索和实践攻关，并逐步掌握了先进的海洋输电技术，提升了输电线路和变电站巡检的自动化和智能化水平，特高压交直流带电作业，则代表着国际输电线路带电作业的最高水平。

一、输变电设备运检管理

伴随着电网建设的加快和电网规模的不断扩大，特别是新设备和新技术的应用，电网企业的设备管理部门也在不断地调整，以适应变化并提高管理效力。国家电网公司和南方电网公司先后在部门设置和职责上进行了调整。

2004 年，国家电网公司的设备管理部门是生产技术部，其职责是负责制定生产技术方面的标准、规程、制度和办法；负责技术改造、监督、标准化、节能降耗和环境保护等管理；负责电力生产安全管理；负责公司电力设施保护、消防和防灾减灾管理；负责研究拟订公司科技发展规划，编制重大项目研发计划并组织实施，负责公司科技和信息化管理；负责公司系统可靠性管理和指导企业管理工作；负责公司生产技术方面重大问题的协调和处理。2006年，生产技术部科技管理职能划归新成立的科技部。2012年，国家电网公司全面推进"三集五大"❶，生产技术部更名为运维检修部，其职能新增"大检修"体系建设运行的归口管理、跨区电网运维检修工作管理、电网设备状态诊断及评价分析、技术线损的分析及措施制订、电网新设备新装置挂网试运行的归口管理等职责。2018年，运维检修部更名为设备管理部，其职能又增加负责智能变电站归口管理，负责智能变电站技术研究和试点示范工程建设；负责智能运检体系建设，负责电网设备设施信息化智能化建设及应用管理；负责本专业网络信息、控制类系统及终端设备安全防护管理制度标准、监督考核；负责本专业新技术评估及推广应用，负责本专业新设备新装置挂网试运行管理；负责电网一次设备生产业务外包管理。

南方电网公司的设备管理部门是生产技术部，2013年从生产技术部更名为生产设备管理部，2017年再次更名为生产技术部。

这期间，国家电网公司设备管理部门开展了输变电专业精益化管理评价工作，组织编制《国家电网公司输电专业精益化管理评价规范》《国家电网公司变电专业精益化管理评价规范》《国家电网公司直流专业精益化管理评价规范》等多项企业标准，并对试点工作中所收集的问题进行归纳，形成《换流站和变电站精益化管理评价典型问题2500例》用于指导各级运检部门制定及落实整改措施。针对"三集五大"后输变电设备检修方式变化，建立了电网设备状态检修标准体系，先后发布了《国家电网公司电网设备状态检修管理规定》《国家电网公司电网设备状态监测系统管理规定》等7项通用制度，并组织编制了9项状态检修标准，用于指导状态检修工作。建立了以状态检修技术标准、管理标准和工作标准为基础，以设备运行状态管理为核心，以专家队伍建设、检测装备和信息化平台为保障的状态检修工作体系。组织修订了《国家电网公司十八项电网重大反事故措施》《跨区输电线路重大反事故措施》。编制并出版了《输电线路六防工作手册》等，制定《重要输电通道风险评估导则》（Q/GDW 11450—2015）等14项企业标准。同时持续推进"差异化"防雷改造工作；组织输电线路预防雨雪冰冻灾害工作监督自查；对处于微气候、微气象等特殊区段的线路开展防风偏重点隐患治理工作；统一发布《国家电网公司电力系统污区分布图》开展线路外绝缘配置校核改造工作；完善山火监测预警、覆冰监测预警、雷电监测预警；组织编制变电验收、运维、监测、评价、检修管理通用规定（简称"五通"），组织编制《国家电网公司变电站现场运行规程管理规定》。

同时，国家电网公司运维检修部组织开展新一代智能变电站的运行分析评估工作。2015年，组织编制了《智能变电站自动化设备运维实训教材》，完善了《隔离断路器运维导则》（Q/GDW 11504—2015）、《电子式电压互感器状态检修导则》（DL/T 1958—2018）等10项技术标准的编制，同时排查智能变电站家族性缺陷，修订智能变电站技术改造原则。2017年，随着第三代智能变电站的出现，运维检修部将研究重心放在了研究具有"一键操作、自动巡检、主动预警、智能决策"等功能的第三代智能变电站方面，为其后"一

---

❶ "三集五大"是指人力资源集约化管理、财务集约化管理、物资集约化管理、大规划、大建设、大运行、大检修、大营销。

键顺控"技术的试行奠定了基础；组织开展了变电站电气火灾综合治理，组织变电站编制差异化消防预案；组织开展了资产全寿命周期管理与全面质量管理工作，同时推进输变电设备物联网试点建设、深化电网运检智能化分析管控系统的应用、开展设备侧物联网顶层设计、推动人工智能图像识别技术在输电巡视中的应用，将"智能"与"物联网"技术运用到设备管理的各个层面。

二、先进输电技术装备应用

（一）南澳岛±160 千伏多端柔性直流输电示范工程投运

广东汕头南澳是广东唯一的海岛县，地处台湾海峡喇叭口西南端，属于东南季风带，风力资源丰富，岛上自 20 世纪 90 年代起即开发建设了风力发电示范站。

国家 863 项目——南澳岛±160 千伏多端柔性直流输电示范工程于 2013 年 12 月 25 日正式投运。该工程建设在广东汕头南澳岛的青澳湾，分别在南澳岛上的青澳、金牛各设一座换流站；在大陆澄海区设一座塑城换流站，三站容量分别为 5 万、10 万千瓦和 20 万千瓦，建设直流电缆混合输电线路 40.7 千米。该工程直流电压等级±160 千伏，是世界首个多端柔性直流输电工程、首次实现三端柔性直流输电、首次实现多个风电场的电通过柔性直流的方式进行汇集和传输、首次采用海陆空混合线路输电。

南澳岛±160 千伏多端柔性直流输电示范工程的所有核心设备均为国内首次研发，实现 100%自主国产化。柔性直流输电以全控型电力电子器件、电压源换流器和新型调制技术为突出标志。该工程是世界首个多端直流工程，也是亚洲首个具有自主知识产权的柔性直流工程。自此，南方电网公司率先攻克多端柔性直流输电控制保护这一世界难题，成为世界上第一个完全掌握多端柔性直流输电成套设备设计、试验、调试和运行全系列核心技术的企业。

南澳岛±160 千伏多端柔性直流输电示范工程为远距离、大容量输电、大规模间歇性清洁能源接入、多直流馈入、海上或偏远地区孤岛系统供电、直流输电网络构建等提供了安全高效的解决方案，推动国际直流输电技术实现了新的突破。

（二）浙江舟山±200 千伏五端柔性直流输电工程投运

2012 年 12 月 14 日，浙江舟山±200 千伏五端柔性直流输电工程获得浙江省发展改革委正式核准批复，并于 2013 年 3 月 15 日开工建设，2014 年 7 月 4 日正式投运，总投资 41.4 亿元。

该工程共建设±200 千伏舟定、舟岱、舟衢、舟泗、舟洋 5 座换流站，总容量 100 万千瓦。该工程共敷设 4 段共 8 条直流海缆，总长度 2×141.5 千米（其中海底电缆 129 千米），分别是定海—岱山、岱山—衢山、岱山—洋山、洋山—泗礁，每段各敷设 2 条，并配套建设一个海洋输电检验检测基地。该工程设备和技术的自主化程度高，其中换流阀及阀冷系统、连接变压器、电气控制保护系统、海缆等核心设备 100%国产化，其核心技术——控制保护技术拥有完全自主知识产权。

该工程是当时世界上电压等级最高、端数最多、单端容量最大的多端柔性直流输电工程，在舟山北部建起一个直流互联电网，实现了岛屿间电能的灵活转换与相互调配，为舟山群岛新区发展提供了坚强电能保障。

通过该工程的建设，国家电网公司全面掌握了系统数字仿真、换流器电气设计、设备参数选型、协调控制保护策略等多端柔性直流输电成套设计技术；突破了高压大容量换流阀、高压直流海缆等关键技术，成功研制了国内容量最大的柔性直流换流阀和电压等级最高的直流海缆；攻克了多端柔性直流控制保护系统动模试验及联合运行调试等关键技术。

（三）浙江舟山±200千伏直流断路器示范工程

浙江舟山±200千伏直流断路器示范工程（简称舟山工程）是国家电网公司"十大创新工程"之一。在2014年投运的舟山多端柔性直流输电工程的基础上，对五座换流站进行改造，在舟定±200千伏换流站直流场加装2台±200千伏高压直流断路器，在阀厅桥臂安装阻尼模块；在舟岱、舟衢、舟泗、舟洋4座换流站直流场加装谐振开关，在阀厅桥臂加装阻尼模块。舟山工程于2016年5月取得可研批复，6月完成初步设计评审并取得批复，7月底完成全部施工图设计，仅历时半年多时间完成全部工程建设，于2016年12月29日投运。该工程针对柔性直流输电系统无法快速清除直流故障，为柔性直流输电系统所面临的技术瓶颈提供解决方案。

此次舟定±200千伏换流站高压直流断路器采用±200千伏级联全桥混合式直流断路器。该直流断路器弥补了固态直流断路器高损耗的缺陷，克服了机械断路器开关速度限制的难题，实现电气与机械结构的模块化设计。该直流断路器可以在3毫秒内断开高达15千安的故障电流，速度比人类眨眼瞬间还要快100倍。

世界首台±200千伏直流断路器的成功带电投运，标志着中国在高压直流断路器的研制、工程应用及运行等方面走在世界前列，并为±500千伏高压直流断路器研制提供技术支撑。

（四）厦门柔性直流输电科技示范工程

厦门岛内缺乏大型电源，所有电力负荷用电均由岛外电网送入。随着厦门岛内用电负荷的增长，已有的7回220千伏进岛线路无法满足岛内供电需求。厦门柔性直流输电科技示范工程（简称厦门柔直工程）采用直流电缆，利用现有的隧道进岛，从而克服线路走廊紧张、架设跨海线路施工难的问题。该工程增强了厦门电网网架结构，消除厦门岛电网无源的劣势。

厦门柔直工程于2013年10月28日完成工程可研评审。2013年12月19日获厦门市发展改革委核准批复，2014年7月开工建设，2015年12月17日正式投运。该工程是世界上电压等级最高、输送容量最大的真双极接线柔性直流输电工程，起点为厦门市翔安南部地区的彭厝换流站、落点为厦门岛内湖里区的湖边换流站，额定电压±320千伏，额定容量100万千瓦，路径总长10.7千米，全部为陆地电缆。

该工程额定电压高于其他柔性直流输电工程。电压等级的提升对于换流阀结构设计、控制保护技术及试验技术，高压直流电缆空间电荷抑制技术、生产工艺控制，换流变压器绝缘设计、生产制造技术以及工程一次设备绝缘配合设计等方面，提出了更苛刻的要求。

换流站容量越大，流经换流阀、直流电缆等一次设备的电流越大，对换流阀及一次设备紧凑化设计条件下的散热、大截面电缆的电动力设计及阻燃设计等提出更高要求。

该工程是世界首个真双极接线柔性直流输电工程，运行方式更灵活、可靠性更高，两侧换流站之间由两回直流线和一回金属回流线形成回路。当一极发生故障停运时，另一回直流线同金属回流线形成回路，可继续输送 50% 的额定功率。

厦门柔直工程的建成投运，标志着中国全面掌握高压大容量柔性直流输电工程设计、设备制造、工程施工调试、运营等关键技术，具备工程成套能力，为开拓国际柔性直流工程市场奠定基础，为更高、更大输送容量柔性直流输电工程的建设提供可复制、可推广的经验，也为全球能源互联网的构建提供先行实践。该工程荣获 2016—2017 年度国家优质工程奖、2017 年度中国电力优质工程奖。

（五）252 千伏百千安级大容量短路电流开断装置研制与应用

针对中国 500 千伏变电站 220 千伏母线短路电流已近 90 千安、单体断路器开断能力已达极限、短路电流水平仍在持续增长等问题，南方电网公司研发了具有自主知识产权、世界首套 252 千伏百千安级故障电流开断装置，将世界最高开断水平提升了 25%，并具备了更高电压等级应用和更大电流开断技术基础，取得了四方面创新：一是首次提出基于高耦合分裂电抗器自动均限流原理的并联开断方法；二是突破了高耦合分裂电抗器、并联支路高同步断路器设计制造关键技术；三是首创基于该原理的高压大电流开断试验方法；四是攻克了设备成套与工程应用技术。

项目成果应用于广州 220 千伏芳村变电站。2018 年 10 月，220 千伏芳村变电站投入运行，实现了全球首个 252 千伏百千安级大容量短路电流开断装置工程应用，将故障电流开断能力从 50 千安提升至 100 千安。投运以来，该装置对电网运行的支撑作用显著，线路输送能力提升 25%。项目对推动中国装备制造业升级和技术进步，突破国外大容量短路电流开断设备"卡脖子"技术，促进中国电网建设具有重要意义。

（六）输电级超导直流限流器研制与应用

国际上超导直流限流器仅开展了理论及小型样机研制，对于输电级的超导直流限流器，从材料—设计—样机研制—运行维护等全系列技术瓶颈亟须解决。160 千伏超导直流限流器项目于 2017 年 7 月立项，南方电网公司针对电网故障情况下快速抑制短路电流的迫切需求，在高温超导材料制备、限流器系统结构设计、核心部件设计和制造、匹配协调并网运行等关键技术方面实现重大突破，研制出世界首台大容量电阻型超导直流限流器工程样机，取得三方面创新：

一是开发出脉冲激光连续快速沉积技术，大幅提升单层氧化钇钡铜（YBCO）带材载流能力，解决了长带制备的稳定性和均匀性难题；发明非接触式低温瞬冷封装技术，实现双层 YBCO 带材/不锈钢带的连续封装。双面封装 YBCO 带材实现量产，参数达到世界领先水平。

二是设计了波纹型减震与气/液流道相结合的新型超导线圈结构、突破高压绝缘材料改性和绝缘结构制备技术，突破关键部件的多项瓶颈，最终实现了限流器的研制。

三是首创了矩阵式模块化三出线超导限流器结构，实现超导限流器额定电流与限流电阻分级可调，显著提高超导限流器在多种工况下的运行适应性和灵活性。

该限流器成功投入南澳岛±160千伏多端柔性直流输电工程长期运行。通过现场人工短路试验，首次验证了直流短路故障下限流和开断的匹配协调，填补了该技术领域的空白，对超导领域和电力行业贡献巨大：

一是超导直流限流器为有效解决大电网短路电流超标、保障输电设备和系统安全，提供了新型的电力装备，其工程应用所积累的大量挂网运行数据与经验，奠定了超导限流器在交直流输配电网推广应用的基础。

二是输电级超导直流限流器投入实际工程运行，全面提升了超导电工装备的整体设计能力和关键部件制造水平，其核心材料和关键技术在超导工业节能装备、高能加速器等领域实现拓展应用。

三是研发并形成全工况干式直流高压绝缘套管、产品级超导限流单元、零挥发低温制冷系统等系列化通用产品和设备，丰富了电力行业新兴技术产品体系。

三、国家重点实验室建设

（一）先进输电技术国家重点实验室

先进输电技术国家重点实验室被列入第三批企业国家重点实验室，依托于国网智能电网研究院（2016年更名为全球能源互联网研究院），于2015年9月获科技部正式批准建设。实验室定位于瞄准特高压直流输电、超/特高压灵活交流输电、柔性直流输电及直流电网等技术，开展面向先进输电系统的器件、材料、试验、装备及系统集成等基础共性技术研究，实现成果转化与应用推广，推动行业技术进步，支撑能源互联网发展，服务国家能源战略。

该实验室始建于1999年，是国内最早开展直流输电和电力系统电力电子技术及相关材料、器件技术研究的科研试验机构之一。实验室围绕先进输电系统控制技术、先进输电装备核心技术、先进输电系统与装备试验、电力系统电力电子器件、输电用新型电工材料等研究方向，建有大功率电力电子、直流电网技术与仿真、灵活交流输电技术与仿真、电力系统电力电子器件、输电用电工材料、直流电网关键装备共六大研发试验平台，科研用地面积超40 000米²。实验室具备电力电子化电力系统、直流电网仿真分析能力，特高压直流换流阀、柔性直流换流阀、全系列FACTS装置高压阀、直流电网核心装备成套型式试验能力以及IGBT芯片工艺开发、器件研制、新型电工材料研发的能力，综合试验能力居国际领先水平。

该实验室现有固定人员216人，其中中国工程院院士1名、德国国家工程院院士1名、"万人计划"科技创新领军人才2名、科技部中青年科技创新领军人才1名、享受国务院特殊津贴专家5名、IET Fellow 1名。实验室高压直流输电技术与装备创新团队于2019年被国务院国资委评为"中央企业优秀科技创新团队"。

该实验室在超/特高压直流输电、柔性直流输电和灵活交流输电的基础理论研究、关键技术开发、试验平台建设等方面不断取得突破，加强电力电子器件和新型电工材料技术攻关，研制出了±1100 千伏特高压直流换流阀、±800 千伏特高压直流换流阀、±500 千伏/300 万千瓦柔性直流换流阀、500 千伏直流断路器、220 千伏 UPFC、柔性变电站换流器等一系列高端电力装备，有力支撑了国家重/特大输电工程建设，逐步成为中国先进输电技术的研发基地、高端人才培养基地、科技创新试验基地和重大成果输出平台。

（二）新能源与储能运行控制国家重点实验室

新能源与储能运行控制国家重点实验室是 2015 年 9 月经科技部批准，依托国家电网公司和中国电科院在北京建设的，属于第三批企业国家重点实验室。该实验室面向中国能源转型重大需求，致力于提升新能源并网控制和消纳能力，从新能源资源的强随机性、强波动性和发电设备的弱支撑性、低抗扰性入手，聚焦新能源可预测、可控制、可调度这一世界性难题，结合中国新能源发展特点和电力系统实际情况，研究新能源资源数值模拟与功率预测、新能源并网安全稳定机理与智能控制、新能源与储能优化调度及风险防御三大技术，降低大规模新能源随机波动性影响，提升新能源发电设备并网性能和电网安全性，促进大规模新能源并网的安全运行和高效消纳，推动新能源大规模高质量健康发展，为国家能源战略转型目标提供强有力支撑。

该实验室自获批建设以来，取得一系列具有重大影响力的成果。这些成果提升了新能源与电网安全水平，近 5 年大规模脱网事件从未发生；支撑了大规模新能源高效消纳，2016—2019 年，新能源弃风、弃光率分别降低 13 个百分点和 8 个百分点，新能源利用率达到 96.7%；构建了新能源与储能运行控制技术标准体系，实现了新能源规划设计、试验检测、功率预测、调度运行以及稳定分析全环节标准化；推动了新能源和储能的技术进步和产业升级，支撑国产风电机组市场占有率由 2005 年的不足 30%提高到 2019 年的 95%以上。该实验室成果为促进新能源发电由"辅助电源"到"主力电源"的转变，对支撑中国新能源快速可持续发展做出了重要贡献。

该实验室研发的新能源资源模拟与预报平台的空间分辨率（1 千米×1 千米）、时间分辨率（15 分钟）、预报时长（7 天）等关键指标居行业领先地位；功率预测精度从 2016 年的 88%提高到 2019 年的 92%，领先于世界平均水平的 90%，研发的新能源功率预测系统在 27 个省级及以上电力调度控制中心推广应用。研发的新能源并网稳定分析技术，已在哈郑、祁韶、青豫、锡泰、张北等直流送端宽频带振荡及暂态过电压问题的分析中得到验证，为新能源送出重大工程安全运行提供了关键技术支撑。研发的可再生能源独立供电系统控制技术，推广应用到全国 35 个大容量可再生能源微电网工程，为未来高比例可再生能源电力系统的构建和运行提供了宝贵经验。自主开发的新能源发电单元电网运行特征模拟平台系列装置设备，完成了 1000 余项风电机组低电压穿越能力、电网适应性、电能质量和功率控制、高电压穿越能力等并网性能测试项目，覆盖中国风电市场中所有量产化机型。研发的新能源优化调度系统已应用于国内 25 个省级及以上电力调度控制中心，覆盖新能源装机规模居世界首位。研发的新能源生产模拟系统已应用于"三北"❶15 个省级

---

❶"三北"是指东北、华北北部和西北。

电网年度新能源消纳能力优化计算、储能容量优化规划、国家发展改革委清洁能源发电第三方评估、鲁能海西州多能互补集成优化示范工程等工作中，从技术层面、政策层面提出了切实可行的促进新能源消纳的措施及建议，被国家政府部门和国家电网公司所采用。

（三）智能电网保护和运行控制国家重点实验室

20世纪八九十年代，水电部南京自动化研究所相继建立了继电保护、安全稳定、电网调度等实验室，建立了电力工业电力系统自动化设备质量检验测试中心和电力工业通信设备质量检验测试中心。

2007年3月，南瑞集团公司建立了"电力系统安全稳定分析与控制""自动化设备电磁兼容"国家电网公司重点实验室；2011年7月，建立了江苏省重点实验室（国网电力）智能电网研究院。2014年8月，科技部为贯彻落实《国家中长期科学和技术发展规划纲要（2006—2020年）》，按照《关于强化企业技术创新主体地位全面提升企业创新能力的意见》（国办发〔2013〕8号）和《"十二五"国家自主创新能力建设规划》的要求，根据《依托企业建设国家重点实验室管理暂行办法》（国科发基〔2012〕716号），启动第三批企业国家重点实验室的建设工作。

2015年9月，科技部批准设立智能电网保护和运行控制国家重点实验室，全面落实国家智能电网建设战略需求，聚焦智能电网国际前沿和发展中面临的重大理论问题及技术难题，围绕继电保护、安全稳定、智能调度和变电站自动化四个研究方向开展创新性研究，首创了能源的信息物理社会系统（CPSSE）框架，形成了以"强化装备自主可控优势的复杂电网保护控制技术""防御大停电事故的特高压交直流电网稳定控制技术""提升新能源消纳水平的特大电网协同调度控制技术"为代表的一系列重大成果，为构建清洁、高效的智能电网，推动能源绿色转型提供基础理论、核心技术和装备支撑。该实验室拥有实验面积27 466米^2，拥有主要仪器设备1755台（套），总价值达4.26亿元。

该实验室拥有固定人员150人，其中中国工程院院士2人，拥有副高级技术职称以上科研人员比例为90%，硕士及以上学历人员比例为98%。

实验室累计承担国家级科技项目30余项，累计获国家级奖励7项，其中国家科学技术发明二等奖2项，国家科学技术进步奖一等奖2项，国家科学技术进步奖二等奖3项。该实验室累计获发明专利授权187项、国际专利授权3项。该实验室牵头或参与制修订国家标准22项、行业标准27项，牵头策划并成立国际电工委员会电力网络管理分技术委员会（IEC SC 8C）。该实验室创立"紫金论电"学术活动品牌。

（四）电网输变电设备防灾减灾国家重点实验室

自2005年起，国家电网公司输电线路防灾技术实验室就开启了覆冰机理、冰情监测、绝缘子防冰闪等课题的研究，其后在直流融冰、电网覆冰预测等防灾减灾技术研究方向上也取得了新的突破。其研究的"电网大范围冰冻灾害预防与治理关键技术及成套装备"项目荣获国家科学技术进步奖一等奖。

2015年9月，科技部批准在原实验室的基础上建设电网输变电设备防灾减灾国家重点实验室，设电网灾害机理与预测方法、电网灾害监测方法及系统、电网灾害防治新材料与成套装备、电网灾害评估方法与应急技术四个研究方向。该实验室针对电网灾害防治的国家重大需求，全面开展各项试验能力建设、理论突破、关键技术研发、新材料与装备研制、科研成果、推广应用、人才培养、开放交流等重点任务，该实验室继续保持了电网防冰技术的引领地位，在电网防山火与变压器灭火、配电网防雷绝缘子等方面被鉴定为国际领先水平，为电网防灾减灾技术进步做出突出贡献。其中"电网大范围山火灾害带电防治关键技术"获得 2018 年国家技术发明二等奖，"变压器油火灾凝胶乳化带电灭火技术及装备"获得 2019 年中国机械工业科学技术奖一等奖，"一种集约型直流融冰装置拓扑结构"获得 2017 年中国专利金奖。

（五）电网环境保护国家重点实验室

2015 年 9 月，电网环境保护国家重点实验室经科技部批准，依托中国电科院武汉分院在武汉建设，属于第三批企业国家重点实验室。该实验室主管部门为湖北省科学技术厅。

该实验室针对电网环境保护领域存在的重大需求，以"支撑绿色电网 服务美好生活为目标"为目标，设置电网电磁环境特性及影响、电网噪声特性及控制、电网电磁干扰特性及防护、新型环保输电技术与设备四个主要研究方向。积极开展竞争前共性技术研究，以期实现电网环境的"科学测评、准确预测、有效控制"，为构建绿色电网、资源节约型和环境友好型的和谐社会提供技术支撑。

该实验室自获批建设以来，取得一系列具有重大影响力的成果。"特高压±800 千伏直流输电工程"荣获 2017 年度国家科技进步奖特等奖。该实验室还获得国家科技进步奖二等奖 3 项、中国标准创新贡献奖 2 项、中国专利优秀奖 3 项、省部级科技奖励 40 项、授权发明专利 223 项（其中国际专利 1 项）。该实验室修订国家标准 51 项、行业标准 75 项、团体标准 32 项、企业标准 20 项。该实验室出版专著 32 部，发表论文 347 篇。该实验室牵头编制了 IEC 63042-301《特高压交流设备现场试验》和 IEC/TS 61973《高压直流换流站噪声》2 项国际标准。同时，该实验室专家当选了 IEC TC 122 国际电工委员会特高压交流系统技术委员会新一届主席。

（六）海洋输电工程技术实验室

2010 年，国家电网公司舟山供电公司组建海洋输电技术研究中心，专业从事海洋输电领域技术研究，基于海洋输电技术研究中心取得的成果和发展需求，组建了全国唯一一家专业从事海洋输电工程技术研究的海洋输电工程技术实验室，2016 年获评国家电网有限公司实验室。该实验室科研及试验场地面积 48 000 余米^2、累计投资近 2 亿元，先后取得了计量认证（CMA）和实验室认证（CNAS），是国内海底电缆试验项目覆盖最全的实验室，并获批中国电机工程学会教育科普基地。

该实验室承担的直流电缆、海上风电等领域国家级课题 3 项，获得中国专利优秀奖、浙江省科学技术奖等省部级奖励 25 项，编制国家、行业等各类标准 30 余项，获得授权国家发明专利 43 项、海外专利 1 项。建成由全国首艘海缆探测船"舟电 15 号"、水下巡检机器人、故障探测设备等装备组成的海洋环境及海缆探测系统，填补了海缆工程水下作业全过程管理的国内空白；主编《海底电力电缆输电工程、施工及验收规范》（GB/T

51191—2016）等国家标准，推动了海缆工程技术管理的标准化和规范化；开发完成世界单套容量最大的变频串联谐振电压试验系统、国内首个 500 千伏直流电缆热机电全工况试验平台等一批首台首套设备，开展了国产 500 千伏交流海缆、国产 535 千伏直流电缆等 10 余项国内首次试验，推动相关产品的国产化，解决跨海输电工程设计、高压试验研究、运维监测和标准化建设中的诸多难题，支撑世界首个五端柔性直流输电示范工程、世界首个 500 千伏交联聚乙烯绝缘海底电缆输电工程等重大工程建设，是海洋输电领域科技攻关、资源共享、聚集人才、成果运用的重要平台，对推动国内在该领域的技术发展和赶超国际先进水平起到了示范引领作用。

（七）直流输电技术国家重点实验室

南方电网公司直流输电技术国家重点实验室是第三批企业国家重点实验室，于 2015 年 9 月获得科技部批准建设。该实验室以引领直流输电及电力电子技术进步为目标，面向中国直流输电建设和未来电网发展的重大需求，聚焦直流输电技术及直流输电网络发展的重大科技问题，开展直流输电工程、系统、装备有关的应用基础研究、竞争前共性技术研究，实现成果转化和推广应用，为中国能源可持续发展及支持战略性新兴产业发展提供科技支撑。

该实验室始建于 2003 年，确立了先进直流输电技术集成和应用、交直流复杂大电网优化与控制、多形态直流电网特性研究与构建等研究方向。实验室科研用地面积 12 390 米^2，自主研发了世界首套±10.5 千伏/66 兆瓦混合三端直流试验研究平台、交直流电力系统计算分析软件（DSP）平台，建有世界领先的电磁暂态—机电暂态的混合实时仿真（SMART）平台、世界规模最大的电网实时仿真平台、世界首个高海拔特高压试验研究基地，以及国内首个柔性直流阀控全链路闭环仿真测试平台，直流输电技术研究和试验能力国际先进。

该实验室现有固定人员 128 人，包括国家万人计划专家 1 名、国家级高层次人才 1 名、新世纪百千万人才 1 名、享受国务院政府特殊津贴专家 5 名、全国争先创新奖状获得者 1 名、何梁何利基金获得者 1 名、IEEE Fellow 1 名、IET Fellow 1 名、IET 国际特许工程师 6 名以及 IEC 青年专家 1 名。该实验室直流输电技术创新团队于 2019 年被国务院国资委评为"中央企业优秀科技创新团队"。

该实验室始终坚持创新发展，在交直流互联电网安全稳定分析与控制、特高压直流输电、柔性直流输电、电网仿真技术等领域取得了一系列重大自主创新成果，并成功推广应用在世界首个±800 千伏特高压直流输电工程、世界首个多端柔性直流输电示范工程和世界上电压等级最高、容量最大的±350 千伏/100 万千瓦云南异步联网柔性直流背靠背工程，以及世界首个±800 千伏、800 万千瓦三端混合直流输电工程等，确立了中国在特高压直流输电技术与交直流大电网技术领域的世界领先地位。该实验室已成为中国直流输电及电力电子技术研发、高水平引领型人才培养及重大成果产出的基地。

四、海底电缆施工运维技术

（一）海底电缆施工技术

海底电缆的施工与陆上电缆工程相比较，具有高度的专业性。舟山地区第一条海底电缆——沈家门—普陀山 10 千伏海底电缆于 1983 年 5 月 28 日敷设成功，沿海岛屿通过海底电缆实现岛际联网，标志着中国具备了自主敷设海底电缆的能力。

2011 年 5 月 30 日，单根长度 32 千米的国内首根 110 千伏光纤复合海底电缆成功连接舟山嵊泗县泗礁岛，实现了浙江省最后一个县级电网与大陆主网互联。在国内首次突破了海底电缆深埋技术，该项目实现海底电缆平均埋设深度 2.5 米，最大埋设深度 3 米，是我国海底电缆工程技术发展的一个重要里程碑。

2015 年 3 月 16 日，单根长度为 38 千米的国内最长 110 千伏光纤复合海底电缆成功登陆浙江省洋山岛，中国自主研发的 2100 吨电缆转盘获得首次运用，实现了中国海底电缆施工从高度退扭向转动退扭的重大转变，此次施工共使用主辅船只 10 余艘，突破了大流速区域翻锚施工作业工艺瓶颈，解决了输气管道及光缆垂直交叉跨越施工和加装套管保护难题，保障了交叉跨越管线的安全运行。

2015 年 6 月 3 日，全国首套用于海缆施工、运维的综合探测系统在舟山附近海域进行第一次海上试验并获得成功。这套海底电缆综合探测系统（一期）共包括波束测深仪、多普勒流速剖面仪、海缆跟踪仪、海底静力触探仪、温度探针、海底柱状及箱式采样器 6 套先进仪器，均为国际顶尖水平。

2017 年 12 月 26 日，国内首根 220 千伏铜丝铠装海底电缆在舟山定海马目黄金湾水库附近海域完成始端登陆。

2018 年 4 月 13 日，世界首根 500 千伏交联聚乙烯绝缘海底电缆完成出厂试验，并在舟山 500 千伏联网工程中得到应用，该工程获得国家优质工程金质奖。该工程电缆制造实现了世界首次 18 千米长 500 千伏电缆绝缘线芯连续生产和世界首个 500 千伏海底电缆工厂接头技术工程应用，实现了 500 千伏海底电缆的中国制造。

2018 年 8 月 30 日，国内首艘自主研发设计建造的载缆量 5000 吨级新型海底电缆施工船交付使用，该船装配了精度米级动力定位（DP）敷缆作业系统，完成了舟山 500 千伏联网工程近百千米海底电缆敷设施工。

2019 年 11 月 1 日，南麂岛与大陆联网工程全长 47 千米的国内最长单根无接头 35 千伏海底电缆开始施工。

海底电缆施工设备和工艺的突破，表明中国已逐渐掌握先进的海洋输电技术，以"中国制造"解决世界难题。

（二）海底电缆运维技术

海底电缆运维管理方法与陆上电缆也有较大区别。历经近四十年海底电缆运行维护工作，中国逐步形成了一整套海底电缆运维管理的新方法、新手段和新技术。

国网舟山供电公司应用发明专利技术——用于海底电缆免受过往船舶损坏的监控方

法，在四年时间里避免舟山电网范围内极有可能发生的海底电缆锚损事故 60 余次，挽回直接经济损失 6000 余万元。在此项专利的基础上申报的一种用于海底电缆运行维护的智能监控系统获 2018 年中国专利优秀奖。

2014 年 11 月 7 日，中国第一个水下电力机器人在浙江省舟山海域试验成功。水下电力机器人可以取代以往潜水员水下作业的工作模式，解决人工作业时间短、安全风险高的问题，同时也突破了深水区海缆无法巡检的瓶颈。依托该成果制定国内首部水下电力机器人团体标准《有缆遥控水下机器人海底电缆巡检作业规程》，填补我国在该方面的技术空白。

2018 年开始，国网舟山供电公司完成三期海底电缆通道可视化建设项目，实现了舟山区域海底电缆通道船舶 AIS 信号全覆盖与重要海底电缆通道雷达监测全覆盖。

在实施技术措施的同时，国网舟山供电公司首次构建海底电缆应急处置的内外联保机制，成立海上联合执法办公室，建立电力运检、海事、海警、渔业协同联动的三维立体防线，常态化开展海上电力设施保护联合宣传、海上联合巡航、执法演练，提升海缆应急处置效力与海上执法震慑力。划定海底电缆安全等级高风险区域，部署现场值守船舶，实现了舟山地区重要海缆线路的值守全覆盖。

五、直升机、机器人巡检

（一）直升机巡检

2001 年 3 月，国家电力公司首次利用直升机搭载人员对华北电网中的河北 500 千伏姜家营变电站—北京 500 千伏顺义变电站开展直升机航巡作业，利用机载红外成像仪和可见光结合望远镜、照相机、录像机等设备，同时进行红外与可见光巡视，及时记录线路缺陷，辅助消除线路隐患，为保障华北电网安全稳定运行做出重要贡献。

2009 年 2 月，首次对特高压交流 1000 千伏南荆 I 线开展直升机航巡作业，作业期间飞行 173 小时，对全线 645 千米 1285 基铁塔进行了双侧检查，发现缺陷 51 处，有效保障了中国首条特高压线路的安全稳定运行，推动直升机航巡作业成为超、特高压线路维护的成熟技术手段。

直升机航巡有效克服地形、交通等因素给人工巡视带来的困难，促进了电网运维由劳动密集型向技术密集型转变。国家电网公司在实践中不断摸索适合输电线路运行的直升机运维方式，制定了一系列作业标准和规章制度，逐步实现了直升机线路航巡的正规化、标准化、专业化。

（二）机器人巡检

根据国家 863 项目，国家电网公司研制出了一系列变电站巡检机器人。综合运用非接触检测、机械可靠性设计、多传感器融合的定位导航、视觉伺服云台控制等技术，实现了机器人在变电站室外环境全天候、全区域自主运行，开发了变电站巡检机器人系统软件，实现了设备热缺陷分析预警，开关设备、断路器开合状态识别，仪表自动读数，设备外观异常和变压器声音异常检测及异常状态报警等功能，在世界上首次实现了机器人在变电站的自主巡检及应用推广，提高了变电站巡检的自动化和智能化水平。

2009 年 7 月 16 日，杭州市电力局与上海求是机器人有限公司共同研发的巡检机器人在 500 千伏窑王线第一次开展带电巡视试验，检测机器人在强电场干扰下实现了远程控制以及无线视频传输。试验现场，工作人员将它挂上架空地线后，机器人自己"握住"了线路，随后机器上的红外探头对线路及周边环境进行数据收集分析，监控线路设备的运行情况。在 3 千米以外的地面监控台上，技术人员顺利接收到机器人传回的视频图像，画面清晰流畅，各项参数指标显示正常。

2016 年 7 月 28 日，在浙江杭州 500 千伏瓶窑运维主控室，浙江省检修公司人员走到智能巡检机器人控制后台核对巡检任务，对杭州 5 座 500 千伏无人变电站的巡检机器人统一下达了巡检指令。通过主控室大屏幕可以看到，5 台巡检机器人缓缓驶出各自充电房，开始一天的设备巡检。杭州 500 千伏主网变电站已实现巡检机器人智能联网，只需主站一键控制即可完成巡检。巡检机器人智能联网后，每日减少 80% 的人员投入，设备巡检更加高效。智能联网的另一优势是实现了变电设备数据比对网络化。海量的数据资源可以实现 5 个变电站的同类型设备比对，做到"横向＋纵向"的数据分析，更利于发现与处理设备潜在异常。当发生设备异常或故障时，巡检机器人智能联网系统也将发挥信息收集与远程控制的作用。

2019 年 6 月 17 日，国网宁波供电公司运检人员在鄞州区 220 千伏天田 4480 线路上安装调试了智能巡检机器人，这标志着浙江省首台架空输电线路智能巡检机器人在宁波率先投入运行。智能巡检机器人身高 50 厘米、重 50 千克，在高空输电线路上，它利用两只外延的滑轮在地线上悬挂进行移动，并能引导变更轨道越过铁塔连接处，实现全线无障碍巡检，为电网安全运行增添了新利器。

六、特高压交直流带电作业

（一）直升机带电检修

直升机带电检修是指运用有人驾驶直升机悬停在线路附近，在直升机两侧或腹部放置带电检修作业平台，作业时直升机紧靠作业工位悬停，作业人员坐在平台上进行检修作业，直升机、作业平台和作业人员同时处于等电位状态。直升机平台带电作业法具有快捷、高效、高技术含量等特点，克服了传统带电作业法中存在的局限，可有效提高线路缺陷处理质效，代表着国际输变电线路带电作业的最高水平。

2009 年，国网湖北省检修公司组建了超、特高压直升机平台法带电作业技术攻关组，对国内外前沿技术进行研究。2010 年 1 月，组成训练队赴澳大利亚 Aeropower 公司开展了相关作业培训。2010 年 4 月 12—13 日，该训练队在武汉市蔡甸区 500 千伏双玉一回线上进行了 500 千伏交流输电线路直升机平台带电作业项目的演示。在所有项目中，利用直升机平台进入中相等电位处理间隔棒缺陷的工作属国内首次开展。

2014 年 12 月 9 日上午 10 时，世界首次特高压线路直升机带电检修作业试验在国家电网公司特高压交流试验基地内进行。国网湖北省检修公司顺利完成了特高压线路导线地线预绞丝补强、地线防振锤安装等精准的"外科手术"。

2020 年 6 月，国家电网公司采用直升机在 ±800 千伏昭沂线开展世界首次特高压直流输电线路直升机带电作业，通过吊篮法飞行作业，将 2 名带电检修人员送进 1500 号塔左导线（极 I）大号侧第四个间隔棒等电位作业点，成功实施了异物清除和间隔棒消缺工作，填补了特高压直流输电线路直升机带电检修作业国际范围内的技术空白。在国家电网公司的组织下，2020 年内陆续在 ±800 千伏祁韶线及 750 千伏官东线等多条超、特高压输电线路开展了直升机吊篮法、吊索法带电作业，进一步丰富了直升机带电作业适用场景。直升机带电作业技术突破了传统带电作业的局限，利用双发直升机良好的机动性能、悬停性能和优异的稳定性，通过吊索及研发改进的专用吊篮，将身着屏蔽服的检修人员直接吊运至带电线路上进行检修作业，单次作业进出等电位只需 20 分钟，大幅减少作业人员爬塔、进电场、走线等时间，有效提升作业效率。特殊研制的电场环境下三方通信系统保障通信及时有效，机腹专用双钩进一步提升作业安全裕度，进出作业位置的电气间隙远大于安全距离，极大提高了安全系数。

2020 年 11 月，国家电网有限公司首次采用直升机吊篮法在世界最高电压等级输电线路——昌吉—古泉 ±1100 千伏特高压直流输电线路进行直升机带电检修作业，完成了补销钉、更换间隔棒子导线握爪两处危急缺陷处理。

（二）人体带电作业

进入 21 世纪以来，中国的特高压交直流输电技术取得了重大发展，同时中国也要抢占世界特高压交直流带电作业技术的制高点。2009 年，"±800 千伏特高压直流输电带电作业"项目被列入国家重点攻关科研项目。

2009 年 6 月 10 日，在北京特高压直流试验基地内，国网湖北省检修公司员工进入了特高压直流强电场，顺利完成了 ±800 千伏特高压直流等电位作业人员安全防护参数测试、等电位导线修补、等电位间隔棒更换等多项操作项目。2009 年 6 月 17 日上午，国网湖北省检修公司员工首次在运行的 1000 千伏特高压交流输电线路上开展等电位作业，成功地处理了 1000 千伏南荆一线 551～552 号杆塔之间导线间隔棒导线固定端折断的紧急缺陷，标志着中国特高压带电作业技术全面迈入实用化阶段。

2014 年 5 月 20 日，国网浙江省电力公司发布了《500 千伏输变电设备带电水冲洗导则》，对 500 千伏输变电设备带电水冲洗作业时应遵守的技术条件、冲洗方法和安全措施等做出了相应规定，填补了国家电网公司系统 500 千伏输变电设备带电水冲洗的空白。2015 年，中电联组织广东电网有限公司、武汉大学、国网浙江电力公司（简称国网浙江电力）等多家单位，编制了《500kV 交流输变电设备带电水冲洗作业技术规范》（DL/T 1467—2015）。

2015 年 6 月 2 日，国网金华供电公司带电作业技术人员在 1000 千伏浙福工程同塔双回特高压线路 85 号铁塔处，进行高空带电作业。5 名电力技术人员登上百米高的铁塔，成功开展了带电等电位消除缺陷和电场强度测试工作。这是国内第一例成功实施 1000 千伏同塔双回特高压线路带电作业，填补了中国在 1000 千伏同塔双回特高压线路带电作业技术领域的空白。

2017 年 9 月 6 日，国网浙江省电力公司首次运用激光远程异物清除仪成功消除 1000

千伏特高压线路模拟导线异物，这在国内 1000 千伏输电线路上实施尚属首例。当日，国网湖州供电公司模拟输电线路运检人员在巡视特高压线路时，发现一块遮阳膜悬挂于线路相间。针对这一隐患，应用激光远程异物清除仪，对该条输电线路异物实施远程带电清除，高效消除了线路隐患。

第六节　重启按市场规则调度与调度能力提升措施

中国特高压电网建设和各电压等级网架结构的不断完善，为电力市场的完善和拓展提供了保障。2017 年，国家重启电力现货市场试点，包括跨区域可再生能源现货市场试点，但同时电力市场的扩大和提升、信息技术的进步，也对电力调度提出了新的要求。2015 年 11 月 26 日，《国家发展改革委　国家能源局关于印发电力体制改革配套文件的通知》（发改经体〔2015〕2752 号）附件 2《关于推进电力市场建设的实施意见》中在市场运行方面提出："市场出清应考虑全网安全约束。电力调度机构负责安全校核，并按时向规定机构提供市场所需的安全校核数据。""电力调度机构应按规定公布电网输送能力及相关信息，负责预测和检测可能出现的阻塞问题，并通过市场机制进行必要的阻塞管理。""当系统发生紧急事故时，电力调度机构应按安全第一的原则处理事故，无需考虑经济性"，这些要求和责任，正是电网企业如何适应市场经济体制下确保电网安全、公平交易、经济运行，建立电力调度、电网运行、电力交易良性机制而探索解决的问题。因此，电网企业以保障电网安全为首要、以服务电网关联单位为宗旨，认真落实《电力监控系统安全防护规定》，完善电网应急机制，全面提升电网稳定分析技术支撑能力，制定继电保护"六统一"标准化设计规范，打造调控云，开展电力通信通道隐患治理，建立电力信息通信应急保障体系，以适应和服务新业态下电网调度，实现源、网、荷共赢。

一、重启电力现货市场建设

2017 年 8 月 28 日，以发改办能源〔2017〕1453 号文印发了《国家发展改革委办公厅　国家能源局综合司关于开展电力现货市场建设试点工作的通知》。这是贯彻习近平总书记在中央财经领导小组第六次会议上提出"四个革命、一个合作"能源安全新战略，强调要还原能源商品属性，构建有效竞争的市场结构和市场体系，对电力市场发展有着重要作用。现货市场试点工作目标是试点地区应围绕形成日内分时电价机制，在明确现货市场优化目标的基础上，建立安全约束下的现货市场出清机制和阻塞管理机制。组织市场主体开展日前、日内、实时电能量交易，实现调度运行和市场交易有机衔接，促进电力系统安全运行、市场有效运行，形成体现时间和位置特性的电能商品价格，为市场主体提供反映市场供需和生产成本的价格信号。根据地方政府意愿和前期工作进展，结合各地电力供需形势、网源结构和市场化程度等条件，选择南方（以广东起步）、蒙西、浙江、山西、山东、福建、四川、甘肃作为第一批现货市场试点，加快组织推动电力现货市场建设工作。电力现货市场建设试点原则上应按现有电力调度控制区（考虑跨省跨区送受电）组织开展，具备条件的地区可积极探索合并调度控制区。电力现货市场建设试点成熟一个，启动一个。

2017年2月14日，国家能源局印发《国家能源局关于开展跨区域省间可再生能源增量现货交易试点工作的复函》（国能监管〔2017〕49号）（简称《复函》），同意开展可再生能源增量现货交易试点。开展跨区域省间可再生能源增量现货交易试点工作，有利于利用跨区域省间输电通道富余能力进一步消纳可再生能源，有利于形成输电通道上的时序电价信号。开展西北、四川等水电、风电、光伏跨区域省间可再生能源增量现货交易试点，在国家能源局指导下，暂由国家电力调度控制中心协商相关交易中心具体组织实施。国家电力调度控制中心按照每天96点报价系统做好相关技术系统建设和试运行前量化仿真工作，在国家能源局协调下，在仿真工作结束前根据各单位反馈意见完善市场交易规则，报国家能源局审核同意后实施。《复函》要求做好与受电地区电力现货市场建设衔接工作。原则上受电地区电力现货市场启动后，跨区域省间可再生能源增量现货交易要融入受电地区电力现货市场。

2015年3月15日，《中共中央 国务院关于进一步深化电力体制改革的若干意见》（中发〔2015〕9号）印发。其中提出，按照国家能源战略和经济、节能、环保、安全的原则，采取中长期交易为主、临时交易为补充的交易模式，推进跨省跨区电力市场化交易，促进电力资源在更大范围优化配置。同时，按照"谁受益、谁承担"的原则，建立电力用户参与的辅助服务分担共享机制，积极开展跨省跨区辅助服务交易。待时机成熟时，探索开展电力期货和电力场外衍生品交易，为发电企业、售电主体和用户提供远期价格基准和风险管理手段。

二、建立调控安全防护机制

2014年，国家电网公司印发了《国家电网公司调控系统预防和处置大面积停电事件应急工作规定》，明确了建立五级调控机构电网调控运行应急指挥部，由事故处置、技术保障等应急处置小组构建统一协调的调度应急事件预防和处置体系。同年还发布了《国家电网公司调控机构安全工作规定》，确定了重要厂站全停应急处置方案等调度预案名录，并初步建立了"横向到边、纵向到底、上下对应、内外衔接"的应急预案体系。2015—2018年，调度应急体系建设不断深入，建立并完善了调控机构风险评估及风险预警工作机制，形成了风险评估、预警响应、应急处置、总结评价的应急工作闭环流程。

2014年8月，国家发展改革委以2014年第14号令发布《电力监控系统安全防护规定》。该规定提出在生产控制大区内设置"安全接入区"，从而进一步拓宽电力二次系统安全防护体系的覆盖范围，同时在设备选型及配置、漏洞及风险整改等方面也提出相应要求，促使电力监控系统安全防护体系从重点强化"边界防护"向"纵深防御"发展。《电力监控系统安全防护规定》在体现公安部、工信部关于信息系统、工业控制系统安全防护的有关规定和要求的同时，也对电力监控系统安全防护工作提出更高要求，并对相关管理规定和技术措施进行相应的加强和完善。

2015 年 5 月 15 日，国家质量监督检验检疫总局和中国国家标准化管理委员会共同发布了《电网运行准则》（GB/T 31464—2015），共分为 6 章 31 节和 9 个附录，对电网运行中的基本术语、技术指标、管理要求、信息交换、统计数据等都提出了相应的要求。《电网运行准则》是电网运行的基础标准，其中明确了在电力系统规划、设计与建设阶段，为满足电网安全稳定运行所要求的技术条件；电网企业、发电企业所必须相互满足的基本技术要求和工作程序；电网企业、发电企业等电网用户在并网接入和电网运行中所必须满足的基本技术要求和工作程序等。

在已有的华北、华中、华东、东北、西北调控分中心基础上，2014 年 12 月国家电网公司正式成立西南分中心，负责西南区域电网调度管理、运行控制工作。2015 年 7 月，国家电力调度控制中心印发《国调中心关于西南调控分中心调度管辖范围划分的通知》，明确了由西南分中心负责二滩电厂及川渝联络线等 13 条线路的调度工作。2015 年 12 月 30 日 10 时，经过系统调度权的交接，西南电力调控分中心正式开展实时调度业务。其后，西南电力调控分中心完成了西南电网异步运行等电网结构重大调整工作，并保障了川藏电力联网工程等重点工程顺利投运，为全国清洁能源基地与"西电东送"坚强送端构建、国家能源安全高效供应与绿色低碳发展提供了保障。

三、创新调度控制技术

随着电网规模的不断扩大，中国需要既能仿真大规模电磁暂态，又能接入多种多个电力电子设备控制保护装置，还能具有海量计算能力的仿真系统。2015 年 8 月，国家电网公司党组会通过决议，决定创新仿真分析工具，构建新一代仿真平台，全面提升中国电网安全稳定分析技术支撑能力。2017 年 12 月，新一代仿真平台搭建完成并投入使用，具备数模仿真系统、数字仿真系统、数据管理系统、模型与软件研发四大功能，并首次实现了机电、电磁、机电—电磁—数字混合、电磁数模混合等多手段协同仿真在大电网的工程化应用。新一代仿真平台全面应用于电网安全稳定分析，具有保障电力生产安全、提升预防和抵御事故风险能力的作用，可服务于中国电力各级运行部门、科研院校及产业公司。国家电网公司和中国电科院使用该平台进行异地协同管理设备模型参数、准备联合计算数据和事故反演数据后，数据的质量与准备效率均得到了显著提高。自 2016 年年底运行，该平台已为各电网公司完成计算作业累计超过 1800 万次，安全持续运行时间超过 1000 天。依托该平台，国家电网公司完成了调度运行部门近三年的年度方式、上/下半年运行方式、2～3 年滚动计算等电网运行方式的计算分析工作；完成了国调中心 2019 年电网安全稳定计算分析规划；完成了酒泉—湖南、青海—河南、昌吉—古泉、北京西—石家庄、张北—雄安等多个特高压交直流工程的特性分析和安全稳定控制策略制订，为中国电网的规划、建设、运行、科研提供了有力的技术支撑。该平台是世界上仿真规模最大、计算效率最高、模拟精度最准确的新一代仿真工具。

自 2007 年起，国家电网公司组织专家，制定继电保护装置"六统一"标准化设计规范（于 2014 年开始应用）。2010 年以来，多项智能变电站继电保护基础性标准规范和测试规范发布，对智能变电站继电保护的各个环节提出了明确要求，规范了技术实现的具体细节和测试要求。2015 年，国家电网公司结合智能变电站运维和装置应用实际需要，对智能变电站系统配置文件（SCD）、回路实例配置文件（CCD）等继电保护工程文件的技术要求进行规范，这在应用层面最大限度地提升了不同厂家设备之间的数据兼容性和信息交互能力，提升了智能变电站继电保护工程文件的管控水平。智能电网继电保护技术的发展，为提升智能变电站继电保护整体性能、建设坚强智能电网奠定了基础。

在国家电网公司国调、分部网调、省调调试点部署下，调控云（生产控制云）是国家电网公司"三朵云"❶之一，是国家电网公司"十三五"智能化规划调度领域重点建设任务，打造"资源虚拟化、数据标准化、应用服务化"的调控技术支撑体系。总体建设目标是构建全网统一的模型、运行和实时数据资源池；实现全网模型、各类运行数据汇集、实时数据获取；构建开放、共享的调控云应用服务体系，打造体现"全网、全景、全态"特征的电网一张图，支撑运行分析、安全管控和辅助决策等业务应用场景。2016 年开始在国分云节点完成架构探索，并在山东、江苏、浙江、宁夏、四川、冀北、天津、河北、山西、上海、福建、安徽、湖南 13 个省（区、市）公司试点建设。

依据《国家发展改革委办公厅 国家能源局综合司关于印发电力市场运营系统现货交易和现货结算功能指南（试行）的通知》（发改办能源〔2018〕1518 号），中国电科院、南瑞集团等单位研发了电力现货市场技术支持系统，印发现货市场技术支持系统技术规范，为电力现货市场的 8 家试点提供了技术支撑。电力现货市场技术支持系统包括市场成员管理、数据管理、市场申报、信息发布、日前市场、实时市场、安全校核、市场评估分析、市场风险管控、市场监管、市场成员服务及系统管理等功能模块。首批 6 家试点单位规范市场数据维护流程，强化关键数据质量管控，有效保障了现货市场和辅助服务市场有序运转，为电力生产高效组织、清洁能源可持续发展提供强力技术支撑。

四、提升通信保障能力

2012 年，国网信通部会同国调中心组织开展了为期三年的 220 千伏及以上保护安全稳定控制系统单通道隐患整治专项活动，共治理了 886 项隐患，提升了国家电网 220 千伏及以上保护和安全稳定控制系统的运行可靠性。与此同时，完善了"十八项反措"；建立了电网安全监察、生产应急通信系统和应急保障体系，为抢险救灾、重要保电、重大活动提供了信息通信保障。

2014 年，国家电网公司以溪浙工程、浙福工程和川藏电力联网工程为代表的 1985 项各级输变电配套通信工程按期完成，实现建设质量"零缺陷"、施工安全"零事故"的目标。

2016 年，国家电网公司完成了 G20 杭州峰会、全国两会、党的十八届六中全会等重

❶ "三朵云"是指企业管理云、公共服务云、生产控制云。

大活动保障，完成西南到华东三大特高压直流满功率输送、本年度新建特高压开工仪式等50 余项重大信息通信保障。国家电网公司围绕电网安全运行需求，开展系统保护通信专网、耐极寒超低损光纤复合架空地线（OPGW）等技术研究。

为满足电网发展和安全监察、生产应急的要求，建设了电力信息通信应急保障体系，不仅较好地满足了常态下的安全生产需要，同时也为在抢险救灾、重要保电、重大活动等特殊情况下，提供信息通信保障。截至 2021 年，应急通信设备总量为 473 台，其中，中心站 20 座、地面固定站 21 座、车载站 38 座、便携站 48 座、海事卫星电话 346 台。在区域分布上，华北、华东、华中的应急设备数量较多。

第七节　国际技术标准制定取得新突破

中国在特高压电网建设和智能电网推进过程中所取得的成果，引起了世界电工组织的高度关注。电网企业在输变电技术标准和设备研发运行方面，积极实践，不断总结经验，开展自主创新，制定了很多标准、规定，国家电网公司依托在电网技术创新和工程实践方面的领先优势，适时开展与世界电力专业机构和组织的交流，先后与 WEF、GSEP、GO15、WBCSD、APEC、IEC、IEEE 和 CIGRE 等重要国际组织，在能源战略、输配电网技术、智能电网、可再生能源发展等领域加强沟通与合作，积极主导和参与国际标准制定，为中国电力工业赢得了国际市场竞争优势和更广阔的发展空间，通过成功组织多次标准化国际会议和多次重要的技术委员会年会，进一步扩大中国在国际标准化领域的影响，推动中国标准"走出去"，增强了在国际电工组织中的话语权。截至 2017 年，国家电网公司累计主导编制国际标准 47 项、正式发布 26 项。为世界电力工业的发展贡献了中国智慧和力量。

一、IEC 标准制定

2012 年 6 月 15 日，国家电网公司副总经理舒印彪在 IEC 市场战略局第七次会议上当选为市场战略局召集人，全面主持工作。国家电网公司发起的《需求侧电源接入电网》《高压直流系统设计导则》提案在 IEC 获批立项。2012 年 10 月 5 日，IEC 理事局扩大会议在挪威国家会议中心举行，包括 IEC 主席、副主席、秘书长以及 IEC 各国家委员会主席和代表在内的近 300 名专家参会。会议期间，IEC 正式发布了由国家电网公司牵头的《大容量可再生能源接入电网及大容量储能的应用》白皮书。该白皮书主要对以风力发电和太阳能发电为代表的大容量新能源接入电网，以及大容量储能的应用现状和未来发展进行了全局性、综合性的论述，分析了现有标准的适应性和未来发展计划，为 IEC 及其全球合作伙伴提供了行动参考和指南。该白皮书在考虑全球背景的同时，突出了国家电网公司近年来在新能源接入和储能方面所开展的研究与实践工作，体现了一个国际大公司在发展新能源、推动节能减排方面应尽的社会责任。国家电网公司还积极参与编写《电能

储能》《用于灾害预防与恢复的微网应用》和《纳米技术在储能和太阳能领域的应用》等
IEC 白皮书。

2013 年 1 月 18 日，国家电网公司牵头发起的"大规模可再生能源接入电网"分技术
委员会在 IEC 成立，秘书处设在中国，国家电网公司承担 IEC 四个技术或分技术委员会
秘书处的具体工作；主持制定的 IEC/TS 62344《高压直流接地极通用设计导则》出版，
是高压直流输电接地极领域的第一个国际标准；发起的《高压直流系统运行导则》《高压
直流设备系统测试》《并网光伏逆变器低电压穿越测试规程》3 项 IEC 国际标准立项；主
导发起《物联网之无线传感器网络》IEC 白皮书项目。

2014 年，在第 78 届 IEC 年会上，IEC 正式发布由国家电网公司发起的《物联网之无
线传感器网络》白皮书，并要求 IEC 所有国家委员会宣传白皮书并推进相关工作；主导
编制的《高压直流线路电磁环境限值》《用户能源管理系统和电网能源管理系统接口　第
10-1 部分：自动需求响应》和《智能电网用户接口—接口综述及各国观点》IEC 国际标
准正式发布。

2015 年，国家电网公司主导编制的《并网光伏逆变器低电压穿越测试规程》IEC 国
际标准获批提前正式发布；在 IEC 发起并正式立项《电力变压器直流偏磁抑制装置技术
规范》《用于移动储能单元（电动汽车）的低压连接器》《高压直流系统规划导则》三项标
准。2015 年 2 月 13 日，IEC 电力变压器技术委员会 TC14 正式批准《变压器直流偏磁抑
制装置技术导则》新标准提案立项，项目编号为 IEC 62984，该提案由国家电网公司发起。
这是中国首次在 IEC TC14 主导制定国际标准。

2016 年，由国家电网公司主导编制的 IEC 白皮书《全球能源互联网》正式发布；主
导编制的《电网通用模型描述规范（CIM/E 语言）》《电网通用模型图形描述规范（CIM/G
语言）》《电动汽车电池更换系统　第 1 部分：通用与导则》《电动汽车电池更换系统　第
2 部分：安全要求》《直接作用模拟指示电测量仪表及其附件　第 1 部分：定义和通用要
求》5 项 IEC 国际标准正式获批并发布；主导发起的《可再生能源发电功率预测》《可再
生能源接入电网术语、定义和符号》2 项 IEC 国际标准提案正式获批立项。

2017 年，国家电网公司主导发起的 IEC 分布式电力能源系统分技术委员会获批成立，
编号 IEC SC8B，并承担秘书处工作；主导编制完成并发布《分布式电源与电网互联》等
8 项 IEC 标准；立项《风能和光伏电站并网符合性评价》等国际标准 6 项。

二、IEEE 标准制定

2010 年国家电网公司发起的 4 项 IEEE 标准——《1000 千伏及以上特高压交流输电
系统过电压与绝缘配合》《1000 千伏及以上特高压交流设备现场试验标准及系统调试规
程》《1000 千伏及以上特高压交流电压调节及无功补偿技术导则》和《储能设备和系统接
入电网测试标准》提案获得 IEEE 标准协会立项，并在 2014 年 6 月正式发布，荣获 2014
年度 IEEE 标准协会的"企业卓越贡献奖"。

2013 年，国家电网公司专家作为电气及电子工程师学会标准协会（IEEE SA）企业咨

询委员会（CAG）理事分别参加了 CAG 的三次工作会议、CAG 企业拓展活动及物联网研讨会。由国家电网公司发起的两项 IEEE 新标准提案《电力系统暂态过电压实时测量及记录系统导则》和《直流线路及接地极线路参数测试导则》获批立项。

2015 年在 IEEE 发起并正式立项《微电网规划与设计》《交流架空输电线路设计导则》两项标准。2016 年，由国家电网公司发起编制的《储能系统与设备接入电网测试标准》在 IEEE 正式发布。2017 年，在 IEEE 立项《智能水电厂技术导则》等国际标准 5 项。

三、CIGRE 技术报告制定

自 2010 年，由国家电网公司发起并由国家电网公司专家担任召集人的 CIGRE B3.29（特高压交流变电站现场试验技术）新工作组提案获 CIGRE 技术委员会通过开始，之后的每一年，国家电网公司持续推进标准国际化工作，至 2017 年，CIGRE 标准制定已经取得了重大进展。

2011 年，国家电网公司在特高压电网领域的建设成就纳入 A3 战略规划；2012 年，国家电网公司先后组织专家参与 CIGRE 相关工作组的工作，主要包括 A3.22（特高压变电站设备）、B3.22（特高压变电站系统）、C4.306（特高压绝缘配合）、A3.28（超/特高压交流开关设备的开断特性和试验要求）、B3.29（特高压交流变电站建设及运行中的现场试验技术）、D1.50（大气与高海拔修正），2013 年，由国家电网公司专家主导制定的《CIGRE B3.29 特高压变电站现场试验》技术报告出版。同年，国家电网公司发起成立 CIGRE A3.33 串联/并联补偿装置的运行经验工作组，并由专家担任工作组召集人和秘书。

到了 2014 年，国家电网公司已有 9 人成为 CIGRE 专业委员会委员，并在 CIGRE 变电站专业委员会中发起并成立《低压辅助系统可靠性分析与设计导则》新工作组；2015 年，国家电网公司又在 CIGRE 发起并成立系统研究用直流电网标准模型、电网稳定控制系统框架设计、中压直流配电可靠性研究三个新工作组并担任召集人。

2016 年，国家电网公司发起的"全球电力互联可行性研究""机器人在变电站中的应用"新工作组提案正式获得 CIGRE 批准。

2017 年，国家电网公司在 CIGRE 主导成立《变电站及换流站快速和特快速瞬态过电压测试技术》和《串并联补偿设备应用经验》技术报告工作组。

截止到 2017 年年底，国家电网公司在 CIGRE 共主导成立 12 个工作组，共制定完成 1 项 CIGRE 技术报告。

第十七章

电网发展步入能源互联网阶段（2017—2019）

2017—2019 年，随着全球经济增长和世界人口增加，能源需求持续增长，建立在化石能源基础上的传统能源发展方式已难以为继，统筹解决能源和环境问题，破解经济社会发展的瓶颈难题，已经变得十分紧迫。从中国范围看，改革开放四十多年来，中国能源发展取得了举世瞩目的成就，能源生产和消费总量跃升世界首位，能源结构持续优化，节能降耗成效显著，能源安全保障能力实现跨越式发展。但是，仍然存在局部地区不同程度的高污染、高排放、高能耗、体验不佳等问题。无论是从世界能源发展趋势和资源禀赋特征看，还是立足未来生态文明建设的新高度，能源发展都进入新的转型期，建立符合时代进步要求的现代能源经济体系，实施清洁替代和电能替代成为世界能源可持续发展的重要方向。

为推进能源可持续发展，国家制定了"两个 50%"[●]的能源革命战略目标，以风能、太阳能等为代表的清洁能源接入比例持续提升，新能源消纳问题日益严峻；用户侧分布式电源、电动汽车、储能设施不断增多，能源形态发生根本变化，亟须通过科技进步来实现能源生产和消费革命，赋能传统电网，不断提升电网的感知能力、互动水平、运行效率，支撑各种能源接入并持续提高能源利用效率。

互联网是现代信息系统发展最重要的成果之一。经过几十年的迅速发展，已经形成全球性的互联网络，移动互联网技术在不断快速演进。尤其是近几年，互联网行业飞速发展，以人工智能、第五代移动通信技术（5G）、智能传感、区块链、边缘计算为代表的新兴技术加速应用，打破了传统行业边界，促进了互联网与传统产业跨界融合，对能源电力和经济社会发展都产生了深刻的影响。中国重点支持"两新一重"[❷]建设，加强新型基础设施建设，大力推进充电桩建设布局，进一步推动能源电力体系和互联网体系深度融合，形成全程在线、全要素互联的能源电力新业态。

2016 年 7 月 26 日，国家能源局发布了《国家能源局关于组织实施"互联网＋"智慧能源（能源互联网）示范项目的通知》，能源互联网示范工程在中国全面推开，"互联网＋"战略顺应了世界工业发展的趋势。"互联网＋"战略上升至国家层面，对中国各行

[●] "两个 50%"是指 2050 年中国能源清洁化率（非化石能源占一次能源的比重）达到 50%和终端电气化率（电能占终端能源消费的比重）达到 50%。

[❷] "两新一重"是指新型基础设施、新型城镇化，以及交通、水利等重大工程。

各业，尤其是工业、能源等行业的发展产生了极大的推动作用。

在以上环境、经济、社会、技术和政策等诸多因素驱动下，深度融合新一代能源电力系统和互联网技术的能源互联网应运而生并蓬勃发展，能源互联网已成为中国经济和社会发展的重大需求。

电网企业坚持人民电业为人民，把政治责任和社会责任摆在重要位置，致力于实现企业综合价值最大化，坚持走符合国情的电网转型发展和电力体制改革道路。2018 年，国家电网公司提出了建设世界一流能源互联网企业的目标；2019 年，全面部署和快速推进能源互联网工程建设。南方电网公司和各发电集团公司均提出了相应的能源互联网战略。实施能源互联网战略，彰显了电网企业主动为党分忧、为党担责的责任意识和强烈的进取精神。

依托能源互联网建设，电网远距离、大规模输送能力和智能化管理水平持续增强，能源跨区域优化配置进一步加强。电网企业深化电力体制改革，大力推进电力市场建设，电力交易平台和电力现货市场建设都取得了积极进展；积极推动科技创新，电网技术装备应用不断深化；大力加强绿色发展，大电网调度适应源、网、荷、储协同模式。与此同时，通过开展能源互联网示范项目建设，积极应对可再生能源消纳及其上网负荷不确定性可能带来的电网供需失衡问题，成功进行了江苏大规模源、网、荷友好互动系统示范工程建设以及储能电站、微电网等探索，在推动能源互联网建设方面迈出了坚实的脚步。

第一节　能源互联网理念出现、政策调整与落实

2014 年，在习近平"四个革命、一个合作"能源安全战略的指引下，中国寻求能源资源在全球范围内的优化配置，推广能源互联网，畅通"一带一路"能源大通道。首批 55 个"互联网＋"智慧能源（能源互联网）示范项目建设实践，有力推动了能源互联网新技术、新模式和新业态的发展。以国家电网公司为代表的电网企业，全面落实整治责任、经济责任和社会责任，部署开展能源互联网企业建设，致力于实现企业综合价值最大化。

新的能源安全战略，为能源行业法治化管理提出了新要求。2018 年，十三届全国人大常委会第七次会议决定对《中华人民共和国电力法》做出第三次修改，以适应能源发展新趋势。

一、全球能源互联网倡议

全球范围内，自工业化以来的近 300 年间，能源工业快速发展，有力支撑了经济发展与社会进步。其间，石油、煤炭等传统化石能源大量开发使用，导致了资源紧张、环境污染和气候变化等日益突出的问题，严重威胁人类生存环境和可持续发展。全球化石

能源资源有限，能源资源与能源消费分布不均衡，能源开发越来越向少数国家和地区集中，一些资源匮乏的国家能源对外依存度不断提高，能源安全问题日趋严峻。同时，大量化石能源在生产、运输、使用中都对空气、水、土壤等造成了严重的污染与破坏，其燃烧产生的二氧化碳已经成为导致全球气候变暖、冰川消融、海平面上升的重要因素。随着经济的发展、能源需求的持续增长，以化石能源为基础的传统能源发展模式已难以为继。同时，全球清洁能源资源丰富，水能资源超过 100 亿千瓦，陆地风能资源超过 1 万亿千瓦，太阳能资源超过 100 万亿千瓦，远超全球能源需求。近些年来，各国均在推进以电力为中心、清洁化为特征的能源结构调整，风能、太阳能等清洁能源得到大规模开发利用，已然成为一些国家和地区的主力电源。

2015 年 9 月 26 日，中国国家主席习近平在纽约联合国总部出席联合国发展峰会并发表题为《谋共同永续发展　做合作共赢伙伴》的重要讲话。习近平主席指出"和平与发展仍然是当今时代两大主题。要解决好各种全球性挑战，包括最近发生在欧洲的难民危机，根本出路在于谋求和平、实现发展。面对重重挑战和道道难关，我们必须攥紧发展这把钥匙。唯有发展，才能消除冲突的根源。唯有发展，才能保障人民的基本权利。唯有发展，才能满足人民对美好生活的热切向往""中国倡议探讨构建全球能源互联网，推动以清洁和绿色方式满足全球电力需求"。2016 年 3 月 29 日，全球能源互联网发展合作组织（简称合作组织）在北京成立，这是中国在能源领域发起成立的首个国际组织。合作组织在"一带一路"建设框架指引下，全面推动全球能源互联网建设，先后与埃塞俄比亚、几内亚等国政府能源部门及多个国际组织和研究机构累计签署 28 项合作协议和联合声明。2017 年 5 月 14 日，中国国家主席习近平在"一带一路"国际合作高峰论坛开幕式上发表主旨演讲，提出"要抓住新一轮能源结构调整和能源技术变革趋势，建设全球能源互联网，实现绿色低碳发展"。全球能源互联网倡议为有效解决世界能源问题，促进人类可持续发展贡献了中国智慧和中国方案。

作为能源领域的重大变革和创新，习近平主席提出的全球能源互联网倡议描绘了未来世界能源发展的崭新蓝图，必将深刻改变全球能源发展、经济增长、社会生活等各个方面，在人类能源发展史上具有深远意义。这一倡议在国际社会引起了广泛回响。

2019 年 1 月 12 日，全球能源互联网发展合作组织与海湾国家合作委员会电网管理局、埃塞俄比亚水资源灌溉和电力部签署合作协议，共同推动亚非跨洲电力联网。截至 2019 年年底，全球能源互联网发展合作组织会员总数超过 756 家，覆盖 106 个国家，涉及能源、电力、信息、金融、咨询、科研、制造、环境保护等领域。合作组织开展了近百项全球能源互联网课题研究，面向全球发布了 26 项有影响力的成果，完成了在理论、规划、技术等方面的研究突破。

二、"互联网+"智慧能源首批示范项目公布

2016 年，国家能源局先后发布《关于推进"互联网＋"智慧能源发展的指导意见》（发改能源〔2016〕392 号）、《国家能源局关于组织实施"互联网＋"智慧能源（能源互

联网）示范项目的通知》（国能科技〔2016〕200号）等有关文件，定义了"互联网＋"智慧能源项目（简称能源互联网）是一种互联网与能源生产、传输、存储、消费以及能源市场深度融合的能源产业发展新形态，具有设备智能、多能协同、信息对称、供需分散、系统扁平、交易开放等主要特征，概括起来，就是以电力系统为核心，利用新兴的互联网技术对传统能源行业格局进行改造，以实现横向多能互补、纵向源、网、荷、储互相协调的新能源体系。组织开展了"互联网＋"智慧能源（能源互联网）示范项目的申报和评选工作，确定了首批示范项目。

2017年6月，国家能源局正式公布首批55个"互联网＋"智慧能源（能源互联网）示范项目。其中城市能源互联网综合示范项目12个、园区能源互联网综合示范项目12个、其他及跨地区多能协同示范项目5个、基于电动汽车的能源互联网示范项目6个、基于灵活性资源的能源互联网示范项目2个、基于绿色能源灵活交易的能源互联网示范项目3个、基于行业融合的能源互联网示范项目4个、能源大数据与第三方服务示范项目8个、智能化能源基础设施示范项目3个。这些示范项目从申请主题上可以分为7类，即16个电能技术企业申请的项目、9个电网企业申请的项目、9个非电领域企业申请的项目、7个以能源为主业的企业申请的项目、8个园区或其代表企业申请的项目、4个研究机构申请的项目、2个政府机构申请的项目。示范项目在建设规模上包括城市型能源互联网和园区型能源互联网项目；在技术类别上包括了多能协同型、绿色交通型、能源大数据型、智能化生产型；在能源交易方式上包含了综合能源服务型、网络平台交易型。这些示范项目表明中国能源互联网建设仍处于探索阶段，国家政策支持各种类型新技术、新应用的探索与推广，尝试开展多种多样的能源互联网模式和业态工程示范。

为推进示范项目落地，各省能源局相继组织分布式能源、电网、气网、热力管网企业做好示范项目配套工程建设规划，适时开展配套工程建设，并协同制订并网运行方案，实现"公平、开放、无歧视"接入。各省能源局负责做好本地区示范项目的组织协调和监督管理工作，各项目实施单位负责编制实施方案开展建设。2019年年底，中国各类主体协同推动综合能源产业发展取得积极成效。行业层面积极打造综合能源服务生态圈，搭建连接产业链上下游企业的共享共赢平台。大型电力企业纷纷布局"互联网＋"智慧能源、风光水火储多能互补系统、终端一体化集成供能系统等能源互联网项目，加快向综合能源服务转型。在政策、市场、技术等多重因素作用下，能源互联网建设稳步推进，综合能源服务由概念导入、项目孵化逐步迈向市场验证阶段。

三、国家电网公司部署建设能源互联网企业

为落实党中央决策部署、满足人民美好生活向往的必然要求，深化国企改革、确保电网安全和可靠供电，国家电网公司加快在送端建设坚强主网架，实现跨区域水火互济、风光互补，满足大型水电、风电和太阳能发电基地外送需要；在受端依托大电网，支撑大容量、多馈入直流安全运行，为东中部地区提供安全高效可持续的能源供应，形成符合我国国情的"西电东送""北电南送"能源输送配置格局。2018年1月，国家电

网公司提出开启建设具有卓越竞争力的世界一流能源互联网企业新征程，并将分三个阶段推进：到 2020 年，全面建成"一强三优"现代公司，建设具有卓越竞争力的世界一流能源互联网企业取得重大进展；到 2025 年，基本建成具有卓越竞争力的世界一流能源互联网企业；到 2035 年，全面建成具有卓越竞争力的世界一流能源互联网企业。2019年，国家电网有限公司在其年初工作会议上提出，既要发挥好电网的枢纽作用，保障能源安全可靠供应和低碳清洁发展；又要搭建新平台，促进传统业务转型升级和新兴业务提速发展；还要以更大的格局胸怀，更开放的心态姿态，坚持共建共治共赢，与产业链上下游和全社会共享发展成果，切实发挥好"六个力量""国之重器""国家队"的引领带动促进作用。

2020 年 3 月 16 日，国家电网公司党组专门召开会议，专题审议通过公司发展战略目标优化研究报告，一致赞成将"具有中国特色国际领先的能源互联网企业"作为公司战略目标。该目标的根本是"中国特色"，体现在坚持两个"一以贯之"❶、党的领导有机融入国家电网公司治理、坚定不移服务党和国家工作大局、走符合国情的电网转型发展和电力体制改革道路，以及全面履行政治责任、经济责任、社会责任等方面。该目标的追求是"国际领先"，致力于企业综合竞争力处于全球同行业最先进水平，经营实力领先，核心技术领先，服务品质领先，企业治理领先，绿色能源领先，品牌价值领先，国家电网公司硬实力和软实力充分彰显。该目标还指出了实现方向，就是建设"能源互联网企业"。能源互联网企业代表电网发展的更高阶段，能源是主体、互联网是手段，建设能源互联网企业的过程就是推动电网向能源互联互通、共享互济的过程，也是用互联网技术改造提升传统电网的过程。

四、第三次修订《中华人民共和国电力法》

2017 年以后，在国务院法制办、司法部的指导下，国家发展改革委、国家能源局组织成立了专家组和工作专班，对《中华人民共和国能源法（送审稿）》修改稿进一步修改完善，形成新的《中华人民共和国能源法（征求意见稿）》，2020 年向社会公开征求意见。

2018 年 12 月 29 日，十三届全国人大常委会第七次会议决定对《中华人民共和国电力法》（简称《电力法》）作出第三次修改，将第二十五条第三款修改为："供电营业区的设立、变更，由供电企业提出申请，电力管理部门依据职责和管理权限，会同同级有关部门审查批准后，发给《电力业务许可证》。供电营业区设立、变更的具体办法，由国务院电力管理部门制定"。

《电力法》虽然前后经过了三次个别条目的修订，但是仍未进行系统的修订。其内容已经与国务院促进新能源、分布式能源、电力市场交易、简政放权等多项重大政策文件

---

❶ 两个"一以贯之"是习近平总书记在全国国有企业党的建设工作会议上强调，坚持党对国有企业的领导是重大政治原则，必须一以贯之；建立现代化企业制度是国有企业改革的方向，也必须一以贯之。

不相符，阻碍了电力体制改革的顺利推进，影响到新能源、可再生能源和分布式能源的发展，亟须修订。为此，国家发展改革委为落实中央财经领导小组第六次会议关于启动能源领域法律法规立改废工作，尽快修订节能法、电力法、煤炭法和相关法规，推动能源法制定工作的要求，起草了《电力法（修订草案送审稿）》。

2020 年，司法部将《电力法（修订草案送审稿）》送发中财办、工信部等部门，征求各部门意见。

五、新一轮电力体制改革继续深入

到 2019 年，新一轮电力体制改革均有效落地，基本建立了独立输配电价体系；电力交易机构全部组建完成，实现交易机构管理运营与各类市场主体相对独立；售电侧放开稳步推进，初步形成了多买多卖的市场竞争格局；电力市场建设成效初显，中长期交易为主、现货交易为补充的电力市场体系初具雏形；新能源消纳水平逐年提高，在新能源装机快速增长的情况下，通过市场化手段加大新能源消纳力度，电力体制改革取得了重要阶段性成果。

2017 年 8 月，国家发展改革委、国家能源局决定选择南方（以广东起步）等 8 个地区作为第一批电力现货市场建设的试点。2018 年 8 月，南方（以广东起步）电力现货市场在第一批试点中首家启动试运行，《南方（以广东起步）电力市场运行规则体系（征求意见稿）》的正式发布，标志着中国首个电力现货市场正式投入试运行，电力现货市场交易规则正式问世。2019 年 10 月，广东电力交易中心开展"中长期＋现货"按周结算试运行，中国首个现货环境下中长期交易品种成功上线运行，形成了完整的"中长期＋现货"市场体系。2019 年 11 月，中国电力现货市场建设推进会在北京召开。会议认为，8 个电力现货市场试点全部开展结算试运行，标志着中国电力现货市场建设迈出了关键一步。结算试运行期间，市场运行总体平稳有序，市场主体申报积极主动，市场出清价格基本合理，技术支持系统运行正常，电网运行安全可控，市场方案及规则设计验证有效，总体情况符合预期目标。试运行过程暴露出在市场规则体系、市场力、不平衡资金、信息披露等方面存在的问题，要分步骤、有重点地解决，有序推进电力现货市场建设。2019 年后两个月要再开展结算试运行，增加频次和连续时间，为后续开展连续结算试运行做好准备。

2020 年 1 月 19 日，国家发展改革委印发《区域电网输电价格定价办法》。持续深化电价改革，进一步提升输配电价核定的规范性、合理性。《区域电网输电价格定价办法》共 5 章 18 条，明确了区域电网输电价格为区域电网运行机构运营区域共用输电网络提供的电量输送和系统安全及可靠性服务的价格，更清晰地反映区域电网的运行主体、物理范围和功能分类；指明了区域电网输电价格核定，应坚持提升电网效率、合理分摊成本、促进电力交易、规范定价行为，为区域电网输电价格核定提供遵循；完善了容量电费和电量电费比例的计算方法，由采用物理指标调整为采用成本指标，以体现成本加成原则，增强定价的准确性和可操作性；提出了区域电网容量电费在区域内省级电网间分摊的具体公式，并充分考虑京津唐电网特殊性，对华北电网分摊公式做了优化，提升了分摊的公平性、可操作性和透明度。《区域电网输电价格定价办法》还完善了输电价格的调整机制，即"建立准许收入平衡调整机制。对上一监管周期内受新增投资、电量增长等影响区域电网实际收入超过（低于）准许收入的部分，在本监管周期或下一监管周期定价时平滑处理。省级电网分摊的容量电费在监管周期之间调整过大、一个周期消化有困难的，可以在两个监管周期内平滑处理"。同时，该办法还明确监管周期内遇有国家重大政策调整、发生重大自然灾害、不可抗力等因素造成的成本重大变化，电网企业可以向国家发展改革委申请对准许收入和输电价格作适当调整。

《区域电网输电价格定价办法》的正式颁布实施，明晰了定价规则，规范了定价程序，确定了科学的计算方法，最大限度减少自由裁量权，提高政府定价的规范化和透明度，对科学合理核定区域电网输电价格，健全输电定价制度意义重大。

2020年1月19日，国家发展改革委印发《省级电网输配电价定价办法》。该办法共5章28条，适用于省级电网企业输配电价的核定。该办法明确核定省级电网输配电价遵循促进电网企业高质量发展、实现用户公平分摊成本、严格规范政府定价行为的原则。该办法要求"核定省级电网输配电价，先核定电网企业输配电业务的准许收入，再以准许收入为基础核定分电压等级和各类用户输配电价""省级电网输配电价在每一监管周期开始前核定，监管周期为三年"。该办法还明晰了准许收入、输配电价的计算方法。省级电网输配电准许收入由准许成本、准许收益和税金构成。该办法完善了输配电价调整机制。

《省级电网输配电价定价办法》和《区域电网输电价格定价办法》的修订出台，旨在科学核定电网输配电价，为进一步深化输配电价改革、扩大电力市场化交易奠定基础；促进电网企业加强内部管理、降本增效，为降低实体经济用电成本创造条件；改进政府对电网企业的价格监管，进一步提升输配电价核定的制度化、规范化水平，标志着中国输配电价监管政策体系框架的初步完善。

六、碳达峰和碳中和

2019年，欧盟在其发布的《欧洲绿色新政》中宣布，欧洲将在2050年成为首个碳中和（即净排放量为零）的大陆。这项协议的目标包括减少碳排放，增加森林面积，增强农业实力，推广绿色运输，加快发展可循环和可再生能源。2020年7月，欧盟宣布碳中和计划。与此同时，全球已经有30多个国家宣布碳中和目标，全球最重要的经济体均宣布了碳中和目标，标志着碳中和已成为各国追求的共同目标和共同地球环境建设价值观。

2020年9月22日，习近平主席在第七十五届联合国大会一般性辩论上宣布，中国将提高国家自主贡献力度，采取更加有力的政策和措施，二氧化碳排放力争于2030年前达到峰值，努力争取2060年前实现碳中和。同年12月12日，习近平主席在气候雄心峰会上进一步宣布，到2030年，中国单位国内生产总值二氧化碳排放将比2005年下降

65%以上，非化石能源占一次能源消费比重将达到 25%左右，森林蓄积量将比 2005 年增加 60 亿米³，风电、太阳能发电总装机容量将达到 12 亿千瓦以上。习近平主席提出的"碳达峰、碳中和"目标，是党中央做出的重大战略决策，不仅是一个应对气候变化的目标，更是一个经济社会可持续发展的战略目标，体现了未来发展的价值方向，对构建以国内大循环为主体、国内国际双循环相互促进的新发展格局具有深远意义，是一项重大的政治任务。

2020 年 12 月 18 日闭幕的中央经济工作会议，首次将"做好碳达峰、碳中和工作"作为重点工作。会议指出，做好碳达峰、碳中和工作。中国二氧化碳排放力争 2030 年前达到峰值，力争 2060 年前实现碳中和；要抓紧制定 2030 年前碳排放达峰行动方案，支持有条件的地方率先达峰。同时，要加快调整优化产业结构、能源结构，推动煤炭消费尽早达峰，大力发展新能源，加快建设中国用能权、碳排放权交易市场，完善能源消费双控制度，要继续打好污染防治攻坚战，实现减污降碳协同效应；要开展大规模国土绿化行动，提升生态系统碳汇能力。

碳中和意味着以化石能源为主支持发展的时代结束，一个向非化石能源过渡的时代来临。碳中和与产业链等方方面面都有关系，对全球产业链的重构、重组和新的国际标准建立都有着深刻影响。在能源领域，能源清洁化、低碳化成为一个全球化发展方向，在"十四五"规划和 2035 年远景目标中，中国政府提出了"推进碳排放权市场化交易"等具体措施。各省区均在"十四五"规划中明确积极发展风电、核电、氢能等清洁能源，建设清洁低碳、安全高效、智能创新的现代化能源体系。

控制能源领域碳排放总量，是实现碳减排目标的关键，电力系统碳减排是能源行业碳减排的重要组成部分。中国尚处于工业化阶段，能源电力需求还将持续攀升，必须探索一条经济持续稳定增长情况下，既要保障能源电力安全可靠供应，又能实现碳减排的务实路径。在能源供给侧，需要构建多元化清洁能源供应体系；在能源消费侧，需要全面推进电气化和节能提效。

党的十八大以来，中国能源电力转型取得显著成就，在此基础上加快构建能源电力绿色供给体系，持续提升非化石能源消费比重，稳步提高能源利用效率，加快推进科技进步，以尽早实现"碳达峰"。加快清洁能源替代化石能源，减少化石能源消费总量，开展大规模国土绿化行动，全面提升生态系统碳汇能力，通过碳捕集、利用和封存技术，尽早实现"碳中和"。

第二节　电网促进能源跨区域优化配置

中国电力供需结构持续向绿色低碳转型，非化石能源发电装机和发电量均保持较快增长。截至 2019 年年底，中国全口径非化石能源发电装机容量 84 410 万千瓦，比上年增长 8.8%，占总装机容量的 42.0%，同比提高 1.2 个百分点。2019 年，非化石能源发电量 23 927 亿千瓦·时，比上年增长 10.6%，占总发电量的 32.7%，同比提高 1.7 个百分点。其中，并网核电、风电和太阳能发电保持了持续快速发展势头。在非化石能源持续加快发展的同时，火电占比相对下降的趋势正在形成，中国电力不断向清洁化方向发展。

特高压输电容量大、距离远、损耗低、节省占地，代表了国际高压输电的最高技术水平，是适应中国能源资源禀赋和电力可持续发展需要的先进技术，成为支撑国家能源安全战略、实现能源资源全国范围优化配置与能源结构转型升级的核心技术手段。截至 2019 年年底，中国已经建成"九交十四直"23 条特高压输变电线路，并且在特高压技术研究、工程设计、装备制造、建设运行等方面取得了一系列重大突破，已经掌握了特高压核心技术，实现了特高压设备的自主研发和生产，具备了国际一流的特高压试验能力，建立了较为完整的特高压标准体系，并逐步实现了从"试验""示范"到全面大规模建设的跨越。

大力推进特高压输电工程建设，中国区域和省级网架不断优化。与此同时，电网企业通过加快建设藏中电力联网工程，认真实施新一轮农网改造升级任务，着力推动能源电力均衡合理配置，切实改善贫困落后地区的缺电局面和用电条件，为经济社会全面健康和可持续发展注入强大的生机活力。

在清洁化发展的大势之下，电网引导清洁能源规划布局和消纳的作用更为凸显。坚持清洁低碳、安全高效的发展方针，通过青海能源转型实践，在规模化发展中加速技术进步和产业升级，促进可再生能源布局优化和提质增效，加快推动中国能源体系向清洁低碳模式转变。特高压技术在巴西落地应用，对深化落实国家"走出去"战略、加快提升中国企业国际竞争力，起到重要推动和示范作用。随着全球化进程的加快，能源互联网建设不断推进，中国电网的发展不再局限于中国的资源配置，而开始放眼世界，在更大范围内实现清洁能源大范围优化配置。

一、特高压交流输电通道提升能源优化配置

中国特高压输变电线路建设从北到南、从西到东跨越的输电大动脉，贯通中国西部、北部的大型能源基地与东中部负荷集中地区的电力联网，在中国初步形成有利于"西电东送、北电南供、水火互济、风光互补"的能源互联新格局。百万伏级交流线路单回的输送容量超过 5000 兆瓦，且具有明显的经济效益，作为中、远距离输电的基干线路，构建了特高压电网骨干网架。为推进能源互联网建设，优化电力资源配置奠定了重要的基础。

（一）1000 千伏北京西—石家庄特高压交流输变电工程建成投运

1000 千伏北京西—石家庄特高压交流输变电工程是华北区域特高压电网成环成网的关键组成部分，符合国家能源局《电力发展"十三五"规划（2016—2020 年）》中提出的"十三五"期间华北地区特高压电网总体规划。这是国家电网公司落实绿色发展理念，加大基础设施领域补短板力度，服务京津冀一体化和雄安新区发展的国家重点工程。

1000 千伏北京西—石家庄特高压交流输变电工程于 2017 年 7 月获得河北省发展改

革委核准，2018 年 3 月全面开工建设，2019 年 6 月建成投运。该工程系统标称电压
1000 千伏，最高运行电压 1100 千伏。该工程输电线路南北走向，北起 1000 千伏北京西变电
站，南至 1000 千伏石家庄变电站，途经河北省 13 个县级行政区，全长 2×220.8 千米[1]。

该工程的建设投运，对提高华北电网的运行灵活性和可靠性，加强蒙西—天津南和
榆横—潍坊特高压输电通道之间的联络，满足京津冀（含雄安新区）电力负荷增长需要
有着重要意义。该工程与锡盟—山东、蒙西—天津南、榆横—潍坊等特高压工程在京津
冀鲁地区共同构建了世界上首个特高压交流双环网，使得华北区域特高压电网的联系更
为紧密，有效增强华北主网抵御严重故障的能力，大力提高电网安全可靠性。同时，开
辟从锡盟、张北新能源基地至京津冀鲁负荷中心的一条特高压输电通道，将锡盟、张北
地区清洁能源送出至京津冀鲁负荷中心消纳，实现更大范围内资源优化配置。

（二）1000 千伏山东—河北环网特高压交流输变电工程

山东、河北是京津冀新一轮蓝天保卫战的重点区域，电力需求旺盛。同时，该地区
面临关停淘汰落后煤电机组、煤改气、煤改电过渡期的巨大压力。在一段时间的迎峰度
夏、迎峰度冬期间，该地区不同程度地出现了电力紧张问题。尽管上海庙—临沂、扎鲁
特—青州特高压直流输电工程已建成投运，但电网的"强直弱交"特征明显，对电网安
全运行带来风险，对送电能力形成一定制约。

2018 年 5 月，1000 千伏山东—河北环网特高压交流输变电工程全面开工建设。该工
程输电线路起于山东境内潍坊 1000 千伏变电站，止于河北境内石家庄 1000 千伏变电
站，途经山东、河南、河北 3 省 44 个县级行政区，线路全长 2×819.5 千米（含黄河大
跨越 2×3 千米）[1]。该工程系统标称电压 1000 千伏，最高运行电压 1100 千伏。

该工程投产后，山东特高压交流受电通道由 3 个增加为 4 个，山东电网外受电交流
断面受电能力提升约 7000 兆瓦，进而也提高了华北电网的运行灵活性和可靠性。该工程
与锡盟—山东、蒙西—天津南、榆横—潍坊等工程一起形成华北电网特高压交流环网，
对构建京津冀鲁负荷中心坚强电力交换平台，具有十分重要的意义。同时，对于清洁能
源消纳，提高资源开发效率、降低运行成本，解决"三弃"[2]问题，有效解决雾霾难
题，打赢蓝天保卫战，具有重要意义。

（三）1000 千伏蒙西—晋中特高压交流输变电工程建成投运

1000 千伏蒙西—晋中特高压交流输变电工程是加强华北特高压交流网架结构，增强
抵御系统严重故障能力，保障煤电基地电源安全可靠送出，提高特高压交流通道输电能
力的重要工程。该工程于 2018 年 3 月获得国家发展改革委核准，2018 年 11 月全面开工
建设，2019 年 12 月建成投运。

该工程起于内蒙古蒙西变电站，止于山西省晋中变电站，系统标称电压 1000 千伏，
最高运行电压 1100 千伏。输电线路西北往东南走向，北起蒙西 1000 千伏变电站，止于

---

[1] 《中国电力年鉴》编辑委员会：《中国电力年鉴 2020》，中国电力出版社，2021 年，第 46 页。

[2] "三弃"是指弃水、弃风和弃光。

晋中 1000 千伏变电站，途经内蒙古、山西 2 省（自治区）11 个县级行政区，全长约 2×304 千米。

1000 千伏蒙西—晋中特高压交流输变电工程投运以后，加强了蒙西—天津南、榆横—潍坊两个横向送电通道之间的联系，与锡盟—山东、北京西—石家庄、山东—河北环网等特高压交流工程一起，共同构建形成华北"两横三纵"特高压交流主网架。该工程有利于提高蒙西、山西、陕北等能源基地送电可靠性，提升华北电网运行灵活性，增强抵御系统严重故障的能力，进一步释放特高压交流通道输电能力，提高京津冀鲁等华北受端地区接纳外电能力，促进内蒙古、山西等地区风电开发和消纳，对于贯彻党的十九大提出的构建中国清洁低碳、安全高效的能源体系，具有重要的意义。

（四）1000 千伏苏州—南通气体绝缘金属封闭输电线路（GIL）综合管廊工程

2019 年 9 月 26 日，世界电压等级最高、输送容量最大、单体 GIL 最长的苏州—南通 1000 千伏 GIL 综合管廊工程（简称苏通工程）正式投产，这标志着华东特高压交流双环网正式形成，对支撑区域电力供应、改善能源供给侧结构，促进地区经济、环境、社会可持续发展都有着重要意义。

GIL 是将高压载流导体封闭于金属壳体内，注入绝缘性能远远优于空气的 SF_6 气体，极大地压缩了输电线路的空间尺寸，实现高度紧凑化、小型化设计，成为替代架空输电线路的紧凑型输电解决方案。这是我国在特高压交流输电领域取得的又一个重大技术成果，也为今后跨江、跨海等特殊地段提供了一种实现高度紧凑化、小型化设计，替代架空输电线路的输电解决方案。

苏通工程是华东地区 1000 千伏特高压交流环网合环运行的"咽喉要道"和控制性工程，它的贯通使得 1000 千伏淮南—浙北—上海交流特高压工程和 1000 千伏淮南—南京—上海交流特高压工程连接成环，形成贯穿皖、苏、浙、沪负荷中心的"O"字形华东特高压交流环网。苏通工程输电电压为 1000 千伏，总输电容量达 1000 万千瓦，管廊内布置有 2000 多个 GIL 单元，每个 GIL 单元长 18 米，最大单体重约 5.1 吨。通过 GIL 输电技术，高达 450 米、宽度近百米的双回 1000 千伏特高压线路走廊，压缩至内径 10.5 米隧道之中，是世界技术水平最高的 GIL 工程。此项工程由隧道土建、变电、线路和系统通信四个单项工程组成，新建两回六相 1000 千伏 GIL，管线总长 34.2 千米，动态投资 47.63 亿元。苏通工程由国网江苏省电力有限公司、国网上海市电力公司共同出资建设，于 2016 年 8 月开工建设，2017 年 6 月盾构机顺利始发，2018 年 8 月隧道成功贯通，2019 年 8 月 GIL 设备安装收口，2019 年 9 月实现调试投运。

苏通工程的成功投运，大幅提升了华东电网的资源配置能力、安全稳定水平和接纳区外来电能力。苏通工程在隧道建设和电网建设两个方面都代表了世界一流的建设水平，为世界同类重大工程建设提供了经验。在隧道建设方面，工程隧道从苏通大桥上游 1 千米处过江，起于南岸苏州引接站，止于北岸南通引接站，隧道长 5468.5 米，盾构直径 12.07 米，最低点标高 74.83 米，最大坡度 5%，最大水土压力高达 9.5 倍大气压力，是中国埋深最深、水压最高的隧道。在电网建设方面，苏通工程运用世界上最先进的 1100 千伏 GIL 技术，单相长度 5.8 千米，六相总长约 35 千米，其电压等级、单体 GIL 长度、输电容量、技术水平均为世界之最，是特高压输电领域又一项重大技术创新，进一步提升了中国在世界电网技术和电工装备制造领域的影响力和竞争力。

二、特高压直流输电通道提升能源优化配置

中国特高压电网骨干网架依然在持续完善，区域电网结构不断优化，输电技术持续创新，为跨区跨省电力输送打下了坚实基础。特高压直流输电因其输送容量大、输电距离远、电压高，可用于电力系统非同步联网等特点，也同样具有广泛的应用前景。中国特高压电网建设，以 1000 千伏交流特高压输电为主形成特高压电网骨干网架，实现各大区电网的同步互联；而 ±800 千伏特高压直流输电则主要用于远距离、中间无落点、无电压支撑的大功率输电工程，能源资源优化配置的广度与深度不断延伸，也为国民经济的可持续发展提供了坚强保障。截至 2019 年，中国已完成 14 条特高压直流输电线路的建设，这对能源资源在全国范围内的优化配置、保障国家能源安全、推动清洁发展、加快结构调整、拉动经济增长具有重大作用。

（一）扎鲁特—青州 ±800 千伏特高压直流输电工程

2016 年 8 月 16 日，扎鲁特—青州 ±800 千伏特高压直流输电工程获得国家核准，2016 年 8 月 23 日开工建设。扎鲁特—青州 ±800 千伏特高压直流输电工程是落实中央全面振兴东北老工业基地战略部署、推动东北电力协调发展的重大工程。

该工程额定电压 ±800 千伏，输送容量 1000 万千瓦，起于内蒙古自治区扎鲁特换流站，止于山东青州换流站，线路途经内蒙古、河北、天津、山东 4 省区市，跨越黄河，全长约 1234 千米。其中，扎鲁特换流站接入内蒙古 500 千伏交流电网，青州换流站分层接入山东 500 千伏和 1000 千伏电网。2017 年 12 月 31 日，扎鲁特—青州 ±800 千伏特高压直流输电工程建成投运。

该工程是切实解决东北"窝电"问题的标志性工程，通过特高压直流送电山东，每年输送电量约 550 亿千瓦·时，可减少燃煤运输 2520 万吨，减排二氧化碳 4950 万吨、二氧化硫 12.4 万吨、氮氧化物 13.1 万吨，其建设投运对于推动东北、华北地区清洁发展，加快地区能源结构调整，拉动经济增长具有重大作用。

（二）昌吉—古泉 ±1100 千伏特高压直流输电工程建成投运

2019 年 9 月 26 日，昌吉—古泉（准东—皖南）±1100 千伏特高压直流输电工程（简称吉泉工程）正式投运。吉泉工程起于新疆准东昌吉换流站，止于安徽皖南古泉换流站，途经新疆、甘肃、宁夏、陕西、河南、安徽 6 省、自治区，直流线路约 3324 千米，输送容量达 1200 万千瓦，是世界上电压等级最高、输送容量最大、输电距离最远、技术水平最先进的特高压直流输电工程，刷新了世界电网技术的新高度。❶

作为推动中国能源结构调整的重点工程，吉泉工程于 2015 年 12 月 28 日获得国家

---

❶ 《中国电力年鉴》编辑委员会：《中国电力年鉴 2020》，中国电力出版社，2021 年，第 50 页。

发展改革委核准，2016 年 1 月 11 日开工建设。吉泉工程首次将输变电工程电压提升至±1100 千伏，输电距离提升至 3300 千米以上，研制并投运了多种新型交直流设备，创造了电力工业领域技术进步，将中国高压输电设计、研发、制造能力提升至国际领先水平。

吉泉工程投运后，每年可从新疆向华东输送电量 660 亿千瓦·时，减少燃煤运输 3024 万吨。作为"疆电外送"的第二条特高压输电项目，不仅有利于推动新疆能源基地的火电、风电、太阳能发电等打捆外送，还对于促进新疆地区清洁能源外送消纳、保障华东地区电力可靠供应、推动装备制造业转型升级、维护新疆跨越式发展和长治久安具有重要意义。该工程也是连接新疆与华东的"电力丝绸之路"，对于大力改善能源结构，促进大气污染防治行动计划的落实具有重要作用，经济、社会、环境效益显著。

（三）陕北—湖北±800 千伏特高压直流输电工程开工建设

陕北—湖北±800 千伏特高压直流输电工程于 2018 年 11 月 5 日获得核准，是推进西部大开发与中部地区崛起的重点工程。该工程起于陕西省陕北±800 千伏换流站，止于湖北省武汉±800 千伏换流站，途经陕西、山西、河南、湖北 4 省，线路全长 1134 千米，总投资 185 亿元。该工程送端连接陕北能源基地和西北 750 千伏交流电网，受端接入湖北负荷中心和华中 500 千伏交流电网。陕北—湖北±800 千伏特高压直流输电工程的建设构筑起"北电南送"的高速路，为湖北及周边地区经济社会高质量发展，提供澎湃动能。该工程是国家支持陕北革命老区发展的重要举措，能促进陕北地区煤炭及风电、光伏资源利用。

该工程分别由国网陕西省电力公司、国网湖北省电力有限公司负责建设管理。陕西段途经府谷、神木、佳县、米脂、绥德、清涧 6 县（市），全长 224 千米，2020 年 2 月 28 日开工建设。湖北段于 2020 年 3 月 30 日开工建设，武汉换流站与武汉 1000 千伏交流变电站同址合建，工程计划于 2021 年建成投运。

（四）世界首个特高压多端混合直流输电工程——昆柳龙直流工程

2018 年 5 月 15 日，云南金沙江流域乌东德电站送电广东、广西的特高压多端直流示范工程——昆柳龙直流工程宣布启动。这项工程是《能源发展"十三五"规划》和《电力发展"十三五"规划（2016—2020 年）》明确的跨区跨省输电重点工程，是世界首个特高压柔性直流换流站工程。该工程西起云南昆北换流站，东至广西柳北换流站、广东龙门换流站，采用的是±800 千伏三端混合直流技术，输送容量 800 万千瓦，线路全长 1452 千米，途经 4 省区 16 市州。该工程建成后直接将云南清洁水电输送到广东、广西，每年可减少粤港澳大湾区煤炭消耗 950 万吨、二氧化碳排放 2500 万吨。

柔性直流输电技术是世界上先进的输电技术，代表着直流输电技术未来发展方向。相比于常规直流，柔性直流的技术优点在于突破了常规直流对受端电网系统影响较大的瓶颈，控制灵活，能够快速响应电网状态变化，支撑电网安全稳定运行。昆柳龙直流工程所采用的是运行更为灵活的多端柔性直流系统。中国电网在换流阀等核心技术上不断取得突破性成果，2017 年世界首个特高压柔性直流换流阀的成功研制，意味着中国电网在国际上首次将柔性直流技术推广到±800千伏特高压等级，送电容量提升至500万千瓦，为柔性直流技术在±800千伏乌东德送电广东直流工程及后续特高压直流输电工程的应用奠定了坚实基础。

昆柳龙直流工程堪称提升中国电力科技核心竞争力的一项创新工程。该工程可以概括为"一最三首"，即世界上容量最大的特高压多端直流输电工程，世界首个特高压多端混合直流工程、世界首个特高压柔性直流换流站工程、世界首个具备直流架空线路瞬时故障自清除能力的柔性直流输电工程。中国已成为直流输电技术的引领者。

2020年12月27日，昆柳龙直流工程正式启动投产送电，较计划提前半年。全部工程投入运行后，增加云南水电800万千瓦的通道送电能力，年送电量超过330亿千瓦·时，云南清洁水电可直接输送到广东、广西的负荷中心，以满足"十四五"及后续南方区域经济协调发展和粤港澳大湾区经济发展用电需求。

（五）青海—河南±800千伏特高压直流输电工程

青海—河南±800千伏特高压直流输电工程（简称青豫直流工程）是贯彻落实习近平总书记指示精神，专门为青海新能源开发规划的电力高速公路，是全国也是全世界第一条以光伏发电为主要电源的输电大通道，完全依靠清洁能源自身互补能力独立供电，采用特高压技术大规模、远距离输送至大电网负荷中心，是中国发展运用特高压输电技术推动新能源大规模开发利用的一次创新。该工程于2018年10月22日获得国家核准，11月7日开工建设。❶

青豫直流工程起于青海省海南藏族自治州的海南换流站，止于河南省驻马店市的驻马店换流站，额定电压±800千伏，额定容量800万千瓦，直流线路途经青海、甘肃、陕西和河南4省，线路全长1587千米，总投资约226亿元。该工程送端连接青海新能源基地和西北电网，受端连接河南负荷中心和华中电网，它吸纳来自青海、甘肃的风能、光伏、光热、水电等可再生能源，将直流电转化成交流电接入华中电网，最终向华中电网源源不断输送电能。青豫直流工程全面突破了超高比例新能源大规模送出、新能源与特高压直流交互特性等难题，并且在关键技术方面取得了全面突破，进一步巩固了中国在特高压直流输电领域的国际领先优势。

2020年7月22日，青豫直流工程双极低端投入试运行。青豫直流工程年送电量400亿千瓦·时，相当于8座100万千瓦火电厂每年的发电量。该工程在世界上率先建成以输送新能源为主的输电大通道，促进了中国能源电力系统清洁化、低碳化转型，符合中国"碳达峰、碳中和"的能源发展目标；有效促进中国西部清洁电能消纳，保障国家能源安全，助力青海脱贫攻坚。青豫直流工程是世界范围内采用特高压直流技术将风、光、水等纯清洁能源打捆远距离外送的首次实践，突破了特高压直流核心设备国产化、3000～4000米高海拔地区特高压直流输电和特高压换流站消防能力提升等技术难关，进一步巩固了中国在高压直流输电领域的国际领先优势。

---

❶《中国电力年鉴》编辑委员会：《中国电力年鉴 2020》，中国电力出版社，2021年，第51页。

（六）雅中—江西±800千伏特高压直流输电工程

雅中—江西±800千伏特高压直流输电工程起于四川省盐源县，止于江西省抚州市，途经四川、云南、贵州、湖南、江西五省，输送容量800万千瓦，线路全长1702千米，额定电压等级±800千伏。雅中—江西±800千伏特高压直流输电工程是中国西南水电外送的第四回特高压直流工程，是国家"十三五"电力发展规划重点工程。该工程的建设能够解决四川攀西地区近、远期水电送出受阻问题，是解决四川水电弃水、促进全国能源资源优化布局的重要措施，有利于满足江西及华中地区电力需求及经济发展。

2019年8月，该工程获得国家发展改革委核准，2019年9月25日该工程四川、云南段线路，在四川省凉山彝族自治州盐源县启动施工。2020年12月26日，该工程四川段率先贯通，工程计划于2021年建成投运。该工程设置了直流场新型融冰回路，在中国首次将融冰回路中的临时接线改为隔离开关并具备顺控功能，减少了融冰的投切工作量，彻底解决了重冰区线路冰灾问题。

（七）特高压泰州换流站调相机工程

2018年10月22日，特高压泰州换流站2×300兆乏调相机工程168小时试运行顺利结束，标志着该工程的正式投运。该工程是华东地区首个投运的特高压调相机工程。特高压泰州换流站调相机工程属于内蒙古锡盟—江苏泰州±800千伏特高压直流输电工程的配套项目，是国家电网公司首批8个应用新一代调相机的工程之一。该工程于2016年7月27日获得核准，同年8月18日开工，共建设2台300兆乏调相机。其中，1号和2号调相机分别于2018年的6月11日和7月3日首次并网成功。

特高压泰州换流站两台调相机在试运行期间运行状态稳定，瓦温、振动、温升、噪声等指标优良，作为世界首台成功投运的空冷和双水内冷300兆乏调相机，该工程满足了电力系统新形势下的动态、稳态无功需求，为电网无功电压调节提供了有效的技术手段，对提升电网的动态电压稳定裕度、减小故障情况下交流母线电压波动幅度、保障特高压工程安全稳定运行具有重要意义。

三、特高压直流输电技术"走出去"

多年来，国家电网公司依托自主创新，掌握了特高压核心关键技术，在特高压电网方面实现了"中国创造"和"中国引领"，成为世界上唯一具备投资、建设、运营特高压输电工程能力的公司。特高压输电技术由于其技术领先、运行安全、经济高效、绿色环保等特性，获得巴西、印度等国家的青睐。特高压核心技术的出口带动了电力装备上下游产业链的发展，实现技术和设备的双输出。在印度、南非等国家对特高压直流输电技术也有迫切需求，巴西、中亚等能源资源丰富，远距离大容量输电需要特高压直流输电技术。多个海外特高压直流项目的成功投运，证明中国特高压技术和"中国方案"能够有效解决当地电力发展不均衡格局，促进其能源经济绿色发展。

（一）巴西美丽山±800千伏特高压直流输电一期工程

与中国资源配置情况相似，巴西能源中心和负荷中心呈逆向分布，一次能源水电比重接近80%，主要分布在北部亚马孙河流域，而负荷中心均在东南部的里约热内卢和圣保罗地区，距离超过2000千米，亟须远距离、大容量、低损耗的特高压输电技术的应用。

特高压作为中国领先于世界的重大自主创新技术之一，具有容量大、距离远、损耗低、占地省的综合优势和技术领先、运行安全、经济高效、绿色环保等特性，而且规模经济性和网络经济性突出。发展特高压输电，是满足巴西能源发展需要的一条切实可行道路。

2014年2月，中国国家电网公司和巴西国家电力公司联合中标巴西美丽山±800千伏特高压直流输电一期工程，成为中巴电力合作领域新的重要里程碑。2014年7月，在中国国家主席习近平与巴西总统罗塞夫的共同见证下，中国国家电网公司与巴西国家电力公司签署了《巴西美丽山特高压输电项目合作协议》。2015年5月，中国国家总理李克强与巴西总统罗塞夫共同出席了该项目奠基仪式，2015年10月获得第一批环评施工许可证，2017年12月21日建成投入商业运行。

巴西美丽山±800千伏特高压直流输电一期工程是巴西第二大水电站——美丽山水电站的第一条特高压直流送出工程。这条贯穿巴西南北的电力高速公路，横跨4个州，输送距离2076千米，输送容量400万千瓦，可将美丽山水电站超过1/3的电能输送至巴西东南部的负荷中心，构建巴西电网南北互联的大通道，满足2200万人口的年用电需求。

该工程为巴西乃至美洲国家第一条特高压直流输电工程，成功实现了特高压技术落地巴西，标志着中国特高压输电技术成功走出国门，是中国"一带一路"的重要实践。一期工程的成功投运，有力促进了两国电力能源领域的合作与发展，有助于推动两国全面战略伙伴关系的持续发展，造福两国人民。该工程将巴西北部清洁能源输送到东南部负荷中心，优化了巴西电网结构，提高了巴西电网的安全稳定性和供电可靠性，巴西电网结构和电压等级由此登上新台阶。

（二）巴西美丽山水电特高压直流送出二期项目

2015年7月，中国国家电网公司独立中标巴西美丽山水电±800千伏特高压直流送出二期特许经营权项目。2017年9月1日，在中国国家主席习近平和巴西总统特梅尔的共同见证下，该项目开工许可证正式获批。2017年9月28日正式开工建设，2019年10月25日建成投入商业运行。

巴西美丽山±800千伏特高压直流输电二期工程是巴西第二大水电项目——美丽山水电站（装机容量1100万千瓦）的特高压直流送出工程，该工程起于巴西北部亚马孙平原的欣谷换流站，止于巴西南部里约州的里约换流站，额定电压±800千伏，额定容量400万千瓦，线路途经帕拉、托坎廷斯、戈亚斯、米纳斯和里约五州，线路全长2539千米。

该二期工程为中国在海外首个独立中标、自主设计、自主建设并全面采用国产设备的特高压直流工程，项目执行国际通用标准和巴西国标，并吸收中国先进的特高压设计、制造、建设、调试、管理和运行经验，全面实现了中国特高压技术在国外落地。与一期工程形成良好的协同效应，共同构建巴西南北方向的重要能源输送通道，进一步优化了巴西电网结构，提高了巴西电网的安全稳定性和供电可靠性。项目带动巴西当地电工装备、原材料等上下游产业发展，为巴西当地创造 1.6 万人直接就业机会，贡献了 22 亿雷亚尔税收，实现了中巴双方互利互惠、合作共赢的良好局面。

2019 年 6 月 26 日，根据联合国可持续发展目标的评价指标，该项目以卓有成效的环境保护工作被巴西标杆管理活动授予 2019 年委员会巴西社会环境管理最佳实践奖。2020 年 12 月 27 日，巴西美丽山±800 千伏特高压直流输电二期工程获得了中国工业领域的最高奖项——第六届中国工业大奖，成为首个获得中国工业大奖的中国企业海外项目。

（三）巴基斯坦默蒂亚里—拉合尔±660 千伏直流输电工程

巴基斯坦默蒂亚里—拉合尔±660 千伏直流输电工程（简称默拉直流输电工程）是巴基斯坦第一条直流输电工程，由中国电力技术装备有限公司采用 BOOT❶模式建设，商业运营期为 25 年。2018 年 5 月，中国国家电网公司与巴基斯坦输电公司签署了《默蒂亚里至拉合尔±660 千伏直流输电工程输电服务协议》等一系列交易文件，标志着中巴经济走廊框架下的默拉直流输电工程进入全面建设阶段。该工程于 2018 年 12 月开工建设，2020 年 10 月全线贯通，工程计划于 2021 年投入商业运营。

默拉直流输电工程额定电压±660 千伏，额定输送功率 4000 兆瓦，起于巴基斯坦东部信德省的默蒂亚里换流站，止于巴基斯坦中部旁遮普省的拉合尔换流站，线路全长约 886 千米。

该工程是巴基斯坦首个直流输电工程，是巴基斯坦电压等级最高、输电线路最长的项目，每年可实现南电北送电量约 350 亿千瓦·时，输送功率水平约占巴基斯坦全网 1/6，可有力缓解巴基斯坦最重要的经济中心——旁遮普省和首都伊斯兰堡地区的电力短缺状况，极大地促进巴基斯坦经济发展。作为中国电网企业在国际上首个具有完全自主知识产权的±660 千伏直流项目，也是中巴经济走廊能源合作协议中唯一的电网项目，对深化中巴经济走廊建设、推进中巴能源合作具有重要意义。

四、西藏实现主网全覆盖

"十三五"期间，西藏电力供应能力和外送规模进一步提高，至 2020 年年底，建成以 500 千伏为骨干网架，各级电网协调发展的西藏统一电网，进一步延伸川藏电力联网工程，实现藏中与昌都电网联网；藏中电网向阿里延伸，实现藏中与阿里电网联网。进一步扩大主电网覆盖范围，实现主电网延伸覆盖全区 74 个县（区）和主要乡镇，主电网

---

❶ BOOT 为 Build Own Operate Transfer 的缩写，即建设、拥有、运营、移交。

供电人口达到全区人口总数的 97%，基本实现人人都能用上可靠电、优质电、放心电。

（一）藏中电力联网工程

2018 年 11 月 23 日，藏中电力联网工程建成投运。该工程是国家电网公司"十三五"期间电力援藏的重大工程，是新时代把党的温暖和关怀送到西藏的"德政工程""民心工程"，是巩固祖国西南边陲重要的国防工程。该工程是继青藏和川藏电力联网工程以来，又一项突破生命禁区、挑战生存极限的电网建设工程。

藏中电力联网工程由西藏藏中和昌都电网联网工程、川藏铁路拉萨—林芝段供电工程组成，起于西藏昌都市芒康县，止于山南市桑日县，跨越西藏三地市十区县。新建500 千伏变电站（开关站）6 座，扩建 3 座；新建 220 千伏变电站 2 座，扩建 3 座；扩建110 千伏变电站 2 座。新建 500 千伏线路 1984 千米、220 千伏线路 441 千米、110 千伏线路 313 千米，新建线路总长 2738 千米。参建单位 80 余家，参建人员 5 万余人。藏中电力联网工程于 2017 年 3 月获得国家发展改革委可研批复，同年 4 月 6 日开工建设，2018 年 11 月 23 日建成投运。

该工程是西藏自治区投资规模最大、输电线路最长的电力工程：总投资达 162 亿元，占当时西藏电网固定总资产的 50%；平均作业海拔超过 4000 米，最高塔位东达山海拔 5295 米，是世界最高的 500 千伏输电塔位；500 千伏芒康变电站海拔 4295 米，是世界上海拔最高的 500 千伏变电站；作为世界海拔跨度最大的电网工程，工程线路海拔为 2200～5300 米，最高塔位与最低塔位之间海拔高差达 3100 米；相邻塔位间最大海拔高差达 500 米，海拔高差超过 200 米的共有 290 处，海拔高差超过 300 米的共有 68 处。

该工程还是世界上自然条件最复杂的电网工程。在世界地质结构最复杂、地质灾害分布最广的"三江"断裂带，穿越世界最复杂、最险峻、地质最不稳定的横断山脉核心地带和青藏高原腹地，跨越澜沧江、怒江、雅鲁藏布江 10 余次，沿线需要面对低压、缺氧、严寒、大风、强辐射以及毒虫、鼠疫危害，极端温差和各种高原疾病等严峻考验。建设过程中物资运输极度困难。物资总运量超过 100 万吨，最大单体重约 140 吨，平均运距超过 1200 千米，最长运距达 5900 千米，沿途道路崎岖，自然灾害频发，无高等级公路可用，现场物资转运大规模采用索道运输，部分采用骡马运输。后勤保障难，交通道路险，施工作业险，生态保护责任重。

藏中电力联网工程实现了青藏电力联网工程与川藏电力联网工程互联，使西藏电网电压等级实现了从 220 千伏升压至 500 千伏的历史跨越。藏中电网与中国主网统一互联，为沿线 3070 个小城镇（中心村）、156 万各族群众生活提供了可靠的电源保障。该工程的建成投运，为实施国家整体发展战略和维护边防安全、保障川藏铁路供电、加快西藏清洁能源开发外送、推进电网向西藏阿里地区延伸打下了坚实基础。

（二）阿里与藏中电力联网工程

阿里与藏中电力联网工程是国家电网公司"十三五"规划的重点项目，是继青藏、川藏、藏中电力联网工程之后的第四条"电力天路"，该工程的投运标志着全国陆路地区最后一个地级行政区域正式接入国家大电网，西藏也由此迈入了主电网覆盖全区 7 地市、74 县（区）的统一电网新时代，书写了西藏电力发展的崭新篇章。

该工程起自西藏日喀则市已建成的 220 千伏多林变电站，止于阿里地区。新建 220 千伏巴尔变电站，途经日喀则、阿里两地市十区县，线路全长 1689 千米，最高海拔 5357 米，翻越了孔唐拉姆山，横跨雅鲁藏布江，穿越高寒荒漠，工程所处环境整体空气含氧量低、昼夜温差大、有效工期短，施工组织难、物资供应远、医疗后勤保障任务重，是一项突破生命禁区、挑战生存极限、建设难度超大的输变电工程。该工程总投资 74.06 亿元，于 2019 年 9 月开工建设，2020 年 12 月投运，投运后彻底结束了阿里电网长期孤网运行的历史。

阿里电力联网工程建设前，阿里地区人均发电装机约 0.48 千瓦，还不到中国平均水平的一半。阿里电网长期孤网运行，安全水平极低，供电质量不高，居民用电主要靠小水电站、燃油电站及光伏电站支撑，冬季只有一半时间能够供电。该工程的投运整体结束了阿里电网孤网运行的历史，提高供电可靠性，优化电网结构，消除影响地方生活和制约西藏经济社会发展的缺电瓶颈，形成西藏统一电网，为沿线"三区三州"电网工程提供了安全稳定的上级电源，解决和改善了沿线近 38 万农牧民及 2000 千米边境线边防哨所、边境村寨的用电问题，同时兼顾远期中尼电力联网和中尼铁路工程建设需要，为改善西藏各族群众的生产生活条件、保障西藏电力安全可靠供应、支撑西藏经济持续健康快速发展和维护社会和谐稳定做出了重要的贡献。

五、区域和省级网架不断优化

截至 2019 年年底，中国已建成投运"九交十四直"23 个特高压工程，跨区输电能力达到 1.6 亿千瓦左右，220 千伏及以上输电线路 75.1 万千米，变电容量 42.3 亿千伏·安。各级电网协调发展，区域主网架不断完善，华北、华东特高压主网架基本形成，华中特高压主网架加快推进，东北、西北主网架不断优化，西南川渝藏形成同步电网，南方区域"西电东送"主网架形成交直流并联运行的大电网格局。

（一）世界首个±500 千伏三端直流工程——云贵互联通道工程

云贵互联通道工程是落实中央绿色发展理念，助力能源转型和高质量发展，加强云南、贵州两省电网互联互通，促进云南省富余水电消纳，提升"西电东送"可持续性，推进实现两省水火互济互补的跨区跨省输电重点工程，也是世界首个±500 千伏三端直流工程，由南方电网超高压输电公司建设。

2019 年 7 月 10 日，该工程获国家发展改革委核准批复，静态投资 37.27 亿元。2019 年 7 月 17 日开工，新建容量为 300 万千瓦的云南禄劝换流站，改造贵州高坡换流站，新建云南禄劝—贵州高坡±500 千伏直流线路，线路约 391.5 千米，途经云南省昆明市、曲靖市和贵州省六盘水市、安顺市，禄劝换流站与乌东德直流工程昆北换流站共用鸡街极址，接地极线路长 37 千米。

云贵互联通道工程在世界上首次实现将两端直流改造为三端直流，送电方式更加灵活，经济性更优，对于大规模电源送出、受端多点分散接入、优化电网结构、提高受端电网的安全稳定水平具有工程实用意义。该工程克服了高海拔、重冰区、岩溶发达、喀斯特地貌等难题，实现多端直流灵活送电、高海拔直流设备等多项电网技术突破。三端直流控制保护系统、直流高速开关等工程关键设备全面使用国产设备，自主化率达到100%，对于中国掌握多端直流关键技术具有重要里程碑意义。

云贵互联通道工程于 2020 年 6 月 11 日建成投产，并一次性实现三端双极投产，标志着云南与贵州两省形成电力互联互济综合体，每年可将云南约 60 亿千瓦·时清洁水电输送至粤港澳大湾区，相当于减少火电标准煤约 180 万吨，减少二氧化碳排放约 480 万吨，有效助力打赢蓝天保卫战，对促进云南清洁水电消纳、助力粤港澳大湾区建设具有十分重要的作用。

（二）新疆巴楚—莎车、莎车—和田、喀什—莎车三项 750 千伏输变电工程

新疆和田供电区位于南疆地区，电力基础设施薄弱，网内电源不足。仅靠皮山—墨玉双回 220 千伏线路从疆南电网（巴楚、喀什、莎车供电区）受电，传输功率有限。随着和田、喀什地区维稳、扶贫需求及经济的快速发展，和田地区负荷保持较快增长。南疆 750 千伏电网延伸补强工程是服务新疆打造丝绸之路核心区的重要工程，由 750 千伏巴楚—莎车、莎车—和田、喀什—莎车输变电工程及配套工程组成。该工程的建设使得喀什地区形成 750 千伏电压等级三角环网的同时，既可满足和田地区用电负荷需求，又可实现喀什地区电网升级，同时也实现新疆 750 千伏主网架的延伸和补强。❶

750 千伏巴楚—莎车输变电工程于 2015 年 12 月 30 日获新疆维吾尔自治区发展改革委核准，2017 年 3 月 20 日初步设计批复，2017 年 6 月 20 日开工，2019 年 5 月投运。穿越塔克拉玛干沙漠，跨越叶尔羌河、提孜纳姆河、喀拉喀什河等河流。其中，工程施工一标段 78~120 号塔位紧挨巴楚县胡杨林国家森林公园。为避免施工过程中对线路沿线胡杨及植被的破坏，设计时采用高跨的方式，将 750 千伏巴楚—莎车线路工程施工一标段 43 基铁塔的高度从 45 米提高到 63 米，共采用高跨铁塔线路长 20.28 千米，两项累计增加投资 1035 万元。这也是新疆 750 千伏电网建设史上首次大规模避让胡杨林国家森林公园。

750 千伏莎车—和田输变电工程于 2013 年 8 月 27 日获新疆维吾尔自治区发展改革委核准，2017 年 4 月 14 日初步设计批复，2017 年 6 月 20 日开工，2019 年 6 月投运。750 千伏和田变电站工程采用电流互感器二次回路防开路、电压互感器二次回路防短路的预制电缆，实现了二次接线的即插即用。

750 千伏喀什—莎车输变电工程于 2015 年 12 月 30 日获国家发展改革委核准，2017 年 9 月 18 日初步设计批复，2017 年 12 月 20 日开工，2019 年 6 月投运。全长 176 千米，线路穿越中国最大沙漠塔克拉玛干沙漠。该工程沿线地形多以沙漠为主，存在部分地基环境腐蚀强、工程跨越风险多、管控难度大等施工障碍。为此，施工人员在沙漠地段采用草方格防风固沙、水泥固化风积沙回填、部分接地装置材料使用石墨缆等技术和

---

❶ 《中国电力年鉴》编辑委员会：《中国电力年鉴 2020》，中国电力出版社，2021 年，第 77 页。

材料，有效解决了工程难题。

南疆 750 千伏电网延伸补强工程的投运，意味着南疆四地州电网连入新疆 750 千伏主网架之中，改变了南疆电网建设相对滞后的局面，增强南疆地区供电可靠性，对优化投资环境、吸引企业落户、促进当地经济社会发展、助力脱贫攻坚具有重要意义。

（三）陕北风电基地 750 千伏集中送出工程投运

陕北—关中 750 千伏第二通道输电工程的建设是为满足陕北地区盈余火电送出及新能源消纳、关中陕南地区用电需求。该工程建成后，陕西 750 千伏主网架将由"一纵单环"完善为"两纵双环"网架结构，支撑陕西将资源优势转化为经济优势。❶

陕北风电基地 750 千伏集中送出工程于 2016 年 1 月 22 日取得国家发展改革委核准，新建 750 千伏线路定靖—榆横 2×152.4 千米、定靖—富县 2×216.3 千米、富县—洛川 24.4 千米、富县—西安北 2×175.6 千米。该工程于 2016 年 8 月 25 日开工建设，2019 年 6 月竣工投产。

陕北风电基地 750 千伏集中送出工程是陕西投资规模最大、涉及面最广的输变电工程，投运后有效满足了陕北电力送出、新能源消纳和陕西关中地区电力供应的需要，同时还对加强陕西 750 千伏主网架、提高陕北至陕西关中断面送电能力、带动陕西将资源优势转化为经济优势有着重要促进作用。

（四）750 千伏神木输变电工程

750 千伏神木输变电工程是陕北至关中第二输电通道的重要组成部分，是落实大气污染防治行动计划的重点工程，也是实现陕西经济稳增长、可持续发展的重要举措，对加快陕北能源化工基地煤电、风电及光伏发电的多元化输送，提升陕西电力外送能力和电网调峰能力具有重要意义。

750 千伏神木输变电工程于 2015 年 12 月 18 日取得国家发展改革委核准，于 2016 年 7 月开工建设，2020 年 10 月竣工投产，将店塔电厂—榆横 750 千伏线路开断环入神木变电站，新建 750 千伏线路 10.3 千米，新建神木—榆横二回 750 千伏线路 102 千米。

该工程作为革命老区再振兴项目，对于促进陕北煤电基地建设，实现陕北地区煤炭资源高效清洁利用，减轻区域煤炭运输压力，具有较好的经济效益、环境效益和社会效益。

（五）500 千伏利州变电站获得鲁班奖，实现东北区域电网工程奖项"零"突破

2017 年 11 月 6 日，国网辽宁省电力公司 500 千伏利州输变电新建工程荣获中国建设工程鲁班奖。500 千伏利州变电站是辽宁省乃至东北地区首个获得鲁班奖的电力建设项目。该奖项的获得标志着国家电网公司工程建设水平达到了一个新的高度，为后续工程建设质量的不断提升奠定了坚实基础。

500 千伏利州变电站由国网辽宁建设管理中心负责建设管理，东北电力设计院负责设计，辽宁电力建设监理公司负责监理，辽宁省送变电工程公司负责施工建设，国网辽宁检修公司负责运行维护。该站是辽宁西部电网主网架结构的重要组成部分，总占地面

---

❶ 《中国电力年鉴》编辑委员会：《中国电力年鉴 2020》，中国电力出版社，2021 年，第 75 页。

积 5.145 公顷，建筑总面积 837 米^2，1000 兆伏·安变压器 2 组，500 千伏出线 2 回，220 千伏出线 4 回。自投运以来，设备完好率 100%，保护装置正确动作率 100%，自动装置投入率 100%，监控系统投入率 100%、正确率 100%，母线电压不平衡率 0.3%，主变压器损耗率 0.21%，实现了全站设备的运行稳定。

六、青海能源转型实践

黄河、长江和澜沧江的源头位于青海，青海水电资源丰富且太阳能资源得天独厚，是国家重要的区域能源接续基地。"十二五"以来，青海光伏发电以平均每年 100 万千瓦的速度有序增长，年均增速达 58%。截至 2017 年 5 月底，青海电网总装机容量 2345 万千瓦，其中水电、光伏和风电等可再生能源装机达到 1943 万千瓦，占到全省电力装机总容量的 82.8%。水电和光伏已成为青海电网第一、第二大电源，青海电源结构为国家电网公司尝试以全部清洁能源供电创造了条件。

青海积极响应国家电网公司"以电代煤、以电代油""电从远方来"的电能替代号召，重点在青海湖、三江源等地推动电能替代向商业热泵、餐饮电炊、家庭电气化、农业配套等领域拓展。同时，青海清洁能源分布广、时空互补性强，光与光、风与风、风与光、风光与水之间存在互补特性，能够平缓新能源出力波动，也能利用水电快速调节能力以及光热的储能作用，显著改善新能源发电品质，可以实现清洁电力大规模外送。"十三五"期间，青海持续创建国家清洁能源示范省，加快建设海西、海南两个千万千瓦级清洁能源基地，基地开发总规模超过 6000 万千瓦，新能源装机总规模突破 2000 万千瓦。

青海电力创新推动全清洁能源供电新实践，探索深化风光水多能互补调控技术和源、网、荷互动技术，不断拓展新能源消纳空间，保障电网安全可靠运行：一是积极实施清洁取暖在内的电能替代项目，减少燃煤消耗，减排二氧化碳；二是依托大电网，构建大市场，着力解决"三弃"问题，使青海清洁能源得到最有效利用；三是坚持科技创新引领，依托光伏发电并网技术实验室开展消纳技术研究，从规划、运行、检测等方面攻关，实现产、学、研、用一体化高度融合，在中国率先建设光伏发电智能调控、网源协调管理等平台，建成覆盖全网的新能源 AGC 和 AVC 系统，有效支撑了青海新能源大规模并网及安全稳定运行；四是基于广泛互联的大电网和黄河上游梯级电站充足的调峰能力，青海通过电力交易市场优化资源配置，促进青海风电、光伏等新能源在更大区域范围消纳。2017 年通过跨区跨省电量交易，青海累计外送新能源电量近 20 亿千瓦·时，实现了新能源消纳由省内市场为主向省外市场拓展的转变，特高压电网大规模远距离输送清洁电能的优势凸显。

2017 年 6 月 17 日，国家电网公司在青海开展的"绿电 7 日"全清洁能源供电实践，开启了青海探索能源转型新道路。此次活动首次打破葡萄牙全清洁能源供电 107 小时的纪录，成为新的世界纪录。国家发展改革委、国家能源局及其他省份、各大研究机构等先后赴青海开展调研、总结，并给予了高度评价。2018 年 6 月 20 日，国家电网公司在青海又一次开展了"绿电 9 日"全清洁能源供电。通过引入实施调峰补偿机制和负荷参与调峰机制"两个机制"，深化应用多能互补协调控制技术和大数据技术"两项技术"，突出市场化火电发电权交易和清洁取暖直接交易"两种交易"，实现地区经济绿色发展新突破。2019 年 6 月 9 日零时至 6 月 24 日零时，青海全省连续 15 天 360 小时全部使用风、光、水可再生能源供电，实现了生产生活用电碳的"零排放"。从"绿电 7 日"到"绿电 9 日"再到"绿电 15 日"，在能源绿色转型路上，青海以生动实践诠释绿色发展理念，倡导绿色生活，为全国乃至世界能源革命提供了一个样本。

2020 年 5 月 9 日，开展的"绿电三江源"百日系列活动，从单一的技术创新转向服务社会、关注民生，形式更加多样、内容更加丰富、内涵更加多元，全面推动绿电技术再升级、管理创新再提升。其中，2020 年 7 月青海充分利用水电大发有利时机，圆满完成连续 31 日全省全清洁能源供电。

七、粤澳联网规模的进一步扩大

随着澳门回归及经济社会的发展，澳门本地用电量增长显著。澳门的博彩、旅游、娱乐等支柱产业对高供电可靠性的依赖，内地大电网、大电源对于澳门持续稳定供电日渐重要。2006 年以后，粤澳电网联网的规模不断扩大，形成了以 220 千伏电压等级为主的电网，电缆逐步取代架空线，内地对澳门供电电量持续增长。

2018 年起，在南方电网公司的部署下，广东电网公司根据进一步加强粤澳电力合作，增强广东沿海地区电网防灾抗灾能力建设和实施保底电网建设等的总体规划，积极完善巩固珠海本地的网架结构，为增强对澳门供电能力提供坚实的电网基础。根据地理状况和负荷情况，强化了南北两个输电通道的建设，积极创造第三通道并规划建设了一批对澳门供电输变电工程和架空线、电缆工程。

对澳门供电北通道方面，2018 年 5 月，220 千伏珠海—拱北架空电缆混合线路（简称 220 千伏珠拱临线）改造为 220 千伏珠拱甲线全电缆线路；同年 12 月 6 日，珠海 220 千伏烟墩输变电工程投运，同时连接了珠海 220 千伏南屏变电站和 220 千伏琴韵变电站，形成 220 千伏烟墩—南屏（简称 220 千伏烟南甲乙线）和烟墩—琴韵甲乙线（简称 220 千伏烟琴甲乙线）。同时，起于珠海 220 千伏烟墩变电站，止于澳门 220 千伏离岛北安站，全线按双回 220 千伏电缆设计（预留 1 回），全长约 10.75 千米的珠海对澳门供电第三通道的建成，220 千伏烟墩变电站位于珠海市十字门中央商务区是珠海直接对澳门供电的第三通道的枢纽。至此，南方电网送电澳门的输电通道将由南北"两条路"变成南北中"三条路"，形成 8 回 220 千伏线路主供和 4 回 110 千伏线路备用的"8+4"供电格局，大大提升内地对澳门供电的可靠性和能力。

随着内地对澳门供电能力的提升和电量的增加，粤澳双方都在完善自身电网结构方面持续发力，2019 年 6 月，南方电网公司广东珠海供电局 220 千伏凤凰变电站配套 110 千伏线路结构完善工程和 220 千伏叠泉输变电工程分别建成投产，珠海主城区电网网架结构进一步完善，对澳供电可靠性大幅提升，珠海对澳门保底电网距离"50 年一遇台风情况下，对澳门供电通道不中断、供电能力不减少，珠海市中心城区不全黑，处于强风区的斗门、金湾等区中心和重要用户能够快速复电"的目标，又更进了一步。

澳门方面也不断加强电网建设、提升受电能力。澳门电力公司将 110 千伏南澳 AB 线改造连接至海洋 110 千伏花园变电站，该工程 2017 年 12 月投运。因故障于 2014 年 6 月退出运行的澳门 220 千伏河莲乙线、河莲甲线电缆，也分别于 2018 年 7 月和 2018 年 11 月修复运行。

截至 2020 年年底，内地承担了澳门主要的电力供应，持续为澳门提供安全、稳定、可靠的电力供应。

第三节　能源互联网技术装备应用不断深化

随着国家能源转型和变革发展，分布式电源、柔性负荷、储能、电动汽车等持续大量接入电网，在增强电网调节能力的同时，也对作为资源配置平台的电网提出了更高要求。电网企业借助智能化数字化技术手段在数据驱动、主动推理、人机融合、群体智能等方面的优势，加强国产化设备研制，加快清洁能源开发建设，推进煤电的清洁高效利用和转型升级，围绕国家"西电东送"等战略的实施，积极推进柔性直流输电技术示范应用建设，在创新发展、协调发展、绿色发展和开放发展、共享发展中破浪前行，实现了从规模数量扩张逐步转向提质增效、高质量发展，电网科技水平、装备建设等持续进步，多个领域、多项指标实现了世界第一和全球领先。

能源互联网的建设与完善、电力系统的稳定运行都需要先进技术与装备的支持，输变电技术作为一项电网建设与发展中的重要技术，有着特殊的意义与地位。柔性交直流输变电技术自身技术含量高，且具有很高的可靠性，符合能源互联网建设与发展的高要求，其作用也在实践中逐步得到了验证。柔性交直流输变电设备有着输送、调节电力的作用，在很大程度上保证了电力系统安全、高效、稳定的运行，预防了运行事故的发生，为中国经济的快速发展提供充足的电力能源保障。

2017—2019 年期间，电网企业在技术装备研究和应用方面不断发力，特高压交直流输电、交直流配电技术、柔性直流输电、柔性交流灵活输电都取得新进展，促进了能源互联网系统的互联互通。电力系统接地的基础理论和关键技术取得系列原创性突破并广泛应用，世界首套 GIL 设备成功研制并实现批量生产，世界容量最大的静止无功同步补偿器等示范工程建成投运，世界首个具有网络特性的张北柔直工程开工建设。这些都标志着中国电网已经全面掌握了特高压交直流规划设计、试验研究、设备研制、工程建设和运行管理等关键技术，并在国内国际上全面推广应用，输送容量和输送距离不断提升，先进性、可靠性、经济性和环境友好性得到了全面验证，实现了"中国创造"和"中国引领"。

一、柔性交流输电技术取得新突破

能源互联网作为能源传输、转换的枢纽，必须以电力电子技术为基础，以能源灵活、协调、安全的输送与配置为目标，构建远距离、大容量的能源传输系统，实现大规模新能源与高负荷需求中心之间连接。综合电力电子技术、微处理和微电子技术、通信技术和控制技术而形成柔性交流输电技术，具有灵活快速的特点，能增强交流电网的稳定性并降低电力传输的成本。柔性交流输电技术的应用从根本上改变了交流电网过去基本上只依靠缓慢、间断以及不精确设备进行机械控制的局面，为交流输电网提供了控制快速、连续和精确的控制手段以及输送优化潮流功率的能力，保证了系统稳定性，有助于在事故发生时防止造成的大面积停电。

（一）苏州南部电网 500 千伏 UPFC 示范工程

苏州南部电网用电负荷接近苏州电网的一半，整体负荷水平较高，且主要通过四川送电江苏的锦苏工程，以及梅里—木渎等 3 个 500 千伏输电通道输送电力，在苏州南部 500 千伏电网推广应用 UPFC 技术，可以在不再新建输电通道的情况下，实现对关键断面潮流精准控制和灵活调节，避免输电通道"过载"，提高苏州南部电网整体受电能力约 120 万千瓦。

2016 年 8 月 23 日，经江苏省发展改革委核准，在苏州木渎 500 千伏变电站北侧建设苏州南部电网 500 千伏 UPFC 示范工程，于 2016 年 11 月 3 日正式开工。

2017 年 11 月 10 日，苏州南部电网 500 千伏 UPFC 示范工程通过竣工验收，各项技术参数满足相关规程规范标准要求。同年 11 月 13 日，500 千伏里木线、梅木线和站内 GIL 等设备带电试运行成功，工程顺利完成第一阶段启动调试。2017 年 12 月 19 日，工程正式投运，实现 500 千伏电网电能流向灵活、精准控制，最大可提升苏州电网电能消纳能力约 130 万千瓦。作为世界上电压等级最高、容量最大的 500 千伏 UPFC 示范工程，其成套设备全部为中国自主研发制造，具有独立知识产权。该工程的成功投运，使中国成为世界上首个掌握 500 千伏 UPFC 成套设备技术的国家，标志着中国柔性交流输电技术占领了世界制高点。

2018 年 11 月 2 日，UPFC 关键技术、成套装备及工程应用获得 2018 年度中国电力科学技术进步奖一等奖。该项目共获授权发明专利 49 件，《专利合作条约》（Patent Cooperation Treaty，PCT）国际专利 5 件，形成技术标准 10 项，牵头编制 IEC、IEEE 国际标准 4 项，发表 SCI/EI 论文 87 篇，出版中英文专著 4 部，整体技术达到国际领先水平，得到国际学术组织的一致认可。项目成果实现了柔性交流输电的技术引领，进一步提升了中国在电工技术领域的综合实力和国际竞争力。2019 年 11 月，苏州南部电网 500 千伏 UPFC 荣获 2018—2019 年度国家优质工程奖。

（二）全球首个静止同步串联补偿器（SSSC）

中国电网规模大、结构复杂，输电断面潮流不均，局部潮流重载和潮流阻塞严重制约断面输送能力；大扰动时，潮流易失控引发连锁故障，危及电网安全。大规模新能源入网导致电网调控能力严重下降，潮流调控更加困难，亟须精准、快速的潮流双向控制技术，以动态限制和均衡潮流。SSSC 控制目标集中，具有限制和提升线路潮流的双向调节功能，是解决潮流问题的有效手段。但其换流器需在无外部电源支撑下独立运行，是一个尚未攻克的潮流控制技术，被列为国家电网公司"十三五"科技规划重点任务。

2015年1月，国家电网公司启动静止同步串联补偿器研发，组织国网天津市电力公司牵头，联合全球能源互联网研究院有限公司、南瑞集团中电普瑞科技有限公司及中国电科院等单位，攻克了 SSSC 换流阀电流电压自适应取能、多级直流均压及潮流控制、串联变压器仿真建模与优化设计、超宽电流范围自励平滑启动等关键技术难题，研制了基于压接型 IGBT 的 H 桥级联换流阀、SSSC 控制保护系统等核心设备，成功打造了全球首个自励型 SSSC 装置。

2018年12月6日，天津220千伏高石Ⅰ线投入运行，实现了全球首个220千伏自励型 SSSC 工程应用，装置补偿容量30兆乏，最大有功调节能力为180兆瓦，实现了输电线路及输电断面功率均衡、限流等灵活调节功能。该工程投运以来，对天津西部电网运行的支撑作用显著，解决了高石双线潮流分布不均问题，通道输送能力由760兆瓦提高至960兆瓦，输电能力提升26.3%；提高了天津西部电网整体供电能力约300兆瓦，占分区总供电能力的10%；在迎峰度夏等关键时期，对分区电网潮流进行紧急控制，有效避免500千伏主变压器重载、核心线路越限问题，降低拉闸限电的损失；发挥限制短路电流能力，增强了天津西部电网总体安全稳定供电能力。

全球首个静止同步串联补偿器在天津正式投运，是中国在柔性输电领域又一次重要的创新实践，带动了中国电力电子装备制造产业技术升级。

（三）750千伏青海日月山—海西—柴达木串联补偿工程

750千伏青海日月山—海西—柴达木串联补偿工程（简称月海柴串补工程）于2016年3月20日正式开工建设，投资估算约10.4亿元，历时31个月，在日月山—海西—柴达木输电线路沿线三站，共计加装24个串联补偿装置平台，有效填补中国750千伏电压等级超高压交流输变电工程技术及相关标准的空白。

月海柴串补工程是中国首次应用750千伏串联补偿装置的输变电工程，可借鉴经验少。设计、建设、设备制造以及运行管理均自主完成。工程处于寒冷地区，冬季寒冷漫长有效施工周期短，安装精度要求极高，难度极大。月海柴4回750千伏线路同停为青海电网有史以来最大规模的一次停电施工作业，涉及线路、变电、土建、调试、通信、调度、运检7大专业交叉协同作战，先后4次跨越青藏铁路大动脉和18相750千伏高压电抗器，时间紧、任务重、安全风险管控及工程组织难度极大。

2018年11月9日，月海柴串补工程第一次带电成功。该工程正式投入生产运行后，有效提高了西北联网通道输电能力，使得新疆—西北联网二通道电气距离缩短，使得新疆与西北750千伏电力联网一、二通道潮流分布均匀，为系统薄弱点的暂态电压恢复提供支撑，有利于故障后青藏直流功率恢复。青海海西地区电压稳定水平得到较大提升，日间青海海西新能源外送断面提升80万千瓦，夜间新疆与西北750千伏电力联网一、二通道（四鱼断面）提升80万千瓦，显著提高海西地区新能源送出能力，开辟了绿色能源输送的新篇章。

二、柔性直流输电技术示范应用

柔性直流输电是采用基于电压源换流器的新一代直流输电技术，可以独立地控制其输出电压的相位和幅值，从而能够快速、灵活地调节其输出的有功功率和无功功率。启动时不需要本地电源支撑，具有良好的电网故障后快速恢复控制能力，可以作为系统恢复电源。柔性直流输电技术因其具有可控能力强、功率调节速度快、运行方式灵活等特点，为破解新能源大规模开发利用世界级难题提供了"中国方案"。

中国在柔性直流输电技术方面已经进入快速应用阶段。柔性直流输电技术不仅能较好地解决风电、太阳能等绿色能源大规模并网问题，也在解决大区域电网与周边弱电网互联、可再生能源并网等问题方面有着特殊的优势，必将在能源互联网建设进程中发挥重要作用。

（一）张北可再生能源柔性直流电网示范工程

张北可再生能源柔性直流电网示范工程即张北柔直工程为汇集和输送大规模风电、光伏、储能、抽水蓄能等多种形态能源的四端柔性直流电网，是电力发展"十三五"规划的重点电网工程和重大创新工程，是国网冀北电力服务绿色冬奥的"涉奥六大工程"之一，总投资约 125 亿元。张北柔直工程核心技术和关键设备均为国际首创，是世界上首个具有网络特性的直流电网工程，有力推动中国柔性直流输电技术创新发展，提高电工装备制造业自主创新能力和国际竞争力。张北柔直工程建成张北、康保、丰宁和北京 4 座换流站，额定电压±500 千伏，额定输电能力 450 万千瓦，输电线路长度 666 千米。

张北柔直工程于 2017 年 12 月获得国家发展改革委核准，2018 年 2 月开工建设，2020 年 6 月 29 日竣工投产，张家口地区的新能源成功接入北京电网，送至 2022 年北京冬奥场馆。张北柔直工程采用中国原创、领先世界的柔性直流电网新技术，是破解新能源大规模开发利用世界级难题的"中国方案"。以柔性直流电网为中心，通过多点汇集、多能互补、时空互补、源网荷协同，可以实现新能源侧自由波动发电和负荷侧可控稳定供电。

作为集大规模可再生能源的友好接入、多种形态能源互补和灵活消纳、直流电网构建等为一体的重大科技试验示范项目，张北柔直工程不仅具备重大创新引领和示范意义，对于推动能源转型与绿色发展、服务绿色办奥、引领科技创新、推动电工装备制造业转型升级等具有显著的综合效益和战略意义。张北柔直工程的投产，有力支撑新能源大规模开发利用，有效保障张家口地区新能源送出和消纳。张北柔直工程每年向北京地区输送 140 亿千瓦·时的清洁电力，节约标准煤 490 万吨，减排二氧化碳 1280 万吨，全面满足北京和张家口地区 26 个冬奥会场馆用电需求，助力北京冬奥会实现奥运史上首次 100%常规绿色电力供应。同时，张北柔直工程投资大、产业链长、中长期效益显著，其配套建设 630 万千瓦风电、光伏发电，拉动投资 600 亿元，惠及 1110 座光伏扶贫电站、

10 万贫困户，有力服务"六稳"❶"六保"❷大局。

（二）渝鄂直流背靠背联网工程

渝鄂直流背靠背联网工程（简称渝鄂背靠背工程）优化了西南交流电网结构，构建覆盖四川、重庆、西藏负荷中心和水电基地的西南送端电网，实现了西南送端电网与华中、华东受端电网异步联网。该工程的建设有效简化了复杂故障下电网安全稳定控制策略，提高电网运行灵活性和可靠性，对于优化川渝交流电网结构，提高电网运行可控性，降低电网安全稳定风险，充分发挥联络线输电能力具有重要意义。

该工程投资 64.9 亿元，于 2016 年 12 月 26 日获得国家发展改革委核准，2017 年 4 月开工建设，2019 年 6 月全面建成投运。该工程由两个背靠背换流站构成，额定电压±420 千伏，落点分别是湖北恩施和宜昌。该工程建设在渝鄂现有的两条 500 千伏通道上，南通道为张家坝—恩施，北通道为九盘—龙泉。新建龙泉、恩施两座换流站，联网容量各为 250 万千瓦。

该工程投运后，通过宜昌、恩施两座背靠背换流站，大幅提升了川渝断面双向输电能力，丰水期可扩大四川水电外送规模，有效缓解四川弃水压力；枯水期，重庆可接受华中电力，提高川渝电网与华中电网间的互济能力。从根本上解决水电基地外送直流功率冲击以及跨区电网间远距离传播引起的电网失稳问题，有效降低特高压电网"强直弱交"带来的结构性风险。

渝鄂背靠背工程首次应用中国自主研制的大功率 IGBT 换流阀，实现柔性直流输电系统成套设备研制、关键部件和控制保护系统的全业务环节国产化，促进形成柔性直流输电的全套中国解决方案。同时，渝鄂背靠背工程首次将柔性直流单元换流容量提升到 125 万千瓦，输电电压提升至±420 千伏，是中国柔性直流输电技术的新突破，对优化中国电网格局、促进能源供给侧结构性改革、提升电网科技水平具有重要意义。

三、新型输电线路应用

秉承支撑电网安全可靠运行的宗旨，坚持技术自主、设备自产的原则，电网企业坚持科技创新，在高压输电新材料方面做了有益探索。首次尝试应用碳纤维复合导线、在直流输电线路带电作业方面采用了无人机结合电动升降装置进出等电位作业，在能源互联网技术装备国产化和智能化推进上迈出了坚实的步伐。

（一）全线路应用碳纤维复合导线的 1000 千伏锡盟—山东特高压交流输变电工程配套工程

2019 年 12 月，1000 千伏锡盟—山东特高压交流输变电工程配套工程——大唐锡林浩特电厂 1000 千伏送出线路正式并网投运，线路全长 14.6 千米，全部采用中国自主研制的碳纤维复合导线，也是世界上首条全线路应用碳纤维复合导线的特高压工程。碳

---

❶ "六稳"是指稳就业、稳金融、稳外贸、稳外资、稳投资、稳预期。
❷ "六保"是指保居民就业、保基本民生、保市场主体、保粮食能源安全、保产业链供应链稳定、保基层运转。

纤维复合导线是一种全新结构的节能型增容导线，与常规导线相比，具有质量轻、抗拉强度大、耐热性能好、热膨胀系数小、高温弧垂小、电导率高、线损低、载流量大、耐腐蚀性能好、不易覆冰等一系列优点，综合解决了架空输电领域存在的技术瓶颈，代表了未来架空导线的技术发展趋势，有助于构造安全、环保、高效节约型输电网络。但碳纤维复合导线同时存在明显的缺点：一是抗弯、抗折、抗裂能力差，一旦很小的局部受损，极易出现整根破断；二是碳纤维复合导线在 500 千伏输电线路上的应用没有长时间的运行检验，需要长时间的运行考验。

1000 千伏锡盟—山东特高压交流输变电工程是《国家大气污染防治行动计划》中 12 条重点输电通道之一。作为该工程的重要配套设施，大唐锡林浩特电厂—1000 千伏特高压胜利变电站送出线路并网投运，新增装机容量 132 万千瓦，不仅缓解了华北地区用电紧张状况，还改善了华北地区特高压交流网架结构，确保电能安全可靠输出。

（二）无人机结合电动升降装置进出等电位作业

随着中国超特高压建设的全速发展，电压等级不断跃进，造成对设备带电作业难度不断加大。2017 年，国网甘肃省电力公司首先提出无人机结合电动升降装置进出等电位作业法，并在±800 千伏天中线带电作业中验证后推广应用。国网新疆电力有限公司为保证超特高压带电作业安全稳定开展，2018 年 7 月组织技术人员赴国网甘肃省电力公司进行考察，对"小飞人"带电作业法进行学习交流。2018 年 10 月，国网新疆电力有限公司结合 750 千伏城乌一、二线停电检修，开展模拟了"小飞人"带电作业法，对作业方法进行了初步实践验证。

为保障吉泉工程输电线路的供电可靠性，避免设备停电检修消缺造成负荷损失，国网新疆电力有限公司积极开展±1100 千伏线路带电作业方法的研究。2019 年 11 月，国网新疆电力有限公司在 750 千伏吐天二线开展"小飞人"带电消缺并均取得成功，验证了无人机结合电动升降装置进出等电位作业的可行性，填补了新疆地区无人机作业技术运用在带电作业方面空白。在此基础上，国网新疆电力有限公司对照±1100 千伏带电作业技术标准，经过多次对"小飞人"带电作业法进行革新，最终确定采用"小飞人"新型作业法开展±1100 千伏电压等级带电作业。2020 年 7 月 15 日首次在吉泉工程输电线路上开展带电作业消缺工作并取得成功。此项工作的圆满完成，一方面标志国网新疆电力有限公司全电压等级带电作业技术能力取得新突破；另一方面为实现国家"西电东送"战略目标提供了技术保障。

四、智慧变电站建设

（一）安徽电网建成中国首座"七站融合"示范项目

2020 年 9 月 22 日，电力北斗地基增强站在国网合肥始信路"七站融合"示范站正式建成，该站集合换电站、充电站、光伏电站、储能站、数据中心站、5G 基站、北斗地基增强站等功能为一体，是中国首座"七站融合"示范项目。

该项目打造资源高效复用模式，充分盘活 9797 米² 公交换电站场地资源，梯次利用省调退役电池，建设 1.34 兆瓦·时储能站；拓展数字算力服务市场，建设 40 面机柜、210 台服务器数据中心站；提供 5G+ 有序充电服务，专门设计 5G 共享杆塔，首创 5G+ 电动汽车有序充电，实现"人—车—桩—网"互联互动，充电桩和储能纳入虚拟电厂调度运行；打造"光储充用"一体化绿色可循环微网系统，光伏发电和储能站稳定输出绿色清洁电能，优先向站内数据中心站、充换电站、北斗地基增强站提供电能。

国网合肥始信路"七站融合"示范项目高效利用原换电站场地、站房等基础资源，建成了一个具备 40 面数据机柜、210 台服务器的数据中心站，为"智慧城市"建设提供了充足"数据算力"。项目通过与运营商合作共建 5G 基站，引入北斗地基增强站并参与组网，为上述"数据算力"提供了高效数据传输和北斗精准服务网的技术支持。项目利用站内屋顶等空间区域，建成了总容量为 88 千瓦的光伏电站，年发电 9 万千瓦·时，为全站提供绿色清洁能源；利用退役电池，建成了容量为 1.344 兆瓦·时储能站，节约投资 190 万元，并配合光伏发电实现"平滑控制""谷充峰放"，满足电网调峰需求。该项目建有安徽首个电动公交汽车换电站和中国首个"5G+电动汽车有序充电"试点站，实现了"人—车—桩—网"互联互动，降低了用户充电成本，保障合肥市经开区电动公交车运营。国网合肥始信路"七站融合"示范项目是中国先进的光储充用一体化绿色可循环微电网示范项目。其中，光伏电站发出的电能提供电动汽车充电站、数据中心站和通信基站使用，剩余电能进入站内储能站。

该项目的建设，形成了"光储充用"一体集成的微电网系统，与火力发电为代表的传统电网相比，不仅能够更有效支持站内用电，每年还能降低项目运营电费成本约 25 万元，相当于节约标准煤 45 吨，在充分利用绿色清洁能源的基础上，实现了节能减排。

（二）首座 110 千伏数字孪生变电站在上海浦东临港区正式投入运行

2019 年，国网上海浦东供电公司（简称国网浦东公司）在"中国硅谷"张江地区，以蔡伦 35 千伏变电站为试点率先打造了"会思考"的变电站数字孪生系统，实现设备远程巡视、状态实时评估、缺陷动态预警、检修精准决策，助力设备全寿命周期精细化管控。2020 年 7 月，国网浦东公司将"蔡伦经验"复制推广，在临港新片区建成投运首个110 千伏数字孪生变电站——110 千伏博艺变电站，为临港"打造智慧互联、协同共享的数字孪生城市"提供智慧供能保障。

为了力争方案尽快落地，同时也为了凸显临港地区建设桥头堡的战略意义，国网浦东公司选择了 110 千伏博艺变电站作为首个数字孪生基建变电站移交试点项目，110 千伏博艺变电站 2019 年 6 月开工建设，2020 年 2 月正式进入电气安装阶段，2020 年 3 月初正式确定数字孪生同步建设方案。港新片区 110 千伏博艺变电站首次实现了实体变电站与数字孪生站的同步建设、同步移交，在探索基建变电站数字孪生常态化建设新模式、推动数字化基建与数字化运行全面对接上跨出了坚实的一步。

110 千伏博艺变电站数字孪生系统利用高密度实时感知数据和设备三维模型建立实体设备在虚拟空间内的数字镜像映射，能够查看变电站内的设备模型，实时监测重要设备的关键状态量、遥信遥测数据以及环境数据等信息，当出现异常情况时主动缩短传感器的采样周期，准确及时地把控设备的实时状态变化。该系统还能够对传感器采集的动态数据及历史数据进行智能研判分析，实时诊断设备的健康状态及异常发展趋势，并输出差异化、精细化的检修策略，由"预防性检修"转向"预测性检修"。此外，110千伏博艺变电站内的主动防御系统能够通过感应系统对风险区域和风险作业进行分级、主动提醒，对人员误入危险施工区域等情况进行报警，在孪生模型内可显示全部作业人员工种、作业内容、位置等信息，做到现场所有工作实时监控、主动提醒、及时防御、可追溯。

（三）中国首座智慧变电站——110千伏商西智慧变电站建成

2019年11月，国网山东电力建成中国首座智慧变电站——110千伏商西智慧变电站。该站以加强设备主人制落实为主线，按照"四化"❶和"四个有利于"❷的原则，结合先进传感技术、人工智能、移动互联等现代信息技术应用，建设本质安全、先进实用、面向一线、运检高效的智慧变电站。智慧变电站作为感知层，全面采集变电站综合信息，实现设备状态全面感知，为集控站与数字化班组建设打下坚实基础。

该站实现了变电站建设"三个优化"：一是采集数字化，采用气体继电器、油位计等数字化表计，实现全站仪表数字化采集、远传。应用就地模块，实现前端设备信息就地数字化采集、上送。二是接口标准化，统一主辅设备监控系统接口，实现各类传感器、控制器模块化、规范化标准接入。三是分析智能化，应用主辅设备监控系统，深化图像识别算法，开展在线智能巡视，实现设备状态实时分析，缺陷隐患主动预警，辅助异常事件快速处置。

该站实现了运检模式"三个转变"：一是倒闸操作向一键顺控转变，操作时长由"小时级"提升至"分钟级"。采用智能防误，杜绝误操作风险。二是人工巡视向智能巡视转变，将"例行、专业、熄灯、特殊、全面"五类巡视简化为"在线智能巡视＋人工全面巡视"，工作量减少83%。三是日常维护向免（少）维护转变，应用免（少）维护产品减少工作量，感知环境参数变化自动调控空调、水泵等控制设备，解放人力资源。

该站实现了综合效益"三个提升"：一是一次设备与感知元件一体设计、一体生产、集成部署，利用光纤传感、声学指纹、局部放电等智能传感技术，实现设备状态全面感知、精准掌控，提升设备状态感知能力。二是将智能巡视、一键顺控、主动预警等先进技术应用于日常运检作业，提升作业质效，减少运检成本，提升运检效益。三是应用就地设备舱，全密封隔热金属结构，舱内温/湿度自动控制，提升二次设备运行环境。利用视频实时捕捉分析技术，实现现场作业实时管控、违章作业自动提醒，提升安全管控水平。

（四）中国首批SF_6/N_2混合气体GIS母线完成试点应用

2017年12月，中国首批SF_6/N_2混合气体GIS母线完成试点应用。SF_6因其优良的

❶ "四化"是指采集数字化、传输网络化、设备标准化和运检智能化。
❷ "四个有利于"是指有利于电网更安全、有利于设备更可靠、有利于运检更高效、有利于全寿命成本更优。

绝缘和灭弧特性，广泛应用于电力系统。然而，SF_6 气体作为《联合国气候变化框架公约的京都议定书》中禁止排放的六种气体之一，减少其使用量和排放量势在必行。采用 SF_6/N_2 混合气体替代纯 SF_6 作为绝缘介质，可减少 60% 以上 SF_6 气体的用量。2016 年开始，国网设备部组织中国电科院、各省电力公司及制造厂开展了混合气体 GIS 应用技术研究，科学有序开展电场应力设计校核、关键性能试验验证、设备试点推进、标准体系建立、运维技术完善等方面的研究工作。累计授权《混合绝缘气体低温补气装置》等发明专利 13 项、实用新型专利 30 余项，制（修）定《六氟化硫混合绝缘气体混气比检测方法》（DL/T 1985—2019）等行业标准 5 项。

2017 年 12 月，耗时近 3 个月，完成了国网河北、山东、安徽、河南、重庆、辽宁、陕西电力等单位共 8 座变电站（110～220 千伏）混合气体母线试点应用工作，涉及 6 家制造厂 8 类产品，共 20 个母线单元。所有设备均运行良好，为有序推进混合气体 GIS 扩大应用、降低 SF_6 温室气体的应用与排放、持续推动电网绿色高质量发展奠定了基础。

五、能源互联网技术示范应用

能源互联网是推动中国能源革命的重要战略支撑，对提高可再生能源比重，促进化石能源清洁高效利用，提升能源综合效率，推动能源市场开放和产业升级，形成新的经济增长点，提升能源国际合作水平具有重要意义。为推进能源互联网发展，落实《关于推进"互联网＋"智慧能源发展的指导意见》（发改能源〔2016〕392 号），2017 年 7 月，国家能源局公布首批"互联网＋"智慧能源（能源互联网）示范项目名单，共计 55 个。

（一）青海海西州多能互补集成优化示范工程

青海拥有广袤的荒漠化土地和丰富的太阳能资源，发展光伏、风电优势得天独厚。然而，风能、太阳能受天气影响大，随机性强，难以提供连续稳定的电能输出，这成为制约新能源大规模开发利用的瓶颈。青海海西州多能互补集成优化示范工程的建设为解决此问题提供了一个可行的方案。

2018 年 12 月 29 日，鲁能青海海西州多能互补集成优化示范工程首批机组并网发电，成为国家首批多能互补集成优化示范工程中第一个正式开工建设的集风光热储于一体的多能互补科技创新项目。

与此同时，鲁能集团青海新能源公司落实国家能源战略部署，全力支持青海省清洁能源示范省建设，高质量建成多能互补示范工程。2018 年 10 月 18 日，60 万千瓦风电、光伏项目正式并网发电。其中，风电项目是当时中国单体容量最大的陆上项目。储能项目采用 50 兆瓦/100 兆瓦·时磷酸铁锂电池储能系统，于 2018 年 12 月 25 日首次向电网放电，是中国最大的电源侧集中式电化学储能电站。2019 年 9 月 19 日，5 万千瓦光热项目并网发电，项目储热 12 小时，是中国已建和在建项目中储热时长最长的电站。该电站为电网调峰调频提供支撑，提升电网对新能源的接纳能力，有效解决"弃光"难题，对中国光热技术的进一步发展起到积极的促进作用。

相比传统的新能源项目，青海海西州多能互补集成优化示范工程采用"新能源+"模式，以光伏、光热、风电为主要开发电源，以光热储能系统、蓄电池储能电站为调节电源，多种电力组合，有效改善了风电和光伏不稳定、不可调的缺陷，彻底解决了用电高峰期和低谷期电力输出不平衡的问题。该工程按照统一设计、分步实施、整体集成的路线，对风电、光伏、光热的新能源组合开展实时柔性控制，构建了"互联网+"智慧能源系统，实现智能调控，提升系统运行灵活性，降低出力波动性，提升了整体效率。

（二）苏州同里镇能源互联网示范工程建成

2016 年 5 月，苏州市政府与国网江苏省电力公司（简称国网江苏电力）签署建设国际能源变革发展典范城市战略合作协议。同年 6 月，国网苏州供电公司与苏州市吴江区人民政府签署了《关于建设坚强智能电网、推进能源变革发展的合作协议》，政企携手共建苏州国际能源变革发展典范城市，重点打造同里新能源小镇，并以建设同里坚强智能电网为核心，探索能源变革发展的"绿色同里模式"，把同里建设成为国际能源变革发展的窗口和样板，提升苏州能源变革发展影响力，展示国家电网公司先进的电网技术水平和管理思路。

2016 年 10 月 14 日，由国家能源局新能源司牵头，组织水电水利规划设计总院、国家可再生能源所等单位专家，评审通过同里新能源小镇建设规划方案。2016 年 11 月 1 日，国家能源局综合司复函江苏省发展改革委，支持苏州市吴江区同里镇创建新能源小镇。

2018 年 10 月 19 日，"一带一路"能源部长会议和国际能源变革论坛期间，同里未来能源自由交换示范区经历了上百位国内外能源知名人士的"阅兵"并得到高度评价，成为国家电网公司推动国际能源变革的闪亮名片和经典案例。该示范工程包含能源供应、能源配置、能源消费、能源服务四大类共 15 项创新示范项目。其中，能源供应类项目包括多能综合互补利用项目、高温相变光热发电等，打造清洁低碳的城市能源供应解决方案；能源配置类项目包括微网路由器及源、网、荷、储协调控制系统等，将电能安全高效地输送到用户家中；能源消费类项目，包括绿色充换电站、"三合一"电子公路等，集中展示绿色智能的用能新技术、新理念、新模式；能源服务类项目包括综合能源服务平台、综合能源展示中心等，强化互动共享的综合能源服务新体验。会议和论坛期间，15 项首台首套能源创新示范项目悉数亮相，展示先进电力技术、未来能源自由交换示范区及清洁低碳、安全高效、绿色智能、互动共享的未来城市能源系统典型构建模式，成为国家电网公司推动国际能源变革、引领城市能源变革重要方向的经典案例。

（三）国网浙江电力创新建设多元融合高弹性电网

国网浙江电力把构建能源互联网形态下多元融合高弹性电网作为主阵地，以化解电网发展难以同时实现既清洁低碳又安全可靠、经济高效的矛盾，解决能源互联网建设面临的能源与能源之间、能源生产与能源消费之间、能源供应与能源使用之间的时间和空间转换问题，打造能源互联网省域层面的样板。国网浙江电力创新发布了多元融合高弹性电网指标体系，构架"4283"❶多元融合高弹性电网技术体系框架，《能源互联网形态下多元融合高弹性电网探索与实践》的课题研究获国家电网公司 2020 年度管理创新成果奖特等奖。作为国家电网公司"具有中国特色国际领先的能源互联网企业的示范窗口"，在浙江率先建设国际领先的区域能源互联网。

2020 年 9 月 22 日，浙江省能源局正式发文函复宁波市能源局、浙江电力交易中心，同意设立宁波泛梅山多元融合高弹性电网省级建设示范区，这是国网浙江电力获批设立的第一个多元融合高弹性电网省级建设示范区。该示范区围绕源、网、荷、储协调互动市场机制建立以及源、网、荷、储互动交易子系统建设和配套支持体系研究，积极探索多类型市场化交易品种，引入负荷集成商、虚拟电厂、抽水蓄能、储能等新兴市场主体参与电力市场交易，努力形成一批可复制、可推广的模式和经验。

2020 年 10 月 30 日，国网杭州供电公司 220 千伏大陆变电站分布式潮流控制器示范工程完成启动投产，标志着电网企业在探索能源互联网形态下多元融合高弹性电网落地实践上又迈出了坚实一步。这是中国可调总容量和调节能效比均为最大的分布式潮流控制器，总容量 2.59 万千瓦的设备能撬动提升输电断面 15 万～20 万千瓦的供电能力，撬动负荷可拖动一艘辽宁舰行驶，装置效能达 7.7，居中国最高。

2020 年 11 月 12 日，浙江电力调度控制中心联合国网浙江电科院、宁波溪口抽水蓄能电站，完成了省调主站系统与宁波溪口抽水蓄能电站 1 号机组的 AGC 联调测试，第一次实现了抽水蓄能资源参与浙江电网频率实时控制。

2020 年 11 月 27 日，浙江电力交易中心发出首张"绿色电力交易凭证"，浙江首笔"绿电交易"正式达成，标志着电网企业在能源互联网形态下多元融合高弹性电网配套市场机制试点示范中首度在绿电交易领域实现"首域"突破。根据交易结果，申洲国际集团控股有限公司与浙江中营风能开发有限公司达成"绿电交易"电量 2000 万千瓦·时。这是用户侧通过浙江新推出的清洁能源消纳市场化机制，第一次以加价交易购电的方式获取"绿色电力交易凭证"。

2020 年 12 月 18 日，世界第一个柔性短路电流抑制示范工程在浙江宁波完成人工短路试验，各项试验结果均符合预期。该工程的成功投产标志着中国掌握了全新的短路电流柔性抑制技术，在快速断路器、超高速控制保护等装备制造领域实现了新的突破，丰富了第一道防线的技术手段，为大电网运行与规划的理念创新提供了技术保障。

2020 年 12 月 29 日，浙江电网秒级可中断负荷系统主站监测数据显示，全省接入的秒级可中断负荷实时功率达 110 万千瓦，标志着国网浙江电力 2020 年 100 万千瓦秒级可中断负荷接入工程顺利完成，切实提升了能源互联网形态下多元融合高弹性电网的负荷侧调度控制能力。

---

❶ "4283"是指 4 大核心能力、20 项关键技术、80 项重点项目、30 项示范工程。

（四）国产绝缘料±535千伏直流电缆型式试验在国网舟山供电公司海洋输电工程技术实验室完成

2020年8月25日，国产绝缘料±535千伏直流电缆型式试验在国网舟山供电公司海洋输电工程技术实验室顺利完成。

承担本次试验任务的是国网舟山供电公司海洋输电工程技术实验室。针对本次型式试验，该实验室分别从组织管理、技术管理、安全管理和应急处理等方面，有针对性地制订了保障措施。在组织方面，实验室成立了型式试验工作组，确立了日报制度，建立了保供电机制。在技术方面，实验室编制试验技术方案和回路安装方案；开展各个项目的试验仿真，明确了型式试验用设备要求；结合试验经验，做好风险点管控与回路布置优化等细节工作；运用光纤测温、红外和紫外监测等诸多手段，确保整个试验的规范性和试验数据的准确性。在安全方面，实验室完成了安全风险分析预控，针对高风险作业内容，组织了专项评审，确保风险可控、在控。在应急方面，针对疑难问题采用一事一议、现场处置原则解决。

国产绝缘料±535千伏直流电缆型式试验有力支撑了国家重点研发计划项目——±500千伏直流电缆关键技术研究的电缆研发工作，检验了中国自主研发的±535千伏交联聚乙烯直流电缆及附件的可靠性，在推动±500千伏直流电缆国产化进程、提升国产高压直流输电装备参加国际成套工程的核心竞争力方面发挥了显著作用。

（五）南方电网首个5G变电站——500千伏鹏城变电站在深圳开通运行

2002年投产使用的500千伏鹏城变电站是深圳第2座500千伏变电站，共有4台主变压器，在迎峰度夏高峰期最高负载率可达到80%，巡检工作烦琐且艰巨。传统巡检作业依赖工作人员到现场，作业效率不高。

2018年，应用4G通信技术后实现了一部分智能化作业，智能巡检机器人替代了人工巡检，巡检效率得到了提高。但4G网络存在带宽不足、时延高等问题，其时延高达数百毫秒，大部分传感器终端需要使用有线传输方式，配置网关、光纤配线架（ODF）、数据通信、辅助控制等通信硬件设施，并大规模敷设电缆、光缆，建设周期长、成本高，站内空间资源紧张。

2019年12月15日，5G基站在500千伏鹏城变电站内开通运行。5G网络具有大带宽、高速率和超低延时特性，其网络速率是4G网络的数十倍，智能巡检机器人在接收信息和任务指令、传输高清视频流时相比4G网络更加安全和快捷，能够实现设备高清视频图像的实时传输和控制，极大提高电网设备巡检效率。同时，部署在设备区域的智能终端通过无线方式统一接入，完全替代了光纤，解决了变电站空间资源紧张的问题，实现了智能终端互联互通。5G技术在500千伏鹏城变电站的应用对加快中国5G智能电网垂直应用和落地具有重要意义。

（六）中国首座氢电油气综合能源站在山西长治投运

2019年12月25日，万吨级焦炉煤气提纯制氢示范工程暨中国首座氢电油气综合能源站在山西潞宝集团正式投运。该项目由潞城经济开发区、山西潞宝集团投资、山西国投海德利森氢能装备股份有限公司建设。

该加氢站加注压力为 35 兆帕，日加氢能力 500 千克，并预留 70 兆帕、500 千克/天的空间。该站由山西潞宝集团运营，所用氢气由山西潞宝集团焦炉煤气提纯制氢系统供给，加氢系统所有设备由山西国投海德利森氢能装备股份有限公司制造。综合能源站的建立和投运对山西省乃至全国做了很好的示范。

（七）成功开展基于 5G 网络的智能电网业务外场测试

与前几代移动通信技术相比，5G 具有超大带宽、超高速率、高可靠超低时延、超多连接等特点，网络能力极大提升。智能电网是 5G 在垂直行业的典型应用之一。其中，5G "高速率"的特性可满足巡检机器人、无人机巡检、应急通信等智能电网大视频应用需求，"低时延"的优势可助力电网企业实现智能分布式配电自动化，而"广连接"则对应各类电网设备、电力终端、用电客户的通信需求爆发式增长。

2019 年 1 月 25 日，南方电网公司、深圳供电局与中国移动、华为在深圳坂田完成了中国首例基于 5G 网络的智能分布式配电网差动保护业务外场测试。测试结果显示，在外场真实复杂的网络环境中，单基站场景下配电网 DTU 终端之间端到端平均时延在 10 毫秒以内，验证了 5G 网络可有效满足智能分布式配电网差动保护等电网控制类业务的毫秒级低时延通信需求。测试还验证了 5G 网络切片承载电网不同安全分区业务时，可满足电力业务间的安全隔离要求。本次测试为积极推进 5G 服务于计量自动化、应急通信、分布式能源调控等各类电网典型业务场景应用奠定了基础。

六、电力系统接地基础理论、关键技术及工程应用

接地是电网故障电流和雷电流泄放入地的最后通道，是电力系统确保人身和设备安全、维系系统可靠运行的基石。20 世纪 90 年代以来，电网传输容量迅增，短路故障电流超过了 50 千安。同时，受土地资源制约，接地系统所处地质条件越来越差，导致电网接地事故频发，损失巨大。以往的接地设计方法、施工及检测技术已不能满足中国电网发展需求，成为制约电力安全发展的关键因素之一，成为电网企业亟待研究和解决的课题，进入 21 世纪，国家电网公司和南方电网公司及所属科研机构，联合清华大学、电力规划设计总院、海南中海电力工程有限公司、四川桑莱特智能电气设备股份有限公司等单位，经过近 20 年持续研究，通过产、学、研、用多方协同合作，在电力系统接地基础理论和关键技术方面取得系列原创性突破。

2005 年 8 月至 2012 年 10 月，清华大学联合中国电力科学研究院针对特高压变电站接地网、换流站接地极的分析方法、地电位及接地系统优化等开展研究；2011 年 1 月至 2015 年 12 月，清华大学与南方电网公司广东电网有限公司电力科学研究院合作，就接地故障中的电流分布、接地系统的评价方法、降阻方法等开展系列研究；2009 年 1 月至 2017 年 10 月，清华大学与国家电网公司陕西省电力公司电力科学研究院合作，就土壤冲击放电特性、接地装置的冲击仿真计算、现场实测方法等开展联合研究；海南中海电力工程有限公司、四川桑莱特智能电气设备股份有限公司参与接地降阻技术的

工程实施。

2009 年 11 月 24 日，中国电力企业联合会组织完成了项目研制的接地分析软件包的成果鉴定并认为达到国际领先水平。

2012 年 6 月 26 日，中国电机工程学会组织完成了"电力系统接地基础理论、关键技术及工程应用"成果鉴定，成果鉴定委员会认为"该项目在电力系统接地基础理论、分析方法、降阻技术、安全性检测及接地标准等方面取得了创新性成果，研究成果已在国内外得到广泛应用，为我国电力系统接地技术的进步做出了突出贡献，项目整体成果达到了国际领先水平"。

2017 年 2 月 27 日，中国电机工程学会组织完成了"土壤雷电冲击放电特性及输变电接地装置雷电冲击响应评价技术研究"成果鉴定，成果鉴定委员会认为"项目系统研究了土壤放电特性及接地装置的冲击特性，成果达国际领先水平"。

研究成果主要包括：一是确定了复杂土壤环境中多尺度接地系统电气参数数值计算方法，解决了接地系统电气特性精确计算难题；二是建立了考虑雷击土壤放电过程的接地系统时频电磁暂态特性精细计算模型，攻克了现有方法无法分析雷击土壤放电的计算瓶颈；三是首创多项三维降阻技术和接地导体均衡散流技术，解决高土壤电阻率地区接地系统的降阻和人身安全难题；四是发明了接地电阻快速测量及接地网腐蚀诊断关键设备，实现了对接地系统运行状态的多方位评价，保证了长期服役接地系统的健康运行。

在项目研究过程中，清华大学联合中国电科院、国网陕西省电力公司电力科学研究院和南方电网公司广东电网有限公司电力科学研究院共同编写制定了接地技术系列标准，构建了涵盖接地设计、施工和运维技术的新体系，包括主导编写国家标准 3 项、IEC 及 ITU 国际标准 2 项、CIGRE 技术导则 1 项、电力行业标准 11 项。该技术突破了国际上通信系统与电力系统只能远离运行的技术禁锢，在国际上首次实现了变电站和云数据中心的共接地系统运行，大幅减少工程占地面积。相关成果已直接应用于 28 省区市涵盖 110～100 千伏交流、±500～±800 千伏直流的 200 条输电线路与 1500 余座发电厂、变电站、换流站的接地设计、降阻和检测，还应用于青藏铁路、北京奥运场馆、500 米口径球面射电望远镜（中国天眼）、中国移动数据中心、冀东大油田等国家重大工程的防雷接地工程，产生巨大的经济效益和社会效益。研究成果还在韩国和非洲刚果输变电系统的接地设计、巴西美丽山水电送出直流接地极工程、赤道几内亚布老水电站接地降阻工程以及哈萨克斯坦让诺若尔油田防雷接地工程等 20 多个国家的接地工程得到应用。

2019 年 1 月 8 日，"电力系统接地基础理论、关键技术及工程应用"项目荣获 2018 年国家科学技术进步奖二等奖，推动并引领了国内外电力接地技术的跨越式发展。

第四节　适应源、网、荷、储模式的大电网调度

中国传统电网调度体系按照"统一调度、分层管理"原则建设，该体系可以保障在

系统正常运行时，各级调度系统根据职责划分各司其职，有机协调；当系统发生严重故障、存在大面积停电风险时，能够充分发挥互联大电网优势，通过更高一级调度部门统一协调辖区内各类资源和控制措施，保障电网安全稳定运行，降低事故后影响。

随着电能的远距离、大容量输送带来了电网安全运行的新挑战，因不可抗力造成设备故障、输送通道故障等新的系统性风险逐步集聚，极端情况下有可能发生大面积停电事件。清洁能源的大规模、间歇性发电带来了电网平稳运行的新挑战，显著增加了电网供需平衡的难度。用电量以及空调负荷比例的持续增长导致电网峰谷差不断加大，给电网的高效运行带来了新挑战，削峰填谷亟须新的手段。

党的十八大以来，电网企业积极响应国家能源变革的号召，全力构建以特高压电网为骨干网架，以智能电网为基础，以输送清洁能源为主导的能源互联网，推进大型清洁能源的远距离输送，缓解外送通道不足、跨区送电困难的问题，清洁能源利用比例日益提高。随着能源变革的深入推进，电网发展形态也在不断发生变化，电网安全稳定运行面临新的挑战：一方面，能源的大范围配置给电网带来较大风险，受端电网要求具备承受突然失去大容量区外来电的弹性承受力和恢复力，而现有的区域电网的动态调节能力和备用容量难以满足需求；另一方面，由于清洁能源的随机性、间歇性特点，使得电网峰谷差加大，增加了电网调控不确定性，维持电网供需平衡难度加大。在此形势下，为提升清洁能源消纳而进行的远距离、大容量电能输送需要智能化、快速化的电网安全能力支持；以可再生清洁能源为主的电能结构需要规模化、常态化的电网互动能力支持。源、网、荷、储四者之间实现友好互动是电网发展的迫切需求。在此背景下，适应源、网、荷、储模式的大电网调度作用尤其凸显。

一、多能联合调度应用

（一）新一代调度控制系统建设

随着能源转型的不断深入，以广泛互联、智能互动、灵活柔性、安全可控为特征的电力系统正在形成，其结构形态和系统特性发生重大变化，相应运行控制和管理模式将产生根本性变革。电力系统发展对大电网一体化控制，清洁能源全网统一消纳，源、网、荷协同互动，以及电力市场化的等方面的支撑能力提出了更高要求。为此，2017年国调中心组织中国电科院、南瑞集团、各分中心和部分省市调度控制中心开展了新一代调度控制系统研发工作。

新一代调度控制系统重点聚焦实时监控、生产组织、稳定分析和运行管理等电网调度核心业务，全面应用大、云、物、移、智、链六项先进技术，以统一电网模型、统一业务流程为基础，构建生产控制平台、云计算平台两个平台，封装模型驱动、数据驱动两大引擎；基于调度数据网、综合数据网、互联网，支撑全业务信息的泛在感知。

新一代调度控制系统以全业务信息感知、全系统协同控制、全过程在线决策、全时空优化平衡、全方位负荷调度为目标，部署实时监视、自动控制、分析校核、仿真培训、计划市场、运行评估、调度管理和数据交换与服务八类功能；构成实时监控、分析决策、数据应用、模型管理四个中心，模型管理中心保证全局对象的唯一性，实时监控中心将支撑实时性业务，分析决策中心支撑电网全局性业务的处理，数据应用中心展示和挖掘数据的关联性和透视性。实时监控中心就地部署，分析决策中心、数据应用中心、模型管理中心云端部署。配置"位置无关、权限控制"统一人机终端，可部署在网络可达的任何地方，与系统资源实现解耦，支持用户自由选择计算资源、软件功能、软件产品及模型资源，形成功能丰富、灵活接入的业务应用场景。

与现有系统相比，新一代调度控制系统显著提升对大电网调控协同水平、调控效率、清洁能源消纳的技术支撑能力，主要体现在以下方面。

调控协同水平方面：系统架构由独立部署向物理分布、逻辑统一转变，信息获取由部分采集、逐级转发向全面采集、透明访问转变，信息共享由碎片化收集、为我所用向智能化关联、互联共享转变，电网监控由局部感知、独立决策向全景感知、协同防控转变，电网运行评价由分散孤立指标向全方位指标体系发展。

调度控制效率方面：稳态运行由人工驾驶向自适应巡航转变，仿真模拟由研究培训向预调度拓展，人机交互由键盘输入、常规展示向自然交互、多样呈现转变。

新能源消纳方面：计划决策由就地为主、互补余缺向时空多维、全局统筹转变，负荷调度模式由源随荷动向源荷互动转变。

结合国家重点研发项目——大电网智能调度与安全预警关键技术研究及应用的推进，截至2020年年底，新一代调度控制系统完成了主要功能的研发，部分应用功能已经在试点系统投入实际应用。

新一代调度控制系统以促进电网调度自动化、智能化、可视化为方向，引领具有智能、安全、开放、共享四大特征的第五代能量管理系统的发展，为国际一流智能调控中心提供强有力的支撑。

（二）水电、新能源以及多能联合调度

面向未来以新能源占比逐渐增高的新型电力系统，基于新一代调度自动化系统构建了水电及新能源预测、清洁能源滚动消纳、全过程评估等应用，全面分析水、风、光等一次能源及负荷需求时空互补特性，发挥电网作为资源优化配置的平台作用，构建了全周期滚动、跨区域统筹、发用电实体深入参与的联合调度技术体系，从全网层面挖掘系统整体调节能力，实现了调峰、备用等各类资源的全局共享，全面提升了清洁能源消纳能力，助力能源绿色转型。

适应以新能源占比逐渐增高的多能联合调度技术快速发展：

一是构建了高精度的新能源预测技术。新能源功率预测经历了10多年的技术发展与迭代，利用大数据、深度学习等预测建模手段，已基本实现新能源在不同时间、空间尺度电力和电量的准确预测，为保障大电网的电力电量平衡、促进新能源安全消纳等提供决策依据。

二是建立了考虑新能源不确定性的风险调度手段。基于不同置信区间的概率预测结果，以新能源最大消纳为目标，优化火电机组启停，给出新能源预计划边界；计算预计划存在的备用不足风险，为新能源纳入机组启停优化、提升新能源消纳空间，保障电网供电安全提供支撑。

三是实现了清洁能源调度全过程评估。提供对水电及新能源的资源、发电、消纳等环节的预测评估、运行评价，为提升预测精度、加强场站调度管理、持续改进优先消纳工作、促进清洁能源消纳提供了技术手段。

2020 年 9 月，新一代调度控制系统水电与新能源模块研发完成，在西北网调以及青海、新疆、宁夏等省（区）调进入全面试点建设阶段。水电与新能源全面纳入生产组织、实时调度、运行管理等电网调度环节，新能源概率预测、滚动消纳、风险调度技术的引入将大大提高清洁能源的消纳能力。

（三）抽水蓄能电站应用

抽水蓄能电站是电力系统中最成熟、可靠、环保的储能设施，既能在电力富余时抽水储能，促进清洁能源消纳，提高发输电效率；又能在用电紧张时顶峰发电，保障电力有序供应；还能在系统故障时充当事故备用与黑启动电源，保障电网安全稳定。2017—2019 年，全国新增并网抽蓄装机 356.5 万千瓦，累计达 3029 万千瓦，成为抽蓄装机世界第一。抽水蓄能电站在电网中主要有以下应用：

一是作为灵活调节电源，增加系统调节能力。按照国家能源转型战略，我国新能源发电装机持续快速发展。但新能源参与电力平衡能力弱，风电、光伏一方面出力随机波动、难以准确预测，需要其他电源配合调节，才能高比例消纳；另一方面受夏季极热无风、冬季低温冰冻与阴霾寡照以及晚峰夜间无光等气象因素影响较大，近年来国内外一些地区因新能源不可靠发电已经发生了拉闸限电。通过充分调用抽水蓄能机组，有效保障了全国电网的电力平衡、安全稳定和清洁能源消纳，水、风、光发电利用率连年上升。

二是充当事故应急电源，保障系统稳定运行。电力系统一旦发生大电源故障，为保障频率稳定、控制潮流不越限，必须及时增加发电出力。相比煤电、气电，抽水蓄能机组启动时间短、调节速率快、无燃料供应风险，可在 1 分钟左右从停机开至满发；相比常规水电，抽水蓄能电站更靠近负荷中心，大幅增发不影响系统稳定，且支撑系统电压的作用更强。抽水蓄能已经成为电力系统运行中最优先调用的应急电源，在国内外多次电网事故处理（如伦敦"2019·8·9"大停电等）时紧急开机满发，有效保障了系统安全稳定运行。

三是替代事故切负荷措施，在保障系统稳定的同时，降低停电影响。为应对大电源故障、填补功率缺额，除在发电侧配置事故备用电源外，还需在负荷侧配置安全稳定控制措施，在频率下滑越限后自动切除用电负荷。但这种做法会对用户造成非计划停电，如果配置不当，将会对社会产生较大影响（伦敦"2019·8·9"大停电时就出现这种情况）。按照《电力安全事故应急处置和调查处理条例》（国务院 599 号令），用电负荷 500万千瓦以上的省级电网减供 40%、2000 万千瓦以上的减供 30% 即为特别重大事故，所以传统低频减载措施已难有效实施。为减少事故处理时的负荷损失和社会影响，2016 年起，多个抽水蓄能电站配置了低频切除泵工况和专用安全稳定控制切除泵工况措施，以水泵工况运行的抽水蓄能机组替代社会用户负荷。

四是充当黑启动电源，提高大面积停电恢复速度。美国、欧洲国家、印度、巴西等国发生的大停电事故警示我们，大面积停电的风险始终存在，电力系统中必须配置一定规模的黑启动电源。《国务院办公厅关于印发国家大面积停电事件应急预案的通知》（国办函〔2015〕134号）提出，要"提高电力系统快速恢复能力，加强电网黑启动能力建设"，并明确要求"国家有关部门和电力企业应充分考虑电源规划布局，保障各地区黑启动电源"。按照上述文件要求，考虑抽水蓄能电站上库蓄能可靠，停机状态下可迅速启动，发电出力调节灵活，能够在出线跳闸后及时自救恢复并开机发电，在相关电网中安排抽水蓄能承担第一黑启动电源任务。

二、全国产化超高压继电保护成套装置试运行

2019年11月30日，由南瑞集团研制的自主可控全国产化超高压继电保护成套装置在江苏茅山和武南500千伏变电站成功挂网试运行，在中国首次实现了500千伏全国产化继电保护的全类型覆盖，标志着中国继电保护领域关键技术攻关取得重大突破，彻底摆脱了长期以来元器件物料及核心软件技术被国外控制的局面。

超高压自主可控全类型继电保护成套装置所用硬件物料遵循全国产化原则，所有元器件供应均可自主安全供应，实现了产品供应本质安全，同时优选关键核心器件，通过系统优化与提升技术，实现了自主设备的本质可控。装置嵌入式系统软件基于南瑞自主研发的瑞盾安全操作系统开发，按照信息技术国家标准中第四级结构化保护级的安全保证规范设计，采用主动防御策略，可最大限度地阻止恶意程序产生的潜在威胁，大大增强核心关键设备的本质安全。

自主可控全国产化超高压继电保护成套装置在功能、性能上均对标现行继电保护技术体系标准，并通过具有国家级资质的第三方检测机构的试验检测，不仅可实现与现有保护设备的整装置无差别更换，更可实现与现有保护设备的板件级无差别替换及互配使用，为后续工程应用推广及实施带来极大便利。此次挂网试运行的自主可控全国产化装置具体包括超高压线路保护装置、母线保护装置、变压器保护装置、断路器保护装置、操作箱、继电保护光纤通信接口装置等，覆盖继电保护全类型，并实现了设备系统的成套使用。

该保护装置的挂网试运行，标志着继电保护产业供应安全可控和软硬件平台自主集成优化的全面实现，为产业安全提供了重要保障，对推动中国电力二次设备实现真正意义上的完全自主可控、保障大电网安全稳定运行具有极为重要的意义。

三、中国首例"特高压+5G"基站建成

2019年6月23日，中国首例"特高压＋5G"基站在古泉换流站落成，成功实现了站内4K高清监控视频信号的实时回传和巡检机器人的远程监控，为站内各类监测监控系统和智能运维系统提供无线接入通道。

特高压古泉换流站是世界上电压等级最高的吉泉工程的落点。古泉换流站 5G 网络建设工程也是中国第一例特高压变电站与 5G 技术结合的泛在电力物联网建设工程。

古泉换流站站内设备密集度高、电磁环境复杂，对 5G 设备的信号强度和抗干扰性要求较高，同时有着很高的安全生产要求，这一工程完工并顺利通过各项性能指标测试，标志着在特高压变电站内进行 5G 网络建设的可行性得到了验证。

古泉换流站通过 5G 技术应用，实现了站内 4K 高清监控视频信号的实时回传，以及巡检机器人的远程监控。同时，5G 网络的构建为站内各类监测监控系统和智能运维系统提供了灵活高效、安全可靠的无线接入通道，实现了变电站大带宽、低时延业务的灵活应用，为泛在电力物联网智能感知业务的进一步研究和应用提供了强有力的通信网络支撑。随着古泉换流站 5G 网络上下行速率顺利完成测试，并达到设计要求，中国首座"特高压＋5G"基站建设宣告成功。

四、国家电网公司首套故障录波器远控消缺装置投用

2020 年 10 月 23 日，国网温州供电公司首创的故障录波器远控消缺装置在 220 千伏商务变电站、220 千伏文武变电站投入使用，消缺平均速度提升 8 倍以上，有效促进电网安全效率双提升。

该套装置基于智能微断技术，采用远程多维操作方式，减少原工作流程往返变电站时间，是国家电网首套可以同时远程完成多台故障录波器针对性消缺工作的设备。装置投用后，电网故障消缺平均用时从 117 分钟降至 14.6 分钟，能够有效提高检修消缺效率，实现故障录波器缺陷快速恢复。

为推动建设高弹性电网，国网温州供电公司在温州电网 224 座 110 千伏及以上变电站内推广使用，确保故障录波器的安全稳定运行，为事故原因分析、恢复送电等工作提供可靠技术支撑。

五、浙江发布电动汽车充电基础设施白皮书

2020 年 9 月 4 日，浙江省发展改革委、浙江省能源局在杭州举行浙江省电动汽车充电基础设施发展白皮书发布仪式，正式发布《2019 年浙江省电动汽车充电基础设施发展白皮书》。

该白皮书由浙江省发展改革委、浙江省能源局、浙江省能源业联合会共同编制完成，是对浙江省电动汽车充电基础设施建设、运营情况进行全面统计和分析的情况报告。从电动汽车推广情况、充电设施建设情况、使用情况等方面，全方位展示浙江省电动汽车充电服务行业的现状和趋势。该白皮书显示，浙江省充电基础设施网络已初步成形，各关键性指标提前实现"十三五"规划目标。2019 年，浙江省充电设施充电量为7.8 亿千瓦·时，同比增长 99.21%，占中国充电量的 11.2%。截至 2019 年年底，浙江省电动汽车保有量超过 31 万辆，约占中国电动汽车保有量的 10%，同比增长 68.75%。浙江省建成公共充电桩约 3.3 万台，占中国公共充电桩的 6.4%，居中国第五位。建成高速公路

城际快充站 156 座，充电桩 612 个，覆盖 24 条高速公路，形成浙江省"9 纵 5 横 1 环"高速城际快充网络。建成具备电动汽车充电功能的综合供能服务站 241 座，占浙江全省综合供能服务站比重的 55.02%。

该白皮书显示，浙江省电动汽车发展水平呈现总体快速上升趋势，且电动汽车对浙江省电力负荷平衡起到积极的正面作用。2019 年，浙江省充电量的峰谷比为 0.85，各类型的充电量峰谷比分别为：公交专用 0.92、城市公用 1.25、高速 3.21、个人充电桩 0.23，个人自用充电明显避开高峰时段，对削峰填谷有较明显的促进作用。

该白皮书提出了 7 项 2020 年电动汽车充电基础设施建设重点工作：优化充电设施规划布局，完善充电设施平台建设，优化充电设施补助政策，优化充电桩行业发展环境，加强配套电网保障能力，推动关键技术创新发展，加快充电标准规范落地。

大 事 年 表

1879 · 5 月 28 日，中国上海点亮华夏第一盏灯，英国电气工程师毕晓浦（J.D.Bishop）在上海虹口的一座仓库里，用 7.46 千瓦的蒸汽机带动自励式直流发电机生产电能，并点亮了一盏碳极弧光灯。

· 9 月 9 日，清朝官办机构福建马尾船政局试用电，点亮福建的第一盏灯。

1882 · 英国人立德尔（R.W.Little）在上海创办上海电气公司，建成中国第一家发电厂，并沿上海外滩到招商局码头架设 6.4 千米供电线路，7 月 26 日在上海外滩点亮 15 盏弧光灯，标志着中国电力工业的发端。

1883 · 5 月，上海电气公司迁址新厂，并在南京路、百老汇路等主要街道上架线，办理装灯业务。

1888 · 夏季，天津德商世昌洋行在其绒毛加工厂安装一台小型发电机供照明使用，成为天津使用电能的开端。

· 7 月 23 日，广州两广总督衙门架设电灯 100 盏白炽灯，开创了广东电力先河。

· 刘铭传兴建台北兴市公司，燃亮台湾岛第一盏路灯。

· 12 月 14 日，北京西苑电灯公所将发电机组和电灯材料安装完毕并发电亮灯，由此紫禁城出现电灯。

1890 · 8 月，华侨黄秉常在广州创办广州电灯公司，是中国首个民办、侨办电灯公司。该公司向广州十三行、西关一带的商铺、街灯提供照明用电。1892 年，广州电灯公司向沙面租界供电。

· 11 月 9 日，东北地区第一座火力发电厂——旅顺大石船坞电灯厂建成投产，点亮电灯 49 盏，供修船照明用。

· 上海公共租界 2 千伏为主的交流配电网形成。

· 12 月，香港电灯公司湾仔发电厂正式向香港岛的政府、银行、商铺等供电。

1893 · 1 月 7 日，清政府在湖北武昌创办湖北织布局投产，装设发电设备供电灯照明，是湖北省首次使用电力，同时也是湖北省电力工业的发端。

1894 · 清朝北洋大臣李鸿章在北洋水师大沽船坞装设直流发电机供本厂照明。

1897 · 2 月，苏州苏纶纱厂安装 38.5 千瓦直流发电机供纱厂照明用电，为江苏省电力工业的开端。

· 3 月，上海公共租界工部局电气处敷设 1 条 100 伏以硫化天然橡胶为绝缘、铅包作护套的地下电力电缆，长 2.27 千米，向直流照明用户供电，这是全国首条直流电缆。

· 宝善成机器制造公司在长沙设电厂，供 400 盏电灯照明，长沙第一次有了电灯。

1898 · 浙江杭州形成 220 伏低压配电网。1911 年杭州升压为 5 千伏高压配电网。

· 香港电灯公司开始将高压线路全部替换为地下电缆。

· 广州沙面租界英国工部局建设一座小型发电厂，供沙面租界用电。

1899 · 德国商人以低压配电网向东交民巷各国驻华使馆、中外银行、外商洋行和外国人住宅供电，形成北京第一个配电网。

1900 · 英国传教士在福建闽清县坂东乡善牧医院安装一台 1 千瓦汽油发电机组，供照明用电，是福建省最早的用电。

· 英国旗昌洋行在广州长堤路五仙门外一带开设粤垣电灯公司，也称为五仙门电厂。

1901 · 英国旗昌洋行在广州长堤路五仙门外一带开设广东省城电灯公司，并建设五仙门电厂。

1902 · 俄国成立大连发电所并架设低压配电网向市区供电。

1903 · 俄国商人在内蒙古胪滨（今满洲里）开办电灯厂，是内蒙古有电的开始。

· 英商旗昌洋行攫取广州城厢中心 4 英里范围内 30 年的电力专营权。

· 香港九龙中华电力公司创办的九龙红磡电厂建成发电，向九龙地区供电。中华电力公司成立于 1901 年，营业范围包括九龙和新界。

1905 · 12 月，广州五仙门电厂建成发电，以 110 伏电压、60 赫向广州城厢、西关、河南、沙面供电。

· 四川银圆局安设一台小型发电机，拉开西南地区电力工业生产帷幕。

· 英国商人在河南焦作开办煤矿，建立自备电厂，这是河南省第一家独资开设的外资电厂。

· 沙俄在哈尔滨建成中东铁路哈尔滨总工厂中心发电厂，这是黑龙江的第一座发电厂，标志着黑龙江电力工业开始起步发展。

· 10 月，镇江民营大照电灯公司开始向社会供电，成为江苏省第一个公用电厂，也是全国最早的民营电厂之一。

1906 · 英国商人在汉口英法租界交界处开办汉口电灯公司，安装 3 台容量共 125 千瓦直流发电机组，向英、法、俄租界供电。7 月，在汉口大王庙（今利济路江边）建设电厂，安装 3 台 500 千瓦直流发电机组，并于 1908 年 8 月发电。至 1924 年，总装机容量达 2825 千瓦，是当时中国最大的直流发电厂。

· 11 月 25 日，前门西城根发电厂建成发电，装有 200 马力（约 149.2 千瓦）蒸汽引擎 2 台，150 千瓦交流发电机 2 台，开始供电营业。这是北京地区华商电灯公司建设的第一座公用发电厂。

· 比利时商人在金家窑建设电厂，是中国首次以交流供电，并以变流机供电车直流用电。

· 北京京师华商电灯股份有限公司建设 5.2 千伏高压配电网供电，城内高压配电线路为 5.2 千伏电压、三相三线式，全为架空裸铜线，供给用户的电压为 220 伏。

· 香港电灯有限公司在香港岛雪厂街一带新建一座发电厂，向港岛中区供电。

1907 · 日本侵略者在东北成立满洲铁道株式会社，在南满铁路沿线扩张建设电厂，排斥中国人办的电厂。

1909 · 清政府拨款在南京西华门外玄津桥（今逸仙桥）北开设电灯厂，供总督衙门及所辖官署照明之用。定厂名为金陵电灯官厂。同年 8 月，厂房破土动工，并订购德国西门子公司生产的 100 千瓦单向交流发电机 3 台。次年 9 月 27 日，第一台机组发电，首先向两江总督府送电，这是中国官办电气事业的开端。

· 7 月，清政府以 133 万港元的价格，赎回广州电力专营权以及旗昌洋行在广州市的发电、供电等一切资产、权益。并以此为基础，官商合资组建广东电力股份有限公司，实行官督商办。清廷批准将广东电力股份有限公司的专营权扩大至广州城厢中心周围 15 千米，专营权 30 年。

· 9 月 4 日，重庆烛川电灯公司架设 5 千米线路供电。

· 10 月，奉天电灯厂竣工发电。

· 福州地方人士集资兴办耀华电力公司，安装一台 10 马力（约 7.35 千瓦）直流发电机组，是福建省民族资产阶级办电之始。

· 伊犁商人从德国购进一套 75 千瓦蒸汽发电机组，拉开了新疆电力事业的序幕。

1910 · 云南省商会集股开办昆明耀龙电灯股份公司。在螳螂川上建设石龙坝水电站，安装 2 台 240 千瓦水轮发电机组。

1911 · 上海第一条 6.6 千伏地下电缆敷设完成，供英国商人创办增裕面粉厂用电。

1912 · 京师华商电灯公司在北京前门西城根扩建两台 1000 千瓦发电机组。

· 严迪光在广东创办中山迪光安记电力灯所。次年，南海人陈振南创办佛山光华电灯公司。在这一时期，广东地区民办电力公司达十几家。

· 5 月 28 日，中国大陆第一座水电站——云南石龙坝水电站投产，通过中国第一条远距离输电线路——23.3 千伏石龙坝—昆明线路向昆明城厢送电。同时，昆明小西门建设了水塘子降压站，将电压降至 3.3 千伏，再由配网线路、变压器降至 110 伏，供给全市 6000 多盏电灯、路灯使用。

1913 · 天津市第一条 5 千伏电缆由比商电车电灯公司建成投运。

1915 · 6 月，上海市敷设迄今仍在运行的 350 伏（380 伏）电缆。

1916 · 2 月，上海华生电器厂建成，并于 1917 年相继制成中国第一台变压器、8 千瓦直流发电机、60 安电镀用直流发电机；1926 年制成中国第一台 150 千瓦交流同步三相发电机。

· 11 月，河北开滦矿务局林西、赵各庄、唐山、马家沟四煤矿变电站相继建成，林西—赵各庄—马家沟—唐山矿以 25 赫、30 千伏线路联网运行。

1917 · 东北地区第一条 6.6 千伏输电线路架设于辽宁大连发电所与沙河口变电所之间。

· 东北地区第一条 22 千伏输电线路，本溪湖—铁山 22 千伏输电线路建成投产。

1918 · 中国首次颁布电业管理条例——《电气事业取缔条例》《电气事业执照规则》。

1919 · 6 月，孙中山发表《实业计划》。

· 7 月，香港电灯有限公司北角发电厂建成投产，供电能力大幅提升，随后即成为香港岛唯一的电力供应商。

· 安徽最早的 2.2 千伏过江电缆建成，供 700 余户照明用电。

· 华通电业机器厂开发了中国第一台高压油断路器。

· 香港九龙中华电力公司获取九龙城区供电专营权。

1920 · 上海各电力公司都各自发展了专营区域内的供电系统，其中上海电力公司和法商电车电灯公司建成了供电可靠的电缆输配电网。

· 香港九龙中华电力公司的红磡电厂机组搬迁至鹤园，在鹤园扩建新厂，九龙供电范围扩大。

1922 · 1 月，杨景时等 4 人集资在浦东凌家桥 34 号创办益中福记机器瓷电股份有限公司。

· 2 月，中国第一条 33 千伏输电线路于北京石景山分电厂与前门变电所之间架设。

· 东北地区第一条 44 千伏送电线路于辽宁抚顺地区建成。

1924 · 2 月，江苏戚墅堰—常州（武进）和戚墅堰—无锡的 33 千伏输电线路建成投运，向武进、无锡两地送电。

1928 · 2 月 1 日，国民党中央政治委员会第 127 次会议通过孙科等 11 名委员提议，设立中华民国建设委员会，接管全国电力工业。

· 国民党中央政治会议通过《建设大纲草案》，将电力工业发展列为重点发展领域。

1929 · 中国第一个独立于发电厂并具有一定规模、设备配置较完善的调度机构于上海成立。

1930 · 天津比商电车电灯公司经营地区电缆发展到 60.28 千米，市区内均采用电缆供电，并形成环网。

· 9 月，国民党政府建设委员会公布了中国第一个电压、频率标准。

1931 · 浦东电气公司敷设了上海第一条 5.5 千伏穿越黄浦江的水底电力电缆。

· 香港九龙中华电力公司兴建新界输电系统。

1932 · 10 月 5 日，浙江省杭州闸口发电厂、艮山门变电所和鼓楼变电所投运，形成 13.2 千伏电网。

1933 · 延吉—朝阳川 22 千伏输电线路建成，形成了延边地区小型电力网。

1934 · 日本侵略者成立"满洲电业株式会社"，开始全面侵占中国东北电力设施。

· 44 千伏抚浑、奉辽、浑烟、奉铁、铁开、浑本输电线路，分别接受奉天、浑河变电所的电源供电，实现了联网供电。

· 东北地区最早的调度机构出现。

1935 · 1 月，广东省第一个 13.2 千伏输变电工程——广州五仙门电厂至西关配电所的 13.2 千伏电缆及西关配电所建成投运。

- 4 月 1 日，军事委员会直属的资源委员会成立，大部分电气事业改由资源委员会管理。
- 5 月，东北地区第一条 154 千伏线路——抚鞍线建成投运，全长 130.2 千米。
- 9 月，福州至长乐县莲柄港架设当时中国跨距最长、铁塔最高的 33 千伏输电线路，供 5 万亩农田灌溉用电。

1936
- 中央资源委员会在南京筹建中央电工器材厂。
- 9 月，国民党政府资源委员会、交通部和建设委员会三方共同决定在湖南长沙建立中央电瓷制造厂。

1937
- 4 月，延吉电力株式会社建成图们—延吉 66 千伏输电线路；1938 年 11 月，建成延吉—老头沟 66 千伏输电线路；1938 年 12 月，建成朝鲜训戎—中国珲春 66 千伏输电线路。这三条输电线路，把延边地区连成一片，形成了初具规模的 66 千伏延边电力网。
- 12 月，广州西村发电厂建成投产，频率 50 赫。广州西村发电厂至西关、水厂、士敏土厂 13.2 千伏电缆工程建成投运。初期供给广州城西西村工业区一带用电，后成为广州最大的电源，并向佛山供电。
- 12 月，重庆大溪沟电厂新增设 5.25/13.8 千伏变压器 2 台，新设玛瑙溪、沙坪坝、龙门浩、铜圆局 4 个变电站，新建跨越长江的铁塔和 14 千伏输电线路，并将重庆南岸的供电电压升级为 14 千伏。
- 四川成都启明电灯公司发电机组总装机容量达 3000 千瓦，拥有变压器 98 台，变电容量 2649 千伏·安，共架设 3.3 千伏高压线路 47.1 千米，220 伏线路 87.65 千米，形成独家经营的局面。
- 既济水电公司建成 2.3 千伏以上配电线路 27 条，总长达 87.9 千米，几乎覆盖整个汉口市区。
- 天津市区最早的 35 千伏公用变电站——琼州道变电站开始建设，后于 1938 年建成投运。

1938
- 国民党政府将建设委员会、经济委员会、实业部合并为经济部。经济部下设资源委员会主管电力工业，并承办公营电气建设工作。
- 10 月，广州沦陷，广州市电力管理处所属五仙门、西村、河南发电所被日寇掠夺，广州市内输变电设施被日寇、汉奸伪政权、台湾电力企业霸占，改名为台湾电力株式会社广东支店广州市电力厂。

1939
- 中央电工器材厂第四厂生产了中国第一批国产绝缘电线、钢芯铜绞线、铅包橡皮绝缘电缆，并拉制出中国第一根长 1000 米、直径 25 微米的玻璃纤维。
- 云南昆明马街子电厂至杨林喷水洞电厂 22 千伏、68 千米输电线路建成，与井宜线一起，并列为当时中国最长距离高压输电线路。

1941
- 6 月，东北地区第一条 220 千伏的水丰—鞍山超高压输电线路建成投运。
- 8 月，重庆地区桃花溪电站建成投产发电。

- 12 月，天津地区电压等级和容量最高的塘沽 77 千伏变电站建成，联通第一发电所（特三区发电所改称）与塘沽地区。
- 辽宁省中部、西部及南部地区 154 千伏超高压联络网络形成。

1942 · 12 月，国民党政府统治区最大容量的发电厂——立煌电力厂投产发电。
- 当时中国较大的跨省传输的 110 千伏电网在牡丹江和吉林省延吉地区形成。
- 东北地区第一个弱联系电网——高压 220 千伏电网及 154 千伏电网在鞍山一次变电所并列联接。

1943 · 3 月丰满水电站试运行成功，开始向长春、哈尔滨送电。4 月，松（丰满）京（新京）154 千伏、全长 115 千米送电线路和新京 154/44 千伏、3×1 万千伏·安一次变电所建成。
- 10 月，安徽省第一条 22 千伏输电线路——田家庵—大通—九龙岗输电线路，以及配套的大通、九龙岗变电所开始兴建，后于 1943 年 10 月投运。
- 11 月，海南第一个小型电网——东方—抱板—石碌和八所的 66 千伏全长 80 千米输电线路建成投运。
- 四川第一条距离最长、电压等级最高的长距离高压木杆输电线路——自贡自流井—宜宾 33 千伏输电线路（井宜线）竣工，全长 86.8 千米。

1944 · 8 月，云南省第一条 33 千伏输电线路——开远南桥—蒙自大屯输电线路建成投运。
- 11 月，中国第一个辐射型电网——平津唐电网正式建成投运。
- 12 月，中国第一个跨省高压电网——北迄哈尔滨，南至大连，东连安东（今丹东），西达锦西的东北电力主网投运。

1945 · 8 月，抗日战争结束，伪满洲国傀儡政权垮台，日伪对东北电业长达 14 年的统治结束，同年 11 月沈阳市 6 个 44 千伏变电站全部修复，开始供电。

1947 · 5 月，中国最早一部电磁兼容标准《电话线及电力线交叉平行设置规则》18 条由中国建设委员会和交通委员会联合发布。
- 12 月，中国历史上第一部关于电力工业的经济立法《电业法》正式颁布。

1948 · 3 月，吉林电业局广大工人提出"解放军到哪里，电就送到哪里"的战斗口号，积极抢修设备和送电线路。

1949 · 4 月，中共地下党领导湖北汉口既济水电公司开展保厂护产斗争。
- 5—8 月，中国共产党、中国人民解放军领导和支援电力工人加快修复被国民党破坏的西安西京电厂、市内供电线路。
- 10 月 1 日，中华人民共和国成立。中央人民政府政务院设立燃料部，管理全国煤炭、电力和石油工业。
- 10 月，中国共产党领导广州西村五仙门电厂工人开展护厂行动。

1950 · 2 月 6 日，国民党飞机轰炸上海，杨树浦、闸北、南市 3 家发电厂中弹，全市工厂停工，给水、通信、交通均陷入停顿状态。经突击抢修，于 8、10 日先后恢复发电。

- 2 月 19 日—3 月 2 日，燃料部召开第一次全国电业会议，规定 1950 年和恢复时期的基本方针和任务。
- 4 月 29 日，燃料部制定《关于所有电力系统一切设备的事故处理暂行规程》，令华北电管局 5 月 1 日起开始执行，并致函东北、华东、中南、西南和西北五大行政区工业部，请转知所属单位执行。
- 5 月 25 日，燃料部撤销华东、华北两个地区性电力管理机构，将华东地区的青岛、鲁中、徐州、淮南、南京、苏南等电力部门并入华北。华北电业管理总局改为电业管理总局，由燃料部直接领导。
- 8 月 23 日，燃料部电业管理总局指示进行一次以安全为中心的全面检查，并附发检查要求、技术标准和参考资料。
- 10 月 3 日，上海市形成 35（33）千伏环网。

1951 · 3 月 10—23 日，燃料部召开第二次全国电业会议，确定 1951 年全国电业工作方针和任务。
- 4 月，燃料部电业管理总局先后发布加强季节性预防事故、加强防止人身事故、制订全面安全工作计划等指示或通知，并召开了全国安全供电会议。
- 4 月，陕西省形成 35 千伏电网。
- 7 月 1 日，安徽省建设第一条 35 千伏田家庵至合肥输变电工程，9 月 21 日以 22 千伏送电。
- 11 月 10 日，燃料部发布《对今后电业技术安全工作的指示》，要求积极进行反事故斗争。
- 12 月，建成 35 千伏峰峰电厂至邯郸输电线路。

1952 · 7 月 1 日，建成峰峰电厂至安阳站的峰安输电线路，初步形成邯峰安 35 千伏跨省电网。
- 11 月 17—27 日，燃料部召开第一次全国供用电工作会议。这次会议着重要求要全面发挥潜在能力，并提出 6 方面措施，其中包括要推行电力统一调度。
- 12 月 9—12 日，燃料部召开第一次全国电业基本建设会议，提出做好大规模经济建设所需电力供应的 8 项准备工作。
- 12 月 10 日，电业管理总局改组，管辖范围由原管辖华北、华东地区扩大为管辖全国电业。
- 沈阳变压器厂试制成功中国第一台仿苏 TM－5600/66 型三相变压器。

1953 · 4 月 8 日，电业管理总局发出《关于执行"中央燃料工业部关于避免重伤事故的命令"的指示》，命令要求特别避免触电、倒杆及高空摔跤三种事故。
- 5 月，中国政府与苏联政府签订协议，确定由苏联电气工业部、化学工业部和建设工业部，为中国设计并派专家帮助建设高压开关、汞弧整流器、高压电瓷、避雷器、电力电容器、绝缘材料等工业建设项目。中国政府决定，将高压开关与汞弧整流器两个项目合并建设西安开关整流器厂；高压电瓷厂原定在湖南湘潭，为与开关整流器厂和电力电容器厂配套，改在西安建厂；绝缘材料厂原定在上海，也是为了就地协作配套的需要，改在西安建厂；电力电容器厂，定点在西安独立建厂。

- 6 月，燃料部颁布《电力系统调度管理暂行条例》，对全国各电力系统调度管理提出了统一要求。同月，电业管理总局发出《关于建立和健全施工管理责任制的指示》，提出必须建立"行政责任制""技术责任制""施工责任制"和"技术保安责任制"等制度。
- 7 月 15 日，中国第一条自主设计、施工的横跨辽宁、吉林两省的 220 千伏松（丰满）—东（虎石台）—李（李石寨）高压输电线路（即 506 工程）破土动工。1954 年 1 月 27 日并网送电。

1954
- 3 月 6 日，全国电业生产会议要求：坚持安全发供电方针，发电厂和供电系统基本消灭 14 种责任事故。
- 3 月 10 日，电业管理总局决定成立基建工程管理局，将所属各大区管理局领导的火电工程公司、送变电工程公司、土建公司、修建工程局、电业工程公司等施工单位，正式归属于基建工程管理局领导。
- 3 月 22 日，电业管理总局决定成立设计管理局。
- 7 月 12 日，电业管理总局和电业工会联合发出《关于开展技术革新运动的指示》。
- 9 月 15 日，燃料部颁发《电力工业技术管理暂行法规》。该《法规》规范了中国的电压等级，把 6、10、35、110 千伏和 220 千伏定为标准电压。
- 9 月，北京南苑至天津宜兴埠 110 千伏输变电工程投产，成为京津唐电网联网的主干线路。
- 12 月 1 日，吉林省丰满电厂水位上升溢流，水库放水，使 220 千伏松（丰满）李（李石寨）线路的导线及架空地线结冰超重，造成一号铁塔倒塔事故。

1955
- 3 月 13 日，110 千伏马铜线建成，以 66 千伏送电。同年，镇江电厂联入 66 千伏苏南电网。
- 7 月 30 日，一届全国人大二次会议通过决定：撤销燃料部，设立煤炭工业部、电力工业部、石油工业部。
- 10 月 25 日，电力部颁发《反事故措施计划的编制、执行与监督暂行办法》，要求各单位有计划地进行反事故工作。
- 12 月 26 日，官厅水电站建成投产。110 千伏官厅—北京输电线路建成投运。

1956
- 2 月 17 日，电力部召开全国电业建筑会议，要求改善设计工作，推行先进的施工方法，加速电力工业建设。
- 2 月 21 日—3 月 1 日，电力部召开全国电业检修会议，会议讨论了建立集中检修组织、提高检修机械化程度、贯彻执行电业检修规程等问题。
- 3 月 1 日，北京电管局设立列车电业局，分别在黑龙江省佳木斯市、江西省萍乡市、陕西省西安市和湖北省武汉市设 5 个站（其中，武汉设 2 个站）。列车电业局负责统一管理全国列车电站及其流动电站的设备、生产和基建工作。

- 4 月 1 日，北京、天津、唐山 3 个电业局合并组成北京电业局，统一管理京津唐电网的生产和建设工作。
- 6 月 2 日，一机部、电力部联合发出关于公布《中华人民共和国〈电力设备额定电压及周率〉标准》的命令》。全国交流电力设备的额定频率为每秒 50 周波。额定电压为三类：第一类 100 伏及以下，第二类 100 伏以上 1000 伏以下，第三类 1000 伏及以上。
- 11 月，河南省第一条 110 千伏郑州—洛阳输电线路建成投运。
- 12 月，长寿至重庆 110 千伏输电线路建成投运，结束了长寿电网孤立运行的历史。

1957 · 7 月 17 日，云南开远—个旧的 110 千伏输电线路投运，形成了 110 千伏滇南电网。

- 7 月，华东地区第一条 220 千伏望亭—西郊（上海）输电线路建成投产（初期降压至 110 千伏运行）。1958 年 7 月 19 日，升压为 220 千伏运行。
- 12 月 19 日，电力部根据国务院《关于改进工业管理体制的决定》精神，确定电力企业的组织形式按省建制和电力系统特点成立省电力局，成立部属 15 个省电力局和 1 个列车电业局。

1958 · 1 月 11—22 日，中共中央召开南宁会议，提出"水主火辅"电力工业长远建设方针，建议将电力部和水利部合并为水利电力部。

- 1 月，随着各省电力局的成立，北京、沈阳、上海、武汉、西安和成都 6 个大区电业管理局建制即行撤销。
- 2 月 11 日，一届全国人大五次会议召开，会议决定电力部与水利部合并为水利电力部。同日，中华人民共和国主席令，任命傅作义为水利电力部部长。
- 8 月 12 日，毛泽东主席参观天津市工业技术革命展览会，观看了天津供电局带电检修工具等。

1959 · 4 月，中国第一座雷电观测站在广东省广州石榴岗建立。

- 9 月 12 日，水电部正式颁发《电力工业技术管理法规》。在此之前的 7、8、9 月已陆续颁发了《关于电力设计技术的若干规定》《电气事故处理规程》《电气设备接地装置规程》《变压器电力运行规程》《关于架空电力线路升压技术的若干规定》等。10 月 17 日颁发《高压架空电力线路设计技术规程》《降压变电所设计技术规程》。11 月 12 日颁发《电气测量仪表装置规程》。12 月 8 日颁发《高压架空电力线路运行规程》。

1960 · 2 月，中国第一个跨越长江的武昌西湾与汉阳沌口之间 220 千伏线路大跨越工程（初期以 110 千伏运行）竣工。

- 5 月 19 日，辽吉电业局管理的 220 千伏松李、松虎输电线路，因距离保护接线错误，相继误动作跳闸，造成重大停电事故，损失电量 18.34 万千瓦·时，给辽宁、吉林两省 7 个主要城市造成很大经济损失。
- 9 月 26 日，220 千伏新安江—杭州—上海输变电工程建成投产，浙江嘉兴、湖州、绍兴地区电网联入华东电网。

- 12 月，新建的呼和浩特北郊变电站冻土膨胀，地面隆起，主体建筑变形裂缝，被迫全部拆除，造成重大设计事故。

1961 · 6 月，贵州第一座正式的 110 千伏变电站——110 千伏白云变电站投运。

- 9 月，中共中央制定的（即"工业七十条"）颁布试行。《国营工业企业工作条例（草案）》总结了当时国营企业的管理经验和教训，针对工业企业工作中存在的问题提出了相应的解决方案。

- 9 月，220 千伏新安江—杭州—上海电力载波线路投运。

- 12 月，北京电力设计院研制的第一代具有国内先进水平的真空管 161 型计算机问世，并投入使用。这项成果在 1964 年全国科技发展成果展览会上获二等奖。

1962 · 7 月，110 千伏齐齐哈尔—安达输变电工程投产，开始国有电网保大庆油田用电。

- 11 月 6 日，水电部颁发《高压架空电力线和变电所金具专业标准（试行本）》。

1963 · 2 月 1—19 日，水电部召开全国电力工业会议。此次会议总结了电力工业自 1958 年以来的 8 条工作经验。其中，第 2 条认为，为了适应国民经济的不断发展，电力工业必须先行一步。第 4 条认为，以电网为单位，布置电力供应基地，实行电网高度集中统一管理，是电力生产、建设的客观要求。

- 7 月 18 日，水电部颁发《电力电缆运行规程》。

1964 · 5 月，新疆维吾尔自治区第一条 110 千伏三宫—昌吉—呼图壁输变电工程（又称"6307"工程）开工建设。

- 8 月 29 日，水电部将技术改进局改名为电力科学研究院，负责电力工业的技术改进和科学研究工作。

1966 · 1 月，广东省韶关电网与江西省赣南电网联网，解决赣南有色金属厂矿用电问题。

- 4 月，山东省第一条横跨黄河的 110 千伏博兴—北镇输电线路建成送电。两基跨河铁塔各高 76 米，跨距 608.2 米。

- 5 月 5 日，水电部在鞍山电业局召开全国不停电检修现场观摩表演会议。

- 12 月，上海第一条 220 千伏过江水底电力电缆问世。

- 12 月，云南 220 千伏宣威电厂至昆明普吉变电站输变电工程投运（降压 110 千伏），这是西南高海拔地区建成的第一项 220 千伏输变电工程，标志着云南宣以昆电网形成。

- 上海继电器厂研制的国产第一套整流型距离和三阶段零序电流保护投入运行，标志着中国继电保护由感应型、电磁型保护，即第一代继电保护装置开始跨入整流型继电保护装置的时代。

1967 · 2 月，湖南建成 220 千伏湘乡—柘溪输变电工程（初期降压至 110 千伏运行）。1969 年 8 月，湘潭水坝 220 千伏变电站投产，柘潭线升压至 220 千伏运行，这是华中地区最早建成的 220 千伏输变电工程。

- 4 月 30 日，220 千伏闸北电厂—浦江变电站输变电工程竣工，标志着上海 220 千伏环网建成。

- 5 月 28 日，220 千伏韶关—佛山红星输变电工程建成投产，广东珠江电网韶关电网联成以 220 千伏为主干网架的珠韶电网。
- 7 月，水电部实行军事管制。
- 7 月，220 千伏杭州—常州输变电工程建成投产，江苏、浙江首次以 220 千伏联网。
- 10 月，国家计委正式批准了 330 千伏刘天关工程设计任务书。

1968
- 8 月 25 日，154 千伏松（丰满发电厂）滨（哈尔滨）输电线路改造升压为 220 千伏投入运行。
- 8 月 28 日，110 千伏充油电缆线路在南京投入使用，这是中国自行设计、制造的第一条过江电缆。
- 10 月，220 千伏望亭—常州输电线路投运，形成 220 千伏上海、杭州、常州三角环网，华东电网完成第一阶段 220 千伏主网架建设。

1969
- 5 月，海南 110 千伏南丰（水电站）—海口（苍英）输电线路建成投运，海南岛西北部地区开始形成 110 千伏电网。
- 7 月，湖北省第一条 220 千伏丹汉Ⅰ回输电线路建成投产。
- 8 月 28 日—9 月 9 日，水电部召开全国电力工业"抓革命，促生产，促工作，促战备"座谈会。这是"文化大革命"期间，在水电部系统以军管会名义，正式领导运动和生产的第一次会议。
- 10 月，根据林彪发布的所谓"一号命令"，水电部系统在京单位被迫全部或大部分迁出。这些单位包括北京水利水电学院、北京电力学院、北京水力发电学校、北京勘测设计院、华北电力设计院、海河勘测设计院、电力科学研究院、水利水电科学研究院等。

1970
- 1 月，云南 220 千伏以礼河—昆明输电线路投运，滇东电网形成。
- 4 月 25 日，丹江口水电站—河南平顶山贾庄变电站 220 千伏线路运行。鄂、豫两省实现第一次联网。
- 5 月 26 日—6 月 21 日，为贯彻全国计划会议精神，水电部军管会召开了全国电力工业增产节约会议。会议推广的增产节约措施中，包括推广鞍山电业局改造变压器"一台顶两台"和"自由带电作业"经验，以及东北"四合一环形供电"经验等。
- 5 月，四川 220 千伏豆坝—龚嘴输电线路投产。
- 6 月 20 日，贵州电网经 110 千伏水盘线、羊盘线与云南东北部电网实现联网。
- 10 月 21 日，北京供电局昌平供电服务站，在昌平县小汤山地区进行"两线一地"会战工作中，发生 6 名战士和 1 名供电职工触电死亡特大事故。
- 内蒙古 110 千伏呼和浩特发电厂—乌兰察布盟卓资山变电站输电线路投产，蒙西电网向东延伸至乌兰察布盟，实现 2 市 1 盟联网运行。

1971
- 陕西第一条 220 千伏阎良—汤峪输电线路建成投运。
- 4 月，北京高井电站—天津白庙变电站 220 千伏输电线路建成投产，这是华北地区运行的第一项 220 千伏输变电工程。

- 4 月，安徽省第一条 220 千伏淮南—合肥输电线路投入运行，华东 220 千伏电网延伸到浙江东部沿海地区。
- 6 月 16 日，青海省第一条 220 千伏建设坪—西宁输电线路投产，青海西宁电网与甘肃兰州电网实现联网。
- 6 月，中国第一套全晶体管线路保护在西北 220 千伏刘连西线路上投入使用。
- 11 月，全国第一所 110 千伏线路带电融冰站——秦岭融冰站初步建成，可监视覆冰状况和适时融冰。18 日，带负荷融冰试验成功，融冰站正式投入运行。

1972 · 5 月，重庆凉亭 220 千伏变电站和豆坝—重庆 220 千伏输电线路竣工，实现川东、川西、川南 3 个地区电网联网，四川电网初步形成。
- 6 月 16 日，中国自力更生建设的第一条 330 千伏超高压刘（家峡）天（水）关（中）输变电工程建成投运，陕、甘、青三省实现联网。该工程输变电设备均为自主设计、自主制造，采用了 330 千伏串联电容补偿装置和并联电抗器、单相重合闸、二分裂导线等技术措施。
- 7 月 27 日，湖北电网发生电网瓦解事故，鄂东电网停电 37 小时，造成直接经济损失 3500 万元。
- 8 月，水电部召开企业管理座谈会，拟订了加强企业管理的 8 条要求。强调对省内电网的管理和把质量放在首位，并提出恢复规章制度，改变"大组套小组"管理职能机构，恢复科室。国家经委印发《加强电网管理的通知》，恢复电网的统一调度。
- 110 千伏齐富安电网（黑龙江省西部电网）和镜牡延鸡佳电网黑龙江省东部电网（黑龙江省东部电网）形成。

1973 · 在南京组建南京自动化研究所。
- 4 月，220 千伏芜湖—南京输电线路建成投产，安徽电网经江苏与上海、浙江全部联入 220 千伏系统，华东电网实现 3 省 1 市互联。
- 12 月 28 日，山东省建成第一条 220 千伏莱芜发电厂—淄博魏家庄变电站的输电线路。
- 冀南电网建成第一条 220 千伏山西娘子关—井陉常峪的输电线路。
- 陕西省第一条 220 千伏阎良—石泉—洋县—周至—枣园输电线路建成，形成了以 330 千伏为主网，以 220 千伏、110 千伏连接陕南、陕北的全省电网。
- 在国产 DJS-170 计算机上，电科院专家采用稀疏矩阵技巧，用机器指令编制了潮流和发电机调压调速系统的稳定计算程序，成功分析了中国第一条 330 千伏刘天关输电线路发生的多次振荡事故。
- 上海供电局开始建设 31 千伏直流输电试验线路，直流输电试验在 1976 年年底完成安装调试，1977 年 11 月，并网试运行。

1974 · 5 月 28 日，刘家峡水电厂 22 万千瓦的刘家峡—龚家湾线 A 相导线对树放电，刘家峡侧零序保护一段动作跳闸，致使兰州电网与刘家峡水电厂解列，引起陕甘青电网系统振荡事故。

· 9 月，江西省第一个 220 千伏柘林水电厂—南昌斗门变电站输变电工程建成投运。

· 12 月 28 日，广东江门 220 千伏北街变电站（升压）和 220 千伏茂名—江门线路（全长 320 千米）投运，茂名热电厂向珠江三角洲送电。至此，珠韶、茂湛电网联结为广东电网，供电范围为广东省 55 个市、县。

· 12 月 29 日，高井电站—北京南苑—天津白庙 110 千伏输电线路及变电站升压为 220 千伏；天津汉洁至唐山发电厂的 110 个伏输电线路也升压为 220 千伏。至此，京津唐 110 千伏电网改造升压为 220 千伏。

· 在武汉组建武汉高压研究所。

· 广西建成 110 千伏西津—合浦输变电工程，南柳电网向桂东南方向发展，广西电网初步形成。

1975 · 7 月 25 日，为加快电力工业发展，迅速解决电力供应不足问题，国务院印发《关于加快发展电力工业的通知》（国发〔1975〕114 号）。8 月 13 日—19 日，为贯彻国务院 114 号文件精神，水电部召开全国电力工业会议。

· 10 月 17 日，为解决跨省电网管理问题，以及确保供电安全、提高供电质量，《国务院关于批准跨省电网管理办法的通知》（国发〔1975〕159 号）印发。

· 10 月，天津塘沽供电局在杨北变电站投入使用远动装置，首次实现变电站无人值班。

1976 · 7 月 28 日，河北省唐山、丰南地区发生 7.8 级强烈地震，处于极震区的唐山电厂、陡河电站及输变电系统遭到严重破坏。厂房建筑物倒塌，烟囱断裂，破坏发电设备 110 万千瓦，震坏输配电线路 128 条 1724 千米，唐山市电力供应陷入瘫痪。地震波及北京、天津地区，京津唐电网被解列为 3 片，负荷由震前 225 万千瓦降到 94 万千瓦。共有 1024 名电力职工遇难，3 名日本日立公司技术人员也不幸遇难。北京电管局当天组成电力抗震抢修指挥部，赶赴现场，组织抢修。7 月 29 日，玉田—贾安子变电站 110 千伏输电线路修复，唐山恢复供电。8 月 11 日，唐山电厂 2 号机组并网发电，受灾地区开始恢复电力生产。

1977 · 11 月 29 日—12 月 12 日，水电部召开全国电力工业会议，钱正英部长在会上作报告。报告指出，这次会议，就是要在全党、全国突出抓电的大好形势下，自力更生，奋发图强，以大庆、石化部为榜样，因地制宜地充分利用中国的能源资源，以最快速度把电搞上去。

· 11 月，湖北省 220 千伏丹汉 4 回输变电工程全部建成投运。丹汉 4 回输变电工程构成湖北 220 千伏电网主干网架，是鄂西北电力东送的主动脉。

1978 · 2 月，220 千伏黄渡变电站建成投运，与已建成的西郊、蕴藻浜、万荣、浦东变电站共同成为上海 220 千伏电网主要枢纽变电站。

· 3 月，浙江研发的"提高电力系统稳定的技术措施"等多项成果获全国科学大会奖。

- 4 月，吉林电业局带电作业 220 千伏线路跨越施工项目获评 1978 年全国科学大会奖。吉林省电力中心试验所完成的大型变压器三倍频感耐压试验科研项目，获全国科学大会奖。
- 12 月 31 日，内蒙古第一个 220 千伏乌拉山电厂—包头麻池输变电工程建成投产。
- 12 月，贵州首条 220 千伏输电线路——220 千伏贵阳鸡场—遵义输电线路投产。

1979 · 2 月 15 日，国务院通知，撤销水电部，分别成立电力部和水利部。刘澜波任电力部部长、部党组书记，王林任第一副部长、部党组第二书记。4 月 2 日，任命李代耕、张彬、李锐为副部长、部党组副书记。
- 3 月 29 日，中国首个利用外资参与建设的电力工程——粤港联网一期工程投运，广东电网与香港中华电力有限公司所属九龙新界电网联网。
- 6 月，山西建成 11 条 220 千伏输电线路，形成了以太原为中心，北起阳高、大同、神头、原平，南至平遥、霍县、临汾、运城、长治、三家庄，西通保德、河津，东至阳泉、娘子关的 220 千伏电网，基本构成了山西电网的 220 千伏网架。
- 6 月，220 千伏通辽—四平输电线路和 220 千伏通辽一次变电所建成投运，哲里木盟（通辽）地区电网并入东北主网。
- 10 月，安徽省电力试验研究所研制成功国产第一组 500 千乏大容量高压并联电容器。
- 11 月，110 千伏楚雄—六苴输电线路投运，云南滇中电网与四川渡口电网形成弱联结。
- 12 月，徐州电厂（4×12.5 万千瓦）一、二期工程全部投产，配套建成了 220 千伏徐州—淮阴—泰州输变电工程，淮安、南通和徐州电网先后并入华东主网。
- 12 月，广东省 220 千伏黄埔电厂—芳村变电站线路跨越珠江的黄埔大跨越工程建成投产，是当时国内最高的拉线输电铁塔。

1980 · 电力部颁布了《关于加强跨省电网集中统一管理的若干规定》，成立电力部通讯局，标志着国家电力行政主管部门，从此有了分管全国电网调度通信专业的机构。
- 1 月，华北电管局、西北电管局成立，新疆电力局划归西北电管局领导。
- 2 月 4 日，李先念听取全国电力工作会议汇报时，就电网集中统一管理、计划用电、节约用电，力争多发电多装机，以及大机组试制和引进等问题做了指示，并传达了陈云同志的指示："电网要扩大，能联网的都要联网，电网要统一管理，由电力部领导，一定要坚持这一条。"
- 8 月，电力部对 1962 年颁布的《动力系统调度管理规程》重新做了修订，正式颁布执行。
- 9 月，220 千伏宁波宁西变电站、绍兴九里变电站投产，建成当时浙江最长的 220 千伏镇宁绍萧（镇海—宁波—绍兴—萧山）输电线路，使浙江电网形成第一道 220 千伏环网。
- 11 月，新疆第一条 220 千伏输电线路红米线（红雁池电厂—米泉变电站）投产。

- 12 月 18 日，为配合闵行发电厂扩建 2 台 12.5 万千瓦发电机组，220 千伏闵新（闵行—新周）2205 线建成投运，保证电厂新机组的电力送出，同时也使上海 220 千伏主网形成除新周—浦东—闵行为单线的双回环网。
- 12 月 29 日，潮汕电网并入广东电网，形成了 220 千伏为主网架，覆盖广东省大陆地区的联通香港的广东电网。
- 12 月，220 千伏潍坊—招远输变电工程建成投产，形成 220 千伏为骨干网架的山东统一电网。

1981
- 1 月，湖北省超高压输变电局在武汉线路工区成立全国第一个 500 千伏超高压带电作业班。
- 1 月 20 日，粤港联网二期工程竣工投运。
- 3 月 4 日，中国电力系统第一条与电力线同杆架设的光纤通信系统正式投入运行。
- 4 月，水电部引进日本 NEC 设备，建成了亚洲第一条 1263.5 千米北京—武汉 PCM 数字微波通信电路。
- 6 月 10 日，通过保定高碑店变电站到河北许营变电站的 220 千伏线路，实现了河北南部电网与京津唐电网联网。
- 7 月，电力部在大连召开了全国电网稳定工作会议，会议讨论制定了《电力系统稳定导则》，研究并提出了大幅度降低电网稳定破坏事故的要求。
- 9 月 28 日，220 千伏山西娘子关电厂—河北许营变电站线路建成投运，山西电网与河北石邯和京津唐电网联网运行，京津唐、山西、石邯电网联成了跨河北、山西两省，北京、天津两直辖市的大电网。
- 10 月 30 日，220 千伏新哈线（新华发电厂—哈西变电所）建成投产，黑龙江省西部电网经过哈尔滨电网联入了东北主网。
- 11 月 25 日，500 千伏葛洲坝电厂—武昌凤凰山输电工程开工，1983 年 4 月 7 日全线架通，并暂时与葛洲坝水电厂二江电厂 220 千伏开关站相接，降压至 220 千伏运行。
- 12 月，中国第一个电压为 500 千伏的超高压输变电工程平武（平顶山—武昌）输变电工程投入运行，标志着中国输变电技术达到了新的水平，中国电网的电压等级正式迈入 500 千伏超高压。

1982
- 1 月 1 日，江西和湖南两省电力工业上划电力部，并交华中电管局统一管理。
- 1 月，山东省电力局划归电力部领导，各地、市电业单位均上收为省局直属单位。
- 2 月，国家重点建设项目、承担北电南送任务的 220 千伏蚌埠—滁县—西梁山输变电工程和 220 千伏滁县—南京热电厂输电线路先后建成，形成了与江苏电网连接的第二通道。
- 3 月 2 日，220 千伏贵州遵义—四川綦江输电线路投运，实现四川与贵州两省电网联网，西南电网联网初步实现。
- 3 月 8 日，五届全国人大常委会第二十二次会议通过了《国务院机构改革的决议》，水利部、电力部合并组建水电部。钱正英任水电部部长，李鹏为第一副部长。

- 5 月 22 日，由湖北省超高压输变电局带电作业班进行国内首次 500 千伏带电检查间隔棒作业，成功开创了中国 500 千伏带电作业的先河。
- 5 月，220 千伏泰和变电站建成投运，该站为宝山钢铁基地配套工程，在上海首次安装 220 千伏 GIS。
- 7 月，水电部利用中国发射的通信卫星频道，开通了部与西南电管局（北京—成都）之间的调度通信联系。这是中国工业部门第一次使用通信卫星指挥生产。
- 11 月，220 千伏牡丹江—海林—尚志输变电工程完工，该工程的竣工是黑龙江东部电网第一次向网外供电，也为黑龙江东部电网并入东北主网奠定了基础。
- 12 月，500 千伏葛双 I 回输电工程投运，降压 220 千伏运行。1986 年 6 月 30 日升压至 500 千伏运行。
- 水电部设立了电力调度通讯局，国家电力调度机构诞生。

1983
- 1 月 26 日，江西南昌电网并入华中电网，成为华中电网的组成部分。
- 2 月 6 日，深圳 220 千伏水贝变电站建成，它既是深圳首座 220 千伏变电站，也是当时广东电网与香港中电在深圳联网的首座 220 千伏联网站。
- 7 月 29 日，粤港联网三期工程竣工投运。
- 9 月，国内第一套微机远动装置试验样机 MWY－D、MWY－Z、MWY－C01 由南京自动化研究所研制成功，分别安装在西北网调、甘肃省调、碧口电厂和秦岭二电厂。
- 10 月 31 日，台州电厂—临海—温州输电工程建成，温州独立电网并入华东电网。
- 11 月，220 千伏拉北线（拉东变电所—北安变电所）投产，使北安地区电网经黑龙江省西部电网并入东北主网。
- 12 月，建成 220 千伏攀枝花—西昌线路，攀枝花与西昌两地区实现 220 千伏联网。

1984
- 1 月 21 日，220 千伏武昌凤凰山—塘角镇—巴陵—长沙椰梨线路全线投运，湖南电网并入华中电网。
- 4 月，中国自行设计、施工、全套设备国产的 500 千伏元宝山—锦州—辽阳—海城输变电工程建成，它的建设拉开了东北 500 千伏电网骨架建设的序幕。
- 6 月 26 日，110 千伏珠海变电站—澳门北变电站双回输电线路建成，实现了粤澳联网，广东对澳门供电。
- 9 月，临夏至合作的 110 千伏输电线路建成，甘南州北部地区的电力网成为甘肃中部电网的组成部分。

1985
- 8 月，华北、华中、东北、华东四大区域电网调度自动化系统引进工程，由中国技术进出口公司与美国西屋电气公司达成成交合同。
- 11 月 12 日，330 千伏青铜峡—靖远线路建成。该线路降压 220 千伏运行，使宁夏电网并入西北电网，形成陕甘宁青电网，缓解了宁夏的缺电状况。1991 年 10 月，该线路正式升压 330 千伏运行，宁夏电网与西北电网实现 330 千伏联网。

- 11 月，与美国西屋系统公司签订合同，引进的 EMS 具有数据采集、处理、监视和自动化发电控制、经济调度（SCADA＋AGC/EDC）功能。华东整套系统于1989 年投入运行。
- 12 月 6 日，横跨晋、冀、京两省一市的 500 千伏大同—房山送变电工程正式投入运行。
- 12 月 15 日，东北电网第一条哈尔滨—牡丹江 480 路数字微波投入运行。该线路是国内第一条无人值守的微波通信电路。
- 12 月 31 日，500 千伏房北线工程竣工。
- 12 月，220 千伏广西梧州—广东肇庆线路建成，实现了广西与广东电网的联网运行。

1986
- 7 月 20 日，白山发电厂建设工程的配套工程 500 千伏东丰—辽阳输电工程竣工，打通了由内蒙古经辽宁至吉林省的 500 千伏通道。
- 10 月，500 千伏房北线投入运行。
- 11 月，香港中华电力公司通过海底电缆正式向蛇口供电，蛇口用电紧张问题得以彻底解决。
- 12 月，广西 220 千伏合山—来宾—梧州输电线路投运，梧州电网以 220 伏并入广西电网运行。广西电网主网与广东电网联网运行，形成华南电网。
- 12 月 19 日，海南岛形成统一的 110 千伏电网。

1987
- 5 月，吉林省送变电公司与美国波音直升机公司合作，在葛上±500 千伏直流输电工程建设过程中，首次在吉阳长江大跨越开展了中国首次直升机放线施工作业。
- 7 月，大同第二发电厂至丰镇至内蒙古呼和浩特东郊变电站以 220 千伏线路相连并正式运行。至此，连接华北地区三省（自治区）两市的 220 千伏电网主网架建成，形成全国五大电网之一的华北电网。
- 9 月，国家计委、经委和水电部联合召开加快电力发展与改革座谈会。国务院副总理李鹏代表国务院提出"政企分开、省为实体、联合电网、统一调度、集资办电"和因地、因网制宜的电力工业改革发展"二十字方针"。
- 10 月，青海省第一条 330 千伏线路龙花海Ⅰ回输电线路投运。
- 10 月，两广联网线路停运，华南电网解列。
- 12 月，广东首个 500 千伏输变电工程 500 千伏沙角—江门输变电工程投运，该工程跨越珠江口的狮子洋大跨越，是当时世界上最高输电铁塔。

1988
- 4 月 21 日，葛双Ⅱ回输电线路投运，湖北形成葛洲坝（双回）—双河—凤凰山、葛洲坝—凤凰山 500 千伏环网。
- 4 月，在七届全国人大一次会议上，原则通过了国务院机构改革方案，撤销煤炭部、石油部、核工业部、水电部，成立能源部。
- 5 月，华东电网"西线"500 千伏淮南—上海输变电工程投运。该工程将两淮地区的电力输送到电力缺口较大的上海市。

- 6 月 15 日，500 千伏葛常株工程全线投入运行，缓解了湖南省严重缺电状况。
- 6 月 30 日，郑州小刘变电站投运，500 千伏姚郑输电线路由 220 千伏升压至 500 千伏运行，华中电网实现水火互济。
- 12 月 21 日，220 千伏鲁昆Ⅰ回投运，将鲁布革水电站电能送至昆明。
- 12 月 27 日，华东电力联合公司成立。
- 12 月，华东电网"东线"500 千伏徐州—上海输变电工程投运。华东电网形成了贯穿华东三省一市的 500 千伏超高压"U"形网络。
- 12 月，500 千伏辽沈输变电工程投运。
- 12 月，华北电力联合公司成立。

1989 · 9 月 1 日，浙江舟山±100 千伏直流输电工程投运。
- 9 月 18 日，中国第一个±500 千伏超高压直流输电工程——葛沪工程单极投入运行，华中、华东两大电网间实现了联网。
- 10 月，能源部颁布了《县级电力调度自动化规范（试行）》，为县级电网调度自动化建设提供了重要的技术依据。
- 12 月，中国东北电力总公司成立，为国内第一个按照集中统一经营管理模式组建的跨省大型电力企业集团。

1990 · 3 月，国内第一条越江电缆专用隧道在上海投运。
- 7 月，中国南方电力联营公司正式成立。
- 8 月，500 千伏沙昌线投运。
- 8 月，电自院开发的网络拓扑、状态估计、调度员潮流在四川西南电管局的 PDP11/24 系统上投入运行，并通过科技司组织的鉴定。
- 10 月 29 日，海南 220 千伏海口（马村）电厂—永庄输变电工程投运，海南电网迈入 220 千伏电网时代。
- 10 月，遵綦线开断接入 220 千伏桐梓变电站，贵州电网形成以贵阳为中心的 220 千伏环网。

1991 · 3 月，能源部批复，由华中电管局组建中国华中电力联合公司，湖北、河南、湖南、江西省电力工业局分别组建四省电力公司。
- 6 月，襄阳电力设备厂生产的首批国产交流 500 千伏复合绝缘子在葛双Ⅰ回输电线路上带电挂网运行，填补国内高压复合绝缘子的空白。
- 9 月 18 日，中国首个高压直流接地极技术标准《高压直流接地极技术导则》（DL/T 437—1991）发布。

1992 · 4 月 3 日，七届全国人大五次会议通过《关于兴建长江三峡工程的决议》，同时也批准了三峡输变电系统的可行性研究。
- 5 月，500 千伏核深、沙深输变电工程建成投产，使 500 千伏电网率先进入深圳供电区。同年 7 月建成 500 千伏沙增输变电，使 500 千伏电网扩大至广州地区。
- 7 月 1 日，我国第一条跨国购电线路 110 千伏布黑线（俄罗斯布拉戈维申斯克变电站—中国黑河变电站）合闸送电，开辟了中俄两国历史上电力合作的先河。

· 8 月 5 日，500 千伏繁斗线工程全线送电。至此，华东电网 500 千伏主网架形成连接皖南、苏南、上海和浙北长达 776 千米的环网。

· 12 月 12 日，500 千伏东长哈输变电工程竣工投产，构成了连接东北三省的超高压主干线。

· 12 月，昌安房 500 千伏输电工程建成竣工，形成了环绕首都的 500 千伏"U"形环网。

· 12 月，鲁天输变电工程建成，粤、桂、云、黔四省区电网实现联网运行，形成了以南方跨省区电网为纽带、四省区电网为基础的南方互联电网。

1993 · 1 月，华北、东北、华东、华中、西北五大电力集团公司在北京人民大会堂集会，宣告五大电力集团公司正式成立。这五大公司连同华能集团公司，均列在国务院批准的第一批试点的 55 个大型集团公司之中。

· 3 月 2 日，能源部根据七届全国人大五次会议《关于兴建长江三峡工程的决议》的精神，下发《关于印发长江三峡工程输变电工程设计工作纲要的通知》（能源计〔1993〕192 号），启动输变电系统设计工作；明确了编制依据、设计任务、组织分工，并安排了重大科研课题。

· 3 月，撤销能源部，组建新的电力部，作为国务院主管全国电力工业的职能部门。

· 6 月 29 日，中华人民共和国国务院第 115 号令发布了《电网调度管理条例》，自 1993 年 11 月 1 日起施行。

· 6 月，500 千伏漫湾—昆明Ⅰ回输电线路投运，是云南第一条 500 千伏输电线路，也是中国第一条全线高海拔的 500 千伏输电线路。

· 7 月 21 日，500 千伏天生桥—广东输变电工程投运，粤、桂、滇、黔四省区电网联网运行，形成南方互联电网，实现"西电东送"第一步目标。

· 7 月，国内第一座建于城市中心的 220 千伏地下变电站上海人民广场地下变电站建成。

· 7 月，500 千伏沙昌Ⅱ回输电工程竣工，它的建成使扩建的河北沙岭子发电厂通过双回 500 千伏输电线路与华北 500 千伏主网联网。

· 12 月 31 日，330 千伏兰海Ⅰ线输变电工程建成投运，为配合阿兰变电所投运，新建、扩建和改造了 5 条 110 千伏线路，提高了海东电网的供电可靠性和供电能力。

· 12 月，第一套 550 千伏国产化 GIS 安装在辽阳 500 千伏变电所试运行，产品技术参数达到 20 世纪 90 年代世界先进水平。

1994 · 8 月 20 日，330 千伏金延线（金锁变电站—延安变电站）竣工，至此陕西 330 千伏电网延伸至陕北地区。

· 10 月，国务院总理办公会议决定，三峡输变电系统和电站分开建设，电网应全国统一建设、统一管理，并决定由电力部成立全国电网建设总公司，以协调有关网局筹集资金进行建设。

- 12 月 22 日，电力部发布《电业生产事故调查规程》，自 1995 年 4 月 1 日起实施。
- 12 月 30 日，南杨Ⅱ线正式投运行，使上海地区 500 千伏电网形成石洞口发电厂—黄渡变电站—南桥交、直流变电站—杨高变电站 "C" 形双环网。
- 12 月，中国首条 220 千伏紧凑型输电线路 220 千伏安廊（北京安定门—河北廊坊）紧凑型输电线路建成投产。

1995
- 3 月，500 千伏丰沙线建成投产，起于内蒙古丰镇发电厂，止于河北沙岭子发电厂，线路全长 179.7 千米，全线组立铁塔 452 基，它的建成实现了蒙西电网与华北电网 500 千伏的联网。
- 5 月 17 日，四川省和重庆市第一条 500 千伏超高压输电线路——500 千伏自贡—重庆输电工程正式投运，线路全长 151 千米。线路建成为四川和重庆电网与全国大电网的联网奠定了基础。
- 7 月 24 日，天生桥二级水电站及平果变电站扩建完成，天平Ⅱ回变电工程投产，线路长度 315.659 千米，大大提升天生桥送广东、广西的输送稳定极限。
- 9 月，500 千伏昌安Ⅱ回输电工程投产，线路全长 121.6 千米，组立铁塔 307 基。它是完善华北电网 500 千伏 "U" 形双回路环网建设的重点项目。
- 9 月，500 千伏丰同输电工程投产，它是蒙西电网与山西电网的 500 千伏联络线，是将内蒙古电力向华北主网 "西电东送" 的又一条超高压线路。
- 11 月 5 日，国务院以《国务院关于同意成立国家电网建设总公司的批复》（国函〔1995〕107 号），正式批复同意成立国家电网建设有限公司。
- 11 月，国内自行设计、制造、施工的由澄海莱芜至南澳岛第一条 110 千伏海底电缆敷设成功，同年 12 月正式投产运行。
- 12 月 14 日，盘山发电厂第一台 50 万千瓦机组竣工首次并网发电成功，以 500 千伏分别接入北京安定变电站和天津北郊变电站，构成了盘山电厂—北京安定—天津北郊—盘山电厂的三角形闭式环网。
- 12 月 28 日，八届全国人大常委会第十七次会议表决通过了立法过程长达十年的《中华人民共和国电力法》，1996 年 4 月 1 日正式施行。
- 12 月，国务院三峡工程建设委员会下达《关于三峡工程输变电系统设计的批复意见》（国三建委发办字〔1995〕35 号）。

1996
- 3 月 29 日，作为天荒坪抽水蓄能电站配套项目的 500 千伏瓶斗线工程投入运行，线路连接浙江瓶窑变电所和江苏斗山变电所，全长 187 千米，1994 年开工，它的建成使 776 千米的华东 500 千伏环网中间连通，成为 "∞" 形状的两个小环，东环长 488 千米，西环长 662 千米，电网的结构相对加强。
- 4 月 17 日，中华人民共和国国务院第 196 号令发布《电力供应与使用条例》，自 1996 年 9 月 1 日起施行。
- 6 月 18 日，国家电网建设有限公司在北京举行成立大会，国务院副总理邹家华出席并讲话。

- 6 月，电力部出台了《加强电网管理的规定》，强调和明确了电网管理必须贯彻的"统一规划、统一建设、统一调度、统一管理"的"四个统一"方针。
- 7 月 21 日，娄底 500 千伏民丰变电站建成投入运行，加上 1994 年 12 月 21 日投产的 500 千伏五强溪—常德岗市输变电工程和 1995 年 12 月 26 日投产的 500 千伏五强溪—娄底民丰—株洲云田输电线路，将华中 500 千伏电网向南部扩展，保证了五强溪水电厂的电力上网送出。
- 9 月 18 日，横跨甘、宁两省（区）的靖固西线路工程竣工，该工程由甘肃靖远电厂出线，经宁夏 330 千伏固原变电站，至甘肃 330 千伏西峰变电站。它的建成加强了西北电网水火交换能力，为甘肃陇东革命老区和宁夏固原地区的工农业发展发挥了重要作用。
- 11 月，500 千伏平圩—繁昌变电所Ⅱ回输电线路投入运行，标志着皖中地区长期以来用电紧张的状况将得到有力缓解。
- 12 月 7 日，根据《国务院关于组建国家电力公司的通知》（国发〔1996〕48 号），明确由国务院出资设立国家电力公司，采取国有独资的形式。

1997 ·1 月 16 日，国家电力公司成立大会在北京人民大会堂举行。中共中央总书记江泽民、国务院总理李鹏为国家电力公司成立题词，国务院副总理吴邦国出席会议并讲话，为国家电力公司揭牌。国家电力公司首任总经理由电力部部长史大桢兼任，大会上，国家工商行政管理局向国家电力公司颁发了营业执照。国家电力公司的组建成立，标志着中国电力工业管理体制改革正式进入实施阶段。

- 3 月 26 日，500 千伏长寿—万县输变电工程开工建设，标志着整个三峡输变电工程的正式开工建设。次年 6 月 15 日，工程竣工投运。
- 3 月，电力部印发《加强电网调度管理工作的若干规定》，就电网调度的职责和任务、依法调度的具体要求、电网调度的安全生产、电网优化调度作出了细致明确的要求。
- 6 月 6 日，重庆市电力公司作为电力部的下属机构、国家电力公司的全资子公司和重庆市政府的电力主管部门正式成立。
- 12 月 18 日，广东 500 千伏惠汕输变电工程投运，该工程于同年 7 月 25 日通过考评，被认定为全国第一个 500 千伏投产达标输变电工程。
- 12 月 19 日，中国首个采用 500 千伏变电所自动化系统的试点工程——金华双龙变电所全站完成 24 小时试运行后投入运行。
- 12 月，500 千伏伊敏—齐齐哈尔（冯电）—大庆输电线路投产，实现伊敏电厂送出。

1998 ·3 月，九届全国人大一次会议批准国务院机构改革方案，决定撤销电力部，实行政企分开，将电力部的电力行政管理职能移交国家经济贸易委员会，行业管理职能移交给中电联。

- 7 月 18 日，二滩水电站第一条 500 千伏输电工程 500 千伏二自 I 线投入运行，四川第一座 500 千伏自贡变电站也建成投运。

- 8 月 18 日，二滩水电站首台机组正式并网向西南电网送电。

- 12 月 24 日，国务院办公厅转发了《国家经贸委关于深化电力工业体制改革有关问题的意见的通知》（国办发〔1998〕146 号），确定选择上海、浙江、山东、辽宁、吉林、黑龙江六省（直辖市）进行厂网分开、竞价上网的试点单位。

- 12 月 31 日，南郊（吴庄）变电站投运，使 500 千伏南郊—北郊输电线路与 500 千伏蓟县—北郊输电线路相连，形成了天津 500 千伏超高压"U"形环网。

1999

- 4 月，国调积极响应电力市场改革，在全国各级调度机构中率先成立了调度电力市场专业处室，并将工作重点放在电力市场前期的理论准备和对试点单位的指导与服务上。

- 6 月，500 千伏自贡—重庆陈家桥变电站 II 回线路建成，极大地改善了重庆地区的电力网架结构，同时为早日实现"西电东送"迈出了坚实的一步。

- 8 月 19 日，《国家电力公司关于对发电企业实施"公平、公正、公开"调度的原则意见》（国电调〔1999〕403 号）中明确了"三公"的含义、电量计划编制原则以及促进电力市场发展、保护"三公"调度实施、电网安全约束、调度信息公开等原则，推动了依法"三公"调度。

- 10 月，国内首条 500 千伏紧凑型线路 500 千伏昌平—房山线路投运，线路的投运使北京地区形成房山—安定—昌平间的准"双环网"运行格局。

- 12 月 30 日，500 千伏洛阳—郑州输变电工程投入试运行，保证了黄河小浪底水电厂的电力上网送出，将华中 500 千伏电网向北部延伸，扩展到河南省西部地区。

- 12 月，国家电力公司南方公司成立，负责运营南方跨省电网骨干电网和天生桥二级水电站。

2000

- 3 月 5 日，重庆市第一座 500 千伏变电站陈家桥变电站正式带负荷运行，标志着重庆电网进入 500 千伏超高压电网等级。

- 3 月，国务院公布《国民经济和社会发展第十个五年计划纲要》，明确提出："建设西电东送的北、中、南三条大通道，推进全国联网。"

- 8 月，党中央、国务院决定加快"西电东送"建设力度，提出了"十五"计划末向广东送电能力新增 1000 万千瓦的目标。

- 9 月 28 日，国家电力公司发布了《防止电力生产重大事故的二十五项重点要求》。

- 10 月 26 日，江西省 500 千伏输电线路凤南线（凤凰山—南昌）作为全国第一条 500 千伏省际联网线路投入运行，该线路的投运结束江西电网与华中电网以 220 千伏电压等级为联网线路的历史。该线路是三峡水电站水电外送配套项目之一，使鄂赣两地首次实现 500 千伏联网。

- 11 月 5 日，500 千伏宝罗输变电工程建设正式启动，国务院总理朱镕基出席了在

500 千伏宝峰变电站内举行的开工典礼。

· 11 月 30 日，500 千伏三堡串联补偿站串联补偿装置完成全部安装工作并经过永久性区外三相短路故障和区内瞬时性单相故障短路冲击试验。标志着中国首个 500 千伏固定串联补偿站已具备投运条件。

2001 · 1 月 1 日，国家经贸委发布了《电力工业"十五"规划》，明确了电网发展与结构调整目标。

· 5 月 6 日，500 千伏辽（辽宁辽阳变电所）长（长春合心变电所）吉（吉林包家变电所）哈（哈尔滨哈南变电所）佳（佳木斯群林变电所）输变电工程全线施工完毕，是东北电网第一个利用国际金融组织机构贷款的电网建设项目。

· 5 月 13 日，东北、华北联网工程调试工作全部顺利完成，联网的姜绥线路和华北、东北两大电网安全稳定运行。这是中国电力发展史上又一座里程碑，中国第一次以交流方式实现跨大区电网互联。

· 6 月 26 日，天广直流工程极 II（正极）投入运行，使送广东电力容量从 120 万千瓦提高到 300 万千瓦。工程建成投产后，与 500 千伏天广 I、II 回交流输电线路一起，构成中国第一条交直流混合输电通道。

· 6 月，广东省在全国率先实现省级电力体制"厂网分开"改革。广东省电力集团公司拆分成广东省广电集团公司和广东省粤电资产经营公司。

· 8 月 14 日，500 千伏阳（山西阳城）东（明开关站）I 线投运，山西阳城电厂送出输变电工程是中国第一个实施变输煤为煤电并输战略决策的示范性工程，也是第一个以"专厂、专线、专供"，采用 3-2-3 接线加串联补偿的方式，实现"坑口发电，远距离交流输电"的项目。

· 8 月、11 月，国电南方公司先后完成了天生桥一级水电站的移交、天生桥二级水电站独立运行，率先在全国完成厂网分开改革。

· 11 月，500 千伏福州变电站和 500 千伏福州—金华双龙 I 回线路建成，福建电网与华东电网联网成功，福建结束"电力孤岛""大机小网"历史。

· 12 月 15 日，500 千伏重庆长寿变电站建成，该变电站是"西电东送"和三峡水电站电力送出的重要联络站，对"西电东送"及电力传输起着不可或缺的枢纽作用。

· 12 月 28 日，500 千伏重庆万县变电站投入运行。至此，重庆电网已建成 3 座 500 千伏变电站（陈家桥、长寿、万县）和 500 千伏陈家桥—长寿—万县骨干网架，构筑了"西电东送"的又一大通道。

2002 · 4 月 22 日，华中电网由湖北省 500 千伏宜昌斗笠—龙泉二回线、重庆万县—龙泉变电站与川渝电网成功并网运行，华中电网与川渝电网首次成功联网。

· 5 月 27 日 10 时 18 分，华中电网与川渝电网正式通过湖北省斗笠—龙泉—重庆万县的 500 千伏线路联网运行，"川电东送"正式启动。

· 5 月 28 日和 7 月 27 日，阳城电厂 5、6 号机组相继投入商业运营。至此，山西阳城电厂一期工程及其配套送变电工程全部竣工投运，成为全国第一个跨大区远距离超高压交流发输变电工程。

- 6月17日，云南500千伏宝罗输变电工程全部建成投运，云南电网500千伏环网形成，云南向广东送电由220千伏提升到500千伏，云电送粤能力从30万千瓦提升至90万千瓦。

- 6月26日，500千伏天广Ⅲ回交流输变电工程建成投运，新增向广东送电能力70万千瓦。

- 6月，500千伏天广Ⅲ回交流输变电工程建成投产，送电容量增加70万千瓦，"西电东送"广东形成了"三交一直"四条通道。

- 7月，国务院三峡工程建设委员会分别下发了《关于对三峡输变电工程及二次系统调整方案的批复》（国三峡委发办字〔2002〕13号）和《关于三峡—广东直流输电工程纳入三峡输变电工程管理有关问题的批复》（国三峡委发办字〔2002〕29号），正式批复了调整后的三峡输变电工程规模及设计概算，以及二次系统项目及总投资规模。至此，始自1992年、历时11年的三峡输电系统规划设计工作圆满完成。

- 8月15日，500千伏天（500千伏宁波天一变电站）海（500千伏温州瓯海变电站）输电线路开工，该线路是当时浙江500千伏输电距离最长、输电能力最大的输电线路，该工程采用28种塔型，其中浙江省送变电工程公司自行开发研制的60厘米断面悬浮抱杆，成功组立重达92.99吨的SJT3（33）新型全方位转角塔。该工程于2004年1月15日投入运行。

- 12月3日，《750kV变电所设计技术规定（暂行）》（Q/GDW 101—2003）和《750kV架空线路设计技术规定（暂行）》（Q/GDW 102—2003）两项标准审查通过。我国750千伏输变电工程建设技术标准诞生。

- 12月21日，长江三峡龙泉—江苏常州政平的±500千伏直流输变电工程极Ⅰ系统送电成功，标志着三峡首批机组发电前的电力送出工程建设取得了阶段性成果，也标志着中国直流输电技术水平又跨上了一个新台阶。

- 12月29日，国务院电力体制改革工作小组在北京人民大会堂召开中国电力新组建（改组）公司成立大会。国家电网公司、中国南方电网有限责任公司、中国华能集团公司、中国大唐集团公司、中国华电集团公司、中国国电集团公司、中国电力投资集团公司、中国水电工程顾问集团公司、中国电力工程顾问集团公司、中国水利水电建设集团公司、中国葛洲坝集团公司正式宣布成立。新组建（改组）的11家公司正式宣告成立，实现了厂网分开，引入了竞争机制，电力工业在建立社会主义市场经济体制和加快社会主义现代化建设的宏伟事业中，进入了一个新的发展时期。其中，原国家电力公司的华北、东北、华东、华中、西北等电网公司负责的跨省电网、部分省电力公司的电网部分以及相关辅业机构组成国家电网公司，国家电力公司南方分公司负责的南方四省区电网与粤桂滇黔琼五省区电网及相关辅业机构组成南方电网公司。形成了国家电网、南方电网两大电网。

2003 · 3 月 20 日，国家电监会正式挂牌，作为新成立的国务院直属事业单位，开始履行电力监管职能。柴松岳出任电监会主席。

· 6 月，500 千伏贵州—广东交流双回输变电工程投运。

· 7 月 9 日，《国务院办公厅关于印发电价改革方案的通知》（国办发〔2003〕62 号）出台，该方案明确了电价改革的目标、原则和内容。

· 9 月 17 日，中国第一个 750 千伏官亭—兰州东输变电示范工程开工。2005 年 9 月 26 日，工程建成投运，是我国首个 750 千伏输变电工程，为国内电压等级最高、世界上相同电压等级海拔最高的输变电工程。

· 9 月 21 日，500 千伏辛嘉线投入运行，华北电网、华中电网实现联网，至此华北、东北、华中、川渝电网成功实现交流联网运行，一个跨越 14 个省（区、市）、装机容量超过 1.4 亿千瓦的跨区超大规模交流同步电网就此形成。

2004 · 4 月 19 日，云南昆明普吉 35 千伏变电站超导电缆工程投运，高温超导电缆正式挂网运行标志着中国在高温超导产品的研发与应用方面跃居世界领先水平。

· 11 月 3 日，鞍山红一变电站 100 兆伏·安/35 千伏 TCR 型输电网 SVC 国产化示范工程竣工验收，这是第一套在输电网应用的国产化 SVC。

· 11 月 18 日，500 千伏江阴长江大跨越工程竣工投运。该工程的成功建设，标志着处于国际领先水平的中国大跨越建设在技术、工艺水平方面又迈上一个新台阶，在国内电网建设史上具有里程碑意义。

· 12 月 22 日，甘肃成碧 220 千伏国产化可控串联补偿装置工程投入运行，实现了可控串联补偿装置的国产化。

· 12 月，国家电力监管委员会发布 5 号令《电力二次系统安全防护规定》。

2005 · 2 月 15 日，《中华人民共和国电力监管条例》（国务院令第 432 号）正式公布，并自 2005 年 5 月 1 日起施行。

· 3 月 1 日，山东聊城 500 千伏变电站和河北辛安 500 千伏变电站辛聊Ⅰ、Ⅱ线成功投运，标志着山东电网与华北电网正式联网，也宣告了山东作为独立省网时代的结束。

· 6 月，500 千伏天广Ⅳ回交流输变电工程建成投运。

· 12 月 30 日，青藏铁路格尔木—拉萨段 110 千伏供电工程投运。

2006 · 1 月 18 日，中国第一个 500 千伏电网区域控制中心——南宁区域控制中心投运。

· 4 月，国家电网公司国网北京经济技术研究院成立。

· 8 月 30 日，500 千伏陕西神木—山西忻州—河北石北输变电工程竣工投产，形成了 500 千伏陕西神木—山西忻州—河北石家庄北输电通道，是西北与华北"西电东送"的标志性工程。

· 9 月 28 日，全国首座全户内变电站——500 千伏北京朝阳变电站开始建设，于 2009 年 7 月 23 日建成投运。

· 10 月 18 日，中国首座 500 千伏"两型一化"无人值班试点变电所——无锡惠泉变电所正式开工，12 月 29 日建成投运。

- 11 月 7 日，国家电监会印发了《并网发电厂辅助服务管理暂行办法》，以保障电力系统安全、优质、经济运行，规范辅助服务管理，促进电力工业健康发展。

- 12 月 31 日，国家电网公司完成 FACTS 系列试验方法研究和成套试验装备的研制，彻底打破了跨国公司在该领域的垄断。

- 12 月，山西 500 千伏忻都（忻州）开关站分级式可控并联电抗器示范工程投运，是世界首套 500 千伏分级式可控并联电抗器。

2007
- 1 月 1 日，开始施行国家电监会发布的第 22 号主席令《电网运行规则（试行）》。根据本规则，电网企业及其电力调度机构、电网使用者和相关单位应当共同维护电网的安全稳定运行。电网运行实行统一调度、分级管理。国家电监会及其派出机构依法对电网运行实施监管。

- 2 月，华北电网 AVC 系统（主站和一期试点子站）正式投入闭环运行，成为中国第一个区域电网 AVC 系统。

- 6 月 20 日，国家电网公司重大科技创新项目——江苏电网安全稳定实时预警及协调防御系统（EACCS）投入试运行，标志着中国大电网安全稳定控制关键技术取得重大突破。

- 7 月 26 日，中俄 ±500 千伏直流联网黑河背靠背直流输电工程黑河换流站开工。该换流站与俄罗斯远东电网 500 千伏阿穆尔变电站和黑龙江电网 500 千伏兴福变电站相连接，本期换流容量 75 万千瓦。

- 8 月 2 日，国务院办公厅同意并印发《节能发电调度办法（试行）》。明确节能发电调度是指在保障电力可靠供应的前提下，按照节能、经济的原则，优先调度可再生发电资源，按机组能耗和污染物排放水平由低到高排序，依次调用化石类发电资源，最大限度地减少能源、资源消耗和污染物排放。

- 9 月 30 日，全球首套 500 千伏磁控式可控并联电抗器——湖北荆州 500 千伏江陵换流站磁控式可控高压电抗器示范工程正式投运。

- 11 月 2 日，500 千伏罗平—百色第 Ⅱ 回输变电工程建成投运，该工程是我国第一次在高海拔地区、长距离线路中采用紧凑型输电技术，也是南方电网公司首条 500 千伏紧凑型线路。

- 11 月 7 日，国家电监会印发了《并网发电厂辅助服务管理暂行办法》（电监市场〔2006〕43 号）。

- 11 月 16 日，新疆 220 千伏电网实现联网，成为世界上 220 千伏电网覆盖面积最广的区域性电网。

- 12 月 1 日，国家发展改革委发布的《电网运行准则》（DL/T 1040—2007）正式实施。

- 12 月 20 日，国务院长江三峡三期输变电工程验收组完成了对长江三峡三期输变电交流工程、二次系统工程的总体验收考核及三峡—上海 ±500 千伏直流输电工程的终验。

2008 · 春节前后，粤、桂、黔、湘、赣等南方省区遭受严重雨雪冰冻灾害，西电东送通道及部分地区电网遭受严重破坏，南方电网、国家电网及解放军、武警部队和干部群众的全力抢修，恢复电网和供电。

· 3 月 19 日，中电联发布了《电力系统受雨雪冰冻灾害影响情况报告》。

· 3 月，750 千伏兰州东—白银—银川东输变电工程投运。银川东 750 千伏变电站是当时国内同级变电站中单台主变压器容量最大，也是当时亚洲建设规模最大的变电换流站。

· 5 月，南瑞集团有限公司（国网电力科学研究院）成立。

· 7 月 18 日，500 千伏贵州施秉—广东贤令山交流双回输变电工程全线投运。

· 8 月 8 日，国家能源局正式挂牌运行。

· 10 月，西藏拉萨当雄县羊八井高海拔试验基地建成，是世界上海拔最高（4300米）的电力试验研究基地。

· 11 月 24 日，东北—华北电网交流改直流联网工程，即高岭换流站背靠背扩建工程，正式投入运行。

· 12 月，特高压交流试验基地具备全部试验功能。在外绝缘特性试验的条件、污秽试验能力等方面创造了 12 项世界第一。

2009 · 1 月 6 日，1000 千伏晋东南—南阳—荆门特高压交流试验示范工程正式投运，标志着中国在特高压核心技术和设备国产化上取得重大突破。

· 2 月 22 日，特高压交流试验基地顺利通过国家电网公司组织的技术验收和工程验收。

· 5 月 25 日，750 千伏兰州东—平凉—乾县输变电工程投运，标志着陕西电网进入 750 千伏超高压时代。

· 6 月 18 日，华东海宁（由拳）500 千伏智能变电站投运，是国家电网公司第一座基于 IEC 61850 的 500 千伏数字化变电站。

· 7 月 9 日，芝堰 500 千伏变电站投运，是国家电网公司首座 500 千伏智能型数字化变电站。

· 8 月，国家电网公司组建国家电网能源研究院，定位于"公司综合性能源研究智库和能源研究交流平台"。

· 12 月 28 日，世界上第一个 ±800 千伏特高压直流输电工程、国家"十一五"建设的重点工程及直流特高压输电自主化示范工程——云南至广东特高压直流输电工程实现单极投运。翌年 6 月双极投运。

2010 · 1 月 19 日，国网舟山市供电公司成立海洋输电研究所。2010 年 11 月 18 日，更名为海洋输电技术研究中心，是国内唯一专业从事海洋输电领域技术研究的机构，依托中心组建海洋输电工程技术实验室，2015 年 8 月 3 日获计量认证（CMA），2017 年 2 月 22 日获实验室认证（CNAS）。

- 1 月 22 日，正式成立国家能源委员会。
- 4 月 11 日，西北—华中（四川）直流联网工程双极投产，是实现西北电网与华中（四川）电网更大范围内的资源优化配置，增强两大电网水火互济能力、跨大区、跨流域调节能力和事故支援能力，提高电网抗灾能力和可靠供电。
- 4 月 16 日，静安（世博）500 千伏智能变电站投运，是国内首座超大容量、多电压等级、全地下、全数字智能化变电站。
- 7 月 8 日，向上工程正式投入商业运行，是当时世界上电压等级最高、输送容量最大、输送距离最远、技术水平最先进的高压直流输电工程。
- 7 月，广东珠海东澳岛智能微电网工程建成投运，是中国首个基于海岛的兆瓦级"风、光、柴、蓄"智能微电网项目。
- 9 月 28 日，呼伦贝尔—辽宁±500 千伏直流输电工程竣工投运，工程投运后，实现了呼伦贝尔地区风、火打捆外送，促进了绿色能源在更大范围消纳，推动国家能源结构调整，为缓解东北老工业基地环境压力发挥了巨大作用。
- 11 月 3 日，新疆电网与西北联网的核心工程——750 千伏永登—金昌—酒泉—安西—哈密输变电工程投入运行，标志着中国已经掌握了远距离、大容量、低损耗 750 千伏电网核心技术。
- 11 月 28 日，中俄直流背靠背联网工程 500 千伏输电线路黑龙江大跨越工程正式竣工，同年 12 月，中国首个跨国输电工程——中俄±500 千伏直流联网黑河背靠背直流输电工程完成全部调试项目，正式投入运行。
- 12 月，广东与云南、贵州两省分别签署"十二五"云电送粤、黔电送粤框架协议。按照"长期合作、互惠互利、风险共担、利益共享"的基本原则，形成了政府主导、企业参与的长期框架协议的区域电力跨省交易模式。
- 12 月，中国首个具有完全自主知识产权的±800 千伏/4750 安特高压直流换流阀研制成功。

2011
- 1 月 10 日，750 千伏吐鲁番—巴音郭楞输变电工程的建成，缩短了新疆南北疆电网的电气联系。
- 2 月 28 日，宁东—山东±660 千伏直流输电示范工程投运，是"西电东送"的北通道，是缓解山东的用电紧张状况的重要措施之一。
- 3 月 1 日，洛川 750 千伏智能变电站投运，是当时世界上电压等级最高的智能变电站。
- 3 月 14 日，十一届全国人大四次会议批准的《中华人民共和国国民经济和社会发展第十二个五年规划纲要》（"十二五"规划），明确"发展特高压等大容量、高效率、远距离先进输电技术"。
- 4 月，葛沪直流综合改造（三沪Ⅱ回直流）及三峡地下电站送出工程投产。
- 7 月 7 日，国务院颁布《电力安全事故应急处置和调查处理条例》（国务院 599 号令），自当年 9 月 1 日起施行。

- 7 月，亚洲首条柔性直流示范工程±30 千伏/20 兆瓦上海南汇风电场柔性直流输电示范工程并网运行。
- 8 月，西藏中部 220 千伏电网工程作为青藏电力联网工程的配套落地工程相继建成，在拉萨地区全面形成了 220 千伏环形主网架。
- 9 月 19 日，中新天津生态城智能电网综合示范工程投运，是当时世界上覆盖区域最广、功能最齐全的智能电网示范区。
- 9 月 25 日，750 千伏西宁—日月山—海西—柴达木输变电工程投运，是青海 750 千伏骨干网架。
- 9 月 28 日，由国务院国资委出资组建的中国能源建设集团有限公司和中国电力建设集团有限公司在北京成立。
- 11 月 2 日，国家电监会颁布《输配电成本监管暂行办法》。
- 11 月，"西电东送"基地陕西电网 750 千伏"三站五线"工程全面建成。
- 12 月 8 日，长春南（金城）500 千伏智能变电站投运，是第一座完整意义上的 500 千伏智能变电站。
- 12 月 9 日，青海—西藏±400 千伏直流联网工程投运，从根本上解决西藏缺电问题，促进青海、西藏经济社会和谐发展，也是迄今为止世界最高海拔和高寒地区建设的规模最大的输变电工程。
- 12 月 9 日，1000 千伏晋东南—南阳—荆门特高压交流试验示范工程扩建工程完成系统调试和 168 小时试运行。
- 12 月 16 日，我国自主研发投建的 1000 千伏晋东南—南阳—荆门特高压交流试验示范工程扩建工程正式投入运行，成为目前世界上运行电压最高、输电能力最强、技术水平最先进的交流输电工程。

2012
- 1 月 6 日，敦煌 750 千伏变电站在 750 千伏母线装设 300 兆乏的 4 级可控电抗器投运，为世界首套 750 千伏分级式可控并联电抗器。
- 2 月，国家电网公司启动对中国电科院的科研产业重组整合工作。
- 4 月 26 日，广东电网 500 千伏惠茅线改造工程投运。
- 5 月，国网智能电网研究院成立，2016 年更名为全球能源互联网研究院。
- 7 月 15 日，国内首台智能移动变电站——大连 66 千伏智能车载变电站在富岭 66 千伏变电站投入使用。
- 9 月 19 日，四川藏区民生工程"新都桥—甘孜—石渠"联网工程竣工投运，是落实党中央、国务院实施"西部大开发"战略的举措之一，是国家电网公司加快藏区电网建设的重要任务。
- 11 月 26 日，广州 110 千伏尖峰变电站投运，是南方电网公司第一个按照 3C 绿色标准建设的智能变电站。
- 11 月 28 日，朝阳何家 220 千伏变电站投运，是国内首座高度集成的智能化变电站。
- 12 月 7 日，国家电监会出台《跨省跨区电能交易基本规则（试行）》。

- 12 月 12 日，锦苏工程投入商业运行。
- 国家公司组织开展《智能电网全面建设行动计划》。

2013
- 3 月 14 日，根据《国务院机构改革和职能转变方案》，将国家能源局、国家电力监管委员会的职责整合，重新组建国家能源局，由国家发展改革委管理。不再保留国家电力监管委员会。
- 5 月，750 千伏新疆凤凰—乌苏—伊犁输电工程投运，是新疆"疆电东送"工程的重要组成部分。
- 6 月 27 日，新疆电网与西北主网联网 750 千伏第二通道工程投产。改变新疆、青海与西北主网的长链式网架结构，形成覆盖新疆、甘肃、青海的 750 千伏双环网。
- 7 月 1 日，袍兴（南）220 千伏智能变电站投运，是国内首座 220 千伏配送式智能变电站。
- 9 月 25 日，淮南—上海特高压交流输变电示范工程投运，是世界首条同塔双回路特高压交流输变电工程。
- 12 月 17 日，重庆大石 220 千伏智能变电站投运，是国家电网公司首座 220 千伏新一代智能变电站。
- 12 月 25 日，世界首个多端柔性直流输电工程——南澳岛±160 千伏多端柔性直流输电示范工程正式投运。中国成为世界上第一个完全掌握多端柔性直流输电成套设备设计、试验、调试和运行全系列核心技术的国家。

2014
- 1 月 27 日，哈密—郑州±800 千伏特高压直流输电工程投运，首次将输送容量提升到 800 万千瓦，为当时世界上输送功率之最。
- 5 月，国家能源局下发了《国家能源局关于加快推进大气污染防治行动计划 12 条重点输电通道建设的通知》。
- 6 月 13 日，习近平总书记在中央财经领导小组第六次会议上提出新时代能源安全战略"四个革命、一个合作"。
- 6 月 25 日，溪洛渡右岸—广东±500 千伏同塔双回直流输电工程全面建成并投运，是当时世界上输电容量最大、输电距离最长的同塔双回直流输电工程。
- 6 月 25 日，500 千伏北京海淀输变电工程投运。该工程是国内首座由两个贴建的独立建筑物组成的全户内设计，也是首次采用地源热泵空调系统、首次在北京市采用直径 5.4 米（管片）盾构进行电力隧道的施工（盾构隧道为"十字形"内部结构）、首次使用 500 千伏国产电缆、国产附件、首次采用 $1.7U_e$ 交流耐压试验验证的长距离 500 千伏电缆工程。
- 6 月 26 日，750 千伏兰州东—天水—宝鸡输变电工程投运。
- 7 月 3 日，溪浙工程投运，首次实现了高端换流变压器自主研发和设计制造，首次解决了大电流下设备接头发热的问题。
- 7 月 4 日，浙江舟山±200 千伏五端柔性直流输电工程投运，是世界上电压等级最高、端数最多、单端容量最大的多端柔性直流输电工程。

- 8 月 30 日，750 千伏库车—巴音郭楞输变电工程建成投运，该工程是南疆首条特高压输电线路，对提升新疆电网的输送能力和安全运行水平，提高向南疆四地州输电能力有重要意义。
- 9 月 29 日，500 千伏福建沿海第二通道输变电工程投运。
- 11 月 7 日，全国第一个水下电力机器人在浙江省舟山海域试验成功。
- 11 月 20 日，川藏电力联网工程投运，从根本上解决工程沿线无电地区的通电问题，标志着西藏昌都市结束了长期孤网运行的历史，彻底解决西藏昌都和四川甘孜州南部地区 145 万人口的用电需求。
- 12 月 26 日，浙福工程投运。
- 2015 · 3 月 15 日，《中共中央 国务院关于进一步深化电力体制改革的若干意见》（中发〔2015〕9 号）。
- 4 月 25 日，江苏 500 千伏扬州北变电站建成投运，是扬州地区首个 500 千伏智能变电站工程。
- 6 月 3 日，酒湖工程正式开工。
- 6 月 20 日，中国首个滩涂输变电工程——广东 500 千伏东海岛输变电工程投运。
- 7 月 6 日，国家发展改革委、国家能源局下发《关于促进智能电网发展的指导意见》（发改运行〔2015〕1518 号）。
- 7 月 31 日，沙湖 750 千伏智能变电站投运，是宁夏首座 750 千伏智能变电站，是当时宁夏电网建设史上投资最大、建设规模最大、参与人数最多的输变电工程。
- 8 月 30 日，糯扎渡送电广东±800 千伏特高压直流输电工程（又称云南普洱—广东江门±800 千伏特高压直流输电工程）竣工投运。
- 9 月，先进输电技术国家重点实验室、新能源与储能运行控制国家重点实验室、智能电网保护和运行控制国家重点实验室、电网输变电设备防灾减灾国家重点实验室、电网环境保护国家重点实验室、直流输电技术国家重点实验室获科技部正式批准建设。
- 11 月 4 日，国家电网公司召开"两交一直"（淮南—南京—上海、锡盟—山东、宁东—浙江）特高压工程开工动员大会，三项特高压工程是国家大气污染防治行动计划 12 条重点输电通道中首批获得核准并率先开工建设的特高压工程，标志着特高压电网进入全面大规模建设和加快发展的新阶段。
- 11 月 29 日，勤丰 220 千伏智能变电站投运，是浙江省首座 220 千伏智能光伏变电站，采用自主设计、研发的变电站 GIS 垂直出线关键技术。
- 12 月 17 日，厦门柔性直流输电科技示范工程投运，是世界上电压等级最高、输送容量最大的真双极接线柔性直流输电工程。
- 2016 · 2 月 26 日，国家发展改革委、国家能源局印发《关于北京、广州电力交易中心组建方案的复函》，3 月 1 日，北京、广州两电力交易中心挂牌运营。
- 5 月 12 日，崇明智能电网综合示范工程顺利通过科技部的课题验收。

- 6 月 29 日，永富直流工程投运，是南方电网同类项目建设最快的工程。
- 6 月 30 日，云南电网与南网主网鲁西背靠背直流联网一期工程常规单元建成投产，8 月 29 日柔性直流单元投产，9 月 18 日正式运行，国内首个省级电网与大区域电网实现异步互联。
- 11 月 7 日，国家发展改革委、国家能源局发布《电力发展"十三五"规划（2016—2020 年）》。
- 11 月 22 日，750 千伏伊犁—库车输变电工程投运，是新疆首条跨越冰川和高山冻土区的 750 千伏输电线路。
- 11 月 30 日，浙江舟山±200 千伏直流断路器示范工程，世界首个五端柔性直流输电工程——舟山柔直工程舟定换流站，国产全球首套高压直流断路器安装完毕并顺利完成现场交接试验，即将为舟山多端柔直系统稳定运行提供有力保障。
- 12 月 5 日，江苏 500 千伏扬州北变电站工程获得 2016—2017 年度中国建设工程鲁班奖、2016 年度中国电力优质工程奖，是扬州地区投运的首个 500 千伏智能变电站工程。
- 12 月 11 日，国家风光储输示范工程荣获第四届中国工业大奖。
- 12 月 23 日，青海电网与果洛联网工程建成投运。
- 12 月 29 日，浙江舟山±200 千伏直流断路器示范工程投运，世界首台±200 千伏高压直流断路器带电投运。
- 12 月 30 日，750 千伏太阳山—六盘山—平凉输变电工程投运，是宁夏与西北主网联系的第二条大动脉。

2017
- 1 月 9 日，国家科学技术奖励大会在北京人民大会堂隆重举行并颁发 2016 年度国家科学技术奖。其中，"互联电网动态过程安全防御关键技术及应用"项目获国家科学技术进步奖一等奖，"±800 千伏特高压直流输电换流阀关键技术及应用"项目获国家技术发明奖二等奖，"变压器潜伏性缺陷的油中气体检测技术及应用"等电力项目获国家科学技术进步奖二等奖。
- 2 月 22 日，全球能源互联网发展合作组织在北京发布《全球能源互联网发展战略白皮书》，提出分国内互联、洲内互联和洲际互联三个阶段构建全球能源互联网的路线图。会上还发布了《跨国跨洲电网互联技术与展望》和《全球能源互联网发展与展望（2017）》。
- 4 月 22 日，平鲁—雁同两回 500 千伏线路建成投运，提升山西电网北电南送的能力。
- 4 月 30 日，郭隆 750 千伏输变电工程投运，是当时世界上同电压等级建设规模最大的变电站。
- 6 月 17 日，青海开展"绿电 7 日"全清洁能源供电实践。
- 6 月 26 日，云南电网与南网主网鲁西背靠背直流联网二期扩建工程投运，标志着世界首个柔性直流和常规直流混合背靠背换流站建成投运。
- 6 月 26 日，酒湖工程投运，是世界上首条以输送新能源为主的特高压直流输电工程。

- 6 月 27 日，晋北—江苏±800 千伏特高压直流输电工程投运。
- 6 月 28 日，国家能源局正式公布首批 55 个"互联网+"智慧能源（能源互联网）示范项目。
- 8 月 14 日，1000 千伏榆横—潍坊特高压交流输变电工程投运。
- 8 月，南方电网公司发布《南方电网"十三五"智能电网发展规划研究报告》。
- 9 月 26 日，辽宁中部双环网全面形成。9 月 28 日，辽宁中部双环网内环形成。
- 9 月 30 日，锡盟—泰州±800 千伏特高压直流输电工程投运。
- 11 月 6 日，利州 500 千伏变电站获得鲁班奖，实现东北区域电网工程奖项"零"突破。
- 12 月 19 日，苏州南部电网 500 千伏 UPFC 示范工程投运。
- 12 月 21 日，由国家电网公司与巴西国家电力公司联合投资建设的巴西美丽山±800 千伏特高压直流输电一期工程正式投运，标志着中国特高压"走出去"的首个项目正式投入商业运行。
- 12 月 27 日，滇西北—广东±800 千伏特高压直流输电工程双极低端投运，开始向珠三角负荷中心地区输送清洁水电。至此，列入国家大气污染防治行动计划的 12 条重点输电通道全部建成。
- 12 月 31 日，扎鲁特—青州±800 千伏特高压直流输电工程投运。
- 12 月，中国首批 SF_6/N_2 混合气体 GIS 母线完成试点应用。

2018
- 1 月 8 日，中共中央、国务院在北京举行国家科学技术奖励大会，颁发 2017 年度国家科学技术奖。国家电网公司、南方电网公司等单位完成的"特高压±800 千伏直流输电工程"项目获国家科学技术进步奖特等奖，"支撑大电网安全高效运行的负荷建模关键技术与应用""大规模风电联网高效规划与脱网防御关键技术及应用""特大型交直流电网技术创新及其在国家西电东送中的应用"等项目获国家科学技术进步奖二等奖。
- 3 月，1000 千伏北京西—石家庄特高压交流输变电工程开工建设。
- 4 月，世界上首次研制成功特高压 GIL 设备。
- 5 月 18 日，世界海拔最高、设防抗震级别最高的特高压直流输电工程——滇西北—广东±800 千伏特高压直流输电工程全面投产运行，新增"西电东送"能力 500 万千瓦。
- 5 月，1000 千伏山东—河北环网特高压交流输变电工程全面开工建设。
- 6 月 20 日，青海开展"绿电 9 日"全清洁能源供电。
- 7 月 18 日，±500 千伏金中直流工程投运，是全国首条落点广西的±500 千伏直流输电工程，解决了金沙江中游电站弃水问题，把云南的清洁水电输送到广西柳州用电负荷中心，满足柳州及周边持续增长的用电需要。
- 8 月 24 日，《国家能源局关于推行电力业务许可办理"最多跑一次"的实施意见》

（国能发资质〔2018〕66 号）印发。

- 8 月 31 日，南方（以广东起步）电力现货市场试运行启动会在广州召开。这是全国首个投入试运行的电力现货市场，标志着广东电力市场体系基本建成。
- 10 月 18 日，"一带一路"能源部长会议和 2018 年国际能源变革论坛在苏州召开，同里未来能源自由交换示范区（综合能源服务中心）正式启用，对外开放。
- 10 月 22 日，特高压泰州换流站调相机工程正式投运。
- 10 月，全球首个 252 千伏百千安级大容量短路电流开断装置应用于广州芳村 220 千伏变电站。
- 11 月 7 日，青豫直流工程开工建设。
- 11 月 9 日，750 千伏青海日月山—海西—柴达木串联补偿工程投运。
- 11 月 23 日，藏中电力联网工程投产。
- 11 月，1000 千伏蒙西—晋中特高压交流输变电工程开工建设。
- 12 月 6 日，全球首个 SSSC 在天津正式投运。
- 12 月 25 日，许继集团参与建设的青海海西多能互补集成优化示范工程 50 兆瓦/100 兆瓦·时储能系统并网发电，是目前国内最大的发电侧电化学储能项目，有力促进新能源消纳。

2019
- 1 月 8 日，中共中央、国务院在北京举行国家科学技术奖励大会，颁发 2018 年度国家科学技术进步奖。国家电网公司、南方电网公司等单位完成的"复杂电网自律—协同自动电压控制关键技术、系统研制与工程应用" 项目获国家科学技术进步奖一等奖，"电力系统接地基础理论、关键技术及工程应用""国家工频高电压全系列基础标准装置关键技术与工程应用""我国首座大型海上风电场关键技术及示范应用""交直流电力系统连锁故障主动防御关键技术与应用""高效低风速风电机组关键技术研发和大规模工程应用""超、特高压变压器/电抗器出线装置关键技术及工程应用""300 米级特高拱坝安全控制关键技术及工程应用""复杂大电网时空信息服务平台关键技术与应用"项目获国家科学技术进步奖二等奖。
- 1 月 9 日，《国家能源局综合司关于做好低温雨雪冰冻灾害防范应对工作的通知》（国能综通安全〔2019〕4 号）印发。
- 1 月 11 日，上海庙—山东±800 千伏特高压直流输电工程投运。
- 1 月 15 日，500 千伏浙江舟山联网输变电工程投运。
- 1 月 25 日，中国首例基于 5G 网络的智能分布式配电网差动保护业务外场测试完成。
- 2 月 21 日，国务院国资委发布《世界一流企业评价对标研究：指标、标杆与实例（2018）》，国家电网公司在电力供应业世界一流企业评价中，综合排名第一，连续四年达到世界一流标准。
- 5 月 30 日，全国第二条 500 千伏超高压、长距离、大容量的跨海联网工程——南方主网与海南电网第Ⅱ回联网工程投运，海南岛与大陆实现了双回线路联网。
- 6 月 9 日，青海实现全省连续 15 天采用清洁能源供电。

- 6 月 14 日，中国首例"特高压＋5G"基站在古泉换流站落成，成功实现了站内 4K 高清监控视频信号的实时回传和巡检机器人的远程监控，为站内各类监测监控系统和智能运维系统提供无线接入通道。
- 6 月，1000 千伏雄安—石家庄交流特高压工程建成投运，在京津冀鲁地区构建了世界上首个特高压交流环网。
- 6 月，渝鄂直流背靠背联网工程全面投运。
- 6 月，陕北风电基地 750 千伏集中送出工程投运。
- 9 月 26 日，苏州—南通±1100 千伏特高压直流输电工程、苏通 1000 千伏特高压交流 GIL 综合管廊工程竣工投产。
- 9 月，西藏阿里电力联网工程开工。
- 10 月 23 日，世界银行发布《全球营商环境报告 2020》，中国"获得电力"指标排名上升至第 12 位。
- 10 月 25 日，巴西矿产能源部与中国国家电网公司主要领导在北京人民大会堂共同签署了巴西美丽山水电特高压直流送出二期项目运行许可，标志着该项目由此全部正式投入商业运行。
- 11 月 30 日，自主可控全国产化超高压继电保护成套装置在江苏茅山 500 千伏变电站和武南 500 千伏变电站成功挂网试运行。
- 11 月，昆柳龙直流工程首台±800 千伏柔性直流换流阀实现工程应用。
- 11 月，中国首座智慧变电站——商西 110 千伏智慧变电站建成。
- 12 月 25 日，巴西美丽山水电特高压直流送出二期项目投运。
- 12 月 25 日，中国首座氢电油气综合能源站在山西长治投运。
- 12 月，南方电网首个 5G 变电站——深圳鹏城 500 千伏变电站运行。
- 12 月，1000 千伏蒙西—晋中特高压交流输变电工程建成投运。
- 12 月，全线路应用碳纤维复合导线的 1000 千伏锡盟—山东特高压交流输变电工程配套工程并网投运。

2020
- 1 月 19 日，《区域电网输电价格定价办法》《省级电网输配电价定价办法》正式发布。
- 2 月 28 日，陕北—湖北±800 千伏特高压直流工程开工建设。
- 3 月 16 日，国家电网有限公司提出建设"具有中国特色国际领先的能源互联网企业"新战略目标。
- 4 月，中国电科院和国网青海省电力公司攻克了高海拔地区超/特高压交直流输变电工程间隙外绝缘配置的难题，提出了海拔 5500 米及以下地区交直流输变电工程设计的外绝缘参数，为高海拔地区超高压/特高压工程设计、建设与运维检修提供技术支撑。
- 6 月 11 日，世界首个±500 千伏三端直流工程——云贵互联通道工程三端双极投运。
- 6 月 29 日，世界首个具有网络特性的 500 千伏张北柔直工程建成投运，接入北京电网。

· 7月6日，首座110千伏数字孪生变电站在上海浦东临港区正式投入运行。

· 7月15日，无人机结合电动升降装置进出等电位作业法成功应用于±1100千伏特高压输电线路带电作业消缺。

· 8月25日，国产绝缘料±535千伏直流电缆型式试验在国网舟山供电公司海洋输电工程技术实验室顺利完成。

· 9月4日，《2019年浙江省电动汽车充电基础设施发展白皮书》正式发布。

· 9月22日，电力北斗地基增强站在国网合肥始信路"七站融合"示范站正式建成。

· 10月23日，首套故障录波器远控消缺装置投用。

· 12月27日，国家"西电东送"重点工程——乌东德电站送电广东、广西特高压多端柔性直流示范工程投运，该工程创造了19项世界第一。

附　录

附录 A　国际上电网电压等级升级简表

表 A.1　　　　　　　　　　　国际上电网电压等级升级简表

年份	电压等级	代表工程项目
1916	132 千伏	美国建成 132 千伏线路
1923	230 千伏	美国建成 230 千伏线路
1937	287 千伏	美国建成 287 千伏线路
1952	380 千伏	瑞典建成 380 千伏超高压输电线路
1954	345 千伏	美国建成 345 千伏线路
	±100 千伏直流	瑞典建成 ±100 千伏直流海底电缆工程,这是世界上第一个工业性高压直流送电工程
1956	400 千伏	苏联建成 400 千伏线路,1959 年升压到 500 千伏,这是世界上首次使用 500 千伏输电
1965	735 千伏	加拿大首先建成 735 千伏
1967	750 千伏	苏联建成 750 千伏试验线路
1969	765 千伏	美国建成 765 千伏
1985	1150 千伏	苏联建成哈萨克斯坦火电基地——欧洲的 1150 千伏输电工程,后因苏联解体、线路雷击跳闸率过高而分段降压运行

注　根据《特高压交直流电网》《世界大型电网发展百年回眸与展望》等整理。

附录 B　中国电网电压等级升级简表

表 B.1　　　　　　　　　　　　中国电网电压等级升级简表

年份	电压等级	代表工程项目	年份	电压等级	代表工程项目
1908	22 千伏	建成石龙坝—昆明 22 千伏线路	1972	330 千伏	建成 330 千伏刘家峡—天水—关中输变电工程，将刘家峡的水电送到关中和天水，将陕西、甘肃两省以 330 千伏连接起来，为西北陕甘宁青 330 千伏电网奠定基础；逐步形成西北 330 千伏骨干网架
1921	33 千伏	建成石景山—北京城区 33 千伏线路
1933	44 千伏	建成抚顺电厂 44 千伏出线
1934	66 千伏	建成延边—老头沟 66 千伏线路	1981	500 千伏	建成我国第一条 500 千伏线路，姚孟—双河—武昌—凤凰山；此后，各区域电网经过 20 年的发展，基本建成 500 千伏主网架
1935	154 千伏	建成抚顺电厂—鞍山 154 千伏线路
1941	220 千伏	水丰水电—鞍山，东北第一条 220 千伏输电线路	1989	±500 千伏直流	建成葛洲坝—上海±500 千伏直流，实现华中华东直流联网
1943	110 千伏	建成镜泊湖—延边 110 千伏线路	2005	750 千伏	我国第一条 750 千伏线路兰州东—青海官亭示范工程建成；2010 年西北 750 千伏主网架基本建成
1952	110 千伏	以自己技术建设 110 千伏线路；并形成京津唐 110 千伏输电网	2008	1000 千伏	建成 1000 千伏晋东南—南阳—荆门特高压输电示范工程，实现华北与华中特高压联网
1954	220 千伏	建成丰满—李石寨 220 千伏线路；并逐步形成东北 220 千伏电网	2010	±800 千伏直流	建成向家坝—上海、云南—广东±800 千伏直流

注　《特高压交直流电网》《世界大型电网发展百年回眸与展望》等整理。

附录 C　截至 2019 年中国电网规模

表 C.1　　　　　　　　　　　220 千伏及以上输电线路回路长度

电压等级（千伏）	长度（千米）
合计	754 785
1. 直流	41 721
±1100	608
±800	21 954
±660	2091
±500	15 428
±400	1640
2. 交流	713 064
1000	11 709
750	22 198
500	193 867
330	32 493
220	452 795

表 C.2　　　　　　　　　　　220 千伏及以上电网变电（换流）容量

电压等级（千伏）	容量（万千伏·安）
合计	426 392
1. 直流	36 038
±1100	1800
±800	17 824
±660	1920
±500	13 353
±400	1141
2. 交流	390 354
1000	16 200
750	17 780
500	143 905
330	11 572
220	200 897

表 C.3　　　　　　　已投运的特高压工程（截至 2019 年年底）

类型	序号	电压等级（千伏）	工程起落点	开工日期	投运日期
交流	1	1000	晋东南—南阳—荆门	2006 年 12 月	2009 年 1 月
	2	1000	淮南—浙北—上海	2011 年 10 月	2013 年 9 月
	3	1000	浙北—福州	2013 年 4 月	2014 年 12 月
	4	1000	锡盟—山东	2014 年 9 月	2016 年 7 月
	5	1000	淮南—南京—上海	2014 年 7 月	2016 年 11 月
	6	1000	蒙西—天津南	2015 年 3 月	2016 年 11 月
	7	1000	锡盟—胜利	2016 年 4 月	2017 年 6 月
	8	1000	榆横—潍坊	2015 年 5 月	2017 年 8 月
	9	1000	雄安—石家庄	2018 年 3 月	2019 年 6 月
	10	1000	潍坊—石家庄	2018 年 5 月	2019 年 12 月
直流	1	±800	云南—广州	2006 年 12 月	2010 年 6 月
	2	±800	向家坝—上海	2008 年 12 月	2010 年 7 月
	3	±800	锦屏—苏州	2009 年 12 月	2012 年 12 月
	4	±800	普洱—江门	2011 年 12 月	2013 年 9 月
	5	±800	哈密南—郑州	2012 年 5 月	2014 年 1 月
	6	±800	宜宾—金华	2012 年 7 月	2014 年 7 月
	7	±800	灵州—绍兴	2014 年 11 月	2016 年 8 月
	8	±800	酒泉—湖南	2015 年 6 月	2017 年 6 月
	9	±800	晋北—南京	2015 年 6 月	2017 年 6 月
	10	±800	锡盟—泰州	2015 年 12 月	2017 年 9 月
	11	±800	扎鲁特—青州	2016 年 8 月	2017 年 12 月
	12	±800	上海庙—山东	2015 年 12 月	2017 年 12 月
	13	±800	滇西北—广东	2016 年 2 月	2018 年 5 月
	14	±1100	昌吉—古泉	2016 年 1 月	2019 年 9 月

索　引

J

K

L

T

W

X

后　记

　　为庆祝伟大的中国共产党建党百年，受中国电力企业联合会委托，国家电网有限公司（简称国家电网公司）组织相关单位共同编撰了《中国电力工业史 电网与输变电卷》。我们将这本全面反映中国百年电力工业电网与输变电领域发展脉络和奋斗历程的专史奉献给广大读者，期望能起到存史育人、传承发展的作用。

　　2019 年 7 月，国网能源研究院有限公司（简称国网能源院）在国家电网公司设备部（简称国网设备部）的指导下启动本卷编纂工作。2020 年 3 月，国网设备部克服疫情防控压力，专门成立了《中国电力工业史 电网与输变电卷》编纂工作组，人员范围涵盖国家电网公司各分部、各省级公司以及南方电网有限责任公司（简称南方电网公司）及其各公司、内蒙古电力集团公司，人员专业涵盖史志编纂人员、电网设备管理人员、相关研究人员和编辑，有助于发挥不同专业人员专长，保证编纂队伍的专业性、互补性，同时为书稿编纂阶段收资的全面性提供了重要的保障。

　　2020 年 3 月—2021 年 1 月为本卷大纲起草阶段，编写组深入借鉴《中国工业史 电力卷》等史书编写思路，多方位查找之前已成文的各省、各区域史志史料，并多次对大纲进行了内部研讨和打磨。大纲初稿形成后，编写工作组及时在国家电网公司、南方电网公司和内蒙古电力集团公司相关部门和专家内部通过函审方式征求意见。

　　2021 年 1 月底邀请专家召开了大纲审查会议，结合多轮次、多专家、多方面的意见，查漏补缺、合并修订，形成比较完备的大纲。2021 年 2 月进入本卷正文编纂阶段，2021 年 3 月完成初步框架内容编写。2021 年 4 月，为提升初稿编写效率及质量，国网设备部从国家电网公司 15 家分部、省公司和直属单位抽调精干力量，按照编、章结构合理分工，采取指导专家+编写专家的工作模式，将章节修改任务分配到人，兼顾本卷编纂内容的统一性与专业性，高强度集中完成稿件的修订工作。国家电网有限公司东北分部孙国、国网湖北省电力有限公司杨惊、国网黑龙江省电力有限公司李宇明在编纂过程中身体力行、不辞辛劳、带头加班熬夜，不仅辅导各参编专家，还亲自参与修改，为本卷的成稿作出了突出的贡献。2021 年 5 月 8 日，本卷通过国网设备部在国网高培中心组织的稿件审查。直到出版前，中国电力出版社组织专家对本卷进行多轮次审稿，集中工作组持续开展稿件修订工作，一遍遍打磨修订，严把本卷编纂的深度，保证本卷的成稿质量。

《中国电力工业史　电网与输变电卷》的主线脉络始终紧扣国家电力工业和电网发展主线，着重讲我国电网从小到大、从弱到强、从曲折发展到全面突破的历程。写的虽然是历史事件，但表达的是电力奋斗史，并且着重体现一代又一代用电工作者的奋斗精神和初心传承。在编纂过程中，我们努力遵循以下基本原则：一是坚持以习近平新时代中国特色社会主义思想为指导，始终运用辩证唯物主义和历史唯物主义的立场、观点、方法观察分析问题；二是旁征博引，努力保障内容真实全面，搜集、调阅、考证和整理各类史志书册文献 2000 余册，通过实地调研、查阅资料、专家访谈等多种方式相互印证、去伪存真，力求史实准确；三是坚持时代特色，即遵循常规体例，本卷以编年体为主，辅以纪事本末体和通史体例，充分体现了电网和输变电工作的专业特点和时代特征；四是坚持史论结合，充分汲取前人的智慧和成果，在几代电力人宝贵的史料基础上，充分吸收、提炼、补充新成果，使本卷具有较强的史料价值和理论分析参考价值。

在《中国电力工业史　电网与输变电卷》付梓之际，谨向各参编单位和参与编纂工作的各位领导、顾问、专家、参编者表示衷心感谢。国网能源院牵头组织本卷的编纂工作，为本卷成稿工作作出了重要贡献。此外，还要感谢中国电力企业联合会、英大传媒投资集团有限公司对本卷给予的大力支持和指导帮助，对书稿提出了宝贵的修改意见和建议，感谢本卷编纂工作组各成员单位提供了许多珍贵的历史资料和照片。

我们深知，本卷把中国 140 余年电网与输变电发展史的光辉历程和重要成果全面、系统、准确地浓缩在一部近 100 万字的著作中并非易事。因一些历史事件的史料记载不详细、不准确，加之编纂者背景经历、知识结构和理论水平所限，书中难免存有不妥之处。我们将随时听取各方面意见，以期进一步修订、完善，敬请广大读者谅解并批评指正。

书中部分插图系出自相关资料，因难以联系著作权人而无法付费，请著作权人随时与我们联系。

参 考 文 献

[1] 张彬. 中国电力工业志 [M]. 北京：当代中国出版社，1998.

[2] 李代耕. 中国电力工业发展史料——解放前的七十年（1879—1949）[M]. 北京：水利电力出版社，1983.

[3] 《中国电器工业发展史》编辑委员会. 中国电器工业发展史（综合卷）[M]. 北京：机械工业出版社，1989.

[4] 河北电力工业史编委会. 中华人民共和国电力工业史·河北卷 [M]. 北京：中国电力出版社，2004.

[5] 东北电力工业史编辑室. 中华人民共和国电力工业史·东北卷 [M]. 北京：中国电力出版社，2005.

[6] 《湖南省电力工业史》编委会. 中华人民共和国电力工业史·湖南卷 [M]. 北京：中国电力出版社，2003.

[7] 山西省电力公司. 中华人民共和国电力工业史·山西卷 [M]. 北京：中国电力出版社，2008.

[8] 《江苏省电力工业史》编委会. 中华人民共和国电力工业史·江苏卷 [M]. 北京：中国电力出版社，2004.

[9] 《四川省电力工业史》编委会. 中华人民共和国电力工业史·四川卷 [M]. 北京：中国电力出版社，2003.

[10] 《山东省电力工业史》编委会. 中华人民共和国电力工业史·山东卷 [M]. 北京：中国电力出版社，2003.

[11] 内蒙古电力（集团）有限责任公司史志办公室. 中华人民共和国电力工业史·内蒙古卷 [M]. 中国电力出版社，2006.

[12] 《福建省电力工业史》编委会. 中华人民共和国电力工业史·福建卷 [M]. 北京：中国电力出版社，2002.

[13] 《吉林省电力工业史》编委会. 中华人民共和国电力工业史·吉林卷 [M]. 北京：中国电力出版社，2005.

[14] 《江西省电力工业史》编委会. 中华人民共和国电力工业史·江西卷 [M]. 北京：中国电力出版社，2002.

[15] 西北电力工业史编辑室. 中华人民共和国电力工业史·西北卷 [M]. 北京：中国电力出版社，2005.

[16] 宁夏电力工业史编委会. 中华人民共和国电力工业史·宁夏卷 [M]. 北京：中国电力出版社，2002.

［17］《甘肃省电力工业史》编委会. 中华人民共和国电力工业史·甘肃卷［M］. 北京：中国电力出版社，2003.

［18］《广东省电力工业史》编委会. 中华人民共和国电力工业史·广东卷［M］. 北京：中国电力出版社，2003.

［19］《青海省电力工业史》编委会. 中华人民共和国电力工业史·青海卷［M］. 北京：中国电力出版社，2004.

［20］新疆电力工业史编委会. 中华人民共和国电力工业史·新疆卷［M］. 北京：中国电力出版社，2004.

［21］《海南省电力工业史》编委会. 中华人民共和国电力工业史·海南卷［M］. 北京：中国电力出版社，2003.

［22］广西电力工业史编委会. 中华人民共和国电力工业史·广西卷［M］. 北京：中国电力出版社，2004.

［23］浙江电力工业史编委会. 中华人民共和国电力工业史·浙江卷［M］. 北京：中国电力出版社，2004.

［24］《云南省电力工业史》编委会. 中华人民共和国电力工业史·云南卷［M］. 北京：中国电力出版社，2004.

［25］《贵州省电力工业史》编委会. 中华人民共和国电力工业史·贵州卷［M］. 北京：中国电力出版社，2003.

［26］《重庆电力工业史》编委会. 中华人民共和国电力工业史·重庆卷［M］. 北京：中国电力出版社，2004.

［27］《华中电力工业史》编委会. 中华人民共和国电力工业史·华中卷［M］. 北京：中国电力出版社，2003.

［28］《河南省电力工业史》编委会. 中华人民共和国电力工业史·河南卷［M］. 北京：中国电力出版社，2003.

［29］《天津市电力工业史》编委会. 中华人民共和国电力工业史·天津卷［M］. 北京：中国电力出版社，2004.

［30］《北京市电力工业史》编委会. 中华人民共和国电力工业史·北京卷［M］. 北京：中国电力出版社，2004.

［31］《辽宁省电力工业史》编委会. 中华人民共和国电力工业史·辽宁卷［M］. 北京：中国电力出版社，2004.

［32］《上海市电力工业史》编委会. 中华人民共和国电力工业史·上海卷［M］. 北京：中国电力出版社，2003.

［33］《中国电力百科全书》编辑委员会，《中国电力百科全书》编辑部. 中国电力百科全书·综合卷［M］. 3版. 北京：中国电力出版社，2014.

［34］刘文绍. 东北电力工业志［M］. 北京：当代中国出版社，1995.

［35］《陕西省电力工业志》编纂委员会. 陕西省电力工业志［M］. 北京：中国电力出版社，1996.

[36] 王应时. 福建省电力工业志 [M]. 北京：当代中国出版社，1997.

[37] 《广西壮族自治区电力工业志》编委会. 广西壮族自治区电力工业志 [M]. 北京：水利电力出版社，1992.

[38] 东北电业志编纂委员会. 辽宁省电力工业志 [M]. 沈阳：辽宁大学出版社，1993.

[39] 贵州省电力工业局. 贵州省电力工业志 [M]. 北京：当代中国出版社，1996.

[40] 《江苏省电力工业志》编委会. 江苏省电力工业志 [M]. 北京：水利电力出版社，1994.

[41] 四川省电力工业志编纂委员会. 四川省电力工业志 [M]. 成都：四川科学技术出版社，1994.

[42] 《华东电力工业志》编纂委员会. 华东电力工业志 [M]. 北京：中国电力出版社，1996.

[43] 湖南省电力工业局电力志编写组. 湖南省电力工业志 [M]. 北京：当代中国出版社，1995.

[44] 《河北省电力工业志》编纂委员会. 河北省电力工业志 [M]. 北京：当代中国出版社，1996.

[45] 《甘肃省电力工业志》编委会. 甘肃省电力工业志 [M]. 北京：当代中国出版社，1996.

[46] 《山西省电力工业志》编纂委员会. 山西省电力工业志 [M]. 北京：中国电力出版社，1997.

[47] 《云南省电力工业志》编委会. 云南省电力工业志 [M]. 北京：中国电力出版社，1996.

[48] 《广东省电力工业志》编委会. 广东省电力工业志 [M]. 广州：广东人民出版社，1997.

[49] 《天津市电力工业志》编委会. 天津市电力工业志 [M]. 北京：中国铁道出版社，1993.

[50] 《新疆维吾尔自治区电力工业志》编委会. 新疆维吾尔自治区电力工业志 [M]. 北京：中国电力出版社，1998.

[51] 《江西省电力工业志》编委会. 江西省电力工业志 [M]. 北京：水利电力出版社，1994.

[52] 《河南省电力工业志》编委会. 河南省电力工业志 [M]. 北京：水利电力出版社，1992.

[53] 《甘肃省电力工业志》编委会. 甘肃省电力工业志 [M]. 北京：当代中国出版社，1996.

[54] 《宁夏回族自治区电力工业志》编纂委员会. 宁夏回族自治区电力工业志 [M]. 北京：水利电力出版社，1994.

[55] 浙江省电力工业志编纂委员会. 浙江省电力工业志 [M]. 北京：水利电力出版社，1995.

[56] 《湖北省电力工业志》编纂委员会. 湖北省电力工业志 [M]. 北京：水利电力出版社，1994.

[57] 《华中电力工业志》编纂工作委员会. 华中电力工业志 [M]. 北京：水利电力出版社，1993.

[58] 华北电管局史志办公室. 北京市电力工业志 [M]. 北京：当代中国出版社，1995.

[59] 安徽省电力工业局. 安徽省电力工业志 [M]. 北京：当代中国出版社，1995.

[60] 《青海省电力工业志》编纂委员会. 青海省电力工业志 [M]. 北京：当代中国出版社，1996.

[61] 《中国电力勘测设计史》编委会. 中国电力勘测设计史 [M]. 北京：中国电力出版社，2005.

[62] 《回顾与展望——中国电力工业 120 年》画册编委会. 回顾与展望——中国电力工业 120 年 [M]. 北京：中国电力报社，2002.

[63] 中国南方电网有限责任公司. 中国南方电力工业志（1888—2002）[M]. 北京：中国电力出版社，2018.

[64] 高鹏. 中国重大技术装备史话　中国输变电设备制造 [M]. 北京：中国电力出版社，2015.

[65] 《西北电力工业志》编委会. 中国电力工业志丛书：西北电力工业志 [M]. 北京：中国电力出版社，1997.

[66] 《华东电力工业志》编纂委员会. 中国电力工业志丛书：华东电力工业志 [M]. 北京：中国电力出版社，1996.

[67] 李鹏. 电力要先行　电力日记. 北京：中国电力出版社，2005.

[68] 《中国电力年鉴》编辑委员会. 中国电力十年跨越与发展 [M]. 北京：中国电力出版社，2013.

[69] 《中国电力年鉴》编委会. 1993 中国电力年鉴 [M]. 北京：中国电力出版社，1995.

[70] 《中国电力年鉴》编委会. 1994 中国电力年鉴 [M]. 北京：中国电力出版社，1996.

[71] 《中国电力年鉴》编委会. 1995 中国电力年鉴 [M]. 北京：中国电力出版社，1996.

[72] 《中国电力年鉴》编委会. 1996—1997 中国电力年鉴 [M]. 北京：中国电力出版社，1997.

[73] 《中国电力年鉴》编委会. 1998 中国电力年鉴 [M]. 北京：中国电力出版社，1998.

[74] 《中国电力年鉴》编委会. 1999 中国电力年鉴 [M]. 北京：中国电力出版社，1999.

[75] 《中国电力年鉴》编委会. 2000 中国电力年鉴 [M]. 北京：中国电力出版社，2000.

[76] 《中国电力年鉴》编委会. 2001 中国电力年鉴 [M]. 北京：中国电力出版社，2001.

[77] 《中国电力年鉴》编委会. 2002 中国电力年鉴 [M]. 北京：中国电力出版社，2002.

[78] 《中国电力年鉴》编委会. 2003 中国电力年鉴 [M]. 北京：中国电力出版社，2003.

[79] 《中国电力年鉴》编委会. 2004 中国电力年鉴 [M]. 北京：中国电力出版社，2004.

[80] 《中国电力年鉴》编委会. 2005 中国电力年鉴 [M]. 北京：中国电力出版社，2005.

[81] 《中国电力年鉴》编委会. 2006 中国电力年鉴 [M]. 北京：中国电力出版社，2006.

[82] 《中国电力年鉴》编委会. 2007 中国电力年鉴 [M]. 北京：中国电力出版社，2007.

[83] 《中国电力年鉴》编委会. 2008 中国电力年鉴 [M]. 北京：中国电力出版社，2008.

[84] 《中国电力年鉴》编委会. 2009 中国电力年鉴 [M]. 北京：中国电力出版社，2009.

[85] 《中国电力年鉴》编委会. 2010 中国电力年鉴 [M]. 北京：中国电力出版社，2010.

[86] 《中国电力年鉴》编委会. 2011 中国电力年鉴 [M]. 北京：中国电力出版社，2011.

[87] 《中国电力年鉴》编委会. 2012 中国电力年鉴 [M]. 北京：中国电力出版社，2012.

[88] 《中国电力年鉴》编委会. 2013 中国电力年鉴 [M]. 北京：中国电力出版社，2013.

[89] 《中国电力年鉴》编委会. 2014 中国电力年鉴 [M]. 北京：中国电力出版社，2014.

[90] 《中国电力年鉴》编委会. 2015 中国电力年鉴 [M]. 北京：中国电力出版社，2015.

[91] 《中国电力年鉴》编委会. 2016 中国电力年鉴 [M]. 北京：中国电力出版社，2016.

[92] 《中国电力年鉴》编委会. 2017 中国电力年鉴 [M]. 北京：中国电力出版社，2017.

[93] 《中国电力年鉴》编委会. 2018 中国电力年鉴 [M]. 北京：中国电力出版社，2018.

[94] 《中国电力年鉴》编委会. 2019 中国电力年鉴 [M]. 北京：中国电力出版社，2019.

[95] 中国电力企业联合会. 改革开放四十年的中国电力 [M]. 北京：中国电力出版社，2018.

[96] 《中国电力百科全书》编辑委员会，《中国电力百科全书》编辑部. 中国电力百科全书：综合卷 [M]. 3 版.北京：中国电力出版社，2014.

[97] 刘振亚. 特高压交直流电网 [M]. 北京：中国电力出版社，2013.

[98] 刘振亚. 全球能源互联网 [M]. 北京：中国电力出版社，2015.

[99] 刘振亚. 智能电网技术 [M]. 北京：中国电力出版社，2010.

［100］刘振亚. 智能电网知识读本［M］. 北京：中国电力出版社，2010.

［101］林野. 世界一流调度建设之路：华东电网实践［M］. 北京：中国电力出版社，2012.

［102］孙宏斌，等. 能源互联网［M］. 北京：科学出版社，2020.

［103］国网新疆电力有限公司. 脉动天山　新疆750kV 电网建设与发展［M］. 北京：中国电力出版社，2016.

［104］国家电网公司. 青藏电力联网工程：综合卷　西宁—柴达木750kV 输变电工程［M］. 北京：中国电力出版社，2012.

［105］国家电网公司. 青藏电力联网工程：综合卷　西藏中部220kV 电网工程［M］. 北京：中国电力出版社，2012.

［106］国家电网公司. 青藏电力联网工程：综合卷　柴达木—拉萨±400kV 直流输电工程［M］. 北京：中国电力出版社，2012.

［107］国家电网公司. 中国三峡输变电工程：综合卷［M］. 北京：中国电力出版社，2008.

［108］国网江苏省电力有限公司. 大规模源网荷友好互动系统［M］. 北京：中国电力出版社，2017.

［109］《中国电力工业史》编委会. 中国电力工业史：综合卷［M］. 北京：中国电力出版社，2021.

［110］《国家电网公司年鉴》编委会. 2002 国家电网公司年鉴［M］. 北京：中国电力出版社，2002.

［111］《国家电网公司年鉴》编委会. 2003 国家电网公司年鉴［M］. 北京：中国电力出版社，2003.

［112］《国家电网公司年鉴》编委会. 2004 国家电网公司年鉴［M］. 北京：中国电力出版社，2004.

［113］《国家电网公司年鉴》编委会. 2005 国家电网公司年鉴［M］. 北京：中国电力出版社，2005.

［114］《国家电网公司年鉴》编委会. 2006 国家电网公司年鉴［M］. 北京：中国电力出版社，2006.

［115］《国家电网公司年鉴》编委会. 2007 国家电网公司年鉴［M］. 北京：中国电力出版社，2007.

［116］《国家电网公司年鉴》编委会. 2008 国家电网公司年鉴［M］. 北京：中国电力出版社，2008.

［117］《国家电网公司年鉴》编委会. 2009 国家电网公司年鉴［M］. 北京：中国电力出版社，2009.

［118］《国家电网公司年鉴》编委会. 2010 国家电网公司年鉴［M］. 北京：中国电力出版社，2010.

［119］《国家电网公司年鉴》编委会. 2011 国家电网公司年鉴［M］. 北京：中国电力出版社，2011.

［120］《国家电网公司年鉴》编委会. 2012 国家电网公司年鉴［M］. 北京：中国电力出版社，2012.

［121］《国家电网公司年鉴》编委会. 2013 国家电网公司年鉴［M］. 北京：中国电力出版社，2013.

［122］《国家电网公司年鉴》编委会. 2014 国家电网公司年鉴［M］. 北京：中国电力出版社，2014.

［123］《国家电网公司年鉴》编委会. 2015 国家电网公司年鉴［M］. 北京：中国电力出版社，2015.

［124］《国家电网公司年鉴》编委会. 2016 国家电网公司年鉴［M］. 北京：中国电力出版社，2016.

［125］《国家电网公司年鉴》编委会. 2017 国家电网公司年鉴［M］. 北京：中国电力出版社，2017.

［126］《国家电网公司年鉴》编委会. 2018 国家电网公司年鉴［M］. 北京：中国电力出版社，2018.

［127］《国家电网公司年鉴》编委会. 2019 国家电网公司年鉴［M］. 北京：中国电力出版社，2019.

［128］《中国南方电网公司年鉴》编委会. 2004 中国南方电网公司年鉴［M］. 北京：中国电力出版社，2004.

［129］《中国南方电网公司年鉴》编委会. 2005 中国南方电网公司年鉴［M］. 北京：中国电力出版社，2005.

[130]《中国南方电网公司年鉴》编委会. 2006 中国南方电网公司年鉴［M］. 北京：中国电力出版社，2006.

[131]《中国南方电网公司年鉴》编委会. 2007 中国南方电网公司年鉴［M］. 北京：中国电力出版社，2007.

[132]《中国南方电网公司年鉴》编委会. 2008 中国南方电网公司年鉴［M］. 北京：中国电力出版社，2008.

[133]《中国南方电网公司年鉴》编委会. 2009 中国南方电网公司年鉴［M］. 北京：中国电力出版社，2009.

[134]《中国南方电网公司年鉴》编委会. 2010 中国南方电网公司年鉴［M］. 北京：中国电力出版社，2010.

[135]《中国南方电网公司年鉴》编委会. 2011 中国南方电网公司年鉴［M］. 北京：中国电力出版社，2011.

[136]《中国南方电网公司年鉴》编委会. 2012 中国南方电网公司年鉴［M］. 广东：世界图书出版社，2012.

[137]《中国南方电网公司年鉴》编委会. 2013 中国南方电网公司年鉴［M］. 北京：中国电力出版社，2013.

[138]《中国南方电网公司年鉴》编委会. 2014 中国南方电网公司年鉴［M］. 广东：广东经济出版社，2014.

[139]《中国南方电网公司年鉴》编委会. 2015 中国南方电网公司年鉴［M］. 广东：广东科技出版社，2015.

[140]《中国南方电网公司年鉴》编委会. 2016 中国南方电网公司年鉴［M］. 广东：广东科技出版社，2016.

[141]《中国南方电网公司年鉴》编委会. 2017 中国南方电网公司年鉴［M］. 广东：广东科技出版社，2017.

[142]《中国南方电网公司年鉴》编委会. 2018 中国南方电网公司年鉴［M］. 广东：广东科技出版社，2018.

[143]《中国南方电网公司年鉴》编委会. 2019 中国南方电网公司年鉴［M］. 广东：广东科技出版社，2019.

[144]《中国南方电网公司年鉴》编委会. 2020 中国南方电网公司年鉴［M］. 广东：广东科技出版社，2020.

供稿人名单

（排名不分先后）

张贺军	刘文平	李 岩	李梦源	齐文婷	陈 晖	郭艳霞
聂 琼	刘 杰	程述一	高 琦	盛 夏	刘福海	郭 勇
林朝辉	胡 博	田蔚光	鲁 俊	刘 泉	张 亮	于 洋
王爱禄	周国梁	申卫华	吴怡敏	陈 跃	李云伟	李雪松
张宇峰	余 勇	罗治强	王 坤	范高锋	赵瑞娜	叶 俭
刘 丹	南贵林	王 宁	李新鹏	李旭洋	瞿振宇	谭国志
邓 立	张建华	刘连睿	徐丹蕾	褚温家	郭万舒	黄志龙
赵筠筠	黄 伟	黄志光	刘中平	徐 刚	吴 鑫	涂长庚
张军广	鄢 阳	李 智	孙 国	肖 勇	吕昌霖	刘清晨
王铎钦	姚广智	赵振宇	范 凯	王晓峰	张博闻	何 瑜
刘 刚	王劲武	孙文成	周 林	张亚迪	罗春林	赵国富
覃桂平	王 越	刘葳蕤	于 洋	刘 茜	刘春培	龚 熹
邢 蕊	胡进辉	谷 宏	朱占巍	谭 磊	王彦卿	李 戎
马 锋	刘创华	贺 春	唐庆华	文清丰	朱旭亮	李 楠
周凤争	祖国强	朱银磊	李天然	孙 祎	耿 茜	杨 桦
吴 超	武宇平	赵 盟	薛文祥	吕志瑞	肖志国	毛 婷
原敏宏	尉 镔	胡 多	赵晓锋	陈晓亮	韩克存	慈文斌

侯晓楠	王官涛	陈锦华	陈　宁	包抒一	殷　悦	邓国鸿
杨箫箫	何　育	孙　平	洪　宇	吴玉樊	张　欣	吴习伟
缪莉庆	赵仲夏	钟　慧	徐长松	赵　峥	王　坤	王刘芳
赵恒阳	秦　琪	陈　艺	柯艳国	汪　玉	郑国强	黄　巍
陈德和	刘宇鸿	林国贤	邹德章	张初旺	林冬旎	陈天鹏
杨　倞	姚　鑫	林常青	黄振喜	刘　勇	郭力驰	高霖尧
张孝军	雷云飞	黄海波	滕　飞	徐勋建	吴传平	梁　平
郑　伟	张　申	黄军生	叶婉琪	晏凌斌	廖学静	王　超
李　庆	何　伟	何　飞	何　宁	廖玉祥	徐　亨	于萌煜
汪俊成	何昱燊	刘　爽	陈　刚	刘一涛	陈瑞国	张　涛
高　凯	郭昆亚	包　蕊	郭志楠	李　勇	江亚平	马　钊
李字明	徐志伟	郭跃男	兰　森	公　锐	蒋　励	刘贺千
申昱博	于　浩	叶立刚	李文震	姜广鑫	秦若锋	韩晋思
张　冰	姜　磊	王文雄	吴荣峰	马　乐	毕鹏翔	吴　明
陈　燕	王　强	张利娟	赵艳玲	张万卿	尚彦赟	周文成
赵鑫鑫	刘　峰	曾晓芳	白佐霞	王树潭	张万祥	张高飞
冯慧恩	陈　伟	李延和	王生杰	林永珊	魏　莹	王巍清
丁　培	杨得斌	赵普志	尹　涛	张小刚	郭建峰	曾　杰
尹　婷	於益军	盛灿辉	姜喜瑞	王高勇	欧阳文敏	万祥楠
杨　宇	叶善堃	戴　魏	陈　侃	佘　勇	张　梦	王宇红
韩新阳	靳晓凌	田　鑫	张　晨	谢光龙	张　琛	张　玥

《中国电力工业史 电网与输变电卷》
主要编辑出版人员

责任编辑　翟巧珍　黄晓华　王春娟　高　芬
　　　　　闫姣姣　赵　杨

设计负责　李东梅

封面设计　王红柳

正文设计　张俊霞

责任校对　黄　蓓　郝军燕　李　楠　王海南

责任印制　邹树群　石　雷　单　玲